LE GUIDE VERT

Québec et Provinces de l'Atlantique

DÉCOUPAGE GÉOGRAPHIQUE DU GUIDE SUR LA CARTE CI-CONTRE

L'équipe du Guide Vert Michelin, de gauche à droite :
Camille Bouvet, Denis Rasse, Natacha Brumard, Amaury de Valroger, Lucie Fontaine, Philippe Orain, Florence Dyan, Catherine Guégan, Hervé Dubois, Julie Duhourcau, Hélène Payelle, Marie-Pierre Renier, Éric Boucher, Véronique Aissani, Marie Simonet, Carole Diascorn, Camille Therville, Marion Capéra, Pascal Grougon, Dominique Auclair.

Édito

Voyager au Québec et dans les Provinces de l'Atlantique, c'est sillonner un territoire aux paysages époustouflants. Entourant le golfe du St-Laurent, le Nouveau-Brunswick, l'île du Prince-Édouard, la Nouvelle-Écosse et Terre-Neuve partagent avec la « Belle Province » une histoire commune, une nature fascinante, le goût des festivités gourmandes et multiculturelles.

C'est également un moment privilégié pour rencontrer les femmes et les hommes qui préservent ce patrimoine naturel et culturel et le perpétuent au travers des fêtes, des arts, des traditions, de la gastronomie. Autant d'expériences incontournables ou insolites, de lieux connus ou confidentiels, que nos équipes ont dénichés au cours de leurs innombrables tournées sur le terrain.

Dans cette nouvelle édition du Guide Michelin Voyage et Cultures Québec et Provinces de l'Atlantique, en complément des sites étoilés ★★★, nos auteurs partagent leurs itinéraires, leurs bonnes adresses ainsi que leurs plus beaux souvenirs de voyage. Sans oublier leurs coups de cœur pour des établissements engagés dans une démarche écoresponsable, signalés au fil des pages par le symbole 🍃.

Nous sommes convaincus que chaque destination est digne que l'on s'y attarde, que chaque rencontre mérite que l'on s'y intéresse, que chaque culture a le pouvoir d'enrichir la nôtre.

Afin de redonner du sens au voyage, ralentissons le pas pour nous imprégner en profondeur de la richesse des lieux que nous traversons et des gens que nous croisons. Soyons curieux de tout ce qui se trouve sous nos yeux, en ville ou à la campagne, sur un chemin de traverse, loin de chez nous ou juste au bout de la rue.

Alors, avec ce Guide Michelin Voyage et Cultures, à votre tour de faire le plein de beau, de bon et de rencontres.

Philippe Orain,
Directeur du Guide Michelin Voyage & Cultures

Sommaire

Photogilio/Getty Images Plus

COMPRENDRE LE QUÉBEC

AtelierOZ/Getty Images Plus

ORGANISER SON VOYAGE

Retrouvez nos carnets d'adresses à la fin de chaque chapitre

Nos incontournables

★★

Archipel de Mingan

D'une rare beauté, cet archipel de la Côte-Nord du golfe du St-Laurent se compose d'un chapelet d'îles calcaires où la vie abonde. Le travail incessant de la mer et du temps y a façonné un décor minéral aux formes improbables. **Voir p. 395.**

Pierdelune/Getty Images Plus

V. Podkhlebnik/Panther Media /age fotostock

★★

Île-du-Prince-Édouard

Dans le golfe du St-Laurent, la plus petite province du pays a pour atouts son calme et sa beauté. À découvrir le long du superbe circuit côtier du centre, émaillé de plages, ports de pêche et pittoresques paysages de campagne. **Voir p. 483.**

Pgiam/Getty Images Plus

★★★

Montréal

Au bord du St-Laurent, la deuxième ville canadienne séduit par sa douceur de vivre et son cocktail unique de modernité nord-américaine et d'influences du Vieux Monde. **Voir p. 32.**

★★★

Gaspésie

Ce singulier bout de terre, qui s'avance dans le golfe du St-Laurent, offre, sur sa façade littorale comme à l'intérieur des terres, de sublimes paysages contrastés. **Voir p. 357.**

Elenathewise/Getty Images Plus

rinaansellphotography/Alamy/hemis.fr

★★

Nunavik

Aucune route ne mène à la région arctique du Québec. Accompagné de guides inuits, découvrez, au cœur de la toundra, des paysages lunaires se déployant à l'infini sous l'immensité du ciel polaire. **Voir p. 431.**

Nos incontournables

★★

Gros Morne National Park

Falaises, plages, roches, glaciers, forêts ou encore fjords composent cet immense parc de l'île de Terre-Neuve, classé au Patrimoine mondial de l'Unesco. La diversité de ses paysages promet un dépaysement total et témoigne de l'évolution des continents. **Voir p. 569.**

jimfeng/Getty Images Plus

★★★

Île du Cap-Breton

Joyau des provinces de l'Atlantique, ce petit coin de paradis, aux paysages à couper le souffle, résonne encore du fier héritage des premiers immigrants d'origine française et écossaise. **Voir p. 542.**

benedek/Getty Images Plus

FOTOGRAFIA INC./Getty Images Plus

Louis-Michel DESERT/Getty Images Plus

★★★

Québec

Berceau de la francophonie en Amérique du Nord, cette ville accueillante où il fait si bon vivre, faite d'histoire et de modernité, émerveille par son patrimoine et son dynamisme culturel. **Voir p. 228.**

★★★

Fjord du Saguenay

Ce fjord majestueux, l'un des plus longs du monde, accueille, dans les eaux riches en krill de l'embouchure du Saguenay, toutes sortes de mammifères marins, dont l'emblématique béluga. **Voir p. 307.**

Ph. Renault/hemis.fr

★★★

Côte de Charlevoix

Baignée par l'estuaire du St-Laurent, cette région au relief vigoureux offre une merveilleuse succession de falaises escarpées, de parcs grandioses et d'adorables villages à flanc de montagne. **Voir p. 295.**

Nos coups de cœur

Monolithes de l'archipel de Mingan. *gaxue/Getty Images Plus*

TOP 5
Rencontres avec la faune

1. Oies des neiges : Réserve de faune du Cap-Tourmente (p. 293)
2. Baleines : Les Escoumins ou St John's (p. 386 et 580)
3. Blanchons : Îles de la Madeleine (p. 375)
4. Caribous : Baie-aux-Feuilles (p. 437)
5. Saumons : Matane (p. 359)

Blanchon, îles de la Madeleine.
HuntedDuck/Getty Images Plus

❤ **Immortaliser en photo** l'insolente beauté de l'archipel de Mingan, paradis insulaire composé d'une mosaïque d'habitats différents sous la protection de géants de calcaire, témoins de l'inlassable travail de la nature. **Voir p. 395**.

❤ **Contempler le merveilleux spectacle** des aurores boréales qui habillent le ciel du Nunavik de rubans verts, pourpres et violacés. **Voir p. 445**.

❤ **Jouer à Robinson Crusoé** et se ressourcer en séjournant en pleine nature sur Anticosti, île mystérieuse tissée de sombres histoires de naufrages... **Voir p. 401**.

❤ **Glisser silencieusement** à bord d'un kayak de mer le long des rives du fjord du Saguenay, pour en admirer les abruptes parois et aller au contact des petites et grosses bêtes marines. **Voir p. 307**.

❤ **Profiter des nombreux festivals** qui font la renommée de Montréal depuis 20 ans. Notre favori ? Le Festival international de jazz, unique en son genre, et son impressionnant panel de spectacles. **Voir p. 91**.

❤ **S'habiller comme au 19e s.** et déambuler dans les rues du Village québécois d'antan, attraction incontournable dans la région de Victoriaville. **Voir p. 212**.

❤ **Défier sa peur du vide** et s'offrir une bonne montée d'adrénaline en se laissant glisser à toute vitesse le long des tyroliennes du parc de la Chute-Montmorency. **Voir p. 289**.

Épave sur l'île d'Anticosti.
Anne Richard/Shutterstock

Nos coups de cœur

Course de chiens de traîneau, dans la région de Lanaudière.
mirceax/Getty Images Plus

❤ **Faire ami-ami avec un terre-neuve**, adorable géant noir aux pattes palmées et à la robe huileuse, réputé pour ses aptitudes de sauvetage dans les eaux glacées de l'île éponyme. **Voir p. 562**.

Maisons au toit tricolore, dans la péninsule acadienne, au Nouveau-Brunswick.
Audrey Tremblay/Getty Images Plus

❤ **Saluer le drapeau tricolore** frappé d'une étoile jaune qui flotte sur grand nombre de maisons de la péninsule acadienne, au nord-est du Nouveau-Brunswick, rappelant l'héritage francophone de leurs propriétaires. **Voir p. 466**.

❤ **Se délecter** d'un festin de homard cuit dans de l'eau de mer ou d'un chaudron de moules bien fraîches servies dans la plus pure tradition gaspésienne. **Voir p. 370**.

❤ **S'improviser chef de meute** et vivre une expérience unique en découvrant les paysages enneigés du mont Tremblant lors d'une randonnée en traîneau à chiens menée par un musher. **Voir p. 129**.

Oie des neiges.
mirceax/Getty Images Plus

Fjord du Saguenay.
Louis-Michel DESERT/Getty Images Plus

TOP 5
Parcs naturels

1. Fjord du Saguenay (p. 307)
2. Gros Morne (p. 569)
3. Forillon (p. 362)
4. Fundy National Park (p. 468)
5. Cape Breton Highlands National Park (p. 545)

❤ **Braver les tumultueux** rapides de Lachine, sur le fleuve St-Laurent, en vivant une expérience éclaboussante à bord du *Saute-Moutons* de Montréal. **Voir p. 50**.

❤ **Plonger dans les eaux glaciales** de la Côte-Nord, et explorer les falaises sous-marines peuplées de morues, de crabes, d'étoiles et d'anémones de mer. **Voir p. 386 et 390**.

❤ **Se muscler les mollets** en parcourant à bicyclette, sur une centaine de kilomètres, la Route verte, qui relie entre elles les îles de la Madeleine, du Havre-Aubert à Grande-Entrée. **Voir p. 372**.

❤ **Couver du regard** les orignaux et les caribous blessés ou orphelins recueillis par l'équipe de soigneurs du refuge Pageau, en Abitibi-Témiscamingue. **Voir p. 410**.

Nos coups de cœur

Tire d'érable sur glace, à Beauce.
Alamy/hemis.fr

❤ **Marcher sur le fond marin** en explorant à marée basse les fameux « pots de fleurs » du Hopewell Cape, coiffés d'épinettes, puis voir quelques heures plus tard ces géants de pierre modelés au gré des marées de la baie de Fundy se transformer en îles ! **Voir p. 468**.

❤ **Vivre le rêve ultime** de tout pêcheur en taquinant le grand brochet, le doré jaune, l'omble de fontaine et le touladi sur le mythique lac Mistassini (territoire de la Baie-James). Il s'agit de la plus grande étendue naturelle d'eau douce du Québec. **Voir p. 423**.

Rue principale de la forteresse de Louisbourg.
PaulMcKinnon/Getty Images Plus

Chutes Montmorency.
photokh/Getty Images Plus

TOP 5
Plaisirs de l'hiver

1. Carnaval de Québec (p. 235 et 275)
2. Randonnée à raquettes au PN du Mont-Orford (p. 199)
3. Assister à un match de hockey sur glace à Montréal (p. 98)
4. Traversée de l'Odyssée du Nord en motoneige (p. 465)
5. Pêche blanche sur le lac St-Jean (p. 328)

❤ **Se sucrer le bec** en dégustant, dans une cabane à sucre de Beauce, une traditionnelle tire d'érable servie sur la neige. **Voir p. 223**.

❤ **Assister au pow-wow** de Mashteuiatsh, sur la rive ouest du lac St-Jean. Ses remarquables compétitions de danse, accompagnées d'éblouissants costumes et de musique traditionnelle, célèbrent la spiritualité innue et galvanisent participants et spectateurs. **Voir p. 331**.

❤ **Faire un saut dans le temps** et vivre une expérience gustative inédite en s'attablant à l'une des tavernes de la forteresse de Louisbourg, sur l'île du Cap-Breton. Des animateurs costumés servent dans de la vaisselle en étain des plats et breuvages composés d'après des recettes du 18ᵉ s. Ici, le rhum est à la fête ! **Voir p. 554**.

Parc des rochers d'Hopewell.
IlexImage/Getty Images Plus

Nos coups de cœur

L'International de montgolfières de Saint-Jean-sur-Richelieu. *Vincent JIANG/Shutterstock*

❤ **Passer une nuit insolite** dans le phare de West Point, sur l'île du Prince-Édouard, avec en prime une vue inégalée sur le détroit de Northumberland, gagné par la banquise en hiver. **Voir p. 489**.

❤ **Piquer une tête** dans le lac St-Jean, à l'occasion de son grand festival de nage en eau libre célébré chaque année en juillet, et clore en beauté cet événement sportif autour d'une tablée de 1 km de long réunissant quelque 10 000 convives ! **Voir p. 329**.

❤ **Se glisser dans la peau** d'un mineur et, muni d'un casque et d'une frontale, descendre à 90 m sous terre pour découvrir l'une des galeries de l'ancienne mine d'or de Lamaque. **Voir p. 417**.

❤ **Prendre de la hauteur** sans quitter la terre ferme, en assistant à l'envol de montgolfières multicolores qui, chaque année en août, prennent d'assaut le ciel de St-Jean-sur-Richelieu. **Voir p. 186**.

❤ **Découvrir l'hiver québécois** sous son plus beau visage, en parcourant la saisissante mosaïque de paysages glacés du Bas-St-Laurent. Les sentiers tracés dans la forêt dévoilent de superbes panoramas sur les montagnes de l'arrière-pays. **Voir p. 340**.

❤ **Perpétuer les traditions** ancestrales des habitants du Cap-Breton, souvent d'origine écossaise, qui, chaque année, honorent musique et danses gaéliques lors du Celtic Colours Festival. **Voir p. 549**.

Homard de Gaspésie.
MarcQuebec/Getty Images Plus

TOP 5
Expériences culinaires

1. Sirop d'érable du Québec (p. 223)
2. Bleuets du lac St-Jean (p. 335)
3. Jigg's dinners de Terre-Neuve (p. 564)
4. Souper aux homards de l'île du Prince-Édouard (p. 491)
5. L'authentique poutine de Drummondville (p. 217)

Phare de West Point, sur l'île du Prince-Édouard.
~UserGI16300243/Getty Images Plus

Nos itinéraires

21 jours Le Québec idéal

En bref : un circuit de 2000 km entre fleuve et lac, mer et montagne.

Instants/Getty Images Plus

Québec J-1 & 2

Jours 9 & 10 du programme **p. 21**.

Côte-de-Beaupré J-3

Quittez Québec de bonne heure et longez la Côte-de-Beaupré (**p. 288**) en suivant la route 138, dite « route royale » à partir de Beauport. Faites halte aux chutes de Montmorency (**p. 289**). Après avoir déjeuné à Ste-Anne-de-Beaupré (**p. 291**) et visité le sanctuaire, partez à la découverte du cap Tourmente en surplomb du fleuve St-Laurent (**p. 293**) ou découvrez le panorama qu'offre le sommet du mont Ste-Anne (**p. 292**). Retour à Ste-Anne pour la nuit.

Maisons anciennes à Québec.
MikeyGen73/Getty Images Plus

Côte de Charlevoix J-4 & 5

Sur la route de Baie-St-Paul, faites une halte dans le canyon Ste-Anne aux ponts suspendus (**p. 296**), puis posez vos valises pour une nuit à Baie-St-Paul (**p. 296**). L'Isle-aux-Coudres toute proche se prête à la promenade à bicyclette (**p. 298**). Suivez la Route du fleuve jusqu'à St-Siméon, où vous obliquerez vers l'intérieur des terres.

Conseil : réservez pour 3 nuits (J-5 à 7) à L'Anse-St-Jean (p. 320) desservie par la navette du fjord.

Fjord du Saguenay (rive sud) J-6 & 7

Promenez-vous sur la rive sud du fjord de L'Anse-St-Jean à Chicoutimi (**p. 312**). Ne manquez pas le point de vue du cap Trinité et la croisière sur le fjord au départ de La Baie (**p. 317**).

Lac St-Jean J-8 & 9

Rejoignez à l'ouest le lac St-Jean (**p. 325**) et explorez sa rive sud, avec le village de Val-Jalbert (**p. 331**) et le zoo « sauvage » de St-Félicien (**p. 328**). Nuit à St-Félicien.

Conseil : à la fin de l'été, régalez-vous des bleuets frais qui font la réputation de la région !

Fjord du Saguenay (rive nord) J-10 & 11

Retour vers le St-Laurent par la rive nord du fjord. De Chicoutimi à Tadoussac, la Route du fjord révèle d'adorables villages nichés au ras de l'eau. Tadoussac (**p. 308**) fait partie des meilleurs spots d'observation des baleines au monde. C'est l'endroit idéal pour partir à la rencontre de ces animaux à bord d'un Zodiac. 1re nuit à Ste-Rose-du-Nord (**p. 311**), 2e nuit à Tadoussac.

Conseil : la période idéale pour observer les baleines est septembre-octobre (voir p. 384).

St-Laurent J-12

Après avoir pris le traversier aux Escoumins (**p. 386**), remontez la côte jusqu'à Rimouski (**p. 352**), où vous passerez la nuit. Faites aussi halte dans le Parc national du Bic (**p. 351**).

Gaspésie J-13 à 18

Comptez 6 jours pour faire confortablement le tour de la péninsule. L'itinéraire entre mer et montagne est ponctué de joyaux naturels tels le Parc national Forillon (**p. 362**) et le rocher Percé (**p. 365**) ou magnifiquement aménagés par l'homme comme les jardins de Métis (**p. 358**). Faites halte à Gaspé (2 nuits), Percé (2 nuits) et Bonaventure (1 nuit).

Le trajet retour Gaspé-Québec (700 km) peut se faire en avion (Air Canada - 1h30 - env. 200 $).

Côte du Bas-St-Laurent J-19 & 20

Retour sur les rives du St-Laurent (**p. 340**). Faites halte pour la nuit à Rivière-du-Loup (**p. 348**) pour visiter son musée et découvrir les îles du Bas-St-Laurent (**p. 349**). 2e nuit à Lévis (**p. 340**).

Retour à Québec J-21

De Lévis, prenez le traversier (**p. 341**) pour rentrer à Québec, une façon de terminer en point d'orgue votre exploration au fil du St-Laurent.

Observation des baleines près de Tadoussac.
NetaDegany/Getty Images Plus

Nos itinéraires

12 jours Montréal - Laurentides - Abitibi-Témiscamingue - Outaouais

En bref : 1500 km sur la Route des explorateurs.

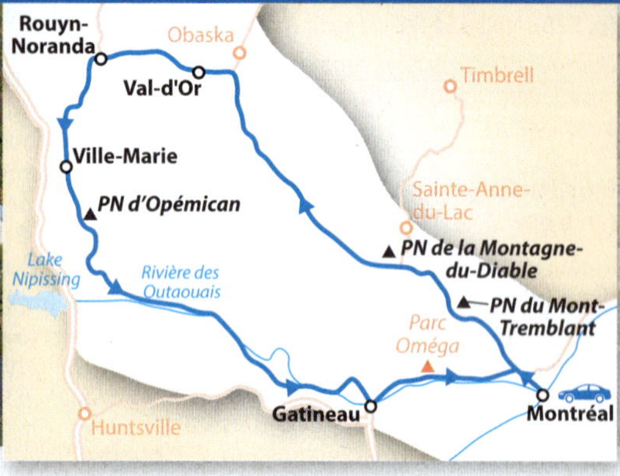

Viadone/Getty Images Plus

Montréal J-1 à 3

Au programme : découverte du Vieux-Montréal (**p. 33**), détente dans le parc du Mont-Royal (**p. 74**), shopping sur le Plateau (**p. 81**), visite du musée McCord Stewart (**p. 62**) et du musée des Beaux-Arts (**p. 70**).

Laurentides J-4 à 6

Circuit dans les Laurentides (**p. 124**) de Ste-Adèle à Mont-Tremblant (**p. 129**). Randonnée dans le Parc national du Mont-Tremblant (**p. 129**) et dans le parc régional de la Montagne-du-Diable (**p. 134**).
1re nuit à St-Sauveur, 2e à Mont-Tremblant, 3e à Ferme-Neuve.

Rue typique de Montréal.
pr2is/Getty Images Plus

Abitibi-Témiscamingue J-7 à 9

Partez sur les traces de la nation alqonquine. Ne manquez pas la réserve faunique La Vérendrye (**p. 419**), la Cité de l'Or (**p. 417**), les animaux du refuge Pageau (**p. 412**) et le Parc national d'Opémican (**p. 417**).
1re nuit à Val-d'Or, 2e nuit à Rouyn-Noranda, 3e nuit à Ville-Marie.

Outaouais J-10 à 12

Suivez la rivière des Outaouais jusqu'à Gatineau, située en face d'Ottawa, la capitale fédérale du Canada. En chemin, faites une halte bucolique à Wakefield (**p. 122**).
À Gatineau, visitez le musée canadien de l'Histoire (**p. 117**). En route vers Montréal, faites un arrêt à Montebello pour découvrir ses incontournables, tels que le Parc Oméga (**p. 115**).

14 jours Montréal - Trois-Rivières - Québec

En bref : 850 km entre villes célèbres et paysages méconnus.

Marc Bruxelle/Getty Images Plus

Montréal J-1 à 3

Voir le programme **p. 20**.

Vallée du Richelieu J-4 & 5

Visitez Chambly et restez-y pour la nuit (**p. 178**). Le lendemain, direction Mont-St-Hilaire (**p. 182**). Nuit à Sorel-Tracy (**p. 185**).

Trois-Rivières J-6 à 8

Rejoignez la capitale de la Mauricie (**p. 146**) par le pont Laviolette (**p. 214**). Alternez visites culturelles (Boréalis-Centre d'histoire de l'industrie papetière, musée POP, Forges du St-Maurice) et escapades au vert (Pointe-du-Lac, chutes de Ste-Ursule, **p. 152**). Gagnez Québec par la route 40, qui longe le St-Laurent.

Québec J-9 & 10

Flânerie dans la Basse-Ville (**p. 229**), avec visite de la place Royale et du musée de la Civilisation (**p. 232 et 233**). Le lendemain, découverte de la Haute-Ville (**p. 237**), dominée par l'imposant château Frontenac, tout proche de l'imposante citadelle.

Cantons-de-l'Est J-11 à 14

Retraversez le St-Laurent par le pont de Québec (**p. 216**) avant de remonter le cours de la Chaudière, de ses chutes (**p. 219**) au lac Mégantic (**p. 222**). En chemin, faites halte au parc de la gorge de Coaticook (**p. 196**) et à St-Benoît-du-Lac (**p. 198**). 1re nuit dans le PN du Mont-Mégantic (**p. 222**), 2e nuit à Sherbrooke (**p. 203**), 3e nuit à Sutton (**p. 193**), puis retour à Montréal.

Parc de la gorge de Coaticook.
izikMd/Getty Images Plus

Nos itinéraires

19 jours Le tour des provinces de l'Atlantique

En bref: 4 000 km à travers îles et presqu'îles.

BirdImages/Getty Images Plus

Nous avons fait démarrer le circuit à Edmundston en raison des beaux paysages de la vallée du St John et pour que notre suggestion de programme puisse éventuellement être couplée avec un circuit en Gaspésie (voir p. 19). Sachez qu'il existe des liaisons quotidiennes entre Montréal-Fredericton (Air Canada - 1h30 - à partir de 150 $ l'aller simple).

Vallée du St John J-1

Partez de bonne heure d'Edmundston pour parcourir tranquillement les 275 km qui vous séparent de Fredericton (**p. 461**), capitale et centre culturel du Nouveau-Brunswick. En chemin, la vallée du St John vous réserve bien des surprises : Kings Landing Historical Settlement (**p. 480**), Grand Falls Gorge (**p. 482**).

Îles Fundy J-2 & 3

En route pour la baie de Passamaquoddy (**p. 470**) ! Partez tôt pour être parmi les premiers à embarquer à Letete, sur le ferry qui dessert les îles Deer (**p. 471**) et Campobello (**p. 472**). Nuit à St Andrews by-the-Sea.

St John J-4

Direction St John (**p. 474**), la plus grande ville du Nouveau-Brunswick, et son célèbre Market Square Area. L'après-midi, ne manquez pas les Reversing Falls Rapids (**p. 475**).

Baie de Fundy J-5

Partez de bon matin en direction d'Hopewell Cape (**p. 468**) pour apprécier les paysages dans le soleil matinal puis poursuivez la journée dans le Fundy NP (**p. 468**). Retour à St John pour la nuit.

Vallée de l'Annapolis J-6

Traversée en ferry de la baie de Fundy. Vous voilà en Nouvelle-Écosse ! Déjeuner de pétoncles à Digby (**p. 529**) et découverte de la vallée de l'Annapolis. Nuit à Annapolis Royal (**p. 524**).

Conseil : la vallée de l'Annapolis est à son plus beau fin mai-début juin, lorsque les arbres sont en fleurs.

Kejimkujik National Park — J-7

Traversez le sud de la Nouvelle-Écosse en suivant la route S8. Faites halte sur le territoire des Micmacs (**p. 521**) pour une randonnée ou une promenade en kayak, au milieu d'une riche faune et d'arbres somptueux. Nuit à Lunenburg (**p. 517**).

Côte atlantique — J-8

Le matin, balade dans les rues pittoresques de Lunenburg et visite du Fisheries Museum (**p. 517**) avant de longer la côte en direction du nord. Halte à Peggy's Cove (**p. 516**) en fin de journée et nuit à Halifax.

Halifax — J-9

Plongez dans l'histoire à la célèbre citadelle en forme d'étoile puis dans l'effervescence estudiantine qui caractérise la capitale de la Nouvelle-Écosse (**p. 502**). Nuit sur place.

Côte atlantique — J-10

Après une grande journée de route au milieu des splendides paysages de l'Eastern Shore jusqu'à Sherbrooke (**p. 515**), obliquez vers l'intérieur des terres et pénétrez à l'intérieur de l'île du Cap-Breton, jusqu'à Baddeck et le lac Bras d'Or (**p. 551**). Nuit à Baddeck.

Piste Cabot — J-11 à 13

300 km de paysages entre mer, falaises et forêts à couper le souffle. L'une des plus belles routes panoramiques du monde (**p. 542**).

Louisbourg — J-14

Comptez une petite journée dans l'étonnante forteresse (**p. 554**). Prenez ensuite la route vers Caribou (3h30/305 km).

Île du Prince-Édouard — J-15 à 18

Traversée en ferry entre Caribou et Wood Islands (**p. 490**). Installez-vous à Charlottetown (**p. 483**) pour rayonner à travers l'île. Possibilité de gagner les îles de la Madeleine en ferry au départ de Souris (**p. 379**).

Fredericton — J-19

Quittez l'île par le Confederation Bridge (**p. 490**) pour rejoindre Fredericton. Halte au fort Beauséjour (**p. 469**) et déjeuner à Moncton (**p. 467**). Dernière nuit à Fredericton.

Île du Prince-Édouard.
ineb1599/Getty Images Plus

Nos itinéraires

21 jours D'île en île dans le golfe du St-Laurent

En bref : Une escapade au bout du monde (2 000 km).

GeorgeBurba/Getty Images Plus

Conseils : voir aussi le plan des liaisons aériennes et maritimes dans le golfe du St-Laurent *p. 653.* *Important : calez vos dates de voyage sur les ferries et réservez 6 mois à l'avance sur relaisnordik.com,* *p. 407.*

Québec — J-1

Balade dans la « vieille capitale » (**p. 228**).

Bas-St-Laurent — J-2

Prenez le traversier entre Québec et Lévis (**p. 341**), puis filez le long du St-Laurent. Déjeuner à Rivière-du-Loup (**p. 348**) et embarquement sur le *Bella Desgagnés* à Rimouski (**p. 352**).

En train, le trajet Québec-Rimouski dure environ 5h.

Sur le St-Laurent — J-3

Cabotage sur le célèbre fleuve (**p. 407**). Arrivée en soirée à Port-Menier (**p. 401**).

Île d'Anticosti — J-4 à 10

De Port-Menier à la baie de la Tour (**p. 405**), l'île est aussi grande que la Corse. Plusieurs jours sont nécessaires pour en découvrir toute la beauté. Le mardi suivant, retour sur le *Bella Desgagnés* (**p. 407**) : départ vers 23h30 de Port-Menier.

Conseil : séjours clé en main sur www.sepaq.com. À Anticosti, location de pick-up indispensable (**p. 407**).

Sur le St-Laurent — J-11 & 12

Deux jours à bord du ferry, avant d'arriver à l'aube à Blanc-Sablon (**p. 398**). Traversée (1h45) jusqu'à Ste-Barbe.

Anse aux Meadows — J-13

Marchez sur les traces des premiers Européens établis en Amérique du Nord et découvrez les vestiges vikings. Nuit à St Anthony (**p. 572**).

Conseil : à Terre-Neuve, la location d'une voiture est indispensable.

PN du Gros Morne J-14 à 16

Profitez des paysages et des activités qu'offre le parc : randonnées, excursions en bateau, découvertes géologiques... Nuits à Rocky Harbor (**p. 570**). La Transcanadienne qui conduit à Trinity longe le Terra Nova NP (**p. 584**) ; n'hésitez pas à vous éloigner de la route principale pour découvrir fjords, tourbières et collines.

Trinity J-17

Cette ville pittoresque (**p. 582**) mérite qu'on s'y arrête un jour et une nuit, pour profiter de son ambiance de port de pêche et observer les baleines (en haute saison).

St John's J-18

Comptez deux jours pour découvrir la capitale de l'île, son port, sa vieille ville et ses musées (**p. 574**).

St-Pierre-et-Miquelon J-19 & 20

De St John's, rendez-vous à Fortune, d'où vous prendrez le ferry. Goûtez le contraste entre l'atmosphère européenne de St-Pierre et les paysages au charme âpre de l'archipel (**p. 586**).

Retour à Québec J-21

Retour à St John's via Fortune puis vol pour Québec.

Site viking, Anse aux Meadows.
GeorgeBurba/Getty Images Plus

Nos spots en famille

Ph. Renault/hemis.fr

Observation des étoiles à l'ASTROLab.

Tout au long du guide, ce symbole vous aidera à repérer les sites ou activités qui intéresseront les enfants.

▸ Partir à pied, à vélo ou en ski dans le Parc linéaire Le P'tit Train du Nord. Avec plus de 230 km de pistes balisées, ce parc est idéal pour découvrir les villages et paysages magnifiques des Laurentides. Plages, jeux d'eau et crémeries motiveront toute la famille entre les étapes ! **Voir encadré p. 128.**

▸ Visiter le Village historique acadien au Nouveau-Brunswick. Situé à Bertrand, près de Caraquet, au nord-est de la province, ce village reconstitue le quotidien du peuple acadien de 1780 à 1890. Des interprètes bilingues en costume font revivre les coutumes ancestrales et les métiers traditionnels de la menuiserie, du moulin à farine... De nombreuses activités sont proposées l'été (juin-oct.). **Voir p. 466.**

Le Biodôme à Montréal.
Karine Patry/Getty Images Plus

▸ Se rapprocher de la nature au cœur de Montréal, à l'Espace pour la vie. Et visiter le plus important complexe en sciences de la nature du Canada. Parfaits pour une expérience ludique et immersive ! L'Insectarium, flambant neuf, grouille de vie, tandis que le Biodôme accueille la faune et la flore de quatre écosystèmes. Une visite à prolonger par le Planétarium du complexe pour un voyage dans l'espace et le temps. **Voir p. 84.**

▸ Découvrir le patrimoine maritime du St-Laurent au Musée maritime du Québec. Témoignages de loups de mer, précieuses maquettes, collection de bateaux en bois où l'on est invité à hisser la voile... Le musée possède de nombreuses surprises. Parmi l'une d'elles : l'imposant brise-glace Ernest Lapointe (1940), qui trône dans le parc fluvial. **Voir p. 344.**

▸ Rencontrer orignaux et caribous au parc de la Gaspésie. Ce magnifique parc montagneux est la seule zone du Québec où cohabitent le caribou des bois et l'orignal. Le mont Jacques-Cartier (1268 m) est un site privilégié pour l'observation du caribou tandis que le mont Ernest-Laforce, avec son sentier qui forme une boucle de quelque 4 km, est l'un des meilleurs endroits du parc pour apercevoir l'orignal (le nom nord-américain de l'élan). **Voir p. 360**.

▸ Plonger la tête dans les étoiles au mont Mégantic. Situé dans le décor exceptionnel du Parc national du Mont-Mégantic, l'ASTROLab est un centre d'astronomie dédié à la vulgarisation scientifique. Entre expositions, projections de films et expériences de réalité virtuelle, ce lieu permet de découvrir quelques-uns des plus beaux paysages de l'Univers. Les soirées « astronomie » sur une plate-forme d'observation vous feront contempler les constellations grâce à un télescope de 61 cm. **Voir p. 222**.

▸ Se promener le long du front de mer d'Halifax. S'étendant sur près de 4 km, l'Halifax Waterfront est l'un des lieux les plus fréquentés et les plus animés de la jolie ville de Nouvelle-Écosse. Le quartier du port, dont les bâtiments du 18e s. abritent restaurants et boutiques, est idéal pour observer le défilé des voiliers, ferries et cargos ou pour partir en excursion dans la rade à bord d'un navire historique comme le Harbour Queen. Profitez-en pour visiter le Maritime Museum of the Atlantic où l'on s'émerveille devant les superbes maquettes de bateaux. **Voir p. 502-503**.

▸ Observer les baleines. Depuis la côte, en mer ou sur le St-Laurent, le Québec et les provinces de l'Atlantique regorgent d'endroits propices à l'observation des baleines à bosse, baleines bleues, globicéphales, petits rorquals communs et autres mammifères marins : la Baie-Ste-Catherine sur la côte de Charlevoix, Tadoussac sur la Côte-Nord, Pleasant Bay en Nouvelle-Écosse, Cape Spear ou Trinity à Terre-Neuve... Pour un moment riche en émotion à vivre en famille. **Voir p. 303, 308, 546, 579, 580 et 585.**

▸ Côtoyer les animaux canadiens au parc Oméga. Et s'offrir une virée en voiture au milieu des bisons, des loups, des caribous et des ours noirs sur l'itinéraire de 15 km, qui traverse les différents écosystèmes de la région. **Voir p. 115.**

Cerfs dans le parc Oméga.
MarcBruxelle/Getty Images Plus

Les Plaines d'Abraham à Québec.
Ph. Renault/hemis.fr

DÉCOUVRIR LE QUÉBEC

Montréal et ses environs

CARTE MICHELIN RÉGIONAL N° 760

1

RAWDON, TERREBONNE
C
LANAUDIÈRE
D
SOREL-TRACY
DRUMMONDVILLE
ST-HYACINTHE
VALLÉE DU RICHELIEU
TORONTO, KINGSTON
1
2
ANJOU
Parc national des Îles-de-Boucherville
Parc-nature de l'Île-de-la-Visitation
ST-LÉONARD
BOUCHERVILLE
Église de la Visitation-de-la-Bienheureuse-Vierge-Marie
Espace pour la vie
ST-LAURENT
SAULT-AU-RÉCOLLET
Parc Maisonneuve
Château Dufresne
Parc olympique
Pie-IX
Bd.
Av.
Rue
St-
Denis
Papineau
Sherbrooke
Côte-Vertu
LONGUEUIL
Île Ste-Hélène
MUMAC - Musée des Maîtres et Artisans du Québec
Parc Jean-Drapeau
ST-HUBERT
NOTRE-DAME
Cité du Havre
Île N.-D.
ST-LAMBERT
ST-HUBERT
voir plan Montréal
Maison St-Gabriel
CÔTE-ST-LUC
POINTE ST-CHARLES
MONTRÉAL-OUEST
Île des Sœurs
Pont Champlain
LACHINE
Canal de Lachine
VERDUN
BROSSARD
Parc Angrignon
LaSalle
Bassin de La Prairie
Île aux Chèvres
LASALLE
Île aux Hérons
LA PRAIRIE
Rapides de Lachine
Pont Honoré-Mercier
Écluse
Voie Maritime du St-Laurent
STE-CATHERINE
N
CANDIAC
Réserve Amérindienne Kahnawake
ST-CONSTANT
MONTRÉAL ET SES ENVIRONS
0
5 km
0
3 mi
25
125
19
20
40
335
15
720
112
116
134
30
10
104
132
207
221
209

Montréal ★★★

Située sur la plus vaste des îles de l'archipel d'Hochelaga, le long du majestueux St-Laurent, Montréal offre tous les attraits d'une grande ville internationale. Deuxième agglomération canadienne derrière Toronto, place financière et commerciale active, elle abrite un dynamique centre industriel et portuaire, sur la longue voie reliant les Grands Lacs à la mer. Montréal est la deuxième ville francophone du monde après Paris, mais la seule grande ville du Canada à réunir de façon unique les influences du Vieux Monde et la modernité nord-américaine. Les nombreux expatriés et étudiants qui s'y sont installés vous le diront volontiers : Montréal est une ville « à vivre », vibrant toute l'année d'une incroyable créativité culturelle. Montréal, c'est aussi une mosaïque de communautés regroupées par quartiers, ce qui lui donne parfois l'aspect d'un patchwork de villages culturellement distincts. Autant de facteurs qui l'ont dotée d'une vitalité fascinante.

Se repérer

1874560 habitants

CARTE P. 30-31 – PLAN DU MÉTRO P. 40 – PLAN DU CENTRE-VILLE P. 38-39 – PLAN DE LA VILLE INTÉRIEURE P. 58-59 – PLAN DU QUARTIER DU MUSÉE DES BEAUX-ARTS P. 68 – PLAN DES ALENTOURS DU MONT ROYAL P. 74-75.

La ville de Montréal se déploie autour du mont Royal. Son cœur historique borde le St-Laurent, au sud de la montagne, tandis que le centre-ville s'intercale entre les deux. À l'est du boulevard St-Laurent s'étendent les quartiers traditionnellement français, comme le Plateau ou le Mile End. À l'ouest, on trouve les quartiers anglophones. En dehors du centre-ville, ce ne sont que microvillages aux noms pittoresques : le Quartier latin, la Petite Italie, le Village (quartier LGBTQ+ à l'est de Berri-UQAM). À l'est, l'ancien quartier ouvrier francophone d'Hochelaga-Maisonneuve s'établit autour du Parc olympique.

À ne pas manquer

Une promenade sur le mont Royal, une balade dans le Mile End et sur le boulevard St-Laurent, les collections du musée des Beaux-Arts, un coucher de soleil sur le centre-ville vu du chalet dans le parc du Mont-Royal.

En famille

Les expériences et les jeux du Centre des sciences de Montréal, la cité d'Archéologie et d'Histoire, les animaux du Biodôme, l'Insectarium, La Ronde, le Planétarium Rio Tinto Alcan.

Carnet pratique p. 90

Nos adresses p. 91

4 jours à Montréal	
Jour 1	Promenade dans le Vieux-Montréal : de la place d'Armes à la place Jacques-Cartier, visite de la basilique Notre-Dame et du château Ramezay. Pause gourmande au marché Bonsecours. Retour par le Vieux-Port et visite de la cité d'Archéologie et d'Histoire.
Jour 2	Découverte du centre-ville moderne au départ de la place Ville-Marie. Visite du musée McCord Stewart, puis balade dans la rue Sherbrooke Ouest et alentour. Après le déjeuner, visite du musée des Beaux-Arts de Montréal. Sortie culturelle en soirée dans le Quartier des spectacles.
Jour 3	Matinée au vert dans le parc du Mont-Royal et après-midi shopping dans le quartier du Plateau Mont-Royal. Soirée dans le Quartier latin.
Jour 4	Visite du Parc olympique et de l'Espace pour la vie regroupant le Jardin botanique, l'Insectarium, le Biodôme et le Planétarium Rio Tinto Alcan. De quoi occuper toute une journée !

★★★ Du Vieux-Montréal à la Cité du Multimédia

PLAN P. 38-39

Circuit 1 tracé en vert sur le plan p. 38-39.

★★★ Vieux-Montréal CD1-3

Square-Victoria. Visite possible en calèche, au départ de la rue Notre-Dame, de la place d'Armes, de la rue de la Commune et de la place Jacques-Cartier.

Le centre historique de la ville était autrefois entouré de fortifications. L'imposante muraille de 5,4 m de haut et de 1 m d'épaisseur fut construite au début du 18e s. et démolie un siècle plus tard. Elle entourait un quartier aujourd'hui délimité par la rue McGill à l'ouest, la rue Berri à l'est, la rue de la Commune au sud et la rue St-Jacques au nord.

Vers le milieu du 18e s., des quartiers commencèrent à se développer hors des murs : le faubourg de Québec vers l'est, des Récollets vers l'ouest et, au nord, le faubourg St-Laurent. Puis, au cours du 19e s., la ville s'étendit au-delà des murs. La population bâtissait de plus en plus loin du fleuve, et le secteur des affaires se déplaça graduellement vers le centre-ville actuel. Des entrepôts remplacèrent alors demeures et jardins. À partir des années 1960, le Vieux-Montréal connut toutefois un regain d'intérêt. Les demeures anciennes furent rénovées, les entrepôts convertis en appartements et bureaux, et des restaurants et boutiques s'ouvrirent, redonnant au secteur un second souffle de vie. Aujourd'hui, il est aussi agréable d'y vivre que d'y travailler, et les touristes viennent volontiers s'y promener.

Point de départ de notre visite, la **tour de la Bourse★** *(800 pl. Victoria)*, élevée en 1964, est un remarquable exemple du style international. Haute de 190 m, elle abritait jusqu'en 2018 la Bourse de Montréal, qui en occupait deux étages.

★★ Rue Saint-Jacques C2-3

Cette importante artère fut baptisée par Dollier de Casson en 1672, en l'honneur de Jean-Jacques Olier, fondateur de l'ordre de St-Sulpice. Centre financier du Canada jusque dans les années 1970, elle a conservé de beaux bâtiments commerciaux de la fin du 19e s. et du début du 20e s. qui lui confèrent une remarquable unité architecturale. Le quartier déclina lorsque les principales institutions financières transférèrent leur siège social dans le centre-ville ou à Toronto. Depuis les

Le carrefour d'enjeux multiples

Un peu de géographie

Une quinzaine de ponts relient l'**île Jésus** et l'**île de Montréal** au continent, dont cinq (pont-tunnel inclus) franchissent le St-Laurent. La communauté métropolitaine de Montréal regroupe 82 municipalités. La plus importante demeure la ville même de Montréal, qui annexa plusieurs villages et quartiers vers 1880, et qui occupe à elle seule plus d'un tiers de la superficie insulaire. Se dressant presque au centre de l'île, le **mont Royal** (233 m), aux pentes abruptes, domine la zone urbaine. La « Montagne », comme on l'appelle familièrement ici, est l'une des huit masses rocheuses qui émergent de la plate vallée laurentienne. Formées pendant le crétacé, ces dernières sont connues sous le nom de collines Montérégiennes. Le mont a influencé l'urbanisme de la ville d'une manière bien particulière : aucun édifice ne doit le dépasser en hauteur.

Pour se repérer : un fleuve et un boulevard

Le **St-Laurent** coule généralement d'ouest en est, et l'on parle de sa rive nord et de sa rive sud. Mais, à Montréal, le fleuve fait un crochet vers le nord, ce qui modifie son axe d'orientation dans sa traversée de la métropole. Néanmoins, les artères parallèles au fleuve sont dites est-ouest (au lieu de nord-sud), tandis que celles qui lui sont perpendiculaires sont dites nord-sud (et non est-ouest). Cet usage risque de dérouter le visiteur non averti.

En plus de connaître cette originalité géographique, il est bon de repérer sur une carte le **boulevard St-Laurent**, car cette artère délimite les parties est et ouest de la ville (elle passe à l'est du mont Royal). Distinguez, par exemple, rue Notre-Dame Ouest ou Notre-Dame Est. Les numéros croissent de part et d'autre du boulevard. Ce dernier marque la frontière entre les quartiers de tradition anglophone, à l'ouest, et la ville francophone à l'est.

Un peu d'histoire

L'origine de Montréal

Les Mohawks, de la nation iroquoise, habitaient l'île de Montréal bien avant que les premiers Européens ne viennent s'établir en Amérique du Nord. En 1535, **Jacques Cartier**, à la recherche de mines d'or et d'une route menant vers l'Inde, débarqua dans l'île et visita le village d'**Hochelaga**, au pied du mont Royal. L'histoire veut que Cartier, l'ayant escaladé, soit resté émerveillé devant le panorama qui s'offrait à sa vue et se soit exclamé : « C'est un mont réal. » La version de l'historien Gustave Lanctot est bien différente. Ce nom aurait été donné à l'endroit par Cartier « en l'honneur du cardinal de Médicis, évêque de la ville de Monreale en Sicile ». En 1611, **Samuel de Champlain**, le « père de la Nouvelle-France », remonta le St-Laurent à partir de Québec, qu'il venait de fonder. Hochelaga n'existait plus et Champlain envisagea d'établir une colonie sur l'île Ste-Hélène. Mais ce projet ne se concrétisa pas.

Ville-Marie

Le 17e s. fut, en France, une époque marquée par de grands desseins d'évangélisation. L'Église catholique espérait recouvrer le terrain perdu lors de la Réforme protestante. Certains virent dans la colonisation un moyen de propager la foi. Deux Français, **Jérôme Le Royer de La Dauversière** et **Jean-Jacques Olier** (qui venait de fonder à Paris,

Belvédère du Chalet, dans le parc du Mont-Royal.
Marc Bruxelle/Getty Images Plus

en 1641, l'ordre des Sulpiciens), eurent simultanément l'idée d'envoyer une mission sur l'île de Montréal. Ils réunirent des fonds et choisirent **Paul de Chomedey, sieur de Maisonneuve**, pour diriger l'établissement qu'ils décidèrent de nommer **Ville-Marie**. Maisonneuve et une quarantaine de ses compagnons franchirent donc l'Atlantique en 1641. Ils passèrent l'hiver à Québec et débarquèrent sur l'île de Montréal en mai 1642. Mais ils se heurtèrent à l'hostilité des Premières Nations et le conflit dura jusqu'à la signature d'un traité de paix avec les Iroquois, en 1701.

Le 18e siècle

Malgré l'échec de la tentative d'évangélisation, Ville-Marie (appelée par la suite Montréal) se développa grâce au commerce des fourrures. Des explorateurs partirent sur les Grands Lacs et leurs affluents, et revinrent chargés de pelleteries. La demande était très forte en Europe, où les peaux entraient dans la confection de vêtements de luxe. Les fourrures devinrent ainsi la base du commerce à Montréal, si bien qu'au moment de la **Conquête**, la ville était bien établie et comptait de nombreux marchands et plusieurs fermes. Après la reddition de Québec en 1759, les troupes anglaises du général Jeffery Amherst marchèrent vers Montréal. En 1760, le chevalier de Lévis s'apprêtait à défendre la ville lorsque son gouverneur, le marquis de Vaudreuil, lui ordonna de se rendre sans combat. Après la Conquête, les membres de la noblesse retournèrent pour la plupart en France. Les premiers anglophones à s'établir à Montréal furent des Écossais, attirés par le commerce des fourrures. Plus tard, après la guerre d'Indépendance américaine, les loyalistes, qui avaient quitté les

États-Unis pour rester fidèles au roi d'Angleterre, vinrent grossir la population anglophone.
En 1775 et 1776, Montréal fut de nouveau occupée, cette fois par les troupes américaines commandées par le général Richard Montgomery. Venues dans l'intention de persuader les Montréalais de s'unir aux colonies américaines dans leur lutte contre l'Angleterre, elles restèrent sept mois. Au début de l'année 1776, ces troupes partirent pour Québec, où elles furent défaites par l'armée anglaise.

Le 19e siècle

La fin du 18e s. et le début du 19e s. marquèrent l'âge d'or du commerce des fourrures à Montréal. Des comptoirs furent ouverts partout dans le nord du Canada où les Premières Nations apportaient, en échange de marchandises diverses, des peaux qui étaient ensuite expédiées à Montréal par canot.
En 1783 fut fondée la **Compagnie du Nord-Ouest**, où s'associèrent quelques grandes figures de l'époque : Fraser, Frobisher, Mackenzie, McGill, McGillivray, McTavish et Thompson. Avec d'autres, ils fondèrent le **Beaver Club** (Club des castors), où se réunissaient les négociants en fourrures.
En 1821, la Compagnie du Nord-Ouest fusionna avec sa grande rivale, la **Compagnie de la baie d'Hudson**, qui exportait ses fourrures en passant par la baie d'Hudson. Le rôle joué par Montréal s'amenuisa, marquant le début de son déclin dans ce négoce.
Montréal n'avait pas participé à la guerre d'Indépendance américaine, mais, en 1837, la ville et toute la région se trouvèrent au cœur d'une révolte contre le gouvernement anglais : la **Rébellion des patriotes**. La colonie était administrée par un gouverneur nommé par le roi d'Angleterre et par un conseil lui-même nommé par le gouverneur. Il y avait aussi une assemblée élue, mais dont les propositions restaient le plus souvent lettre morte. Chez les Canadiens français, d'éminentes personnalités comme **Louis-Joseph Papineau** et **George-Étienne Cartier** protestèrent contre cette situation. À la suite de nombreuses pétitions, le gouvernement anglais prit acte des causes de la rébellion et accorda par la suite aux Canadiens français un gouvernement représentatif.
Louis-Joseph Papineau, après plusieurs années d'exil, fit un bref retour à la politique, puis se retira à Montebello. George-Étienne Cartier poursuivit quant à lui sa carrière et devint un éminent homme politique au Québec et l'un des pères de la Confédération canadienne.

Une industrie en plein essor

Vers 1820 débuta la conversion de l'économie montréalaise vers le commerce et l'import-export. La création de la Banque de Montréal (1817) et celle du Board of Trade (1822) par la communauté anglophone firent de la rue St-Jacques le centre financier de la ville, du Québec et même du Canada, grâce à des investissements dans le secteur des transports. Cette rue resta longtemps le centre économique de Montréal, avec les sièges sociaux des institutions financières et bancaires et la Bourse de Montréal.
Le dynamisme économique de la communauté anglophone s'était alimenté, depuis 1815, d'une immigration britannique, surtout irlandaise, qui fit de Montréal, entre 1831 et 1865, une ville essentiellement anglophone, avant que l'émigration rurale canadienne française ne lui redonne son visage francophone.
L'industrialisation s'amorça vers 1840 grâce à l'agrandissement du

canal de Lachine qui, depuis 1825, permettait à la navigation d'éviter les rapides du même nom. Un système de canalisation, aménagé sur le St-Laurent jusqu'aux Grands Lacs et sur la rivière Richelieu jusqu'à New York via le lac Champlain et l'Hudson, ouvrit de nouveaux axes commerciaux rapidement concurrencés par le chemin de fer.
La première et courte ligne de chemin de fer (1836) relia La Prairie, sur la rive sud, à St-Jean-sur-Richelieu. Montréal devint alors le lieu de financement, de construction, d'embauche et d'entretien du système ferroviaire. En témoigne l'ouverture (1859) du pont Victoria, qui permit de franchir le fleuve et de développer un axe ferroviaire nord-sud entre Montréal et le Vermont.
Ville de confluence, Montréal le fut encore par son **port**, dont l'expansion tint aussi au chemin de fer qui traversa le Canada de l'Atlantique au Pacifique, en 1885. Le développement des provinces des Prairies créa alors un nouveau marché pour la ville : à l'aller, les céréales venaient, par chemin de fer, remplir les silos à grains du port en vue de l'exportation atlantique ; au retour, les wagons apportaient dans l'Ouest les produits manufacturés à Montréal.

Le 20e siècle

La crise économique des années 1930 mit fin à la période de croissance qui avait suivi la Première Guerre mondiale. Le nombre de personnes sans emploi augmenta, et, partout, les silhouettes de projets inachevés se multiplièrent.
Prospérité et dynamisme se retrouvèrent lors des années d'après-guerre, et, sous l'administration du maire Jean Drapeau, le centre-ville et l'est de Montréal connurent une restauration complète. L'**Expo 67** (en commémoration du centenaire de la Confédération canadienne) vit surgir deux grandes salles d'exposition : le Palais des congrès et la place Bonaventure, l'un des plus vastes bâtiments d'Amérique du Nord (notez qu'au Québec, le mot « place » s'emploie souvent pour décrire des espaces intérieurs ou des centres commerciaux). En 1976, la ville accueillit les **Jeux olympiques** d'été, donnant naissance à l'imposant Parc olympique dans le quartier ouest.

Le 21e siècle

Montréal ne cesse d'évoluer. Des îlots entiers sont réhabilités, d'où émergent de nouveaux quartiers et bâtiments. La ville se métamorphose avec le souci de conserver son caractère multiculturel, comme l'illustre l'importante immigration, en particulier haïtienne, qui a modifié la physionomie de sa population depuis la fin du 20e s. La diversité humaine et architecturale y est si manifeste qu'elle sert de décor à des cinéastes pour figurer les rues de villes aussi bien européennes qu'asiatiques ou américaines !
La vie culturelle n'est pas en reste, avec une scène musicale reconnue (Léonard Cohen est né à Montréal et le groupe Arcade Fire est une figure du rock contemporain), mais cette créativité se retrouve dans bien des domaines. Montréal fut ainsi désignée en 2006 ville du design par l'Unesco. La ville accueille chaque année de nombreux événements, comme les festivals Nouveau Cinéma, MAD Festival, Mtl en arts ou encore, plus alternatifs, le POP Montréal ou le Osheaga qui a rassemblé plus de 150 000 festivaliers en 2023.

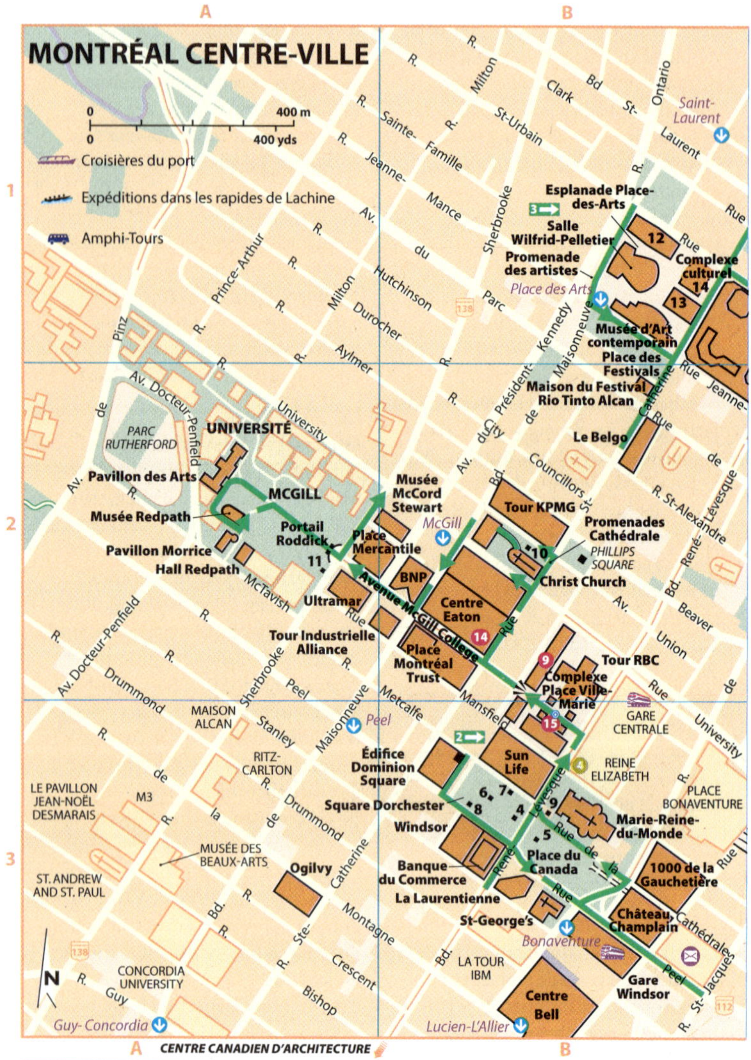

SE RESTAURER

L'Arrivage ... 2
Olive + Gourmando ... 3
Le Club Chasse et Pêche ... 4
La Finca café ... 5
Moishes ... 7
Hiatus ... 9
Fleurs et cadeaux ... 11
Stash Café ... 12
Time Out Market ... 14
Le Cathcart Restaurants et Biergarten ... 15
Toqué ! ... 16
Le Central ... 17

SE LOGER

Le Dauphin ... 2
Fairmont The Queen Elizabeth ... 4
Hôtel Nelligan ... 6
Hôtel Place d'Armes ... 8
Hyatt Centric ... 10

1. Monument de Maisonneuve
2. Horatio Nelson
3. Obélisque *Les Pionniers*
4. Sir Wilfrid Laurier
5. Sir John A. Macdonald
6. Régiment canadien de cavalerie de lord Strathcona
7. Statue du Lion de Belfort
8. Robert Burns
9. Statue de Mgr Bourget
10. Francis Fulford
11. Plaque commémorative d'Hochelaga
12. Maison symphonique
13. Espace culturel Georges-Émile-Lapalme
14. Édifice des théâtres
15. Fontaine La Joute
S. Édifice de la Sauvegarde

années 1990, la rue connaît un renouveau : des bâtiments modernes vitrés ont pris place et les anciens édifices ont été convertis en logements. Les immenses appartements sont parmi les plus onéreux de la ville.

Citons en particulier l'**édifice néo-Renaissance de la Canada Life Assurance★** *(n° 275)*, premier gratte-ciel montréalais à la charpente d'acier (1895), et l'ancienne **Banque de commerce impériale du Canada★** *(n° 265 - tlj sf dim. 9h30-17h)*, aux allures de temple antique, dont la façade est ornée de colonnes corinthiennes (1909). Sa monumentale **salle principale** a été reconvertie en salle de spectacle et d'événements.

★ Banque royale du Canada C2

360 r. St-Jacques.

Il s'agit du premier édifice (1928) élevé après la modification de la réglementation de zonage de 1924. Inspirée du modèle new-yorkais, elle définissait la hauteur et le volume des bâtiments par rapport à la largeur des rues, de manière à éviter que celles-ci ne deviennent trop obscures. Elle autorisait les constructions de plus de dix étages, à condition que les niveaux supérieurs soient en décrochement.

Avec ses 22 étages, l'édifice de la Banque royale était, à son inauguration, l'immeuble le plus élevé de tout l'Empire britannique. D'une majestueuse sévérité, sa partie inférieure, inspirée du style néo-Renaissance, rappelle le théâtre San Carlo de Naples. L'autre côté de la rue St-Jacques offre une vue d'ensemble de cette tour dont le faîte a longtemps dominé le quartier des affaires de Montréal. L'édifice est resté le siège social de la banque jusqu'à l'ouverture de la tour de la Banque royale du Canada, place Ville-Marie, en 1962.

Intérieur – Les portails de bronze s'ouvrent sur un vaste vestibule orné d'un plafond voûté en caissons richement décorés de motifs floraux aux couleurs chatoyantes. Noter aussi les belles portes des ascenseurs situés dans les couloirs à droite du vestibule. Un grand escalier de marbre mène à l'impressionnante **salle des guichets** (45 m de long, 14 m de large et 14 m de haut), transformée en café avec espaces de coworking.

Empruntez la rue St-Jacques vers l'est. Tournez à droite dans la rue St-Jean.

★ Fondation Phi C2

451 et 465 r. St-Jean - ✆ 514 849 3742 ou 1 888 934 2278 - phi.ca - merc.-vend. 12h-19h, w.-end 11h-18h - gratuit.

Inauguré en 2007, cet espace destiné à la promotion de l'art contemporain (photo, vidéo, cinéma, musique) organise chaque année plusieurs expositions et manifestations qui permettent de découvrir des artistes d'avant-garde.

Revenez sur la rue St-Jacques et continuez vers l'est.

★★ Place d'Armes C2

Place-d'Armes.

Lorsqu'il fut nommé supérieur des Sulpiciens en 1670, Dollier de Casson établit le plan de la ville de Montréal. Il fixa le tracé des nouvelles rues au nord de la rue St-Paul et dessina une grande place au centre de laquelle il projetait la construction de la basilique Notre-Dame. Selon la légende, c'est à cet emplacement qu'aurait eu lieu, en 1644, la bataille au cours de laquelle Maisonneuve lui-même tua le chef amérindien local et mit en fuite nombre de ses guerriers.

La place d'Armes, ainsi nommée depuis 1723, servait traditionnellement de terrain de manœuvres pour les troupes qui venaient présenter les armes au souverain ou à son représentant, en l'occurrence les Messieurs de St-Sulpice, seigneurs de l'île de Montréal. En 1775-1776, lors de l'occupation américaine, des vandales mutilèrent le buste de George III qui en ornait le centre. Retrouvée dans l'ancien puits de la place, la statue est désormais conservée au musée McCord Stewart (*p. 62*). En 1832, la place fut le théâtre d'une émeute électorale contre les Tories, menée par le légendaire **Jos Montferrand**, que Gilles Vigneault immortalisa dans ses chansons. Récemment réaménagée, elle a conservé toute sa monumentalité grâce aux édifices prestigieux qui la bordent.

★ **Monument de Maisonneuve** – Au centre de la place d'Armes, un monument **(1)** est dédié à la mémoire de Paul de Chomedey, **sieur de Maisonneuve** et fondateur de Montréal (1612-1676). Ce chef-d'œuvre de Louis-Philippe Hébert fut réalisé pour célébrer le 250e anniversaire de la ville en 1892. Il représente Maisonneuve debout, brandissant la bannière de France. À la base du socle figurent les personnages clés de l'histoire de Montréal : Jeanne Mance, fondatrice de l'hôtel-Dieu ; Lambert Closse, défenseur du fort, et son chien Pilote, qui entendit l'armée se rapprocher et donna l'alarme ; Charles Le Moyne, dont le fusil et la faucille évoquent la vie des pionniers ; et un guerrier iroquois.

1

Le bas-relief comporte ces mots inspirés du sermon prononcé par le père Vimont lors de la première messe, dite à Montréal en 1642 : « Vous êtes le grain de sénevé qui croîtra, et multipliera et se répandra dans tout le pays. »

★ **Édifice New York Life Insurance** – *Au n° 511.* Pastiche des styles roman et Renaissance, ce bâtiment de grès rouge (1888) fut, avec ses huit étages dont les derniers forment un beffroi portant une horloge, le premier « gratte-ciel » de la ville. Alors qu'à cette époque, l'usage de l'acier commençait à se répandre largement comme moyen de support intérieur, la structure des planchers de ce bâtiment était encore portée par les murs.

★ **Édifice Aldred** – *Au n° 507.* La forme et l'ornementation de ce gratte-ciel Art déco (1930) s'inspirent du Rockefeller Center de New York, qui était alors en construction. Sa haute et massive silhouette pyramidale est allégée par les bas-reliefs de fleurs stylisées qui ornent certains niveaux.

★ Banque de Montréal C2

129 r. St-Jacques.

La principale succursale de la plus vieille banque du Canada occupe un bâtiment dont l'imposante façade, semblable au Panthéon de Rome, flanque le côté nord de la place d'Armes. Avec le marché Bonsecours, c'est l'un des édifices néoclassiques les plus achevés de Montréal. Il fut bâti en 1847. Son intérieur, redécoré en 1905, s'ouvre sur un hall d'entrée situé sous le dôme ; d'énormes colonnes de granit vert mènent à une imposante **salle bancaire** au beau plafond à caissons.

Musée – *À gauche de l'entrée, traversez les portes à tambour (le musée se trouve au niveau D) - ☎ 514 877 6810 - 10h-16h - fermé w.-end - gratuit.* Il abrite une exposition sur le patrimoine historique de la banque, ainsi qu'une collection de billets et d'amusantes tirelires mécaniques.

★★★ Basilique Notre-Dame C2

110 r. Notre-Dame Ouest - ☎ 514 842 2925 - www.basiliquenddm.org - ♿ - réserv. en ligne obligatoire - 9h-16h30 (10h en déc.-mars), sam. 9h-16h, dim. 12h30-16h - 16 $.

☺ Dotée d'une excellente acoustique, Notre-Dame est un lieu de prédilection pour les concerts, en particulier ceux de l'Orchestre symphonique de Montréal *(programmation et tarifs des concerts et récitals d'orgue : www.basiliquenddm.org).*

Son et lumière Aura – *Juil.-sept. : tous les soirs sf dim. (40mn), 18h et 20h (sam. 19h et 21h ; certains soirs, 3e session à 21h30) ; reste de l'année : se rens. sur www.basiliquenotredame.ca/evenements/experience-aura - réserv. des billets sur place ou sur Internet - 35 $.*

Les tours jumelles de l'édifice religieux le plus célèbre de Montréal s'élèvent à plus de 69 m, au sud de la place d'Armes. Elles dominaient autrefois toute la ville, mais sont aujourd'hui écrasées par la masse imposante des immeubles de bureaux et des établissements financiers environnants. La basilique fut édifiée par les **Sulpiciens**, seigneurs de l'île de Montréal, qui souhaitaient renforcer leur puissance et éviter le morcellement de leur territoire au profit d'églises paroissiales relevant de l'évêque de Québec. Le monument devait être assez grand pour réunir tous leurs fidèles dans une seule église (elle pouvait contenir quelque 3 500 personnes contre près de 10 000 aujourd'hui). Malgré leurs efforts, le diocèse de Montréal fut établi en 1830 et l'île découpée en plusieurs paroisses.

Extérieur – Première église néogothique du Québec, Notre-Dame est bâtie sur les plans de l'architecte irlando-américain **James O'Donnell**, mort en 1830 et

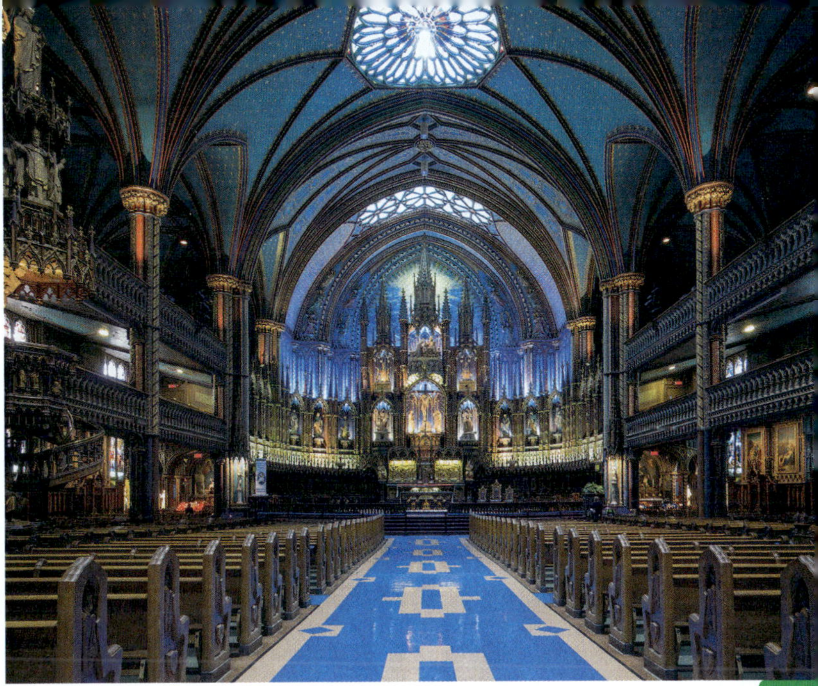

Basilique Notre-Dame.
AlexPapp/Getty Images Plus

enterré dans la crypte. L'édifice est aussi le premier bâtiment important de la ville réalisé en pierre de taille. Sa construction nécessita l'ouverture de nouvelles carrières. En 1843, l'architecte **John Ostell** acheva les **tours jumelles** d'après les plans d'origine. Œuvres de Baccirini, les trois statues de la façade, qui représentent la Vierge Marie, saint Joseph et saint Jean-Baptiste, proviennent quant à elles d'Italie. La tour est (La Tempérance) abrite un carillon à dix cloches, et celle de l'ouest (La Persévérance) contient « Jean-Baptiste », célèbre bourdon de près de 11 t, fondu à Londres et utilisé pour les grandes occasions.

Intérieur – En pénétrant dans la basilique, on est saisi par son incroyable décor néogothique, subtilement mis en valeur par l'éclairage. L'église est divisée en une nef et deux bas-côtés, chacun doté de deux étages de galeries, que viennent rythmer des piliers polylobés. Tout en respectant ces éléments, alors nouveaux au Québec, l'architecte **Victor Bourgeau** a réaménagé l'intérieur, resté inachevé faute de fonds, et enrichi le décor entre 1872 et 1880, dans la tradition de l'Église catholique du Québec : abondance de sculptures, boiseries et dorures.

Son style néogothique s'inspire du mobilier et des ornements du gothique français. Finement sculpté, peint et doré (or 22 carats), le décor en pin est particulièrement remarquable. La nef, longue de 68 m, large de 21 m et haute de 25 m, descend en pente douce vers l'autel, suivant ainsi l'inclinaison naturelle du terrain ; l'espace intérieur est illuminé par trois rosaces perçant la voûte polychrome. Le maître-autel et son **retable**★★★ ont été dessinés par Victor Bourgeau et sculptés par Henri Bouriché. Sur le fond bleu ciel se détachent des statues en chêne blanc de personnages de la Bible, entourant un Christ en croix, surmonté d'une représentation du couronnement de la Vierge. Dans la **chaire**★ en noyer noir, entièrement sculptée, sont incorporées de nombreuses statues, œuvres de Louis-Philippe

Hébert ; celles d'Ézéchiel et Jérémie, à la base, sont parmi les plus remarquables. Les **vitraux** des bas-côtés illustrent des scènes de l'histoire de Montréal ; dessinés par Jean-Baptiste Lagacé et exécutés par la maison Chigot de Limoges, en France, ils furent commandés en 1929, à l'occasion du centenaire de l'église, et installés en 1931. L'**orgue** monumental (1887) – l'un des plus grands du monde – est l'œuvre des frères Casavant de St-Hyacinthe ; il compte 6 800 tuyaux et 84 jeux disposés sur quatre claviers.

Chapelle Notre-Dame-du-Sacré-Cœur – *Derrière le chœur - réservée à la prière, mais visible depuis la porte vitrée.* En 1891, une chapelle destinée à la célébration des mariages et aux cérémonies qui réclamaient moins de faste fut ajoutée à l'église. Ravagée par un incendie en 1978, elle fut rouverte en 1982. On notera la profusion de ses ornements, comprenant des éléments de l'ancienne chapelle (galeries, colonnes...) et d'autres plus récents. La voûte est en acier recouvert de bois de tilleul. Œuvre de Charles Daudelin, un impressionnant **retable** de bronze (1980-1982) domine la chapelle ; il se compose de 32 panneaux atteignant 17 m de haut, 6 m de large et pesant plus de 20 t, et représente le long cheminement d'un homme pour atteindre les cieux.

★ Vieux Séminaire de Saint-Sulpice C2

130 r. Notre-Dame Ouest - fermé au public jusqu'à nouvel ordre, se rens.

Ce bâtiment de pierre qui jouxte Notre-Dame est le plus ancien de Montréal. Il fut construit en 1685 à la demande de **Dollier de Casson** (1636-1701), supérieur des Messieurs de St-Sulpice et premier historien de la ville, pour servir de résidence et de centre de formation aux membres de la congrégation.

À l'image de nombreux autres édifices de Montréal, l'architecture du séminaire présente certaines caractéristiques du classicisme français du 17e s. Son plan en U, de style palatial, fut repris par tous les ordres religieux de l'île de Montréal. Le bâtiment principal, surmonté d'un toit mansardé, fut agrandi en 1704 puis en 1712, selon les directives du sulpicien Vachon de Belmont (1654-1732). Deux ailes entourant une cour d'honneur furent ajoutées à cette époque, de même que des tourelles avec des escaliers, à la jonction des principaux bâtiments. Le séminaire soustrait à la vue le grand jardin qui, jusqu'au 19e s., dégageait une perspective vers le St-Laurent.

L'**horloge** de la façade, créée à Paris, fut installée en 1701 ; son cadran fut gravé par Paul Labrosse et doré par les sœurs de la Congrégation de Notre-Dame. Elle serait la plus ancienne horloge publique d'Amérique du Nord (son mouvement, entièrement en bois, a été remplacé par un mécanisme électrique en 1966).

Descendez la rue St-Sulpice.

La Compagnie de St-Sulpice

Cet ordre, fondé en 1641 à Paris par l'**abbé Jean-Jacques Olier**, vint établir un séminaire à Montréal en 1657. En 1663, la Compagnie de St-Sulpice achetait à la Société de Notre-Dame la mission de Ville-Marie, ses titres de propriété et son pouvoir seigneurial. En leur qualité de seigneurs de l'île, les Sulpiciens jouissaient d'une grande autorité sur la population ; c'est ainsi qu'ils construisirent la **basilique Notre-Dame**. Le séminaire fit également office de centre administratif à Ville-Marie. De nos jours, il sert encore de résidence aux Sulpiciens.

Cours Le Royer CD2

Quadrilatère formé par les rues St-Dizier, de Brésoles, Le Royer et St-Paul.
Sur le site de l'ancien hôtel-Dieu de Montréal furent construits à partir de 1861 des entrepôts. Dessinés d'après les plans de Victor Bourgeau, ils furent reconvertis à des fins d'habitation dans les années 1980. Ce projet à grande échelle conduisit à la transformation du Vieux-Montréal en quartier résidentiel. Les immeubles (dont l'architecture annonce le rationalisme du 20e s.) dominent une charmante cour agrémentée de jardinières.
Suivez la rue St-Dizier jusqu'à la rue St-Paul, puis tournez à gauche.

★★ Rue Saint-Paul D1-2

Tout comme la rue Notre-Dame, cette voie étroite est l'une des plus anciennes de Montréal. C'était à l'origine un sentier reliant le fort à l'hôtel-Dieu, qui longeait la rive du St-Laurent, ce qui explique son parcours sinueux. En 1672, Dollier de Casson en régularisa le tracé lorsqu'il établit son plan de ville. Il lui donna le nom de rue St-Paul, en l'honneur de Paul de Chomedey, sieur de Maisonneuve. Aujourd'hui, la petite artère est bordée de beaux bâtiments du 19e s. aux proportions harmonieuses. Dans la section comprise entre le boulevard St-Laurent et la place Jacques-Cartier, les entrepôts d'autrefois ont été transformés en boutiques et galeries d'art.
Petit détour possible pour voir l'**Auberge St-Gabriel** *(426 r. St-Gabriel)*, construite en 1754 et aujourd'hui transformée en restaurant.

★★ Place Jacques-Cartier D1

Champ-de-Mars.
C'est en 1847 que le Conseil de la Ville donna officiellement son nom à la place pour honorer la mémoire du célèbre explorateur Jacques Cartier, dont le navire aurait mouillé non loin de là, en 1535. Au début du 18e s., le marquis de Vaudreuil fit construire en cet endroit un château dont l'emplacement est aujourd'hui couvert de parterres fleuris; le bâtiment fut détruit par un incendie en 1803. On y ouvrit alors un marché aux fruits, légumes et fleurs, qui se tint sur cette place jusqu'à la construction du marché Bonsecours. Aujourd'hui, avec ses terrasses de café, ses artistes ambulants et ses restaurants installés dans nombre d'immeubles du début du 19e s. qui la bordent, la place Jacques-Cartier bénéficie, surtout pendant la période estivale, d'une vivante animation nocturne.
À l'extrémité nord de la place, une **colonne** de 15 m supporte la copie de la plus ancienne statue érigée en l'honneur de l'**amiral Nelson (2),** vainqueur des Français à la bataille de Trafalgar. L'original, qui se trouve à la cité d'Archéologie et d'Histoire de Montréal, date de 1809, tandis que la colonne de Trafalgar Square, à Londres, ne date que de 1842.
Partant de la place Jacques-Cartier, la petite **rue St-Amable** est bien connue pour ses artistes qui, l'été, y exposent et vendent des œuvres représentant Montréal et son vieux quartier. Elle a hérité du nom de l'épouse de Jacques Viger, premier maire de la ville.

★ Hôtel de ville D1

275 r. Notre-Dame Est, au nord de la place Jacques-Cartier - lun.-vend. 8h-17h.
Premier de son genre à avoir introduit au Québec le style Second Empire, le bâtiment de l'hôtel de ville fut construit dans les années 1870. Ravagé par un incendie en 1922, il fut reconstruit par Joseph-Omer Marchand qui, réutilisant les

murs existants, rehaussa la structure d'un étage. Du côté du château Ramezay, la jolie façade est surmontée d'une tour-lanterne. C'est du balcon central, juste au-dessus de l'entrée principale, que le général de Gaulle, en 1967, lança son inoubliable : « Vive le Québec libre ! » Rouvert après 5 ans de travaux, l'intérieur dévoile un élégant hall d'honneur, au sol et aux murs revêtus de marbre, éclairé par un lustre de bronze pesant plus d'une tonne. Lorsqu'il ne se tient pas de séances, on peut voir la Chambre du Conseil (accès par le passage sous l'horloge), dont les vitraux illustrent certains aspects de la vie à Montréal dans les années 1920. Les visiteurs ont également accès à une terrasse avec vue sur le centre-ville.
De l'autre côté de la place Vauquelin, l'**édifice Lucien-Saulnier** *(155 r. Notre-Dame Est)*, bâtiment néoclassique construit entre 1851 et 1857, servit de palais de justice jusqu'en 1971. Entre les deux édifices, depuis la place Vauquelin, s'ouvre une large vue sur le centre-ville. Des fouilles sur le vaste espace planté de pelouse du **Champ-de-Mars**, en contrebas, ont révélé les bases d'un mur de fortification en pierre.
En face de l'édifice Lucien-Saulnier, jetez un coup œil à la façade étroite de l'**édifice de La Sauvegarde (S)**, élégant exemple de gratte-ciel montréalais des années 1910. Un peu plus loin dans la rue Notre-Dame, la façade massive scandée de colonnes à l'antique est celle de l'**édifice Ernest-Cormier** (1922-1926), qui abrite la Cour d'appel du Québec.

★ Château Ramezay D1

280 r. Notre-Dame Est - ✆ 514 861 3708 - www.chateauramezay.qc.ca - ♿ - 10h-17h - 14 $.

Face à l'hôtel de ville se trouve l'un des plus beaux exemples de l'architecture domestique des débuts du 18e s. Le bâtiment, caractérisé par une maçonnerie de moellons et par un toit de cuivre percé de lucarnes, fut construit en 1705 pour Claude de Ramezay (1659-1724), onzième gouverneur de Montréal sous le Régime français. Il subit de nombreuses transformations tout en gardant sensiblement le même aspect. En 1745, les héritiers de Ramezay vendirent le château à la **Compagnie des Indes**, qui le fit reconstruire en 1756 par le maître maçon Paul Tessier, dit Lavigne. L'ancien corps de logis fut doublé, ce qui permit d'y ajouter un « appartement » et de le doter d'imposantes voûtes et de murs coupe-feu. La tour accolée au corps de logis fut quant à elle ajoutée au début du 20e s.
La maison n'acquit le titre de château qu'après la Conquête, lorsque les gouverneurs britanniques s'y installèrent. Ils occupèrent l'édifice de 1764 à 1849, à l'exception d'une période de sept mois (1775-1776), durant l'occupation américaine, où le château servit de quartier général à l'armée de Richard Montgomery. Benjamin Franklin, envoyé en mission diplomatique, y fit alors un bref séjour.
Musée – Restauré et aménagé en musée en 1895, l'édifice est dédié à l'histoire politique, économique et sociale de Montréal. À l'étage principal, plusieurs salles présentent des objets issus de la collection permanente : mobilier, tableaux, journaux, lettres manuscrites, billets, livres, armes, objets usuels divers illustrant la vie d'Hochelaga, de Ville-Marie puis de Montréal. On remarquera tout particulièrement la salle des **lambris**. Réalisées à Nantes (France), ces boiseries en acajou sculpté ornaient jadis les locaux de la Compagnie des Indes. Elles sont attribuées à Germain Boffrand (1667-1754), architecte français qui instaura le style Louis XV. Envoyées à Montréal pour orner le pavillon français durant l'Expo 67, elles furent finalement installées dans le château Ramezay en raison des liens historiques entre

la Compagnie et le bâtiment. Doté de remarquables voûtes, le sous-sol reproduit un quartier de domestiques (cuisine, salle commune) et aborde certains aspects de l'artisanat traditionnel (outils du bardeleur, reconstitution d'une forge, appareils de fabrication de la fibre textile).

Des guides en costume d'époque proposent une visite commentée des expositions permanentes et temporaires. Le château possède également un petit jardin à la française, réaménagé dans le goût de la noblesse du 18e s. avec quelques bornes interactives pour en savoir plus sur la gastronomie et la botanique.

Continuez vers l'est par la rue Notre-Dame jusqu'à l'intersection avec la rue Bonsecours.

Maison Papineau D1

440 r. Bonsecours.

Ce grand bâtiment fut édifié en 1785 par Jean-Baptiste Cérat, dit « Coquillard ». Avec son toit à forte pente percé de deux rangées de lucarnes et sa porte cochère donnant accès à une arrière-cour, c'est une maison typique du Régime français. Au cours de sa reconstruction, en 1831, les murs de pierre d'origine furent revêtus de bois sculpté et peint en imitant la pierre de taille. Ce procédé venait apposer un fini néoclassique sur une construction traditionnelle. La maison resta dans la famille Papineau pendant six générations. **Louis-Joseph Papineau** (1786-1871), chef du parti des patriotes, y résida périodiquement entre 1814 et 1837.

Revenez sur vos pas et poursuivez vers l'est jusqu'à l'angle de la rue Berri.

★ Lieu historique national de Sir-George-Étienne-Cartier D1

458 r. Notre-Dame Est - ✆ 514 283 2282 - parcs.canada.ca/lhn-nhs/qc/etienne-cartier - ♿ - de mi-juin à déb. sept. : merc.-dim. 10h-17h ; sept.-oct. : w.-end 10h-17h ; reste de l'année : se rens. - 4,50 $.

Ce bâtiment en pierre de taille coiffé d'un toit en fausse mansarde se compose de deux maisons indépendantes, reliées l'une à l'autre par un ancien passage cocher servant aujourd'hui d'espace d'accueil. Véritable géant de la vie politique canadienne au 19e s., membre influent du cabinet de sir John A. Macdonald jusqu'à sa mort, **sir George-Étienne Cartier** (1814-1873) y résida de façon intermittente entre 1848 et 1872.

Un bref panorama de la société montréalaise au 19e s. précède l'exposition évoquant la vie et l'œuvre de Cartier, son éducation et son rôle dans l'avènement des chemins de fer, la Confédération et l'élargissement du territoire canadien. Méticuleusement restaurée, la maison ouest a pour ambition de recréer l'ambiance cossue d'une demeure victorienne de la bourgeoisie moyenne plutôt que de reconstituer la demeure des Cartier à proprement parler. Car, si beaucoup de ses meubles sont d'époque, très peu leur ont appartenu.

Descendez la rue Berri et prenez à droite la rue St-Paul.

★ Maison du Calvet D1

401 r. Bonsecours, à l'angle de la rue St-Paul Est.

Construite en 1725, cette demeure est le meilleur exemple de maison urbaine traditionnelle à Montréal, avec ses murs en pierre sans ornement de bois, ses murs coupe-feu (partie de mur qui protège des étincelles) débordant sur consoles, ses hautes cheminées inscrites dans de larges pignons et sa toiture à pente sans lucarnes. L'attique, percé de trois petites fenêtres, évoque les toits mansardés caractéristiques de l'architecture des loyalistes.

Pierre du Calvet (1735-1786)

Marchand français huguenot arrivé à Montréal en 1758, il fut le plus célèbre occupant de la maison qui porte son nom. Après avoir offert ses services aux Anglais en 1760, il fit de même auprès des Américains en 1775. Ce changement de cap lui valut d'être emprisonné pour trahison en 1780. Libéré en 1784, il s'embarqua pour Londres en 1786 afin d'obtenir réparation. Il périt lors de son voyage de retour, au cours duquel son navire sombra.

★★ Chapelle Notre-Dame-de-Bon-Secours D1

400 r. St-Paul Est - ✆ 514 282 8670 - margueritebourgeoys.org - ♿ - 10h-18h; de mi-oct. à mi-mai : mar.-sam. 11h-17h, dim. 10h-17h - musée 14 $, site archéologique inclus.

Ce petit édifice est surtout remarquable pour son clocher recouvert de cuivre et sa statue de la Vierge (hauteur : 9 m ; sculpteur : Philippe Laperle). Commandée par Marguerite Bourgeoys en 1657 et inaugurée en 1678, la chapelle d'origine, en pierre, fut détruite par un incendie en 1754. L'édifice actuel date donc du milieu du 18e s. À la fin du 19e s., sa façade fut élevée et son intérieur entièrement redécoré. L'abside fut reconstruite de 1892 à 1894 pour accueillir la statue de la Vierge. Une « chapelle aérienne » et un belvédère furent également ajoutés.

Notre-Dame-de-Bon-Secours est surnommée « l'église des marins » car, en remerciement d'une grâce obtenue ou d'un vœu exaucé, ceux-ci avaient pour coutume d'offrir des ex-voto. À l'intérieur, la voûte est couverte d'un remarquable décor en trompe-l'œil et en grisaille de François-Édouard Meloche, redécouvert à la fin des années 1990. La chapelle latérale, à gauche de l'autel, abrite une petite madone en chêne sculpté, originaire de Belgique, retrouvée intacte après plusieurs incendies et un vol.

Musée Marguerite-Bourgeoys, belvédère et site archéologique – Une ancienne école, attenante à la chapelle, et le belvédère (100 marches) abritent quelques salles consacrées à la vie et l'œuvre de **Marguerite Bourgeoys** (1620-1700). Arrivée à Ville-Marie en 1653, elle fut la fondatrice de la première congrégation canadienne de sœurs non cloîtrées, la congrégation de Notre-Dame, et, pendant des années, s'occupa des **Filles du Roy**. Le belvédère offre une **vue★★** sur le St-Laurent, l'île Ste-Hélène, le pont Jacques-Cartier et le Vieux-Port. Quant au site archéologique, il présente les fondations de la chapelle d'origine (1675), détruite lors d'un incendie en 1754. En 2023, une grande opération de numérisation de la chapelle a d'ailleurs débuté.

Empruntez la rue St-Paul Est vers l'ouest.

★ Marché Bonsecours D1

350 r. St-Paul Est - ✆ 514 872 7730 - www.marchebonsecours.qc.ca - ♿ - de fin juin à déb. sept. : 10h-21h (dim. 18h) ; sept.-oct. et avr.-juin : dim.-merc. 10h-18h, jeu.-sam. 10h-21h ; de déb. nov. à mi-déc. et janv.-mars : 10h-18h.

Le premier marché couvert de Montréal (1847) fut élevé sur le site de l'ancien palais de l'intendant, démoli en 1796. Sa longue façade élégante en pierre de taille (163 m), coiffée d'une haute **coupole★**, est encore plus remarquable vue du côté du fleuve. Les étals occupaient le rez-de-chaussée et s'ouvraient par de grandes baies sur l'extérieur. Après l'incendie du Parlement en 1849, le marché devint le siège de l'Assemblée du Canada-Uni. De 1852 à 1878, il servit d'hôtel de

Le Vieux-Port de Montréal.
DanyMerc/Getty Images Plus

1

ville. Aujourd'hui, il accueille entre autres des boutiques d'**artisanat québécois**, des cafés et des restaurants.
Continuez vers l'ouest par la rue St-Paul Est, en rejoignant la place Jacques-Cartier. Pour entamer la visite du quartier du Vieux-Port, tournez à gauche et traversez la rue de la Commune.

★ Vieux-Port D1-2

Place-d'Armes ou Champ-de-Mars.
À l'origine, barges et canots étaient halés à la main sur la grève boueuse du St-Laurent. Au milieu du 18e s., plusieurs quais de bois furent aménagés à l'emplacement du port actuel. En 1830, des quais de pierre, des rampes d'accès et une jetée les remplacèrent.
Des quais de béton, des hangars d'acier, des docks, des jetées et un gigantesque silo (démoli en 1978) furent construits en 1898. Malgré sa fermeture, quelques mois par an, en raison du gel hivernal, Montréal devint, vers les années 1920-1930, le deuxième port d'Amérique après New York, et le plus grand port céréalier du monde. De nos jours, une bonne partie du trafic maritime contourne Montréal en empruntant la voie maritime du St-Laurent. Malgré tout, la manutention des conteneurs reste la principale activité du port, dont la partie la plus ancienne a été convertie en parc récréatif et culturel.

★ Promenade du Vieux-Port D1

Accès : rue Berri, place Jacques-Cartier, boulevard St-Laurent et rue McGill.
Avec ses aires paysagées, ses sentiers de promenade, ses innombrables activités de détente pour toute la famille (**grande roue**, tyrolienne, parcours

accrobranche, etc.) et ses *food trucks* (en saison), cet immense espace riverain (superficie d'environ 54 ha) bénéficie, surtout en été, d'une animation quasi permanente. L'endroit offre de belles **vues★** sur la ville et le fleuve, et propose des croisières-excursions sur le St-Laurent et la location de vélos. C'est là que se trouve, entre autres, le Centre des sciences de Montréal.
Remontez l'esplanade, puis dirigez-vous vers le quai de l'Horloge.
À l'extrémité est du quai de l'Horloge, la **tour de l'Horloge** (45 m) fut érigée en 1922 à la mémoire des marins disparus lors de la Première Guerre mondiale. Depuis 2012, une **plage urbaine** a été aménagée sur le site en été.

★★ Saute-Moutons D1

Quai de l'Horloge - ✆ 514 284 9607 (rens. et réserv.) - jetboatingmontreal.com - de mi-mai à mi-oct. : 9h-17h - 70 $ (1h) - arrivez 45mn avant l'excursion.
Cœurs fragiles s'abstenir ! Pour la plus amusante, mais aussi la plus arrosée de ces expéditions, les passagers remontent le fleuve jusqu'aux tumultueux rapides de Lachine en bateaux-jets. Ces embarcations originales montent et descendent les rapides plusieurs fois, les embruns n'épargnant ainsi aucun passager. Les **vues★★** sur Montréal et ses environs sont splendides, en particulier si le retour se fait au coucher du soleil.
Rebroussez chemin.

★ Centre des sciences de Montréal D2

Place-d'Armes - quai King-Edward - accès au pied du bd St-Laurent - ✆ 514 496 4724 - www.centredessciencesdemontreal.com - 9h-16h, w.-end 10h-17h - tarif variable en fonction du nombre et du type d'activités choisies - expositions régulières 27 $.
Construit sur l'emplacement d'anciens hangars maritimes, ce long bâtiment réunit expositions temporaires et permanentes, présentées de manière ludique et didactique afin de permettre aux enfants et aux ados d'appréhender la science et la technologie. **Explore** permet d'expérimenter 50 dispositifs interactifs, certains en format géant, abordant des sujets tels que l'air, la matière, le mouvement ou encore le code. **Humain** vous invite à découvrir les métamorphoses du corps humain depuis ses origines, tandis que la nouvelle zone **Le Futur** permet d'imaginer ce qu'il pourrait devenir. L'espace **Mini Mondo** offre l'opportunité aux moins de 7 ans de manipuler, regarder, sentir et écouter. Avec **Digesto**, les visiteurs découvrent le potentiel des déchets organiques et le processus de biométhanisation. **Fabrik - Défis créatifs** permet de créer et développer des dispositifs technologiques. La section **L'eau dans l'univers** regroupe des objets uniques de la NASA et de l'Agence spatiale canadienne, dont une roche lunaire que l'on peut toucher. Enfin, l'espace **Les moulins de l'imagination** présente deux sympathiques machines : le PTEEM, convertisseur d'électricité en eau, et le PTEVM, non moins utopique convertisseur d'eau en vent... Également dans les murs, le cinéma **IMAX-TELUS** fera le bonheur des amateurs de films en 3D.

★ Croisières du port de Montréal D2

Croisières AML – *Billetterie quai des Convoyeurs - ✆ 1 866 856 6668 - www.croisieresaml.com - de mi-juin à mi-oct. - à partir de 45 $ pour l'excursion de 1h30.*
Différentes options tout au long de la journée, de 1h à 4h selon la formule : excursions maritimes, brunch ou dîner-croisière...
Le Bateau-Mouche – *Quai Jacques-Cartier - ✆ 514 849 9952 - bateaumouche.ca - de mi-mai à mi-oct. : horaires et itinéraires variables, se rens. - à partir de 33 $ pour*

l'excursion de 1h30. Ces promenades offrent aux visiteurs une belle perspective sur la ville de Montréal vue du fleuve et en particulier sur les installations portuaires, les différents ponts, les îles, la voie maritime du St-Laurent et le Stade olympique.
Le Petit Navire – *Quai Jacques-Cartier - ✆ 514 602 1000 - lepetitnavire.ca - de mi-mai à mi-oct. : horaires, se rens. - 23 $ pour l'excursion de 45mn.* Croisières silencieuses et écologiques à bord d'un petit bateau électrique dans le Vieux-Port et sur le canal de Lachine.

Tour du Port de Montréal

200 r. de la Commune Ouest - ✆ 514 370 8687 - www.port-montreal.com - mi-juin à déb. sept. : 10h-20h ; reste de l'année : w.-end 12h-17h - 15 $.
Cette tour vitrée de 65 m de haut domine le fleuve et le port, et offre une superbe vue sur la ville depuis son observatoire. Pour les plus courageux, une cage de verre dotée d'un plancher transparent permet de s'offrir quelques sensations fortes tout en contemplant le panorama. Avant de partir, n'oubliez pas de prêter attention à la musique du lieu, diffusée par de gros ballons bleus flottant au plafond, qui émettent des sons différents en fonction de l'interaction avec les visiteurs. Elle est interprétée par l'Orchestre Métropolitain de Montréal.

★ Autour de la place d'Youville CD2-3

Place-d'Armes.
La rivière St-Pierre coulait autrefois à l'emplacement de l'actuelle place d'Youville, et rejoignait le St-Laurent à la hauteur de la Pointe-à-Callière jusqu'à ce qu'elle soit enterrée dans une canalisation au 19e s.
Lorsque vous arriverez rue de la Commune, la place Royale sera sur votre droite.

1

Place Royale D2

En 1645, Maisonneuve fit bâtir sa résidence à cet emplacement, connu à l'origine sous le nom de place d'Armes. En 1706, elle devint la place du marché public, là où le crieur lisait les proclamations officielles, où les malfaiteurs étaient mis au pilori, fouettés et pendus, et où, occasionnellement, on se battait en duel. Elle fut officiellement baptisée place Royale en 1892. L'**Ancienne-Douane** en occupe le fond (*ci-dessous la cité d'Archéologie et d'Histoire de Montréal*).
Traversez la rue de la Commune pour entrer dans le bâtiment moderne de la cité d'Archéologie et d'Histoire de la Pointe-à-Callière.

Pointe-à-Callière D2

C'est dans ce triangle de terre, où la rivière St-Pierre se jette dans le St-Laurent, que naquit Montréal en mai 1642. L'emplacement avait été remarqué et défriché par un certain Samuel de Champlain en 1611, qui y voyait un excellent havre naturel pour les bateaux.
Trente et un ans plus tard, Maisonneuve y fit ériger une palissade de bois pour entourer la nouvelle colonie de **Ville-Marie**. Un **obélisque (3)** de 10 m, *Les Pionniers*, commémore le débarquement de Maisonneuve. L'origine du nom Pointe-à-Callière vient de Louis-Hector de Callière, gouverneur de Montréal de 1684 à 1698, qui s'y fit construire un château.

★★ Cité d'Archéologie et d'Histoire de Montréal D2

350 pl. Royale - ✆ 514 872 9150 - pacmusee.qc.ca - ✕ ♿ - de fin juin à déb. sept. : tlj sf lun. 10h-18h, w.-end 11h-18h ; reste de l'année : tlj sf lun. 10h-17h, w.-end 11h-17h - 27 $.

Ce complexe muséologique, mêlant vestiges archéologiques et scénographie ultramoderne, fait revivre l'histoire du quartier de la Pointe-à-Callière et, plus largement, de Montréal. Il s'organise autour de six composantes principales. L'entrée se fait par le bâtiment de l'**Éperon**, où se trouvent boutique, restaurant et espaces d'exposition. Au troisième étage, un belvédère offre de jolies **vues★** sur l'esplanade du Vieux-Port. La visite démarre par la présentation multimédia (17mn) *Générations MTL*. Elle se poursuit au sous-sol, avec l'exposition « **Montréal au cœur des échanges** » qui raconte l'histoire de la ville à travers ce site archéologique et où l'on découvre notamment les vestiges du premier cimetière catholique de Montréal (1643). Parcourez le **premier égout collecteur** érigé en Amérique du Nord (1832-1838) et mis en valeur grâce à l'installation audiovisuelle *Collecteur de mémoires*. De là, vous accédez à l'exposition « **Ici a été fondée Montréal** », aménagée à l'emplacement de l'ancien fort de Ville-Marie, lieu de la fondation de la future ville de Montréal par les missionnaires européens : un plancher de verre surplombe les vestiges du fort qui ont fait l'objet de plusieurs campagnes de fouilles. De nombreux artefacts mis au jour dans ce site archéologique sont aussi exposés. Dans la **crypte archéologique** qui s'étend sous la place Royale – ancienne place du marché –, maquettes, chronologie multimédia et galerie de portraits reviennent sur l'évolution de la cité de 1350 à nos jours, autour des fondations des bâtiments qui se sont ici succédé.

De la crypte, on accède directement à l'**Ancienne-Douane** (1838), dont la silhouette néoclassique, signée John Ostell, domine la place Royale. Elle abrite l'exposition « Pirates ou Corsaires ? » qui donne l'occasion aux enfants de charger un canon ou de tenir la barre sur un bateau reconstitué. La **Maison-des-Marins**, elle aussi accessible par la crypte, accueille des salles d'exposition temporaire.

Reprenez la rue de la Commune.

Place d'Youville C3

La place fut baptisée en l'honneur de **Marguerite d'Youville**, fondatrice, en 1737, de la congrégation des Sœurs grises. En 1849, elle abrita le Parlement colonial, créé après la Rébellion des patriotes de 1837, avec des représentants du Bas-Canada (Québec) et du Haut-Canada (Ontario). Les conservateurs incendièrent le bâtiment pour montrer leur opposition à une loi dédommageant tous les propriétaires lésés durant la Rébellion (y compris les rebelles). Le Parlement s'installa tour à tour au marché Bonsecours, à Kingston, à Québec, puis à Ottawa, afin de ne jamais plus risquer de siéger à Montréal.

Les bâtiments autour de la place représentent différentes époques de l'histoire montréalaise, depuis l'hôpital général des Sœurs-Grises, érigé au 17e s., jusqu'aux entrepôts du 19e s. et à l'immense **édifice des Douanes**, construit entre 1912 et 1936 dans le style Beaux-Arts. Les nombreuses résidences en cours de restauration contribuent au charme de ce quartier.

Écuries d'Youville CD2-3

298-300 pl. d'Youville (à droite lorsque l'on regarde le Centre d'histoire).

Disposés autour d'une belle cour intérieure aménagée en jardins, ces bâtiments de pierre furent érigés en 1828 pour servir d'entrepôts aux Sœurs grises, puis de silos à grains. Ils n'ont donc jamais abrité d'animaux, mais, au 19e s., des écuries se trouvaient à proximité, d'où l'origine du nom. Restaurés en 1967, ils comprennent des bureaux administratifs et un restaurant. Les bâtiments voisins ont été transformés en appartements. On accède à la cour par une porte cochère centrale.

Maison de Mère d'Youville CD3

Comprise entre les rues St-Pierre, d'Youville, Normand et la place d'Youville. 138 r. St-Pierre - ☏ 514 842 9411 - extérieur uniquement, visite guidée suspendue; se rens.
En 1680, les Sulpiciens cédèrent les terres marécageuses situées à proximité de la rivière St-Pierre à François Charron de La Barre et à ses frères, qui y construisirent un **hôpital** en 1694. En 1747, Marguerite d'Youville et les Sœurs grises assumèrent la direction de l'établissement. Lorsqu'en 1765, un incendie le détruisit en partie, elles le firent reconstruire sur ses fondations. La fréquence des inondations et l'activité grandissante du secteur portuaire de Montréal incitèrent les Sœurs grises à quitter le lieu en 1871 pour s'établir sur un site plus tranquille à l'ouest du centre-ville. Leur chapelle, située rue St-Pierre, fut démolie, la rue fut prolongée jusqu'aux rives du St-Laurent, et l'on y fit construire des entrepôts. En 1980, la congrégation réinstallait – dans l'édifice restauré – l'administration générale de l'Institut des Sœurs grises, qui sert aussi de lieu de formation pour les novices. De la rue Normand, on peut voir la partie la plus ancienne du couvent.
Quittez le quartier de la place d'Youville en traversant la rue McGill et en continuant tout droit dans la rue William. Tournez à gauche dans la rue Queen, puis à droite, rue Ottawa.

Cité du Multimédia CD3

Ⓜ Square-Victoria.
Le secteur sud-ouest du Vieux-Montréal porte dorénavant le nom de Cité multimédia. Il correspond au faubourg des Récollets, ancien faubourg Ste-Anne ou Griffintown, autrefois quartier de forte immigration irlandaise. Les premiers Irlandais à s'installer travaillaient en effet au percement du canal de Lachine dans les années 1820. Entrepôts et industries métallurgiques, dont un certain nombre de fonderies, ont par la suite investi les rues, les transformant en fourmilière jusqu'à la crise de 1929. Celle-ci marqua le début du déclin, un moment freiné par la production de guerre des années 1940-1945. Il s'accéléra vingt ans plus tard avec la construction de l'autoroute Bonaventure (1966) et la fermeture du canal de Lachine, en 1969.
Aujourd'hui, les anciens bâtiments industriels ont été réaménagés ou ont fait place à de nouveaux complexes, particulièrement prisés par les entreprises de nouvelles technologies, ce qui lui vaut son nom actuel. Des designers y installent également leurs ateliers.

★ Fonderie Darling C3

745 r. Ottawa - ☏ 514 392 1554 - www.fonderiedarling.org - horaires variables, se rens.

Mère d'Youville

En 1737, Marie-Marguerite Dufrost de Lajemmerais (1701-1771), veuve de François d'Youville, fonda un ordre séculier consacré aux vieillards, aux indigents et aux malades de Montréal. Cet ordre devait par la suite donner naissance à la congrégation des Sœurs de la Charité, dont les membres sont plus connus sous le nom de Sœurs grises. La vie de dévouement de **Marguerite d'Youville** fut reconnue en 1959, lors de sa béatification suivie, en décembre 1990, de sa canonisation par le pape Jean-Paul II.

Les frères Darling ouvrirent cette fonderie en 1880. Pièces de métal, appareils de chauffage, pompes, ascenseurs, marches de tramway sortirent de ses moules et lui valurent d'être un temps la deuxième fonderie de Montréal. Revendue, elle subit le déclin de Griffintown de plein fouet et vivota jusqu'à sa fermeture en 1991. Elle doit sa renaissance à l'organisme culturel Quartier Éphémère, qui en a fait un lieu d'expression et d'initiation aux arts visuels.
Les bâtiments de brique et de fonte du début du 20e s. ont conservé tout leur cachet. Les conduits d'aération qui sillonnent son toit lui valent le gentil surnom de « serpent ». À l'intérieur, deux salles accueillent les expositions. L'espace dispose aussi d'ateliers mis à disposition d'artistes émergents.
Le restaurant Le Serpent *(entrée 257 r. Prince - ✆ 514 316 4666 - www.leserpent.ca)* achève d'animer l'ensemble, attirant notamment créateurs et ingénieurs des bureaux alentour à l'heure du déjeuner.

★ Du square Dorchester à l'université McGill

PLAN P. 38-39

Circuit 2 tracé en vert sur le plan p. 38-39.
Cette promenade au cœur du quartier commerçant de Montréal passe devant certains des gratte-ciel les plus marquants de la ville. Les tours qui bordent l'avenue McGill College illustrent les tendances du mouvement postmoderne.

★ Square Dorchester B3

Peel.
Longtemps considéré comme le cœur de la ville, même si les gratte-ciel avoisinants lui ont fait perdre de son panache, cet agréable espace public rénové fut rebaptisé en 1988 en l'honneur de lord Dorchester, gouverneur de l'Amérique du Nord britannique de 1768 à 1778 et de 1786 à 1795. Des travaux de réaménagement (2008-2013) lui ont redonné fière allure.
Situé hors des limites de la ville jusqu'en 1855, l'emplacement servit, pendant de nombreuses années, de cimetière (surtout pour les victimes de la terrible épidémie de choléra de 1832), avant que les tombes ne soient transférées au mont Royal. Deuxième évêque de Montréal, Monseigneur Ignace Bourget (1799-1885) choisit alors d'y faire construire une cathédrale, au grand dam des habitants du Vieux-Montréal, qui se plaignaient de la distance à parcourir pour assister à la messe.
De célèbres sculptures viennent agrémenter le square, parmi lesquelles une statue de **sir Wilfrid Laurier (4)**, réalisée par Émile Brunet. Laurier (1841-1919) fut le premier Canadien francophone à devenir Premier ministre du Canada, et ses paroles, restées célèbres, sont gravées sur le socle : « La pensée dominante de ma vie a été d'harmoniser les différents éléments dont se compose notre pays. » La statue de Laurier fait face à celle de **sir John A. Macdonald (5),** érigée sur la place du Canada, de l'autre côté de la rue. Quant au monument du **Régiment canadien de cavalerie de lord Strathcona (6)**, élevé en l'honneur des Canadiens tombés pendant la guerre des Boers (1899-1902), il fut sculpté par George Hill, à qui l'on doit également la statue du **Lion de Belfort (7)**. Le square abrite par ailleurs la statue **(8)** du grand poète écossais **Robert Burns** (1759-1796), commanditée par ses admirateurs.

★ Édifice Dominion Square B3

Côté nord du square Dorchester, entre les rues Peel et Metcalfe.

Cet imposant bâtiment d'inspiration néo-Renaissance évoque la grandeur des palais florentins du 15e s. À l'époque de sa construction, en 1929, il introduisit plusieurs nouveautés : un stationnement souterrain, un centre commercial de deux étages, les premiers escaliers mécaniques en bois de Montréal et un mélange alors inhabituel de bureaux et de boutiques.

★ Le Windsor B3

1170 r. Peel.

L'hôtel Windsor fut inauguré en 1878 lors d'un bal donné en l'honneur du marquis de Lorne (gouverneur général de l'époque) et de son épouse, Louise, fille de la reine Victoria. Gravement endommagée par un incendie en 1906 et détruite par le feu en 1957, son aile principale fut remplacée par la **Banque de commerce** (1962), qui se repère à ses châssis d'ardoise et à sa façade de verre et d'acier inoxydable. L'hôtel conserva l'aile restante jusqu'à sa fermeture en 1981. La façade en pierre de taille et en brique est surmontée d'un toit mansardé percé d'œils-de-bœuf et de lucarnes. Lors de la reconversion du Windsor en immeuble de bureaux, parmi les plus originaux de la ville, l'intérieur du rez-de-chaussée, de style Adam, fut préservé. Ses salles de bal sont particulièrement élégantes.

★★ Édifice Sun Life B3

1155 r. Metcalfe.

Cet édifice de style Beaux-Arts, à la structure d'acier revêtue de granit blanc, fut construit en 1913. Orné de massives colonnades sur ses quatre façades, le bâtiment occupe tout le côté est du square Dorchester. À l'époque, il contribua à faire de Montréal la plus importante place financière du Canada. Divers agrandissements, réalisés de 1923 à 1933, en firent même « le plus grand édifice de tout l'Empire britannique ». C'est au troisième sous-sol que furent cachés, durant la Seconde Guerre

Le square Dorchester.
RnDmS/Getty Images Plus

1

mondiale, les bons du Trésor et la réserve d'or de la Grande-Bretagne. Il abrite aujourd'hui le siège canadien de la Sun Life et de firmes d'assurances et de courtage. *Traversez le boulevard René-Lévesque et descendez la rue Peel.*

Place du Canada B3

Bonaventure.

Plusieurs tours dominent cette place verdoyante située dans le prolongement du square Dorchester. **La Laurentienne** (1986) dresse sa structure postmoderne, toute de cuivre et de verre, à l'angle sud-ouest de l'intersection Peel-René-Lévesque. Parfois appelé la « râpe à fromage », l'**hôtel Marriott Château-Champlain** s'élève au sud de la place. Remarquable par ses fenêtres convexes en demi-lune, cet élégant bâtiment signé Roger d'Astous (1967) témoigne de l'influence de Frank Lloyd Wright. Dominant le côté sud-est de la place, la tour de bureaux du **1000 de la Gauchetière** reflète les tendances architecturales des années 1990. Ses 205 m de hauteur en font l'immeuble le plus élevé de la ville.

★ Église anglicane Saint-George (ST GEORGE'S ANGLICAN CHURCH) B3

1001 av. des Canadiens-de-Montréal - www.st-georges.org - mar.-merc. et vend. 10h-15h.

Construite en 1870, cette charmante église néogothique est le plus ancien édifice de la place du Canada. L'intérieur, harmonieusement proportionné, présente une étonnante **charpente** double en pin rouge et en épinette, réalisée avec double blochet (pièce de bois retenant la plate-forme qui reçoit les chevrons). On notera tout particulièrement le retable de chêne et sa délicate dentelle ajourée, les stalles du chœur, le jubé et l'orgue Casavant (1896).

★★ Gare Windsor B3

Angle rue Peel et av. des Canadiens-de-Montréal.

Dessinée par Bruce Price, le célèbre architecte du château Frontenac de Québec, cette gare pittoresque (1889) illustre avec brio le style néoroman « richardsonien », avec ses tours, ses créneaux, ses tourelles et ses arcs en plein cintre. Conçue pour abriter le siège de la compagnie ferroviaire Canadien Pacifique, elle est aujourd'hui désaffectée, mais reste reliée à la gare centrale par un réseau souterrain.

Centre Bell B3

Lucien-L'Allier - 1909 av. des Canadiens-de-Montréal - ✆ 514 925 7777 - www.centrebell.ca - visite guidée : se rens. pour les horaires (hors matchs, réserv. sur le site Internet) - 20 $.

Inauguré en 1996 sous le nom de centre Molson, le centre Bell mérite la visite pour son côté mythique. C'est en effet le quartier général du célèbre club de hockey des Canadiens qui fait se déplacer au moins 850 000 spectateurs chaque année ! Le centre Bell est aussi l'une des principales scènes montréalaises. La gigantesque **Arena**, où se disputent les *games* de hockey devient, pour les concerts et autres manifestations, la plus moderne des salles de spectacle.
Retournez place du Canada.

★★ Basilique-cathédrale Marie-Reine-du-Monde B3

Entrée principale boulevard René-Lévesque - microsites.diocesemontreal.org/microsites/cathedralecatholiquedemontreal.

Dessiné par **Victor Bourgeau** (1809-1888), ce gigantesque édifice de style néobaroque se distingue par de grandes colonnes grecques, une riche ornementation et une corniche décorée de statues. Lorsque la cathédrale St-Jacques, érigée dans le secteur est de Montréal, fut détruite par le feu, Monseigneur Ignace Bourget décida d'en construire une autre dans le quartier ouest, anglophone et protestant, afin d'y affirmer la présence de l'Église catholique. Porte-parole de l'idéologie ultramontaine, l'évêque de Montréal choisit comme modèle l'église mère du catholicisme : St-Pierre de Rome. La taille de l'édifice sera réduite au tiers de la basilique romaine du 16e s.

Les travaux ne débutèrent qu'en 1870 et furent interrompus en 1878, faute de ressources financières. Ils reprirent en 1885 et la cathédrale fut consacrée en 1894. Tout d'abord dédiée à saint Jacques le Majeur, elle reçut le titre de basilique mineure en 1919 et adopta son nom actuel en 1955.

Extérieur – Les statues de la corniche, réalisées par Alphonse Longpré (1881-1938), représentent les saints patrons des paroisses qui formaient le diocèse de Montréal en 1890. Le dôme recouvert de cuivre fut installé en 1886, mais la croix d'origine, en fer, fut remplacée en 1958 par une croix d'aluminium. La **statue (9)** de Monseigneur Bourget, à droite de la cathédrale, est l'œuvre du sculpteur Louis-Philippe Hébert. Sur la base du socle, on voit également l'évêque en compagnie de l'architecte de la cathédrale, Victor Bourgeau.

Intérieur – La nef, couverte d'une voûte à caissons, impressionne par ses dimensions et sa clarté. À la croisée du transept, sous le large dôme, trône le magnifique **baldaquin** du maître-autel, coulé en 1900 dans du cuivre et recouvert de feuilles d'or ; il s'agit de la réplique du chef-d'œuvre créé pour la basilique St-Pierre de Rome par le Bernin, sculpteur et architecte italien du 16e s. Dans la chapelle axiale, derrière l'autel, on peut admirer une délicate statue de la Vierge due à Sylvia Daoust, célèbre sculptrice canadienne du 20e s.

Dans les collatéraux, de grands tableaux peints par Georges Delfosse représentent des épisodes de l'histoire religieuse du Canada, dont le martyre du prêtre jésuite Jean de Brébeuf et de Gabriel Lalemant, et la noyade de Nicolas Viel, premier martyr canadien, accompagné de son disciple Ahuntsic. À gauche de la nef, une **chapelle mortuaire** habillée de marbre (1933) contient les tombes de plusieurs archevêques et évêques.

Traversez le boulevard René-Lévesque.

Entre la rue Mansfield et la rue University s'élève le plus grand hôtel de la métropole, le **Reine Elizabeth** (1957). En dessous de l'hôtel se trouve la gare centrale, terminus des trains VIA et Amtrak.

Continuez par le boulevard René-Lévesque sur 20 m et coupez à gauche à travers le complexe de tours.

★★ Complexe Place Ville-Marie B2-3

Peel - accès à la ville souterraine par les pavillons de verre en face de la tour de la Banque royale - www.placevillemarie.com.

Cœur de la **ville souterraine** avant l'extension du réseau autour de la station de métro McGill, la place Ville-Marie, érigée en 1958-1962, amorça la renaissance du centre-ville. L'édifice inspira des aménagements urbanistiques du même genre à travers l'ensemble du pays. Le projet, inspiré du Rockefeller Center de New York, remonte à 1930. Il visait à combler l'énorme trou laissé dans le centre-ville par le percement du tunnel ferroviaire sous le mont Royal avant la Première Guerre mondiale. Les effets désastreux de la crise économique de 1929 retardèrent considérablement les travaux.

L'ensemble, composé de quatre bâtiments, est dominé par la **tour de la Banque royale du Canada (RBC)★★** (1962 ; I.M. Pei, Affleck & Associés). Cette structure cruciforme au revêtement d'aluminium abrite des bureaux ; la tour accueille temporairement l'espace d'exposition éphémère du Musée d'art contemporain de Montréal (*p. 66*).

Elle s'ouvre sur une **esplanade** de béton particulièrement animée à la saison estivale. De cette position surélevée, une **perspective★** unique s'étend sur le nord de la ville, de l'avenue McGill College à l'université McGill, dominée par la masse du mont Royal. Depuis 2019, des travaux importants ont été menés place Ville-Marie dans le but de revitaliser l'espace ; l'esplanade en particulier a fait l'objet d'aménagements d'envergure. On s'y rend désormais par un escalier monumental ouvrant sur l'axe de la rue McGill College et de la rue Cathcart et au sommet duquel trône une œuvre monumentale : un gigantesque anneau en acier de 30 m de diamètre imaginé par l'artiste et architecte québécois Claude Cormier (1960-2023). Au centre de l'esplanade, un immense pavillon de verre permet d'accéder aux galeries marchandes, à la ville souterraine et à un *food hall*, le **Cathcart Restaurants et Biergarten** (*p. 92*). Cet espace gastronomique mêle comptoirs d'inspiration *streetfood*, restaurants avec service à table et un *biergarten* où bières locales, vins ou encore cocktails peuvent être dégustés aux tables installées sous le toit de verre dans une ambiance végétale et conviviale.

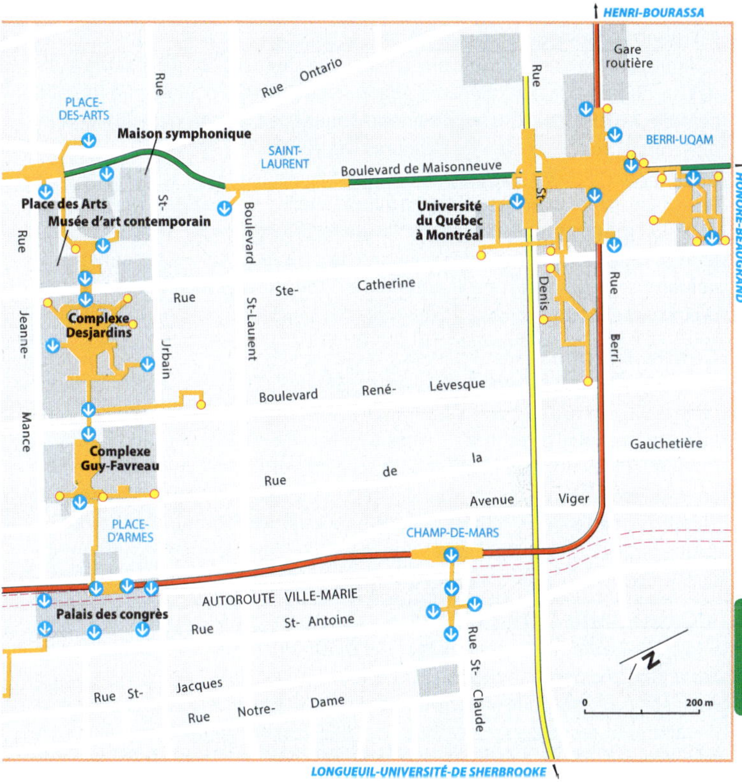

1

Musée d'art contemporain de Montréal – *1 pl. Ville-Marie - ✆ 514 847 6226 - macm.org - ♿ - 11h-19h, sam. 11h-18h, dim. 11h-17h30 - fermé lun. - 10 $.* Le musée d'art contemporain de Montréal a amorcé en 2021 un ambitieux projet de transformation et d'agrandissement (*⊙ p. 66*). Durant la durée des travaux, qui devraient s'achever en 2027, le musée n'interrompt pas ses activités et s'installe place Ville-Marie. Cet espace éphémère accueille des expositions temporaires ainsi qu'une programmation événementielle et éducative.

De la place Ville-Marie, remontez l'avenue McGill College vers le nord.

Véritable point de mire de l'architecture postmoderne à Montréal, et axe le plus fréquenté de la ville, l'**avenue McGill College★** s'étend de la place Ville-Marie à l'université McGill. Tracée en 1857 dans le prolongement de l'allée centrale du campus universitaire vers le centre-ville, elle a fait l'objet d'importants projets d'aménagement au cours des dernières décennies.

Place Montréal-Trust B2

1500 av. McGill College - ✆ 514 843 8000 - www.placemontrealtrust.com - ♿ - 10h-21h (lun.-mar. 19h), sam. 10h-18h, dim. 11h-17h.

Mélange inattendu de marbre rose et de verre bleuté, cet immense édifice inauguré en 1988 occupe tout le côté gauche de l'avenue McGill College, entre la rue Ste-Catherine et le boulevard de Maisonneuve. Ce bâtiment, véritable cylindre

jaillissant d'un socle quadrangulaire, doit sa conception aux architectes E. Zeidler, E. Argun et P. Rose. Un **atrium** aux parois de verre (hauteur : 30 m) s'élève au-dessus du métro, et un ascenseur panoramique permet d'admirer la fontaine centrale, en bronze. Avec ses dizaines de boutiques, il s'agit d'un des lieux les plus fréquentés du centre-ville à l'heure du déjeuner.
Dirigez-vous vers l'est par la rue Ste-Catherine.
Principale artère commerciale de la ville, la **rue Ste-Catherine★** doit sa notoriété aux **grands magasins** qui ont fait sa fortune (Ogilvy, Eaton et La Baie). Elle compte d'énormes centres commerciaux (faubourg Ste-Catherine) et de nombreuses boutiques. Le soir, cette rue animée attire les foules dans ses nombreux bars et boîtes de nuit.

Centre Eaton B2

McGill - 705 r. Ste-Catherine Ouest - 514 288 3708 - www.centreeatondemontreal.com - 10h-21h, sam. 10h-20h, dim. 11h-18h.
La partie ancienne de ce grand magasin fut acquise en 1925 par Timothy Eaton. Considérablement modifié au fil des ans, le complexe forme aujourd'hui – avec son annexe moderne – un énorme quadrilatère compris entre les rues University et Ste-Catherine, l'avenue McGill College et le boulevard de Maisonneuve. Il accueille, depuis fin 2019, le **Time Out Market Montréal** (*p. 92*), un *food court* qui regroupe des stands de cuisine locale et des bars, autour de grandes tables communes.

★ Cathédrale Christ Church (CHRIST CHURCH CATHEDRAL) B2

635 r. Ste-Catherine Ouest (entre la rue University et l'avenue Union) - www.montrealcathedral.ca - - 9h-17h, sam. 10h-18h, dim. 8h-17h.
Avec son triple portique orné de pignons et de gargouilles, sa façade de pierre de taille et sa flèche élancée, cette église (1859) est un exemple achevé du style néogothique. Elle fut construite pour remplacer une première cathédrale anglicane, détruite par un incendie en 1856. Avant de pénétrer à l'intérieur, notez le **monument (10 ;** *à droite de l'édifice*) dédié à l'évêque anglican Francis Fulford (1803-1868) à l'époque de la construction du bâtiment.
La cathédrale Christ Church recèle un intérieur gracieux et serein, caractérisé par sa nef dont la charpente est apparente et des fenêtres ogivales ornées d'éléments tréflés ou quadrifoliés. Les chapiteaux des piliers de la nef sont décorés de motifs végétaux qui représenteraient la flore du Mont-Royal ; les quatre chapiteaux des extrémités figurent quant à eux les évangélistes. Les deux versants du plafond à caisson portent des symboles liturgiques peints au pochoir. Le chœur présente un **retable** magnifiquement sculpté. Plusieurs vitraux proviennent de l'atelier londonien de William Morris. Sous la rosace, on remarquera enfin l'orgue, d'inspiration nord-allemande, construit en 1980 par Karl Wilhelm, de Mont-St-Hilaire.
Accédez aux Promenades Cathédrale par les portes situées de chaque côté de l'entrée principale de la cathédrale.

Promenades Cathédrale B2

625 r. Ste-Catherine Ouest - 514 845 8230 - www.promenadescathedrale.com - - 10h-19h, jeu.-vend. 10h-21h, sam. 10h-18h, dim. 11h-17h.
Liaison entre les grands magasins Eaton Centre et La Baie, cette **galerie marchande** (1988) aménagée sous l'église a donné lieu au chantier le plus spectaculaire que Montréal ait jamais connu. La construction se fit en sous-œuvre, et, pendant des mois, Christ Church fut supportée par de minces pylônes, tandis que

se poursuivaient les travaux d'excavation et de construction. Dans les allées du centre commercial souterrain, des ornements en forme d'ogives rappellent la présence du monument religieux situé juste au-dessus.
Sortez par le « cloître », petit jardin situé entre la cathédrale et la place de la Cathédrale.

Tour KPMG B2

McGill.
De conception postmoderne, cet étonnant immeuble de 34 étages aux parois de verre cuivré date de 1988 (architectes Webb, Zerafa, Menkès & Houdsen). Arches en pointe, colonnades, meneaux, fenêtres hautes en arcs brisés... le niveau bas de l'édifice rappelle l'architecture religieuse. Dans le **hall** *(entrée angle Bourassa/Maisonneuve)* en forme de nef, admirez la vue sur le chevet de la cathédrale Christ Church.
Sortez sur le boulevard de Maisonneuve et dirigez-vous vers l'ouest en direction de l'avenue McGill College.

Tours de la Banque nationale de Paris (BNP)/ Banque laurentienne B2

1981 av. McGill College.
« L'édifice bleu » (1981), comme le surnomment de nombreux Montréalais, est un symbole de la relance économique des années 1980. Il se compose de tours jumelées de 16 à 20 étages communiquant entre elles. Véritable cage de verre réfléchissant, l'ensemble s'ouvre sur une esplanade marquée par la présence originale d'une sculpture en fibre de verre de l'artiste français Raymond Masson, *La Foule illuminée*. On peut pénétrer dans le hall principal (hauteur : 11 m), décoré de granit et d'acier inoxydable.

1

Tour Industrielle Alliance AB2

2000 av. McGill College (intersection av. McGill College et bd Maisonneuve).
D'allure plutôt conventionnelle, cette tour revêtue de granit (1986) se satisfait de l'ajout de quelques ornements postmodernes. L'énorme fenêtre en forme d'éventail, que l'on remarque à l'entrée, se répète au sommet de l'édifice.
Sur le trottoir, notez une charmante **sculpture** intitulée *Le Banc du secret*, due à l'artiste Léa Vivot. Les inscriptions bilingues qui y sont gravées à même le bronze sont anonymes, à l'exception de l'une d'entre elles, « Montréal, un secret à partager », signée Jean Doré (ancien maire de Montréal).

Maison Ultramar A2

2200 av. McGill College.
Dans cet édifice (1990) ont été intégrés l'ancien University Club *(892 r. Sherbrooke)* et la maison Molson *(2047 r. Mansfield)*. L'entrée en retrait, surmontée d'une façade de verre arrondie, démontre l'habileté de l'architecte à traiter ce coin de rue.

Place Mercantile AB2

Face à la maison Ultramar - entrée au 770 r. Sherbrooke Ouest.
Cet ensemble de verre et d'aluminium (1982) incorpore une rangée d'anciennes façades de pierre grise datant de 1872, qui donnent sur la rue Sherbrooke. L'un de ces immeubles, le Strathcona Hall (1904), fut cédé par l'université McGill à la condition qu'il soit conservé. L'édifice s'effondra en cours de chantier, mais fut entièrement reconstruit.
Tournez à droite, rue Sherbrooke.

★★ Musée McCord Stewart AB2

690 r. Sherbrooke Ouest - 514 861 6701 - www.musee-mccord-stewart.ca/fr - ♿ - 10h-18h (merc. 21h), w.-end 10h-17h - fermé lun. - 20 $. Le musée devrait bientôt se lancer dans des travaux d'agrandissement, se rens.

Le musée rassemble des collections très diversifiées, riches de 2,5 millions d'objets, d'images et d'œuvres d'art, mais les espaces ne permettent d'en exposer qu'une petite partie.

Constitué à partir de 1921 autour du riche legs fait par David Ross McCord (1844-1930) à l'université McGill, le fonds actuel du musée ne compte pas moins de 140 000 objets et 2 150 000 photographies historiques, qui donnent un éclatant aperçu du patrimoine historique canadien, des Premières Nations à l'époque actuelle.

En 2013, un rapprochement est mis en place avec le musée Stewart situé sur l'île Ste-Hélène et consacré à l'histoire de la colonie européenne de Québec. En 2021, suite à la pandémie de Covid-19, le musée Stewart se voit contraint de fermer ses portes : sa collection est alors pleinement intégrée à celle du musée McCord.

En 2018, il fusionne avec le musée de la Mode : plus de 7 000 costumes, accessoires et textiles viennent enrichir le fonds du musée.

Bâtiment – En 1968, le musée s'installa dans ce sobre édifice de pierre calcaire grise qui hébergeait autrefois le Centre universitaire de McGill. Construit en 1906 par Percy E. Nobbs, le bâtiment est orné d'un portail d'entrée baroque flanqué de pilastres toscans. Un projet d'agrandissement, complété en 1992, a permis au musée d'améliorer sa surface d'exposition pour atteindre 1 650 m², tout en se dotant de laboratoires de conservation et d'une bibliothèque. La façade de la nouvelle aile (*sud*) reflète le style raffiné du bâtiment d'origine.

Collections – Les expositions, conçues à partir des riches collections du musée, sont réparties sur plusieurs étages. La collection **Cultures autochtones** rassemble des objets archéologiques et historiques qui racontent plus de 12 000 ans d'histoire. Le fonds **Costume, mode et textiles** conserve vêtements et accessoires, principalement des 19ᵉ et 20ᵉ s. La collection **Culture matérielle** est composée de nombreux objets : vaisselle, jouets, instruments de navigation ou encore armes anciennes, témoignant du quotidien des Montréalais sur plus de trois siècles. Le musée possède également un nombre impressionnant de tableaux, lithographies et dessins datant du 18ᵉ s. à nos jours, ainsi qu'une belle collection de photographies dont les plus anciennes datent de 1840. Parmi celles-ci, les fameuses **Archives**

Histoire de l'université

À sa mort, le négociant de fourrures écossais **James McGill** (1744-1813) avait légué à l'Institution royale pour l'avancement des sciences la coquette somme de 10 000 livres sterling, ainsi que son domaine de Burnside, à la condition expresse qu'il y soit fondé un établissement d'enseignement supérieur. En 1821, le tout nouveau « collège McGill » recevait une charte royale de George IV. Les premiers cours débutèrent en 1829, date à laquelle un collège de médecine de Montréal fut rattaché à McGill. Depuis, l'université a connu un essor fulgurant. Elle comprend aujourd'hui 22 facultés et écoles professionnelles, et près de 40 000 étudiants. Ces derniers sont répartis entre le campus du centre-ville (32 ha) et le campus Macdonald, à Ste-Anne-de-Bellevue.

L'université McGill.
cagkansayin/Getty Images Plus

photographiques Notman constituent une chronique détaillée de la vie au Canada du 19e s. au début du 20e s. Ce fonds, composé de négatifs et d'épreuves, capture des personnages historiques, des événements, scènes urbaines et rurales, dont 400 000 sont l'œuvre de **William Notman** (1826-1891), célèbre photographe canadien du 19e s.

Installée au rez-de-chaussée, l'exposition permanente **« Voix autochtones d'aujourd'hui »** se déploie en trois volets : savoir, trauma et résilience. La première partie met en lumière les savoirs ancestraux souvent méconnus des Premières Nations, à travers des objets du quotidien, dont un étonnant et ingénieux imperméable en intestins de caribou. Plongée dans la pénombre, la deuxième partie de l'exposition explore les épreuves et les souffrances que ces peuples ont eues à surmonter : dépossession de leurs terres, terrible période des pensionnats... Enfin, l'ultime salle salue la résilience dont les Premières Nations ont su faire preuve, et célèbre le long chemin vers la réconciliation, à travers une série de témoignages.

Traversez la rue Sherbrooke pour accéder à l'entrée principale de l'université.

Université McGill A2

Au bout de l'avenue McGill College - ✆ 514 398 4455 - www.mcgill.ca.

La plus ancienne université de Montréal et du Canada bénéficie d'un magnifique campus en plein cœur de la ville, adossé aux pentes du mont Royal. On y pénètre par le célèbre **portail Roddick**, de style néoclassique grec. Érigé en 1924 à la mémoire de sir Thomas Roddick, ancien doyen de la faculté de médecine, il est orné d'une horloge offerte par lady Roddick en hommage à la proverbiale ponctualité de son mari. Les 70 bâtiments du campus offrent une grande variété de styles architecturaux. Avec leurs façades ornées, leurs tours et leurs tourelles,

les édifices de pierre de taille construits au début du 19e s. contrastent étrangement avec les bâtiments plus modernes, en béton nu. À l'ouest de l'avenue principale, remarquez la magnifique fontaine de pierre (1930) réalisée par Gertrude Vanderbilt-Whitney.

Pavillon des Arts – *Au bout de l'avenue principale.* Le corps central et l'aile est (pavillon Dawson) de cet édifice, le plus ancien du campus, ont été bâtis par John Ostell de 1839 à 1843. L'aile ouest (pavillon Molson) et les sections de raccordement remontent aux années 1861-1880. L'intérieur fut entièrement refait en 1924. Le large escalier menant au portique de pierre (il était à l'origine en bois) clôt la perspective de l'avenue McGill. En face du pavillon des Arts se dresse la tombe de James McGill, fondateur de l'université.

★ **Musée d'Histoire naturelle Redpath** – *859 r. Sherbrooke Ouest, à l'ouest du pavillon des Arts - ✆ 514 398 4861 - www.mcgill.ca/redpath - 9h-16h30, sam. 10h-16h - fermé dim.-lun. - 10 $.* Cet édifice néoclassique (1882) doit sa construction à la générosité de **Peter Redpath**, riche industriel qui établit la première raffinerie de sucre au Canada. Les architectes créèrent une façade éclectique d'inspiration à la fois grecque et Renaissance, sur le modèle d'un temple antique. Sarcophage égyptien, canope funéraire, menaçant squelette d'*Albertosaurus*... Le musée Redpath recèle des trésors d'une étonnante variété. Le rez-de-chaussée abrite des bureaux et des salles de cours, de même qu'une sélection d'objets issus de ses riches collections de minéraux, de paléontologie et de zoologie. Les deux étages supérieurs logent une stupéfiante collection de fossiles, d'insectes, de minéraux, d'animaux naturalisés, comme des objets d'Afrique et des antiquités égyptiennes, notamment des momies humaines et animales, et de belles pièces de poterie, le tout dans un cadre victorien tout en boiseries.

En sortant du musée, à droite, remarquez le **pavillon néogothique Morrice** (reconnaissable à sa bibliothèque hexagonale) et le **hall Redpath**, édifice néoroman qui servait initialement de bibliothèque. Tous deux ont été construits à la fin du 19e s.

Sortez du campus par le portail Roddick et tournez à droite.

En bordure de la rue Sherbrooke, à l'ouest du portail Roddick, remarquez une **plaque (11)** commémorative marquant l'emplacement (tel qu'on le supposait au 19e s.) du village d'Hochelaga (*p. 34*), à l'époque de l'arrivée de Jacques Cartier sur l'île en 1535.

Du ★★ Quartier des spectacles au ★ Quartier chinois

PLAN P. 38-39

Circuit 3 tracé en vert sur le plan p. 38-39.

Longtemps négligée, cette partie de la ville connut un brillant renouveau lors de la Révolution tranquille des années 1960. Sous l'administration municipale du maire Jean Drapeau, décision fut prise de construire un gigantesque ensemble culturel dans l'est de la ville, ce qui amorça le rééquilibrage des investissements dans le secteur francophone.

À la construction du complexe de la Place des Arts allaient succéder de nombreux projets urbanistiques de grande envergure : le complexe Desjardins, l'université du Québec à Montréal, le Stade olympique, le complexe Guy-Favreau et le Palais des congrès.

★★ Quartier des spectacles BC1-2

Ⓜ *Place-des-Arts - www.quartierdesspectacles.com.*
Située entre les rues Ste-Catherine, Jeanne-Mance et St-Urbain, la Place des Arts a connu de nombreux aménagements ces dernières années. Grâce à ses nombreux espaces publics et édifices dédiés, elle s'impose comme l'un des principaux **pôles culturels** du pays, autour duquel se sont multipliés théâtres et salles de spectacle.

★★ Esplanade Place-des-Arts B1

Tout Montréal semble converger ici en fin de semaine. L'esplanade est bordée au nord par l'imposant **complexe Place des Arts**, à l'ouest, le long du boulevard de Maisonneuve, par la **promenade des Artistes** (2011), où l'on découvre des installations temporaires, et à l'est par la commerçante rue Ste-Catherine, où l'on trouve par exemple **Le Central** *(p. 93), food hall* gourmet ouvert en 2019. Dans la partie sud-ouest de l'esplanade, la **place des Festivals** *(r. Jeanne-Mance)*, décorée de jeux de lumières et de fontaines intégrées dans le sol, devient en été une gigantesque scène animée jour et nuit. Des performances vidéo ou audio tiennent le haut du pavé. Au sud-ouest toujours, la **maison du Festival Rio Tinto Alcan**, dédiée aux festivals d'été, abrite les bureaux du Festival de jazz, une salle de concert (L'Astral) et des salles d'exposition. La Place des Arts compte également des espaces publics, intérieurs et extérieurs, destinés aux expositions et festivals. Vaste de plus de 100 000 m², l'ensemble porte le nom de **Quadrilatère**.

★ Complexe culturel Place des Arts B1

placedesarts.com - billetterie : ✆ 514 842 2112 ou 1 866 842 2112.
Le plus grand centre culturel de la ville rassemble six salles de spectacle où se côtoient les arts de la scène sous toutes leurs formes, ainsi qu'un musée et divers espaces publics. On y trouve l'**Espace culturel Georges-Émile-Lapalme** (2011) **(13)**, un lieu de passage souterrain doté de salles d'exposition (entre le métro Place-des-Arts et le complexe Desjardins), de cafés, d'une billetterie, de différents accès aux salles de spectacle et d'un mur d'écrans où sont projetées des œuvres vidéo. Précédée d'une élégante façade en ellipse tout en fenêtres et minces colonnes de béton, la **salle Wilfrid-Pelletier** (1963) accueille les Grands Ballets canadiens et l'opéra de Montréal, mais aussi des concerts rock, des récitals et des one man shows. Son auditorium peut recevoir près de 3 000 spectateurs dans un décor conçu par des artistes canadiens renommés : tapisseries flamboyantes de Robert LaPalme et Micheline Beauchemin, imposante sculpture d'Anne Kahane et, dominant le grand escalier du foyer, les *Anges radieux* de Louis Archambault, en feuilles de laiton. On note également, dans le foyer inférieur, une composition murale d'aluminium réalisée par Julien Hébert, des tympans de céramique de Jordi Bonnet, un cygne de marbre de Hans Schleech et une sculpture de l'Inuit Innukpuk. Une peinture de Jean Paul Riopelle, *La Bolduc*, et une toile de Fernand Toupin apportent au décor sa touche finale.
Inaugurée en 2011, la **Maison symphonique (12)**, résidence de l'Orchestre symphonique de Montréal, peut accueillir plus de 2 000 personnes dans des conditions acoustiques idéales, pour le jazz comme pour le classique.
À l'angle des rues Ste-Catherine et St-Urbain, le grand **Édifice des théâtres** (1967) **(14)** rassemble trois salles polyvalentes. Les deux premières, le **théâtre Jean-Duceppe** et le **théâtre Maisonneuve**, sont superposées l'une au-dessus de l'autre. Un ingénieux système de ressorts, formant un plancher flottant pour le Maisonneuve à l'étage supérieur et un plafond suspendu pour le

1

Jean-Duceppe à l'étage inférieur, les sépare. Une insonorisation parfaite en permet l'utilisation simultanée.
Enfin, dotée de plates-formes mobiles, la **Cinquième Salle** (1992), près du musée d'Art contemporain, est le lieu privilégié des créations d'avant-garde.

★★ Musée d'Art contemporain de Montréal B1

185 r. Ste-Catherine Ouest - ✆ 514 847 6226 - www.macm.org - ♿ - fermé pour travaux, réouverture prévue déb. 2027.

Pendant la durée des travaux, le musée n'interrompt pas ses activités et s'installe place Ville-Marie (*p. 57*).
Érigé sur le côté ouest de la Place des Arts, cet imposant édifice (1992) abrite la seule institution du Canada à être exclusivement vouée à l'art contemporain. En 2021, le musée a lancé un projet d'agrandissement et de rénovation d'envergure qui lui permettra, d'ici la fin des travaux en 2027, de doubler la surface des espaces d'exposition. La collection permanente du musée rassemble près de 8 000 pièces (dont plus de 60 % d'origine québécoise) : peintures, sculptures, dessins, estampes, photographies et installations conceptuelles. Les grandes tendances de l'art contemporain québécois, de 1939 à nos jours, y sont représentées à travers les créations de peintres de renom tels Paul-Émile Borduas, Jean Paul Riopelle, Guido Molinari, Claude Tousignant ou encore Alfred Pellan, et de sculpteurs comme Ulysse Comtois et Armand Vaillancourt.
Des œuvres étrangères contemporaines viennent, à un moindre degré, illustrer l'expression artistique internationale.
Remontez la rue Ste-Catherine vers le nord.

★ MEM - Centre des mémoires montréalaises C2-3

1210 bd St-Laurent - ✆ 514 872 3207 - memmtl.ca - ♿ - 11h-21h (mar. 18h), w.-end 10h-18h - fermé lun. - 15,50 $.

Cette ancienne caserne de pompiers (1903) rappelle l'architecture baroque des Pays-Bas, avec son élégant pignon, son imposante lucarne et son décor sculpté. Une haute tour située à l'arrière du bâtiment servait autrefois à faire sécher les tuyaux d'arrosage, et des arcades de pierre, à l'avant, facilitaient la sortie des voitures de pompiers.
Depuis 2023, ce bâtiment de briques abrite un bel espace d'exposition dédié à l'histoire de la ville et à ses habitants. Le MEM a pour mission de donner la parole aux Montréalaises et aux Montréalais, à travers des témoignages audios et vidéos, des objets, des éclairages spécifiques sur les différentes communautés. Il raconte ainsi l'histoire complexe de la métropole, tout en révélant les multiples facettes de la « montréalité ». Le centre propose un parcours permanent et plusieurs expositions temporaires. Dans le hall, en accès libre, ne manquez pas le documentaire *Un quartier en mutation*, qui raconte la transformation du Quartier des spectacles au fil des années. Projeté dans un ancien chariot à glace de vendeur ambulant, le film *Montréal dépanneur* retrace l'histoire de ces épiciers de quartier, figures incontournables de la vie quotidienne montréalaise. Au rez-de-chaussée, un vaste *food court* permet de se restaurer après sa visite (*p. 93*).
Revenez sur vos pas.

★ Le Belgo B2

372 r. Ste-Catherine Ouest - www.thebelgoreport.com - horaires et jours d'ouverture variables selon les galeries : voir le site Internet.

Une trentaine de galeries, considérées comme émergentes, occupent plusieurs niveaux de cet édifice (1912), en plus des ateliers et des workshops. Quasi tous les médiums de l'**art contemporain** sont représentés : dessin, art imprimé, vidéo, peinture, performance, photo, installation... L'actualité y est dense puisque c'est ici que se concentre l'essentiel des expositions à voir à Montréal.
Revenez sur vos pas et longez l'esplanade Place-des-Arts.

Complexe Desjardins BC1-2

150 r. Ste-Catherine Ouest - ✆ 514 845 4636 - complexedesjardins.com - 9h30-18h, jeu.-vend. 9h30-21h, sam. 9h30-17h, dim. 12h-17h.
Cet austère ensemble architectural se compose de quatre tours encadrant un immense atrium intérieur de forme polygonale. Protégé des rigoureux hivers montréalais, ce vaste espace central occupé par une fontaine se prête à toutes sortes d'expositions et manifestations culturelles. Il est entouré de trois niveaux de galeries le long desquelles s'alignent de nombreuses boutiques et des restaurants.
Empruntez le passage souterrain du boulevard René-Lévesque menant au complexe Guy-Favreau.

Complexe Guy-Favreau C1-2

200 bd René-Lévesque.
Ainsi nommé en mémoire de **Guy Favreau** (1917-1967), avocat, politicien, procureur général et ministre de la Justice sous l'administration de John Diefenbaker (1957-1963), cet ensemble fut achevé en 1984. Il se compose de six structures communicantes comprenant des bureaux de l'administration fédérale, des appartements et un centre commercial. Le revêtement extérieur du complexe, en brique rouge, fait ressortir la beauté de l'atrium intérieur, dans lequel pierre et acier inoxydable créent un harmonieux contraste. Des expositions sont régulièrement organisées dans le complexe. À l'extérieur, un **jardin** parsemé de fontaines et de sculptures offre au passant un endroit où se reposer loin de l'animation des trottoirs.
Empruntez le passage souterrain en direction du Palais des congrès. De là, gagnez le hall principal et sortez côté place J.-P.-Riopelle.

1

★ Place Jean-Paul-Riopelle C2

Ⓜ Place-d'Armes.
Bordant l'ouest du **Palais des congrès** (1983), cette place est dédiée à Jean-Paul Riopelle (1923-2002), le plus connu des artistes québécois sur la scène internationale. Au centre, sa fontaine **La Joute★** (1969) **(15)** est formée d'un bestiaire de sculptures. Le soir, de mi-mai à mi-octobre, des flammes s'élèvent tout autour, dans la brume et la lumière. L'œuvre fut d'abord installée au Parc olympique à l'occasion des Jeux d'été en 1976.
La place Riopelle offre également une vue privilégiée (le soir) sur le côté ouest du Palais des congrès et les vitraux colorés de l'œuvre **Translucide★★** (2002), de Jean-François Cantin. À l'intérieur du Palais des congrès, l'installation *Lipstick Forest (Nature Légère)*, de Claude Cormier (2002), est formée de 52 **troncs d'arbres** de béton rose.
Revenez à la rue St-Urbain et remontez-la jusqu'au complexe Guy-Favreau puis tournez à droite dans la rue de la Gauchetière vers le Quartier chinois.

★ Quartier chinois (Chinatown) C1-2

Il se trouve au cœur d'un carré délimité par la rue Jeanne-Mance à l'ouest, le boulevard St-Laurent à l'est et les rues de part et d'autre de la **rue de la Gauchetière**. Sur

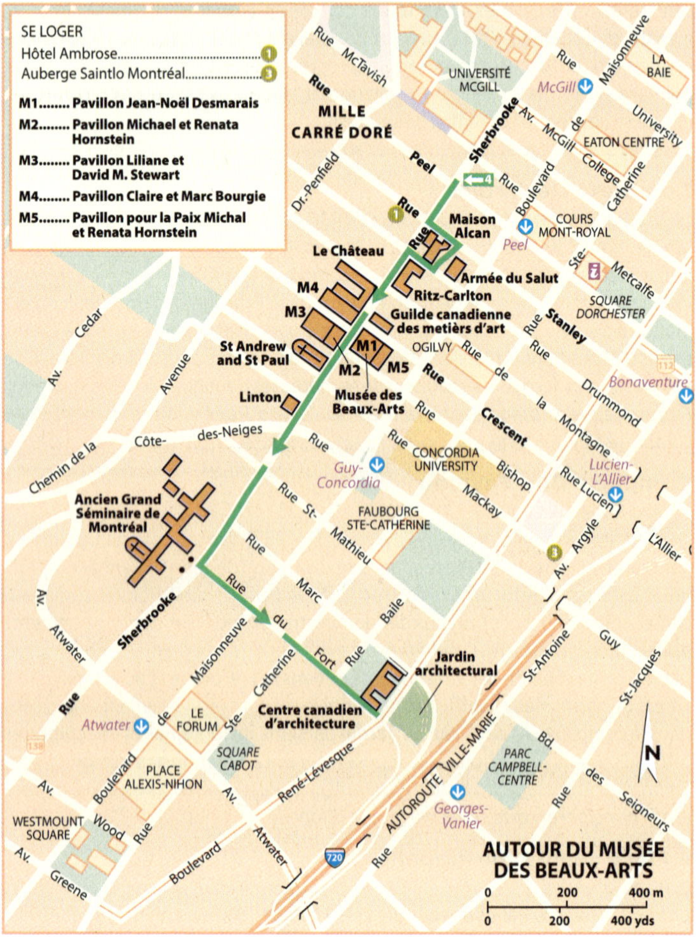

cette dernière et sur le boulevard St-Laurent, des **arches** traditionnelles marquent les limites du quartier. Les premiers ressortissants chinois établis à Montréal arrivèrent dans les années 1860. Fuyant l'impitoyable dureté du travail dans les mines d'or ou les chantiers de construction des chemins de fer de l'Ouest américain, ils donnèrent à ce quartier son cachet ethnique bien particulier. Aujourd'hui, beaucoup d'habitants du secteur ont quitté leur ancien voisinage pour aller s'installer ailleurs en ville. Pourtant, avec ses restaurants odorants, ses musiques orientales sortant des boutiques de CD et ses étalages garnis de produits exotiques, ce petit Chinatown fort animé demeure encore, pour la communauté orientale de Montréal, un véritable point de rencontre et, pour le visiteur, un pittoresque but de promenade.

Maison Wing – *1009 r. Côté, donnant sur le Palais des congrès.* Construite en 1826 pour accueillir un établissement scolaire, la British and Canadian School, cette maison est l'un des plus anciens édifices du quartier. En 2023, la ville de Montréal l'a ajoutée au Registre du patrimoine culturel du Québec. Elle abrite depuis les années 1960 la fabrique de nouilles Wing qui produit également des *fortune cookies* : ces biscuits renfermant une devise sont destinés aux restaurants chinois de la ville.

Rue St-Urbain – *Sur la gauche en descendant vers le sud.* Des compositions murales illustrent de fameuses légendes, comme celle du Roi-Singe de Tin Neon Pang (1984) ou celle de la chanteuse d'opéra chinois (2015), réalisée par Gene Pendon et Bryan Beyung.

Parc Sun-Yat-sen – À l'angle de la rue Clark et de la rue de la Gauchetière Est, un petit parc est dédié à Sun Yat-sen (1866-1925), homme d'État et fondateur de la Chine moderne.

★★ Autour du musée des Beaux-Arts

PLAN CI-CONTRE

Circuit 4 tracé en vert sur le plan ci-contre. Ⓜ *Peel. Commencez la promenade à l'angle des rues Sherbrooke Ouest et Peel.*

La **rue Sherbrooke★**, l'une des artères les plus prestigieuses et les plus animées du centre-ville, constitue un secteur commercial très dynamique. Aux architectures victorienne, néogothique et néoromane se mêlent de ternes immeubles de bureaux des années 1950 qui en font le quartier le plus éclectique de la ville. La rue Sherbrooke marque la frontière sud de l'historique **Mille Carré Doré★** (**Golden Square Mile** en anglais), délimité par ailleurs par l'avenue des Pins, la rue University et l'angle de la rue Guy et du chemin de la Côte-des-Neiges. À l'origine, ce secteur faisait partie du domaine des sulpiciens. Après la Conquête, il passa aux mains des familles anglaises et écossaises de négociants en fourrures. De riches propriétaires terriens, tel James McGill, y firent bâtir leur maison de campagne, non loin des vergers réputés qui, en ce temps-là, s'étendaient sur le mont Royal. En 1885, une bourgeoisie que l'achèvement de la construction du Canadien Pacifique avait enrichie suivit leur exemple. Vers la fin du 19e s., les résidents du Mille Carré Doré possédaient 70 % des richesses du Canada. À l'ouest du Mille Carré Doré s'étend **Westmount**, charmante enclave résidentielle.

Rue Peel

Cette élégante artère porte le nom de sir Robert Peel (1788-1850), Premier ministre britannique et fondateur du Parti conservateur qui, par des mesures économiques et financières, favorisa le passage de l'Angleterre à l'ère industrielle. C'est de lui que les fameux *bobbies*, agents de la police londonienne dont il fut le créateur, tiennent leur surnom. Au nord, la rue est bordée d'anciennes demeures appartenant pour la plupart à l'université McGill.

Retournez rue Sherbrooke et continuez vers l'ouest.

★ Maison Alcan

1188 r. Sherbrooke Ouest (entrée principale au 2200 r. Stanley) - maisonalcan.com. L'ancien siège social de la société Rio Tinto Alcan présente une détonante association d'ancien et de moderne. Sur Sherbrooke Ouest, il comprend cinq bâtiments victoriens du 19e s., notamment la **maison Atholstan** *(nº 1172)*. Construit en 1895 pour lord Atholstan, philanthrope réputé et fondateur d'un journal aujourd'hui

disparu, cet édifice en pierre de taille de style Beaux-Arts est caractéristique des demeures de l'élite financière de l'époque. L'entrée de l'édifice Davis (1983), construction moderne au revêtement d'aluminium, se trouve rue Stanley. Un **atrium** couvert d'une verrière le relie à la partie ancienne. Des travaux de rénovation, achevés en 2022, ont rendu à l'atrium sa vocation originelle d'espace public. Empruntez l'étroit passage entre les rues Stanley et Drummond, derrière l'édifice, qui débouche près de la **Citadelle de l'Armée du salut** *(2085 r. Drummond)*, reconnaissable à sa fière façade néoclassique (1906).
Retournez rue Sherbrooke Ouest.

★ Ritz-Carlton

Dernier survivant des grands hôtels de Montréal, le Ritz-Carlton *(nº 1228)* appelle à la nostalgie des Années folles. Ce luxueux édifice (1912) présente une élégante façade en pierre calcaire de style néo-Renaissance, ornée de détails en terre cuite. Sa marquise en fer forgé est éclairée par de superbes lampadaires. Le bâtiment, agrandi en 1956 dans son style d'origine, comporte dans sa partie ouest des panneaux décoratifs au-dessus des fenêtres. Le hall d'entrée et les salles de réception s'enorgueillissent d'un fastueux décor tout de marbre, de bronze, de cuir et de boiseries. L'établissement a vu défiler un grand nombre de souverains et chefs d'État, dont Charles de Gaulle, et servit de cadre au mariage d'Elizabeth Taylor et de Richard Burton en 1964. Il reste aujourd'hui très apprécié des célébrités.
Traversez la rue de la Montagne.
De l'autre côté de la rue, au nº 1321, l'immeuble d'appartements **Le Château** (1925), surmonté d'un toit en pente, est orné de créneaux et tourelles de pierre. L'édifice fut construit en calcaire fossilisé de Tyndall, le même que celui qui orne l'intérieur du Parlement d'Ottawa.

★ Rue Crescent

Deux rangées de charmants édifices victoriens à deux étages bordent cette artère située entre la rue Sherbrooke et la rue Ste-Catherine. On y trouve un grand nombre de boutiques de mode, de galeries d'art, de magasins de tissus précieux et de restaurants qui, en été, ouvrent balconnets et terrasses, ajoutant ainsi à l'animation du quartier.

★★★ Musée des Beaux-Arts de Montréal (MBAM)

1380 r. Sherbrooke Ouest - ✆ 514 285 2000 - www.mbam.qc.ca - ✕ ♿ - 10h-17h - fermé lun. - 16/24 $. Chantier de restruction en cours au moment de la rédaction de ce guide, mais le musée reste ouvert pendant les travaux.
Située au centre du Mille Carré Doré, cette vénérable institution née en 1860 recèle environ 40 000 pièces allant des œuvres des maîtres anciens à celles d'artistes contemporains. Le musée est réputé pour ses collections d'art canadien et inuit, ses objets d'art décoratif (depuis les bronzes archaïques de la Chine ancienne jusqu'à la verrerie du 20e s.) et sa collection – la plus importante du monde – de plus de 3 000 boîtes à encens japonaises. Les collections se répartissent de part et d'autre de la rue Sherbrooke, dans cinq bâtiments reliés par un sous-sol. Consacrez quelques heures voire une petite journée pour découvrir ce fonds remarquablement mis en valeur.
Pavillon Jean-Noël Desmarais (M¹) – *Billetterie*. Inauguré en 1991, ce bâtiment abrite le noyau des collections, consacrées à l'art international. Il est l'œuvre de l'architecte **Moshe Safdie** *(p. 615)*. Doté d'une entrée monumentale, le bâtiment

Musée des Beaux-Arts de Montréal.
W. Bibikow/hemis.fr

a annexé la façade en brique rouge de l'immeuble d'habitations New Sherbrooke (1905). De grandes baies vitrées et des lucarnes offrent des vues imprenables sur la ville. C'est ici que sont présentées les grandes expositions du MBAM. La collection permanente d'**art contemporain** (canadienne et internationale) est au 2e sous-sol (Jim Dine, Gerhard Richter, Jeff Wall...) ainsi que dans la galerie d'accès au pavillon Claire et Marc Bourgie (Jean Paul Riopelle, Paul-Émile Borduas...). Au 4e étage du pavillon, l'aile Stéphan Crétier et Stéphany Maillery rassemble les collections des cultures du monde, couvrant l'Antiquité (égyptienne et gréco-romaine), l'art précolombien (olmèque, aztèque, maya...), l'art asiatique (Chine ancienne, Japon, Corée, Thaïlande, Inde), l'art africain (Igbos du Nigeria, culture dogon du Mali), l'art islamique et l'art océanien.

Pavillon pour la Paix Michal et Renata Hornstein (M5) – Ce pavillon a été inauguré fin 2016, suite au don de Michal et Renata Hornstein d'un ensemble exceptionnel de toiles de maîtres de la Renaissance à l'art moderne. Son aménagement a donc été l'occasion de redéployer les collections du musée. L'exposition occupe 4 niveaux dont la scénographie, audacieuse et claire, est très réussie. Le parcours débute par un formidable panorama des **avant-gardes** américaines et européennes (peintures et sculptures), des 19e et 20e s. Des impressionnistes aux fauves, des peintres de l'abstraction aux néo-expressionnistes, de grands noms de l'histoire de l'art sont ici représentés. En grimpant les étages, le visiteur remonte dans le temps, découvrant d'abord le **Siècle des lumières**, puis le 17e s. flamand et les cabinets de curiosités, enfin le **Moyen Âge**. De plus, des créations d'artistes contemporains sont ingénieusement intégrées à l'architecture du bâtiment (Patrick Beaulieu, Antony Gormley, Martha Townsend, Jean-Michel Othoniel...).

Pavillon Michal et Renata Hornstein (M²) – Avec son grand escalier et son portique en marbre blanc du Vermont, formé d'une majestueuse colonnade et de hautes portes massives, il forme un bel exemple du style Beaux-Arts qui s'imposait alors dans la construction des musées (1912). C'est ici que furent exposées les 467 premières œuvres d'art de l'Association d'art de Montréal (AAM), qui constituent le noyau des collections actuelles. Le pavillon accueille aujourd'hui le cinéma du musée et, depuis fin 2024, une exposition d'art inuit contemporain d'environ 60 œuvres présentées par roulement, piochées parmi le travail de quelque 300 artistes présents dans la collection de l'institution.
Pavillon Liliane et David M. Stewart (M³) – *Temporairement fermé.* Sur deux niveaux, cette collection exceptionnelle est exclusivement dédiée aux **arts décoratifs** et au **design** du 15ᵉ s. à nos jours. Le parcours met l'accent sur les créateurs modernes et contemporains. Une galerie est en outre entièrement consacrée au verre, de l'Antiquité à nos jours, ainsi qu'aux arts décoratifs anciens au Québec depuis le 18ᵉ s.
Pavillon Claire et Marc Bourgie (M⁴) – *Du même côté de la rue Sherbrooke et de l'autre côté de la rue du Musée.* Ce pavillon, consacré à l'**art canadien et québécois**, expose quelque 600 œuvres réparties sur plusieurs niveaux, depuis l'art inuit et l'art de la Nouvelle-France jusqu'aux années 1970. Les autres étages suivent l'évolution de la peinture et de la sculpture canadiennes depuis le 18ᵉ s. Les galeries des sous-sols sont, quant à elles, consacrées à l'**art contemporain canadien**. Le pavillon est accolé à la **salle Bourgie**, salle de concert aménagée dans l'ancienne église Erskine and American United Church *(programmation sur www.mbam.qc.ca)*. Ce bel exemple du style néoroman « richardsonien » de la fin du 19ᵉ s. contient un remarquable ensemble de 24 vitraux Tiffany aux thèmes bibliques. À l'intérieur, une coupole peinte et ornementée repose sur une corniche finement ciselée.

Church of Saint Andrew and Saint Paul

(ÉGLISE ST-ANDRÉ-ET-ST-PAUL)

1431 r. Sherbrooke Ouest (entrée visiteurs au 3415 r. Redpath) - www.standrewstpaul.com - juil.-août : tlj sf w.-end 10h-15h ; reste de l'année : se rens.

Ce temple presbytérien de style néogothique (1932), flanqué d'une tour commémorative de 40,5 m de haut, est l'église du régiment canadien des Black Watch (régiment du Royal Highland). Construit en acier et béton armé, le bâtiment est revêtu de pierre calcaire de l'Indiana. Un immense vitrail, à la mémoire des victimes de la Première Guerre mondiale, domine le maître-autel. Les deux premiers vitraux à gauche de la nef furent conçus par l'atelier William Morris d'après des cartons du peintre préraphaélite Edward Burne-Jones.
De l'autre côté de la rue, une rangée d'anciennes résidences de pierre grise accueille de prestigieuses galeries d'art, dont la **Guilde canadienne des métiers d'art** *(1356, r. Sherbrooke Ouest - ✆ 514 849 6091 - laguilde.com - mar.-vend. 10h-18h, sam. 10h-17h)*. Celle-ci héberge l'une des plus belles collections d'art inuit et des Premières Nations au Canada. Au coin de la rue Simpson se dresse le **Linton** *(nº 1509)*, l'un des plus grands immeubles d'habitation à l'époque de sa construction (1907). Son extérieur, d'un style Beaux-Arts très chargé, est richement orné.

★ Centre canadien d'architecture (CCA)

1920 r. Baile - ✆ 514 939 7000 - www.cca.qc.ca - ♿ - merc.-dim. 11h-18h (jeu. 21h) - 10 $ - librairie.

Le CCA est né, en 1989, de la volonté de l'architecte **Phyllis Lambert**, célèbre défenseure de l'environnement et héritière de la fortune de la maison Seagrams, qui souhaitait encourager l'étude et la valorisation de l'environnement bâti. Elle jeta son dévolu sur un manoir délabré de style Second Empire, au cœur d'un quartier du 19e s. en plein déclin : la **maison Shaughnessy** (1874). Fut confié à un architecte de renom, Peter Rose, le soin de lui adjoindre un édifice moderne. Reconnue aujourd'hui comme un centre de références et de recherche unique au monde, l'institution renferme plus de 180 000 livres, 65 000 estampes et dessins, 30 000 plans et plus de 50 000 photographies.

Visite – Le CCA constitue un exemple original de l'architecture postmoderne à Montréal. Au cœur de l'ensemble, le manoir est entouré sur trois côtés par le musée, dont les lignes simples et la façade symétrique s'harmonisent avec l'ancien manoir. La seule décoration de l'édifice moderne est une curieuse corniche d'aluminium qui longe la façade pour faire écho à la crête de fer forgé de la maison Shaughnessy. Le calcaire de Trenton, le granit noir, les boiseries et le parterre en bois d'érable, ainsi que les garnitures en aluminium, ornent l'intérieur du bâtiment principal. Dans la maison Shaughnessy, les salles de réception, le ravissant **conservatoire** et le **salon de thé**, restaurés dans leur splendeur du 19e s. et meublés d'œuvres contemporaines, sont ouverts au public.

Musée – Il organise des expositions temporaires sur le thème de l'architecture et abrite un laboratoire de conservation et une librairie au choix impressionnant de livres sur l'architecture et le design.

Jardin architectural – Situé de l'autre côté du boulevard René-Lévesque, ce parc urbain original, dessiné par l'architecte Melvin Charney, fut conçu comme un tribut aux bâtiments avoisinants et à l'héritage architectural du monde occidental. Parmi les objets exposés sur cette bruyante esplanade qui domine un enchevêtrement d'autoroutes se dressent dix sculptures ou « colonnes allégoriques » évoquant divers éléments architecturaux.

1

Ancien Grand Séminaire de Montréal

Guy-Concordia - 2065 r. Sherbrooke Ouest (en face de la rue du Fort).

Deux **tours** coiffées d'un toit en poivrière marquent l'emplacement d'un petit fort que les Sulpiciens avaient établi en 1676 pour défendre leur mission. En 1685, le fort fut reconstruit en pierre et doté de quatre tours et d'une muraille d'enceinte. Les tours nord furent démolies en 1854 pour faire place au Grand Séminaire (1857). Les deux tours restantes, restaurées, figurent, avec le séminaire sulpicien de la rue Notre-Dame, parmi les bâtiments les plus anciens de l'île de Montréal.

★★ Mont-Royal et ses environs

PLAN P. 74-75

Affectueusement surnommé « la montagne », le mont Royal domine la zone urbaine du haut de ses 233 m. Il restera le point culminant de Montréal puisqu'une loi interdit à tout nouveau bâtiment de le dépasser en hauteur. Outre deux cimetières, plusieurs réservoirs d'eau et la tour de transmission de Radio Canada (1963), il comprend, dans sa partie la plus élevée, un magnifique parc dont les espaces paysagés attirent un grand nombre de visiteurs et de résidents.

Sur son flanc ouest, au-dessus de Montréal et du St-Laurent, s'étend la municipalité de **Westmount**. Fondée en 1874, cette charmante enclave résidentielle fut longtemps le fief de la bourgeoisie anglophone montréalaise. Elle est parcourue de rues en pente raide bordées d'imposantes demeures, certaines d'allure ultramoderne, d'autres plus anciennes, en pierre ou en brique. Du **belvédère de**

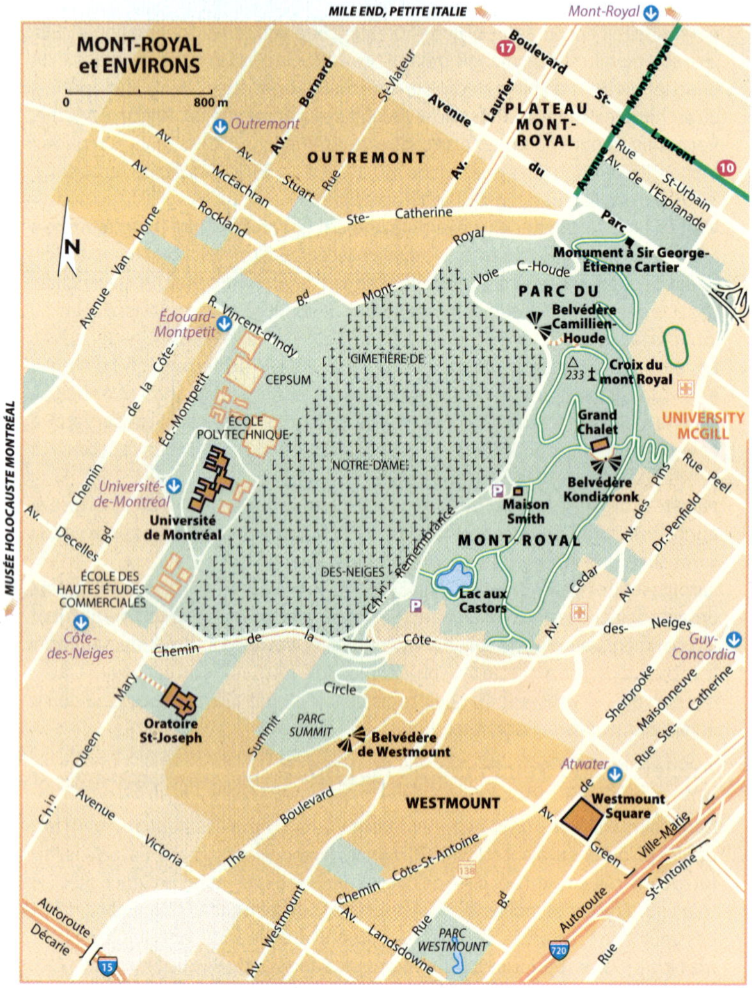

Westmount★ *(entre les nos 18 et 36 Summit Circle)*, la **vue**★ plonge sur les toits de belles résidences et, plus bas, sur les trois tours de verre et de métal de **Westmount Square**★ *(à l'angle de la r. Ste-Catherine et de l'av. Green)*. Dessinées par **Mies van der Rohe** en 1966, ces dernières abritent un élégant complexe d'appartements, de bureaux et de boutiques. La silhouette du pont Victoria se profile dans le lointain. Quartier huppé des Montréalais francophones, la municipalité d'**Outremont** – sur le flanc est du mont Royal – fait pendant à celle de Westmount. Constituée en 1875, elle recèle de demeures cossues et de beaux espaces verts.

★★ Parc du Mont-Royal

Ⓜ Mont-Royal. À pied : accès par l'av. du Parc ou l'av. des Pins (escaliers assez raides). En voiture : accès par la voie Camillien-Houde ou le chemin Remembrance - ☎ 514 843 8240 - www.lemontroyal.qc.ca - ✕ ♿ - 6h-0h.

SE RESTAURER

Café Cherrier ... 6
L'Express ... 8
Majestique ... 10
Au Pied de Cochon ... 13
Resto Vego ... 15
Schwartz's ... 16
Wilensky's ... 17

SE LOGER

M Montreal ... 5

Très bel exemple du style paysager en vogue au 19e s., le parc du Mont-Royal fut créé selon les plans du célèbre architecte paysagiste américain **Frederick Law Olmsted** (1822-1903), à qui l'on doit l'aménagement de Central Park à New York. Riche d'environ 200 000 arbres et 600 espèces de plantes, cette véritable réserve naturelle abrite aujourd'hui une faune très variée (oiseaux, écureuils gris, tamias rayés...). Au sud, le **lac aux Castors**, creusé en 1938, ne permet plus d'y glisser en hiver, la hausse des températures oblige désormais les amateurs de patinage à arpenter la patinoire artificielle voisine.

Monument à Sir George-Étienne Cartier – Surmonté d'une allégorie de la Renommée, ce monument (1919) honore l'un des pères de la Confédération canadienne. Dès les beaux jours, de mai à fin septembre, chaque dimanche, des joueurs de tam-tam se rassemblent autour du monument et attirent de nombreux habitués qui profitent d'un spectacle improvisé, informel et chaleureux.

★★★ **Belvédère Kondiaronk** – *Du terrain des stationnements, prenez le chemin menant au chalet (7mn).* D'ici, la vue sur Montréal est splendide. On distingue en contrebas le campus de l'université McGill et son pavillon des sciences médicales McIntyre, reconnaissable à sa forme cylindrique bien particulière. Plusieurs gratte-ciel du centre-ville se détachent clairement sur l'horizon : l'édifice IBM Marathon, la Banque du Commerce, le 1000 de la Gauchetière, la tour cruciforme de la Banque royale et la place de la Cathédrale. Au loin se déroule le ruban argenté du St-Laurent. Sur la terrasse du belvédère, le **chalet du Mont-Royal** *(8h-20h)* accueille une boutique et un comptoir alimentaire. Cet imposant bâtiment d'inspiration Beaux-Arts et Arts and Crafts a été inauguré en 1932.

Croix du mont Royal★ – *Accessible à pied à partir du chalet.* Illuminée la nuit, l'immense croix métallique (hauteur : 31,4 m) qui se dresse au sommet du mont Royal depuis 1924 est visible 100 km à la ronde. En décembre 1642, Paul de Maisonneuve, fondateur de Ville-Marie, avait fait le serment de planter une croix sur la montagne si la ville était épargnée de l'inondation qui la menaçait au moment de Noël. La forteresse fut sauvée et Maisonneuve, fidèle à sa parole, fit ériger, le 6 janvier 1643, une première croix de bois au sommet du mont.

Belvédère Camillien-Houde★★★ – Excellent point de vue sur l'est de Montréal que domine la tour élancée du Stade olympique, cette terrasse d'observation

Frère André

Alfred Bessette (1845-1937) rejoignit la congrégation de Ste-Croix en 1870 et prit le nom de frère André. Tout en assumant, pendant quarante ans, ses fonctions de portier au collège Notre-Dame *(en face de l'oratoire St-Joseph)*, il prêchait une complète dévotion à saint Joseph. En 1904, il érigea une petite chapelle sur le chemin qui conduisait du collège au mont Royal. Nombre de malades qui venaient prier à ses côtés ayant été miraculeusement guéris, frère André acquit bientôt une réputation de thaumaturge et attira tant de pèlerins qu'il fallut, pour les accueillir, construire une église plus vaste. Il fut canonisé le 17 octobre 2010.

permet aussi de distinguer quelques collines Montérégiennes au sud et, au nord, les contreforts des Laurentides. Le belvédère fut nommé en l'honneur de Camillien Houde (1889-1958), plusieurs fois maire de Montréal entre 1928 et 1954.

Université de Montréal (UdeM)

Université-de-Montréal - entrée principale au croisement du boulevard Édouard-Montpetit et de l'avenue Louis-Colin.

Créée en 1878 comme annexe de l'université Laval, à Québec, l'université de Montréal devint une institution indépendante en 1919. Elle se situait à l'origine rue St-Denis, où se trouve aujourd'hui l'UQAM *(p. 79)*, et n'emménagea sur son site actuel qu'en 1942. La construction du pavillon principal débuta en 1928, mais fut interrompue par la grande crise des années 1930. Les travaux reprirent seulement dix ans plus tard, en 1941.

Conçu par Ernest Cormier, le corps central est surmonté d'une haute tour et flanqué d'ailes perpendiculaires orientées vers l'avant. La sobriété de l'ornementation, le traitement géométrique des surfaces et les fenêtres fonctionnelles témoignent clairement de l'influence du mouvement Art déco. À l'intérieur du bâtiment, le hall central, la salle de réception et le grand amphithéâtre sont décorés dans le même style.

De nos jours, l'université de Montréal accueille près de 64 000 étudiants, ce qui en fait la plus grande université francophone du monde en dehors de Paris, avec deux écoles affiliées : l'École polytechnique *(au nord-est du pavillon principal)* et l'École des hautes études commerciales, soit HEC Montréal *(av. Decelles)*.

★★ Oratoire Saint-Joseph

Côte-des-Neiges - entrée par le chemin Queen-Mary - 514 733 8211 - www.saint-joseph.org - - 6h30-21h - musée : 10h-16h30 - 3 $ - des aménagements sont en cours dans certaines parties de l'oratoire qui reste ouvert pendant la durée des travaux.

Les travaux s'étendront sur plusieurs années et prévoient notamment l'aménagement d'un toit végétalisé sur le nouveau pavillon d'accueil, l'ouverture d'un restaurant, la création d'un espace muséal qui abritera une galerie d'observation pour découvrir, en plongée, l'intérieur de la basilique, et l'aménagement d'un observatoire au sommet du dôme pour profiter d'une vue à 360° sur Montréal et ses environs.

Érigée sur le versant nord-ouest du mont Royal, cette basilique catholique reçoit, chaque année, des millions de pèlerins. Son dôme gigantesque domine la partie nord de la ville.

Parc du Mont-Royal.
Marc Bruxelle/Getty Images Plus

1

Basilique – Cet édifice de style néo-Renaissance, coiffé d'un dôme massif octogonal au revêtement de cuivre, s'élève à 154 m au-dessus de la ville. Avec ses murs de granit et sa structure de béton armé, il atteint 104 m de long, 64 m de large et 112 m de haut. Le dôme (diamètre : 38 m), surmonté d'une croix de 8 m de hauteur, domine de 44,5 m le toit de la basilique. Ce projet d'envergure, commencé en 1924, connut des difficultés techniques et financières qui interrompirent le déroulement des travaux. En 1936, le célèbre moine bénédictin **Dom Paul Bellot** devint architecte en chef du chantier. Il opta pour l'emploi de béton comme matériau de construction du dôme et modifia les plans intérieurs en adoptant un style moderne. L'édifice fut achevé en 1967.
L'intérieur, immense, frappe par son austérité. On y remarquera le maître-autel, le crucifix et les statues de bois des douze apôtres sculptées par Henri Charlier *(dans le transept)*. Les vitraux ont été dessinés par Marius Plamondon. Roger Prévost façonna les lourdes grilles de métal et Roger de Villiers le chemin de croix grandeur nature *(autour de la nef)*. L'autel de la chapelle du St-Sacrement *(derrière le chœur)* est l'œuvre de Jean-Charles Charuest, et la mosaïque illustrant la vie de saint Joseph provient de l'atelier Labouret, à Paris.
L'ensemble comprend également une **chapelle votive**, qui abrite la tombe du frère André ; le seul **carillon** du Québec, composé de 56 cloches de bronze, fondues à Paris car destinées à être installées sur la tour Eiffel, et restaurées par la Fonderie Paccard en France de 2019 à 2023 ; une **crypte**, où se tiennent des messes quotidiennes ; le **musée**, doté d'une collection de photographies, de crèches et des pièces d'art religieux. La **chapelle du Frère-André** (*encadré p. 76*) se trouve à l'extérieur de la basilique.

Un **chemin de croix★** a été construit à flanc de montagne. Il est orné de belles sculptures de pierre polie d'Indiana taillées par l'Italien Ercolo Barbieri en 1960, selon les dessins de Louis Parent. Devant la basilique, la grande terrasse offre une **vue** superbe sur le nord de Montréal et sur les Laurentides qui s'élèvent à l'horizon.

★ Musée Holocauste Montréal HORS PLAN

Côte-Ste-Catherine - 5151 chemin de la Côte-Ste-Catherine - ℘ 514 345 2605 - museeholocauste.ca/fr - tlj sf sam. 10h-17h (dim. 16h, vend. heure de fermeture variable, se rens.) - fermé lors des fêtes juives et des principaux j. fériés - 10 $ - déconseillé au jeune public ; réserv. obligatoire.

Le musée devrait déménager à l'été 2026 au 3535 bd St-Laurent, se rens.

Entre 5 000 et 8 000 survivants de la Shoah se sont établis à Montréal, faisant de la ville la troisième comptant le plus grand nombre de survivants au monde. Leurs témoignages et leurs souvenirs constituent la base de ce musée. Ce dernier replace le visiteur dans le contexte social, politique, religieux et culturel des différentes communautés juives à travers l'Europe et le monde avant le conflit. Il l'accompagne ensuite dans la montée du nazisme, des lois antijuives, du quotidien invivable jusqu'à l'horreur des camps. En parallèle, la visite permet de saisir la position officielle du Canada vis-à-vis des juifs, pendant et après la guerre, l'action des lobbies à l'antisémitisme latent, et les lois sur l'immigration appliquées sans exception. Les vidéos des survivants racontant leur histoire rythment le parcours, jalonné d'objets, de films et de panneaux explicatifs. La muséographie, très contemporaine, crée une atmosphère particulièrement recueillie, parfois dramatique, qui invite à la réflexion.

★ Le Quartier latin

Circuit 5 tracé en vert sur le plan p. 74-75. Sherbrooke. Traversez la rue Berri, descendez la rue Sherbrooke et tournez à droite rue Atateken.

Écomusée du Fier-Monde

2050 r. Atateken (angle r. Ontario) - ℘ 514 528 8444 - ecomusee.qc.ca - merc. 10h-20h, jeu.-vend. 9h30-16h, w.-end 10h30-17h - 14 $.

Joseph-Omer Marchand se serait inspiré de la piscine de la Butte-aux-Cailles à Paris pour dessiner **le Bain Généreux★** : poutres cintrées, claires-voies, murs latéraux sont en effet similaires. Inauguré en 1927, le bâtiment accueillit les baigneurs jusqu'en 1993.

L'aménagement du musée, ouvert en 1996, fut confié à l'architecte Felice Vaccaro. Son objectif est de sensibiliser le public à l'**histoire industrielle et ouvrière** qui a forgé l'identité du quartier. Entrepôts et manufactures couvraient l'est de Montréal, où vivait une main-d'œuvre aux conditions de vie précaires.

L'exposition permanente « À cœur de jour ! Grandeurs et misères d'un quartier populaire » le rappelle à travers des images, des témoignages et des chiffres. On suit ainsi l'évolution du centre-sud, dont le dynamisme, notamment associatif, ne s'est pas démenti jusqu'à nos jours. Les expositions temporaires sont souvent en lien avec ces associations ou avec l'actualité du quartier.

Descendez la rue Atateken.

Le Village

www.villagemontreal.ca.

Ce quartier affiche les couleurs de l'arc-en-ciel, celles du drapeau des communautés LGBTQ+ . Le Village est à l'image de la ville : ouvert à tous. L'animation

est particulièrement fiévreuse pendant la semaine de la **Fierté Montréal** *(vers la mi-août)*. De mai à septembre, des milliers de boules de résine colorées ornent la **rue Ste-Catherine**, alors rendue piétonne entre les rues St-Hubert et Papineau.
Poursuivez rue Ste-Catherine. Passez sous le pont Jacques-Cartier et traversez l'avenue de Lorimier, que vous descendrez vers le sud.

Centre d'exposition La-Prison-des-Patriotes HORS PLAN

903 av. de Lorimier - www.mndp.qc.ca - mai-sept. : merc.-dim. 11h-18h (w.-end 10h30) ; reste de l'année : vend.-dim. 10h-18h - 6 $.
L'ancienne **prison du Pied-Courant** (1831-1840) a conservé sa façade originelle côté St-Laurent. Ne manquez pas d'y jeter un coup d'œil avant de rentrer par le côté ouest du bâtiment.
Le sous-sol de l'édifice néoclassique a été aménagé de façon à présenter le plus clairement possible les enjeux liés au mouvement patriote du Bas-Canada. Après une maquette de la prison, telle qu'elle était lorsqu'elle reçut les quelque 1300 patriotes entre 1837 et 1838, l'exposition aborde l'histoire du Bas-Canada, son économie, notamment agraire, la question de l'identité suite à l'incorporation du Canada français à l'Empire britannique, le contexte politique, la montée des revendications, l'insurrection avec ses chefs et ses détracteurs, et le dénouement. Très exhaustifs, les panneaux explicatifs remettent en perspective cet épisode fondateur du Québec contemporain.
Revenez sur vos pas jusqu'à la rue Ste-Catherine, que vous descendrez.

Jardins Gamelin

Pl. Émilie-Gamelin - programmation sur www.quartierdesspectacles.com.
Spectacles d'humour, conférences sur l'agriculture urbaine, cours de yoga en plein air, concerts, déjeuners sur l'herbe, fanfare… Il s'y passe tous les jours quelque chose, entre juin et septembre, jusqu'à 23h. Un lieu particulièrement apprécié des étudiants.
En face des jardins Gamelin se trouve l'université.

1

Université du Québec à Montréal (UQAM)

Traversée par la rue St-Denis, la partie principale du campus s'étend du boulevard de Maisonneuve, au nord, au boulevard René-Lévesque, au sud. Fondé en 1969, ce campus universitaire se compose de bâtiments modernes intégrés à des éléments plus anciens.
L'un d'entre eux occupe le site de l'ancienne église St-Jacques, édifice de style néo-gothique dessiné par John Ostell en 1852, dont il ne reste que la façade du transept sud *(r. Ste-Catherine)* et le clocher *(r. St-Denis)*, le plus haut de Montréal (flèche : 98 m). Un second campus, situé entre la Place des Arts et la rue Sherbrooke, comprend un énorme complexe des sciences.
Traversez le boulevard de Maisonneuve.

Bibliothèque et Archives nationales du Québec (BAnQ)

475 bd de Maisonneuve Est - ✆ 514 873 1100 ou 1 800 363 9028 - www.banq.qc.ca - 9h-21h, w.-end 9h-17h - fermé lun. -gratuit.
Avec ses 4 millions de documents (livres, microformes, revues, journaux, DVD…) et ses 33 000 m², la Grande Bibliothèque impressionne ! La visite guidée permet d'en découvrir les recoins et d'en admirer la structure de verre dépoli, de béton, de céramique et de bois. Cinq espaces accueillent des expositions temporaires, réalisées à partir des collections du site.
Continuez sur le boulevard de Maisonneuve.

Cinémathèque québécoise

335 bd de Maisonneuve Est - ✆ 514 842 9768 - www.cinematheque.qc.ca - expositions : lun.-vend. 13h-20h, sam.-dim. 14h-19h - expositions gratuites ; projections 13 $.

Fondée en 1963, la Cinémathèque québécoise conserve et rend public le patrimoine cinématographique et télévisuel, aussi bien national qu'international, à travers des expositions temporaires mettant en valeur la création audiovisuelle.

Revenez sur vos pas, sur le boulevard de Maisonneuve, et tournez à gauche rue St-Denis.

★ Rue Saint-Denis

Cette rue fut baptisée en l'honneur de Denis-Benjamin Viger, riche propriétaire terrien au milieu du 19e s. Le quartier, jadis occupé par toute une bourgeoisie francophone, a conservé de cette époque de belles maisons victoriennes. Au début du 20e s., plusieurs institutions d'enseignement supérieur telles que l'École polytechnique, l'École des hautes études commerciales *(pl. Viger)* et l'université de Montréal s'installèrent ici, et les environs de la rue St-Denis acquirent peu à peu le surnom de **Quartier latin**. Le **théâtre St-Denis (T)** fit son apparition vers la même époque. Pour répondre aux besoins de la population estudiantine, les anciennes demeures bourgeoises furent alors divisées en logements plus petits.

Le transfert de l'université de Montréal sur le versant nord du mont Royal allait avoir de graves conséquences sur l'économie du quartier, mais la Révolution tranquille lui apporta un second souffle. Bistrots, restaurants intimes, petites boutiques et librairies proliférèrent, ramenant une clientèle jeune. Aujourd'hui, la rue St-Denis est devenue l'un des lieux favoris de nombreux Montréalais et touristes. Cette artère animée est bordée de galeries d'art, de boutiques à la mode et de restaurants, dont les terrasses, à la belle saison, empiètent sur les trottoirs.

La rue aboutit au Carré St-Louis.

★ Carré Saint-Louis

Rue St-Denis, entre la rue Sherbrooke et l'avenue des Pins.

Cette pittoresque place ombragée doit son nom à Emmanuel et Jean-Baptiste Saint-Louis, frères et éminents hommes d'affaires. Vers la fin du 19e s., la bourgeoisie francophone, séduite par le calme de l'endroit, vint s'installer dans le quartier, d'où la présence, tout autour de la place, de belles résidences victoriennes, avec leur toiture aux lignes fantaisistes et leurs pignons. Devenu par la suite lieu de prédilection des artistes et poètes québécois (Louis Fréchette, Émile Nelligan et, plus récemment, Gaston Miron y habitèrent), le Carré St-Louis s'afficha, dans les années 1970, comme centre du mouvement nationaliste. Le square qui occupe la place invite à une agréable pause.

Au fond du square, du côté du kiosque, s'ouvre la rue Prince-Arthur.

Rue Prince-Arthur

Cette petite rue piétonne, dont le nom évoque le souvenir du prince Arthur, troisième fils de la reine Victoria et gouverneur général du Canada de 1911 à 1916, fut le centre très couru de la Révolution tranquille. Ses trottoirs, bordés de restaurants (grecs, italiens), sont animés, à la belle saison, de musiciens, saltimbanques et portraitistes.

La rue débouche sur le boulevard St-Laurent.

★★ Le Plateau Mont-Royal

Le « Plateau », comme on l'appelle familièrement, s'étend sur une zone située au nord de la rue Sherbrooke et à l'est du mont Royal. Il se répartit en différents paliers que traverse et relie entre eux le boulevard St-Laurent. Le Plateau est réputé pour être le quartier de Montréal le plus créatif et le plus actif artistiquement. On ne compte plus les salles de concert programmant des groupes émergents, les ateliers de design, les salons de microédition, les boutiques tendance, les vendeurs ambulants, les restaurants et les nombreux cafés où se retrouvent les *hipsters*, ces jeunes (et moins jeunes) branchés et cultivés à l'affût des tendances.

★ Boulevard Saint-Laurent

Cette voie très populaire, animée en permanence, demeura longtemps la plus importante artère de Montréal, d'où son surnom : « la Main » (la rue principale). C'est à partir d'elle que les rues dites est-ouest ont été numérotées, et c'est elle aussi qui sépare les quartiers anglophones à l'ouest des francophones à l'est. Son tracé initial, établi en 1672, fut rapidement prolongé jusqu'à la rivière des Prairies, près du Sault-au-Récollet. Après l'incendie de Montréal en 1852, la rue atteignit le Mile End (le dernier mille), qui marquait alors les nouvelles limites de la cité. Elle devint officiellement un boulevard en 1905.

Depuis plus d'un siècle, le quartier accueille traditionnellement les minorités culturelles qui viennent s'établir à Montréal. L'urbanisation du boulevard a donc progressé au rythme des nouveaux arrivants. Des immigrants chinois s'installèrent dans sa partie sud au 19e s. (p. 68). Des Juifs, arrivés vers 1880, développèrent une industrie textile (aujourd'hui presque disparue) dans la section située au nord de la rue Ste-Catherine. Toute une communauté grecque vint s'établir dans le voisinage mais, vers les années 1940, quitta les lieux pour le nord de l'avenue du Parc. La relève est désormais assurée par une immigration d'origine slave, portugaise et latino-américaine.

Depuis 2013, les artistes du **Festival Mural** *(en juin - muralfestival.com)* expriment leur créativité sur les hauts murs du quartier. On compte aujourd'hui environ **100 murales★★**, le long du boulevard, principalement entre la rue Sherbrooke et l'avenue du Mont-Royal, et dans ses rues parallèles (St-Dominique et Clark).

Remontez le boulevard, et tournez à gauche avenue des Pins.

Musée des Hospitalières de l'Hôtel-Dieu de Montréal (M2)

Sherbrooke - 201 av. des Pins Ouest (entre la rue St-Urbain et l'avenue des Pins) - 514 849 2919 - museedeshospitalieres.qc.ca - ♿ - tlj sf lun. 10h-12h, 13h-17h - 12 $.

Logé dans une ancienne résidence d'aumôniers (1925), ce musée retrace l'histoire de la communauté des Hospitalières de St-Joseph. Parallèlement à ses expositions temporaires, il présente une sélection de 400 objets tirés de sa collection permanente. Un magnifique escalier de chêne massif (17e s., France) domine, du haut de ses 8 m, le hall d'entrée de la nouvelle section du musée (1992). Le premier étage, consacré à l'histoire de Montréal et des Hospitalières, contient notamment un magnifique retable (1777) orné de feuilles d'or, sculpté par Philippe Liébert.

Une aire d'exposition évoque la vie cloîtrée des Hospitalières du 19e au début du 20e s. Le second étage se penche plus particulièrement sur l'histoire de l'hôtel-Dieu

de Montréal et sur la vocation médicale des sœurs soignantes. La visite se termine par une présentation vidéo sur le rayonnement de la communauté des Hospitalières dans le monde.
Reprenez le boulevard St-Laurent, jusqu'à l'avenue de Mont-Royal.

Avenue de Mont-Royal

On y sent l'influence francophone (cafés, croissanteries, librairies spécialisées en littérature) : c'est d'ailleurs dans cette partie de Montréal que choisissent souvent de s'installer les nouveaux arrivants d'origine française. Au sud, la rue Rachel, qui lui est parallèle, mène, à l'est, au **parc La Fontaine**, réputé pour ses plans d'eau, ses arbres et son théâtre de verdure. À l'ouest, elle débouche au pied du mont Royal sur le **parc Jeanne-Mance**, où se tiennent régulièrement des manifestations (concerts, festivals...).
Remontez le boulevard St-Laurent.

★ Mile End HORS PLAN

L'implantation d'entreprises internationales et dynamiques au tournant des années 2000 a donné un coup de jeune à ce quartier jadis populaire. La rue Fairmount en marque la limite sud et le viaduc de la voie rapide, contre lequel s'élève un entrepôt de brique coiffé de l'antique **château d'eau**, symbole du quartier, sa limite nord. L'essentiel de l'activité se concentre autour des rues St-Viateur (au pied de la surprenante **église à dôme St-Michel**) et Bernard, et dans les rues perpendiculaires arborées, aux maisons flanquées d'escaliers métalliques en spirale typiquement montréalais.
Le quartier préserve ses contrastes. La population branchée nouvellement arrivée, issue des milieux du cinéma, de la télévision ou de la musique, y côtoie les représentants de la communauté juive hassidique vêtus de l'habit traditionnel et les Grecs établis sur l'avenue du Parc.
Poursuivez sur le boulevard St-Laurent et passez sous le viaduc.

La Petite Italie HORS PLAN

Plus au nord, autour de la partie supérieure du boulevard St-Laurent, la « Piccola Italia » est un peu le pendant nord du Quartier chinois. De la même façon, son périmètre est marqué de portails qui enjambent les rues. Magasins et cafés voisinent avec pizzerias et trattorias – où l'italien est de mise – parmi les meilleures de la ville. Son principal attrait demeure l'immense **marché Jean-Talon★**, l'un des préférés des Montréalais avec, aux beaux jours, ses étals débordants de fruits et légumes, de charcuteries et de viandes, d'olives et de fromages (*« Nos adresses » p. 97*).

★★ Autour du Parc olympique CARTE P. 30-31

Situé à l'est du centre-ville, dans l'ancienne commune de Maisonneuve, le secteur d'**Hochelaga** est dominé par l'impressionnante structure du Stade olympique. On y visitera aussi avec intérêt l'**Espace pour la vie**, dédié à l'exploration de l'environnement et de la biodiversité. Autour, le **parc Maisonneuve**, aménagé à la fin du 19e s., est très fréquenté des Montréalais. En été, c'est un lieu de détente familial, très apprécié pour ses espaces ombragés et ses promenades. En hiver, une patinoire illuminée et 12 km de pistes de ski de fond donnent aux plus sportifs l'occasion de pratiquer leurs talents.

★ Parc olympique C1

Viau. Hall touristique (point de départ des visites et du funiculaire) au pied de la Tour de Montréal. Un service de navette gratuit dessert le Jardin botanique et le Biodôme. En voiture : entrée du parc de stationnement au 3200 r. Viau - parcolympique.qc.ca.

D'importants travaux sont en cours dans l'enceinte du parc olympique. Ils entraînent des fermetures et des changements d'accès au site. Les travaux devraient se terminer en 2026.

En 1976, pour accueillir les Jeux olympiques d'été, de gigantesques installations sportives, réparties sur un terrain d'une superficie de 55 ha, furent construites dans la partie est de Montréal, en bordure du parc Maisonneuve. Le complexe olympique, pour avoir été le projet public le plus controversé de la ville, n'en constitue pas moins une remarquable réalisation architecturale, véritable monument de béton à la gloire du sport. Les travaux d'excavation commencèrent en 1973 et furent achevés à temps pour les Jeux. Maintes difficultés techniques retardèrent la construction de la tour, finalement achevée en 1987.

Le parc comprend un impressionnant complexe stade-tour, un **centre sportif**, une esplanade bétonnée au-dessus d'énormes parkings souterrains, le centre Pierre-Charbonneau et l'aréna Maurice-Richard (tous deux construits en 1954). Longtemps inutilisé, l'ancien vélodrome sert aujourd'hui de cadre au **Biodôme** (*p. 86*). Depuis 2008, le complexe abrite aussi le stade Saputo, domicile du CF Montréal, l'équipe de football de Montréal. Le parc accueille également des événements divers (salons, manifestations sportives et culturelles).

1

Stade olympique

Pie-IX - 4545 av. Pierre-de-Coubertin - ♿ - visite guidée suspendue jusqu'à nouvel ordre, se rens.

Conçue par l'architecte français Roger Taillibert, cette enceinte de béton s'articule sur 34 énormes consoles en porte-à-faux auxquelles sont accrochés les gradins et l'anneau technique. Au moment de sa construction, son **toit mobile**, dominé par la fameuse tour inclinée, était le plus grand du monde. Le gigantesque espace intérieur (59 307 m^2) est assez grand pour contenir le Colisée de Rome ! Il compte 56 000 sièges répartis sur sept niveaux, ainsi qu'un parterre central de 18 950 m^2. Le pape Jean-Paul II y a prononcé un discours pour la jeunesse au cours de son voyage à Montréal en 1984.

Observatoire de la Tour de Montréal

Accès hall touristique - ♿ - fermé pour travaux, réouverture prévue en 2026.

Cette immense structure est la plus haute tour inclinée du monde (165 m), et l'un des éléments les plus distinctifs du paysage montréalais. Achevée en 1987, elle se compose d'un socle bombé en béton (145 000 t) destiné à recevoir la charge de la partie supérieure en acier (8 000 t), inclinée à 45° au-dessus du toit rétractable ; à titre indicatif, la tour de Pise a un angle d'inclinaison de 5°.

On accède au sommet en deux minutes par un **funiculaire** extérieur. De l'observatoire, situé au sommet de la tour, le **panorama★★★** porte, par temps clair, jusqu'à 80 km. L'étage inférieur de l'observatoire présente l'exposition « Depuis 1976 », consacrée à l'histoire et à la construction du Parc olympique.

Village olympique

Côté nord de la rue Sherbrooke, à l'est de la rue Viau.

Les « pyramides olympiques », comme on les appelle familièrement, sont deux édifices jumeaux de 20 étages qui furent construits lors des Jeux de 1976 pour loger quelque 11 000 athlètes. Peu adaptés aux rudes hivers montréalais, ces bâtiments, dont l'architecture est inspirée du complexe Marina Baie des Anges, près de Nice (France), forment aujourd'hui un ensemble résidentiel et commercial.

★★ Espace pour la vie C1

Pie-IX - www.espacepourlavie.ca. Un service de navette gratuit dessert le Biodôme, le Parc olympique et le Jardin botanique.

De part et d'autre de la rue Sherbrooke, ce complexe muséal situé dans le Parc olympique comprend le Jardin botanique et l'Insectarium au nord, le Biodôme et le Planétarium au sud.

★★ Jardin botanique

4101 r. Sherbrooke Est - 514 868 3000 - - de mi-mai à déb. sept. : 9h-18h ; de déb. sept. à fin oct. : 9h-21h (vend.-sam. 22h) ; reste de l'année : tlj sf lun. 9h-17h - 23,25 $.

Le Jardin botanique de Montréal, l'un des plus beaux du monde, fut créé en 1931 par le **frère Marie-Victorin** (1885-1944). Sur un terrain de 75 ha poussent plus de 21 000 essences provenant des quatre coins de la planète, dont environ 10 000 arbres et 1500 types d'orchidées, sans oublier une riche collection de bonsaïs.

Non loin des **Jardins d'accueil**, qui étalent d'avril à octobre les superbes couleurs de leurs fleurs annuelles, se trouve le bâtiment administratif (1937). Orné de fresques et de bas-reliefs, ce bel exemple d'architecture Art déco accueille, depuis 1939, l'Institut de recherche en biologie végétale de l'université de Montréal. Non loin de là, le comptoir de renseignements du **Complexe d'accueil** donne accès à la serre d'accueil Molson.

★ **Serres d'exposition** *(temporairement fermées)* – Une impressionnante enfilade de serres permet de découvrir en toute saison des espèces et variétés du monde entier. Juste après la Grande Serre, consacrée à des expositions saisonnières, le Jardin céleste présente la magnifique **collection Wu**, composée d'arbres miniatures chinois ou **penjings**, offerts au Jardin botanique en 1984 par M. Wu Yee-Sun, maître de l'art du « paysage dans un pot ». La reconstitution très réussie d'une hacienda mexicaine sert ensuite de cadre à divers spécimens de cactus et plantes grasses. Plus loin, on découvre la flore des régions tropicales avec la Serre des forêts tropicales humides et surtout celle des plantes tropicales alimentaires.

★ **Jardin de Chine** – Plus vaste jardin chinois hors de Chine, cet impressionnant ensemble (1991 ; Le Wei Zhong) est l'authentique reconstitution d'un jardin classique de l'époque Ming (14e-17e s.). Remarquable interprétation artistique de la nature, dans laquelle eau et montagne forment un tout harmonieux, le « Jardin du lac de rêve » incite à la contemplation. Ses sept pavillons, coiffés de toits gris très inclinés et incurvés, ont été préfabriqués en atelier à Shanghai, puis assemblés sur place par des ouvriers chinois. De l'autre côté du lac s'élève un roc abrupt de 9 m de hauteur, doté d'un escalier de pierre, d'une grotte et d'une cascade. Un autre pavillon renferme une fabuleuse collection de *penjings* (*ci-dessus*).

Jardin botanique.
benedek/Getty Images Plus

Jardin japonais – Dans cet espace paysagé de 2,5 ha (1988 ; Ken Nakajima), l'eau, la pierre et la végétation composent un tableau des plus sereins, agrémenté d'un étang, de cascades et d'une superbe collection de **bonsaïs**. Le Pavillon japonais, réalisé à l'image d'une demeure familiale traditionnelle, abrite un **jardin zen**, ou « jardin du silence », et renferme un hall d'exposition.

Jardin des Premières-Nations – Ses 2,5 ha de feuillus (érables, frênes, ormes), de conifères et de toundra permettent d'appréhender le milieu de vie originel des onze Premières Nations. On découvre ainsi l'agriculture des Premières Nations, les modes de vie des Algonquins ou un camp d'automne au milieu de 5 000 arbres et de 300 espèces végétales.

Le Jardin botanique propose bien d'autres points d'intérêt. Dans ses très beaux jardins d'exposition, aménagés selon les règles de l'art français, se succèdent plantes (médicinales, vénéneuses, aromatiques, annuelles, économiques, à fruits, vivaces, caractéristiques du Québec), arbustes et légumes. La fabuleuse **roseraie** compte 10 000 pieds plantés parmi les arbres et les buissons. Les plantes indigènes et ornementales, tels le lotus, le nénuphar et la jacinthe d'eau, poussent dans les 110 bassins du **Jardin aquatique**. Le **Jardin d'ombre** compte à son actif un millier d'espèces de primevères et de bégonias sous une futaie d'érables, de frênes et de tilleuls. On peut également voir le **ruisseau fleuri** de lilas, d'iris, de pivoines et d'asters dans un grand jardin à l'anglaise, ou encore le **Jardin alpin**, avec sa flore agréablement disposée parmi la rocaille. Le **Jardin Leslie-Hancock** est réservé aux rhododendrons et aux azalées. Enfin, l'**Arboretum** occupe 40 ha (soit un peu plus de la moitié de la superficie totale du Jardin) et regroupe 10 000 spécimens de près de 3 000 espèces et variétés horticoles ; ses collections sont mises en valeur dans la Maison de l'arbre, centre d'interprétation de l'arbre inauguré en 1996.

★ Insectarium de Montréal

4581 r. Sherbrooke Est - ✆ 514 868 3000 - mai-août : 9h-18h ; reste de l'année : tlj sf lun. 9h-17h - 23,35 $.

Fondé en 1990, l'Insectarium abrite une impressionnante collection d'insectes du monde entier avec plus de 150 000 spécimens naturalisés et des représentants vivants de près de 300 espèces. En 2022, après plusieurs années de travaux, le musée renaît dans un espace transformé.

Le parcours, immersif et éducatif, est pensé pour faire évoluer la perception des humains sur les insectes, souvent mal aimés. Les visiteurs découvrent ainsi l'environnement du point de vue de ces petites bêtes. À l'image des fourmis, ils pénètrent dans la pénombre à l'intérieur de **galeries** aux parois marron foncé, évoquant la terre. Plusieurs alcôves suscitent une meilleure compréhension du mode de vie des insectes, comme cette plateforme qui émet des vibrations au sol et permet de ressentir et imaginer la manière dont certaines espèces s'échangent des informations. Plus loin, une vaste salle circulaire, au plafond cathédral de 9 m de haut, baptisée **« Le Dôme »**, expose dans des vitrines une collection de 3 000 insectes naturalisés de toutes les formes, toutes les tailles et toutes les couleurs, du scarabée multicolore au papillon de nuit d'une blancheur absolue. Une fois la visite de cette « fourmilière » terminée, on pénètre à l'intérieur d'un **grand vivarium** où des dizaines de papillons volent en liberté et cohabitent avec d'autres espèces, en semi-contentions, dont des fourmis coupe-feuilles du Mexique et des phasmes géants pouvant mesurer 15 cm de long.

★★ Biodôme

4777 av. Pierre-de-Coubertin - ✆ 514 868 3000 - ✕ ♿ - de mi-mai à fin oct. : 9h-18h ; reste de l'année : tlj sf lun. 9h-17h - 23,25 $.

Construit pour les épreuves olympiques de cyclisme, le **bâtiment★** du vélodrome a la forme d'un casque. Son vaste toit festonné, d'un diamètre de 160 m, repose sur quatre butées. Les six nervures du toit sont composées de 144 voussoirs scellés pesant chacun entre 50 et 100 t. Ces six arcs sont reliés par des membrures transversales qui forment le treillis sur lequel reposent les lucarnes diffusant la lumière naturelle.

Comme le public manifestait peu d'intérêt pour le cyclisme en salle, l'édifice fut converti en musée vivant de l'Environnement et des Sciences naturelles, et ouvrit ses portes en 1992. On y découvre les milieux de vie de cinq écosystèmes. Équipés de régulateurs climatiques hautement sophistiqués, les habitats reproduits couvrent une superficie de plus de 6 300 m² et contiennent des milliers de plantes indigènes et d'animaux. Végétation luxuriante et faune variée caractérisent la **forêt tropicale humide**, dont le modèle s'inspire de la jungle amazonienne. C'est dans ce premier écosystème que s'ébattent des aras rouges, des caïmans à museau large et des petits singes-lions qui ont les faveurs des visiteurs. Une partie de la galerie est plongée dans l'obscurité et abrite des grenouilles venimeuses colorées, ainsi que des chauves-souris. Dans l'**érablière des Laurentides**, domaine de l'érable, mais aussi du bouleau, du pin et de l'épinette, s'activent le castor, la loutre et le lynx. Le lieu, caractéristique des paysages québécois, est particulièrement coloré à l'automne. D'austères falaises de granit s'élèvent au-dessus du **golfe du St-Laurent**, d'un réalisme surprenant ; ici, le visiteur peut admirer toutes sortes de poissons et d'invertébrés marins, dont d'énormes esturgeons noirs, sous l'œil contemplatif de canards et de pluviers. Les **Îles subantarctiques** et les **côtes du Labrador** illustrent, quant à elles, la rigueur des zones antarctiques et arctiques (accessibles *via* un tunnel de glace). À travers les parois vitrées, on profite du spectacle des manchots royaux, des macareux moines et des guillemots marmettes. Une estrade permet de s'asseoir pour prendre le temps de les observer. Une mezzanine, accessible par des passerelles situées dans la forêt tropicale et dans le golfe du St-Laurent, offre d'autres points de vue sur les écosystèmes ; sur la mezzanine, la zone d'exposition interactive « Bio-machine » invite le visiteur à découvrir le fonctionnement du Biodôme.

Planétarium Rio Tinto Alcan

4801 av. Pierre-de-Coubertin - ✆ 514 868 3000 - espacepourlavie.ca - 8h30-17h30 - horaires de projection : se rens. sur le site Internet - 23,25 $.

Longtemps situé près du centre-ville (1966-2011), le planétarium de Montréal a pris ses quartiers en avril 2013 dans un édifice aux lignes futuristes. Une section présente une remarquable collection de météorites. Les deux cônes étêtés en aluminium comprennent chacun une salle de spectacle où des films sont projetés.

Château Dufresne C1

Pie IX - 2929 av. Jeanne-d'Arc, à l'angle sud de la rue Sherbrooke et du boulevard Pie-IX - ✆ 514 259 9201 - chateaudufresne.com - ♿ - merc.-dim. 9h30-17h - 14 $.

Le château Dufresne fut construit entre 1915 et 1918 pour deux figures éminentes de la bourgeoisie française canadienne de l'époque : les frères **Oscar** (industriel de la chaussure) et **Marius** (architecte et ingénieur civil) Dufresne. Inspirée du style Beaux-Arts alors en vogue en Amérique du Nord, sa façade symétrique est flanquée de huit colonnes ioniques. Le somptueux hôtel particulier, revêtu de pierre calcaire de l'Indiana sur béton, symbolise la politique de grandeur qui devait mener la ville de Maisonneuve à sa faillite et à son annexion à Montréal. Deux **ailes identiques** abritent au total 44 pièces, dont une douzaine est ouverte à la visite. Les murs lambrissés et le raffinement du décor évoquent la richesse de la bourgeoisie montréalaise des années 1920 et 1930. Nouveauté pour l'époque, beaucoup d'ornements intérieurs, préfabriqués, furent commandés sur catalogue. La **résidence Marius Dufresne** *(partie ouest)* est caractérisée par l'emploi du chêne et de boiseries néoclassiques. Dominée par l'acajou d'Afrique et les marbres d'Italie, la **résidence Oscar Dufresne** *(partie est)* contient des **peintures murales★** de **Guido Nincheri** (1885-1973), artiste décorateur d'origine toscane qui réalisa un grand nombre des décors intérieurs du château Dufresne (et dont les visiteurs pourront découvrir, s'ils le souhaitent, l'ancien atelier de vitrail au 1832 bd Pie-IX). Des placages d'acajou ornés de rinceaux dorés en relief aux plafonds en caissons, en passant par les revêtements muraux inspirés de la Renaissance italienne... chaque pièce révèle ici une incroyable perfection dans les détails. À l'étage, une chambre meublée est ouverte à la visite.

★ Parc Jean-Drapeau

CARTE P. 30-31

Ancien site de l'Exposition universelle de 1967, le parc Jean-Drapeau réunit deux îles, Ste-Hélène et Notre-Dame. Partez à sa découverte à vélo et observez les quelques pavillons et sculptures qui témoignent encore de cette fameuse Expo 67.

1

Baignade, farniente sur la plage Jean-Doré, voile, pédalos, rollers, patin à glace, parc d'attractions… il n'y a pas mieux pour rompre avec le rythme urbain et la circulation automobile.

★ Île Sainte-Hélène CD1

Ⓜ Jean-Drapeau. En voiture : pont Jacques-Cartier ou pont de la Concorde. Île accessible 6h-0h.

En 1611, Samuel de Champlain nomma cette île du St-Laurent, à l'est de Montréal, en l'honneur de sa femme, Hélène Boulé. Avant 1665, époque à laquelle elle fut intégrée à la seigneurie de Longueuil, cette petite étendue de terre était, pour les Premières Nations alors en lutte contre l'envahisseur européen, d'une grande importance stratégique. Après la Confédération, en 1867, l'île Ste-Hélène devint la propriété du gouvernement canadien puis, au début du 20e s., de la ville de Montréal, qui y aménagea un parc. En 1967, Ste-Hélène fut agrandie afin de recevoir – tout comme sa voisine, Notre-Dame – la fameuse Exposition universelle. Aujourd'hui, la quasi-totalité de l'île est un jardin public, apprécié pour ses pistes de ski de randonnée en hiver et pour ses piscines découvertes en été. La route qui longe sa rive ouest offre de très belles **vues★** sur Montréal et sur ses installations portuaires.

★ La Biosphère, musée de l'Environnement

✆ 514 283 5000 - www.parcjeandrapeau.com/fr/biosphere-musee-de-environnement-montreal - ✕ ♿ - juin-oct. : 9h-18h ; reste de l'année : tlj sf lun. 9h-16h30 - 23,25 $.

Le dôme géodésique de l'architecte Richard Buckminster Fuller est un héritage absolument unique de l'Expo 67. Construite pour recevoir le **pavillon des États-Unis**, cette immense structure tubulaire accueille aujourd'hui un centre d'observation axé sur le thème de l'eau et de l'écosystème du St-Laurent et des Grands Lacs. Plusieurs expositions permanentes se penchent sur les questions d'environnement. Le belvédère extérieur offre une **vue★** sur le pont Victoria et le centre-ville.

La Ronde

✆ 514 397 2000 - www.laronde.com - ✕ ♿ - de mi-mai à fin oct. : horaires, se rens. - fermé nov.-avr. - billet journée à partir de 49,99 $ - réserv. obligatoire.

Principal parc d'attractions de Montréal, La Ronde bénéficie d'un merveilleux site à l'extrémité est de l'île de Ste-Hélène. De là sont lancés des feux d'artifice à l'occasion de l'International Benson & Hedges.

★ Île Notre-Dame D1

Ⓜ Jean-Drapeau. Service d'autobus gratuit au départ de la station de métro. En voiture : autoroute Bonaventure et pont de la Concorde. Île accessible 6h-22h.

Créée de toutes pièces en 1959 pour la voie maritime du St-Laurent, l'île Notre-Dame a été agrandie par remblayage pour l'Exposition universelle de 1967 en utilisant la terre d'excavation du métro en construction. L'île actuelle couvre 116 ha. En 1978, le **circuit Gilles-Villeneuve** (rebaptisé ainsi en 1982 en hommage au pilote québécois décédé en compétition) y fut construit pour le Grand Prix du Canada. De l'Expo 67 subsiste l'ancien pavillon de la France. Conçue par l'architecte français Jean Faugeron, cette étonnante structure hérissée de flèches d'aluminium abrite désormais le **casino de Montréal**. En été, le **lac de l'île Notre-Dame**

La Biosphère.
R.M. Nunes/Getty Images Plus

(à l'ouest de l'île) accueille passionnés de voile, véliplanchistes et nageurs sur ses 600 m de plage.

Jardins des Floralies – *6h-22h - gratuit.* Ce parc floral abrite de superbes jardins *(floraison mai-sept.)* qui furent aménagés à l'occasion des Floralies internationales de 1980. Vous y découvrirez aussi une quinzaine d'œuvres d'art public de la Ville de Montréal, parmi lesquelles *L'Homme* (Calder, 1967).

Cité du Havre C1

Construite à l'origine pour protéger le port, cette péninsule artificielle relie Montréal à l'île Ste-Hélène par le pont de la Concorde. Parmi les constructions édifiées pour l'Expo 67 se trouve **Habitat 67★**, complexe résidentiel à l'allure futuriste qui lança la carrière internationale de son architecte, **Moshe Safdie**, également connu pour le musée des Beaux-Arts du Canada, à Ottawa, et le musée de la Civilisation, à Québec.

Carnet pratique

S'informer

Bureau d'accueil touristique du Vieux-Montréal – *Champ-de- Mars - 174 r. Notre-Dame Est - 1 800 230 0001.*

www.mtl.org – Site de l'office du tourisme de Montréal.

www.montreal.ca – Site officiel de la ville de Montréal.

Pass touristique

Carte musées Montréal – *museesmontreal.org.* Vendue dans les musées partenaires, en ligne et dans les centres d'information touristique, elle donne accès à 46 musées pendant 2 à 5 jours consécutifs *(à partir de 115 $).*

Arriver/Partir

En avion

Aéroport international Montréal-Pierre-Elliott-Trudeau – *À 22 km du centre-ville (env. 35mn à 1h selon le trafic) - www.admtl.com.* Pour rejoindre le centre-ville : navette 747 Express Bus *(24h/24 - 11 $ - achat à bord en espèces ou dans les bornes dédiées dans le hall de l'aéroport - ce titre de transport inclut un laissez-passer valide 24h sur le réseau bus et métro de la STM),* taxi ou VTC *(entre 38 et 50 $ selon l'arrondissement de Montréal).*

En train

Gare centrale de Montréal – *895 r. de la Gauchetière Ouest (sous l'hôtel Reine-Elizabeth) - Bonaventure ou McGill - rens. et réserv. : 514 989 2626 ou 1 888 842 7245 - www.viarail.ca.*

En autocar

Gare d'autocars de Montréal – *1717 r. Berri (Berri-UQAM) - 514 842 2281 (rens. et réserv.) - www. gamtl.com (billetterie en ligne).* Gare interurbaine dont les autocars des compagnies Orléans Express *(www.orleansexpress.com),* Greyhound *(www.greyhound.com)* et autres desservent le Québec, le reste du Canada et les États-Unis.

Se garer

Des parkings permettent de se garer en centre-ville pour environ 20 $/j. Le stationnement dans les rues est payant. Attention, il varie de 2,25 à 4,25 $ de l'heure selon le quartier. Plus d'infos sur www.agencemobilitedurable.ca. Il existe aussi une application « P$ Service mobile » qui permet de payer votre stationnement grâce à votre smartphone. Si les lieux de visite disposent de parkings, beaucoup sont payants.

Se déplacer

Transports en commun STM

514 786 4636 + option 6 (rens. généraux) - www.stm.info - application mobile gratuite (iPhone et Android). La Société de transport de Montréal gère métro et autobus. Le service est généralement assuré de 5h30 à 0h30 et jusqu'à 1h le samedi. Cependant, chaque station ou ligne a ses propres horaires.

Les tickets de métro, valables aussi pour l'autobus, peuvent s'acheter dans les stations de métro, à l'unité *(3,75 $),* pour deux passages *(7 $),* ou sous forme de carte 1 j. *(11 $)* ou 3 j. *(21,25 $).* Tarif w.-end illimité de vend. 16h à lun. 5h *(15,25 $).* *Plan du métro p. 40.*

Objets trouvés – Station Berri-UQAM - *niveau mezzanine - lun.-vend. 8h-18h - 514 786 4636 + 6 + 2.* Avant de vous présenter au comptoir, attendez 48h et appelez pour savoir si l'objet a été retrouvé.

À vélo

Bixi – *514 789 2494 ou 1 877 820 2453 - www.bixi.com.* Réseau

de vélos en libre-service de Montréal. Bornes de location actives 7j/7 d'avr. à nov. Aller simple facturé au temps de trajet *(1,35 $ déverrouillage + 0,20 $/mn, 0,35 $/mn pour les vélos électriques).*
Ça roule – *☏ 514 866 0633 ou 1 877 866 0633 - www.caroulemontreal.com.* Visite guidée à vélo et location de vélos et rollers (été).

Location de véhicules

Les principales sociétés de location de véhicules sont représentées à l'aéroport et en plusieurs points de la ville : Alamo, Avis, Budget, Dollar, Hertz, National, Thrifty...

En taxi

Quelques compagnies :
Taxi Coop Montréal – *☏ 514 836 0000.*
Diamond – *☏ 514 273 6331.*
☺ Les taxis sont l'une des rares professions à afficher leurs tarifs taxes incluses. Le prix à régler est donc celui indiqué au compteur.

Agenda

Festival Montréal en lumière – *2e quinz. de février - www.montrealenlumiere.com.* L'un des plus grands festivals d'hiver au monde, alliant gastronomie et programmation artistique (spectacles divers et mise en lumière de la ville).
Grand Prix du Canada – *Juin - www.gpcanada.ca.* Pendant trois jours, Montréal vibre au rythme du circuit Gilles-Villeneuve, sur l'île Notre-Dame.
Francos de Montréal – *Juin - www.francosmontreal.com.* Version québécoise du célèbre festival de chanson francophone.
Mural – *Juin - muralfestival.com.* Festival de *street art* qui réunit artistes urbains, muralistes et musiciens, autour du boulevard St-Laurent.
Festival international de jazz – *Juil. - www.montrealjazzfest.com.* Pendant 2 sem. dans le Quartier des spectacles. Un grand rendez-vous.
Festival du nouveau cinéma – *10 jours en oct. - nouveaucinema.ca.* Cinéma d'auteur et création numérique à l'honneur de ce festival depuis 1971.

Nos adresses

Restauration

PLAN DU CENTRE-VILLE P. 38-39 – PLAN DU QUARTIER DU MUSÉE DES BEAUX-ARTS P. 68 – PLAN DES ALENTOURS DU MONT ROYAL P. 74-75.

☺ Dans les établissements adoptant la formule **AVV** (apportez votre vin) ou **BYOW** *(bring your own wine)*, vous pourrez venir avec votre bouteille achetée auparavant moins cher à la Société des alcools du Québec (SAC).
Depuis quelques années refleurit une forme de restauration qui avait disparu depuis son interdiction dans les années 1940 : les **camions-cuisines**, de début mai à fin oct. Renseignements sur cuisinederue.org.

Vieux-Montréal

Premier prix

3 Olive + Gourmando – PLAN CENTRE-VILLE C3 - *351 r. St-Paul Ouest (Ⓜ Square-Victoria) - ☏ 514 350 1083 - www.oliveetgourmando.com - fermé le soir et dim. - plats 13/29 $.* Cette boulangerie réinvente la restauration rapide en proposant sandwichs frais, paninis chauds, soupes et salades. On peut aussi y boire un thé et repartir avec des confitures ou du pain au levain.

Budget moyen

12 Stash Café – PLAN CENTRE-VILLE C2 - *200 r. St-Paul Ouest, à l'angle de la rue St-François-Xavier (Ⓜ Place-d'Armes) - ✆ 514 845 6611 - www.restaurantstashcafe.ca - service continu - fermé lun. midi, mar., merc. midi et jeu. midi - plats 18/37 $.* Belle salle aux murs de pierre fréquentée tant par les locaux que par les touristes. À la carte, cuisine polonaise simple et savoureuse : *pierogis* (raviolis), saucisses et choux farcis, harengs marinés, gâteaux au pavot...

2 L'Arrivage – PLAN CENTRE-VILLE D2 - *350 pl. Royale - ✆ 514 872 9128 - fermé le soir et lun. - plats 19/28 $.* Ce restaurant dirigé par le chef Philippe Mollé est situé au deuxième étage de la cité d'Archéologie et d'Histoire. Il sert une cuisine soignée d'un bon rapport qualité-prix. Vue sur le Vieux-Port.

Pour se faire plaisir

4 Le Club Chasse et Pêche – PLAN CENTRE-VILLE D1 - *423 r. St-Claude (Ⓜ Champ-de-Mars) - ✆ 514 861 1112 - www.leclubchasseetpeche.com - fermé dim.-lun. et à midi - plats 47/63 $.* Ambiance feutrée pour ce restaurant dont la carte contemporaine propose d'heureux mélanges salé-sucré. Les plats suivent les saisons et l'inspiration du chef.

Centre-ville

Premier prix

5 La Finca café – PLAN CENTRE-VILLE C2 - *1067 r. de Bleury (Ⓜ Place-d'Armes) - ✆ 514 903 8911 - www.lafinca.ca - fermé le soir - 11/20 $.* Voilà le lieu parfait pour savourer un bon petit-déjeuner ou un déjeuner sur le pouce. Ce café à l'atmosphère cosy propose des assiettes copieuses, comme en atteste l'assiette brunch, composée de pain grillé, d'œufs pochés, de jambon à l'érable, de radicchio, d'emmental et de salade verte. On arrose ça d'un bon café, et le tour est joué !

Budget moyen

14 Time Out Market – PLAN CENTRE-VILLE B2 - *Centre Eaton - 705 r. Ste-Catherine Ouest (Ⓜ McGill) - ✆ 514 370 3883 - www.timeoutmarket.com/montreal - service continu - fermé dim. soir - comptez 20/40 $.* Ce *food hall*, halle gastronomique, rassemble sous un même toit les enseignes de 16 chefs parmi les plus réputés du Québec. Les restaurants proposent une cuisine raffinée et variée, aux influences québécoises, japonaises ou encore mexicaines.

15 Le Cathcart Restaurants et Biergarten –PLAN CENTRE-VILLE B2 - *1 pl. Ville-Marie (Ⓜ McGill) - ✆ 514 379 6163 - www.lecathcart.com - horaires variables selon restaurant, se rens. - fermé dim. et lun. soir - 20/30 $.* Dans le cadre privilégié du pavillon de verre de la place Ville-Marie, cet espace gastronomique rassemble comptoirs et restaurants aux influences multiples (plats mexicains, coréens, libanais ou montréalais). Parmi eux, ne ratez pas le **Arthur's Nosh Bar**, des classiques de la cuisine juive familiale revisités. Un *biergarten*, idéal pour boire un verre, complète cet ensemble qui ravira les gourmets.

Pour se faire plaisir

16 Toqué ! – PLAN CENTRE-VILLE C2 - *900 pl. Jean-Paul-Riopelle (Ⓜ Square-Victoria ou Place-d'Armes) - ✆ 514 499 2084 - www.restaurant-toque.com - fermé dim.-lun. et sam. midi - plats 44/69 $.* Un des meilleurs restaurants de la ville. Le chef, Normand Laprise, y concocte une cuisine française contemporaine à base de produits locaux de première fraîcheur.

7 **Moishes** – PLAN CENTRE-VILLE C2 - *1001 r. du Square-Victoria (Square Victoria) - 514 360 4221 - moishes.ca - service continu - fermé w.-end à midi - plats 29/95 $.* Véritable institution fondée en 1938, ce *steak house* est renommé pour ses pièces de bœuf grillées au charbon de bois, encore meilleures accompagnées d'un vin sélectionné par la maison. Service courtois et efficace.

9 **Hiatus** – PLAN CENTRE-VILLE B2 - *1 pl. Ville-Marie (Peel ou McGill) - 514 532 0617 - www.hiatus.ca - fermé dim., lun.-mar. soir et sam. midi - plats 56/69 $.* Perché au 46e étage d'un immeuble, ce bar-restaurant offre une vue à couper le souffle sur la ville. Pour ne rien gâcher, le lieu propose aussi une cuisine gastronomique de haut vol et une carte de cocktails qui donne furieusement envie d'arriver à temps pour siroter une création de la maison en admirant le coucher de soleil.

Quartier des spectacles

Premier prix

11 **Fleurs et cadeaux** – PLAN CENTRE-VILLE C2 - *1002 r. St-Urbain - (Place-d'Armes) - 514 866 4411 - www.fleursetcadeaux.com - ouv. le soir - assiettes à partager 11/23 $.* C'est à l'intérieur de cette étrange maison rose que se cache l'un des meilleurs restaurants japonais de Montréal. On pénètre dans la salle à la lumière rouge tamisée, au centre de laquelle sont installés le bar et une partie de la cuisine. Au menu : ramens, sushis, viandes grillées au barbecue sous les yeux des clients. Un délice ! Pensez à réserver.

Budget moyen

17 **Le Central** – PLAN CENTRE-VILLE C1 - *30 r. Ste-Catherine Ouest (St-Laurent) - lecentral.ca - mar.-jeu. 11h-22h, vend.-sam. 11h-23h, dim.-lun. 12h-20h - 20/30 $.* Icônes de la gastronomie locale et restaurateurs émergents se sont installés dans cette halle gastronomique de près de 2000 m², située au rez-de-chaussée du MEM, conviviale et au design soigné. Ramens chez Misoya, cuisine marocaine chez Bab Kech ou encore gastronomie québécoise chez Gaspésie Camion Gourmand, vous avez l'embarras du choix ! Les restaurateurs proposent aussi un choix de bières locales et une sélection de vins et cocktails.

Quartier latin

Premier prix

15 **Resto Vego** – PLAN MONT-ROYAL - *1720 r. St-Denis (Berri-UQÀM) - 514 845 2627 - www.restovego.ca - dim.-lun. 11h-21h, mar.-sam. 11h-21h30 - prix au poids.* Un classique de la restauration végétarienne et végétalienne montréalaise, apprécié pour la fraîcheur de ses produits et la variété de son offre à base de légumes, tofu, céréales, fruits, présentée sur un grand buffet et vendue au poids. Cadre familial et convivial.

Budget moyen

6 **Café Cherrier** – PLAN MONT-ROYAL - *3635 r. St-Denis (Sherbrooke) - 514 843 4308 - www.cafecherrier.ca - service continu - fermé dim. soir et lun. soir - plats 23/50 $.* Du petit-déjeuner au dîner, l'établissement propose une cuisine simple et de bon aloi. En été, sa terrasse est idéale pour profiter des belles journées et observer la foule.

Plateau Mont-Royal

Premier prix

16 **Schwartz's** – PLAN MONT-ROYAL - *3895 bd St-Laurent (Mont-Royal*

1

ou Sherbrooke) - ✆ 514 842 4813 - service continu - sandwichs 11/14,50 $. Ouvert en 1928, ce *delicatessen* est une véritable institution. On y vient simplement pour déguster les délicieux sandwichs et assiettes de viande fumée *(smoked meat)* qui ont fait sa renommée.

La Banquise – HORS PLAN - *994 r. Rachel Est (Ⓜ Mont-Royal) - ✆ 514 525 2415 - www.labanquise.com - 24/24h - à partir de 10 $.* Bienvenue dans le temple de la poutine ! On y sert à toute heure du jour et de la nuit le célèbre plat québécois, mais aussi burgers, hot-dogs, pâtés chinois, pâtes, salades et petits-déjeuners.

St-Viateur Bagel & Café Mont-Royal – HORS PLAN - *1127 av. du Mont-Royal Est (Ⓜ Laurier ou Mont-Royal) - ✆ 514 528 6361 - www.stviateurbagel.com - service continu - moins de 15 $.* La boulangerie, ouverte en 1957 par Myer Lewkowicz, perpétue la tradition du bagel au sésame ou au pavot, roulé à la main et surtout cuit au four à bois. Imaginez la bonne odeur qui s'échappe de la boutique ! Sert aussi sandwichs et salades.

Budget moyen

10 Majestique – PLAN MONT-ROYAL - *4105 bd St-Laurent - ✆ 514 439 1850 - www.restobarmajestique.com - 16h-3h - plats 15/26 $.* À la fois bar et restaurant, le Majestique propose une carte courte, originale, abordable – incroyable hot-dog, excellentes huîtres... Le décor faussement vintage est signé par le Cirque du Soleil.

8 L'Express – PLAN MONT-ROYAL - *3927 r. St-Denis (Ⓜ Mont-Royal ou Sherbrooke) - ✆ 514 845 5333 - restaurantlexpress.com - service continu - plats 19/36 $.* Chic et indémodable, c'est l'un des bistrots les plus prisés de Montréal. Tout ici témoigne d'un grand savoir-faire : un service accompli, une excellente carte des vins et une délicieuse cuisine. Le tout pour un prix raisonnable.

Pour se faire plaisir

13 Au Pied de Cochon – PLAN MONT-ROYAL - *536 r. Duluth Est (Ⓜ Mont-Royal ou Sherbrooke) - ✆ 514 281 1114 - www.aupiedde cochon.ca - fermé le midi et lun.-mar. - plats 27/79 $.* Dans cette salle aux murs lambrissés, on mange à table ou au comptoir une cuisine du terroir revisitée par Martin Picard, star de la gastronomie québécoise. Poutine au foie gras, boudin maison, tartare de cerf ou de bison... En été, fruits de mer et crustacés sont à l'honneur.

Mile End

Premier prix

17 Wilensky's – PLAN MONT-ROYAL - *34 av. Fairmount Ouest (Ⓜ Laurier) - ✆ 514 271 0247 - top2000.ca/wilenskys - service continu - fermé dim.-lun. et le soir - sandwichs 3/5 $.* Dans un décor inchangé depuis 1932, la famille Wilensky perpétue les recettes qui ont fait sa renommée. Tentez le spécial Wilensky, un sandwich au salami maison, accompagné de sauce bolognaise ou de moutarde.

Petite Italie

Premier prix

Dépanneur Le Pick Up – *7032 r. Waverly (Ⓜ De Castelnau) - ✆ 514 271 8011 - lepickupmtl.com - service continu - fermé le soir (sf vend.) - moins de 15 $.* Pause idéale après une visite au marché Jean-Talon ou une exploration de la Petite Italie. Ce dépanneur atypique prépare les meilleurs sandwichs de Montréal : plats végétariens, *pulled pork* à la viande marinée et autres délices.

Budget moyen

Mon Lapin – *150 r. St-Zotique Est (Ⓜ Beaubien) - ✆ 514 379 4550 - www.vinmonlapin.com - ouv. le soir, fermé dim.-lun. - assiettes à partager 15/45 $.* Voici sans conteste l'une des meilleures tables du pays. Ici, le menu change régulièrement au gré des envies et des produits disponibles. Les cannelloni d'orties côtoient les morilles farcies aux foies blonds ou le strudel d'échalotes rôties, devenu un classique de la maison, servi avec de la moelle et un jus corsé aux oignons. Inventif et délicieux. Réservation conseillée (très) longtemps à l'avance.

Autour du Parc olympique

Budget moyen

Hélicoptère – *4255 r. Ontario Est - (Ⓜ Pie-IX) - ✆ 514 543 4255 - www.helicopteremtl.com - ouv. le soir, fermé lun.-mar. - carte 17/35 $ - menu 75 $.* Coup de cœur pour ce restaurant à la cuisine soignée. Le menu affiche une alléchante palette de saveurs, imaginée par les chefs. La carte des vins fait la part belle aux producteurs bio. En journée, ne manquez pas, derrière le restaurant, le **Café Hélicoptère** *(2009 av. de la Salle)*, où l'on déguste de copieux sandwichs et de rafraîchissantes assiettes.

Petite pause

Vieux-Montréal

Crew Collective & Café – *360 r. St-Jacques (Ⓜ Place-d'Armes) - ✆ 514 285 7095 - www.crewcollectivecafe.com - lun.-vend. 8h-16h, w.-end 9h-16h.* Dans la superbe salle de la Banque royale, un comptoir a pris place devant les anciens guichets en marbre et laiton doré, derrière lesquels ont été aménagés salles de conférences et espaces de coworking. On y déguste boissons chaudes et gâteaux confortablement installés sous le haut plafond à caissons.

Parc du Mont-Royal

Le Duc de Lorraine – *5002 chemin de la Côte-des-Neiges (Ⓜ Côte-des-Neiges) - ✆ 514 731 4128 - ducdelorraine.ca - lun.-vend. 6h30-22h30.* Renommée pour la qualité de ses pâtisseries, pains, fromages et charcuteries, cette adresse est aussi un bon endroit pour déguster des croissants ou un repas léger, dans un salon de thé proche de l'oratoire St-Joseph.

Outremont

Le Bilboquet – *1311 av. Bernard Ouest (Ⓜ Outremont) - ✆ 514 276 0414 - bilboquet.ca - 11h-20h - fermé en hiver.* Comme le démontre la longue file d'attente qui se déroule sur le trottoir, le Bilboquet a la réputation d'être le meilleur glacier de Montréal.

Plateau Mont-Royal

Mamie Clafoutis – *3660 r. St-Denis (Ⓜ Sherbrooke) - ✆ 438 380 5624 www.mamieclafoutis.com - 8h-17h, jeu.-vend. 8h-18h - fermé lun.-mar.* Production artisanale de tartes, viennoiseries, quiches à emporter ou à déguster sur place.

Mile End

Fairmount Bagel – *74 r. Fairmount Ouest (Ⓜ Rosemont ou Laurier) - ✆ 514 272 0667 - fairmountbagel.com - tlj 24h/24h.* Cette enseigne, fondée en 1919, décline le bagel en une vingtaine de variétés, toutes cuites au four à bois. Les stars demeurent le bagel nature, au pavot ou au sésame.

Autour du Parc olympique

Arhoma – *15 pl. Simon-Valois (Ⓜ Joliette) - ✆ 514 526 4662 - www.arhoma.ca - mar.-vend. 6h-19h, reste de la sem. 6h-18h.* Vous cherchez de quoi pique-niquer

1

ou grignoter sur place? Vous voilà servis. Tout à la fois boulangerie, café, traiteur, charcuterie et fromagerie, ce lieu hybride comblera toutes vos envies.

Boire un verre

Vieux-Montréal

Les bars-terrasses sur les toits des **hôtels Place d'Armes** et **Nelligan** *(p. 98-99)* sont très courus à l'heure de l'apéritif.

Quartier latin

Le Cheval Blanc – *809 r. Ontario Est (Berri-UQAM ou Sherbrooke) - 514 522 0211 - www.lechevalblanc.ca - 15h-3h.* Microbrasserie artisanale incontournable de Montréal. Ce lieu de référence accueille régulièrement des concerts et des expositions.

Plateau Mont-Royal

Bílý Kůň – *354 r. Mont-Royal Est (Mont-Royal) - 514 845 5392 - www.bilykun.com - 15h-1h, jeu.-sam. 15h-3h.* Célèbre pour ses cocktails et ses soirées où se succèdent des DJ set déjantés, l'endroit l'est aussi pour son atmosphère intimiste la journée.

Quartier des spectacles

NYKS Bistro Pub – *1250 r de Bleury (Place-des-Arts) - 514 866 1787 - www.nyks.ca - 11h30-3h, w.-end 15h-3h.* Dans un cadre chaleureux, large choix de bières locales à la pression ou en bouteille, et belle sélection de vins et spiritueux. La cuisine propose des plats traditionnels (burger, *fish and chips*) appréciés.

Mile End

Café Olimpico – *124 r. St-Viateur Ouest (Laurier) - 514 495 0746 - cafeolimpico.com - 6h-23h, vend.-sam. 6h-0h.* Simple et branché, cet établissement sert l'un des meilleurs cafés de Montréal. Chaude ambiance les soirs de match de hockey.

Petite Italie

Vices & Versa – *6631 bd St-Laurent (Beaubien) - 514 272 2498 - vicesetversa.com - 11h30-1h, vend.-sam. 11h30-3h.* Les amateurs viennent de loin pour déguster l'une des nombreuses bières que propose cette adresse se revendiquant « bistrot du terroir ». Quelques-unes sont brassées sur place, les autres proviennent d'une sélection des meilleures microbrasseries du Québec. La carte propose aussi saucisses, terrines et assiettes de fromages. Les mardis, concerts de groupes traditionnels.

Autour du Parc olympique

Le Blind Pig – *3882 r. Ontario Est (Joliette) - www.barblindpig.com - lun.-merc. 16h-1h, jeu.-dim. 16h-3h.* Cette taverne aux airs de bar du Sud-Ouest des États-Unis est le lieu parfait pour l'apéro dans ce quartier : l'ambiance est décontractée, les bières sont bonnes (mention spéciale à la blonde Hochelaga) et la viande servie est fumée sur place.

Shopping

Chaque quartier a ses spécialités. **Vieux-Montréal** : galeries, boutiques de cadeaux; **rues Ste-Catherine**, **Sherbrooke**, **Peel**, **Crescent** et **de la Montagne** : habillement, informatique, antiquaires, galeries (certaines boutiques donnent accès à la ville souterraine, *ci-après*); **rue St-Denis** : mode, studios d'art; **boulevard St-Laurent** : épiceries « ethniques », boutiques branchées; **Mile End** : fripes, design, antiquités branchées; **rue du Mont-Royal** : friperies, librairies, disques et DVD d'occasion; **rue Notre-Dame Ouest** entre l'avenue Atwater *(ouest)* et la rue Guy *(est)* : brocanteurs, antiquaires.

La ville souterraine

Elle rassemble un grand nombre de centres commerciaux reliés par le métro. À titre indicatif : **Complexe Desjardins**, *170 r. Ste-Catherine Ouest (Ⓜ Place-des-Arts ou Place-d'Armes)*; **Centre Eaton**, *705 r. Ste-Catherine Ouest (Ⓜ McGill)*; **Place Montréal-Trust**, *1500 av. McGill College (Ⓜ McGill ou Peel)*; **Place Ville-Marie**, *1 pl. Ville-Marie (Ⓜ Bonaventure ou McGill)*; **Promenades Cathédrale**, *625 r. Ste-Catherine Ouest (Ⓜ McGill)*.

Vieux-Montréal

Délices Érables et Cie – *84 r. St-Paul Est (Ⓜ Place-d'Armes) - ☎ 514 765 3456 - www.deliceserableetcie.com - fermé lun.-merc.* Sucre, confiture, pop-corn, biscuits, moutarde... Ici, presque tout est fait à partir du fameux sirop d'érable. Miel et canneberge complètent la sélection. Produits de qualité.

Mile End

Drawn & Quarterly – *211 r. Bernard Ouest (Ⓜ Rosemont ou Outremont) - ☎ 514 279 2224 - mtl.drawnandquarterly.com.* Le temple de la bande dessinée alternative, où l'on trouve ce qui se fait de mieux dans le domaine de l'illustration et du roman graphique.

Tresnormale – *207 av. Fairmount Ouest (Ⓜ Laurier) - ☎ 514 836 9702 - tresnormale.com - fermé lun.-merc. en hiver.* C'est ici que sont imprimés et vendus les t-shirts de cette marque montréalaise. Parmi les motifs sérigraphiés, des scènes de rue, des édifices phares de la ville, les escaliers emblématiques du Plateau... Un souvenir original.

Plateau Mont-Royal

Atelier-magasin Kanuk – *2485 r. Rachel Est - Ⓜ Mont-Royal - ☎ 514 284 4494 - www.kanuk.com.* Marque célèbre pour ses manteaux d'hiver, chauds et très résistants. Chaque Québécois, dit-on, possède le sien !

Marchés

www.marchespublics-mtl.com.

Jean-Talon – *7070 r. Henri-Julien (Ⓜ Jean-Talon) - à partir de 8h.* En été, le nombre et la variété des étals donnent le vertige... Bars et restaurants aux alentours.

Atwater – *138 av. Atwater (Ⓜ Lionel-Groulx) - à partir de 9h.* Grand marché de Montréal depuis 1933. Épiceries fines et produits bio. Restauration sur place.

En soirée

Pour le programme des activités culturelles et sportives, consultez les sites Internet placedesarts.com ; www.quartierdesspectacles.com ; voir.ca ; www.nightlife.ca.

La Vitrine – *www.lavitrine.com.* Ce site centralise l'offre culturelle montréalaise et permet la réservation des spectacles.

Musique

Le complexe de la Place des Arts compte parmi ses hôtes de marque l'**Opéra de Montréal** *(www.operademontreal.com)*.

L'**université McGill** possède un Orchestre de chambre réputé, qui se produit également Place des Arts *(www.mcgill.ca/music)*. Située sur le campus même, la **salle de concert Pollack** programme de la musique classique, de chambre et du jazz.

Le **Centre Bell** *(www.centrebell.ca)* organise toute l'année différentes manifestations et concerts.

Dans le Mile End, la **Casa del Popolo** et sa grande sœur la **Sala Rossa** *(4873 bd St-Laurent - ☎ 514 284 0122 - casadelpopolo.com)* sont les temples de la

1

musique indépendante. Dans le même quartier et dans un style proche, notez le **Théâtre Fairmount** *(5240 av. du Parc - ✆ 514 563 1395 - theatrefairmount.ca).*

Cirque

La Tohu – *2345 r. Jarry Est. - angle d'Iberville (Ⓜ St-Michel) - ✆ 514 376 8648 - tohu.ca/fr.* Pour découvrir le dernier spectacle de l'école du cirque ou d'autres artistes tout aussi inventifs et étonnants.

Rencontres sportives

Hockey – Les Canadiens de Montréal - *Centre Bell (Ⓜ Lucien-L'Allier ou Bonaventure) - www.nhl.com.*

Football américain – Les Alouettes de Montréal - *Stade Percival Molson (Ⓜ McGill) - www. montrealalouettes.com.*

Casino

Casino de Montréal – *Sur l'île Ste-Hélène (Ⓜ Jean-Drapeau, puis bus 167) - ✆ 514 392 2746 - casinos.lotoquebec.com.*

Activités

Patinoire couverte

Atrium Le 1000 – *1000 r. de La Gauchetière (Ⓜ Bonaventure) - ✆ 514 395 0555 - www.le1000. com - 11h30-18h, sam. 21h - fermé lun.-mar. 10 $.* Location de patins et de casque.

Patinoires en plein air

De décembre à mars, selon la météo. Les patinoires ouvrent tous les jours, et jusque tard le soir. Location sur place de patins, casques et cadenas *(11/18 $).*

Parc La Fontaine – *Accès libre.* La patinoire du Plateau est bondée en fin de semaine.

Vieux-Port – *Accès 10 $.* La patinoire Natrel est réfrigérée. On y patine le jour et le soir en musique.

Parc du Mont-Royal – *Accès libre.* Près du lac aux Castors, patinoire artificielle au milieu des érables, chênes rouges, bouleaux pleureurs et écureuils.

Esplanade Tranquille – *Accès libre.* La plus grande patinoire extérieure réfrigérée de la ville, en plein cœur du Quartier des spectacles.

Spa

Spa Bota Bota – *R. de la Commune Ouest - à hauteur de la r. McGill, sur les quais du Vieux-Port de Montréal - ✆ 514 284 0333 - botabota.ca - lun.-jeu. 10h-22h, vend.-dim. 9h-22h.* Ce « bateau-spa » jouit d'un site idéal, avec solarium, massothérapie, soins et circuits d'eau.

Hébergement

PLAN DU CENTRE-VILLE P. 38-39 – PLAN DU QUARTIER DU MUSÉE DES BEAUX-ARTS P. 68 – PLAN DES ALENTOURS DU MONT ROYAL P. 74-75.

Vieux-Montréal

Pour se faire plaisir

10 **Hyatt Centric** – PLAN CENTRE-VILLE D1 - *621 r. Notre-Dame Est (Ⓜ Place-d'Armes ou St-Laurent) - ✆ 514 657 2444 - www.hyatt. com - ✕ ⛱ 🅿 payant - 177 ch. à partir de 150 $.* Outre ses chambres confortables et ses deux restaurants, cet hôtel abrite sur son toit une jolie piscine avec une agréable vue sur le Vieux-Montréal.

Une folie

6 **Hôtel Nelligan** – PLAN CENTRE-VILLE D2 - *106 r. St-Paul Ouest (Ⓜ Place-d'Armes) - ✆ 514 788 2040 ou 1 877 788 2040 - www. hotelnelligan.com - 🅿 ✕ - 105 ch. à partir de 272 $ - ☕ 26 $.* Décoration design, tons chocolat, chaleur de la pierre et de la brique : les chambres de cet hôtel promettent confort et tranquillité. Salle de gym et salon de massage.

Deux restaurants : le bar-brasserie Méchant Bœuf (*plats 22/72 $*) et la Terrasse Nelligan *(en saison)*.

8 **Hôtel Place d'Armes** – PLAN CENTRE-VILLE C2 - *55 r. St-Jacques Ouest (Ⓜ Place-d'Armes) - ✆ 514 842 1887 - www.hotelplacedarmes.com - ✕ P - 169 ch. à partir de 252 $ - ☕ 30 $.* Ce luxueux hôtel-boutique domine, comme son nom le laisse deviner, la place d'Armes de sa haute stature. En plus d'un Spa et de la Brasserie 701, il comprend un restaurant de saveurs japonaises traditionnelles, le Kyo Bar Japonais, et une terrasse sur le toit, ouverte aux beaux jours.

Centre-ville

Premier prix

3 **Auberge Saintlo Montréal** – PLAN AUTOUR DU MUSÉE DES BEAUX-ARTS - *1030 r. Mackay - Ⓜ Lucien-l'Allier - ✆ 514 843 3317 - saintlo.ca - P ✕ - lit à partir de 34 $/pers. en dortoir, ch. double à partir de 132 $ ☕.* Cette auberge de jeunesse proche du centre-ville propose un espace cuisine, une salle de télévision et une laverie automatique. Chambres privées ou dortoirs pouvant accueillir jusqu'à dix personnes, avec salle de bains.

Pour se faire plaisir

1 **Hôtel Ambrose** – PLAN AUTOUR DU MUSÉE DES BEAUX-ARTS - *3422 r. Stanley (Ⓜ Peel) - ✆ 514 288 6922 - ambrosehouse.ca - P payant - 20 ch. à partir de 135 $ - ☕ en sus.* Une adresse au charme victorien. Chambres au confort variable, certaines avec toilettes sur le palier et salle de bains partagée, et d'autres plus spacieuses, mais donnant sur cour. Pas d'ascenseur. Prix très raisonnables pour le quartier.

2 **Le Dauphin** – PLAN CENTRE-VILLE C2 - *1025 r. de Bleury (Ⓜ Square-Victoria) - ✆ 514 788 3888 ou 1 888 784 3888 - www.hotelsdauphin.ca/hotels/montreal - ♿ - 72 ch. à partir de 165 $ ☕.* Voisin du Palais des congrès, cet hôtel se trouve à la croisée de Chinatown, du Vieux-Montréal et des universités. Chambres confortables et fonctionnelles, couettes moelleuses, mobilier contemporain. Accès laverie.

Une folie

4 **Fairmont The Queen Elizabeth** – PLAN CENTRE-VILLE B3 - *900 bd René-Lévesque Ouest (Ⓜ Bonaventure) - ✆ 514 861 3511 - www.fairmont.fr/queen-elizabeth-montreal - ✕ ♿ P 🏊 - 950 ch. à partir de 380 $ - ☕ 39 $.* Cet établissement, très prisé des célébrités, a notamment accueilli John Lennon et Yoko Ono en 1969. La suite n° 1742 fut le cadre du « Bed-in for Peace » et de la création de la chanson *Give Peace a Chance*, en réaction à la guerre du Vietnam. Chambres spacieuses et club de remise en forme, Spa et salon de beauté côtoient un salon de thé et des restaurants.

Quartier latin

Premier prix

5 **M Montreal** – PLAN MONT-ROYAL - *1245 r. St-André (Ⓜ Berri-UQAM) - ✆ 514 845 9803 ou 1 800 465 2929 - m-montreal.com - P payant - 80 lits en dortoir à partir de 56 $ et 9 ch. à partir de 130 $ ☕.* Une des meilleures auberges de jeunesse de la ville, entièrement rénovée, avec vaste cuisine commune à disposition, bar, café, parking, Jacuzzi sur le toit-terrasse et programme d'animations quotidiennes. Les chambres doubles sont confortables même si le mobilier est minimaliste. L'établissement loue également quelques studios et petits appartements.

1

Île de Montréal

Montréal occupe le centre d'une île dont les berges sont parsemées d'anciens villages, formant aujourd'hui une ligne urbaine presque continue. La verdure n'est jamais très loin, et beaucoup de Montréalais s'échappent chaque week-end vers les parcs et les nombreuses baies du St-Laurent. Le canal de Lachine, qui aboutit à l'arrondissement du même nom, est une promenade dominicale particulièrement courue. Au nord, le parc-nature de l'Île-de-la-Visitation est lui aussi très prisé. Partout, le programme est le même : vélo, balade, visite culturelle ou ski.

Se repérer

CARTE ABC1-2 (P. 30-31).
L'île de Montréal (environ 50 km de long sur 17 km de large) est née de la confluence de la rivière des Outaouais et du St-Laurent. Vers l'ouest, au-delà de l'aéroport Pierre-Elliott-Trudeau, se détachent les banlieues cossues du West-Island, desservies par les autoroutes 20 et 40.

À ne pas manquer

La vue sur le St-Laurent depuis la Pointe-Claire.

Organiser son temps

Faire le tour du West-Island nécessite plus d'une journée. Ciblez plutôt la ville ou le site à visiter, et passez-y un bon après-midi.

En famille

Le lieu historique national du Commerce-de-la-Fourrure-à-Lachine ; les animaux du zoo Ecomuseum de Ste-Anne-de-Bellevue.

★ Le sud et l'ouest

CARTE P. 30-31

Centre Infotouriste de Montréal – *Montréal, p. 90.*
Commençant à la limite sud-ouest de la ville de Montréal, une **route panoramique★** mène à l'extrémité ouest de l'île. Elle longe les rives aménagées du St-Laurent et du lac St-Louis, et passe par de beaux quartiers résidentiels dotés de nombreux parcs. La route prend successivement plusieurs noms : boulevard LaSalle à LaSalle, boulevard St-Joseph à Lachine, puis chemin du Bord-du-Lac (ou Lakeshore) entre Dorval et Ste-Anne- de-Bellevue.

★ Maison Saint-Gabriel C2

À 4 km du centre-ville de Montréal par la rue Wellington. 2146 pl. Dublin, pointe St-Charles - ✆ 514 935 8136 - www.maisonsaintgabriel.ca - visite guidée en français : de mi-juin à fin août : 10h, 13h, 15h ; reste de l'année : merc.-vend. et w.-end 13h et 15h (w.-end 10h aussi) - 15/20 $ - réserv. sur Internet conseillée.
En 1668, **Marguerite Bourgeoys** avait acheté, sur ce site, une maison destinée à accueillir les Filles du Roy. Détruit par un incendie en 1693, le bâtiment fut reconstruit cinq ans plus tard sur les fondations d'origine. L'édifice actuel – l'un des plus anciens de l'île de Montréal – date donc de 1698. Au rez-de-chaussée, la salle commune et le parloir renferment la plupart des meubles qui s'y trouvaient au 18e s., ainsi que des documents sur Marguerite Bourgeoys et la congrégation de

Notre-Dame. Des appareils ménagers et des ustensiles divers sont exposés dans la cuisine. À l'étage se trouvent le dortoir et la chambre d'une des Filles du Roy. Au grenier, toujours reliée par les chevilles de bois d'origine (1698), la charpente témoigne de l'étonnante solidité de la construction. À l'extérieur, une grange du 19e s. sert de cadre à des expositions temporaires.

LaSalle C2

Cette ville fut nommée en l'honneur de l'explorateur **Robert Cavelier de La Salle** (1643-1687). Au bout de la 6e Avenue, prenez le sentier qui traverse un vieux barrage (1895) pour découvrir une **vue★** superbe sur les **rapides de Lachine**. Au large s'étend l'île aux Hérons. Ces derniers, qui se nourrissent dans les rapides, fréquentent les deux rives du fleuve, sur lequel on peut pratiquer le rafting et l'hydrojet.
Avant d'entrer à Lachine, le boulevard LaSalle passe sous le **pont Honoré-Mercier** (1934), reconnaissable à ses deux travées.

Lachine BC2

Ce paisible arrondissement des rives du St-Laurent est lié au développement de la colonie française et à l'évolution commerciale et industrielle de la province. En 1667, les Sulpiciens octroyèrent une seigneurie à l'explorateur Robert Cavelier de La Salle à l'endroit où le fleuve forme le lac St-Louis. Le fief fut bientôt surnommé « La Chine » par dérision, car La Salle avait cru qu'en remontant le St-Laurent, il découvrirait le fameux passage vers l'Asie mystérieuse. Très vite, la localité devint un poste de défense de Ville-Marie, ancien nom de Montréal. Dans la nuit du 4 août 1689, 1500 Iroquois attaquèrent le village en représailles à l'exécution, deux ans plus tôt, de plusieurs de leurs chefs. Deux cents personnes périrent ; une centaine d'autres furent capturées, qui ne devaient jamais reparaître.

★★ Canal et rapides de Lachine

À la sortie du lac St-Louis, le St-Laurent subit, sur une distance de 2 km, un changement de dénivellation de 2 m, formant d'impressionnants **rapides★**. Dès 1680, le supérieur du séminaire St-Sulpice, Dollier de Casson, suggéra le percement d'un canal pour contourner le tumulte. Ce n'est pourtant qu'en 1821 que le projet fut mis en chantier. Achevé en 1824, le **canal★★** de 13,6 km de long, du lac St-Louis au port de Montréal, comportait sept écluses permettant d'élever le niveau des vaisseaux de 14 m. Élargi deux fois, de 1843 à 1849 et de 1873 à 1884, il demeura la seule voie navigable contournant les rapides jusqu'à l'ouverture de la voie maritime du St-Laurent, en 1959. Longue de près de 15 km, la piste cyclable qui longe le canal de Lachine est appréciée par les Montréalais en fin de semaine. L'hiver, elle se transforme en sentier de ski de fond. De part et d'autre du canal, le patrimoine industriel en pleine reconversion reste à tort méconnu. Quant aux rapides, les plus téméraires peuvent les approcher en bateaux-jets *(voir « Saute-Moutons », p. 50)*.

Musée de Lachine

Ⓜ Angrignon ; bus n° 110 ou 495. À l'écart du boulevard LaSalle, à gauche juste avant de traverser le canal. 1 chemin du Musée (angle de la rue St-Patrick) - ✆ 514 367 6423 - montreal.ca/lieux/musee-de-lachine - de mai à mi-oct. : horaires, se rens. - fermé temporairement - gratuit.

Aujourd'hui connu sous le nom de maison Le Ber-Le Moyne, l'édifice qui abrite le musée fut construit entre 1669 et 1671 par Charles Le Moyne et Jacques Le

Rafting dans les rapides de Lachine.
cagkansayin/Getty Images Plus

Ber, deux des premiers marchands à s'établir à Lachine pour y pratiquer la traite des peaux de castor. Cette maison en bois, remaniée au 19e s. par les Anglais, est l'une des plus anciennes de Montréal encore intacte. L'intérieur contient des meubles et des outils d'époque, ainsi que des documents relatant l'histoire de la ville. Une structure moderne adjacente propose des expositions d'artistes québécois contemporains.

Musée plein air de Lachine

Accessible tlj de l'année du lever au coucher du soleil.
Ce jardin des sculptures occupe trois zones qui se répartissent sur quelque 4 km le long de la berge du lac St-Louis et rassemblent des créations contemporaines choisies parmi la cinquantaine que possède le musée de Lachine. Une quinzaine d'œuvres est visible autour du musée et une vingtaine est réunie dans le parc René-Lévesque, situé sur la péninsule du lac St-Louis. De la pointe de la péninsule, admirez le St-Laurent à sa sortie du lac, la ville de Lachine et, en aval, les ponts qui traversent le fleuve. Le reste de la collection, une quinzaine de sculptures, est réparti dans neuf parcs riverains qui jalonnent le boulevard St-Joseph.

★ Lieu historique national du Commerce-de-la-Fourrure-à-Lachine

Lionel-Groulx, puis bus n° 496 (lun.-vend.) ou Angrignon, puis bus n° 195 (long trajet) - 1255 bd St-Joseph, face au collège Ste-Anne - 514 637 7433 - parcs.canada.ca/lhn-nhs/qc/lachine - de mi-juin à déb. sept. : merc.-dim. 10h-17h - 4,50 $.
Le vieux hangar de pierre qui servit d'entrepôt à fourrures de 1803 à 1859 fait maintenant revivre l'épopée montréalaise de la fourrure. Le visiteur circule parmi les ballots de fourrure, les caisses de marchandises et identifie les étapes de l'histoire de ce commerce. On y trouve des cartes des territoires de piégeage et des postes de traite qui appartenaient à la Compagnie du Nord-Ouest et à la Compagnie de la baie d'Hudson. Il fut un temps où près de 80 % des fourrures

exportées en Europe passaient d'abord par Lachine, avant la fusion de ces deux compagnies en 1821.

Promenade Père-Marquette

Accès principal par le boulevard St-Joseph, face à la 18e Av.
La promenade le long du lac St-Louis porte le nom du père **Jacques Marquette** (1637-1675) qui, avec Jolliet, découvrit le Mississippi en 1673. Le promeneur peut voir le couvent des sœurs de Ste-Anne, qui dirigent d'ailleurs le collège Ste-Anne (1861), en face de l'entrepôt, et plus loin, l'église des Sts-Anges-Gardiens (1919).
Poursuivez vers l'ouest en vous engageant sur le chemin du Bord-du-Lac.
Le **chemin du Bord-du-Lac** débute à Lachine et remonte le St-Laurent jusqu'à Ste-Anne-de-Bellevue, devenant entre-temps boulevard Beaconsfield et Lakeshore. Il traverse ainsi tout le West-Island.

West-Island AB2

Les municipalités de l'île de Montréal situées à l'ouest de Lachine sont collectivement connues sous le nom de West-Island. Leurs demeures cossues, prolongées par des quais privés, des marinas et de beaux parcs boisés, abritent une importante communauté anglophone. La banlieue de **Dorval** doit sa notoriété à son aéroport international.

★ Pointe-Claire

Cette banlieue aisée est située sur les bords du lac St-Louis. Elle tire son nom des belles **vues★** claires que l'on a de la pointe qui s'avance dans le lac.
Stewart Hall – *176 chemin du Bord-du-Lac - ✆ 514 630 1220 - www.pointe-claire.ca/fr - ♿ - 8h30-21h, sam. 9h30-17h, dim. 13h-17h ; été : tlj sf sam. 8h-20h, dim. 13h-17h - gratuit.* Construite en 1915, cette belle maison de pierre au toit de cuivre fut offerte à la ville par les époux Stewart en 1963, afin qu'y soit créé un **centre culturel.** Aujourd'hui, la demeure renferme une bibliothèque, une galerie d'art et une salle lambrissée où se tiennent réunions, spectacles et autres activités organisées par le centre culturel. Du jardin, une superbe **vue★** embrasse une grande partie du lac.
★ **La Pointe** – *Du chemin du Bord-du-Lac, prenez la rue Ste-Anne et garez-vous près de l'église.* Au bout de la péninsule qui s'avance dans le lac St-Louis se trouve le couvent des sœurs de la congrégation de Notre-Dame (1867). Derrière, un vieux **moulin à vent** (1709) servit en son temps de refuge et de tour de garde contre d'éventuelles attaques des Premières Nations. Construite en 1882, l'église St-Joachim jouxte un presbytère dont le porche fait le tour du bâtiment et dont le toit est égayé de nombreuses formes pyramidales. Le site offre une belle **vue**.
Après Pointe-Claire, le chemin du Bord-du-Lac devient boulevard Beaconsfield.

Beaconsfield

Cette riche et coquette banlieue fut nommée en l'honneur du Premier ministre britannique Benjamin Disraeli (1804-1880), devenu lord Beaconsfield en 1876.
Le boulevard porte à nouveau le nom de chemin du Bord-du-Lac lorsqu'il traverse Baie-d'Urfé.

Baie-d'Urfé

Cette banlieue tient son nom de l'abbé François-Saturnin Lascaris d'Urfé qui, en 1686, fonda ici une mission. Le jardin voisin de l'hôtel de ville *(20410 chemin du Bord-du-Lac)* offre une superbe **vue** sur le lac et l'île Dowker.

★ Sainte-Anne-de-Bellevue

Située à l'extrémité occidentale de l'île de Montréal, cette municipalité correspondait, au 17e s., à la seigneurie de Bellevue. Son artère principale, la rue Ste-Anne, longe la rivière des Outaouais, dont les eaux tumultueuses rejoignent celles du St-Laurent au lac St-Louis après avoir franchi une écluse. Au-dessus, un pont de chemin de fer et la route 20 conduisent à l'île Perrot (*p. 106*). Une charmante **promenade** a été aménagée au bord de l'eau. Elle est jalonnée de restaurants d'où les gens regardent passer les bateaux.

Campus Macdonald – *Rue Ste-Anne, à l'entrée de la localité.* En 1907, sir William Macdonald (1831-1917), fondateur de la Macdonald Tobacco Company et recteur de McGill, fit don à l'université d'un terrain de 650 ha. Sur celui-ci furent érigés des pavillons de brique rouge qui abritent aujourd'hui la faculté des sciences de l'agriculture et de l'environnement.

Arboretum Morgan – *150 chemin des Pins, à l'angle du chemin Ste-Marie, sur le campus Macdonald - 514 398 7811 - www.mcgill.ca/morganarboretum - 9h-17h - 8 $.* Cette réserve forestière possède l'ensemble le plus complet d'essences d'arbres indigènes au Canada, réparties sur 245 ha. On y pratique la randonnée à pied en été et à skis ou à raquettes en hiver.

Zoo Ecomuseum – *21125 chemin Ste-Marie - 514 457 9449 - zooecomuseum.ca/fr/ - 9h-17h - 20/24,75 $.* Cette structure indépendante, fondée par la Société d'histoire naturelle de la vallée du St-Laurent, étudie et sauvegarde les amphibiens et les reptiles. Elle perpétue également sa mission de sensibilisation à l'environnement et de préservation des espèces animales indigènes de la vallée du St-Laurent. Entre marais, étang et volière, au long d'un parcours d'une vingtaine d'étapes, vous verrez coyotes, porcs-épics, loutres, caribous, loups, aigle royal, tortues, ours noir...

Parc-nature du Cap-Saint-Jacques

Au nord-ouest de Montréal par l'av. Papineau. Accès par le 20099 bd Gouin Ouest - 514 280 6778 - www.montreal.ca - - P payant - parc ouv. tte l'année de 7h au coucher du soleil.

Les 330 ha de ce parc, autrefois terres agricoles, regroupent une intéressante palette d'activités de plein air ; 5,7 km de sentiers de randonnée ont été balisés, 8 km pour les vélos. Le site comprend également une plage et une ferme écologique, qui produit des légumes biologiques et abrite quelques animaux. En hiver, place est faite aux pistes de ski de fond, aux sentiers de raquette et, toujours, à la randonnée pédestre. Le site abrite plusieurs sentiers dont un sentier d'interprétation permet de découvrir la flore et la faune du parc, qui recense quelque 142 espèces d'oiseaux (hirondelles, sittelles...).

Le nord et l'est

CARTE P. 30-31

Saint-Laurent BC1

À 10 km au nord du centre-ville de Montréal par la rue Sherbrooke Est, la route 15 Nord, l'autoroute et le boulevard Décarie.

Cette banlieue industrielle de Montréal fut fondée en 1687, lorsque les frères Paul, Michel et Louis Descarie s'y établirent pour cultiver la terre qu'ils appelèrent la côte St-Laurent.

★ MUMAC - Musée des Maîtres et Artisans du Québec

Du Collège. 615 av. Ste-Croix - 514 747 7367 - www.mumaq.com - - tlj sf lun. 10h-17h (merc. 20h) - 12 $.

Ce petit musée occupe l'ancienne église presbytérienne de St-André-et-St-Paul (1867), déménagée du boulevard Dorchester en 1931. Cette étonnante structure néogothique servit de chapelle au collège jusqu'en 1975. À l'intérieur, on voit encore la voûte de bois finement sculptée et les beaux vitraux.

Le parcours permanent retrace l'histoire en constante évolution d'une multitude de métiers et de savoir-faire. On découvre les témoignages d'artisans québécois au parcours souvent unique. Le musée propose par ailleurs des expositions temporaires axées sur les arts et métiers d'art contemporains des communautés culturelles du Québec.

Sault-au-Récollet C1

À environ 12 km au nord du centre-ville de Montréal par les rues Sherbrooke Est (route 138), Cartier, Rachel et l'avenue Papineau.

Sault-au-Récollet est l'une des plus anciennes communautés de l'île de Montréal. L'endroit fut tour à tour visité par Jacques Cartier en 1535, puis Samuel de Champlain en 1615.

★ Église de la Visitation-de-la-Bienheureuse-Vierge-Marie

Henri-Bourassa. Angle rue des Jésuites et bd Gouin.

Construite entre 1749 et 1752, c'est l'aînée des églises de l'île de Montréal. Bordée par deux hautes tours, la **façade** néoclassique (1850) est l'œuvre de John Ostell. Le **décor intérieur★★** illustre l'esthétique de l'école de Quévillon. La voûte, réhaussée d'or et ornée de berceaux en forme de diamants, est d'une rare qualité. Tout comme le décor sculpté du sanctuaire, elle fut mise en place par David Fleury-David, peu avant 1820. Installée en 1837, la magnifique **chaire★** est sans aucun doute l'une des plus belles pièces de mobilier liturgique réalisées au Québec. Elle est due à Vincent Chartrand, de l'atelier de Quévillon. Le tabernacle du maître-autel est attribué à Philippe Liébert (1732-1804). L'autel qui le supporte, tout comme les autels latéraux et leurs tabernacles, sont de Louis-Amable Quévillon (1749-1823). Les deux portails (1771) menant à la sacristie sont ornés de bas-reliefs polychromes inscrits dans des panneaux de style Louis XV.

Parc-nature de l'Île-de-la-Visitation

Henri-Bourassa. Accès par la rue du Pont - 514 280 6783 - parc ouv. tte l'année de 7h au coucher du soleil - - chalet d'accueil : de mi-mai à déb. sept. : 9h30-18h ; de déb. sept. à fin oct. : 9h30-16h30.

Les 34 ha de sous-bois et d'étendues vallonnées de ce parc sont équipés de pistes cyclables, de sentiers pédestres, d'aires de pique-nique, de sites de pêche et de pistes de ski de randonnée *(possibilité de louer des skis sur place)*. Dès le 18e s., des moulins, dont le dernier fonctionna jusqu'en 1970, se dressèrent sur la chaussée qui relie cette île aux berges de la rivière des Prairies.

Maison du Pressoir – *www.montreal.ca - de fin avr. à déb. sept. : 12h-18h, reste de l'année : w.-end 12h-16h30.* Avant d'accéder à l'île, visitez cette attrayante maison qui date du début du 19e s. Le mécanisme original y est montré et une exposition illustre la méthode de fabrication du cidre.

1

Île Perrot

Située au confluent de la rivière des Outaouais et du St-Laurent, cette île - 1 km de long sur 5 km de large - constitue une agréable étape entre Montréal et Gatineau. Ses alentours vous feront découvrir un patrimoine historique important avec, en tête, les vestiges des canaux et du fort de Coteau-du-Lac.

Se repérer

Montérégie

CARTE A2 (P. 30-31).

L'île Perrot se trouve à 45 km au sud-ouest de Montréal par la route 20. Pour vous y rendre, traversez le pont de la rivière des Outaouais *(sortie du boulevard Don-Quichotte)*.

Organiser son temps

À visiter au départ de Montréal. Prévoyez une demi-journée.

En famille

Le moulin à vent du parc historique de la Pointe-du-Moulin.

Découvrir

CARTE P. 30-31

190 autoroute 20, à l'entrée du territoire de l'Île-Perrot, dans Vaudreuil-Soulanges - 514 453 1751 - www.ile-perrot.qc.ca.

Église Sainte-Jeanne-de-Chantal A2

À la pointe sud de l'île.

Érigée durant la seconde moitié du 18e s., cette petite église de pierre se trouve dans le secteur Village-sur-le-Lac. Très élégant, le décor intérieur (1812-1830) est dû à Joseph Turcaut et Louis-Xavier Leprohon, sculpteurs de l'école de Quévillon. De l'église, jolie **vue** sur le lac St-Louis.

★ Parc historique de la Pointe-du-Moulin

2500 bd Don-Quichotte - 514 453 5936 - pointedumoulin.com - - de fin juin à fin août : 9h30-17h ; de mi-mai à fin juin et de fin août à mi-oct. : w.-end 9h30-17h - 9,19 $.

Situé à la pointe est de l'île Perrot, ce parc de 12 ha environ accueillait autrefois le manoir de Joseph Trottier *(voir encadré ci-contre)*. De ce site qui forme une petite péninsule, la **vue** sur le lac St-Louis et Montréal, au loin, est très agréable. Par temps clair, on aperçoit même les Adirondacks, au sud-ouest.

Les nombreux sentiers du parc sont jalonnés d'aires de pique-nique. Situé non loin de l'entrée, le **centre d'interprétation** retrace l'histoire du domaine et explique le système seigneurial et les méthodes traditionnelles de culture du 18e s. À la saison estivale et en fin de semaine, toutes sortes d'activités (démonstrations d'artisanat, concerts et autres) sont proposées au public. On peut également, sous la conduite de guides spécialisés, faire à pied des visites du site, axées sur la géographie, la faune et la flore, et découvrir les fondations de l'ancien manoir seigneurial, dégagées lors de fouilles.

À l'extrême pointe de l'île se dresse le **moulin** de pierre de Trottier (v. 1705). Les dimanches d'été, son mécanisme (reconstitué) fonctionne comme autrefois, à condition, bien sûr, que le vent souffle. Car le moulin possède un système fort

L'histoire de l'île Perrot

L'île fut concédée en 1672 à François-Marie Perrot, gouverneur de Montréal et capitaine du régiment d'Auvergne. Grâce à son emplacement stratégique, l'île lui servit de base pour le commerce illégal de fourrures et d'alcool avec les Premières Nations. Il fallut attendre 1703, date de l'acquisition de l'île par Joseph Trottier, sieur Desruisseaux, pour que débutent les travaux de défrichage et de mise en culture du site. Trottier construisit un manoir et un moulin à vent sur sa propriété, dorénavant appelée domaine de la Pointe-du-Moulin.

astucieux pour broyer le grain : toute sa partie supérieure peut être orientée en fonction de la direction du vent à l'aide d'une longue perche, ce qui permet aux ailes de suivre la moindre brise, d'où qu'elle vienne. Les murs du moulin sont percés de meurtrières, le bâtiment ayant servi de fortification au 18e s.
À proximité se trouve la **maison du Meunier**, construite vers 1785. On y trouve des explications sur la vie familiale traditionnelle en Nouvelle-France.

À proximité

CARTE P. 30-31

Vaudreuil-Dorion A2 EN DIRECTION

À 15 km au nord de l'île Perrot. Après N.-D.-de-l'Île-de-Perrot, traversez l'île. À Terrasse-Vaudreuil, prenez l'autoroute 20 et entrez dans Vaudreuil-Dorion.
La seigneurie de Vaudreuil, à l'ouest de l'île de Montréal, fut concédée en 1702 à Philippe Rigaud de Vaudreuil, alors gouverneur de Montréal. Peu développée sous le Régime français, elle passa, en 1763, aux mains de Michel Chartier de Lotbinière. Ce grand propriétaire foncier contribua au développement de la communauté et y établit une paroisse. Il proposa, en 1783, un plan d'urbanisation qui prévoyait la construction d'un réseau de rues perpendiculaires les unes aux autres, regroupées autour d'une église et d'une place de marché. Ce plan ne vit jamais le jour, et le village conserva longtemps son caractère rural.
Maison Trestler – *85 chemin de la Commune - ℘ 450 455 6290 - www.trestler.qc.ca - lun.-vend. 9h-12h, 13h-16h30, dim. 13h-16h - 10 $.* Cette grosse maison de pierre occupe un joli site surplombant le **lac des Deux Montagnes**. Elle mesure 44 m de long sur 13 m de large, et son toit de bardeaux est percé de 14 lucarnes. La partie centrale fut construite en 1798 par Jean-Joseph Trestler, un Allemand qui fit fortune dans le commerce de la fourrure. Les deux ailes furent ajoutées en 1805 et 1806. L'endroit accueille des expositions d'artistes locaux.
Parc et maison Valois – *À 1 km de la maison Trestler. 331 av. St-Charles - www.ville.vaudreuil-dorion.qc.ca - parc ouv. tte l'année jusqu'à 23h - maison ouv. de mi-mai à déb. sept. : horaires, se rens.* Située dans un parc agréable à côté du lac des Deux Montagnes, la maison Valois (1796) est caractéristique de l'habitat local, avec sa base en pierre et ses murs en bois. Le toit à pente raide, sans surplomb, occupe la moitié de la hauteur de la demeure. L'édifice abrite une galerie d'art où sont organisées des expositions temporaires.
Musée régional de Vaudreuil-Soulanges – *431 av. St-Charles - ℘ 450 455 2092 - www.mrvs.qc.ca - ♿ - mar.-vend. 9h-12h, 13h-16h30, w.-end 13h-16h30 - 7 $.* Consacré à la mise en valeur du patrimoine régional, ce musée occupe l'ancienne école de pierre restaurée (1859) où étudia l'abbé **Lionel Groulx** (1878-1967), grand

historien du Canada français. Le bâtiment, coiffé d'un toit mansardé percé de fenêtres et surmonté d'une petite lanterne, est caractéristique de l'architecture religieuse de l'époque. On y voit le parcours permanent consacré à l'histoire et au développement du territoire de Vaudreuil-Soulanges. Des expositions temporaires sont également organisées. Une salle permet aux visiteurs la possibilité de faire des recherches généalogiques.

Église Saint-Michel – *Bd Roche, tout près du musée.* Achevée en 1789, cette église est l'une des plus anciennes de la région montréalaise. Une nouvelle façade fut érigée en 1856. L'intérieur possède un mobilier liturgique sculpté par Philippe Liébert à la fin du 18e s. : maître-autel, tabernacles latéraux et chaire. Les boiseries du chœur et les stalles sont de Louis-Amable Quévillon. L'ornementation sculptée de l'église est rehaussée d'un décor en trompe-l'œil. Dans la crypte repose la dépouille de Jean-Joseph Trestler (*p. 107*).

Maison Félix-Leclerc – *186 chemin de l'Anse - 450 510 2840 - www.maisonfelixleclerc.org - vend. 17h-21h, w.-end 10h-17h.* Auteur-compositeur-interprète, dramaturge et poète de génie, **Félix Leclerc** (1914-1988) a profondément marqué la scène artistique francophone et propulsé la chanson québécoise sur la scène internationale. Il vécut une vingtaine d'années sur les rives du lac des Deux Montagnes et finit par y acheter une pittoresque **fermette** de style Second Empire (19e s.-déb. 20e s.), où il résida jusqu'en 1966. Restaurée, celle-ci invite à découvrir l'œuvre de l'artiste en parcourant ses pièces. La maison accueille des résidences d'artistes ainsi qu'une programmation culturelle (expositions, rencontres, théâtre, etc.). Le **jardin**, aménagé à l'attention des familles et des cyclistes, invite les promeneurs à une petite balade le long du **Sentier du p'tit bonheur.**

Parc des Ancres A2 EN DIRECTION

76 chemin du Canal, Pointes-des-Cascades - 450 455 3414 - parc ouv. tte l'année - visite du centre d'interprétation sur RV - gratuit.

Situé aux abords de l'écluse n° 3 du **canal de Soulanges**, qui faisait autrefois partie du réseau de canaux que remplaça la voie maritime du St-Laurent, ce parc est un véritable musée à ciel ouvert contenant une collection tout à fait unique d'une centaine d'ancres. Un centre d'interprétation témoigne de l'histoire du fleuve avant qu'il ne soit apprivoisé.

Lieu historique national de Coteau-du-Lac A2 EN DIRECTION

308A chemin du Fleuve - 450 763 5631 ou 1 888 773 8888 - parcs.canada.ca - ♿ - de mi-juin à déb. sept. : 10h-17h - gratuit.

Située sur la rive nord du St-Laurent, Coteau-du-Lac possède une histoire intimement liée à ses tumultueux rapides. Pour éviter ces derniers et faciliter la navigation, divers systèmes de canalisation y furent construits au fil des ans, avant que la fameuse voie maritime du St-Laurent ne vienne apporter une solution définitive au problème. Ce **site** d'une grande beauté, au confluent de la rivière Delisle et du St-Laurent, contient les vestiges de l'un des premiers canaux à écluses d'Amérique du Nord. Avant d'emprunter les sentiers jalonnés de ruines, le visiteur fera un arrêt au centre d'accueil (exposition thématique, maquette du site, collection d'objets de la préhistoire à nos jours).

Jusqu'au 20e s., les rapides du St-Laurent étaient particulièrement dangereux entre Montréal et Kingston. La construction de la centrale hydroélectrique de Beauharnois et de son canal, au cours des années 1920-1930, nécessita l'installation de tout un système de barrages pour détourner le fleuve de son cours naturel.

Maison Félix-Leclerc.
Ph. Renault/hemis.fr

1

Ce système entraîna un abaissement du niveau du St-Laurent de près de 2,5 m par rapport à ce qu'il était jusqu'au début du 20e s. Depuis, les rapides ont perdu beaucoup de leur impétuosité.

Fort – Afin de protéger l'importante voie fluviale du St-Laurent et d'assurer le ravitaillement des soldats cantonnés dans la région des Grands Lacs, les Britanniques avaient édifié, sur le site de Coteau-du-Lac, un fort qui fut d'abord un simple poste de péage et un entrepôt. La crainte d'une invasion américaine le fit fortifier. Des fouilles archéologiques ont mis au jour des vestiges d'entrepôts et de bâtiments militaires remontant à la guerre d'Indépendance américaine et à la guerre de 1812.

Blockhaus octogonal – Ce blockhaus insolite fut construit durant la guerre de 1812. En 1839, il fut incendié afin d'empêcher le fort de tomber aux mains des patriotes. Le bâtiment de billes équarries, reconstruit en 1965, repose sur des fondations de pierre. Il comporte un rez-de-chaussée et un étage en porte-à-faux. Ses murs sont percés de meurtrières et d'embrasures. À l'intérieur, une exposition retrace le transport d'approvisionnements sur le canal.

Parc de la Mauricie.
Ph. Renault/hemis.fr

2

À l'ouest de Montréal

CARTE MICHELIN RÉGIONAL N° 760

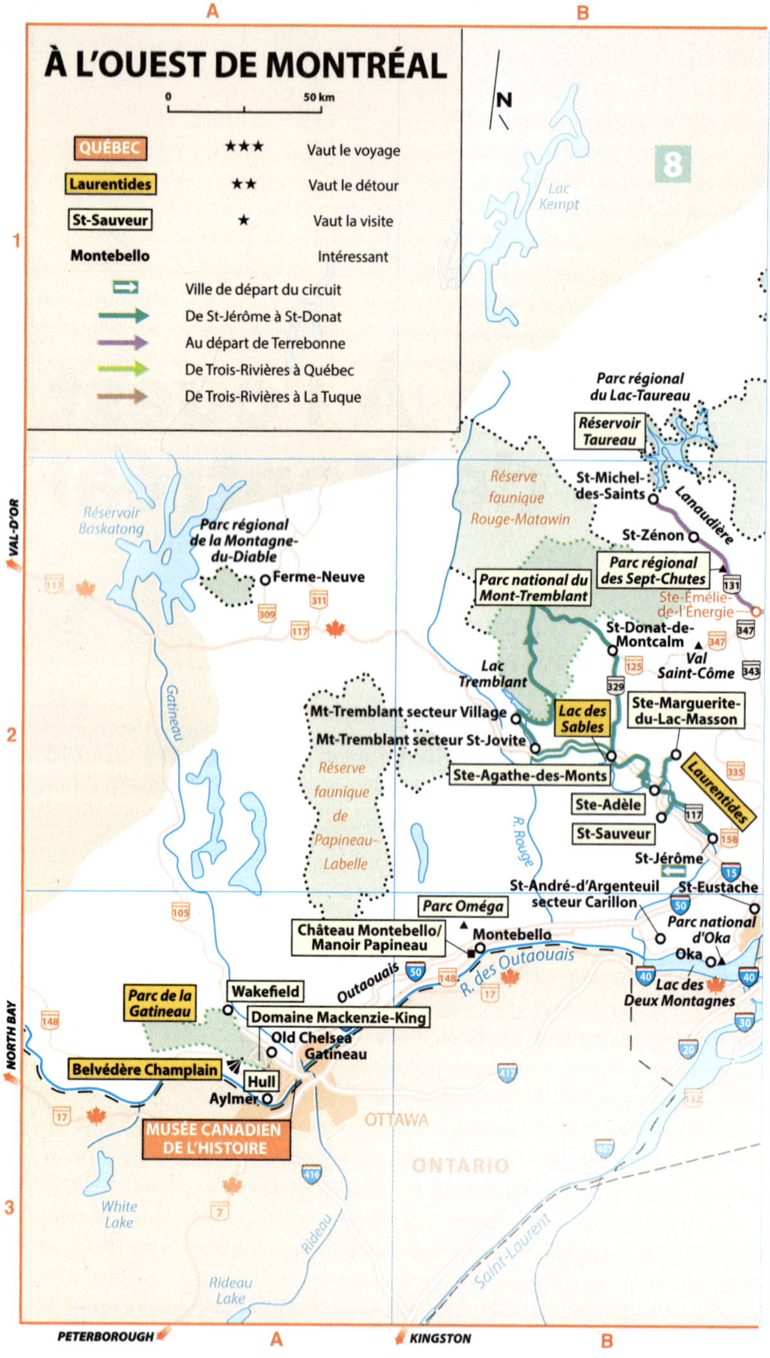
À L'OUEST DE MONTRÉAL
0
50 km
QUÉBEC
★★★ Vaut le voyage
Laurentides
★★ Vaut le détour
St-Sauveur
★ Vaut la visite
Montebello
Intéressant
Ville de départ du circuit
De St-Jérôme à St-Donat
Au départ de Terrebonne
De Trois-Rivières à Québec
De Trois-Rivières à La Tuque
N
8
Lac Kempt
Parc régional du Lac-Taureau
Réservoir Taureau
St-Michel-des-Saints
Lanaudière
St-Zénon
Réserve faunique Rouge-Matawin
Réservoir Baskatong
Parc régional de la Montagne-du-Diable
Ferme-Neuve
Parc national du Mont-Tremblant
Parc régional des Sept-Chutes
Ste-Émélie-de-l'Énergie
St-Donat-de-Montcalm
Val Saint-Côme
Lac Tremblant
Gatineau
Mt-Tremblant secteur Village
Mt-Tremblant secteur St-Jovite
Lac des Sables
Ste-Marguerite-du-Lac-Masson
Réserve faunique de Papineau-Labelle
Ste-Agathe-des-Monts
Laurentides
Ste-Adèle
St-Sauveur
R. Rouge
St-Jérôme
St-André-d'Argenteuil secteur Carillon
St-Eustache
Parc Oméga
Parc national d'Oka
Château Montebello/ Manoir Papineau
Montebello
Oka
R. des Outaouais
Outaouais
Lac des Deux Montagnes
Parc de la Gatineau
Wakefield
Domaine Mackenzie-King
Old Chelsea
Gatineau
Belvédère Champlain
Hull
Aylmer
MUSÉE CANADIEN DE L'HISTOIRE
OTTAWA
ONTARIO
White Lake
Rideau
Rideau Lake
Saint-Laurent
VAL-D'OR
NORTH BAY
PETERBOROUGH
KINGSTON
A
B
1
2
3

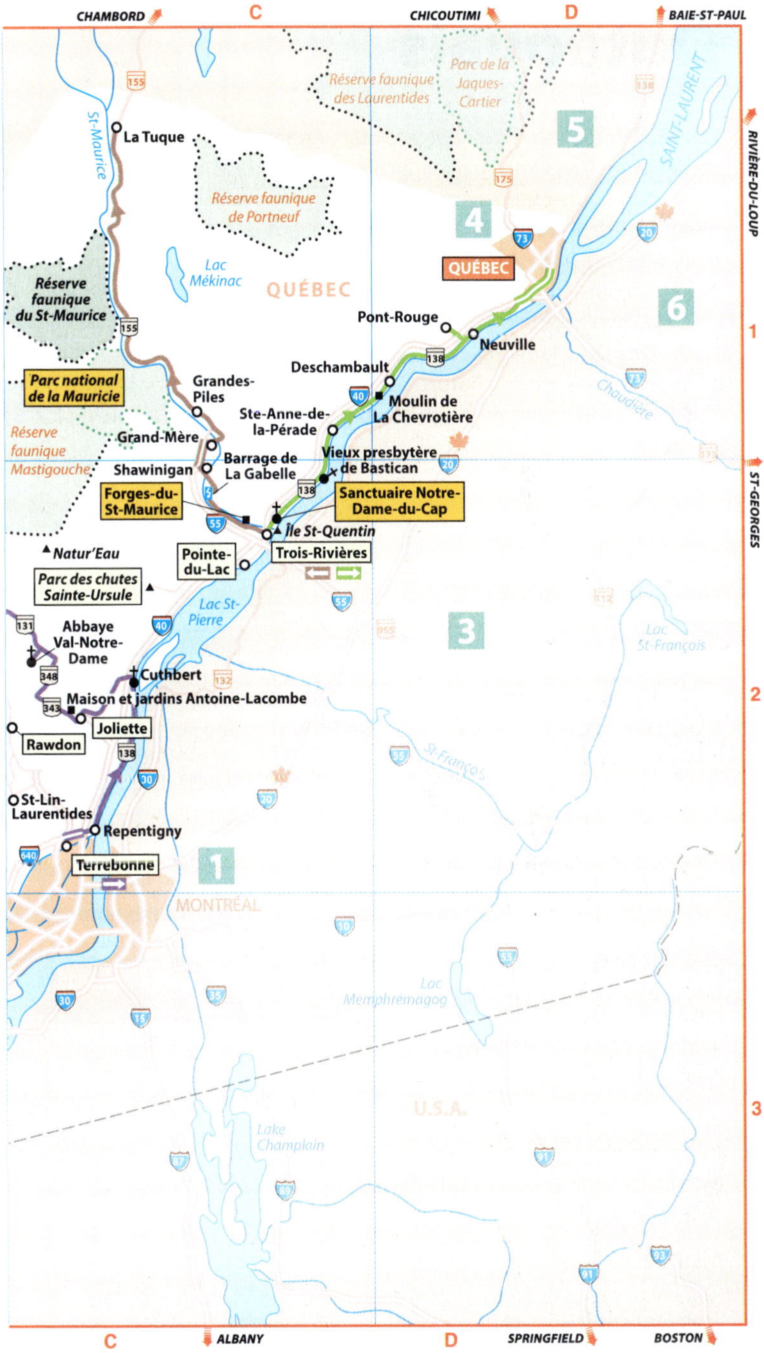
CHAMBORD
C
CHICOUTIMI
D
BAIE-ST-PAUL
RIVIÈRE-DU-LOUP
ST-GEORGES
Réserve faunique des Laurentides
Parc de la Jacques-Cartier
5
4
6
3
1
SAINT-LAURENT
St-Maurice
La Tuque
Réserve faunique de Portneuf
Lac Mékinac
Réserve faunique du St-Maurice
QUÉBEC
Pont-Rouge
Neuville
Deschambault
Moulin de La Chevrotière
Grandes-Piles
Parc national de la Mauricie
Ste-Anne-de-la-Pérade
Réserve faunique Mastigouche
Grand-Mère
Shawinigan
Barrage de La Gabelle
Vieux presbytère de Bastican
Chaudière
Forges-du-St-Maurice
Sanctuaire Notre-Dame-du-Cap
Île St-Quentin
Natur'Eau
Pointe-du-Lac
Trois-Rivières
Parc des chutes Sainte-Ursule
Lac St-Pierre
Lac St-François
Abbaye Val-Notre-Dame
Cuthbert
Maison et jardins Antoine-Lacombe
Joliette
Rawdon
St-François
St-Lin-Laurentides
Repentigny
Terrebonne
MONTRÉAL
Lac Memphrémagog
U.S.A.
Lake Champlain
2
3
ALBANY
SPRINGFIELD
BOSTON

Outaouais

Lovée entre les Laurentides et la lointaine Abitibi, la région tire son nom de la rivière des Outaouais, qui la sépare de l'État de l'Ontario. Une séparation toute relative puisque le cours d'eau a toujours été un point de rencontre et d'échange. La traite des peaux de castors, qui rassemblait autrefois Autochtones et coureurs des bois, a depuis longtemps cessé. Aujourd'hui, Gatineau n'est qu'à un pont de la capitale fédérale Ottawa, dont elle constitue à bien des égards le prolongement ; depuis les années 1970, la ville accueille des administrations fédérales francophones. À proximité, la nature est omniprésente. L'immense parc de la Gatineau, avec ses montagnes et ses forêts, en est le joyau le plus éclatant.

Se repérer

CARTE AB3 (P. 112-113) ET CARTE DU PARC DE LA GATINEAU (P. 118).
Il est possible de relier Montréal (de Mirabel) à Gatineau (158 km), via Montebello, par l'autoroute 50. La route 148, qui longe le fleuve, requiert plus de temps mais ravira les amateurs de routes panoramiques. Six ponts enjambent la rivière des Outaouais pour rejoindre Gatineau et Ottawa. Il s'agit, d'est en ouest, des ponts Macdonald-Cartier, Alexandria, du Portage, Chaudière et Champlain. Le pont Chef-William-Commanda, ouvert en 2023, est uniquement accessible aux piétons et aux cyclistes. Il reste fermé en hiver. L'artère principale du secteur Hull est le boulevard Maisonneuve, qui donne accès à l'autoroute de la Gatineau (A-5).

À ne pas manquer

La Grande Galerie du musée canadien de l'Histoire ; le parc de la Gatineau.

Organiser son temps

Prévoir une longue matinée pour une première découverte des collections du musée de Gatineau. La promenade panoramique qui parcourt le parc de la Gatineau est spectaculaire en **octobre**, lorsque les bois se parent des couleurs de l'automne.

En famille

Le musée canadien des Enfants, au 2e niveau du musée canadien de l'Histoire ; le parc Oméga ; le marais Éco-Odyssée.

Nos adresses p. 122

Découvrir

CARTE P. 112-113

103 r. Laurier, Gatineau - 819 778 2222 ou 1 800 265 7822 - www.tourismeoutaouais.com.

Montebello B3

Montebello se trouve sur la rive nord de la rivière des Outaouais, entre Gatineau et Montréal. Ancienne patrie de **Louis-Joseph Papineau** (1786-1871), député, président de la Chambre, éloquent orateur et chef des patriotes, la petite ville

est surtout réputée pour les conférences internationales qui s'y tiennent. Sa rue principale bordée de restaurants et de petits commerces aux façades colorées et sa proximité avec le fleuve lui confèrent un certain charme.
C'est un lieu à découvrir pour qui veut mieux connaître l'histoire du Québec. En 1674, la seigneurie de Petite-Nation, alors peuplée d'Algonquins, était concédée à monseigneur de Laval. Le notaire Joseph Papineau en fit l'acquisition en 1801 et y installa les premiers colons. En 1845, au retour de huit ans d'exil à la suite de l'échec de la Rébellion, son fils Louis-Joseph, chef des patriotes, y fit construire un manoir qu'il baptisa en l'honneur d'un ami, le **duc de Montebello**, fils de l'un des généraux de Napoléon Bonaparte. Le petit village qui s'était constitué non loin de là prit son nom en 1878. Montebello fut également la patrie du gendre de Papineau, **Napoléon Bourassa** (1827-1916), éminent artiste et architecte, ainsi que de son illustre petit-fils, **Henri Bourassa** (1868-1952), homme politique et fondateur du *Devoir*.

★ Château Montebello

Accès par la route 148 - www.fairmont.fr/montebello.
Cet énorme bâtiment de bois octogonal flanqué de six ailes occupe une partie du parc de l'ancienne seigneurie de Papineau, sur les bords de la rivière des Outaouais. Il fut construit en 1930 selon les plans de l'architecte montréalais Harold Lawson, pour le compte du très sélect Seigniory Club. Le projet, réalisé en 90 jours à peine, nécessita l'emploi de quelque 10 000 billes de cèdre rouge. Transformé en hôtel de luxe, **Fairmont Le Château Montebello** (*« Nos adresses » p. 123*) accueillit de nombreux événements internationaux, parmi lesquels le sommet du G7, en 1981 (en présence de Ronald Reagan, François Mitterrand, Margaret Thatcher et Pierre Trudeau), et, en 2007, le sommet des chefs d'État et de gouvernements nord-américains (George W. Bush, Felipe Calderón et Stephen Harper). Même si vous ne logez pas dans l'hôtel, ne manquez pas de découvrir son salon majestueux, au centre duquel trône une gigantesque cheminée.
Été comme hiver, ses **jardins**, en accès libre, offrent d'agréables promenades.

★ Lieu historique national du Manoir-Papineau

500 r. Notre-Dame - ✆ 819 423 6965 - parcs.canada.ca/lhn-nhs/qc/manoir papineau - de mi-mai à fin juin et de déb. sept. à mi-oct. : w.-end 10h-17h ; de mi-juin à déb. sept. : merc.-dim. 10h-17h - 9 $.
Ce manoir, construit entre 1848 et 1850 pour Louis-Joseph Papineau, est un étonnant édifice bleu flanqué de tours de pierre, évoquant un château. Si, au fil du temps, l'intérieur a subi de nombreuses modifications, il conserve une partie du mobilier massif ayant appartenu à la famille Papineau, en particulier dans la salle à manger et le grand salon. Une bibliothèque ignifugée fut construite dans une tour de quatre étages ; elle contenait quelque 6 000 volumes.
Du manoir, on aperçoit, à travers un rideau d'arbres, les eaux paisibles de la rivière des Outaouais. Le domaine comprend plusieurs dépendances, dont un musée familial, un pavillon de thé et un hangar à grains.

★ Parc Oméga

399 rte 323 Nord - ✆ 819 423 5487 - www.parcomega.ca - de mi-mai à mi-juin et de déb. sept. à mi-oct. : 10h-18h ; de mi-juin à déb. sept. : 9h-19h ; reste de l'année : 10h-16h - 18 $.
Ce vaste **parc animalier** offre l'occasion aux familles de partir à la rencontre de la faune canadienne. Ici, les wapitis sont rois et ne se gênent pas pour se poster

2

au milieu de la route et quémander une carotte (vendues à la Maison du parc) à travers les vitres des véhicules des visiteurs.

Bisons, loups, ours noirs, caribous et autres renards arctiques cohabitent sur les 900 ha que compte le parc. Pour les observer, le plus simple consiste à emprunter en voiture le circuit de 12 km qui traverse les différents écosystèmes. En chemin, vous pourrez vous dégourdir les jambes le long du **sentier des Premières Nations** *(1 km - facile)*, qui permet de faire le tour d'un lac à la découverte de l'art autochtone. Plus loin, **La Terre des Pionniers** accueille notamment une réplique d'un poste de traite et un petit café. Elle constitue le point de départ vers une ferme restaurée du 19e s., **La Ferme d'Antan**.

★ Gatineau (secteur Hull) A3

Partie intégrante de la ville de **Gatineau**, le secteur Hull dresse ses tours et ses immeubles ultramodernes au bord de la rivière des Outaouais, face à la capitale fédérale, Ottawa. Dans les années 1970, la construction de deux vastes complexes fédéraux (la Place du Portage et les Terrasses de la Chaudière) a bouleversé la physionomie de la cité. D'autres changements ont suivi, notamment l'énorme structure avant-gardiste (23400 m²), bâtie au bord du lac Leamy, qui accueille depuis 1996 le **casino du Lac-Leamy**, et l'établissement d'un campus de l'université du Québec en Outaouais (2010).

Du parc Jacques-Cartier *(par la rue Laurier)*, la **vue★** embrasse sur l'autre rive, à Ottawa, la colline du Parlement, le musée des Beaux-Arts du Canada et le Fairmont Château Laurier *(pour plus de détails, Le Guide Vert Canada Ouest)*.

Maison du vélo – *Parc Jacques-Cartier - 350 r. Laurier - ☎ 819 997 4356 - de juil. à nov. : 9h-17h - fermé mar. - location env. 15 $.* Location de vélos pour se balader sur les pistes cyclables longeant la rivière dans le secteur Hull.

Maison du citoyen

25 r. Laurier (entre les rues Victoria et Hôtel-de-Ville) - ☎ 819 595 2002 - ♿ - lun.-vend. : 8h30-12h, 13h-16h30.

Ce complexe administratif (il abrite l'hôtel de ville), culturel et sportif fut inauguré en 1980. Autour de l'**Agora Gilles-Rocheleau**, surmontée d'une verrière de près

Secteur Hull : une ancienne colonie

En 1800, soit vingt-six ans avant la création de Bytown (future Ottawa), des Américains dirigés par le loyaliste **Philemon Wright** s'installèrent près des chutes de la Chaudière. Un moulin y fut érigé et une petite colonie se développa. Cultivateurs, les premiers colons se firent également bûcherons ; car la superbe forêt qui couvrait la région, constituée de pins rouges et blancs aujourd'hui disparus, se prêtait fort bien à la construction de bateaux. Les grands troncs droits étaient expédiés par cage flottante jusqu'à Montréal, puis à Québec, d'où ils partaient pour l'Angleterre. Ainsi naquit une industrie forestière qui devait connaître une certaine prospérité tout au long du 19e s.

Un autre Américain, **Ezra Butler Eddy**, s'établit dans le secteur Hull en 1851 et y monta une fabrique de pinces à linge et d'allumettes. Ses produits connurent vite un grand succès, et, de nos jours encore, ses allumettes sont vendues à travers le continent. L'ancienne usine de pâte à papier d'Eddy domine aujourd'hui une partie des berges du secteur Hull.

Galerie consacrée aux Premières Nations dans le musée canadien de l'Histoire.
Ph. Renault/hemis.fr

de 20 m de haut, il regroupe notamment la **galerie d'art Montcalm**, une bibliothèque et la salle de spectacle Jean-Despréz. Le **Hall des nations** présente une douzaine d'objets d'art offerts par divers pays. Des galeries relient la Maison du citoyen au Palais des congrès de Gatineau et à un centre commercial.

★★★ Musée canadien de l'Histoire

100 r. Laurier (entre le pont Alexandria et la rue Victoria) - ✆ 819 776 7000 ou 1 800 555 5621 www.museedelhistoire.ca - ✕ ♿ - juil.-août : 9h-18h, jeu. 9h-19h; fin mai-fin juin : 9h-17h, jeu. 9h-19h ; reste de l'année : tlj sf lun. 9h-16h (jeu. 19h) - 22 $ - réserv. sur le site Internet obligatoire.

Inauguré en juin 1989, l'un des musées les plus visités du Canada est consacré à l'histoire du pays depuis la venue des Vikings, ainsi qu'à l'art et aux traditions des peuples autochtones et des divers groupes ethniques du pays. Il abrite une impressionnante collection de 3,5 millions d'objets et un cinéma de haute technologie. En prime, la terrasse de sa cafétéria offre une superbe vue sur la rivière et le Parlement, situé côté Ottawa.

Architecture – Le musée se compose de deux édifices dont l'architecture, due à **Douglas Cardinal**, symbolise le paysage canadien. Des courbes majestueuses évoquent l'émergence du continent nord-américain, façonné par l'action érosive du vent, de l'eau et des glaciers, tandis que le revêtement mural, en calcaire de Tyndall, révèle ici et là des traces de fossiles. À gauche de l'entrée principale, le **pavillon du Bouclier canadien** abrite les réserves du musée. À droite, le **pavillon du Glacier** accueille les visiteurs dans un vaste espace de 16 500 m^2, dont environ 3 300 m^2 sont réservés à des expositions temporaires.

Grande Galerie – *Niveau 1.* Consacrée au riche patrimoine culturel et artistique des Premières Nations de la côte nord-ouest du Canada, cette galerie aux airs de cathédrale ultramoderne impressionne par sa hauteur de plafond et ses larges baies vitrées. **Six maisons autochtones** symbolisent un village traditionnel des Premières Nations. Chacune évoque une culture particulière : Salish de la Côte,

2

LA VÉRENDRYE
CHEMIN KINGSMERE, OLD CHELSEA
Lac Kingsmere
Chemin Swamp
Kingswood
Chemin
Barnes
Moorside
Les Ruines
Promenade Champlain
DOMAINE MACKENZIE-KING
0
300 m
1 Hangar à bateaux
2 Chalet des invités
3 Glacière
4 Garage
5 La Ferme
6 Jardin
7 Garage
8 Forge
9 Arc de triomphe
LAC-DES-LOUPS
Alcove
Camp Vorlage
Wakefield ★
R. La Pêche
Lac Brown
Lac Carman
Chemin-des-Pins
R. au Meech
R. GATINEAU
Cantley
Lac Mousseau
PARC DE LA GATINEAU ★★
Lac Meech
PEMBROKE, ONT.
★★ Belvédère Champlain
335
Escarpement d'Eardley
Camp Fortune
Mt. King 314
Old Chelsea
Limbour
R. au Chelsea
Breckenridge
★ Domaine Mackenzie-King
(voir zoom ci-dessus)
GATINEAU
MONTEBELLO
★ Secteur Hull
★★★ Musée canadien de l'Histoire
MONTRÉAL
R. DES OUTAOUAIS
N
AYLMER
ONTARIO
Lac Deschênes
OTTAWA
Rideau R.
PARC DE LA GATINEAU
0
5 km
PEMBROKE, ONT.
KEMPTVILLE, ONT.

Nuu-chah-Nulths (Nootkas), Kwakwaka'wakws (Kwakiutls), Nuxalks, Haïdas et Tsimshians. Notez le **mât totémique de Wakas** (1893), haut de 12 m, qui trôna pendant plus d'un demi-siècle dans le parc Stanley, à Vancouver. La paroi de verre ménage une belle **vue** sur la rivière des Outaouais et le Parlement canadien. Deux expositions permanentes, intitulées « Les Premiers Peuples de la côte nord-ouest » et « Du fond des âges - La préhistoire des Tsimshians », viennent compléter la visite de cette passionnante section du musée.

Salle des Premiers Peuples – *Niveau 1.* Quelque 2 000 artefacts, images et documents célèbrent ici la créativité, la diversité et la résilience des Premières Nations, Métis et Inuits, et leur contribution au Canada d'aujourd'hui.

Collection de timbres du Canada – *Niveau 1.* Toute l'histoire du Canada défile à travers la fabuleuse collection de timbres du musée, soit plus de 3 000 exemplaires aussi uniques qu'instructifs. Saviez-vous par exemple que sir Sandford Fleming, créateur du tout premier timbre canadien, décida impertinemment d'y faire figurer un castor plutôt qu'un monarque ?

Musée canadien des Enfants – *Niveau 2 - tlj sf lun. 9h-16h - 22 $.* Fascinant lieu d'apprentissage et de découverte, ce charmant musée propose des activités variées autour du thème de **la Grande Aventure**, véritable microcosme de notre planète qui permet de s'embarquer dans un tour du monde passionnant. Une trentaine de modules formant autant d'environnements, et comprenant des accessoires divers et des costumes, permettent un voyage aléatoire et interactif.

Salle de l'histoire canadienne – *Niveau 4.* Cette salle qui s'articule autour de trois galeries retrace l'**histoire du Canada**, des premiers établissements humains à nos jours, sur près de 4 000 m². On y accède par le **Passage**, un long couloir orné de miroirs sur lesquels apparaissent des images iconiques du pays, du parlement de Colombie-Britannique au canal Rideau, à Ottawa. La galerie 1 expose notamment **Le Premier Visage**, une sculpture autochtone vieille de 4 000 ans et découverte par une équipe d'archéologues dans les années 1960. La pièce maîtresse de la galerie 2 est sans nul doute l'**église St-Onuphrius**, une église ukrainienne provenant d'Alberta et remontée planche par planche au cœur du musée. La dernière galerie met quant à elle à l'honneur l'histoire du Canada moderne. On peut y voir un extrait du célèbre discours de Charles de Gaulle prononcé en 1967, à Montréal.

CINÉ+ – *Niveau 2. Les films à l'affiche changent régulièrement. Versions française et anglaise présentées en alternance.* Projection des films en 3D sur un écran géant, et en panoramique sur le Dôme CINÉ+ .

Expériences autochtones

www.indigenoustourism.ca - tlj de mai à oct. - dép. des visites à 11h15, 13h, 14h30, 16h - durée 35mn - 10 $.

Installé à l'arrière du musée canadien de l'Histoire, à deux pas du fleuve, le site invite les visiteurs à découvrir la culture autochtone à travers un village reconstitué où l'on peut assister à un spectacle de danse et de chant sous un grand chapiteau.

Les autres secteurs de Gatineau A3

Secteur Gatineau

À 4 km au nord-est par la route 148 (pont Lady-Aberdeen).

C'est à Pointe-Gatineau, à la confluence de la rivière Gatineau et de la rivière des Outaouais, que Philemon Wright, fondateur du secteur Hull, faisait assembler au 19e s. ses énormes radeaux de bois flotté. Le secteur conserve de belles maisons

2

ouvrières en bois du 19e s., rue Jacques-Cartier, ainsi qu'un exemple unique d'architecture Nouvelle-Angleterre, qui témoigne du début de l'industrie de la pâte à papier, dans le Quartier-du-Moulin.

Secteur Aylmer

À 12 km à l'ouest par la route 148.

L'ancien chef-lieu de canton de Hull recèle la plus belle concentration de maisons et d'églises du 19e s. de la région. Charles Symmes, neveu de Philemon Wright, fut l'un des premiers à venir s'établir ici, sur les bords du lac Deschênes. L'endroit reçut plus tard le nom d'Aylmer en hommage au gouverneur en chef de l'Amérique du Nord britannique de 1831 à 1835. L'**auberge Symmes** (1832), magnifiquement restaurée, domine le lac Deschênes. La monumentale structure de pierre a inspiré le peintre Cornelius Krieghoff. Aujourd'hui, la rue Principale est bordée de somptueuses résidences et terrains de golf.

★★ Parc de la Gatineau A3 ET CARTE P. 118

33 chemin Scott, Chelsea - 819 827 2020 ou 1 866 456 3016 - ccn-ncc.gc.ca/endroits/parc-de-la-gatineau - - droit d'accès aux plages (été) : 13 $/voiture - droit d'accès au Domaine Mackenzie-King (été) : 13 $/voiture (gratuit mar. ; demi-tarif après 15h) - certaines routes sont fermées à partir des premières chutes de neige jusqu'en mai.

Activités estivales : cyclisme, randonnée pédestre, natation, canotage, pêche et camping. Activités hivernales : ski de fond, ski alpin (station de Camp Fortune). Attention, de mi-mai à mi-octobre, lors des « vélos week-end », certaines routes d'accès au parc sont fermées à la circulation le samedi et le dimanche jusqu'à 13h pour accueillir les cyclistes.

Créé en 1938 à l'initiative de **William Lyon Mackenzie King** (*encadré ci-dessous*), le parc de conservation de la région de la capitale nationale s'étend sur un ancien territoire algonquin et iroquois. Il fut baptisé en l'honneur de Nicolas Gatineau, négociant en fourrures de Trois-Rivières, disparu en 1683 au cours d'une expédition sur la rivière qui porte aujourd'hui son nom.

Montagnes et forêts couvrent ce territoire de 361 km² compris entre la vallée de la rivière des Outaouais et celle de la rivière Gatineau. Doucement ondulé et parsemé de lacs, le parc possède quelques édifices fédéraux, dont la résidence d'été du Premier ministre du Canada (au lac Mousseau) et le pavillon des rencontres officielles, ou maison Willson (au lac Meech). Sans être un « officiel », chacun peut venir profiter de ses charmes, tout au long de l'année.

Promenade panoramique

51 km AR au départ de Gatineau par la route 148.

Cette superbe route sinueuse longe de hautes parois de granite rose, puis s'élargit par les belles forêts de feuillus des collines de la Gatineau. Le plateau, raclé par les

William Lyon Mackenzie King

Premier ministre de 1921 à 1930, puis de 1935 à 1948, ce grand homme d'État gouverna le Canada pendant vingt-deux ans, record inégalé.
C'est pour échapper aux exigences de sa fonction qu'il venait se retirer sur ces terres. À sa mort en 1950, il légua un domaine de 231 ha qui comprend plusieurs bâtiments et des sentiers aménagés par ses soins.

glaciers, se termine abruptement dans le parc par l'escarpement d'Eardley, qui délimite le Bouclier canadien. De nombreux **postes d'observation** permettent d'admirer la vallée de l'Outaouais, ses lacs miroitants et ses fermes cossues.

★★ Belvédère Champlain

6 km AR à partir du croisement de la promenade Champlain et de la promenade du lac Fortune. Du haut de l'escarpement d'Eardley, à 335 m d'altitude, on a une **vue** extraordinaire sur la vallée de l'Outaouais, point de contact entre le Bouclier canadien et les basses terres du St-Laurent.

Sous le belvédère, un **sentier naturel**, doté de huit stations d'observation, invite le visiteur à se familiariser avec la végétation du parc.

★ Domaine Mackenzie-King

3 km AR à partir de la promenade de la Gatineau par le chemin Kingsmere. 819 827 2020 ou 1 866 456 3016 - ccn-ncc.gc.ca/endroits/domaine-mackenzie-king - - domaine accessible tte l'année - musées uniquement ouv. de mi-mai à mi-oct. : w.-end 10h-17h tlj sf mar. 10h-17h (en juil.-août).

Au cœur du parc de la Gatineau se trouvent l'ancien domaine de William Lyon Mackenzie King et ses charmantes demeures transformées en musées.

Kingswood – Bâtie en 1903 et agrandie à deux reprises (1916 et 1924), cette petite maison rustique, proche du lac Kingsmere, fut la première résidence d'été de Mackenzie King. À côté se trouve le chalet des invités.

Une agréable promenade mène au bord de l'eau, d'où l'on aperçoit une reconstitution de l'ancien hangar à bateaux **(1)**.

Moorside – Mackenzie King vécut de 1928 à 1943 dans cette charmante villa de bois, achetée en 1924. Les pièces de l'étage ont conservé leur aspect d'époque. Dans l'ancien garage **(4)**, des photographies et un montage audiovisuel présentent la vie et l'œuvre de l'homme d'État.

Ruines – Mackenzie King agrémenta ses jardins d'éléments architecturaux (piliers, pierres et autres) provenant de sites voués à la démolition. C'est ainsi qu'il récupéra des morceaux du Parlement d'Ottawa, détruit par les flammes en 1916, et quelques pierres du Parlement de Londres, bombardé en 1941.

De 1943 à sa mort, Mackenzie King habita une troisième maison, la **Ferme (5)**, un édifice du 19e s. désormais occupé par le président de la Chambre des communes *(fermé au public)*.

Old Chelsea

En dehors du parc de la Gatineau, à l'est.

Au début du 19e s., ce village paisible constituait une halte pour les bûcherons qui se rendaient dans les forêts de l'arrière-pays. Le petit cours d'eau de Chelsea, qui fournissait l'énergie nécessaire pour alimenter les scieries et les moulins à blé, permit au hameau de se développer. Dans les années 1870, les quatre hôtels, tous gérés par des Irlandais, tiraient la plus grande partie de leurs bénéfices... de leur bar.

La localité, étape incontournable pour les visiteurs et les randonneurs du parc de la Gatineau, abrite le **centre d'information**, ainsi que des galeries d'art, petits restaurants et boutiques de location d'équipement de plein air.

Les cimetières de Chelsea sont comme un livre ouvert sur le passé. Dans le **vieux cimetière protestant** sont enterrés des pionniers de la Nouvelle-Angleterre venus dans la région pour y travailler la terre ou exploiter le bois. On y trouve la tombe d'Asa Meech, pasteur, médecin, instituteur et fermier, à qui le lac voisin (Meech

Lake) doit son nom. Le **cimetière catholique** de l'église St-Stephen renferme des pierres tombales du milieu du 19e s.

★ Wakefield

En dehors du parc de la Gatineau, au nord-est.
Cette petite ville occupe un **site★** splendide au bord de la rivière Gatineau, qui serpente à travers les collines. Au début du 19e s., les premiers colons baptisèrent leur village du nom de la ville anglaise de Wakefield, dans le Yorkshire. La localité compte quelques exploitations minières, mais reste avant tout un centre agricole et forestier, aujourd'hui très prisé des touristes. Des restaurants et cafés se sont installés le long de la route qui longe la rivière. De quoi conférer à Wakefield une atmosphère bohème particulièrement agréable.
À la sortie de la ville, un charmant **pont couvert en bois**, repérable de loin grâce à sa couleur rouge, ravira les amateurs de photos et de promenades romantiques *(45 chemin de Wakefield Heights).*
À 6,5 km à l'est du centre-ville, le marais d'**Éco-Odyssée** *(52 chemin les Sources - ✆ 819 459 2551 - www.eco-odyssee.ca - de mi-juin à fin août : 9h-18h, vend.-sam. 9h-21h ; reste de l'année, se rens. - 8 $ - pédalo/canot à partir de 50 $)* accueille les familles qui souhaitent approfondir leur connaissance de la flore et la faune locales. À bord d'un pédalo, d'un kayak ou sur un paddle, on serpente dans un labyrinthe d'eau de 6,4 km à la recherche des castors, des loutres et des nombreux oiseaux qui ont élu domicile dans cet écosystème étonnant. Selon la saison, possibilité d'effectuer une balade au crépuscule ou au clair de lune.

Nos adresses

Restauration

À Montebello

Budget moyen
Le Bistro – *570 r. Notre Dame - ✆ 819 423 6900 - lebistromontebello.ca - service continu - plats 22/52 $, pizzas 15/30 $.* L'odeur des pizzas au feu de bois emplit les deux salles de ce restaurant où se retrouvent les habitants de Montebello. À la carte, outre les pizzas : burgers, poutines et salades.

Parc de la Gatineau

Budget moyen
Les Fougères – *783 rte 105 - Chelsea - Tenaga-Chelsea - ✆ 819 827 8942 - www.fougeres.com - fermé lun.-mar. et à midi (sf vend.) - menu 27 $.* Le chef des Fougères, parmi les meilleurs du pays, prépare une cuisine traditionnelle appréciée des habitants d'Old Chelsea, qui y dégustent du poisson fumé et autres spécialités. Essayez le poisson du jour ou le confit de canard, deux plats québécois très prisés...

À Wakefield

Une folie
Moulin Wakefield Mill - La Muse – *60 chemin Mill - ✆ 819 459 1838 - fr.wakefieldmill.com - ouv. le soir - menus 95/110 $ - réserv. conseillée.* Ce restaurant gastronomique a élu domicile dans un ancien moulin à farine. Situé un peu à l'écart de

la ville, on y déguste une cuisine raffinée dans un cadre enchanteur. Pour parfaire votre expérience gustative, demandez une table près des chutes d'eau.

Shopping

Galerie Old Chelsea – *783 rte 105 - Chelsea - au-dessus du restaurant Les Fougères - ☎ 819 827 4945 - www.galerieoldchelsea.ca - fermé lun.-mar.* Une dizaine d'artistes de la région de l'Outaouais exposent ici une jolie palette de peintures à l'huile, d'aquarelles et autres créations.

Activités

Greg Christie's Ski and Cycle Works – *148 chemin Old Chelsea - Chelsea - ☎ 819 827 5340 - www.gregchristies.com - 9h-17h, jeu.-vend. 9h-18h, w.-end 10h-17h.* Location de vélos de route, cyclocross, skis *(70/110 $/j)*, raquettes *(35 $/j)* et équipement varié pour des activités de plein air.

Aqua Taxi – *☎ 819 329 2413 - www.watertaxieh.ca - juin à mi oct. - short trip 7 $.* Ce service de navettes fluviales électriques assure une liaison quotidienne entre le musée canadien de l'Histoire à Gatineau, le quai des Écluses à Ottawa et le quai du débarcadère Richmond.

Hébergement

À Montebello

Une folie

Fairmont Le Château Montebello – *392 r. Notre-Dame - ☎ 1 819 423 6341 - www.fairmont.fr/montebello - ✕ ♿ P - 211 ch. 343/590 $ - ☕ en sus.* Ce château en rondins de cèdre rouge est l'un des plus célèbres lieux de villégiature de l'Est canadien. Réputé pour son cadre paisible, son service impeccable et sa cuisine haut de gamme, il propose en outre une large palette d'activités : ski de fond, raquettes, golf, tennis, canoë-kayak, spa...

À Gatineau

Une folie

Kokomo - Aux Berges des Outaouais – *1175 r. Jacques-Cartier - ☎ 819 561 5241 - kokomoinn.com - P - 5 ch. 314/332 $ ☕.* Situé sur la rive québécoise de la rivière des Outaouais, à deux pas de la plage du lac Leamy, cet adorable gîte aux chambres douillettes est une base idéale pour partir à la découverte de la région alentour.

À Wakefield

Une folie

Les Trois Érables – *801 chemin Riverside - ☎ 819 459 1118 - www.lestroiserables.com - 5 ch. 225/296 $ - ☕ 20 $ - 2 nuits mini.* Comme on se sent bien dans cette demeure à deux pas de la rivière, transformée en *bed & breakfast*. Le petit-déjeuner maison, servi dans la salle à manger, est un délice. Et que dire du placard à oreillers, qui permet de choisir son coussin idéal parmi l'impressionnante collection de Shanna, la maîtresse des lieux.

2

Laurentides ★★

La région des Laurentides est la première région touristique du Québec. Été comme hiver, les Montréalais empruntent en masse l'autoroute 15 pour profiter des 7000 lacs de cette vaste et belle zone de détente et de loisirs, située à seulement quelques dizaines de kilomètres de la métropole québécoise. Du moins pour ce que l'on appelle les Basses-Laurentides. Car la région des Laurentides est beaucoup plus grande et s'étend au nord-ouest de Mont-Tremblant. Les Hautes-Laurentides, densément boisées et peu peuplées, constituent une immense réserve de nature à l'état pur. À Ste-Anne-du-Lac, la route s'arrête...

Parc national du Mont-Tremblant, lac Monroe.
bakerjarvis/Getty Images Plus

Se repérer

CARTE B2-3 (P. 112-113) ET CARTE DES LAURENTIDES (P. 126).
La région s'étend au nord-ouest de Montréal. St-Jérôme se trouve à 60 km de Montréal, et Ste-Anne-du-Lac (fin de la rte 309) à 266 km.

À ne pas manquer

Le parc national du Mont-Tremblant.

Organiser son temps

Le circuit que nous proposons peut se faire en deux jours et vous permet de découvrir les Basses-Laurentides.

En famille

Le parc linéaire Le P'tit Train du Nord ; le Sentier des cimes.

Carnet pratique p. 136

Nos adresses p. 136

Circuit conseillé

CARTE P. 112-113 ET CARTE P. 126

De Saint-Jérôme à Saint-Donat B2

Circuit de 177 km tracé en vert foncé sur la carte p. 126.

Saint-Jérôme

À 60 km de Montréal par l'autoroute 15.

La « Porte des Laurentides » occupe un joli site au bord de la rivière du Nord. La ville fut fondée en 1830 et, grâce aux efforts du curé Labelle, connut un rapide essor.

Cathédrale – *355 r. St-Georges.* Ses hautes flèches dominent St-Jérôme de toute leur hauteur. Construite entre 1897 et 1900, l'imposante église devint cathédrale en 1951. Les formes arrondies du portique et des clochetons et le monumentalisme du décor évoquent le style romano-byzantin. La cathédrale se dresse en face d'une jolie place au centre de laquelle une **statue** de bronze exécutée par Alfred Laliberté a été érigée à la mémoire du curé Labelle.

Musée d'Art contemporain des Laurentides – *101 pl. du Curé-Labelle - ☏ 450 432 7171 - www.maclau.ca - mar.-dim. 12h-17h - contribution souhaitée.* Logées dans la Maison de la culture Claude-Henri-Grignon, ses collections et expositions temporaires offrent un panorama sur l'art contemporain pratiqué dans la région des Laurentides sous l'angle de la nature, de l'humain et de l'objet.

Promenade de la Rivière-du-Nord – Située entre la rue de Martigny et la rue St-Joseph, cette promenade *(610 m)* est jalonnée de panneaux descriptifs qui font revivre l'histoire de la ville. Agréable vue sur la rivière du Nord.

Du centre de St-Jérôme, prenez la rte 117 (r. Labelle), et continuez en dir. du nord.

La route passe par **Prévost**, où habita longtemps **Herman Johannsen**, plus connu sous le nom de « Jackrabbit ». Cet intrépide sportif introduisit le ski de fond dans la région des Laurentides et traça de nombreuses pistes, parmi lesquelles la célèbre **Maple Leaf,** qui va de Prévost au mont Tremblant. En 1932, c'est dans cette région qu'on installa en outre le premier remonte-pente. Pour la modique somme de cinq cents, le skieur était tracté jusqu'en haut de la colline via un système de poulies, de cordes et d'agrès mû par un moteur de voiture.

Prenez à gauche sur la rue Principale et suivez-la sur 2 km.

★ Saint-Sauveur

Voici l'un des plus anciens centres de villégiature de la région, qui attire les visiteurs depuis 1930. Cette petite ville blottie au creux des montagnes jouit d'une multitude de restaurants, boutiques et cafés bordant presque tous la rue Principale, à proximité de l'église de St-Sauveur (1903).

Musée du Ski des Laurentides – *6 av. de la Gare - ☏ 877 744 1723 - museeduski.com - 11h-17h - gratuit (contribution suggérée 5 $).* Avec une collection de plus de 7 500 artéfacts et 20 fonds d'archives privées, ce musée retrace l'histoire du ski dans les Laurentides, et permet de comprendre comment ce moyen de locomotion devenu un sport a contribué au développement du territoire laurentien.

À moins de 3 km du village, le **Sommet-St-Sauveur** offre des activités pour toute la famille, en toute saison. En hiver, c'est l'une des plus importantes stations de ski des Laurentides : 43 pistes (213 m de dénivelé), dont 29 éclairées pour les descentes nocturnes, et 8 remontées mécaniques. En été, vous pourrez profiter du plus grand parc aquatique en montagne.

Revenez à la route 117.

2

★ Sainte-Adèle

Nichée au cœur des Laurentides, autour du petit lac Rond, Ste-Adèle occupe un très beau **site★**. En 1834, Augustin-Norbert Morin (1803-1865), avocat et homme politique, fonda le village et lui attribua le nom de sa femme, Adèle. Prisée des artistes et des écrivains, cette ville moderne, qui compte un centre de ski alpin, est dotée de nombreux restaurants et d'auberges charmantes.

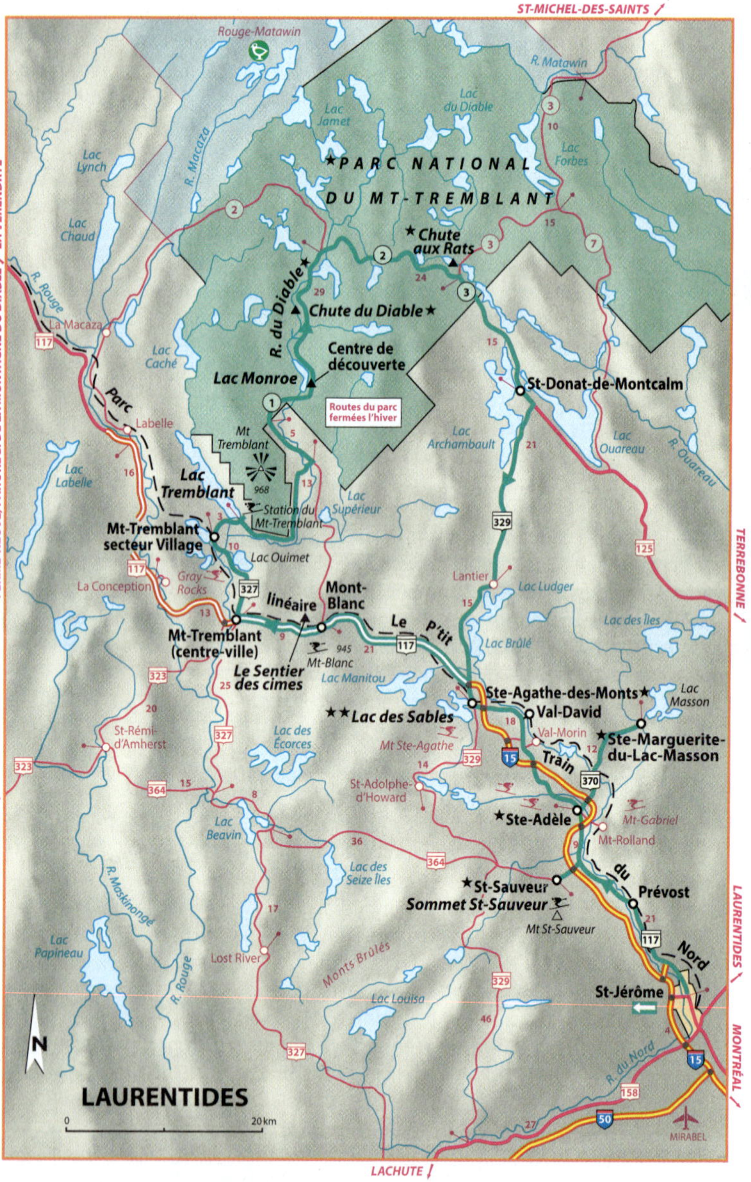

Claude-Henri Grignon

Originaire de **Ste-Adèle**, l'écrivain et journaliste Claude-Henri Grignon (1894-1976) publia en 1933 son célèbre roman *Un homme et son péché,* qui lui valut le prix Athanase David et qui raconte l'histoire, à Ste-Adèle, de l'avare **Séraphin Poudrier** au temps de la colonisation des « Pays d'en Haut ».
Elle fut adaptée pour la radio, la télévision et le cinéma. L'œuvre de Grignon, écrite dans un style réaliste et naturaliste, demeure un classique de la littérature québécoise. Un espace lui est consacré à l'intérieur du musée d'Art contemporain des Laurentides *(voir p. 125).*

★ Sainte-Marguerite-du-Lac-Masson

Environ 24 km AR. Du centre de Ste-Adèle, prenez à droite la route 370.
Après 4 km, la route traverse la rivière du Nord et passe devant un ancien hôtel en rondins, l'Alpine Inn, construit en 1934 dans un style rustique. Plusieurs lacs se laissent entrevoir avant l'arrivée à Ste-Marguerite-du-Lac-Masson, joli village ancré sur les rives du **lac Masson** qu'encercle une petite route panoramique.
La route 117 dessert un grand nombre de stations de sports d'hiver, parmi lesquelles **Val-Morin** et **Val-David**.

★ Sainte-Agathe-des-Monts

Postée sur les rives du lac des Sables et entourée de montagnes qui culminent à 580 m d'altitude, Ste-Agathe-des-Monts est la plus ancienne station touristique de la région. Sa fondation remonte à 1849, lorsque les premiers colons y installèrent des scieries. La construction du chemin de fer Montréal et Occidental (1892) transforma la région en une zone de villégiature fort appréciée. Aujourd'hui, la capitale des Laurentides se distingue par ses petites auberges et restaurants, et surtout par son fameux théâtre : Le Patriote.

★★ Lac des Sables

Alimenté par des sources naturelles, profond de 25 m par endroits, il a la forme d'un H ondulé et compte plus de 13 km de **plages** publiques et privées.
★ **Tour du lac** – *Environ 11 km. À partir de la rue Principale avant le quai, prenez à droite la rue St-Louis, puis à gauche le chemin Tour-du-Lac.* La route croise un affluent de la rivière du Nord avant d'atteindre un petit poste de guet *(7 km)*, d'où la vue sur le lac est splendide. On revient au village après être passé devant des propriétés sises au bord de l'eau, un parc et une grande plage de sable.
Entre Ste-Agathe-des-Monts et Mont-Blanc, la route croise à plusieurs reprises une voie ferrée désaffectée, immortalisée par Félix Leclerc dans sa chanson *P'tit Train du Nord.* L'arrivée de l'automobile entraîna sa disparition (*encadré p. 128*).
Au sud de la municipalité de Mont-Blanc (anciennement St-Faustin–Lac-Carré), on aperçoit la station de sports d'hiver du **Mont-Blanc** (945 m - *skimontblanc.com*).

Le Sentier des cimes

737 r. de la Pisciculture - Mont-Blanc - ✆ 1 873 229 0363 - www.treetop-walks.com/laurentides - ouv. tte l'année - horaires : se rens. - 31 $.
Au cœur de la forêt se cache une étrange construction : une tour panoramique de 40 m de haut où les passerelles en bois semblent s'enchevêtrer jusqu'à atteindre la cime des arbres. On rejoint cette étonnante structure par un sentier aménagé *(env. 1 km)* qui s'enfonce dans la forêt. Une fois en haut, la vue à 360° sur les environs

Les Laurentides en bref

Formées à l'ère précambrienne, il y a plus d'un milliard d'années, les Laurentides traversent le Québec d'est en ouest. Elles font partie du **Bouclier canadien**, vaste plateau en fer à cheval qui encercle pratiquement toute la baie d'Hudson. Ce sont des montagnes peu élevées dont le sommet, le **mont Tremblant**, atteint 968 m.

Le curé Labelle

La région des Laurentides n'étaient que très faiblement peuplées avant l'arrivée du prêtre **Antoine Labelle** (1833-1891), qui fut en son temps sous-ministre de l'Agriculture et de la Colonisation. Il consacra sa vie à persuader ses compatriotes canadiens français de coloniser cette région encore sauvage plutôt que d'aller chercher fortune dans les filatures des États-Unis. Voyageant à pied ou en canot, il choisissait des sites propices à l'établissement de nouvelles colonies et fonda plus de 20 paroisses dans la région. Aujourd'hui, bon nombre de villages portent encore le nom du saint de ces paroisses, surtout dans la région du nord de Montréal.

Une villégiature d'été et d'hiver

Malgré les efforts de Labelle pour encourager l'agriculture, l'exploitation des fermes s'avéra peu rentable. Le tourisme allait prendre la relève, beaucoup de Montréalais en quête d'activités récréatives appréciant les atouts de la région. De nos jours, plaisanciers, baigneurs et pêcheurs se partagent les nombreux lacs des lieux, tandis que les montagnes accueillent les amateurs d'équitation ou de randonnée pédestre et les adeptes du golf.
Les Laurentides possèdent en outre le plus grand nombre de stations de sports d'hiver d'Amérique du Nord, et les principaux centres de villégiature attirent une clientèle internationale. L'été est ponctué de festivals tandis qu'en automne, les forêts se parent de splendides couleurs, pour le plus grand plaisir des visiteurs.

Le P'tit Train du Nord

Ouvert en 1996, ce parc emprunte le parcours de l'ancienne voie ferrée du P'tit Train du Nord, qui desservait les villages agricoles – avant l'avènement des stations de sports d'hiver – entre Montréal et la région des Laurentides. Randonneurs, cyclistes et skieurs apprécient tout particulièrement le « parc linéaire », pour ses 234 km de pistes balisées. Parmi les villages constituant les points d'accès au parc, **Val-David** et **Mont-Tremblant** sont les plus connus. D'anciennes gares ont été converties en centre de services (informations sur le parc, cafés, stands de réparation de vélos, toilettes et douches). Des circuits de différents niveaux permettent à tous d'admirer les champs, forêts, lacs et rivières qui ponctuent la région. Les excursionnistes se dirigeront de préférence vers la section Mont-Blanc/Mont-Tremblant.
Autoroutes 15 et/ou 117 à partir de Bois-des-Filion, ou de l'un des villages riverains du parc, jusqu'à Mont-Laurier - www.ptittraindunord.com.
La compagnie Autobus Le Petit Train du Nord offre des services de location de vélo et d'équipement, de navette et de transport des bagages *(www.autobuslepetittraindunord.com).*

est époustouflante et l'on peut apercevoir au loin la chaîne de montagnes des Laurentides. Les plus courageux peuvent tester leur peur du vide en grimpant sur le filet suspendu au centre de la tour. Le lieu compte également un restaurant.

Mont-Tremblant (centre-ville)

Ce petit centre touristique situé dans la vallée de la rivière du Diable recèle quantité de restaurants, d'antiquaires et de boutiques d'artisanat. Vers le nord *(route 327)*, le charmant **lac Ouimet** apparaît dans un joli paysage cerné de collines. La longue silhouette du mont Tremblant se profile.
Poursuivez vers le nord par la route 327. Le lac Mercier marque l'entrée du village. La route continue ensuite vers le lac Tremblant (3 km) et la station de ski.

Mont-Tremblant (secteur Village)

Situé au bord du lac Mercier, ce ravissant village attire, été comme hiver, toutes sortes de visiteurs charmés par la beauté des lieux, les petits restaurants locaux, les boutiques et les événements estivaux.

Lac Tremblant

Près du quai, l'affluent de la rivière du Diable s'échappe en cascades et tourbillons. De luxueuses résidences bordent les rives montagneuses. La haute silhouette du Sleeping Giant se dessine à l'extrémité nord du lac, tandis que l'imposant mont Tremblant se profile à l'est. Au début du 20e s., cette région était une zone forestière totalement dépourvue de routes et, aujourd'hui encore, pour rejoindre leurs demeures tout au nord, les résidents n'ont d'autre solution que le bateau en été et la motoneige en hiver. Le lac est réputé pour ses poissons (ouananiche, truite) et ses eaux pures. Il possède plusieurs plages et centres de sports nautiques.
Promenade en bateau – *Les Croisières Mont-Tremblant - ✆ 819 425 1045 - www.croisierestremblant.com - ♿ - dép. quai Fédéral - de fin juin à mi-juil. : lun.-vend. 13h30 et 15h30, w.-end 11h30, 13h30, 15h30, 17h30 ; de mi-juil. à fin août : tlj 11h30, 13h30, 15h30, 17h30 ; de déb. sept. à mi-oct. : 13h30 et 15h30 - AR 1h - 35 $.* Une agréable découverte de ce lac long de 10 km et relativement étroit (1 km de large), à bord du *Grand Manitou II*. Commentaires à bord.

2

Centre de villégiature Tremblant

ⓘ *www.tremblant.ca*
Ce secteur qui englobe la station Mont-Tremblant est situé à proximité du lac Tremblant. En été, on peut monter en télésiège au sommet du mont Tremblant (968 m), d'où la **vue★** sur le lac et les montagnes alentour est magnifique par temps clair. Avec ses sentiers de randonnée, ses pistes cyclables, ses cours de golf et ses multiples événements, la station propose un vaste choix d'activités. En hiver, les visiteurs peuvent profiter d'une centaine de pistes de ski alpin et de nombreuses activités de détente, notamment un parc aquatique couvert, des excursions en raquettes et des randonnées en traîneau à chiens.
La chapelle St-Bernard, avec son toit rouge vif, est une réplique de celle construite à St-Laurent, sur l'île d'Orléans.

★ Parc national du Mont-Tremblant

À partir du lac Tremblant, suivez le chemin Duplessis sur 13 km jusqu'à sa jonction avec le chemin du Lac-Supérieur, puis continuez sur 5 km au nord - ✆ 819 688 2281 - www.sepaq.com/pq/mot - ⛺ ✕ ♿ - ouv. tte l'année, mais certaines routes sont fermées en hiver - droit d'entrée : 9,85 $ - consulter le site Internet pour connaître

les périodes d'ouverture des centres de services. Secteur Laurentides : accueil et centre de découverte de la Diable (accueil principal du parc au 3824 chemin du Lac-Supérieur) ; centre de services du Lac-Monroe ; accueil La Cachée au 850 chemin du Lac-Caché à La Macaza ; secteur Lanaudière, voir p. 138.
Activités estivales : via ferrata, baignade, canot, kayak, vélo, pêche, pédalo, observation animalière. Activités hivernales : ski de fond, raquettes, ski nordique, randonnée pédestre sur neige.
Avec ses six grandes rivières, ses 400 lacs et ruisseaux, ce vaste parc (1510 km²) est un véritable paradis pour les randonneurs et canoteurs. Parcourus de montagnes dont les sommets dépassent les 900 m, ses paysages d'une grande beauté abritent une faune abondante (loups, orignaux, cerfs, ours bruns, castors et toutes sortes d'oiseaux, parmi lesquels le grand héron). Le doyen des parcs nationaux québécois est aussi le premier **parc international de ciel étoilé** du Québec, reconnu pour son environnement nocturne exceptionnel.
Du chemin du Lac-Supérieur, prenez la route du parc nº 1 vers le secteur de la Diable.
Très pittoresque, la route remonte le long de la **rivière du Diable★**, de la station de ski du Mont-Tremblant jusqu'aux chutes Croches.
Lac Monroe – *À 11 km de l'entrée.* Cet agréable plan d'eau est doté d'une plage, d'une piste cyclable (location de vélos au centre de service du Lac-Monroe), de terrains de camping et de sentiers de randonnée. Le **centre de découverte** du parc, situé au bord du lac, contient une **maquette** du relief du parc et de son réseau hydrographique.
Continuez par la route nº 1.
La Roche – *5 km - 2h - niveau intermédiaire - dép. du centre de découverte.* Voici l'une des randos les plus prisées du parc, que beaucoup de visiteurs choisissent de faire en famille. La montée un peu abrupte pourra rebuter les moins entraînés, mais le belvédère auquel on accède une fois en haut offre une superbe vue sur la forêt et le lac Monroe.
Lac-des-Femmes – *Boucle de 3,1 km - 1h15 - facile - dép. du centre de services du Lac-Monroe.* Ce sentier traverse la forêt, puis longe l'une des rives du Lac-des-Femmes. On peut apercevoir des animaux, dont des cerfs et des castors.
★ **Chute du Diable** – *À 8 km du lac Monroe - garez votre voiture et suivez le sentier (1,6 km AR - 30mn - facile).* Les eaux sombres de la rivière du Diable dévalent en pente raide et changent brusquement de direction, laissant au pied de la chute un amas de roches fracassées.
Environ 10 km après les chutes, prenez la direction est vers St-Donat et la chute aux Rats par la route nº 2, et continuez sur 24 km.
★ **Chute aux Rats** – Le **ruisseau du Pimbina**, dans le secteur du même nom, dévale une falaise étagée de plus de 18 m dessinant l'une des chutes les plus majestueuses de la région. Un escalier de bois mène au sommet des chutes. Tables de pique-nique à proximité de la zone de baignade.
Continuez par la route nº 3 jusqu'à la sortie St-Donat (5 km), ouverte en été. Le reste de l'année, le visiteur devra revenir au poste d'entrée de la Diable par le chemin du Lac-Supérieur.

Saint-Donat-de-Montcalm

À 10 km de l'entrée du parc.
Ce village, situé dans la région de Lanaudière (*p. 138*), à 472 m d'altitude, est entouré de montagnes s'élevant à 900 m. Posté sur les bords du **lac Archambault**, il s'étend à l'est jusqu'au **lac Ouareau**.

Canoë dans le Parc national du Mont-Tremblant.
Onfokus/Getty Images Plus

Continuez par la route 329 Sud en direction de Ste-Agathe-des-Monts. Cette jolie route à travers les montagnes longe plusieurs lacs. Juste après St-Donat, la route offre d'agréables vues sur le lac Archambault, dominé par la montagne Noire.

2

À voir aussi

CARTE P. 112-113

Saint-Eustache B3

À seulement 30mn du centre-ville de Montréal, St-Eustache est située sur la rivière des Mille-Îles, au point où celle-ci quitte le lac des Deux-Montagnes pour se joindre à la rivière du Chêne. Elle fut fondée en 1768 et baptisée en l'honneur du seigneur des Mille-Îles, Louis-Eustache Lambert-Dumont. C'est aujourd'hui la ville la plus peuplée des Laurentides (avec plus de 46 000 habitants), l'une des plus connues du pays aussi, en raison de son histoire.

★ **Église Saint-Eustache** – *133 r. St-Louis - ☎ 450 974 5170 - www.paroissest-eustache.com.* Cette imposante église, construite en 1783 et agrandie en 1831, est couronnée de deux élégants clochers. Gravement endommagée lors de la **bataille des Patriotes** (*encadré p. 132*), elle fut relevée de ses ruines. Sa façade porte encore les traces de boulets de canon. L'intérieur, clair et spacieux, présente une voûte en berceau richement décorée. À droite se trouve le presbytère et, à gauche, un ancien couvent qu'occupe aujourd'hui l'hôtel de ville.

Derrière l'église, un agréable **parc** donne sur la rivière des Mille-Îles.

Espace muséal du manoir Goblensky – *235 r. St-Eustache - ☎ 450 974 5170 - www.vieuxsainteustache.com - ♿ - lun.-vend. 10h-12h, 13h-16h, dim. 10h-16h - 7 $.* Un portique monumental domine la façade de cette maison victorienne (1903) qui appartint jadis à Charles-Auguste Maximilien Globensky, dernier seigneur de la rivière du Chêne. Le manoir abrite une exposition permanente sur la bataille des Patriotes de 1837.

Moulin Légaré - *232 r. St-Eustache - ✆ 450 974 5170 - www.vieuxsainteustache.com - ♿ - lun.-vend. 9h-17h ; de mi-oct. à mi-mai : lun.-vend. 9h-12h, 13h-17h, dim. 10h-16h.* Ce moulin seigneurial, situé sur la rivière du Chêne, fut l'un des rares bâtiments à être épargnés lors de la terrible « nuit rouge » *(encadré ci-dessous)*. Construit en 1762, il n'a cessé de fonctionner depuis. La famille Légaré en assura l'exploitation de 1908 à 1978. On voit encore, à l'intérieur, les mécanismes et l'équipement d'origine. Les visiteurs pourront acheter de la farine de blé et de sarrasin moulue sur place. De la passerelle, située derrière le moulin, on aperçoit la vanne du moulin, la rivière et les clochers de l'église.

Rue Saint-Eustache - La rue principale compte d'autres bâtiments d'intérêt historique. L'ancienne église presbytérienne *(n° 271)*, construite en 1910, abrite une galerie d'art. Bâtiment de brique rouge orné de pignons, la maison Plessis-Bélair *(n° 163)* a été transformée en restaurant. La maison aux larmiers remarquables *(n° 64)* date de 1832. Ne manquez pas non plus l'**ancienne maison Paquin** *(n° 40)*, bâtie en 1889.

Oka B3

À 20 km au sud de St-Eustache par la route 344.

Sise sur le bord du lac des Deux-Montagnes, la municipalité tire son nom du chef algonquin « Poisson doré ». Fondée en 1721 par des sulpiciens venus évangéliser les Iroquois, Nipissings et Algonquins, elle portait à l'origine le nom de « mission du lac des Deux-Montagnes ». Un **traversier** quitte le quai, tout près de l'église, à destination d'**Hudson**, de l'autre côté du lac des Deux-Montagnes (*www.traverseoka.ca*). Plus au nord sur la route 344, l'ancienne abbaye cistercienne a été transformée en hôtel-restaurant et boutique *(voir Nos adresses, p. 136)*.

Parc national d'Oka - *Entrée par la route 344 - ✆ 450 479 8365 - www.sepaq.com/pq/oka - ⛺ ✕ ♿ - ouv. tte l'année - droit d'entrée : 9,85 $ - consulter le site Internet pour connaître les périodes d'ouverture des centres de services.* Activités estivales : baignade, randonnée pédestre (22 km de sentiers), vélo, canot, kayak, pédalo, observation animalière (oiseaux, cerfs de Virginie). Activités hivernales : raquettes, ski de fond (50 km de pistes), randonnée pédestre sur neige, trottinette des neiges.

Cette étendue boisée au bord du **lac des Deux Montagnes** couvre une superficie de 24 km² correspondant à l'ancienne seigneurie des Sulpiciens. Le parc recèle une belle plage, ainsi qu'une superbe forêt de feuillus. De l'autre côté de la route 344,

La « nuit rouge »

En 1837, St-Eustache fut le théâtre d'une des plus cruelles défaites essuyées par les **patriotes**. Le 14 décembre, 150 « rebelles » francophones, dirigés par **Jean-Olivier Chénier**, affrontèrent 2 000 soldats britanniques sous les ordres du général John Colborne. Les insurgés se réfugièrent dans l'église, qui fut bombardée et incendiée. Soixante-dix patriotes périrent à cette occasion, dont Chénier lui-même. Les survivants furent emprisonnés, puis Colborne incendia le village durant la nuit qu'on appela par la suite la « nuit rouge ». Cet événement valut à Colborne le surnom de « vieux brûlot ».

Carillon : lieu d'une bataille historique

L'ancien village de Carillon doit son nom à l'officier français Philippe Carrion de Fresnay, qui se rendit dans la région en 1671 pour y faire le commerce des fourrures. Intégré en 1682 à la seigneurie d'Argenteuil, concédée à Charles-Joseph d'Ailleboust, le poste perpétua l'activité de la traite tout au long de la turbulente époque du commerce des fourrures. Au 19e s., il fut transformé en poste militaire voué à la protection du système de canaux creusés afin de contourner les rapides. Mais le village doit surtout sa renommée à un acte accompli sur les lieux en 1660. Depuis sa fondation en 1642, Montréal vivait sous la menace constante d'une attaque des Iroquois. En mai 1660, son existence même fut sauvée grâce à l'intervention du jeune **Adam Dollard des Ormeaux**, âgé de 25 ans. Celui-ci, accompagné de 17 autres Canadiens français et de 40 Hurons, repoussa pendant une semaine entière les attaques de quelque 300 guerriers iroquois. Dollard et ses compagnons périrent, mais les Iroquois abandonnèrent leur plan d'attaque. Le mois suivant, le premier arrivage de peaux atteignait sans incident Montréal, marquant le début d'un florissant commerce de fourrures. Dollard des Ormeaux est ainsi passé à la postérité en tant que sauveur de la colonie.

le **calvaire**★ constitue une infrastructure historique assez unique en Amérique. Ses quatre oratoires et ses trois chapelles furent érigés entre 1740 et 1742 par un sulpicien breton, Hamon Le Guen, dans le but d'évangéliser la population des Premières Nations. Tout en haut du sentier du Calvaire d'Oka, une belle **vue** s'ouvre sur le lac des Deux Montagnes et les Adirondacks.
Continuez par la route 344 jusqu'à Oka.

2

Saint-André-d'Argenteuil, secteur Carillon D3

À 52 km à l'ouest de St-Eustache, sur la route 344 - pour rejoindre le secteur Carillon, suivez l'autoroute 50 Ouest (sortie 260) - possibilité d'y accéder en ferry au départ de Pointe-Fortune, à la frontière ontarienne.
L'ancien village de Carillon, qui a aujourd'hui fusionné avec Saint-André-d'Argenteuil, se trouve au bord de la rivière des Outaouais, à proximité des redoutables rapides du Long-Sault.
Lieu historique national du Canal-de-Carillon – *210 r. du Barrage - ✆ 514 283 6054 ou 1 888 773 8888 - parcs.canada.ca/lhn-nhs/qc/canalcarillon - ♿.* C'est pour contourner cet obstacle à la navigation fluviale entre Montréal et Ottawa que fut conçu en 1819-1833 le premier canal de Carillon. Un deuxième lui fut adjoint à la fin du 19e s. pour répondre aux impératifs du transport du bois. Le canal sert désormais presque exclusivement à la navigation de plaisance. Longue de 60 m, l'unique **écluse** qui perce le barrage inauguré en 1963 permet aux bateaux de remonter de 20 m en une seule fois. En amont, la navigation se poursuit sans obstacle jusqu'à Ottawa. On peut encore observer les vestiges de la première écluse ainsi que la **Maison du collecteur**, construite en pierre (1843), où était perçu le droit de passage des embarcations.
Musée régional d'Argenteuil – *163 rte du Long-Sault - St-André-d'Argenteuil - ✆ 514 589 4333 - www.museeargenteuil.ca - merc.-dim. 10h-17h.* Suite à d'importantes inondations en 2019, l'ancienne caserne miliaire de Carillon a été définitivement fermée au public ; une partie des collections est entreposée au Centre

communautaire de la Vallée d'Harrington et un espace muséal a été aménagé dans une ancienne église anglicane.
Le musée, riche d'une collection de plus de 10 000 artefacts et pièces d'archives, dont certaines datent de l'époque de la Nouvelle-France, a été transféré dans l'ancienne église **Christ Church** de St-André-d'Argenteuil. L'une des expositions présentées évoque l'histoire du territoire des Laurentides de l'époque glaciaire jusqu'à la construction de la centrale de Carillon. Une autre est consacrée à la famille Abbott, une famille de pionniers qui a construit l'église dans laquelle s'est installé le musée. À l'extérieur de l'édifice se trouve le cimetière où reposent les membres de la famille.
Centrale hydroélectrique de Carillon – *240 r. du Barrage (accès par la route 344) - ✆ 1 800 365 5229 - www.hydroquebec.com - ♿ - visite guidée gratuite (1h30) de mi-juin à fin août : merc.-dim. 9h30-14h45 - réserv. obligatoire.* Construite au pied des rapides du Long-Sault entre 1959 et 1964, cette centrale au fil de l'eau a une puissance installée de 752 000 kW, ce qui en fait la plus puissante de la rivière des Outaouais. Il faut 14 turbines pour maîtriser le cours d'eau, dont le débit moyen est de 2 000 m^3/s. Le barrage et le déversoir bloquent complètement la rivière. Au cours de la visite, on découvre la chambre des turbines, la salle de contrôle, et, du toit, on aperçoit le réservoir et les lignes qui acheminent le courant électrique.
Parc Carillon – *En amont de la centrale - ✆ 450 537 7272 - parcs.canada.ca/lhn-nhs/qc/canalcarillon - de mi-mai à mi-juin et de déb. sept. à mi-oct. : 10h-16h ; de mi-juin à déb. août : 9h-21h (jeu. 20h), dim. 9h-19h ; de déb. août à déb sept. : 9h30-17h.* Longeant sur environ 3 km les rives du réservoir, ce parc dispose d'aires de pique-nique au bord de l'eau. On y trouve un **monument** (Jacques Folch-Ribas, 1960) à la mémoire de Dollard des Ormeaux et de ses compagnons (*encadré p. 133*).

Parc régional de la Montagne-du-Diable A2

Village des Bâtisseurs, 1100 chemin Léandre Meilleur à Ferme-Neuve - www.parcmontagnedudiable.com - ⛺ - 9h-17h (vérifier les horaires en amont lors de la période de dégel, généralement en mars/avril) - 7,83 $.
Activités : Location de vélos et kayaks en été, ski et raquettes en hiver. Possibilité d'hébergement en chalet et empl. de camping dans le parc.

Séjourner dans une pourvoirie

Incontournables aux Québec, les pourvoiries sont des établissements installés en pleine nature, combinant une offre d'hébergement (dans des auberges ou des chalets) et toute une panoplie d'activités de plein air (randonnée, canot, kayak, observation de la faune, motoneige, traîneau à chiens, pêche, etc.). Ce sont des lieux parfaits pour un séjour au grand air, tout à fait adaptés à un voyage en famille. Quelques pourvoiries dans la région des Laurentides :
Pourvoirie le Triolet – 650 chemin du Poisson-Blanc - Notre-Dame-du-Laus - ✆ 819 767 2519 - www.pourvoirieletriolet.com.
Pourvoirie Mekoos – 1 chemin Mekoos - Mont-Laurier - ✆ 819 623 2336 - www.mekoos.com.
Club Notawissi – Ste-Anne-du-Lac - ✆ 819 623 2525 - www.notawissi.com.
Rabaska Lodge – 55 chemin de l'Oasis - Ferme-Neuve - ✆ 819 623 1818 - www.lerabaska.com.

Ce parc régional au cœur des Hautes-Laurentides est le paradis des randonneurs. Peuplé de huards, d'orignaux et de cerfs, il ne compte pas moins de **80 km de sentiers** pédestres et 25 km de sentiers accessibles à vélo. Beaucoup de légendes circulent sur l'origine de ce nom diabolique. L'une d'entre elles raconte qu'à leur arrivée dans la région, les colons entreprirent de couper de nombreux arbres. Le **Windigo**, une créature de la forêt, décida de tuer certains des bûcherons pour se venger, ce qui valut au lieu le surnom de « montagne du Diable ».

Tour du lac de la montagne – *Boucle de 4 km - 1h30 - facile.* Cette randonnée familiale emporte les visiteurs autour du lac de la Montagne, à la découverte de la faune et de la flore du parc. Les plus chanceux pourront apercevoir les loutres qui peuplent les eaux du lac.

Chute du Windigo – On accède en voiture à cette belle chute d'eau au pied de laquelle les promeneurs se baignent aux beaux jours.

Paroi de l'Aube – *AR de 11 km - 4h30 - difficile.* Par beau temps, ce sentier réservé aux marcheurs confirmés offre de belles vues sur la vallée de la Lièvre jusqu'au mont Tremblant.

Carnet pratique

S'informer

Bureau d'information touristique des Laurentides *Halte routière de La Porte-du-Nord, sortie 51 de l'autoroute des Laurentides - 450 224 7007 ou 1 800 561 6673 - www.laurentides.com.*

Agenda

Festival international du blues Tremblant - Mont-Tremblant – *Tremblant - juil. - 819 681 3000 - bluestremblant.ca.* En juillet, pendant 10 jours, près de 100 spectacles, extérieurs et intérieurs, de blues, R & B, soul, funk, country, folk et rock.

2

Nos adresses

Restauration

À St-Sauveur et alentours

Budget moyen

Le Saint Sau Pub Gourmand – *236 r. Principale - St-Sauveur - 450 227 0218 - lesaintsau.com - service continu - plats 19/37 $.* Ce pub moderne au centre de St-Sauveur dispose d'une terrasse plein sud et d'une grande salle à manger pour profiter de l'animation locale. De bons classiques dans l'assiette : poutine, burgers, tartares, pâtes, etc.

Microbrasserie Shawbridge – *À 8 km au sud-est de St-Sauveur - 3023 bd du Curé-Labelle - Prévost - 450 224 1776 - shawbridge.ca - service continu - plats 17/35 $.* Tout à la fois microbrasserie, restaurant et charcuterie, ce lieu porté par une équipe de passionnés est l'endroit parfait pour déguster une bonne pinte en savourant une pizza au feu de bois à base de pâte à... la bière, évidemment !

À Val-David

Premier prix

Au Petit Poucet – *1030, rte 117 - ✆ 819 322 2246 – www.aupetitpoucet.ca - lun.-vend. 6h30-16h - 20/30 $.* Depuis 1945, cette adresse authentique est réputée pour ses copieux petits-déjeuners servis à toute heure, ses plats québécoix, son jambon fumé au bois d'érable et son menu « cabane à sucres » servi toute l'année, avec tire d'érable sur neige. Choix de cafés spécialisés et chocolats chauds. Comptoir avec spécialités en vente à emporter.

À Mont-Tremblant

Premier prix

La Sandwicherie Café + Bistro – *1918 chemin du Village - ✆ 819 717 1559 - lasandwicherie.ca - fermé dim. et le soir - formule déj. 16 $.* Voilà le lieu idéal pour manger sur le pouce dans le village de Mont-Tremblant. Au menu : sandwichs au fromage fumé local, salades, soupes et smoothies. Simple et savoureux.

Budget moyen

Hôtel Mont-Tremblant – *1900 chemin du Village - ✆ 819 717 1410 - www.hotel-monttremblant.com - service continu - plats 19/42 $.* Que ce soit pour manger dans la salle chaleureuse où se déploie un large comptoir ou sur la terrasse chauffée qui permet d'observer la vie du village, cet hôtel-restaurant est un excellent choix. Mention spéciale pour les côtelettes de porc au sirop d'érable !

Pour se faire plaisir

Chez Borivage – *2396 r. Labelle - 819 425 2734 - fermé lun. midi et dim. midi - plats 35/47 $.* La cuisine raffinée de ce restaurant gastronomique installé dans l'hôtel le Grand Lodge Mont-Tremblant est connue de tous les habitants de la région. Truite locale, fricassée de champignons sauvages et tarte tatin à l'érable combleront les palais les plus délicats.

À Ferme-Neuve

Premier prix

Pollens & Nectars – *111 rang 2 de Gravel - ✆ 819 587 4825 - mielsdanicet.com - de juin à mi-sept. : se rens.* Produits locaux et nourriture saine sont à l'honneur dans cette cantine locavore accolée à la miellerie d'Anicet. On y savoure le miel de la maison, accompagné de divins fromages du coin.

À Oka

Budget moyen

Le Sacré - Bistro – *1600 chemin d'Oka - ✆ 450 421 9339 - www.abbayeoka.ca - fermé lun.-merc. - plats 16/45 $.* Dans le cadre historique de l'abbaye d'Oka, ce bistrot fait la part belle aux produits de la terre. Petite restauration servie également au magasin de l'Abbaye *(voir ci-dessous).*

Shopping

À Mont-Blanc

Gourmet Sauvage – *743 r. de la Pisciculture - ✆ 819 688 1117 - www.gourmetsauvage.ca.* Depuis plus de 30 ans, Gourmet Sauvage élabore, à partir de plantes et champignons cueillis dans la forêt, des produits cosmétiques et d'épicerie fine (confitures, moutardes, tisanes, sirops, etc.). En vente également : des équipements de cueillette et des livres de référence.

À Oka

Magasin de l'Abbaye d'Oka – *1600 chemin d'Oka - www.abbayeoka.ca.* Faites un arrêt dans la boutique de l'ancienne abbaye d'Oka pour y faire le plein de produits locaux : fromage, confitures, bières, chocolat, charcuterie... Glaces en été et sandwicherie toute l'année !

À Ferme-Neuve

Miels d'Anicet – *111 rang 2 de Gravel - ✆ 819 587 4825 - mielsdanicet.com - fermé w.-end.* Les abeilles sont reines dans la ferme de ce couple d'apiculteurs renommé au Québec. Lors de la dégustation, on savoure un surprenant et délicieux miel de sarrasin. La boutique à l'arrière regorge de produits cosmétiques à base de cire d'abeille, d'hydromels maison, et autres moutardes et sauces au miel. Difficile de repartir les mains vides !

Activités

À St-Hippolyte

Aventures Plein Air – *À 12 km au sud-est de Ste-Adèle - 42 r. de la Chaumine - ✆ 450 563 4443 - www.aventurespleinair.com - 8h-18h - initiation traîneau à chiens 100 $.* Cette agence propose toutes sortes d'activités pour partir à la découverte des environs, et notamment des sorties en traîneau à chiens.

À Mont-Tremblant

D-Tour – *1-1944, ch. du Village - www.dtourtremblant.com - ✆ 819 430 8687 - location et sortie à vélo électrique à partir de 70 $ - randonnées tous niveaux (60/95 $).* Été comme hiver, cette agence organise de nombreuses activités à Mont-Tremblant, dont des tours à vélo et des randonnées pédestres guidées. Navette possible jusqu'à l'entrée du Parc national du Mont-Tremblant.

Hébergement

Voir nos options pour séjourner dans une **pourvoirie**, *p. 134.*

À St-Hippolyte

Une folie

Auberge du Lac Morency – *À 12 km au sud-est de Ste-Adèle - 42 r. de la Chaumine - ✆ 800 616 5546 - www.lacmorency.com - 40 ch. 208/594 $ - 19 $.* Ce vaste ensemble aux airs de club de vacances ravira les familles en quête de confort et d'activités à portée de main. Plage agréable, locations de kayaks, de canots, de pédalos et terrains de tennis à disposition. L'hiver, le lac gelé offre un superbe spectacle et un terrain de jeu idéal pour les amateurs de patin à glace.

À Mont-Tremblant

Une folie

Auberge Le Cosy – *4273 rte des Tulipes, La Conception - ✆ 819 686 5289 - aubergelecosy.com - - 8 ch. 213/284 $.* Cette élégante petite auberge au bord de la rivière Rouge est le point de chute idéal pour découvrir la zone de Mont-Tremblant. La piscine chauffée est salutaire après une journée de découverte. Au petit-déjeuner, ne manquez pas le spectacle des chevreuils qui viennent se nourrir à deux pas des baies vitrées de la salle à manger.

Le Grand Lodge Mont-Tremblant – *2396 r. Labelle - ✆ 800 567 6763 - legrandlodge.com - - 112 ch. et suites à partir de 250 $ - .* Ce splendide hôtel en bois rond de style champêtre se trouve en bordure du lac Ouimet. Chambres avec kitchenette et suites spacieuses avec vue sur le lac, équipées d'une cuisine complète et d'un balcon. Petit-déjeuner buffet, cuisine gourmande au restaurant **Chez Borivage** *(voir ci-contre)*, et **Whisky Bar** pour boire un verre avec une vue imprenable sur le lac Ouimet. Nombreuses activités (sauna, piscine, tennis, patinoire, sentiers de randonnée...).

2

Lanaudière

Autrefois pays des fourrures, la région de Lanaudière, voisine des Laurentides et de la Mauricie, est devenue une terre agricole. Grâce à ses lacs et ses rivières, ses forêts sauvages et ses grands espaces plus au nord, elle offre une profusion d'activités de plein air : canotage et randonnées pédestres en été, ski en hiver. Elle présente également un héritage architectural important, car elle fut l'une des premières zones de colonisation de la Nouvelle-France. Le prestigieux Festival de Lanaudière à Joliette et les Fêtes gourmandes de Lanaudière attirent aussi de très nombreux visiteurs.

Se repérer

CARTE BC1-2 (P. 112-113).
Située à la limite sud du bouclier laurentien, aux portes de Montréal, la région de Lanaudière s'étend du St-Laurent au sud jusqu'au réservoir Taureau au nord, et des Laurentides à l'ouest jusqu'à la Mauricie à l'est.

À ne pas manquer

Le site historique de l'Île-des-Moulins à Terrebonne ; le Parc régional des Sept-Chutes ; le réservoir Taureau et Rawdon.

Organiser son temps

Comptez deux jours pour effectuer le circuit.

Carnet pratique p. 144

Nos adresses p. 145

Circuit conseillé

CARTE P. 112-113

Au départ de Terrebonne BC2

Circuit de 305 km tracé en violet sur la carte p. 112-113.

★ Terrebonne C2

Terrebonne longe la rivière des Mille-Îles sur près de 12 km. Dotée d'un secteur historique restauré, cette ville attrayante offre aux visiteurs le prétexte d'une agréable promenade dans le vieux quartier. Celui-ci, délimité par les rues St-Louis et St-Pierre, est ponctué de charmants édifices de pierre et de bois, dont beaucoup abritent restaurants, cafés, boutiques et galeries.

Surplombant la rivière, la **rue Saint-Louis** est bordée de jolis bâtiments de pierre surmontés de toits très pentus. Au nº 901, on aperçoit le **manoir Masson** (1850), de style néoclassique, arborant une façade symétrique à frontons : ancienne résidence de Geneviève Sophie Raymond, il est aujourd'hui converti en école. L'**église Saint-Louis-de-France** (1878) se dresse non loin de là, avec son haut clocher central flanqué de deux tours.

La **maison Bélisle** *(844 r. St-François-Xavier - ✆ 450 492 5514 - lamaisonbelisle.com - hiver : w.-end 12h-18h ; juin-août : merc. 10h-20h, jeu.-dim. 10h-18h ; reste de l'année : se rens. - donation libre)*, construite en 1759, est la plus ancienne maison

L'île des Moulins, à Terrebonne.
Onfokus/Getty Images Plus

de Terrebonne. Aujourd'hui convertie en musée, elle accueille des expositions temporaires.

★ **Site historique de l'Île-des-Moulins** – *866 r. St-Pierre - ✆ 450 492 5514 - iledesmoulins.com - ✂ - expositions de fin juin à déb. sept. : merc.-vend. 12h-20h, w.-end 10h-17h ; reste de l'année : sur réserv. - site : gratuit ; expositions : 4/10 $.* Ce remarquable complexe préindustriel rassemble un grand nombre de bâtiments du 19e s. restaurés. Ils sont particulièrement bien visibles de la rue des Braves, de l'autre côté de l'écluse des Moulins, qui servait jadis de réservoir.

Le premier bâtiment que l'on rencontre sur la chaussée est le **moulin à farine**, reconstruit en 1846 sur le site du moulin seigneurial de 1721. Ce moulin et le **moulin à scie** voisin (1804) abritent la bibliothèque municipale. L'intérieur, aménagé de façon audacieuse, présente les vestiges des moulins. En regardant par les larges fenêtres à l'arrière, on peut observer l'eau qui se déverse du mécanisme de la roue et coule sous le bâtiment. Sur l'île même, on trouve d'abord le **bureau seigneurial**, construit vers 1850 pour le contremaître de la veuve du seigneur Masson et qui accueille une exposition présentant l'héritage social, culturel et identitaire de la région de

Vieux moulins

Les moulins du Régime français étaient souvent construits sur une chaussée ou un pont dont les hautes travées permettaient d'actionner les roues. Dès la fin du 18e s., la technologie anglaise établit les moulins sur la terre ferme, en utilisant des canaux de dérivation pour augmenter le débit de l'eau. Le visiteur verra ici ces deux types de moulins qui prévalurent au Québec aux 18e et 19e s.

Terrebonne. À côté s'élève l'**ancienne boulangerie**, où étaient faits, avec la farine produite sur l'île, des biscuits très prisés des voyageurs. Bâtie en 1803 pour Simon McTavish, cette structure massive rappelle l'architecture traditionnelle française. Au dernier étage, une salle présente différentes expositions temporaires.
On arrive enfin au **moulin neuf**, érigé en 1850. Ce bâtiment de trois étages abrite des expositions temporaires.
Le reste de l'île est un charmant parc, ponctué de sculptures modernes, de bancs et d'aires de pique-nique. Il est possible de faire des tours de bateau électrique sur l'écluse des Moulins et d'assister à des spectacles en plein air.
Prenez la route 125 en direction de la route 25. Sortez par la route 640. À la sortie 22 Est, prenez la route 138 vers l'est.

Repentigny C2

Baptisée en l'honneur de Pierre Le Gardeur de Repentigny, à qui cette seigneurie fut octroyée en 1647, la ville s'élève sur les rives du St-Laurent, au confluent de la rivière des Prairies et de la rivière Assomption.
Église de la Purification – *445 r. Notre-Dame, entre les rues Hôtel-de-Ville et Brien.* Ses deux tours furent construites en 1723, sous le Régime français. L'église fut agrandie et décorée à plusieurs reprises, notamment en 1850, par Louis-Xavier Leprohon, mais gravement endommagée par un incendie en 1984. Le maître-autel possède un retable (1761) attribué à Philippe Liébert et un tombeau (1808) réalisé par Louis-Amable Quévillon. Les autels latéraux (1747-1759) seraient les seules œuvres existantes d'Antoine Cirier. Notez aussi deux verrières (1994) dues à l'artiste peintre Marcel Chabot.
Prenez la route 138 (chemin du Roy) vers le nord-est et continuez sur 1 km après la jonction avec la route 158 Ouest. L'itinéraire suit la rive du St-Laurent sur lequel il offre de nombreux points de vue.

Chapelle des Cuthbert C2

À 46 km au nord de Repentigny - 461 r. de Bienville - Berthierville - ✆ 450 836 4171 - www.chapelledescuthbert.com - juin-sept. : 9h-18h.
En 1765, James Cuthbert, aide de camp du général Wolfe, acheta la seigneurie de Berthier. Son épouse, Catherine, repose dans la chapelle qu'il fit construire à sa mémoire en 1786. L'édifice, dédié à saint André, devint le premier lieu de culte protestant de la province et fut utilisé jusqu'en 1856.
Retournez à la jonction avec la route 158 Ouest et continuez vers l'ouest.

★ Joliette C2

À une heure de Montréal, on y vient aussi pour son festival et pour profiter de son **musée d'Art** *(145 r. du Père-Wilfrid-Corbeil - ✆ 450 756 0311 - www.museejoliette.org).* Ce musée est le plus grand musée d'art au Québec en dehors des grands centres urbains. Il abrite une impressionnante collection de quelque 8 300 œuvres d'art canadien, européen, contemporain et d'artefacts archéologiques. Le parcours permanent présente une centaine d'œuvres issues de cette collection, sans aucune contrainte chronologique ou thématique. Une œuvre phare, réalisée par l'artiste Claudie Gagnon, suspendue au-dessus de l'escalier menant au toit, est composée de centaines d'objets en verre et en cristal. Des expositions temporaires sont régulièrement organisées.
Source d'eau de Pit – *À proximité du musée d'Art, dans le parc Renaud, à l'angle de la rue de Lanaudière et de la rue St-Charles-Borromée.* Habitants et visiteurs viennent se désaltérer et s'approvisionner à cette source d'eau sulfureuse qui fut

Une ville placée sous le signe des arts

En 1828, le notaire **Barthélemy Joliette** fit construire un moulin sur les rives de la rivière Assomption. C'était le descendant du célèbre explorateur Louis Jolliet qui, avec Jacques Marquette, découvrit le Mississippi en 1673. Connue à l'origine sous le nom de L'Industrie, la ville prit son appellation actuelle en 1863, lors de son incorporation. Joliette et sa femme, Marie-Charlotte de Lanaudière, furent les premiers bienfaiteurs de la ville, à laquelle ils cédèrent les terrains où se dressent aujourd'hui l'église et un collège.
Très vite, Joliette acquit la réputation d'une cité des arts et de la culture, sous l'influence des communautés religieuses locales, en particulier celle des clercs de St-Viateur. Grâce aux efforts du père **Wilfrid Corbeil** (1893-1979), le musée d'Art de Joliette devait ainsi voir le jour. Un autre religieux, le père Fernand Lindsay, fonda quant à lui le **Festival de musique de Lanaudière**, le plus prestigieux festival de musique classique au Canada.
Programmation, billetterie, renseignements sur www.lanaudiere.org.

découverte en 1881 par Pierre Laforest, mieux connu sous le sobriquet de « Pit ». Tout près, on remarquera une statue de Barthélemy Joliette.
Cathédrale de Joliette – *2 r. St-Charles-Borromée Nord - merc. et vend. 10h-16h, dim. 11h30-16h.* Construite entre 1888 et 1892, cette spacieuse église de style romano-byzantin est consacrée au cardinal-archevêque italien Charles Borromée, qui joua un rôle majeur dans la réforme de l'Église catholique au concile de Trente (1545-1563). Elle devint cathédrale en 1904 et se signale en différents endroits de la ville par son haut clocher. À l'intérieur, des vitraux réalisés en 1912 par **Henri Perdriau** illustrent des épisodes de l'Ancien Testament. De la même époque, les stations du chemin de croix sont dues à Georges Delfosse. Au-dessus du maître-autel, une toile d'Antoine Plamondon représente saint Charles Borromée. Quant aux tableaux d'**Ozias Leduc,** qui ornent la voûte du transept, ils racontent la vie de Jésus et les mystères du rosaire.
Derrière la cathédrale, une section de la rivière Assomption est transformée, l'hiver, en **patinoire**. Cette piste de 4,5 km attire la foule.
Maison provinciale des clercs de Saint-Viateur – *132 r. St-Charles-Borromée Nord.* À côté de la cathédrale, on distingue l'ancien noviciat de Joliette, remarquable ensemble de bâtiments surmontés d'une tour massive. Cette version moderne de l'abbaye normande de St-Georges de Boscherville (13e s.) fut construite de 1939 à 1941 sous la direction du père Wilfrid Corbeil. La **chapelle★**, édifice d'inspiration allemande, a conservé son intérieur d'origine. Il fut décoré de 1940 à 1945 par un descendant d'Antoine Plamondon, Marius Plamondon, à qui l'on doit notamment le chemin de croix sculpté, une partie du mobilier et surtout les vitraux.
Dirigez-vous vers St-Charles-Borromée, à 2 km au nord du centre de Joliette. Prenez la rue St-Charles-Borromée (qui devient rue de la Visitation) jusqu'à l'angle de la rue Davignon.

Maison et jardins Antoine-Lacombe C2

895 r. de la Visitation - St-Charles-Borromée - 450 755 1113 - www.antoinelacombe.com - de déb. fév. à fin juin et de déb. sept. à mi-déc. : merc.-dim. 13h-17h ; de fin juin à déb. sept. : 10h-17h - gratuit.

2

Cette belle demeure de pierre, bâtie en 1847 et rénovée en 1968, sert de lieu d'animation culturelle : expositions d'œuvres d'art, conférences, concerts.
De St-Charles-Borromée, continuez vers le nord par la rue de la Visitation (rte 343 Nord) et prenez à droite la route 348 Est, qui suit la rivière Assomption et traverse Ste-Mélanie, jusqu'au croisement avec la route 131 Nord (26 km). Tournez à gauche dans la route 131 et continuez sur 4,5 km.

Abbaye Val-Notre-Dame C2

250 chemin de la Montagne-Coupée - ✆ 450 960 2889 - www.abbayeval notredame.ca.
La construction d'un monastère est un fait suffisamment unique au Québec pour être signalé. Plus encore lorsque les moines confient leur destin à un concours d'architectes. En 2009, les moines de l'abbaye cistercienne d'Oka ont pris leurs quartiers dans leur nouvelle demeure, projet de l'architecte québécois Pierre Thibault sélectionné parmi 60 autres. Fidèle au plan des abbayes médiévales qui s'articulent autour du cloître, le bâtiment présente une architecture dépouillée, très contemporaine et respectueuse de l'environnement, où dominent le bois provenant de la région et le verre. Seule l'église, dotée d'une immense baie vitrée qui donne sur la forêt, se visite. Les moines perpétuent la tradition de travail manuel de leur ordre et vendent leur production à la boutique (*« Shopping », p. 145*). Ils disposent aussi de quelques chambres pour accueillir des hôtes souhaitant faire une retraite.
Revenez sur la route 131, que vous prendrez vers le nord (dir. Ste-Émélie-de-l'Énergie).
Le paysage devient plus montagneux et la route 131 Nord pénètre dans l'étroite vallée de la rivière Noire, traversant à maintes reprises la sombre et profonde rivière ponctuée de splendides cascades.

★ Parc régional des Sept-Chutes B2

4031 chemin Brassard Sud (rte 131) - St-Zénon - ✆ 450 884 0484 - www.parcs regionaux.org - de déb. juin à fin oct. : 9h-17h ; reste de l'année : 8h30-16h30 - 7 $ - refuge et camping.
Vous pourrez y admirer la chute du « Voile de la mariée » (hauteur : 60 m), particulièrement spectaculaire en période de crue. Un sentier (*30mn - difficile*) permet l'ascension jusqu'au sommet des chutes et conduit au **lac Guy**. Il serpente ensuite (*15mn*) à travers les bouleaux et les rochers moussus vers des cascades cachées et le paisible **lac Rémi**. Sur l'autre rive, une impressionnante falaise se dresse à pic.
Ceux qui souhaitent prolonger la randonnée peuvent revenir au lac Guy et suivre le circuit du **mont Brassard**, qui aboutit à un belvédère (150 m) ménageant une **vue★** merveilleuse sur la vallée de la rivière Noire au sud. La piste traverse une luxuriante forêt de bouleaux et de pins. Avant d'arriver à la descente abrupte qui mène aux cascades, le belvédère du Mont-Brassard offre une large **vue** sur le lac Rémi et la région des Laurentides, à l'ouest.
Continuez par la route 131 Nord.

Saint-Zénon B2

C'est l'un des trois plus hauts villages du Québec. Encerclé de montagnes, il surplombe la vallée de la rivière Sauvage. De l'église, en regardant au nord, on a une belle **vue** de la vallée connue sous le nom de « Coulée des Nymphes ».

Saint-Michel-des-Saints B2

Ce village se situe en bordure de la **rivière Matawin**, juste avant que ses eaux trépidantes ne se déversent dans le paisible réservoir Taureau. Fondée en 1862 par le curé Léandre Brassard et deux confrères, la petite localité se trouvait à l'époque à 80 km au nord de tout lieu habité. L'industrie du bois, le tourisme, la pêche, la chasse et les sports nautiques constituent l'essentiel de l'économie régionale.

Parc régional du Lac-Taureau B1-2

8000 chemin Manawan - St-Michel-des-Sts - ✆ 450 834 7750 - parcsregionaux.org - horaires, se rens. - 9 $ - camping en été.

Ce parc régional a été aménagé autour du **Réservoir Taureau★**, un immense point d'eau artificiel de 95 km², appelé lac Toro par les Atikamekw. Ses 45 îles et ses plages de sable fin en font un refuge pour la faune et la flore et un lieu très prisé des amoureux de sports nautiques. Achevé en 1931, il sert à contrôler les flots tumultueux de la rivière St-Maurice et à alimenter la centrale électrique de Shawinigan. Son barrage se dresse à l'endroit où se trouvaient autrefois les rapides Taureau de la rivière Matawin. Le parc partage sa frontière avec la **réserve faunique Mastigouche** (1547 km²). Cette dernière abrite une grande variété d'animaux et de poissons, dont l'omble de fontaine.

Revenez à St-Michel-des-Sts. Prenez la route 131 vers le sud en direction de Ste-Émélie-de-l'Énergie (47 km), d'où vous prendrez la route 347 pour gagner le Val St-Côme, le Parc national du Mont-Tremblant et Rawdon à l'ouest ou Natur'Eau à Mandeville à l'est.

À voir aussi

CARTE P. 112-113

Val Saint-Côme B2

À 12 km de la jonction des routes 347 et 343 près du village de St-Côme.

La **station de ski de Val St-Côme** *(www.valsaintcome.com)* est l'un des plus grands centres de sports d'hiver de la région.

Natur'Eau C2

22 chemin Natur'Eau, Mandeville - ✆ 450 835 1300 ou 1 866 697 4864 - www.natureau.com - 10h-18h, vend.-sam. 10h-21h - accès aux bains 44,95/59,95 $.

Quoi de plus délicieux que de plonger dans les bassins extérieurs à 39 °C de ce **spa** installé en pleine nature ? Avec ses chalets en bois où se cachent un sauna avec vue sur la forêt, une salle d'aromathérapie et un hammam, le charme du lieu opère instantanément. Ses chemins pavés au milieu des arbres et des jets d'eau permettent d'évoluer d'un endroit à l'autre facilement. Très vite, on se laisse bercer par le bruit de l'eau et de la nature et on admire la vue sur les massifs depuis le solarium. L'hiver, quand la neige recouvre la région, le panorama est encore plus féerique. Services de massages et de soins dans le chalet principal, petite restauration le midi. Hébergement possible sur le site.

★ Parc national du Mont-Tremblant B2

Voir p. 129.

★ Rawdon C2

Ce territoire faisait jadis partie des terres concédées aux loyalistes en 1799, mais ce n'est qu'à la fin des années 1810 que Rawdon fut colonisée par des immigrants irlandais, avant que s'y installent des Écossais, des Canadiens français (surtout des Acadiens) et, au 20ᵉ s., bon nombre d'Européens de l'Est. Rawdon a un cachet particulier, lié à la véritable mosaïque de cultures qui a façonné son histoire. En témoignent la multiplicité et la diversité des **édifices religieux**. Une église orthodoxe russe se trouve à l'angle de la rue Woodland et de la 15e Avenue. L'église anglicane *(à l'angle de la rue Metcalfe et de la 3e Avenue)*, en pierre (1861), est surmontée d'un beffroi en bois et bordée sur un côté par un petit cimetière.

★ **Parc des Chutes-Dorwin** – *À l'entrée de Rawdon (accès par les routes 125 et 337) - ✆ 450 834 2596 - www.rawdon.ca - ♿ - 10h-18h - 12 $.* Dans un cadre boisé, la rivière Ouareau court en cascades sur des rochers, effectue une chute de 18 m dans un petit bassin, puis bifurque avant de s'engouffrer dans une étroite gorge escarpée. Selon une légende des Premières Nations, la chute surgit lorsque le sorcier maléfique Nipissingue poussa dans un gouffre la belle Hiawitha. Cette dernière se transforma en chute et Nipissingue fut pétrifié par un coup de tonnerre. Visible de la plate-forme d'observation située en contrebas, le profil sculpté dans la roche qui borde les chutes serait, dit-on, celui du sorcier...

★ **Parc des Cascades** – *De la rue Queen, prenez la route 341 en direction de St-Donat - ✆ 450 834 8313 - www.rawdon.ca - ♿ - 10h-20h ; hiver : 9h-17h - 10 $.* À la pointe nord du lac Pontbriand, sur la rivière Ouareau, de magnifiques cascades dévalent un escalier de rochers. L'été, on peut s'avancer au milieu du courant et profiter de la fraîcheur de l'eau. Des sentiers à travers la forêt de pins et des aires de pique-nique font de ce site une halte très agréable.

Saint-Lin-Laurentides C2

Ce petit centre industriel a vu naître **sir Wilfrid Laurier** (1841-1919).

Lieu historique national Sir-Wilfrid-Laurier – *À l'angle de la 12e Av. (rte 158) et de la rte 337 - ✆ 450 439 3702 ou 1 888 773 8888 - parcs.canada.ca/lhn-nhs/qc/wilfridlaurier - ♿ - fermé au moment de la rédaction de ce guide.* Un centre d'interprétation évoque la vie et l'œuvre de cet avocat et homme politique et le premier Canadien français à occuper le rôle de Premier ministre, de 1896 à 1911. À côté, une modeste maison de brique rouge recrée l'atmosphère d'un logis québécois vers 1850, époque à laquelle Laurier était enfant.

Carnet pratique

S'informer

Tourisme Lanaudière – *3568 r. Church, Rawdon - ✆ 450 834 2535 ou 1 800 363 2788 - www.lanaudiere.ca.*

Agenda

Festival de Lanaudière – *Joliette - de fin juin à déb. août - www.lanaudiere.org.* Durant l'été, la ville de Joliette accueille ce festival de musique classique, l'un des plus importants en Amérique du Nord. Également cinéma musical en plein air.

Fêtes gourmandes de Lanaudière – *St-Jacques - 4 j. en août - fetesgourmandes.ca.* Mise en avant des produits locaux : animations culinaires, dégustations et ateliers sont proposés.

Nos adresses

Restauration

À Saint-Jean-de-Matha

Budget moyen

Auberge de la Montagne Coupée – *1000 chemin de la Montagne-Coupée - ☏ 450 886 3891 - www.montagnecoupee.com - fermé lun. midi - plats 22/37 $.* Le restaurant de cet hôtel est idéal pour qui veut goûter aux saveurs du terroir québécois. Les larges baies vitrées offrent une jolie vue sur la nature environnante tandis que l'assiette fait la part belle aux produits locaux, à l'image de cette caille glacée à l'érable, accompagnée de sa sauce au vin de la région. Un délice !

À Saint-Michel-des-Saints

Pour se faire plaisir

Le Cerf Rouge – *1200 chemin de la Baie-du-Milieu - ☏ 450 833 1919 - www.lactaureau.com - vend. soir et sam. soir (horaires variables, se rens. av.) - plats 29/64 $, menu 51/60 $.* Le restaurant de l'Auberge du Lac Taureau ne faillit pas à sa réputation d'excellente table. En cuisine, le chef mêle habilement les saveurs et les produits locaux aux influences internationales, à l'image de ce pavé de saumon laqué au piment, miso et sirop d'érable.

Shopping

À Saint-Jean-de-Matha

Magasin de l'Abbaye Val-Notre-Dame – *220 chemin de la Montagne-Coupée - ☏ 450 960 2891.* Flâner dans les rayons de la plus grande boutique de produits locaux de la région, c'est d'abord découvrir la production des moines de l'abbaye, connus notamment pour leur gâteau aux fruits ou leur caramel à l'érable. C'est aussi faire le plein de charcuterie, de miel, de fromages et de confitures, histoire de glisser dans sa valise quelques souvenirs de la gastronomie de Lanaudière.

Hébergement

À Sainte-Émélie-de-l'Énergie

Une folie

Auberge du Vieux Moulin – *200 chemin du Vieux-Moulin - ☏ 450 884 0211 - auberge-lanaudiere.com - 23 ch. à partir de 335 $ - ☕ 19,50 $ - ✕.* De simple maison familiale, ce chalet est devenu au fil des ans une vaste auberge composée à la fois de chambres classiques, d'appartements spacieux et même d'hébergements insolites, à l'image des six tipis installés à proximité des bâtiments principaux. Possibilité d'un séjour multi-activités tout compris : kayaks, pêche, baignade dans le lac ou la rivière, sauna. Le lieu idéal pour les enfants.

À Saint-Michel-des-Saints

Une folie

Auberge du Lac Taureau – *1200 chemin de la Baie-du-Milieu - ☏ 450 833 1919 - www.lactaureau.com - 🏊 - 98 ch. à partir de 269 $ - ☕ 24 $.* Ce complexe hôtelier installé au bord du réservoir Taureau offre tout le confort nécessaire à une escapade en pleine nature : piscines chauffées, plage aménagée, patinoire et traîneaux à chiens en hiver. Pêche à la truite possible. Un conseil : au coucher du soleil, grimpez jusqu'au petit belvédère situé au-dessus du restaurant pour admirer la vue et les lumières du soir.

Trois-Rivières ★ et la Mauricie ★★

Fondée en 1634, la deuxième plus vieille ville francophone d'Amérique du Nord s'élève sur la rive nord du St-Laurent, au confluent de la rivière St-Maurice. À son embouchure avec le fleuve, l'affluent serpente entre deux îles émergentes et forme ainsi les trois bras qui ont donné le nom à la ville. Si Trois-Rivières vit encore de l'industrie papetière, dont elle fut la capitale mondiale, elle propose aujourd'hui toutes sortes de manifestations d'envergure. Ce dynamisme culturel en fait une étape idéale avant de partir à la découverte de la Mauricie, de ses paysages de montagnes, de ses forêts et de son passé industriel, incarné par les Forges-du-St-Maurice et la Cité de l'énergie de Shawinigan. La promesse d'un riche séjour pour les amateurs d'histoire et de nature.

Se repérer

145 226 habitants (Trois-Rivières)

CARTE CD1-2 (P. 112-113) ET PLAN (P. 147).

Trois-Rivières se trouve à mi-chemin entre Montréal (142 km) et Québec (130 km). Elle est connectée aux routes 40 et 138. Le **pont Laviolette** (1967), seul pont entre Montréal et Québec, la relie à la rive sud du St-Laurent. La Mauricie s'étend approximativement de Trois-Rivières au sud jusqu'à La Tuque au nord, le long des routes 55 et 155.

À ne pas manquer

Le centre d'exposition Boréalis à Trois-Rivières, le lieu historique national des Forges-du-St-Maurice ; une escapade dans le Parc national de la Mauricie.

Organiser son temps

Comptez une journée de visite de Trois-Rivières puis trois jours d'excursion dans la région, dont une journée pour l'exploration du Parc national de la Mauricie.

En famille

À Trois-Rivières, le centre Boréalis, le musée POP, l'île St-Quentin, le musée du Centre thématique sur le poulamon et le site des Forges-du-St-Maurice ; la Cité de l'énergie à Shawinigan.

Carnet pratique p. 161

Nos adresses p. 161

Découvrir Trois-Rivières ★

PLAN CI-CONTRE

Circuit tracé en vert sur le plan ci-contre.

En 1908, un incendie ravagea le cœur de la ville. Les quelques constructions anciennes qui subsistent ont été soigneusement restaurées.

Commencez la promenade au manoir Boucher de Niverville.

Manoir Boucher de Niverville

168 r. Bonaventure - ✆ 819 372 4531 - de juin à déb. sept. : 10h-18h ; reste de l'année : sur réserv. seult - 7 $.

Ce manoir en pierre blanchie à la chaux et aux volets rouges fut construit vers 1729 par François Châtelain. Son gendre, Claude-Joseph Boucher, sieur de Niverville, donna son nom au manoir lorsqu'il en hérita en 1761. La visite des salles communes, de la chambre et du grenier dévoile le mode de vie de la bourgeoisie à l'époque de la Nouvelle-France.

Traversez la rue Bonaventure et marchez vers le sud.

Le Flambeau

Pl. Pierre-Boucher. L'étonnant obélisque au centre de la place Pierre-Boucher fut érigé pour célébrer le 325e anniversaire de la ville. Boucher, sieur de Grosbois (1622-1717), fut gouverneur de Trois-Rivières en 1654, lorsque la ville fut attaquée et presque entièrement détruite par les Iroquois. Plus tard, il fonda Boucherville.

Continuez vers le sud, puis tournez à gauche dans la rue des Ursulines.

Les plus anciennes constructions à avoir échappé à l'incendie de 1908 se trouvent dans la charmante **rue des Ursulines★**.

Manoir de Tonnancour

864 r. des Ursulines - ✆ 819 374 2355 - www.galeriedartduparc.qc.ca - tlj sf lun. 12h-17h - gratuit.

René Godefroy de Tonnancour, seigneur de Pointe-du-Lac, fit bâtir cette résidence en 1725 et le juge Pierre-Louis Deschenaux la fit reconstruire en 1795, à la suite d'un incendie. Elle servit tour à tour de caserne d'officiers, de presbytère et d'école.

Première colonisation

En 1634, Samuel de Champlain chargea Nicolas Goupil, sieur de Laviolette (1604-v. 1660), d'établir en ces lieux un poste de traite des fourrures. Trois-Rivières devint ainsi la première colonie de la Nouvelle-France, après la ville de Québec. Laviolette choisit pour son fort un emplacement surélevé, dit le Platon (déformation de « peloton »), au-dessus du St-Laurent. Le transport des fourrures se faisait alors par la rivière St-Maurice et, à partir de 1737, par le chemin du Roy reliant la colonie à Québec.
À l'apogée de la Nouvelle-France, plusieurs grands explorateurs vécurent à Trois-Rivières, notamment Jean Nicolet et Nicolas Perrot. Les conquêtes conjointes de **Pierre Radisson** et du **sieur des Groseilliers** aboutirent à la fondation de la Compagnie de la baie d'Hudson en 1670, et le célèbre **sieur de La Vérendrye** fut le premier Européen à atteindre les montagnes Rocheuses.

L'édifice est remarquable par son toit mansardé. Ses fondations et ses murs sont d'origine, et sont visibles sur demande, tout comme le grenier et sa charpente d'inspiration française. Le bâtiment héberge une galerie d'art contemporain.
Face au manoir se trouve la **place d'Armes**. Avant 1800, elle servait aux Algonquins, qui y campaient lorsqu'ils venaient au fort vendre leurs fourrures. Réservée à des fins militaires de 1751 à 1815, elle est aujourd'hui un joli parc. Un canon de bronze coulé en Russie commémore la guerre de Crimée (1853-1856).

Église anglicane Saint-James

811 r. des Ursulines - de mi-juin à mi-août : 10h-18h ; reste de l'année : lun.-vend. 8h45-16h45.
Les Récollets (religieux franciscains réformés) entreprirent ici la construction d'un monastère et d'une chapelle en 1693. L'ensemble fut complété au milieu du 18e s. Après la Conquête, le complexe fut utilisé comme hôpital, comme palais de justice et même comme prison. Il devint un lieu de culte anglican en 1823.
En face de la chapelle, au n° 834, la **maison de Gannes (A)**, construite en 1756 par un officier français, est la dernière construction d'inspiration française du vieux quartier. Au n° 802, notez la **maison Hertel de La Fresnière (B)**, achevée en 1829.

★ Monastère des Ursulines

784 r. des Ursulines.
Ce joyau du vieux quartier se distingue par son dôme gracieux et son grand cadran solaire mural (1860), sur lequel on peut lire : *Dies Sicut Umbra* (« les jours s'enfuient comme des ombres »). Les ursulines s'installèrent à Trois-Rivières en 1697. Le monastère fut plusieurs fois rebâti entre 1700 et 1960. Les sœurs y vécurent jusqu'en 2019 ; après leur déménagement, le monastère fut acquis par la municipalité.
Musée des Ursulines (M1) – *734 r. des Ursulines - ✆ 819 375 7922 - musee-ursulines. qc.ca - merc.-dim. 10h-17h ; juil.-août : 10h-12h, 13h-18h - 9 $.* Il possède de belles collections (environ 15 000 pièces de céramique, orfèvrerie, livres, gravures, mobilier et arts décoratifs) qu'il met chaque année en valeur à travers des expositions thématiques. Une maquette représente le monastère tel qu'il était au 19e s. et une exposition est consacrée à la vie monacale ainsi qu'à l'histoire de la communauté des Ursulines.

La rue des Ursulines au cœur du quartier historique.
DenisTangneyJr/Getty Images Plus

Pendant le Festival international de la poésie, à l'automne, des expositions temporaires d'art sont organisées dans le réfectoire.

★ **Chapelle** – *Accès par le musée.* La chapelle est surmontée d'un superbe dôme (1897), œuvre des architectes Joseph et Georges Héroux. Luigi Capello y exécuta les fresques et François Normand, l'autel (début 19e s.), au-dessus duquel se trouvent des tableaux peints en 1840 par les artistes canadiens français Antoine Plamondon *(à gauche)* et Joseph Légaré *(à droite)*. L'orgue date de 1840.

Poursuivez le long de la rue des Ursulines vers l'amphithéâtre Cogeco et Boréalis.

2

★★ Boréalis - Centre d'histoire de l'industrie papetière

HORS PLAN

200 av. des Draveurs - 819 372 4633 - www.borealis3r.ca - de mi-juin à déb. sept. : 10h-18h ; reste de l'année : se rens. - musée 19 $, musée + croisière 39,20 $.

Le bâtiment abritait jadis la station de pompage et de filtration d'eau de l'immense usine de pâte à papier installée jusqu'en 2006 sur le terrain vague tout proche. Il constitue un remarquable exemple de réhabilitation d'un édifice industriel. Dans son décor de béton, de tuyauteries et de machines, vous découvrirez l'activité qui donna à Trois-Rivières son titre de capitale mondiale du papier. Jalonnée de maquettes, de photographies, de vidéos et d'objets mis en scène, l'exposition permanente aborde le secteur sous tous les angles, depuis l'aspect technique jusqu'au volet social (quartier ouvrier, clubs sportifs, vie à l'usine), en passant par le travail des bûcherons et des draveurs. La visite s'enrichit de témoignages dont les plus poignants sont projetés sur les murs et les piliers de l'ancienne citerne souterraine. Elle se clôt par un atelier de fabrication de papier artisanal.

Revenez devant le monastère, puis traversez le jardin des Ursulines en face.

À la sortie est du parc portuaire se trouve un **monument** dédié à Pierre Gaultier de Varennes, **sieur de la Vérendrye** (*encadré p. 148*).

★ Parc portuaire

Cette agréable terrasse offre de belles **vues** sur le St-Laurent. Elle faisait jadis partie du domaine du maire Joseph-Édouard Turcotte, qui en fit don à la ville en 1857 afin qu'elle soit transformée en espace public.

Continuez dans le parc portuaire vers l'ouest.

Le Platon

Un buste de Laviolette rappelle que c'est sur ce plateau, qui s'élevait autrefois à 35 m au-dessus du fleuve, que le sieur construisit son fort en 1634.

Rue des Forges

Restaurants et boutiques bordent cette rue animée où se mêlent l'atmosphère du port et celle d'une ville universitaire pleine de vie.

De la rue des Forges, tournez à droite entre l'hôtel de ville et la Maison de la culture, puis montez l'escalier jusqu'au parc Champlain.

Parc Champlain

Les structures de béton de l'**hôtel de ville** et de la **Maison de la culture** (1967) encadrent ce square arboré. Le Centre abrite une salle de spectacle, une bibliothèque et une galerie d'art.

★ Cathédrale de l'Assomption

362 r. Bonaventure (en bordure du parc Champlain) - de fin juin à fin août : lun.-vend. 10h-16h ; reste de l'année : se rens.

Cette cathédrale, ornée d'un clocher recouvert de cuivre, est d'inspiration gothique. Conçue par Victor Bourgeau, elle fut consacrée en 1858, mais, faute de fonds, ne fut dotée d'un clocher qu'en 1905. L'intérieur possède des **vitraux** richement colorés, dus à Guido Nincheri. Réalisés entre 1935 et 1954, ils illustrent les « litanies de Lorette » de la Vierge Marie.

Prenez la rue Royale. Tournez à gauche dans la rue Laviolette, continuez sur 400 m.

Séminaire de Trois-Rivières

858 r. Laviolette. Fondé en 1860, le séminaire St-Joseph fut reconstruit après avoir subi les ravages du feu en 1929. La longue structure de pierre à chaux est coiffée d'un dôme massif en cuivre au-dessus de l'entrée qui, elle, s'orne de colonnes et d'une statue de saint Joseph. Épargnée par l'incendie, la chapelle *(derrière le bureau de réception)*, de style roman, est ouverte aux visiteurs. On y expose une collection d'objets religieux et des œuvres de l'artiste Jordi Bonet (1932-1979).

La renaissance d'une île

L'histoire raconte que **Jacques Cartier** planta une croix, le 7 octobre 1535, sur une île du St-Laurent : l'**île St-Quentin**. Territoire agricole jusque dans les années 1930, elle devint ensuite un site de plein air très prisé. Mais la pollution bactériologique liée à la drave sur la rivière St-Maurice affecta la qualité des eaux, au point que la baignade fut interdite au début des années 1970. La Corporation du développement du parc de l'île St-Quentin, créée en 1982, décida sa dépollution et organisa son réaménagement.

Musée Pierre-Boucher – *819 376 4459 - www.museepierreboucher.com - juin-août : mar.-dim. 13h-16h30 ; reste de l'année : merc.-dim. 13h-16h30 - gratuit - sur RV.* Abrité dans les galeries autour de l'entrée, il présente des expositions sur le patrimoine historique, ethnographique et artistique de la région.

Redescendez la rue Laviolette vers la rue Hart.

L'ancien **palais de justice** se dresse à l'angle des rues Laviolette et Hart. Construit selon les plans de François Baillairgé en 1823, l'édifice fut agrandi et en partie restauré en 1913.

Continuez dans la rue Hart.

★ Musée POP

200 r. Laviolette, à l'angle des rues Hart et Laviolette - 819 372 0406 - musee pop.ca - - de fin juin à déb. sept. : 10h-17h ; reste de l'année : merc.-vend. 10h-16h, w.-end 10h-17h - 18 $, musée + vieille prison 31 $.

Le musée veille toujours à concevoir au moins une exposition pour les enfants, avec un parcours ponctué d'expériences ludiques.

L'ancien musée québécois de Culture populaire propose des expositions permanentes et temporaires destinées à faire découvrir la culture québécoise d'hier et d'aujourd'hui. Elles illustrent non seulement l'art populaire québécois, mais aussi les coutumes et les mœurs de la province, les métiers traditionnels, les travaux agricoles, la vie domestique. Le musée possède également une riche collection d'archéologie des Premières Nations et de préhistoire européenne, soit un total de quelque 20 000 objets.

★ **Vieille prison** – *Reliée au musée par un passage couvert - w.-end 10h-17h ; de fin juin à déb. sept. : 10h-17h - visites guidées (1h15 env.), horaires se rens. - réserv. obligatoire sur le site Internet - 22 $.* Œuvre de **François Baillairgé**, cette imposante structure de pierre (1819-1822), constitue le plus bel exemple de style néopalladien au Québec. Son plan massif, son élévation à trois étages, son portail sobre et le large fronton qui domine la façade centrale révèlent une influence britannique. La toiture est surmontée de neuf souches de cheminées dénotant la recherche d'un certain confort pour les prisonniers. L'édifice cessa de fonctionner en tant qu'établissement pénitentiaire en 1986. Son intérieur abrite désormais un centre d'interprétation de la vie carcérale. Transformées en salles d'exposition, vingt cellules présentent la vie quotidienne des détenus à travers différents thèmes : discipline, hygiène, contacts avec l'extérieur, etc.

À proximité

CARTE P. 112-113

Île Saint-Quentin C2

Accès par le bus touristique ou en voiture, dir. Québec par la route 138 - www.ile saintquentin.com - 8h-20h ; oct.-mars : 8h-18h - 2 $.

Les habitants de Trois-Rivières profitent toute l'année des 46 ha de l'île. Une passerelle d'interprétation de 750 m mène à sa pointe nord-ouest, à travers une érablière argentée et des marécages *(période de crues avr.-mai)*. Dans les arbres : le pic flamboyant, des mésanges, l'oriole du Nord…

4 km de sentiers et une piste cyclable de 2,3 km sillonnent aussi l'île. En hiver, ils se transforment en itinéraires de ski de fond ou en patinoire. L'été, la plage, les nombreuses animations, les terrains de volley et de pétanque, ainsi que les jeux pour enfants, assurent une affluence constante.

2

★ Pointe-du-Lac C2

À 20 km au sud de Trois-Rivières par la route 138, au bord du lac St-Pierre.

★ **Moulin seigneurial de Pointe-du-Lac** – *11930 r. Notre-Dame Ouest - Trois-Rivières - ✆ 819 377 1396 - moulinpointedulac.recitsquifontjaser.com - de fin mai à fin oct. : 10h-17h - 7,50 $.* Construit au 18e s. sur la rivière St-Charles, ce moulin à farine devint l'un des plus productifs du Québec. On y moulut le grain jusqu'en 1965. Quant à sa scierie, ajoutée dans les années 1940, elle fonctionna jusqu'en 1986. Les expositions dévoilent le mécanisme des meules en fonte et en bois et les secrets de la fabrication de la farine, et permettent de découvrir la scierie adjacente. Les machines sont encore en place et en état de marche.

À l'extérieur, profitez de 6 km de sentiers balisés, dont le **sentier d'interprétation patrimonial**, situé autour du moulin et de l'étang.

★ Parc des chutes Sainte-Ursule C2

À 36 km au sud-ouest de Trois-Rivières par la route 138, puis à 11 km au nord-ouest par la route 348 Ouest et le chemin des Chutes - ✆ 1855 665 3555 ou 819 228 3555 - municipalites-du-quebec.com/sainte-ursule/index.php - ✕ - de fin juin à mi-sept. : 9h-17h ; de mi-sept. à mi-oct. : vend.-dim. 9h-17h - fermé en cas de pluie - 8 $.

Au point de rencontre du bouclier laurentien et des basses terres du St-Laurent, la rivière Maskinongé subit une dénivellation de 270 m. En 1663, un tremblement de terre changea le cours de la rivière, qui creusa cette belle gorge dans le gneiss et le granite rose.

Des sentiers d'interprétation suivent la rivière et mènent au site d'une pulperie du 19e s. dont il ne reste plus que les fondations.

Circuits conseillés

CARTE P. 112-113

De Trois-Rivières à Québec CD1-2

Circuit de 130 km tracé en vert clair sur la carte p. 112-113, par la route 138, qui longe la rive nord du St-Laurent.

Les miracles de Cap-de-la-Madeleine

Vers le milieu du 17e s., des colons européens érigèrent sur ce site une première chapelle dédiée à Marie-Madeleine. En 1850, le père **Luc Désilets** prit en charge la paroisse et la développa, tant et si bien qu'en 1878, il fallut envisager une église plus grande. La pierre nécessaire à sa construction devant être extraite de la rive opposée du St-Laurent, Désilets entreprit de la faire transporter en utilisant un pont de glace. Malheureusement, le temps était, cette année-là, exceptionnellement doux et le fleuve ne gela pas, ce qui amena le curé à faire le vœu de conserver l'église du 18e s., si un miracle permettait le transport de la pierre. Le 16 mars 1879, le temps se refroidit et un pont de glace se forma assez longtemps pour que les paroissiens effectuent le transport de la pierre. Attribuant ce miracle à Notre-Dame du Rosaire, le père Désilets tint sa promesse et conserva l'ancienne église, y installant une statue de la Vierge offerte par un paroissien. Un second miracle se produisit lorsque le père Désilets consacra le sanctuaire, en juin 1888. La nuit de la consécration, la statue de Notre-Dame ouvrit les yeux en présence des trois hommes. Dans les années 1950, une nouvelle basilique fut édifiée. Aujourd'hui, des milliers de croyants effectuent chaque année le pèlerinage.

Sanctuaire Notre-Dame-du-Cap.
Marc Dufresne/Getty Images Plus

★★ Sanctuaire Notre-Dame-du-Cap

626 r. Notre-Dame Est - Cap-de-la-Madeleine - suivez les panneaux indicateurs - ☏ 819 374 2441 - www.sanctuaire-ndc.ca ♿ ✕ basilique et petit sanctuaire : 10h-17h (9h-16h en hiver), dim. 8h-17h (10h-16h en hiver) - jardins : jusqu'à 22h en été.

2

Ce bel édifice octogonal fut conçu par l'architecte Adrien Dufresne. Commencé en 1955, il fut inauguré en 1964. La tour centrale s'élève à 78 m. Une statue en pierre de la Vierge (hauteur : 7 m) orne la façade. D'apparence plutôt massive, le monument révèle un intérieur élégant aux couleurs de la Vierge, bleu et or. Plus de 1800 personnes peuvent s'asseoir sous la voûte, d'où la vue sur le maître-autel n'est obstruée par aucune colonne. Le magnifique **orgue Casavant**, construit en 1963-1965, comprend 75 registres et plus de 5 500 tuyaux. L'autel est fait de marbre d'origine italienne. L'intérieur de la basilique est en outre renommé pour ses **superbes vitraux**, œuvres de Jan Tillemans. Ce dernier, père oblat d'origine hollandaise, les réalisa de 1956 à 1964 selon la tradition médiévale. Chacun comprend une rosace de près de 8 m de diamètre et cinq lancettes.

Petit sanctuaire et parc – Près de la basilique se trouve l'ancienne église (1720), devenue chapelle votive. Avec l'église de St-Pierre, sur l'île d'Orléans, ce petit monument fait partie des églises les plus anciennes du Québec. La statue miraculeuse se dresse au-dessus d'un autel de bois peint et doré. Une annexe moderne (1973) incorpore quelques-unes des pierres transportées sur le pont de glace en 1879. Le sanctuaire est situé dans un parc qui surplombe le fleuve. Dans la partie sud, on trouve un chemin de croix menant à des répliques du Calvaire et du tombeau du Christ à Jérusalem. Une autre section représente les mystères du Rosaire,

avec 15 statues de bronze (1906-1910). Le petit lac et le **pont des Chapelets** commémorent le pont de glace de 1879.
De l'autre côté du fleuve, sur la route de Batiscan, on aperçoit le parc industriel de Bécancour (☛ *p. 214*).

Vieux presbytère de Batiscan C2

340 r. Principale - Batiscan (à droite, avant d'arriver au village) - ✆ 418 362 2051 - ♿ - de fin mai à fin oct. : 10h-17h- 7,50 $.
Un premier presbytère avait été construit ici par les Jésuites en 1696. Pour obtenir la nomination d'un curé résident, les paroissiens remplacèrent en 1816 ce vétuste édifice par le bâtiment actuel, réutilisant pour la construction les matériaux d'origine. L'intérieur, typique d'une maison rurale du début du 19e s., renferme des meubles d'époque. À l'extérieur, le jardin potager présente les méthodes de jardinage et les variétés de légumes cultivés au 19e s.
Continuez jusqu'à Batiscan.

Parc de la rivière Batiscan

À St-Narcisse. Au départ de Batiscan, suivez la route 361 Nord sur 17 km et tournez à droite au chemin du Barrage, que vous suivrez jusqu'au bout - 200 chemin du Barrage - ✆ 418 328 3599 - www.parcbatiscan.ca - ouv. tte l'année - 7,83 $. Camping et hébergements (cabine rustique, tente prospecteur).
Le parc est situé à la rencontre de deux formations géologiques. Les failles provoquées par cette rencontre ont créé un relief à l'aspect spectaculaire. Parsemé de chutes, de rapides et de bassins, traversé par la rivière Batiscan, ce parc régional propose une large gamme d'activités de plein air (via ferrata, parcours dans les arbres, grande tyrolienne) et d'activités éducatives sur l'environnement. Il abrite également la **centrale St-Narcisse**, l'un des premiers grands ouvrages hydroélectriques du Canada.
Revenez à Batiscan. À la sortie du village, la route franchit la rivière Batiscan.

Sainte-Anne-de-la-Pérade C1

Ce village, établi sur les bords de la rivière Ste-Anne, est réputé pour la pêche d'hiver, dite « **pêche blanche** ». En janvier et en février, les **poulamons** ou « petits poissons des chenaux », de la famille de la morue, quittent leurs eaux salées pour venir évoluer en eau douce. C'est à cette époque que se constitue, sur la rivière gelée, un « village » très animé dont les cabanes multicolores abritent des pêcheurs venus de tout le Québec. La saison de pêche terminée, les cabanes sont remisées au bord de l'eau.
Musée du Centre thématique sur le poulamon – *✆ 418 325 2475 - hiver : 8h-17h, jeu.-dim. 8h-20h ; reste de l'année : se rens. - gratuit.* Il présente de manière ludique les différents aspects de la pêche aux petits poissons des chenaux à Ste-Anne-de-la-Pérade.
Avant de partir, remarquez l'**église néogothique** (1855-1859) de la ville, construite sur le modèle de la basilique de Montréal.
Après **Grondines**, la route longe le St-Laurent.

Moulin de La Chevrotière D1

Après 15 km, tournez à gauche dans la rue de Chavigny (n° 109) - ✆ 418 286 6862 - www.culturepatrimoinedg.com - ♿ - de mi-juin à déb. sept. : 10h-17h ; sept. : merc.-dim. 9h30-17h30 - 7 $.
Cet imposant moulin, coiffé d'un joli toit à lucarnes, occupe un beau site au bord de la rivière de La Chevrotière. Au bâtiment principal (1802) est adjointe une

dépendance plus petite (1766) qui faisait partie du premier moulin. Découvrez l'exposition permanente, dédiée au savoir-faire des artisans du bois, du fer et de la pierre, et à celui des pilotes du St-Laurent.

Deschambault D1

Église Saint-Joseph – *110 r. de l'Église - portneufvirtuel.com/eglise/saint-joseph-de-deschambault - de fin juin à déb. sept. : 10h-17h ; reste de l'année : se rens.* Bâtie en 1835, elle domine la rivière et rappelle par son architecture la cathédrale anglicane de Québec. Ses deux clochers encadrent une statue de saint Joseph, attribuée à Louis Jobin (1845-1928). L'intérieur contient une nef bordée de deux larges galeries latérales. Œuvres d'une rare qualité, les statues placées dans le chœur sont dues à François et Thomas Baillairgé.

Vieux presbytère – *117 r. St-Joseph, derrière l'église - ✆ 418 286 6891 - www.culturepatrimoinedg.com - de mi-juin à déb. sept. : 10h-17h ; sept. : merc.-dim. 10h-17h - 7 $.* Le presbytère (1816) domine le fleuve du haut du cap Lauzon. On y découvre l'histoire du lieu, ainsi que des expositions d'art contemporain, en été. Ancienne salle d'assemblée, la **salle des habitants** date de 1840.

Après Deschambault, la route fort agréable traverse Portneuf, puis **Cap-Santé**, dont l'église présente une jolie façade semblable à celle de la cathédrale Notre-Dame-de-Québec. Du terrain de stationnement, derrière l'église, part le Vieux-Chemin qui longe le fleuve. Cette rue charmante faisait jadis partie du **chemin du Roy** ; elle est bordée de résidences du 18e s., d'inspiration française.

La route 138 franchit ensuite la rivière Jacques-Cartier et pénètre dans Donnacona. La **vue** embrasse le fleuve et les paysages du côté de Neuville.

Parcourez 28 km, puis prenez la route 365 vers le nord.

Pont-Rouge D1

18 km AR par la route 365. Ce joli village se découvre au bord de la rivière Jacques-Cartier, qui s'écoule en cascades vers le St-Laurent. On y voit le **Moulin Marcoux**, un moulin à farine datant de 1870, reconverti en centre culturel.

Rejoignez la route 138 et continuez sur 3 km.

2

Neuville D1

Tournez à gauche dans la rue des Érables.

Cette localité fournit une pierre de taille de haute qualité qui fut utilisée sur les chantiers de Québec dès la fin du 17e s. De nombreux tailleurs de pierre et maîtres maçons, venus travailler dans les carrières des environs, s'établirent ici.

Rue des Érables – Le village possède de nombreux édifices en pierre. À première vue, les demeures de la rue des Érables – dont la maison Fiset *(no 679)* et la maison Pothier *(no 549)*, toutes deux bâties vers 1800 – semblent avoir été construites de plain-pied. Elles comptent en fait un ou deux étages, car leurs concepteurs ont su tirer parti du terrain qui descend en pente vers le fleuve. Érigé en 1835, le manoir seigneurial *(no 500)* est un bel exemple d'architecture québécoise.

Église Saint-François-de-Sales – *714 r. des Érables.* L'église a été construite en plusieurs étapes. Le chœur date de 1761, la nef de 1854 et la façade de 1915. Dans le sanctuaire se trouve le baldaquin commandé par monseigneur de St-Vallier en 1695 pour orner la chapelle de son palais épiscopal à Québec. Les quatre colonnes torsadées encadrent un tabernacle sculpté par François Baillairgé vers 1800. L'église contient aussi des tableaux d'**Antoine Plamondon** (1804-1895), natif de Neuville.

À l'approche de la banlieue industrielle de Québec, la route quitte les bords du St-Laurent. On pourra emprunter la route 40 jusqu'à la sortie 302 pour faire un détour à **Cap-Rouge**, dont le pont de chemin de fer à chevalets (1906-1912) enjambe la rivière du même nom. C'est ici que Jacques Cartier et le sieur de Roberval tentèrent d'implanter la première colonie française en Amérique du Nord, Charlesbourg-Royal, en 1541.

★★★ **Québec** D1 (p. 228)

De Trois-Rivières à La Tuque C1-2

Circuit de 170 km tracé en marron sur la carte p. 112-113. Quittez Trois-Rivières par le boulevard des Forges, au nord.

★★ **Lieu historique national des Forges-du-Saint-Maurice** C2

10 000 bd des Forges - Trois-Rivières - 819 378 5116 ou 1 888 773 888 - parcs.canada.ca/lhn-nhs/qc/saintmaurice - ♿ - de mi-juin à déb. sept. : 10h-17h ; sept. : w.-end 10h-17h - 4,50 $.

Situées au bord de la rivière St-Maurice, les forges fonctionnèrent pendant un siècle et demi (1730-1883) et donnèrent naissance à la première ville industrielle du Canada.

La **Grande Maison** (1737), qui abritait autrefois les maîtres des forges, sert aujourd'hui de centre d'accueil. Au rez-de-chaussée, une rétrospective historique replace le site dans le contexte économique et social de l'époque, et en retrace l'évolution. Au sous-sol, les anciennes **caves** présentent des objets façonnés aux forges pendant cent cinquante ans : boulets et bombes (durant la guerre de Sept Ans), poêles et chaudrons (après la Conquête de 1760), grands chaudrons et

De l'industrie au tourisme

La Mauricie est couverte à 90 % de bois et de rivières et compte 17 500 lacs. Cette richesse naturelle a soutenu le développement industriel à partir du 18e s. Dès 1730 y étaient exploités des gisements de fer et, à partir de 1850, l'**industrie forestière** domina la scène économique régionale. Vers la fin du 19e s., au développement de l'**hydroélectricité** succédèrent l'essor des usines de **pâte à papier** et de **produits chimiques**, et enfin la création d'une importante usine d'électrolyse. La crise des années 1980 puis, en 1996, l'interdiction officielle du **flottage du bois** sur la St-Maurice pour cause de pollution de la rivière marqua la fin d'une tradition et d'une période de prospérité économique.

Dorénavant, canots, voiles, kayaks et autres sports nautiques remplacent les billes de bois sur ses flots. La Mauricie a su tirer parti de son héritage industriel en ouvrant ou reconvertissant d'anciens sites comme la centrale et l'ancienne aluminerie de Shawinigan. Elle a mis en valeur son patrimoine naturel en le protégeant : le territoire (39 748 km²) compte ainsi un **parc national** (p. 159) et deux **réserves fauniques** (Mastigouche et St-Maurice). Un réseau de sentiers motoneige et de pistes cyclables (100 km intégrés à la « **Route verte** ») permet d'en profiter en toute saison. Le tourisme vert connaît un franc succès, notamment les **pourvoiries**, pour beaucoup concentrées dans le secteur de St-Alexis-des-Monts. Ces anciennes villégiatures pour clubs de chasse ou de pêche accueillent désormais les amoureux de nature, à qui elles proposent de multiples activités de loisirs ou sportives.

roues de wagons (vers 1860), ainsi que lits en fer forgé, moyeux, socs de charrue, fers à cheval, fers à repasser, poids et haltères... À l'étage, un **spectacle multimédia** montre le village des Forges vers 1845.

Un sentier mène aux autres vestiges, dont le **haut-fourneau**. Son centre d'exposition et d'interprétation met brillamment en valeur les restes de l'étuve, de la maison du fondeur, de la halle à charbon et de la halle de coulée. La reconstitution des mécanismes hydrauliques du 18e s. est particulièrement réussie. Celle d'un logis d'ouvrier dans la seconde moitié du 18e s. apporte un élément humain à cette visite informative.

En poursuivant vers la rivière St-Maurice, on verra entre autres la **forge haute**, la cheminée d'affinage de la **forge basse** et le **moulin**. Un peu à l'écart se trouve la **fontaine du Diable**, source de gaz naturel.

Continuez vers le nord par le boulevard des Forges, puis par le boulevard de la Gabelle, qui longe la route 55. Après 10 km, prenez à droite le chemin de la Gabelle et poursuivez sur 2 km.

Barrage de La Gabelle C2

Mis en service en 1922, c'est l'unique point qui permet de traverser la rivière St-Maurice entre Trois-Rivières et Shawinigan. Il est situé en plein cœur du parc naturel La Gabelle, dans ce qui fut jadis une zone d'échange active entre les Premières Nations et les colons.

Poursuivez jusqu'au croisement avec la route 157, que vous prendrez sur la gauche.

Shawinigan C2

884 prom. du St-Maurice - 819 537 7249 - www.tourismeshawinigan.com.

Son nom vient de l'algonquin *ashawenikan* (« le portage sur la crête »). On l'appelait jadis la « Ville lumière », car elle produisait à elle seule toute l'énergie électrique nécessaire à Montréal. En 1852, on y construisit un glissoir à « pitoune » (billots de bois) pour contourner les chutes de la St-Maurice. Dès 1899, ces dernières furent exploitées à des fins hydroélectriques, ce qui permit la construction d'usines de pâte à papier et de produits chimiques, ainsi que d'une usine d'électrolyse.

De la ville, prenez la route 157 Sud. Traversez le pont et suivez la direction du parc des chutes de Shawinigan et Shawinigan-Sud.

★ **La Cité de l'énergie** – *1000 av. Melville - 819 536 8516 ou 1 866 900 2483 - www.citedelenergie.com - - visite complète (centre de sciences + secteur historique) : de juin à la 3e sem. de sept. : 10h-17h (sur RV hors sais.) ; durée env. 4h ; 28 $; tour d'observation : 16 $; secteur hydroélectrique gratuit.* La Cité de l'énergie a été construite à proximité des chutes Shawinigan. Particulièrement impressionnantes à la période du dégel (hauteur : 50 m), ces dernières offrent toute l'année un spectacle grandiose. Divisé en deux secteurs, le **centre de sciences** et le **secteur historique**, ce site passionnant renseigne sur le rôle joué par l'énergie hydroélectrique dans l'histoire du Québec. Le centre de sciences est doté d'expositions interactives, de présentations multimédias et d'une tour d'observation de 115 m de haut offrant un beau **panorama★** sur la rivière et la région. Plus surprenant, le **musée du Premier ministre Jean Chrétien** rassemble les cadeaux protocolaires reçus par l'homme politique pendant son mandat.

Le secteur historique comprend quant à lui deux sites qui évoquent les innovations et les inventions de l'industrie électrique : l'**usine d'aluminium Nac** (1901) présente dans un vaste hall une collection de machines industrielles et la **centrale Shawinigan-2** (1911), de style Art déco, nous donne à voir la plus ancienne centrale

2

Parc national de la Mauricie.
Instants/Getty Images Plus

hydroélectrique encore en exploitation au Québec *(attention : pièce d'identité obligatoire)*. Depuis le ponton, vous pourrez également embarquer pour **une croisière commentée** sur la rivière St-Maurice.

Traversez la rivière vers Shawinigan-Sud et suivez les panneaux bleus « Œuvres Ozias Leduc ».

★★ **Dernier Grand-Œuvre d'Ozias Leduc** – *825 av. Ozias-Leduc - ☎ 819 539 1888 - www.oziasleducenmauricie.com - de mi-juin à mi-sept. : merc.-sam. 10h-17h, dim. 11h-17h (horaires variables en fonction des cérémonies religieuses) ; reste de l'année : accessible seult pdt les cérémonies religieuses - 7 $.* Entourée d'un agréable jardin, l'**église Notre-Dame-de-la-Présentation** (1924) est décorée de peintures d'**Ozias Leduc** (1864-1955). Ce dernier avait 77 ans lorsqu'il a débuté, en 1942, ce qui devait être son dernier projet : 15 toiles marouflées (réalisées sur toiles de jute puis collées aux murs) en l'espace de treize ans. L'artiste a représenté une impressionnante **Gloire divine** derrière le maître-autel, et non la Vierge, qu'il a placée dans la voûte de la nef. L'immense composition comprend Dieu le Père, l'Esprit saint sous forme de colombe et le Christ crucifié, encadrés par des anges. C'est la plus grande peinture de sa carrière : 12,8 m de hauteur sur plus de 9 m de largeur. Les murs latéraux illustrent l'histoire de la région (à gauche, la colonisation ; à droite, l'industrialisation), avec la volonté de souligner la présence de Dieu dans le travail. Le couronnement et l'assomption de la Vierge, côté orgues, ont été achevés par son assistante, Gabrielle Messier.

Rejoignez la route 55.

Grand-Mère C1

Dès 1890 s'installait ici une première centrale hydroélectrique, bientôt suivie d'usines de pâte à papier, ce qui contribua au développement de la ville. Celle-ci tire son nom d'un gigantesque rocher dont la forme rappelle une tête de vieille femme, et qui se dressait autrefois au milieu de la rivière. Pour faciliter la construction du nouveau barrage d'Hydro-Québec en 1916, le fameux rocher fut transporté en pièces détachées dans un parc du centre-ville *(à l'angle de la 5e Avenue et de la 1re Rue).*

★★ Parc national de la Mauricie C1

Entrée par le centre d'accueil de St-Mathieu (quitter l'autoroute 55 à la sortie 217) ou par le centre d'accueil de St-Jean-des-Piles (quitter l'autoroute 55 à la sortie 226) - ☏ 819 538 3232 ou 1 888 773 888 - parcs.canada.ca/pn-np/qc/mauricie - ⛺ ✕ ♿ - ouv. tte l'année - 9 $. Consultez le site Internet pour connaître les périodes d'exploitation des deux centres d'accueil et du pavillon de services de Rivière-à-la-Pêche.

☺ Activités estivales : baignade, canot-camping, randonnée, canotage, vélo de route ou de montagne, pêche, observation animalière (huards). Activités hivernales : ski de fond, raquettes, vélo sur neige, escalade sur glace.

Image intacte et préservée des **Laurentides québécoises**, le Parc national de la Mauricie a été créé en 1970. Mais, depuis cinq mille ans, indigènes, puis coureurs des bois, bûcherons, draveurs et autres étaient attirés par les richesses naturelles de cette région qui, avant de devenir un parc national, constituait l'un des plus vastes ensembles de clubs privés de chasse et de pêche d'Amérique du Nord. Aujourd'hui, ce sont les amateurs de randonnée, de VTT, de raquettes et de canot qui viennent s'aérer dans sa forêt boréale, sa mosaïque de lacs, de cascades et de collines arrondies. Faites comme eux : le parc est considéré comme l'un des plus beaux du Québec !

Le **canot** et le **canot-camping** constituent d'excellents moyens pour explorer le parc *(location de canots et de matériel sur place)*. Plusieurs parcours jalonnés d'emplacements de camping rudimentaires permettent de découvrir l'arrière-pays. Certains itinéraires comportant de longs et rudes portages en terrain très accidenté, il est préférable de suivre un cours de canotage avant de s'y embarquer. Pêche, randonnée pédestre, camping semi-aménagé et baignade sont d'autres activités très prisées.

Route Promenade – *De mi-mai à mi-oct. - 62 km entre les deux points d'accès.* Cette route panoramique exceptionnelle serpente entre les rochers du bouclier laurentien. Elle longe sur près de 16 km une étendue d'eau filiforme, le **lac Wapizagonke**, et offre de belles échappées sur ses falaises et ses plages de sable fin. Le **belvédère du Passage** *(30 km)* permet sans aucun doute de saisir les meilleures **vues** de l'ensemble. La route conduit ensuite à un second lac étroit, le **lac Édouard**, doté d'une jolie plage naturelle, puis continue son chemin sinueux jusqu'au point d'accès est du parc, d'où l'on a une belle vue sur la rivière St-Maurice.

Une fois revenu à Grand-Mère, traversez le pont qui enjambe la rivière St-Maurice pour rejoindre la route 155.

Grandes-Piles C1

ⓘ *630, 4e Av. - ☏ 819 538 9708 - www.grandespiles.com.*

Fondée en 1885, cette communauté perchée sur une falaise au-dessus de la rivière servait de port de transbordement du bois. Ce sont les rochers en forme de piliers, situés dans les chutes d'eau au sud du village, qui lui donnèrent son nom imagé.

★ **Le Village du bûcheron** – *840, 5e Av. - ☏ 819 538 5885 - villagedubucheron.com - ✕ ♿ - juin-déb. oct. : merc.-dim. 10h-17h - 14,35 $.* Une vingtaine de bâtiments assortis d'une collection de plus de 5 000 objets retracent l'histoire des bûcherons et draveurs de la Mauricie, et recréent l'ambiance d'un camp de bûcherons

2

québécois des années 1850 à 1950. Les structures de bois grossièrement taillées à la hache et l'ameublement rustique illustrent avec réalisme les rudes conditions de vie de ces pionniers dont l'existence était liée à l'exploitation forestière et au transport du bois. Les visiteurs déambulent au milieu du camp des hommes, de la forge, de la tour des garde-feu, du moulin à scie et de la « cookerie », autrement dit la cuisine de chantier. Pour parfaire l'expérience, durant la visite, les guides saisissent leur guitare et entonnent des chants qui relatent l'ambiance et la vie quotidienne des camps de bûcherons de l'époque.

Entre Grandes-Piles et St-Roch-de-Mékinac, la route offre de très belles **vues★** sur la puissante St-Maurice et sur les falaises de la rive opposée. Au printemps, des balbuzards, communément appelés « aigles pêcheurs », nichent ici.

Continuez jusqu'à Rivière-Matawin.

Réserve faunique du Saint-Maurice C1

À 2 km de Rivière-Matawin. Seule et unique entrée pour accéder à la réserve faunique : centre d'accueil de Matawin, 3774 rte 155 - 819 646 5687 - www.sepaq.com/rf/stm - de mai à déb. nov. : lun.-vend. 5h-22h, w.-end 7h-21h ; reste de l'année : horaires variables (se rens.) - 12 $/véhicule - hébergement possible en chalet et en tente aménagée.

Activités estivales : pêche, canot, kayak, chaloupe, vélo, randonnée pédestre, cueillette en forêt, chasse à l'ours, au petit gibier ou à l'orignal.

Cette vaste étendue de forêts, de lacs et de ruisseaux fait la joie des pêcheurs et des canoteurs. De nombreux terrains de camping sont situés autour du lac Normand, réputé pour ses eaux claires et ses immenses plages de sable fin. Parmi les points d'intérêt de la réserve, notez les **chutes Dunbar** et le **bateau-rocher**, curieuse formation naturelle en forme de vaisseau, ainsi qu'un sentier de nature à travers la forêt boréale. Possibilité de canot-camping.

Revenez sur la route 155 pour rallier La Tuque.

La Tuque C1

550 r. St-Louis - 877 424 8476 - www.ville.latuque.qc.ca.

Premier chansonnier québécois de renommée internationale, chantre des forêts et des rivières du Québec, **Félix Leclerc** (1914-1988) naquit à La Tuque. Cet ancien poste de traite des fourrures – dont le nom évoque une colline locale en forme de bonnet de laine (*tuque* en québécois) – doit, comme les autres villes de la région, son existence à ses vastes étendues boisées et à ses puissantes chutes d'eau.

Au départ de La Tuque, la route 155 conduit à Roberval (*p. 331*) et au lac St-Jean (*env. 130 km -* *p. 325*).

Carnet pratique

S'informer

Bureau d'information touristique des Trois-Rivières – *1433 r. Notre-Dame Centre - ✆ 819 375 1122 ou 1 800 313 1123 - www.tourismetroisrivieres.com.*

Autobus touristique – *De mi-juil. à mi-août : merc.-sam. 12h-17h - dép. du bureau d'info. touristique - 15 $.* Circuit guidé d'une heure à la découverte de Trois-Rivières et de ses environs.

Tourisme Mauricie – *1250 av. de la Station, Shawinigan - ✆ 819 536 3334 ou 1 800 567 7603 - www.tourismemauricie.com.*

Pass touristique

Carte musées – *Valable sans date d'expiration - 45 $.* Accès à 14 musées et sites de Trois-Rivières, ainsi qu'à l'autobus touristique.

Agenda

Festival international « Danse encore » – *Trois-Rivières - juin - ✆ 819 601 2673 - www.dansencore.ca.* Une semaine de spectacles de danse.

Biennale nationale de sculpture contemporaine – *Trois-Rivières - galerie d'art du Parc - ✆ 819 691 0829 - www.bnsc.ca.* Chaque année paire, de la mi-juin à déb. sept.

Biennale internationale d'estampe contemporaine – *Trois-Rivières - de fin juin à déb. sept. ✆ 819 370 1117 - www.biectr.ca.*

Festivoix – *Trois-Rivières - fin juin-déb. juil. - ✆ 819 372 4635 - www.festivoix.com.* La chanson sous toutes ses formes pendant une dizaine de jours en salle ou en extérieur.

Classique internationale de canots de la Mauricie – *Shawinigan - sept. - www.classiquedecanots.com.* Festivités culturelles et sportives.

Festival international de la poésie – *Trois-Rivières - oct. - ✆ 819 379 9813 - www.fiptr.com/fr.* Pendant environ 10 j. ce festival réunit amateurs et professionnels de la poésie.

2

Nos adresses

Restauration

À Trois-Rivières

PLAN P. 147.

Premier prix

2 Épi, buvette de quartier – *119 r. Radisson - ✆ 819 979 3538 - www.epibuvette.ca - merc.-sam. ouv. le soir - fermé dim.-mar. - plats 17/26 $.* Les plats à base de produits locaux de saison s'affichent sur le tableau noir de ce restaurant où l'on sert une cuisine inventive, à l'image de cette purée de têtes de violon ou de cette tarte au vinaigre accompagnée d'une compote de bleuets et d'un sorbet au petit lait, servie en dessert. Plats classiques le midi et assiettes à partager le soir.

3 Le Sacristain – *300 r. Bonaventure - ✆ 819 694 1344 - www.lesacristain.ca - ouv. midi seult - fermé sam. - boîte à lunch 16,50 $.* Pour rappeler l'ancienne fonction religieuse des lieux, la décoration joue la carte de la sobriété et du verre coloré. Savoureux sandwichs et salades croquantes servis avec le sourire. Tout est fait maison, y compris les gâteaux aux dattes. À déguster avec un bon café !

Budget moyen

Chez Dany – HORS PLAN - *195 r. de La Sablière - Pointe-du-Lac - après 6 km dir. Montréal par la route 138, tournez à droite sur Grande Allée ; au bout, prenez à droite le chemin Ste-Marguerite et, 1 km après, la 2e à gauche - ✆ 819 370 4769 - www.cabanechezdany.com - fermé lun.-mar. et le soir (sf sam.) - menu 28 $.* Cette grande cabane à sucre est l'affaire des frères Néron. Chacun, en salle et en cuisine, veille à ce que les assiettes ne manquent jamais de fèves au lard, d'oreilles de crisse (lard frit), de pâté à la viande ou de crêpes au sirop d'érable. Ambiance familiale au son du « réel » traditionnel et des « rigodons ». En saison, on savoure la tire sur neige.

À Shawinigan

Premier prix

Roulotte Beauparlant – *Sur la 5e Rue - ✆ 819 537 0219 - de mi-mars à fin oct. : service continu - moins de 20 $.* Cette « roulotte à patates » ouverte en 1939 est une institution à Shawinigan. Le Premier ministre Jean Chrétien était un client fidèle. Au menu, tout pour régaler l'amateur de frites et de poutine.

Le Trou du Diable – *412 av. Willow - ✆ 819 537 9151 - troududiable.com - tlj sf lun., ouv. le soir - plats 15/32 $.* Ce bistrot pub propose des plats régionaux, mais aussi des créations originales comme le tartare de bison boréal ou le boudin de sanglier poêlé. L'endroit fait également office de microbrasserie, avec une sélection de 16 bières différentes. Des spectacles y sont régulièrement proposés.

Boire un verre

Suite Soixante – *60 r. des Forges - Trois-Rivières - ✆ 819 841 0090 - www.suitesoixante.com - mar.-merc. 11h30-14h, jeu. 11h30-19h30, vend. 11h30-22h, sam. 16h30-22h.* Galerie d'art et bar lounge à l'ambiance feutrée où vous pourrez prendre un verre ou siroter un café tout en admirant les œuvres d'art exposées. Jolie terrasse zen à l'arrière.

Le Temps d'une Pinte – *1465 r. Notre-Dame Centre - Trois-Rivières - ✆ 819 694 4484 - letempsdunepinte.ca - 11h-22h, jeu.-sam. 11h-1h.* Cette microbrasserie au décor industriel propose une belle sélection de bières locales, de plats et un excellent café torréfié sur place. Chaque soir, à 17h, le sifflet résonne dans la rue pour annoncer la fin de la journée de travail et le début de l'apéro.

Shopping

La Maison de Bibi – *1480 bd Bécancour - Bécancour - ✆ 819 222 5800 - lamaisondebibi.com.* L'atelier-boutique de la savonnerie de Bécancour propose un grand choix de savons naturels, bains moussants et gels douche. Démonstration de fabrication du savon sur réservation.

Hébergement

À Trois-Rivières

PLAN P. 147.

Premier prix

(2) **Auberge du Monde** – *497 r. Radisson - ✆ 819 378 8010 - auberge-du-monde-trois-rivieres.hotelmix.fr - 19 ch., lit en dortoir à partir de 51,50 $, ch. double 115/138 $.* Située en centre-ville, cette auberge de jeunesse propose à prix raisonnable un hébergement de qualité dans une maison centenaire réaménagée.

Pour se faire plaisir

Auberge du Lac St-Pierre – HORS PLAN - *10911 r. Notre-Dame Ouest - secteur*

Pointe-du-Lac - ✆ 819 377 5971 - www.aubergelacst-pierre.com - - 30 ch. 175/319 $ - en sus - . Le principal atout de cet hôtel excentré réside moins dans ses chambres confortables au décor suranné que dans sa situation en bordure du lac. Demandez une chambre côté fleuve. Le chef du restaurant de l'auberge sait mettre en valeur les produits du terroir et propose une riche carte des vins.

Une folie

Hôtel Delta Trois-Rivières – HORS PLAN - *1620 r. Notre-Dame Centre - ✆ 819 376 1991 - www.marriott.com - - 225 ch. 264/506 $ - 24 $.* Hôtel sobre et moderne au cœur de Trois-Rivières. Certaines chambres bénéficient d'une vue imprenable sur le fleuve.

Parc national de la Mauricie

Premier prix

Domaine Wabenaki - Andrew – *Shawinigan - du parking de l'entrée St-Gérard-des-Laurentides, faire 3,5 km à pied jusqu'aux gîtes - ✆ 819 537 4555 - ecoparc.ca/location/domaine complet/ 7 dortoirs de 4, 6, 8 et 14 lits (apporter son sac de couchage), lit 48 $ - ch. (2-4 pers.) 148 $.* Ces chalets partagés installés au cœur du Parc national offrent l'occasion de séjourner en pleine nature seul ou à plusieurs.

À Shawinigan

Pour se faire plaisir

Hôtel Énergie Shawinigan – *11100 prom. du St-Maurice - ✆ 819 537 6000 - www.hotelenergie.com - - 108 ch. 157/270 $.* Sur la rive aménagée de la rivière St-Maurice qu'il partage avec les bars et restaurants les plus animés de la ville, cet hôtel de bon standing propose des chambres soignées et confortables. Joli spa et piscine intérieure de détente.

À St-Alexis-des-Monts

Une folie

Pourvoirie du Lac Blanc – *1000 chemin du Domaine Pellerin - ✆ 819 265 4242 - www.pourvoirielacblanc.com - - 21 ch. 212/476 $ et 12 chalets - 17 $.* Difficile de ne pas « tomber en amour » devant cette pourvoirie sise au bord d'un lac et transformée en auberge pour voyageurs en quête de quiétude. Ici, entre deux baignades dans le lac ou la piscine intérieure avec vue, on part en canot observer les familles de castors. Le restaurant est bon, l'accueil chaleureux, les activités nombreuses et la sensation de bout du monde garantie. Une excellente adresse !

Le Baluchon Éco-villégiature – *3550 chemin des Trembles, St-Pauli - ✆ 819 268 2555 - www.baluchon.com - 89 ch. 343/470 $, 2 chalets - 26 $.* Qu'il est plaisant de déambuler au milieu de ce vaste site écofriendly de 25 km². Les enfants apprécieront notamment la découverte de la ferme et de ses pensionnaires. Les grands profiteront des sentiers de motoneige et de randonnée. L'éco-café Au Bout du Monde propose une cuisine de qualité composée de produits locaux.

Mont-Saint-Hilaire et la rivière Richelieu.
Ph. Renault/hemis.fr

3

À l'est de Montréal

CARTE MICHELIN RÉGIONAL Nº 760

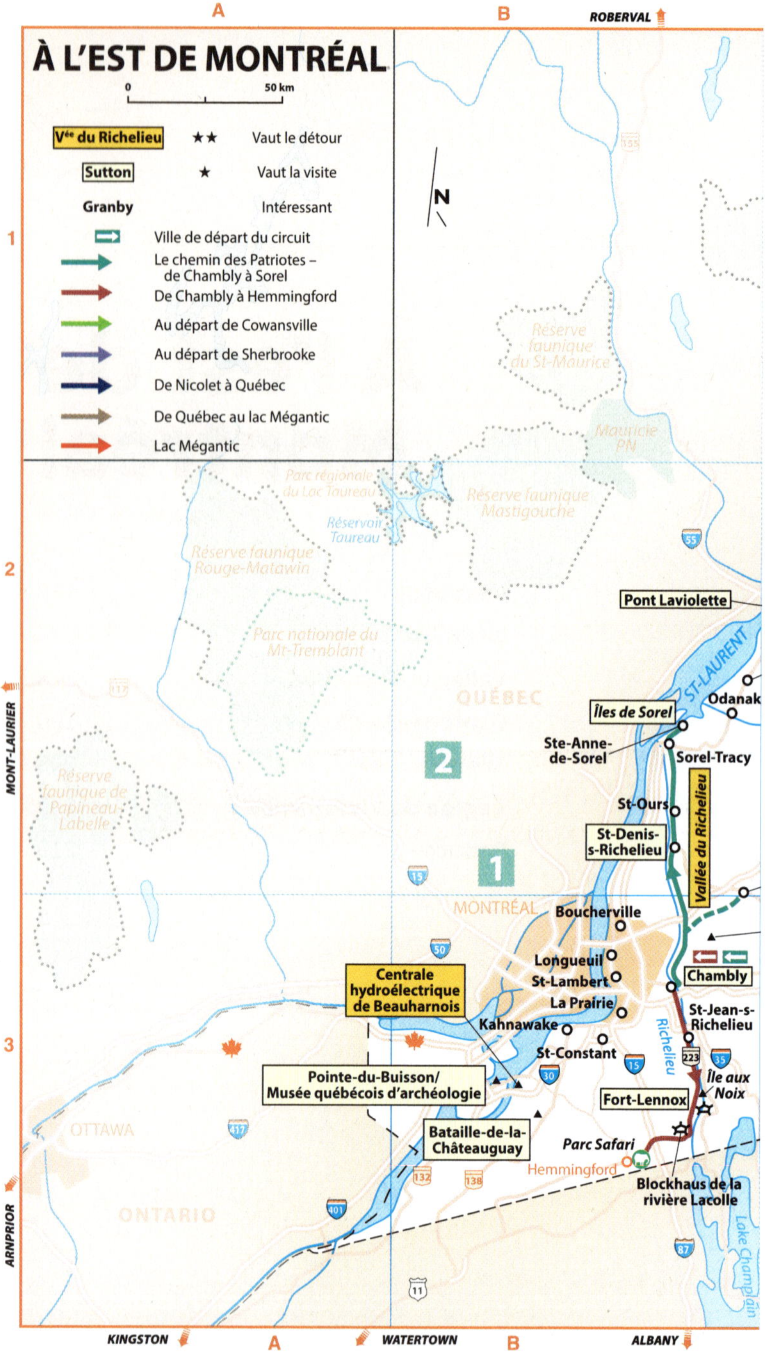

À L'EST DE MONTRÉAL
0
50 km
Vée du Richelieu ★★ Vaut le détour
Sutton ★ Vaut la visite
Granby Intéressant
Ville de départ du circuit
Le chemin des Patriotes – de Chambly à Sorel
De Chambly à Hemmingford
Au départ de Cowansville
Au départ de Sherbrooke
De Nicolet à Québec
De Québec au lac Mégantic
Lac Mégantic
A
B
1
2
3
ROBERVAL
MONT-LAURIER
ARNPRIOR
KINGSTON
WATERTOWN
ALBANY
N
Réserve faunique du St-Maurice
Mauricie PN
Parc régionale du Lac Taureau
Réservoir Taureau
Réserve faunique Mastigouche
Réserve faunique Rouge-Matawin
Parc nationale du Mt-Tremblant
Réserve faunique de Papineau-Labelle
QUÉBEC
ONTARIO
OTTAWA
MONTRÉAL
ST-LAURENT
Pont Laviolette
Odanak
Îles de Sorel
Ste-Anne-de-Sorel
Sorel-Tracy
St-Ours
St-Denis-s-Richelieu
Vallée du Richelieu
Boucherville
Longueuil
St-Lambert
La Prairie
Chambly
Kahnawake
St-Constant
St-Jean-s-Richelieu
Richelieu
Centrale hydroélectrique de Beauharnois
Pointe-du-Buisson/ Musée québécois d'archéologie
Bataille-de-la-Châteauguay
Fort-Lennox
Île aux Noix
Parc Safari
Hemmingford
Blockhaus de la rivière Lacolle
Lake Champlain
155
55
117
15
50
30
223
35
417
132
138
401
87
11

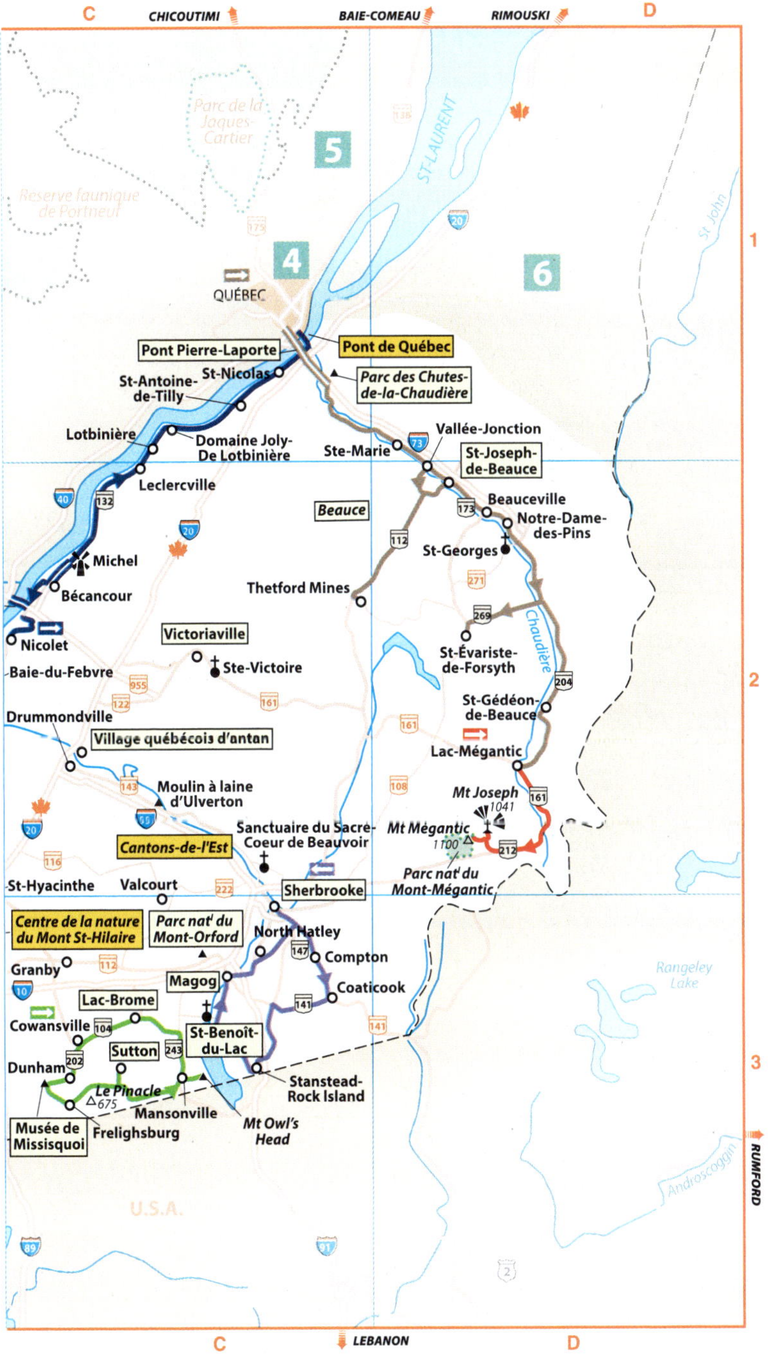

C
CHICOUTIMI
BAIE-COMEAU
RIMOUSKI
D
Parc de la Jaques-Cartier
Réserve faunique de Portneuf
5
ST-LAURENT
4
6
QUÉBEC
1
Pont Pierre-Laporte
Pont de Québec
St-Nicolas
Parc des Chutes-de-la-Chaudière
St-Antoine-de-Tilly
Lotbinière
Domaine Joly-De Lotbinière
Ste-Marie
Vallée-Jonction
St-Joseph-de-Beauce
Leclercville
Beauce
Beauceville
Notre-Dame-des-Pins
St-Georges
Michel
Bécancour
Thetford Mines
Nicolet
Victoriaville
Ste-Victoire
St-Évariste-de-Forsyth
Chaudière
Baie-du-Febvre
2
St-Gédéon-de-Beauce
Drummondville
Village québécois d'antan
Lac-Mégantic
Moulin à laine d'Ulverton
Mt Joseph
1041
Sanctuaire du Sacre-Coeur de Beauvoir
Mt Mégantic
1100
Cantons-de-l'Est
Parc natl du Mont-Mégantic
St-Hyacinthe
Valcourt
Sherbrooke
Centre de la nature du Mont St-Hilaire
Parc natl du Mont-Orford
North Hatley
Compton
Rangeley Lake
Granby
Magog
Coaticook
Lac-Brome
Cowansville
St-Benoît-du-Lac
Sutton
Dunham
3
Stanstead-Rock Island
Le Pinacle
675
Mansonville
Musée de Missisquoi
Frelighsburg
Mt Owl's Head
RUMFORD
Androscoggin
St John
U.S.A.
C
LEBANON
D

Longueuil

Vous passerez dans cette banlieue résidentielle de Montréal avant de rejoindre le mont St-Hilaire ou le fort de Chambly. Ceux qui aiment la navigation iront visiter l'écluse de St-Lambert, marquant l'entrée de la voie maritime du Saint-Laurent. Et les familles flâneront au parc des Îles-de-Boucherville.

La marina de Longueuil.
Guy Banville/Getty Images Plus

Se repérer

262 604 habitants

CARTE B3 (P. 166-167).

Longueuil se trouve à 10 km à l'est de Montréal par le pont Jacques-Cartier. On peut également s'y rendre en métro ou en empruntant (l'été) une navette fluviale.

À ne pas manquer

L'écluse de St-Lambert et le pont Victoria.

En famille

Le Parc national des îles-de-Boucherville.

Nos adresses p. 173

Découvrir

8940 bd Leduc, bureau n°10 - Brossard J4Y 0G4 - 450 466 4666 ou 1 866 469 0069 - www.tourisme-monteregie.qc.ca.

Cathédrale Saint-Antoine-de-Padoue

À l'angle de la rue St-Charles et du chemin de Chambly - 450 674 1549 - www.cocathedrale.ca - lun.-vend. 9h-12h, 13h-16h ; musée : mi-juin-déb. sept. : merc.-dim. 9h30-12h, 13h-16h30 - don suggéré 5 $.

Cette imposante église de pierre (1885-1887), dotée d'un unique clocher et d'un dôme, est – avec l'église St-Jean-sur-Richelieu – la « co-cathédrale » du diocèse de St-Jean-Longueuil. Elle se dresse sur l'emplacement du fort que Charles Le Moyne, premier seigneur de Longueuil, avait fait construire. L'intérieur, très orné, comprend trois nefs et des peintures de Jean-Baptiste Roy Audy.

Maison Rollin-Brais

205 chemin de Chambly.

Cette maison fut construite entre 1799 et 1808. L'édifice, qui servait à l'origine de forge, fut aménagé en auberge en 1814, puis racheté par le maire de Longueuil en 1912. Il se distingue par son toit de bardeaux, ses hautes cheminées et ses pierres grossièrement équarries.

Rue Saint-Charles Est

Plusieurs maisons historiques, la plupart en pierre, bordent cette section pittoresque de la rue St-Charles. Le **couvent de Longueuil** *(n° 70)* fut construit en 1769 et agrandi d'une aile en 1844. La **maison Daniel-Poirier** *(n° 100)* date de 1749. La **maison Lamarre** *(n° 255)*, le plus ancien édifice de la ville, fut construite en 1740 et héberge aujourd'hui la Société d'histoire de Longueuil. Le comble sur pignons fut remplacé par une toiture mansardée en 1895.

Derrière la maison Lamarre, une passerelle traverse la route 132 et aboutit à un réseau de pistes cyclables longeant le fleuve.

Traversier – *Croisières Navark - 514 871 8356 - www.navark.ca - ♿ - dép. du quai d'embarquement de Longueuil (promenade René-Lévesque) ttes les heures de 10h à 17h (fréquence augmentée en période d'affluence) de mi-juin à déb. sept. : w.-end et j. fériés ; reste de l'année : se rens. - 5,50 $ AS.* Une navette fluviale mène les piétons à l'**île Charron**, d'où ils pourront par la suite accéder au Parc national des Îles-de-Boucherville (p. 170).

3

Une célèbre lignée

Longueuil faisait partie de la seigneurie accordée à Charles Le Moyne en 1657. Entre 1685 et 1690, ce dernier y fit construire un imposant fort de pierre qui devait servir à Montréal d'ultime défense contre les incursions des Iroquois ; il l'appela Longueuil en souvenir de son village natal de Normandie. Le fort fut démoli en 1810. Parmi ses douze fils, plusieurs devinrent célèbres. Le Moyne légua sa seigneurie à l'aîné, Charles, anobli par lettre patente de Louis XIV. L'explorateur Pierre Le Moyne d'Iberville aida Pierre de Troyes à vaincre les Anglais à la baie James en 1686 et devint gouverneur des postes de traite conquis. Jean-Baptiste Le Moyne de Bienville est connu pour la fondation de La Nouvelle-Orléans en 1718.

À proximité

CARTE P. 166-167

Boucherville B3

À 12 km au nord de Longueuil. Suivez la 132 EB, prenez la sortie 18 bd Montarville.
Ancrée sur les bords du St-Laurent, cette localité est l'une des plus vieilles du Québec (1668). Louis-Hippolyte La Fontaine, Premier ministre du Canada-Uni de 1842 à 1843 et de 1848 à 1851, y vit le jour. Principale artère de la ville, le **boulevard Marie-Victorin** est bordé de belles demeures du 19e s. Remarquez, au nº 470, le manoir construit au milieu du 18e s. pour François-Pierre Boucher de Boucherville et, au nº 486, la magnifique maison de brique que fit bâtir, au 19e s., Charles-Eugène Boucher de Boucherville, Premier ministre du Québec de 1874 à 1878 et de 1891 à 1892.

Maison dite Louis-Hippolyte-La Fontaine

314 bd Marie-Victorin (près du tunnel) - ✆ 450 449 8347 - mai et de déb. sept. à mi-oct. : vend.-dim. 13h-17h ; de déb. juin à fin août : tlj sf lun. 10h-17h - gratuit.
Édifiée en 1766, puis reconstruite après l'incendie de 1843, cette demeure fut transplantée du Vieux-Boucherville sur son site actuel, à proximité du fleuve, en 1964. **Louis-Hippolyte La Fontaine** (1807-1864) y vécut de 1813 à 1820, avant d'entreprendre ses études de droit au Petit Séminaire de Montréal. Un bref historique rappelle les principales étapes de sa carrière. On attribue volontiers à La Fontaine l'instauration du « gouvernement responsable », c'est-à-dire du pouvoir colonial relevant d'une assemblée élue et non plus du gouvernement britannique.
Remarquez, dans le **parc**, les ruines de **La Broquerie**, vestiges du « château » Sabrevois construit en 1735 mais détruit par un incendie en 1970.

★ Église de la Sainte-Famille

560 bd Marie-Victorin.
Cette église (1800) est due à l'abbé Pierre Conefroy, qui utilisa un plan en croix latine mieux adapté aux paroisses rurales, en pleine explosion démographique à la fin du 18e s. Cela permit de mettre en œuvre un chantier rapide, sans dépasser le budget prévu. Le « plan-devis Conefroy » devint vite un modèle recherché, et la construction de l'église de Boucherville servit de base à toutes les paroisses du Québec. Son succès valut à Pierre Conefroy d'être nommé vicaire général du diocèse, responsable de la construction des églises.
Sorti des ateliers de **Louis-Amable Quévillon**, le décor intérieur fut détruit par l'incendie de 1843. Il présente un traitement architectural typique de l'art de Thomas Baillairgé, mais aussi un profond souci du détail et de l'ornementation, comme le montrent de grands panneaux de style Louis XV. Les tombeaux et les autels latéraux, de Quévillon, ont survécu à l'incendie de 1843. Sculpture massive et baroque attribuée à Gilles Boivin, le **tabernacle** (v. 1745) du maître-autel est une œuvre majeure de l'époque de la Nouvelle-France.
Face à l'église, de l'autre côté de la rue, s'ouvre une vaste perspective sur les îles de Boucherville et l'est de Montréal. Les rues voisines, notamment la rue de la Perrière, sont bordées de maisons du 19e s.

Parc national des Îles-de-Boucherville

Accès par la route 25 (sortie 1) ou par traversier (p. 169) - ✆ 450 928 5088 ou 1 800 665 6527 - www.sepaq.com/pq/bou - ⛺ ✕ - ouv. tte l'année (de déb. nov. à

Seigneurie de Montarville

Le Parc national du Mont-St-Bruno (☛ *ci-dessous*) faisait autrefois partie de la seigneurie de Montarville, accordée en 1710 à Pierre Boucher par le sieur de Vaudreuil, gouverneur de la Nouvelle-France. La présence de quelques cours d'eau sur le mont et la force du courant permirent la construction de plusieurs moulins. Quant à la nature sablonneuse du sol, elle favorisa la culture des pommiers. En 1829, une partie de la seigneurie fut vendue à François-Pierre Bruneau, avocat montréalais dont le nom (avec une orthographe modifiée) fut, plus tard, donné à la colline.

fin mars : barrière d'entrée fermée à 16h) - consulter le site Internet pour connaître les périodes d'ouverture des centres de services de **l'île Ste-Marguerite** *et du centre de services* **Grosbois** *(service de traversier) - 9,55 $.*

Activités estivales : kayak de mer, canot, vélo, pêche, volley sur sable, observation animalière (cerf de Virginie). Activités hivernales : randonnée pédestre sur neige, trottinette des neiges, ski nordique, raquettes, Ski-Vel.

Situé au large de Boucherville, ce chapelet d'îles faisait autrefois partie de la seigneurie de Pierre Boucher. On les appelait alors les « îles percées ». Elles semblent n'avoir guère changé depuis, même si l'une d'elles, l'île Grosbois, abrita un parc d'attractions au début du 20e s. Depuis 1984, cinq de ces îles forment un parc national. Du bureau de renseignements, situé sur l'île Ste-Marguerite, on rejoint les autres îles par un bac à câbles et par des passerelles.

Promenades à pied ou à vélo *(20 km)* et canotage autour des îles offrent de beaux **points de vue** sur Montréal, depuis la rive opposée du St-Laurent.

Parc national du Mont-Saint-Bruno

330 rang des 25 Est, 18 km à l'est de Longueuil - ℘ 450 653 7544 - www.sepaq.com/pq/msb - ✕ ♿ - ouv. t.l.j. de l'année - consulter le site Internet pour connaître les périodes d'ouverture des centres de services - 17,05 $.

Activités estivales : randonnée pédestre (27 km de sentiers), cueillette, observation animalière (200 espèces d'oiseaux). Activités hivernales : ski de fond, raquettes, randonnée pédestre sur neige.

Ce parc de conservation créé en 1985 englobe la majeure partie du mont St-Bruno, célèbre **colline Montérégienne** s'élevant à 218 m au-dessus de la plaine environnante. Avec ses cinq lacs, ses pommiers et son moulin à eau du 18e s., il constitue une oasis de verdure idéale, été comme hiver, pour se ressourcer avant de rejoindre la ville.

Du terrain de stationnement, un agréable sentier *(1h AR)* passe devant le site de l'ancien collège du Mont-St-Gabriel et mène, à travers une chênaie rouge et une érablière, à deux étendues d'eau : le **lac du Moulin** et le **lac Seigneurial**. Au bord du premier se dresse un vieux **moulin** en pierre (1761), seul survivant des nombreux moulins à eau d'antan, qui abrite aujourd'hui un centre d'interprétation de la nature. À côté du moulin et le long du lac, les pommiers rappellent l'époque de la seigneurie de Montarville.

D'autres sentiers, plus longs, permettent de se rendre à trois autres lacs : le **lac des Bouleaux**, le **lac à la Tortue** et celui des **Atocas** (mot des Premières Nations désignant les canneberges).

Selon la saison, les amoureux de la nature pourront y faire des pique-niques, de la randonnée pédestre ou du ski de fond.

3

Histoire de la voie maritime du Saint-Laurent

L'ouverture de la voie maritime, en 1959, marqua la réalisation d'un rêve vieux de 400 ans. Au début du 16e s., Jacques Cartier avait dû reculer devant les eaux tumultueuses des rapides de Lachine et renoncer au rêve de découvrir le fameux passage vers l'Orient. Les rapides n'étaient que le premier d'une série d'obstacles naturels qui rendaient le fleuve non navigable entre Montréal et les Grands Lacs.
À diverses reprises au cours des trois siècles qui suivirent, les Premières Nations, puis les soldats et les colons tentèrent de dompter la rivière, les chutes et les rapides en creusant des canaux et en aménageant des écluses autour des obstacles qui bloquaient le St-Laurent en amont de Montréal. Après la révolution industrielle, l'aménagement d'une voie navigable qui relierait les États-Unis aux ports canadiens et européens et faciliterait le transport de marchandises commença à intéresser les États-Unis. Des années de négociations entre les gouvernements canadien et américain aboutirent à un projet conjoint, ayant pour but de construire, entretenir et contrôler les écluses et les canaux. Finalement, le 25 avril 1959, le brise-glace *Iberville* amorça le premier passage complet de la voie maritime du St-Laurent que la reine Élisabeth II, le président Dwight Eisenhower et John Diefenbaker, Premier ministre du Canada, inaugurèrent le 26 juin de la même année.

Saint-Lambert B3

À 5 km au sud de Longueuil. Suivez l'autoroute 132-20 et prenez la sortie 6. Tournez ensuite à gauche, dans l'avenue Notre-Dame.

St-Lambert faisait autrefois partie de la seigneurie de Longueuil. On l'appelait le quartier de Mouille-Pied tant le sol y était marécageux. Aujourd'hui, St-Lambert marque l'entrée de la voie maritime du St-Laurent (*encadré ci-dessus*). Celle-ci mesure 3 800 km de longueur et au moins 8 m de profondeur ; 16 écluses font franchir aux bateaux une hauteur totale de 177 m, ce qui correspond à la différence d'altitude entre Montréal (6 m) et le lac Supérieur (183 m).

Les **cargos** qui empruntent la voie maritime, les **lacquiers**, peuvent mesurer jusqu'à 222 m de long et 23 m de large. Ils apportent principalement le minerai de fer des mines du Québec et du Labrador aux aciéries de la région des Grands Lacs, et acheminent vers les ports du St-Laurent de grandes cargaisons de céréales en provenance des prairies des États-Unis.

★ **Écluse de Saint-Lambert** – *Plateforme d'observation rue de l'Écluse.* Première écluse de la voie maritime, elle soulève ou abaisse les cargos de quelque 4,6 m pour leur permettre de franchir les dangereux rapides en amont du port de Montréal. L'écluse fonctionne en coordination avec le **pont Victoria★**, impressionnante structure construite entre 1854 et 1859 pour faire traverser le fleuve au chemin de fer du Grand Tronc.

À l'époque, ses 2 742 m en faisaient une merveille d'ingénierie. Reconstruit une première fois à la fin du 19e s., puis dans les années 1950, il est ouvert à la circulation automobile et ferroviaire. Une travée levante à chaque extrémité de l'écluse rend d'ailleurs possible le passage continu des voitures et des trains, indépendamment de l'éclusage des bateaux. De la **plate-forme d'observation**, on regarde passer les énormes lacquiers qui remontent jusqu'aux Grands Lacs ou qui descendent le fleuve jusqu'à Port-Cartier et Sept-Îles.

Nos adresses

Restauration

À Longueuil

Premier prix

Péché matinal – *337 r. St-Charles-Ouest - ✆ 450 616 6240 - www.pechematinal.com - fermé lun.-mar. et le soir - plats 18/25 $.* Situé dans le vieux Longueuil, ce restaurant est l'endroit idéal pour un brunch ou pour déjeuner. Beau choix de plats végétariens et vegans.

Budget moyen

Silva Grillades – *177 r. St-Charles-Ouest - ✆ 450 748 2233 - www.silvagrillades.ca - fermé dim.-lun. et sam. midi - plats 34/49 $.* Restaurant portugais proposant tapas et plats aux saveurs méditerranéennes. Service chaleureux.

Restaurant Lou Nissart – *260 r. St-Jean - ✆ 450 442 2499 - lelounissart.com - fermé dim.-mar. et sam. midi - plats 30/42 $ - pizzas 22/27 $.* Le chef Martin et sa femme Joséphine servent de délicieux plats aux saveurs du Sud de la France : ratatouille, salade niçoise...

À La Prairie

Premier prix

Le restaurant des jardiniers maraîchers – *1210 ch. de St-Jean - ✆ 450 659 8889 - www.restaurant-maraichers.com - service continu - plats 12/21 $.* Large choix de plats et snacks. La spécialité ? Le poulet grillé au charbon de bois, qui est même décliné en sandwich et en poutine.

Budget moyen

Le Shack du Pécheur – *1119 bd Taschereau - ✆ 450 907 3558 - www.shackdupecheur.com - service continu - fermé à midi du sam. à mar. - plats 22/42 $.* Comme un petit air des provinces maritimes, dans ce restaurant de poisson ! On y déguste de délicieux *fish and chips*, ou encore de la poutine au homard, des soupes aux palourdes ou des crevettes sautées.

La Prairie

Cette banlieue résidentielle de Montréal s'étend depuis la rive sud du St-Laurent. La petite ville a su préserver quelques édifices représentatifs de l'architecture urbaine née en Nouvelle-France et des bâtiments de bois à l'image de ceux qui s'élevaient dans les faubourgs montréalais au début du 19e s. La Prairie est également un bon port d'attache pour découvrir le Musée ferroviaire canadien, à St-Constant, ou encore le lieu historique national de la Bataille-de-la-Châteauguay.

Se repérer

26 989 habitants

CARTE B3 (P. 166-167).

La Prairie se trouve à environ 20 km au sud-est de Montréal par le pont Champlain et la route 15 Sud.

En famille

Exporail - Le Musée ferroviaire canadien à St-Constant.

Se promener

Le Vieux-La Prairie

Les incendies de 1846 et de 1901 n'épargnèrent pas beaucoup de bâtiments anciens dans l'arrondissement historique Le Vieux-La Prairie. Il subsiste néanmoins quelques intéressantes structures de grès qui évoquent les débuts du classicisme anglais *(120 chemin de St-Jean et 166 r. St-Georges)*. Deux d'entre elles reflètent le modèle d'architecture urbaine né en Nouvelle-France *(115 et 150 ch. de St-Jean)*. La plupart des autres bâtiments du Vieux-La Prairie sont des constructions de bois, comme on en trouvait dans les faubourgs de Montréal au début du 19e s. *(234, 238 et 240 r. St-Ignace)*.

Église de la Nativité

Chemin de St-Jean.

Le vieux village est dominé par cette église (1841) dont la monumentale façade néoclassique, surmontée d'un clocher, est devenue le symbole de La Prairie. Deux rangées de colonnades et un clocher coiffé d'un dôme rappellent le modèle lointain de l'ancienne cathédrale catholique de Montréal. L'architecture intérieure, inspirée de l'église londonienne de St-Martin-in-the-Fields, présente quant à elle la symétrie et l'ordonnance du style néoclassique.

Musée du Vieux-Marché

249 r. Ste-Marie - ✆ 450 659 1393 - www.shlm.info - ♿ - sept.-mai : mar., jeu. et vend. 10h-17h - visites guidées sur réserv. - 10 $.

Construit en 1863, ce bâtiment de brique d'allure classique servit de marché, de caserne de pompiers et de poste de police. Aujourd'hui affecté à la conservation et à la mise en valeur du passé, il abrite la Société d'histoire de La Prairie de la Magdeleine. Des expositions retracent l'histoire du Vieux-La Prairie.

Un peu d'histoire

En 1647, la seigneurie de « la prairie de la Magdeleine » fut accordée aux Jésuites, désireux d'établir une mission dans le but de convertir les Premières Nations et de réduire les hostilités envers les colons européens. Cependant, les guerres iroquoises retardèrent de 20 ans la colonisation. En 1691, les premiers colons durent affronter les forces britanniques de la Nouvelle-Angleterre. La bataille se solda par la victoire des colons. Les attaques iroquoises cessèrent après le traité de la paix de Montréal (1701) et la région connut un important essor au cours de la première moitié du 18e s. Après la Conquête anglaise, les commerçants britanniques développèrent les transports et les voies de communication avec notamment, en 1836, la construction, par la compagnie ferroviaire Champlain and St Lawrence Railroad, du premier chemin de fer canadien, qui reliait La Prairie à St-Jean-sur-Richelieu. Dans les années 1890, quelques briqueteries furent implantées. Elles figurent encore parmi les plus importantes du Canada.

À proximité

CARTE P. 166-167

Saint-Constant B3

À 8,5 km de La Prairie.

★ **Exporail - Le Musée ferroviaire canadien** – *110 r. St-Pierre (rte 209) - 450 632 2410 - exporail.org - - de mi-mai à déb. sept. : 9h-17h ; de déb. sept. à fin oct. : merc.-dim. 9h-17h ; de déb. nov. à mi-mai : vend.-dim. 9h-17h - 22 $.* Le plus grand musée ferroviaire du pays plonge les visiteurs dans l'histoire fascinante du transport ferroviaire à travers une série d'expositions permanentes. La plus importante vise à moderniser et à dépoussiérer la vision qu'ont les Québécois du transport ferroviaire, dans ce pays où le train reste peu utilisé. L'exposition présente de nombreux modèles de véhicules (locomotives, wagons…) de différentes époques. Elle rend hommage aux figures emblématiques qui ont façonné et continuent de faire l'histoire du rail canadien. Le musée possède une remarquable collection d'objets ferroviaires, dont près de 179 véhicules, du tramway à la voiture passager en passant par les mythiques locomotives à vapeur. Parmi les locomotives à vapeur, notez la réplique de la **Dorchester** qui, en 1836, tracta le premier train canadien. Les visiteurs peuvent aussi monter à bord d'un authentique tramway d'époque ou s'offrir une virée sur un chemin de fer miniature. À voir aussi : le pont tournant pour faire pivoter les locomotives, l'imposant chasse-neige rotatif qui dégageait les rails pendant les longs et rigoureux hivers canadiens, ainsi qu'une fosse d'observation unique en Amérique du Nord, permettant de passer sous les locomotives…

Écluse de la Côte-Sainte-Catherine – *À 6 km env. du Musée ferroviaire canadien. Prenez la direction nord jusqu'à la route 132 ; tournez à gauche, puis à droite dans la rue Centrale - 450 672 4110 - avr.-déc.* C'est la seconde écluse de la voie maritime du St-Laurent (*encadré p. 172*). Pour éviter les rapides de Lachine, les bateaux y sont élevés de 9 m, soit du niveau du bassin de La Prairie à celui du lac St-Louis. Du terrain de stationnement, belle **vue** sur les gratte-ciel de Montréal et sur les navires allant d'une porte à l'autre de l'écluse.

3

Kateri Tekakwitha

Née en 1656 à Auriesville (État de New York) d'un père iroquois et d'une mère algonquine, **Kateri Tekakwitha** devint orpheline dès l'âge de 4 ans à la suite d'une épidémie de variole qui lui laissa le visage marqué et la vue affaiblie. Son oncle la recueillit et lui donna le nom de Tekakwitha, « celle qui avance en hésitant » en mohawk. Baptisée en 1676 par les Jésuites, la jeune fille reçut le prénom de Kateri en souvenir de sainte Catherine de Sienne. En 1677, pour fuir les mauvais traitements dont elle était devenue victime dans son village, Kateri partit se réfugier à la mission St-François-Xavier. Elle mourut trois ans plus tard à l'âge de 24 ans. On attribue de nombreux miracles à celle qui devint, en 2012, la première Amérindienne à être canonisée par l'Église catholique.

Kahnawake B3

À 30 km à l'ouest de La Prairie, par la route 132, puis la 15 et la 20.
Kahnawake est une communauté mohawk, dont le nom amérindien signifie « au pied des rapides ». En 1668, les jésuites avaient fondé à La Prairie la mission St-François-Xavier, vouée à l'évangélisation des autochtones. En 1717, la mission fut déplacée en ces lieux.
Église Saint-François-Xavier – *10 r. Church.* Œuvre du jésuite Félix Martin, l'édifice fut bâti en 1845 pour remplacer l'église de 1717. Il abrite le **sanctuaire Kateri-Tekakwitha**, contenant le tombeau et les reliques de la sainte *(encadré ci-dessus)*. Un petit **musée** présente une exposition sur la jeune fille et sur le mode de vie mohawk.

★ Lieu historique national de la Bataille-de-la-Châteauguay B3

À 38 km de Kahnawake, sur la route 138, entre Howick et Ormstown - 2371 chemin de la Rivière-Châteauguay - ✆ 450 829 2003 ou 1 888 773 8888 - parcs.canada.ca/lhn-nhs/qc/chateauguay - ♿ - de fin juin à déb. sept. : merc.-dim. 10h-17h - 4,50 $.
Entre fermes et petits villages au charme bucolique, tout respire la paix dans la vallée de la rivière Châteauguay, au sud-ouest de Montréal. Cette région constitua pourtant, durant la courte période de la guerre de 1812, un champ de bataille important où furent battues en brèche les visées américaines sur le Canada.
Le 26 octobre 1813, un régiment canadien français sous les ordres du lieutenant-colonel **Charles-Michel de Salaberry** (1778-1829) dut affronter une armée américaine forte d'au moins 2 000 hommes, conduite par le général Wade Hampton. Salaberry l'emporta grâce à la ruse, exploitant la supériorité que lui donnait la connaissance du terrain, et parvint ainsi à repousser l'attaque.
Faites un arrêt au **centre d'interprétation** du site. Sa **maquette interactive** dévoile la stratégie et les enjeux de la fameuse bataille, et son **belvédère intérieur** offre une superbe vue du terrain d'affrontement. Vous pourrez même, si vous le souhaitez, découvrir à vélo les paysages témoins de la bataille en suivant un circuit extérieur de 15 km environ conçu à l'attention des visiteurs.

Beauharnois B3

À 28 km au nord du lieu historique de la Bataille-de-la-Châteauguay. Rejoignez la route 138 puis, après Ste-Catherine, tournez à gauche et suivez la route 205.
Beauharnois accueille l'une des plus grandes centrales hydroélectriques du Canada, ainsi qu'un canal qui permet aux navires, engagés dans la voie maritime

du St-Laurent (*encadré p. 172*), d'éviter les rapides reliant le lac St-François au lac St-Louis. L'eau du St-Laurent y est dérivée de son cours naturel par les barrages, digues et ouvrages de régulation près de Coteau-du-Lac.

★★ **Centrale hydroélectrique de Beauharnois** – *80 bd de Melocheville - ✆ 1 800 365 5229 - visite guidée, sur réserv., (1h30) gratuite à 9h30, 11h15, 13h et 14h45 ; de déb. sept. à mi-juin : sam. 9h30, 11h15, 13h30 et 14h45 - présentation obligatoire d'une pièce d'identité pour tout visiteur de plus de 18 ans.* Cet énorme complexe est à la fois l'un des plus puissants du Québec (puissance installée de 1645 810 kW) et l'un des plus longs du monde (longueur totale : 864 m). Il s'agit d'une **centrale au fil de l'eau**, c'est-à-dire sans chute ni réservoir naturel pour contrôler ou activer le courant : elle utilise uniquement le puissant débit du St-Laurent, rendu encore plus fort par la dénivellation de 24 m entre le lac St-François et le lac St-Louis. L'eau du canal coule à une vitesse de 3 km/h. Si, en plein hiver, le Québec utilise à lui seul toute l'énergie produite par la centrale, le reste de l'année, la production excédentaire est transportée en Ontario et aux États-Unis par des lignes à très haute tension de 735 000 V. Présentée au centre d'interprétation, l'exposition permanente constitue une bonne introduction à la visite de la centrale. On fera le tour de la **salle des alternateurs**, espace de 864 m de long abritant 36 groupes alternateurs. Chaque turbine pèse plus de 100 t et mesure 4 m de hauteur pour 6 m de diamètre. On découvrira aussi la **salle des commandes**, où les ordinateurs contrôlent les opérations et règlent la production, et on pourra monter sur le toit, d'où le réseau des lignes à haute tension filant dans toutes les directions offre un spectacle étonnant, avec Montréal et le St-Laurent en toile de fond.

Écluses de Beauharnois – *À 2 km à l'ouest de la centrale par la route 132 Ouest - terrain de stationnement à côté de l'écluse.* On peut voir ici l'écluse inférieure. Elle permet de contourner la centrale et de soulever les navires de 12,5 m.

L'écluse supérieure se trouve à 3,2 km en amont ; les navires y sont soulevés de 12,5 m supplémentaires, afin d'atteindre le niveau du canal de Beauharnois. Du terrain de stationnement, on a la plus belle vue sur l'ensemble des installations.

★ Pointe-du-Buisson/Musée québécois d'archéologie B3

333 r. Émond, à Melocheville (secteur de Beauharnois) par la route 13 - ✆ 450 429 7857 - www.pointedubuisson.com - ♿ - mar.-dim. 10h-17h - 9 $.

S'avançant depuis la rive sud du St-Laurent, cette jolie pointe boisée formant saillie dans le fleuve est particulièrement appréciée des pêcheurs à la recherche d'esturgeons, de barbues et d'anguilles dans les rapides. L'endroit est devenu un important site archéologique depuis la découverte sur les lieux de traces d'occupation humaine remontant à 5 000 ans av. J.-C. L'attestent les milliers d'objets et ossements préhistoriques mis au jour sur le site, qui tendent à prouver que la Pointe-du-Buisson fut très longtemps un lieu de pêche et de portage prisé par les populations autochtones.

Ici, la majeure partie des artefacts provient des 17 sites archéologiques de Pointe-du-Buisson et couvre notamment la période de l'Archaïque laurentien. Le visiteur pourra à la fois découvrir les collections du musée (riches de plus de 2 millions d'objets) dans son **laboratoire-réserve** et à travers ses expositions permanentes et temporaires.

Il pourra aussi faire la **visite archéologique** des sentiers balisés aménagés sur le site. Le parc offre de belles vues sur les rapides. On remarquera au passage le **grès de Potsdam**, plus ancienne formation rocheuse de la région de Montréal, ici mis à nu par l'érosion du fleuve.

3

Vallée du Richelieu ★★

La majestueuse rivière Richelieu constitue l'un des maillons de l'axe fluvial Montréal-New York. Longue d'environ 130 km, elle prend sa source dans l'État de New York et coule vers le nord jusqu'au St-Laurent, qu'elle rejoint à Sorel. Samuel de Champlain découvrit cette voie navigable en 1609 et la baptisa « rivière des Iroquois ». Le cours d'eau prit par la suite le nom du cardinal de Richelieu (1585-1642), Premier ministre de Louis XIII, qui soutint activement le développement de la Nouvelle-France. Au début du 18e s., des pionniers s'installèrent pour cultiver les terres fertiles de la région qui, aujourd'hui encore, compte parmi les zones agricoles les plus riches du Québec. Très prisée des Montréalais, la vallée attire chaque été des milliers de voyageurs et de touristes. Les circuits proposés permettent de découvrir les deux rives de la rivière Richelieu et toute la beauté de la région.

Se repérer

CARTE B2-3 (P. 166-167) ET
CARTE VALLÉE DU RICHELIEU (P. 180).
Chambly, point de départ des deux circuits, se trouve à environ 30 km à l'est de Montréal par la route 10. Les itinéraires proposés ci-après suivent la vallée du Richelieu : route 133, rive droite (à l'est) ou route 223, rive gauche (à l'ouest).

À ne pas manquer

Le Centre de la nature du mont St-Hilaire.

Organiser son temps

Chaque circuit peut se faire en une journée.

En famille

Le parc Safari, près de Hemmingford.

Nos adresses p. 189

Circuits conseillés

CARTE P. 166-167 ET CARTE P. 180

Le chemin des Patriotes – de Chambly à Sorel B2-3

Circuit tracé en vert sur la carte p. 180, 78 km par la route 133.
Tourisme Montérégie – *Longueuil, p. 168.*

★ Chambly

Banlieue résidentielle de Montréal, la ville de Chambly s'élève là où la rivière Richelieu s'élargit en aval d'importants rapides, sur un très beau site qui attire depuis longtemps les artistes. Le peintre impressionniste **Maurice Cullen** (1866-1934) et son beau-fils **Robert Pilot** (1898-1967) y ont ainsi vécu. Chambly fut également la ville natale d'**Emma Lajeunesse** (1847-1930). Mieux connue sous son nom de scène, **Albani**, cette chanteuse d'opéra de renommée internationale fut l'une des meilleures sopranos de sa génération.

Lieu historique national du Canal-de-Chambly – *1899 bd De Périgny - ☏ 450 658 438 (écluse nº 1 : Chambly), ☏ 450 3483 392 (écluse nº 9 : St-Jean-sur-Richelieu)*

Maison en bois traditionnelle, Chambly.
bakerjarvis/Getty Images Plus

ou 1888 773 8888 - parcs.canada.ca/lhn-nhs/qc/chambly - ✕ ♿ - 15 avr.-15 nov. : du lever du soleil à 23h. Inauguré en 1843, ce canal historique longe la route 223 sur toute sa longueur. Il compte neuf écluses (dont huit manuelles) réparties sur un tracé de 19 km de long (de St-Jean-sur-Richelieu au bassin de Chambly) et permet aux bateaux de contourner les nombreux rapides de la rivière Richelieu et de franchir une dénivellation de 24 m. Au début du 20e s., l'activité commerciale – aujourd'hui remplacée par la navigation de plaisance – y était très intense, et plus de 4 000 bateaux empruntaient chaque année ce passage. Outre son kiosque d'interprétation et ses nombreux éléments historiques, le site offre au visiteur une piste cyclable qui longe le canal sur 20 km jusqu'à St-Jean-sur-Richelieu.

★ **Croisières** – *Croisières Pierre-Le Moyne-d'Iberville - croisieresdiberville.com - ✆ 450 348 9744 ou 1 888 348 9744 - de mi-mai à mi-oct. - départ du quai de l'Auberge Handfield (à St-Marc-sur-Richelieu) - 160 $/pers. avec repas à l'auberge.* Sur les eaux calmes du bassin de Chambly et du canal, elles vous permettront de jouir de belles vues sur le mont St-Hilaire, Fort-Chambly et les rapides.

Continuez par la rue de Bourgogne, puis prenez la rue du Fort.

★★ **Lieu historique national de Fort-Chambly** – *2 r. Richelieu, au bord de la rivière Richelieu - ✆ 450 658 1585 ou 1 888 773 8888 - parcs.canada.ca/lhn-nhs/qc/fort chambly - ♿ - de mi-mai à fin juin et de déb. sept. à mi-oct. : merc.-dim. 10h-17h ; de fin juin à déb. sept. : 10h-17h - 9 $.* Au cœur d'un parc magnifique, là où la rivière Richelieu s'élargit pour former le bassin de Chambly, ce fort a été restauré selon sa forme originale du 18e s. Il s'agit du seul exemple d'installation fortifiée datant du Régime français, et l'on y retrouve quelques vestiges de la structure de pierre conçue par l'ingénieur militaire Josué Boisberthelot de Beaucours. Érigé de 1709

VALLÉE DU RICHELIEU
ET FORT-LENNOX
0 10 km
TROIS-RIVIÈRES
NICOLET
DRUMMONDVILLE
WATERLOO
SHERBROOKE
KNOWLTON
VAUDREUIL-DORION
CHÂTEAUGUAY
BEAUHARNOIS, CHÂTEAUGUAY
ALBANY, NY
PLATTSBURGH, NY
BURLINGTON, VT
U. S. A.
N
Île aux Noix
St-Paul-de-l'Île-aux-Noix
Richelieu
R.
Fort-Lennox ★
0 200 m
Îles de Sorel
Berthierville
St-Ignace-de-Loyola
Ste-Anne-de-Sorel
Sorel-Tracy
Lieu historique national du Canal-de-Saint-Ours
St-Ours
St-Roch-de-Richelieu
SAINT-LAURENT
R. Richelieu
St-Antoine-sur-Richelieu
St-Denis-sur-Richelieu ★
Repentigny
Varennes
St-Marc-sur-Richelieu
St-Charles-sur-Richelieu
1
St-Hyacinthe
Boucherville
Belœil
McMasterville
Mt-St-Hilaire
Mt St-Hilaire ★★
Otterburn Park
MONTRÉAL
Mont Royal
Longueuil
Parc du Mt-St-Bruno
R. des Hurons
Mt Rougemont
R. Yamaska
St-Lambert
St-Mathias-sur-Richelieu
Fort-Chambly ★★
★ Chambly
Richelieu
La Prairie
Mt St-Grégoire
St-Jean-sur-Richelieu
Iberville
Farnham
R. l'Acadie
2
Cowansville
St-Patrice-de-Sherrington
Napierville
R. aux Brochets
St-Paul-de-l'Île-aux-Noix
Fort-Lennox ★
Île aux Noix
Barrington
Lacolle
Blockhaus de la rivière Lacolle
Venise-en-Québec
Bedford
R. Lacolle
Hemmingford
Parc Safari
Baie Missisquoi (L. Champlain)
Fort Montgomery

Une voie stratégique

Les rapides furent exploités dès le début du 19e s. afin d'alimenter sept grands moulins à farine, à carder et à fouler, ainsi qu'une scierie. En 1843, la construction du **canal de Chambly** allait faciliter la navigation et les échanges commerciaux entre le Canada et les États-Unis. Des convois de barges réunies et halées par des chevaux longeant la rive assuraient le transport du bois et d'autres matières premières vers le sud et les États de la Nouvelle-Angleterre. Chambly connut alors une prospérité commerciale. Aujourd'hui encore, la ville tire certaines ressources de l'industrie légère.

à 1711 dans le cadre des guerres franco-anglaises, ce fort de pierre remplace un premier édifice en pieux de bois, construit en 1665 sous la direction de Jacques de Chambly pour défendre les rapides sur la route commerciale entre Montréal et Albany (État de New York). L'ensemble actuel est de plan carré, avec des bastions d'angle. On y accède par un portail qui s'ouvre dans le flanc ouest. La cour intérieure est entourée de bâtiments au toit ponctué de lucarnes. Face à l'entrée principale se trouve la chapelle, avec son toit mansardé surmonté d'un clocheton. À l'intérieur du fort, un **centre d'interprétation** présente l'histoire du fort et de ses occupants sous le Régime français, et les étapes de sa restauration. Trames sonores, bornes interactives, maquettes, artefacts divers et vidéo agrémentent la visite.

Corps de garde – *R. Richelieu, près du fort ; on peut s'y rendre par le parc.* Après la Conquête, les autorités britanniques créèrent à Chambly un vaste ensemble d'installations militaires. Pendant la guerre canado-américaine de 1812, une garnison qui comptait jusqu'à 6 000 hommes y fut établie, et on construisit des bâtiments pour l'infanterie, la cavalerie et l'artillerie. Plusieurs des expéditions menées par l'armée britannique contre les patriotes en 1837-1838 partirent de Chambly. Le fort et le camp militaire furent désaffectés lors du départ de la garnison, en 1851. La façade de pierre du corps de garde (1814) est ornée d'un imposant fronton supporté par des colonnes évoquant le style palladien adopté par l'armée dans toutes les colonies britanniques.

Église Saint-Stephen – *2004 r. de Bourgogne.* Cette église anglicane en pierre des champs fut construite en 1820 pour servir de lieu de culte à la garnison. Son extérieur prend modèle sur les églises catholiques de l'époque, mais la sobriété de son intérieur est caractéristique d'un lieu de culte protestant.

Suivez la rue Richelieu jusqu'à la hauteur de la route 112.

★ **Rue Richelieu** – Aujourd'hui bordée de belles demeures, la rue Richelieu correspond à un ancien chemin de portage qui longe les rapides depuis 1665. Au nº 12, près du corps de garde, remarquez, tout en brique, la **maison Beattie**, qui date de 1875.

Le premier tronçon de la rue Richelieu, du corps de garde à la rue des Voltigeurs, parcourt l'ancien domaine militaire. On y retrouve des bâtiments de l'armée britannique, transformés en résidences à la fin du 19e s., alors que Chambly devenait un lieu de villégiature recherché. Près du corps de garde, au nº 10, se trouve une ancienne caserne (1814). Le nº 14 logeait autrefois le commandant militaire. De la rue des Voltigeurs à la rue St-Jacques, le deuxième tronçon de la rue Richelieu traverse l'ancien domaine seigneurial où plusieurs officiers militaires occupaient de confortables résidences. Le **manoir de Salaberry**, au nº 18, fut construit en 1814 pour Charles-Michel de Salaberry, qui y vécut jusqu'à sa mort en 1829. Avec son fronton et son portique à deux étages, cette demeure constitue l'un des meilleurs exemples d'architecture palladienne au Québec. Au nº 27, une majestueuse maison de pierre fut érigée en 1816 pour le marchand John Yule, frère du seigneur William Yule. Au nº 26 se trouve l'atelier que se fit construire le peintre Maurice Cullen en 1920.

La rue Richelieu continue le long du **parc des Rapides**, qui offre une **vue** sur le barrage et les tumultueux rapides de Chambly. À cet emplacement s'élevaient les moulins et les anciennes manufactures de laine Willett qui, alimentées par le courant, établirent la prospérité de Chambly au 19e s.

Quittez Chambly par la route 112. Traversez la rivière Richelieu au village du même nom, et prenez la route 133 Nord.

Saint-Mathias-sur-Richelieu

Les premiers colons s'y établirent en 1700 alors que St-Mathias faisait partie de la seigneurie de Chambly. On y découvre de belles demeures et des ports de plaisance sur le bassin de Chambly.

Continuez en direction de Mont-St-Hilaire.

Mont-Saint-Hilaire

Patrie du célèbre peintre **Ozias Leduc** (1864-1955) et du peintre **Paul-Émile Borduas** (1905-1960), Mont-St-Hilaire est un centre artistique réputé. En arrivant, on remarque, sur les bords de la rivière Richelieu, le **manoir Rouville-Campbell**. Cet édifice de style Tudor, avec ses hautes cheminées de brique, fut construit dans les années 1850 pour le major Thomas Edmund Campbell selon le modèle de la maison ancestrale des Campbell, en Écosse. Il a été restauré par l'artiste Jordi Bonet dans les années 1970.

Église – *260 chemin des Patriotes Nord - ✆ 438 777 7958 - juin-sept. : mar.-vend. 12h-17h, dim. 12h-16h; reste de l'année : tlj sf w.-end 9h-12h, 13h30-16h30.* Construite en 1837, cette petite église de pierre établie près de la rivière fut décorée par Ozias Leduc en 1898. On aperçoit, sur la rive opposée, le clocher et les tourelles de l'église St-Mathieu-de-Belœil.

Musée des Beaux-Arts de Mont-Saint-Hilaire (MNBAQ) – *150 r. du Centre-Civique - ✆ 450 536 3033 - mbamsh.com - ♿ - 9h-17h, w.-end 13h-17h - gratuit.* Il présente des expositions temporaires et des toiles d'artistes contemporains ou d'artistes ayant vécu à Mont-St-Hilaire, comme Ozias Leduc, Jordi Bonet et Paul-Émile Borduas.

La Maison des peuples autochtones – *510 montée des Trente - ✆ 450 464 2500 - maisonautochtone.com - ♿ - 9h-17h, w.-end 13h-17h - 10 $.* Située au milieu d'un bois, cette institution a pour but de faire connaître et de valoriser les traditions des Premières Nations du Québec, notamment au travers de la culture de l'érable, du maïs et de la courge. En été, un tipi, un potager amérindien et un jardin de baies sauvages comestibles attendent les visiteurs. Des expositions d'art contemporain autochtone et un sentier d'interprétation dans l'érablière sont proposés.

Faites un détour (12 km AR) pour aller au Centre de la nature du mont St-Hilaire. Prenez à droite la route 116 (indiquée), puis encore à droite la rue Fortier, qui devient chemin Ozias-Leduc. Après 3 km, prenez à gauche le chemin de la Montagne, et de nouveau à gauche le chemin des Moulins.

★★ Centre de la nature du mont Saint-Hilaire

422 chemin des Moulins - ✆ 450 467 1755 - connexionnature.org - ✕ ♿ - mars-nov. : 8h-18h - 9,55 $.

Inscrit en tant que « réserve de la biosphère » par l'Unesco depuis 1978, le mont St-Hilaire, aux versants abrupts, culmine à 415 m. Il s'agit de la plus imposante des collines Montérégiennes. La belle couverture boisée qui le tapisse sur environ 11 km^2 n'a guère changé depuis l'arrivée des Européens au Canada. Ses flancs inférieurs sont garnis de pommiers *(floraison fin mai)*, car nous sommes ici dans l'une des plus riches régions de **pomoculture** du Québec. Le mont St-Hilaire appartenait autrefois à **Andrew Hamilton Gault** (1882-1958), créateur du régiment d'infanterie légère canadienne « Princess Patricia ». Gault légua son domaine à l'université McGill afin d'en sauvegarder la beauté. Aujourd'hui, un secteur de 6 km^2 est ouvert au public, tandis qu'une zone plus petite (5 km^2) est réservée à la recherche.

Environ 25 km de **sentiers** permettent de se rendre à différents sommets. Du **Pain de sucre** (point culminant) se dégage une ample **vue★★** sur la rivière Richelieu, la vallée du St-Laurent et la tour du Stade olympique de Montréal. Des chemins mènent au **lac Hertel**, près duquel Gault construisit sa résidence ; cette dernière sert désormais de centre de conférences. Randonneurs et skieurs de fond bénéficient d'une aire de repos aménagée à leur intention.

Rejoignez la route 133. Avant St-Charles-sur-Richelieu, détour possible pour découvrir St-Hyacinthe. Sortez du Mont-St-Hilaire et prenez à droite la 20 Eb.

Saint-Hyacinthe

1325 r. Daniel-Johnson Ouest - 450 774 7276 - tourismesth.ca.

Véritable grenier du Québec, la région de St-Hyacinthe est réputée pour la richesse de ses terres et l'abondance de ses récoltes. La ville a été créée à la fin du 18e s. autour des moulins de la rivière Yamaska.

Une agréable promenade sur la **rue Girouard** permet de longer les berges de la rivière Yamaska en partant de la porte des Anciens-Maires jusqu'au centre-ville. On passe devant de belles maisons victoriennes, particulièrement entre les rues Desaulniers et Després. Puis, près du centre, la rue est bordée de bâtiments publics remarquables, dont la **cathédrale** (voir à l'intérieur la toile d'Ozias Leduc, *Le Père Éternel*) et l'hôtel de ville qui domine le parc Casimir-Dessaulles. Plus au sud, boutiques et restaurants s'alignent le long de la rue des Cascades. Au coin de la rue St-Denis se trouve le **1555 Marché public**, le plus ancien marché public du Québec, toujours en fonction. Le deuxième étage accueille un centre d'exposition d'art contemporain, baptisé Expression. Dans les prochaines années, le centre devrait se transformer en un musée d'art contemporain et de société. Il est peut-être envisagé qu'il déménage dans l'église Notre-Dame-du-Rosaire. La visite de la ville peut se conclure par la **promenade Gérard-Côté**, aménagée en bord de rivière.

Revenez sur la route 133.

Saint-Charles-sur-Richelieu

C'est là que les **patriotes** furent battus, le 25 novembre 1837, par le colonel Wetherall (*encadré p. 184*). Dans un petit parc à droite se dresse un monument à leur mémoire.

★ Saint-Denis-sur-Richelieu

Cette prospère communauté agricole est le haut lieu de la **victoire des Patriotes** sur le colonel Gore, le 23 novembre 1837. Au centre du **parc des Patriotes**, qui fut autrefois la place Royale puis la place du Marché, le tricolore canadien, leur drapeau

3

La rébellion des Patriotes (1837-1838)

Au 19e s., la vallée du Richelieu joua un rôle majeur dans le conflit qui opposa les patriotes au gouvernement britannique. Les luttes constitutionnelles, doublées de l'exaspération nationaliste des Canadiens français, avaient mené **Louis-Joseph Papineau et ses partisans**, les patriotes, à dénoncer le régime au pouvoir et à prôner l'autodétermination. Des groupes armés se constituèrent, tandis que la population anglaise s'organisait en milices de volontaires pour soutenir l'armée. Finalement, plusieurs batailles éclatèrent dans la vallée du Richelieu et autour de Montréal. Après une première victoire à St-Denis, les insurgés furent défaits à St-Charles, puis écrasés à St-Eustache. Le **chemin des Patriotes** *(route 133)*, qui longe la rive est du Richelieu, rappelle ce douloureux épisode de l'histoire du Canada.

de ralliement, flotte près d'un **monument** érigé en leur honneur. Une plaque fut apposée en 1987 à l'occasion du 150e anniversaire de la Rébellion.

Juste à côté, l'**église★**, construite en 1796, se distingue par ses deux gros clochers recouverts de cuivre. L'un d'eux abrite la cloche de la Liberté, qui appela les Patriotes au combat. C'est le premier édifice religieux au Québec à avoir été doté d'une élévation latérale à deux étages, dont témoigne à l'extérieur une double rangée de fenêtres. Depuis 1922, une façade moderne cache la structure ancienne. Le décor intérieur en bois sculpté, attribué à Louis-Amable Quévillon, date pour l'essentiel des années 1810.

★ **Maison nationale des patriotes** – *610 chemin des Patriotes (rte 133) - ✆ 450 787 3623 - www.mndp.qc.ca - ♿ - tlj sf lun. 11h-18h ; de mi-oct. à déb. avr. : merc.-dim. 11h-17h - 9 $.* Bâtie par Jean-Baptiste Mâsse, forgeron, aubergiste et marchand, cette maison de pierre (1810) sert aujourd'hui de centre d'interprétation de la Rébellion des patriotes (1837-1838). Des expositions et une animation visuelle expliquent les causes du long combat des patriotes pour la liberté et la démocratie, et font la description des batailles de St-Denis, St-Charles et St-Eustache.

Saint-Ours

En 1672, cette seigneurie fut accordée à Pierre de St-Ours. À cet endroit de la rivière, le niveau peu élevé des eaux gênait la navigation. La construction d'une digue et d'une écluse fut entreprise, et les travaux furent achevés en 1849.

Lieu historique national du Canal-de-Saint-Ours – *2930 chemin des Patriotes - ✆ 450 785 2212 ou 1 888 773 4888 - parcs.canada.ca/lhn-nhs/qc/saintours - ♿ - ouv. tte l'année du lever du soleil jusqu'à 22h (entretenu de mi-mai à mi-oct.).* Inauguré en 1849, le canal de St-Ours fait partie du réseau qui a rendu la navigation possible entre le fleuve St-Laurent, la rivière Richelieu, le lac Champlain et la rivière Hudson, permettant ainsi de relier Montréal à New York. Au début du 20e s., les bateaux transportaient du bois d'œuvre, du foin et des céréales aux États-Unis, et revenaient chargés de charbon, de fer, de cuivre et de matériaux de construction. Un agréable parc doté d'aires de pique-nique a été aménagé aux alentours de cette zone animée. Construite en 1933, l'actuelle écluse mesure 103 m de long sur 14 m de large. Elle permet aux bateaux de s'élever de 1,50 m en cinq minutes. Trois kilomètres après l'écluse, un traversier relie St-Ours à St-Roch.

Durant la saison de navigation, vous pourrez découvrir les vestiges de la **première écluse** et la **Maison du surintendant**, mais aussi le **barrage hydrographique** et la **passe migratoire** Vianney-Legendre.

Sorel-Tracy

92 chemin des Patriotes - ✆ 450 746 9441 - www.tourismeregionsoreltracy.com. À la confluence de la rivière Richelieu et du St-Laurent, la ville doit son nom à Pierre de Saurel, qui devint le seigneur des lieux en 1672. En 1781, le gouverneur de Québec octroya à Sorel une charte municipale et établit une garnison sur les bords de la rivière pour contrer la menace d'une invasion américaine. Afin de loger le général von Riedesel, commandant de la garnison de l'époque, le gouvernement fit l'acquisition d'une maison de bois aujourd'hui connue sous le nom de **Maison des gouverneurs** *(90 chemin des Patriotes)*.

Carré royal – *Délimité par les rues du Roi, Charlotte, du Prince et George.* Créé en 1791, le Carré royal servait à l'origine de place d'armes. Il est aujourd'hui transformé en parc.

C'est à Sorel que fut établie, en 1784, la toute première mission anglicane du Canada. L'église **Christ Church** (1843), de style néogothique, se dresse en face du Carré royal, dans la rue du Prince. Entre la place et les rives du fleuve *(r. du Roi)*, une série de boutiques, restaurants et cafés animés mènent au vieux marché, établi dans un bâtiment de brique jaune construit au cours des années 1940. À l'est *(r. Augusta)*, un parc au bord de l'eau, doté d'un belvédère, offre des **vues panoramiques** sur le St-Laurent, la marina et le complexe portuaire.

Biophare – *6 r. St-Pierre, parc Regard-sur-le-Fleuve - ✆ 450 780 5740 ou 1 877 780 5740 - www.biophare.com - 10h-17h; sept.-juin : tlj sf lun. 10h-17h, w.-end 13h-17h - 8,50 $.* La région du lac St-Pierre constitue l'une des composantes majeures de l'écosystème du St-Laurent, et, à ce titre, est reconnue depuis 2000 par l'Unesco comme l'une des 500 réserves de la biosphère existantes, abritant la plus importante **héronnière** au monde. Ce musée a pour mission de faire découvrir les particularités du patrimoine naturel et humain de la **réserve mondiale de la biosphère du Lac-St-Pierre** à travers ses deux expositions permanentes et ses expositions virtuelles. En été, des croisières permettent de partir à la découverte de cet écosystème exceptionnel *(durée 3h - biophare.com/randonnee-nature/- 50 $).*

Centre des arts contemporains du Québec – *100 r. Reine - ✆ 450 743 2445 - cacqst.ca - tlj sf lun.-mar. 11h-16h.* Ce centre a pour vocation d'accueillir des expositions temporaires, des performances et autres expériences interactives menées par des artistes locaux.

3

Sainte-Anne-de-Sorel

L'**église Ste-Anne**, construite en 1876, est remarquable par les 14 fresques de Suzor-Côté qui ornent la voûte et les murs de la nef.

Maison du marais – *3742 chemin du Chenal-du-Moine - ✆ 450 742 5716 - maisondumarais.org - mi-mai à sept. : 9h-17h (jeu.-lun. seult jusqu'au fin juin) - accès au sentier gratuit.* La Maison du marais vous invite à découvrir quelques-uns des joyaux du lac St-Pierre. Empruntez son **sentier du Marais**. Doté d'une **tour d'observation** de 10 m de hauteur, il est parsemé de panneaux d'interprétation qui vous permettront de mieux apprécier la complexité de ces milieux humides. En naviguant à travers les chenaux des pittoresques **îles de Sorel★**, dont certaines sont un véritable paradis pour les ornithologues, chasseurs et pêcheurs, vous découvrirez toute la beauté et la fragilité de ce milieu naturel, de sa faune et de sa flore.

La Maison du marais organise aussi des promenades accompagnées par un guide naturaliste *(sur réserv.)* et des excursions dans les îles de Sorel.

La vallée des Forts

En raison de sa situation stratégique, la vallée du Richelieu fut jalonnée de forts au début du Régime français : Chambly, St-Jean-sur-Richelieu, Lennox (sur l'île aux Noix) et Lacolle. Si, à l'origine, ces fortifications devaient protéger Montréal des incursions des Iroquois, ce furent bientôt les troupes anglaises (1759-1760), puis américaines (1775-1776) qu'elles durent tenir en échec. La vallée du Richelieu changea de vocation vers le milieu du 19e s. : le temps des invasions était passé, on entrait dans l'ère des échanges commerciaux. Il ne s'agissait plus d'empêcher l'accès par le sud mais, bien au contraire, de le faciliter pour développer les transports entre Montréal et les États-Unis. Un système de canaux fut donc aménagé.

De Chambly à Hemmingford B3

Circuit tracé en bordeaux sur la carte p. 180. 80 km au départ de Chambly par la route 223 (aires de pique-nique aménagées en bordure du canal), vers le sud.

Saint-Jean-sur-Richelieu

Ville natale de Félix-Gabriel Marchand, Premier ministre du Québec de 1897 à 1900, St-Jean se trouve sur la rive ouest de la rivière Richelieu, en vis-à-vis d'Iberville. Après la guerre d'Indépendance américaine, de nombreux loyalistes, fidèles à la couronne d'Angleterre, s'établirent dans la localité qui porta quelque temps le nom de Dorchester. Elle devint un important centre de commerce avec les États américains (New York et le Vermont) entourant le lac Champlain.

Chaque année au mois d'août, la ville accueille **L'International de montgolfières**, plus grande manifestation du genre au Canada - *www.montgolfieres.com.*

Musée du Haut-Richelieu – *182 r. Jacques-Cartier Nord, sur la place du Marché - 450 347 0649 - museeduhaut-richelieu.com - 11h-17h, sam. 9h-17h (horaires variables, se rens.) - 10 $.* Aménagé dans le vieil édifice du marché (1859), il présente divers objets rappelant la présence des Premières Nations et l'histoire militaire du Haut-Richelieu et de la « vallée des Forts » *(encadré ci-dessus).* Il possède aussi une collection unique de pièces de vaisselle et de poteries portant la signature de la St John's Stone Chinaware Company, dont plusieurs **St John's Blue** datant des années 1890.

Longez la place du Marché. Derrière l'édifice du marché se trouve, attenante, l'ancienne **caserne de pompiers** (1877), surmontée d'une petite tour.

De l'autre côté de la rue Longueuil se dresse l'**église St John's United**, construite en 1841. Les rues avoisinantes comptent de belles maisons victoriennes. À l'angle des rues St-Charles et Longueuil, le **palais de justice** (1850) est de style néoclassique.

Église anglicane Saint-James – *À l'angle des rues Jacques-Cartier et St-Georges.* Avec sa tour blanche et son porche de style néoclassique, St-James, construite en 1816, évoque une église de la Nouvelle-Angleterre.

Cathédrale Saint-Jean-l'Évangéliste – Bâtie entre 1828 et 1853, puis agrandie en 1866 par Victor Bourgeau, cette église possède une tour centrale en cuivre et un intérieur très travaillé.

Musée du Fort Saint-Jean – *Sur le terrain du campus du Fort-St-Jean - 15 r. Jacques-Cartier Nord - 450 358 6500 - www.museedufortsaintjean.ca - de déb. mai à déb. sept. : merc.-dim. 10h-17h - gratuit.* Aménagé dans l'ancienne chapelle protestante du fort St-Jean, ce musée des Forces armées canadiennes évoque plus

de trois cents ans d'histoire militaire. On y découvre toutes sortes d'armes, des uniformes, et une exposition sur les différentes étapes de développement du site. Construit par les Français en 1666 pour se défendre contre les Iroquois, le premier fort fut remplacé en 1748 par une seconde structure destinée, cette fois, à protéger la Nouvelle-France contre les Britanniques. En 1759, après la prise de Fort-Lennox, le fort St-Jean fut incendié par ses défenseurs français pour empêcher que les Britanniques ne s'en emparent. Il fut reconstruit en 1775 par Guy Carleton et pris par les Américains la même année, après un siège de quarante-cinq jours. Le fort devait être reconstruit une dernière fois après la Rébellion des patriotes en 1837. Après la visite du musée, on peut se promener sur le campus pour voir les vestiges des anciens remparts qui offrent des vues sur la rivière Richelieu.
Poursuivez le long de la route 223 sur 20 km jusqu'à St-Paul-de-l'Île-aux-Noix.

Île aux Noix

Accès par traversier au départ de St-Paul-de-l'Île-aux-Noix.
Près de la frontière américaine, les eaux de la rivière Richelieu contournent une île où les noyers poussaient jadis à foison. Cette toute petite étendue de terre (85 ha) fit en son temps partie de la seigneurie de Noyan, concédée en 1733 par le marquis de Beauharnois, gouverneur de la Nouvelle-France, à Pierre-Jacques Payan, pour ses brillants états de service. Le premier habitant de l'île – le soldat Pierre Jourdanet – versait alors un loyer annuel dont le montant se limitait... à une simple « pochée de noix », d'où son nom. Fort-Lennox occupe les deux tiers de l'île ! Le reste offre aux visiteurs plusieurs aires de pique-nique et de repos.
★ **Lieu historique national du Fort-Lennox** – *1, 61e Av., St-Paul-de-l'Île-aux-Noix - ✆ 450 291 5700 ou 1 800 773 888 - parcs.canada.ca/lhn-nhs/qc/lennox - ✕ ♿ - de mi-juin à déb. sept. : merc.-dim. 10h-17h - 9 $ (visite, stationnement et*

Un peu d'histoire

Située sur un axe commercial et militaire particulièrement important, à quelques kilomètres du déversoir du lac Champlain, l'**île aux Noix** fut fortifiée par les Français dès 1759, dans le cadre de la guerre de Sept Ans. Les forces britanniques s'emparèrent du site l'année suivante, détruisirent les retranchements français et abandonnèrent les lieux. Lors de la guerre d'Indépendance, l'île fut occupée par les Américains (1775-1776). Après le repli de ces derniers, l'endroit devint, pour les Anglais, d'une importance stratégique de premier plan : une première fortification britannique y fut donc construite. Puis, durant la guerre anglo- américaine de 1812, un chantier naval y fut ajouté, le but étant de créer une flotte capable de tenir en échec celle que les Américains avaient assemblée sur le lac Champlain. Au lendemain du conflit, les Anglais élevèrent, par mesure de précaution, une seconde fortification, plus grande que la première : **Fort-Lennox**.
La menace américaine apaisée, l'île aux Noix servit quelque temps de centre de réhabilitation pour délinquants. Après un bref regain d'activité militaire durant la guerre de Sécession américaine, puis la révolte fénienne, elle fut utilisée comme lieu de villégiature et, pendant la Seconde Guerre mondiale, comme camp d'internement. Devenue lieu historique national, elle témoigne aujourd'hui d'une riche période de l'histoire militaire du Canada.

traversier inclus). La construction de Fort-Lennox (1819-1829) se déroula parallèlement à celle de la Citadelle de Québec. L'ouvrage fut baptisé en l'honneur de Charles Lennox (1764-1819), duc de Richmond et gouverneur de l'Amérique du Nord britannique, qui en avait ordonné les travaux. Le fort devait être achevé au moment même où l'on améliorait le réseau routier le long de la rivière Richelieu, ce qui augmentait les risques d'une attaque ennemie par les terres, mais réduisait ceux d'une invasion par le fleuve. Ayant perdu de son importance stratégique, le fort fut abandonné. Dans les années 1860, suite à la guerre civile américaine, les Britanniques décidèrent d'y réinstaller une garnison. Cette dernière allait y demeurer jusqu'en 1870.

Fort-Lennox occupe un joli **site★** au bord de la rivière Richelieu. Typique de l'architecture militaire du 19e s., le fort est entouré d'un large fossé en forme d'étoile à cinq branches autour d'une série de hauts remparts d'argile. Les angles sont protégés par des bastions qui donnent sur la cour intérieure. Le visiteur emprunte une passerelle et passe sous une imposante arche de pierre, avant de pénétrer dans la cour principale, entourée de bâtiments de pierre de style néoclassique. Le corps de garde (1823) et le logis des officiers (1825-1828), ornés de colonnes et d'arcades, sont regroupés avec ordre et symétrie. Les casernes s'organisent sagement autour d'un pavillon central. Le complexe compte par ailleurs deux entrepôts (1823), une poudrière (1820) et 17 casemates sous les remparts.

Le complexe militaire a été restauré de façon à reconstituer la vie quotidienne d'une garnison anglaise au milieu du 19e s. On y voit notamment le logis de la sentinelle, avec son poêle à bois et son cachot, la prison, les casernes, la chambre d'officier, la poudrière et les entrepôts. Le parcours d'exposition permet de mieux comprendre le passé de l'île et de son fort. À la saison estivale des **animations costumées** font revivre le quotidien des femmes, hommes et soldats qui vivaient jadis à l'intérieur de l'enceinte.

Poursuivez le long de la route 223.

Blockhaus de la rivière Lacolle

✆ 450 246 3227 ou 450 291 3166 (municipalité de St-Paul-aux-Noix) - fermé au moment de la rédaction de ce guide.

Ce bâtiment en bois équarri fut construit par les Britanniques en 1781 dans le cadre de leur système de défense contre les invasions américaines. Situé au bord de la rivière Lacolle, affluent de la rivière Richelieu, c'est le seul bâtiment militaire du genre subsistant au Québec. Durant la guerre de 1812, il résista à trois tentatives d'invasion. Les trous laissés par les balles y sont d'ailleurs encore visibles. Remarquez aussi les meurtrières pour le tir des mousquets et les embrasures pour canons.

Continuez par la route 223 en direction du sud et, avant Hemmingford, prenez à droite la route 202.

Parc Safari

242 Rang Roxham - St-Bernard-de-Lacolle - ✆ 450 247 2727 - www.parcsafari.com - ✂ ♿ - de mi-juin à déb. sept. : tlj 10h-19h ; de déb. sept. à fin oct. : vend.-dim. 10h-16h30 ; reste de l'année : se rens. - 41 $. Certaines parties étaient en rénovation en 2024 ; se rens.

Ce vaste parc abrite plus de 300 animaux provenant d'Afrique, d'Eurasie et d'Amérique. Attraction majeure du parc, le **Safari aventure** *(comptez 40mn)* permet au visiteur de monter à bord de camions de brousse électriques pour observer, photographier et même nourrir les animaux. Parmi les autres incontournables, citons la **passerelle Olduvai**, aménagée en hauteur pour offrir une vue imprenable sur les ours, lynx, macaques, loups et hyènes ; la **plaine des guépards** ; le **tunnel des lions** ; le **pavillon de la découverte** et ses fossiles et bien d'autres encore. Pour se rafraîchir, l'**Aquaparc Safari** propose par ailleurs cinq aires de baignade.

Nos adresses

Restauration

À Sorel-Tracy

Premier prix

Cactus Café El Picante – *30 r. du Roi - ✆ 450 742 8208 - www.barsportifsorel.com - service continu - fermé dim., à midi le sam. et à midi du lun. au merc. - plats 16/32 $.* Terrasse, salle en bois style saloon et ambiance tex-mex pour ce bar sportif muni de grands écrans afin de suivre les matchs de hockey. Au menu : cuisine mexicaine, ailes de poulet, burgers, pizzas et grillades.

À Ste-Anne-de-Sorel

Premier prix

Restaurant Chez Marc Beauchemin – *124 chemin de l'Île-d'Embarras - ✆ 450 743 6023 - www.marcbeauchemin.com - juin-sept. : horaires, se rens. - plats 16/41 $.* Cette guinguette en bois au bord de l'eau propose des spécialités locales telles que la gibelotte et les filets de perchaude rôtis, le tout servi avec du pain, du beurre et des oignons espagnols.

Hébergement

À St-Ours

Budget moyen

Motel St-Ours – *2308 chemin des Patriotes - ✆ 450 785 2403 - P - 8 ch. 95 $.* Au bord de la rivière, cet établissement à l'emplacement pratique propose des chambres simples.

À St-Denis-sur-Richelieu

Une folie

La Belle aux Berges – *609 chemin des Patriotes - ✆ 450 787 9748 - www.labelleauxberges.ca - 3 ch. 202/230 $.* Plantée au beau milieu du bourg, cette demeure victorienne révèle un intérieur cossu, pourvu de chambres confortables. Le jardin à l'arrière donne sur la rivière et comprend une piscine.

3

Cantons-de-l'Est ★★

Les Cantons-de-l'Est furent ainsi nommés au 18e s. pour la simple raison qu'ils se trouvaient à l'est de Montréal. Dominé par les Appalaches, le paysage alterne entre montagnes verdoyantes – culminant à plus de 1000 m –, vallées profondes et superbes lacs. Ces caractéristiques en ont fait un lieu de villégiature prisé des Montréalais. L'été, on s'y adonne aux sports nautiques, tandis que, l'hiver, de nombreuses stations attirent les adeptes du ski. Le charme très « Nouvelle-Angleterre » des villages contribue largement à l'attrait de la région, qui abrite aussi des adresses gourmandes, avec ses vignobles, ses érablières et ses marchés fermiers.

Se repérer

CARTE C2-3 (P. 166-167) ET CARTE CANTONS-DE-L'EST (P. 192-193).
Cowansville se trouve à 80 km au sud-est de Montréal par les routes 10 et 139. Sherbrooke est à 150 km à l'est de Montréal par les routes 10 et 112.

À ne pas manquer

La Route des vins, que l'on peut découvrir à vélo à partir de Dunham; le parc de la gorge de Coaticook; le charme de Knowlton et North Hatley.

Organiser son temps

Comptez une journée par circuit, visites non comprises.

En famille

Le musée Lac-Brome à Knowlton; une croisière sur le lac Memphrémagog; une visite au zoo de Granby.

Carnet pratique p. 201

Nos adresses p. 201

Circuits conseillés

CARTE P. 166-167 ET CARTE P. 192-193

Au départ de Cowansville C3

Circuit de 159 km au départ de Cowansville, tracé en vert clair sur la carte p. 166-167 et la carte Cantons-de-l'Est p. 192-193.

Cowansville

225 r. Principale - 450 266 4058 - www.cowansville.ca.
Cette charmante petite ville industrielle, essentiellement francophone, se trouve en bordure de la rivière Yamaska Sud. Fondée en 1802 par des loyalistes, elle doit son nom à son premier maître de poste, Peter Cowan, homme d'affaires et plus tard shérif du district de Bedford. Les quartiers résidentiels de la rue Principale et de la rue Sud regorgent de coquettes demeures de style victorien.
Les amateurs de sports d'hiver rejoindront la station de ski alpin de **Bromont**.
Suivez la rue Sud, qui devient route 202 après avoir traversé la route 104.

Mont Sutton.
HAIYUN JIANG/Alamy/hemis.fr

Dunham

3740 r. Principale - ✆ 450 295 2418 - www.ville.dunham.qc.ca.
L'un des premiers établissements loyalistes au Québec, ce bourg fut fondé en 1796 sur un territoire concédé à un administrateur anglais, Thomas Dunn. Réputé pour ses vignobles, il abrite trois églises (catholique, anglicane et unie) et quelques anciennes maisons de pierre.
Suivez la route 202 jusqu'à Stanbridge East.
La **Route des vins** *(www.laroutedesvins.ca)*, qui conduit de Dunham à **Stanbridge East**, traverse une région du Québec bénéficiant d'un climat propice à la culture de la vigne.

★ Musée de Missisquoi

2 r. River, Stanbridge East - ✆ 450 248 3153 - museesbromemissisquoi.com - de fin mai à mi-oct. : 10h-16h (horaire variable selon bâtiment, se rens.).
Riches de plus de 30 000 artefacts et documents d'archives, les collections de ce musée rural, fondé par la Société d'histoire de Missisquoi, sont réparties sur trois lieux d'exposition différents.
Moulin Cornell – *2 River Street, à Stanbridge East.* Cet édifice en brique de trois étages fut construit en 1830 au bord de la pittoresque rivière aux Brochets par un natif du Vermont. Ses expositions évoquent la vie dans le comté de 1780 jusqu'à la Seconde Guerre mondiale, ainsi que l'artisanat d'antan.
Magasin général Hodge – *20 River Street, à Stanbridge East.* Toujours approvisionné de marchandises du 19e s., il a conservé son cachet original et présente désormais une exposition multimédia.

Grange Walbridge – *189 chemin Mystic, à St-Ignace-de-Stanbridge (près du carrefour avec la route 202).* Cette étrange grange polygonale (1882), autrefois reliée à un manoir, à un lac et à une petite centrale, mesure 24 m de diamètre et 6,5 m de haut. Elle abrite une collection inestimable de **machines** et d'**outils agricoles** du début du 20e s., et retrace l'histoire agricole du comté de Missisquoi.
Suivez la route 237 vers le sud-est.

Frelighsburg

1 pl. de l'Hôtel-de-Ville - 450 298 5133 - frelighsburg.ca.
En 1794, un moulin à farine était construit dans la vallée de la rivière aux Brochets, à l'ombre du Pinacle. Très vite se développa une petite ville qui prit par la suite le nom d'un médecin de New York, Abram Freligh, venu s'établir au Canada en 1800. Aujourd'hui, Frelighsburg est réputée pour ses pommeraies. Son centre **Adélard** accueille des artistes en résidence et organise des expositions *(www.adelard.org - de mi-mai à mi-oct.).*

Prenez à gauche la rue Principale (route 213). Continuez sur 2 km, puis prenez à droite la rue Selby. Au bout de 4 km, tournez à droite dans la rue Dymond, qui devient rue Jordan après 3 km. Continuez sur 10 km, puis prenez à gauche la route 139 (dir. Sutton) et continuez sur 2 km.
La route contourne **Le Pinacle** (675 m) par le nord et offre de superbes **vues★** sur la vallée de Sutton.

★ Sutton

24-A r. Principale Sud - 450 538 8455 - sutton.ca.
Procurez-vous, auprès du bureau touristique ou sur votre smartphone, les plans des **circuits patrimoniaux** pour découvrir la bourgade à pied *(sutton.ca/decouvrir- sutton/patrimoine/circuits-patrimoniaux)*.
En 1799, les premiers colons s'établirent à Sutton, blottie au pied du mont du même nom (972 m), pour construire une fonderie dans la vallée. En 1871, avec l'arrivée du chemin de fer, le village s'ouvrit aux vacanciers. Aujourd'hui, cette station de

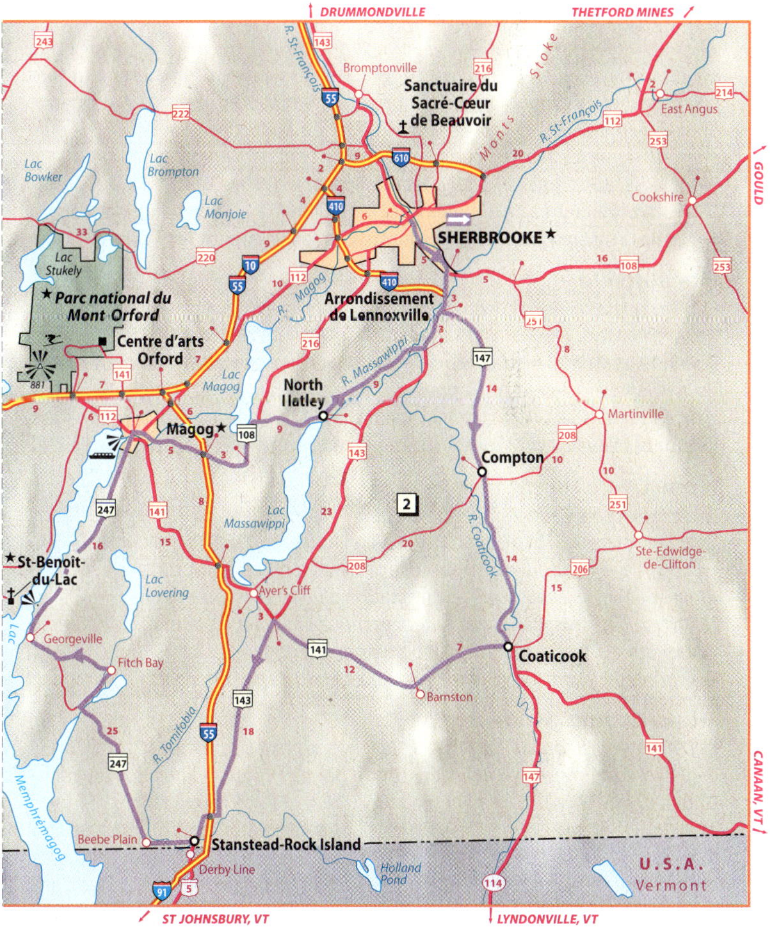

Lac Brome.
NicolasMcComber/Getty Images Plus

sports d'hiver est particulièrement appréciée des skieurs ; de nombreux ateliers d'artisanat et des boutiques ajoutent au charme du bourg.

Suivez la route 139 sur 2 km vers le sud. Prenez à gauche la rue Brookfall, puis immédiatement à droite le chemin Scenic. Au bout de 11 km, prenez à gauche la route 105A, côté États-Unis, puis encore à gauche la route 243.

La route offre de très belles **vues★** sur les environs avant de s'engager dans la vallée de la rivière Missisquoi. Au sud, on aperçoit les **monts Jay** (Vermont).

Mansonville

Établie dans la vallée de la rivière Missisquoi, cette localité doit son nom à un certain Robert Manson, venu du Vermont en 1803, qui y érigea un moulin à farine et une scierie. Elle est construite autour d'un espace vert, sur le modèle de certaines villes de la Nouvelle-Angleterre. Sa **grange ronde**, l'une des dernières du Québec, fut conçue par les shakers, secte religieuse issue des quakers. La structure circulaire du bâtiment avait le mérite de ne présenter aucun coin où puisse rôder le diable !

Mont Owl's Head

À 12 km par Vale Perkins.

Cette montagne (751 m) fut nommée en l'honneur d'un Abénaki appelé Owl (Hibou). La légende veut qu'à sa mort, on ait vu son visage se profiler sur la montagne. L'endroit est aujourd'hui une station de ski très populaire.

Un sentier mène au sommet *(environ 1h de marche)* et permet d'admirer la **vue★★** spectaculaire qu'offre le lac Memphrémagog.

Retournez à Mansonville. Suivez la route 243 jusqu'à Bolton Sud.

★ Lac-Brome (Knowlton)

696 chemin Lakeside - 450 243 1221 - tourismelacbrome.com.

Le village victorien de **Knowlton**, fondé par des colons venus de Nouvelle-Angleterre au début du 19e s., s'étend sur les rives du lac Brome et fait partie de la municipalité de Lac-Brome. C'est en 1836 que Paul Knowlton construisit un moulin à farine et un magasin général, et que le village prit son nom. De nombreux bâtiments de brique et de pierre abritent des boutiques, des auberges et des galeries d'art.

Au sud de Knowlton se trouve le village de Brome, où se tient la plus importante foire agricole de la région : la **Foire agricole de Brome**.

★ **Musée Lac-Brome** – *130 chemin Lakeside (route 243) - ✆ 450 243 6782 - www.lacbromemuseum.ca - 10h-17h; oct.-mi-mai : tlj sf dim.-lun. 10h-16h (sam. 17h); école Tibbits Hill de juin à août : 13h-16h - 5 $.* Ce joli musée se compose de plusieurs bâtiments d'époque. L'élégante **académie** de Knowlton (1854) permet de découvrir une salle de classe d'autrefois. L'**annexe Martin** (1921) renferme une collection d'objets militaires dont un **Fokker DVII** (avion allemand de la Première Guerre mondiale). Dans l'ancien **palais de justice** du comté (1854), une salle d'audience, rénovée selon son aspect d'autrefois, affiche la solennité d'un tribunal au début du 20e s. L'ancien **poste d'incendie** (1904) abrite la reconstitution d'un magasin général et l'atelier de forgeron, un petit bureau de poste. Il accueille une exposition d'anciens appareils de radio dédiée à R. A. Fessenden, un inventeur natif de Knowlton et auteur de la première radiodiffusion au monde. Le **musée pour enfants**, situé dans l'édifice Marion Phelps, invite le jeune public à découvrir le mode de vie des familles dans le comté de Brome au 19e s.

Située à 4 km du musée, l'**école rurale de Tibbits Hill** (1844) a accueilli des élèves jusqu'en 1928. Elle a conservé ses meubles d'origine.

Pour rejoindre Cowansville, suivez la route 104.

Au départ de Sherbrooke C3

Circuit de 153 km au départ de Sherbrooke, tracé en violet sur la carte p. 166-167 et la carte Cantons-de-l'Est p. 192-193.

★ Sherbrooke (p. 203)

Quittez Sherbrooke et prenez la route 143 (direction Lennoxville).

Arrondissement de Lennoxville

Fondée en 1794 par des loyalistes, cette localité doit son nom à Charles Lennox, gouverneur en chef de l'Amérique du Nord britannique de 1818 à 1819. Elle se trouve au confluent des rivières Massawippi et St-François, site autrefois peuplé par les Abénakis, puis par les missionnaires français. La bourgade vit dans l'ombre de Sherbrooke, mais s'affirme comme un pôle universitaire dynamique et possède un important centre de recherche agricole.

Université Bishop's – Centre éducatif de la communauté anglophone des Cantons-de-l'Est, cet établissement d'enseignement supérieur, fondé en 1843, abrite notamment la **chapelle St-Mark**, édifice de style gothique orné de sculptures sur bois et de vitraux lumineux. Dans la tradition collégiale, les bancs se font face

3

Figure marquante

C'est à Compton que naquit **Louis-Stephen St-Laurent** (1882-1973), Premier ministre du Canada de 1948 à 1957. Fils aîné des sept enfants d'un marchand canadien français et d'une institutrice irlandaise, St-Laurent étudia le droit à l'université Laval. À 60 ans, après une longue carrière de juriste, il embrassa la carrière politique. En pleine Guerre mondiale, il entra dans le cabinet de Mackenzie King en tant que lieutenant québécois du Premier ministre. En 1948, il succéda à M. King à la tête du Parti libéral et du gouvernement. Nationaliste convaincu, il s'efforça à ce poste de construire les bases d'une identité proprement canadienne.

au lieu d'être orientés vers l'autel. Les bâtiments du campus, de style néomédiéval, encadrent un parc pittoresque parcouru de sentiers.
Centre de la culture et du patrimoine Uplands – *9 r. Speid - 819 564 0409 - www.uplands.ca - jeu.-dim. 10h-16h30 - fermé déc.-janv. - gratuit.* Installé dans une demeure de la Belle Époque, ce centre a pour but de promouvoir le patrimoine culturel des Cantons-de-l'Est. Le rituel du thé à l'anglaise, servi en costumes d'époque sous la véranda *(30 $ - sur réserv., se rens.)*, en fait partie. Des expositions temporaires d'artistes locaux, des concerts, des ateliers complètent ce travail.
Le centre sert de point de départ à un circuit de 2,2 km qui permet de découvrir les plus jolies maisons de Lennoxville.
Continuez sur la route 143 pendant 3 km, puis tournez à gauche sur la route 147. Vous passerez à proximité de fermes proposant la cueillette des fraises, tomates et concombres.

Compton

★ **Lieu historique national Louis-S.-Saint-Laurent** – *6790 rte Louis-S.-St-Laurent - 819 835 5448 ou 1 888 773 8888 - parcs.canada.ca/lhn-nhs/qc/stlaurent - - de mi-juin à déb. sept. : merc.-dim. 10h-17h - 4,50 $.* Doté de reproductions de marchandises du début du 20e s., le magasin général de J.B.M. Saint-Laurent, père du Premier ministre, servit en son temps de lieu de rencontre où l'on discutait notamment de politique. Les visiteurs peuvent entendre des bribes de conversations simulées et assister à un **spectacle multimédia** *(20mn)* évoquant la vie du grand homme. Ils peuvent également visiter la modeste maison à bardeaux où habita la famille Saint-Laurent jusqu'en 1969.
En été, le verger accueille des activités dominicales ouvertes au public (vieux métiers, concerts, gastronomie...).

Coaticook

137 r. Michaud - 819 849 6669 - www.tourismecoaticook.ca.
L'office de tourisme abrite un petit musée et une boutique où l'on trouve cidre, sirop d'érable et confitures, et édite des brochures thématiques pour parcourir la ville à pied en découvrant son patrimoine.
Cette petite ville est le centre d'une industrie laitière en plein essor. Elle tire son nom de l'abénaki *koatikeku*, « rivière de la terre des pins ». Premier à s'établir dans les environs, Richard Baldwin avait reconnu la richesse potentielle représentée par l'aménagement des chutes sur la rivière Coaticook.
★ **Parc de la gorge de Coaticook** – *Entrée principale du parc : Grange Ronde, 400 r. St-Marc ; autre entrée au 135, rue Michaud (accès par la route 147, à l'extrémité nord de la ville, peu après le Bureau d'accueil touristique) - 819 849 2331 ou 1 888 524 6743 - www.gorgedecoaticook.qc.ca - - accueil de mi-mai à mi-oct. (parc ouv. le reste de l'année gratuitement, mais sans accès possible au pont suspendu) - 10,50 $.* L'entrée principale du parc occupe une étonnante **grange ronde** en bois, peinte en rouge. La rivière Coaticook s'engouffre sur près de 1 km dans une gorge dont les parois rocheuses se dressent à plus de 50 m de hauteur.
Des sentiers longent la rivière et permettent d'admirer de beaux paysages, tandis qu'un pont suspendu (longueur : 169 m) ménage une **vue** spectaculaire de la gorge. Le parc compte plusieurs kilomètres de pistes pour la promenade à raquettes et le ski de fond en hiver, ou l'équitation et la marche en été.
Musée Beaulne – *96 r. de l'Union - 819 849 6560 - museebeaulne.qc.ca - de mi-mai à mi-sept. : tlj sf lun. 10h-17h ; reste de l'année : 13h-16h30 - 10 $.* Demeure

Abbaye de St-Benoît-du-Lac.
NicolasMcComber/Getty Images Plus

(1912) ayant appartenu à **Arthur Osmond Norton** (1845-1919), propriétaire de la première manufacture mondiale de soulève-rails au début du 20e s., le **château Norton** sert aujourd'hui de cadre au musée Beaulne. Quelques pièces, dont le salon victorien (superbement lambrissé) et la salle à manger, ont été restaurées et garnies de meubles d'époque. Expositions temporaires à l'étage : arts visuels et textiles, patrimoine local...
Du centre-ville, suivez la route 141 (direction Magog) sur 19 km, puis prenez à gauche la route 143. Continuez sur 18 km vers Rock Island. Traversez la route 55.

3

Stanstead-Rock Island

Posé sur une île rocheuse au milieu de la rivière Tomifobia, ce village domine une pittoresque vallée. La rivière Tomifobia marque la frontière entre les États-Unis et le Canada. Les visiteurs désireux de traverser le pont devront passer la douane américaine (à droite) avant de continuer vers Derby Line (Vermont) ou de revenir au Canada.

Bibliothèque et salle d'opéra Haskell – *L'entrée se trouve côté États-Unis, à Derby Line (Vermont), au 93 Caswell Av. - ✆ 819 876 2471 - fr.haskelloperahouse.org - ♿ - visite guidée (25mn) de la salle d'opéra offerte de mi-mai à mi-oct., mar.-sam. 10h-16h (se rens.) - 5 $.* De 1901 à 1904, Martha Stewart Haskell fit construire à la mémoire de son mari ce bel édifice à tourelle, revêtu de brique et de pierre. Le bâtiment chevauche la frontière entre le Canada et les États-Unis, et la frontière y est tracée sur le parquet ! Le rez-de-chaussée abrite une bibliothèque publique à l'usage des citoyens des deux pays, tandis qu'à l'étage se trouve un ravissant théâtre, dont la scène se situe en territoire canadien, et la plus grande partie de la salle... en territoire américain.

Suivez la route 247 par Beebe Plain et Georgeville jusqu'à Magog.
La route vire à l'est en traversant la petite communauté de Fitch Bay (elle passe devant l'exploitation **Bleu Lavande** ; *« Nos adresses » p. 202)*, puis part vers le nord-ouest en direction de Georgeville. À la sortie de cette petite ville anglophone, on a une très belle **vue** sur l'abbaye de St-Benoît-du-Lac, de l'autre côté du lac Memphrémagog. Au loin se dresse la silhouette du mont Orford.

★ Abbaye de Saint-Benoît-du-Lac

1 r. Principale - ✆ 819 843 4080 - abbaye.ca - ♿ - de la 3e sem. de juin à déb. sept. visite guidée tlj à 10h, 13h et 15h - 14 $ - horaires de la boutique de mai à oct. : 9h-18h ; reste de l'année : 9h-17h ; hostellerie des hommes (✆ 819 843 4080) et hostellerie des dames, se rens.).
La route menant à St-Benoît-du-Lac permet de belles échappées sur le lac Memphrémagog, que surplombent les hauteurs des Appalaches. Le monastère (1912) fut fondé par des membres de la communauté religieuse de l'abbaye St-Wandrille-de-Fontenelle, en Normandie. Ces derniers, exilés en Belgique au début du 20e s., créèrent ici un noviciat en 1924. Vingt-huit ans plus tard, en 1952, St-Benoît-du-Lac allait être élevé au rang d'abbaye. L'ensemble, surmonté d'un impressionnant clocher, occupe un **site★★** de toute beauté, d'une étonnante sérénité. Mis à part les bâtiments d'origine, la majeure partie des édifices fut conçue en 1937 par le célèbre moine architecte français **Dom Paul Bellot** (1876-1944). Un architecte montréalais, Dan S. Hanganu, traça quant à lui les plans de l'église abbatiale, consacrée le 4 décembre 1994. Lors d'une visite à St-Benoît-du-Lac, on peut parfois entendre des chants grégoriens. La petite boutique vend fromages, cidres et produits de l'érable.
Remontez la route 247 vers le nord.

★ Magog

ⓘ 2911 chemin Milletta - ✆ 819 843 2744 ou 1 800 267 2744 - www.tourisme-memphremagog.com.
La ville se dresse à l'extrémité nord du lac Memphrémagog, à l'endroit même où la rivière Magog prend sa source. C'est en 1888 que la population délaissa le nom d'Outlet, « décharge du lac », pour la seconde partie du mot abénaki *memphremagog* (« grande nappe d'eau »). Cette situation lacustre a permis le développement économique de la ville au 19e s. et en fait aujourd'hui un lieu de villégiature privilégié. La cité joue avec succès la carte des activités nature, entre le lac et le parc du Mont-Orford tout proche.
★ **Parc de la Pointe-Merry** – *Au sud de la rue Principale.* Cet agréable espace vert offre de superbes **vues★** sur l'extrémité nord du lac, au-delà de la frontière des États-Unis, dans l'État du Vermont. Le paysage alentour, notamment le mont Orford et le mont Owl's Head, est particulièrement beau.
★ **Croisières** – *Escapades Memphrémagog - départ et billetterie : quai MacPherson, à Magog - ✆ 819 843 7000 - escapadesmemphremagog.com - ♿ - commentaire à bord - de mi-mai à mi-oct. : voir le calendrier sur le site Internet - croisière à partir de 49 $. Excursions L'Air du Lac - départ du quai MacPherson, à Magog - ✆ 819 345 7450 - www.croisieremagog.com - commentaire à bord - de mi-juin à mi-sept. - croisière à partir de 35 $.* Une sortie en bateau permet de découvrir les plus beaux coins du lac.
Quittez Magog par la route 108.

North Hatley

Cette localité occupe un joli **site★** à l'extrémité nord du lac Massawippi. La route longe la rive et passe devant de charmantes résidences et auberges.
Regagnez Sherbrooke en suivant la rivière Massawippi.

À voir aussi

CARTE P. 166-167 ET CARTE P. 192-193

★ Parc national du Mont-Orford

À 6 km à l'ouest de Magog par la route 112.
819 843 9855 ou 1 800 665 6527 - www.sepaq.com/pq/mor - ✕ - ouv. tte l'année - 17,05 $ - consulter le site Internet pour connaître les périodes d'ouverture des centres de services du **Cerisier** *(secteur du Lac-Stukely, 200 ch. du Camping) et du poste d'accueil* **Fraser***, pavillon des baigneurs et casse-croûte (secteur du Lac-Fraser, 6075, route 220).*
Activités estivales : randonnée pédestre, vélo (piste cyclable), canot, kayak, pédalo, chaloupe, escalade, observation animalière. Activités hivernales : ski de fond, raquettes, raquettes aux flambeaux, randonnée pédestre sur neige, Ski-Vel.
Créé en 1938, ce parc de 58 km^2 englobe une région montagneuse appartenant au système appalachien. Il est dominé au nord-est par le **mont Chauve** (600 m) et au sud-ouest par le **mont Orford** (881 m), réputé pour ses pistes de ski. En été, c'est un lieu idéal pour camper, se baigner et jouer au golf au cœur de la forêt où domine l'érable à sucre.
Mont Orford – *Sur la route 141, à 1 km de l'entrée ouest du parc - de mi-déc. à fin mars, en fonction des conditions climatiques - accès par télésiège ou à pied - montorford.com - 819 843 6548 ou 1 866 673 6731.* Du télésiège, on profite de **vues★** superbes sur le lac Memphrémagog et les montagnes environnantes. Arrivé au sommet, le visiteur aura une **vue panoramique★★** sur la vallée du St-Laurent au nord, les collines Montérégiennes à l'ouest, le lac Memphrémagog au sud et la chaîne des Appalaches à l'est.
Lac Stukely – *De la route 141, tournez à gauche à 4 km de l'entrée ouest et suivez une route secondaire sur 6 km.* On atteint le charmant lac Stukely après un agréable parcours le long de la rivière aux Cerises et de l'étang du même nom. Le lac, parsemé d'îlots rocheux, est entouré de plages de sable.
Centre d'arts Orford – *3165 chemin du Parc, sur la route 141, à 1 km de l'entrée est ou à 6 km du lac Stukely - 819 843 3981 ou 1 800 567 6155 - www.orford.mu - ✕ ♿.* Fondé en 1951, ce centre est réputé pour ses stages de perfectionnement en musique. Située dans un joli cadre boisé, sa grande salle de concerts en amphithéâtre est l'ancien pavillon de l'Homme et de la Musique de l'Exposition universelle de Montréal (1967).
Chaque été, le **Festival Orford** accueille des interprètes de jazz et de musique classique de renommée internationale.

Granby

À 50 km à l'ouest du Parc national du Mont-Orford.
111 r. Denison - 450 372 7056 ou 1 800 567 7273 - granbyregion.com.
Fondée sur les rives de la Yamaska Nord par des loyalistes au début du 19e s., Granby doit son nom au marquis de Granby, qui commandait les troupes britanniques en Amérique du Nord en 1766. La ville connut un essor industriel rapide

3

grâce à l'implantation d'usines de tabac et de textile. Les demeures victoriennes des rues Elgin, Dufferin et Mountain témoignent de cette époque. La proximité du Parc national de la Yamaska et des stations de ski de Mont-Shefford et de Bromont font de Granby un lieu apprécié des sportifs.

★ **Zoo de Granby** – *Entrée visiteurs au 1050 bd Bouchard (route 139), à l'angle de la rue St-Hubert - ✆ 450 372 9113 ou 1 877 472 6299 - www.zoodegranby.com - ♿ - de mi-juil. à août : 10h-20h ; de fin mai à mi-juil. : 10h-17h (20h, se rens.) ; sept.-oct. : w.-end 10h-17h ; reste de l'année : w.-end 10h-16h - 19,99/49,99 $/j.* Le zoo de Granby rassemble près de 1500 animaux des quatre coins du monde appartenant à 225 espèces différentes, dont plus d'un tiers menacées de disparition. On y remarquera particulièrement la Savane africaine, la Vallée des gorilles, la Rivière aux hippos, l'habitat des jaguars et l'aquarium Odyssée Pacifique Sud. Le zoo compte également un parc aquatique et des manèges.

Centre d'interprétation de la nature du lac Boivin – *700 r. Drummond (de la rue Principale, tournez à gauche dans la rue Drummond) - ✆ 450 375 3861 - cinlb.org - ♿ - 8h30-16h30, w.-end 9h-17h - 7 $.* Aménagé sur les berges du lac Boivin, formé par un renflement de la rivière Yamaska, ce centre d'interprétation de la nature gère quatre courts sentiers. Ils traversent les marais qui environnent le lac et permettent aux visiteurs de découvrir son milieu, sa flore et sa faune. Des deux tours d'observation, jolie **vue** sur les monts Brome et Shefford.

Parc national de la Yamaska

À 6 km au nord-est de Granby par le chemin Ostiguy.

Entrée au 1780 bd David-Bouchard, Roxton Pond - ✆ 450 776 7182 - www.sepaq.com/pq/yam - ⛺ ✕ - ouv. tte l'année - 9,55 $ - consulter le site Internet pour connaître les périodes d'ouverture des centres de services du poste d'accueil, centre de découverte et de services Le Maxime, pavillon de la plage.

Activités estivales : kayak, baignade, vélo, randonnée pédestre, pêche, pédalo, chaloupe, observation animalière. Activités hivernales : raquettes, ski nordique, randonnée pédestre sur neige.

Cette aire protégée préserve un échantillon représentatif de la région naturelle des basses terres appalachiennes. Élément central du parc, le **réservoir Choinière** est un immense plan d'eau propice aux activités nautiques.

Waterloo

À 17 km au sud-est du Parc national de la Yamaska par la route 112.

Fondée par les loyalistes en 1796, cette petite ville prit le nom de Waterloo pour commémorer la victoire du duc de Wellington sur Napoléon en 1815. Au carrefour des principales pistes cyclables des Cantons-de-l'Est (*« Se déplacer » dans « Carnet pratique » ci-contre*), vous pourrez découvrir Waterloo à vélo en suivant le « Circuit du patrimoine », qui vous mènera devant les demeures bourgeoises témoins d'un passé prospère. Vous profiterez également du cadre paisible, en bordure du lac du même nom, propice aux activités de plein air.

Carnet pratique

S'informer

Tourisme Cantons-de-l'Est – *20 r. Don-Bosco Sud - Sherbrooke - ✆ 1 800 355 5755 - www.cantonsdelest.com.*

Agenda

Orford Musique – *Orford - juin-août - www.orford.mu.* Musique classique, jazz, musique du monde.

Fêtes des vendanges – *Magog - sept. - www.fetedesvendanges.com.* Programmation gourmande.

Nos adresses

« Nos adresses » à Sherbrooke p. 207.

Restauration

À Cowansville

Premier prix

L'Archipel – *406 r. Principale - ✆ 450 815 0581 - www.restoarchipel.com - fermé lun. et le soir du jeu. au sam. - plats 10/29 $.* Situé au bord du lac Davignon, ce restaurant sans prétention offre un moment de calme. Les produits locaux et frais sont sublimés en de délicieux plats végétariens.

À Stanbridge East

Une folie

Restaurant de l'Espace Old Mill – *7 chemin Caleb Tree - ✆ 450 248 2888 - www.espaceoldmill.com - ouv. jeu.-dim. soir - menus 70/120 $ - 5 ch. 175/195 $.* Un restaurant gourmand et authentique, où le chef Éric Gendron sublime les produits locaux, et notamment ceux cultivés *in situ* par le maraîcher Jean-Martin Fortier. Pour compléter l'expérience, il est possible de dormir sur place, dans les charmantes chambres de **La Cecil House** (*✆ 450 350 1700 - lacecilhouse.com*).

Budget moyen

Restaurant Lyvano – *4 r. Principale - ✆ 450 298 119 - www.restaurantlyvano.com - fermé lun.-merc. et à midi - plats 24/61 $.* Derrière sa façade bleue, ce restaurant propose de bons petits plats à l'influence européenne : émincé de veau à la zurichoise, spaghettini aux crevettes ou encore *fish and chips.*

À Magog

Premier prix

La Memphré – *12 r. Merry Sud - ✆ 819 843 3405 - www.microbrasserielamemphre.com - service continu - plats 20/30 $.* Cette microbrasserie (riche palette de bières artisanales) fait aussi restaurant. Au menu : nachos gratinés, salades, burgers, fondues au fromage et délicieuses grillades. Véranda et salle en bois. Dancefloor et DJ le week-end.

À North Hatley

Une folie

Restaurant Le Hatley – *575 r. Hovey - ✆ 819 842 2421 - manoirhovey.com - ouv. le soir - menus 115/185 $.* Au sein même du très sélect Manoir Hovey, ce restaurant gastronomique propose une relecture des classiques québécois faisant la part belle aux produits régionaux. Belle carte des fromages.

Shopping

Certaines fermes, notamment au sud de Lennoxville, ouvrent leur exploitation au public pour la cueillette des fruits et légumes.

À Dunham

La Rumeur Affamée – *3809 r. Principale - ✆ 450 295 2399 - juin-oct. - fermé lun.-mar.* Cette épicerie fine, installée dans un petit marché couvert en bois, propose le meilleur de la production locale : tartes au sirop d'érable, pâtés au poulet, quiches, fromages, confits, saucisses... Idéal pour se préparer un pique-nique.

À Fitch Bay

Bleu Lavande – *891 chemin Narrow - Stanstead - 4 km au sud de Fitch Bay par la route 247 - ✆ 1 888 876 5851 - www.bleulavande.com - visite libre ou guidée (5/15 $) des champs de lavande de fin juin à déb. sept. : tlj ; boutique à Magog (tlj).* Les plants de lavande s'étendent à perte de vue sur les 22 ha de cette exploitation. La floraison est en juin ; la récolte et la distillation ont lieu en août.

À Knowlton

Canards du Lac Brome – *40 chemin du Centre - ✆ 450 242 3825 - canardsdulacbrome.com - tlj sf lun.* Cette épicerie fine propose du canard à toutes les sauces (rillettes, pâtés, sandwichs, plats à emporter).

Activités

Circuits – Plusieurs itinéraires sont à découvrir : « le Chemin des Cantons » *(www.chemindescantons.qc.ca)*, « la Route des vins » *(www.laroutedesvins.ca)* et « la Route des sommets » *(www.routedessommets.com)*. La région propose également plusieurs circuits thématiques dont un « Circuit des microbrasseries » et un « Circuit des fromageries », tous téléchargeables.

Vélo – La **Carte vélo** *(téléchargeable sur www.cantonsdelest.com/guides-et-cartes)* indique les meilleurs circuits à vélo dans les Cantons-de-l'Est.

Parc Nature Découverte – *2471 chemin de Baldwin Mills-Barnston, Coaticook - ✆ 819 849 2331 - decouvertenature.qc.ca - de fin juin à août : 9h-18h ; de mi-mai à mi-juin et de sept. à mi-oct. : w.-end 9h-17h - acoatica et pêche sur glace : 23 $ en hiver, 24/31 $ en été.* Ce parc permet de découvrir la nature de manière innovante. Différentes activités sont proposées selon la saison. Avec Acoatica, plongez dans un jeu vidéo interactif au cœur du monde aquatique. Avec le parcours nocturne illuminé Foresta Lumina, entrez dans un monde inspiré des mythes de la forêt québécoise.

Hébergement

À Lac-Brome

Pour se faire plaisir

Auberge Knowlton – *286 chemin Knowlton - Knowlton - ✆ 450 242 6886 - www.aubergeknowlton.ca - ✕ P - 12 ch. 142/202 $.* Le plus ancien hôtel des Cantons-de-l'Est (1849) arbore un décor rustique de western. Les chambres spacieuses sont confortables. Celles en façade ouvrent sur une jolie véranda. Le restaurant sert des spécialités de canard, dans une vaste salle ou en terrasse.

À Magog

Une folie

Auberge Ripplecove – *700 Ripplecove - Ayer's Cliff - à 17 km au sud-est de Magog par la route 141 - ✆ 819 838 4296 - www.ripplecove.com - ✕ - 33 ch. 274/571 $ - ☕ 40 $.* En pleine nature, cette demeure au chic britannique est une garantie de tranquillité. Elle dispose d'un accès direct au lac Massawipp. À la carte, le poisson figure en bonne place, à côté des pièces de gibier et de viande.

Sherbrooke ★

Capitale industrielle et commerciale des Cantons-de-l'Est, Sherbrooke s'enorgueillit d'une vie culturelle variée, renforcée par une présence universitaire active. Passé les grandes zones périurbaines, le visiteur de passage découvre un centre-ville plein de charme, qui s'étend entre le lac des Nations et la rivière St-François, les rues Montréal et King Ouest. La ville fait preuve d'un beau dynamisme pour valoriser son patrimoine et animer la vie locale. Aux sportifs, Sherbrooke offre enfin la possibilité d'aller skier à la station du Mont-Bellevue sans presque quitter la ville, ou encore de découvrir les Cantons-de-l'Est en voiture ou à vélo.

Hôtel de ville de Sherbrooke.
DenisTangneyJr/Getty Images Plus

Se repérer

180 936 habitants

CARTE C3 (P. 166-167).

Sherbrooke se trouve à 150 km à l'est de Montréal par les routes 10 et 112.

À ne pas manquer

La gorge de la Magog.

Organiser son temps

Consacrez votre matinée aux berges du lac des Nations et réservez votre après-midi aux musées.

En famille

Le musée de la Nature et des Sciences.

Carnet pratique p. 207

Nos adresses p. 207

Se promener

Partez du bureau d'information touristique (voir « Carnet pratique » p. 207).

Lac des Nations

Alimenté par la rivière Magog, il a été aménagé de manière à offrir un vaste espace vert aux habitants. Un **sentier** de 3,5 km en fait le tour. Piétons, cyclistes et rollers se le partagent, en se ménageant des pauses aux aires de repos.

Promenade des Rapides

Un chemin de planches de près de 2 km, en deux parties, longe la gorge de la rivière Magog depuis le pont voisin du bureau d'information touristique. En été, la promenade est particulièrement rafraîchissante. Elle conduit au **belvédère Koatek**, d'où l'on découvre une belle vue sur la gorge. De là, vous pouvez continuer la descente par le sentier jusqu'à la rue Cliff pour rejoindre la partie basse du chemin, qui permet d'arriver à la rue Dufferin. La nuit, un éclairage spectaculaire met en valeur les chutes.

Mhist - Musée d'Histoire de Sherbrooke

275 r. Dufferin - 819 821 5406 - mhist.org - horaires ef tarifs sujets à changements sans préavis (téléphoner par précaution) - à titre indicatif : merc.-vend. 10h-12h, 13h-16h30, w.-end 12h-16h30 - 12 $.

Le musée d'Histoire de Sherbrooke occupe un bâtiment voisin du musée des Beaux-Arts. Son exposition permanente met en avant les témoignages des hommes et des femmes qui ont habité la région au cours des deux derniers siècles. L'étage du bâtiment accueille des expositions temporaires.

Circuit pédestre du Vieux-Nord – *Départ du musée d'Histoire de Sherbrooke - 10 $ - durée : de 1h40 à 2h.* Proposée par la Société d'histoire de Sherbrooke, cette balade permet de découvrir les anciennes demeures du plus vieux quartier de la ville, muni d'une carte et d'un audioguide.

Musée des Beaux-Arts de Sherbrooke

241 r. Dufferin - 819 821 2115 - mbas.qc.ca - ♿ - merc.-dim. 10h-16h - 12 $.

Un bâtiment historique du centre-ville accueille une intéressante collection d'art québécois. Seule une partie de ses 4 700 œuvres du 19e s. à aujourd'hui, majoritairement réalisées par des artistes originaires des Cantons-de-l'Est, est exposée par

Des origines à nos jours...

Les Abénakis appelaient « grande fourche » le confluent des rivières St-François et Magog. C'est là, sur des versants abrupts, que s'installèrent vers 1800 les premiers colons, originaires du Vermont. Peu après, Gilbert Hyatt construisit un moulin à farine, et l'endroit devint Hyatt's Mills. En 1818, la population opta pour le nom de Sherbrooke en l'honneur de sir **John Coape Sherbrooke** (1764-1830), alors gouverneur en chef de l'Amérique du Nord britannique. Au cours du 19e s., Sherbrooke connut un remarquable essor industriel et devint le chef-lieu des Cantons-de-l'Est. Des scieries apparurent en bordure de la rivière Magog, bientôt suivies de filatures de coton et de laine. L'avènement du chemin de fer ne fit qu'accélérer le développement économique de la ville, dont la population, autrefois anglophone, compte aujourd'hui plus de 94 % de francophones.

roulement, et selon certains thèmes, tels que les paysages de la région dans les œuvres de Frederick Simpson Coburn (connu pour ses tableaux d'hiver), d'Allan Edson ou encore de Marc-Aurèle Fortin. Le musée organise régulièrement des expositions d'artistes locaux, ainsi que de nombreuses activités didactiques.
Passez sur la rive opposée.

Hôtel de ville

145 r. Wellington.
Construit entre 1904 et 1906 pour loger le palais de justice, l'imposant édifice, occupé par l'hôtel de ville depuis 1988, est de style Second Empire. Il domine le parc Strathcona. L'architecte Elzéar Charest a réutilisé ici les plans qu'il avait proposés pour l'hôtel de ville de Québec, en 1890.
Longez le bâtiment par la gauche et suivez la rue Frontenac.

★ Musée de la Nature et des Sciences

225 r. Frontenac - ✆ 819 564 3200 - mns2.ca - ♿ - de la 3e sem. de juin à déb. sept. : 9h-17h ; reste de l'année : merc.-dim. 9h-17h - 15 $.
Installée dans une ancienne usine de bas de soie, l'institution est dépositaire d'environ 65 000 objets et spécimens en sciences naturelles (fossiles, minéraux, pièces d'archéologie...), mis en valeur au travers d'expositions permanentes ou temporaires. L'exposition « AlterAnima » propose une rencontre originale avec des centaines d'animaux au cœur de la forêt (ours, loup, caribou...).
Revenez sur vos pas et remontez la rue Marquette à droite.

★ Basilique-cathédrale Saint-Michel

130 r. de la Cathédrale, à l'angle de la rue Marquette - ✆ 819 563 9934 - diocesedesherbrooke.org/fr/basilique-cathedrale-saint-michel - 8h-15h, dim. 10h-17h.
La masse imposante de cette cathédrale de style néogothique se dresse sur une colline (le plateau Marquette) au centre de Sherbrooke. Consacré en 1958, l'édifice fut construit par Louis-Napoléon Audet, architecte de la basilique de Ste-Anne-de-Beaupré. Le grand vitrail de la façade contient un Christ crucifié (hauteur : 3 m) dû à l'artiste montréalais Cassini.
À l'intérieur, spacieux et clair, les voûtes se dressent à plus de 20 m. Les immenses **vitraux**, œuvres de Raphaël Lardeur et Gérard Brassard, illustrent des scènes de la Bible. À droite de l'autel, on admire une impressionnante **statue de la Vierge** sculptée dans le chêne par Sylvia Daoust, artiste du 20e s. Un **musée** relate la vie et l'histoire de Marie-Léonie Paradis. Depuis mai 2017, la fondatrice des Petites Sœurs de la Sainte-Famille, désignée personnage historique par le gouvernement québécois, repose dans la basilique. Elle devrait être canonisée dans les prochaines années.
Chapelle des Fondateurs – *À gauche, derrière le maître-autel - temporairement fermée.* Ajoutée en 1980, elle est dominée par un panneau mural en émail sur cuivre, œuvre de Patricio Rivera, représentant les cinq membres fondateurs de l'Église catholique au Canada : Marie de l'Incarnation, Marguerite d'Youville, monseigneur de Laval, Kateri Tekakwitha (*encadré p. 176*) et Marguerite Bourgeoys.
Poursuivez sur la rue de la Cathédrale.

Cénotaphe

R. King Ouest, entre les rues Gordon et Brooks.
Œuvre du sculpteur George W. Hills, il fut érigé en 1926 à la mémoire des citoyens de Sherbrooke morts durant la Première Guerre mondiale. De ce point central, belle **vue** sur la ville et la rivière St-François.

À proximité

CARTE P. 166-167

Sanctuaire du Sacré-Cœur de Beauvoir C2

À 8 km au nord par le boulevard St-François Nord et le chemin Beauvoir. 675 côte de Beauvoir - 819 569 2535 - www.visitezsherbrooke.ca - ♿ - église et chapelle des pierres : 8h-16h.

Un magasin propose des articles religieux et produits du terroir.

En 1915, l'abbé Joseph-Arthur Laporte installa une statue du Christ dans les collines qui dominent, à 360 m, la rivière St-François. Une simple chapelle de pierre fut érigée en 1920. Aujourd'hui, de nombreux pèlerins viennent y rechercher paix et tranquillité. L'endroit offre une **vue★** magnifique sur Sherbrooke et ses environs. Dans les bois derrière la chapelle et l'église plus récente (1945) se dresse la *Marche évangélique*, ensemble de huit **sculptures★** de pierre représentant des épisodes de la vie du Christ. Elles sont l'œuvre du sculpteur Joseph Guardo. En été, la messe est célébrée dans une chapelle extérieure, qui peut accueillir 1600 pèlerins.

Valcourt C3

À 42 km à l'ouest. Sortez de Sherbrooke en direction de Drummondville et rejoignez la route 222.

Jusque dans les années 1930, Valcourt était un tout petit village agricole. Mais, depuis l'invention de la motoneige par l'un de ses habitants, la localité est devenue célèbre et abrite une florissante entreprise d'envergure internationale, Bombardier Produits Récréatifs.

★ **Musée de l'ingéniosité J.-Armand-Bombardier** – *Empruntez la rue St-Joseph. Tournez à droite dans le boulevard du Parc, puis à gauche dans l'avenue J.-A.-Bombardier, et suivez les panneaux indicateurs jusqu'au 1001 av. J.-A.-Bombardier - 450 532 5300 - museebombardier.com - ♿ - 10h-17h - fermé lun.-merc. de sept. à fin juin - visite industrielle de l'usine (75mn) sur RV - 15 $.* Ce musée est un superbe hommage au plus illustre fils de Valcourt (*encadré ci-dessous*). Les expositions évoquent la vie et l'œuvre de l'inventeur. Un spectacle multimédia est présenté dans le garage original de Joseph-Armand tandis qu'un Fab Lab permet aux visiteurs de réaliser des objets à l'aide d'outils manuels et numériques (imprimante 3D, découpe laser...). Une salle est par ailleurs consacrée à des expositions temporaires axées sur les sciences et la technologie.

Centre culturel Yvonne-L.-Bombardier – *1002 av. J.-A.-Bombardier - 450 532 2250 - centreculturelbombardier.com - ♿ - de fin juin à déb. sept. :*

Le Ski-Doo

Enfant, **Joseph-Armand Bombardier** (1907-1964) rêvait déjà de fabriquer un véhicule adapté à la conduite sur neige. Après un apprentissage de mécanicien, il s'établit dans un garage voisin de la ferme paternelle, consacrant son temps libre à la fabrication de prototypes. En 1937, il reçut son premier brevet d'invention pour son autoneige, véhicule à plusieurs places monté sur chenilles. En 1959, après avoir développé plusieurs modèles de véhicules tout-terrain, il introduisit sur le marché son premier **Ski-Doo**. Révolutionnaire, ce produit allait transformer la vie des habitants des régions nordiques et lancer un nouveau sport. Aujourd'hui, **Bombardier Produits Récréatifs** fabrique toujours des **motoneiges** à **Valcourt**.

10h-17h (merc. 20h), dim. 13h-17h ; reste de l'année : tlj sf lun. 10h-17h (merc. 20h, vend. 18h, sam. 16h), dim. 12h-16h - gratuit. Soutenu par la fondation J.-Armand-Bombardier, ce centre culturel regroupe une bibliothèque et un centre d'exposition.

Carnet pratique

S'informer

Bureau d'information touristique – *785 r. King Ouest - ☏ 819 821 1919 ou 1 800 561 8331 - www.visitezsherbrooke.ca.*

Arriver/Partir

Se garer – Attention, de mi-nov. à fin mars, à cause du déneigement, il est interdit de stationner son véhicule plus de 2h sur la voie publique entre minuit et 7h, sauf indication contraire. En été : 2 $/heure, lun.-merc. 9h-17h30, jeu.-sam. 9h-minuit, dim. gratuit.

Se déplacer

En autocar

Terminus de Sherbrooke – *60 r. King Ouest - ☏ 819 562 8899.* La gare d'autocars de Sherbrooke est gérée par l'entreprise Transdev Limocar.

Limocar – *☏ 1 866 692 8899 - limocar.ca.* Ligne express Sherbrooke-Montréal *(1h50 à 2h20 en fonction des arrêts desservis - 12 dép./j. dans les 2 sens)* ou ligne locale *(2 dép./j. dans les 2 sens)* desservant toutes les communes entre Sherbrooke et Montréal. Achat des billets et consultation des horaires en ligne.

Groupe La Québécoise – *☏ 1 888 872 5525 - www.autobus.qc.ca.* Liaisons interurbaines avec Trois-Rivières et Québec. Achat des billets et consultation des horaires en ligne.

Agenda

Grand Prix Ski-Doo de Valcourt – *Fév. - www.grandprixvalcourt.com - prochaine édition en 2025.* Grande compétition de Ski-Doo sur la piste Yvon-Duhamel.

Fête du lac des Nations – *Juil. - www.fetedulacdesnations.com.* Festival des musiques actuelles.

3

Nos adresses

Restauration

Budget moyen

Café Bla-Bla – *2 r. Wellington Sud - ☏ 819 565 1366 - facebook.com/lecafeblabla - service continu - menus 23/38 $ - en travaux au moment de la rédaction de ce guide, réouverture prévue en 2025.* Depuis presque 50 ans, on vient dans cette institution prendre une bière en toute simplicité, se régaler d'un bagel, d'un menu du jour ou d'un hamburger. Le soir, après le service, on peut encore grignoter en buvant un verre grâce aux nachos ou aux « pique-assiettes ».

Antidote Food Lab – *35 belvédère Nord, suite 10 - ☏ 819 791 9117 - www.antidotefoodlab.com - fermé dim.-lun. et à midi - plats 35/43 $.* L'ancienne usine textile de la ville, la Paton Manufacturing Company, accueille désormais un restaurant à l'ambiance intimiste. Laissez-vous surprendre par ce « Food Lab » aux plats inventifs : glace de bison au persil, pâté chinois...

Pour se faire plaisir

Le Chou de Bruxelles – *1461 Galt Ouest - ✆ 819 564 1848 - www.restaurantlechoudebruxelles.com - ouv. le soir - fermé lun. - menus 46/57 $, plats 25/44 $.* Cuisine à caractère belge, où les poissons, le filet de bœuf et le ris de veau côtoient audacieusement les moules et frites, pour le plus grand plaisir des clients !

Petite pause

Brûleries Faro – *180 r. Wellington Nord - ✆ 819 820 1223 - bruleriesfaro.com - 7h30-20h, sam. 8h-20h, dim. 9h-20h.* Un repaire des étudiants de Sherbrooke, qui viennent se retrouver ici ou réviser en buvant un bon café, un thé à la menthe ou en mangeant un panini. Ambiance presque studieuse.

Les Vraies Richesses – *242 r. King Ouest - ✆ 819 933 7272 - facebook.com/LesVraiesRichesses - 7h-18h (vend. 19h), dim. 7h30-18h.* Pour ceux ayant le mal du pays, cette boulangerie française propose de délicieuses viennoiseries, pâtisseries et sandwichs. Idéal pour un repas sur le pouce. Seconde adresse au 11 r. Léger.

Shopping

Marché de la Gare – *710 pl. de la Gare - ✆ 819 821 1919 - marchedelagare.com - ♿ - 9h-18h, jeu.-vend. 9h-19h.* Les commerces de bouche ont pris possession de cette ancienne gare toute proche du lac des Nations, reconvertie en marché couvert. À la belle saison, des producteurs locaux les rejoignent.

Activités

Visites

Circuit des murales – *Dép. du bureau d'information touristique, au 785 r. King Ouest (p. 207) - rens. sur les murales : ✆ 819 821 5186 - www.visitezsherbrooke.ca/fr/decouvrez/quoi-faire/murales-de-sherbrooke.* Un itinéraire de 7 km relie 18 peintures murales dispersées à travers le Vieux-Sherbrooke. Chacune aborde une époque historique. Plan téléchargeable sur le site Internet. Possibilité de faire uniquement la moitié du circuit *(boucle de 3,5 km).*

Les productions Traces et Souvenances – *Pl. de la Cité - ✆ 819 822 4309 ou 819 345 9979 - www.tracesetsouvenances.com - à partir de 25 $.* Visites en compagnie de guides comédiens costumés qui font revivre les grandes heures de la ville.

Randonnée urbaine – *baladodecouverte.com.* Trois musées de la ville (Mhist-Musée d'histoire, musée des Beaux-Arts et musée de la Nature et des Sciences) ont développé un circuit en centre-ville à effectuer avec son téléphone (4 km). Balade disponible gratuitement sur le site Internet ou l'application BaladoDécouverte.

Hébergement

Une folie

Marquis de Montcalm – *797 r. Gén.-de-Montcalm - ✆ 819 823 7773 - www.marquisdemontcalm.ca - P - 5 ch. 193/228 $ ☕.* En lisière du Vieux-Nord, une maison ancienne restaurée dont les chambres cossues portent des noms très parisiens (d'Orsay, Place des Vosges, Jardin du Luxembourg...). Le petit-déjeuner enchaîne les assiettes délicieusement garnies. Accueil et service charmants.

Région de Victoriaville ★

Désormais fusionnée avec Victoriaville, avec laquelle elle forme un secteur au sud de l'agglomération, l'ancienne ville d'Arthabaska tire son nom de la langue ayabaskaw, « là où il y a des joncs et des roseaux ». Elle se niche au cœur de la région des Bois-Francs, réputée pour ses érablières, et aujourd'hui lieu de villégiature des amoureux de la nature. Ses belles maisons victoriennes, notamment celles bordant la rue Laurier Ouest, sont un des vestiges du rayonnement culturel d'Arthabaska au 19e s. La ville doit aussi sa renommée à deux enfants du pays, le Premier ministre sir Wilfrid Laurier et le peintre Marc-Aurèle de Foy Suzor-Côté.

Se repérer

48 862 habitants

CARTE C2 (P. 166-167).

Victoriaville se trouve à 164 km au nord-est de Montréal par les routes 20 et 161.

Organiser son temps

Prévoyez deux ou trois jours pour découvrir Victoriaville et sa région, dont trois à quatre heures pour visiter le Village québécois d'antan à Drummondville.

En famille

Le Village québécois d'antan et ses artisans en costumes d'époque à Drummondville ; les ateliers jeune public de la grange Fleury à Victoriaville ; le moulin à laine d'Ulverton ; le musée des Abénakis à Odanak.

Carnet pratique p. 217

Nos adresses p. 217

Découvrir Victoriaville

★ Lieu historique national de la Maison-Wilfrid-Laurier

819 357 8655 - www.museelaurier.com - ♿ - de la 3e sem. de juin à déb. sept. : merc.-dim. 10h-16h - 10 $.

Musée Laurier – *16 r. Laurier Ouest.* Un chemin bordé d'érables mène à cette demeure en brique rouge d'esprit victorien. Celle-ci se distingue par ses corniches proéminentes, ses consoles décoratives, ses pierres d'angle et ses fenêtres en saillie. Elle fut construite en 1876 pour sir Wilfrid Laurier, qui y vécut jusqu'à sa mort en 1919 mais de façon sporadique car, après son élection au poste de Premier ministre en 1896, il passa la majeure partie de son temps à Ottawa.

Les salles du rez-de-chaussée évoquent l'époque à laquelle Laurier et son épouse, Zoé Lafontaine, étaient maîtres des lieux. La chambre à coucher, la salle à manger (lampe Tiffany) et le salon (piano à queue Kranick et Bach de 1885) reflètent le style d'ameublement alors en vogue. Divers panneaux explicatifs retracent la carrière de l'homme politique et fournissent quelques anecdotes sur sa vie privée ; à l'étage supérieur se trouve le cabinet de travail du Premier ministre. À l'extérieur, un **buste** sculpté porte la signature d'Alfred Laliberté.

Sir Wilfrid Laurier

Avocat, journaliste, homme politique, Wilfrid Laurier (1841-1919) fut le premier Canadien français à occuper le poste de Premier ministre du Canada (1896-1911) et devint, à son époque, une véritable légende. Renommé pour son libéralisme pragmatique, il fut à la tête du Parti libéral canadien de 1887 à 1919 et se dévoua autant à la cause de l'unité canadienne qu'à l'indépendance du pays vis-à-vis de la Grande-Bretagne. Il était également favorable au mouvement de colonisation de l'Ouest canadien et encouragea le développement du chemin de fer du Grand Tronc ainsi que la création des provinces d'Alberta et de Saskatchewan. Bien que né à St-Lin, aujourd'hui appelé St-Lin-Laurentides, à 45 km au nord de Montréal, il passa une grande partie de sa vie à Arthabaska.

Musée de l'Hôtel des postes – *949 bd des Bois-Francs Sud - ✆ 819 357 2185.* Construit en 1910 dans le style Second Empire, il propose des expositions temporaires consacrées à des thèmes historiques, ethnologiques et artistiques. Les visiteurs pourront notamment y admirer des œuvres d'artistes de renom, tirées de la collection permanente du musée Laurier. Parmi les artistes : Marc-Aurèle de Foy Suzor-Côté (1869-1937), Louis-Philippe Hébert (1850-1917), figure incontournable de la sculpture monumentale du Canada au 19e s., ou encore Alfred Laliberté (1878-1953). Le musée abrite également la reconstitution d'un bureau de poste des années 1910-1920.
Grange Fleury – *18 r. Laurier Ouest - ✆ 819 357 8687.* Cette demeure rénovée des années 1850 propose des ateliers et spectacles pour le jeune public.

Église Saint-Christophe d'Arthabaska

40 r. Laurier Ouest.
Cette charmante église de pierre de style néoroman (1873) possède un remarquable intérieur. Les 76 **fresques** et **peintures** qui en décorent la voûte évoquent l'Ancien et le Nouveau Testament. Elles furent réalisées par un artiste de St-Hyacinthe, J.-T. Rousseau, assisté de Suzor-Côté, jeune peintre alors débutant. Des élèves de l'illustre Louis-Philippe Hébert sculptèrent la statue de saint Christophe sur l'autel latéral gauche. On remarquera également de nombreux trompe-l'œil, rinceaux et frises d'inspiration baroque, ainsi que 43 vitraux de la compagnie Hobbs.

Parc du Mont-Arthabaska

De la r. Laurier, prenez le bd Bois-Francs Sud sur 1,5 km et à gauche la r. Mt-St-Michel.
Le parc (68 ha) offre une superbe **vue★** de Victoriaville et de la vallée de la rivière

Un peu d'histoire

L'arrivée en 1834 du premier colon de langue française, **Charles Beauchesne**, marqua le début de l'incursion des Canadiens français dans la partie sud de la province, dominée auparavant par les loyalistes de langue anglaise. Les produits de l'érable occupèrent rapidement une place importante dans l'économie locale – c'est encore le cas aujourd'hui, de concert avec l'élevage de vaches laitières et l'industrie forestière. Dès l'arrivée du chemin de fer, en 1861, Victoriaville supplanta Arthabaska par son activité industrielle, mais ne diminua en rien son rayonnement culturel.

Maison de Sir Wilfrid Laurier, à Victoriaville.
Ph. Renault/hemis.fr

Nicolet. On distingue la tour du **collège d'Arthabaska**, dirigé par les frères du Sacré-Cœur, et les clochers des églises St-Christophe et Ste-Victoire.
Le parc propose également des sentiers VTT, des sentiers pédestres et, l'hiver, des pistes de ski de fond et de raquettes. Au sommet du mont se dresse une croix métallique de 24 m, érigée en 1928.

Centre d'art Jacques-et-Michel-Auger

Carré 150 - 150 r. Notre-Dame Est - 819 751 4517 - www.lecarre150.com - merc. 12h-17h, jeu. 12h-20h, vend.-sam. 13h-17h - gratuit.
L'espace culturel de la ville, le Carré 150, accueille un lieu d'exposition d'art contemporain. Des activités et événements sont organisés toute l'année, en plus des expositions temporaires.

3

À proximité

CARTE P. 166-167

Église Sainte-Victoire C2

À 5 km par la route 161 - 99 r. Notre-Dame Ouest - 7h30-21h15, lun. 8h-19h30, dim. 8h30-19h.
Cette église de style néoclassique, dont le clocher principal s'élève à plus de 60 m de haut, fut bâtie en 1897. L'intérieur contient une abside ornée de boiseries élaborées, ainsi qu'une nef dotée d'imposantes galeries latérales. Remarquez la voûte, décorée de riches sculptures sur bois, et les vitraux, réalisés à Montréal en 1928. L'église abrite par ailleurs **un orgue Casavant**. Derrière l'église, à gauche, on découvre le presbytère, reconnaissable à son toit mansardé et à sa petite tour.

Drummondville C2

À 60 km au sud-ouest de Victoriaville par la route 122 puis la route 20 et à 110 km à l'est de Montréal par la route 20.

Une colonie britannique aux atouts prometteurs

Drummondville, colonie du piémont appalachien, fut fondée par les Britanniques à l'issue de la guerre anglo-américaine de 1812, comme poste militaire sur la rivière St-François. En 1815, un officier d'origine écossaise, **Frederick George Heriot**, y établit une colonie qu'il nomma en l'honneur du gouverneur de l'époque, Sir Gordon Drummond. À la mort de Heriot, en 1843, la ville disposait déjà d'un bon nombre de moulins, de fabriques et de magasins. Son potentiel hydroélectrique allait par la suite être exploité grâce à la présence de chutes dans la région. Aujourd'hui, Drummondville constitue une importante agglomération industrielle (textiles et autres produits manufacturés).

Cette localité a conservé son profil industriel, hérité du développement des moulins et des manufactures au début du 19e s. Si sa principale attraction reste son Village québécois d'antan, la ville a lancé un **Musée à ciel ouvert** : le centre-ville accueille ainsi chaque année plusieurs reproductions en grand format d'œuvres d'artistes contemporains (*plan téléchargeable sur www.mcodrummondville.ca*).

★ **Village québécois d'antan** – *Rte 20 (sortie 181) - 1425 r. Montplaisir - 819 478 1441 ou 1 877 710 0267 - villagequebecois.com - - de fin juin à fin août : 10-17h ; reste de l'année : horaires variables, se rens. - 28,48 $.* L'animation dans les rues, les jeux d'époque, les scènes théâtrales, les chants et danses traditionnels, les guides costumés, les balades en voiture à chevaux ou en voiture ancienne... Tout contribue à rendre votre journée au village aussi riche en souvenirs que possible. Regroupés au bord de la rivière St-François, environ 70 bâtiments d'époque et des reproductions historiques recréent l'ambiance d'un village rural au Québec entre 1810 et 1930. On y découvrira neuf styles d'architecture, de la cabane en rondins des premiers colons à la maison d'influence américaine, en passant par la maison « à la québécoise » au toit en porte-à-faux. L'**église** du village est une reconstitution de l'église St-Frédéric de Drummondville (1822). Elle abrite des vitraux réalisés par Guido Nincheri (1950). On peut aussi visiter les maisons de l'**apothicaire**, du **cordonnier** et du **notaire**, ainsi que la **forge** et la **ferme** (1895), avec son écurie et son étable. Un **pont couvert** (1868) provenant de Stanbridge enjambe un ruisseau. Le **garage** et poste à essence (1930) abrite une collection d'autos anciennes, dont la Cadillac du Premier ministre Mackenzie King. La maison de la standardiste (1910) sert de musée du Téléphone. Les visiteurs peuvent acheter du pain cuit à la manière de 1870, manger des plats typiques de cette période et se faire photographier en costumes de différentes époques.

Moulin à laine d'Ulverton C2

À 65 km au sud de Victoriaville. 819 826 3157 - moulin.ca - mai et oct. : w.-end 10h-16h ; juin et sept. : vend.-dim. 10h-17h ; juil.-août : merc. et vend.-sam. 10h-17h, dim. 10h-16h - 10 $.

Cet ancien moulin à carder revêtu de bardeaux surplombe la rivière Ulverton, affluent de la rivière St-François. Construit pour William Dunkerley vers 1850, il changea plusieurs fois de mains. Abandonné en 1949, il fut restauré au début des années 1980. La visite permet de découvrir les méthodes de production et de transformation de la laine et de voir fonctionner l'ancienne machinerie.

Un réseau de 5 km de sentiers parcourt les environs, autour de la rivière Ulverton.

Nicolet C2

À 66 km au nord-ouest de Victoriaville.

20 r. Notre-Dame - 819 293 6960 ou 1 866 279 0444 - www.tourismenicolet yamaska.com.

Nicolet est l'un des villages fondés par les Acadiens au Québec à la suite de la déportation des colons français de l'Acadie par l'armée britannique en 1755. C'est là son premier intérêt, historique. Il propose par ailleurs un surprenant musée des cultures du monde et se situe à quelques kilomètres de la réserve amérindienne d'Odanak et son musée des Abénakis. Trois bonnes raisons pour y faire une étape.

★★ **Cathédrale Saint-Jean-Baptiste** – *671 bd Louis-Fréchette.* Cette cathédrale en béton armé (1962 ; Gérard Malouin) rappelle, par ses formes audacieuses, la voilure d'un navire. Elle remplace l'ancienne cathédrale, emportée par le glissement de terrain de 1955 – qui provoqua en outre l'effondrement d'une bonne partie du vieux centre dans la rivière. Œuvre de Jean-Paul Charland, une magnifique **verrière** (hauteur : 21 m ; longueur : 50 m) vient embellir la façade. Le chemin de croix est gravé dans des murs d'ardoise ; au-dessus, des icônes représentent les anciens évêques de Nicolet. À gauche de l'autel (en granit noir), un passage mène au baptistère, décoré de mosaïque. Le vitrail du chœur, exécuté par le frère Éric de Thierry, représente le Christ en gloire.

Ancien collège-séminaire de Nicolet – *350 r. d'Youville.* C'est pour favoriser le recrutement religieux en milieu urbain que les autorités religieuses établirent en 1803 un collège-séminaire à Nicolet. Construit en 1828 et à moitié détruit par un incendie en 1973, il abrite l'École nationale de police du Québec.

Musée des Cultures du monde – *Près de la cathédrale, au 900 bd Louis-Fréchette - 819 293 6148 - www.museedescultures.com - ♿ - 10h-17h ; de mi-oct. à la 3e sem. de mai : mar.-vend. 10h-12h, 13h-16h30, w.-end 13h-17h - 12 $.* Consacré à l'étude et la préservation de l'héritage religieux, ce musée occupe un bâtiment moderne coiffé d'une pyramide de verre. Il présente de multiples objets (moulin à prières, calice et patène, statues de divinités, tapis de prière, lampe de Hanouka, etc.) des principales religions dans le monde : bouddhisme, christianisme, hindouisme, islam et judaïsme. Expositions temporaires.

Maison et atelier Rodolphe-Duguay – *195 rang St-Alexis - 819 293 4103 - www. rodolpheduguay.com - mar.-vend. 9h-16h30 - 8 $; accès aux jardins gratuit en été.* Construite en 1835, la splendide maison où naquit et vécut le peintre-graveur Rodolphe Duguay (1891-1973) se dresse sur un site agréable dominant la rivière Nicolet. Le bel atelier qui lui est attenant fut ajouté par l'artiste, après son retour en 1927 d'un long séjour à Paris où il était parti étudier. Ancien élève de Suzor-Côté, Duguay était surtout un peintre paysagiste et l'un des graveurs sur bois les plus célèbres du Canada. Des expositions thématiques permettent de découvrir son œuvre et l'environnement dans lequel il travaillait.

Baie-du-Febvre B2

À 13 km au sud-ouest de Nicolet par la route 132.

Niché le long du **lac St-Pierre**, ce petit village accueille chaque année en avril les **oies des neiges** du Québec. Les prés environnants se transforment en lacs peu profonds, refuges idéals pour le gibier d'eau. Dernier bassin d'eau douce du St-Laurent, le lac St-Pierre est également la plus importante halte migratoire de sauvagines du Québec. Près de 300 espèces d'oiseaux résidents et migrateurs ont pu y être observées. Depuis 2000, le lac a été classé « réserve de la biosphère » par l'Unesco.

Un sentier de randonnée de près de 200 km, baptisé « Le Chemin du lac », permet d'en faire le tour en deux semaines (*possibilité de réaliser seulement des tronçons à la journée - www.chemindulac.com*).

Odanak B2

À 25 km au sud-ouest de Nicolet par la route 132. Tournez à gauche à Pierreville et suivez les indications.

Établie au bord de la rivière St-François, la réserve amérindienne d'Odanak fut peuplée vers 1700 par des Abénakis et des Sokokis. Ses principales sources de revenus sont la vente d'œuvres d'art et d'artisanat, le tourisme ainsi que la foresterie, la confection de vêtements et la fabrication de meubles. La Fête des Abénakis est célébrée à Odanak chaque année en juillet.

La **petite église** est décorée de sculptures autochtones. Aux murs, remarquez la frise en bois et les statues, notamment celle de Kateri Tekakwitha (*encadré p. 176*).

Musée des Abénakis – *108 r. Waban-Aki, dans l'ancien couvent, à côté de l'église - 450 568 2600 - museedesabenakis.ca - - 10h-17h ; nov.-mai : tlj sf lun. 10h-17h - fermé fêtes de fin d'année - 12 $.* Ce musée témoigne de la culture traditionnelle de cette nation et de son évolution au fil du temps. On y découvre le mode de vie traditionnel des Abénakis, l'histoire d'Odanak et l'établissement de la mission catholique.

Circuit conseillé

CARTE P. 166-167

De Nicolet à Québec C1-2

Circuit de 142 km tracé en bleu marine sur la carte p. 166-167, par la route 132, qui longe la rive sud du St-Laurent. Quittez Nicolet par le boulevard Louis-Fréchette vers l'est. À la sortie de la ville, prenez à gauche la route du Port, puis à droite le boulevard Bécancour.

★ Pont Laviolette C2

Seul à relier les deux rives du St-Laurent entre Montréal et Québec, cet ouvrage aux courbes élégantes (longueur : 3 km) fut achevé en 1967.

Poursuivez tout droit sur la route 132.

De la route, on aperçoit la basilique Notre-Dame de Cap-de-la-Madeleine, ainsi que le port et les papeteries de Trois-Rivières.

Gagnez Bécancour par la route 30.

Bécancour C2

Cette municipalité résulte de la fusion, en 1965, de 11 villages et paroisses des environs. Aujourd'hui célèbre pour son parc industriel où se sont établies toutes sortes d'entreprises (usines d'aluminium et autres), elle correspondait autrefois à l'ancienne seigneurie de Pierre Le Gardeur de Repentigny.

Poursuivez le long de la route 132.

La route traverse une région à la fois agricole et industrielle marquée, à 8 km de Bécancour sur la gauche, par la présence de la centrale nucléaire Gentilly-2, seule du genre au Québec, qui a fermé en 2012.

Pont Laviolette, conçu par Georges Demers.
Jack_Art/Getty Images Plus

Moulin Michel C2

675 bd Bécancour - ✆ 819 298 2882 - moulinmichel.com - ✗ ♿ - visite guidée de lun.-vend. 10h-14h, sam. 10h-16h - 9,50 $.

Bâti en 1774, il vous donnera l'occasion de vous replonger à l'époque de la Nouvelle-France tout en découvrant le savoir-faire ancestral du meunier. Une exposition présente les outils d'époque. Depuis 1992, le moulin a repris du service, pour le plus grand plaisir du visiteur qui, à la période estivale, pourra déguster du pain de blé cuit sur place.

Poursuivez le long de la route 132.

La route traverse St-Pierre-les-Becquets et Deschaillons. De belles vues sur le fleuve s'offrent au regard. Sur la gauche *(à 24 km du moulin)*, une plaque commémore l'énorme rocher (272 kg) qui aurait été placé là par Modeste Mailhot (1763-1834), le mal nommé. Ce géant légendaire, né à St-Pierre-les-Becquets, mesurait 2,24 m.

Leclercville C2

Le village, établi par les Acadiens, surplombe le confluent du St-Laurent et de la rivière du Chêne. L'église Ste-Émmélie, en brique, fut érigée en 1863.

Lotbinière C1

De ce village au cœur d'une campagne paisible, on aperçoit **Deschambault**, de l'autre côté de la rivière.

Église Saint-Louis – La façade de cette ravissante église (1818) aux murs blancs domine une place bordée au nord par l'ancien couvent. À l'intérieur (1845 ; Thomas

Baillairgé), le retable – en forme d'arc de triomphe – est surmonté de deux statues néoclassiques, la Foi et l'Espérance, elles aussi dues à Baillairgé.

Domaine Joly-De Lotbinière C1

7015 rte de Pointe-Platon.- ✆ 418 926 2462 - www.domainejoly.com - ✕ - mai-oct. : 10h-17h - 15,65 $.

Ce charmant manoir, peint en blanc et doté d'un toit de bardeaux, est entouré de larges vérandas décorées par des frises de feuilles d'érable. Construit en 1840 par Julie-Christine Chartier de Lotbinière et son mari, Pierre Gustave Joly, il servit de résidence d'été. Il fut habité par leur fils, **Henry-Gustave Joly de Lotbinière** (1829-1908), Premier ministre du Québec (1878-1879), ministre du Revenu dans le cabinet de sir Wilfrid Laurier (1896-1900) et lieutenant-gouverneur de la Colombie-Britannique (1900-1906).

Centre d'interprétation – *De mi-juin à déb. sept. : 10h-12h, 13h-17h ; de mi-mai à déb. juin et les 3 dernières sem. de sept. : w.-end et j. fériés 12h-16h - fermé reste de l'année.* La **Maison de Pointe-Platon** présente plusieurs expositions relatives à l'histoire de la seigneurie de Lotbinière et son cadre naturel. Les jardins, riches de plus de 2 300 variétés de plantes, et les terres d'où la vue s'étend jusqu'au fleuve se prêtent au pique-nique et à d'agréables promenades.

Reprenez la route 132.

Saint-Antoine-de-Tilly C1

Un ravissant village sis au bord du St-Laurent. De l'église (1788), une petite route descend vers le fleuve et offre une vue qui embrasse le fleuve et Neuville, sur la rive opposée. Le manoir de Tilly (19e s.) abrite une auberge de campagne.

Reprenez la route 132. L'itinéraire traverse Ste-Croix et permet de voir, sur l'autre rive, Donnacona et l'église de Cap-Santé.

Saint-Nicolas C1

Tournez à droite dans la rue de l'Entente, en face du château d'eau.

Église Saint-Nicolas – Construite en 1961-1962, elle est dominée par un clocher dont la silhouette évoque une voilure. L'autel central, entouré de bancs, ressemble, visuellement et symboliquement, à la barre d'un navire. À l'extérieur, le balcon offre un excellent **point de vue** sur le fleuve et sur les deux ponts qui conduisent à Québec.

Après être passé sous la bretelle d'autoroute, prenez la route 175 vers le nord.

★★ Pont de Québec C1

Doté d'une travée de 549 m suspendue entre ses deux principaux piliers, il était, lors de sa construction, l'ouvrage de type « cantilever » le plus long au monde. Le projet s'avéra un véritable cauchemar : en 1907, le pont s'effondra et, en 1916, la travée centrale disparut dans le fleuve au moment de son installation. Ouvert à la circulation ferroviaire en 1917, il est accessible aux automobiles depuis 1929. Tout à proximité se trouve le **pont Pierre-Laporte★**, inauguré en 1970. Il s'agit du pont suspendu avec la plus longue portée principale du Canada (667 m).

Carnet pratique

S'informer

Tourisme Victoriaville et sa région – *747 bd Pierre-Roux Est - Victoriaville - ✆ 819 758 9451 ou 1 888 758 9451 - www.tourismeregionvictoriaville.com.* L'office de tourisme propose des activités découvertes.

Tourisme Centre-du-Québec – *25 r. St-Jacques Est, Princeville - ✆ 819 364 7117 - www.tourismecentreduquebec.com.*

Agenda

Festival international des musiques actuelles de Victoriaville – *1 sem. en mai - www.fimav.qc.ca.* Concerts de musique contemporaine, jazz, rock, électroacoustique.

Fromages Bouffe et Traditions – *Victoriaville - 3 j. en juin - www.fromagesbouffetraditions.ca.* Fromagers producteurs locaux présentent leurs produits. Spectacles, concerts et animations.

Nos adresses

Restauration

À Victoriaville

Premier prix

La Fromagerie – *101 r. de l'Aqueduc - ✆ 819 752 6821 - fromagerievictoria.com - service continu - moins de 20 $.* Ce restaurant propose des snacks, burgers et poutines, mais également une belle sélection de crèmes glacées en été. Succursales en ville et à Drummondville.

Budget moyen

Le Limonadier – *722 r. Notre-Dame Ouest - ✆ 819 752 9735 - www.lelimonadier.ca - ouv. le soir - fermé lun.-mar. - plats 25/68 $.* Cuisine typique du Québec avec un beau choix de viande, mais aussi du poisson et des fruits de mer. Service attentionné.

À Drummondville

Premier prix

Le Roy Jucep – *1050 bd St-Joseph - ✆ 819 478 4848 - www.jucep.com - service continu - plats env. 15/25 $.* Une halte s'impose dans ce petit restaurant routier qui n'est rien moins que le lieu de naissance de la poutine. Ce désormais célèbre mélange de « fromage, patates, sauce » fut inventé vers la fin des années 1950 par l'ancien propriétaire des lieux !

À Nicolet

Budget moyen

Resto-Bières Le Thymbré – *157 r. Curé-Brossard - ✆ 819 293 8000 - www.lethymbre.com - fermé dim.-lun., mar. midi, merc. midi et sam. midi - plats 23/38 $.* Établi dans un ancien bureau de poste, d'où son nom, cet établissement propose une cuisine sans prétention. La perchaude, les burgers, la fondue parmesan maison et, bien sûr, le grand choix de bières figurent parmi les favoris des habitués.

Petite pause

À Odanak

Bar laitier Manoir des Glaces – *19 r. Maurault - Pierreville - ✆ 450 494 0697 - juin-oct. : 11h-22h.* L'adresse locale pour déguster des crèmes glacées.

À Lotbinière

Café-terrasse Le Noyer Noir – *7015 rte de Pointe-Platon - sur le Domaine Joly-De Lotbinière (**☞ p. 216**) - de mi-juin à déb. sept. : 11h-16h ; de fin mai à mi-juin et sept. : vend.-dim. 11h-16h.* Situé dans l'ancienne maison des serviteurs du domaine, ce café bénéficie d'une terrasse ouverte sur les jardins. Choix de produits faits maison, salades, paninis, sandwichs et boissons diverses.

Shopping

À Odanak

Boutique Miguen – *1057 r. Awassos - Pierreville - ✆ 450 568 6562 - boutiquemiguen.com - ouv. tte l'année, se rens.* Plus ancienne boutique d'artisanat indien d'Odanak. Vous y découvrirez des mocassins, boucles d'oreilles, attrape-rêves, colliers traditionnels, sculptures, fourrures, vêtements et bien d'autres petits trésors artisanaux.

Hébergement

À Victoriaville

Pour se faire plaisir

Quality Inn & Suites – *1 bd Arthabaska Est - ✆ 819 330 8888 - qualityinnvictoriaville.com - 86 ch. 153/252 $ ☕.* Situé à quelques minutes du centre-ville, ce complexe hôtelier propose des chambres modernes. Possibilité de locations de vélo.

À Drummondville

Pour se faire plaisir

Le Gîte des Fleurs – *2573 bd Mercure - St-Nicéphore - ✆ 819 478 7195 - www.gite.ca - 🏊 - 3 ch. 161/192 $ ☕ - 2 nuits mini.* Belle adresse pour bénéficier de la quiétude de la campagne à quelques minutes de la ville et se réveiller au chant des oiseaux. Ici, les chambres sont une invitation à la flânerie et au repos. Grande propriété arborée. Piscine chauffée.

À St-Antoine-de-Tilly

Pour se faire plaisir

La Maison Normand – *3894 ch. de Tilly - ✆ 418 886 1314 - m.gitescanada.com - mai-oct. - 5 ch. 160/225 $ ☕.* Logé dans l'ancien magasin général (1894) sur la place de l'Église, ce charmant gîte québécois abrite des chambres adorables et coquettes, meublées avec goût. Une boutique d'artisanat indien et indonésien occupe le rez-de-chaussée.

Beauce ★

Tout comme son homonyme français situé dans le Bassin parisien, la Beauce québécoise est une vaste plaine de terres fertiles. Perpendiculaire à l'axe du St-Laurent, elle devient plus montagneuse dans sa partie sud. On y découvre la plus forte concentration d'érablières du Québec. Une tradition populaire riche en folklore et festivités s'est d'ailleurs développée autour de l'arbre et se reflète dans l'art traditionnel de la région. Au printemps, on se rassemble dans les cabanes à sucre pour déguster la tire d'érable et prendre part aux festivités locales, les parties de sucre.

Se repérer

CARTE CD1-2 (P. 166-167).
La Beauce est arrosée par la Chaudière, qui débouche du lac Mégantic, et se jette dans le St-Laurent. Elle se situe à 20 km au sud-est de Québec.

À ne pas manquer

Les couleurs des forêts d'érables en automne ; le parc des Chutes-de- la-Chaudière ; le lac Mégantic.

En famille

L'ASTROLab du Parc national du Mont-Mégantic.

Carnet pratique p. 223

Nos adresses p. 223

Circuits conseillés

CARTE P. 166-167

De Québec au lac Mégantic CD1-2

Circuit de 221 km tracé en brun sur la carte p. 166-167. Quittez Québec par la route 73 et traversez le pont Pierre-Laporte en direction du sud. Après 1 km, prenez la sortie 130 et suivez les panneaux de signalisation jusqu'au parc.

★ Parc des Chutes-de-la-Chaudière C1

418 838 6026 - 5h-23h - gratuit.
La région fut découverte en 1646 par le père Druillette. En 1700, des Abénakis s'y installèrent et la baptisèrent *Namesokanjik* (« lieu poissonneux »). Juste avant de se jeter dans le St-Laurent près de la ville de Québec, la Chaudière plonge d'une falaise en une chute de 35 m de haut sur 121 m de large. Les Abénakis l'avaient nommée *asticou*, autrement dit « chaudière », à cause de la forme de son bassin de réception. La rivière entière prit par la suite ce nom. De la passerelle suspendue à 23 m au-dessus de la rivière, vue remarquable sur sa cataracte.
Regagnez la route 73 et prenez la sortie 123, puis la route 175 Sud. À St-Lambert, traversez la Chaudière et prenez la route 171 Sud. À Scott (34 km), la route traverse à nouveau la rivière et devient route 173 Sud.

Sainte-Marie D1

Cette ville faisait partie de la seigneurie donnée en 1736 à **Thomas-Jacques Taschereau**, membre d'une famille influente à laquelle appartenait notamment Louis-Alexandre Taschereau (1867-1952), Premier ministre du Québec de 1920 à 1936. Ste-Marie vit aussi naître **Marius Barbeau** (1883-1969), fondateur des archives du folklore du Québec à l'université Laval, à Québec. Aujourd'hui, l'industrie alimentaire contribue à la prospérité de la ville.

Maison J. A. Vachon – *383 av. Rose-Anna Giroux - ✆ 1 866 387 4052 - maisonjavachon.com - 10h-17h, jeu.-vend. 10h-18h, dim. 10h-16h - fermé lun. et j. fériés - 10 $.* Elle abrite le centre d'interprétation sur l'histoire de la famille et de l'entreprise des gâteaux Vachon, aujourd'hui vendus dans toute la province. À voir : le plus vieux gâteau de noces du monde, homologué par le livre *Guinness World Records* !

Église du Saint-Nom-de-Marie – *60 r. Notre-Dame Sud.* L'un des premiers exemples d'architecture néogothique réalisés pour l'Église catholique du Québec (1856 ; Charles Baillairgé). L'extérieur est d'inspiration anglaise, mais l'intérieur prend modèle sur l'œuvre de Viollet-le-Duc. Il est d'une rare harmonie dans son ensemble, et on peut le comparer à l'intérieur de la basilique Notre-Dame à Montréal, dû à Victor Bourgeau.

Après 10 km, la route traverse **Vallée-Jonction**, petit village dominant la Chaudière. La route 112 vers Thetford Mines traverse la rivière à cet endroit.

Thetford Mines C2

ℹ *2600 bd Frontenac Ouest - ✆ 418 423 333 ou 1 877 335 7141 - regiondethetford.chaudiereappalaches.com.*

L'ancienne capitale de l'**amiante**, d'où s'extrayait jadis 40 % de la production mondiale, occupe un site vallonné arrosé par la rivière Bécancour. Elle se distingue par ses **terrils**, témoins d'une activité industrielle arrêtée en 2012.

★ **Minéro - musée de Thetford** – *711 bd Frontenac Ouest (rte 112) - ✆ 418 335 2123 - www.museeminero.com - ♿ - de la 3e sem. de juin à sept. : tlj sf lun. 9h30-17h ; juin : tlj sf lun.-mar. 9h30-17h ; reste de l'année : se rens. - fermé janv.-mai - 15 $.* Le musée possède deux expositions permanentes sur l'histoire minière de la région, présentant notamment son patrimoine minier et la présence de l'amiante. La richesse du sous-sol appalachien y est particulièrement mise en valeur. Le centre permet de visiter les bâtiments miniers restaurés.

Rejoignez St-Joseph-de-Beauce par la route 112.

★ Saint-Joseph-de-Beauce D2

Blottie dans la vallée de la Chaudière, cette ancienne seigneurie fut concédée en 1737 à Joseph Fleury de La Gorgendière, riche marchand québécois auquel la ville doit son nom. C'est également à St-Joseph-de-Beauce que vécut Robert Cliche (1921-1978), juge, écrivain et homme politique.

Centre-ville – L'**église St-Joseph**, dont l'intérieur fut achevé en 1876, présente une étroite façade surmontée d'un haut clocher. En face, un grand **presbytère** de brique (1892) évoque un château français du 16e s. L'ancien couvent (1889) et l'**orphelinat** (1908) sont de style Second Empire. Derrière l'église se dresse l'**école Lambert** (1911). L'ensemble est complété par le **palais de justice-prison**, d'architecture néoclassique, bâti entre 1857 et 1862. À l'arrière, une annexe post-moderne se mêle harmonieusement à l'architecture originale.

Musée Marius-Barbeau – *139 r. Ste-Catherine - ✆ 418 397 4039 - www.museemariusbarbeau.com - ♿ - 10h-17h ; sept.-fin juin : tlj sf lun. 10h-16h30, dim.*

La Route du Président-Kennedy

En 1775, douze ans après la cession de la Nouvelle-France à l'Angleterre par le traité de Paris, un corps expéditionnaire américain conduit par le colonel **Benedict Arnold** longeait la rivière Kennebec pour se rendre dans l'État du Maine. De là, il continua vers le nord, le long de la Chaudière, pour tenter de prendre la ville de Québec. Les 13 colonies américaines, engagées dans leur révolte contre le joug anglais, espéraient persuader les Canadiens d'épouser leur cause. Un grand nombre de soldats moururent au cours de cette longue marche forcée et les survivants furent défaits. Tous les ans, des milliers d'Américains commémorent l'événement en suivant cette route *(rte 173)*.

11h-16h - 12 $. Ce musée retrace l'histoire de la Beauce, des premières seigneuries jusqu'à la ruée vers l'or du 19e s. Installé dans un ancien couvent, il relate également les travaux de l'ethnologue et folkloriste Marius Barbeau.

Reprenez l'avenue du Palais, qui rejoint la route 173 au sud du centre-ville.

Beauceville D2

Édifié sur les pentes escarpées de la vallée de la Chaudière, ce bourg a vu naître le poète **William Chapman** (1850-1917), disciple et rival de Louis Fréchette.

De l'autre côté de la rivière se dresse l'**église St-François-d'Assise**, dont on remarquera le maître-autel et les statues d'anges.

Parc des rapides du Diable – *À 3 km au sud de la ville.* Le parc est sillonné de chemins menant à la Chaudière et aux rapides du Diable, qui dévalent le lit rocailleux de la rivière. On peut encore voir les fondations d'un moulin ayant servi à l'extraction du précieux métal aurifère pendant la ruée vers l'or.

Quittez la route 173 et prenez la direction de Notre-Dame-des-Pins.

Notre-Dame-des-Pins D2

Au milieu du 19e s., les chercheurs d'or se rassemblaient en ces lieux avant d'embarquer sur la rivière Gilbert en direction de St-Simon-les-Mines.

Pont couvert – *Tournez à droite dans la 1re Avenue, juste avant le pont moderne.* Le plus long de la province (154,5 m), construit en 1927, fut emporté par les glaces en 1928 et reconstruit l'année suivante sur trois piliers centraux. Il demeura en service jusqu'en 1969 *(aire de pique-nique non loin du pont).*

Continuez vers le sud. Quittez la route 173 à la sortie St-Georges.

Saint-Georges D2

La capitale industrielle de la Beauce s'appelait à l'origine *Sartigan*, « rivière changeante » dans la langue des Abénakis. En 1807, un colon allemand dénommé **Johann George Pfozer** fit l'acquisition des terres et donna son nom à la ville. St-Georges s'est développée à la suite de l'invasion américaine de 1775, mais sa véritable expansion économique est postérieure à 1830.

★ **Église Saint-Georges** – *1re Av., à St-Georges Ouest, de l'autre côté de la rivière.* Caractérisée par une façade monumentale en pierre de taille, cette église (1902) est dominée par trois flèches. Devant l'entrée se dresse une copie du *Saint Georges terrassant le dragon* de Louis Jobin, l'original (1912) étant exposé au centre culturel Marie-Fitzbach voisin. L'**intérieur** richement décoré comprend des balcons à gradins ornés de boiseries peintes et dorées.

Saint-Évariste-de-Forsyth D2

À 44 km par les routes 173, 204, 269 et 108. Ce village perché offre de jolis points de vue sur la campagne alentour.
Reprendre la route 204.

Saint-Gédéon-de-Beauce D2

Le paysage s'ouvre sur le lac Mégantic et sur les collines environnantes.

★ Lac Mégantic D2

Circuit de 59 km tracé en rouge sur la carte p. 166-167.
C'est à la fois un lac, une ville et le point de départ d'une excursion dans le Parc national Mont-Mégantic. Celui-ci, déclaré « réserve de ciel étoilé » en 2007, abrite l'observatoire astronomique du même nom.

Lac-Mégantic

5490 r. Komery - 819 583 5515 - www.tourisme-megantic.com.
Ce petit centre industriel et commercial se trouve à l'extrémité nord-est du lac Mégantic, à son point de jonction avec la rivière Chaudière. Fondé en 1885 par des Écossais, il conservait de cette époque des maisons de brique rouge le long de la rue principale, jusqu'à la terrible tragédie du 6 juillet 2013 lors de laquelle un train transportant du pétrole dérailla, puis explosa dans le centre-ville, faisant 47 victimes. Les 6 millions de litres d'hydrocarbures qui ont fui des citernes ont nécessité la mise en place d'un **plan de décontamination des sols**.
Église Sainte-Agnès – *4872 r. Laval.* Épargnée par la catastrophe, elle recèle un magnifique vitrail (1849) sur le thème de l'arbre de Jessé.

Excursion au mont Mégantic

Quittez Lac-Mégantic par la route 161.
La route grimpe, surplombe le lac Mégantic et permet d'admirer les montagnes Blanches, au sud.
À Woburn (27 km), prenez à droite la route 212 et continuez sur 18 km.
La route atteint **Notre-Dame-des-Bois**, village le plus élevé du pays (549 m).
À Notre-Dame-des-Bois, tournez à droite vers le Parc national du Mont-Mégantic.

Parc national du Mont-Mégantic

Entrée au 189 rte du Parc (secteur de l'observatoire) ou au 520 chemin de Franceville (secteur de Franceville) - 819 888 2941 - www.sepaq.com/pq/mme - ⚠ - ouv. tte l'année - 17,05 $ - consulter le site Internet pour connaître les périodes d'exploitation des différents centres d'accueil, de découverte et de services.
Activités estivales : randonnée pédestre, observation animalière, vélo. Activités hivernales : raquettes, raquettes aux flambeaux, ski de fond, ski nordique.
ASTROLab – *819 888 2941 - www.astrolab.qc.ca - visite ASTROLab et observatoire du Mont-Mégantic : 20,50 $ avec observatoire ; entrée parc national 9,55 $; soirées « astronomie » : 27,25 $ sur réserv. (819 888 2941) - consulter le site Internet pour les horaires.* Dédié à la vulgarisation scientifique, ce centre d'activités en astronomie se trouve à la **base** du mont Mégantic. Il propose une salle multimédia haute définition, des expositions et organise des soirées « astronomie ».
Les deux observatoires suivants, situés quant à eux au **sommet** du mont Mégantic (1100 m), méritent également d'être visités :
Observatoire du Mont-Megantic (OMM) – *Visite organisée par l'ASTROLab (ci-dessus) durant les après-midi d'été.* Cet observatoire multimédia possède l'un des

télescopes les plus puissants de l'est de l'Amérique du Nord et propose diverses activités et expositions d'interprétation sur le thème de l'astronomie.
Observatoire populaire – *Soirées « astronomie » : 27,25 $ sur réserv. (✆ 819 888 2941).* Il organise des soirées « astronomie » permettant d'observer les étoiles et les constellations grâce à un télescope de 61 cm et une plate-forme d'observation. Par temps couvert, les visiteurs profiteront de présentations multimédias.
Revenez sur 3 km et prenez à gauche une petite route accidentée qui grimpe sur 1 km avant d'arriver au mont Joseph.

Mont Joseph

En 1883, le père Corriveault, de Notre-Dame-des-Bois, fit ériger un sanctuaire en l'honneur de saint Joseph, à la suite de tornades dévastatrices ayant miraculeusement laissé indemnes les habitants du village qui avaient prié ce saint. Du sommet du mont Joseph, **panorama★★** incomparable sur la région.

Carnet pratique

S'informer

Tourisme Chaudière-Appalaches – *800 autoroute Jean-Lesage, Levis - ✆ 418 831 4411 ou 1 888 831 4411 - chaudiereappalaches.com.*

Agenda

Festival beauceron de l'érable – *w.-end en mars. - St-Georges - www.festivalbeaucerondelerable.com.* Activités musicales, culturelles et gastronomiques autour de l'érable.

Nos adresses

Restauration

☺ La Beauce est la région des cabanes à sucre, ces établissements qui proposent au printemps (le plus souvent sur réservation) des produits de l'érable et de bons plats. Parmi les incontournables, citons la **Sucrerie Busque** *(25 rte du Lac-Poulin - St-Benoît-Labre - ✆ 418 228 0045 - sucreriebusque.com - midi seult - menus 29/38 $)*, la **cabane à sucre Vachon** *(165 rte Langevin - St-Odilon-de-Cranbourne - ✆ 418 464 4636 - www.cvachon.ca - ouv. sam. et dim. midi - menu 31/35 $)*, l'**érablière Michel Lapointe** *(1095 rte Fraser - Beauceville - ✆ 418-774-3966 - www.erablieremichellapointe.com - service continu - ouv. vend.-dim., horaires variables, se rens. - menu 43/46 $)* ou encore la **Cabane à Pierre** *(566 rang 2 - Frampton - ✆ 418 479 5200 - www.cabaneapierre.com - réouverture en 2025).*

Le Vieux-Québec et son funiculaire.
Pgiam/Getty Images Plus

4

Québec et ses environs

CARTE MICHELIN RÉGIONAL N° 760

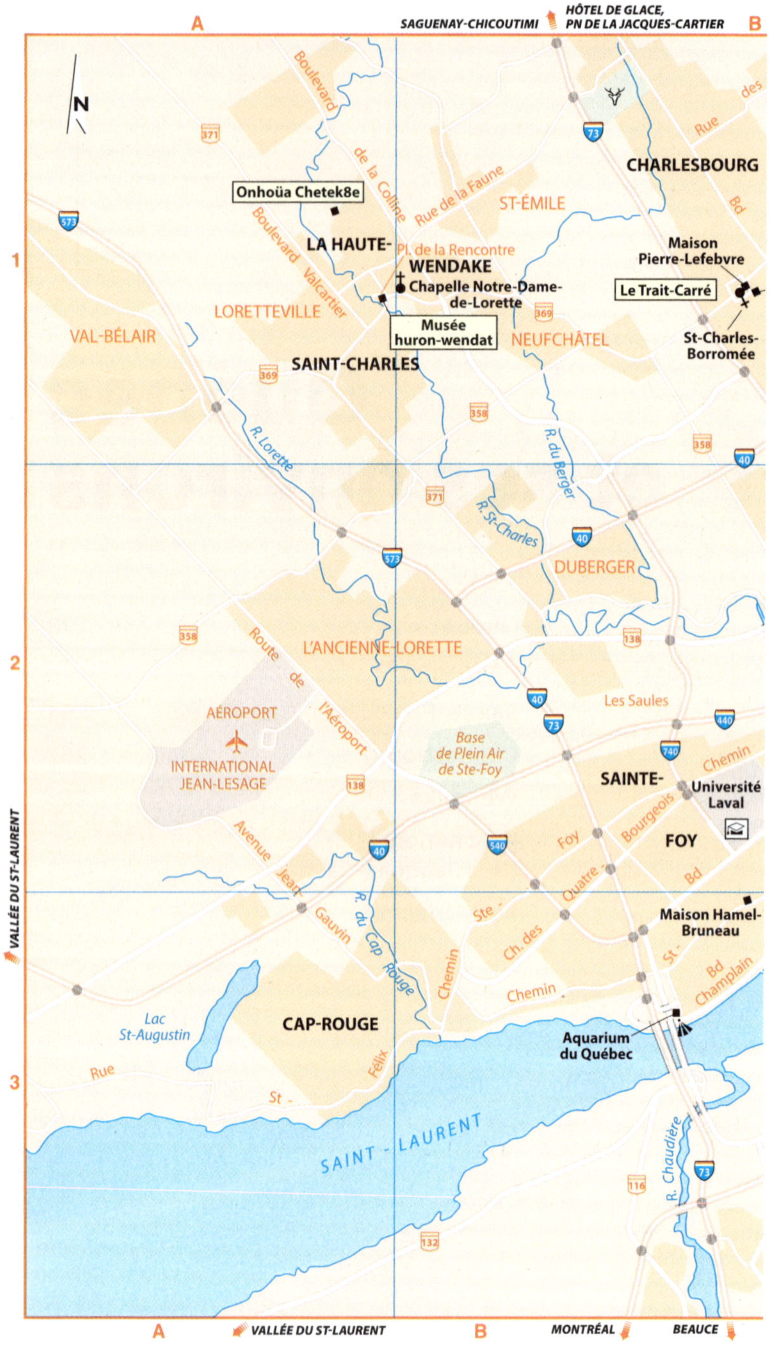

A
B
SAGUENAY-CHICOUTIMI
HÔTEL DE GLACE, PN DE LA JACQUES-CARTIER
N
1
2
3
Onhoüa Chetek8e
Boulevard de la Colline
Rue de la Faune
ST-ÉMILE
CHARLESBOURG
Rue des
Bd
LA HAUTE-
WENDAKE
Pl. de la Rencontre
Chapelle Notre-Dame-de-Lorette
Boulevard Valcartier
LORETTEVILLE
VAL-BÉLAIR
Musée huron-wendat
SAINT-CHARLES
NEUFCHÂTEL
Maison Pierre-Lefebvre
Le Trait-Carré
St-Charles-Borromée
R. Lorette
R. du Berger
R. St-Charles
DUBERGER
L'ANCIENNE-LORETTE
Route de l'Aéroport
AÉROPORT INTERNATIONAL JEAN-LESAGE
Les Saules
Base de Plein Air de Ste-Foy
SAINTE-FOY
Chemin
Université Laval
Bourgeois
Foy
Quatre
Bd
Ste-
Ch. des
Maison Hamel-Bruneau
Avenue Jean Gauvin
R. du Cap Rouge
Chemin
Chemin
St-
Bd Champlain
Lac St-Augustin
CAP-ROUGE
Félix
Aquarium du Québec
Rue
St-
SAINT-LAURENT
R. Chaudière
VALLÉE DU ST-LAURENT
MONTRÉAL
BEAUCE

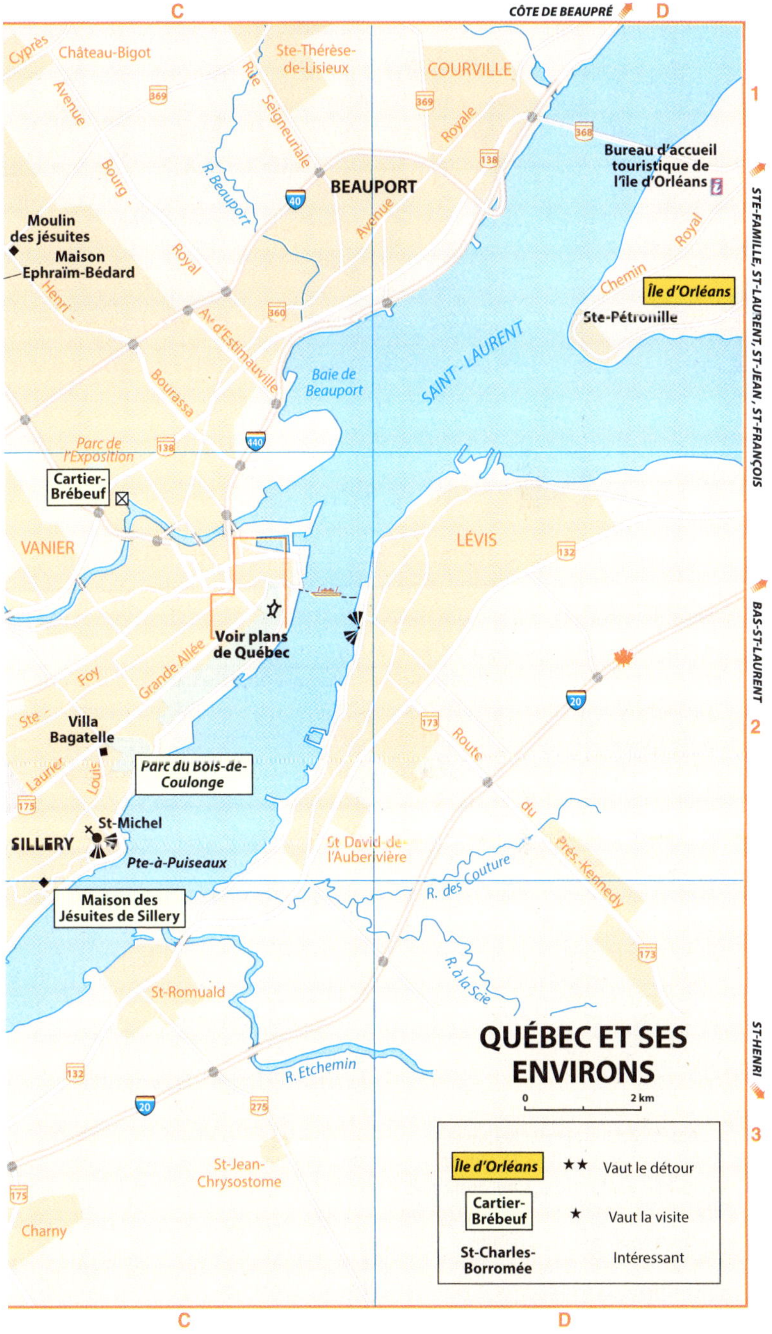
QUÉBEC ET SES ENVIRONS
C
D
CÔTE DE BEAUPRÉ
STE-FAMILLE, ST-LAURENT, ST-JEAN, ST-FRANÇOIS
BAS-ST-LAURENT
ST-HENRI
1
2
3
Cyprès
Château-Bigot
Ste-Thérèse-de-Lisieux
COURVILLE
Rue Seigneuriale
Avenue Bourg-Royal
R. Beauport
BEAUPORT
Avenue Royale
Bureau d'accueil touristique de l'île d'Orléans
Moulin des jésuites
Maison Ephraïm-Bédard
Henri-Bourassa
Av. d'Estimauville
Chemin Royal
Île d'Orléans
Ste-Pétronille
Baie de Beauport
SAINT-LAURENT
Parc de l'Exposition
Cartier-Brébeuf
VANIER
LÉVIS
Voir plans de Québec
Grande Allée
Ste-Foy
Villa Bagatelle
Parc du Bois-de-Coulonge
Laurier
Louis
St-Michel
SILLERY
Pte-à-Puiseaux
Route du Prés.-Kennedy
St David-de-l'Auberivière
R. des Couture
Maison des Jésuites de Sillery
R. à la Scie
St-Romuald
R. Etchemin
St-Jean-Chrysostome
Charny
369
368
138
40
360
440
132
20
173
175
275
0
2 km
Île d'Orléans
★★ Vaut le détour
Cartier-Brébeuf
★ Vaut la visite
St-Charles-Borromée
Intéressant

Québec ★★★

Premier centre urbain d'Amérique du Nord à être inscrit sur la prestigieuse liste des villes du Patrimoine mondial de l'Unesco, la « vieille capitale » séduit par son site remarquable, ses élégantes demeures, ses fortifications et son caractère résolument français. Les flèches élancées de ses innombrables églises se dressent dans le ciel, témoins des pieuses origines de la colonie française. Québec, c'est la flânerie, le plaisir de découvrir, au hasard de ses étroites ruelles pavées, de jolies maisons basses au toit pentu percé de lucarnes, ou encore de pittoresques boutiques d'art et d'artisanat, des restaurants à la cuisine savoureuse et des cafés-terrasses où il fait bon s'attabler en été. Pourtant, hors les murs, Québec est aussi une cité moderne qui ne fait pas ses 400 ans. Gratte-ciel altiers, faubourgs à la mode, ville d'hommes politiques, de fonctionnaires, d'étudiants et aussi centre industriel et portuaire : l'autre visage de la cité de Champlain est à découvrir absolument.

Se repérer

578 593 habitants

CARTE (P. 226-227) ET PLANS (P. 230-231 ET P. 240-241). La ville de Québec, bordée par le fleuve St-Laurent, se trouve à 230 km au nord-est de Montréal. L'autoroute 40 et la route 138 (chemin du Roy) relient les deux métropoles régionales par la rive gauche. L'autoroute 20 fait la liaison par la rive sud.

À ne pas manquer

Le plaisir de flâner le long de la terrasse Dufferin et de s'asseoir sur un banc face au St-Laurent, qui offre au coucher du soleil un spectacle à couper le souffle ; la fabuleuse collection d'art inuit du musée des Beaux-Arts.

En famille

L'aquarium du Québec et ses ours blancs ; le magnifique panorama sur la ville de Québec depuis l'observatoire

Panorama sur le fleuve St-Laurent et la ville de Québec.
Pgiam/Getty Images Plus

de la Capitale ; la maison longue du site traditionnel huron Onhoüa Chetek8e à Wendake.

Carnet pratique p. 275

Nos adresses p. 276

★★★ Basse-Ville

PLAN P. 230-231

Circuit 1 tracé en vert sur le plan p. 230-231. De la terrasse Dufferin, empruntez l'abrupt escalier Frontenac menant à la Basse-Ville, et descendez la côte de la Montagne jusqu'à l'escalier Casse-Cou, qui aboutit à la rue du Petit-Champlain.
Funiculaire – *16 r. du Petit-Champlain - 418 692 1132 - 9h-21h - 5 $.*

Maison Louis-Jolliet

16 r. du Petit-Champlain - 9h-21h.
Construite en 1683 selon les plans du tailleur de pierre et architecte Claude Baillif, cette maison de deux étages abrite depuis 1879 la gare inférieure du funiculaire, qui relie la Haute-Ville à la Basse-Ville.

★ Rue du Petit-Champlain

Tracée durant les années 1680, cette ruelle piétonnière au pied de la falaise portait à l'origine le nom de rue de Meulles. Elle prit son nom actuel au 19e s., lorsque fut

3 jours à Québec

Jour 1	Balade dans la Basse-Ville, de la rue du Petit-Champlain au Vieux-Port. En chemin : visite du musée de la Civilisation.
Jour 2	Découverte de la Haute-Ville, tour des remparts et visite du lieu historique national du Parc de l'Artillerie. Déjeuner autour de la place d'Youville, puis visite de la Citadelle. Soirée dans le quartier St-Roch : très animée, la rue St-Joseph comporte de nombreux bars et restaurants.
Jour 3	Flânerie sur la Grande-Allée et petit crochet par l'Édifice Marie-Guyart pour sa vue panoramique. Visite du musée national des Beaux-Arts, puis promenade dans le parc des Champs-de-Bataille.

SE RESTAURER

Le Café du Monde 4
Le Cochon Dingue 6
L'Échaudé 8

SE LOGER

Auberge Saint-Antoine 2
Hôtel Le Germain Québec 4

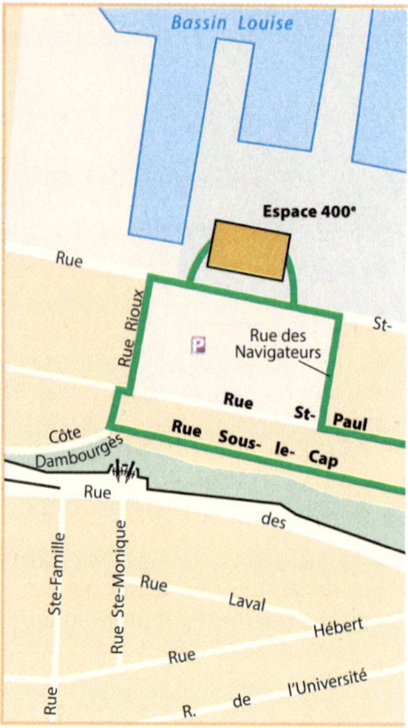

dessiné le boulevard Champlain. Les maisons de bois qui bordaient la rue furent habitées par des artisans et des fermiers jusqu'au 19e s., époque à laquelle des immigrants irlandais qui travaillaient au port vinrent s'installer dans le quartier. Victime du ralentissement des activités portuaires au début du 20e s., le port finit par se délabrer. Des travaux de restauration l'ont transformé en un lieu animé et plaisant où se côtoient restaurants, cafés, boutiques et galeries d'art (*« Nos adresses » p. 276*).

À l'extrémité de la rue, tournez à gauche pour rejoindre le boulevard Champlain.

Batterie Royale

À l'extrémité des rues Sous-le-Fort et St-Pierre.

Construit en 1691 sur ordre de Louis XIV, cet épais rempart de terre à quatre côtés n'était qu'une partie des fortifications destinées à renforcer les défenses de la ville contre les Anglais. Détruit durant la Conquête, il ne fut jamais reconstruit. À son emplacement furent aménagés deux entrepôts ainsi qu'un quai. Reconstitué selon son aspect d'antan, il contient des répliques de canons du 18e s. disposées dans dix de ses onze embrasures ; la dernière reste vide car, de cet angle, une salve aurait suffi à détruire les maisons de la rue St-Pierre… Des démonstrations de tir au canon sont données à la période estivale.

Prenez à droite la rue St-Pierre, puis à droite la ruelle de la Place.

Place de Paris

Pour suppléer aux besoins de la population toujours croissante de la Basse-Ville, plusieurs marchés s'installèrent aux alentours de celui de la place Royale. Situé à un endroit stratégique près du St-Laurent, le prospère marché Finlay (1871) s'y tint jusqu'au début des années 1950.

Revenez sur vos pas et montez à la place Royale.

MUSÉE NAVAL
Agora
Société du port de Québec
Douane
VIEUX-PORT
André
Rue Prince-de-Galles
Banque canadienne de Commerce
N° 82
Rue St-Paul
Banque d'Hochelaga
Banque impériale du Canada
Dominion Bldg.
ANC.N POSTE POMPIERS
Rue de la Barricade
Rue Bell
Remparts
Rue
Banque Molson
Musée de la Civilisation
Maison Estèbe
Rue Sault-au-Matelot
Rue St-Pierre
Banque Nationale
Rue St-Antoine
Dalhousie
Côte de la Montagne
Parc La Cetière
PARC MONTMORENCY
R. Notre-Dame
Rue du Porche
R. Thibodeau
Rue St-Pierre
R. du Marché-Finlay
Place de Paris
Escalier Frontenac
Porte Prescott
Place Royale
Bd. Champlain
Escalier Casse-Cou
N.-D.-des-Victoires
Maison Louis-Jolliet
Rue Sous-le-Fort
Batterie Royale
Funiculaire
Cul-de-Sac
Rue du Cul-de-Sac
Dufferin
Rue du Petit-Champlain
R. du Marché-Champlain
Bd. Champlain
Terrasse
SAINT-LAURENT
LÉVIS
QUÉBEC BASSE-VILLE
0 100 m
0 300 ft
N
1..... Buste en bronze de Louis XIV

★★ Place Royale

Pleine de charme, cette magnifique place pavée de pierre grise occupe l'emplacement du jardin de la fameuse **Habitation** (p. 234) de Champlain. Quand la ville se développa autour de la forteresse, un marché s'y installa. L'endroit prit le nom de place Royale en 1686 lorsque l'intendant Champigny y fit ériger un **buste du roi Louis XIV**. La place Royale bénéficia d'une période de prospérité jusqu'au milieu du 19e s., époque à laquelle les activités portuaires entamèrent leur déclin. En 1928, le gouvernement français offrit à la ville un buste en bronze de Louis XIV (**1**), copie de l'œuvre en marbre du Bernin conservée à Versailles. Par égard pour la population anglophone du quartier, la statue n'y fut installée qu'en 1948.

★ Église Notre-Dame-des-Victoires

℘ 418 692 2533 - www.notre-dame-de-quebec.org - 7h30-16h, lun. 7h30-15h, sam. 7h30-17h30, dim. 8h30-16h - concerts et événements spéciaux (horaires variables, se rens.).

Cet édifice de pierre fut construit entre 1688 et 1723 sur l'ancien site de l'Habitation de Champlain pour servir de chapelle auxiliaire à la cathédrale de Québec, et fit office de paroisse pour les fidèles de la Basse-Ville. Comme la plupart des bâtiments du quartier, l'église fut détruite lors de la Conquête, et aussitôt rebâtie. Son nom évoque deux victoires remportées sur les Britanniques : la première en 1690, lorsque les troupes du comte de Frontenac battirent la flotte de l'amiral Phipps ; la seconde en 1711, quand la quasi-totalité de la flotte de l'amiral Walker fit naufrage au cours d'une tempête.

Suspendue dans la nef, une maquette représente le vaisseau *Brézé* (17e s.), qui amena les troupes françaises à Québec. À gauche du reliquaire de la chapelle latérale, un tableau de Théophile Hamel, datant de 1865, représente sainte Geneviève.

La Basse-Ville : d'hier à aujourd'hui

La Basse-Ville se développa autour de l'Habitation. Entre 1650 et 1662, plus de 35 parcelles de terrain furent concédées à des marchands, qui construisirent magasins et résidences. Pour parer au manque d'espace, il leur fallut remblayer certaines parties de la rive, au nord-est de l'actuelle place Royale, et construire des quais le long de la rue St-Pierre. En août 1682, un incendie dévasta les lieux. La reconstruction se fit alors selon de nouvelles normes qui imposaient l'utilisation de la pierre au lieu du bois. Ainsi naquirent ces maisons à un ou deux étages, si typiques du quartier. Commerce, construction navale et activités portuaires contribuèrent à la prospérité croissante de la colonie. Après la Conquête, son développement se poursuivit à l'initiative des marchands et des constructeurs navals anglais, qui bâtirent de nombreux quais le long des berges de la rivière St-Charles et du St-Laurent. Vers la moitié du 19e s., la superficie de la Basse-Ville avait doublé. Après 1860, le déclin de l'activité portuaire annonça la fin de sa prospérité économique. Les édifices, laissés à l'abandon, se dégradèrent au fil des ans. En 1967, le gouvernement du Québec adopta une loi visant à la restauration de la place Royale. Les travaux d'archéologie et de rénovation commencèrent en 1970. La vocation commerciale de la Basse-Ville a laissé son empreinte sur le quartier, comme en témoignent ses nombreux marchés, ses quais et ses anciens entrepôts aujourd'hui transformés en hôtels ou logements.

Le **retable** (1878 ; David Ouellet) du maître-autel est magnifique.
Continuez le long de la rue Notre-Dame.

Parc La Cetière

Des fouilles entreprises en 1972 ont mis au jour les fondations de cinq maisons en pierre de 1685. Détruites durant la Conquête, elles furent relevées sur les mêmes fondations, mais disparurent lors de l'incendie de 1948. On distingue les bases de deux d'entre elles, ainsi qu'une vaste œuvre murale de 420 m² en trompe-l'œil, **La Fresque des Québécois**, racontant l'histoire de Québec.
Poursuivez jusqu'à la côte de la Montagne, descendez-la un peu et tournez dans la deuxième rue à gauche, la rue St-Pierre.

★ Rue Saint-Pierre

Au 19e s., cette voie animée devint le centre du quartier des affaires à Québec. De nombreuses banques et compagnies d'assurances y installèrent leurs bureaux principaux. Parmi les édifices les plus remarquables, il faut mentionner la **Banque nationale** *(nº 71)*, construite par J.-F. Peachy en 1862 et aujourd'hui transformée en hôtel, l'ancienne **Banque Molson** *(nº 105)* et la **Banque impériale du Canada** *(nºs 113-115)*, bâtie en 1913. Entre les rues St-Antoine et St-Jacques, remarquez la porte cochère de la maison Estèbe, qui fait aujourd'hui partie du musée de la Civilisation *(ci-dessous)*. Plus loin, l'ancienne **Banque d'Hochelaga** *(nº 132)* se dresse à côté du **Dominion Building** *(nº 126)*. Les deux bâtiments, dorénavant raccordés, abritent actuellement l'hôtel Le Germain Québec *(« Nos adresses » p. 281)*. Dominant l'angle des rues St-Pierre et St-Paul, la **Banque canadienne de commerce** *(139 r. St-Pierre)* est un bel exemple de l'architecture Beaux-Arts en vogue à la fin du 19e s.
Tournez à gauche et continuez le long de la rue St-Paul.

★ Rue Saint-Paul

Construit sur les quais de la rivière St-Charles en 1816, ce tronçon de la rue St-Paul fut élargi en 1906. Les travaux qui s'ensuivirent nécessitèrent la démolition des édifices existants, à l'exception de l'entrepôt Renaud *(nº 82)*. La plupart des maisons du côté sud datent des années 1850 et sont occupées par des boutiques d'antiquaires, des galeries d'art et des restaurants.
Tournez à gauche dans la rue Rioux puis à gauche dans la rue Sous-le-Cap.

Rue Sous-le-Cap

Située au pied du rocher du cap Diamant, cette étroite ruelle constitua jusqu'au 19e s. l'unique passage entre la place Royale et le faubourg St-Nicolas, au nord. Les plans trop étroits des bâtiments ne permettant pas l'installation d'ascenseurs à l'intérieur des maisons, des remises extérieures furent construites et reliées aux maisons principales par des passerelles qui enjambaient la rue.
Revenez rue St-Pierre.

★★ Musée de la Civilisation

Entrée principale au 85 r. Dalhousie - ☎ 418 643 2158 ou 1 866 710 8031 - www.mcq.org - ✕ ♿ - de mi-juin à déb. sept. : 10h-17h ; reste de l'année : tlj sf lun. 10h-17h - 24 $ - réserv. en ligne obligatoire.

Inaugurée en 1988, cette remarquable institution s'étend de la rue St-Antoine à la rue de la Barricade. Le célèbre architecte **Moshe Safdie**, à qui l'on doit aussi le complexe Habitat 67 *(p. 89)*, à Montréal, et le musée des Beaux-Arts du Canada,

+ L'héritage français

Le berceau de la Nouvelle-France

Perchée sur un promontoire au confluent de la rivière St-Charles et du St-Laurent, Québec tire son nom du mot algonquin *Kebec*, « là où le fleuve se resserre » : le St-Laurent y mesure à peine 1 km de large.
Bien avant l'arrivée des Européens, chasseurs et pêcheurs des Premières Nations du village de **Stadaconé** habitaient la région. En 1535, **Jacques Cartier** donna à l'éperon rocheux qui dominait le site le nom de **cap Diamant**, car il espérait y trouver des pierres précieuses. Quand il comprit qu'il n'en tirerait que des gemmes sans valeur, il abandonna les lieux et la région perdit de son attrait.
En 1608, **Samuel de Champlain** établit un poste de traite des fourrures à *Kebec*. Il y fit construire une simple forteresse de bois, sur le site qu'occupe l'église Notre-Dame-des-Victoires. L'**Habitation** comprenait, outre un jardin, deux bâtiments principaux qui faisaient office de fort, de poste de traite et de résidence. En 1624, une forteresse plus grande la remplaça. Champlain érigea **Fort St-Louis** (*encadré p. 243*) sur les hauteurs du cap. Au 17e s., les premiers colons – attirés par le lucratif **commerce des fourrures** – arrivèrent à Québec. Contrairement aux institutions religieuses et à l'administration coloniale, qui s'établirent dans la Haute-Ville à l'ombre protectrice de ses murailles, les nouveaux arrivants s'installèrent dans la Basse-Ville, qui demeura, jusqu'au milieu du 19e s., le principal secteur résidentiel et commercial.

Un emplacement stratégique

Très vite, Québec devint le centre politique, administratif et militaire de la Nouvelle-France. Le cap Diamant, à 98 m au-dessus du niveau de la mer, offrait à la colonie un site stratégique qui lui valut le surnom de « Gibraltar de l'Amérique ». Les Français réussirent d'abord à repousser les attaques successives des Iroquois et des Anglais. Mais Québec, vulnérable malgré sa situation de forteresse naturelle, fut prise dès 1629 par les **frères Kirke**, puis reconquise en 1632. En 1690, elle fut assiégée sans succès par l'**amiral Phipps**. Le conflit qui opposait la petite colonie française à l'Angleterre ne cessa de s'aggraver au cours du 18e s. et se solda par la sanglante **bataille des Plaines d'Abraham** (*encadré p. 260*) qui précipita la Conquête de 1759. À la suite du traité de Paris (1763), l'ancienne métropole de la Nouvelle-France devint capitale d'un **dominion britannique**.

Développement économique

Aux 18e et 19e s., le **Vieux-Port** fut le fiévreux théâtre d'activités liées à l'exportation des matières premières (bois, fourrures, céréales) vers la Grande-Bretagne, et à l'importation de produits finis venant de France, des Antilles, d'Angleterre et d'Écosse. Après la levée de l'embargo napoléonien, au début du 19e s., l'expansion du commerce du bois avec la Grande-Bretagne permit à Québec de rivaliser avec Montréal pendant un demi-siècle. Plusieurs facteurs devaient malheureusement entamer la position économique de Québec et contribuer à son déclin : le passage du bois équarri au bois scié ; la disparition progressive des bateaux en bois au profit des coques d'acier et la modernisation des moyens de transport (introduction de la vapeur) ; le développement d'un réseau de

La devise québécoise : « Je me souviens [que né sous le lys, je croîs sous la rose]. »
F. Klingen/Michelin

chemins de fer sur la rive sud du St-Laurent (c'est-à-dire ne passant pas par Québec) ; le dragage du fleuve, qui permettait désormais aux navires de remonter jusqu'à Montréal. Plongée dans un contexte économique peu favorable, Québec essaya d'attirer l'attention des sociétés de chemins de fer, et bâtit le pont de Québec, afin que soit établie une **liaison ferroviaire** entre les rives nord et sud du St-Laurent. En vain... Après 1850, l'ascension de Montréal à la prééminence financière, commerciale et industrielle entraîna un important déplacement de population et de capitaux plus à l'ouest. Aujourd'hui, la plupart des emplois relèvent des secteurs de l'administration, de la défense et des services.

Population

Avant la Conquête, la population québécoise était essentiellement composée de colons d'origine française. L'afflux d'immigrants britanniques et irlandais au début du 19ᵉ s. aboutit à un renforcement de la présence anglophone, qui s'élevait à 41 % en 1851, et atteignit 51 % vers 1861. Le déclin économique de Québec et l'exode massif de sa population vers la région montréalaise se traduisirent par une nette diminution du nombre d'habitants de langue anglaise, qui passa de 31,5 % en 1871 à 10 % en 1921... et moins de 2 % au début du 21ᵉ s.

Québec aujourd'hui

Véritable bastion de la culture française en Amérique du Nord, la ville représente, plus encore que Montréal, l'Europe sans franchir l'océan. Car Québec a remarquablement réussi à préserver son héritage culturel, sans pour autant se transformer en musée vivant. Depuis plusieurs décennies, le gouvernement provincial lui a donné un nouvel élan, et une métropole trépidante s'est développée en dehors de ses solides murailles.
Chaque année au mois de février, le fameux **Carnaval de Québec** (*☞ p. 275*), orchestré par le non moins célèbre « Bonhomme Carnaval », joyeux bonhomme de neige vêtu de sa tuque rouge (bonnet de laine) et de sa ceinture fléchée (pièce de vêtement traditionnel québécois), attire des milliers de visiteurs.

à Ottawa, a conçu cet ensemble dont les deux masses élancées et angulaires, taillées dans la pierre à chaux, sont surmontées d'un campanile de verre et coiffées d'un toit de cuivre à lucarnes stylisées. Un escalier monumental, construit entre les deux structures, mène à une terrasse surplombant la **maison Estèbe**, édifice de pierre (1752) que l'on a intégré au musée pour symboliser le lien entre le passé et le présent, et dont les voûtes sont occupées par la boutique du musée. À l'intérieur du vaste hall d'entrée du musée, le visiteur pourra admirer la sculpture de l'artiste montréalaise Astri Reusch intitulée *La Débâcle*, illustrant la fonte des glaces au printemps et l'œuvre *Les Arches d'entente* de l'artiste huron-wendat Ludovic Boney. Cette imposante création, constituée de dix-huit arches d'aluminium, symbolise l'amitié entre le musée et la nation huronne-wendat.

Le musée possède la plus importante collection ethnographique et historique du Québec, soit plus de 230 000 objets et documents iconographiques (textiles et costumes, mobilier, art et ethnologie, etc.). Outre ses expositions permanentes, il présente chaque année de huit à dix expositions temporaires, et fait une large part aux nouvelles technologies multimédias et interactives.

« C'est notre histoire » – Conçue en collaboration avec des représentants des onze Nations autochtones du Québec, cette exposition met en lumière la réalité moderne des peuples autochtones, tout en soulignant leur dynamisme et leurs capacités d'adaptation. Elle invite à réfléchir sur ce que signifie être autochtone au 21e s. grâce à une riche collection d'objets et à une série de témoignages audio et vidéo. Parmi les pièces exposées, on découvre des œuvres d'art inuit, des costumes cérémoniels, ainsi que des canoës et des maquettes d'habitats traditionnels. Des objets du quotidien, tels que des instruments de musique, des paniers en écorce façonnés par les Atikamekw et les Algonquins, ainsi que du matériel de chasse et de pêche des Hurons et des Micmacs, permettent d'explorer des thèmes variés comme l'identité individuelle et collective, la perspective historique et contemporaine au territoire, l'autonomie et les modes de vie traditionnels. Une partie de l'exposition est également consacrée à la période des pensionnats autochtones.

« Le Québec autrement dit » – Centrée sur la société québécoise, cette exposition propose un autre regard sur les faits sociaux, politiques et culturels marquants de la province. Le parcours est divisé en six pavillons : Habiter, Vivre, Échanger, Partager, Revendiquer et Appartenir. 1300 objets sont mis en valeur de façon traditionnelle, mais aussi de façon métaphorique, voire poétique, appuyés par des dispositifs multimédias favorisant l'immersion du visiteur. Un large segment intitulé « Le site archéologique Cartier-Roberval » revient sur la première tentative de colonisation française du territoire en 1541. L'exposition met aussi en avant la présence des peuples autochtones tout au long du parcours, à travers des objets significatifs de différentes nations, des œuvres d'art et des récits oraux, qui permettent de partager leur vision sur ces événements historiques.

Avant de quitter le musée, ne manquez pas d'admirer, dans le grand hall d'accueil, un émouvant témoin de la Nouvelle-France : le vestige d'une **barque à quille** (v. 1736), utilisée sur le fleuve à l'époque du Régime français, qui fut découverte en 1985, enfouie derrière la maison Estèbe. Les marées ont protégé pendant plus de deux siècles le bois de ce bateau à fond plat en le gorgeant d'eau, et le talent des archéologues et d'un ancien constructeur de chaloupes lui a donné un nouveau souffle de vie…

Ressortez du musée sur la rue Dalhousie et tournez à gauche.

★ Vieux-Port

À l'angle des rues Dalhousie et St-André.

Des débuts de la colonie jusqu'au milieu du 19e s., ce port joua un rôle majeur dans le développement économique du pays. Il servit, pour des milliers d'immigrants, de porte d'entrée en Amérique. Par lui transitèrent à la fois les matières premières destinées à l'exportation et les produits finis importés d'Europe et des Antilles. Les activités portuaires commencèrent à décliner dans la seconde moitié du 19e s., et le quartier tomba peu à peu à l'abandon. Au milieu des années 1980, un projet de réhabilitation financé par le gouvernement fédéral le relança grâce à la création du complexe de l'**Agora★**. Ce dernier comprend un amphithéâtre à ciel ouvert, construit entre le St-Laurent et l'édifice de la Douane, un centre culturel, l'**Espace 400e**, et une grande promenade en planches qui longe le fleuve. Une marina vient compléter l'ensemble.

Édifice de la Douane – *2 r. St-André.* Dominant le St-Laurent, cette majestueuse structure néoclassique (1860) fut conçue par l'architecte anglais William Thomas. Des ornements de pierre de taille décorent les fenêtres du rez-de-chaussée. Un premier incendie détruisit l'intérieur en 1864 ; un autre, en 1909, les étages et le dôme. Le heurtoir de l'entrée principale provient de la maison des Douanes anglaises, établie à Québec en 1793. Restauré entre 1979 et 1981, le bâtiment abrite toujours le siège de l'administration des Douanes.

Société du port de Québec – *R. Dalhousie.* Conçu par un architecte du pays, Thomas R. Peacock, ce bâtiment (1914) se dresse à l'endroit où l'incendie de 1909 détruisit un silo et endommagea l'édifice de la Douane.

Musée naval de Québec – *170 r. Dalhousie - ✆ 418 694 5387 - museenavaldequebec.ca - de juin à déb. sept. : 9h-16h - gratuit.* Propriété de la **Réserve navale du Canada**, ce musée riche de plusieurs milliers d'artefacts est une référence nationale en matière de recherches en histoire navale. Sur les murs et les fenêtres, ne manquez pas la **gigantesque fresque** créée en 2023 par l'artiste québécois Paul Abraham à l'occasion du 100e anniversaire de la réserve navale du Canada. Longue de 200 m et aussi haute qu'un immeuble de deux étages, elle évoque l'histoire maritime à travers plus de 200 personnages, dont Winston Churchill, Franklin D. Roosevelt ou encore Pierre-Étienne Fortin, le commandant de la goélette *La Canadienne,* surnommé « le roi du Golfe », sans oublier l'intégration des femmes dans la Marine.

À l'intérieur du musée, l'exposition permanente présente des cartes, maquettes et objets divers qui font revivre les grandes heures de l'histoire du St-Laurent, depuis l'époque des mousquets et des abordages jusqu'aux torpillages et aux sous-marins dans les eaux gaspésiennes, lors de la Seconde Guerre mondiale. Le musée donne aussi la voix aux descendants des anciens combattants dans l'exposition « Héritiers de guerre ».

★★★ Haute-Ville

PLAN P. 240-241

Circuit 2 tracé en vert sur le plan p. 240-241 au départ de la place d'Armes.

★★ Place d'Armes

Située aux confins du Fort St-Louis, cette jolie place verdoyante (1620) servait à l'origine de terrain de manœuvres et de défilés. Elle perdit sa fonction militaire avec la construction de la Citadelle au début du 19e s. et devint un lieu public.

Aujourd'hui encadrée par de prestigieux édifices, elle comporte en son centre le **monument de la Foi (1)** (1916 ; David Ouellet), fontaine surmontée d'une sculpture néogothique commémorant la venue des missionnaires récollets à Québec, il y a plus de trois siècles. Les bas-reliefs évoquent l'arrivée en 1615 du père Dolbeau, premier prêtre de Québec, la première messe célébrée par les Récollets et leur œuvre d'évangélisation.

★★ Château Frontenac

1 r. des Carrières - ne se visite pas, mais possibilité d'entrer dans le hall.

Orné de tourelles médiévales, d'échauguettes et de mâchicoulis typiques du style « château » que le **Canadien Pacifique** développa aux grandes étapes de sa ligne transcanadienne, cet imposant hôtel est le bâtiment le plus célèbre de Québec. Il tient son nom de **Louis de Buade, comte de Frontenac** (1622-1698), gouverneur de la Nouvelle-France au 17e s., et occupe l'ancien site du château Haldimand. Ce dernier, construit en 1786 pour le gouverneur Frederick Haldimand, abritait les services administratifs et les salons de réception du gouvernement colonial. C'est en 1880, dans la foulée des embellissements proposés par Lord Dufferin, gouverneur général du Canada, que l'idée de doter la ville d'un somptueux établissement hôtelier prit corps.

Lorsque **Bruce Price** (1843-1903) entreprit de dessiner les plans de l'hôtel, il se laissa inspirer par un style d'architecture déjà très en vogue à Québec. Reprenant un premier projet d'Eugène-Étienne Taché, l'architecte américain modifia le plan original en faveur d'un plan en forme de fer à cheval et choisit des toits de cuivre qui contrastaient avec les murs de brique rehaussés de pierre de taille. Le style « château » acquit alors un ton bien particulier qui, jusqu'aux années 1940, fut non seulement l'emblème par excellence du Canadien Pacifique, mais aussi du pays. Dès 1893, l'aile Riverview était complétée et l'hôtel connut un succès immédiat. La construction des ailes Citadelle (1899) et Mont-Carmel (1908), suivie de celle de l'aile St-Louis et de la tour centrale (1920-1924), vint compléter l'ensemble. Avec l'ajout de son aile Claude-Pratte (1993), le château Frontenac met à la disposition de sa clientèle plus de 600 chambres (*« Nos adresses » p. 282*). Les architectes décorèrent le monument d'armoiries. Au-dessus de l'arche donnant sur la cour, une pierre datée de 1647, provenant du château St-Louis, est gravée d'une croix de Malte.

L'intérieur de l'hôtel fut reconstruit après un incendie en 1926. Typiques des grands palaces des années 1900, le hall d'entrée, la réception, le salon Verchères et la salle à manger Champlain sont quelques exemples éloquents du soin apporté à la conception de ce joyau d'architecture canadienne.

Continuez le long de la rue St-Louis.

★ Ancien palais de Justice

12 r. St-Louis.

Aujourd'hui occupé par le ministère des Finances, cet édifice (1883-1887) de style Second Empire est érigé à l'emplacement du couvent et de l'église des Récollets, tous deux détruits par un incendie à la fin du 18e s. Ses façades s'inspirent de celles des châteaux de la Loire de la première moitié du 16e s. De chaque côté de l'entrée principale, on remarquera les armoiries de Jacques Cartier et de Champlain. Les chapiteaux, ornés de fleurs de lys, ajoutent une note spécifiquement française à l'imposant bâtiment.

Le château Frontenac vu depuis le parc du bastion de la Reine.
F. Klingen/Michelin

★ Maison Maillou

17 r. St-Louis.

Construit vers 1736 par l'architecte Jean Maillou, ce bâtiment de pierre ne comportait à l'origine qu'un seul niveau. Surélevé en 1767, puis agrandi de deux travées du côté ouest en 1799, il fut occupé, au début du 19e s., par l'armée britannique. De cette époque datent les contrevents de fenêtres en métal. Restaurée en 1964, la maison forme un ensemble urbain traditionnel, typique des années 1800, et loge la Chambre de commerce et d'industrie de Québec.

Au no 25, la **maison Kent** a été transformée en hôtel. Ce grand bâtiment blanc, décoré de moulures bleu vif, fut édifié au 18e s. et reconstruit dans les années 1830.

4

★ Maison François-Jacquet-Dit-Langevin (C)

34 r. St-Louis.

Considérée comme la plus vieille maison de la ville, et l'un des seuls exemples québécois d'architecture domestique de la fin du 17e s., cette petite demeure à un étage, surmontée d'une haute toiture rouge percée de lucarnes caractéristiques, fut construite sur un terrain acheté par François Jacquet au couvent des Ursulines en 1674. Vers 1690, l'architecte François de La Jouë modifia la maison d'origine en la rehaussant d'un étage. L'agrandissement latéral date de 1820. Neveu de Lanaudière et auteur du célèbre roman *Les Anciens Canadiens*, Philippe Aubert de Gaspé y vécut de 1815 à 1824. Un restaurant réputé, Aux Anciens Canadiens, occupe aujourd'hui les lieux (*« Nos adresses » p. 277*).

Prenez à droite la rue des Jardins, puis à gauche la rue Donnacona.

★ Monastère des Ursulines

12 r. Donnacona.

Bâti en 1641, ce monastère fut dévasté par deux incendies en 1650 et en 1686. Les ailes St-Augustin et Ste-Famille, ainsi que la cuisine qui les relie, furent édifiées au cours de la période 1685-1715. Ensemble, elles forment l'ébauche de la cour carrée intérieure. L'aile Ste-Famille, au toit en pente, offre un excellent exemple du style architectural en vogue sous le Régime français. En 1836, l'architecte Thomas Baillairgé ajouta l'aile Ste-Angèle. Malgré les bâtiments édifiés au 20ᵉ s., le complexe a conservé son grand **jardin** et son verger *(fermés au public)*. La plus ancienne institution d'enseignement pour jeunes filles en Amérique, fondée en 1639 par Madame de La Peltrie et Marie Guyart, poursuit de nos jours son œuvre éducatrice.

★ **Musée des Ursulines (M[1])** – *www.poleculturel desursulines.ca - ♿ - juin-oct. : tlj sf lun. 10h-17h ; reste de l'année : mar.-vend. 13h-17h, w.-end 10h-17h - 16 $*. Depuis 1979, un édifice bâti sur les fondations de l'ancienne maison de Mᵐᵉ de La Peltrie abrite un musée. Deux expositions permanentes sont présentées, en plus des expositions temporaires. « Mémoire d'une maison » dévoile les artefacts découverts lors des fouilles archéologiques effectuées pendant les travaux d'agrandissement en 2010. Dès l'entrée, une **maquette** permet de visualiser l'évolution du monastère des Ursulines, de 1639 à nos jours. Le musée possède par ailleurs l'une des plus anciennes collections de textiles d'Amérique du Nord, dont un riche ensemble d'ornements liturgiques brodés de fil d'or et d'argent. L'exposition « L'Académie

SE RESTAURER
- Bistro-Bar tournant Ciel ! 1
- Madame Phan 2
- Aux Anciens Canadiens 3
- Crêperie-Bistro Le Billig 5
- Chez Temporel 7
- Wong 9
- Bistro Hortus 11
- Le Clocher Penché 13
- Le Continental 15
- BÔ Cuisine d'Asie 17
- Hobbit Bistro 19
- Le Petit Coin Latin 21
- Portofino 23
- Épicerie de la Rue Couillard 25
- Le Saint-Amour 27
- Le Quarante 7 31
- Le Parlementaire 33

SE LOGER
- Le Capitole Hôtel 1
- Hôtel Belley 3
- Le Monastère des Augustines 6
- Fairmont Le Château Frontenac 7
- Auberge internationale de Québec 9
- Auberge Saint-Louis 11
- Hôtel du Vieux-Québec 13
- Manoir d'Auteuil 15
- Au Petit Hôtel 16
- Relais Charles Alexandre 17

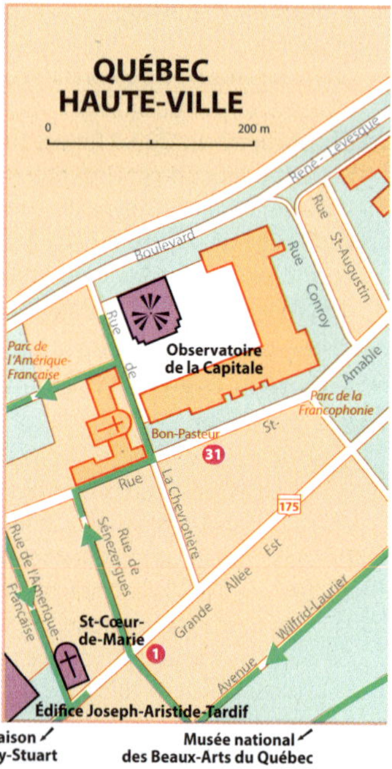

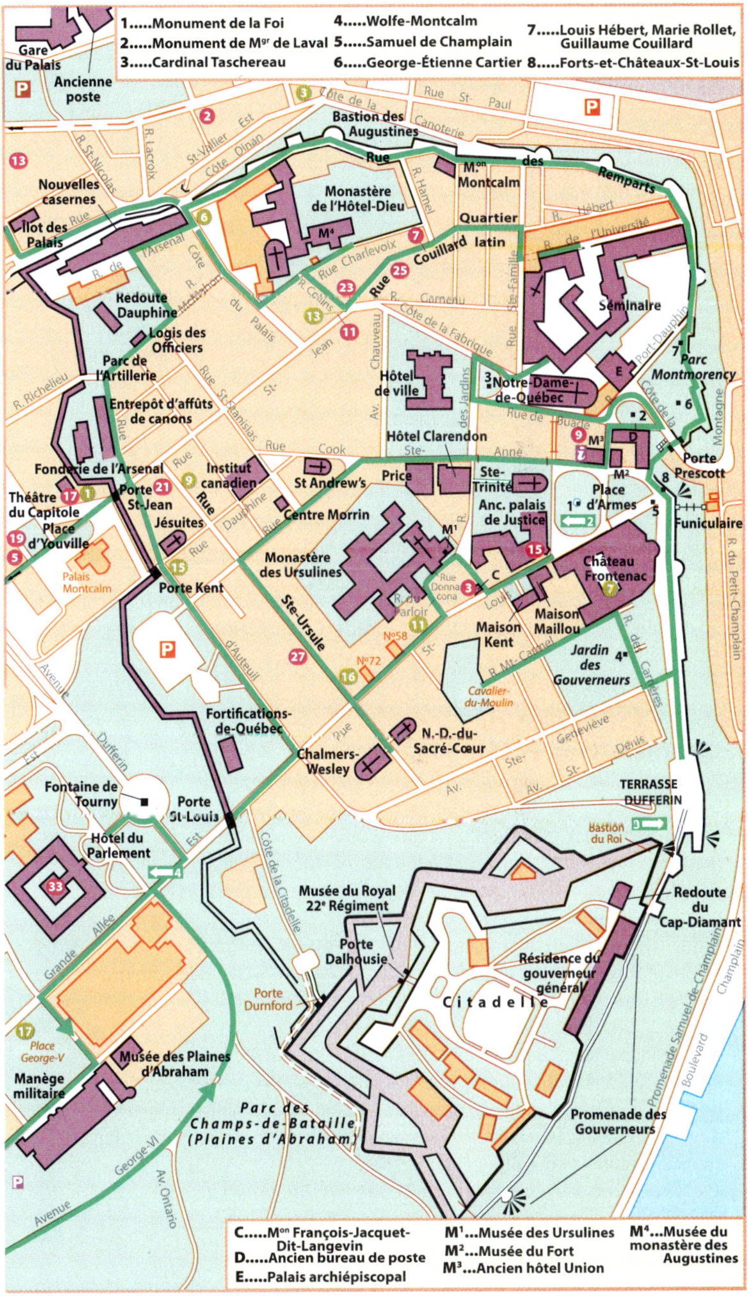
1.....Monument de la Foi
2.....Monument de Mgr de Laval
3.....Cardinal Taschereau
4.....Wolfe-Montcalm
5.....Samuel de Champlain
6.....George-Étienne Cartier
7.....Louis Hébert, Marie Rollet, Guillaume Couillard
8.....Forts-et-Châteaux-St-Louis
Gare du Palais
Ancienne poste
Côte de la Canoterie
Rue St-Paul
Bastion des Augustines
Rue des Remparts
Mon Montcalm
Nouvelles casernes
Îlot des Palais
Monastère de l'Hôtel-Dieu
R. Hamel
Quartier latin
Rue Couillard
Rue Charlevoix
R. Hébert
R. de l'Université
R. St-Nicolas
R. Lacroix
St-Vallier Est
Côte Dinan
Côte du Palais
R. McMahon
R. Collins
R. Carneau
Côte de la Fabrique
Rue Ste-Famille
Séminaire
Port-Dauphin
Parc Montmorency
Redoute Dauphine
Logis des Officiers
Parc de l'Artillerie
Entrepôt d'affûts de canons
R. Richelieu
St-Jean
Rue St-Stanislas
Av. Chauveau
Hôtel de ville
des Jardins
Notre-Dame-de-Québec
Rue de Buade
Côte de la Montagne
Fonderie de l'Arsenal
Institut canadien
Rue Cook
St Andrew's
Price
Hôtel Clarendon
Ste-Anne
Ste-Trinité
Place d'Armes
Porte Prescott
Funiculaire
Théâtre du Capitole
Place d'Youville
Porte St-Jean
Jésuites
Rue Dauphine
Centre Morrin
Anc. palais de Justice
Palais Montcalm
Porte Kent
Monastère des Ursulines
Rue Donnacona
R. du Parloir
Château Frontenac
Maison Maillou
Maison Kent
St-Louis
R. du Petit-Champlain
Ste-Ursule
d'Auteuil
No58
No72
R. Mt-Carmel
Jardin des Gouverneurs
R. des Carrières
Cavalier-du-Moulin
Avenue Dufferin
Fortifications-de-Québec
N.-D.-du-Sacré-Cœur
Chalmers-Wesley
Ste-Geneviève
St-Denis
Av. Ste-Geneviève
Fontaine de Tourny
Porte St-Louis
Hôtel du Parlement
TERRASSE DUFFERIN
Bastion du Roi
Côte de la Citadelle
Musée du Royal 22e Régiment
Porte Dalhousie
Redoute du Cap-Diamant
Résidence du gouverneur général
Citadelle
Porte Durnford
Grande Allée
Place George-V
Manège militaire
Musée des Plaines d'Abraham
Parc des Champs-de-Bataille (Plaines d'Abraham)
Promenade des Gouverneurs
Promenade Samuel-de-Champlain
Boulevard Champlain
Avenue George-VI
Av. Ontario
C.....Mon François-Jacquet-Dit-Langevin
D.....Ancien bureau de poste
E.....Palais archiépiscopal
M1...Musée des Ursulines
M2...Musée du Fort
M3...Ancien hôtel Union
M4...Musée du monastère des Augustines

des demoiselles » est consacrée à la mission première des Ursulines : l'**éducation des filles**, centrée sur l'apprentissage du savoir-être et du vivre-ensemble. Chaque aspect (l'arrivée des pensionnaires, l'enseignement des connaissances) est documenté par d'émouvants objets de la vie quotidienne. Une belle collection de harpes, ainsi qu'une vitrine dédiée aux **instruments de musique** permettent de comprendre l'importance de l'enseignement des arts, dont la peinture et la musique, dans l'éducation des demoiselles.

Chapelle – *www.ursulines-uc.com - de mai à oct. : tlj sf lun. 10h-17h ; reste de l'année : w.-end 13h-17h - gratuit - audioguide de 45mn - 18 $.* La chapelle actuelle (1901) a remplacé un bâtiment du début du 18e s. La diversité de ses styles est caractéristique de l'architecture religieuse du Québec du début du 20e s. Derrière l'église, la tourelle du chevet, empruntée au style « château », date de 1889. L'intérieur se compose d'une chapelle à l'usage des fidèles séparée, par une grille, de la chapelle où les religieuses cloîtrées faisaient leurs dévotions. Il a conservé son magnifique **décor★★** d'avant la Conquête, soigneusement rénové et qui, comme le maître-autel, fut réalisé entre 1726 et 1736, sous la direction de Pierre-Noël Levasseur. Un audioguide permet de découvrir la chapelle à travers le regard des Ursulines. Le vaste chœur des religieuses est surmonté d'une fausse voûte ornée de coupoles. Les peintures qui décorent la chapelle furent acquises à Paris vers 1820 par l'abbé Louis-Philippe Desjardins (1753-1833), ancien chapelain des Ursulines. On admirera aussi, au revers de la façade, *Jésus chez Simon le Pharisien* de Jean André et, dans le chœur, un tableau anonyme peint en France vers 1670, intitulé *La France apportant la foi aux Hurons de la Nouvelle-France*. Dans une chapelle adjacente repose la **Bienheureuse Marie-de-l'Incarnation**, qui mourut en 1672 et fut béatifiée en 1980.

Retournez vers la rue St-Louis par la rue du Parloir, et tournez à droite dans la rue St-Louis. Tournez ensuite à gauche dans la rue Ste-Ursule.

Chalmers-Wesley United Church

78 r. Ste-Ursule - ✆ 418 692 2640 - chalmerswesley.org.

Deux assemblées protestantes, l'une anglophone, l'autre francophone, se partagent ce bâtiment de style néogothique (1853 ; J. Wells), dont le clocher élancé est flanqué de contreforts en décrochements. À l'intérieur, on peut voir de superbes vitraux réalisés en 1909, de belles boiseries ornant l'abside et les bancs, et un orgue du début du 20e s., restauré en 1985.

En face de l'église, le **sanctuaire Notre-Dame-du-Sacré-Cœur** *(n° 71)* fut construit en 1910 par F.-X. Berlinguet. Il s'agit d'une réplique de la chapelle gothique dédiée à Notre-Dame du Sacré-Cœur à Issoudun, en France.

Retournez vers la rue St-Louis.

Au coin nord-ouest des rues St-Louis et Ste-Ursule s'élevait autrefois l'hôtel de ville de Québec, bâti en 1833. Lorsque le nouvel hôtel de ville ouvrit ses portes en 1896, réunissant sous un même toit les bureaux administratifs et juridiques municipaux, David Ouellet érigea une série de maisons en enfilade le long de la **rue Ste-Ursule** *(nos 60-68)*.

Continuez rue Ste-Ursule puis à droite rue Ste-Anne jusqu'à la chaussée des Écossais.

Centre Morrin

44 chemin des Écossais - ✆ 418 694 9147 - www.morrin.org - vend.-dim. 10h-16h - visite guidée sur réserv. sur le site Internet - 18 $.

La Haute-Ville : un développement controversé

En 1620, Champlain fit construire Fort St-Louis sur le « rocher inhospitalier à jamais inhabitable » qu'était alors le cap Diamant. Agrandie en 1629, cette modeste structure prit le nom de **château St-Louis**. Remplacée en 1692 par un bâtiment à un étage, elle devint, à la demande du **comte de Frontenac**, la résidence officielle du gouverneur de la colonie. L'édifice fut rebâti après la Conquête, puis ravagé par un incendie en 1834.

Le développement de la Haute-Ville se fit à l'initiative d'un groupe de puissants marchands, la **Compagnie des Cent-Associés**. La terre, aux mains de quelques seigneurs, fut redistribuée, et les parcelles de terrain concédées aux institutions religieuses furent réduites. Le **gouverneur Montmagny** (1636-1648) entreprit l'urbanisation de la Haute-Ville. Malgré une topographie accidentée et l'appartenance de vastes terrains à diverses institutions, il décida d'ériger une grande ville fortifiée : les premières maisons s'élevèrent à la fin du 17e s., près de la place d'Armes et le long de la rue St-Louis. Cependant, les congrégations religieuses (Ursulines, Augustines et Jésuites) étant peu disposées à morceler leurs terrains, et l'armée s'opposant à toute construction à proximité de fortifications existantes ou à venir, le développement de la ville fut considérablement ralenti. Vers la fin du 18e s., les bâtiments reflétaient encore l'importance prépondérante de la présence religieuse et administrative. Au cours du 19e s., un élégant quartier se développa aux alentours des rues St-Louis, Ste-Ursule et d'Auteuil, et des avenues Ste-Geneviève et St-Denis. Son prestige allait diminuer vers 1880 au profit de la Grande Allée. Aujourd'hui, la Haute-Ville forme le cœur du Vieux-Québec et abrite toujours le centre administratif de la cité.

Les sous-sols de cette jolie **bibliothèque** au décor patiné abritent ce qui fut la première **prison** de la ville. Les anneaux de fer et les graffitis à même la pierre constituent des témoignages émouvants du calvaire subi par les prisonniers dans ces geôles.

Revenez dans la rue Ste-Anne et poursuivez jusqu'à l'angle de la rue Cook.

Saint Andrew's Presbyterian Church

5 r. Cook - ✆ 418 456 8113 - juil.-août : tlj.

Construite en 1810 pour des Écossais presbytériens de Québec, elle fut agrandie en 1823. Son clocher reproduit celui de la Ste-Trinité (*p. 244*). À l'origine, la congrégation était presque entièrement réservée aux **Fraser Highlanders**, l'un des bataillons de l'armée du général Wolfe. Dans le sanctuaire, la table de communion et la chaire font face à l'ancienne tribune du gouverneur.

Poursuivez rue Ste-Anne.

★ Édifice Price

65 r. Ste-Anne.

Ce gratte-ciel en décrochements domine le quartier du haut de ses 16 étages. Conçu par les architectes montréalais Ross et MacDonald, il fut réalisé en 1930 pour servir de siège social à la société Price Brothers, qui introduisit l'industrie du bois et du papier dans la région du Saguenay. Dans la foulée des grandes compagnies nord-américaines, Price Brothers adopta le style Art déco alors en vogue, mais y introduisit une iconographie témoignant à la fois de sa nationalité canadienne et de son activité (exploitation forestière et production de papier).

Un toit revêtu d'une couverture de cuivre permet à l'édifice de mieux se fondre dans le paysage architectural du Vieux-Québec. Avec ses bas-reliefs et ses portes en cuivre (entrée et ascenseur), le hall d'entrée forme un ensemble de qualité.

Hôtel Clarendon

57 r. Ste-Anne.

La maison, construite en 1858 sur les plans de Charles Baillairgé, puis remaniée l'année suivante pour l'imprimeur Desbarats, nouvel occupant des lieux, fut convertie en hôtel en 1875. Le pavillon d'entrée Art déco qui le caractérise, dû à Raoul Chênevert, date de 1927.

★ Cathédrale anglicane de la Sainte-Trinité

31 r. des Jardins - ✆ 418 692 2193 - www.cathedral.ca - hiver : 10h-16h, dim. à partir de 11h ; reste de l'année : se rens.

Érigée sur un terrain qui, jusque vers la fin du 18e s., avait appartenu aux Récollets, cette cathédrale anglicane (épiscopale) – la première de son genre à être construite hors des îles Britanniques – fut achevée en 1804. Son architecture, inspirée de l'église St-Martin-in-the-Fields à Londres, offre un plan à la fois simple et innovant, caractérisé par la présence d'une nef et de deux bas-côtés, soulignés par une double rangée de fenêtres. Le chœur étant, selon la tradition chrétienne, orienté vers l'est, la façade tourne le dos à la place d'Armes. Le clocher, doté d'un carillon de huit cloches, rivalise en hauteur avec celui de la basilique-cathédrale Notre-Dame-de-Québec, qu'il dépasse de plusieurs mètres. En raison des risques d'effondrement entraînés par d'abondantes chutes de neige, le toit – à l'origine assez plat – fut exhaussé d'environ 3 m en 1816. À l'extérieur, une **croix celtique** (v. 542) marque l'entrée du bâtiment.

Intérieur – La fausse voûte, en bois, imite le stuc. Les chapiteaux ioniques et les pilastres furent réalisés par Louis-Amable Quévillon, qui faillit d'ailleurs être excommunié pour avoir travaillé au décor intérieur d'une église non catholique. Fondateur de la cathédrale, George III fit envoyer du chêne provenant de la forêt royale de Windsor pour la fabrication des bancs. Dans la tribune gauche se trouve une loge royale réservée au souverain britannique, chef de l'Église, ou à son représentant. À droite de l'autel, le fauteuil de l'évêque fut sculpté dans le bois d'un orme (déraciné lors d'une tempête en 1845) qui se dressa pendant deux cents ans dans le jardin de l'église, et sous lequel Champlain aurait, selon la tradition, fumé le calumet de la paix avec les Iroquois.

Le **trésor** de la cathédrale, exposé à certaines occasions, comprend de très belles pièces d'orfèvrerie (dont une paire de chandeliers en argent massif) offertes par George III.

À droite de la cathédrale, remarquez le **presbytère** (1841), de style néoclassique, ainsi qu'une salle paroissiale (1890). En été, le parvis de la cathédrale attire toutes sortes d'artistes de rue.

Retournez rue Ste-Anne.

Dans la pittoresque **rue du Trésor**, interdite à la circulation, des artistes exposent des dessins et gravures illustrant des scènes de la vie à Québec.

Ancien hôtel Union (M3)

12 r. Ste-Anne.

Bel exemple d'architecture palladienne, cet imposant édifice (1805-1812) fut en son temps le premier établissement hôtelier de la ville. Il abrite désormais l'**Office du tourisme de Québec** *(☞ p. 275)*.

Musée du Fort (M²)

10 r. Ste-Anne - ✆ 418 692 2175 - www.museedufort.com - fermé au moment de la rédaction de ce guide, réouverture se rens. - 9 $.

Bâti en 1840, ce bâtiment blanc surmonté d'un toit gris fut remanié en 1898 et acquit alors son amusante apparence de château. Sur une immense **maquette** (40 m²) du site de Québec au 18e s., un spectacle « son et lumière » *(30mn)* entièrement renouvelé raconte l'histoire de la ville et explique en détail les six sièges et batailles dont elle fut l'enjeu. La maquette rend sensible le relief si particulier de la cité.

Prenez à gauche la rue du Fort et continuez jusqu'à la rue Buade.

★ Ancien bureau de poste (D)

5 r. du Fort - ✆ 418 694 6102 - lun.-vend. 8h-19h30, sam. 9h30-17h.

Construit en 1871-1872 en pierre de taille, le bureau central fut considérablement agrandi en 1914. On remarquera son imposante façade de style Beaux-Arts et, au-dessus de la porte d'entrée, le bas-relief sculpté qui constituait jadis l'**enseigne du Chien d'Or** (auberge située à cet emplacement jusqu'en 1837). Rebaptisé en l'honneur de L.-S. Saint-Laurent, célèbre Premier ministre canadien, l'édifice assure toujours la distribution du courrier et abrite des bureaux de Parcs Canada. On y trouve donc toute la documentation possible sur les lieux historiques du Québec et sur les parcs naturels.

Monument de monseigneur de Laval (2) – Devant l'ancien bureau de poste s'élève un monument à la mémoire de monseigneur François de Montmorency-Laval (1623-1708), premier évêque de Québec. Cette œuvre du sculpteur Louis-Philippe Hébert, érigée en 1908, nécessita la démolition d'un pâté de huit maisons et permit la création d'une imposante place publique.

La rue de Buade s'interrompt à l'**escalier Charles-Baillairgé** (1893), ainsi nommé en l'honneur de cet architecte qui, après une illustre carrière, devint ingénieur des travaux publics. Il s'agit d'un des nombreux escaliers de fer et de fonte qu'il construisit pour la ville de Québec.

Descendez l'escalier. Du bas de l'escalier, on aperçoit la fausse façade de l'ancien bureau de poste qui domine la Basse-Ville.

Remontez la côte de la Montagne.

Palais archiépiscopal (E)

2 r. Port-Dauphin.

Ce bâtiment néoclassique (1847) devait remplacer la première résidence de l'archevêque, érigée à la fin du 17e s. dans le parc Montmorency. À la fin du 19e s., une fausse façade fut érigée vis-à-vis de la côte de la Montagne, afin que le palais fût visible du St-Laurent. La façade originale est tournée vers la cour d'honneur par laquelle on accédait au Vieux-Séminaire.

Retournez rue de Buade.

En face du presbytère *(16 r. de Buade, à l'angle de la rue du Fort)*, de style Beaux-Arts, une plaque signale la présence des fondations de la chapelle où aurait été inhumée la dépouille de Samuel de Champlain.

★ Basilique-cathédrale Notre-Dame-de-Québec

20 r. de Buade - ✆ 418 692 2533 - www.notre-dame-de-quebec.org - 7h30-16h, dim. 8h30-16h - visite guidée de la crypte et exposition de déb. juin à déb. sept. : se rens.

La plus européenne des églises de la ville fut déclarée monument historique en 1966. D'une grande complexité, cet ensemble témoigne de l'influence de plus de trois cents ans d'architecture québécoise.
En 1674, époque à laquelle le pape Clément X ordonna la création du diocèse de Québec, l'église d'origine (1650) fut élevée au rang de cathédrale. Sous le ministère de François de Laval, vicaire apostolique de Nouvelle-France devenu évêque de Québec, l'édifice subit quelques travaux de réfection et d'agrandissement. En 1743, Gaspard Chaussegros de Léry, ingénieur du roi, exhaussa la nef et la dota d'une claire-voie. Il y ajouta des bas-côtés, perçant les anciens murs d'une série d'arcades soutenues par de puissants piliers, et agrandit l'abside. Une nouvelle façade fut par ailleurs élevée sur la place du Marché, aujourd'hui place de l'Hôtel-de-Ville. Les travaux s'achevèrent en 1749 ; malheureusement, le bombardement de Québec par les troupes britanniques en 1759 causa la destruction de l'édifice. Le chantier de reconstruction suivit les plans de Chaussegros de Léry. Cet ambitieux projet (1768-1771) fut le fruit d'une entreprise familiale. **Jean Baillairgé** (1726-1805) refit le clocher sud, avec ses deux tambours ajourés, coiffés de coupoles. En 1787, son fils, François (1759-1830), de retour d'un séjour d'études à l'Académie royale de peinture et de sculpture de Paris, entreprit de décorer l'intérieur, dont la pièce principale allait être un magnifique baldaquin.
Thomas Baillairgé (1791-1859), fils de François, reprit le flambeau et dessina en 1843 la sobre façade néoclassique, dont la construction fut interrompue deux ans plus tard, lorsque la base de la première tour montra des signes de faiblesse. En 1857, **Charles Baillairgé** (1826-1906), cousin du précédent, dessina la grille de fonte qui devait clore le parvis.
En 1874, la cathédrale Notre-Dame trouva, dans son élévation au rang de basilique, la consécration de son histoire et de son statut d'église primatiale du Canada. Lorsque, le 22 décembre 1922, un incendie la ravagea, les autorités religieuses la firent rebâtir à l'identique (1923-1928) afin de perpétuer l'image familière de « l'église de monseigneur de Laval ».
Intérieur – Entièrement recréé, il évoque dans ses grandes lignes la cathédrale du 18e s., malgré l'emploi de matériaux modernes comme le béton et l'acier. À l'entrée, le baldaquin, aux formes amples et aériennes, fut refait par le sculpteur français André Vermare selon le modèle de François Baillairgé. Les lumineux vitraux du niveau supérieur représentent des saints, des évangélistes et des archanges. Dans la partie basse, des vitraux allemands évoquent la vie de la Vierge. La **crypte** renferme les sépultures des évêques de Québec et de quelques gouverneurs de la Nouvelle-France : le comte de Frontenac, le chevalier de St-Louis, le marquis de Vaudreuil et le marquis de La Jonquière. Près de son entrée, on remarquera une lampe offerte par Louis XIV. De part et d'autre de l'**orgue Casavant** (1927), composé de 5 239 tuyaux, se dressent la statue d'un berger en train de lire (symbole de l'inspiration) et celle d'un berger musicien (symbole de l'improvisation). Depuis 1993, une chapelle commémorative *(bas-côté droit)* accueille la dépouille de **monseigneur François de Laval**, tandis qu'un centre d'animation *(à droite du chœur)* présente une petite exposition sur sa vie et son œuvre.

Place de l'Hôtel-de-Ville

Conçue en même temps que Notre-Dame, en 1650, cette vaste place devint le plus important marché de la Haute-Ville au 18e s. La construction de l'hôtel de ville devait toutefois mettre fin à sa vocation commerciale.

La basilique-cathédrale Notre-Dame-de-Québec.
rruntsch/Getty Images Plus

Au centre se dresse le **monument du cardinal Taschereau (3)**, premier Canadien à porter la pourpre, sculpté par André Vermare en 1923. Les bas-reliefs évoquent l'institution des Quarante Heures dans le diocèse *(face à la cathédrale)*, la carrière du supérieur du séminaire de Québec *(côté rue des Jardins)* et le cardinal se portant au secours des Irlandais victimes du typhus à la Grosse-Île en 1848 *(côté rue de Buade)*.

Hôtel de ville de Québec

2 r. des Jardins.

Cet imposant édifice occupe l'emplacement d'un ancien collège de Jésuites et d'une église, établis en 1666 au cœur même du Vieux-Québec. Détruit en 1877, le collège fut remplacé par l'hôtel de ville, bâti en 1896 selon les plans de Georges-Émile Tanguay. Son architecture révèle un curieux mélange de styles Second Empire et « château », auxquels ont été ajoutées des touches de style néoroman « richardsonien ».

4

★★ Séminaire de Québec

Créé en 1663 par Monseigneur de Laval pour former les prêtres de la jeune colonie, le séminaire de Québec fonda en 1852 l'**université Laval**, premier établissement d'enseignement supérieur francophone au Canada. Jusqu'en 1970, son recteur fut d'ailleurs, de plein droit, le supérieur du séminaire. En 1950, l'université Laval déménagea à Ste-Foy (*p. 266*), ne laissant derrière elle que son **école d'architecture** qui, aujourd'hui encore, occupe plusieurs bâtiments du site.

Vieux-Séminaire – *Entrée au 2 côte de la Fabrique.* Le Vieux-Séminaire se compose de trois corps de bâtiments disposés autour d'une cour intérieure, selon le

plan typique de l'architecture monastique française des 17e et 18e s. On y accède par une porte cochère dont l'encadrement, dû à François Baillairgé, porte les armoiries du séminaire. L'emploi des techniques traditionnelles de construction a contribué à l'homogénéité de l'ensemble.
Construite entre 1678 et 1681 pour accueillir le Grand Séminaire, l'**aile de la Procure** *(à gauche)* constitue la partie la plus ancienne du complexe. Sa façade est ornée d'un cadran solaire (1773) portant la devise : *Nos jours passent comme une ombre*. Les murs et les voûtes du bâtiment résistèrent aux incendies de 1701, 1705 et 1865, et l'aile fut exhaussée d'un étage de pierre. On y verra la **chapelle de Monseigneur-Olivier-Briand★**, ancien oratoire particulièrement remarquable pour ses lambris réalisés par le maître sculpteur Pierre Émond en 1785. Celui-ci dessina aussi les branches d'olivier encadrant une gravure du *Mariage de la Vierge,* au-dessus de l'autel.
Tout comme l'**aile des Parloirs** *(au centre)* ou ancien Petit Séminaire, l'**aile de la Congrégation** *(à gauche)*, dans laquelle s'ouvre la porte cochère, date de 1823. Lieu de dévotion mariale, sa **chapelle de la Congrégation** est une salle basse divisée en trois parties par deux rangées de colonnes ioniques. Le maître-autel, lui aussi flanqué de colonnes, est surmonté d'une **statue★** dorée de la Vierge, l'une des rares œuvres de bois sculptées par Thomas Baillairgé.
Revenez à l'entrée, 2 côte de la Fabrique.
Chapelle extérieure du séminaire – *Fermée pour travaux au moment de la rédaction de ce guide.* Construit entre 1888 et 1900 selon les plans de J.-F. Peachy, et désaffecté depuis 1989, l'édifice possède un intérieur inspiré de celui de l'église de La Trinité, à Paris... à quelques différences près : la version québécoise, tout en acier galvanisé, est décorée de peintures en trompe-l'œil. On y voit de très belles pièces d'orfèvrerie religieuse, avec des œuvres de François Ranvoyzé, Guillaume Loir, Laurent Amiot et bien d'autres. La chapelle contient par ailleurs un nombre impressionnant de **reliques★** ainsi qu'une remarquable série de bustes dorés des apôtres, sculptés par Louis Jobin en 1894. Dans la chapelle funéraire dédiée à **monseigneur de Laval**, premier évêque de Québec dont la dépouille repose depuis 1993 dans la basilique-cathédrale de Notre-Dame-de-Québec, les colonnes sont ornées de représentations des sept sacrements, et chaque lampe symbolise un don du St-Esprit.
set prenez à gauche la rue Couillard.
Charmante voie au tracé sinueux, la **rue Couillard** reçut son nom au 18e s. en l'honneur du matelot Guillaume Couillard (1591-1663), gendre et héritier des terres de Louis Hébert.
Tournez à droite dans la rue Collins et continuez jusqu'à la rue Charlevoix.

★ Monastère de l'Hôtel-Dieu de Québec

32 r. Charlevoix (entrée du musée) ou 77 r. des Remparts (entrée principale, avec parking) - ✆ 418 694 1639 ou 1 844 694 1639 - musée : tlj sf lun. 10h-17h - 17 $ - hostellerie et centre de santé globale : rens. et forfaits sur monastere.ca.
En 1640, les Augustines hospitalières de Québec, Marie Guenet de Saint-Ignace, Marie Forestier de Saint-Bonaventure et Anne Le Cointre de Saint-Bernard, s'installaient dans un hôpital de fortune à côté de la mission jésuite de Sillery *(☞ p. 266)*. Une fois leur monastère achevé en 1644, elles vinrent s'établir dans la vieille ville. Un premier hôpital fut construit en bois. En 1695, François de La Jouë y ajouta un bâtiment en pierre. L'hôpital connut encore plusieurs agrandissements au cours

Le quartier latin de Québec

Établi au nord de la basilique-cathédrale Notre-Dame, il s'agit du plus ancien secteur résidentiel de la Haute-Ville. Les terrains dont il se compose appartenaient jadis au **séminaire**, qui entreprit de les morceler dès la fin du 17e s., alors que la parcellisation des vastes propriétés appartenant aux Ursulines, aux Jésuites et aux Augustines ne commença qu'un siècle plus tard. Les petites ruelles qui font le charme du quartier correspondent d'ailleurs aux chemins qui parcouraient jadis ces propriétés. Entre 1820 et 1830, les artisans qui s'étaient installés dans le quartier dès ses débuts furent remplacés par une bourgeoisie francophone désireuse de résider à proximité du séminaire et de son clergé. Après la Seconde Guerre mondiale, l'influence du mouvement existentialiste parisien se fit ressentir sur la bohème estudiantine du Vieux-Québec. À la même époque, l'université Laval renforça sa présence dans le voisinage, occupant plusieurs douzaines de maisons du quartier.

des 19e et 20e s., jusqu'en 1960 où il atteignit ses dimensions actuelles. Il s'agit du plus ancien établissement hospitalier d'Amérique au nord du Mexique. Il est aujourd'hui dans l'attente d'une rénovation bien méritée ; son déménagement programmé en 2029 à Limoilou (un quartier dans la Basse-Ville) fait encore et toujours débat.

Niché tout contre l'hôpital, le monastère à proprement parler connaît aujourd'hui un second souffle de vie. Les dernières sœurs augustines résidentes, soucieuses de transmettre leur patrimoine aux générations futures, ont en effet décidé de léguer de leur vivant le monastère à la société et de le transformer en un lieu unique en son genre, perpétuant ainsi leur mission hospitalière d'origine dans un esprit très contemporain. Pari réussi ! Le lieu a été magnifiquement réhabilité après d'audacieux travaux qui l'ont doté d'une belle verrière aux lignes épurées. Parallèlement aux quartiers privés réservés aux sœurs, il sert désormais d'écrin à une superbe **hostellerie** sans obligation religieuse, sobrement baptisée « Le Monastère des Augustines » (*« Nos adresses » p. 282*), axée sur le ressourcement et la santé globale (yoga, méditation, soins spécialisés). Celle-ci est assortie d'un **restaurant** dont la cuisine se fonde sur les produits biologiques et locaux.

Musée du monastère des Augustines (M4) – Les différentes salles sont entièrement consacrées à la congrégation des Augustines et à la contribution majeure que ces femmes ont joué dans le domaine de la santé au Québec. Sobre et élégante, sa présentation met en valeur une judicieuse sélection d'objets anciens issus des collections (qui comptent plus de 200 000 objets !) et archives des douze monastères-hôpitaux fondés par les Augustines du Québec : œuvres d'art, vêtements liturgiques, objets de la vie quotidienne, meubles, instruments médicaux (dont une table d'opération et un modèle anatomique du cerveau datant du 20e s.), manuscrits et autres trésors. Le lieu accueille également des expositions temporaires.

★ **Église** – *Se rens. à l'accueil du musée pour connaître les horaires d'ouverture.* Au début du 19e s. apparurent à Québec bon nombre de chapelles de communautés non catholiques qui suivirent l'afflux d'immigrants protestants irlandais. Face à cette prolifération, l'Église du Québec encouragea les Augustines à construire une importante église catholique destinée aux religieuses, mais aussi aux malades et aux citoyens. Conçu par Pierre Émond en 1800, sous la direction

4

du père Jean-Louis Desjardins, l'édifice, aujourd'hui intégré à l'immense verrière ultramoderne du monastère, est doté de chapelles polygonales et d'un chevet relié aux bâtiments conventuels. Il comprend le **chœur des religieuses**, un espace lumineux d'une sobre beauté, aménagé pour la prière et le chant, qui permettait aux Augustines de respecter leur vœu de clôture en assistant aux offices sans être vues du public (rappelons qu'elles vécurent cloîtrées jusqu'en 1965), et l'église à proprement parler, que l'on entraperçoit par-derrière un claustra. Celle-ci possède une **décoration intérieure** en bois sculpté rehaussé de dorures, œuvre de Thomas Baillairgé. Le **tabernacle** du maître-autel est un véritable modèle réduit de la basilique St-Pierre de Rome. Le retable en forme d'arc de triomphe et la fausse voûte de bois à encorbellement sont également exceptionnels. Peinte par Antoine Plamondon en 1840, la *Descente de la Croix*, au-dessus de l'autel, est inspirée du célèbre tableau de Rubens conservé à la cathédrale d'Anvers. Enfin, le tableau représentant la *Vision de sainte Thérèse d'Avila*, dans la chapelle Notre-Dame-de-toutes-Grâces, faisait partie d'une collection de peintures confisquées aux églises de Paris pendant la Révolution et envoyées à Québec en 1817. Aménagé dans l'église, le centre Catherine-de-St-Augustin accueille quant à lui la châsse contenant les ossements de la bienheureuse religieuse, qui arriva à Québec en 1648 et fut béatifiée en 1989 par le pape Jean-Paul II.

Du musée des Augustines, reprenez la rue Charlevoix. Tournez à droite dans la côte du Palais, continuez vers l'est sur la rue St-Vallier, puis prenez à droite la rue Vallière.

L'îlot des Palais

8 r. Vallière - ✆ 418 692 1441 - ilotdespalais.ca - de fin juin à sept. : tlj 10h-17h ; de oct. à déb. juin : jeu. 13h-17h, vend.-dim. 10h-17h - 8 $ - fouilles virtuelles 10 $; plusieurs forfaits et activités, se rens.

De 1982 à aujourd'hui, l'université Laval a mené maintes fouilles archéologiques sur ce site à la rencontre de la Haute-Ville et de la Basse-Ville. Celles-ci ont révélé d'étonnants vestiges du Régime français, dont deux brasseries et trois palais (1684, 1713 et 1725) ayant servi de résidences officielles à plusieurs intendants, personnages influents qui représentaient alors l'autorité du roi en Nouvelle-France. Ce singulier centre d'interprétation promet au visiteur, sous de belles voûtes du 18e s., une expérience immersive originale dans les 17e-18e s., à grand renfort de tablettes tactiles et de projections en 3D.

★★ Fortifications

PLAN P. 240-241

★★ Citadelle

De la place d'Armes, prenez la rue St-Louis et tournez à gauche dans la côte de la Citadelle. Au bout de la rue, entrez par la porte Durnford (tunnel pour piétons).

La Citadelle étant une base militaire active, seules certaines parties du site sont ouvertes au public.

✆ 418 694 2815 ou 1 866 836 4422 - www.lacitadelle.qc.ca - ♿ - visite guidée (1h) de la Citadelle et du musée, 10h-17h30 - 18 $. Activités : la Musique en rouge (qui remplace la relève de la Garde), merc.-dim. en juil.-août, à 10h ; visite nocturne en français (1h30), vend.-sam. en oct. ; visite VIP (1h30) de la Citadelle + de la Chapelle régimentaire et du Mémorial des drapeaux, sur réserv. selon disponibilités au ✆ 418 694 2815 (25 $).

La terrasse Dufferin.
Onfokus/Getty Images Plus

La **porte Dalhousie**, d'architecture néoclassique, date de 1827. Elle constitue l'entrée principale de la Citadelle. Installé dans l'ancienne casemate est, située à l'entrée de la Citadelle, le **musée du Royal 22e Régiment** retrace cent ans d'histoire du Royal 22e Régiment, anciennement nommé le 22e Bataillon, seule unité d'infanterie canadienne-française ayant combattu en France durant la Grande Guerre. Les visiteurs découvriront, à travers toutes sortes d'objets, documents d'archives et cartes de bataille interactives, la vie des hommes de ce régiment depuis sa création en 1914 jusqu'à des missions plus récentes en Afghanistan. La visite permet également d'accéder à la **salle des médailles**. Celle-ci rend honneur au sacrifice des vétérans qui ont contribué au succès du régiment.

Le circuit régulier donne l'occasion d'admirer, à travers différents arrêts, plusieurs bâtiments historiques de la Citadelle. Il passe notamment par le bastion du Roi, d'où la **vue★★** sur le château Frontenac est superbe. On découvre aussi la **redoute du Cap-Diamant** (1693), restaurée à l'occasion du 400e anniversaire de la ville de Québec, la **résidence du gouverneur général**, reconstruite après un incendie (1976), et l'hôpital (1849), faisant aujourd'hui fonction de bâtiment administratif. Dans le cadre d'une visite nocturne, le promeneur aura accès à l'une des caponnières de la citadelle. Il fera également un arrêt au bastion du Prince-de-Galles, point naturel le plus élevé de la ville, d'où le **panorama** sur le St-Laurent d'un côté et les plaines d'Abraham de l'autre est très agréable.

Sortez de la Citadelle par la porte Durnford et prenez le sentier à gauche, qui remonte vers les fortifications. Continuez en direction du St-Laurent.

Le chemin qui conduit à la promenade des Gouverneurs longe la Citadelle et le **parc des Champs-de-Bataille** (*p. 263*).

★★ Promenade des Gouverneurs

Fermée en hiver.

Un belvédère domine le parc et offre une très belle **vue★★** sur le St-Laurent et la région de Québec, marquant le début de cette promenade spectaculaire. Suspendu entre le ciel et les eaux sombres du fleuve, le chemin de planches mène du belvédère jusqu'à la terrasse Dufferin. Le **panorama★** s'ouvre au nord-ouest vers l'île d'Orléans (*p. 271*), le mont Ste-Anne et les Laurentides.

★★ Promenade des remparts

Circuit 3 tracé en vert sur le plan p. 240-241.

★★★ Terrasse Dufferin

Rendez-vous favori des flâneurs venus humer l'air du St-Laurent et admirer les **vues★★** sur la Basse-Ville, le fleuve et la région environnante, la célèbre terrasse vous réservera de délicieux moments de détente, surtout si le soleil est de la partie ! Elle fut conçue dans le cadre de la campagne d'embellissement de la ville, lancée par lord Dufferin à la fin du 19e s. L'endroit était destiné à donner une perspective sur le fleuve à une époque où la Basse-Ville était envahie d'édifices commerciaux et d'entrepôts.

La portion de la terrasse faisant face au château Frontenac repose aujourd'hui sur les vestiges de l'ancien **château St-Louis** (*encadré p. 243*). Le gouverneur général lord Durham en avait déjà fait recouvrir les ruines par une première terrasse, qui porta d'ailleurs son nom jusqu'à la construction de la terrasse actuelle. Très vite, cette dernière devint l'un des lieux les plus fréquentés de Québec. Bénéficiant, dès 1885, de l'électricité, elle fut bientôt équipée de pistes pour la glissade, et ses kiosques et bancs publics introduisirent à Québec le mobilier urbain des boulevards parisiens.

Jardin des Gouverneurs

Ce petit jardin à deux pas du château Frontenac fut créé au milieu du 17e s. pour l'agrément du gouverneur général de la Nouvelle-France. Le **monument Wolfe-Montcalm (4)**, élevé en 1827, honore la mémoire des deux ennemis morts au combat, mais dont la rencontre a, comme on se plaisait à le souligner à l'époque, donné naissance au Canada. Remarquez le cénotaphe qui en constitue la base, et surtout l'obélisque qui porte l'inscription suivante : « Leur courage leur valut à l'un et à l'autre la mort ; l'histoire leur apporta la renommée ; la postérité leur dédia un monument. »

Empruntez la rue Mont-Carmel jusqu'au parc du Cavalier-du-Moulin, puis revenez vers la terrasse Dufferin, que vous poursuivrez jusqu'à son extrémité.

Œuvre de Paul Chevré, le **monument Samuel de Champlain (5)** (1898) rend hommage au « père de la Nouvelle-France ». Non loin de là, un monument de bronze, de granit et de verre commémore l'inscription, en décembre 1985, de la ville de Québec sur la prestigieuse liste du Patrimoine mondial de l'Unesco. Un **funiculaire** relie la terrasse Dufferin à la Basse-Ville.

Lieu historique national des Forts-et-Châteaux-Saint-Louis (8)

Entrée sur la terrasse Dufferin par le kiosque Frontenac, près du funiculaire - 418 648 7016 - parcs.canada.ca/lhn-nhs/qc/saintlouisforts - de mi-mai à mi-oct. : 9h30-17h - 12 $.

Des fortifications anglaises sur un modèle français

Naissance de la citadelle

Au 17e s., Québec était la clé du système défensif du nord-est de l'Amérique française, aussi les projets de fortification s'y succédèrent. La construction de batteries, redoutes et cavaliers fut cependant suspendue après la signature du **traité d'Utrecht** (1713), qui établit une paix temporaire entre les belligérants européens. Et le programme de défense privilégia la construction de forts en périphérie. Édifiée en temps de paix, la Citadelle n'eut jamais l'occasion de servir à la défense de Québec. Pourtant, l'idée de bâtir un ouvrage fortifié à cet emplacement remonte aux débuts de la ville. Dès 1615, **Samuel de Champlain** avait proposé la construction, sur les hauteurs du cap Diamant, d'un fortin qui aurait commandé l'accès à l'arrière-pays par le St-Laurent. En 1716, l'ingénieur **Chaussegros de Léry** relança l'idée et traça, quatre ans plus tard, les plans d'une enceinte semblable, dans ses grandes lignes, à celle que le lieutenant-colonel Elias Walker Durnford allait construire un siècle plus tard.
En effet, la campagne de fortification de Québec fut relancée après la **prise de Louisbourg** (île du Cap-Breton, dans l'actuelle Nouvelle-Écosse) en 1745. Les Anglais érigèrent une citadelle provisoire en 1783, construisirent quatre **tours Martello** (*encadré p. 478*), de forme circulaire (1805-1812), puis bâtirent la Citadelle (1820-1832), dont le plan en étoile est caractéristique des **fortifications à la Vauban** (*encadré p. 254*). En 1830, les fortifications furent revêtues de grès rouge provenant d'une carrière de Cap-Rouge.

La mise en valeur des fortifications

Après le départ de la garnison britannique en 1871, les autorités militaires locales autorisèrent la démolition de certaines portes pour faciliter la circulation entre la Basse-Ville, la Haute-Ville et les faubourgs St-Jean et St-Louis. **Lord Dufferin**, gouverneur général du Canada de 1872 à 1878, intervint en faveur de la conservation des fortifications. En 1875, il proposa un plan d'embellissement de Québec, incluant la mise en valeur de l'enceinte fortifiée, la reconstruction des portes et la démolition de tous les ouvrages avancés qui occupaient une bande large de quelque 60 m le long de l'enceinte afin de mettre à découvert tout le complexe, à la manière des fortifications médiévales. La promenade sur les fortifications (*encadré p. 257*), née de cette initiative, permet de découvrir des vues panoramiques sur la ville et ses environs.

Sébastien Le Prestre, marquis de Vauban (1633-1707)

Ingénieur militaire et maréchal de France sous le règne de Louis XIV, il perfectionna l'architecture militaire française en développant les ouvrages avancés. Les approches de la Citadelle étaient constituées de glacis, ouvrages de terrassement en plan incliné qui obligeaient l'ennemi à s'exposer au tir des canons de la garnison. En revanche, le tir ennemi ne pouvait toucher les parois de pierre, à moins d'une extrême précision. L'enceinte était formée de bastions (éperons) reliés entre eux par des courtines (murs rectilignes). La forme des bastions permettait de protéger les fossés par un tir de canon, tandis que des tenailles, bastions isolés à l'intérieur même des fossés, protégeaient les courtines et les portes d'entrée. Ce système était d'une telle perfection que l'armée britannique l'utilisa jusqu'au début du 19e s.

Les fouilles archéologiques menées sous les planches de la terrasse Dufferin de 2005 à 2007 ont été fructueuses. Les nombreux vestiges mis au jour ont révélé divers éléments d'architecture associés aux deux premiers forts St-Louis érigés par Champlain en 1620 et 1626 ainsi qu'aux résidences des gouverneurs français et britanniques qui siégèrent entre 1620 et 1834. Mais la plus belle découverte demeure sans doute celle des fondations du logis où Champlain mourut en 1635. Une exposition mise en place en 2021 présente 200 ans d'histoire de la diplomatie avec les Premières Nations : le point de vue de la nation huronne-wendat est ainsi valorisé.

Trois **archéoscopes**, formidables machines à remonter le temps, permettent aux promeneurs de découvrir les dessous de la terrasse Dufferin en observant, à travers des prismes de verre, les vestiges de ces forts et châteaux qui furent longtemps le siège du pouvoir exécutif de la colonie.

Descendez l'escalier Frontenac et traversez la porte Prescott.

La **porte Prescott** évoque celle qui, bâtie au même endroit en 1797, fut démolie en 1871.

Parc Montmorency

Sur ce site au sommet de la côte de la Montagne, l'intendant de la Nouvelle-France, Jean Talon, se fit construire une maison en 1667. À la fin du 17e s., monseigneur de Saint-Vallier, deuxième évêque de Québec, l'acheta pour y faire bâtir un palais épiscopal, occupé à partir de 1792 par l'Assemblée législative du Bas-Canada. Reconstruit au début du 19e s., il accueillit le Parlement du gouvernement de l'Union, qui siégeait alternativement à Québec, Kingston, Montréal et Toronto, puis fut détruit par un incendie peu après.

Dans le parc s'élève un **monument (6)** à la mémoire de George-Étienne Cartier, portant la devise suivante : « Pour assurer notre existence, il faut nous cramponner à la terre, et léguer à nos enfants la langue de nos ancêtres et la propriété du sol. » Œuvre du sculpteur Alfred Laliberté, un second **monument (7)** (1918) à Louis Hébert, Marie Rollet et Guillaume Couillard, commémore le tricentenaire de l'arrivée des premiers colons en Nouvelle-France en 1617.

Le parc offre des vues sur le séminaire de Québec, et en particulier sur le bâtiment de la faculté d'architecture de l'université Laval, dont l'élégante **lanterne** au sommet du dôme central est devenue un symbole familier du Vieux-Québec.

★ Rue des Remparts

Une promenade le long de cette voie sera l'occasion de jouir de perspectives étendues sur les installations portuaires de Québec. Jusque vers 1875, la rue ne fut rien d'autre qu'un sentier longeant les remparts et reliant entre eux les bastions et les batteries. Le long des pavillons du séminaire, la batterie Sault-au-Matelot et la batterie du clergé (1711) assuraient la protection du port de Québec. Aujourd'hui, des canons noirs dominent la Basse-Ville, permettant au visiteur de se faire une idée de la vie dans la ville fortifiée.

Continuez le long de la rue des Remparts vers la rue Ste-Famille.

Au bas de la rue Ste-Famille s'élevait, jusqu'en 1871, la porte Hope, qui fermait l'accès à la Haute-Ville. En contrebas, la côte de la Canoterie, sentier reliant dès 1634 la Haute-Ville à la Basse-Ville, aboutissait à l'anse de la Caie, débarcadère pour les marchandises et chantier de construction de petites embarcations.

Maison Montcalm – *45-49 r. des Remparts.* Située légèrement en retrait, cette demeure se compose en fait de trois structures séparées. Le bâtiment central (1725) fut encadré, peu après sa construction, par deux édifices similaires. Louis-Joseph de Saint-Véran, **marquis de Montcalm**, occupa le rez-de-chaussée du corps central de décembre 1758 à juin 1759, d'où le nom de l'édifice. En 1810, la partie centrale fut rehaussée d'un étage. Les deux maisons voisines suivirent cet exemple en 1830. Avec la maison Montcalm, le bastion Montcalm forme une paisible petite place, d'où l'on a une jolie vue sur la rue des Remparts et les fortifications.

Bastion des Augustines – *N° 75, de l'autre côté du monastère des Augustines.* Dominant la rivière St-Charles, la partie nord des fortifications fut longtemps négligée, la falaise constituant une défense naturelle suffisante. L'invasion américaine de 1775-1776 incita à terminer l'enceinte de la Haute-Ville. Le mur achevé en 1811 était suffisamment haut pour masquer le paysage, visible seulement par les meurtrières aménagées pour le tir au fusil.

Devant le monastère des Augustines se trouvait autrefois la porte du Palais, démolie en 1871. Dans le jardin du monastère, à côté du portail d'entrée, on remarquera la poudrière. Celle-ci avait été construite en 1820 pour alimenter les batteries de canons du nord de la ville.

Peu après, on aperçoit, à droite, deux édifices de granit, de pierre et de brique, reflétant le style d'architecture cher au Canadien Pacifique. Il s'agit de l'**ancienne poste** et de la **gare du Palais**. Cette dernière *(détour de 20mn)* s'ouvre par un hall moderne et fonctionnel, décoré de carrelages de porcelaine et d'une charpente d'acier restaurés dans leur aspect originel.

Traversez la côte du Palais et prenez la rue de l'Arsenal. Tournez à droite dans la rue McMahon, puis encore à droite dans la rue d'Auteuil.

★ Parc de l'Artillerie

Entrée principale au 2 r. d'Auteuil (près de la porte St-Jean) - ☏ 418 648 7016 - parcs.canada.ca/lhn-nhs/qc/fortifications/activ/artillerie-artillery.

Niché dans l'angle nord-ouest des fortifications, ce vaste site patrimonial est une composante complémentaire du lieu historique national des Fortifications-de-Québec (p. 257). Il évoque trois siècles de vie militaire, sociale et industrielle à Québec. En 1749, la construction de casernes dans le secteur devait à jamais changer le caractère de ce quartier jusqu'alors résidentiel. Au lendemain de la Conquête, l'Artillerie royale britannique s'y installa et de nouveaux bâtiments vinrent s'ajouter aux premiers. En 1879, le gouvernement canadien transforma

4

le site en cartoucherie, et le quartier acquit alors une vocation industrielle. Abandonné en 1964, il a été remis en valeur à partir de 1972.
En été, Parcs Canada y organise de nombreuses activités, dont une démonstration de tir de canon à la poudre noire *(suspendue, se rens.)*.
Fonderie de l'Arsenal – *De mi-mai à mi-juin : w.-end 9h30-16h ; de mi-juin à déb. sept. : 9h30-16h30 - 9 $.* Ce bâtiment (1903), dont les grandes fenêtres et les lucarnes attestent son ancienne fonction d'usine, témoigne du passé industriel de la ville. Point fort de l'exposition, le **plan-relief Duberger-By de Québec★★** *(se rens. : la maquette étant fragile, elle peut être déplacée en réserve)*, à l'échelle de 1/300, dresse un tableau saisissant de la ville au tout début du 19e s. Il fut amputé de la moitié de sa longueur en 1860 sous prétexte qu'il était trop encombrant. Réalisé entre 1806 et 1808 par des ingénieurs militaires, c'est une véritable œuvre d'art reproduisant avec une grande précision la topographie des lieux et la distribution des rues et édifices publics.
Redoute Dauphine – La construction de cet impressionnant édifice blanc fut entreprise en 1712, mais interrompue après la signature du traité d'Utrecht en 1713. Achevée en 1748 par Chaussegros de Léry, la redoute fut transformée en caserne. Après la Conquête, c'est l'armée britannique qui ajouta un étage au bâtiment et renforça de contreforts massifs la maçonnerie et les voûtes pour éviter les glissements. On y voit des costumes, des peintures et des objets artisanaux illustrant la vie des soldats aux 18e et 19e s.
Juste en face, en marge du Parc-de-l'Artillerie, s'étire le long bâtiment de pierre des **nouvelles casernes** (160 m). Construit en 1750, ce vaste baraquement des troupes militaires de l'époque du Régime français fut en partie reconstruit vers la fin du 19e s.
Logis des officiers – Cette coquette demeure blanche (1818) accueillait les officiers d'artillerie et d'infanterie.
Entrepôt d'affûts de canons – Il abrite une exposition qui explique l'histoire de Québec et de son système défensif, ainsi que l'évolution des fortifications.
Ressortez par la porte St-Jean.

Porte Saint-Jean

À la porte d'origine, érigée par les militaires au 18e s., succéda une porte plus large (1867) qui fut à son tour démolie en 1897 pour faciliter la circulation entre les différents secteurs de la ville. La porte actuelle date de 1936.

Place d'Youville

Située à l'emplacement de l'ancien marché Montcalm, cette place animée est devenue, depuis 1900, un carrefour de divertissements et d'activités culturelles. On remarquera le palais Montcalm (1930), d'une architecture très sobre, et le **théâtre du Capitole** (1903), dont la façade bombée, de style Beaux-Arts, vient rappeler l'exubérance des salles de la Belle Époque.
Repassez par la porte St-Jean et prenez à droite la rue d'Auteuil.

Porte Kent

Nommée en l'honneur du duc de Kent, cette ouverture fut aménagée dans l'enceinte ouest en 1879.

Chapelle des Jésuites

20 r. Dauphine, à l'angle de la rue d'Auteuil - ne se visite pas.
Dédié, depuis 1925, aux saints martyrs canadiens, ce petit édifice de 1820 se dresse sur un terrain ayant appartenu au collège des jésuites. Le chevet fut agrandi en

À l'assaut des Fortifications-de-Québec

Un **circuit pédestre** de 4,6 km permet de découvrir le lieu historique national des Fortifications-de-Québec et certains des monuments emblématiques de la ville. Seuls ou accompagnés d'un guide, les visiteurs débutent le circuit sur la terrasse Dufferin, avant de longer la Citadelle et les fortifications datant de 1745. Le trajet continue à travers la porte St-Louis, menant au parc de l'Artillerie. L'itinéraire se termine par la découverte de la redoute Dauphine, le plus ancien bâtiment militaire du Canada.
Dép. kiosque Frontenac sur la terrasse Dufferin - parcs.canada.ca/lhn-nhs/qc/fortifications - circuit déconseillé de nov. à mi-avril car risques de chutes de neige, de boue et de glace - exploration autonome gratuite - visite guidée 2h 20,25 $ - plan de l'itinéraire disponible auprès des deux kiosques d'accueil.

1857 et doté d'une nouvelle façade en 1930. À l'intérieur sont conservées des statues en bois doré de la Vierge et de saint Joseph, réalisées par Pierre-Noël Levasseur. Le **chemin de croix**, composé de 14 stations avec des personnages en ronde-bosse, fut sculpté par Médard Bourgault, originaire de St-Jean-Port-Joli.

Lieu historique national des Fortifications-de-Québec

Deux kiosques d'accueil : 2 r. d'Auteuil (à proximité de la porte St-Jean) et kiosque Frontenac, sur la terrasse Dufferin - 418 648 7016 - parcs.canada.ca/lhn-nhs/qc/fortifications - - de mi-mai à mi-juin : w.-end 9h30-16h ; de mi-juin à déb. sept. : 9h30-16h30 - 9 $.

Le lieu historique national des Fortifications-de-Québec, géré par Parcs Canada, englobe plusieurs bâtiments et espaces éparpillés dans la ville dont le parc de l'Artillerie (*encadré ci-dessus*).

Creusé à l'intérieur même du mur d'enceinte, ce site présente l'histoire de Québec, la seule ville au nord du Mexique à avoir conservé intact son système défensif, ce qui lui vaut d'être inscrite sur la Liste du Patrimoine mondial de l'Unesco. À droite de la porte St-Louis s'élève la **poudrière**, entièrement rénovée selon son aspect d'antan. Le bâtiment fut construit en 1810 sur l'Esplanade, qui servit de place d'armes au 18e s.

Porte Saint-Louis

La construction de la porte St-Louis contribua au développement du style « château » à Québec. Son allure de forteresse médiévale (tour et tourelles, créneaux et mâchicoulis) naquit en 1878 de l'imagination de l'architecte irlandais W. H. Lynn, collaborateur de lord Dufferin. Tout comme les portes Kent, St-Jean et Prescott, la porte St-Louis ne contrôle plus l'accès à la ville, mais fait tout simplement office de pont, et permet aux visiteurs de découvrir la vieille ville et de suivre à pied les remparts.

★ Grande Allée et Colline parlementaire

PLAN P. 240-241

Circuit 4 tracé en vert sur le plan p. 240-241.

Avec ses restaurants, ses bars, ses terrasses de café, ses boutiques et ses bureaux, la Grande Allée est à Québec ce que les Champs-Élysées sont à Paris. L'élégante artère va de la porte St-Louis jusqu'au sud de la vieille ville.

★★ Hôtel du Parlement

1045 r. des Parlementaires - entrée par le Centre des visiteurs (se munir d'une pièce d'identité) - rens. et réserv. ✆ 418 643 7239 ou 1 866 337 8837 - www.assnat.qc.ca - ♿ - les conditions d'accès peuvent varier, se rens. sur le site Internet - gratuit au pavillon d'accueil et à la Bibliothèque. Accès à l'hôtel du Parlement uniquement avec la visite guidée (75mn - sur réserv.).

Dominant la vieille ville, ce majestueux édifice illustre mieux qu'aucun autre le style Second Empire. C'est en 1875 que le gouvernement provincial confiait à **Eugène-Étienne Taché** (1836-1912), alors sous-ministre au département des Terres de la Couronne, le mandat de préparer les plans d'un édifice qui regrouperait le palais législatif et les ministères sur le site de l'ancien collège des Jésuites du Vieux-Québec (aujourd'hui hôtel de ville). Le choix du lieu se porta sur le Cricket Field, dans le faubourg St-Louis, après qu'un terrible incendie eut rasé le quartier en 1876. Le bâtiment forme un quadrilatère autour d'une cour intérieure. L'imposante **façade** présente un tableau historique dans lequel évoluent, coulées dans le bronze, les grandes figures de l'histoire nationale. Le *Pêcheur à la nigog* (harpon pour pêcher l'anguille et le saumon), qui orne la niche devant l'entrée principale, et la *Famille amérindienne*, au-dessus, sont de Louis-Philippe Hébert. À l'extérieur, un panneau d'interprétation permet à la fois d'identifier les personnages représentés par les sculptures et les artistes qui en furent les auteurs.

La visite intérieure commence par le hall.

Divers blasons rappellent qu'à l'époque de la construction de l'édifice, les immigrants venus de France, d'Angleterre, d'Irlande et d'Écosse formaient la majorité

La clé des champs

Le tracé de la **Grande Allée** se développa le long de l'axe est-ouest qui, au début du 17e s., séparait les lots concédés à quelques grands propriétaires sur le plateau de Québec. Ce simple **chemin de campagne** acquit une popularité soudaine à la fin du 18e s., époque à laquelle les Britanniques transformèrent les environs en un véritable lieu de villégiature. En l'espace de quelques années, de magnifiques villas vinrent occuper le côté sud, tandis que se développait le **faubourg St-Louis**.

Le départ de la garnison britannique, en 1871, accentua le déclin de Québec, amorcé quelques années plus tôt par le transfert du Parlement du Canada à Ottawa et par le déplacement des capitaux vers Montréal. Prenant modèle sur la ville nouvelle d'Édimbourg, qui se développait à côté de la cité médiévale, l'ingénieur municipal **Charles Baillairgé** proposa que la Grande Allée devienne l'une des artères principales de la ville. Transformé en une véritable **voie triomphale** propre à recevoir les cortèges officiels, le boulevard allait permettre de relier l'hôtel du Parlement au parc du Bois-de-Coulonge, résidence officielle du lieutenant-gouverneur. La « nouvelle » Grande Allée (1886-1890) accueillit d'abord les notables de Québec associés à la vie politique, qui se firent construire des demeures cossues de style Second Empire. De 1890 à 1900, la partie haute de la Grande Allée se développa encore avec l'arrivée d'une bourgeoisie enrichie par l'industrialisation de la Basse-Ville. En 1929, l'ouverture du pont de Québec à la circulation automobile devait peu à peu transformer cet agréable quartier résidentiel en un lieu de passage fort animé.

Hôtel du Parlement.
buzbuzzer/Getty Images Plus

de la population du Québec. Un escalier mène au restaurant **Le Parlementaire** *(voir « Nos adresses », p. 278)*, somptueuse salle à manger de style Beaux-Arts (1917) caractérisée, à son entrée, par un superbe décor vitré évoquant l'Atlantique et ses rives.

Salles de séances parlementaires – *À l'étage, l'antichambre donne accès aux deux salles par des portes finement ciselées.* Selon l'acte de Constitution de 1867, les deux Chambres du Parlement – l'Assemblée nationale (élue) et le Conseil législatif (nommé) – occupent ces deux salles. Aujourd'hui, l'Assemblée nationale du Québec siège dans la salle de l'Assemblée nationale. La salle du Conseil législatif (aboli en 1968) est utilisée par les commissions parlementaires et pour des cérémonies protocolaires. Tout comme en Angleterre, le système parlementaire québécois met face à face une majorité, dont est issu le gouvernement, et la « loyale opposition », formée d'un ou de plusieurs partis. Ministres et principales figures de l'opposition sont séparés par un espace égal, disait-on autrefois, « à la longueur de deux épées ».

La configuration générale des salles a été empruntée à la salle des banquets du palais de Whitehall, à Londres. Au-dessus du trône du président de l'Assemblée nationale, *Le Débat sur les langues*, exécuté de 1910 à 1913 par le peintre Charles Huot, représente la séance de l'Assemblée législative du Bas-Canada du 21 janvier 1793, au cours de laquelle eut lieu le célèbre débat sur les langues qui devait décider du droit de cité de la langue française.

Jardins – Plusieurs monuments commémoratifs sont disséminés dans les jardins. Celui de **Maurice Duplessis** (1890-1959), Premier ministre du Québec de 1936 à 1939 et de 1944 à 1959, est l'œuvre du sculpteur Émile Brunet. Un autre, réalisé par le sculpteur français Paul Chevré (1912), évoque la carrière politique d'**Honoré Mercier** (1840-1894), défenseur de l'autonomie provinciale et Premier ministre du Québec de 1887 à 1891. Un autre encore, au coin de la rue Honoré-Mercier et de la Grande Allée, fut érigé à la mémoire de **François-Xavier Garneau** (1809-1866), premier historien national du Québec.

Fontaine de Tourny

Réalisée par Mathurin Moreau pour l'Exposition universelle de Paris en 1855, cette fontaine française met en scène les dieux et les déesses de la mer et de la terre. Plus d'un an de restauration aura été nécessaire avant qu'elle ne soit montée en 2007 face à l'hôtel du Parlement.

Manège militaire

Derrière la place George-V - www.manegemilitaire.ca.

Construit entre 1884 et 1887 par Eugène-Étienne Taché, cet édifice de style « château » était à l'origine l'un des pavillons de l'exposition provinciale et une salle d'exercices militaires. Au début du 20e s., l'édifice fut agrandi vers l'est par une annexe, et accueillait notamment le régiment des **Voltigeurs de Québec**. Victime d'un sinistre en 2008, l'intérieur a entièrement brûlé, mais la façade et les collections ont pu fort heureusement être sauvées. Reconstruit à l'identique, il accueille aujourd'hui des événements. Le hall commémoratif expose une collection d'objets historiques qui rappelle la vocation militaire du manège.

★ Musée des Plaines d'Abraham

835 av. Wilfrid-Laurier - ✆ 418 649 6157 ou 1 855 649 6157 - www.ccbn-nbc.gc.ca/fr - 9h-17h - 16,50/21,50 $.

Téléchargeable gratuitement sur votre téléphone portable, l'application « Mes plaines mobiles » propose une carte interactive du parc agrémentée de 200 points d'intérêt pour enrichir votre visite.

L'un des plus grands parcs urbains au monde (*p. 263*) recouvre aujourd'hui le site historique de la bataille des Plaines d'Abraham (*encadré ci-contre*) qui, en 1759, a scellé le sort de l'Amérique du Nord. En prélude à la visite du parc, faites un arrêt au musée. Particulièrement captivante, la projection immersive intitulée « Batailles : 1759-1760 » vous plongera au cœur de cette période trouble de l'histoire, vous faisant revivre la bataille des Plaines d'Abraham et celle de Ste-Foix, ainsi que le siège de Québec. Constituées d'une centaine d'objets issus des collections archéologiques du parc, plusieurs expositions réparties sur différents étages permettent de découvrir le mode de vie civil et militaire du 17e au 19e s. à Québec. Elles révèlent également les nombreuses conséquences de cette guerre sur les soldats et la population. On appréciera la belle collection d'uniformes exposés dans l'une des salles. Plus loin, huit tonneaux éveillent la curiosité des visiteurs. Après avoir retiré et humé leur bouchon, ces derniers sont invités à reconnaître les boissons consommées à Québec au 18e s. : eau-de-vie fabriquée en Europe, vin et rhum qu'affectionnaient les soldats britanniques.

Poursuivez le long de l'avenue Wilfrid-Laurier. Prenez à droite la rue de Sénezergues, encore à droite la rue St-Amable, puis tournez à gauche dans la rue de la Chevrotière.

Observatoire de la Capitale (Édifice Marie-Guyart)

Accès au 1037 r. de la Chevrotière - ✆ 418 644 9841 ou 1 888 497 4322 - observatoire-capitale.com - ♿ - tlj sf lun. 10h-17h - 14,75 $.

La bataille des Plaines d'Abraham

Les plaines d'Abraham doivent leur nom à un certain Abraham Martin, riche agriculteur établi sur les hauteurs de Québec au 17e s. C'est sur ce plateau que s'engagea à découvert, le 13 septembre 1759, la célèbre bataille dont l'issue devait sceller le destin de la colonie française d'Amérique. Cinq mille soldats britanniques, sous le commandement du général **Wolfe**, débarquèrent à l'Anse-au-Foulon et se hissèrent sur le plateau. Sans attendre de renforts, le général français **Montcalm** poussa son armée mal préparée contre les lignes anglaises. En moins d'un quart d'heure, ce fut la déroute des Français. Wolfe et Montcalm tombèrent sous le feu meurtrier. Cinq jours plus tard, Québec était occupée et les troupes françaises – désormais commandées par **François-Gaston de Lévis** (1719-1787) – se retirèrent à Montréal pour l'hiver. Au mois d'avril suivant, Lévis revint et battit les Anglais à la bataille de Ste-Foy (un monument, situé dans le parc des Braves, au nord du chemin Ste-Foy, commémore d'ailleurs cet épisode historique). C'était la fin de l'hiver ; le sort de la ville dépendait du premier bateau amenant des renforts. Il arriva le 9 mai ; il était anglais... La Nouvelle-France était désormais perdue. Elle passa officiellement aux mains de l'Angleterre par le traité de Paris, en 1763.

Du 31e étage de ce bâtiment administratif, à 221 m de haut, les vastes parois vitrées de l'observatoire offrent une **vue★★** saisissante de Québec, sa vieille ville, sa Citadelle, ses fortifications, son fleuve majestueux et ses environs. Bornes à écran tactile et images en 3D font revivre l'histoire de la ville.

Engagez-vous dans la rue du Bon-Pasteur, qui fait face à la tour, à angle droit avec la rue de la Chevrotière. Parvenu au parc de l'Amérique-Française, tournez à gauche dans la rue de l'Amérique-Française. Elle ramène à la Grande Allée Est.

Église Saint-Cœur-de-Marie

À l'angle de la rue de l'Amérique-Française et de la Grande Allée Est (n° 530)

L'édifice fut construit en 1920 pour les Eudistes (ou congrégation de Jésus et Marie, fondée au 17e s.). Son pittoresque clocher contraste étrangement avec le reste du bâtiment, d'allure moderne.

Édifice Joseph-Aristide-Tardif

500 Grande Allée Est.

Cet immeuble, construit en 1962, incarne la tendance fonctionnaliste de l'architecture moderne à Québec. On l'appelait autrefois « complexe La Laurentienne », puisqu'il était le siège social de cette compagnie d'assurances, mais il porte aujourd'hui le nom du docteur Joseph-Aristide Tardif (1899-1992), cofondateur en 1939 de cette même compagnie d'assurances.

À l'arrière, une façade de miroirs donne sur le parc de l'Amérique-Française.

Poursuivez sur la Grande Allée Est.

L'avenue Taché, à gauche, mène à la **tour Martello n° 2**.

Continuez sur la Grande Allée Est. La rue Salaberry marque la frontière entre les parties est et ouest de la Grande Allée.

Maison Henry-Stuart HORS PLAN

82 Grande Allée Ouest, à l'angle de l'avenue Cartier - ✆ 418 647 4347 (poste 201) ou 1 800 494-4347 - actionpatrimoine.ca/maisonhenrystuart - fin juin-déb. sept. : visite guidée mar.-sam. 11h-16h - 8 $.

Ce cottage (1849) entouré d'un jardin possède de grandes portes-fenêtres en façade. Des quatre côtés, son toit débordant coiffe des galeries latérales. Un thé est servi à l'issue de la visite.

La **Ladies Protestant Home** *(n° 95)* représente un exemple éloquent du style néo-Renaissance italien, avec sa corniche massive et sa lanterne.

Au n° 155, face à l'avenue Cartier, on remarquera la **maison Krieghoff** (1850), dont le nom évoque le célèbre peintre Cornelius Krieghoff (1815-1872), qui l'habita par intermittence en 1859 et 1860. Ce charmant cottage, que l'on contemple de l'extérieur, s'inspire de l'architecture vernaculaire québécoise.

Prenez à gauche l'avenue Wolfe-Montcalm.

On longe le terrain de manœuvres utilisé par les militaires britanniques après qu'ils eurent abandonné la place d'Armes en 1823. Pendant plusieurs années, de grandes manifestations se déroulèrent sur ce site, notamment les défilés historiques des célébrations du tricentenaire de Québec.

Face au musée, notez le **monument Wolfe**, érigé à l'emplacement même où mourut le célèbre vainqueur de la bataille des Plaines d'Abraham, le 13 septembre 1759.

★★ Musée national des Beaux-Arts du Québec (MNBAQ)

HORS PLAN

Parc des Champs-de-Bataille - accès par le rdc du Grand Hall, entre les deux édifices principaux - ✆ 418 643 2150 ou 1 866 220 2150 - www.mnbaq.org - ♿ - tlj sf lun. 10h-17h (merc. 21h) - 24 $.

D'importants travaux sont en cours jusqu'en 2026. Le pavillon central, le pavillon Gérard-Morisset et le pavillon Charles-Baillairgé sont fermés au public. Toutes les expositions sont temporairement regroupées au sein du pavillon Pierre-Lassonde. À l'issue des travaux, un nouvel espace baptisé l'Espace Riopelle accueillera plus de 500 œuvres de **Jean Paul Riopelle** (1923-2002), l'un des artistes québécois les plus influents de son époque.

Établi sur le site même du parc des Champs-de-Bataille *(p. 263)*, ce remarquable complexe muséologique retrace, à travers les quelque 42 000 œuvres de sa collection permanente (huiles, aquarelles, dessins, estampes, photos, objets d'art décoratif, sculptures, objets du culte), l'évolution de l'art québécois du 17ᵉ s. à nos jours. Ses expositions sont déployées sur quatre bâtiments : le pavillon Pierre-Lassonde, le pavillon central, le pavillon Gérard-Morisset et le pavillon Baillairgé.

Pavillon Pierre-Lassonde – Inauguré en 2016, ce bâtiment en verre s'élève sur le site de l'ancien couvent des Dominicains. Il regroupe l'accueil du musée et des espaces mettant en lumière les riches collections d'art contemporain, de design et surtout d'art inuit. Le musée a en effet bénéficié en 2005 d'un fabuleux legs : celui des 2 635 pièces de la **collection d'art inuit Brousseau★★**, dont 2 017 sculptures réalisées par des artistes de toutes les régions du Grand Nord canadien, des années 1940 aux années 2000. Du style traditionnel aux créations plus contemporaines, elle propose une plongée dans la culture inuite, profondément liée à son environnement naturel. Les artistes travaillent le bois de renne, l'os de baleine, l'ivoire de narval, mais surtout des pierres : la serpentinite, aux effets marbrés, la stéatite, le gneiss... Le premier niveau est dédié aux expositions temporaires.

Pavillon central – *Fermé pour travaux.* Situé entre les trois autres édifices, ce bâtiment moderne (1991), surmonté de lanterneaux, deviendra le futur Espace Riopelle.

Pavillon Gérard-Morisset – *Fermé pour travaux.* L'édifice (1933), reconnaissable à sa façade monumentale de style Beaux-Arts, fut nommé en souvenir d'un ancien directeur du musée. Un imposant escalier central mène à un portique ionique, tandis qu'un fronton sculpté en pierre évoque l'histoire de l'économie provinciale et celle de deux groupes : Premières Nations *(à gauche)*, découvreurs et missionnaires *(à droite)*.

Pavillon Charles-Baillairgé – *Fermé pour travaux.* Construit d'après les plans de Charles Baillairgé, ce bâtiment néo-Renaissance d'allure massive (1861-1871) abrita jusqu'en 1967 la prison de Québec.

Jardin de sculptures Julie et Christian Lassonde – Vous pourrez admirer, dans ce jardin en bordure du MNBAQ, 24 œuvres dont *La Tour*, monumentale sculpture en bronze de Jean Paul Riopelle (1970).

Prenez à gauche l'avenue George-VI et continuez jusqu'à la terrasse Grey. Regagnez l'avenue George-VI et traversez le parc des Champs-de-Bataille.

★ Parc des Champs-de-Bataille

Pendant la saison estivale, le **bus d'Abraham** permet de parcourir le site accompagné d'un guide en tenue d'époque *(www.ccbn-nbc.gc.ca - juil.-août - 45mn - 12,25 $ - billet combiné bus + musée des Plaines d'Abraham 21,50 $).*

Cet espace vert de quelque 108 ha occupe le versant sud du plateau de Québec, regroupant à la fois les plaines d'Abraham et le parc des Braves. Il fut créé en 1908 à l'occasion des fêtes qui marquèrent le tricentenaire de la fondation de la ville, et commémore les terribles batailles entre Anglais et Français lors de la Conquête (1759). Le parc, achevé en 1954, fut dessiné par l'architecte **Frederick G. Todd**, élève du célèbre Frederick Law Olmsted, concepteur de Central Park (New York) et du parc du Mont-Royal à Montréal. L'insaisissable beauté de ce site escarpé surplombant le St-Laurent fournira l'occasion d'une sortie à la fois historique et récréative. Du Cap-aux-Diamants jusqu'à la terrasse Grey, un chemin offre des vues imprenables sur le fleuve. Le parc accueille les grands événements de la ville, comme le Carnaval d'hiver de Québec, le Festival d'été de Québec *(« Carnet pratique » p. 275)*, la finale de la Coupe du monde de ski de fond, et plus encore.

Jardin Jeanne-d'Arc – *Le long de l'avenue Wilfrid-Laurier, à partir de l'intersection avec le cours du Général-de-Montcalm.* Il allie un aménagement de style français à des plates-bandes mixtes à l'anglaise. Quelque 150 variétés de plantes, vivaces notamment, y fleurissent d'avril à octobre. En hiver et lors de certaines dates particulières, le jardin brille de mille feux grâce aux installations lumineuses mises en place. Le jardin se transforme en une petite station lors de la saison hivernale *(fin nov.-déb. mars)* : pistes de ski de fond et aires de glissade sont aménagées.

Tours Martello – *Tour Martello n° 1 : sur le surplomb qui domine le fleuve - de déb. juil. à la 1re sem. de sept. : 9h-17h30 - 17 $, billet combiné avec le musée des Plaines d'Abraham (p. 260). Tour Martello n° 2 : à l'angle de la rue Taché et de l'avenue Wilfrid-Laurier.* Craignant une autre invasion américaine après l'échec de l'expédition menée par les Bostoniens en 1775-1776, et toujours dans l'attente d'une décision de Londres à propos du projet de construction d'une citadelle, le commandement militaire britannique fit ériger, entre 1808 et 1812, quatre **tours Martello** en guise de ligne de défense avancée. Trois de ces tours subsistent, dont deux dans le parc et une dans la rue Lavigueur (faubourg St-Jean-Baptiste).

En suivant l'avenue du Cap-Diamant, vous rejoindrez le belvédère de la promenade des Gouverneurs ; en poursuivant sur l'avenue George-VI, vous retournerez à l'hôtel du Parlement.

4

À voir aussi

CARTE P. 226-227

★ Lieu historique national Cartier-Brébeuf C2

175 r. de l'Espinay, à 3 km de la porte St-Jean - ☏ 418 648 7016 ou 1 888 773 8888 - parcs.canada.ca/lhn-nhs/qc/cartierbrebeuf - ♿ - ouv. tte l'année - centre d'interprétation, de fin juin à mi-août : w.-end 10h-17h - gratuit.

Situé sur la rive nord du bassin Lairet, ce lieu historique national commémore l'hivernage de Jacques Cartier en 1535-1536 à proximité du village iroquois de Stadaconé, et l'arrivée du missionnaire jésuite Jean de Brébeuf en 1625.

À proximité

CARTE P. 226-227

Sainte-Foy–Sillery–Cap-Rouge ABC2-3

À 8 km au sud-ouest du centre-ville de Québec.

Particulièrement pittoresque, le territoire de Sillery, ancré sur les rives du St-Laurent, correspond à l'ancienne seigneurie de Noël Brulart de Sillery, aristocrate français ordonné prêtre qui, en 1637, établit ici une mission jésuite destinée à l'évangélisation des Premières Nations. Les ravages occasionnés par les épidémies et l'alcoolisme devaient entraîner l'abandon de la communauté durant les années 1680. Après la Conquête, les Jésuites louèrent le territoire à de riches marchands. Vers le milieu du 19e s., l'industrie forestière et la construction navale contribuèrent au développement économique de Sillery, ses anses et ses baies servant au déchargement, à l'équarrissage, à l'entreposage et à l'exportation du bois. Plusieurs des somptueuses demeures construites à cette époque furent par la suite acquises par différentes communautés religieuses.

★ Parc du Bois-de-Coulonge C2

1215 Grande-Allée Ouest, sur le territoire de Sillery - ☏ 418 528 0773 ou 1 800 442 0773 - www.capitale.gouv.qc.ca/sites-de-la-capitale/parcs/- ♿ - ouv. tte l'année 7h-23h - centre d'interprétation, de mi-mai à déb. sept. : 10h-17h ; de déb. sept. à mi-oct. : w.-end et j. fériés 10h-17h.

Un escalier de près de 300 marches relie le parc du Bois-de-Coulonge à la partie ouest du parc des Champs-de-Bataille.

Ce joli parc paysagé de près de 24 ha n'est qu'une fraction de l'ancienne seigneurie de Coulonge, concédée en 1649 à Louis d'Ailleboust de Coulonge. Lors de la Conquête, les troupes anglaises occupèrent temporairement le site. En 1780, le domaine fut morcelé, et l'une des premières maisons de villégiature y apparut dix ans plus tard. Rebaptisée **Spencer Wood** en 1811 en l'honneur de lord Spencer (Premier ministre britannique), cette villa néopalladienne devint, en 1852, la résidence de lord Elgin, gouverneur général du Canada-Uni. Reconstruite en 1860 à la suite d'un incendie, elle servit, après la création de la Confédération, de résidence aux lieutenants-gouverneurs. L'édifice, qui prit le nom de Bois-de-Coulonge en 1947, fut à nouveau ravagé par un incendie en 1966.

Ouvert au public, le parc dispose de panneaux d'interprétation qui agrémentent la visite. Outre ses jardins et son belvédère dominant le fleuve, on appréciera plusieurs bâtiments anciens dont la **loge du gardien★**, structure de style « château » revêtue de bardeaux de cèdre décoratifs (1891). Dans l'ancienne chaufferie des serres, le **centre d'interprétation** accueille une exposition présentant

Les arrondissements de Québec

La ville de Québec est divisée en six arrondissements, dont le premier, en termes de démographie, est la **Cité-Limoilou** qui englobe notamment le Vieux-Québec historique. Le second, nommé **Les Rivières**, correspond au centre géographique de la ville. Il comprend les quartiers Duberger–Les Saules, Neufchâtel-Est–Lebourgneuf et Vanier, et comporte de nombreuses zones commerciales et industrielles, divers lieux culturels et de loisirs ainsi que plusieurs parcs. En périphérie, quatre autres arrondissements que l'on pourrait qualifier de **banlieues**, dotés chacun d'une identité très particulière, attirent une population croissante séduite par les espaces verts et, de façon plus générale, par une meilleure qualité de vie. Il s'agit de **Ste-Foy–Sillery–Cap-Rouge** *(p. 264)*, **La Haute-St-Charles**, dont Wendake *(p. 268)* fait partie, **Charlesbourg** *(p. 267)* et **Beauport** *(p. 288)*. Contrairement aux villes suburbaines anglo-saxonnes, construites autour de l'inévitable centre commercial, ces quatre banlieues s'inspirent plutôt du modèle paroissial rural, nettement plus convivial.

une maquette du domaine et de sa somptueuse villa avant l'incendie qui la détruisit.

Villa Bagatelle C2

1360 av. James-LeMoine, sur le territoire de Sillery, à env. 1 km au sud-ouest du parc par la route 175 - 418 654 0259 - www.maisonsdupatrimoine.com - de déb. mars à fin mai et oct.-déc. : jeu.-dim. 13h-17h ; de déb. juin à fin sept. : tlj sf lun. 11h-17h - consulter le calendrier des expositions pour connaître les horaires précis - fermé fêtes de fin d'année et janv.-fév. - gratuit.

Détruite par un incendie en 1926, la villa Bagatelle fut reconstruite l'année suivante sur le modèle d'un petit cottage néogothique (ou gothique rural), lui-même érigé en 1848 sur le domaine Spencer Wood. Le pavillon est entouré d'un charmant jardin à l'anglaise, au caractère intime et champêtre, comportant des érables à sucre, des chênes rouges, des ormes d'Amérique et autres espèces indigènes. On y découvre, à l'intérieur, diverses expositions temporaires d'art et d'histoire.

Église Saint-Michel C2

1600 r. Persico, sur le territoire de Sillery.

Cette église néogothique date de 1854. À l'intérieur sont conservés cinq tableaux provenant de la collection Desjardins : les *Disciples d'Emmaüs*, la *Mort de saint François d'Assise*, *Saint François d'Assise recevant les stigmates*, l'*Annonciation* et l'*Adoration des Mages*.

En contrebas, l'observatoire de la **Pointe-à-Puiseaux** permet d'apprécier une **vue★** imprenable sur Québec, les anses de Sillery, le pont de Québec, le pont Pierre-Laporte et la rive sud du St-Laurent.

★ Maison des Jésuites de Sillery C2-3

2320 chemin du Foulon, sur le territoire de Sillery - 418 654 0259 - www.maisonsdupatrimoine.com - juin-sept. : tlj sf lun. 11h-17h ; avr.-mai et oct.-déc. (période des fêtes exceptée) : merc.-dim. 13h-17h - fermé janv.-fév. - gratuit.

4

Cette maison de pierre, d'une valeur patrimoniale exceptionnelle, fut bâtie au début du 18e s. Elle occupe le site de la **mission St-Joseph**, première mission jésuite d'Amérique du Nord établie en 1637 dans une tentative de sédentarisation des Innus, des Algonquins et des Atikamekw. Premières Nations et Jésuites séjournaient à l'origine dans un enclos de pieux, remplacé plus tard par un fort de pierre afin de se protéger des attaques iroquoises. En face de la maison, des vestiges du fort et de la chapelle St-Michel ont été dégagés.
La romancière anglaise Frances Moore Brookesi y séjourna en 1763. Elle y situe le cadre de son roman *The History of Emily Montague* (1769) qui exprime avec esprit et intelligence ce que cela représentait de vivre au Canada au 18e s. Classé monument historique en 1929, l'édifice abrite une exposition permanente, qui relate la rencontre entre les Premières Nations et les Européens.

Maison Hamel-Bruneau B3

2608 chemin St-Louis, sur le territoire de Ste-Foy - ✆ 418 641 6280 - www.maisonsdupatrimoine.com - juin-sept. : tlj sf lun. 11h-17h ; mars-mai et oct.-déc. (période des fêtes exceptée) : jeu.-dim. 13h-17h - fermé janv.-fév. - gratuit.
Doté d'une jolie galerie couverte par un toit débordant, ce cottage de style anglo-normand fut construit comme résidence de villégiature vers 1857. Il abrite des expositions temporaires et propose des animations culturelles dans les domaines de la musique, des sciences et des arts visuels.

Aquarium du Québec B3

1675 av. des Hôtels (à côté des ponts), sur le territoire de Ste-Foy - ✆ 418 659 5264 ou 1 866 659 5264 - www.sepaq.com/ct/paq - ♿ - de juin à déb. sept. : 9h-18h ; mi-oct.-mai : 9h-16h ; reste de l'année : se rens. - 22,50 $.
Aménagé sur un site boisé dominant le St-Laurent, l'aquarium du Québec abrite plus de 10 000 poissons, invertébrés, reptiles, amphibiens et mammifères marins indigènes ou exotiques. Parmi les activités phares, on notera la rencontre avec les **ours blancs** (oui, ce redoutable prédateur est un mammifère marin semi-aquatique) et les phoques, le bassin tactile avec ses étoiles de mer et ses raies de l'Atlantique, et la projection immersive ARTIKA sur les beautés de l'Arctique et de sa faune (morses, bélugas, renards arctiques). Même la sensation de froid est reproduite pour permettre une immersion (presque !) totale. L'aquarium propose également un parcours d'aventures en extérieur *(ouv. de juil. à sept. - 6-12 ans)* avec ponts de singe, passerelles, lianes...
Dans le parc de stationnement, un petit belvédère offre une **vue★** magnifique sur le fleuve, le pont de Québec et le pont Pierre-Laporte.

Université Laval (UL) B2

Campus partagé entre les territoires de Ste-Foy et de Sillery.
L'UL est le plus ancien établissement d'enseignement supérieur francophone d'Amérique. Son origine remonte à 1663, date à laquelle **monseigneur François de Montmorency-Laval** fonda le séminaire de Québec. L'université en occupa longtemps une partie des locaux, mais seule y demeure désormais l'école d'architecture. En 1949 fut entreprise la construction du campus actuel. Situé dans la banlieue ouest de Québec, celui-ci connut une expansion considérable dans les années 1960. Les quelque 56 000 étudiants de cette prestigieuse institution ont fait la une des journaux en 2012, lors du « Printemps québécois » *(p. 603)*.
Le campus à proprement parler compte une trentaine de bâtiments, dont le **pavillon Louis-Jacques Casault** (ancien Grand Séminaire), construit en 1958.

À l'intérieur, l'ancienne chapelle de l'université, de style gothique, fut réaménagée pour accueillir les Archives nationales du Québec. En face sont apparus, en 1990, le **pavillon La Laurentienne** et le **pavillon Alexandre-de-Sève**, œuvre postmoderne primée. De facture très classique, le **pavillon Charles-de-Koninck** (1964), avec sa cour intérieure et ses façades rythmées par des brise-soleil en béton blanc, est le principal édifice du campus. Le **pavillon Comtois** (1966) reflète cette même recherche de classicisme dans l'emploi de modules de revêtement préfabriqués. Avec sa cour intérieure et son architecture sur piliers, il s'agit d'une des constructions les plus intéressantes de la région. Bâtiment bas aux lignes horizontales, le **PEPS**, ou pavillon de l'Éducation physique et des Sports (1971), s'étale et se confond dans l'aménagement en terrasse couvrant les parcs de stationnement souterrains. On y trouve une piscine olympique, un stade couvert, des patinoires et divers terrains de sport.

Charlesbourg B1

À 15 km au nord-ouest de Québec par la route 73 Nord.

★ Le Trait-Carré

Ce célèbre arrondissement historique correspond au Vieux-Charlesbourg. Son curieux plan cadastral, unique en Amérique du Nord, date de 1660. Contrairement au traditionnel système de rang, qui favorisait la dispersion des habitations, les terres – distribuées en étoiles – convergeaient ici en un point central de forme carrée. Cet ingénieux système, conçu par les Jésuites et appliqué par l'intendant Jean Talon, permettait ainsi aux colons, en cas d'attaque, de se regrouper sur la place centrale afin de mieux se défendre. Au centre du Trait-Carré s'élèvent l'**église**, le couvent du Bon-Pasteur (1883) et la bibliothèque municipale, qui occupe l'ancien collège St-Charles (1903).

Moulin des Jésuites – *7960 bd Henri-Bourassa - ☎ 418 624 7720 - www.moulindesjesuites.org - de fin juin à déb. sept. : 10h-17h ; de mi-janv. à fin fév. : w.-end 10h-17h ; reste de l'année : merc.-vend. 11h-16h, w.-end 10h-17h- 10 $ - fermé de mi-déc. à mi-janv.* Ce moulin est le point de départ d'un agréable circuit piétonnier du quartier. Les Jésuites construisirent trois moulins seigneuriaux vers 1740, dont celui-ci, fidèlement restauré dans les années 1990. Il abrite aujourd'hui un musée d'Histoire pour les enfants où l'on peut découvrir l'histoire de Québec et de ses habitants.

Église Saint-Charles-Borromée – *7990 1re Av.* Avec ses deux clochers et sa haute façade dominée par un large fronton, cet édifice constitue un bel exemple de l'influence du palladianisme anglais sur l'architecture religieuse québécoise (1826-1830). À l'intérieur, un imposant arc de triomphe orne le chevet plat. Dans les niches, on remarquera deux statues (1741) de Pierre-Noël Levasseur provenant d'une église plus ancienne, construite sur le même site. Des œuvres de François Ranvoyzé, Louis Jobin, Charles Vézina et Paul Lambert sont également à noter.

Maison Ephraïm-Bédard – *7655 chemin Samuel - ☎ 418 624 7745 - www.maisonsdupatrimoine.com - ♿ - de mi-juin à mi-août : merc.-dim. 10h-17h ; reste de l'année : mar. et jeu. 13h30-16h ; également ouv. lors d'expositions - gratuit.* Cette habitation rurale typique de la première moitié du 19e s. s'élève au sud-est du Trait-Carré. Après avoir été habitée par des familles de pionniers dont les Lefebvre, les Paradis et les Bédard, elle accueille désormais la Société d'histoire de Charlesbourg.

4

Maison Pierre-Lefebvre – *7985 Trait-Carré Est.* Représentative des logis québécois du 19e s., cette habitation en pièce sur pièce fut construite en 1846 et montre les premiers signes d'adaptation de la maison rurale aux rudes conditions climatiques du Québec. Elle abrite aujourd'hui la galerie d'art du Trait-Carré et la Société artistique de Charlesbourg.
D'autres édifices historiques ont été convertis en lieux d'animation culturelle, comme la **maison Magella-Paradis** (1833), dotée d'un joli toit au larmier courbé, d'un corps de logis surhaussé et d'une galerie.

★ Hôtel de glace B1 EN DIRECTION

2280 bd Valcartier, St-Gabriel-de-Valcartier - ✆ 418 844 2200 et 1 888 384 5524 - www.valcartier.com - de janv. à mi-mars : visite (10h-20h) - 30/35 $.
Bel exemple d'**architecture éphémère**, le design de cet hôtel pas comme les autres s'inspire chaque année d'une thématique différente. Dès décembre, les moules de métal sont posés. La neige, fabriquée à l'aide de canons, les recouvre et devient plus dure que de la glace. Les murs ainsi formés ont jusqu'à 1,20 m d'épaisseur à la base. Une fois les moules retirés, les artistes investissent les lieux pour sculpter dans les murs des suites de luxe. Des blocs de glace pure et translucide sont employés pour les colonnades, les lustres et le « mobilier » : 15 000 t de neige et 500 t de glace sont nécessaires à la réalisation de cette prouesse. L'ensemble comprend une chapelle, un hôtel, un bar, un restaurant, un spa, un toboggan... Le résultat est féerique !

Wendake AB1

À 17 km au nord-ouest de Québec par la route 73 Nord (sortie 154), puis la rue de la Faune.
10 pl. de la Rencontre - ✆ 418 847 1835 - tourismewendake.ca.
Possibilité de se procurer un forfait découverte permettant de visiter en compagnie d'un guide autochtone le Musée huron-wendat, la Maison longue nationale Ekionkiestha, l'église Notre-Dame-de-Lorette, la chute Kabir-Kouba, la fresque murale du peuple wendat et la maison Tsawenhohi (où vécut le grand chef Nicolas « Tsawenhohi » Vincent au 19e s.) - *20,50 $ - durée de la visite : 2h30 env. Rens. auprès de l'office de tourisme.*
Chassés de la région des Grands Lacs par les Iroquois, les épidémies et la famine, les Hurons vinrent se placer sous la protection de leurs alliés français dès le milieu du 17e s. Accompagnés d'un missionnaire jésuite, le père Chaumonot, ils s'installèrent successivement à Québec (à proximité de Fort St-Louis), sur l'île d'Orléans, puis à Ste-Foy, sur le site actuel de l'université Laval. En 1673, ils s'établirent à l'Ancienne-Lorette, qu'ils quittèrent en 1697 pour fonder la **Jeune-Lorette** (Wendake). Aujourd'hui, une simple promenade à travers Wendake, autrefois appelé le Village-des-Hurons, convainc de l'originalité des lieux. Les bâtiments de cette réserve autochtone ont été construits librement sur un territoire commun, sans division cadastrale à l'européenne. Le village se trouve à proximité de la rivière St-Charles, dont la majestueuse **chute Kabir-Kouba** (hauteur : 28 m) a inspiré nombre d'artistes. Non loin de la chute, une **fresque murale** dépeint les mythes et légendes du peuple wendat. À la nuit tombée, le parcours multimédia **Onhwa' Lumina** emporte les visiteurs sur un sentier de 1,2 km où des installations lumineuses et sonores rythment sa déambulation et lui ouvrent les portes du mythe fondateur de la nation huronne-wendat (*www.onhwalumina.ca - 31,50 $ - se rens. pour connaître les horaires*).

Site traditionnel huron Onhoüa Chetek8ᵉ, maison longue.
F. Klingen/Michelin

★ Site traditionnel huron Onhoüa Chetek8ᵉ

575 r. Chef-Stanislas-Koska - ✆ 418 842 4308 - www.huron-wendat.qc.ca - ✕ ♿ - juil.-mi-oct. : 9h15-17h ; reste de l'année : 10h-16h - 18,50 $.

Des activités et animations sont proposées : tir à l'arc, canot, raquettes, contes et légendes, etc. Réservation obligatoire.

Accueillis par un traditionnel *Kwe Kwe ataro !* (« Bienvenue, ami ! »), les visiteurs viennent ici découvrir de façon ludique l'histoire et les coutumes des Premières Nations, et plus particulièrement celles des Hurons. Les reconstitutions d'une habitation typique, d'une maison longue, d'un fumoir et d'un séchoir à viande, d'une hutte de sudation (dans laquelle on mettait des pierres sur lesquelles on jetait de l'eau bouillante) et d'un atelier de construction de canoës sont autant d'occasions d'illustrer de façon très concrète divers aspects de la vie traditionnelle. Notez aussi, dans une hutte consacrée aux thèmes de la chasse et de la pêche, la jolie **maquette** d'un village huron au 16ᵉ s.

Si vous avez un petit creux, faites une halte au restaurant **Nek8arre**, dont les menus laissent la part belle au gibier et au poisson. Et, avant de quitter les lieux, visitez l'incontournable **boutique d'artisanat**, très fournie en articles autochtones de l'est du Canada. Vous en ramènerez d'authentiques souvenirs.

★ Musée huron-wendat

Logé dans l'Hôtel-Musée Premières Nations (complexe comprenant ce musée, mais aussi un hôtel, un restaurant, la maison longue nationale Ekionkiestha et des jardins), au 15 pl. de la Rencontre - ✆ 418 847 2260 - tourismewendake.ca - déb. juin à mi-oct. : 9h-15h ; de mi-oct. à mi-déc. : merc.-dim. 9h-14h ; reste de l'année : se rens. - 16 $ (12 $ maison longue) - réserv. obligatoire.

Propice à l'imagination, un vaste espace tronconique plongé dans un mystérieux clair-obscur accueille ici l'exposition permanente « Territoires, mémoires, savoirs ». Plantés au beau milieu de ce tipi savamment stylisé, une poignée d'arbres, symboles de la Forêt des origines, s'élancent vers un ciel étoilé et viennent rappeler l'importance de l'univers naturel dans la culture des Premières Nations. Une **frise chronologique** retrace l'histoire de la nation huronne-wendat des temps mythiques jusqu'à la lutte pour la reconnaissance. Disposées de façon circulaire, les vitrines d'exposition dévoilent une sélection raffinée d'artefacts (canoë, raquettes, outils de chasse et de pêche, costumes et **coiffes de chefs**, mocassins, objets de vannerie, **ceinture d'alliance** entre les Hurons de Lorette et les Mowhawks de Kahnawake...). Photos et documents divers viennent enrichir cette exposition qui nous permet de mieux comprendre le parcours de cette fière nation et nous éclaire sur ses relations parfois tumultueuses avec les colonisateurs européens.

Chapelle Notre-Dame-de-Lorette

À l'angle des rues Chef-Maurice-Bastien et Chef-Nicolas-Vincent.

Cette chapelle occupe le site de l'ancienne mission jésuite de 1697. Elle fut construite en 1865 à l'emplacement d'une église plus ancienne (1730) – deuxième de la mission – qui avait été détruite par un incendie en 1862. Le décor intérieur, d'une grande simplicité, comprend notamment un parement d'autel (1790) attribué à François Vincent, sculpteur d'origine huronne, et un maître-autel dont le **tabernacle** (1722) serait l'œuvre de Noël Levasseur. Au-dessus, une sculpture représente la Sainte Maison de Lorette (en Italie), supportée par deux anges. La sacristie dispose d'objets et de mobilier laissés par les missionnaires jésuites. Brodés par les Ursulines de Québec, plusieurs vêtements et ornements liturgiques exposés dans l'église sont les rarissimes témoins de la toute première période de la Nouvelle-France.

★ Parc national de la Jacques-Cartier B1 EN DIRECTION

À 40 km au nord de Québec par la route 175 (sortie 182).

Entrée au 103 chemin du Parc-National, Stoneham-et-Tewkesbury - 418 848 3169 - www.sepaq.com/pq/jac - ⚠ ✕ - ouv. tte l'année - 9,55 $ - consulter le site Internet pour connaître les périodes d'ouverture des centres de services des secteurs de la Vallée, secteur à l'Épaule, secteur Sautauriski, secteur Jumeau (Camp Mercier).

Activités estivales : randonnée pédestre, canot, kayak, mini-raft, canot pneumatique, rabaska, chambre à air, pêche, vélo, géocache, observation animalière (orignal, cerf de Virginie, porc-épic, oiseaux). Activités hivernales : raquettes, ski nordique, randonnée pédestre sur neige, hors-piste.

Une **vallée** spectaculaire, profonde de plus de 550 m, couverte de feuillus, une rivière capricieuse, un **plateau** montagneux criblé de lacs, une **forêt boréale** au cœur de la partie la plus élevée du massif des Laurentides, un paysage sublime : tels sont les principaux atouts du Parc national de la Jacques-Cartier.

L'exploitation intensive de la forêt du plateau ayant perturbé le fragile équilibre du milieu et entraîné la disparition du caribou et du saumon (deux espèces pourtant bien adaptées au rude climat), il fut décidé, en 1981, de créer un parc pour mieux assurer la protection de ce remarquable patrimoine naturel. Aujourd'hui, une centaine de kilomètres de pistes de randonnée et une quinzaine de sentiers de nature traversent la forêt et longent la rivière. Agréable but de promenade, le **sentier des Loups** *(11 km AR - env. 3h30 - difficile)* offre de splendides **vues★★** sur toute la vallée de la Jacques-Cartier, tandis que le **sentier du Draveur nord** *(24,8 km AR - 8h30 - intermédiaire)* permet de découvrir les vestiges du riche passé forestier du 19e s. Plus facile, le sentier de **La Tourbière** *(boucle de 2,9 km - 1h)* dévoile divers paysages dont une tourbière, une sapinière et une forêt de bouleaux jaunes.

Descente de la rivière Jacques-Cartier – *Réserv. des embarcations (parcours pour débutants et confirmés) au centre de location situé au km 10 de la route de la Vallée - ✆ 1 800 665 6527.* Longue de 177 km, la Jacques-Cartier est la seule rivière du Québec à faire partie du réseau des rivières du patrimoine canadien. À l'intérieur du parc, elle représente 26 km de parcours navigable, offrant des parois escarpées s'élevant à près de 500 m au-dessus d'un ruban d'eau calme entrecoupé de courts rapides...

★★ Île d'Orléans D1

À 10 km au nord-est de Québec par les routes 440 ou 138.

490 côte du Pont, à l'intersection de la route du Pont et de la route 368 - ✆ 418 828 2335 ou 1 866 941 9411 - tourisme.iledorleans.com - disponible au bureau d'accueil touristique, le Passeport culture île d'Orléans (25 $) donne accès à 5 centres d'interprétation et de culture sur l'île.

L'île d'Orléans est une municipalité régionale de comté (MRC) qui couvre un territoire de 245 km² (longueur : 34 km ; largeur : 8 km). Elle se compose de six communes fidèles à leurs origines agricoles et maritimes. À l'opposé l'une de l'autre, **Ste-Pétronille** et **St-François** se trouvent respectivement à l'extrémité ouest et est de l'île. **St-Pierre** et **Ste-Famille** occupent quant à elles le versant nord de l'île, tandis que **St-Laurent** et **St-Jean** s'étalent sur son versant sud.

Avec ses églises aux clochers effilés, ses maisons en bois du 18e s., ses écoles et autres bâtiments patrimoniaux qui se conjuguent à de bucoliques paysages ruraux et naturels, l'île d'Orléans a un charme fou et fait encore résonner l'écho de la vie rurale en Nouvelle-France. Placée à la pointe de l'estuaire du St-Laurent, elle est couverte d'érablières au nord et sur le plateau central, de chênaies au sud-ouest, de terres marécageuses au centre et de plages au bord du fleuve. Reliée depuis 1935 au continent par un **pont** de 1,75 km de longueur, l'île n'a pourtant rien perdu de sa tranquillité qui inspira le peintre Horatio Walker et le chansonnier Félix Leclerc : « L'île d'Orléans, c'est quarante-deux milles de choses tranquilles, pour oublier toutes ses blessures... »

La **route 368** fait le tour de l'île d'Orléans sur 67 km et traverse ses six municipalités, chacune ayant sa personnalité propre. Au cours du trajet, le visiteur pourra contempler de splendides paysages et d'exceptionnelles **vues★★** de la Côte-de-Beaupré et des rives du Bas-St-Laurent. L'itinéraire qui longe la côte sud, de Ste-Pétronille à St-François, est particulièrement beau. Au retour, par le nord de l'île, on peut admirer de superbes panoramas de la chute Montmorency et du mont Ste-Anne.

La plupart des églises de l'île d'Orléans, dont certaines sont de véritables joyaux d'architecture, sont ouvertes de mi-juin à mi-oct. Leurs horaires d'ouverture étant sujets à changements, renseignez-vous préalablement auprès du bureau d'accueil touristique de l'île *(voir ci-dessus)*.

4

Sainte-Pétronille

Cette petite communauté fut le site de la première colonie de l'île (1649). Les Hurons s'y réfugièrent dans les années 1650 à la suite du conflit qui les opposait aux Iroquois. En 1855, on construisit un quai pour le chargement des produits de l'île, et on mit en place un service de traversier à vapeur pour relier Ste-Pétronille à Québec. Cette liaison permit le développement du tourisme à la fin du 19e s., et beaucoup de riches familles y firent alors bâtir des résidences secondaires de style victorien ainsi qu'un terrain de golf, l'un des plus anciens d'Amérique du Nord (1866).

Prenez à gauche le chemin de l'Église, puis à droite, avant l'impasse en face du golf.

Église – Un couvent (1875), un presbytère et une église (1871), décorée par David Ouellet, dessinent cet ensemble religieux du plus bel effet.

Continuez le long du chemin de l'Église, qui débouche sur le chemin du Bout-de-l'Île. Un sentier longe le fleuve. Tournez à gauche, puis à droite dans le chemin du Quai.

La Goéliche – *Chemin du Quai - www.goeliche.ca/fr/goeliche-hotel-resto.* Construit en 1880, cet imposant bâtiment de style victorien fut d'abord baptisé château Bel Air, puis manoir de l'Anse. Il surplombe le St-Laurent et abrite aujourd'hui un **hôtel** ainsi qu'un **restaurant**.

★ Saint-Laurent-de-l'île-d'Orléans HORS PLAN

Le centre maritime de l'île bénéficiait, au milieu du 19e s., d'une florissante industrie de construction navale. Une vingtaine d'entreprises familiales fabriquaient alors des chaloupes fort réputées pour leur solide charpente et leur belle coupe. Ces bateaux à fond plat demeurèrent le principal moyen de transport des insulaires jusqu'à la construction, en 1935, d'un pont leur permettant de se rendre sur le continent. Aujourd'hui encore, St-Laurent est le seul bourg de l'île à posséder une marina capable d'accueillir plus de 130 bateaux.

Maison Gendreau – *Env. 2 km avant l'entrée du village, au 2387 chemin Royal.* Cette demeure au toit pentu, construite en 1720, possède une double rangée de lucarnes assez curieuse.

Parc maritime – *À l'entrée du bourg, au 120 chemin de la Chalouperie - ✆ 418 828 9673 - www.parcmaritime.ca - de juin à mi-oct. : 9h-16h30 - 10 $.* Ce parc permet de visiter un ancien atelier de construction conservé en l'état.

Église Saint-Laurent – *Près de la marina, au cœur du village.* Construite en 1860, elle est dominée par un clocher aux dimensions harmonieuses.

En quittant le village, on remarquera le **moulin Gosselin** *(côté gauche de la route)* ; l'édifice, désormais transformé en restaurant, date du début du 18e s.

★ Saint-Jean-de-l'île-d'Orléans HORS PLAN

La paroisse de St-Jean fut fondée en 1679 par monseigneur de Laval. Entre 1850 et 1950, le village connut une intense croissance économique, avec l'arrivée de nombreux pilotes de Charlevoix qui stimulèrent le développement maritime et industriel. Le **cimetière marin** rappelle la dure existence de ces hommes dont bon nombre périrent dans les eaux tumultueuses du St-Laurent. Aujourd'hui, les habitants perpétuent les activités agricoles et maritimes de leurs ancêtres. Leurs maisons, décorées dans le style marin, forment de petits groupes accrochés aux pentes des collines et sur les rives du fleuve.

★ **Manoir Mauvide-Genest** – *4818 chemin Royal - ✆ 418 829 2630 - www.manoirmauvidegenest.com - ♿ - juin-oct. : horaires, se rens. - 10,50 $.* Remarquable exemple d'architecture rurale sous le Régime français, ce manoir de style normand fut construit en 1734 pour Jean Mauvide, chirurgien du roi et prospère marchand français, et son épouse, Marie-Anne Genest. Propriétaire de la moitié de l'île d'Orléans, Mauvide agrandit la maison vers le milieu du 18e s. et la transforma en une somptueuse demeure. Le juge Joseph-Camille Pouliot acquit le manoir en 1926 et le fit restaurer. Il abrite un Musée historique regroupant des meubles et objets (période essentiellement victorienne) collectionnés par le juge Pouliot au début du 20e s. À l'extérieur, on pourra visiter un **jardin potager** de la Nouvelle-France.

Saint-François-de-l'île-d'Orléans HORS PLAN

Cette petite localité occupe la partie est de l'île, ainsi que les minuscules île Madame et île aux Ruaux. C'est à 20 km au-delà de ce point que le St-Laurent passe de l'eau douce à l'eau salée. L'agriculture, en particulier la **pomme de terre**, reste la ressource principale du village.

Ravagée par le feu en 1988, l'**église St-François** (1736) fut reconstruite en 1992. Du côté sud de l'église se dresse le **presbytère** (1867), d'architecture typiquement québécoise, avec sa grande galerie. Une chapelle de procession indique la limite du bourg.

À quelques kilomètres du village, la **Tour du Nordet** *(98 marches)* offre une superbe **vue★★** des terres agricoles de St-François et des deux rives du St-Laurent. Le panorama embrasse l'archipel de Montmagny et le cap Tourmente, et révèle de jolis points de vue sur l'Île-aux-Grues et l'Île-aux-Oies, l'Isle-aux-Coudres *(p. 298)*, les pentes du mont Ste-Anne et la Côte-de-Beaupré. Doté de tables de pique-nique, le parc se prête à une agréable pause gourmande.

Sainte-Famille HORS PLAN

C'est en 1661 que monseigneur de Laval fonda cette paroisse, la plus ancienne de l'île. Huit ans plus tard, il y fit ériger la première église.

★★ **Église de la Sainte-Famille** – *2783 chemin Royal.* Ce magnifique édifice, construit entre 1743 et 1748, est un exemple majeur d'architecture religieuse

Une terre généreuse

L'île d'Orléans étant pour eux une « terre des esprits », les Premières Nations l'auraient appelée *Ouindigo* (« coin ensorcelé »), bien avant l'arrivée des Européens. Lorsqu'il y débarqua en 1535, **Jacques Cartier**, surpris par l'abondance de vignes sauvages qui y poussaient, la nomma « île de Bacchus ». Un an plus tard, elle allait être rebaptisée en l'honneur du duc d'Orléans, fils de François Ier. Beaucoup d'habitants de l'île font remonter leurs origines aux premiers colons français arrivés en ces lieux. Ils réussirent à créer une communauté si prospère qu'à une certaine époque, l'île était plus peuplée que la ville de Québec : en 1667, elle comptait en effet 529 âmes, contre à peine 448 pour Québec. L'agriculture a, de tout temps, joué un rôle fondamental dans l'économie locale. Sous le Régime français, la seigneurie était divisée en parcelles perpendiculaires au St-Laurent, selon le fameux système du rang. Aujourd'hui, les vastes terrains agricoles produisent une abondance de **fraises**, de **framboises**, de **pommes**, d'**asperges** et de **pommes de terre**, sans parler d'un délicieux **sirop d'érable**, et l'**autocueillette** est une activité populaire sur l'île.

4

datant du Régime français. L'église d'origine fut modifiée en 1807 par l'adjonction de deux clochers latéraux. À l'**intérieur**, de style néoclassique (1821, Thomas Baillairgé), la nef descend en pente douce jusqu'au baldaquin et à l'autel. La voûte sculptée représente un ciel étoilé. Le tabernacle (1749) de l'autel principal est l'œuvre de la famille Levasseur, tandis que ceux des autels latéraux sont attribués à Pierre Florent Baillairgé, frère de François. À droite de la nef, une peinture représentant la Sainte Famille est attribuée au frère Luc, peintre récollet ayant séjourné en Nouvelle-France vers 1670.

Maison de nos Aïeux – Centre d'histoire de l'île d'Orléans – *2485 chemin Royal - ☏ 418 829 0330 - fondationfrancoislamy.com/fr - de fin juin à déb. sept. : 10h-17h ; de déb. sept. à déb. déc. et de déb. fév. à fin juin : sam.-jeu. 10h-17h - fermé de déb. déc. à déb. fév. - 5 $; billet combiné Maison Drouin + Maison de nos Aïeux 10 $.* L'ancien presbytère accueille une exposition dédiée à la vie et à l'histoire des quelque 300 familles souche qui défrichèrent les terres de l'île d'Orléans ainsi qu'un centre de généalogie.

Maison Drouin – *À 3 km après la sortie du bourg, 2958 chemin Royal - ☏ 418 829 0330 - fondationfrancoislamy.com/fr - de mi-juin à déb. sept. : 10h-17h ; de mi-oct. à déb. déc. et de déb. fév. à mi-juin : sam.-jeu. 10h-16h - fermé de déb. déc. à déb. fév. - 6 $; billet combiné Maison Drouin + Maison de nos Aïeux 10 $.* Bâtie en 1730 et agrandie en 1734, cette maison rurale d'inspiration française compte parmi les plus vieux édifices de l'île. L'exposition permanente fait découvrir au visiteur la vie domestique des occupants qui s'y sont succédé de 1730 à 1984 à l'aide d'une tablette interactive et d'objets bien réels propres à la vie des îliens.

Saint-Pierre-de-l'Île-d'Orléans HORS PLAN

Cette paroisse est dotée de deux églises. Lorsqu'en 1955, les paroissiens entreprirent de construire une nouvelle église, le gouvernement acquit l'ancienne, érigée entre 1715 et 1719, de manière à en empêcher la démolition.

★ **Ancienne église** – *1437 chemin Royal.* Endommagée lors de la Conquête, l'église fut restaurée puis agrandie en 1775, lorsque le prêtre de la paroisse devint évêque auxiliaire de Québec. Elle fut à nouveau modifiée dans les années 1830 par Thomas Baillairgé. L'intérieur contient trois autels réalisés par Pierre Émond en 1795, et une lampe de sanctuaire sculptée en bois. Notez aussi les bancs à portes, dont l'usage fut introduit au Québec par les groupes protestants et, à l'avant et à l'arrière de l'église, les fours à bois, avec leurs tuyaux métalliques servant au chauffage de la nef.

Espace Félix-Leclerc – *1214 chemin Royal - ☏ 418 828 1682 - felixleclerc.com - de fin juin à mi-oct. : 9h30-17h - 8 $.* Il abrite une exposition permanente sur la vie et l'œuvre de ce talentueux poète, auteur de la chanson « Le tour de l'île », qui repose dans le cimetière à la sortie du village.

Carnet pratique

S'informer

Office du tourisme de Québec – *12 r. Ste-Anne, en face du château Frontenac - ℘ 514 873 2015, 1 877 266 5687 ou 0 800 90 7777 (gratuit depuis la France) - www.bonjourquebec.com et www.quebec-cite.com.* Comptoir de renseignements, bureau de change, visite guidée, réservation d'hébergement, librairie, etc.

Arriver/Partir

En avion

Aéroport Jean-Lesage – *p. 636.* À 25mn du centre-ville en taxi *(à partir de 41,40 $).*

En train

VIA Rail Canada – *450 r. de la Gare-du-Palais - ℘ 1 888 842 7245 (rens. horaires et réserv.) - www.viarail.ca.* Liaisons avec Montréal en 3h-3h30 environ.

En autocar

Gare routière et ferroviaire du Palais – *320 r. Abraham-Martin - ℘ 418 525 3000.*

Gare routière et ferroviaire de Ste-Foy – *3001 chemin des Quatre-Bourgeois - ℘ 418 650 0087.*

Orléans Express – *1 833 449 6444/450 640 1477 - www.orleansexpress.com.* Relie quotidiennement Québec aux principales villes de la province, dont Montréal.

Intercar – *℘ 418 547 2167 - www.intercar.ca.* Dessert le Saguenay–Lac-St-Jean et la Côte-Nord.

Se garer

Les rues historiques sont étroites et très fréquentées en été. Garez-vous au plus vite sur l'un des nombreux parkings du Vieux-Port ou de la Colline parlementaire, voire dans le Vieux-Québec même, si la circulation ne vous décourage pas…

Se déplacer

En bus

RTC – *℘ 418 627 2511 - www.rtcquebec.ca.* Le service de bus est généralement assuré de 5h30 à 1h. Les tickets, vendus par deux *(3,40 $ le ticket)* ou sous forme de forfait *(laissez-passer 1 jour 9,25 $)*, s'achètent chez les buralistes et marchands de journaux ou à bord du bus *(3,75 $ en monnaie exacte).*

En taxi

Taxis Coop Québec – *℘ 418 525 5191.*

Taxis Coop Ste-Foy Sillery – *℘ 418 653 7777.*

Taxi Laurier – *℘ 418 651 2727.*

Les VTC constituent une autre bonne option pour se déplacer.

Agenda

Carnaval de Québec – *Fév. - 10 j. - carnaval.qc.ca.* Plus grand carnaval d'hiver au monde.

Salon international du livre – *Mi-avr. - www.silq.ca.* Rendez-vous incontournable des amateurs de livres et de BD francophones.

ComediHa ! Fest-Québec – *Juin - comediha.com.* Fête de la création humoristique.

Festival d'été de Québec – *10 j. en juil. - www.feq.ca.* Grand festival musical à la programmation éclectique, avec concerts en plein air et arts de rue.

Pow-Wow International – *Wendake - W.-end fin juin ou déb. juil. - tourismewendake.ca/pow-wow.* Danses et chants traditionnels des Premières Nations.

Fêtes de la Nouvelle-France – *Août - nouvellefrance.qc.ca.* Des reconstitutions historiques dans le Vieux-Québec font revivre l'ambiance d'antan.

Nos adresses

PLAN DE LA BASSE-VILLE P. 230-231 - PLAN DE LA HAUTE-VILLE P. 240-241.

Restauration

Basse-Ville

Premier prix

2 **Madame Phan** – PLAN BASSE-VILLE - *311 r. St-Paul - ✆ 418 692 3848 - fermé sam. midi, dim.-lun. - carte 18/24 $.* Il n'est pas simple de trouver un restaurant bon marché dans la Basse-Ville. Installé à deux pas de la gare, Madame Phan réussit cet alléchant pari. La carte fait la part belle à la cuisine asiatique : soupes pho, raviolis chinois, nouilles croustillantes aux crevettes… L'ensemble n'est certes pas bouleversant, mais demeure tout à fait honnête.

Budget moyen

4 **Le Café du Monde** – PLAN BASSE-VILLE - *84 r. Dalhousie - Terminal de croisière - ✆ 418 692 4455 - www.lecafedumonde.com - service continu - fermé lun.-mar. - menu 45 $, plats 23/46 $.* Ce fameux bistrot jouit d'une vue sur le port et le fleuve. Steak frites, boudin, hachis parmentier, magret de canard, poisson, homards, huîtres et moules figurent au menu. La cave compte plus de 2000 bouteilles du monde entier. Délicieux brunchs.

6 **Le Cochon Dingue** – PLAN BASSE-VILLE - *46 bd Champlain - ✆ 418 692 2013 - www.cochondingue.com - service continu - menu 35 $, plats 18/40 $.* L'un des bistrots les plus prisés du quartier. On y vient pour l'ambiance décontractée, le service et la cuisine variée et savoureuse : steak frites (la spécialité), côtes levées, moules en saison et d'excellents desserts.

8 **L'Échaudé** – PLAN BASSE-VILLE - *73 r. Sault-au-Matelot - ✆ 418 692 1299 - echaude.com - fermé à midi le w.-end - plats 23/59 $.* Ce restaurant sert toute une variété de plats (viandes, poissons, salades) toujours très bien apprêtés et fort joliment présentés, avec une passion pour le gibier aux accompagnements originaux. Délicieux brunchs le week-end.

13 **Le Clocher Penché** – PLAN HAUTE-VILLE - *203 r. St-Joseph Est - ✆ 418 640 0597 - clocherpenche.ca - fermé dim.-lun. et à midi - plats 20/42 $.* Si le clocher d'en face penche bel et bien, en revanche, rien n'est bancal dans ce restaurant de quartier installé dans une ancienne banque. Fameuse carte des vins, bières provenant de microbrasseries et plats mêlant avec raffinement saveurs sucrées et salées.

Haute-Ville

Premier prix

5 **Crêperie-Bistro Le Billig** – PLAN HAUTE-VILLE - *481 r. St-Jean - ✆ 418 524 8341 - service continu - crêpe classique ou spécialité 6,50/16 $, plats 17/26 $.* Cette sympathique crêperie a su créer ici un cocon chaleureux. On y réalise de délicieuses galettes de sarrasin dans la pure tradition bretonne. Parmi les spécialités : la provence, la croisillonne et surtout la cancalaise (pétoncles, poireaux, sauce hollandaise), qui s'accompagnent de cidre du Québec.

19 **Hobbit Bistro** – PLAN HAUTE-VILLE - *700 r. St-Jean - ✆ 418 647 2677 - lehobbit.com - service continu - plats 15/30 $.* Restaurant de quartier par excellence, ce lieu combine service souriant, convivialité et bonne chère dans un décor à la fois minéral et boisé. On vient ici pour les spécialités de grillades, mais aussi pour les sandwichs. Vins au verre. Bon rapport qualité-prix.

21 **Le Petit Coin Latin** – PLAN HAUTE-VILLE - *81/2 r.*

Ste-Ursule - ✆ 418 692 0700 - service continu - fermé lun.-merc. - plats env. 20/30 $. Bistrot sympathique, où l'on peut siroter un café, prendre un repas léger ou savourer un bon petit-déjeuner tout en lisant l'une des nombreuses revues laissées à la disposition des clients. L'endroit est idéal pour échapper à la cohue de la rue St-Jean, toute proche. Terrasse à l'arrière.

25 **Épicerie de la Rue Couillard** – PLAN HAUTE-VILLE - *27 r. Couillard - ✆ 418 692 3748 - service continu - moins de 20 $.* Cette fabuleuse sandwicherie dont la star incontestable est le Bardou (jambon, pepperoni et fromage) attire une clientèle plus locale que touristique. On y trouve de délicieux mets cuisinés maison à emporter, des produits du terroir, des fromages et même des pâtisseries.

Budget moyen

7 **Chez Temporel** – PLAN HAUTE-VILLE - *25 r. Couillard - ✆ 418 694 1813 - www.cheztemporel.com - carte 22/38 $.* L'atmosphère chaleureuse qui se dégage de ce restaurant à l'ancienne, ouvert depuis 1974, en fait un excellent point de chute été comme hiver. Le lieu a longtemps été le rendez-vous des artistes locaux avant de voir le visage du quartier changer, et avec lui, sa clientèle historique. Dans les assiettes, la soupe à l'oignon côtoie le tartare de canard et les pâtes à l'encre de seiche.

9 **Wong** – PLAN HAUTE-VILLE - *19 r. de Buade - ✆ 418 692 2409 - www.restaurantwong.com - fermé midi et lun.-mar. - carte 23/32 $.* Ouvert en 1960 par la famille Wong, ce restaurant perpétue la tradition qui l'a fait connaître : servir une cuisine chinoise pour un excellent rapport qualité-prix. Depuis 2014, le petit-fils du fondateur a repris les rênes et ajoute une note plus contemporaine au menu.

23 **Portofino** – PLAN HAUTE-VILLE - *54 r. Couillard - ✆ 418 692 8888 - portofino.ca - service continu - plats 20/43 $.* Ce bistrot italien où règne une agitation débordante affiche plus d'une vingtaine de variétés de pâtes maison et autant de pizzas cuites au feu de bois. Bon choix de vins italiens.

Buvette Scott – HORS PLAN - *821 r. Scott - ✆ 581 741 4464 - www.buvettescott.com - fermé midi et dim.-lun. - assiettes 11/32 $.* Ce restaurant de quartier compte une poignée de tables sur lesquelles on déguste de délicieuses et créatives petites assiettes à partager, où les produits locaux sont rois.

Pour se faire plaisir

3 **Aux Anciens Canadiens** – PLAN HAUTE-VILLE - *34 r. St-Louis - ✆ 418 692 1627 - auxancienscanadiens.qc.ca - service continu - plats 40/59 $, menus 40/101 $ bc.* Logée dans la maison Jacquet (*p. 239*), cette vénérable institution accueille depuis 1966 les amateurs de cuisine québécoise. Elle propose des plats traditionnels tels que la soupe aux pois, la tourtière du Lac-St-Jean et son mijoté de bison sauvage ou encore le Régal de Grand-mère (ragoût de boulettes, pâté à la viande, grillades de lard salé et fèves au lard...), mais aussi des mets plus contemporains et de délicieux desserts, comme la tarte au sirop d'érable ou au fudge...

15 **Le Continental** – PLAN HAUTE-VILLE - *26 r. St-Louis - ✆ 418 694 9995 - www.restaurantlecontinental.com - ouv. le soir - plats 44/84 $.* L'un des plus anciens restaurants de la ville vous accueille dans son élégante salle à manger habillée de lambris et de tentures bleu foncé. Vous apprécierez sans nul doute son fameux « service au guéridon » : ici, vos mets sont apprêtés devant vous et cuisinés sous vos yeux.

Pour profiter du joli spectacle d'une flambée au guéridon, pourquoi ne pas commander une entrecôte poivre noir et cognac ou peut-être des crevettes au whisky ? Service impeccable.

11 **Bistro Hortus** – PLAN HAUTE-VILLE - *1190 r. St-Jean - ☎ 418 692 5524 - www.hortus.ca - ouv. plats 26/56 $.* La philosophie de ce restaurant, dont le nom signifie « jardin » en latin ? Servir des plats à base de produits locaux, frais et de saison. Une partie des légumes provient même directement du toit, où un potager urbain a vu le jour. Quant au miel, que l'on peut déguster à l'entrée, il est issu de ruches installées sur l'île d'Orléans. Un régal et une belle expérience écoresponsable. Brunch les samedis et dimanches.

17 **BŌ Cuisine d'Asie** – PLAN HAUTE-VILLE - *954 r. St-Jean - ☎ 418 694 1199 - www.bocuisinedasie.com - ouv. le soir - fermé dim.* On vient ici autant pour les excellents cocktails des barmen que pour le menu d'inspiration asiatique qui invite au voyage et à la découverte. Des raviolis au mi-cuit de saumon mariné au miso et piments coréens parfaitement grillés, chaque plat est délicieux et sans fausse note.

Une folie

27 **Le Saint-Amour** – PLAN HAUTE-VILLE - *48 r. Ste-Ursule - ☎ 418 694 0667 - www.saint-amour.com - ouv. le soir - fermé dim.-mar. - plats 56/72 $ - menu 155 $.* L'élégance décontractée de cet établissement gastronomique reconnu se prête à merveille à une cuisine raffinée revisitée : foie gras de canard du Québec, gigue de cerf, espadon écoresponsable de la Nouvelle-Écosse... Le menu découverte permet d'apprécier tout le savoir-faire du chef Jean-Luc Boulay. Très belle carte des vins.

Colline parlementaire

Budget moyen

1 **Bistro-Bar tournant Ciel !** – PLAN HAUTE-VILLE - *1225 cours du Gén.-de-Montcalm - au sommet de l'hôtel Le Concorde Québec - ☎ 418 640 5802 - www.cielbistrobar.com - fermé midi sf w.-end - plats 33/48 $.* Le seul restaurant tournant de Québec est perché au 28e étage de l'hôtel Le Concorde Québec et offre une vue à 360° sur la ville. La rotation complète du restaurant s'effectue en 1h30 environ, ce qui laisse assez de temps aux clients pour savourer tranquillement leur repas tout en voyant défiler sous leurs yeux le St-Laurent, la vieille ville, l'île d'Orléans, la côte de Charlevoix...

31 **Le Quarante 7** – PLAN HAUTE-VILLE - *333 r. Jacques-Parizeau - ☎ 418 692 4747 - www.lequarante7.com - fermé lun. soir, mar. soir et dim. - plats 28/60 $, menu 85 $.* Ce restaurant situé à proximité du Grand Théâtre propose une cuisine éclectique composée de classiques du terroir québécois et de plats aux saveurs d'ailleurs. L'établissement fait également office de traiteur. Ses boîtes gourmandes *(115 $ pour 2 pers., 4 services)*, à emporter, sont délicieuses.

Pour se faire plaisir

33 **Le Parlementaire** – PLAN HAUTE-VILLE - *1150 r. Honoré-Mercier - ☎ 418 643 6640 - www.assnat.qc.ca - fermé le soir et le w.-end - menu 52 $, plats 28/47 $.* Offrez-vous un déjeuner raffiné dans la splendide salle à manger (1917) de l'hôtel du Parlement *(voir p. 258)*. Menu rendant hommage aux traditions des Premières Nations, ou plats faisant la part belle aux produits régionaux.

Grande Allée

Premier prix

Café Krieghoff – *1089 av. Cartier - ☎ 418 522 3711 - www.cafekrieghoff.qc.ca - service continu - plats*

19/25 $. Cette sympathique adresse accueille ses clients en terrasse ou dans de petites pièces au décor simple. On y sert de bons petits-déjeuners et une cuisine bistrot soignée : sandwich, croque-monsieur, hamburger du chef, bagels, feuilleté d'épinards ou confit de canard. Sept chambres modernes et confortables occupent les étages.

Budget moyen

Café Québecor – *Dans le parc des Champs-de-Bataille - ☏ 418 644 6780 - www.mnbaq.org - fermé lun. et le soir (sf merc.) - plats 24/33 $.* Logé dans le musée, ce restaurant propose une cuisine soignée. La lumière du jour entre à flots dans la vaste salle à manger, où d'immenses fenêtres offrent une magnifique vue sur les plaines d'Abraham. Aux beaux jours, l'agréable terrasse est littéralement prise d'assaut.

Le Graffiti – *1191 av. Cartier - ☏ 418 529 4949 - www.restaurantgraffiti.com - service continu - fermé sam. midi et dim. midi - plats 35/49 $.* Ce restaurant à l'entrée du marché couvert propose une cuisine italienne et française de grande qualité (médaillon de veau aux queues de homard, tarte au sucre et poire...), ainsi qu'une excellente carte des vins.

À Ste-Foy

Budget moyen

Le District Gourmet – *990 rte de l'Église - ☏ 418 425 0191 - ledistrictgourmet.ca - midi et soir - fermé dim.-lun. et sam. midi.* Cette halle gourmande dispose d'une douzaine de comptoirs et restaurants variés (cuisines asiatique, italienne, française, etc.) ainsi qu'un marché alimentaire.

À Wendake

Budget moyen

La Traite – *5 pl. de la Rencontre - ☏ 418 847 2012 - restaurantlatraite.ca - service continu - plats 25/69 $, menus 68/98 $.* L'hôtel-musée Premières Nations est doté d'un restaurant gastronomique réputé dont la table raffinée, fidèle à la tradition des Premières Nations, célèbre avec brio les fruits de la cueillette, de la pêche et de la chasse. Laissez-vous tenter par ses associations aussi délicieuses que surprenantes.

À St-Pierre (île d'Orléans)

Budget moyen

Les Ancêtres – *1101 chemin Royal - ☏ 418 828 2718 - www.lesancetres.ca - horaires variables, se rens. avant - plats 30/42 $ - 8 ch.* Venez déguster une honnête cuisine du terroir dans cette pittoresque maison tricentenaire. De la verrière de cette auberge-restaurant située à l'entrée de l'île d'Orléans, vous jouirez d'une vue imprenable sur le St-Laurent et la chute Montmorency (*p. 289*), de l'autre côté du pont. Au coucher du soleil, le spectacle est un véritable enchantement ! Quelques chambres intimistes vous permettront de faire étape dans ce lieu plein de charme.

Petite pause

Basse-Ville

Le Buffet de l'Antiquaire – *95 r. St-Paul - ☏ 418 692 2661 - lebuffetdelantiquaire.com - 6h-21h.* Situé non loin du musée de la Civilisation, ce petit restaurant de quartier à l'ambiance bon enfant propose une cuisine québécoise authentique. On y vient surtout aux heures des repas pour déguster de généreuses portions à prix doux, mais aussi aux heures creuses pour grignoter ou faire une pause sucrée.

Haute-Ville

Pâtisserie Chouquette – *778 r. St-Jean - ☏ 418 614 3500 - www.patisseriechouquette.myshopify.*

com - fermé lun.-mar. Certains habitants n'hésitent pas à clamer haut et fort que cette petite pâtisserie de quartier est la meilleure de la ville. Dès les premières bouchées, il faut avouer que la finesse des goûts et des textures est là et que l'on a plus qu'une envie : vite recommander ! Bon choix de viennoiseries.

Musette – *151 Grande Allée Est - ✆ 418 204 8356 - www.musettecc.ca.* Tout à la fois magasin de vélos haut de gamme et café branché, ce lieu baigné de lumière à deux pas du musée des Beaux-Arts et des Plaines d'Abraham est une excellente option pour boire un café et grignoter un sandwich ou pour se délecter d'une bière et d'une planche de fromages et de charcuterie à l'heure de l'apéro.

Boire un verre

Basse-Ville

La Barberie – *310 r. St-Roch - ✆ 418 522 4373 - www.labarberie.com - 12h-1h (dim. 23h).* À la lisière est du quartier, vous pourrez y déguster l'une des bières (dont une bio) que produit cette microbrasserie, ainsi que d'autres brassées dans la région. Jolie terrasse.

Taverne Belley – *249 r. St-Paul - ✆ 418 692 4595 - www.tavernebelley.com - 12h-3h, lun.-mar. 12h-2h.* Ouvert dans les années 1930, ce bar propose un bon choix de bières dans un décor évoquant le Québec de jadis.

Haute-Ville

Bar Ste-Angèle – *26 r. Ste-Angèle - Ste Angèle - ✆ 418 473 9044 - facebook.com/BarSainteAngele - 20h-3h.* Rien ne l'indique, sinon sa porte verte. L'endroit est minuscule, chaleureux, avec un air de repaire de conspirateurs. On y sert d'excellents cocktails, les bières sont bien choisies et ses concerts de jazz sont réputés.

Pub Saint-Alexandre – *1087 r. St-Jean - ✆ 418 694 0015 - www.pubstalexandre.com - 11h-0h.* L'adresse comblera les amateurs, avec ses 200 bières importées, servies dans une ambiance de pub anglais. Groupes jazz, blues et folk. Choix de plats : pâtes, saucisses, frites, etc.

Bar 1608 – *Château Frontenac, 1 r. des Carrières - ✆ 418 692 3861 - www.fairmont.fr/frontenac-quebec.* Pour s'offrir un bond dans le passé, rien de tel que de s'attabler dans l'élégant bar à cocktails du château Frontenac. Au coin du feu de cheminée ou face à la vue sur le St-Laurent, le temps semble suspendu.

Shopping

☺ Pour une séance shopping, direction le quartier Petit-Champlain, les rues St-Jean, St-Louis, St-Paul (antiquaires), Ste-Anne et Cartier, la côte de la Fabrique, la Grande Allée et la 3e Avenue. Dans le faubourg St-Roch, des boutiques branchées et un certain nombre de restaurants reprennent progressivement possession de la rue St-Joseph, redynamisant l'ensemble du quartier. Quant au faubourg St-Jean, on y trouve un mélange d'épiceries, de magasins de fournitures, de librairies et de boutiques d'artisans.

Quartier Saint-Jean

Maison Jean-Alfred Moisan – *695 r. St-Jean - ✆ 418 522 0685 - www.jamoisan.com.* Depuis 1871, « la plus vieille épicerie d'Amérique du Nord » fournit le faubourg St-Jean en fruits et légumes frais, pain, charcuterie et fromages italiens, français ou québécois. Son charme tient aussi à ses vieilles étagères et à ses comptoirs où trône de la confiserie importée d'Europe.

Île d'Orléans

Célèbre pour ses fraises, l'île voit fin juin-début juillet le bord de ses routes se couvrir d'**étals** proposant les fruits vendus au naturel ou préparés sous forme de confitures ou de tartes tout juste sorties du four. Certains exploitants vous proposent aussi de faire vous-même la **cueillette**.

Les Saveurs de l'isle d'Orléans – *3536 chemin Royal - St-François - 418 829 0450 - fermé w.-end de mi-oct. à avr.* Coulis, gelées, vinaigrettes... Toute une gamme de produits artisanaux sont ici proposés.

En soirée

Le faubourg St-Jean regorge de pubs et restaurants. Il vit à son rythme, et tard, si bien que beaucoup de Québécois s'y réfugient pour passer des soirées loin de la foule.

Dans les quartiers touristiques du Vieux-Québec et du Vieux-Port, les rues se vident très sagement passé l'heure du coucher..

Quartier Saint-Jean

Le Sacrilège – *447 r. St-Jean - 418 649 1985 - barlesacrilege.com - 12h-3h - soirées DJ.* Peut-être le plus convivial des bars de quartier où l'on se retrouve pour discuter autour d'une bière de microbrasserie, bien sûr.

La musique, les murs de brique et la petite terrasse ombragée ajoutent à la convivialité du lieu.

Activités

Sports d'hiver

Patinoire – *995 pl. d'Youville - 418 641 6256 - www.ville.quebec.qc.ca - de mi-nov. à mi-mars : 12h-22h, vend.-dim. 10h-22h - location patins 10 $.* Une patinoire s'installe sur la célèbre place du Vieux-Québec durant la saison hivernale.

Centre de glisse Myrand – *2150 av. Chapdelaine - Ste-Foy–Sillery– Cap-Rouge - 418 641 6746 - www.ville.quebec.qc.ca - de mi-janv. à mi-mars : vend. 16h30-20h25, sam. 9h30-20h45, dim. 9h30-17h15 - réserv. obligatoire.* Ce centre propose une patinoire (horaires spécifiques) ainsi que plusieurs pentes pour faire de la luge avec des chambres à air. Amusement garanti !

Hébergement

PLAN DE LA BASSE-VILLE P. 230-231 - PLAN DE LA HAUTE-VILLE P. 240-241.

Basse-Ville

Budget moyen

3 **Hôtel Belley** – PLAN HAUTE-VILLE - *249 r. St-Paul, pl. du Marché du Vieux-Port - 418 694 4414 - www.hotelbelley.com - - P payant - 8 ch. 104/175 $ - en sus.* Bénéficiant d'un emplacement de choix sur le Vieux-Port et du charme d'autrefois, avec ses murs en brique et ses poutres apparentes, cet hôtel propose des chambres au décor sobre au-dessus de la **Taverne Belley** (*p. 280*).

Une folie

4 **Hôtel Le Germain Québec** – PLAN BASSE-VILLE -*126 r. St-Pierre - 418 692 2224 - www.germainhotels.com/en/le-germain-hotel - - P payant - 60 ch. 316/518 $ - en sus.* Installé dans deux immeubles, dont un ancien édifice commercial de 1912, il bénéficie d'un bel emplacement au cœur du quartier du Vieux-Port. Le hall et le bar lounge affichent un style chic et tendance. Les chambres, percées de hautes fenêtres et pourvues d'une belle hauteur sous plafond, sont très lumineuses.

4

2 **Auberge St-Antoine** – PLAN BASSE-VILLE - *8 r. St-Antoine - 418 692 2211 - www.saint-antoine.com - - payant - 83 ch. 303/773 $ et 12 suites - 50 $.* Classé Relais et Châteaux, cet ancien entrepôt de 1822 doublé d'une maison de marchand du 18e s. s'est vu adjoindre un édifice moderne dans lequel se trouvent la plupart des chambres. Dans la partie ancienne, certaines ont conservé les murs de pierre originels et disposent d'une magnifique vue sur le St-Laurent. Le restaurant **Chez Muffy** sert une cuisine raffinée, à base de produits québécois, dont ceux de sa ferme maraîchère située sur l'île d'Orléans.

Haute-Ville

Premier prix

9 **Auberge internationale de Québec** – PLAN HAUTE-VILLE - *19 r. Ste-Ursule - 418 694 0755 - www.aubergeinternationalequebec.ca - - 277 lits - dortoirs de 4 à 12 lits à partir de 40 $/pers., ch. 129/225 $.* Cette auberge de jeunesse est installée à l'intérieur des remparts de la vieille ville. Elle dispose de chambres et de dortoirs pouvant loger jusqu'à 12 personnes, avec ou sans salle de bains. Chambres familiales avec salle de bains privée. Cuisine et cafétéria.

11 **Auberge St-Louis** – PLAN HAUTE-VILLE - *48 r. St-Louis - 418 692 2424 - payant - 27 ch. 82/201 $.* Cet hôtel de trois étages occupe deux maisons construites en 1830. Certaines chambres sont très exiguës, mais l'adresse est idéalement située à deux pas du château Frontenac, au cœur même du Vieux-Québec.

Budget moyen

16 **Au Petit Hôtel** – PLAN HAUTE-VILLE - *3 r. des Ursulines - 418 694 0965 - aupetithotel.ca - 15 ch. 113/220 $.* Deux bâtiments de quatre étages se faisant face abritent cet établissement. Absence d'ascenseur, mais confort correct et bon rapport qualité-prix.

Une folie

6 **Le Monastère des Augustines** – PLAN HAUTE-VILLE - *77 r. des Remparts - 1 844 694 1639 - www.monastere.ca - - 65 ch. 211/475 $.* Havre de paix et de mieux-être en plein cœur du Vieux-Québec, ce bâtiment séculaire est l'endroit idéal pour vous ressourcer. Logé dans l'ancien cloître entièrement restauré, vous opterez pour une cellule de religieuse, sobre et confortable, ou pour une chambre plus contemporaine. Yoga, méditation, Pilates et autres choix d'activités axées sur la santé globale sont proposés en supplément.

7 **Fairmont Le Château Frontenac** – PLAN HAUTE-VILLE - *1 r. des Carrières - 418 692 3861 - www.fairmont.com - - 610 ch. 438/1 300 $ - 50 $.* Ce symbole de la ville a accueilli d'illustres personnalités comme la reine Elizabeth II, Winston Churchill ou plus récemment Céline Dion. La taille, le confort et la vue des chambres varient selon le prix. L'hôtel est équipé d'une piscine avec une agréable terrasse, d'un centre de bien-être et d'une belle salle de sport. Le restaurant gastronomique **Champlain** confirme au fil des ans sa réputation d'excellence. Ceux et celles qui recherchent une option plus décontractée opteront pour le **bistrot Le Sam**.

13 **Hôtel du Vieux-Québec** – PLAN HAUTE-VILLE - *1190 r. St-Jean - 418 692 1850 - www.hvq.com - - payant - 45 ch. 267/490 $.* En plein Quartier latin, cet hôtel en brique vieux de plusieurs siècles a été soigneusement restauré et abrite des chambres rénovées. Certaines sont équipées d'un

canapé et d'une kitchenette. Au rez-de-chaussée, le **Bistro Hortus** sert une excellente cuisine à base de produits locaux *(p. 278)*.

15 **Manoir d'Auteuil** – PLAN HAUTE-VILLE - *49 r. d'Auteuil - 418 694 1173 et 1 866 662 6647 - www. manoirdauteuil.com* - P - *27 ch. 189/465 $ - 16 $.* Ce vénérable hôtel face aux remparts a été rénové avec goût, dans un style classique. Moquelle épaisse, mobilier ancien et lits à baldaquin... les chambres présentent un confort douillet. Les plus petites, sous les toits, sont d'un bon rapport qualité-prix.

1 **Le Capitole Hôtel** – PLAN HAUTE-VILLE - *972 r. St-Jean - 1 800 363 4040 - www.lecapitole.com - 108 ch. à partir de 245 $ - 23 $.* Agrémenté d'une aile moderne en 2019, ce très bel hôtel haut de gamme offre de superbes vues sur Québec. Outre son bar à cocktails, ses deux restaurants, dont **BŌ Cuisine d'Asie** *(p. 278)*, et sa piscine, le lieu abrite au rez-de-chaussée le mythique théâtre **Le Capitole** où des spectacles sont organisés tout au long de l'année.

Grande Allée

Pour se faire plaisir

17 **Relais Charles Alexandre** – PLAN HAUTE-VILLE - *91 Grande Allée Est - 418 523 1220 - www. relaischarlesalexandre.com* - P - *23 ch. 154/272 $.* Une maison très soignée, au chic classique indémodable, précédée d'une petite pelouse. Service professionnel et discret. Endroit au calme.

À Ste-Foy

Une folie

Le Bonne Entente – *3400 chemin Ste-Foy - 418 653 5221 - www. lebonneentente.com* - P *payant - 159 ch. 266/444 $.* Cet établissement allie les charmes d'une auberge de campagne aux avantages d'un hôtel moderne. Visitez le centre de remise en forme et le spa, puis installez-vous confortablement dans un fauteuil au coin du feu, dans un salon douillet où thé et petits-fours sont servis chaque après-midi.

À Wendake

Une folie

Hôtel-Musée Premières Nations – *5 pl. de la Rencontre - 418 847 2222 et 1 866 551 9222 - www. tourismewendake.ca* - P - *55 ch. 261/368 $ - en sus.* Inspiré de l'habitat traditionnel autochtone, cet hôtel de charme au design contemporain propose au visiteur une merveilleuse alliance de tradition et de modernité. Dominées par la pierre, le cuir et le bois, ses chambres, décorées avec goût, ont chacune une âme particulière. Elles donnent sur la rivière Akiawenrahk et les jardins thématiques qui entourent l'hôtel. La clientèle a libre accès au Musée huron-wendat *(p. 270)*.

À Ste-Famille (île d'Orléans)

Pour se faire plaisir

Au Toit Bleu – *2461 chemin Royale - 418 829 1078 - www. quebeciledorleans.com - 5 ch. 180 $.* Cette pittoresque maison en bois, typique de l'architecture locale, offre de son jardin une magnifique vue sur le St-Laurent. Vous êtes ici sur l'île d'Orléans, et vos nuits ne seront dérangées que par le souffle du vent. Vous apprécierez l'exotisme de la déco de la propriétaire, dont les murs sont recouverts de souvenirs de ses voyages autour du monde, mais vous aimerez encore plus son petit-déjeuner, ses confitures et ses jus de fruits faits maison.

Côte de Charlevoix, Port-au-Persil.
B. Gardel/hemis.fr

5

En aval de Québec, la rive gauche du St-Laurent

CARTE MICHELIN RÉGIONAL N° 760

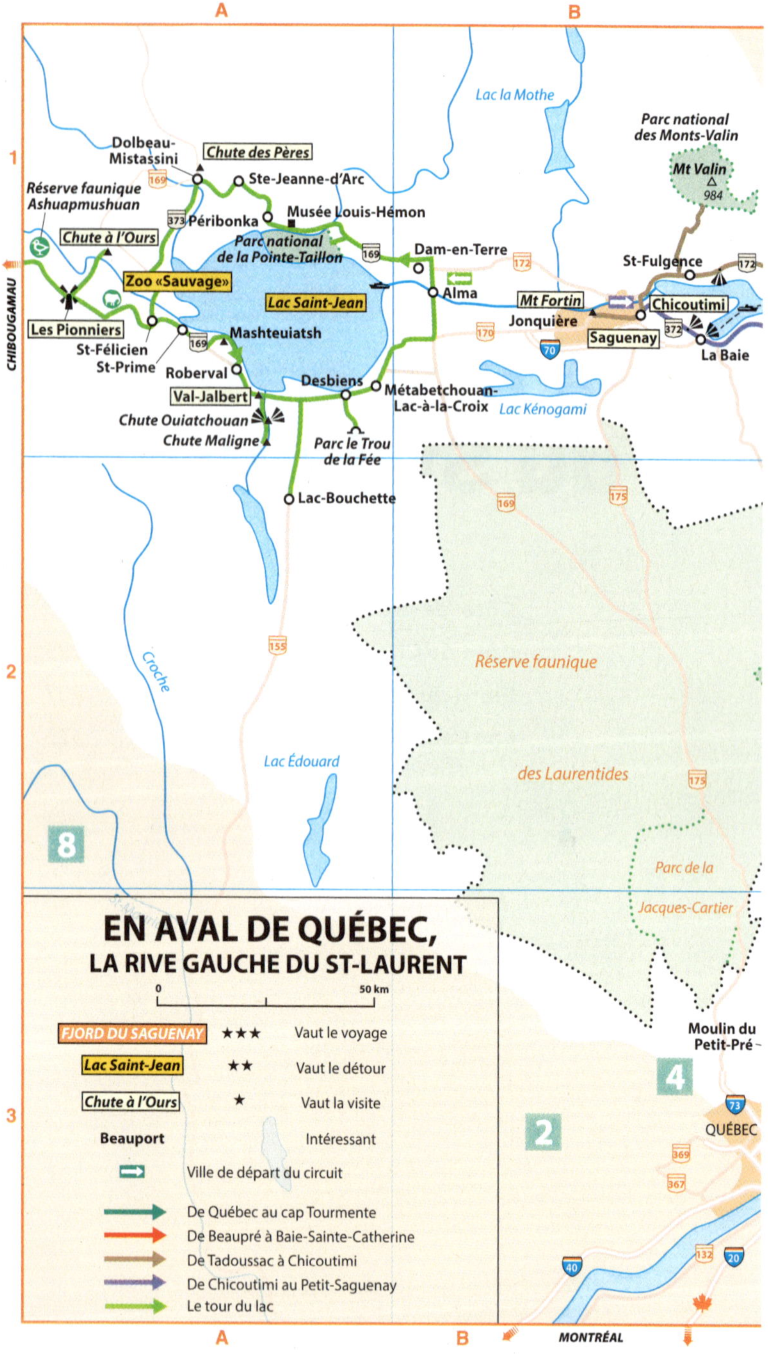

EN AVAL DE QUÉBEC,
LA RIVE GAUCHE DU ST-LAURENT
0
50 km
FJORD DU SAGUENAY ★★★ Vaut le voyage
Lac Saint-Jean ★★ Vaut le détour
Chute à l'Ours ★ Vaut la visite
Beauport Intéressant
Ville de départ du circuit
De Québec au cap Tourmente
De Beaupré à Baie-Sainte-Catherine
De Tadoussac à Chicoutimi
De Chicoutimi au Petit-Saguenay
Le tour du lac
A
B
1
2
3
CHIBOUGAMAU
MONTRÉAL
Lac la Mothe
Parc national
des Monts-Valin
Mt Valin
984
Dolbeau-
Mistassini
Chute des Pères
Ste-Jeanne-d'Arc
Réserve faunique
Ashuapmushuan
Péribonka
Musée Louis-Hémon
Chute à l'Ours
Parc national
de la Pointe-Taillon
Dam-en-Terre
St-Fulgence
Zoo «Sauvage»
Alma
Mt Fortin
Chicoutimi
Lac Saint-Jean
Jonquière
Saguenay
Les Pionniers
Mashteuiatsh
La Baie
St-Félicien
St-Prime
Roberval
Desbiens
Métabetchouan-
Lac-à-la-Croix
Lac Kénogami
Val-Jalbert
Chute Ouiatchouan
Chute Maligne
Parc le Trou
de la Fée
Lac-Bouchette
Croche
Réserve faunique
des Laurentides
Lac Édouard
Parc de la
Jacques-Cartier
Moulin du
Petit-Pré
QUÉBEC
8
4
2
169
373
172
170
70
372
175
155
73
369
367
40
132
20

C
D
BAIE-COMEAU
RIMOUSKI
EDMUNDSTON
ST-GEORGES
ST-GEORGES
1
2
3
QUÉBEC
7
ST-LAURENT
Ste-Rose-du-Nord
Parc national du Fjord-du-Saguenay
Cap Trinité
Baie Ste-Marguerite
L'Anse-de-Roche
FJORD DU SAGUENAY
L'Anse-St-Jean
Tadoussac
Croisières d'observation des baleines
Parc marin du Saguenay-St-Laurent
St-Félix-d'Otis
Rivière-Éternité
Petit-Saguenay
Baie-Ste-Catherine
Centre d'interprétation et d'observation de Pointe-Noire
QUÉBEC
Parc national des Hautes-Gorges-de-la-Rivière-Malbaie
Baie des Rochers
St-Siméon
Rivière-du-Loup
Port-au-Persil
Malbaie
Chutes Fraser
La Malbaie-Pointe-au-Pic
Mont-du-Lac-des-Cygnes
CÔTE DE CHARLEVOIX
St-Irénée
Parc national des Grands-Jardins
Les Éboulements
St-Joseph-de-la-Rive
6
Baie-Saint-Paul
Isle-aux-Coudres
St John
Petite-Rivière-St-François
U.S.A.
Station Mt-Sainte-Anne
Canyon Ste-Anne
Réserve nationale de faune du Cap-Tourmente
815
Sanctuaire Ste-Anne-de-Beaupré
Petit-Cap
St-Joachim
Château-Richer
Côte-de-Beaupré
Parc de la Chute-Montmorency
Manoir Montmorency
Beauport
3
N
20
138
132
172
170
185
381
362
360
369
204
283
277
73

Côte-de-Beaupré ★★

La Côte-de-Beaupré est une étroite bande de terre bordée au nord par les Laurentides et au sud par le majestueux St-Laurent. Elle s'étend d'ouest en est de la chute Montmorency jusqu'au massif du cap Tourmente. Visible tout au long de l'itinéraire, l'île d'Orléans se profile à l'horizon. À la vue des vertes étendues longeant le fleuve, Jacques Cartier se serait exclamé : « Quel beau pré ! », d'où l'origine du toponyme. Berceau de l'Amérique du Nord, cette région est célèbre pour ses petits bourgs où il fait bon vivre, et dont les maisons ancestrales datent du Régime français. Mais on la connaît aussi pour son sanctuaire de Ste-Anne-de-Beaupré, un haut lieu de pèlerinage et, dans une tout autre veine, pour sa station du Mont-Ste-Anne, qui propose, été comme hiver, une myriade d'activités de plein air à une petite demi-heure du Vieux-Québec.

Se repérer

CARTE C3 (P. 286-287).
De Québec, prenez la route 440 (qui devient la route 40), puis la route 138. Si vous avez le temps, notez qu'il est beaucoup plus intéressant de suivre la route 360, dite « avenue Royale », à partir de Beauport.

À ne pas manquer

En hiver, le spectacle féerique de la chute Montmorency transformée en glace, et qui s'illumine en fin de journée ; en automne, le spectacle non moins magique de centaines de milliers d'oies blanches venues faire une escale gourmande à Cap-Tourmente, sur leur route de migration.

Organiser son temps

Il faut compter une bonne journée pour apprécier la beauté naturelle et culturelle de ce joli « pays ».

En famille

La reconstitution d'une classe d'autrefois à Château-Richer.

Carnet pratique p. 294

Nos adresses p. 294

Circuit conseillé

CARTE P. 286-287

De Québec au cap Tourmente C3

Circuit de 48 km tracé en vert foncé sur la carte p. 286-287. De Québec, prenez la route 440 vers l'est jusqu'à la sortie 24, puis l'avenue d'Estimauville jusqu'à la route 360 (appelée « avenue Royale » jusqu'à Beaupré). Tournez à droite et continuez sur 3 km.

Beauport

Fondée en 1634, la plus ancienne localité de la Côte-de-Beaupré évoque par son nom une célèbre abbaye française des Côtes-d'Armor. Cette « banlieue » de Québec a conservé de nombreuses traces de son histoire dans son paysage urbain, comme l'attestent ses quelque 550 bâtiments patrimoniaux...

Un peu d'histoire

La seigneurie de Beaupré, qui s'étendait jadis de la rivière Montmorency jusqu'à Baie-St-Paul, fut l'une des plus importantes de la Nouvelle-France. En 1626, **Champlain** y établit sa première ferme *(p. 293)*, que les frères Kirke détruisirent lors de leur raid en 1628. Néanmoins, les colons commencèrent à peupler ce territoire fertile à partir des années 1630 et y fondèrent les premières paroisses rurales de la Nouvelle-France. De 1668 à 1680, l'évêque de Québec, **monseigneur de Laval**, en fut le seigneur. Cet évêque fut également responsable de la construction du **chemin du Roy** (devenu « avenue Royale ») de Québec à St-Joachim. À sa mort, la seigneurie resta la propriété du séminaire de Québec, et ce jusqu'à l'abolition de la tenure seigneuriale de la terre en 1854.
Signalée par des panneaux portant les armoiries de la Nouvelle-France, la **Route de la Nouvelle-France** *(cotedebeaupre.com/itineraires/la-route-de-la-nouvelle-france)* en relie tous les sites majeurs.

★ **Bourg du Fargy** – Cet impressionnant ensemble de bâtiments historiques se trouve au cœur de Beauport. Typique de l'architecture locale, la **maison Bellanger-Girardin** *(600 av. Royale)*, de forme allongée, résulte d'une construction en deux étapes distinctes (1722 et 1735), tandis que sa haute toiture se rapproche du profil classique des toitures à « grosse charpente » de la fin du 17e s. Le quartier comprend aussi des maisons de l'époque victorienne. On notera également le remarquable **couvent de Beauport** (1866 ; F.-X. Berlinguet), avec son toit à mansarde surmonté d'une gigantesque statue de la Vierge, et l'**église Notre-Dame-de-la-Nativité** (1849 ; Charles Baillairgé) ainsi que son **presbytère** en pierre de taille (1903). Deux fois victime d'un incendie, l'église possède ses murs d'origine, mais il lui manque ses deux hautes flèches.
Le chemin suit un escarpement qui surplombe le fleuve, avec des **vues** sur l'île d'Orléans. De belles maisons bordent la route.

★★ Parc de la Chute-Montmorency

5300 bd Ste-Anne - 418 663 3330 ou 1 844 522 4883 - www.sepaq.com/destinations/parc-chute-montmorency - - ouv. tte l'année - 7,57 $, téléphérique 14,95 $ - en haute saison, réserv. en ligne conseillée - consulter le site Internet pour connaître les périodes d'exploitation des différents services.
Activités estivales : tyrolienne double, via ferrata, randonnée. Activités hivernales : raquettes.
Avant de déboucher dans le St-Laurent, la rivière Montmorency subit une dénivellation de 83 m, soit une trentaine de mètres de plus que les chutes du Niagara. Samuel de Champlain baptisa cette rivière et sa chute en l'honneur de Charles, duc de Montmorency, vice-roi de la Nouvelle-France entre 1620 et 1625. En hiver, la gerbe d'embruns de la chute se cristallise et crée un énorme cône de glace, appelé « pain de sucre », qui atteint parfois plus de 30 m de hauteur. Avant la dernière période glaciaire, la chute Montmorency donnait directement dans le St-Laurent. Elle se trouve maintenant à 450 m en retrait et marque le bord du Bouclier canadien.
Promenade au bas de la chute – Ce circuit permet d'apprécier la majesté du site : une passerelle traverse la rivière et ménage un espace sur une grande estrade en bois où le visiteur peut s'asseoir et contempler la chute avant de reprendre son

5

chemin jusqu'à l'escalier panoramique. Du côté ouest, le sentier s'approche de la chute à travers un espace boisé et révèle un autre angle de vue.

Ascension en téléphérique – Depuis la gare *(billetterie, sandwicherie, boutique)*, au niveau du fleuve, vous pourrez rejoindre sans fatigue le plateau supérieur du site, sur lequel est perché le manoir Montmorency, tout en admirant à travers les parois de la cabine le paysage alentour et les eaux de la chute qui viennent se jeter dans celles du St-Laurent. Les visiteurs qui le souhaitent peuvent débuter leur découverte de la chute par le haut en laissant leur voiture sur le parking supérieur, à l'arrivée du télésiège.

Manoir Montmorency – Cette élégante villa, dont les terrasses surplombent la cataracte, fut construite en 1780 comme maison de campagne pour Frederick Haldimand, gouverneur général de l'Amérique du Nord britannique. Transformé au début du 20e s. en hôtel de luxe, l'édifice fut détruit par un incendie en mai 1993 et reconstruit selon son architecture d'origine. Il abrite aujourd'hui un restaurant ainsi qu'un **centre d'interprétation** *(temporairement fermé)*. Celui-ci, dédié au patrimoine historique, économique et humain du domaine de Montmorency, nous rappelle que le site des chutes accueillit tour à tour l'une des plus grandes scieries d'Amérique du Nord (1811), deux centrales hydroélectriques (l'une mise en service en 1884, l'autre en 1895), puis une filature de coton (1905). De ces deux siècles ou presque d'intense activité industrielle ne subsistent aujourd'hui que quelques traces.

Belvédère supérieur – Du manoir Montmorency, une promenade panoramique mène jusqu'au **pont suspendu**. Ce dernier enjambe la rivière et offre une **vue★★** spectaculaire sur ses eaux furieuses que vous sentirez gronder sous vos pieds, tandis qu'au loin se découpe la silhouette de l'île d'Orléans. Ici, le visiteur appréciera la hauteur et la formidable puissance de la chute d'eau. Un **second pont**, plus petit, passe ensuite au-dessus de la faille latérale et dévoile de belles perspectives sur les gratte-ciel de Québec et le château Frontenac en toile de fond. Un peu plus loin, remarquez les vestiges d'une **redoute**, construite par les troupes du général anglais Wolfe lors du siège de Québec en 1759. Les milices françaises, aidées de leurs alliés des Premières Nations, réussirent à la prendre d'assaut en utilisant les techniques de combat forestier développées par les autochtones.

Escalier panoramique – Ses 487 marches, accrochées à la falaise, vous permettront d'amorcer la descente (ou la montée pour les plus courageux !) du cap. Doté de plusieurs passerelles d'observation, l'escalier mène au pied de la chute en découvrant des **vues** sur le torrent déchaîné *(se munir de vêtements imperméables pour se protéger des embruns)*. Un immense tourbillon se forme à la base, dans une vaste chaudière creusée au cours des âges.

Revenez sur la route 360.

Les lignes à haute tension qui transportent l'électricité de la centrale de Manic-5PA *(p. 388)* à Montréal traversent ici le St-Laurent sur d'énormes pylônes. Passé ce point, la région devient plus rurale.

Château-Richer

Colonisé en 1640, ce village reçut son nom d'un prieuré de France. Du haut de la falaise qui surplombe le fleuve, l'église de la Visitation-de-Notre-Dame (1866) domine le village et offre une **vue** qui embrasse la côte jusqu'au cap Tourmente. Au nord de la ville, on aperçoit dans la falaise les lits de pierre d'une carrière. Aux 18e et 19e s., la pierre calcaire de Château-Richer était volontiers utilisée comme matériau

Chute Montmorency.
jnnault/Getty Images Plus

de construction à Québec. De forme régulière et d'un gris clair, elle supplanta le calcaire de Beauport, plus sombre, au début du 19ᵉ s.
Sur l'avenue Royale se dressent quelques **fours à pain**, à côté de maisons anciennes (certaines vieilles de près de 300 ans). L'un de ces fours fonctionne encore et on peut y acheter du pain frais.
Moulin du Petit-Pré – *7007 av. Royale.* Ce grand bâtiment de pierre de trois étages, situé à proximité de la rivière du Petit-Pré, fut le premier moulin industriel de Nouvelle-France. Le séminaire de Québec le fit construire en 1695 pour augmenter ses revenus. Détruit pendant la Conquête anglaise, l'édifice fut reconstruit en 1764 et fonctionna ensuite jusqu'en 1955.
Aux Trois Couvents – *7976 av. Royale - ✆ 418 824 3677 ou 1 877 824 3677 - auxtroiscouvents.org - juin -déb. sept. : 10h-16 : reste de l'année : jeu.-dim. 10h-16h - fermé janv.-fév. - 9 $.* Trois étages d'expositions permanentes et temporaires mettent ici en valeur plus de quatre cents ans d'histoire régionale. Vous découvrirez notamment la vie des anciennes congrégations religieuses de Château-Richer et la reconstitution d'une salle de classe au début du 20ᵉ s., ainsi qu'un court-métrage illustrant les magnifiques paysages de la Côte-de-Beaupré.
La route 360 rejoint le niveau du fleuve à l'approche de Ste-Anne.

★★ Sanctuaire Sainte-Anne-de-Beaupré

10018 av. Royale - ✆ 418 827 3781 - sanctuairesainteanne.org - ♿ - basilique Ste-Anne : 8h30-16h30, sam. 8h30-17h, dim. 7h30-17h30 ; chapelle de l'Immaculée-Conception : 8h30-16h - vérifier le site Internet pour plus de détails.
Ste-Anne-de-Beaupré rend hommage à la sainte patronne du Québec. Ce sanctuaire est un grand lieu de pèlerinage, fréquenté chaque année par plus d'un million

et demi de visiteurs. Le gigantesque édifice, d'inspiration médiévale, fut conçu par les architectes Maxime Roisin et Louis-Napoléon Audet. Reposant sur une charpente d'acier revêtue de granit, il présente un plan en forme de croix latine. Entre ses deux clochers veille une statue dorée de sainte Anne, qui échappa à l'incendie de 1922. Dans la nef centrale, la voûte en berceau est recouverte de **mosaïques** relatant la vie de la sainte. Une douce lumière filtre à travers 240 **vitraux** réalisés par l'artiste français Auguste Labouret et le maître verrier Pierre Chaudière. Dominant la tribune d'orgue, les verrières du transept et la rosace sont de toute beauté.

La **Chapelle commémorative**, construite en 1878 à l'emplacement de l'église de 1676, a conservé plusieurs éléments de l'ancien édifice, notamment son clocher à deux coupoles. À côté, **la Scala Santa**, érigée en 1891, contient une réplique de l'escalier que le Christ dut emprunter pour se rendre au palais de Ponce Pilate, avant sa condamnation à mort. L'original se trouverait à Rome, où il fut apporté vers l'an 325 par sainte Hélène, mère de l'empereur Constantin. Les pèlerins en gravissent les marches à genoux.

Dans la colline derrière la chapelle du St-Escalier se trouve un **chemin de croix** dont les stations furent coulées dans le bronze par des artisans français, entre 1913 et 1946.

Poursuivez sur la route 360 jusqu'à la station Mont-Ste-Anne.

★ Station Mont-Sainte-Anne

418 827 3121 - mont-sainte-anne.com - saison de ski : de déb. nov. à fin avr.

Ce magnifique espace naturel englobe à la fois le **mont Ste-Anne** (815 m), imposant massif accidenté s'élevant à proximité du St-Laurent, et une partie de la **vallée de la rivière Jean-Larose**. La station de ski de Mont-Ste-Anne bénéficie d'excellentes conditions d'enneigement et d'une infrastructure sportive développée.

★★ **Panorama** – *Accès au sommet par télécabine - - se rens. pour les horaires - AR 52/55 $.* Du sommet, la vue sur le St-Laurent est extraordinaire. Elle englobe, au sud, la Côte-de-Beaupré, reconnaissable aux tours jumelles de la basilique Ste-Anne, mais aussi Québec, l'île d'Orléans et la région Chaudière-Appalaches. À l'est de l'île d'Orléans, l'estuaire s'étend sur une largeur de 10 km. Au nord se détache la silhouette des Laurentides.

Chutes Jean-Larose – *De la station de ski, parcourez 700 m à l'est et prenez la piste balisée.* Avant de se jeter dans la rivière Ste-Anne, la rivière Jean-Larose se faufile à travers un étroit canyon, puis forme une cascade de 68 m de hauteur.

Un sentier pentu *(397 marches)* dévoile de jolies **vues** sur ces eaux déchaînées.

Revenez à Beaupré (4 km) et prenez l'avenue Royale en direction de St-Joachim. Tournez à droite dans la rue de l'Église.

Saint-Joachim

Ce village fut créé au lendemain de la Conquête. Juste avant d'assiéger la « vieille capitale », la flotte britannique avait réduit en cendres les villages en bordure du St-Laurent. Forts de cette expérience, les habitants de St-Joachim s'établirent plus à l'intérieur des terres. Aujourd'hui, ce bourg paisible est surtout connu pour son église, qui a inspiré de nombreux sanctuaires du Québec.

★ **Église Saint-Joachim de Montmorency** – *164 r. de l'Église - de mi-mai à mi-oct. : 9h-17h.* Cette petite église (1779), dédiée au père de la Vierge, remplace celle de 1685, rasée par les Anglais lors de la Conquête. L'édifice est célèbre pour son **intérieur★**, réalisé entre 1815 et 1825 par **François** et **Thomas Baillairgé**. Remarquez dans **le chœur** de beaux lambris rehaussés de bas-reliefs dorés. Deux grands

La ferme de Champlain

Outre la grande oie des neiges, qui en est l'incontestable vedette, la Réserve nationale de faune de Cap-Tourmente recèle d'autres trésors. En 2008, des fouilles archéologiques menées aux abords de la **Petite-Ferme**, siège administratif de la réserve, ont permis de mettre au jour deux vestiges de la ferme que **Champlain** avait fait construire ici en 1626 et qui fut incendiée par les frères Kirke en 1628 : un corps de logis, construit en colombage « bousillé », ainsi qu'une cave à légumes creusée à même le sol.

panneaux sculptés représentent la Foi et la Religion, tandis que quatre médaillons illustrent des scènes de la vie du Christ. Le tableau du maître-autel, intitulé *Saint Joachim et la Vierge* (1779), est l'une des rares œuvres connues de l'abbé Antoine Aide-Crequy.
Le **presbytère** est composé d'une petite partie ancienne (à l'est), érigée en 1766. L'imposant bâtiment ouest s'y ajouta en 1830, en même temps que les portails néoclassiques en bois sculpté.

Petit-Cap

Ici se dresse le **séminaire**, ensemble monumental unique du 18e s. L'édifice principal qui domine le St-Laurent est le **château Bellevue** *(501 ch. du Cap-Tourmente)*. Construit en 1779, il fut agrandi en 1875. À côté se trouvent la **chapelle** (1790) et la maison du gardien, structure de bois revêtue de crépi.

★ Réserve nationale de faune du Cap-Tourmente

570 ch. du Cap-Tourmente - ✆ 418 827 4591 (centre d'interprétation) - ✕ ♿ - www.canada.ca - de déb. avr. à fin oct. : 8h30-17h ; de déb. janv. à fin mars : 8h30-16h ; reste de l'année : lun.-vend. 8h30-16h - 6 $.

☺ Activités estivales : randonnée (20 km de sentiers à travers divers habitats), activités d'animation en nature, exposition et projections audiovisuelles au centre d'interprétation. Activités hivernales : 6 km de sentiers pédestres.
Au point de rencontre du fleuve, de la plaine, de la montagne et des marais côtiers, le cap Tourmente tire son nom des vents qui balayent la vallée à cet endroit. Créée en 1969, sa réserve abrite 45 espèces de mammifères, 700 espèces de plantes et 324 espèces d'oiseaux, dont 120 nicheuses et 29 en péril, comme le faucon pèlerin. Chaque année durant leur migration printanière et automnale, les fameuses **oies des neiges** envahissent par milliers ce promontoire massif surplombant le St-Laurent, réservant alors aux visiteurs un spectacle de toute beauté ! Les roseaux au bord du fleuve offrent un refuge aux oies sur leur chemin vers les terres de nidification estivale sur l'île de Baffin (dans l'Arctique) ou leur refuge hivernal sur les côtes de Virginie (aux États-Unis).
☺ Une visite au **centre d'interprétation** s'impose ! Elle vous permettra de découvrir les différents outils mis à votre disposition pour faciliter votre observation des oiseaux, des mammifères, reptiles et insectes en tout genre qui vivent dans la réserve. Ne manquez pas l'observatoire juché sur une falaise haute de 150 m, ni la tour d'observation, plus accessible, située dans la plaine.

Carnet pratique

S'informer

Bureau d'accueil touristique de la Côte-de-Beaupré – *5572 bd Ste-Anne, Boischatel - ✆ 418 822 3578 ou 1 877 611 6145 - cotedebeaupre.com.*

Québec ville et région – *www.quebec-cite.com.*

Nos adresses

Restauration

À Beaupré

Premier prix

Épicerie-Café Les Trois Becs – *10955 bd Ste-Anne - ✆ 418 827 4372 - www.lestroisbecs.ca - fermé lun.-mar. et le soir.* Le propriétaire de cette cantine gourmande, établie au pied du mont Ste-Anne, a recours aux meilleurs produits du terroir pour créer des plats dont les saveurs piqueront votre curiosité.

À Ste-Anne-de-Beaupré

Premier prix

Restaurant Le Montagnais – *9450 bd Ste-Anne - ✆ 418 827 3681 - www.restaurantmontagnais.com - service continu - fermé merc. soir - plats 15,50/26 $.* Restaurant familial par excellence, à proximité de la basilique. Les grands classiques de la cuisine de bistrot y sont servis : sandwichs et hamburgers, salades-repas, grillades, pizzas, poulet et côtes levées, spécialités de la mer.

Hébergement

À Boischatel

Budget moyen

Au Gîte de la Chute – *5143 av. Royale - ✆ 418 822 3789 - 4 ch. 117/165 $ ☕.* Idéalement situé dans la campagne, à un saut en voiture du Vieux-Québec et à quelques minutes à pied de la chute Montmorency, ce gîte convivial vous ravira par ses chambres confortables et son petit-déjeuner (pas de viande) dont le délicieux pain est fait maison par le propriétaire, boulanger.

À Beaupré

Pour se faire plaisir

La Camarine – *10947 bd Ste-Anne - ✆ 418 827 5703 - camarine.com - 31 ch. 142/237 $ - ✕.* Cet hôtel douillet surplombe le St-Laurent et se trouve à quelques minutes à pied de la basilique Ste-Anne-de-Beaupré. Les chambres, au décor champêtre soigné, sont confortables et invitent à la détente. Certaines disposent d'un balcon, d'une cheminée ou d'un bain à remous.

À Château-Richer

Pour se faire plaisir

Auberge Baker – *8790 av. Royale - ✆ 418 824 4478 - www.aubergebaker.com - 7 ch. dans l'auberge 149/167 $ ☕ et 3 ch. pour 6 pers. dans la « petite maison du village » - ✕.* Cette auberge de campagne dispose de chambres joliment meublées de mobilier ancien. Celles situées dans l'adorable « petite maison du village » (1776), face au fleuve et à l'île d'Orléans, ont été superbement rénovées tout en gardant leur cachet rustique. Les visiteurs pourront se détendre dans la pièce commune, autour de la cheminée en pierre de taille typique de la Côte-de-Beaupré.

Côte de Charlevoix

★★★

La côte de Charlevoix attire depuis longtemps écrivains, poètes et peintres, qui en ont immortalisé l'insaisissable beauté dans leurs œuvres. C'est à l'impact d'une météorite tombée il y a quelque 400 millions d'années que cette région si belle et si particulière doit le caractère extravagant de son paysage accidenté. Ici, les montagnes plongent directement dans les eaux du moyen estuaire du St-Laurent. À la fois rurale et sauvage, parsemée de villages pittoresques et de petites stations balnéaires, elle offre de remarquables vues sur la Côte-du-Sud et sur ce fleuve altier aux allures océanes... un bien curieux cours d'eau saumâtre bordé de « côtes » soumises à l'effet des marées. Sa présence immuable et silencieuse accompagnera une bonne partie de votre périple.

Se repérer

CARTE C1-3 (P. 286-287).

La côte de Charlevoix est accessible par les routes 40 et 138 au nord de Québec. La route 138 traverse la région qui commence à Petite-Rivière-St-François, à environ 80 km de Québec, et s'étend jusqu'au fjord du Saguenay. La route 362 (ou Route du fleuve) relie la communauté de Baie-St-Paul à celle de La Malbaie – Pointe-au-Pic et dessert les bourgades côtières.

À ne pas manquer

Le charme inimitable de l'Isle-aux-Coudres; les terrasses ensoleillées, les petites galeries d'art et les maisons centenaires de Baie-St-Paul; le spot d'observation terrestre des baleines de Pointe-Noire et sa vue sur l'estuaire du St-Laurent.

Organiser son temps

Il vous faudra bien trois jours pour découvrir la côte et l'arrière-pays de cette magnifique région.

En famille

Une balade en bateau-mouche dans les gorges de la Malbaie; observer les baleines de Pointe-Noire; le musée maritime de Charlevoix.

Carnet pratique p. 304

Nos adresses p. 305

Circuit conseillé

CARTE P. 286-287

De Beaupré à Baie-Sainte-Catherine C1-3

Circuit de 220 km tracé en rouge sur la carte p. 286-287. Quittez Beaupré par la route 138. Après 4 km, tournez à gauche et suivez les panneaux de signalisation.

★★ Canyon Sainte-Anne C3

206 rte 138 Est - St-Joachim - 418 827 4057 - canyonsa.qc.ca - fin juin-déb. sept. : 9h-18; déb. mai-fin juin et de déb. sept à mi-oct. : 9h-17h - 14 $; plusieurs forfaits, se rens.

Dans ce superbe cadre sauvage, où les roches sédimentaires marquant le début de la plaine du St-Laurent côtoient celles de gneiss granitique signalant la fin du Bouclier canadien, la rivière Ste-Anne-du-Nord dévale le long d'une étroite faille rocheuse en créant une impressionnante cataracte de 74 m de hauteur.
Des sentiers à travers bois, jalonnés de points d'observation, mènent à la rivière et à ses chutes dont deux **ponts suspendus** offrent de belles vues. Un troisième pont permet de se rendre au fond du petit canyon.
AirCanyon – *Réserv. sur canyonsa.qc.ca - 25 $.* Autre option pour la traversée du canyon : une chaise motorisée qui atteint 50 km/h !
Rejoignez la route 138, que vous suivrez sur environ 30 km, puis tournez à droite vers Petite-Rivière-St-François et continuez sur 10 km.

Petite-Rivière-Saint-François C2

La route descend en pente raide à travers la forêt vers ce petit village situé sur le St-Laurent, au pied d'un grand massif qui constitue un très beau domaine skiable.
Dans le village, tournez à gauche après l'église.
Une jetée offre une **vue★** dégagée sur les montagnes de Charlevoix, qui plongent dans le St-Laurent, et sur la grève parsemée de rochers.
Retournez vers la route 138 et continuez jusqu'à Baie-St-Paul.
L'itinéraire réserve de magnifiques **panoramas★★** sur la vallée du Gouffre, le St-Laurent et l'Isle-aux-Coudres, en descendant vers Baie-St-Paul.

★★ Baie-Saint-Paul C2

6 r. St-Jean-Baptiste - ✆ 418 665 4454 - destinationbaiestpaul.com.
Un service communautaire de **location de vélos** a été mis en place. Sept stations sont disséminées en ville *(www.baiecycle.org - ✆ 418 617 9715 - 25 $/j).*
Plantée dans un décor de rêve à la confluence de la rivière du Gouffre et du St-Laurent, cette petite ville a toujours inspiré les artistes, séduits par les montagnes et la lumière propre à la région de Charlevoix. Durant les années 1970, elle était fréquentée par des acrobates, des clowns, des jongleurs et des contorsionnistes qui allaient fonder le célèbre Cirque du Soleil. Aujourd'hui encore, Baie-St-Paul demeure un lieu de création artistique très actif, qui vit au rythme des expositions de ses nombreuses **galeries et centres d'art**.
Prenez le temps de parcourir les ruelles de ce village et d'admirer les ravissantes maisons anciennes qui bordent la **rue St-Jean-Baptiste**, pittoresque à souhait *(notamment les n°s 143-145)*. Profitez-en pour chiner dans les **magasins d'antiquités**. Dirigez-vous ensuite vers le quai, et embarquez le temps d'une promenade à bord d'un **kayak de mer** *(excursions guidées d'une demi-journée (80 $) ou journée*

Entre « mer » et montagne

La région de Charlevoix est parcourue par deux routes thématiques. La **Route du fleuve** *(rte 362)* domine le rivage nord du St-Laurent sur 58 km entre Baie-St-Paul et La Malbaie, alternant points de vue en hauteur sur le fleuve et incursions dans les baies au ras de l'eau. La **Route des montagnes** explore, quant à elle, l'arrière-pays montagneux de St-Urbain à St-Aimé-des-Lacs, et plus loin encore jusqu'aux Parcs nationaux des Grands-Jardins et des Hautes-Gorges-de-la-Rivière-Malbaie.
www.tourisme-charlevoix.com/fr/thematiques/routes-excursions-paysages

entière (140 $) - rens. : Katabatik, 210 r. Ste-Anne - ✆ 418 435 2066 - katabatik.ca). Près du quai s'étendent une plage et une forêt de pins avec des sentiers aménagés.

Carrefour culturel Paul-Médéric – *4 r. Ambroise-Fafard - ✆ 418 435 2540 - janv.-mai et de mi-oct. à déb. déc. : jeu.-dim. 10h-17h ; de juin à mi-oct. et de déb. à fin déc. : tlj sf lun. 10h-17h.* Cette galerie expose les œuvres d'artistes et artisans de la région de Charlevoix. Dans les ateliers de tissage et de tapisserie, ces derniers perpétuent les savoir-faire de l'art textile charlevoisien.

Du quai *(r. Ste-Anne)*, l'Isle-aux-Coudres paraît bloquer l'entrée de la baie.

★ **Musée d'Art contemporain de Baie-Saint-Paul** – *23 r. Ambroise-Fafard - ✆ 418 435 3681 - macbsp.com - de la 3e sem de juin. à fin août : 10h-17h ; reste de l'année : tlj sf lun. 11h-17h - 12 $.* Logé dans un ancien cinéma au cœur du quartier culturel de Baie-St-Paul, ce musée est consacré à toutes les formes d'art moderne et contemporain. Les deux volets de la collection permanente sont répartis dans une salle au sous-sol. Le premier évoque l'origine, l'histoire et l'héritage artistique de la région de Charlevoix depuis le 18e s. On admirera notamment le tableau de René Richard *Montagne et brûlés*, et une série de photos d'époque illustrant l'évolution des paysages de la région. Le second volet explore les formes d'art plus récent, de 1960 à nos jours, à travers des tableaux, des sculptures et une installation vidéo à 360° d'artistes québécois.

En quittant la ville par la route 362 Est, une halte routière offre une véritable **vue**★★ de carte postale de Baie-St-Paul, du St-Laurent et de la rive sud.

Peu après, le chemin Vieux-Quai descend vers la droite. Il mène au rivage que borde une voie ferrée, et permet une vue rapprochée de l'Isle-aux-Coudres.

Les Éboulements C2

Assis sur le rebord de la montagne, à plus de 300 m au-dessus du St-Laurent, ce village doit son nom à plusieurs glissements de terrain qui suivirent le violent tremblement de terre de 1663 : la moitié de la montagne s'affaissa dans le fleuve.

Moulin seigneurial – *Avant le carrefour vers St-Joseph-de-la-Rive - entrée à droite, juste avant la rivière du Moulin - 2042 rte du Fleuve - ✆ 418 362 1396 - www.hcq-chq.org - ✂ - de déb. juin à fin oct. . 9h-17h (reste de l'année : sur réserv.) - 5 $.* Ce moulin domine une chute d'une trentaine de mètres. Il fut bâti vers 1790 par le seigneur Jean-François Tremblay. Vous y verrez les mécanismes d'origine et observerez le travail du meunier en titre *(farine de blé ou de sarrasin en vente)*. À côté du moulin, l'ancien manoir des Sales-Laterrière témoigne de la vie quotidienne sous le régime seigneurial, aboli en 1854.

Quittez la route 362 à droite en direction de St-Joseph-de-la-Rive. Prudence : la descente vers le St-Laurent est très raide.

Saint-Joseph-de-la-Rive C2

Ce bourg blotti entre le St-Laurent et la montagne est le point de départ du traversier pour l'Isle-aux-Coudres, sur lequel il offre des vues pittoresques.

★ **Musée maritime de Charlevoix** – *305 r. de l'Église - ✆ 418 635 1131 - museemaritime.com - de mi-mai à mi-oct. : 9h30-17h30 ; reste de l'année : visite de groupe seult, sur réserv. - 17 $ - sentier de la forêt marine 8 $.* On construisait jadis ici les **goélettes** ou « voitures d'eau » qui naviguaient sur le St-Laurent et qui assurèrent, jusque vers la fin des années 1960, le ravitaillement, le commerce et le transport du bois sur la côte de Charlevoix et la Côte-Nord, mais aussi dans le Bas-St-Laurent et en Gaspésie. Remplacées par les cargos, leurs épaves jonchent désormais les battures de la région. Les collections de ce vaste musée, son exposition permanente,

5

son ancienne **scierie** et son **atelier de fabrication** rendent hommage à ce passé maritime révolu. À l'extérieur, vous pourrez monter à bord des derniers témoins du cabotage sur le St-Laurent : les **goélettes** *Jean-Yvan* (1958), *St-André* (1956), *Marie Clarisse* (1923) et *Feu-Follet* (1951), et le **remorqueur** *Félicia* (1923). Point le plus élevé du site, le belvédère situé au niveau du pavillon du Bas Saint-Laurent offre une belle vue sur les installations. Si vous êtes en famille, faites un détour par le **parc des navigateurs**, où des modules d'accrobranche à destination des enfants et une collection de sculptures géantes ont été installés.

Un sentier pédestre de 8 km AR *(niveau intermédiaire à difficile)*, accessible en toute saison, permet de se promener à travers la **forêt marine**. Celle-ci, créée en collaboration avec l'université Laval, donne aux visiteurs l'occasion de découvrir des espèces d'arbres telles que le pin blanc, le pin rouge, l'épinette, l'érable ou encore le bouleau jaune, nécessaires à la construction de goélettes selon les méthodes traditionnelles. Au gré du sentier, le visiteur emprunte des passerelles de bois et des ponts arqués, puis gravit des marches jusqu'à une chute, un barrage et un canyon.

Papeterie Saint-Gilles – *304 r. Félix-Antoine-Savard - ✆ 418 635 2430 ou 1 866 635 2430 - papeteriesaintgilles.com - de juin à sept. : 10h-15h ; reste de l'année : sur réserv. - 8 $.* Cette fabrique de papier traditionnelle, fondée dans les années 1960 et transformée en « économusée » du papier, invite les visiteurs à découvrir les techniques de production du papier héritées du 17e s.

★★ Isle-aux-Coudres C2

Accès par traversier : dép. de la gare fluviale de St-Joseph-de-la-Rive (750 chemin du Quai) - Société des traversiers du Québec - ✆ 1 877 787 7483 (horaires, tarifs, infos générales) - www.traversiers.com - ♿ - de la 3e sem. de juin à la 1re sem. de sept. : dép. de St-Joseph-de-la-Rive, lun.-vend. 6h30-23h30 ttes les h (ttes les 30mn de 10h30 à 18h), w.-end 7h30-23h30 ttes les h (ttes les 30mn de 9h30 à 18h) ; dép. de l'Isle-aux-Coudres, lun.-vend. 6h-23h ttes les h (ttes les 30mn de 10h30 à 18h), w.-end 7h-23h ttes les h (ttes les 30mn de 9h30 à 18h) ; consulter le site Internet pour les horaires le reste de l'année - traversée gratuite - durée : 20mn.

ℹ *1024 chemin des Coudriers - ✆ 418 760 1066 ou 1 800 438 2930 - tourisme isleauxcoudres.com.*

La côte de Charlevoix au nord de La Malbaie.
Instants/Getty Images Plus

Pour découvrir à votre rythme les curiosités naturelles et culturelles de l'Isle-aux-Coudres, téléchargez le circuit patrimonial sur tourismeisleauxcoudres.com.
Location de vélo sur l'île au Centre Vélo-Coudres (*2926 chemin des Coudriers - 418 438 2118 - velocoudres.com*).
Jetant l'ancre dans l'une de ses baies en 1535, **Jacques Cartier** la baptisa « isle es couldres » en raison des coudriers – ou noisetiers – qui y poussaient en abondance. Cette étendue de terre enchanteresse de 11 km de long sur 5 km de large, qui vit au rythme des marées et de la nature, a su préserver sa tranquillité et son charme rural. Le chant des oiseaux, l'air marin, la beauté des paysages et des couchers de soleil, la gentillesse des insulaires, tout concourt à en faire un lieu d'exception...
On peut en faire le **tour** en voiture ou à bicyclette *(26 km)*. Vestiges du passé, des goélettes échouées ici et là sur les battures sont visibles en plusieurs endroits. **Pointe-du-Bout-d'en-Bas**, à l'extrémité nord de l'île, offre une **vue★** pittoresque sur le village des Éboulements et son site verdoyant.

★ **Les Traverseux - Canot à glace Charlevoix** – *1922 chemin des Coudriers - 418 438 2208 - 8h-16h; nov.-avr. : vend.-dim. 8h-16h - 15/30 $.* L'ouverture de la route de la Côte-Nord dans les années 1960 sonna le glas de ces fameuses goélettes ou « voitures d'eau » (*ci-dessus*) auxquelles ce musée est dédié. Aménagé en 1973 par le capitaine Éloi Perron, il fait revivre le passé maritime du St-Laurent à travers une belle collection de pièces d'équipement nautique ayant servi sur les navires de l'époque. On visite le *Mont-St-Louis*, goélette construite en 1939 et qui servit pendant trente-cinq ans.

Église Saint-Louis – Dans cette église, construite en 1885-1886, admirez la décoration intérieure et l'autel sculpté par **Louis Jobin**. Les statues de Saint Louis et saint Flavien furent réalisées par **François Baillairgé** entre 1804 et 1810. Ces deux œuvres exceptionnelles témoignent du talent de l'artiste.

★ **Les moulins de l'Isle-aux-Coudres** – *36 chemin du Moulin - 418 760 1065 - lesmoulinsdelisleauxcoudres.com - de mi-mai à mi-oct. : 10h-17h (17h30 de fin juin à déb. sept.) - 12,18 $.* Un vieux **moulin à vent** (1836) tout en pierre subsiste à côté d'un **moulin à eau** (1825), près de la rivière Rouge. Construits respectivement par Thomas et Alexis Tremblay, les deux bâtiments fonctionnèrent jusqu'en 1948. Restaurés, ils permettent aujourd'hui de comparer deux mécanismes différents.

Transformée en centre d'interprétation, la **maison du meunier** propose une rétrospective historique des lieux. On pourra s'y procurer de la farine de blé moulue selon les techniques artisanales.
De retour à St-Joseph-de-la-Rive, reprenez la route 362 vers St-Irénée.
Cette corniche escarpée dévoile de belles échappées sur le fleuve. Empruntez la route de **Cap-aux-Oies** sur 1 km et arrêtez-vous au bas de la côte pour jouir d'une vue sur le cap et la rive sud. Reprenez la route 362 qui, dans une descente raide aux **vues** spectaculaires, rejoint le niveau du fleuve.

Saint-Irénée C2

Installée au confluent de la rivière Jean-Noël et du St-Laurent, St-Irénée se blottit dans une anse et sur les hauteurs qui dominent le fleuve. C'est le village natal de l'avocat et poète **Adolphe-Basile Routhier** (1839-1920), auteur des paroles françaises de l'hymne national canadien, *Ô Canada*.
Domaine Forget de Charlevoix – *5 rang St-Antoine - ✆ 418 452 8111 - www.domaineforget.com.* **Rodolphe Forget** (1861-1919), constructeur du chemin de fer qui suit la rive nord du St-Laurent, établit sa résidence d'été à St-Irénée. Cette propriété, consacrée à la diffusion des arts du spectacle, occupe un site privilégié face au majestueux fleuve, et organise de nombreux événements artistiques. Si le domaine est surtout connu pour sa salle de spectacle, il abrite un **jardin harmonique des Sculptures** *(en accès libre)* qui met en valeur près de 25 œuvres monumentales exposées entre terre et mer. Une carte du domaine est disponible à la billetterie et une application dédiée permet d'obtenir des informations sur chacune des œuvres *via* son smartphone.
La route mène aux villages qui entourent l'estuaire de la rivière Malbaie : La Malbaie – Pointe-au-Pic et Cap-à-l'Aigle.

★ La Malbaie – Pointe-au-Pic C2

ⓘ 495 bd de Comporté - ✆ 418 665 4454 ou 1 800 667 2276 - www.tourisme-charlevoix.com.
Rattachée à la communauté de Pointe-au-Pic, La Malbaie occupe un site magnifique sur la rive nord du St-Laurent, à l'embouchure de la rivière Malbaie : c'est là son principal attrait, et la raison d'une fréquentation très chic et mondaine depuis les années 1900. Vestiges de ce passé, de belles villas à découvrir, de beaux parcours de golf, et toujours une vue sublime sur la baie...
Fairmont Le Manoir Richelieu – *Accès par le chemin des Falaises à partir de la route 362 - 181 r. Richelieu - ✆ 418 665 3703 ou 1 866 540 4464 - www.fairmont.fr/richelieu-charlevoix.* À l'hospitalité prodiguée par deux officiers écossais, Malcolm Fraser et John Nairn, premiers à recevoir des visiteurs en villégiature dans leur manoir, succédèrent plusieurs établissements hôteliers. Le plus connu, le manoir Richelieu, est un grand édifice de style château normand, surplombant le St-Laurent, qui rappelle le château Frontenac à Québec.
À l'ombre du manoir, reconstruit en 1929 à la suite d'un incendie, se trouve un second bâtiment (1930) qui accueille depuis 1994 le **casino de Charlevoix**.
Villas de villégiature – La plupart de ces résidences estivales furent érigées entre 1880 et 1945 sur les deux promontoires qui encadrent La Malbaie. On reconnaît, dans les maisons revêtues de bardeaux de cèdre, l'influence du **style Domestic Revival** américain, très populaire en Nouvelle-Angleterre.
Venus pour chasser et pêcher dans cette région, les visiteurs appréciaient le cachet rustique des intérieurs conçus par un architecte local, **Jean-Charles**

Warren (1868-1929). Celui-ci érigea une soixantaine de ces grandes villas, premiers exemples du style dit « laurentien », caractérisé par l'emploi de matériaux locaux et une intégration harmonieuse au site. Orientées de façon à profiter du cadre naturel, ces villas offrent de magnifiques panoramas.

Le sentier des Planètes – *6 km AR - facile - 1h30 - dép. du parking de l'hôtel.* Ce sentier alterne entre marche dans les sous-bois et vues dégagées sur le fleuve, que l'on admire depuis des belvédères aménagés. Des panneaux donnent des explications sur les planètes et le système solaire, tandis que d'autres éclairent le marcheur sur la faune et la flore environnantes et sur l'histoire de Charlevoix et de sa région.

Musée de Charlevoix – *10 chemin du Havre - ✆ 418 665 4411 - www.museedecharlevoix.qc.ca - ♿ - de mi-mai à mi-oct. : 9h-17h, w.-end 10h-17h ; reste de l'année : mar.-vend. 10h-17h, w.-end 10h-16h - 11 $.* Consacré à l'art populaire de Charlevoix et à la mise en valeur du patrimoine historique et ethnologique de la région, ce musée présente des objets issus de sa collection permanente (soit environ 4 000 pièces) et propose des expositions temporaires sur des thèmes variés. De la rotonde, on découvre un impressionnant **panorama** sur les environs. La boutique propose des produits des arts et traditions du Québec.

Les jardins de Cap-à-l'Aigle – *625 r. St-Raphaël - ✆ 418 665 3747 - fermé déc.-avr. - gratuit.* Ce petit jardin est réputé pour ses nombreuses variétés de **lilas** qui fleurissent en juin. Si l'idée de faire pousser des lilas au bord du St-Laurent peut paraître saugrenue, elle témoigne de l'amitié tissée entre les habitants et un horticulteur allemand dans les années 2000. Séduit par l'idée de faire de ce coin du Québec « la capitale mondiale des lilas », l'homme a offert sa riche collection à la localité. Outre cet inestimable héritage floral, le lieu compte un court **sentier** qui longe un charmant ruisseau et conduit jusqu'à un belvédère aménagé. C'est l'endroit idéal pour s'offrir une pause en contemplant le fleuve. En remontant, ne manquez pas les trois cloches de l'ancienne église : la légende veut que celui ou celle qui les fait sonner obtient bonheur et félicité.

Chutes Fraser – *500 chemin de la Vallée, à environ 3 km au nord-ouest de La Malbaie - après le pont de la rivière Malbaie, prenez à gauche le chemin de la Vallée, continuez sur 1,5 km, puis tournez à droite en suivant les indications menant au camping - ✆ 418 665 2151 - www.campingchutesfraser.com - ⛺ ✕ - de mi-mai à mi-oct. : 8h-22h - 5 $ pour accéder au site.* Les chutes en escalier de la **rivière Comporté** forment une jolie cataracte de 30 m de hauteur. Endroit idéal pour faire un pique-nique dans un cadre enchanteur.

Revenez sur la route 138.

La route 138 continue vers St-Fidèle, d'où l'on peut apercevoir les îles de Kamouraska. Elle rejoint ensuite les rives du fleuve.

6 km après St-Fidèle, tournez à droite vers Port-au-Persil.

5

Port-au-Persil C2

Ce minuscule hameau, niché dans une anse du St-Laurent, est depuis longtemps un lieu de prédilection des artistes. À côté du vieux quai, une **église** anglicane (1897), posée sur les rochers, et une petite cascade viennent compléter ce tableau idyllique.

Saint-Siméon C2

ℹ *498 r. St-Laurent - ✆ 418 665 4454 ou 1 800 667 2276 - www.tourisme-charlevoix.com.*

Découvrir Charlevoix autrement

Le **Train de Charlevoix** circule sur 125 km d'anciennes voies ferrées de **Québec** *(au départ du parc de la Chute-Montmorency)* jusqu'à **La Malbaie – Pointe-au-Pic** via **Ste-Anne-de-Beaupré**, **Petite-Rivière-St-François** et **Baie-St-Paul**. Joignez l'utile à l'agréable et montez à bord de ce petit train pour un voyage au ras des eaux du fleuve. *Infos et réserv. : ✆ 418 240 4124 et 1 844 737 3282 - traindecharlevoix.com.*

Traversier – *✆ 418 638 2856 - www.traverserdl.com - en opération d'avr. à fin déc. - AS (env. 1h) : 22,20 $; AR (sans débarquer 3h) : 27,60 $.* Cette traversée relie l'ancienne communauté de bûcherons de St-Siméon à **Rivière-du-Loup** *(p. 348)*, sur la côte du Bas-St-Laurent. Ici, le fleuve fait une vingtaine de kilomètres de largeur. Avec un peu de chance, les passagers pourront apercevoir dans le secteur des bélugas, des pingouins et des guillemots.

Les Palissades de Charlevoix – *1000 rte 170, à 12 km de St-Siméon par la route 170 - ✆ 418 647 4422 - aventurex.net - de mi-mai à fin oct. : tlj; janv.-mars : vend.-lun. 8h-19h - fermé nov.-déc. - 10,06 CA$.* Ce magnifique site naturel est dominé par une immense muraille de granite *(largeur : 4 km, hauteur : 400 m)* au pied de laquelle repose un impressionnant pierrier. Le site se prête à la pratique de toutes sortes de sports d'aventure en montagne : escalade, via ferrata, descente en rappel et tyrolienne. Une quinzaine de kilomètres de sentiers de randonnée *(niveau facile à intermédiaire)* permettent par ailleurs aux visiteurs de découvrir la flore issue de ce microclimat très particulier.

La route 138 entre à l'intérieur des terres, traverse la forêt et longe plusieurs lacs.

Baie des Rochers C1

Un chemin non asphalté *(env. 3 km)* mène à cette baie désertée dont ne subsiste que le vieux quai. L'île à l'entrée de la baie est accessible à marée basse.

Rejoignez la route 138.

Le St-Laurent réapparaît près de Baie-Ste-Catherine.

★ Baie-Sainte-Catherine C1

ℹ 308 r. Leclerc - ✆ 418 665 4454 - www.tourisme-charlevoix.com.

C'est à la pointe sud de cette baie que **Samuel de Champlain** rencontra en 1609 le chef innu **Sagamo**. De cette rencontre allait naître une alliance contre les Iroquois qui devait avoir de graves conséquences pour la Nouvelle-France. Les premiers colons arrivèrent à Baie-Ste-Catherine vers 1820 et produisirent longtemps du bois de sciage destiné à l'Europe. Aujourd'hui, l'économie de Baie-Ste-Catherine comme de Tadoussac, sur l'autre rive du Saguenay, repose largement sur l'observation des baleines. Le mois de juin, correspondant à l'arrivée massive des cétacés au large du fjord, y est le plus propice, suivi de septembre et octobre, plus calmes qu'au pic estival *(juil.-août)*.

★★ **Croisières d'observation des baleines** – *« Nos adresses » p. 323.* Elles vous permettront de partir à la rencontre des cétacés du St-Laurent et de peut-être rencontrer la légendaire baleine bleue…

Traversier pour Tadoussac – *Gare fluviale de Baie-Ste-Catherine au 119 rte 138 - ✆ 418 235 4395 ou 1 877 787 7483 (option 3) - www.traversiers.com - ♿ - horaires, voir le calendrier sur le site Internet - aller 10mn - gratuit.*

L'église de Port-au-Persil.
Pascale Gueret/Getty Images Plus

★ **Centre d'interprétation et d'observation de Pointe-Noire** – *Sur la route 138, peu avant la descente vers le Saguenay - 418 237 4383 - parcmarin.qc.ca - ♿ - de mi-juin à déb. sept. : 10h-17h ; de déb. sept. à mi-oct. : vend.-dim. 10h-17h - 6,50 $.*
Situé à la rencontre des eaux de l'estuaire du St-Laurent et du fjord du Saguenay, le promontoire de Pointe-Noire fait partie du « réseau découverte » du Parc marin du Saguenay–St-Laurent (*« Deux parcs pour un fjord » p. 313*). Il constitue un excellent spot d'observation terrestre des bélugas et autres baleines, attirées ici par la confluence de plusieurs sources. Le centre, qui occupe le bâtiment de l'ancienne **station de feux d'alignement**, propose toutes sortes d'activités d'interprétation relatives à ce milieu marin. Empruntez son **sentier panoramique**, doté d'un belvédère équipé de télescopes.

À proximité

CARTE P. 286-287

Parc national des Grands-Jardins C2

À 32 km au nord-ouest de Baie-St-Paul. Centre de services Mont-du-Lac-des-Cygnes situé sur la route 381 (au km 21), en passant par St-Urbain ou Saguenay via la route 138 ou 170.
Centre de découverte et de services Arthabaska situé sur la route 381 (au km 31), via la route 138 ou 170, puis prendre la route 60 sur 9 km et tourner à gauche - 418 439 1227 - www.sepaq.com/pq/grj - ♿ ⛺ - ouv. tte l'année - 9,55 $ - consulter le site Internet pour connaître les périodes d'ouverture des centres de services du Mont-du-Lac-des-Cygnes et d'Arthabaska.
Activités estivales : pêche-camping, pêche, canot, kayak, rabaska, via ferrata, randonnée pédestre, observation animalière (ours noir, orignal, loup gris, renard roux, porc-épic, plongeon huard, lynx, tétras du Canada). Activités hivernales : pêche blanche, raquettes, ski nordique.
Classé réserve mondiale de la biosphère par l'Unesco, ce vaste territoire nous plonge dans l'atmosphère des régions nordiques et de la **taïga subarctique**.

Sentier du Mont-du-Lac-des-Cygnes – *8,6 km AR - 4h - difficile - dép. du centre de services Mont-du-Lac-des-Cygnes.* Ce sentier de randonnée offre un point de vue sur l'astroblème de Charlevoix (981 m) et le massif laurentien.

Sentier Le Boréal – *3,4 km AR - 1h30 - facile - dép. du centre de découverte et de services Arthabaska.* Cette randonnée traverse l'une des plus vieilles forêts boréales du parc.

★ Parc national des Hautes-Gorges-de-la-Rivière-Malbaie C1-2

À 52 km au nord-ouest de La Malbaie. Prenez la route 138 et tournez à droite en direction de St-Aimé-des-Lacs, puis poursuivez sur 27 km.

418 439 1227 - www.sepaq.com/pq/hgo - ouv. tte l'année - 9,55 $ - consulter le site Internet pour connaître les périodes d'ouverture des centres de services Félix-Antoine-Savard et du Draveur.

Activités estivales : randonnée pédestre, croisière-découverte en bateau-mouche, canot, kayak, pêche, vélo, rabaska, observation animalière (oiseaux pêcheurs, ours noir, castor, lynx, orignal). Activité hivernale : escalade sur glace. Vous êtes ici dans l'une des aires centrales de la réserve mondiale de la biosphère de Charlevoix. Ce magnifique parc doit son nom à la présence d'un réseau de vallées profondément découpées dans un écrin de hautes montagnes. L'importance des dénivellations, la beauté des paysages et le tracé particulier de la rivière Malbaie font de ce site un lieu exceptionnel.

Empruntez le **sentier des Rapides** *(7,6 km aller - 2h - intermédiaire - navette retour en saison)*, qui longe la rivière, ou celui de l'**Acropole-des-Draveurs** *(11,2 km - 5h - difficile)*, qui révèle une vue imprenable sur des montagnes à perte de vue.

Croisière-découverte en bateau-mouche – *418 439 1227 - www.sepaq.com/pq/hgo - de déb. avr. à mi-oct. - de 9h à 18h30 selon les jours (visitez le site Internet pour le détail des horaires et la réserv. en ligne) - AR 1h30 - arriver 1h avant le dép. de la croisière - 39,50 $.* Accompagné d'un garde-parc naturaliste, le capitaine du bateau-mouche *Le Menaud* vous fait découvrir la beauté des gorges de la Malbaie et l'histoire de la région, qu'on appelle ici le pays de Menaud, en raison du célèbre roman de l'écrivain Félix-Antoine Savard (1896-1982), *Menaud, maître-draveur*, qui décrit les gens de l'arrière-pays charlevoisien. Tentez une croisière au crépuscule, au moment où la faune s'active et où de subtils jeux de lumière illuminent merveilleusement les parois rocheuses...

Carnet pratique

S'informer

Tourisme Charlevoix – *495 bd de Comporté, La Malbaie - 418 665 4454 ou 1 800 667 2276 - www.tourisme-charlevoix.com.*

Agenda

Festival international du Domaine Forget – *St-Irénée - Entre mi-juin et mi-août - www.domaineforget.com.* Concerts et spectacles de musique classique, jazz et danse.

Nos adresses

Restauration

Aux Éboulements

Premier prix

Resto-Boutique La Table – *2593 rte du Fleuve - ✆ 418 635 1212 - service continu - fermé le soir - moins de 20 $.* Gage de fraîcheur, les menus varient ici en fonction des arrivages de produits locaux. Vous trouverez de quoi faire le plein de produits du terroir et remplir votre panier de sandwichs. Vous pourrez aussi tester sur place son succulent sandwich à l'agneau de Charlevoix ou encore son *grilled cheese* au fromage de la région...

À Baie-St-Paul

Budget moyen

Restaurant-Bistro Mouton Noir – *39 r. Ste-Anne - ✆ 418 240 3030 - www.moutonnoirresto.com - fermé dim.-lun. et le midi - plats 35/45 $.* Sa cuisine soignée, à base de produits du terroir, revisite les grands classiques avec une audace créative qui en fait sans conteste l'un des meilleurs restaurants de Charlevoix. Sa cocotte en croute d'épaule de porc bio accompagnée d'un soupçon d'érable et de coriandre a même été primée. Laissez-vous tenter !

La Batture – *7 r. Ste-Anne - www.labatture.com - ✆ 418 760 8281 - fermé le midi - plats 23/38 $.* Sitôt à l'intérieur, on sent qu'ici, on ne plaisante pas avec la cuisine. Les ingrédients sont bien travaillés, la présentation est soignée, le choix des plats est alléchant et le service est agréable. Sympathique terrasse avec vue sur la rivière à l'arrière du bâtiment.

À St-Irénée

Budget moyen

Le Sainti – *150 chemin des Bains - ✆ 418 452 9266 - www.lesainti.com - fermé midi et mar.-merc. - carte 27/44 $.* Foie gras de canard des environs, homard du St-Laurent, tartes aux pommes du verger : ce restaurant met à l'honneur les saveurs locales à travers une cuisine raffinée particulièrement réussie. En prime, jolie vue sur le fleuve en contrebas.

À La Malbaie

Premier prix

Pains d'exclamation – *398 r. St-Etienne - ✆ 418 665 4000 - facebook.com/PainsDexclamation - fermé le soir - plats 15/28 $.* Cette boulangerie artisanale est le lieu idéal pour prendre un petit-déjeuner ou pour déjeuner : grand choix de viennoiseries et pains, mais également des formules avec salades, potages et légendaires « pizzaguettes », à déguster sur place ou à emporter. La boulangerie travaille essentiellement avec des produits locaux et si possible bio. Vente de produits du terroir (épicerie, fromages...).

Budget moyen

Orchidées – *439 r. St Étienne - ✆ 418 665 1070 - fermé le midi - plats 22/48 $.* Rapport qualité-prix et bons produits sont au rendez-vous dans ce restaurant où les habitués se succèdent. Beau choix de tartes et de pâtisseries maison. Pour une ambiance plus décontractée, préférez le **Bistro Local 245**, tenu par les mêmes propriétaires.

Une folie

Bistro-Auberge Chez Truchon – *1065 r. Richelieu - ✆ 418 665 4622 - www.aubergecheztruchon.com - ouv. midi et soir - menu 89 $, plats 40/62 $ - 9 ch.* L'excellente table de cette auberge de charme au luxe discret vaut que vous y fassiez étape. Guedilles au homard, parmentier d'agneau, pintade des Volières Charlevoix sont au menu du chef, dont le talent s'exprime à travers un traitement subtil des produits locaux. Sélection judicieuse de vins.

Shopping

Cidrerie Pedneault – *74 r. St-Jean-Baptiste - ✆ 418 240 3666 - 10h-17h.* Fondée en 1918 par la famille du même nom, cette cidrerie est l'une des plus connues de la région. On y décline le cidre en mousseux, en vinaigre et en liqueur.

Activités

La Route des saveurs – *www.tourisme-charlevoix.com/fr/thematiques/agrotourisme.* Ce circuit agrotouristique, de Petite-Rivière-St-François à La Malbaie, met en avant les **produits du terroir** charlevoisien d'une quarantaine de **producteurs locaux** ainsi que les **restaurateurs** faisant appel à ces produits. Bonnes adresses pour vous procurer du cidre ou de la bière artisanale, des fromages…

Traversée de Charlevoix – *St-Urbain - www.traverseedecharlevoix.qc.ca - plusieurs sentiers et forfaits, se rens.* Charlevoix possède l'un des plus beaux sentiers de longue randonnée à l'est des Rocheuses. Ce circuit constitue un corridor aménagé entre le parc des Grands-Jardins et celui des Hautes-Gorges-de-la-Rivière-Malbaie. Vous aurez la possibilité de faire un raid à ski ou à pied de 105 km *(7 jours)* ou de 43 à 54 km *(3 à 4 jours)*, ou de courtes randonnées d'un jour à pied, à ski ou à raquettes, avec hébergement en chalet ou en refuge.

Hébergement

À Baie-St-Paul

Pour se faire plaisir

Maison Otis – *23 r. St-Jean-Baptiste - ✆ 418 435 2255 - www.maisonotis.com - P - 17 ch. à partir de 159 $.* Cette superbe demeure en pierre abrite des chambres qui jouent la carte d'une déco contemporaine dans un cadre ancien.

À St-Irénée

Pour se faire plaisir

Manoir Hortensia – *850 chemin des Bains (via route 362) - ✆ 418 452 8180 - www.manoirhortensia.com - P - 5 ch. 135/199 $* ☕. Un sans-faute pour ce gîte-auberge niché dans un endroit paisible à flanc de montagne, face au St-Laurent. Vous aimerez ses chambres spacieuses et impeccables, ses petits-déjeuners savoureux, ses vues grandioses du fleuve et, par-dessus tout, la gentillesse de ses hôtes attentionnés dont les conseils avisés sont des plus précieux.

À La Malbaie

Budget moyen

Auberge Fleurs de lune – *301 r. St-Raphaël - ✆ 418 665 1090 - www.fleursdelune.com - P - 9 ch. et 1 chalet 119/155 $* ☕. Tenue par un couple franco-suisse tombé amoureux de la région, cette sympathique auberge a tout pour plaire : une jolie terrasse en bois où prendre un verre, des chambres petites mais confortables dont certaines disposent de balcons, un salon cosy équipé d'une longue-vue pour observer la faune, et un savoureux (et copieux !) petit-déjeuner.

Pour se faire plaisir

Auberge La Châtelaine – *830 ch. des Falaises - ✆ 418 665 4064 - www.aubergelachatelaine.com - P - 7 ch. 131/237 $* ☕. Posée sur la colline de Pointe-au-Pic, cette villa bourgeoise, construite en 1892, a gagné en confort tout en conservant son cachet d'autrefois. Meubles et objets anciens savamment remis au goût du jour décorent ses chambres spacieuses et impeccablement tenues. Accueil chaleureux. Petit-déjeuner gastronomique fait maison, que l'on savoure sur la véranda face au fleuve en contrebas.

Fjord du Saguenay ★★★

En 1534, Jacques Cartier entendit parler des fabuleuses richesses du royaume du Saguenay. Richesses illusoires... jusqu'au 19e s., où l'exploitation hydroélectrique généra enfin des revenus bien réels. Si, avec ses nombreuses centrales, papeteries et usines d'aluminium, le Haut-Saguenay est aujourd'hui très industrialisé, le Bas-Saguenay, lui, a conservé son caractère sauvage, à explorer au fil de l'eau ou en partant à la découverte de ses villages cachés. Les rives splendides du fjord, l'un des plus longs du monde, ses falaises vertigineuses et ses riches fonds marins sont à découvrir dans les deux parcs qui lui sont dédiés : le Parc national du Fjord-du-Saguenay et le parc marin du Saguenay-St-Laurent.

Se repérer

CARTES DE RÉGION BC1 (P. 286-287) ET CARTE DU FJORD DE SAGUENAY (P. 314-315).

Le fjord du Saguenay est accessible à partir de Québec par la route 175 jusqu'à Chicoutimi (212 km) ou par la route 138 jusqu'à Tadoussac (216 km). La 172 longe la rive nord du fjord ; la 170, sa rive sud.

À ne pas manquer

L'ascension jusqu'à la statue de Notre-Dame-du-Saguenay, qui surplombe le fjord ; le merveilleux ballet des phoques et des baleines dans les eaux riches en krill du fjord.

Organiser son temps

Comptez une journée pour découvrir la rive nord du fjord en voiture, une autre pour la rive sud, environ trois heures pour une croisière d'observation des baleines, et de deux heures à une journée pour une croisière sur le fjord.

En famille

Une croisière dans le fjord de Saguenay et une visite du Centre d'interprétation des mammifères marins ; les sentiers de randonnée de Tadoussac ; le musée du Fjord à la Baie ; la passe migratoire à saumons de la Rivière-à-Mars.

Carnet pratique p. 320

Nos adresses p. 321

5

Découvrir le fjord du Saguenay

CARTES P. 286-287 ET P. 314-315

De Tadoussac à Chicoutimi BC1

Circuit de 125 km tracé en marron sur la carte p. 286-287 et la carte Fjord du Saguenay p. 314-315.

Cet itinéraire suit la **Route du fjord**, côté **rive nord** *(rte 172).*

★★ Tadoussac C1

197 r. des Pionniers - 418 235 4744 ou 1 866 235 4744 - tadoussac.com.
Porte d'entrée de la Côte-Nord (*p. 382*), la petite ville de Tadoussac est devenue la capitale québécoise de l'**observation des baleines**. Les visiteurs viennent de plus en plus nombreux admirer les mammifères marins qui fréquentent pendant quelques mois l'embouchure du Saguenay, riche en plancton, et les croisières « baleines garanties » se multiplient, au risque de déranger ces géants des mers. Mais Tadoussac a bien d'autres attraits. Elle occupe un merveilleux site de dunes et de falaises, au confluent du fjord du Saguenay et du St-Laurent, au bord d'une baie que l'on considère ici comme l'une des plus belles du monde. Son nom vient de l'innu *tatoushak* (monticules), qui évoque les deux vallons boisés et rocheux entourant l'ouest du village.

Chapelle de Tadoussac – *R. du Bord-de-l'Eau - 418 235 4324 - www.chapelletadoussac.com - - de mi-juin à mi-oct. : tlj 9h-18h (horaires variables) ; hors saison sur réserv. - gratuit (don bienvenu).* Entourée d'un petit cimetière, la plus vieille chapelle de bois du Canada fut érigée en 1747-1750 par le missionnaire jésuite Claude-Godefroy Cocquart. Elle renferme une belle collection d'objets religieux ainsi qu'une exposition permettant de découvrir la vie missionnaire aux débuts de la colonie. Une curieuse **sacristie** en bois est adossée au chœur.

Une promenade aménagée au bord du fleuve relie la chapelle à la marina en passant par le poste de traite Chauvin. Elle est dominée par l'hôtel Tadoussac (*« Nos adresses » p. 323*) que l'on reconnaît à son emblématique toit rouge.

Poste de traite Chauvin – *157 r. du Bord-de-l'Eau - 418 235 4657 - - déb. juin-fin oct. : 10h-19h - 6 $.* Cette structure en billes équarries, coiffée d'un toit pentu, est une reconstitution du poste de traite érigé par Pierre Chauvin de Tonnetuit en 1600. Son exposition permanente retrace l'histoire d'une ville-carrefour où se sont mélangées les cultures de nombreux peuples, et aborde l'évolution du commerce de la pelleterie entre Innus et Français.

★★ Parc national du Fjord-du-Saguenay (secteur Baie-de-Tadoussac) – *418 272 1556 ou 1 800 665 6527 - www.sepaq.com/pq/sag - - ouv. tte*

D'hier à aujourd'hui

Bien avant que **Jacques Cartier** n'y jette l'ancre en 1535, Tadoussac était déjà un lieu d'échanges. En 1600, Pierre Chauvin y érigea le premier poste de traite de fourrures du Canada. Peu après, les **Jésuites** y établirent une mission. En 1603, dès son premier voyage, **Champlain** s'arrêta à Tadoussac, qui devint un port de relâche fréquenté par tous les vaisseaux venus d'outre-Atlantique. Prise en 1628 par les **frères Kirke**, aventuriers britanniques, Tadoussac retourna bientôt aux mains des Français et fut un comptoir de fourrures jusqu'en 1839. Au 19e s., une population permanente s'y établit, et un moulin à scie y fut construit. L'avènement du **bateau à vapeur**, en 1853, allait favoriser le développement du tourisme dans la région. En 1866, la Tadoussac Hotel and Sea Beathing Co. construisit le premier **Grand Hôtel** au toit rouge qui devait faire sa réputation de lieu de villégiature. Pendant plus d'un siècle, Tadoussac fut l'un des hauts lieux du tourisme en Amérique du Nord. Depuis, cet engouement ne s'est pas démenti...

Fjord du Saguenay.
buzbuzzer/Getty Images Plus

l'année - 9,55 $ - *« Deux parcs pour un fjord » p. 313.* Le secteur Baie-de-Tadoussac du Parc national se prête à de sympathiques randonnées, courtes et longues, qui offrent des vues panoramiques sur Tadoussac et l'embouchure du fjord du Saguenay. En voici un minuscule échantillon. Au départ de la Maison des dunes *(750 ch. du Moulin-à-Baude)*, le **sentier de l'Estuaire** *(800 m AR)* vous mène à un mystérieux paysage de **dunes★** de sable doré. Ces curieuses terrasses marines sont le souvenir du passage du glacier qui créa le fjord il y a longtemps. En automne, les baleines regagnent leurs aires d'hivernage, mais vous vous consolerez en observant du haut du belvédère les oiseaux migrateurs faire leur show. Vous pourrez suivre en famille le **sentier de la Pointe-de-l'Islet★** *(boucle de 900 m - dép. du quai fédéral de Tadoussac ou du parking municipal)* : bel endroit pour observer le coucher du soleil et voir batifoler des petits rorquals ou des bélugas ! Autre sentier facile et accessible en famille, le **sentier de la Coupe** *(appelé aussi sentier de la Colline-de-l'Anse-à-l'eau - boucle de 1,1 km - dép. au bout de la rue de la Coupe de l'Islet)* grimpe *via* un escalier de 155 marches jusqu'au sommet de la Colline-de-l'Anse-à-l'eau. De là-haut, beau panorama à 360° sur le fjord du Saguenay, l'estuaire du St-Laurent et le village de Tadoussac. On peut ensuite rejoindre le mythique **sentier Le Fjord** *(au dép. du parking face à la pisciculture de Tadoussac, sur la route 138)*, qui dévoile des paysages grandioses du sommet des caps, mais dont les 42 km, nécessitant un hébergement en refuge ou camping sauvage, ne s'adressent qu'aux très bons marcheurs !

★★ Croisières sur le fjord du Saguenay – *« Nos adresses » p. 322.* De passage à Tadoussac, une croisière en bateau sur le fjord s'impose, ne serait-ce que pour prendre conscience de l'immensité de cette **vallée glaciaire** en forme d'auge, et

Un site impressionnant

Le Saguenay fut, pendant plus de quatre mille ans, « le chemin qui marche », ou la route fluviale, pour les Premières Nations qui remontaient la rivière en canoë afin de rejoindre les territoires de trappe. La colonisation ne débuta qu'en 1838, époque à laquelle **William Price** créa la « Société des Vingt-et-Un », vingt et un travailleurs endurcis qui quittèrent Charlevoix pour commencer une nouvelle vie dans les contrées inhabitées.
Seul émissaire du lac St-Jean, le **Saguenay** (longueur : 155 km) subit, d'Alma à Jonquière, une dénivellation d'environ 90 m. Ses eaux ont favorisé l'essor d'une des régions les plus industrialisées de la province. Vers St-Fulgence, la rivière s'engage dans le fjord du Saguenay, puis se jette dans le St-Laurent à la hauteur de **Tadoussac**. Gorge profonde et majestueuse, le fjord fut creusé dans la roche précambrienne à la dernière glaciation. Lorsque la calotte glaciaire recula, la mer envahit la vallée, et, aujourd'hui, la marée remonte jusqu'à **Chicoutimi**. Le chenal atteint en certains endroits 1 500 m de large, et sa profondeur moyenne est de 240 m. Les falaises rocheuses, dont la hauteur culmine à 457 m, plongent dans les eaux de ce fjord, le plus méridional du monde.

en découvrir les caractéristiques géologiques, comme les deux promontoires rocheux de **cap Trinité** et **cap Éternité**.

★★ **Croisières aux baleines** – *« Nos adresses » p. 323 et 399, « Le ballet des baleines » p. 384-385.* À bord d'un gros bateau ou d'un Zodiac, vous vous dirigez vers le milieu du fleuve qui, à cet endroit, atteint 10 km de large. C'est ici, loin des côtes, que vous aurez la meilleure chance d'observer les baleines, que vous repérerez au puissant jet d'eau qui émane de leur évent. La présence de **guides naturalistes** à bord donne tout leur sens à ces excursions en bateau qui vous réserveront de purs moments d'émerveillement. Vous apprendrez très vite à repérer à l'œil nu les **points de convergence** entre les eaux glaciales du Saguenay et celles plus chaudes de l'estuaire et du golfe du St-Laurent. Cette rencontre favorise la prolifération de crustacés microscopiques ou **krill**, fort appréciés des **phoques** et des **baleines**. On imagine leur bonheur au beau milieu d'un tel garde-manger !

Centre d'interprétation des mammifères marins (CIMM) – *108 r. de la Cale-Sèche, près du quai - partie intégrante du parc marin du Saguenay–St-Laurent - ☏ 418 235 4701 - www.parcmarin.qc.ca - ♿ - de mi-mai à mi-juin : 12h-17h ; de mi-juin à mi-oct. : 9h-18h ; de mi- à fin oct. : 12h-18h - 15 $.* Ici, tout est mis en œuvre pour mieux vous familiariser avec les mammifères marins et vous offrir une excellente introduction aux croisières d'observation. Vous découvrirez notamment un impressionnant **squelette de cachalot** de 13 m de long ainsi qu'un superbe **film** *(15mn)* sur les baleines à voir absolument ! Profitez-en aussi pour découvrir, à l'extérieur, le **Jardin de la grève**, avec ses plantes typiques de la Côte-Nord et ses sculptures de bélugas grandeur nature. Asseyez-vous sur les rochers et scrutez les eaux du regard. Il n'est pas rare d'y voir de petits rorquals s'y alimenter.

Traversier pour Baie-Ste-Catherine – *Gare fluviale de Tadoussac : 98 r. du Bateau-Passeur - gare fluviale de Baie-Ste-Catherine : 119 rte 138 - ☏ 418 235 4395 ou 1 877 787 7483 (option 3) - www.traversiers.com - ♿ - horaires, voir le calendrier sur le site Internet - aller simple 10mn - traversier gratuit.* En service toute l'année, jour et nuit, ce traversier constitue l'unique moyen de franchir l'embouchure du Saguenay et de relier, pour les véhicules, les deux tronçons de la route 138 entre la région de Charlevoix et celle de la Côte-Nord. Cette courte traversée ne peut qu'impressionner, avec le fjord profond du Saguenay à droite, les eaux majestueuses du St-Laurent à gauche, et parfois des baleines et autres mammifères marins venus pointer le nez... *Suivez la route 138 Nord sur 6 km, puis prenez à gauche la route 172 et continuez sur 11 km jusqu'à Sacré-Cœur. Tournez à gauche et poursuivez sur 8 km.*

L'Anse-de-Roche C1

Cette petite crique permet de bénéficier d'une très belle **vue★** sur le fjord, qui se pare de mille lumières au coucher du soleil. On distingue à l'horizon les **lignes à haute tension** qui relient les deux rives du fjord et transportent l'électricité de la Manicouagan à Montréal.
Reprenez la route 172.

Baie Ste-Marguerite C1

Cette baie est un lieu de prédilection pour l'observation du béluga du St-Laurent, surnommé le « canari des mers » à cause des sons qu'il émet. Ces mignonnes baleines blanches séjournent parfois plusieurs heures dans la baie tout en s'activant à la surface de l'eau.
Centre de découverte et de services Le Béluga – *1121 rte 172 Nord, à Sacré-Cœur-sur-le-Fjord-du-Saguenay - partie intégrante du Parc national du Fjord-du-Saguenay (secteur Baie-Ste-Marguerite) - ✆ 418 272 1556 ou 1 800 665 6527 - www.sepaq.com/pq/sag - de mi-mai à mi-oct. : 10h-17h ; de mi-juin à déb. sept. : 8h30-19h - 9,55 $.* L'exposition permanente est dédiée aux bélugas qui résident à plein temps dans les eaux du St-Laurent. Postés au belvédère *(anse à la Barge)*, des naturalistes vous parleront avec passion de ces mammifères en voie de disparition.
Après 69 km, tournez à gauche en suivant les indications.

★ Sainte-Rose-du-Nord C1

ⓘ *213 r. du Quai - ✆ 418 675 2250 - www.saguenaylacsaintjean.ca.*
Fondé en 1838, ce charmant village est niché dans une anse, entre deux escarpements rocheux. Du quai se dévoile un **site★★** exceptionnel. Une promenade

Trois expériences à ne pas manquer

Le fjord au ras de l'eau – Rien de tel qu'une virée en **kayak de mer** au cœur du fjord pour découvrir silencieusement, à votre rythme et celui des marées, toute la beauté de ses paysages vertigineux et de leur faune. Le kayak permet un contact étroit avec la nature. Attendez-vous à ce que des petites et grosses bêtes viennent vous saluer de très près...
www.fjordenkayak.ca - ✆ 418 272 3024 ou 1 866 725 2925.
Le fjord d'une rive à l'autre – La **navette maritime du fjord** permet de se déplacer d'une rive à l'autre du fjord et d'en découvrir les différents villages. Elle est accessible aux **piétons** et **cyclistes**. L'embarquement se fait au départ de Tadoussac, L'Anse-St-Jean, Rivière-Éternité, Ste-Rose-du-Nord et La Baie. À vous de choisir vos points de chute !
www.navettesdufjord.com - ✆ 418 543 7630 ou 1 800 363 7248.
Le fjord vu d'en haut – Au départ du centre d'interprétation du Parc national du Fjord-du-Saguenay (secteur Baie-éternité), l'incontournable **sentier de la Statue** *(AR 7,6 km, soit 3 à 4h de marche)* vous mène jusqu'à la statue de **Notre-Dame-du-Saguenay**, qui surplombe le fjord depuis 1881 et le montre sous son jour le plus sublime. Un décor grandiose...
www.sepaq.com/pq/sag - ✆ 418 272 1556 ou 1 800 665 6527.

dans ce cadre réserve de superbes vues sur le village et le fjord. Ne dérogez pas à la tradition : dégustez une « crème molle » fourrée au beurre d'érable aux **3G** *(100 r. du Quai)*, face à la jetée !

Musée de la Nature – *199 r. de la Montagne - ✆ 418 675 2348 - museedelanature.com - musée : de fin juin à mi-oct. : visites 11h, 13h et 15h ; reste de l'année : se rens. - 10 $.* Il renferme une étonnante collection de quelque 3 000 objets légués par la nature (racines aux formes bizarres, loupes d'arbres insolites) et d'animaux naturalisés (dont deux requins pris dans le fjord).

Revenez à la route 172.

Saint-Fulgence B1

La descente sur St-Fulgence permet de profiter d'un splendide **panorama★** sur l'extrémité ouest du fjord. Ici, les parois rocheuses font place à de grands **marais**, et une **flèche littorale** s'étire sur plus de 650 m. Les **battures** (ou estrans) de St-Fulgence constituent un milieu privilégié pour les ornithologues, qui pourront y observer quelque 265 espèces d'oiseaux...

Parc national des Monts-Valin – *Entrée au 360 rang St-Louis, à 28 km au nord de St-Fulgence par le chemin du Lac-Léon - ✆ 418 674 1200 - www.sepaq.com/pq/mva - ♿ ⚠ - ouv. tte l'année - consulter le site Internet pour connaître les périodes d'ouverture des centres de services - droit d'entrée : 9,55 $ - expédition dans l'arrière-pays.*

Activités estivales : randonnée pédestre, canot, pêche, pêche-camping, observation animalière (130 espèces d'oiseaux). Activités hivernales : raquettes, ski nordique, ski de fond, ski Hok.

Créé afin de protéger le massif du mont Valin (984 m) des coupes forestières intensives, c'est aujourd'hui un paradis pour les amateurs de pêche et de canot-camping. L'hiver, l'enneigement exceptionnel transforme ce territoire doté de 15 sommets de plus de 900 m en haut lieu du ski nordique et des raquettes de courte ou longue randonnée. Emblème du parc, le mystérieux **lynx** mène une discrète existence au cœur de la forêt boréale.

Revenez à St-Fulgence et continuez jusqu'à Chicoutimi par les routes 172 et 175.

★ Saguenay B1

Après s'être baladé au fin fond du fjord, le retour en milieu urbain est quelque peu surprenant... Créée en 2002, la métropole économique, administrative et culturelle de la région du Saguenay s'étend du lac Kénogami au Saguenay, et de la rivière aux Sables jusqu'à la baie des Ha ! Ha ! Septième municipalité en importance au Québec, cette ville très vivante se divise en trois arrondissements : **Chicoutimi** *(ci-dessous)*, **Jonquière** *(p. 316)* et **La Baie** *(p. 317)*.

★ Arrondissement de Chicoutimi B1

295 r. Racine Est - ✆ 418 698 3167 ou 1 800 463 6565 - destination.saguenay.ca/fr.

Cet arrondissement de Saguenay bénéficie d'un **panorama★** saisissant sur les falaises arrondies creusées par le Saguenay dans sa course vers le St-Laurent. Les automobilistes peuvent traverser la rivière par le **pont Dubuc**, tandis que les cyclistes et les piétons emprunteront la passerelle Ste-Anne.

★ **Croix de Sainte-Anne** – *Sur la rive nord du Saguenay, à 3 km du pont Dubuc. Prenez à gauche la rue St-Albert, à droite la rue Roussel, puis à gauche la rue de la Croix.* Dominé par une **croix** de 18 m de haut (1922), ce belvédère surplombant

Deux parcs pour un fjord

Le fjord du Saguenay est protégé par deux parcs, l'un terrestre, l'autre marin. Activités de plein air, points d'observation et centres d'interprétation donnent aux visiteurs l'occasion de découvrir ces zones protégées et les espèces qu'elles abritent. Tout en veillant à rester le plus respectueux possible de cette merveille naturelle qu'est le fjord, et de ses non moins merveilleux pensionnaires marins...

Le Parc national du Fjord-du-Saguenay

Parc ouv. tte l'année - www.sepaq.com/pq/sag - droit d'entrée : 9,55 $.
Créé en 1983, ce parc s'étend sur près de 320 km^2, répartis sur les deux rives du fjord. De **La Baie** (*p. 317*) à **Tadoussac** (*p. 308*), il protège un territoire unique, dont l'élément le plus saillant est constitué par les **falaises** du fjord du Saguenay, une vallée glaciaire sujette à des **marées semi-diurnes** et où se rencontrent l'**eau de mer** en provenance de l'estuaire du St-Laurent et l'**eau douce** du lac St-Jean (*p. 325*). Les biotopes végétaux vont de la **flore arctique** des plus hauts sommets du parc à la **forêt boréale**, puis aux **forêts de feuillus** occupant les vallées d'une dizaine de rivières qui se jettent dans le fjord. Une trentaine de **lacs** et **étangs** attirent loutres, castors, poissons et amphibiens. Les forêts abritent la **grande faune québécoise** (caribous de forêt, orignaux, loups gris, ours noirs, lynx, renards roux et gris) ainsi qu'une **avifaune** exceptionnelle, avec plus de 150 espèces résidentes ou migratrices. Il s'agit essentiellement de canards et de limicoles, mais aussi de pics et de rapaces (dont le splendide harfang des neiges et l'emblématique faucon pèlerin). D'un point de vue historique, de nombreuses **fouilles archéologiques** attestent que les rives du fjord ont servi de territoire de chasse aux **communautés des Premières Nations** pendant des milliers d'années.

Le Parc marin du Saguenay-Saint-Laurent

Parc ouv. tte l'année - parcmarin.qc.ca.
Plus récent, ce parc entièrement aquatique d'une superficie de 1245 km^2 s'étend, sur le St-Laurent, de la Pointe Rouge (**Les Escoumins**) à Gros-Cap-à-l'Aigle (La Malbaie). La limite est du parc se situe sur le fjord du Saguenay, au niveau du Cap-de-l'Est, à Ste-Rose-du-Nord.
La **confluence** de l'**estuaire du St-Laurent** et du **Saguenay** en constitue la partie la plus spectaculaire – et l'une des raisons principales de sa création. Celle-ci attire chaque année de nombreux mammifères marins (*« Le ballet des baleines » p. 384-385*) dont trois espèces de phoques et, bien sûr, l'emblématique **béluga**, seule espèce de baleine qui réside dans le St-Laurent à l'année. Passée sous la barre fatidique des 1000 individus en 2013 pour remonter timidement à 1850 individus en 2022, cette petite population de baleines arctiques a rejoint la longue liste des animaux **en voie de disparition**. L'activité humaine et le développement industriel en sont les principaux responsables. Face à ces menaces, des associations militent pour que les limites du parc marin soient étendues à la rive sud de l'estuaire, afin d'inclure l'unique zone de reproduction du béluga du St-Laurent, située au large de Cacouna. Un projet d'agrandissement du parc marin est actuellement à l'étude.

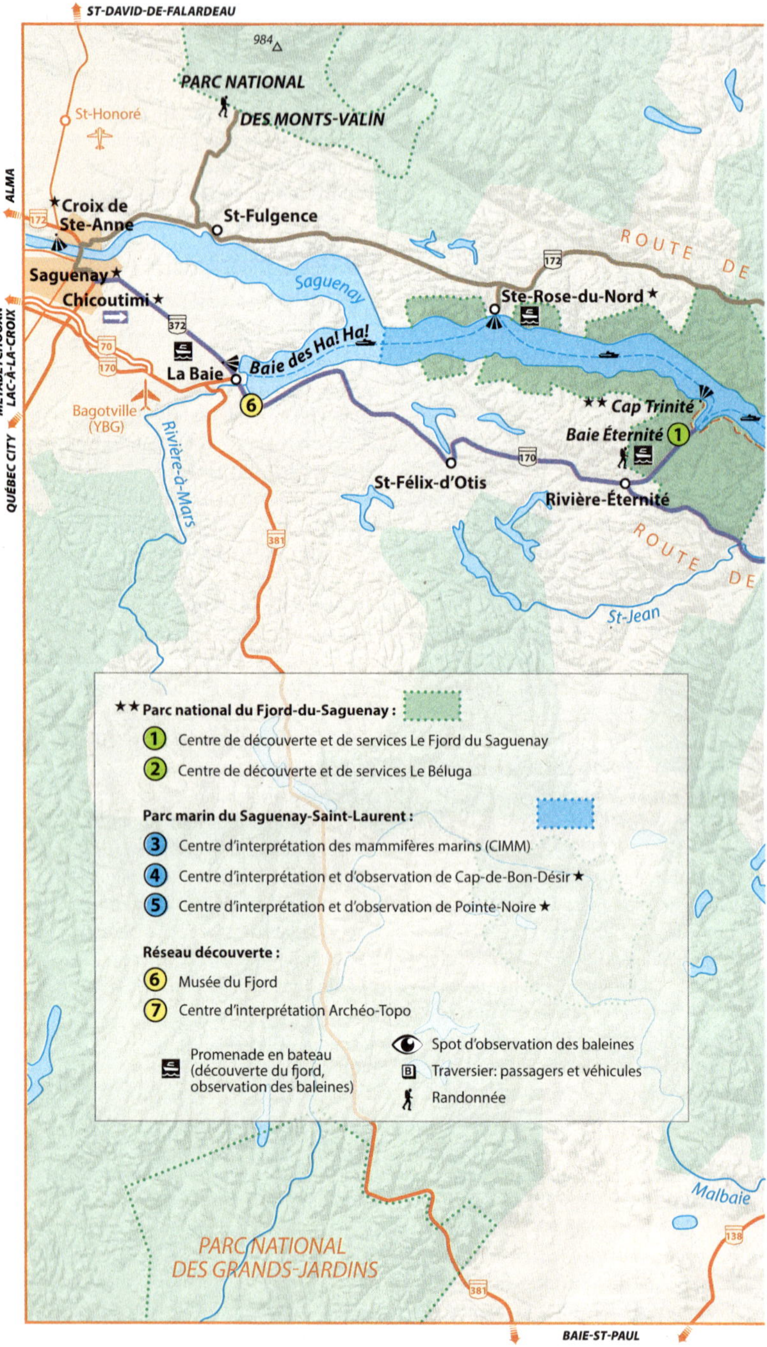
ST-DAVID-DE-FALARDEAU
984
PARC NATIONAL
DES MONTS-VALIN
St-Honoré
ALMA
Croix de Ste-Anne
172
St-Fulgence
ROUTE DE
172
Saguenay
Saguenay
Chicoutimi
MÉTABETCHOUAN-LAC-À-LA-CROIX
372
Ste-Rose-du-Nord
70
170
La Baie
Baie des Ha! Ha!
6
Bagotville (YBG)
Cap Trinité
Baie Éternité
1
QUÉBEC CITY
Rivière-à-Mars
170
St-Félix-d'Otis
Rivière-Éternité
381
ROUTE DE
St-Jean
Parc national du Fjord-du-Saguenay :
Centre de découverte et de services Le Fjord du Saguenay
Centre de découverte et de services Le Béluga
Parc marin du Saguenay-Saint-Laurent :
Centre d'interprétation des mammifères marins (CIMM)
Centre d'interprétation et d'observation de Cap-de-Bon-Désir
Centre d'interprétation et d'observation de Pointe-Noire
Réseau découverte :
Musée du Fjord
Centre d'interprétation Archéo-Topo
Promenade en bateau (découverte du fjord, observation des baleines)
Spot d'observation des baleines
Traversier: passagers et véhicules
Randonnée
Malbaie
138
PARC NATIONAL
DES GRANDS-JARDINS
381
BAIE-ST-PAUL

FJORD DU SAGUENAY
0
20 km
Sainte-Marguerite
TADOUSSAC
BAIE-COMEAU
Les Escoumins
Baie
Ste-Marguerite
L'Anse-
de-Tabatière
2
172
138
Cap-de-
Bon-Désir
TROIS-PISTOLES
Les Bergeronnes
4
7
Saguenay
Sacré-Cœur
L'Anse-St-Jean
Petit-
Saguenay
L'Anse-
de-Roche
ROYAUME
Tadoussac★★
3
170
5
Baie-Ste-Catherine
ST-LAURENT
Île
Verte
RIMOUSKI
138
Baie-des-Rochers
Baie-des-Rochers
20
170
Île
aux
Lièvres
St-Siméon
RIVIÈRE-DU-LOUP
GRAND FALLS
Île
aux
Fraises
185
Rivière-du-Loup
20
Clermont
289
N
La Malbaie
MONTMAGNY
EDMUNDSTON

le Saguenay dévoile une **vue** superbe de Chicoutimi et de ses environs. Une première croix avait été dressée sur les lieux en 1863 par Monseigneur Baillargeon, afin de guider les navires remontant la rivière. Une seconde fut élevée en 1872 pour marquer l'endroit où s'était arrêté le « grand feu » de 1870 qui détruisit la quasi-totalité de la région du Saguenay–Lac-St-Jean. On distinguera, en contrebas, la ravissante façade de l'**église Ste-Anne** (1901).

Le **belvédère Jacques-Cartier** *(à l'angle de la rue Jacques-Cartier Est et du boulevard Talbot)* et le **belvédère Beauregard** *(à l'est du belvédère Jacques-Cartier, dans le quartier de la statue Notre-Dame-du-Saguenay)* offrent de jolies **vues** sur le Saguenay.

★ **La Pulperie de Chicoutimi–Musée régional** – *300 r. Dubuc - ✆ 418 698 3100 ou 1 877 998 3100 - www.pulperie.com - ✕ ♿ - de mi-juin à déb. sept. : 9h-18h ; reste de l'année : merc.-dim. 10h-16h (visite du musée seult) - 17 $.* Fondée en 1896, la Compagnie de pulpe de Chicoutimi devint, vers 1910, la première entreprise productrice de pulpe de bois « mécanique » au Canada. À son apogée, en 1920, elle comptait quatre moulins, un atelier de réparation, plusieurs dépendances et quelque 2 000 employés. L'effondrement boursier de 1929 causa sa fermeture. Logé dans ses anciennes installations, sur un **site★★** à l'embouchure de la rivière Chicoutimi, un musée souligne le rôle majeur que joua ce complexe industriel dans le développement de la ville et de la région au début du siècle dernier.

Bâtiment 1921 – D'architecture néohollandaise, cette belle cathédrale industrielle en granit rose raconte de façon très vivante l'épopée de la Compagnie à travers son exposition permanente. Une autre exposition permet de vivre une expérience immersive au cœur de l'histoire du poste de traite de Chicoutimi. Des fouilles archéologiques menées sur le site même de la pulperie ont en effet révélé des traces d'occupation humaine depuis la préhistoire *(vous pourrez voir les archéologues à l'œuvre de fin juin à déb. août, jeu.-dim. 9h-16h)*. Une troisième exposition retrace la carrière du peintre autodidacte **Arthur Villeneuve** (1905-1990), natif de Chicoutimi, dont on pourra visiter de façon virtuelle sa surprenante **maison peinte**.

Sentiers d'interprétation – Le vaste parc en bordure de la rivière Chicoutimi se prête à la promenade. Ses sentiers mènent aux ruines de deux **moulins à papier** (1898 et 1912) ainsi qu'à un tronçon du puissant **aqueduc** qui les alimentait en eau. Un escalier en amont conduit à un tertre qui surplombe l'ensemble des installations. Le **château d'eau** fonctionne encore.

Cathédrale Saint-François-Xavier – *À l'angle des rues Racine et Bégin.* Les hautes tours carrées qui flanquent la façade de pierre de cette cathédrale (1915) dominent la ville. L'édifice fut reconstruit après un incendie en 1919. À l'intérieur, on remarquera la chaire, un Christ sculpté par **Médard Bourgault**, le trône épiscopal de Lauréat Vallières ainsi qu'un orgue Casavant.

Suivez la route 138 Nord sur 6 km, puis prenez à gauche la route 172 et continuez sur 11 km jusqu'à Sacré-Cœur. Tournez à gauche et poursuivez sur 8 km.

Arrondissement de Jonquière B1

ℹ 3919 bd Harvey - ✆ 418 698 3167 ou 1 800 463 6565 - destination.saguenay.ca/fr.
L'ancienne ville de Jonquière fut fondée en 1847 par Marguerite Belley et ses fils, qui avaient quitté le comté de Charlevoix. Ils la baptisèrent du nom du marquis de Jonquière, gouverneur de Nouvelle-France de 1749 à 1752. Le début du 20e s. fut marqué par l'arrivée de deux géants de l'industrie : la **papeterie Price** à Kénogami

Promenade des battures de St-Fulgence.
Pernelle Voyage/Shutterstock

en 1912 et l'**usine d'aluminium d'Alcan** à Arvida en 1926, qui fit de cette localité le plus important producteur d'aluminium en Occident.

Centrale hydroélectrique de Shipshaw – *1471 rte du Pont - ☏ 418 699 1547 - visite guidée sur réserv. - se rens. pour tarifs et horaires.* Le barrage de la centrale hydroélectrique de Shipshaw (1942) fut installé en pleine guerre mondiale, alors que les besoins en aluminium des Alliés se faisaient pressants. L'ensemble des installations constitue un bel exemple d'Art déco industriel, toujours en activité.

Mont Jacob – *Accès par la rue du Vieux-Pont.* Cette éminence domine la partie ouest de Jonquière et offre une belle **vue** sur la région.

Centre national d'exposition (CNE) – *4160 r. du Vieux-Pont - ☏ 418 546 2177 - www.centrenationalexposition.com - ♿ - juil.-août : tlj sf lun. 10h-18h ; reste de l'année : mar.-vend. 9h-17h, w.-end 12h-17h - gratuit.* Situé au sommet, il organise toutes sortes d'événements culturels et d'activités spéciales sur les thèmes de l'art, de l'architecture et de l'histoire.

★ **Mont Fortin** – *Accès par la rue Desjardins. Possibilité de se rendre en voiture jusqu'au sommet, lorsque le portail est ouvert.* Du haut du mont Fortin se découvre un splendide **panorama** avec, d'un côté, le pont d'aluminium et le barrage de Shipshaw et, de l'autre, Kénogami et la ville de Jonquière.

Parc de la Rivière-aux-Sables – *2230 r. de la Rivière-aux-Sables - ☏ 418 698 3167 - www.saguenay.ca - ouv. tte l'année.* Établi dans la partie la plus ancienne de Jonquière, cet agréable parc possède une aire de jeux et des halles où vous trouverez des produits régionaux pour confectionner un panier pique-nique gourmand. Vous pourrez aussi emprunter une impressionnante passerelle cyclo-piétonnière en aluminium qui franchit la rivière ou louer un canot pour une petite partie de pêche à la truite tachetée.

Au pied du mont Fortin, prenez le boulevard du Saguenay vers l'est et poursuivez sur la route 372 jusqu'à l'arrondissement de La Baie à 32 km.

Arrondissement de La Baie B1

ⓘ *900 r. Mars - ☏ 418 698 3167 ou 1 800 463 6565 - destination.saguenay.ca/fr.*
Ce centre industriel occupe un **site**★ magnifique dans une anse du fjord du

5

Saguenay, plus connue sous le nom de **baie des Ha ! Ha !** En 1838, des colons arrivèrent dans la région. Ils étaient membres de la Société des Vingt-et-Un, dont le but était d'amorcer la colonisation dans la région du Saguenay–Lac-St-Jean. Les trois municipalités qu'ils fondèrent, Bagotville, Port-Alfred et Grande-Baie, fusionnèrent en 1976 pour former la ville de La Baie. Centre de transformation du bois, cette dernière s'enorgueillit d'une grande papeterie, mais tire avant tout son importance de ses installations portuaires, dont les bâtiments industriels trônent au centre de l'agglomération. De grands cargos en provenance des Antilles et d'Amérique du Sud apportent la bauxite nécessaire à ses usines d'aluminium et à celles de Jonquière.

Route panoramique – Juste avant que la route 372 ne plonge en direction de la Rivière-à-Mars dans la baie des Ha ! Ha !, on découvre une **vue★★** imprenable sur la baie. Par temps clair, le panorama s'étend à 48 km alentour ! Un peu plus loin, la route 372 rejoint la route 170, qui longe les rives de la baie, offrant de belles échappées sur une douzaine de kilomètres.

Parc Mars – *À la jonction des routes 170 (r. Bagot) et 372 (bd St-Jean-Baptiste), prenez la rue Bagot, puis tournez à gauche dans la rue Mars.* Aménagé pour les cyclistes et piétons, ce parc au bord de l'eau dévoile un beau **panorama★** de la baie et des collines environnantes, et met en scène l'imposant trafic fluvial. Environ 200 000 tonnes de bois et de papier, et plus de 3 millions de tonnes de bauxite, transitent chaque année par le port.

Musée du Fjord – *3346 bd de la Grande-Baie Sud (rte 170) - ☏ 418 697 5077 ou 1 866 697 5077 - museedufjord.com - ♿ - de la 3e sem. de juin à déb. sept. : 9h-18h ; reste de l'année : mar.-vend. 9h-16h30, w.-end 13h-17h - 16,80 $.* D'emblée, le visiteur est invité à monter à bord du vaisseau *Navis* pour découvrir un spectacle multimédia de 17mn qui le plonge au cœur du fjord et en dévoile de stupéfiantes images sous-marines et aériennes. Le musée propose par ailleurs une exposition dédiée au peuplement du Saguenay–Lac-St-Jean. Son **vivarium** et son **aquarium** de 53 000 litres d'eau salée ont beaucoup de succès auprès des enfants, tout comme son **bassin de manipulation**, qui leur permet de toucher aux étoiles et concombres de mer. En été, des excursions accompagnées sont également proposées : le visiteur peut chausser les bottes d'un scientifique et partir à la découverte d'organismes qui peuplent les berges de la baie des Ha ! Ha ! De retour au musée, il analysera ses échantillons au microscope...

Pyramide des Ha ! Ha ! – *3000 r. Mgr-Dufour - fin juin à mi-août : lun.-vend. 10h-17h, w.-end 9h-17h - visite organisée par le musée du Fjord - 1 $.* Cette étonnante pyramide s'élève à 21 m au-dessus du fleuve. Elle est constituée de 3 000 panneaux de signalisation routière « Cédez le passage » réfléchissants, qui lui confèrent une allure de vaisseau futuriste. Elle est en réalité l'œuvre de l'artiste local **Jean-Jules Soucy** (1951-2022) et commémore les dégâts causés par les inondations dévastatrices qu'a connues le Saguenay en 1996. Depuis le belvédère situé au sommet de la pyramide, on jouit d'une belle vue sur les environs. Spectacles organisés pendant l'été.

Passe migratoire à saumons de la Rivière-à-Mars – *3232 chemin St-Louis - ☏ 418 697 5093 - www.contact-nature.ca/riviere-a-mars - centre d'interprétation - de déb. juin à mi-sept. : 8h-16h - 4,78 $.* Au cœur de la ville, sur une portion de la Rivière-à-Mars, la passe permet aux saumons de remonter la rivière au moment de leur migration. Grâce à l'observatoire aménagé sous le niveau de la rivière, on peut voir le saumon dans son habitat naturel, et même « dans son lit ».

★★ **Croisières sur le fjord du Saguenay** – *Croisières du Fjord - ✆ 418 543 7630 ou 1 800 363 7248 - www.navettesdufjord.com - de fin juin à déb. sept. : dép. à 10h du terminal maritime de La Baie (900 r. Mars) - commentaire à bord - durée : 7h30 AR - escale à Ste-Rose-du-Nord de 11h30 à 13h - 75 $ - autres destinations possibles* (*« Nos adresses » p. 322).* Une croisière à bord de *La Marjolaine* constitue l'un des grands classiques du fjord du Saguenay. Le bateau descend jusqu'au village de **Sainte-Rose-du-Nord** (*p. 311*), où vous ferez escale. Il s'arrête en contrebas de la masse rocheuse du **Tableau** (hauteur : 150 m), longe **St-Basile-de-Tableau**, l'un des plus petits villages du Québec, et pénètre dans la baie Éternité, dominée par les deux hautes falaises du **cap Éternité** et du **cap Trinité**.

L'arrivée au pied du cap Trinité constitue le point culminant de la croisière : encastrée dans la désolation rocheuse du paysage se dresse la gigantesque statue de Notre-Dame du Saguenay (*p. 320*). Les trois corniches qui ont donné ce nom au cap sont clairement visibles du bateau ; il arrive que des alpinistes en tentent l'ascension.

De Chicoutimi au Petit-Saguenay BC1

Circuit de 90 km tracé en violet sur la carte p. 286-287 et la carte Fjord du Saguenay p. 314-315. De Chicoutimi, suivez la route 372 jusqu'à La Baie, puis prenez la route 170.

Cet itinéraire suit la **Route du fjord**, côté **rive sud** (*rte 170*).

Saint-Félix-d'Otis C1

Site de la Nouvelle-France – *370 Vieux-Chemin - ✆ 418 544 8027 ou 1 888 666 8027 - sitenouvellefrance.com - mar.-sam. 9h-16h30 - 21,75 $.*

D'importants travaux étaient en cours lors de notre dernier passage. Une quinzaine de bâtiments ont été ajoutés et entièrement aménagés. Ils devraient bientôt accueillir des expositions sur la vie maritime, les voyages en bateau, ainsi que l'histoire de la région et de la colonisation française. Une tyrolienne d'un kilomètre complète l'offre touristique.

Ce village reconstitué fut utilisé en 2015 pour le tournage du documentaire *Le Rêve de Champlain*. Avec son **village huron**, sa **maison longue**, sa **Basse-Ville** et sa **ferme**, sa chapelle, il vous plongera dans l'histoire de la colonisation française à travers une reconstitution de la colonie de Québec vers 1650. L'endroit ne pouvait pas être mieux choisi : des fouilles archéologiques menées sur le terrain ont en effet révélé des traces d'occupation humaine allant de la préhistoire jusqu'à la période de contact.

Reprenez la route 170 jusqu'à Rivière-Éternité, et tournez à gauche.

Rivière-Éternité C1

Le village de Rivière-Éternité est l'une des portes d'entrée du Parc national du Fjord-du-Saguenay, et donne aussi accès à l'un des secteurs du parc marin du Saguenay–St-Laurent.

Centre de découverte et de services Le Fjord du Saguenay – *91 r. Notre-Dame - partie intégrante du Parc national du Fjord-du-Saguenay (secteur Baie-éternité) - ✆ 418 272 1556 ou 1 800 665 6527 - www.sepaq.com/pq/sag - de mi-mai à déb. oct. - 9,55 $.* Tout au bout de la vallée de la rivière Éternité, ce centre explique les étapes de la formation du fjord. Vous découvrirez la faune marine qui l'habite et ferez l'expérience d'un vol simulé au-dessus du fjord.

★★ Cap Trinité C1

L'une des plus belles anses du fjord est dominée par ce cap de 518 m de hauteur, qui doit son nom aux trois corniches qui le composent. Une statue de **Notre-Dame-du-Saguenay,** haute de 8 m, couronne le sommet de la première corniche (180 m). Il faut imaginer les trésors d'ingéniosité qu'il fallut déployer pour installer cette œuvre colossale au sommet de la corniche ! On peut l'admirer de près en empruntant un sentier escarpé (encadré p. 311) au départ du centre de découverte et de services Le Fjord du Saguenay. Du promontoire, le **panorama★★** est absolument superbe...
Rejoignez la route 170.

L'Anse-Saint-Jean C1

Le **sentier Les Caps** *(30 km AR - difficile - www.sepaq.com)* donne lieu à une superbe randonnée caractérisée par une succession de caps et de lacs. Il relie Rivière-Éternité à L'Anse-St-Jean, petit village fondé en 1828 à l'embouchure de la rivière St-Jean. On y admire un beau **panorama★** sur le fjord depuis le quai et la marina. On remarquera aussi, sur la rivière St-Jean près de l'église, le **pont du Faubourg** (1929), pont couvert de 37 m de long.

Sentier de l'Anse-de-Tabatière *(boucle de 500 m - facile - dép. du parking de l'Anse-de-Tabatière)* – Ce court sentier de randonnée offre un superbe point de vue sur le fjord. Au coucher du soleil, le spectacle est à couper le souffle.
Traversez le pont et continuez sur 5 km, puis tournez à droite.
Perché sur le seul cap accessible en voiture, le belvédère de L'Anse-de-Tabatière offre une superbe **vue** sur la région.
Rejoignez la route 170 en direction de Petit-Saguenay.

Petit-Saguenay C1

Le sentier Les Caps (ci-dessus) s'arrête dans ce petit village. Entouré de montagnes, il offre une vue spectaculaire sur le fjord.

Carnet pratique

S'informer

Tourisme Saguenay–Lac-St-Jean – *412 bd du Saguenay Est, Saguenay (secteur Chicoutimi) - 418 543 9778 ou 1 877 253 8387 - www.saguenaylacsaintjean.ca.*

Bureaux d'information touristique permanents – *418 698 3157 ou 1 800 463 6565 - www.saguenay.ca - secteur La Baie : 900 r. Mars; secteur Chicoutimi : 2555 bd Talbot (à l'entrée de la réserve faunique des Laurentides) ou 295 r. Racine Est (centre-ville de Chicoutimi); secteur Jonquière : 3919 bd Harvey.*

Bureaux saisonniers *(ouv. de fin juin à la 2e sem. d'oct.) – Petit-Saguenay : 61-A r. Dumas, 418 272 3219; Ste-Rose-du-Nord : 213 r. du Quai, 418 675 2346; Tadoussac : 197 r. des Pionniers, 418 235 4744 ou 1 866 235 4744.*

Le *Guide touristique officiel du Saguenay–Lac-St-Jean* est téléchargeable sur saguenaylacsaintjean.ca/infos-pratiques/cartes-et-brochures.

Agenda

Festival international des rythmes du monde – *Saguenay - Chicoumiti - août - www.rythmesdumonde.com.* Spectacles extérieurs gratuits réunissant un millier d'artistes de tous pays.

La fabuleuse histoire d'un royaume – *Saguenay - La Baie - juil.-août - www.fabuleuse.com.* Fresque théâtrale relatant l'histoire du Saguenay – Lac-St-Jean.

Festival de la chanson – *Tadoussac - juin - chansontadoussac.com.* Chanson francophone et spectacles.

Nos adresses

« Nos adresses » p. 399 pour nos propositions d'hébergement, de restauration et d'observation des baleines en Côte-Nord.

Restauration

À Tadoussac

Premier prix

Microbrasserie Tadoussac – *418 980 4900 - 145 r. du Bord de l'eau - microtadoussac.com - carte 10/20 $.* Bienvenue dans l'un des seuls pubs du village qui accueille habitants et visiteurs tout au long de l'année ! Côté cuisine, rien de grandiose, mais tout de même de quoi se sustenter grâce à la triplette hot-dogs, poutines et frites. Un conseil : foncez dès votre arrivée sur les canapés d'angle qui donnent sur le fleuve, et laissez-vous aller à la contemplation en sirotant une bière locale au nom évocateur, la Pale (Wh)ale. En saison, un chansonnier anime les soirées jusqu'à 3h du matin. Ambiance garantie !

À St-Fulgence

Premier prix

La Vieille Ferme – *163 chemin de la Pointe-aux-Pins - 418 674 1237 - www.agneaudufjord.com - horaires variables, se rens. - plats env. 15/25 $ - visite libre de la ferme.* Dans une ambiance champêtre donnant sur le fjord, vous dégusterez des assiettes de charcuterie et de fromages de la ferme, des salades et des soupes de légumes du potager, le tout inspiré de recettes d'autrefois.

À Chicoutimi

Premier prix

La Voie maltée – *777 bd Talbot - 418 549 4141 - www.lavoiemaltee.com - plats 20/30 $.* Née à Saguenay en 2010, cette microbrasserie a fait de l'accord mets/bière sa spécialité. Au menu : de la viande fumée à la bière, un *fish & chips* pané à la bière blonde, et bien d'autres surprises maltées à tester.

Budget moyen

Bistro D – *375 r. Racine Est - 418 693 3333 - facebook.com/bistrodetsandwicherie - fermé dim., lun. soir et sam. midi - plats 22/38 $.* Installez-vous au comptoir de ce restaurant gastronomique et admirez le chef en action. Ici, le boudin, le salami et le saucisson sont rois. La raison : le patron tient aussi les rênes de la charcuterie, située juste à côté de l'établissement, et travaille à merveille les viandes locales. Options végétariennes et desserts délicieux. Une expérience culinaire dont on ressort comblé.

À L'Anse-St-Jean

Premier prix

La Chasse Pinte – *319 r. St-Jean-Baptiste - 418 272 4222 - www.bistrodelanse.com - de mai à oct. : 16h-0h - plats 15/30 $.* Cette brasserie coopérative installée dans une maison plus que centenaire

5

avec vue sur le fjord est au cœur de l'activité culturelle du village. On y vient autant pour ses délicieuses bières que pour les nombreux spectacles, régulièrement organisés en saison. À la carte : tartare de cerf rouge, pizzas, poutines, burgers.

Petite pause

À Chicoutimi

Premier prix

Café Mathéo – *367 r. Racine Est - ✆ 418 696 9331.* Un endroit gourmand pour s'offrir un petit-déjeuner sain en centre-ville. À la carte : des viennoiseries, du saumon fumé, des *avocado toasts* et d'excellents cookies.

Shopping

À Sacré-Cœur-du-Saguenay

Herbamiel – *228 chemin de l'Anse-de-Roche - ✆ 418 236 8226 - www.herbamiel.ca - ouv. juin-sept. - circuit découverte 5 $, visite guidée 15 $ (1h15).* Comment ne pas « tomber en amour » pour ces savoureux miels locaux ? Du miel de bleuets de printemps aux notes tout en douceur au miel d'automne à la fleur de verge d'or, on succombe. Outre la boutique, le lieu propose un circuit découverte à faire en autonomie et des visites guidées pour découvrir le rucher et le métier d'apiculteur.

À L'Anse-St-Jean

Kao Chocolat – *261 r. St Jean-Baptiste - ✆ 418 608 8494 - www.kaochocolat.com - fermé lun.-mar.* Cet artisan-chocolatier mêle douceurs chocolatées et saveurs québécoises, à l'image de cette alléchante tablette de chocolat noir et sucre d'érable.

Activités

Aventure

Parc Aventures Cap Jaseux – *250 chemin de la Pointe aux Pins - St-Fulgence - ✆ 418 674 9114 - www.capjaseux.com - accrobranche à partir de 52 $, via ferrata 72 $, kayak 72 $, cueillette et massage : se rens.* Parcours d'accrobranche tous niveaux, tyroliennes, via ferrata, kayak de mer : les passionnés d'aventure seront ravis de profiter du vaste choix d'activités proposées. Des sorties cueillette de champignons et de plantes sauvages, ainsi que des massages sur la plage sont proposés.

Vélos

Vélo Fjord – *317 r. St-Jean-Baptiste - Anse-St-Jean - ✆ 418 272 1222 - www.velofjord.ca - 55 $/2h.* Location de vélos électriques pour explorer l'Anse-St-Jean à son rythme.

Découverte du fjord

Plusieurs options s'offrent à vous pour sillonner le fjord en bateau et en découvrir les splendides paysages.

Croisières du Fjord – *✆ 418 543 7630 ou 1 800 363 7248 - navettesdufjord.com - ✕ P - de mi-juin à mi-oct. - 45/115 $/pers.* Multiples croisières commentées, pour la journée ou quelques heures, avec ou sans escale, à bord de *La Marjolaine* ou du *Fjord Saguenay II*, selon le point de départ choisi *(La Baie, Ste-Rose-du-Nord, L'Anse St-Jean ou Tadoussac).*

Fjord en kayak – *359 r. St-Jean-Baptiste, L'Anse-St-Jean - ✆ 418 272 3024 ou 866 725 2925 - fjordenkayak.ca - excursion de 3h AR (15 ans mini) : dép. de mi-mai à mi-oct. : à 9h (fin mai-fin sept.), à 13h30 et à 17h30 (juin-juil.), 72 $;*

randonnée d'une journée (17 ans mini) : dép. de juin à mi-sept., sur réserv., 165 $ (dîner inclus) ; autres forfaits de 2 à 6 j., se rens. Cette excursion au ras de l'eau, respectueuse de la faune marine, permet une vision intimiste de la vallée glaciaire, de ses falaises vertigineuses et de sa biodiversité.

Croisières aux baleines

À bord de ces embarcations, laissez des guides naturalistes chevronnés vous faire découvrir la vie de ces impressionnants mammifères marins dans les eaux du St-Laurent et du fjord du Saguenay.

AML – *177 r. des Pionniers (Tadoussac) ou 159 r. de la Grande-Alliance (Baie-Ste-Catherine) - ✆ 1 856 856 6668 - www.croisieresaml.com - croisières commentées au dép. de Tadoussac ou Baie-Ste-Catherine - de mai à oct. - à partir de 100 $/2h - sur réserv.* Différentes formules, de 2h à 4h, en bateau ou Zodiac.

Otis Excursions – *77 r. des Pionniers - Tadoussac - ✆ 1 800 563 4643 - www.croisieresaml.com - mai-oct. - à partir de 69,99 $ réserv. conseillée.* Sorties en Zodiac de 12 ou 36 places.

Pour des raisons de sécurité, les enfants de moins de 6 ans ne sont pas admis pour les croisières en Zodiac.

Hébergement

À Tadoussac

Pour se faire plaisir

Le Roupillon – *141 r. du Parc - ✆ 418 235 4353 - www.leroupillon.ca - P - 5 ch. avec sdb communes 130 $* ☕. Cette chambre d'hôtes tenue par un couple de motards et leurs deux chiens affectueux est un sympathique cocon au cœur du village. Après des années passées à Montréal, Stéphanie et Alain ont décidé de tout quitter pour s'installer à Tadoussac et faire découvrir aux visiteurs les beautés du fjord du Saguenay. Le pari est réussi, et l'on se plaît à refaire le monde avec eux devant le copieux petit-déjeuner de la maison, servi dans leur chaleureux salon où le poêle crépite.

Une folie

Hôtel Tadoussac – *165 r. du Bord-de-l'Eau - ✆ 418 235 4421 - www.hoteltadoussac.com - ✕ ♿ P - fermé de nov. à déb. mai - 149 ch. 195/320 $.* Vous reconnaîtrez l'incontournable hôtel historique du fjord à son toit rouge, rendu célèbre par le film *Hôtel New Hampshire.* Tout droit sorti d'une autre époque, ce vénérable établissement étire ses pelouses presque jusqu'au bord de l'eau. Baleines droit devant et dunes de sable à babord ! Alors, on lui pardonnera volontiers ses chambres au charme désuet, qui donnent sur le St-Laurent.

À Ste-Rose-du-Nord

Budget moyen

Aventure Rose-des-Vents – *130 r. du Quai - ✆ 418 675 2625 - www.aventurerosedesvents.com - P - 3 ch. et 2 yourtes familiales à partir de 95 $.* Cette auberge installée dans un ancien presbytère face au fjord a des airs de bout du monde. Outre ses chambres cosy, ses yourtes au cœur de la nature et sa bibliothèque fournie, elle abrite un café-restaurant qui revisite les saveurs locales. En prime, elle organise régulièrement des événements, dont des concerts, et propose des sorties en kayak et du ski nordique. Au rez-de-chaussée, une boulangerie permet de faire le plein de bon pain. Un vrai lieu de vie comme on les aime.

Une folie

Cap au Leste – *551 chemin Capau-Leste - suivez la route 172 vers l'ouest sur 9 km, puis les panneaux sur la gauche, sur 7 km - ✆ 418 675 2000 - www.capauleste.com - ✕ P - mai-oct. - 47 ch. 202/274 $ - ☕ 25 $.* Imaginez passer la nuit dans un véritable nid d'aigle perdu en pleine nature, avec le fjord en contrebas ! Les belles chambres rustiques, parfaitement équipées, se répartissent en plusieurs chalets. La cabane au Canada ? Inutile de la chercher plus loin, vous l'avez trouvée...

À Chicoutimi

Pour se faire plaisir

Auberge Le Parasol – *1287 bd du Saguenay Est - ✆ 418 543 7771 - www.aubergeleparasol.com - ✕ P ⛱ - 81 ch. 162/214 $.* Perché sur sa colline, ce motel bien tenu aux airs légèrement *sixties* a littéralement la ville à ses pieds. De la terrasse du restaurant, la vue sur Chicoutimi et sur le Saguenay est très agréable au soleil couchant.

Le Montagnais – *1080 bd Talbot - ✆ 418 543 1521 - www.lemontagnais.qc.ca - ✕ P ⛱ - 302 ch. 170/250 $ - ☕ 10/16 $.* Ce grand complexe hôtelier, l'un des plus vastes de la région, compte notamment un espace aquatique où se détendre, un restaurant et des chambres tout confort.

À La Baie

Pour se faire plaisir

Auberge de la Rivière Saguenay – *9122 chemin de la Batture - ✆ 418 697 0222 - www.aubergesaguenay.com - ✕ P - 2 nuits mini - 14 ch. 150/195 $ ☕.* Nichée sur les flans du fjord, voici la seule et unique auberge « à fjord d'eau » au Saguenay. Inutile de dire qu'ici, toutes les chambres ou presque vous convient à un spectacle permanent... Optez pour la chambre « Vent », qui bénéficie de la plus belle vue, selon les dires de la charmante propriétaire. Celle-ci vous préparera avec amour un petit-déjeuner dont vous garderez un souvenir ému...

À L'Anse-St-Jean

Budget moyen

Auberge Le Camp de base – *5 r. St-Jean-Baptiste - ✆ 418 272 3359 - www.aubergecampdebase.com - ✕ P - empl. de camping 30 $ - lits en dortoir 50 $, 9 ch. 110/120 $.* Voilà un excellent point de chute pour découvrir les environs et profiter d'un bon rapport qualité-prix. Ce camp de base, à mi-chemin entre l'auberge de jeunesse et le motel convivial, abrite plusieurs chambres de plain-pied (dont certaines donnent sur la forêt) et un bar-restaurant sympathique où déguster les viandes et les poissons fumés de la maison.

Pour se faire plaisir

La Fjordelaise – *370 St-Jean-Baptiste - ✆ 418 272 2560 - fjordelaise.com - ✕ P - 9 ch. 140/165 $ ☕.* Voilà plus d'un siècle que cette charmante maison en bois ornée d'une galerie a une vocation hôtelière. L'accueil y est simple et chaleureux, et les chambres, petites mais bien tenues. Préférez l'une des trois qui donnent sur le fjord.

Lac Saint-Jean ★★

Aux falaises escarpées du fjord du Saguenay succède, à l'ouest, un paysage plus doux qui s'ouvre sur l'horizon sans fin du lac St-Jean. Un drôle de lac qui se prend pour la mer, si vaste que la rive opposée joue souvent à cache-cache… Bleues comme l'océan, bordées de sable fin, ses eaux douces et chaudes n'en finissent pas d'attirer les estivants. Ne boudez pas l'arrière-pays, dont la palette fleurie, au cœur d'une vaste plaine fertile et verdoyante, vous donnera des envies de pique-nique à l'ombre d'arbres centenaires. Au détour des chemins, vous découvrirez des communautés autochtones fières de leur culture millénaire et de leurs traditions.

Se repérer

CARTE A1 (P. 286-287).

Le lac St-Jean se trouve à 180 km au nord de Québec par les routes 175, 169 et 170, à 299 km de Trois-Rivières par les routes 55 et 155, et à 69 km de Chicoutimi par les routes 175 et 170.

À ne pas manquer

Le Musée Ilnu de Mashteuiatsh ; le village historique de Val-Jalbert ; la Pointe-Taillon.

Organiser son temps

Prévoyez trois jours pour effectuer le tour du lac en voiture, en le combinant à la découverte de l'une des deux rives du fjord du Saguenay.

En famille

Le parc L'Odyssée des bâtisseurs à Alma ; le Moulin des pionniers à La Doré ; l'observation des animaux au zoo « sauvage » de St-Félicien ; le village historique de Val-Jalbert.

Carnet pratique p. 335

Nos adresses p. 335

Circuit conseillé

CARTE P. 286-287

Le tour du lac AB1-2

Circuit de 220 km tracé en vert clair sur la carte p. 286-287, par la route 169.

Alma B1

1682 av. du Pont-Nord - 418 668 3611 ou 1 877 668 3611 - www.tourismealma.com.

Alma se développa autour de l'île du même nom, près de la source du Saguenay, à l'est du lac St-Jean. Fondée en 1864, la ville fut baptisée en l'honneur de la fameuse bataille remportée par les troupes franco-britanniques contre l'armée russe en Crimée, en 1854.

Parc thématique L'Odyssée des bâtisseurs – *1671 av. du Pont-Nord - 418 668 2606 ou 1 866 668 2606 - www.odysseedesbatisseurs.com - de mi-juin à mi-sept. : 9h-17h ; reste de l'année : tlj sf dim. 9h-16h30, sam. 9h-16h - 9,50 $.* Ce parc thématique est entièrement dédié à l'aventure de l'eau d'hier à demain. Logée dans la magnifique **Maison des bâtisseurs**, l'exposition permanente

5

invite le visiteur à découvrir l'histoire et le patrimoine de la région à travers les yeux de ses habitants. À l'extérieur, un sentier pédestre *(500 m)* mène aux « ruines » de l'ancien réservoir d'eau d'**Isle-Maligne**, qui fut taillé dans le roc vers les années 1920, puis à un ancien **château d'eau** bâti en 1937. Il vous faudra gravir 90 marches pour grimper jusqu'à son **réservoir**. Transformé en salle de projection multimédia, le réservoir accueille le spectacle « L'Odyssée des Bâtisseurs » *(12mn)* qui raconte l'histoire de la région au gré des lieux et des saisons. Le château d'eau est par ailleurs doté d'un **belvédère** ménageant des vues intéressantes d'Alma, de ses installations hydroélectriques et de la rivière de la Grande-Décharge.

Sur la rue Harvey, à l'est de l'avenue du Pont, se dresse l'**église St-Pierre**, reconnaissable à son architecture ultramoderne.

Du centre-ville d'Alma, prenez l'avenue du Pont vers le nord, et tournez à gauche dans le boulevard des Pins. Prenez à droite le chemin de la Dam-en-Terre, puis encore à droite le chemin de la Marina.

Dam-en-Terre B1

Érigé au début des années 1950 pour exploiter la rivière et hausser le niveau du lac, le barrage entre l'île d'Alma et l'Isle-Maligne a permis d'augmenter le débit du cours d'eau.

Centre de villégiature de Dam-en-Terre – *1385 chemin de la Marina - ✆ 418 668 3016 ou 1 888 289 3016 - www.damenterre.qc.ca - ⛺ ✕ - ouv. tte l'année.* Installé autour de la baie, ce centre comprend un camping, une plage, des bungalows, un restaurant-théâtre, des sentiers pédestres et une marina. On peut également y louer canots, pédalos et bicyclettes.

Prenez la route 169 et parcourez 25 km jusqu'à St-Henri-de-Taillon, puis tournez à gauche sur le rang 3 Ouest.

Parc national de la Pointe-Taillon A1

✆ 418 347 5371 ou 418 674 1200 - www.sepaq.com/pq/pta - ⛺ ✕ ♿ - ouv. tte l'année - droit d'entrée : 9,55 $ - consulter le site Internet pour connaître les périodes d'ouverture des centres de services du secteur Taillon (sud), du poste d'accueil Ste-Monique (nord), et de la marina de Péribonka.

☺ Activités estivales : vélo, baignade, kayak-camping, randonnée pédestre, pédalo, canot, observation animalière (castor, orignal).

Zone d'alluvionnement postglaciaire de près de 20 km de long, la Pointe-Taillon offre une fenêtre unique sur la rive nord du lac St-Jean, à l'embouchure de la rivière Péribonka. La presqu'île (92 km²) est couverte de tourbières, de forêts d'épinettes noires et de bouleaux qui, au bord de l'eau, cèdent la place à une **plage★** de sable fin, l'une des plus belles du Québec, où s'ébattent canards et outardes lors de leur migration automnale. Au centre de découverte du parc, l'exposition permanente permet de découvrir le patrimoine naturel de ce territoire protégé.

Reprenez la route 169 et suivez-la jusqu'à Péribonka.

Après Ste-Monique, la route 169 franchit la Péribonka et aboutit, 4 km plus loin, à un charmant **point de vue** doté d'une aire de pique-nique.

Péribonka A1

Fondée en 1887 sur les bords de la **rivière Péribonka**, à quelques kilomètres à peine de son embouchure avec le lac St-Jean, cette charmante bourgade vit

Le Moulin des pionniers.
B. Gardel/hemis.fr

essentiellement de ses activités agricoles et forestières. La fougueuse rivière, dont le nom innu signifie « qui fait son chemin dans le sable », fait plus de 460 km de long. Deux réservoirs et trois centrales hydroélectriques ont aujourd'hui domestiqué son cours tumultueux.

En 1912, le Français **Louis Hémon** (1880-1913) passa quelques mois à Péribonka. Ce court séjour ne fut pas sans conséquences, car en 1916 était publié en œuvre posthume l'un des romans québécois les plus connus à l'étranger : *Maria Chapdelaine, récit du Canada français*. Péribonka est aujourd'hui le point de départ de la célèbre Traversée internationale du lac St-Jean (*encadré p. 329*).

Musée Louis-Hémon – *700 rte Maria-Chapdelaine - 418 374 2177 - www.museelh.ca - ♿ - de fin mai à mi-juin : 10h-17h; de mi-juin à déb. sept. : 9h-17h; reste de l'année : se rens. - sur réserv. - 11,50 $.* Consacré à l'œuvre de Louis Hémon et à la mise en valeur de la littérature, ce complexe muséologique possède une collection d'environ 1400 œuvres d'art, documents et objets ethnologiques liés au monde littéraire. On peut y voir la **maison Samuel-Bédard**, dont Hémon fit la toile de fond de son célèbre roman, et le fameux **Pavillon contemporain** (1986), dont l'exposition permanente retrace la vie de l'auteur de *Maria Chapdelaine*, de sa naissance en Bretagne jusqu'à sa mort tragique à Chapleau (Ontario).

Continuez par la route 169 jusqu'à la jonction routière (13 km). Tournez à droite et poursuivez sur 1 km.

Sainte-Jeanne-d'Arc A1

Ce village s'est établi au confluent de la **Petite rivière Péribonka** et de la **rivière Noire**. L'énergie canalisée de la première faisait autrefois tourner une scierie, une fabrique de planches, un moulin à laine et une meunerie.

Véloroute des Bleuets

Ouvert aux cyclistes de tous niveaux, mais aussi aux marcheurs expérimentés, ce réseau de pistes cyclables et de sentiers balisés de 256 km autour du lac St-Jean longe de jolies plages de sable et d'impressionnantes rivières, et traverse de riches plaines agricoles. Il vous permettra de dénicher de véritables petits coins de paradis hors des sentiers battus. Cartes et renseignements sur les excursions possibles sont à votre disposition aux **Maisons du vélo** d'Alma *(1692 av. du Pont-Nord)*, de **Roberval** *(854 r. Arthur)* et de **Dolbeau-Mistassini** *(400 bd des Pères)*.

Consultez le site **veloroutedesbleuets.com** pour plus de détails.

Vieux moulin – *125 r. du Vieux-Moulin - 418 276 3166 - de mi-juin à mi-août : 10h-17h - 5 $.* Construit en 1907 au pied d'une chute sur la Petite rivière Péribonka, ce moulin hydraulique à farine est ouvert aux visiteurs depuis la fin de ses activités (1974). On peut y admirer l'équipement d'origine.

Reprenez la route 169.

Dolbeau-Mistassini A1

La capitale mondiale du bleuet sauvage célèbre au mois d'août le fruit emblématique de la région à l'occasion du fameux **Festival du bleuet**. Elle se découvre à la rencontre des impétueuses rivières Mistassibi et Mistassini, non loin d'une jolie cascade. Celle-ci fut nommée **chute des Pères★** en l'honneur des pères trappistes d'Oka qui, en 1892, y construisirent un prieuré.

En 1980, les religieux partirent s'installer plus au nord, à St-Eugène, mais leur fabrique se trouve toujours aux abords de l'ancien monastère et propose aux visiteurs chocolats et autres denrées *(www.chocolateriedesperes.com)*. La ville effleure juste le lac St-Jean, ce qui permet au complexe touristique de **Vauvert-sur-le Lac** de se transformer en site de **pêche blanche** (ou pêche sous glace) à la saison hivernale.

Saint-Félicien A1

1209 bd Sacré-Cœur - 418 679 9888 ou 1 877 525 9888 - ville.stfelicien.qc.ca. St-Félicien se trouve près de la rive ouest du lac St-Jean, au confluent des rivières Mistassini, Ticouapé et Ashuapmushuan, dont le flot tumultueux parcourt quelque 266 km, enchaînant chutes et rapides avant de rejoindre le lac.

★★ **Zoo « sauvage » de Saint-Félicien** – *À 6 km par la route 167, au 2230 bd du Jardin - 418 679 0543 ou 1 800 667 5687 - zoosauvage.org - - de déb. juin à fin août : 9h-18h (mi-juil. à déb. août 19h) ; mai et sept.-oct. : 9h-17h ; reste de l'année : 9h-16h, w.-end 10h30-16h - 26/51,99 $.* Agréablement situé sur une île de la rivière aux Saumons, affluent de l'Ashuapmushuan, ce jardin zoologique constitue une fabuleuse introduction aux animaux de la faune canadienne. Caribous des bois, orignaux, wapitis, ours noirs, loups gris, bisons d'Amérique, bœufs musqués, chiens de prairie, cerfs de Virginie et autres espèces évoluent en toute liberté dans le **parc des Sentiers de la nature★★** (324 ha), que les visiteurs parcourent à bord d'un train doté de wagons grillagés. Cette agréable promenade de 7 km permet aussi de découvrir d'authentiques bâtiments historiques, dont une **maison de pionniers** de 1875, un **poste de traite**, un **camp innu** et un **camp de bûcherons** des années 1930. Divisée en sept secteurs (Arctique, forêt mixte,

Portrait de la région

Une « mer intérieure »

La région du lac St-Jean se présente sous la forme d'une **cuvette** dont les parois vont en s'abaissant vers le lac même. Cette morphologie particulière a entraîné la formation de **cascades** et de **chutes** aussi spectaculaires les unes que les autres. Créé par la fonte des glaciers il y a plus de dix mille ans, le lac à proprement parler est un gigantesque **bassin d'eau douce** au caractère changeant comme la mer. Il fait 45 km de long sur 34 km de large, et représente une superficie d'environ 1 100 km² pour une profondeur moyenne de 11,30 m. Il reçoit de nombreux affluents, dont les rivières **Péribonka**, **Mistassini** et **Ashuapmushuan**, mais ne possède qu'un seul émissaire, le **Saguenay**, qui se jette dans le St-Laurent au terme d'un parcours de 155 km.

Développement économiquc

Le lac St-Jean, que les Innus appelaient jadis *Piékouagami* (« lac plat »), doit son nom actuel à **Jean Dequen** (1603-1659), premier Français à en explorer les rives en 1647. Le commerce des **pelleteries** entre Français et Premières Nations, qui s'effectuait d'abord à Tadoussac, ne tarda pas à gagner la région. En 1676, un poste de traite fut établi sur les bords du lac, à l'embouchure de la Métabetchouane, à l'emplacement de la future ville de Desbiens.

La construction des premières **scieries** et **papeteries** vers le milieu du 19e s., ainsi que l'installation de **centrales hydroélectriques** et la construction de l'**usine d'aluminium** d'Alma au 20e s., allaient jouer un rôle majeur dans le développement local. Aujourd'hui, l'**agriculture**, contrairement aux régions voisines de Mauricie et du Saguenay, demeure florissante grâce à de fertiles basses-terres, notamment autour d'Hébertville et de Normandin.

Le **tourisme** apporte par ailleurs une contribution notable à l'économie régionale : chaque année, à la saison estivale, campeurs et baigneurs investissent par milliers les plages et les campings autour du lac St-Jean, qui prend des allures de **station balnéaire**, tandis qu'un nombre croissant de cyclistes partent à l'assaut de la véloroute des Bleuets (*encadré p. 328)*, séduits par cette aventure à la portée de tous.

Produits phares

Le lac St-Jean est réputé parmi les pêcheurs pour ses **ouananiches** (saumons d'eau douce) et ses **dorés jaunes** qui y abondent. Goûtez aussi aux produits typiques de la région tels les **bleuets** (si abondants sur la rive nord du lac que les habitants ont reçu le sobriquet de « bleuets »), la **gourgane** (gros haricot) ou les **fromages**, **bières** et **boissons artisanales**.

Avis aux nageurs !

La **Traversée internationale du lac St-Jean** figure parmi les six épreuves sportives les plus difficiles au monde. Cette mythique épreuve de nage en eau libre se déroule chaque dernier samedi de juillet. Les nageurs doivent parcourir 32 km entre Péribonka et Roberval, ce qui leur prend en moyenne de 6 à 8 heures.

www.traversee.qc.ca

plateaux éthiopiens, montagnes, mais aussi Asie, Mongolie et petite ferme), la **partie pédestre** du parc donne l'occasion d'observer une grande diversité de faune : tigres, pandas, singes. L'impressionnant nourrissage des **ours polaires** reste un grand classique !

Du zoo de St-Félicien, poursuivez sur la route 167.

★ Moulin des pionniers A1

4205 chemin des Pionniers, à La Doré - ✆ 418 256 8242 ou 1 866 272 8242 - www.moulindespionniers.com - ♿ - de mi-juin à mi-sept. : 9h-17h ; de mi-mai à mi-juin et de la 3e sem. de sept. à fin oct. sur réserv. - 20 $.

Ce site d'interprétation et d'animation historique témoigne de la colonisation du Lac-St-Jean et de l'importance de l'industrie forestière, sur laquelle repose une grande partie de son économie. Point fort de la visite, le **moulin à scie hydraulique** (1920) possède une mécanique en parfait état de marche ainsi qu'une rare conduite d'eau en bois. Le site contient d'autres points d'intérêt : l'**atelier mécanique Félix Trottier & Fils** et sa forge de 1894, la **maison de pionnier** (1904), des jeux d'eau, un parcours d'accrobranche pour les enfants, ainsi qu'un service de location de kayaks. L'exposition permanente du bâtiment thématique retrace l'histoire du moulin.

Des sentiers pédestres à travers la forêt permettent de longer la **Rivière aux Saumons** dont vous aurez des **vues** superbes, et d'observer de près l'une des plus belles **frayères à ouananiches** de la région.

Reprenez la route 167. À La Doré, prenez à droite la direction de Normandin. La route enjambe la rivière. Suivez les indications menant au camping nature.

★ Chute à l'Ours A1

101 chemin Louis-Ovide-Bouchard, à Normandin - ✆ 418 274 3411 - chutealours.com - ⚠ ✕ - de mi-mai à déb. sept. ; reste de l'année : se rens. - 5 $.

Deux sentiers pédestres permettent de découvrir la beauté sauvage du site. Le **sentier de l'Arboretum** *(2,7 km)*, jalonné de panneaux didactiques, est un sentier d'interprétation de la flore qui compte trois passerelles. Plus intéressant, le **sentier Mask8àtik8iche** *(2,4 km)*, « l'endroit des trous d'ours » en innu, longe la rivière Ashuapmushuan, dont un belvédère offre une jolie **vue**. Les rapides de cette rivière, qui s'étirent sur plus de 1 500 m, furent appelés « chute à l'Ours » par les premiers explorateurs, qui butèrent contre cet obstacle. Parmi eux se trouvait un père jésuite, **Charles Albanel**, premier Français à atteindre les rives de la baie James en 1672.

Revenez à La Doré et tournez à droite sur la route 167.

Réserve faunique Ashuapmushuan A1

✆ 418 256 3806 - www.sepaq.com/rf/ash - ⚠ ♿ - consulter le site Internet pour connaître les périodes d'ouverture des centres de services du poste d'accueil Sud (km 33, rte 167 à La Doré) ; et du poste d'accueil Chigoubiche (km 113, rte 167), petit dépanneur au lac Chigoubiche.

Activités estivales : pêche, pêche à gué, pêche-camping, randonnée pédestre, cueillette en forêt, activités nautiques, chasse au petit gibier, chasse à l'orignal, chasse à l'ours.

En innu, *Ashuapmushuan* signifie « là où l'on guette l'orignal ». Véritable paradis de la chasse et de la pêche, cette réserve de 4 487 km^2 est aussi l'une des plus importantes frayères régionales pour la **ouananiche**. Le bassin de l'**Ashuapmushuan** comprend plus de 1200 lacs, ruisseaux et rivières. Longue de 266 km, la rivière est l'un des tributaires les plus importants du lac St-Jean et servait autrefois de moyen de communication et de relais d'échange entre les Innus et les Cris. À l'arrivée des Européens, le commerce des fourrures devint la principale activité. Plusieurs postes de traite, établis le long de son parcours et à son embouchure, demeurèrent en activité jusqu'au début du 20e s. Dans ce territoire de pure nature, l'époque des coureurs des bois ne semble pas si lointaine...

Revenez à St-Félicien et longez le lac par sa rive sud. La route 169 passe par le village de **St-Prime**, connu pour ses produits laitiers, notamment son cheddar.

Mashteuiatsh A1

1516 r. Ouiatchouan - 418 275 7200 ou 1 888 222 7922 - tourismemashteuiatsh.com.

Depuis 1856, cette communauté des Premières Nations accueille une population de **Pekuakamiulnuatsh** ou Innus de la région du lac St-Jean, d'origine innue ou ilnue. Ne vous contentez pas de visiter ses boutiques d'artisanat autochtone et de flâner le long de sa **promenade** aménagée au bord du lac, ornée de quatre **tipis** stylisés. Prenez le temps de découvrir deux sites qui vous donneront l'occasion d'apprécier l'accueil chaleureux d'une communauté désireuse de partager sa culture et ses connaissances millénaires.

★ **Musée Ilnu de Mashteuiatsh** – *1787 r. Amishk - 418 275 4842 ou 1 888 875 4842 - museeilnu.ca - ♿ - de mi-juin à mi-sept. : 9h-18h ; reste de l'année : merc.-dim. 9h-16h - fermé fêtes de fin d'année - 16,50 $.* Le visiteur découvrira, à travers ses expositions temporaires et permanentes, l'histoire et la culture des Pekuakamiulnuatsh, leur vie traditionnelle, leurs coutumes, leur langue et leur place dans la société actuelle. Vous trouverez une boutique d'artisanat autochtone. De juin à septembre, le musée met en place des activités de fabrication artisanales pour s'initier à l'art autochtone.

Dans le jardin du musée, l'exposition extérieure « Nutshimatsh, dans la forêt » explore le lien indissociable tissé entre les Ilnuatsh et la Terre-mère.

Roberval A1

Fondé en 1855, ce centre administratif ancré sur la rive sud-ouest du lac St-Jean doit son nom à un certain sieur de Roberval, nommé lieutenant général du Canada par François Ier. Sous ses ordres, Jacques Cartier mena, en 1542, une expédition malheureuse en vue d'établir une colonie à Charlesbourg, près de Québec. Roberval présente les charmes d'une station de villégiature, avec sa marina et sa promenade avec vue sur le lac. Elle marque depuis 1955 le point d'arrivée de la fameuse **Traversée internationale du lac St-Jean** (*p. 329*).

★ **Église Notre-Dame-de-Roberval** – *Bd St-Joseph, au coin de l'avenue Lizotte, en face de l'hôpital.* Érigée en 1967, elle évoque par sa forme une grande tente de cuivre sur laquelle on aurait posé un clocher blanc. Ses **vitraux**, très colorés, ont été réalisés par Guy Bruneau.

Tout au long du trajet de Roberval à Chambord, la route épouse les courbes du lac et laisse découvrir un magnifique **panorama★**.

★ Village historique de Val-Jalbert A1

95 r. St-Georges, à Chambord - 418 275 3132 ou 1 888 675 3132 - valjalbert.com - ♿ - de la 3e sem. de mai à la 3e sem. de juin et de fin août à mi-oct. : 10h-17h ; de fin juin à la 3e sem. d'août : 9h-18h - 28 $.

5

La partie basse du site de Val-Jalbert se visite à pied ou en trolleybus. La partie haute est accessible en téléphérique *(dép. de la pulperie)* ou par des sentiers aménagés. Restauration en soirée – hébergement dans maisons d'époque, mini-chalets ou camping.

Émouvant vestige d'un **village de compagnie** du début du 20e s., ce musée en plein air occupe un **site★** de toute beauté près de la **chute Ouiatchouan** (hauteur : 72 m). En 1902, Damase Jalbert y établit une pulperie autour de laquelle se développa un village qui, en 1926, comptait déjà 950 habitants. En 1910, à son plus fort rendement, l'usine produisait jusqu'à 50 tonnes de pâte à papier par jour. La chute des prix de la pulpe entraîna la fermeture du complexe en 1927, et la population locale se vit malheureusement contrainte de quitter Val-Jalbert, qui fut peu à peu déserté. Le village serait tombé dans l'oubli sans les travaux de rénovation amorcés dans les années 1970, qui redonnèrent à ce site patrimonial un second souffle de vie.

Couvent-école – Transformé en centre d'interprétation, l'ancien couvent-école des sœurs de Notre-Dame-du-Bon-Conseil (1915) a étonnamment bien résisté aux aléas du temps. Ses reconstitutions intérieures font revivre les années 1920. L'étage abrite les cellules des sœurs ainsi qu'une chapelle. En face du couvent, remarquez les ruines de l'église St-Georges et de son presbytère.

Rue Saint-Georges – Sur l'artère principale du village trône l'ancien **hôtel** *(hébergement possible tte l'année)*, ravagé par un incendie en 1918, et aussitôt reconstruit. Il abritait jadis le **magasin général**, aujourd'hui transformé en magasin de souvenirs. En retrait de l'hôtel, notez l'**étal de boucherie** du village, où l'on retrouve un herbarium et une boutique de métiers d'art.

Secteur résidentiel – Le quartier formé par les rues Ste-Anne, St-Joseph, St-Georges et **Labrecque** (célèbre pour ses maisons en enfilade), et par les avenues Dubuc et Tremblay, comptait, à l'apogée du village, jusqu'à 80 maisons de travailleurs. Totalement désertés, ces modestes logis constituent un étonnant décor fantomatique. Seule ouverte au public, la **maison de l'ouvrier** *(r. St-Georges, près du bureau de poste)* logeait à l'époque deux familles de travailleurs et offrait un niveau de confort inespéré pour l'époque.

Vieux Moulin – Au pied de la chute s'élève l'ancienne **pulperie**. Une voie ferrée, dont on aperçoit encore les rails, acheminait l'importante production de pâte à papier vers les marchés extérieurs. À l'intérieur de l'édifice, la **salle des maquettes** propose une interprétation interactive originale de la fabrication de la pâte. Le Vieux Moulin accueille également un **spectacle immersif** *(25mn)* intitulé *Du cœur à l'ouvrage, l'épopée de Val-Jalbert*, qui fait revivre les événements marquants de la vie de l'usine et du village.

Chute Ouiatchouan – Du Vieux Moulin, suivez le court sentier qui vous mène jusqu'à un belvédère équipé d'une **plate-forme en verre**. Celui-ci vous plonge au cœur même de la chute, dont vous entendrez l'incroyable fracas ! Prenez ensuite le téléphérique, qui vous déposera pratiquement au sommet de la chute (haute de 72 m, soit plus 20 m de plus que celles du Niagara !) et appréciez la **vue★★** qui s'offre à vous du lac St-Jean et de la campagne environnante.

Chute Maligne – Pour accéder à cette seconde cataracte (hauteur : 49 m), située en amont de la chute Ouiatchouan, il faut rejoindre un belvédère après avoir gravi un escalier, mais le spectacle en vaut la peine.

Environ 2 km après Val-Jalbert, la route 169 ménage une jolie **vue★** sur le lac.
Suivez la route 155.

Village historique de Val-Jalbert.
Marc Dufresne/Getty Images Plus

Lac-Bouchette A2

Cette bourgade, nichée entre les lacs Ouiatchouan et Bouchette, fut fondée en 1890. Le lac dont elle porte le nom fut baptisé en souvenir de l'ingénieur et arpenteur-géomètre Joseph Bouchette, qui avait exploré la région vers 1820 pour en faire un relevé cartographique.

★ **Ermitage Saint-Antoine** – *250 rte de l'Ermitage - ✆ 418 348 6344 ou 1 800 868 6344 - st-antoine.org - ⚠ ✂ ♿ - fév.-déc.* En 1907, **Elzéar Delamarre** (1854-1925), supérieur du séminaire de Chicoutimi, décida de construire une chapelle et d'établir un lieu de retraite estivale à l'endroit même où il avait l'habitude de passer ses étés. Il y découvrit, en 1916, une **grotte naturelle** semblable à la grotte de Massabielle, à Lourdes. À sa mort, beaucoup de pèlerins venaient déjà se recueillir sur les lieux. Aujourd'hui, l'ermitage reçoit chaque année des centaines de milliers de visiteurs. Le site est dominé par un monastère de brique rouge érigé en 1924 par les Capucins. Construite en 1907 par l'abbé Delamarre, la première chapelle était consacrée à saint Antoine de Padoue. Après la découverte de la grotte, l'abbé la fit agrandir et la dédia à Notre-Dame de Lourdes. Le bâtiment se distingue par son style néogothique anglais. Devenue nef latérale depuis les travaux d'agrandissement, la chapelle d'origine abrite la sépulture de l'abbé Delamarre. Sur les murs du modeste édicule, on retrouve un ensemble de 23 **tableaux★** (1908 et 1920) représentant la vie et les miracles de saint Antoine de Padoue. **La Chapelle mariale** (1950) adopte la forme d'une grotte. Au fond, un grand **vitrail** représente Bernadette Soubirous, à genoux au pied de Notre-Dame de Lourdes. Un escalier conduit à la fameuse grotte. Un peu plus loin s'élève une chapelle en plein air. À quelques pas se trouvent une réplique du Saint Escalier de Rome et un sentier qui conduit au **chemin de croix**, composé des 14 stations. Plus bas, un bâtiment

réhabilité accueille le spectacle multimédia immersif familial « Origines » qui invite le spectateur à s'interroger sur l'environnement, la nature et la technologie.
Revenez à la route 169 et tournez à droite en direction de Desbiens.

Desbiens A1

Ce bourg doit son nom à un certain **Louis Desbiens**, qui y fonda la première papeterie en 1896. C'est ici que le père **Jean Dequen**, grand explorateur du lac St-Jean, découvrit pour la première fois l'immense étendue d'eau en 1647. Cinq ans plus tard, il y fonda une mission jésuite, suivie par l'établissement d'un poste de traite des fourrures dont une **poudrière**, à l'entrée du site, sur les rives de la Métabetchouane, marque l'emplacement exact. En contrebas du petit **parc Jean-Dequen**, un grand quai en bois constitue un endroit idéal pour observer la pêche à la ouananiche et admirer le lac.
Centre d'histoire et d'archéologie de la Métabetchouan – *243 r. Hébert, près du pont qui enjambe la Métabetchouane - ☏ 418 346 5341 - chamdesbiens.com - ♿ - de mi-juin à mi-sept. : 10h-17h, w.-end 9h-17h - fermé lun.-mar. - 10 $.*
L'archéologie régionale depuis la préhistoire jusqu'à la colonisation et la traite des fourrures en Nouvelle-France au 17e s. sont au cœur de l'exposition permanente, qui invite notamment les visiteurs à revivre l'époque du premier **poste de traite** de la Métabetchouane.

Parc le Trou de la Fée A1

À 6 km au sud de Desbiens. En face de l'hôtel de ville de Desbiens, prenez la 7e Avenue - ☏ 418 346 1242 - www.cavernetroudelafee.ca - de mi-juin à la 3e sem. d'août : 9h-19h ; de fin-août à mi-oct. : 10h-18h - 18/58 $ selon les options - non recommandé aux enfants de -5 ans.
Vieille de quelque 10 000 ans, cette grotte occupe un site sauvage à flanc de montagne, à la jonction du Bouclier canadien et de la cuvette du lac St-Jean. Elle domine de plus de 68 m la rivière Métabetchouane, sur laquelle un belvédère d'observation offre une superbe **vue** plongeante. Durant la Seconde Guerre mondiale, des déserteurs qui s'étaient réfugiés dans les parages se dirent sauvés par la fée de la grotte. Possibilité de parcourir certains tronçons du site à pied ou en tyrolienne. Une salle de projection taillée dans le granit forme un amphithéâtre naturel de 7 m de haut, sur lequel est projeté un **spectacle immersif** qui retrace les événements marquants du site.
La descente de 38 m dans la caverne est impressionnante et très à pic ; il convient donc d'être équipé et en forme *(port de chaussures de marche obligatoire ; casque de protection fourni sur place ; habillez-vous chaudement !).*

Métabetchouan–Lac-à-la-Croix A1

Dans ce village se tient, durant l'été, le célèbre **Camp musical du Saguenay–Lac-St-Jean**, qui organise des concerts. Situé sur les hauteurs du mont Résimond-Ratthé, le site offre une superbe **vue** sur le lac St-Jean.
Rejoignez Alma par la rte 170 (29 km).

Carnet pratique

S'informer

Tourisme Saguenay–Lac-St-Jean - *412 bd du Saguenay Est, Saguenay (secteur Chicoutimi) - ☎ 418 543 9778 ou 1 877 253 8387 - www.saguenaylacsaintjean.ca.*

Bureaux d'information touristique permanents - Tourisme Alma Lac-St-Jean (☛ p. 325), Carrefour d'accueil Ilnu de Mashteuiatsh (☛ p. 331), bureau d'information touristique de St-Félicien (☛ p. 328).

Agenda

Traversée internationale du lac St-Jean - *Roberval - juil. - traversee.qc.ca* (☛ p. 331).

Festirame - *Saguenay - Alma - déb. juil. - www.festirame.com.* Régate d'aviron de mer, spectacles d'artistes de renom, feux d'artifice.

Nos adresses

Restauration

À Alma

Budget moyen

Bar-Restaurant Mario Tremblay - *534 r. Collard Ouest - ☎ 418 668 7231 - lerbmt.com - fermé dim.-lun. et sam. midi - plats 20/63 $.* Bonne table et ambiance sportive définissent cet établissement fondé par un ancien hockeyeur au sein des Canadiens de Montréal. Son filet mignon en duo de queues de homard des îles de la Madeleine ne vous décevra pas !

À Roberval

Budget moyen

Emporte-Moi - *815-A bd St-Joseph - ☎ 418 765 0171 - facebook.com/emporte.moi.resto - service continu - fermé sam. midi, dim. soir et lun. - plats 23/44 $.* Ce restaurant-salon de thé propose une cuisine *fusion* à déguster sur place ou à emporter.

À St-Gédéon

Premier prix

Microbrasserie du Lac-St-Jean - *120 r. de la Plage - ☎ 418 345 8758 - microdulac.com - service continu - fermé le soir du dim. au merc. et le midi du jeu. au vend. - plats 20/28 $.* Situé à proximité de la Véloroute des Bleuets et des plages, cet établissement propose une carte inventive. Essayez donc la fondue de Kénogami accompagnée d'une confiture de bleuets... Beau choix de bières. Visite de la brasserie en été *(se rens.).*

Shopping

À Albanel

Les Délices du Lac St-Jean - *287 r. de l'Église - ☎ 418 279 5921 - www.delicesdulac.com - tlj sf w.-end.* Ne manquez pas cet atelier-boutique, doublé d'un écomusée, qui met en valeur le bleuet sous toutes ses formes : tartes, confitures, sauces et même produits de beauté !

Hébergement

À St-Félicien

Budget moyen

Auberge des Berges - *610 bd Sacré-Cœur - ☎ 418 679 3346 - www.hoteldesberges.ca - 19 ch. 123/161 $* ☕. Logée dans une ancienne résidence de frères maristes, face à la rivière Ashuapmushuan, cette auberge dispose de chambres confortables au décor traditionnel.

5

Rocher Percé.
Squidlyw/Getty Images Plus

6

En aval de Québec, la rive droite du St-Laurent

CARTE MICHELIN RÉGIONAL N° 760

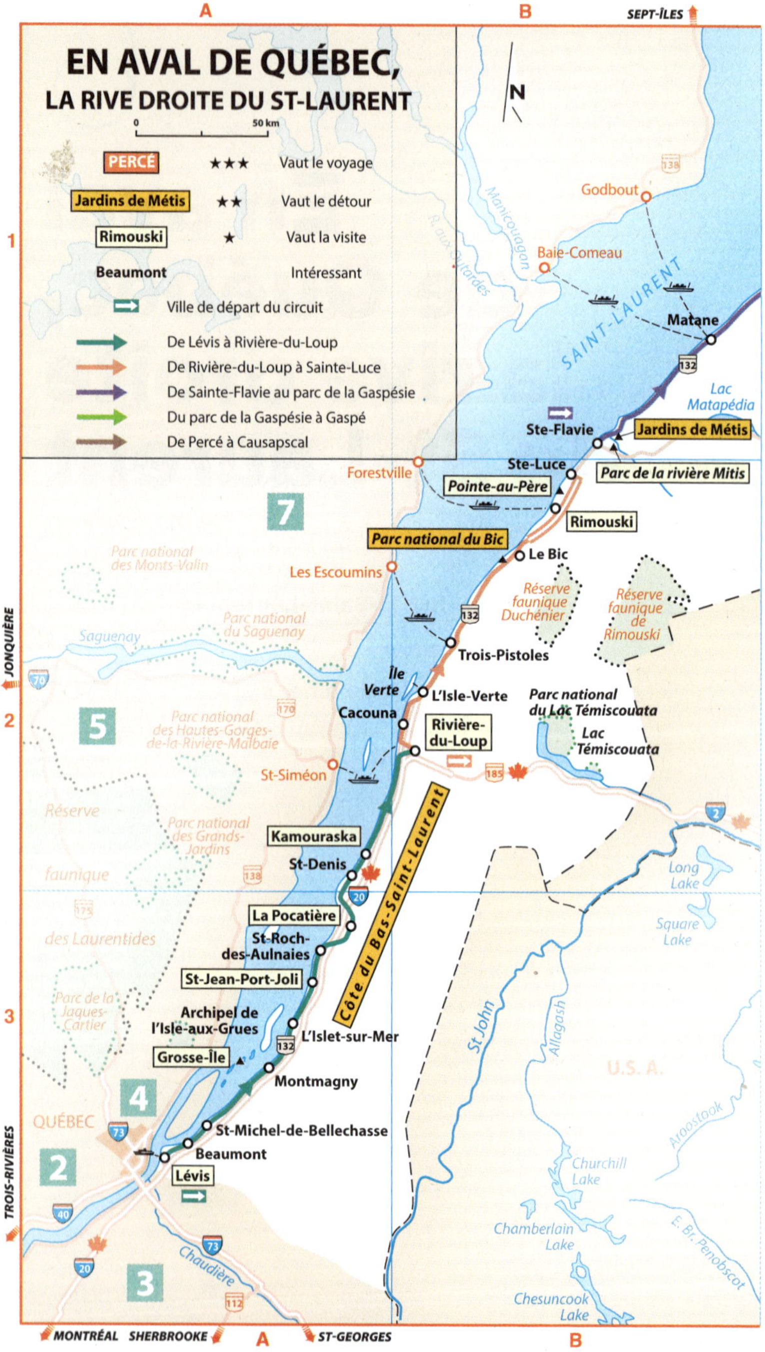
EN AVAL DE QUÉBEC,
LA RIVE DROITE DU ST-LAURENT
0
50 km
PERCÉ
★★★
Vaut le voyage
Jardins de Métis
★★
Vaut le détour
Rimouski
★
Vaut la visite
Beaumont
Intéressant
Ville de départ du circuit
De Lévis à Rivière-du-Loup
De Rivière-du-Loup à Sainte-Luce
De Sainte-Flavie au parc de la Gaspésie
Du parc de la Gaspésie à Gaspé
De Percé à Causapscal
A
B
SEPT-ÎLES
1
2
3
N
Manicouagan
R. aux Outardes
Godbout
Baie-Comeau
SAINT-LAURENT
Matane
Lac Matapédia
Ste-Flavie
Jardins de Métis
Ste-Luce
Parc de la rivière Mitis
Forestville
Pointe-au-Père
Rimouski
7
Parc national du Bic
Le Bic
Parc national des Monts-Valin
Les Escoumins
Réserve faunique Duchénier
Réserve faunique de Rimouski
JONQUIÈRE
Saguenay
Parc national du Saguenay
Trois-Pistoles
Île Verte
L'Isle-Verte
Parc national du Lac Témiscouata
Cacouna
5
Parc national des Hautes-Gorges-de-la-Rivière-Malbaie
Rivière-du-Loup
Lac Témiscouata
St-Siméon
Réserve
faunique
des Laurentides
Parc national des Grands-Jardins
Côte du Bas-Saint-Laurent
Kamouraska
St-Denis
Long Lake
La Pocatière
Square Lake
St-Roch-des-Aulnaies
St-Jean-Port-Joli
Parc de la Jaques-Cartier
Archipel de l'Isle-aux-Grues
L'Islet-sur-Mer
St John
Allagash
Grosse-Île
Montmagny
U.S.A.
4
QUÉBEC
St-Michel-de-Bellechasse
Aroostook
Beaumont
2
Lévis
Churchill Lake
TROIS-RIVIÈRES
Chamberlain Lake
E. Br. Penobscot
Chaudière
3
Chesuncook Lake
MONTRÉAL
SHERBROOKE
ST-GEORGES
132
138
170
175
185
20
40
73
2
112

C
D
Grande-Vallée
Ste-Madeleine-de-la-Rivière-Madeleine
Rivière-au-Renard
Parc national Forillon
Mont-St-Pierre
Route panoramique
Cap-des-Rosiers
La Martre
Gaspé
Cap-Gaspé
Ste-Anne-des-Monts
Réserve faunique des Chic-Chocs
Cap-Chat
St-Jean
PERCÉ
Parc national de la Gaspésie
PN de l'Île-Bonaventure-et-du-Rocher-Percé
Grande-Rivière
GASPÉSIE
Chandler
Réserve faunique de Matane
LA CÔTE SUD
Cascapédia
Réserve faunique de Dunière
Port-Daniel
1
New Richmond
Paspébiac
Carleton-sur-Mer
Causapscal
Bonaventure
Bataille-de-la-Ristigouche
Parc national de Miguasha
Baie des Chaleurs
GOLFE DU ST-LAURENT
Matapédia
Nouveau-Brunswick
2
ÎLES DE LA MADELEINE, MONCTON
NOUVEAU-BRUNSWICK
9
Dungarvon
S.W.
Miramichi
Salmon
SACKVILLE
Grand Lake
Squa Pan Lake
St John
3
Spednic Lake
Baie Fundy
PORTLAND
ST-JOHN

Côte du Bas-Saint-Laurent ★★

En remontant la rive sud du Saint-Laurent de Lévis jusqu'à Ste-Luce, aux portes de la Gaspésie, vous découvrirez toute la majesté de ce fleuve qui devient estuaire à hauteur de Berthier-sur-Mer, un fleuve si large par endroits qu'on ne voit plus la côte sur la rive opposée. Graduellement, l'eau se fait saline, et plusieurs îles émergent ici et là : Grosse-Île, l'archipel de l'Île-aux-Grues, les îles de Kamouraska, l'île aux Basques, l'île Verte... La route offre une impressionnante succession de baies, caps et promontoires qui invitent à contempler la beauté des lieux. Chaleureux et pittoresques, les villes et villages qui se font suite au long de la côte sont autant d'occasions de faire escale et d'apprécier un remarquable patrimoine bâti. Enfin, la découverte du Parc national du Bic, aux paysages sublimes dessinés par le plus grand estuaire du monde, vient ajouter une touche magique à ce circuit d'exception.

Se repérer

Bas-St-Laurent - Chaudière-Appalaches

CARTE AB2-3 (P. 338-339).

La rive sud du St-Laurent se compose, dans sa partie méridionale, de la Côte-du-Sud. Celle-ci va de Beaumont à St-André-de-Kamouraska et relève de deux régions : Bas-St-Laurent et Chaudière-Appalaches. Le Bas-St-Laurent à proprement parler commence, quant à lui, à La Pocatière et se poursuit jusqu'à Ste-Luce.

À ne pas manquer

Le village des sculpteurs de St-Jean-Port-Joli ; le superbe Parc national du Bic, avec ses caps rocheux et ses phoques qui se prélassent au soleil le long du rivage.

Organiser son temps

Chaque circuit proposé peut se faire en deux ou trois jours.

En famille

La visite du Musée maritime du Québec, à L'Islet-sur-Mer ; le Canyon des Portes de l'Enfer.

Carnet pratique p. 354

Nos adresses p. 355

Circuits conseillés

CARTE P. 338-339

De Lévis à Rivière-du-Loup AB2-3

Circuit de 187 km tracé en vert foncé sur la carte p. 338-339, par la route 132.

★ Lévis A3

Centre de congrès et d'exposition de Lévis - 5750 r. J.-B.-Michaud - 418 838 6026 - levis.chaudiereappalaches.com.

Lévis fait face à Québec, sur la rive orientale du St-Laurent. Un traversier relie les deux villes, permettant aux uns de sortir de Québec pour rejoindre la route de la

Gaspésie, et aux autres, ceux qui prennent leur temps, de visiter le lieu historique national des Forts-de-Lévis (*ci-dessous).*

★ **Traversier pour Québec** – *Société des traversiers du Québec - 418 837 1812 ou 1 877 787 7483 - www.traversiers.com - ♿ - dép. de la gare fluviale de Lévis, 6001 r. Laurier (accessible à pied ou en voiture) tte l'année 6h30-2h20 (1 départ par heure) - traversée 12mn - 3,95 $/adulte ; 9,40 $/voiture.* En service depuis 1812, ce traversier est de loin la façon la plus pittoresque d'aborder la ville de Québec si l'on veut profiter d'une **vue** exceptionnelle sur son site et ses installations portuaires.

Terrasse de Lévis – *À partir de la route 132, prenez la rue Côte-du-Passage. Restez sur la file de gauche et tournez à gauche dans la rue William-Tremblay.* Construite pendant la crise de 1929, cette terrasse fut inaugurée en 1939 par le roi George VI et sa fille, la future reine Élisabeth II. Elle domine le fleuve et offre une excellente **vue★★** sur le Vieux-Lévis, Québec, la Citadelle, le château Frontenac et le port. La vue porte jusqu'au mont Ste-Anne, à l'est, et au pont de Québec, à l'ouest.

Carré Déziel – Au cœur du Vieux-Lévis, le carré Déziel met en valeur plusieurs édifices, dont la vaste église Notre-Dame-de-la-Victoire, édifiée en 1851. Au centre de la place, le **monument** à la mémoire de Joseph-David Déziel (1806-1882) est l'œuvre du sculpteur Louis-Philippe Hébert. Premier curé de la paroisse et supérieur du collège de Lévis, qu'il créa en 1851, Déziel est aujourd'hui considéré comme le fondateur de la ville.

★ **Maison Alphonse-Desjardins** – *6 r. du Mont-Marie, à l'angle de la rue Guenette. 418 835 2090 - www.desjardins.com/maisonalphonsedesjardins - ♿ - 10h-12h, 13h-16h30, w.-end 12h-17h - fermé lun. - gratuit.* Fondateur de la « Caisse populaire », première coopérative d'épargne et de crédit en Amérique du Nord, **Alphonse Desjardins** (1854-1920) et son épouse, Dorimène, habitèrent plus de quarante ans ce cottage en bois de style néogothique, construit entre 1882 et 1884. Ici même furent enregistrées les transactions de leur toute première « caisse pop ». Restaurée en 1982 par le mouvement Desjardins en hommage à son fondateur, la petite maison blanche a retrouvé son caractère d'antan. Une vidéo et divers objets racontent la vie d'Alphonse Desjardins et décrivent l'œuvre à laquelle il s'est consacré.

★ **Lieu historique national des Forts-de-Lévis** – *41 chemin du Gouvernement, à 2 km par la rte 132 Est et le chemin du Gouvernement - 418 835 5182 ou 1 888 773 8888 - parcs.canada.ca/lhn-nhs/qc/levis - ♿ - de la 3e sem. de juin à fin août : merc.-dim. 10h-17h ; de déb. sept. à mi-oct. : w.-end 10h-17h - 4,50 $.* Bâti entre 1865 et 1872 sur

Il était une fois Lévis...

C'est sur la falaise rocheuse de Lévy qu'en 1759, le **général anglais Wolfe** bâtit une redoute d'où il comptait bombarder la capitale du Canada français. D'abord appelée Aubigny, la petite agglomération fut rebaptisée en 1861 en l'honneur de François-Gaston, duc de Lévis, vainqueur des Anglais à Ste-Foy en 1760. Au 19e s., Lévis était l'un des principaux centres d'**exportation de bois d'œuvre** vers l'Angleterre. En 1828, la société de **construction navale** Davie (Davie Shipbuilding Company), de la ville voisine de Lauzon, y aménagea le premier chantier maritime du Canada. Avec l'arrivée du **chemin de fer** en 1861, la ville devint un carrefour commercial important. Le port, les activités liées à l'industrie du bois et, bien sûr, la fameuse **Caisse populaire Desjardins** ont contribué à l'essor de Lévis.

la pointe de Lévy, face à la ville de Québec, ce vestige de l'architecture militaire du 19e s. domine la rive sud du St-Laurent. Il se compose d'un ensemble de trois forts qui étaient destinés à protéger Québec d'éventuelles représailles des Américains contre les intérêts britanniques, au lendemain de la guerre de Sécession, ou des raids menés par les **fénians**. Ces derniers, membres d'une société secrète irlandaise fondée à New York vers 1858, luttaient pour libérer l'Irlande de la domination anglaise et avaient pour objectif l'occupation de l'Amérique du Nord britannique. Le traité de Washington ayant écarté toute menace dès 1871, le fort n'eut guère l'occasion de servir. Unique survivant des trois forts initiaux, le **Fort n° 1** est un ouvrage massif en terre, de type « Montalembert », doté d'un remblai destiné à protéger les casemates. Il comprend une **fosse** et des **tunnels voûtés** conduisant à la **caponnière**. Sa structure marque la transition entre les principes classiques de défense, fondés sur l'utilisation de fortifications continues, et les pratiques militaires du milieu du 19e s., qui s'appuient sur la construction de forts détachés. Du fort, la **vue★** sur l'île d'Orléans, le parc de la Chute-Montmorency (*p. 289*) et le St-Laurent est superbe.
À la sortie de Lévis, la route 132 longe le St-Laurent et offre de belles vues de Québec et de la **chute Montmorency**, sur la rive gauche.
Après 13 km, tournez à gauche en direction de Beaumont.

Beaumont A3

Construite entre 1726 et 1739, l'**église** de Beaumont est l'une des plus anciennes du Québec. C'est là, en 1759, que le général Wolfe – commandant en chef des troupes anglaises – fit afficher la fameuse proclamation qui affirmait la suprématie britannique. Quand les villageois l'arrachèrent, ses soldats voulurent brûler l'église, mais le bâtiment demeura intact. Sa façade fut agrandie et on ajouta une chapelle au nord, ainsi qu'une sacristie. Sa nef dépouillée se termine en une abside circulaire. À l'intérieur, on découvre un magnifique **décor de bois sculpté**, façonné par Étienne Bercier, de l'atelier de Louis-Amable Quévillon à Montréal. Exécuté de 1809 à 1811, le chœur est orné de boiseries de style Louis XV et d'une voûte étoilée en caissons. Le tabernacle finement sculpté du maître-autel, du 18e s., est surmonté d'un tableau d'Antoine Plamondon, *La Mort de saint Étienne*.
Traversez le village pour rejoindre la route 132.

Saint-Michel-de-Bellechasse A3

L'**église**, au centre du village, date de 1858. Le **presbytère**, l'un des plus anciens du Québec (1739), fut réalisé dans le plus pur style québécois, avec ses volets sculptés d'une fleur de lys (en haut) et d'une feuille d'érable (en bas). À la fin du 18e s., l'édifice fut endommagé par les Anglais, puis restauré.
Reprenez la route 132 en direction de Montmagny.
Cette région agricole est parsemée de fermes laitières et de quelques maisons aux boiseries colorées. La route longe le bord de l'eau et offre de jolis points de vue sur le St-Laurent et sur l'archipel de l'Île-aux-Grues (*ci-contre*).

Montmagny A3

45 av. du Quai - 418 248 9196 ou 1 888 463 5643 - montmagnyetlesiles.chaudiereappalaches.com.
Chaque année, au début du mois de septembre, Montmagny accueille le **Carrefour mondial de l'accordéon**, événement musical au cours duquel se rencontrent durant cinq jours des artistes et interprètes du monde entier.

Musée de l'Accordéon – *301 bd Taché Est - ✆ 418 248 7927 - www.accordeon montmagny.com - ♿ - de déb. juin à déb. sept. : 10h-16h ; reste de l'année : se rens. - 8 $.* Logé dans le **manoir Couillard-Dupuis** (1789), il retrace l'histoire de ce fameux instrument à soufflet et permet d'assister à différentes étapes de sa fabrication.

Lieu historique national de la Maison Sir Étienne-Paschal-Taché – *37 av. Ste-Marie - ✆ 418 248 3361 - www.ville.montmagny.qc.ca - de déb. juin à fin août : 12h30-17h ; de déb. sept. à mi-oct. : w.-end 12h30-17h30 - 4 $.* Cette maison au style néoclassique (1821-1830), entièrement restaurée, présente une exposition permanente sur la vie d'Étienne-Paschal Taché, considéré comme l'un des Pères de la Confédération canadienne.

Archipel de l'Isle-aux-Grues A3

Visite guidée – *Croisières Lachance/AML - ✆ 1 866 856 6668 - www.croisieres aml.com - ♿ - de mi-juin à mi-oct. - dép. de la marina de Berthier-sur-Mer à 9h30 (retour à 16h15) ou 12h (retour à 18h45) - commentaire à bord - réserv. recommandée - croisière + visite de l'Isle-aux-Grues à bord d'un écotrain : 79,99 $.* Les plus importantes des 21 îles et îlots dont se compose l'archipel sont Grosse-Île, l'île aux Grues et l'île aux Oies.

Île aux Grues – *Accès (gratuit) en traversier - ✆ 1 877 787 7483 (#6) - www. traversiers.com - ♿ - dép. de la gare fluviale de Montmagny (45 av. du Quai) de déb. avr. à mi-déc. - de 2 à 4 AR/j., selon les marées, qui varient quotidiennement - aller simple 25mn (8 km) - consulter le site Internet pour plus de détails sur les horaires - service aérien durant la fermeture hivernale, horaires se rens.* La seule île du St-Laurent habitée en permanence fait 10 km de long. Les premiers colons européens débarquèrent ici en 1679. Au cours du siècle suivant, les troupes anglaises du général Wolfe dévastèrent l'île. Aujourd'hui, cette oasis de paix, visitée au printemps et à l'automne par des milliers d'**oies blanches**, attire les amoureux du calme et de la nature, qui y trouveront gîtes et auberges. À la pointe sud-est de l'île, en dehors du village de St-Antoine, se dresse un élégant manoir en bordure du St-Laurent.

★ Lieu historique national de la Grosse-Île-et-le-Mémorial-des-Irlandais A3

2 r. d'Auteuil - ✆ 418 234 8841 ou 1 888 773 8888 - parcs.canada.ca/lhn-nhs/qc/ grosseile - ✕ - de fin juin à déb. sept. : tlj ; de déb. sept. à mi-oct. : jeu-dim. - 19,75 $. Ce lieu historique national est desservi par bateau et par avion ; voir notamment **Croisières Lachance** *au dép. de Berthier-sur-Mer (www.croisieresaml.com/croisieres-lachance) ;* **Air Montmagny** *(www.airmontmagny.com).*

Face au flot grandissant d'immigrants européens, le gouvernement du Canada établit en 1832 une **station de quarantaine** sur Grosse-Île. Il s'agissait avant tout de protéger le pays des épidémies qui ravageaient alors l'Europe. Dès la première année, 50 000 immigrants transitèrent par l'île. En 1847 arrivèrent plusieurs milliers d'Irlandais fuyant la misère, la répression politique et le typhus. Environ 5 000 périrent sur Grosse-Île avant même d'avoir atteint le continent.

L'île était jadis divisée en trois zones. Dans la partie ouest, dite **Secteur Hôtel**, les immigrants en bonne santé trouvaient à se loger dans des bâtiments de standing variable. Un hôtel de première classe fut ainsi construit en 1914 : chaque chambre avait l'eau courante et l'électricité. Le **Secteur Village**, dans la partie centrale de l'île, abritait les employés du centre et leurs familles. À l'est, le **Secteur Hôpital** comprenait 21 installations hospitalières, dont une existe toujours. Le centre de quarantaine humanitaire de Grosse-Île cessa son activité en 1937. L'île fut tour à tour utilisée comme centre de recherche sur la guerre chimique et bactériologique, sur les maladies animales, puis comme centre de quarantaine animale, avant de devenir lieu historique national en 1990.

Une promenade guidée dans le Secteur Hôtel permet de voir l'hôtel de première classe, le cimetière, la baie du Choléra et le monument érigé en 1909 à la mémoire des milliers d'Irlandais enterrés sur l'île. La visite se poursuit, à bord d'un petit train, jusqu'au Secteur Village, où s'élève la chapelle réservée aux employés et à leurs familles. Elle se termine par le Secteur Hôpital.

L'Islet-sur-Mer A3

Bâtie face à la pointe de l'île aux Oies, L'Islet-sur-Mer est tournée... vers la mer! Depuis le 18e s., son économie repose sur son activité maritime et beaucoup d'Isletains sont devenus capitaines, marins et bien sûr pêcheurs. Pas surprenant, donc, d'y trouver le Musée maritime du Québec.

★ **Église Notre-Dame-de-Bonsecours** – *15 r. des Pionniers Est - de fin juin à déb. sept.* Cet édifice religieux, construit en pierre des champs, fut érigé en 1768 puis agrandi en 1884, époque à laquelle on refit sa façade et ses deux clochers. Les niches de la façade contiennent les statues de saint François d'Assise *(à droite)* et saint Jean-Baptiste *(à gauche)*, œuvre d'Amable Charron, qui réalisa également les corniches intérieures. L'église possède par ailleurs un maître-autel de **François Baillairgé**, un tabernacle de Noël Levasseur, des tableaux d'Antoine Plamondon et un chemin de croix sculpté en 1945 par Médard Bourgault, originaire de St-Jean-Port-Joli.

★ **Musée maritime du Québec** – *55 chemin Pionniers Est, 200 m après l'église - ✆ 418 247 5001 - www.mmq.qc.ca - ♿ - de déb. juin à la 3e sem. de juin : 10h-17h ; de fin juin à déb. sept. : 10h-18h ; reste de l'année : se rens. - 13,25/21 $ - parc fluvial en travaux, le musée reste ouvert.* Consacré au patrimoine maritime du St-Laurent, ce musée perpétue, par le nom de son édifice principal, le souvenir du capitaine **Joseph-Elzéar Bernier** (1852-1934), grand explorateur canadien de l'Arctique originaire de L'Islet-sur-Mer. Réparties sur quatre niveaux, ses salles d'exposition contiennent à la fois de beaux artefacts maritimes des 19e et 20e s. (notamment des objets récupérés à la suite du naufrage de l'*Empress of Ireland* en 1914), mais aussi de touchants témoignages vidéo d'aventures et mésaventures marines.

Assurez-vous de ne manquer ni les 200 modèles miniatures de la **réserve des maquettes** *(visite guidée uniquement)*, ni l'impressionnante collection de bateaux en bois de la **chalouperie** où vous pourrez tenter de hisser la voile.

À l'extérieur, le **parc fluvial** offre une déambulation parmi 11 zones aménagées et compte deux **bateaux-musées** : le brise-glace *Ernest Lapointe*, construit en 1940 pour la flotte de la garde-côtière canadienne et l'hydroptère *Bras d'Or 400*, utilisé par la marine canadienne entre 1968 et 1972.

★ Saint-Jean-Port-Joli A3

20 av. de Gaspé Ouest (rte 132) - ✆ 418 598 3747 - destinationlislet.chaudiere appalaches.com/fr.

Patrie d'une célèbre famille de sculpteurs, les **frères Bourgault** – Médard (1897-1967), André (1898-1958) et Jean-Julien (1910-1996) –, la petite ville de St-Jean-Port-Joli est devenue, au fil des ans, la capitale québécoise de la sculpture sur bois et des métiers d'art, comme l'illustrent ses innombrables galeries, boutiques et ateliers. Autre résident de marque : **Philippe Aubert de Gaspé père**

(1786-1871), auteur du roman *Les Anciens Canadiens*, publié en 1863, qui lui vaudra la gloire au soir de sa vie, après avoir connu la prison.

★ **Église Saint-Jean-Baptiste** – *Au centre du village.* Avec ses élégants clochers et sa toiture galbée, cet édifice constitue un pittoresque exemple d'architecture (1779). L'intérieur comporte plusieurs œuvres de Médard et Jean-Julien Bourgault. Le **tabernacle** du maître-autel, attribué à Pierre-Noël Levasseur, daterait de 1740. Il est situé dans le sanctuaire, qui fut décoré entre 1794 et 1798 par Jean Baillairgé et son fils Florent. La voûte en berceau de l'église évoque le firmament ; elle est formée de petits caissons ornés de 4 300 fleurs sculptées. Le **banc seigneurial** a été conservé en l'honneur du dernier seigneur de St-Jean-Port-Joli, Philippe Aubert de Gaspé, enterré dans la crypte de l'église. En 1987, dix-sept sculpteurs sur bois du village ont uni leurs talents pour créer une magnifique **crèche de Noël**★ *(exposée dans la sacristie)*, complétée en 1994 par une *Marie de l'Avent* taillée dans le tilleul.

Musée de sculptures sur bois des Anciens Canadiens – *332 av. de Gaspé Ouest - ✆ 418 598 3392 - ♿ - museedesancienscanadiens.com - de mi-mai à mi-oct. : 9h30-17h30 - 9 $.* Ce centre d'interprétation de la sculpture sur bois propose, en introduction à la visite, une vidéo *(15mn)* détaillant les différentes étapes de la création d'une œuvre sculptée. L'exposition permanente contient une collection sans cesse renouvelée de pièces exceptionnelles façonnées par de très grands noms de la sculpture sur bois, dont les incontournables frères Bourgault, Pier Cloutier, Benoi Deschênes et bien d'autres encore. Particulièrement impressionnante, la monumentale *Naissance virginale* (Jean Leclerc, 1986), sculptée en pin blanc, est le résultat d'un travail éblouissant de dextérité. Ne partez pas sans avoir jeté un coup d'œil à la boutique du musée. Bien plus qu'un simple magasin de souvenirs, elle recèle de véritables œuvres d'art en blois flotté à prix doux.

Parc des Trois-Bérets – *200 r. Caron.* Située à deux pas du Parc nautique, en bordure du St-Laurent, cette véritable galerie d'art à ciel ouvert met en valeur, le long de ses sentiers, plusieurs œuvres monumentales dont un curieux *Merlin l'enchanteur* et de magnifiques bancs sculptés. Ce parc est devenu le lieu privilégié de rencontres artistiques telle la fameuse **Biennale de sculpture de St-Jean-Port-Joli**, qui a lieu un an sur deux en juillet.

Site du manoir de Philippe Aubert de Gaspé – *710 av. de Gaspé Ouest (accessible par la route 132) - ✆ 418 358 0518 - www.memoirevivante.org - de mai à la 3e sem. de juin : 10h-17h ; de fin juin à déb. sept. : 9h-18h ; reste de l'année : se rens. - 15 $.* En 1909, un incendie détruisit le manoir où Philippe Aubert de Gaspé écrivit son fameux roman (*ci-dessus*), n'épargnant guère que le four à pain domanial (1764). Le manoir fut reconstruit selon l'allure extérieure qu'on lui connaissait au 19e s. et abrite aujourd'hui le **musée de la Mémoire vivante**. Dédié aux témoignages et récits de vie, celui-ci se penche sur l'histoire locale et sur la vie du célèbre écrivain. Il expose par ailleurs les découvertes archéologiques réalisées sur le site et le produit des fouilles qui s'y poursuivent.

Saint-Roch-des-Aulnaies A3

Ce village paisible doit son nom à l'abondance d'aulnes qu'on y observe le long de la rivière Férée. La seigneurie des Aulnaies est l'une des plus anciennes de la région. Elle fut concédée en 1656 à Nicolas Juchereau de St-Denis, mais les premiers colons, repoussés par les Iroquois, n'arrivèrent qu'à la fin du 17e s. En 1837, Aimable Dionne (1781-1852) acheta la seigneurie. Riche marchand, il fut maire de Kamouraska pendant plus de trente ans et construisit un magnifique manoir pour son fils, Pascal-Aimable.

Église Saint-Roch – *À 3 km à l'est de l'entrée du village, sur la route 132 - de mi-juin à mi-sept. : 9h-17h.* Construite en 1849, cette église néogothique abrite de nombreuses toiles de Joseph Légaré (1795-1855). La chaire sculptée et l'autel sont l'œuvre de François Baillairgé. Édifié en 1888 sur les plans de David Ouellet, le **presbytère** accueille le charmant **Café du Bon Dieu** *(8h-22h de mi-juin à déb. sept.).* La petite **chapelle de procession St-Roch**, à 400 m de l'église, est antérieure à 1753.

Seigneurie des Aulnaies – *525 r. de la Seigneurie (rte 132), à 3 km à l'est de l'église - ☎ 418 354 2800 ou 1 877 354 2800 - www.laseigneuriedesaulnaies.qc.ca - de la 2e sem. de mai à fin juin et de sept. à mi-oct. : merc.-dim. 10h-17h ; de fin juin à déb. sept. : 10h-17h ; reste de l'année : se rens. - réserv. obligatoire - 17 $.* Élevée sur un promontoire au confluent de deux rivières, cette belle maison de bois d'époque victorienne fut construite entre 1850 et 1853, selon les plans de l'illustre architecte Charles Baillairgé. Elle est entourée de grandes galeries ornées de dentelles de bois. Deux tours octogonales jouxtent ses flancs. À l'intérieur, les pièces ont été aménagées de manière à refléter les goûts de l'époque. Des guides en costumes de la fin du 19e s. commentent la visite de la demeure et décrivent le mode de vie d'antan. À l'extérieur, on appréciera les **jardins** superbement entretenus et le **moulin banal** adjacent (1842), dont l'exposition dévoile les différentes facettes du système seigneurial.

★ La Pocatière A3

Berceau de l'enseignement agricole au Canada, La Pocatière a conservé sa vocation éducative, et l'on y effectue aujourd'hui d'importantes recherches dans différents domaines, en particulier celui de l'agroalimentaire. Le secteur industriel est également représenté par les usines Bombardier, célèbres pour leurs motoneiges et leurs wagons.

★ **Musée québécois de l'Agriculture et de l'Alimentation** – *100 4e Av., derrière le collège Ste-Anne - entrée au 1er étage - ☎ 418 856 3145 - www.mqaa.ca - de déb. juin à mi-août : 10h-17h ; reste de l'année : se rens. - 8 $.* Nommé en 1974 en l'honneur de l'abbé **François Pilote**, fondateur de la toute première École permanente d'agriculture (1859) au Canada, le musée québécois de l'agriculture et de l'alimentation possède une fabuleuse collection d'ethnographie rurale (instruments aratoires, forge, travail du bois, etc.) et d'objets scientifiques, ainsi que de savantes reconstitutions d'univers divers et variés illustrant les 19e-20e s. : le bureau du médecin, du dentiste ou du notaire, la maison bourgeoise, l'école, la maison et la paroisse rurales, le magasin général…

À 10 km, la route 132 traverse la rivière Ouelle.

Saint-Denis-de-la-Bouteillerie A2

Maison Chapais – *2 rte 132 Est, au centre du village - ☎ 418 498 2353 - maisonchapais.com - ♿ - de mi-juin à déb. sept. : 10h-17h - visite guidée (40mn) - 9 $.*

Route des Navigateurs

Cet itinéraire, reliant La Pocatière à Ste-Luce (190 km), longe la rive sud du St-Laurent. Il offre des panoramas sans cesse renouvelés et permet d'explorer les sites représentatifs du patrimoine maritime régional, qui sont signalés par un panneau bleu marqué d'une roue de gouvernail.
www.routedesnavigateurs.ca.

Kamouraska au bord du St-Laurent.
Ph. Renault/hemis.fr

Encadrée d'un ravissant jardin fleuri assorti d'un adorable potager, cette somptueuse résidence victorienne a retrouvé son lustre d'antan. Construite en 1833 pour Jean-Charles Chapais, l'un des pères de la Confédération, elle appartint à sa descendance jusqu'en 1968. En 1866, le porche et l'escalier en spirale furent ajoutés à la façade. Meublé avec goût, l'intérieur raffiné abrite une tapisserie monumentale inspirée de *La Bataille d'Austerlitz,* œuvre majeure de François Gérard, l'un des plus grands peintres de l'Empire.
La route traverse une plaine d'où l'on découvre un beau panorama sur les Laurentides. En travers du littoral, des **nasses à anguilles** se prolongent jusque dans le fleuve. L'industrie de la pêche de Kamouraska (*ci-dessous*) repose d'ailleurs très largement sur les exportations des produits de la pêche à l'anguille…
Continuez vers le nord sur la route 132.

★ Kamouraska A2

69A av. Morel - 418 492 1325 - www.kamouraska.ca.
En 1674, Louis de Buade, comte de Frontenac et gouverneur de la Nouvelle-France, concédait à Olivier Morel de La Durantaye la seigneurie de Kamouraska. Les premiers colons arrivèrent l'année suivante. Au 18e s., Kamouraska était devenu l'un des villages les plus peuplés du Bas-St-Laurent. Depuis le 19e s., la culture des céréales, des pommes de terre et l'élevage laitier ont fait de l'agriculture le pivot de l'économie locale. Le village, à jamais associé au célèbre roman d'Anne Hébert, *Kamouraska,* a également donné son nom, en architecture, au fameux **toit Kamouraska** ou « toit à larmier », dont la forme incurvée confère à certaines maisons de la région leur silhouette caractéristique.

Kamouraska, « là où il y a des joncs au bord de l'eau » en algonquin, se distingue aussi par ses **battures**. Ces parties du rivage que la marée ascendante laisse à découvert constituent des refuges naturels pour de nombreuses espèces d'oiseaux et d'invertébrés.

Musée régional de Kamouraska – *69 av. Morel, pl. de l'église - ✆ 418 492 9783 - museedekamouraska.com - de fin mai à la 3e sem. de juin : tlj sf lun. 9h-17h ; de fin juin à fin août : tlj sf lun. 9h-17h ; de déb. sept. à mi-oct. : mar.-sam. 9h-17h ; reste de l'année : sur réserv. - 15 $.* Logé dans un ancien couvent (1851), ce musée consacré à l'histoire culturelle de la région de Kamouraska renferme du mobilier et des objets typiques des maisons et du style de vie des premiers colons européens. Des instruments agricoles et des outils d'artisans témoignent des conditions de travail des pionniers. De nombreuses pièces de l'attirail du pêcheur et des maquettes illustrant les techniques de pêche à l'anguille démontrent l'importance prépondérante du St-Laurent dans la vie des villageois. Le musée conserve aussi le vieux **retable** de la seconde église, sculpté par François-Noël Levasseur en 1737.

Société d'écologie de la batture du Kamouraska (SEBKA) – *273 rte 132 Ouest, 9 km à l'est du « Berceau de Kamouraska » et 3 km à l'ouest de St-André-de-Kamouraska - ✆ 418 493 9984 - sebka.ca - ⛺ - de mi-mai à déb. oct. - tarifs, se rens.* La SEBKA est un centre de plein air qui propose trois types d'activités : de l'escalade sur les falaises de St-André, du kayak de mer et une halte écologique dont l'objectif est de sensibiliser les visiteurs à la connaissance et au respect de l'écosystème marécageux et fluvial. Des activités d'initiation sur différents thèmes écologiques (faune et flore des marais, bélugas, faucons pèlerins et différentes espèces d'oiseaux) sont animées par des guides spécialisés.

Un parcours *(12 km)* mène au marais, ainsi qu'à un promontoire rocheux doté de belvédères panoramiques et de postes d'observation ornithologique.

★ Rivière-du-Loup B2

ⓘ 189 bd de l'Hôtel-de-Ville - ✆ 418 862 1981 ou 1 888 825 1981 - tourismeriviere duloup.ca.

Au cœur de la région du Bas-St-Laurent, entre Québec et la Gaspésie, Rivière-du-Loup, se trouve à un carrefour géographique propice au commerce et au tourisme : un service de **traversier** assure la liaison avec St-Siméon (sur la rive nord du St-Laurent), dans la région de Charlevoix, tandis que la Transcanadienne conduit au sud vers le Nouveau-Brunswick.

Hôtel de ville – *À l'angle de la rue Lafontaine et du boulevard de l'Hôtel-de-Ville.* Cet édifice (1917) fut construit à l'emplacement d'un ancien marché public ravagé par un incendie en 1910. La tour de l'horloge, qui caractérise les hôtels de ville en territoire anglophone, constitue ici un élément architectural inhabituel.

Tournez à droite dans la rue Lafontaine, et traversez-la pour aller rue de la Cour.

Au coin de la rue Lafontaine et de la rue de la Cour se dresse le **palais de justice**, tout de pierre de taille et de brique, conçu par David Ouellet en 1881. Il a fait l'objet de trois rénovations importantes.

Ancien bureau de poste – Cet imposant édifice en brique sombre (1889) de la rue Iberville *(tournez à droite à partir de la rue Lafontaine)* est un bel exemple d'architecture anglo-saxonne. Il abrite un centre de services communautaires.

Suivez la rue Iberville. Continuez jusqu'à la rue du Rocher et tournez à droite.

Bibliothèque municipale – L'édifice de pierre fut construit en 1886 par David Ouellet dans le style Second Empire. Il abrita pendant près d'un siècle le **couvent**

des sœurs du Bon-Pasteur. En 1978, après le départ de la congrégation religieuse, il fut rénové, puis transformé en bibliothèque en 1983.
Au coin, à côté du parc Blais, tournez à gauche dans la rue Lafontaine, puis retournez à l'hôtel de ville.
Musée du Bas-Saint-Laurent – *300 r. St-Pierre - ✆ 418 862 7547 - www.mbsl.qc.ca - ♿ - de mi-juin à déb. sept. : tlj 9h-17h ; reste de l'année : tlj sf lun. 13h-17h (jeu. nocturne 20h) - 8,50 $.* L'histoire régionale et l'art visuel québécois sont au cœur des expositions de ce musée. L'exposition permanente, qui illustre la vie et les mœurs du Bas-St-Laurent durant la première moitié du 20e s. à travers un savant dosage de photos anciennes et de nouvelles technologies, en est un bon exemple.
★ **Parc des Chutes de Rivière-du-Loup** – *Accès par les rues Frontenac et de la Chute.* Avant de se jeter dans le St-Laurent, la **rivière du Loup** subit une dénivellation de 90 m. Huit chutes interrompent son cours sur une distance de 1 500 m. Celles-ci, en plein centre-ville, atteignent une hauteur de 33 m. Deux **passerelles**, l'une au pied des chutes, l'autre au-dessus, permettent de les admirer de près. Non loin de là s'élève une ancienne **centrale hydroélectrique** entièrement restaurée.
Îles du Bas-Saint-Laurent – *Île aux Lièvres : traversée AR (au départ de Rivière-du-Loup) ; de déb. juin à fin sept. ; duvetnor.com/sejours/ile-aux-lievres ; traversée et randonnée 63 $ - îles du Pot : croisière (au dép. de Rivière-du-Loup) avec visite du phare ; de mi-juin à mi-sept. ; duvetnor.com/excursions/excursions-en-mer ; 53/74 $.* La société à but non lucratif **Duvetnor Ltée** *(200 r. Hayward - ✆ 418 867 1660 ou 1 877 867 1660 - duvetnor.com)* propose diverses activités de découverte (excursions en mer, randonnée, camping, séjour dans un phare, etc.) des **îles du Pot-à-l'Eau-de-Vie** et de l'**île aux Lièvres**. Au large de Rivière-du-Loup, ces superbes étendues de terre au caractère sauvage forment une véritable réserve naturelle peuplée de cormorans à aigrettes, de grands hérons bleus, de petits pingouins et de guillemots noirs, sans parler d'immenses volées de canards et de bernaches cravant selon la saison...
Traversée en ferry – *✆ 418 862 5094 (Rivière-du-Loup) - ✆ 418 638 2856 (St-Siméon) - www.traverserdl.com - en service de fin mars à fin déc. - aller simple (env. 1h) : 20,20 $; AR (sans débarquer 3h) : 27,60 $.* Un traversier part de

Une cité prospère

En 1673, la seigneurie de Rivière-du-Loup fut concédée à **Charles-Aubert de La Chesnaye**, ancêtre de l'écrivain Philippe Aubert de Gaspé. Il s'associa au sieur Charles Bazire pour tirer profit des fourrures et des pêcheries, et devint l'un des négociants les plus riches de la Nouvelle-France. Mais les deux hommes ne se préoccupaient guère de coloniser le territoire, dont la population passa, entre 1683 et 1765, de 4 à 68 habitants.
Avec l'acquisition de la seigneurie par **Alexander Fraser** en 1802 commença sa véritable expansion. Le commerce du bois, que Fraser entretenait avec l'Angleterre, permit à Rivière-du-Loup de prospérer. La région connut un nouvel essor avec la création, en 1860, d'une ligne ferroviaire reliant Rivière-du-Loup à Windsor (Cantons-de-l'Est). En 1887, l'arrivée du chemin de fer du Témiscouata devait relier la ville au Nouveau-Brunswick. Les opulentes résidences et les grands édifices publics construits à l'époque témoignent de la prospérité à la fin du 19e s. et au début du 20e s.

Rivière-du-Loup pour rejoindre la rive nord du St-Laurent à hauteur de St-Siméon (p. 302). Une manière originale de contempler la beauté du fleuve...

Excursion dans le Parc national du Lac-Témiscouata B2

Accès par la route 185 - entrée principale au 400 ch. de la Vieille-Route, à St-Michel-du-Squatec - 418 855 5508 - www.sepaq.com/pq/tem - - ouv. tte l'année - droit d'entrée : 21,36 $ - consulter le site Internet pour connaître les périodes d'ouverture des centres de services du secteur Squatec (poste d'accueil, centre de services du Petit Lac Touladi et camping de l'Anse-à-William), du secteur St-Juste (centre de services de la Passerelle et accueil au Grand-Lac-Touladi), et du secteur Dégelis (accueil Grands-Pins).

Activités estivales : randonnée pédestre, pêche à la journée, vélo, kayak de mer, canot et canot-camping, rabaska, observation animalière (poissons, reptiles, amphibiens, oiseaux dont le fameux pygargue à tête blanche, cerfs de Virginie, orignaux, castors). Activités hivernales : raquettes.

Inauguré en 2013, ce parc de 175 km² protège un échantillon représentatif de la région naturelle des **monts Notre-Dame** autour du plus grand lac de la région : le **lac Témiscouata**. Mariage subtil d'eau et de forêt, ce magnifique territoire est également riche d'une histoire humaine vieille de 10 000 ans, comme l'atteste le **jardin des Mémoires**. Très apprécié des visiteurs, ce site archéologique aménagé à l'embouchure du lac Touladi leur donne l'occasion parfaite de s'essayer au travail de fouilles sous la houlette d'archéologues et de guides.

De Rivière-du-Loup à Sainte-Luce B2

Circuit de 130 km par la route 132, tracé en orange sur la carte p. 338-339.

Cacouna

L'unique zone de reproduction du **béluga** du St-Laurent se trouve au large de Cacouna. Cette ancienne seigneurie (*Kakou-Nak* ou « terre du porc-épic » en langue des Premières Nations) n'accueillit ses premiers colons qu'à partir de 1750. Au milieu du 19ᵉ s., Cacouna devint un centre de villégiature populaire où furent édifiés de grands hôtels et de luxueuses pensions de famille dont ne subsistent guère que quelques somptueuses **villas victoriennes** en bord de mer.

Église Saint-Georges – *R. de l'Église.* Cette église en pierre de taille, édifiée en 1848, fut en partie reconstruite en 1896. L'intérieur, de François-Xavier Berlinguet, est richement décoré d'ornements dorés et sculptés, de lustres de cristal et de peintures italiennes de la fin du 19ᵉ s. L'orgue de 1888 reste l'un des rares modèles signés Eusèbe Brodeur, prédécesseur des frères Casavant, de St-Hyacinthe. À côté, le **presbytère** néoclassique date de 1835-1841.

L'Isle-Verte

Fait d'anses et de pointes, le littoral autour du village de L'Isle-Verte regorge d'une importante faune aquatique, qui permet aux habitants de vivre de la pêche au **hareng** et à l'**anguille**.

Réserve nationale de faune de la Baie-de-L'Isle-Verte – *371 rte 132 - 418 898 2757 - avr.-déc. - visite guidée de la tourbière et des sentiers le long des marais de mi-juin à mi-sept.* Elle abrite l'un des plus vastes **marais à spartines** du Québec. Ce marais salé, parsemé de marelles (petits étangs naturels), est l'une des principales aires de reproduction du **canard noir** en Amérique du Nord. La réserve constitue par ailleurs une **halte migratoire** d'importance : on peut ainsi observer plus de 260 espèces d'oiseaux, dont 60 nichent sur place.

Six **sentiers de découverte** permettent de mieux apprécier le milieu naturel. À l'est du village, la **maison Girard** (1836) abrite un centre d'interprétation *(se rens.)*.

Île Verte

Traversier NM Peter-Fraser ou de fin avr. à mi-nov. - dép. de la gare fluviale de Notre-Dame-des-Sept-Douleurs (1804 rte du Quai-d'En-Bas) - ☎ 418 898 2843 - www.traverseileverte.quebec - traversée de 30mn - 7,75 $, voiture 46,25 $.

En face du village surgit la splendide île Verte, seule île du Bas-St-Laurent habitée toute l'année. **Jacques Cartier**, qui y débarqua en 1535, l'aurait baptisée ainsi en apercevant son tapis de verdure au milieu de l'eau. À découvrir dans ce paysage exceptionnel : le phare, l'école du Bout-d'en-Bas, actuel centre d'interprétation de la vie insulaire, et le musée du Squelette.

Trois-Pistoles

51 rte 132 Ouest - ☎ 418 851 3698 - www.tourismelesbasques.com.

Voisin du bureau d'information touristique, le **Carrefour d'accueil et d'orientation du parc marin du Saguenay–St-Laurent** (*p. 313*) familiarise les visiteurs avec la culture maritime de la région. La ville de Trois-Pistoles doit son nom à une ancienne unité monétaire utilisée en Europe jusqu'à la fin du 19e s. Selon une légende locale, un petit vaisseau aurait fait naufrage sur la côte de l'île aux Basques au début du 17e s. L'un des marins tenait une timbale d'argent lorsqu'il la laissa tomber dans le fleuve et s'exclama : « Voilà trois pistoles de perdues ! » La seigneurie fut accordée à Denis de Vitré en 1687, mais la région avait été fréquentée longtemps auparavant par des **pêcheurs basques**, dont la présence est confirmée par les vestiges de fours trouvés sur l'île aux Basques.

Île aux Basques – *À 4 km au large. Possibilité de visite guidée de l'île : rens. et réserv. auprès du gardien de l'île - ☎ 418 851 1202 - www.provancher.org.* Refuge d'**oiseaux migrateurs**, cette île est soigneusement gérée par la Société Provancher d'histoire naturelle du Canada, qui la rend accessible au public pendant l'été. Son nom se réfère à la présence des chasseurs de baleines d'origine basque, qui venaient y faire fondre la graisse des mammifères vers 1500, et dont l'activité cessa vraisemblablement dès 1630.

Église Notre-Dame-des-Neiges – *30 r. Notre-Dame Est.* Cet imposant édifice religieux fut construit de 1882 à 1887 selon les plans de David Ouellet. Son extérieur se distingue par deux clochers et trois clochetons, et par quatre façades aux lignes angulaires. L'intérieur est de style romano-byzantin. On y remarquera beaucoup de dorures et des colonnes corinthiennes en bois peint imitant le marbre.

Traversier – *Compagnie de navigation des Basques - au dép. de Trois-Pistoles (11 r. du Parc) ou des Escoumins (2 r. Sirois) - ☎ 418 851 4676 ou 1 877 851 4677 - traversiercnb.ca - en service de mi-mai à mi-oct. - 1 à 3 dép./j. - se rens.* Très pratique, ce traversier assure la liaison Trois-Pistoles–Les Escoumins, sur la rive nord du St-Laurent.

★★ Parc national du Bic

Entrée principale (secteur du Cap-à-l'Orignal) à 6 km du centre de St-Fabien - ☎ 418 736 5035 - www.sepaq.com/pq/bic - ✕△♿ - ouv. tte l'année - droit d'entrée : 9,55 $ - consulter le site Internet pour connaître les périodes d'ouverture des centres de services : accueil du Cap-à-l'Orignal, accueil du secteur Rivière-du-Sud-Ouest, centre de découverte et de services de la Ferme-Rioux, centre de services de la Rivière-du-Sud-Ouest.

Activités estivales : kayak de mer, randonnée pédestre, vélo, minibus au mont Champlain, géocache, observation animalière (phoques, eiders, pékans, cerfs de Virginie, porcs-épics). Activités hivernales : raquettes, ski nordique, trottinette des neiges, randonnée pédestre sur neige, Ski-Vel.
Créé en 1984 pour protéger la faune et la flore de la rive sud de l'estuaire du St-Laurent, ce parc provincial de 33 km^2 offre un impressionnant **panorama★★★** du majestueux fleuve. Emblèmes de sa renommée, ses falaises à pic se prolongent vers le nord-est. Le littoral est ponctué d'îles et récifs, de caps, d'anses et de marécages. La flore y est variée, et l'on y rencontre deux types de forêts, l'une d'essences à feuilles caduques, l'autre d'essences boréales. On peut aussi y observer des milliers d'oiseaux marins qui viennent y nicher, et, aux beaux jours, il n'est pas rare de voir des phoques jouer dans l'eau ou se prélasser au soleil sur la côte rocheuse de l'Anse-à-l'Orignal.

Le Bic

Cette petite ville est renommée pour son **site★★** spectaculaire sur les rives du St-Laurent. Selon une légende locale, à la création du monde, l'ange chargé de la répartition des collines passa par Bic. Ne sachant que faire de ses surplus, il se délesta à cet endroit des collines qui lui restaient.
Continuez sur la route 132.

★ Rimouski

50 r. St-Germain Ouest - ✆ 418 723 2322 - tourismerimouski.com.
Rimouski est un mot des Premières Nations signifiant « la terre de l'orignal », gibier chassé par les Micmacs. Bâtie en bordure du St-Laurent et à l'embouchure de la rivière qui lui a donné son nom, la ville est une métropole animée, point de départ idéal pour découvrir le Bas-St-Laurent et, plus à l'est, la Gaspésie.
Musée régional de Rimouski – *35 r. St-Germain Ouest - ✆ 418 724 2272 - museerimouski.qc.ca - ♿ - merc.-dim. 12h-17h - 7 $.* Cette ancienne église paroissiale (1824) servit tour à tour de séminaire, de couvent, puis d'école primaire. Elle accueille des expositions axées sur l'art contemporain, l'histoire locale et les sciences de la mer.
★ **Site historique de la Maison Lamontagne** – *707 bd du Rivage, à 3 km à l'est du centre-ville par la route 132. Prenez à droite le boulevard du Rivage et suivez les panneaux indicateurs - ✆ 418 722 4038 - maisonlamontagne.com - ♿ - de fin juil. à déb. sept. : tlj 9h-12h, 13h-16h ; reste de l'année : sur réserv. - 8 $.* Habitée jusqu'en 1959, puis restaurée en 1981, la plus vieille maison à l'est de Québec abrite aujourd'hui un **centre d'interprétation de l'architecture domestique québécoise** dont les expositions évoquent la vie en milieu rural au 18e s. et l'histoire

Une ville industrielle

Rimouski s'est développée en hémicycle à l'embouchure de la rivière éponyme. La forêt qui couvrait autrefois la région était le terrain de chasse des **Micmacs**. Le territoire fut concédé en 1688. En 1694, il fut acquis par René Lepage, négociant français qui vint s'y établir deux ans plus tard. L'économie locale fut longtemps axée sur l'agriculture et la pêche saisonnière. Au début du 20e s., la société Price Brothers vint pratiquer la coupe du bois et construire des scieries dans la région, engendrant ainsi un essor rapide. Après un grand incendie en 1950, Rimouski fut reconstruite.

Le sous-marin *Onondaga*.
MichelGuenette/Getty Images Plus

du Québec à travers ses modes de construction. La partie principale de l'édifice (v. 1740) se distingue par ses murs à **colombage pierroté**, technique mal adaptée au froid rigoureux, et qui fut rapidement abandonnée en Amérique du Nord. L'agrandissement, effectué vers 1810, témoigne quant à lui de la technique de construction dite de **colombage sur sole**, plus appropriée aux rudes conditions climatiques, et qui consistait à accoler les unes aux autres des pièces posées verticalement.

Canyon des Portes de l'Enfer – *1280 chemin Duchénier, à St-Narcisse-de-Rimouski (accessible par la route 232) - ✆ 418 735 6063 - www.terfa.ca/fr/terfa/canyon-des-portes-de-l-enfer - de mi-mai à déb. juil. et de la 3e sem. d'août à mi-oct. : 9h-17h ; de déb. juil. à mi-août : 9h-18h30 - 17,75 $.* Amorcées par la **chute du Grand-Saut** (20 m), les Portes de l'Enfer, creusées par la **rivière Rimouski**, s'étendent sur environ 5 km, avec des falaises atteignant près de 90 m. Une spectaculaire **passerelle suspendue** (la plus haute du Québec) permet d'enjamber le canyon à 63 m de hauteur, tandis qu'un escalier de 300 marches descend au niveau de la rivière. Le site accueille aussi un grand labyrinthe en bois, idéal pour les enfants, et deux parcours immersifs dans la forêt.

Île Saint-Barnabé – *dép. de la marina de Rimouski à bord du Rimouskois, réserv. : ✆ 418 723 2280 (✆ 418 723-2322 hors saison) - www.ilestbarnabe.com - ⚠ - horaire des traversées : mi-juin-fin sept. 9h-14h30 ttes les 30mn ; dernier retour 18h15 - 26 $.* Pleine d'histoire et de légendes, cette petite bande de terre s'étend à 3 km de la rive, juste en face du centre-ville de Rimouski. C'est probablement Samuel de Champlain qui la baptisa, au début du 18e s., lorsqu'il y accosta un 11 juin, le jour de la St-Barnabé. Jadis habitée par un ermite, Toussaint Cartier, dont l'histoire est auréolée de mystère, l'île est aujourd'hui le refuge de plus de 72 espèces d'oiseaux.

Les marcheurs apprécieront les 3 boucles de randonnée *(3 km, 4,5 km et 12 km)*. Possibilité de camping rustique *(12 empl. : toilettes sèches et poêle à bois)*.

★ **Site historique maritime de la Pointe-au-Père** – *1000 r. du Phare, à Pointe-au-Père - sortez de Rimouski par la route 132 vers l'est jusqu'à Pointe-au-Père, prenez à gauche à la rue Père-Nouvel puis à droite - ✆ 418 724 6214 - www.shmp.*

6

qc.ca - ✂ - de déb. juin à déb. oct. : 9h-18h ; reste de l'année : se rens. - musée 12 $, sous-marin 19 $, pour les 2 visites 25,50 $ - compter env. 3h pour la visite complète du site. Dédié au patrimoine maritime régional, ce vaste site comporte plusieurs curiosités. Commencez par la visite du **musée Empress of Ireland**, dont l'émouvante exposition relate le drame qui se joua un certain 29 mai 1914 où, heurté par un charbonnier norvégien, ce *Titanic* canadien se coupa en deux, entraînant dans les abîmes 1012 passagers. Montez au sommet du deuxième plus haut **phare** du Canada *(33 m)*, construit en 1909 ; de sa coupole, vous jouirez d'un splendide **panorama★** du littoral. Visitez ensuite les bâtiments voisins : **maison du gardien**, **hangar de la corne de brume** et **hangar 1914**. Et ne quittez en aucun cas le site sans avoir fait la visite audioguidée de l'*Onondaga*, un impressionnant sous-marin dont la silhouette noire trône à quelques encablures...

Réserve nationale de faune de Pointe-au-Père – Située dans le secteur de la Pointe-au-Père *(r. Marconi)*, cette réserve, dont le **marais intertidal** attire en mai et août des milliers d'**oiseaux migrateurs**, met à la disposition des visiteurs un court **sentier** doté d'une **plate-forme** d'où ils pourront observer des oiseaux aquatiques tels l'eider à duvet et le rare canard noir.

Traversier Rimouski-Forestville – *✆ 418 725 2725 ou 1 800 973 2725 - de mi-mai à la 3e sem. de sept. : 2 à 4 traversées/j. à partir de 8h - durée du trajet 1h - arrivée 45mn avant le dép. - 30 $ AR, voiture 50 $ AS.* Ce traversier relie Rimouski à Forestville, sur la rive nord du St-Laurent.

Après 14 km, à la jonction avec la route 298, tournez à gauche vers Ste-Luce.

Sainte-Luce

Cette agréable station balnéaire aux rivages bordés de villas occupe un site pittoresque sur le fleuve. On y trouve les plus belles **plages** du Bas-St-Laurent.

Carnet pratique

S'informer

Tourisme Chaudière-Appalaches – *800 autoroute Jean-Lesage - Lévis - ✆ 1 888 831 4411 - www.chaudiereappalaches.com.*

Tourisme Bas-St-Laurent – *480 r. Lafontaine - Rivière-du-Loup - ✆ 418 867 1272 ou 1 800 563 5268 - www.bassaintlaurent.ca.*

Agenda

Festi Jazz – *Rimouski - déb. sept. - festijazzrimouski.com.* Festival de jazz international.

Festivent – *Lévis - déb. août - festivent.ca.* Festival de musique et vol de montgolfières.

Carrefour mondial de l'accordéon – *Montmagny - w.-end en sept. - www.accordeonmontmagny.com.* Artistes et interprètes du monde entier font découvrir au public la versatilité et le caractère de cet instrument.

Festival de l'oie blanche – *Montmagny - oct. - www.festivaldeloie.qc.ca.* Rendez-vous ornithologique automnal.

Nos adresses

Restauration

À La Pocatière

Premier prix

Café Azimut – *309 4e Av. - ☎ 418 856 2411 - www.cafeazimut.ca - fermé lun., à midi du mar. au jeu. et dim. soir - plats 18/34 $.* Ce sympathique café fait à la fois office de restaurant et de traiteur. Inspirés de la cuisine du monde, les plats qu'on y sert, notamment les fruits de mer, les grillades et le saumon frais font l'unanimité.

À Kamouraska

Budget moyen

Côté Est – *76 av. Morel - ☎ 418 308 0739 - www.cote-est.ca - plats 27/35 $.* L'établissement accueille plusieurs espaces, qui mettent en valeur les produits et les artisans du Bas-St-Laurent : le bar à vins, où l'on vient déguster des vins nature ou de délicieux cocktails dans une ambiance conviviale ; la « cantina » où savourer d'appétissants plats réalisés selon les arrivages et l'inspiration du chef, avec en prime une belle vue sur le fleuve *(fermé lun.-merc.)* ; et la boutique, pour faire le plein de spécialités régionales.

Au Bic

Budget moyen

Auberge du Mange Grenouille – *148 r. Ste-Cécile - Rimouski - ☎ 418 736 5656 - www.lemangegrenouille.com - de mai à fin oct. : vend. soir, sam. soir et dim. midi - plats 39/48 $ - 22 ch.* Dominant le havre du Bic dont le ballet des voiles qui ondoient entre les îles ne cesse d'émerveiller, cette magnifique auberge rouge et blanc est une escale d'exception. Maintes fois primée, sa table fine et savoureuse est au service des produits du terroir.

À Rimouski

Pour se faire plaisir

Restaurant du Phare – *1560 r. du Phare - Pointe-au-Père - ☎ 418 724 6161 - www.placelemieux.com - de déb.mai à mi-oct. : le soir seult - plats 48/68 $.* Dans cet établissement avec vue sur le St-Laurent, vous pourrez admirer les couchers de soleil flamboyants tout en dégustant une cuisine régionale spécialisée dans les fruits de mer et les poissons frais.

Shopping

Boutique de créateurs de l'espace culturel du quartier St-Nicolas – *1450 r. des Pionniers - Lévis - ☎ 418 831 5257 - www.ecqsn.com - w.-end seult.* L'ancien presbytère accueille des expositions ainsi qu'une boutique de créateurs locaux : bijoux, livres, vêtements...

Marchés

☺ Les pittoresques **marchés publics** du Bas-St-Laurent sont autant d'occasions de découvrir de délicieux produits locaux frais. Voici quelques marchés à retenir pour bien remplir votre panier de pique-nique à la belle saison :

– à **La Pocatière** – *la Grande-Anse - sam. 9h30-14h30 de fin juin à sept.*

– à **Rimouski** – *à l'angle des rues de l'Évêché et de la Cathédrale - sam. 10h-14h de fin mai à fin oct.*

– à **Rivière-du-Loup** – *Carré Dubé r. Lafontaine - sam. 9h-14h de mi-juin à mi-oct.*

– à **Ste-Luce-sur-Mer** – *près du parking de l'église, rte du Fleuve - dim. 10h-15h de la 3e sem. de juin à déb. sept.*

– à **Trois-Pistoles** – *21 r. Pelletier - dim. 10h-15h de mi-juin à déb. oct.*

Hébergement

À Kamouraska

Pour se faire plaisir

Auberge Akamaraska – *68 av. Morel - ✆ 418 308 7506 - www.akamaraska.com - ♿ - 15 ch. 128/256 $ - ☕ en sus.* De passage à Kamouraska, l'un des plus beaux villages du Québec, faites étape dans ce sympathique établissement disposant de chambres coquettes. En fin de journée, quittez ce petit nid douillet et sortez vous promener en bordure du St-Laurent pour contempler le spectacle du coucher de soleil sur le fleuve.

À Rivière-du-Loup

Premier prix

Auberge Internationale de Rivière-du-Loup – *46 r. Hôtel-de-Ville - ✆ 418 862 7566 - www.aubergerdl.ca - 37 lits en dortoir à partir de 41 $, 11 ch. 83/121 $ ☕ - ✕.* Cette auberge est à recommander pour son imbattable rapport qualité-prix. Très axée sur la découverte de l'écosystème marin du Bas-St-Laurent, elle propose par ailleurs diverses activités à l'intention de sa clientèle : sorties à vélo, randonnées dans le parc du Bic, observation des mammifères marins et bien d'autres encore.

À Rimouski

Une folie

Le Domaine Floravie – *100 rte Santerre - ✆ 418 736 4000 - www.domainefloravie.com - mai-oct. - 5 chalets sur roues 249/339 $/nuit (2 nuits mini).* Située à l'embouchure de la Rivière-Hâtée, qui se jette dans le St-Laurent, la pointe à Santerre sert de cadre enchanteur à ce domaine. Parfaitement intégrés à l'environnement, des petits chalets tout équipés (douche, literie, BBQ, table de pique-nique) vous y attendent. Profitez bien de ce havre de paix.

À Ste-Luce

Pour se faire plaisir

Gîte du Moulin Banal du Ruisseau à la Loutre – *156 rte du Fleuve Ouest - ✆ 418 739 3076 - www.gitemoulinbanal.com - 3 ch. 150 $ ☕.* Voici un pittoresque hébergement « les pieds dans l'eau » ! Bordé d'un côté par le St-Laurent, et de l'autre par un ruisseau, ce joli moulin du début du 19e s. promet de douces nuits bercées par la rumeur des vagues et le murmure des cascades...

Gaspésie ★★★

Baignée par l'estuaire et le golfe du Saint-Laurent, dont elle reçoit à la fois les caresses et les assauts, la péninsule de Gaspésie figure au premier rang des destinations touristiques québécoises. Sa culture très vivante, fondée sur un riche mélange de traditions artistiques, linguistiques et même culinaires, vous séduira tout autant que l'incomparable spectacle de ses paysages. Territoire de mer, d'îles et de montagnes, ce singulier « bout de terre » que les Micmacs appelèrent Gespegeoag offre sur sa côte nord un littoral sauvage, rocheux, battu par les vagues et les embruns, qui devient d'une beauté saisissante à Forillon et à Percé. Plus au sud, la région balnéaire de la bien-nommée baie des Chaleurs profite de sa position géographique à l'abri des vents dominants. Ne boudez pas l'intérieur de la péninsule, vaste étendue montagneuse et forestière propice à la randonnée et à l'observation animalière.

Se repérer

CARTE BCD1-2 (P. 338-339).
La Gaspésie est comprise entre le Nouveau-Brunswick et la baie des Chaleurs au sud, le golfe du St-Laurent à l'est et le fleuve St-Laurent au nord.

À ne pas manquer

Les rarissimes pavots bleus des jardins de Métis ; la plus grande colonie de fous de Bassan du monde, sur l'île Bonaventure ; le rocher Percé, emblème de la Gaspésie.

Organiser son temps

Prévoyez trois à quatre jours pour faire le tour complet de la péninsule.

En famille

L'observation des orignaux au Parc national de la Gaspésie ; le parc des Îles à Matane ; une croisière aux baleines au Parc national Forillon ; la découverte de la faune gaspésienne au Bioparc de Bonaventure.

Carnet pratique p. 370

Nos adresses p. 370

Circuits conseillés

CARTE P. 338-339

De Sainte-Flavie au parc de la Gaspésie BC1

Circuit de 167 km tracé en violet sur la carte p. 338-339, par la route 132.

Sainte-Flavie B1

Bercé par le doux tumulte du fleuve, ce petit village agricole marque le point de départ de notre circuit. Il se trouve précisément à la croisée des routes menant à la péninsule gaspésienne et à la vallée de la Matapédia.

Centre d'art Marcel-Gagnon – *564 rte de la Mer - ✆ 418 775 2829 ou 1 866 775 2829 - www.centredart.net - ✕ ♿ - de mai à fin sept. : tlj ; reste de l'année sur réserv - tarifs et conditions d'hébergement (« Nos adresses », p. 371).* Cette entreprise familiale se compose à la fois d'une auberge, d'un restaurant, d'une

6

boutique de souvenirs, d'une librairie… et d'une **galerie d'art**. On peut y admirer les tableaux et sculptures d'une talentueuse lignée d'artistes dont **Marcel Gagnon**, peintre et sculpteur de renom, est la star incontestée. C'est à l'arrière du centre, sur l'estran face à l'estuaire du St-Laurent, que vous découvrirez son œuvre magistrale intitulée **Le Grand Rassemblement★★**. Réalisée en 1986, cette installation ne pourra que vous émerveiller, surtout à la lumière rasante de fin d'après-midi. Une centaine de sculptures en béton de personnages grandeur nature émergent des eaux du fleuve au gré des marées. Certains verront dans ces figures hagardes une expression symbolique de la déportation des Acadiens…
Continuez sur la route 132.

★★ Jardins de Métis B1

200 rte 132 - Grand-Métis - ✆ 418 775 2222 - jardinsdemetis.com - ♿ - juin : 8h30-18h ; juil.-mi-août : 8h30-20h ; mi-août-déb. oct. : 8h30-18h - 24 $.
Plus de 3 000 espèces de fleurs et de plantes ornementales font des jardins de Métis un véritable paradis horticole. C'est en 1926 qu'**Elsie Stephen Reford** entreprit de transformer en jardins le camp de pêche qu'elle avait hérité de son oncle. À force de patience et de travail, elle réussit à adapter au rude climat gaspésien des plantes rares comme le fameux **pavot bleu de l'Himalaya**, emblème du parc, et créer l'un des jardins les plus pittoresques d'Amérique du Nord. Ouvert au public en 1962, celui-ci accueille chaque année, au mois de juin, le prestigieux **Festival international de jardins**, composé de jardins éphémères expérimentaux créés par des paysagistes du monde entier (*voir « Carnet pratique » p. 370*).
Jardin d'accueil – Dominée par les mélèzes laricins et les épinettes blanches, cette forêt indigène prend toutes ses couleurs à la saison printanière.
Jardin du ruisseau – Sur un talus parcouru par le ruisseau Page pousse une flore propre aux régions montagneuses. Dans la plate-bande centrale se dresse un rarissime saule de Boyd.
Réserve de pavots bleus – Originaire des prairies alpines de l'Himalaya, cette fleur dont on trouve des graines à la boutique des jardins s'épanouit de mi-juin à mi-juillet.
Allée des azalées – Habituées à un climat plus tempéré, les azalées dépassent ici rarement 2 m, mais forment une splendide palette de couleurs, relevée en juin par le rose pâle des rhododendrons.
Villa Estevan – Ce somptueux manoir de 37 pièces n'est autre que l'ancien pavillon de pêche construit par lord Mount Stephen en 1887, et que sa nièce fit agrandir en 1927. Le rez-de-chaussée abrite aujourd'hui un restaurant tandis qu'à l'étage,

Les cinq régions naturelles de Gaspésie

Mis bout à bout, les trois circuits que nous proposons dans ce chapitre constituent un itinéraire de près de 800 km permettant de faire le tour complet de la péninsule gaspésienne. De Ste-Flavie à Causapscal, vous découvrirez un florilège de paysages divers et variés correspondant aux régions suivantes (dans le sens des aiguilles d'une montre) : **La Côte** (de Ste-Flavie aux Méchins), **La Haute-Gaspésie** (des Méchins à Grande-Vallée), **La Pointe** (de Grande-Vallée à Port-Daniel–Gascons), **La Baie-des-Chaleurs** (de Port-Daniel–Gascons à Matapédia) et **La Vallée** (de Matapédia à Sayabec).

Le Grand Rassemblement, Centre d'art Marcel-Gagnon à Sainte-Flavie.
F. Klingen/Michelin

une exposition permanente évoque l'histoire du domaine et de ses anciens propriétaires.

Belvédère – Un sentier bordé de pins de montagne mène jusqu'à ce point d'observation de l'embouchure de la rivière Mitis.

Jardin des pommetiers – Vers la fin du printemps, les pommetiers apportent à l'ensemble un remarquable éclat rose ou rouge écarlate.

Jardin alpin – On y trouve une centaine de plantes rupestres telle l'androsace soyeuse dans un délicat parterre de graviers et de pierres.

Jardin des primevères – Il compte une trentaine d'essences de cultivars et de primevères qui offrent au printemps une grande diversité de couleurs.

Pré fleuri – Fin juin, il se transforme en un superbe champ de lupins en fleur.

Jardin des oiseaux – Disposé autour d'un bain d'oiseaux sculpté dans un tron d'épicéa, ce jardin proche de l'étang s'égaye du pépiement des oiseaux, qui se disputent le lieu avec des écureuils et les tamias.

Continuez sur la route 132 en direction de Ste-Flavie.

★ Parc de la rivière Mitis B1

900 rte de la Mer - à 9,5 km à l'est de Grand-Métis - ✆ 418 775 7987 - www.parcregionalrivieremitis.org - ♿ - horaires, se rens. - 6 $.

À deux pas des jardins de Métis, parcourez les **sentiers pédestres** de ce parc afin de découvrir les superbes paysages de la rivière Mitis et du St-Laurent.

Revenez à Ste-Flavie et poursuivez sur la route 132.

Matane B1

ℹ *968 av. du Phare Ouest - ✆ 418 562 1065 - www.tourismematane.com.*

Matane (« vivier de castors » dans la langue micmaque) est connue pour sa pêche au saumon. Au centre-ville, derrière la mairie, la **passe migratoire**★ (44 m) du **barrage Mathieu-d'Amours** permet aux poissons de remonter le cours de la rivière Matane de la mi-juin jusqu'en octobre.

Point d'observation – *260 av. St-Jérôme - ✆ 418 562 0000 - rivierematane.com - de fin juin à mi-août : 10h-16h - observation du saumon et visite de l'exposition : gratuit.* On y observe la montaison des saumons à travers des hublots, en situation naturelle. Les amateurs de pêche peuvent louer du matériel et acheter un permis sur place.

À côté du barrage, le **parc des Îles** offre un terrain de jeux, une plage, une aire de pique-nique. Le phare (1906) abrite le bureau de tourisme de la municipalité ainsi qu'un petit musée.

Cap-Chat C1

★ **Éole Cap-Chat** – *À l'ouest de Cap-Chat, sur la route Village-du-Cap, perpendiculaire à la route 132 - ✆ 418-967-8812 - projeteole.ca - ♿ - visite guidée de l'intérieur de l'éolienne (90mn) de mi-juin à sept. : 9h-17h - reste de l'année sur réserv. - 15 $.* Plus haute éolienne à axe vertical du monde (110 m), Éole domine le vaste **parc éolien Le Nordais**, qui s'étend sur les sites de Cap-Chat et de Matane, le secteur Cap-Chat comptant à lui seul 75 éoliennes. Construite en 1987 et à l'arrêt depuis 1993, Éole sert aujourd'hui de **centre d'interprétation de l'énergie éolienne**. Une visite guidée du site permet de découvrir la partie basse de l'éolienne et de comprendre le fonctionnement de la turbine. Les plus hardis, munis de casques et de harnais, pourront escalader la tour, dont les plates-formes offrent des **vues** spectaculaires sur les environs *(montée suspendue jusqu'à nouvel ordre).*

Rocher de Cap-Chat – *De la route 132, tournez à gauche à 2 km à l'ouest du village, et parcourez 500 m sur une route non pavée.* Le cap ressemble à un chat assis, ce qui a donné son nom à la ville.

Non loin de là, plusieurs sentiers partent d'un **phare** érigé en 1871. Celui-ci propose un gîte de 4 chambres aménagé dans la maison du gardien *(pharecapchat.com - ✆ 418 763 4114).*

Continuez sur la route 132 et, à Ste-Anne-des-Monts, prenez la route 299 qui traverse le parc du nord au sud.

★ Parc national de la Gaspésie C1

✆ 418 763 7494 - www.sepaq.com/pq/gas - ⚠ ✕ ♿ - ouv. tte l'année - 9,55 $ - consulter le site Internet pour connaître les périodes d'ouverture des centres de services du secteur du Mont-Albert, des postes de camping du Lac-Cascapédia et du Mont-Jacques-Cartier.

Activités estivales : pêche au saumon ou à la truite, canot, kayak récréatif, observation animalière (caribou, orignal), randonnée. Activités hivernales : raquettes,

Route des phares du Québec

Le St-Laurent est ponctué de 45 phares traditionnels qui forment ici un remarquable chapelet. Cette pittoresque route touristique relie notamment les 11 phares qui veillent sur les côtes de Gaspésie, pour certains depuis la fin du 19e s. Vous rencontrerez ainsi successivement les phares de Matane, Cap-Chat, La Martre, Cap-Madeleine, Pointe-à-la-Renommée, Cap-des-Rosiers, Cap Gaspé, Cap-d'Espoir et Pointe-Duthie. Convertis en musée, lieu de visite, voire en hôtel, ces fleurons du patrimoine québécois connaissent depuis quelques années une deuxième jeunesse. Les phares de la Pointe-de-Mitis, de Cap-Blanc et de Port-Daniel-Ouest ne sont quant à eux pas accessibles au public. *www.routedesphares.qc.ca.*

ski nordique, ski de fond, randonnée alpine (réseau de 17 refuges), télémark, surf des neiges.
Haut lieu de la randonnée, le parc de la Gaspésie s'étend sur un territoire de 802 km². Il s'agit, au Québec, de la seule zone où cohabitent le **caribou des bois** (dernier de son espèce au sud du St-Laurent), l'orignal et le cerf de Virginie. Véritable « mer de montagnes », le parc est traversé par deux massifs appartenant au système appalachien : les **Chic-Chocs** et les **McGerrigle**, qui confèrent à l'endroit un relief accentué. Dans le **secteur du Mont-Albert** (doté d'un centre de découverte dont l'exposition permanente est dédiée à la géologie du parc, sa végétation arctique-alpine et sa faune), une promenade au sommet (1154 m) révèle un plateau de 20 km² couvert d'une végétation de toundra caractéristique des régions nordiques. Dans le secteur Lac-Cascapédia, les monts Chic-Chocs offrent des points de **vue**★★ spectaculaires sur la plaine appalachienne et la vallée du St-Laurent au nord, et sur la vallée de la rivière Ste-Anne à l'est. Site privilégié d'observation du caribou, le **mont Jacques-Cartier** (1268 m) est caractérisé quant à lui par une flore de type arctique-alpin. De son sommet arrondi et battu par les vents, la **vue**★★ embrasse les monts McGerrigle.
Au poste du Lac-Paul, observez les **orignaux** (l'autre nom pour élan) à l'aube ou au coucher du soleil. Les enfants apprécieront aussi les balades à pied, notamment autour du **lac aux Américains** et au **mont Ernest-Laforce**.
Retournez à Ste-Anne-des-Monts.

Du parc de la Gaspésie à Gaspé CD1

Circuit de 259 km tracé en vert clair sur la carte p. 338-339, par la route 132.

La Martre C1

De ce hameau niché sur un promontoire, la **vue** embrasse les caps et l'océan.
Phare – *10 av. du Phare - 418 288 5698 - de juil. à déb. sept. : 9h-16h - 10 $.* Ce joli phare rouge octogonal, construit en bois, a conservé son mécanisme d'horlogerie d'origine (1906). Son petit **musée** retrace l'évolution des systèmes d'aide à la navigation au Canada et évoque les circonstances de deux naufrages ayant eu lieu dans les parages aux 18ᵉ et 20ᵉ s.

★★ Route panoramique de La Martre à Rivière-au-Renard CD1

La route 132 continue de longer la côte et grimpe à l'assaut d'impressionnantes falaises d'où la vue sur les montagnes, les vallées, la mer et les pittoresques villages de pêcheurs est splendide. Dans la région de **Mont-St-Pierre**, des falaises de schiste encadrent la baie, et à **Ste-Madeleine-de-la-Rivière-Madeleine**, le phare au charme désuet et les bâtiments qui l'entourent agrémentent de luxuriantes collines vertes. Du haut de la colline, avant d'arriver à **Grande-Vallée**, une superbe **vue**★★ embrasse le village et la baie. Au cœur du village est à découvrir un joli **pont couvert** (1923). Après **Rivière-au-Renard**, importante communauté de pêcheurs située à l'extrémité nord du Parc national Forillon, l'horizon s'ouvre sur les champs et sur le golfe du St-Laurent.
Cap-des-Rosiers – *À 21 km de Rivière-au-Renard.* Ce charmant village, qui doit son nom aux rosiers sauvages que Jacques Cartier y découvrit en abondance au 16ᵉ s., fut le témoin de très nombreux naufrages au large de sa côte rocailleuse.
Phare du Cap-des-Rosiers – *1331 bd de Cap-des-Rosiers, à Gaspé - 418 892 5767 - www.tourisme-gaspesie.com - mi-juin-déb. sept. : 9h-17h - 4 $.* Haut de 34 m, ce phare construit au milieu du 19ᵉ s. serait le plus élevé du Canada.

★★ Parc national Forillon D1

Accès par la route 132 Est - entrée possible par le poste de perception du secteur nord (près de Cap-des-Rosiers) ou du secteur sud (à proximité de la plage du Petit-Gaspé) - ✆ 418 368 5505 ou 1 888 773 8888 - parcs.canada.ca/pn-np/qc/forillon - ♿⚠ - ouv. tte l'année - 9 $ - consulter le site Internet pour connaître les périodes d'ouverture des postes de perception des secteurs sud et nord, centre d'interprétation, des centres d'accueil et de renseignements de Penouille et de L'Anse-au-Griffon, Anse-Blanchette. Activités : observation des mammifères marins (baleines, rorquals, dauphins), baignade, plongée, kayak de mer, pêche, randonnée pédestre, vélo, ski de fond. Créé en 1970, ce merveilleux parc de 245 km² se trouve à l'extrémité est de la péninsule gaspésienne, là où les eaux du golfe du St-Laurent se mêlent à celles de la baie de Gaspé. Cette péninsule montagneuse se distingue notamment par la trace qu'elle a gardée de longues années d'occupation humaine. Ses paysages, façonnés par l'érosion, sont d'une remarquable diversité : montagnes recouvertes d'épinettes, de sapins, de peupliers et de cèdres ; prairies parsemées de fleurs sauvages ; longues plages de galets bordant de petites anses ; falaises escarpées surplombant la mer... Cette pluralité se retrouve dans la faune : ours noirs, castors, renards et porcs-épics sont des habitués des lieux, sans parler d'un grand nombre d'oiseaux (goélands, cormorans, mouettes) et de mammifères marins dont on peut observer les ébats dans les eaux limitrophes.

Centre d'interprétation – *Près de Cap-des-Rosiers, dans le secteur nord du parc - ♿.* Très complète, l'exposition permanente donne un excellent aperçu de la biodiversité terrestre et marine du parc et de son histoire humaine. À l'extérieur, découvrez le court sentier *Prélude à Forillon,* véritable ode à la beauté naturelle du parc et à l'harmonie qu'il a su préserver entre l'homme, la terre et la mer.

Cap Bon-Ami – *À 4 km du centre d'interprétation par une route secondaire.* Un **belvédère d'observation** et un **sentier** menant à la plage offrent des **vues★★** extraordinaires sur la mer et les majestueuses falaises du littoral, qui prennent au petit matin la couleur chaude et dorée du soleil levant.

Reprenez la route 132 et suivez les panneaux indicateurs pour vous rendre dans le secteur sud du parc. Prenez à gauche une route secondaire.

★ **Site patrimonial de Grande-Grave** – *À 14,5 km du centre d'interprétation, dans le secteur sud.* Prospère village de pêcheurs du 19e s. jusqu'au milieu du 20e s., Grande-Grave fut habité par des familles anglo-normandes de Jersey et de Guernesey, dans la Manche. Plusieurs édifices ont retrouvé leur cachet des années 1920. Au rez-de-chaussée du **magasin Hyman**, des milliers d'articles (boîtes de conserve, lampes à huile, etc.) recréent l'ambiance d'un magasin général d'autrefois. À l'étage, une exposition décrit les activités auxquelles s'adonnaient les pêcheurs et leurs familles tout au long de l'année.

Croisières aux baleines – *Départ de Grande-Grave - croisière commentée (env. 2h30) à bord du* Narval III *- ✆ 418 892 5500 ou 1 866 617 5500 - www.baleines-forillon.com - de juin à mi-oct. - 1 à 4 sorties/j. - 97,50 $; il est préférable de réserver à l'avance avec une carte de crédit ; entrée au Parc national Forillon non comprise dans le tarif - s'habiller chaudement (imperméables disponibles gratuitement).* Voici l'occasion parfaite de découvrir la pittoresque côte sud du parc entre **Grande-Grave** et **Cap-Gaspé**, et d'observer en compagnie de guides interprètes, les différents mammifères marins qui évoluent en saison dans la baie de Gaspé et le golfe du St-Laurent, dont le petit rorqual, le dauphin à flancs blancs et l'impressionnante **baleine bleue**.

Falaises du Parc national Forillon.
Vladone/Getty Images Plus

Anse-Blanchette – On découvre la maison que Xavier Blanchette occupait au début du 20e s. S'y ajoutent une grange-étable, des hangars et un « chafaud », étal où séchait le poisson.
Reprenez la route secondaire vers l'Anse-St-Georges et l'Anse-aux-Amérindiens.
★ **Cap-Gaspé** – *8 km AR à pied au départ de l'Anse-aux-Amérindiens (attention aux ours noirs !).* Ce sentier à flanc de coteau offre de très belles **vues★** sur la baie de Gaspé. Le cap, couronné par un véritable **phare** du bout du monde, marque l'extrémité nord-est de la chaîne des Appalaches.
En revenant vers la route 132, vous longerez le secteur sud du parc (chapelle, amphithéâtre, terrain de camping, centre récréatif).
Fortifications souterraines de Fort-Péninsule – *Sur la route 132, à 11,5 km en sortant du secteur sud, en direction de Gaspé.* Vestige d'un épisode méconnu de la Seconde Guerre mondiale, cette **batterie côtière** fut érigée ici pour servir de complément à la base navale de Sandy Beach, sur la côte sud de la baie de Gaspé. Le gouvernement canadien voulait alors empêcher les sous-marins allemands de pénétrer dans le St-Laurent. Ses canons, bâtisses et kilomètres de couloirs enfouis dans le sol composent un étrange tableau.
Penouille – *Sur la route 132, à 12,5 km en sortant du secteur sud, en direction de Gaspé.* Toponyme d'origine basque signifiant « péninsule », Penouille offre une belle **plage de sable** propice à la baignade. Ici, le littoral sablonneux et la taïga contrastent avec les grands caps calcaires et la forêt boréale du reste du parc.

★ Gaspé D1

1-8 r. de la Marina - 418 368 8525 ou 418 368 6335 - www.tourisme-gaspesie.com.

C'est à Gaspé que, le 24 juillet 1534, Jacques Cartier débarqua et prit possession du nouveau territoire au nom de François Ier. À flanc de colline, là où la rivière York se jette dans la baie de Gaspé, allait se développer le futur centre administratif et commercial de la péninsule de Gaspésie...

★ **Cathédrale du Christ-Roi** – *R. de la Cathédrale - ✆ 418 368 5541 - ♿ - tlj sf dim. 8h-17h (jeu. et mar. 19h, sam. et lun. 14h).* Conçu par l'architecte Gérard Notebaert, cet édifice en cèdre rouge faisant face à la baie de Gaspé fut inauguré en 1969. Baigné par une douce lumière naturelle, son intérieur tout en sobriété abrite deux œuvres du peintre-sculpteur Claude Théberge : un **vitrail** ainsi qu'un **Christ Roi** en bronze. Taillée dans le granit, une **croix de Gaspé** dite « croix de Jacques-Cartier », haute de 9,60 m, se dresse à côté de la cathédrale.

★ **Musée de la Gaspésie** – *80 bd Gaspé, à 4 km au nord-ouest de la cathédrale par la route 198, la rue Adams, puis la route 132 - ✆ 418 368 1534 - museedelagaspesie.ca - ♿ - de déb. juin à déb. sept. : 9h-17h ; reste de l'année : tlj sf lun. 11h-16h - 20 $.* De juin à oct., possibilité de visiter un bateau de pêche à la morue, la *Gaspésienne n°20*. La découverte de la Gaspésie par Jacques Cartier, le mode de vie des Micmacs (premiers habitants des lieux) et de leurs successeurs, et la géographie de la péninsule, constituent les thèmes majeurs de ce musée du patrimoine dont l'exposition permanente vaut bien la visite. Du musée, la **vue**★ embrasse la baie de Gaspé et la péninsule de Forillon.

Monument Jacques-Cartier – Dans le parc attenant, six stèles de fonte réalisées par Jean-Julien et Gil Bourgault-Legros commémorent la découverte du Canada par Jacques Cartier et sa première rencontre avec les Premières Nations.

Site d'interprétation micmac de Gespeg – *783 bd Pointe-Navarre (secteur Fontenelle, à 5 km au nord-ouest du musée par la route 132) - ✆ 418 368 7449 - www.micmacgespeg.ca - de mi-juin à fin sept. : tlj sf lun. 9h-12h, 13h-17h - 11,75 $.* Établi sur un promontoire de la rive nord de la baie de Gaspé, un bâtiment aux lignes épurées accueille une exposition très richement documentée sur l'histoire et les coutumes de la nation micmaque d'hier à aujourd'hui. L'extérieur contient la reconstitution fidèle d'un **village traditionnel micmac** du 17e s. et de son **campement d'été**. Un atelier-boutique propose des objets d'artisanat autochtone.

Rocher Percé.
Elenathewise/Getty Images Plus

De Percé à Causapscal CD1-2

Circuit de 337 km tracé en marron sur la carte p. 338-339, par la route 132.

★★★ Percé D1

142 rte 132 Ouest - 418 782 5448 ou 1 855 782 5148 - www.perce.info.
Le village de Percé doit son nom à l'imposante cathédrale de calcaire (*p. suivante)* qui trône fièrement au beau milieu de sa baie, et dont la singulière beauté inspire depuis longtemps peintres et photographes. Dans le sillage de **Jacques Cartier**, qui accosta ici en 1534, des pêcheurs européens s'implantèrent le long du littoral aux 16e et 17e s. Aujourd'hui, la capitale touristique de la Gaspésie est une station de villégiature animée, réputée pour sa bonne table, mais on y vient avant tout pour son cadre enchanteur, sa faune exubérante et ses merveilles naturelles situées à 4 km à peine du rivage.

★ Parc national de l'Île-Bonaventure-et-du-Rocher-Percé D1

418 782 2240 - www.sepaq.com/pq/bon - - ouv. tte l'année (hiver : selon météo) - 9,55 $ - consulter le site Internet pour connaître les périodes d'ouverture des centres de services du secteur historique Charles-Robin (à Percé) comprenant lui-même La Neigère (accueil et information) et Le Chafaud (centre de découverte), du secteur Île-Bonaventure et du secteur Rocher-Percé.
Activités : observation animalière (fous de Bassan), randonnée, activités en mer (plongée sous-marine et sorties en kayak de mer).
Secteur historique Charles-Robin – Aménagé dans un bâtiment de l'ancienne Compagnie de pêche Charles Robin (1776-1886), autrefois affecté au traitement de la morue, le **musée Le Chafaud** *(145 rte 132 - 418 782 5100 - de la 3e sem. de juin à la 3e sem. de sept. : 10h-18h - 5 $)* est dédié à la mise en valeur et à la diffusion du patrimoine artistique et culturel percéen. À ce titre, il propose des expositions présentant les œuvres de grandes figures de l'art pour lesquelles Percé fut une source d'inspiration.
Excursion en bateau – *Les Bateliers de Percé Inc. - 162 rte 132 - 418 782 2974 ou 1 877 782 2974 - www.lesbateliersdeperce.com - dép. du quai de Percé de mi-mai à fin oct. : 1er dép. à 9h puis un dép. ttes les heures jusqu'à 16h - AR 1h30 - commentaire*

à bord - 45 $. Durant cette croisière, le bateau s'approche du rocher Percé, puis fait le tour de l'île Bonaventure.

Secteur Rocher-Percé – Excessivement dangereux par tout temps en raison des risques d'éboulement, l'accès au rocher Percé n'est pas autorisé. De plus, le rocher Percé abrite des colonies d'oiseaux marins : il est interdit de les approcher et de les déranger. Gigantesque barrière rocheuse autrefois rattachée à la terre ferme, le mythique **rocher Percé★★** fait 438 m de long sur 88 m de haut. C'est un banc de calcaire, formé au fond des mers il y a des millions d'années, qui renferme un nombre incalculable de fossiles. Jadis percé de quatre arches, le rocher n'en a conservé qu'une, haute de 30 m. L'une d'elles aujourd'hui disparues s'effondra en 1845, laissant derrière elle un simple pilier : l'Obélisque. Une flèche de sable, découverte à marée basse, relie le rocher au **mont Joli★★**.

Secteur Île-Bonaventure – *À la période estivale, les quatre sentiers pédestres de l'île permettent une observation rapprochée de la colonie de fous de Bassan.* Sanctuaire d'oiseaux migrateurs, l'île accueille environ 250 000 pensionnaires (mouettes, marmettes, macareux, cormorans, goélands et petits pingouins), dont une colonie de plus de 116 000 **fous de Bassan**. Ces derniers nichent sur les surplombs et dans les anfractuosités des hautes parois de 90 m qui forment la façade est de l'île. Le spectacle de cette mer d'oiseaux est époustouflant !

Croisière aux baleines – *Les Croisières Julien Cloutier - ✆ 418 782 2161 ou 418 385 3446 ou 1 877 782 2161 - www.croisieres-julien-cloutier.com - dép. 9 quai de Percé - de déb. juin à mi-oct. - croisière en bateau : durée env. 2h30 ; 80 $; croisière en Zodiac : durée 2h30 ; 85 $.* Ne ratez pas l'occasion d'observer rorquals communs, rorquals à bosse, baleines bleues, marsouins communs, dauphins à flancs blancs, phoques et autres créatures marines...

★★★ La côte sud D1

La route 132 offre des **panoramas★★** spectaculaires. À l'entrée nord de Percé, un belvédère permet d'admirer le **pic de l'Aurore**. Plus loin, la vue embrasse, d'ouest en est, l'ensemble des falaises appelées **Trois Sœurs**, le rocher Percé, l'anse du Nord, Mont-Joli, l'île Bonaventure et le village. À la sortie sud de Percé, le promontoire de la **côte Surprise** ménage une vue d'ensemble du rocher Percé, du village et de l'île Bonaventure.

Mont Ste-Anne – *De la route 132, prenez l'avenue de l'Église. Derrière l'église, un chemin non asphalté conduit au mont Ste-Anne. Un sentier raide, mais assez facile, mène au sommet. Comptez 2h AR.* L'impressionnant sommet tabulaire du mont Ste-Anne dresse à 320 m d'altitude ses trois faces abruptes de roc rouge. Les belvédères aménagés en cours de route révèlent, à mesure que l'on monte, des **vues★★★** de plus en plus étendues sur le rocher Percé, la baie, le village et les environs. Au sommet se dresse une statue de sainte Anne.

La Grotte – *En revenant du mont Ste-Anne, prenez à gauche le chemin de la Grotte et continuez sur 1 km.* Dans cette belle grotte, un charmant bassin entouré de mousses et de fougères recueille les eaux d'une petite chute.

★ **La Grande Crevasse** – *Du village, suivez la route des Failles jusqu'à l'auberge Gargantua (3 km), derrière laquelle commence le sentier. Comptez environ 1h30 AR. Avancez prudemment (pas de garde-fou).* Le sentier longe la face ouest du sommet du mont Ste-Anne et laisse entrevoir les **monts Chic-Chocs** à l'ouest et la **baie de Gaspé** au nord. La **Grande Crevasse** *(également visible de la route des Failles)* entaille le conglomérat rocheux rouge qui forme le mont Blanc, au nord-ouest du mont Ste-Anne.

C'est également dans ce secteur que se trouve l'un des points de départ du réseau de sentiers aménagés au cœur de l'arrière-pays percéen.
Continuez sur la route 132 Ouest en direction de Paspébiac (108 km). Passez par Grande-Rivière, Chandler et Port-Daniel.

Paspébiac D1

En 1767, Charles Robin, originaire de l'île de Jersey, choisit le site de Paspébiac pour y établir le siège de la Charles Robin Company (CRC), qui allait devenir un empire fondé sur la pêche à la morue.
Site historique du Banc-de-pêche-de-Paspébiac – *76 r. du Banc - depuis la route 132, prenez à gauche la route du Banc et continuez jusqu'au rivage - 418 752 6229 - sitepaspebiac.ca - - de juin à déb. oct. : tlj 9h-17h - 16 $.*
Pour assurer le succès de son entreprise et l'exportation en Europe de sa morue fumée, séchée et salée, la **compagnie Robin** créa un village doté d'un chantier naval, d'un magasin général et d'équipes de forgerons et de menuisiers. Le site comporte 11 bâtiments construits vers 1783 par la CRC et restaurés après l'incendie qui ravagea l'ensemble en 1964. Six d'entre eux proposent des activités d'interprétation relatives au commerce de la morue. Le visiteur pourra assister à des démonstrations d'activités traditionnelles tel le ravaudage des filets, et flâner au bord de la plage ou explorer le barachois.
À l'est de Paspébiac, à Shigawake précisément, commence l'agréable région de la **baie des Chaleurs**, découverte par Jacques Cartier en 1534. Son climat tempéré invite à la baignade et aux sports nautiques.

Bonaventure D1

93 av. de Port-Royal - 418 534 4014 - www.villebonaventure.ca.
La seigneurie de la rivière Bonaventure fut concédée par Frontenac en 1697. En 1760, des Acadiens, fuyant l'ordre de déportation, y fondèrent un village et y établirent des fermes ainsi qu'une pêcherie. Le village porte le nom d'un vaisseau

Site historique du Banc-de-pêche-de-Paspébiac.
W. Bibikow/hemis.fr

6

qui navigua dans la baie des Chaleurs en 1591. Sa **rivière à saumons** jouit d'une grande renommée.

Musée acadien du Québec – *95 av. Port-Royal, au cœur du village, à l'est de l'église, sur la route 132 - ✆ 418 534 4000 - www.museeacadien.com - - mar.-vend. 9h-12h, 13h-16h, dim. 13h-16h - 15 $.* Des ateliers-boutiques d'artisanat sont situés à proximité du musée. Cette ancienne école pour garçons abrite aujourd'hui un musée d'histoire et d'ethnologie. Les expositions permanentes favorisent la découverte de l'histoire de la Gaspésie et du riche héritage acadien, de sa culture, de ses valeurs et de sa langue.

★**Bioparc** – *123 r. des Vieux-Ponts - ✆ 418 534 1997 - bioparc.ca - de déb. juin à déb. oct. : 9h-17h - 25,75 $. Possibilité de dormir avec les loups 1 nuit dans une cabane en bois avec 2 guides naturalistes (de juin à déb. sept. - se rens.).* Principalement dédié à la faune gaspésienne (phoques, lynx, ours noirs, loups gris...) ce parc animalier à taille humaine a su se distinguer en proposant aux visiteurs une façon originale d'aller à la rencontre de ses pensionnaires. Le long d'un sentier d'un kilomètre environ, traversant cinq écosystèmes (baie, rivière, barachois, forêt, toundra), des passerelles ont été aménagées pour offrir un point de vue optimal sur les animaux. Les visiteurs sont invités à découvrir le parc au gré de **nourrissages** savamment étalés au cours de la journée, chaque nourrissage étant l'occasion d'échanger avec un naturaliste qui répondra aux questions.

New Richmond C1

Anciens bastions loyalistes, les plus vieux quartiers de la ville ont conservé le charme des localités anglo-saxonnes de la fin du 19e s.

Pointe Duthie – *351 bd Perron Ouest - le site n'est plus exploité mais on peut encore se promener au milieu des bâtiments et lire les panneaux d'interprétation.* Les 21 bâtiments qui forment le village reconstruit de **Duthie's Point** proviennent de différentes municipalités de la baie des Chaleurs. La visite commence au **magasin général J. A. Gendron**, qui sert de centre d'interprétation. À côté se trouve la **maison Harvey**, construite dans le style néocolonial populaire aux États-Unis à la fin du 19e s. D'autres habitations reflètent par leur architecture les styles en vogue de la fin du 17e s. au début du 20e s. L'excursion se termine au **phare** qui veille sur la baie de Cascapédia.

Carleton-sur-Mer C1-2

Fondé entre 1756 et 1760 par des Acadiens, le village se nommait à l'origine Tracadièche (de l'amérindien *tracadigash,* « lieu où abonde le héron »). À la fin du 18e s., des loyalistes immigrés au Canada après la Déclaration d'indépendance des États-Unis le rebaptisèrent Carleton en l'honneur du gouverneur général de l'Amérique du Nord britannique. Niché au fond d'une anse entre montagnes et mer, ce bourg devint dès la fin du 19e s. un centre de villégiature fort prisé.

Sentiers de l'Éperlan – Ils longent le ruisseau de l'Éperlan, contournent des chutes, révèlent des montagnes et aboutissent derrière le mont St-Joseph.

Mont Saint-Joseph – *Accessible par une route asphaltée : prenez la rue de la Montagne à partir du centre-ville et suivez-la sur environ 6 km - ✆ 418 364 2276 - montsaintjoseph.com - - de juin à oct. : 9h-19h - 15 $.* Du mont St-Joseph (555 m), la **vue**★★ embrasse la baie des Chaleurs, de Bonaventure à la péninsule de Miguasha, et s'étend, au sud, jusqu'aux côtes du Nouveau-Brunswick. On peut admirer les 73 éoliennes géantes de la firme Cartier Énergie Éolienne.

Continuez sur la route 132 ; après 18 km, tournez à gauche.

★ Parc national de Miguasha C2

Pour accéder au parc, quittez la route 132, soit à Nouvelle, soit à Escuminac - ✆ 418 794 2475 - www.sepaq.com/pq/mig - ♿ ✕ - de fin mai à mi-oct. : 9h-17h - musée 11,91 $; parc 9,55 $.

Garant d'un fabuleux sanctuaire paléontologique qui lui a valu d'être inscrit au Patrimoine mondial de l'Unesco en 1999, ce petit parc nous offre une incursion inédite dans le monde du Dévonien supérieur, il y a de cela 380 millions d'années, et nous révèle d'importants éléments de la chaîne de l'évolution.

Créé en 1985, il protège une partie de la **falaise fossilifère de Miguasha**. Située au fond de la baie des Chaleurs, sur la rive nord de l'estuaire de la Ristigouche, elle fut formée par l'accumulation de sable, de limon et d'argile qui emprisonna, au cours des âges, toutes sortes d'animaux et de plantes dont on peut voir aujourd'hui les restes fossilisés enchâssés dans la roche.

Musée d'Histoire naturelle – L'exposition accorde une place de choix à la découverte en 1879 de l'*Eusthenopteron foordi* ou « prince de Miguasha », dont la morphologie a permis aux chercheurs de mieux comprendre la transition entre les vertébrés aquatiques et les premiers amphibiens. Mais la palme revient au nouveau « roi de Miguasha » : premier spécimen complet au monde (1,60 m de long) de l'*Elpistostege watsoni*, découvert en 2010, qui pourrait aider à percer le mystère du passage des vertébrés de l'eau à la terre ferme...

Randonnée le long de la falaise – Un sentier *(3,5 km - boucle)* le long de la falaise permet d'admirer des points de vue époustouflants sur l'estuaire de la rivière Ristigouche. Plusieurs panneaux d'explication sur l'évolution de la vie émaillent la balade.

Lieu historique national de la Bataille-de-la-Ristigouche C2

Route 132, à Pointe-à-la-Croix - ✆ 418 788 5676 ou 1 888 773 8888 - parcs.canada.ca/lhn-nhs/qc/ristigouche - ♿ - de mi-juin à mi-oct. : 9h-17h - 4,50 $.

C'est ici qu'échoua en 1760 la dernière tentative de la France pour soustraire sa colonie d'Amérique à la domination anglaise. Composée de cinq navires escortés par la frégate *Le Machault*, une mission de secours fut dépêchée en Nouvelle-France pour reprendre Québec, mais se solda par une cuisante défaite, malgré l'aide des Acadiens et des Micmacs. Dédié à ce fatidique affrontement naval entre la France et l'Angleterre, le **centre d'interprétation** expose l'ancre et une partie de la coque du *Machault* ainsi que divers artefacts provenant de l'épave. Un film *(15mn)* retrace les principales étapes de cet épisode historique.

Continuez sur la route 132, qui traverse la vallée de Matapédia.

Villages pittoresques, forêts et collines parsèment l'itinéraire, sans parler de la rivière **Matapédia**, omniprésente, renommée pour la pêche au saumon.

Causapscal C1-2

Au confluent des rivières Causapscal et Matapédia, cette ville constitue un point de départ important pour les expéditions de **pêche au saumon**.

Site historique Matamajaw – *53 r. St-Jacques Sud - ✆ 418 756 5999 - matamajaw.com - de juin à août : 10h-17h ; de sept. à mi-oct. : jeu.-lun. 10h-17h - musée + bassin à saumons : 17 $.* Il retrace l'histoire du très sélect **Matamajaw Salmon Club**, fondé en 1905 par des passionnés de pêche. Dans un chenal creusé tout spécialement, on peut observer le saumon de l'Atlantique dans son habitat naturel.

Carnet pratique

S'informer

Tourisme Gaspésie – *1020 bd Jacques-Cartier - Mont-Joli - ☎ 418 775 2223 ou 1 800 463 0323 - www.tourisme-gaspesie.com.*

Agenda

Festival international de jardins – *Grand-Métis - de mi-juin à déb.oct. - www.festivalinternationaldejardins.com.* Rendez-vous incontournable pour les amateurs de jardins contemporains.

Nos adresses

Restauration

À Ste-Flavie

Premier prix

Cantine des navigateurs – *270 rte de la Mer - ☎ 418 785 0088 - service continu - fermé mar.-merc. - plats env. 20/30 $.* Une cantine locale où déguster de bons *fishs and chips* et autres plats à base de morue.

À Matane

Premier prix

La Fabrique – *360 av. St-Jérôme - ☎ 418 566 4020 - publafabrique.com - service continu - plats 19/38 $.* Cette microbrasserie propose une belle sélection de bières brassées sur place, dont la blanche aux épices, la gros chars, la franquelin, la patriote et la métisse. Copieuse nourriture « bistrot ». Possibilité de visiter la brasserie sur demande.

À Percé

Budget moyen

La Maison du Pêcheur – *155 pl. du Quai - ☎ 418 782 5331 - www.maisondupecheur.ca - juin-oct. : midi et soir - réserv. conseillée - plats 26/71 $, pizzas 22/34 $.* Envie de poissons et de fruits de mer ? Côté fraîcheur, vous êtes à la bonne adresse ! Ici, les homards proviennent des viviers du restaurant. Mais n'ignorez pas les savoureuses pizzas maison cuites au bois d'érable.

À Bonaventure

Budget moyen

Auberge du Café Acadien – *168 r. Beau-Bassin - ☎ 418 534 4276 - www.cafeacadien.com - juin-sept. : service continu - fermé lun.-mar. - plats 22/36 $ - 5 ch.* Convertie depuis 1995 en auberge-restaurant de bord de mer, cette ancienne pêcherie dispose de quelques chambres en formule B & B, mais elle propose avant tout une cuisine québécoise régionale simple et savoureuse faisant la part belle aux poissons, fruits de mer et légumes frais de saison. À midi, régalez-vous d'un saumon fumé maison ou de croquettes de barbue à la gaspésienne ; le soir, tentez l'une des spécialités du restaurant, dont la brandade de morue salée et les pétoncles poêlés.

À Causapscal

Premier prix

Auberge La Coulée Douce – *21 r. Boudreau - ☎ 418 756 5270 - www.lacouleedouce.com - horaires, se rens. - menu midi 20 $ - 8 ch. et 5 chalets.* Perchée sur une petite butte à la croisée des rivières Matapédia et Causapscal, cette auberge sans prétention propose l'une des meilleures tables du cru. Dans cette région mondialement réputée pour la chasse et la pêche, attendez-vous à savourer une délicieuse cuisine du terroir à base de saumon de l'Atlantique et de viandes grillées.

Hébergement

À Ste-Flavie

Budget moyen

Centre d'art Marcel-Gagnon – *564 rte de la Mer - ✆ 418 775 2829 - www.centredart.net - ✕ P - mai-sept. - 10 ch. 105/190 $ ☕.* Unique en son genre, ce sympathique centre d'art dispose de chambres coquettes aux murs décorés d'œuvres originales. Privilégiez une chambre côté fleuve, car la circulation pourrait vous gêner. Au petit-déjeuner, servi dans le restaurant, vous aurez le plaisir de déguster vos toasts face à l'estuaire du St-Laurent, tout en admirant les statues du *Grand Rassemblement* sous les premiers rayons de soleil de la journée.

À Ste-Anne-des-Monts

Une folie

Gîte du Mont-Albert – *2001 rte du Parc - ✆ 1 866 727 2427 - www.sepaq.com/pq/gma - ✕ ♿ P - chalets 2 pers., 60 ch. 258/443 $ - ☕ 20 $.* Joliment rénovée tout en ayant gardé le côté rustique qui faisait son charme, l'auberge phare du Parc national de la Gaspésie présente un visage moderne. Concoctée à partir de produits du terroir, sa table est présentée dans un décor montagnard. L'auberge constitue un excellent point de départ pour randonner dans les monts Chic-Chocs ou McGerrigle et découvrir cette merveilleuse « mer de montagnes » le temps d'un week-end ou pour un séjour prolongé.

À Percé

Budget moyen

Chalets Nature Océan – *400 rte 132 Ouest - ✆ 1 877 682 2400 - www.natureocean.com - juin-août - 30 chalets 99/179 $.* Dans une ville aussi touristique que Percé, ce camping propose une solution d'hébergement originale et confortable à des prix défiant toute concurrence ! Un terrain vallonné en retrait de la route, offrant des vues du rocher Percé et de l'île Bonaventure, accueille de mignons chalets disposant tous d'une salle de bains et, pour la plupart, d'une cuisinette tout équipée, avec, à l'extérieur, un barbecue et une table de pique-nique qui vous permettront de préparer un repas en plein air.

À Carleton-sur-Mer

Pour se faire plaisir

B & B La Mer La Montagne – *711 bd Perron - ✆ 418 364 6474 - www.lamerlamontagne.com - 5 ch. 134 $ ☕.* Faites étape dans ce chaleureux B & B, face à la baie des Chaleurs, qui figure au palmarès des plus belles baies du monde. Ici, la légendaire courtoisie gaspésienne est de mise. La maison, impeccablement tenue, se trouve au bord du grand barachois de Carleton, une lagune qui accueille un important sanctuaire d'oiseaux. Depuis les tours d'observation aménagées à proximité, vous pourrez admirer hérons, bernaches du Canada, cormorans et autres créatures...

Îles de la Madeleine ★★

Battu par les vents du large, cet archipel produit un effet immédiat à quiconque débarque sur l'une de ses quinze îles. Des falaises de grès rouge, des dunes et de longues plages sauvages s'étirant vers la mer, des vallons verts, des lagunes teintées par le bleu du ciel, un climat maritime qui adoucit l'hiver et rafraîchit l'été, une eau pouvant atteindre 17 °C : voilà quelques-uns des atouts des îles de la Madeleine. Et, pour que la séduction soit complète, elles émergent du golfe du Saint-Laurent, plus proches du Cap-Breton et de l'île du Prince-Édouard que de la péninsule gaspésienne. Cet isolement les rend encore plus envoûtantes...

Se repérer

CARTE CI-CONTRE.
Les îles de la Madeleine forment, dans le golfe du St-Laurent, un ensemble de 72 km de long composé de nombreux îlots et de huit îles, dont six sont reliées par des flèches de sable.

À ne pas manquer

L'île du Havre-aux-Maisons ; la plage de la Grande-Échouerie sur Grosse-Île ; les falaises de la Belle-Anse sur l'île du Cap-aux-Meules.

Organiser son temps

Restez sur les îles au moins quatre jours. L'île d'Entrée, la seule île habitée à ne pas être reliée au reste de l'archipel, est une destination en soi.

Carnet pratique p. 379

Nos adresses p. 379

Découvrir

★★ Île du Cap-aux-Meules

La plus grande île de l'archipel en est le centre commerçant et administratif. Elle comprend trois municipalités (Cap-aux-Meules, Fatima et L'Étang-du-Nord) reliées par des routes panoramiques qui tantôt serpentent dans les collines boisées, tantôt longent le littoral. L'île doit son nom aux pierres à meule découvertes dans le cap qui domine le port.

Le charmant **port** de Cap-aux-Meules est le lieu le plus animé de l'archipel. Le soir est idéal pour flâner et observer bateaux et chalutiers, certains en cale sèche pour réparation, d'autres se préparant pour la pêche du lendemain.

Prenez la route 199 (chemin Principal) vers l'ouest, direction La Vernière. À La Vernière, prenez à droite le chemin de l'Église, qui coupe la route 199.

Butte du Vent

Le chemin de l'Église conduit, dans les collines, à la butte du Vent *(prenez à gauche le chemin Cormier et, tout de suite à droite, le chemin des Arsènes ; faites preuve de prudence sur ces chemins non pavés ; véhicule 4x4 conseillé).*

C'est le point culminant de l'île, d'où la **vue**★★ embrasse l'archipel entier et la baie de Plaisance. *Reprenez le chemin de l'Église. Tournez à gauche dans le chemin des Huet, puis à droite dans le chemin des Caps, et continuez jusqu'à Fatima.*

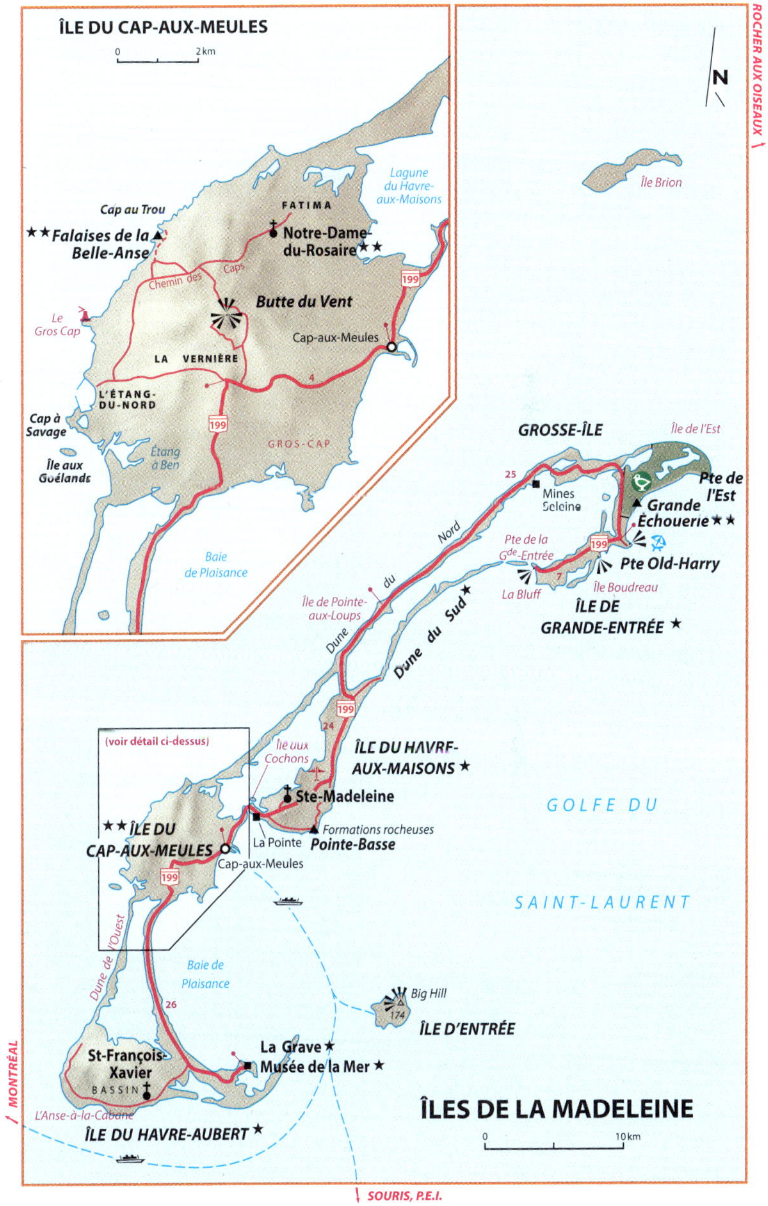
ÎLE DU CAP-AUX-MEULES
0 2 km
Cap au Trou
★★ Falaises de la Belle-Anse
FATIMA
Notre-Dame-du-Rosaire ★★
Lagune du Havre-aux-Maisons
Chemin des Caps
Butte du Vent
Le Gros Cap
Cap-aux-Meules
LA VERNIÈRE
L'ÉTANG-DU-NORD
Cap à Savage
Étang à Ben
GROS-CAP
Île aux Goélands
Baie de Plaisance
199
4
ROCHER AUX OISEAUX
N
Île Brion
GROSSE-ÎLE
Île de l'Est
Pte de l'Est
Mines Seleine
Grande Échouerie ★★
Pte de la Gde-Entrée
La Bluff
Pte Old-Harry
Île Boudreau
ÎLE DE GRANDE-ENTRÉE ★
Dune du Nord
Dune du Sud ★
Île de Pointe-aux-Loups
(voir détail ci-dessus)
Île aux Cochons
ÎLE DU HAVRE-AUX-MAISONS ★
Ste-Madeleine
★★ ÎLE DU CAP-AUX-MEULES
La Pointe
Formations rocheuses
Pointe-Basse
Cap-aux-Meules
GOLFE DU SAINT-LAURENT
Dune de l'Ouest
Baie de Plaisance
Big Hill
174
ÎLE D'ENTRÉE
St-François-Xavier
BASSIN
La Grave ★
Musée de la Mer ★
L'Anse-à-la-Cabane
ÎLE DU HAVRE-AUBERT ★
ÎLES DE LA MADELEINE
0 10 km
MONTRÉAL
SOURIS, P.E.I.
25
24
26
7

Des îles de caractère

Au 15e s., **Basques** et **Bretons** faisaient souvent halte dans l'archipel pour pêcher, chasser le phoque, le morse et la baleine. C'est en 1534, au cours de la première des trois expéditions qu'il entreprit dans le golfe du St-Laurent, que **Jacques Cartier** découvrit les îles de la Madeleine. Il débarqua au rocher aux Oiseaux, puis sur l'île Brion.

Dans les décennies qui suivirent, l'archipel fut sporadiquement occupé par les **Micmacs** et par des **explorateurs français** en quête de ressources pour alimenter le commerce des fourrures. L'archipel devrait son nom à Madeleine Fontaine, femme du sieur **François Doublet** qui, en 1663, établit une colonie sur le territoire au nom du roi de France.

La déportation des Acadiens

L'archipel ne fut habité en permanence qu'à partir de 1755, lorsqu'il devint le refuge des colons français qui s'étaient installés en Acadie (aujourd'hui la côte ouest de la Nouvelle-Écosse). Région âprement disputée par l'Angleterre et la France entre 1604 et 1710, l'Acadie fut attribuée à l'Angleterre en 1713 par le **traité d'Utrecht**, qui mettait fin à la guerre de succession d'Espagne. Les **colons acadiens**, soupçonnés par les Anglais d'être inféodés à la France, durent prêter serment d'allégeance inconditionnelle à l'Angleterre. Ils refusèrent et, au mois d'août 1755, **Charles Lawrence**, gouverneur de la Nouvelle-Écosse, émit un **ordre de déportation** dans les colonies américaines. Quelques centaines d'entre eux réussirent à s'échapper et se réfugièrent aux îles de la Madeleine et à St-Pierre-et-Miquelon, îles coloniales françaises situées au sud de Terre-Neuve.

Après le **traité de Paris** (1763), les îles de la Madeleine furent cédées à l'Angleterre, St-Pierre-et-Miquelon demeurant aux mains des Français.

À la suite de la Révolution française, les Acadiens réfugiés sur ces deux îles rejoignirent leurs compatriotes sur les îles de la Madeleine, préférant le roi, fût-il anglais, à la République. Ces anciens Acadiens sont les ancêtres de la plupart des « Madelinots » d'aujourd'hui.

Après la Conquête, le gouvernement britannique annexa les îles de la Madeleine à la province de Terre-Neuve, puis elles devinrent une seigneurie de la province du Québec, sous l'acte du Québec de 1774.

Pour services rendus à l'Empire britannique, l'amiral **Isaac Coffin** obtint du roi George III le titre seigneurial des îles en 1798. Pendant un siècle, les Coffin allaient régner en maîtres absolus sur ce territoire, forçant de nombreux Acadiens à se réfugier de nouveau, cette fois sur la rive nord du St-Laurent. Ce n'est qu'en 1895 que les habitants obtinrent le droit de propriété des lots de terre qu'ils avaient défrichés et bâtis à la sueur de leur front.

Les îles aujourd'hui

Économie

Les Acadiens étaient traditionnellement d'habiles pêcheurs et de bons agriculteurs. À la **pêche** et à l'**agriculture** vint se greffer, au 19e s., l'**exploitation forestière**. C'est d'ailleurs ce type d'activité qui explique l'absence d'arbres sur les collines de l'île d'Entrée et de l'île Havre-aux-Maisons. Aujourd'hui, on ne pratique plus guère l'agriculture, et encore moins la coupe du bois. La pêche, en revanche, demeure la principale activité économique.

En effet, les îles, portion émergée d'un vaste plateau sous-marin, sont entourées de hauts-fonds favorables à la prolifération de **homards**, de **crabes**, de **pétoncles** et d'autres crustacés et mollusques. Les eaux abondent également en **morues**, **flétans**, **maquereaux** et **perches**, poissons que l'on traite à l'usine Madelipêche, située près du port de Cap-aux-Meules, et que l'on expédie ensuite sur le continent pour la vente. Une industrie touristique en plein essor et une mine de sel viennent s'ajouter aux activités économiques des îles.

Architecture

Les îles présentent une architecture domestique caractéristique, même si les constructions les plus anciennes ne remontent guère qu'à 1850. Le type architectural qui date le plus est celui de la **maison du pêcheur** flanquée d'une ferme de subsistance. Ces demeures consistaient en un petit bâtiment à un étage, avec deux pièces au rez-de-chaussée et une plus petite au grenier. Après 1900, on construisit des maisons plus grandes, avec quatre pièces à chaque étage. Beaucoup de **maisons traditionnelles** ont des **toits mansardés** inspirés des presbytères et des couvents qui s'implantèrent sur les îles vers 1875. Les grandes **églises en bois** de Bassin, La Vernière et Grande-Entrée s'inscrivent dans la tradition des églises catholiques des provinces maritimes (Church Point, par exemple), alors que plusieurs églises protestantes témoignent de la vitalité de la communauté anglophone.

Les années 1960 ont vu apparaître de nouvelles paroisses, ce qui explique cette notable concentration d'églises contemporaines dans cette partie du Québec.

Paysage

De belles **formations rocheuses**, sculptées dans la côte par les assauts de la mer, caractérisent les îles de la Madeleine. Par endroits, les falaises de grès rouge forment des arches, des tunnels, des caves et de fiers promontoires couronnés d'herbe vert émeraude. De vastes plages de sable blond s'étirent vers la mer pour composer un paysage multicolore, à la fois sauvage et paisible.

Flore

Les grands arbres sont très rares, car peu ont échappé, au 19e s., à la hache du bûcheron. Ceux qui restent ont subi l'agression des vents et ont pris des formes tortueuses particulières. Les fleurs sauvages abondent au printemps et en été. Dans les tourbières, une plante carnivore, la **sarracénie pourpre**, capture les insectes dans ses poils et les noie dans un liquide sécrété par ses feuilles en forme de cruche. Dans les marais d'eau douce, l'**iris versicolore** pousse en colonies parfois très denses. Dans les dunes, l'**ammophile**, grâce à ses racines profondes et ramifiées, retient les sables et freine l'érosion.

Faune

Posté au milieu du golfe du St-Laurent, l'archipel est un lieu de repos pour les **oiseaux migrateurs**. De nombreuses espèces, notamment le **macareux arctique**, le **fou de Bassan** et le **pluvier siffleur** (espèce menacée), y nichent toute l'année.

Le **harfang des neiges**, grande chouette à plumage blanc, est une espèce indigène.

Le **phoque** gris, le phoque commun et le phoque du Groenland fréquentent les îlots et les plages les plus isolées. Début mars, les phoques du Groenland viennent sur la banquise qui entoure les îles de l'archipel pour mettre bas. Accompagné de guides, on peut alors observer les **blanchons**, les petits des phoques, couverts d'un duvet immaculé qui leur donne leur nom. Une expérience inoubliable !

★★ Église Notre-Dame-du-Rosaire

709 chemin des Caps - Fatima.

Évocatrice d'un coquillage, la forme stylisée de cette curieuse église en fait un bel exemple d'architecture religieuse contemporaine. Son intérieur est orné de symboles nautiques divers : hublots (fenêtres), brise-lames (autel et chaire) et vagues (disposition des tableaux du chemin de Croix). Construit d'après les plans de Jean-Claude Leclerc, l'édifice rappelle par ses lignes épurées et arrondies la fameuse chapelle de Ronchamps, due à Le Corbusier.

Reprenez le chemin des Caps. Tournez à droite dans le chemin de la Belle-Anse, et dirigez-vous vers la côte.

★★ Falaises de la Belle-Anse

Le visiteur peut longer la côte à pied, du chemin de la Belle-Anse au **cap au Trou** *(en direction du nord)*, où il verra les formations les plus spectaculaires de tout l'archipel. La mer attaque sans répit les falaises de grès rouge, lézarde le roc et façonne des caps. Par endroits, la voûte des arches s'est effondrée pour ne laisser que des colonnes en butte aux assauts constants des vagues *(le bord des falaises étant friable, soyez prudent et ne vous avancez pas trop).*

Continuez vers le sud par le chemin de la Belle-Anse. Tournez à droite dans le chemin des Caps, puis encore à droite dans le chemin de l'Étang-du-Nord.

D'autres formations rocheuses impressionnantes jalonnent le littoral près de **L'Étang-du-Nord**. Cette municipalité possède un petit port de pêche qui accueille de nombreux chalutiers. Une promenade au bord du **cap à Savage** permet d'admirer la toute petite **île aux Goélands**, ainsi nommée en raison des oiseaux qui y affluent, et la côte ouest de l'île du Cap-aux-Meules.

Retournez à Cap-aux-Meules.

★ Île du Havre-Aubert

La plus méridionale des îles de l'archipel se caractérise par des collines arrondies aux pentes douces, entrecoupées de coquettes maisons traditionnelles.

★ La Grave

Au nord-est de Havre-Aubert.

Cet arrondissement historique tire son nom du mot « grave » (grève), qui désigne ici le lieu où les marchands venaient acheter aux pêcheurs leur poisson séché ou salé. Le site regroupe une quinzaine de petites maisons grises à bardeaux qui bordent la route, contournant une petite baie et menant au cap Grindley. On y voit des magasins, une ferblanterie, deux **chafauds** (quai ou hangar destiné à la préparation de la morue) et quelques entrepôts. Abandonnés par l'industrie des pêcheries, les bâtiments abritent des boutiques d'artisanat à base de sable, albâtre et peau de phoque.

★ Musée de la Mer

1023 chemin de la Grave - Pointe Shea - ☏ 418 937 5711 - museedelamer-im.com - ♿ - tlj sf vend.-sam. 13h-17h - 15 $.

Des bateaux, des instruments de navigation et des objets divers permettent de se familiariser avec l'histoire et la culture des îles de la Madeleine, les techniques de pêche et l'histoire du « ponchon ». Ce baril à voile servit, en février 1910, à expédier le courrier des Madelinots sur le continent, une rupture de câble du télégraphe les ayant complètement isolés du reste du pays.

De La Grave, retournez au centre de l'île par la route 199. Restez à gauche sur le chemin du Bassin.
La route panoramique qui traverse **Bassin** et longe **l'Anse-à-la-Cabane** serpente entre de pittoresques maisons aux couleurs vives. Beaucoup possèdent des toits mansardés. Certaines sont agrémentées de vérandas et de balcons constitués de piliers et de balustrades finement travaillés, et d'encorbellements sculptés.

Église Saint-François-Xavier

Chemin du Bassin, au lieu-dit Bassin.
Élevée sur un terrain en pente douce qui descend vers le golfe du St-Laurent, cette grande église en bois, d'inspiration néoromane, fut construite en 1939. Son presbytère date de 1876 et constitue le plus bel exemple d'architecture Second Empire de l'archipel. Il est coiffé d'une toiture mansardée comportant de multiples décrochements.

★ Île du Havre-aux-Maisons

L'une des plus belles îles de l'archipel, Havre-aux-Maisons, a su garder son air champêtre, avec son habitat dispersé, ses routes sinueuses, ses terres en culture et ses **baraques**, petites cabanes à toit coulissant destinées à protéger le foin. Plusieurs routes font le tour de l'île et délivrent des panoramas superbes.
En arrivant sur l'île du Havre-aux-Maisons, prenez à gauche le chemin du Cap-Rouge, puis encore à gauche le chemin des Cyrs, pour admirer les vues sur la baie Petite, l'île aux Cochons et La Pointe.
À **La Pointe**, les petits quais bourdonnent d'activité. Les visiteurs peuvent assister au nettoyage et au traitement des palourdes. Les pêcheurs de homard y vendent leurs prises, fraîches ou cuites.
Reprenez la route 199 et continuez jusqu'au chemin Central.

Église Ste-Madeleine

25 chemin Central.
Construit en 1969, ce bâtiment présente de grandes courbes relevées réunissant, autour d'une entrée centrale, l'église et le presbytère. La nef adopte la forme d'un amphithéâtre éclairé par une paroi de vitraux. Le plafond, très bas, confère un caractère intime à ce vaste espace.
Reprenez la route 199 et tournez à gauche dans le chemin de la Pointe-Basse.
La route, qui mène au **port de Pointe-Basse** par le chemin du Quai *(à droite)*, traverse un complexe d'anciens **fumoirs,** grands hangars de bois remplis de tringles pour accrocher le poisson.
Reprenez le chemin de la Pointe-Basse.
De la route, on peut admirer de belles vues sur les **formations rocheuses**, particulièrement nombreuses autour de l'**anse Firmin** et du **cap Alright**.
La **dune du Sud★** dévoile une plage superbe qui s'étend au bord d'une mer relativement calme.
Continuez par le chemin de la Pointe-Basse, qui longe la côte et devient le chemin des Échoueries, pour rejoindre la route 199.

Les îles de l'Est

Les îles les plus à l'est de l'archipel sont reliées aux autres par une flèche de sable, la **dune du Nord**. Au nord de la dune se trouvent les **mines Seleine**, dont la production est destinée au déglaçage des routes du Québec en hiver.

Grosse-Île

La plupart de ses habitants sont les descendants de métayers écossais arrivés au début du 18e s. après avoir été chassés d'Écosse, à l'époque du développement de l'élevage ovin. C'est ici que le mode de vie traditionnel, axé sur la pêche et l'agriculture, s'est le mieux maintenu.

Réserve nationale de faune de la Pointe-de-l'Est – *377 rte 199 - à l'est de la municipalité de Grosse-Île - de mi-juin à déb. oct. - rens. sur les randonnées pédestres dans la réserve : Auberge La Salicorne, 377 Rte 199 (Grande-Entrée) - ✆ 418 985 2833 ou 1 888 537 4537 - www.salicorne.ca.* Sur un territoire de 684 ha, le visiteur découvrira le monde particulier des dunes : leur faune (phoques, oiseaux migrateurs), leur flore (comme l'ammophile à ligule) et, bien sûr, leur milieu (plages, étangs, marais et forêt).

★★ **Plage de la Grande-Échouerie** – Cette étendue de sable constitue la bande littorale sud de la réserve nationale de faune. Elle doit son nom au mot « échouerie » qui, au Québec, désigne les rochers où les troupeaux de phoques et de morses viennent se prélasser au soleil.

★ Île de Grande-Entrée

La pêche au homard joue un rôle primordial sur cette petite étendue de terre dont la colonisation remonte à environ 1870.

Pointe Old-Harry – La plage de la Grande-Échouerie mène à la pointe Old-Harry, petit port protégé par une jetée typiquement madelinienne faite de **dolosses**, blocs de béton en forme d'ancre. La chasse au morse, pratiquée à partir du 17e s., amena les premiers Européens à s'installer sur les îles. C'est à Old-Harry qu'ils procédaient à l'abattage et au dépeçage des bêtes. La route 199 traverse l'île et aboutit au petit **port de pêche** de Grande-Entrée, où quais et bateaux de pêche sont peints de couleurs vives. Chaque année, les homardiers locaux capturent plus de la moitié des prises de l'archipel.

Sentiers de randonnée sur la côte – C'est en se promenant sur les sentiers côtiers que l'on pourra admirer des **vues**★★★ panoramiques parmi les plus saisissantes de l'archipel : caps et falaises spectaculaires, vastes plages et lagunes sauvages, arbres tourmentés et fleurs multicolores. Du parc de stationnement, au bout du chemin des Pealey, les promeneurs avides de grands horizons flâneront du côté de **La Bluff** et de l'**île Boudreau** pour une vue allant jusqu'à la pointe de l'Est.

Île d'Entrée

Traversier NM Ivan-Quinn - ✆ 418 986 3278 ou contacter l'Association touristique des Îles-de-la-Madeleine - www.traversiers.com ou www.traversierctma.ca - dép. du port de Cap-aux-Meules tte l'année : tlj sf dim. 7h30 et 15h ; dép. du port de l'île d'Entrée tte l'année : 9h et 16h30 - env. 1h de trajet - sur réserv. - tarifs, se rens.

Seule île habitée à ne pas être reliée au reste de l'archipel, ce petit avant-poste compte une population de près de 200 anglophones. Il est sillonné de sentiers d'où le promeneur pourra admirer des formations rocheuses intéressantes et observer de nombreux oiseaux, notamment le cormoran. De **Big Hill**, point culminant de l'archipel (174 m), la **vue** embrasse toutes les îles.

Carnet pratique

S'informer

Tourisme Îles de la Madeleine – *128 chemin Principal - à l'angle du chemin du Débarcadère de Cap-aux-Meules - ✆ 418 986 2245 - www.tourismeilesdelamadeleine.com.*

Arriver/Partir

En avion

L'aéroport des îles de la Madeleine, situé à Havre-aux-Maisons, dessert l'archipel. Service en saison estivale entre les îles de la Madeleine, Gaspé, Québec et Montréal assuré par **Air Canada** *(✆ 1 888 247 2262 - www.aircanada.com)* et toute l'année par **Pascan Aviation** *(✆ 1 450 443 0500 ou 1 888 313 8777 - www.pascan.com).*

En traversier

Service de navette entre **Souris** (île du Prince-édouard) et **Cap-aux-Meules** (îles de la Madeleine) - *✆ 1 888 986 3278 ou 418 986 3278 - www.traversierctma.ca - durée de la traversée 5h - service quotidien de déb juil. à déb. sept. ; mai-juin : tlj sf lun. ; reste de l'année : se rens. pour les horaires - tarifs haute saison : AS 59,10 $, voiture 110,15 $ - tarifs basse saison : AS 38,20 $, voiture 77,50 $.*

Heure locale

Contrairement au reste du Québec, l'archipel vit à l'heure de l'Atlantique. Il faut donc avancer sa montre de 1h par rapport à l'heure de Montréal ou Québec.

Agenda

Festival acadien – *Havre-Aubert - 1 sem. en août - www.tourismeilesdelamadeleine.com.* Concours de rame sur petit bateau et autres activités festives.

Concours de châteaux de sable – *Havre-Aubert - mi-août - www.chateauxdesable.com.*

Nos adresses

Activités

Excursions dans les îles

Plusieurs compagnies proposent des excursions en autocar, hélicoptère ou bateau. Des croisières panoramiques permettent d'admirer les formations rocheuses de l'archipel et d'observer la faune locale. Des randonnées d'interprétation de la nature sont également possibles grâce aux nombreux sentiers qui sillonnent les îles. Renseignements auprès de Tourisme Îles de la Madeleine (*« Carnet pratique » ci-dessus*).

Hébergement

Auberges, hôtels, motels et B & B se trouvent surtout sur les îles du Cap-aux-Meules, du Havre-aux-Maisons et du Havre-Aubert. Il est également possible de loger chez l'habitant ou de louer une maison ou un petit chalet. N'hésitez pas à consulter le site de Tourisme Îles de la Madeleine (**www.tourismeilesdelamadeleine.com**), qui propose un très utile **service de réservation en ligne**. Sa sélection d'hébergements est adaptée à tous les budgets.

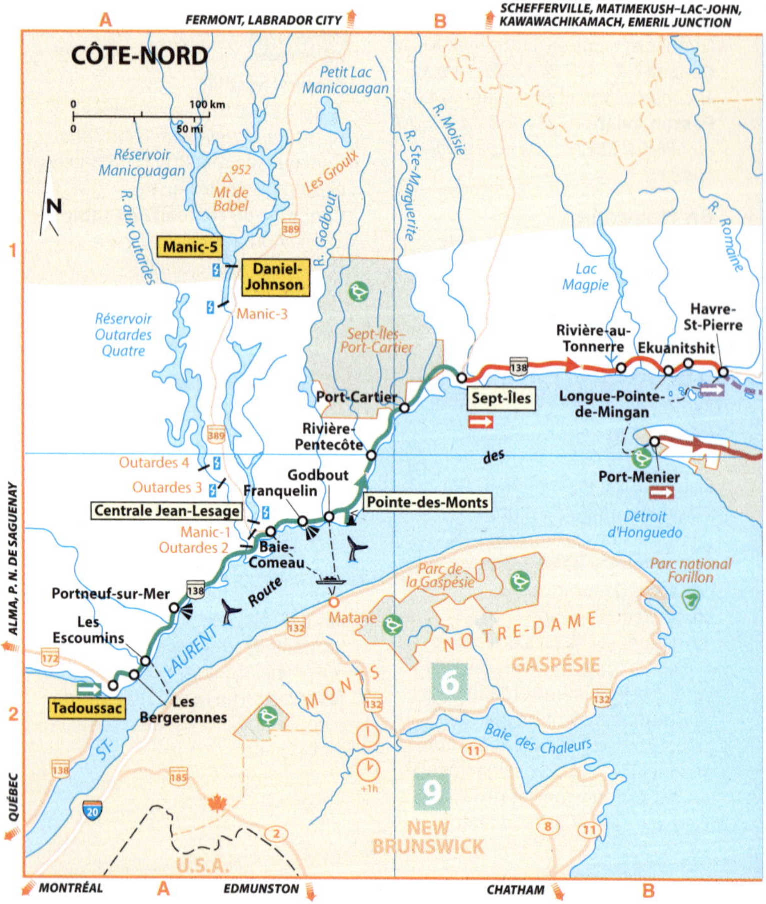
CÔTE-NORD
FERMONT, LABRADOR CITY
SCHEFFERVILLE, MATIMEKUSH–LAC-JOHN, KAWAWACHIKAMACH, EMERIL JUNCTION
A
B
1
2
0
100 km
50 mi
N
Réservoir Manicouagan
Petit Lac Manicouagan
952
Mt de Babel
Les Groulx
R. aux Outardes
R. Godbout
R. Ste-Marguerite
R. Moisie
R. Romaine
Manic-5
Daniel-Johnson
Manic-3
Réservoir Outardes Quatre
Sept-Îles–Port-Cartier
Lac Magpie
Havre-St-Pierre
Rivière-au-Tonnerre
Ekuanitshit
Sept-Îles
Longue-Pointe-de-Mingan
Port-Cartier
Rivière-Pentecôte
Port-Menier
Outardes 4
Outardes 3
Godbout
Franquelin
Pointe-des-Monts
Centrale Jean-Lesage
Manic-1
Outardes 2
Baie-Comeau
Détroit d'Honguedo
Parc de la Gaspésie
Parc national Forillon
Portneuf-sur-Mer
Route des
St-Laurent
Matane
Les Escoumins
MONTS NOTRE-DAME
GASPÉSIE
Tadoussac
Les Bergeronnes
Baie des Chaleurs
+1h
NEW BRUNSWICK
U.S.A.
ALMA, P. N. DE SAGUENAY
QUÉBEC
MONTRÉAL
EDMUNSTON
CHATHAM
138
389
132
172
185
20
11
8
2
6
9

7

Côte-Nord

CARTE MICHELIN RÉGIONAL N° 760

Côte-Nord ★

Divisée en deux régions touristiques (Manicouagan et Duplessis), la Côte-Nord englobe un immense territoire allant de l'embouchure du Saguenay à la frontière du Labrador. Signe de sa valeur écologique, la totalité du bassin de la rivière Manicouagan a été classée réserve mondiale de la biosphère par l'Unesco en 2007. Région la plus méridionale, la « Haute » Côte-Nord s'étend de Tadoussac à Sept-Îles. Au centre, la « Moyenne » Côte-Nord réunit Sept-Îles à Natashquan. Quant à la « Basse » Côte-Nord, ainsi nommée en raison de sa proximité avec l'océan, elle comprend la région sise entre Natashquan et Blanc-Sablon. Dans ces vastes espaces de taïga, villes et villages ne sont guère accessibles que par avion ou par bateau. Peu fréquentée par les touristes, la Côte-Nord déroule des paysages d'une beauté presque irréelle.

Se repérer

Manicouagan-Duplessis

CARTE (P. 380-381). La route 138 dessert la Côte-Nord de Tadoussac à Natashquan. La Basse-Côte-Nord est accessible par bateau ou par avion.

À ne pas manquer

Le spot d'observation des baleines à Cap-de-Bon-Désir ; une excursion au complexe hydroélectrique Manic-Outardes ; les monolithes de la réserve du Parc national de l'Archipel-de-Mingan.

Organiser son temps

La découverte de la Côte-Nord peut se faire en une à deux semaines.

En famille

Les ateliers proposés aux centres d'interprétation de Cap-de-Bon-Désir et Archéo-Topo des Bergeronnes ; « Le Saint-Laurent en direct » au CDMM des Escoumins.

Carnet pratique p. 399

Nos adresses p. 399

Circuits conseillés

CARTE P. 380-381

De Tadoussac à Sept-Îles AB1-2

Circuit de 450 km tracé en vert sur la carte p. 380-381, par la route 138.

★★ **Tadoussac** A2 (*p. 308*)

Les Bergeronnes A2

En 1603, **Samuel de Champlain** nomma « Bergeronnettes » cet endroit où il avait observé le vol de ces petits oiseaux jaunes à longue queue. La région était depuis longtemps fréquentée par des **pêcheurs basques** et des **Autochtones innus** (autrefois appelés Montagnais). En 1844, les premiers colons s'établirent dans la région et construisirent un moulin à farine à Petites-Bergeronnes, ainsi qu'une scierie à Grandes-Bergeronnes. Aujourd'hui, l'**observation des baleines** constitue le principal attrait de la localité. Attirés par une prolifération exceptionnelle de plancton (*« Le ballet des baleines » p. 384-385*), bélugas et baleines bleues

Vue sur le port de Tadoussac.
MichelGuenette/Getty Images Plus

fréquentent volontiers les eaux de la région, pour le plus grand plaisir des visiteurs, qui pourront les admirer en mer ou depuis la côte.

★ **Centre d'interprétation et d'observation de Cap-de-Bon-Désir** – *13 chemin du Cap-de-Bon-Désir, à 6 km à l'est de Grandes-Bergeronnes par la route 138 - partie intégrante du parc marin du Saguenay-St-Laurent (p. 313) - 418 232 6751 - www.parcmarin.qc.ca - de mi-juin à mi-oct. : 9h-18h - 9 $; permet l'accès au Centre d'interprétation et d'observation de Pointe-Noire (p. 303) et au Centre de découverte du milieu marin (p. 386) le même jour. Le site est très venteux, pensez à vous vêtir chaudement.* Ce centre d'interprétation propose de multiples activités ayant trait à l'interprétation de l'histoire régionale et à l'observation du milieu marin de l'estuaire. Son **belvédère** constitue un fabuleux point d'observation terrestre des baleines et autres mammifères marins qui s'ébattent dans les eaux du St-Laurent en contrebas *(jumelles disponibles sur place)*. Sur les **rochers** *(se munir de bonnes chaussures)*, au niveau de la grève, des naturalistes passionnés et passionnants répondent à toutes vos questions sur les baleines et leur mode de vie, et vous aident à mieux les repérer dans l'eau.

Centre d'interprétation Archéo-Topo – *498 r. de la Mer - 418 232 6286 ou 1 866 832 6286 - www.archeotopo.com - de mi-mai à mi-oct. : 9h-17h (juil.-août : 8h-19h) - 8 $.* Plus d'un millier de sites archéologiques répertoriés le long de la Côte-Nord témoignent d'une occupation humaine vieille de plus de 9 000 ans : Paléoesquimaux, Inuits, pêcheurs basques, Français, Anglais, Jersiais, Acadiens, Norvégiens ont tour à tour laissé leurs traces sur cet immense territoire, et en ont fait l'une des régions les plus riches en archéologie du Québec. L'exposition permanente revient sur ces 8 000 ans d'occupation humaine et retrace l'histoire

Le ballet des baleines

Chaque année au mois de juin, des baleines de toutes tailles remontent par centaines le St-Laurent jusqu'à l'embouchure du Saguenay. C'est un piège géologique qui explique cet extraordinaire rassemblement. Le golfe et le nord de l'estuaire sont très profonds (entre 300 et 400 m de profondeur). Une **couche d'eau glaciale**, riche en nutriments, y circule, portée vers l'intérieur des terres par le tapis roulant des eaux profondes de l'Atlantique (entre moins 150 m et le fond de l'estuaire) et entraînant avec elle des milliards de **crustacés microscopiques** (ou krill), venus du golfe du St-Laurent. À la hauteur de l'embouchure du Saguenay, le fond s'élève brutalement de plus de 200 m, puis présente une dépression. Coincés entre le fond et les eaux de surface plus chaudes, que les courants fluviaux entraînent vers le golfe, la couche glaciale et ses habitants sont pris au piège d'un véritable vortex. Un deuxième effet de ce piège est que les eaux de surface du St-Laurent, enrichies en minéraux par la couche glaciale, connaissent une explosion de **plancton végétal** lors des mois ensoleillés d'été. Emportée vers le large par les courants de surface, cette manne alimente une myriade de petits poissons et le **plancton animal** de la couche glaciale profonde. Ceux-ci servent à leur tour de nourriture aux baleines, qui maîtrisent depuis longtemps ces mouvements des masses d'eau.

Les bélugas

La **star en péril** de ce ballet unique au monde est sans conteste le béluga, une baleine à dents de taille moyenne (3 à 5 m maximum) entièrement blanche et possédant une capacité de vocalise hors du commun. Cas unique parmi les cétacés du St-Laurent, il constitue une population sédentaire d'environ 900 individus, dont la présence est à l'origine de la création du parc marin du Saguenay-St-Laurent (*p. 313*). Cette population – isolée de la population principale, qui vit beaucoup plus au nord, dans les eaux arctiques – vit et se reproduit dans le St-Laurent, migrant du sud (Île-aux-Coudres, Forestville, Saguenay), où elle est présente en été, au nord de l'estuaire en hiver. Elle se répartit en petites troupes, sauf à certains moments clés de l'année, au printemps et à l'automne, où des groupes de plus de 100 individus peuvent être observés. Chassés jusqu'en 1979, les bélugas du St-Laurent n'ont jamais vraiment réussi à se rétablir. Officiellement classée « en voie de disparition » depuis décembre 2014, l'espèce est en grand danger, avec des séquences de forte mortalité des jeunes, du fait des agressions environnementales et du dérangement causé par le tourisme de masse. Le dernier recensement effectué en 2022 indiquait toutefois que la population de bélugas s'élevait désormais à 1 850, contre 889 dix ans auparavant.

Les rorquals

Le **rorqual bleu**, également connu sous le nom de **baleine bleue**, est le plus grand des rorquals, une famille de baleines à fanons au corps élancé. Avec quelque 120 tonnes pour 30 m de long, c'est aussi le plus grand mammifère de tous les temps et l'hôte le plus imposant de l'estuaire ! Il fait des apparitions régulières l'été (août et septembre étant les mois où les chances de le rencontrer sont les plus élevées), et certains individus prolongent leur séjour jusqu'aux mois d'hiver. Il est le plus souvent solitaire, parfois en couple, plus rarement en petits groupes. Inoubliable, la rencontre avec

Baleine dans le St-Laurent.
Robert Gergely/Getty Images Plus

ce géant des mers a parfois lieu très près des côtes, au gré des mouvements des masses d'eaux froides qui conditionnent la présence de ses proies naturelles (essentiellement de petits crustacés planctoniques).

Le St-Laurent accueille de façon régulière d'autres membres de la famille des rorquals. À peine moins long, mais deux fois plus léger que le rorqual bleu, le **rorqual commun** est un cétacé vif et longiligne, qui séjourne de mai à novembre. Poids plume de la famille avec ses 8 à 10 tonnes, le **petit rorqual** (ou gibard) est probablement le grand cétacé le plus abondant sur la planète, car peu chassé lors de l'âge d'or de l'industrie baleinière, laquelle préférait des captures plus lucratives et plus faciles. Ses habitudes de chasse l'amènent à se rapprocher des côtes, et son caractère l'entraîne fréquemment dans des séries de sauts hors de l'eau, ce qui en fait un sujet d'observation spectaculaire (entre mars et décembre). Le sud de la **Route des baleines** (☞ *encadré p. 386)* mais aussi le fjord du Saguenay, que certains individus remontent jusque loin dans les terres, sont de très bons postes d'observation de cette espèce.

Beaucoup plus connue, en raison de ses puissantes vocalises sous-marines et de ses acrobaties aériennes, la **baleine à bosse** était une habituée du golfe du St-Laurent, visible depuis les Mingan ou la Gaspésie. Depuis le début des années 2000, elle séjourne de plus en plus fréquemment dans l'estuaire, où elle se nourrit de zooplancton et de petits poissons, tels les capelans.

Autres cétacés

Marsouins et **dauphins** se rencontrent en nombre dans les eaux du fleuve. Le golfe héberge près de 15 000 dauphins, essentiellement répartis en deux espèces (dauphins à nez blanc, dauphins à flancs blancs), visibles du printemps à l'automne à partir des côtes de la Gaspésie.

Les marsouins communs sont des visiteurs estivaux qui s'aventurent dans les baies calmes et même les ports, aussi bien dans l'estuaire que dans le golfe. Parmi les visiteurs occasionnels ou exceptionnels, on peut enfin citer l'**orque épaulard**, le **cachalot**, le **globicéphale noir**, la **baleine franche** (ou noire) ou la rare **baleine à bec** commune.

La route des Baleines

Cette fabuleuse route touristique débute à Tadoussac (*p. 308*). Elle suit le tracé de la **route 138**, qui longe la côte nord du St-Laurent sur environ 800 km, à travers les régions du Manicouagan et du Duplessis, jusqu'au village de Natashquan (*p. 397*). Ni la route maritime reliant Natashquan à Blanc-Sablon (*p. 398*), ni l'extension est de la route 138 (de Blanc-Sablon à Vieux-Fort) n'en font techniquement partie, mais ces parcours offrent aussi de belles occasions de rencontres avec les baleines.
L'attrait principal de la Route des baleines réside dans les nombreux spots terrestres qu'elle relie, et qui permettent des observations souvent très proches de toutes sortes de cétacés. Attention, il est parfois nécessaire de parcourir une poignée de kilomètres de sentier à partir de la route, mais cela en vaut largement la peine ! Parmi les meilleurs sites d'observation, on peut mentionner :
– la pointe Rouge et la pointe de l'Islet, à Tadoussac *(voir p. 308)*;
– le cap de Bon-Désir, aux Bergeronnes *(voir p. 382)*;
– la Pointe-à-la-Croix, aux Escoumins *(voir ci-dessous)*;
– le banc de sable, à Portneuf-sur-Mer *(voir p. 387)*;
– la Pointe-à-la-Croix, à Franquelin *(voir p. 389)*;
– le Quai du traversier et le Quai public, à Godbout *(voir p. 389)*;
– la Pointe-des-Monts, à Baie-Trinité *(voir p. 390)*.

souvent méconnue de ces hommes venus chasser le phoque, pêcher ou faire la cueillette dans la forêt pour assurer leur survie. Une présentation multimédia est dédiée à **Louis Gagnon**, archéologue amateur natif des Bergeronnes, qui sut attirer l'attention de la communauté scientifique sur la richesse archéologique de la région.
Le centre d'interprétation organise toutes sortes d'**activités** pour sensibiliser les visiteurs et le jeune public aux merveilles de l'archéologie : ateliers « poterie » ou « capteur de rêves », archéo-rando, démonstration de techniques autochtones, chantier de fouilles simulées...

Les Escoumins A2

Vers la fin du 15e s., des pêcheurs basques fondèrent ici une petite communauté qu'ils appelèrent l'« Esquemin ». Aujourd'hui connue sous le nom d'Escoumins, cette charmante localité est réputée parmi les amateurs de pêche et de plongée sous-marine. Mais c'est avant tout un endroit privilégié pour observer les mammifères marins. Vous pourrez le faire du site de **la Pointe-à-la-Croix** *(au bout de la rue de la Croix)*, du **quai des Pilotes** *(au bout de la rue des Pilotes)* ou du **Quai du traversier des Escoumins** *(r. du Quai)*.
★ **Centre de découverte du milieu marin (CDMM)** – *41 r. des Pilotes - 418 233 4414 - www.parcmarin.qc.ca/page_details/centre-de-decouverte-du-milieu-marin - de mi-juin à déb. sept. : 9h-17h ; de déb. sept. à déb. oct. : vend.-dim. 9h-17h - 9 $.* Idéalement situé face à une fosse marine, cet excellent centre d'interprétation compte à son actif de très nombreuses observations de baleines de toutes espèces ! Très pédagogique, l'exposition permanente vise à faire découvrir au public les différentes facettes de l'estuaire du St-Laurent sur et sous la surface de l'eau. Des maquettes expliquent des phénomènes bien particuliers comme celui des marées d'eau douce, tandis que des aquariums permettent de découvrir les

organismes vivant dans le Saint Laurent. De juin à août, l'activité « Le St-Laurent en direct » donne aux visiteurs l'occasion unique de suivre en temps réel, sur un **écran géant**, des plongeurs biologistes munis de caméras qui évoluent dans les eaux glacées du fleuve.
En quittant les Escoumins, vous traverserez la rivière éponyme et découvrirez sur sa gauche une structure insolite. Il s'agit d'une **échelle à saumons**, ou passe migratoire, déviation artificielle destinée à faciliter la montaison des poissons lorsqu'ils retournent frayer dans les eaux où ils sont nés.

Portneuf-sur-Mer A2

Faites étape dans ce petit village côtier, car celui-ci est un véritable coin de paradis pour l'observateur averti. Il recèle en effet un **banc de sable** de 4,5 km de longueur qui attire non seulement toutes sortes d'oiseaux marins et de rapaces, mais aussi de **baleines**, notamment de grands rorquals, et de **phoques** qui affectionnent l'endroit *(env. 1 km après le belvédère en bordure de la route 138, suivez un court sentier jusqu'au banc de sable).*

Baie-Comeau A2

3501 bd Laflèche - 418 296 8178 ou 1 888 589 6497 - www.tourismebaie comeau.com.
Conscient du potentiel économique qu'offrait la région, et désireux de fonder une usine à papier pour approvisionner son journal, le **colonel Robert McCormick** (1880-1955) – propriétaire du *Chicago Tribune* – fonda en 1936 la Quebec North Shore Paper Company (aujourd'hui Compagnie de papier de Québec et Ontario), qui allait donner naissance à la ville de Baie-Comeau. Celle-ci fut baptisée en hommage à Napoléon-Alexandre Comeau, trappeur, géologue et naturaliste de la Côte-Nord.
Cathédrale Saint-Jean-Eudes – S'élevant dans la partie ouest de la ville, à l'embouchure de la rivière Manicouagan, elle est dédiée à saint Jean-Eudes, prêtre français du 17e s. qui fonda la congrégation de Jésus et Marie (dite des Eudistes). Édifié en 1958 à l'aide de différentes sortes de granits polychromes, l'édifice n'est pas sans rappeler le style du moderniste français Auguste Perret.
Déclaré zone historique en 1985, le **quartier Amélie** se trouve dans le secteur Marquette, à l'est, et comporte de belles demeures bâties dans les années 1930. Dans la rue Cabot se dresse l'élégant **hôtel Le Manoir**, reconstruit dans le style colonial français à la suite d'un incendie survenu en 1965.
Église Sainte-Amélie – *36 av. Marquette, à l'est de Baie-Comeau par la route 138 - 418 296 5528 - tlj sf lun. 10h-17h (sam. 15h) - 8 $.* Cette église, sans aucun doute l'une des plus belles de l'est du Québec, est dédiée à la mémoire d'Amélie McCormick, épouse du fondateur et bienfaiteur de Baie-Comeau. L'artiste italien **Guido Nincheries** a signé les **fresques★** qui ornent l'intérieur.

Excursion au complexe Manic-Outardes A1-2

430 km AR au départ de Baie-Comeau - 1 866 526 2642 - www.hydroquebec. com/visites-installations/- ♿ - visite guidée gratuite des différents sites - de mi-juin à fin août : 9h et 15h30 - réserv. en ligne obligatoire - se munir d'une pièce d'identité avec photo.
Conçu dans les années 1960, l'aménagement des rivières Manicouagan et aux Outardes devait compter à l'origine cinq barrages, mais l'édification de Manic-4 fut finalement abandonnée en raison d'une erreur de calcul.

7

L'eau, moteur de développement

Au cours de la seconde moitié du 15e s., des pêcheurs basques vinrent chasser la baleine dans les parages. La pêche demeura la principale activité de la région jusque dans les années 1920, époque à laquelle les entreprises de pâte à papier se lancèrent dans l'exploitation forestière et créèrent une importante industrie du bois. Vers 1950, la découverte de riches gisements miniers (de fer en particulier) déclencha une nouvelle croissance économique à laquelle succéda, au début des années 1960, l'**aménagement hydroélectrique** des rivières aux Outardes et Manicouagan.

Au total, les sept centrales du complexe Manic-Outardes ont une capacité installée de 7 305 MW. Des lignes de 735 000 volts (les premières de ce type utilisées à des fins commerciales) assurent le transport de l'électricité vers les grandes villes.

★ **Centrale Jean-Lesage (Manic-2)** – *À 21 km de Baie-Comeau par la route 389.* La première centrale du complexe à produire de l'électricité fut mise en service au milieu des années 1960. Elle est construite au pied d'un des plus grands barrages-poids évidés du monde (hauteur : 94 m, longueur : 692 m). Ce type de **barrage** peut, en raison de son poids, résister aux poussées énormes qu'exercent sur lui les eaux du réservoir. Par ailleurs, ses joints évidés de la base jusqu'au sommet ont permis d'économiser 15 % de béton. La centrale elle-même a une hauteur de chute de 70 m. Ses huit groupes turbines-alternateurs affichent une puissance de 1145 MW.

Reprenez la route 389 et poursuivez sur près de 190 km.

★★ **Barrage Daniel-Johnson** – Il régule l'alimentation en eau de toutes les centrales du complexe Manic-Outardes. Long de 1314 m et haut de 214 m, il s'agit du plus grand barrage à voûtes multiples et à contreforts du monde. Sa construction dura sept ans. Terminé en 1968, l'ouvrage fut nommé en l'honneur de Daniel Johnson, alors Premier ministre du Québec, mort sur les lieux le matin même de l'inauguration. La construction du barrage entraîna la réunion des lacs **Manicouagan** et **Mouchalagane**, en un gigantesque plan d'eau en forme d'anneau, d'un diamètre de 65 km. Deux fois plus grand que le lac St-Jean, ce réservoir est également l'un des plus volumineux du monde. La dépression naturelle qu'il occupe pourrait avoir été causée par la chute d'une **météorite** il y a quelque 200 millions d'années. De fait, elle présente un aspect étrangement similaire aux cratères dont est criblée la surface de la Lune, et les roches qu'on y a trouvées rappellent les pierres lunaires rapportées par les astronautes.

★★ **Centrale Manic-5** – Établie à environ 1 km en aval du barrage, c'est la plus puissante du complexe Manic-Outardes. Sa hauteur de chute de 150 m et ses groupes turbines-alternateurs ont une puissance de 1596 MW. À l'aide de maquettes à l'échelle, des guides décrivent le fonctionnement des barrages de Manic-Outardes et expliquent comment l'électricité est produite, transportée et distribuée. Après la visite, un autobus amène le visiteur au pied des voûtes monumentales, puis sur le barrage même qui domine le paysage sauvage et la rivière Manicouagan.

Manic-5PA – Cette centrale souterraine, dite de « suréquipement » (les initiales PA signifiant « puissance additionnelle »), est dotée de quatre groupes turbines-alternateurs. Entrée en fonction en 1989, elle accroît la capacité de Manic-5 aux périodes de pointe, qui se situent au mois de janvier, à l'heure du souper. Il suffit de 5 à 8mn pour mettre en œuvre toute sa capacité de production. Sa puissance installée est de 1064 MW.

Franquelin A2

Établi à mi-chemin entre Baie-Comeau et Godbout, ce village côtier mérite d'y faire étape pour son **Village forestier d'antan** *(16 r. des Érables - ☏ 418 296 3203 - www.villageforestierdantanfranquelin.com - fin juin-fin août - 20 $)*, mais aussi et surtout pour son site de **Pointe-à-la-Croix** *(rte 138 Est, à env. 4,6 km à droite après le pont qui enjambe la rivière Franquelin)*. Celui-ci représente un emplacement privilégié pour l'**observation des baleines**, qui viennent ici très près de la rive. Devant un spectacle aussi émouvant, les 5 km de marche qu'il vous faudra faire pour atteindre la pointe seront bien vite oubliés !

Godbout A2

ⓘ 144 r. Pascal-Comeau - ☏ 418 568 7462 - www.tourismecote-nord.com.
Cette localité occupe un très beau **site★** au fond d'une baie entre le cap de la Pointe-des-Monts et l'embouchure de la rivière Godbout. Village et rivière furent baptisés en l'honneur de Nicolas Godbout, pilote et navigateur qui s'établit sur l'île d'Orléans en 1670. Un **traversier** assure la liaison avec Matane, de l'autre côté du St-Laurent. De son quai comme de celui du Quai public, **petits rorquals** et **marsouins communs**, attirés par les poissons près de la côte, vous feront un show dont vous vous souviendrez longtemps !

Musée amérindien et inuit de Godbout – *134 r. Pascal-Comeau - ☏ 418 568 7306 - juin-oct. - 9h-17h - gratuit (don apprécié).* Ce musée pas comme les autres doit sa fondation à un certain Claude Grenier (1931-2012), céramiste de renom qui a fortement contribué à l'essor des cultures autochtones. Installé dans l'ancien bureau de poste de Godbout, il a pour mission de faire connaître au public et promouvoir la culture des Premières Nations et inuite. Vous y verrez une belle collection de **sculptures**, **gravures** et autres d'origine inuite, crie, attikamek et innue, sans parler de superbes photos de Fred Bruemmer illustrant la faune de l'Arctique, mais aussi des vêtements, des paniers en écorce et un authentique canot d'écorce algonquin. Vous pourrez également y voir les artisans à l'œuvre

7

Un défi technologique

La gigantesque entreprise que représentait l'aménagement de centrales hydroélectriques sur les **rivières aux Outardes et Manicouagan** commença en 1959 pour se terminer vingt ans plus tard. Le projet aboutit à la mise au point de nouvelles technologies qui allaient surpasser tout ce qui avait été accompli jusque-là en matière d'ingénierie et permit d'établir plusieurs records mondiaux. Réalisé dans la vaste et sauvage région de Manicouagan, l'énorme complexe hydroélectrique, composé de **sept centrales**, entraîna la mobilisation de milliers d'hommes et de femmes, et nécessita le transport de tonnes de matériel et de matériaux. À l'emplacement choisi pour la construction du barrage principal, à **Manic-3**, la nature du sol (dépôts alluviaux perméables) risquait d'entraîner des infiltrations d'eau dans les fondations de l'ouvrage. Les ingénieurs relevèrent alors le défi en concevant un barrage à double paroi de béton dont les assises plongeaient à 131 m dans le sol. Ils ont ainsi créé le mur d'étanchéité le plus profond du monde.

dans l'**atelier de poterie**, et peut-être rapporter un joli souvenir de la boutique d'artisanat local.
Reprenez la rte 138. Au bout de 29 km, prenez à droite la route du Vieux-Phare sur 12 km.

★ Phare de Pointe-des-Monts, à Baie-Trinité A2

1830 ch. du Vieux-Phare - ✆ 418 939 2400 - www.pharedepointedesmonts.com - de mi-juin à déb. sept. : 9h-17h - visite env. 1h - 15 $.
Ce joli phare se dresse à 28 m au-dessus du St-Laurent, qui s'élargit à cet endroit pour former un golfe. Érigé en 1830, il abrita pendant cent cinquante ans les gardiens et leurs familles. À l'intérieur, un petit **musée** évoque leur vie et présente des objets provenant d'épaves de navires échoués dans les environs.
Le bâtiment sert de point de départ à toutes sortes d'activités : pêche à la truite et au saumon, pêche en mer, plongée sous-marine, chasse photographique à l'ours noir et, bien sûr, **observation des mammifères marins**, que l'on peut admirer depuis la grève.
Au 1er étage de la **maison du gardien**, quatre chambres ont été aménagées à l'intention des visiteurs qui voudraient passer une nuit dans un cadre exceptionnel *(rens. et réserv. au ✆ 418 939 2400).*
Reprenez la route 138.
De la Pointe-aux-Anglais à Rivière-Pentecôte, la route 138 longe de magnifiques **plages** de sable doré.

Rivière-Pentecôte A1-2

S'étant arrêté dans les environs le jour même de la Pentecôte, Jacques Cartier nomma ainsi la rivière locale. Rivière-Pentecôte fut le berceau du premier journal de la Côte-Nord, *L'Écho du Labrador,* fondé en 1903 par Joseph Laizé, un missionnaire eudiste. Du kiosque de renseignements touristiques qui domine le village, belle **vue**★ sur l'ensemble pittoresque que forment, juchés sur un cap, l'église et le petit oratoire dédié à sainte Anne.

Port-Cartier B1

Grâce à son port en eau profonde, cette ville industrielle et commerciale occupe au Canada une place importante pour le transbordement du minerai et des céréales. Elle borde les rivières aux Rochers et Dominique, au point où toutes deux se jettent dans le St-Laurent.
Les deux **îles** à leur embouchure offrent de multiples activités récréatives : randonnée pédestre, baignade, pique-nique, camping et pêche sportive (rivières à saumons réputées). Sur l'île Patterson, un jardin botanique, le Taïga, abrite des plantes indigènes ; sur l'île McCormick, le café-théâtre Graffiti expose les œuvres d'artistes locaux.

★ Sept-Îles B1

1401 bd Laure Ouest - ✆ 418 962 1238 ou 1 888 880 1238 - www.tourismeseptiles.ca.
Troisième port du Québec, après Montréal et Québec, cette ville occupe un site de toute beauté au centre d'une vaste **baie** circulaire. Protégée à l'embouchure par les sept îles qui lui donnèrent son nom, celle-ci reste navigable en toute saison, ce qui permet à Sept-Îles de poursuivre son activité industrielle sans interruption.
Parc du Vieux-Quai – Une promenade longe la magnifique baie de Sept-Îles. Les amateurs de fruits de mer pourront acheter et déguster crevettes et crabes, tout

Phare de Pointe-des-Monts.
M. Grandmaison/All Canada Photos/age fotostock

en marchant le long du quai. De juin à août, dans les abris qui jalonnent la promenade, des artistes et artisans locaux exposent leurs œuvres.

Maison de transmission de la culture innue, Shaputuan – *290 bd des Montagnais - ✆ 418 962 4000 - de fin juin à déb. sept. : lun.-vend. 8h-16h30, w.-end 13h-16h ; reste de l'année : lun.-vend. 8h-16h30 - visite : env. 1h - 10 $.* Consacré à la culture du peuple innu, ce musée, dont le nom signifie « la grande tente de rassemblement », se veut un lieu d'animation, de conservation et de transmission de l'héritage innu. Son exposition permanente illustre le cycle des saisons et de la vie.

Musée régional de la Côte-Nord – *500 bd Laure - ✆ 418 968 2070 - museeregionalcotenord.ca - ♿ - de fin juin à déb. sept. : tlj sf lun. 9h-17h ; reste de l'année : mar.-vend. 10h-12h, 13h-17h, w.-end 13h-17h - 10 $.* Voué à la mise en valeur du patrimoine régional, ce musée d'art et d'histoire propose des expositions temporaires ainsi qu'une exposition permanente qui trace le portrait de la Côte-Nord en évoquant les grandes étapes de son peuplement. Riche de pièces provenant des fouilles archéologiques réalisées sur la Côte-Nord et d'objets des Premières Nations, il possède une belle collection de photos, et expose les œuvres d'artistes canadiens et étrangers.

Le Vieux-Poste de Sept-Îles – *À l'extrémité ouest de la rue Shimun, via le boulevard des Montagnais - ✆ 418 968 6237 - www.vieuxposte.com - visite guidée : horaires, se rens. - 16 $.* Reconstitué selon les plans de 1786, cet ensemble de bâtiments entouré d'une palissade occupe un site chargé d'histoire. Témoin d'échanges entre Premières Nations et colons français il y a plus de trois cents ans, le site fut visité par Jacques Cartier, Louis Jolliet et les marchands de la Compagnie de la baie d'Hudson, comme l'attestent les fouilles archéologiques menées de 1964 à 1966. Aujourd'hui, un centre d'interprétation historique fait revivre l'époque des pionniers à travers la reconstitution d'un comptoir de traite du 19e s., et propose une exposition interactive très réussie. La reproduction d'un campement innu donne par ailleurs au visiteur l'occasion de découvrir le mode de vie et les savoir-faire de la culture innue.

★ Archipel des Sept-Îles B1

Des excursions (*« Nos adresses » p. 400 pour se rens. sur les croisières de découverte de l'archipel)* permettent une excellente introduction à la région, à son histoire et à la beauté naturelle de l'archipel des Sept-Îles. Le phare, qui signale l'entrée de la baie, se dresse sur l'**île du Corossol**. Celle-ci abrite l'un des plus importants refuges d'oiseaux migrateurs au Canada. On y verra notamment des goélands, des sternes et des macareux.

La Grande-Basque – *Activités proposées de déb. juin à déb. sept. : randonnée, géologie, biologie marine, observation des oiseaux, camping, farniente (6 plages).* Cette île de 450 ha, la plus proche de la ville de Sept-Îles, est la seule qui ait été aménagée pour la randonnée pédestre, le pique-nique et le camping.

De nombreux sentiers *(12 km au total)* serpentent au milieu d'une nature aussi grandiose que variée : immenses remparts de pierre, falaises impressionnantes, tourbière et plages de sable doré sur la côte ouest.

Excursion vers le Labrador

La compagnie ferroviaire Tshiuetin Inc. exploite la ligne reliant Sept-Îles (Québec) à Schefferville (Québec) via une large incursion au Labrador. 20 de ses 37 arrêts se situent en effet dans cette province. Le plus célèbre d'entre eux est Emeril Jct, ancien point de départ d'une liaison ferroviaire aujourd'hui désaffectée vers Labrador City (attention : les passagers à destination de cette ville devront donc descendre à Emeril Jct et organiser leur propre transport en voiture, soit env. 45mn jusqu'à Labrador City) - inf. et réserv. : www.tshiuetin.net - ☎ 418 962 5530 ou 1 866 962 0988 (Sept-Îles) et ☎ 418 585 2333 (Schefferville) - dép. Sept-Îles : lun. et jeu. ; dép. Emeril Jct mar. et vend. - durée du voyage : 7h de Sept-Îles à Emeril Jct et 12h (ou beaucoup plus en fonction des conditions climatiques) de Sept-Îles à Schefferville.

Schefferville – Entourée de grands espaces naturels, la région peu connue de Schefferville, dans le Nord-Est québécois, se prête au tourisme d'aventure : chasse au caribou, pêche, descentes en canot et excursions en pleine nature. Les pourvoyeurs proposent un vaste choix de terrains de chasse et lieux de pêche au nord et à l'est de Schefferville. Un réseau routier permet l'accès aux communautés amérindiennes innue et naskapie de la région.

Matimekush–Lac-John – *Le village de Matimekush jouxte Schefferville. Celui du Lac-John se trouve à 3,5 km au nord-est de la ville.* Les Innus, de langue algonquienne, parlent aussi le français. Dans le milieu des années 1950, certains d'entre eux quittèrent Sept-Îles pour travailler dans les mines autour de Schefferville et s'installèrent au village de Lac-John, créé en 1960. Par la suite, nombre d'entre eux s'installèrent à Matimekush, une seconde communauté établie au bord du lac Pearce en 1972.

Kawawachikamach – *À 15 km au nord-est de Schefferville. Accès par une route non asphaltée.* Apparentés aux Cris et aux Innus, les Naskapis font, comme eux, partie de la famille linguistique algonquienne. Peuple nomade, originaire de l'intérieur de la région de l'Ungava, ils vivaient surtout de la chasse au caribou, dont ils suivaient jadis les migrations. Au milieu d'une myriade de petits lacs, le village

Un peu d'histoire

En 1535, **Jacques Cartier** avait découvert plusieurs îles rondes à l'entrée de la grande baie. Avant lui, au 15e s., Basques, Français et Espagnols étaient venus y chasser le phoque et la baleine, dont l'huile était alors fort demandée en Europe. Et bien avant eux, les Innus y chassaient déjà le caribou.

En 1651, le **père Jean Dequen** fonda à Sept-Îles la mission de l'Ange-Gardien, et, quelques années plus tard, le roi de France accepta l'implantation d'une série de postes de traite qui furent loués à des marchands français. Après la conquête de la Nouvelle-France par les Anglais, ces postes furent confiés à des commerçants anglais.

La **Compagnie de la baie d'Hudson** exerça son monopole sur la pêche, la chasse et la traite des fourrures jusqu'en 1859, puis la région fut ouverte à la colonisation. Au début du 20e s., l'industrie du papier domina les activités économiques. On construisit à Clarke-City, qui fait aujourd'hui partie de l'agglomération de Sept-Îles, un barrage hydroélectrique et une usine de pâte à papier qui ferma ses portes en 1967. Au cours de la seconde moitié du 20e s., la ville allait connaître un important essor industriel lié au transport du charbon et du minerai de fer. Son port naturel en eau profonde permet le transbordement du charbon.

de Kawawachikamach fut construit entre 1981 et 1984 pour héberger un groupe de Naskapis. Conformément à la Convention du Nord-Est québécois, signée en 1978, les Naskapis ont renoncé à leurs terres ancestrales et, en retour, ont obtenu des droits inaliénables de pêche, de chasse et de trappe sur de nouveaux territoires. Ayant choisi de construire leur village sur les bords du **lac Matemace**, ils ont pu quitter la réserve de Matimekush, qu'ils partageaient jadis avec les Innus. Ils ont également participé à la conception de leur village moderne, qui répond aux besoins et aux exigences de la vie sous ce climat subarctique, l'un des plus rudes du Canada.

7

De Sept-Îles à Havre-Saint-Pierre B1

Circuit de 222 km tracé en rouge sur la carte p. 380-381, par la route 138.

Rivière-au-Tonnerre

Rte 138, km 1088 (au bord de la rivière Manitou) - 418 538 2333 ou 418 538 2732 - riviere-au-tonnerre.ca.

Ce charmant village de pêcheurs, accessible par la route 138, doit son nom au grondement des cascades de la **rivière au Tonnerre**, hautes de 33 m, que l'on peut rejoindre par un court sentier à travers bois.

Église Saint-Hippolyte – *14 r. de l'Église.* Elle domine le village. Les travaux de construction, entrepris en 1905, furent exécutés selon les plans du curé par plus de 300 paroissiens. Chacun y consacra trois mois de travail et donna deux cordes de bois par hiver pour sa réalisation (une corde correspond à 3,5 m^3). Les nombreux motifs qui ornent la voûte furent sculptés au canif par l'un des paroissiens.

Longue-Pointe-de-Mingan

Véritable porte d'entrée de la « Minganie », la localité de Longue-Pointe-de-Mingan fut bâtie sur une longue pointe de sable s'avançant dans le golfe du St-Laurent. Une base militaire américaine y fut installée durant la Seconde Guerre mondiale.

De la rue du Bord-de-la-Mer se profilent au loin les premières îles du célèbre archipel de Mingan.
Centre d'accueil et d'interprétation de Longue-Pointe-de-Mingan – *378 r. du Bord-de-la-Mer - ✆ 418 538 3331 - parcs.canada.ca/pn-np/qc/mingan - ♿ - de mi-juin à fin août : 8h30-17h30 ; fin août-déb. sept. : 8h30-12h, 13h-17h - s'acquitter du droit d'entrée à la Réserve du Parc national de l'Archipel-de-Mingan : 6,50 $.* Ce centre propose toutes sortes de renseignements sur la **Réserve du parc national de l'Archipel-de-Mingan** (curiosités naturelles, faune, flore, activités touristiques, programmes éducatifs, etc.).
Le centre partage ses locaux avec le **Centre d'interprétation de la Station de Recherche des Îles Mingan** (*✆ 418 949 2845 - www.rorqual.com - de mi-juin à mi-sept. : 9h-17h - 15 $*), qui propose une exposition sur les mammifères marins du golfe du St-Laurent, des visites guidées conduites par des biologistes ainsi qu'une salle acoustique, où découvrir le cri des animaux marins.

Ekuanitshit (Mingan)

Poste de traite et de pêche à l'époque du Régime français, ce pittoresque village abrite depuis 1963 une communauté innue qui tente de perpétuer ses traditions de génération en génération.
★ **Église Saint-Georges de Mingan** – *15 r. Mistameshkanau.* Cette église où la messe est généralement dite en innu fut construite en 1918 par John Maloney, le légendaire Jack Monoloy de la chanson de Gilles Vigneault, « Les bouleaux de la rivière Mingan ». En 1971, l'église fut entièrement réaménagée avec un décor dans le style de l'art traditionnel innu : chaire ornée de bois de caribous, stations du chemin de croix peintes sur des peaux tendues sur des cadres de bouleau, fonts baptismaux taillés dans un tronc d'érable et tabernacle en forme de wigwam.
Maison de la culture innue – *34 r. Nashipetimit - ✆ 418 949 2067 - maisoncultureinnue.com.* Inspiré des maisons longues traditionnelles, ce lieu très spécial

Un macareux sur l'archipel de Mingan.
pchoui/Getty Images Plus

célèbre, à travers son exposition permanente la langue et la culture ancestrale innues ainsi que le rapprochement entre les peuples. Une boutique de créations artisanales propose de jolis petits souvenirs.

Havre-Saint-Pierre

1010 prom. des Anciens - 418 538 2512 - www.tourismehsp.com.
Ce bourg industriel fut fondé en 1857 par des pêcheurs acadiens venus des îles de la Madeleine. L'économie, étroitement liée aux ressources de la mer, fut transformée en 1948 suite à l'implantation d'une entreprise minière qui allait exploiter, à 43 km au nord (autour des lacs Tio et Allard), les plus importants gisements d'**ilménite** (oxyde naturel de fer et de titane) connus du monde.

Centre d'accueil et d'interprétation de la Réserve du parc national de l'Archipel-de-Mingan – *1010 prom. des Anciens, près de la marina- 418 538 3285 - parcs.canada.ca/pn-np/qc/mingan - - de déb. juin à fin sept. : horaires variables - s'acquitter du droit d'entrée à la Réserve du parc national de l'Archipel-de-Mingan : 6,50 $.* Comme à Longue-Pointe, vous trouverez ici des renseignements sur la Réserve du Parc national de l'Archipel-de-Mingan (*p. suivante*) et les activités qui y sont proposées. La présentation filmée et l'exposition permanente constituent une excellente introduction à la visite des îles.

Continuez jusqu'à la rue de la Berge, puis tournez à droite.

Maison de la culture Roland-Jomphe – *957 r. de la Berge - 418 538 2450 - www.havresaintpierre.com - - de juin à sept. : 9h-12h, 13h-17h - fermé merc. et dim. - 5 $.* Restauré selon son apparence des années 1940, l'ancien **magasin général des Clarke** (1926-1963) abrite une exposition permanente dédiée à l'histoire locale du Havre-St-Pierre, et propose des visites guidées et autres activités d'interprétation. 7

★★ Réserve du Parc national de l'Archipel-de-Mingan

District de Mingan, 1340 r. de la Digue - accessible par la route 138 - rens. et réserv. : 418 538 3285, 418 949 2126 ou 1 888 773 888 - parcs.canada.ca/pn-np/qc/mingan - consulter le site Internet pour connaître le détail des périodes d'exploitation des centres d'accueil et d'interprétation de Longue-Pointe-de-Mingan (p. 394) et de Havre-St-Pierre (p. 395) - 6,50 $.

Activités : randonnée pédestre sur les îles, navigation de plaisance, kayak de mer, observation des oiseaux marins, plongée sous-marine. Activités d'interprétation : découverte de l'archipel, de sa flore insolite et des monolithes de l'île Niapiskau ; visite de l'île Quarry, de l'île Nue de Mingan et de la station de phare de l'île aux Perroquets ; découverte d'île en île : refuge d'oiseaux migrateurs de Betchouane et visite de la station de phare de la Petite Île au Marteau.

Cette magnifique réserve de parc national se compose d'un millier d'îles et d'îlots côtiers formant un chapelet d'environ 150 km de long. Les roches sédimentaires de l'archipel se sont formées il y a 500 millions d'années par suite de l'accumulation de dépôts calcaires. L'action constante du gel et du dégel et l'assaut ininterrompu des vagues ont façonné le paysage en causant, dans la masse rocheuse, l'apparition de fissures ; ces dernières, soumises à l'érosion, ont peu à peu donné naissance aux îles et à leurs **monolithes** si caractéristiques. Ces « pots de fleurs » géants doivent leur forme particulière à une couche supérieure de calcaire résistant, isolée sur un pied plus friable. Ils ont dans l'ensemble la même hauteur (de 5 à 10 m), ce qui tendrait à prouver qu'à une certaine époque, ils formaient un bloc compact. Les habitants de la région les ont baptisés « Bonne Femme », « Tête d'Indien », etc., selon leurs formes.

La partie la plus fréquentée du parc comprend la majorité des îles calcaires et des monolithes de l'archipel. Elle se situe entre l'**île aux Perroquets** (en face de Longue-Pointe-de-Mingan) et l'**île Ste-Geneviève**.
Le second secteur, la partie est, inclut les îles, îlots et cayes granitiques présents à l'est de l'île Ste-Geneviève jusqu'à l'embouchure de la rivière Aganus près d'Aguanish. Parmi toutes les îles, citons l'île aux Perroquets, l'île Nue de Mingan, La Grande Île, l'île Quarry, l'île de Niapiskau, l'île du Fantôme, l'île du Havre, la Petite Île au Marteau, l'île de la Fausse Passe et l'île à la Chasse.
Randonnées – Près de 24 km de sentiers de randonnée pédestre se répartissent sur cinq îles différentes : la Petite Île au Marteau, l'île Nue de Mingan *(à partir de mi-juil.)*, l'île au Havre, l'île de Niapiskau et l'île Quarry. Ces sentiers font découvrir l'univers du bord de mer, et parfois, ils conduisent les randonneurs au cœur des îles, dans la forêt, la lande et les tourbières.
★ **Croisières en mer** – Elles sont menées par des guides naturalistes *(p. 399)*.

De Havre-Saint-Pierre à Blanc-Sablon BCD1

Circuit en bateau tracé en violet sur la carte p. 380-381. La compagnie Relais Nordik Inc. assure un service hebdomadaire entre Havre-St-Pierre et Blanc-Sablon sur le M/V Bella Desgagnés - 418 723 8787 ou 1 800 463 0680 - www.relaisnordik.com - - dép. de Havre-St-Pierre - à titre indicatif, de déb. avr. à mi-oct. : dim. 8h15, arrivée à Blanc-Sablon vend. 6h30 - la durée des escales peut varier en fonction des exigences opérationnelles - contacter le bureau des réserv. pour les horaires d'automne et d'hiver et pour les tarifs - réserv. au moins 30 j. à l'avance.
La Basse-Côte-Nord marque l'extrémité orientale du Québec. Elle s'encastre entre le Labrador au nord et Terre-Neuve au sud-est. Beaucoup de villages de la région correspondent à d'anciens postes de traite et de pêche datant du Régime français. Cependant, de Kegasha à Blanc-Sablon, parmi les 16 hameaux répartis sur 358 km, 12 sont anglophones (descendants de pêcheurs venus de Terre-Neuve et de l'île de Jersey, dans la Manche). Le **voyage en bateau**★ donne l'occasion de faire escale dans la plupart des villages de la côte (comme Natashquan, Kegaska, La Romaine, Harrington Harbour, Tête-à-la-Baleine, La Tabatière, St-Augustin...), à l'exception de Baie-Johan-Beetz.

Une réserve à l'écosystème unique

Le courant glacé du **Labrador**, la nature du sol, l'extrême humidité et l'influence de la mer sont à l'origine d'un bioclimat unique. Partiellement recouvert d'une forêt de conifères, l'archipel possède une flore d'une incroyable diversité : fougères, orchidées, mousses et lichens. Une quarantaine de plantes rares poussent sur l'archipel ; la plus remarquable est le **chardon de Minganie**, répertorié en 1924 par le frère Marie-Victorin, fondateur du Jardin botanique de Montréal.
Le **macareux** est le plus célèbre représentant de la faune de l'archipel. Son bec rouge, jaune et bleu, et ses pattes orange lui ont valu le surnom de « perroquet de mer ». On observera aussi l'eider commun, le guillemot noir, la sterne arctique et la sterne commune. Enfin, les eaux environnantes abritent le **rorqual commun** ainsi que trois espèces de **phoques** : le phoque gris, le phoque du Groenland et le phoque commun.

Monolithes de l'Archipel-de-Mingan.
Julie Caron/Getty Images Plus

Baie-Johan-Beetz C1

Accessible uniquement par la route 138.
Ce petit village de moins de 100 habitants porte le nom de Johan Beetz, aristocrate belge arrivé au Canada en 1897. Il se livra au commerce des fourrures de luxe, puis entreprit l'élevage des animaux à fourrure, acquérant une renommée internationale grâce à ses publications scientifiques et aux procédés d'élevage qu'il développa.

Natashquan C1

Par la route 138 ou par voie maritime.
Natashquan marque la fin de la route 138, prolongée jusqu'ici en 1996 seulement. Au-delà, la Basse-Côte-Nord n'est pas reliée par la terre avec le reste du Québec. Patrie du célèbre poète et chanteur **Gilles Vigneault**, ce village de pêcheurs doit son nom à un terme autochtone signifiant « endroit où l'on chasse l'ours ». Colonisée par des Acadiens venus des îles de la Madeleine en 1855, la petite localité baigne dans un calme impressionnant. Sur une pointe de sable qui s'avance dans le St-Laurent, de vieux hangars de pêche battus par les vents, les « galets », témoignent d'une époque révolue. Depuis 1952, le village voisin de Pointe-Parent abrite une réserve innue.
La liaison entre Natashquan et Blanc-Sablon se fait à bord du N/M Bella Desgagnés *- www.relaisnordik.com - ✆ 418 723 8787 ou 1 800 463-0680 - dép. de Natashquan de déb. avr. à mi-oct. : merc. 15h, arrivée à Blanc-Sablon vend. 6h30 - contacter le bureau des réservations pour les horaires d'automne et d'hiver et pour le prix AR pour 1 pers. (sans voiture) de Natashquan à Blanc-Sablon, incluant passage maritime + cabine standard + repas - réserver au moins 30 j. à l'avance.*

★ Harrington Harbour C1

Trajet de Natashquan à Harrington Harbour : 16h45 - de déb. avr. à mi-oct. : dép. de Natashquan le merc. à 15h, arrivée Harrington Harbour le jeu. à 7h45 - rens. ou réserv. ✆ 418 723 8787 ou 1 800 463 0680 - www.relaisnordik.com.

Blotties au pied d'une falaise, des maisons aux tons pastel accueillent le *N/M Bella Desgagnés* à l'approche de Harrington Harbour. Ce charmant village de pêcheurs, situé sur une petite île, est doté d'un port qui en fait l'un des hameaux les plus accessibles sur la route de Blanc-Sablon. Des trottoirs et des ponts de bois relient les maisons et boutiques multicolores perchées sur des terrasses rocheuses. La silhouette grise de l'ancien hôpital bâti à la fin du 19e s. domine le village. À proximité, la **boutique d'artisanat** propose des chandails, des parkas, des tapis faits à la main et des mocassins innus.

Le deuxième jour, les passagers profitent de **vues★** superbes : le bateau se fraie un chemin entre des îlots rocheux tachetés de mousses et de lichens et contourne des falaises vertigineuses coiffées de conifères.

Blanc-Sablon D1

À 21h de Harrington Harbour en bateau.

ⓘ *Ouv. en saison, 2 av. Jacques-Cartier - ✆ 1 877 573 2678 ou 581 620 9797 - www.bassecotenord.com.*

Cette municipalité se trouve à 1,5 km de la frontière du Québec et du Labrador. Depuis 1983, la vallée de la rivière Blanc-Sablon fait l'objet d'importantes fouilles archéologiques attestant l'existence d'un peuplement de Premières Nations qui remonterait à quelque 7 200 ans.

Lourdes-de-Blanc-Sablon – *À 5 km par la route.* Établi à l'ouest de Blanc-Sablon, le plus gros village de la région possède aussi la plus importante infrastructure : un aéroport et un hôpital.

Musée Monseigneur Scheffer – *Logé dans l'église Lourdes-de-Blanc-Sablon - ✆ 418 461 2000 - ♿ - horaires, se rens. - gratuit.* Une exposition évoque la vie de Monseigneur Scheffer (1903-1966), premier évêque du Labrador (1946-1966), en l'honneur duquel fut nommée la ville minière de Schefferville.

Traversier Blanc-Sablon-Sainte-Barbe – *Labrador Marine Inc. - 17 r. Jacques-Cartier - ✆ 1 866 535 2567 ou 1 709 535 0811 (réserv.) ou 418 461 2889 - www.gov.nl.ca/ti/ferryservices/schedules/j-pollo/- 2 ou 3 traversées/jour en été (durée 1h45) ; reste de l'année : 1 à 3 traversées quotidiennes - changements possibles en fonction des conditions météorologiques - sur réserv. - AS 12 $/pers., 35,25 $/ voiture + conducteur.* Un traversier assure la liaison de Blanc-Sablon à **Ste-Barbe** (Terre-Neuve). Ce village se trouve à 139 km au sud de l'**Anse aux Meadows**, célèbre site archéologique contenant les vestiges d'une ancienne colonie viking (➲ *p. 572*).

Carnet pratique

S'informer

Tourisme Côte-Nord Duplessis – *312 av. Brochu, Sept-Îles - ✆ 418 962 0808 ou 1 888 463 0808 - tourismecote-nord.com.*

Tourisme Côte-Nord Manicouagan – *734 r. de Puyjalon, Baie-Comeau - ✆ 1 888 463 0808 - tourismecote-nord.com.*

Agenda

Festival Innu Nikamu – *Maliotenam - fin-juil.-déb. août - www.innunikamu.ca.* À proximité de Sept-Îles, l'un des plus importants festivals de musique autochtone d'Amérique du Nord.

Nos adresses

Voir aussi « Nos adresses » à Tadoussac et autour du fjord du Saguenay (p. 321).

Restauration

Aux Escoumins

Budget moyen

Pêcherie Manicouagan – *152 r. St-Marcellin Ouest - ✆ 418 233 3122 - poissonnerieescoumins.com - service continu - plats 18/62 $.* Prenez l'air du large sur la terrasse de ce restaurant-poissonnerie réputé. Vous apprécierez sa vue sur le St-Laurent, mais plus encore sa fameuse assiette « Pêcherie Manicouagan » composée de homard, crabe, pétoncles et autres délices de la mer.

Activités

Aux Bergeronnes

Croisières Essipit – *498 r. de la Mer - ✆ 418 232 6778 - vacancesessipit.com - dép. de la marina des Bergeronnes de juin à déb. oct. - AR 2h - en fonction de la taille du bateau 60/75 $.* Soucieuse de limiter les impacts de ses activités d'observation en mer sur les baleines, cette entreprise innue pratique une navigation au ras de l'eau du fleuve à bord de Zodiacs de 12 ou 36 personnes.

À Longue-Pointe-de-Mingan

Excursions du Phare – *126 r. de la Mer - ✆ 418 949 2302 - www.minganie.info - mai-sept. - AR 2h à 5h - 50/125 $.* Croisières avec escale sur l'île Nue, l'île aux Perroquets et/ou Grande Île, selon la formule choisie.

Famille Loiselle – *207 r. du Bord-de-la-Mer - dép. en face de l'église - ✆ 418 949 2307 ou 1 866 949 2307 - www.tourisme-loiselle.com - excursion de 3h30 AR avec escale de 1h à l'île aux Perroquets et de 1h30 pour découvrir les îles de la Maison et du Wreck et l'île Nue - dép. de juin à sept. à 8h, 11h30 et 15h30 - commentaire à bord - sur réserv. - 78/86 $.* Macareux, phoques, petits rorquals et monolithes seront au rendez-vous. Petites embarcations de 8 à 12 personnes.

Hébergement

À Godbout

Pour se faire plaisir

Gîte La Richardière – *109 r. St-Régis - ✆ 1 418 568 446 - 4 ch. 143/149 $ ☕ - dîner sur réserv.* Ce lieu calme et cosy est idéalement situé sur la Route des baleines, à

7

deux pas du traversier de Godbout-Matane, qui attire autour de son quai une abondance de petits poissons dont les baleines sont très friandes. Ouvrez l'œil !

À Baie-Trinité

Pour se faire plaisir

Gîte du Phare de Pointe-des-Monts – *1937 chemin du Vieux-Phare - ✆ 418 939 2332 ou 1 866 369 4083 - pointe-des-monts.ca - ✕ - de mi-mai à mi-oct. - 12 chalets (avec cuisinette) 140/230 $.* Ce petit camp de chalets en bois rond très rustiques se situe en pleine nature, à deux pas du Vieux Phare. Idéal pour flâner sur la plage, observer les oiseaux marins et, surtout, guetter les baleines depuis la grève…

Dans l'archipel de Mingan

Premier prix

Camping sur l'île Quarry – *Île Quarry - www.reservation.pc.gc.ca - réserv. en ligne - ✆ 1 877 737 3783 ou 519 826 5391 - parcs.canada.ca/pn-np/qc/mingan/visit/cartes_maps/quarry - 6 empl. tente 17,50 $, tente oTENTik 133 $/tente de 6 pers. maxi (hors droit d'entrée au parc et transport maritime).* Pour une aventure nature tout confort, passez la nuit sur cette île de la Réserve de Parc national de l'Archipel-de-Mingan. N'amenez que votre sac de couchage, car vous dormirez dans une confortable tente oTENTik équipée, chauffée et éclairée. Imaginez le bonheur de vous réveiller au petit matin avec pour tout spectacle les monolithes de l'Anse des Érosions…

Île d'Anticosti ★★

Celle qui fut autrefois le paradis privé du magnat du chocolat Henri Meunier est aujourd'hui accessible à tous! Dans le golfe du St-Laurent, entre Gaspésie et Côte-Nord, l'île d'Anticosti, d'une taille comparable à celle de la Corse, est la plus grande île du Québec. Une grande partie de cet immense territoire, inscrit au patrimoine de l'Unesco en 2023, est protégée par un parc national où les amoureux de la nature pourront admirer une grande variété d'oiseaux et de fleurs sauvages. Plus d'une centaine de rivières, riches en truites et saumons de l'Atlantique, sillonnent ce territoire boisé bien connu des chasseurs de cerfs pour l'abondance du gibier. Les plus aventureux suivront la côte en kayak et admireront ses hautes falaises escarpées, hérissées de nombreux phares. Des formations calcaires incrustées de fossiles permettront aux géologues amateurs de s'adonner à de passionnantes recherches.

Se repérer

Duplessis

CARTE BC1-2 (P. 380-381) ET CARTE DE L'ÎLE D'ANTICOSTI (P. 404-405).

L'île d'Anticosti garde l'entrée du St-Laurent, au sud de l'archipel de Mingan (Côte-Nord) et au nord-est du Parc national Forillon (Gaspésie). Port-Menier, à l'est de l'île, est son unique village.

À ne pas manquer

La chute et le canyon de la Vauréal; l'observation des cerfs de Virginie à Baie-Ste-Claire; l'épave du *Calou* au large de la pointe de l'Ouest.

Organiser son temps

Son immensité et son éloignement imposent un séjour prolongé: l'île d'Anticosti doit faire l'objet d'au moins une semaine de découverte. La Sépaq propose des séjours clés en main.

Carnet pratique p. 407

Nos adresses p. 407

Découvrir Port-Menier

CARTE DE L'ÎLE P. 404-405

Asphaltée entre Port-Menier et l'aéroport *(7 km)*, l'unique route qui traverse l'île devient ensuite un simple chemin de gravier. Des chemins de terre relient Port-Menier aux pavillons de chasse et de pêche et aux camps sur la rivière Jupiter. La visite de l'île ne peut s'effectuer qu'à bord d'un véhicule adapté.
Dernier village de l'île occupé en permanence, Port-Menier fut fondé au début du 20e s. autour du site choisi pour la construction d'un port en eau profonde. Au centre, un bâtiment réunit le magasin général, la banque *(guichet automatique)*, le bureau de poste et la laverie automatique. À côté se tient l'épicerie-boucherie et, un peu plus loin *(rue des Meuniers)*, le bureau de la Sépaq.

L'œuvre d'un homme

« Avant la côte »

Les fouilles archéologiques menées sur l'île ont révélé des traces d'occupation humaine vieilles de 3 500 ans. Quant à l'étymologie du nom « Anticosti », elle reste incertaine. Il pourrait s'agir d'une déformation du mot amérindien *notiskuan,* « lieu où l'on chasse l'ours », ou encore de l'expression *anti costa,* « avant la côte », que les pêcheurs basques ou espagnols auraient donnée au lieu. Jacques Cartier attesta l'existence de l'île lors de son premier voyage en Nouvelle-France en 1534.
En 1680, Anticosti fut cédée à Louis Jolliet à titre de récompense pour sa découverte de l'Illinois et son expédition dans la baie d'Hudson. La première colonie fut éradiquée par la flotte anglaise de l'amiral Phipps en 1690. Les trois enfants de Jolliet héritèrent par la suite d'Anticosti, qui – conséquence de la Conquête anglaise – fut annexée à Terre-Neuve (elle-même devenue colonie anglaise) en 1763. Au 19e s., l'île changea à plusieurs reprises de propriétaire. En 1873, une société anglaise, l'Anticosti Island (ou Forsyth) Company, tenta sans succès de la coloniser, tout comme le firent, sans plus de réussite, les autres sociétés qui lui succédèrent.

L'ère Menier : 1895-1926

Héritier d'une fortune familiale bâtie sur les chocolateries, **Henri Menier** joua un rôle considérable dans l'histoire de l'île. À la recherche d'un terrain qui, tout en présentant un investissement rentable, offrirait un lieu de retraite où il pourrait chasser et pêcher, l'industriel acheta Anticosti le 16 décembre 1895 pour la somme de 125 000 dollars.
Un de ses amis, Georges Martin-Zédé, qu'il avait nommé administrateur de l'île, fut chargé de faire respecter les règlements très stricts établis par Menier pour entreprendre le développement du village de Baie-Ste-Claire et celui de l'industrie du bois et de la pêche. Pour faciliter le transport des ressources de l'île, un port en eau profonde fut édifié dans la baie d'Ellis, et le village de Port-Menier vit le jour. Menier dépensa sans compter pour transformer l'île en un paradis privé. Dans le but d'accroître davantage la faune sauvage, déjà riche en loutres, renards et ours, il fit importer castors, orignaux, caribous, lièvres et quelque **220 cerfs de Virginie**, espèce devenue la plus prolifique. On estime le cheptel à plus de 166 000 têtes, au point que les biologistes parlent de surpopulation et déplorent les dégâts causés à la végétation et aux autres espèces, en particulier l'ours.
Pour que ses séjours sur l'île d'Anticosti se déroulent dans le plus grand confort, Menier se fit construire un **pavillon de chasse** qui surplombait la baie entre Port-Menier et Baie-Ste-Claire. Ce bâtiment somptueux, baptisé « le château » par la population locale, était un mélange d'architectures norvégienne et normande. L'intérieur luxueux reflétait le goût de Menier pour le faste. Le « roi du chocolat » disposait même d'un « trône » sculpté à la main ! Le pavillon possédait une immense salle de réception, une bibliothèque bien pourvue et 12 chambres, attenantes à des salles de bains de marbre ; car, comble du luxe pour l'île, le château était équipé de l'eau courante et de l'électricité.
À la mort d'Henri Menier, en 1913, son frère Gaston hérita d'Anticosti. Tout en appréciant la beauté du lieu, celui-ci désapprouvait les extravagances d'Henri. En 1917,

Des biches de Virginie aux alentours de Port-Menier.
Cl. Ponthieux/age fotostock

les difficultés économiques, qui affaiblirent en France la puissante industrie chocolatière, entraînèrent la fin des activités forestières sur l'île. En 1926, Anticosti fut revendue, pour 6 500 000 dollars, à l'Anticosti Corporation, consortium de plusieurs sociétés canadiennes de production de papier.
Au cours des années suivantes, le mobilier de la propriété allait être vendu ou dispersé entre les différentes branches du consortium sur le continent. Le château Menier, laissé à l'abandon, finit par sombrer dans un tel état de délabrement qu'en automne 1953, ordre fut donné de le brûler.

Une nouvelle vocation

L'Anticosti Corporation s'engagea dans l'exploitation forestière, apportant ainsi la prospérité à l'île. Avec l'arrivée de travailleurs forestiers, la population locale passa de 300 à près de 4 000 personnes. Au début des années 1930, la grande crise économique mit l'industrie du bois en difficulté et de nombreux habitants, réduits au chômage, durent quitter l'île. La beauté du site et la richesse de sa faune et de sa flore restèrent, pendant de longues années, l'apanage d'un nombre restreint de privilégiés, jusqu'à ce que l'Anticosti Corporation s'intéresse au potentiel touristique de l'île. Rebaptisé Consolidated Bathurst Limited en 1967, le consortium vendit l'île au gouvernement du Québec en 1974 pour la somme de 23 780 000 dollars. En 1983, les habitants se virent accorder le droit d'acheter des terres et des maisons et, en 1984, le premier conseil municipal élu vit le jour. Quatre secteurs dispersés à travers l'île constituent le **Parc national d'Anticosti**, géré à travers la **Sépaq**. Sa géologie unique et sa faune et sa flore exceptionnelles ont valu à l'île d'être inscrite au Patrimoine mondial de l'Unesco en 2023.

À proximité

CARTE DE L'ÎLE CI-DESSOUS

Baie-Sainte-Claire

À 15 km à l'ouest de Port-Menier.

Au milieu du 19e s., des pêcheurs venus de Terre-Neuve et des provinces maritimes s'étaient installés dans le village, qui s'appelait alors English Harbor. La Forsyth Company tenta, sans succès, de développer l'endroit. Quand, en 1895, George Martin-Zédé, homme de confiance d'Henri Menier, arriva sur les lieux, il ne trouva guère plus d'une dizaine de familles. Le village fut rebaptisé du nom de la mère du baron du cacao et devint une communauté active, avant d'être abandonné au profit du nouveau village de Port-Menier. En 1931, Baie-Ste-Claire n'était plus que ruines.

Comme la chasse y est formellement interdite, Baie-Ste-Claire est aujourd'hui un endroit idéal pour observer les **cerfs de Virginie**, parfois rassemblés en troupeaux.

Pointe de l'Ouest

À 1 km de Baie-Ste-Claire.

Le premier **phare**, construit à la pointe de l'Ouest en 1858, était l'un des plus puissants du golfe du St-Laurent. Par temps clair, on pouvait apercevoir sa lumière à 50 km à la ronde. Malgré la présence de plusieurs phares sur Anticosti, près de 200 navires ont fait naufrage depuis le début du 18e s. De la côte, il est facile de voir l'épave du *Calou*, qui s'est échoué en 1982.

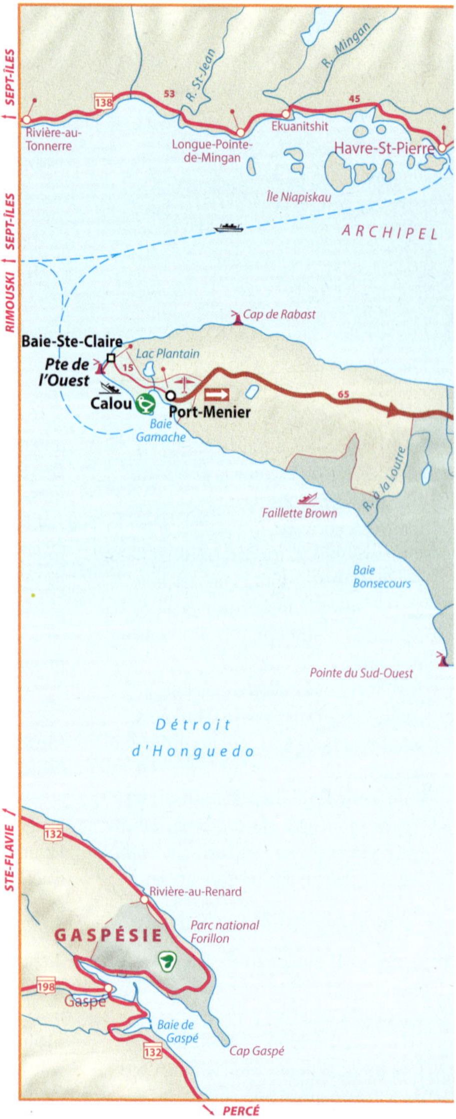

Circuit conseillé

CARTE DE L'ÎLE CI-DESSOUS

Rive nord – de Port-Menier à la baie de la Tour

Circuit de 169 km au départ de Port-Menier tracé en marron sur la carte ci-dessous.

Chute Kalimazoo

À 65 km de Port-Menier. L'accès à la chute se trouve à 1,7 km de la route principale. Suivez les panneaux indicateurs pour atteindre le camping. De là, descendez le sentier à droite jusqu'au ruisseau, traversez-le, puis tournez à gauche, d'où un beau point de vue s'offre sur le site.

Les cascades se déversent dans un petit étang aux eaux très claires, encerclé de falaises calcaires.

Baie MacDonald

Entourée d'une plage de sable, cette baie spectaculaire doit son nom à Peter MacDonald, dit « Peter l'ermite », pêcheur originaire de Nouvelle-Écosse qui s'installa ici à la fin du 19e s. Après quelques années, sa femme repartit et il vécut en solitaire sur l'île. Selon la légende, Martin-Zédé aurait réussi, non sans mal, à convaincre l'homme de se rendre à Baie-Sainte-Catherine pour se faire soigner, car il était tombé malade. Aussitôt guéri, le fier vieillard, alors âgé de 87 ans, aurait chaussé ses raquettes et parcouru plus de 120 km pour regagner son logis.

Pointe Carleton

La route épouse le tracé des plages de sable et offre une belle vue sur la mer. Le pittoresque **phare de la pointe Carleton** date de 1918.

Épave du Wilcox – Près de la pointe Carleton, à l'embouchure de la rivière à la Patate, l'épave échouée du *M.V. Wilcox* continue à subir l'assaut des vagues. Cet ancien dragueur de mines fit naufrage en juin 1954.

Grotte à la Patate

Environ 3 km après les deux ponts qui enjambent la rivière à la Patate et un de ses affluents, quittez la route principale et prenez le sentier forestier (avec un 4x4, il est possible de rouler sur environ 2 km). Suivez ensuite à pied un chemin balisé qui mène à l'entrée de la grotte (1h). Le port d'un casque est conseillé.

La grotte fut découverte en 1981. Une équipe de géographes l'explora en 1982 et en dressa une carte. L'entrée de la caverne atteint 10 m de haut et environ 7 m de large. Des galeries courent sur une longueur totale de 625 m.

★★ Chute et canyon de la Vauréal

La chute est à 24 km à l'est de la grotte à la Patate. Pour accéder au canyon, revenez sur la route principale et retournez vers la pointe Carleton. L'embranchement se trouve à 1,5 km.

La rivière Vauréal a d'abord porté le nom de Morsal, en souvenir d'un descendant de huguenots arrivé à Anticosti en 1847, qui passa 45 ans près de la rivière. Menier la rebaptisa Vauréal, du nom de sa propriété sur les bords de l'Oise, en France.

L'excursion à pied *(1h)*, qui suit le lit de la rivière jusqu'à la base de la chute, permet de découvrir de superbes paysages. Les falaises de calcaire gris, striées par endroits de schistes rouges et verts, forment un motif ondulant sculpté de crevasses et de petites grottes. La chute plonge dans le canyon du haut d'une muraille de 70 m.

Quittez la route principale en tournant à gauche 10 km après la chute de la Vauréal. Continuez par la route secondaire sur environ 14 km.

★★ Baie de la Tour

À cet endroit, des collines de calcaire tombent à pic dans la mer et offrent, depuis la plage sablonneuse, une vue extraordinaire des environs.

Revenez sur la route principale.

Carnet pratique

S'informer

Bureau d'accueil touristique de Port-Menier – *7 chemin des Forestiers - ✆ 418 535 0250 - www.tourismeanticosti.ca.*

Se déplacer

En bateau

Relais Nordik Inc. – *Horaires, tarifs et réserv. : Rimouski ✆ 418 723 8787; Sept-Îles ✆ 418 968 4707 - www.relaisnordik.com.* De début avril à mi-janvier, liaison bihebdomadaire avec Rimouski, Sept-Îles et Havre-St-Pierre assurée par le *Bella Desgagnés*.

En voiture

Locations STL – *✆ 418 809 6232 - www.locationstl.wordpress.com.* Location de véhicules 4 roues motrices tout terrain. Livraison du véhicule incluse.

Il n'existe que trois **postes d'essence** sur l'île : un au village de Port-Menier, et deux aux centres de services de MacDonald et Chicotte-la-Mer.

Nos adresses

Activités

Vous devrez impérativement vous enregistrer auprès de la Sépaq afin de pouvoir circuler en toute sécurité sur l'île. De nombreuses activités de loisirs sont possibles : randonnée pédestre ou à vélo, camping, kayak de mer, plongée sous-marine, équitation, baignade. Pour la chasse et la pêche, communiquez avec les différents pourvoyeurs de l'île afin de connaître les modalités de pratique de ces activités.

Hébergement

Le Parc national d'Anticosti, géré par la **Sépaq,** met à la disposition des visiteurs **2 auberges**, **19 chalets** et **3 campings**. Elle propose des **forfaits vacances** pour une durée de 3, 4 ou 7 jours comprenant le voyage en avion depuis Mont-Joli (Gaspésie), l'hébergement et la location d'un 4x4. *Rens. et réserv. au ✆ 418 890 0863 ou 1 800 463 0863 - www.sepaq.com/sepaq-anticosti.*

À l'ouest de l'île

Pour se faire plaisir

Auberge de jeunesse de la Pointe-Ouest – *Chemin de la Baie Ste-Claire, Port-Menier - à env. 20 km de Port-Menier - ✆ 418 535 0311 (gérée par le bureau touristique) - juin-mi-sept. - ch. 150 $.* Cette auberge au confort rustique est composée de deux anciennes maisons de gardiens de phare dotées chacune d'une cuisine, d'un salon et d'une salle de bains. Ici, aucun bruit autre que celui des vagues et des oiseaux...

Pourvoirie Lac Geneviève – *Port-Menier - ✆ 418 535 0294 - www.anticostiplg.com - possibilité d'hébergement dans l'un des 5 chalets du lac Geneviève - chalet (2 pers.) : forfait 5 j. 1620 $/pers. - trajet en bateau vers l'île, véhicule de location, carburant et nourriture inclus.* En famille ou entre amis, vous aurez l'occasion d'observer la faune environnante dans un décor enchanteur.

7

Région de l'Abitibi-Témiscamingue, parc national d'Aiguebelle.
Ph. Renault/hemis.fr

8

Territoires du Nord et de l'Ouest

CARTE MICHELIN RÉGIONAL N° 760

Abitibi-Témiscamingue

Cette région du Bouclier s'étire à l'ouest du Québec, le long de la frontière avec l'Ontario, entre la rivière des Outaouais et la plaine d'Eastmain, au sud de la baie James. Outre ses vastes lacs et ses forêts boréales, qui s'étendent à perte de vue, l'Abitibi puise sa renommée de son sous-sol riche en minerai, au point d'y voir fleurir pendant des décennies de nombreuses mines d'or et d'ériger Val-d'Or et sa vallée au rang d'Eldorado québécois. Plus au sud, la boucle de la rivière des Outaouais délimite la région de Témiscamingue, connue pour ses fermes laitières nichées au cœur de collines couvertes d'épinettes. Ville-Marie, paisible bourgade au bord du lac Témiscamingue et paradis des amateurs de voile, en est la ville principale.

Se repérer

CARTE DANS LE RABAT DE COUVERTURE.

À ne pas manquer

Amos : le village de Pikogan ; Rouyn-Noranda : la visite guidée de la fonderie Horne ; Ville-Marie : la forêt enchantée et le panorama sur le lac depuis Notre-Dame-de-Lourdes ; Val-d'Or : la cité de l'Or et le village minier de Bourlamaque.

Organiser son temps

La découverte d'Amos et de ses environs peut se faire dans le prolongement de celle de Val-d'Or, à laquelle vous consacrerez une matinée, avant de vous balader l'après-midi dans la réserve faunique de La Vérendrye.

En famille

À Amos : le refuge Pageau ; à Val-d'Or : la Cité de l'Or.

Carnet pratique p. 420

Nos adresses p. 420

Découvrir

Amos

www.amos-harricana.ca.

Les colons venus de Québec en 1912 pour exploiter les richesses naturelles de la région s'installèrent à Amos, berceau et première capitale de l'Abitibi. Aujourd'hui encore, l'agriculture, la mine et la forêt demeurent les principales ressources de la cité, qui dispose d'une autre richesse d'avenir : l'**eau douce** ! La ville est en effet reconnue pour avoir l'une des meilleures eaux potables au monde *(visite du puits municipal sur réserv. à la Maison du tourisme : de mi-juin à mi-août à 9h30 et 13h30 - 8 $, billet combiné avec la visite guidée de la cathédrale).*

Sur la route de Rouyn-Noranda.
Ph. Renault/hemis.fr

Cathédrale Sainte-Thérèse-d'Avila

11 bd Mgr-Dudemaine - lun.-vend. 9h-12h.
Située au cœur de la ville, cette église fut construite en 1923 selon les plans de Monseigneur Dudemaine, premier curé de la paroisse, et de l'architecte Beaugrand-Champagne. Élevée au rang de cathédrale en 1939, elle constitue un exemple de style romano-byzantin, avec sa forme circulaire surmontée d'un dôme spectaculaire.

8

Village de Pikogan

À 4 km au nord d'Amos.
Fondé en 1954, ce **village algonquin**, dont le nom signifie « tente de peaux », compte également quelques **Cris**. Aministré par les autochtones, il reflète leur volonté de réaffirmer leur culture. On y trouve les services d'une communauté active, notamment une école, où certains cours sont donnés en algonquin.
À la période estivale, les visiteurs pourront profiter des paysages de la rivière Harricana en participant à des **randonnées en canot** menées par un guide amérindien.
★ **Église de la mission Ste-Catherine** – *40 r. Tom-Rankin - de mi-juin à mi-août : 9h-12h, 13h-16h30, dim. 13h-17h ; reste de l'année sur réserv. - droit d'entrée pour la visite (90mn env.) de l'exposition permanente, de la boutique d'artisanat et de l'église 6 $.* Construite en 1967, elle adopte la forme d'un tipi. Sa décoration intérieure est entièrement inspirée du style autochtone propre à la région. Notez par exemple le chemin de croix, réalisé avec des roseaux et des perles, le tout monté sur peau de castor. Au sous-sol, ne manquez pas l'exposition qui relate l'histoire des Abitibi8innik et la **boutique d'artisanat**.

★ Refuge Pageau

À 8 km à l'est d'Amos. 4241 chemin Croteau - ✆ 819 732 8999 - refugepageau.ca - ♿ - horaires variables, se rens. - 27,83 $, réserv. obligatoire.

Ancien trappeur, le fondateur des lieux, Michel Pageau, avait pris pour habitude de recueillir dans **son refuge** les oiseaux, orignaux, ours, loups et lynx orphelins ou blessés, qu'il soignait et relâchait dans la nature. Aujourd'hui, une équipe de soigneurs perpétue la mémoire et le travail de cet ardent défenseur des animaux sauvages et accueille au sein du refuge plus d'une centaine de pensionnaires. Certains d'entre eux, qui ne sauraient survivre en liberté, deviennent les invités permanents du refuge. À ce titre, ne manquez pas de faire la connaissance de Chewbaka, l'attachant porc-épic devenu l'emblème du lieu au fil des ans. De la section des rapaces en passant par celle des loups, chaque animal a son histoire et fournit une occasion de mieux comprendre la faune locale et les dangers qui la menacent.

Village de Preissac

À 35 km au sud-ouest d'Amos. La route 395, au sud d'Amos, n'est pas asphaltée sur toute sa longueur. Épicerie et station-service à la sortie du village, route 395.

Ce joli village occupe un cadre champêtre en bordure de la rivière Kinojélis. Près du pont des rapides, vous trouverez un coin idéal pour un pique-nique. Juste avant la pourvoirie du **lac Preissac** *(à environ 15 km de la route 117)*, un poste d'observation sur la route 395 offre une **vue★** magnifique sur le lac en contrebas. En face de la pourvoirie se trouvent des services de tourisme et de pêche, une marina et un terrain de camping.

Lieu historique national du Dispensaire de la Garde de La Corne

À La Corne, à 26 km au sud-est d'Amos par la route 111 - ✆ 819 799 2181 - www.dispensairedelagarde.com - ♿ - visite guidée (1h15) de mi-juin à déb. sept. : 10h-17h ; reste de l'année sur réserv. - 12 $.

Parcourez l'histoire de la colonisation en découvrant l'évolution du système de santé québécois : les débuts des dispensaires et leur rôle social sont ici évoqués en prenant pour exemple celui de l'infirmière Gertrude Duchemin, qui soignait les habitants de la région. Des guides en costume des années 1960 dirigent les visiteurs vers une présentation multimédia de la médecine de campagne et de la vie quotidienne des infirmières.

Rouyn-Noranda

ℹ 1675 av. Larivière - ✆ 1 888 797 3195 - www.tourismerouyn-noranda.ca. On y trouve le plan des circuits d'interprétation historique du Vieux Noranda et du Vieux Rouyn.

Rouyn-Noranda est la capitale régionale de l'Abitibi et la capitale nationale du cuivre. Le profil urbain et industriel de la cité est adouci par l'aménagement des rives du lac Osisko, en centre-ville. L'été, on se balade à vélo *(RécréOsisko, ci-contre)* sur la piste cyclable de 8 km aménagée le long de ses berges *(compter 40mn)* ou l'on profite d'une belle journée pour s'octroyer une sortie en kayak. Plus qu'une cité minière parmi d'autres, Rouyn-Noranda constitue le centre culturel de la région, grâce au **Festival du cinéma international en Abitibi-Témiscamingue** *(www.festivalcinema.ca)*, au **Festival de musique émergente** *(www.fmeat.org)* ainsi qu'à une communauté artistique dynamique. Rouyn-Noranda est également

Rouyn-Noranda : un bon filon

La colonisation de Rouyn-Noranda ne débuta vraiment qu'en 1912, avec l'arrivée de la première ligne de chemin de fer qui relia la ville à l'Ontario. Mais ce fut la découverte de la **faille de Cadillac** qui déclencha une véritable ruée. Riche en cuivre, or et argent, cette faille – qui traverse l'Abitibi d'ouest en est, de Rouyn-Noranda à Val-d'Or – se ramifie en d'innombrables fractures secondaires. La faille québécoise étant une section de celle qui était déjà en exploitation en Ontario, la région demeura longtemps tributaire de sa voisine ontarienne, plus riche en capitaux et en investisseurs. Les graves conflits syndicaux des années 1930 entraînèrent le remplacement des premiers mineurs, essentiellement originaires d'Europe de l'Est, par des Canadiens français. En 1942, l'industrie de guerre attira de nombreux travailleurs dans la région, dont beaucoup d'origine étrangère.
Rouyn-Noranda emprunte son toponyme à deux anciennes localités minières. Issue d'intérêts ontariens, **Noranda** (contraction de « Nord » et « Canada »), plutôt anglophone, était à l'origine une ville résidentielle, administrée par la mine Noranda. Plutôt francophone, **Rouyn** regroupait quant à elle la majorité des mineurs. Elle fut baptisée en l'honneur du capitaine Jean-Baptiste de Rouyn, qui s'était illustré lors de la bataille de Ste-Foy, près de Québec. Issue de la « ruée vers l'or » de 1923 (en vérité, une ruée vers le cuivre), Rouyn attira les aventuriers en quête de fortune. Elle constitue aujourd'hui le quartier des affaires de la ville.

fière d'être la ville natale de **Richard Desjardins**, célèbre compositeur, interprète et documentariste québécois.
La ville a mis en place un système de prêt de vélos : **RécréOsisko** *(kiosque de location situé à côté du Magasin général Dumulon - 819 880 0446 - recreosisko.ca - prêt gratuit (caution 20 $) pendant une période continue de 2h, puis forfait de 5 $ par heure suppl. - vélos électriques (caution 40 $), remorques et vélos enfant disponibles - possibilité de louer des kayaks, 10 $/h).*

8

★ Magasin général Dumulon

191 av. du Lac - 819 797 7125 - www.maison-dumulon.ca - - mar.-dim. 9h-17h; visite de l'église : sur réserv. - 6 $; billet combiné Magasin général Dumulon + église orthodoxe russe St-Georges 16 $.
Premier magasin général de Rouyn en 1924, premier bureau de poste de la ville et l'un des premiers bureaux de poste du Québec tenu par une femme, cette maison en bois reconstruite évoque l'atmosphère des années 1920. Des photos et des objets, témoins de temps révolus, y retracent l'histoire de la ville. Une petite boutique d'artisanat et de produits locaux vient compléter la visite. Dans le **parc des Pionniers**, tout à côté de la maison Dumulon, la promenade Tremoy longe le lac Osisko et mène au Centre nautique de Rouyn-Noranda.

Église orthodoxe russe Saint-Georges

201 r. Taschereau Ouest - 819 797 7125 - www.maison-dumulon.ca - mêmes horaires que le magasin, mais sur réserv. - 6 $; billet combiné église + Magasin général Dumulon 16 $.
Après la Seconde Guerre mondiale, une vingtaine de familles russes vinrent s'établir à Rouyn-Noranda. Le père Ustuchenko fit bâtir en 1955-1957 cette petite église d'architecture traditionnelle, coiffée de coupoles à bulbes. Le Centre

d'interprétation sur les immigrants situé au sous-sol retrace la vie de cette communauté à travers des vidéos et des panneaux explicatifs.

Fonderie Horne

Cette fonderie est opérée par **Glencore**, l'un des plus importants producteurs de cuivre au monde. La découverte d'un gisement de cuivre en 1923 déclencha à Rouyn-Noranda un important boom minier. Grâce à des capitaux américains et canadiens, la mine (aujourd'hui transformée en fonderie) entra en production en 1927. Quelque 53,7 millions de tonnes métriques de minerai à haute teneur en cuivre, or et argent furent extraites de son sous-sol jusqu'en 1976.

Visite – *101 av. Portelance - ✆ 819 797 3195 ou 1 888 797-3195 (réserv.) - www.glencore.ca/fr/horne - de la 3e sem. de juin à fin août : horaires, se rens. - interdit -12 ans - port obligatoire de pantalon long et de chaussures fermées.* On découvre ici le processus de purification du cuivre, depuis l'extraction jusqu'à l'anode, ce gros lingot de cuivre à 99 % pesant environ 290 kg. La visite de la maison d'**Edmund Horne**, prospecteur à l'origine de la découverte de la mine de Noranda, se poursuit dans un wagon de chemin de fer, où l'on assiste à la projection d'un film sur l'extraction du minerai et l'histoire de la région. Munis de bottes et de casques, les visiteurs feront ensuite le tour de la fonderie et de ses installations de surface.

Parc botanique À Fleur d'Eau

325 av. Principale - ✆ 819 762 3178 ou 819 797 8753 - www.parcbotanique.ca - ♿ - pavillon d'accueil Julienne-Cliche - ouv. tte l'année - gratuit.

Riche de plus de 25 000 plantes, arbres et arbustes, ce joli écrin vert en plein cœur du centre-ville dispose d'une agréable promenade de bois ceinturant le **lac Édouard**, lieu de prédilection des canards de la région. Aménagé à l'intérieur même du parc, un **Jardin géologique** illustre la géologie minière de la région à l'aide de pierres savamment disposées.

Angliers

Ce paisible village charmera les amateurs de nature et de pêche.

T.E. Draper/Chantier Gédeon – *14 r. de la Baie-Miller - ✆ 819 949 4431 - www.tedraper.ca - ♿ - de mi-juin à déb. sept. : 10h-16h30 ; printemps et automne sur réserv. - 1 site 7 $, 2 sites 10 $.* Véritable témoin du flottage du bois dans la région, cet ancien remorqueur à bois, en service de 1929 à 1972, est aujourd'hui en cale sèche sur la rive du lac des Quinze. Il suppléait jadis au chemin de fer qui longeait les rapides du Long Sault sur la rivière des Outaouais, et déposait les voyageurs à l'extrémité sud du lac Témiscamingue. Les visiteurs montent à bord du *T.E. Draper* et découvrent son hangar. L'exposition permanente aborde plusieurs thématiques : l'exploitation forestière dans le bassin hydrographique de l'Outaouais supérieur, le circuit de flottage de bois au Témiscamingue et le rôle du hangar d'Angliers dans le ravitaillement pour les remorqueurs et la région. La visite se poursuit par la découverte du chantier Gédéon, reconstitution au cœur même de la forêt d'un camp de bûcherons des années 1930 à 1940.

Parc national d'Aiguebelle

À 50 km au nord-est de Rouyn-Noranda (rtes 117 et 101). 12373 rte d'Aiguebelle, Rouyn-Noranda - ✆ 819 637 7322 - www.sepaq.com/pq/aig - ouv. tte l'année - 9,55 $, réserv. obligatoire - consulter le site Internet pour connaître les périodes d'ouverture des centres de services de Mont-Brun et de Taschereau.

Rouyn-Noranda, le magasin général Dumulon.
Ph.Renault/hemis.fr

Activités estivales : randonnée pédestre, kayak de mer, pêche, rabaska, pédalo, observation animalière (orignal, paruline à gorge grise, tétras à queue fine...), expédition dans l'arrière-pays. Activités hivernales : raquettes, ski nordique. Ce vaste **Parc national** est le lieu idéal pour partir à la rencontre de la faune d'Abitibi. C'est dans cette zone protégée que l'on retrouve la plus forte concentration d'**orignaux** de toute la région. Avec pas moins de 80 lacs, le parc est également connu pour être situé sur la **ligne de partage des eaux** entre la baie d'Hudson et l'océan Atlantique. On peut y observer les traces du passage des glaciers, des coulées de lave et des roches vieilles de 2,7 milliards d'années ou scruter l'horizon du haut d'une tour de garde-feu. L'hiver, le parc se prête parfaitement aux sorties à raquettes.

La Castorière – *Boucle de 1 km au départ du centre de découverte et de services - durée 20mn.* Cette courte promenade permet d'observer l'**habitat du castor** et de partir à la découverte des signes de sa présence.

La Traverse – *Boucle de 3,5 km au départ du parking du lac La Haie - durée 1h30 - niveau intermédiaire.* Le clou de ce sentier est sans aucun doute la traversée d'une **passerelle suspendue** à 22 m au-dessus du lac La Haie. Sujets au vertige s'abstenir !

Ville-Marie

www.villevillemarie.org.

Dans la région de Témiscamingue, au sud-ouest de l'Abitibi, Ville-Marie est une étape idéale pour qui souhaite découvrir le gigantesque lac Témiscamingue, le lac des « eaux profondes » en algonquin. Fréquentée par les plaisanciers qui naviguent sur les eaux du lac et de la rivière Outaouais, elle abrite un fort qui perpétue le souvenir de la traite des fourrures. Au soleil couchant, sa petite **marina**, depuis laquelle se contemple le ballet des voiliers de retour au port, et ses **maisons victoriennes** bâties en front de mer lui donneraient presque des airs de petite bourgade anglaise.

Maison du Frère-Moffet

Au bord du lac - 7 r. N.-D.-de-Lourdes - www.maisondufreremoffet.com - ☎ 819 629 3533 - ♿ - de fin juin à mi-sept. : tlj sf lun. 10h-17h ; juin. et oct. sur réserv. - exposition 10 $; visite en vélo-taxi (1h) 10 $.

La plus ancienne demeure de l'Abitibi-Témiscamingue (1881) abrite aujourd'hui un musée consacré au mode de vie des pionniers et à l'histoire de Ville-Marie et du Témiscamingue. En face du bâtiment, un petit parc offre de belles **vues** sur le **lac Témiscamingue**. Cette immense étendue d'eau (longueur : 103 km ; profondeur maximale : 210 m) forme une partie de la frontière entre le Québec et l'Ontario. Et, pour approfondir vos connaissances, vous pourrez ensuite grimper à bord d'un vélo-taxi pour une visite historique de Ville-Marie menée par un guide conteur.

★ Lieu historique national d'Obadjiwan – Fort-Témiscamingue

À Duhamel Ouest, 8 km au sud de Ville-Marie. 834 ch. du Vieux-Fort - ☎ 819 629 3222 ou 1 888 773 8888 - parcs.canada.ca/lhn-nhs/qc/obadjiwan-temiscamingue - ♿ - de la 3e sem. de juin à déb. sept. : 10h-17h ; le site est fermé le reste de l'année mais la porte d'entrée reste ouverte pour ceux qui souhaiteraient effectuer une visite libre - 4,50 $.

Que les amateurs de châteaux forts et de postes de défense soient prévenus : ici, point de fort à admirer ! Choisi en 1679 par les Français pour y établir un poste de traite de fourrures, le site fut vite abandonné. En 1720, un second comptoir de fourrures fut construit, dont les activités devaient durer près de deux siècles. Le fort changea plusieurs fois de mains, passant de la **Compagnie du Nord-Ouest** à sa rivale, la **Compagnie de la baie d'Hudson**. Cette dernière en assura la gérance jusqu'à sa fermeture, en 1902. Ultimes vestiges de cette époque, **deux cheminées en pierre**, situées sur le site de la maison du chef de poste et de la maison des commis, témoignent de l'occupation du site. Reste aussi **la superbe vue★** sur le lac et sur les embarcations de pêcheurs affairés à taquiner le doré jaune.

Des influences religieuses

La région fut colonisée dès 1853 grâce à la déforestation qui libéra de vastes terrains agricoles. En 1863, les **oblats** s'installèrent à la mission du Vieux Fort, au sud de Fort Témiscamingue, mais, en 1887, ils déménagèrent à Baie-des-Pères, que l'on nomma par la suite Ville-Marie. Les **Sœurs grises** ne tardèrent pas à suivre leur exemple.

Depuis leur arrivée dans la région, ces deux congrégations firent sentir leur présence évangélisatrice dans le domaine éducatif et culturel. Le frère **Joseph Moffet** (1852-1932), de la mission du Vieux Fort, fut surnommé « le père du Témiscamingue agricole ». Intermédiaire entre les colons et les dirigeants des chantiers forestiers, il traita aussi avec les acheteurs de denrées agricoles établis en Ontario, de l'autre côté du lac.

En 1897, Ville-Marie se dota d'une structure administrative, mais ce n'est qu'en 1962 qu'elle devint municipalité.

Centre d'interprétation – L'exposition interactive est consacrée au commerce des pelleteries du 17e au 19e s. et à la présence millénaire des Algonquins sur ce site. Les visiteurs découvriront aussi la **reconstitution d'un magasin d'époque** et pourront visionner un film relatant le travail des « Voyageurs ». À l'extérieur, une longue **plage★** de sable et des aires de pique-nique et de repos viennent agrémenter les lieux.

★ **Forêt enchantée** – Sur le site du fort, **un court sentier aménagé** le long du lac Témiscamingue conduit à une curieuse forêt composée de thuyas de l'Ouest et de pins rouges aux troncs tortueux. Une particularité source de légendes depuis des décennies au sujet de cette mini-« forêt enchantée ».

La route 101 serpente à proximité du lac Témiscamingue, qui apparaît par endroits à travers la forêt de hêtres, de chênes, d'érables, de peupliers, de pins blancs ou rouges. Quelques haltes routières, dotées d'agréables aires de pique-nique et de services, jalonnent la route.

Parc national d'Opémican

À 65 km au sud de Ville-Marie - 5555 chemin Opémican - ✆ 819 627 3551 ou 1 800 665 6527 - www.sepaq.com - ouv. tte l'année - droit d'entrée : 9,55 $ - consulter le site Internet pour connaître les périodes d'ouverture du centre de services de la Pointe-Opémican et du poste d'accueil de Laniel.

Activités : pêche, canot, kayak, vélo, pédalo ; location possible au centre de services de la Pointe-Opémican.

L'un des derniers-nés du vaste réseau de parcs nationaux du Québec n'a rien à envier à ses vénérables cousins. Bordé par **les lacs Témiscamingue** et **Kipawa**, ce parc de 252 km² est le territoire des orignaux, des chevreuils et des loups qui peuplent ses majestueuses forêts de pins rouges et de quelques faucons pèlerins qui nichent parfois dans les falaises du lac Témiscamingue. Le parc d'Opémican (qui signifie « le long de la route suivie par les premiers peuples » en anishinabe) est divisé en plusieurs secteurs dont celui de la **rivière Kipawa**, bien connue des amateurs de rafting du monde entier pour ses puissants rapides. Du côté de **la Pointe-Opémican**, à deux pas de la plage, on peut observer les vestiges d'anciens bâtiments qui servaient autrefois aux draveurs de la région. Au 19e s., le lieu était un poste de relais pour le flottage de bois.

8

★ Val-d'Or

1070, 3e Av. Est - ✆ 819 824 9646 ou 1 877 582 5367 - tourismevaldor.com.

Établie à l'extrémité est de la faille de Cadillac, Val-d'Or naquit en 1922 lors de la ruée provoquée par la découverte d'importants gisements aurifères à Rouyn-Noranda. Aujourd'hui encore, des **mines** exploitent l'or, le cuivre et l'argent. En raison de la demande des pays émergents et de la hausse du prix des métaux depuis 2006, la ville est en plein boom minier. Les travailleurs des quatre coins du monde s'y pressent et entraînent un afflux qui n'est pas sans rappeler celui du temps de la ruée des années 1930. Si les saloons ont aujourd'hui laissé place à des microbrasseries branchées et si la population locale n'a plus rien de la faune de chercheurs d'or et de bandits de grands chemins d'antan, la **rue Principale** et ses enseignes colorées rappellent parfois les villes de l'Ouest des années 1950 et 1960.

★ La Cité de l'Or – Village-minier-de-Bourlamaque

90 av. Perrault - ✆ 819 825 1274 ou 1 855 825 1274 - www.citedelor.com - ♿ - visite guidée sous terre et en surface tlj de fin juin à mi-oct. (plusieurs dép./j.) - exposition

Village minier de Bourlamaque.
Ph. Renault/hemis.fr

permanente fin juin-août (60 à 90mn, 7 $) : merc.-dim. 8h50, 9h30, 11h45, 12h30, 13h15 et 14h45 - visite complète (4h) incluant visite sous terre et de surface : 45 $; visite express sous terre (2h) : 32 $; audioguide Bourlamaque (1h) - réserv. conseillée via le site Internet.

Rattachée à Val-d'Or en 1965, cette **ancienne communauté minière** rappelle, par son nom, le souvenir de François-Charles de Bourlamaque, aide de camp du général Montcalm. Accolé à la ville de Val-d'Or, le **petit bourg**, déclaré quartier historique en 1979, était jadis administré par la mine Lamaque, l'un des plus grands employeurs de la région de la faille de Cadillac. Le chevalement du puits de mine, l'hôpital et la maison des dirigeants sont demeurés intacts, et les solides **cabanes en bois rond**, où logeaient autrefois les mineurs, sont encore habitées. Parmi la soixantaine d'entre elles, l'une des maisons situées sur l'avenue Perrault est accessible au public. Le mobilier d'époque et les minuscules pièces de vie permettent de mieux comprendre le quotidien des mineurs et de leurs familles. Interdit d'alcool et de jeux, les travailleurs logés ici étaient soumis à un couvre-feu. Un mode de vie qui contrastait avec celui des habitants de Val-d'Or, sa voisine dévergondée. La visite complète de quatre heures permet de découvrir le village minier, les bâtiments de surface de la **mine Lamaque**, et de descendre dans une authentique **galerie minière**. Pendant près d'une heure, on y découvre, à la lueur d'une lampe frontale, les différents outils servant à extraire l'or de la roche et les anciens abris des mineurs.

Tour d'observation Rotary

À l'angle des boulevards des Pins et Sabourin - ouv. tte l'année - gratuit.

Au milieu d'une forêt récréative, la tour Rotary (18 m) permet d'observer la ville et ses environs, que l'on surnomme ici le « pays aux 100 000 lacs ». Par beau temps, la vue porte jusqu'à Rouyn-Noranda, à quelque 105 km de Val-d'Or.

Malartic

À 25 km à l'ouest de Val-d'Or par la route 117.

Cette ville-champignon, surgie en 1922, comptait à son actif, dans les années 1940, sept mines d'or en activité. De la ruée d'antan, la petite communauté a conservé des façades postiches *(av. Royale)* dignes d'un décor de Far-West.

★ **Musée minéralogique de l'Abitibi-Témiscamingue** – *650 r. de la Paix - ☎ 819 757 4677 - www.museemalartic.qc.ca - ♿ - juin-août : 9h-17h ; reste de l'année : mar.-vend. et dim. 9h-12h, 13h-16h (dim. 17h) - visite de la Mine Canadian Malartic : à partir de juin : 13h30 - réserv. obligatoire par tél. ou sur le site Internet - musée 11 $; mine 22 $.* Ce musée met à l'honneur le patrimoine naturel géologique régional. Vous apprécierez sa riche collection de roches, minéraux et fossiles (rares spécimens minéraux et splendides pépites d'or) et son exposition permanente interactive contenant un simulateur de tremblements de terre et une carte minière virtuelle.

L'été, il est également possible de visiter la plus grosse mine d'or à ciel ouvert encore en activité du Canada, la **Mine Canadian Malartic**.

Réserve faunique La Vérendrye – *Entrée nord de la réserve située à 57 km au sud-est de Val-d'Or, sur la route 117 ; entrée sud à 275 km de Montréal par la route 117 et à 180 km d'Ottawa par la route 105 - ☎ 819 435 2216 (secteur Outaouais), ☎ 819 736 7431 (secteur Abitibi-Témiscamingue) - www.sepaq.com/rf/lvy - ⛺ ✕ ♿ - accueil Sud, accueil Nord et accueil du Lac - mai-sept. - droit d'entrée pêche : 19,65 $.*

Activités estivales : pêche, pêche-camping, randonnée pédestre, canot-camping, chasse. Activités hivernales : motoneige.

Créée en 1939, cette immense réserve faunique (12 589 km²) fut nommée en l'honneur de l'illustre explorateur des Rocheuses, Pierre Gaultier de Varennes, **sieur de La Vérendrye**. Ses lacs et cours d'eau sont peuplés d'une centaine de variétés d'oiseaux et de poissons, et ses forêts de conifères sont le refuge d'orignaux, castors, cerfs, ours noirs, loups et renards. Une route principale, la 117 *(180 km)*, traverse la réserve en offrant de jolies vues de ses lacs et ruisseaux. On remarquera tour à tour le **lac Jean-Péré**, l'un des hauts lieux du parc, le **réservoir Cabonga**, qui contrôle le débit de la rivière Gatineau, et le **réservoir Dozois**, qui régule le cours de la rivière des Outaouais. Quelque 800 km de parcours agrémentés d'aires de camping sauvage et de portages attendent les canoteurs. Le point de départ le plus prisé est le lac Jean-Péré, qui offre aux débutants des circuits relativement aisés.

8

Carnet pratique

S'informer

Tourisme Abitibi-Témiscamingue – *155 av. Dallaire, bureau 100, Rouyn-Noranda - ✆ 819 762 8181 ou 1 800 808 0706 - www.abitibi-temiscamingue.org.*

Arriver/Partir

L'Abitibi compte deux aéroports à Rouyn-Noranda et à Val-d'Or, desservis par Air Canada *(www.aircanada.com)*, Air Creebec *(www.aircreebec.ca)*, Propair *(www.propair.ca)*, Air Liaison *(www.airliaison.ca)* et Pal Airlines *(www.palairlines.ca).*

Agenda

Festival du cinéma international en Abitibi-Témiscamingue – *Rouyn-Noranda - fin oct.-déb. nov. - www.festivalcinema.ca.* Courts, moyens et longs métrages, films d'animation et de fiction, documentaires célèbrent le cinéma sous toutes ses formes.

Festival de musique émergente – *Rouyn-Noranda - www.fmeat.org.* Concerts d'artistes émergents sur la scène des musiques actuelles.

Nos adresses

Restauration

À Rouyn-Noranda

Premier prix

Horizon Thaï – *108 av. Principale - ✆ 819 762 4060 - horizonthai.ca - service continu - fermé w.-end à midi - plats 18/27 $.* Ce restaurant moderne sert une bonne cuisine fusion asiatique. Aux beaux jours, la petite terrasse qui donne sur la rue permet d'observer la vie locale.

À Ville-Marie

Premier prix

Le Ste Anne – *14 r. Ste-Anne - ✆ 819 622 2220 - fermé dim.-mar. et à midi - plats 18/33 $.* La bistronomie québécoise est à l'honneur dans ce restaurant sans prétention du centre de Ville-Marie. Accoudé au comptoir ou attablé dans la petite salle, on déguste un *fish and chips* à la bière ou une poutine aux ailes de canard, histoire de s'imprégner de la gastronomie locale.

La Bannik - Bistro Clau Clau – *862 chemin du Vieux-Fort, Duhamel-Ouest - ✆ 819 622 0922 - www.bannik.ca - ouv. le soir (w.-end à midi aussi) - plats 16/25 $.* Cuisine simple et service agréable dans le restaurant de ce camping qui jouit d'une grande terrasse ensoleillée face au lac où profiter du panorama.

À Val-d'Or

Premier prix

Balthazar Café – *851 3e av. Val-d'Or - ✆ 819 874 3004 - www.balthazarcafe.ca - fermé le soir et dim. - boîtes à lunch 20/29 $.* Tout à la fois cantine de midi et café où se délecter d'un bon cappuccino, ici, chacun est invité à choisir parmi un choix varié de salades et de sandwichs débordants de légumes. Une bouffée de diététique au royaume de la poutine !

Budget moyen

L'Entracte – *139 av. Perrault - ✆ 819 825 9078 - www.barbistrolentracte.com - fermé midi (sf jeu.-vend.) et dim. - plats 29/64 $.* Cuisine soignée et un brin branchée pour cet établissement situé à la « frontière » de Val-d'Or et du village minier de Bourlamaque. Sushis, queue de homard grillée et poke bowl végétarien : le menu varié saura satisfaire tous les appétits.

Petite pause

À Rouyn-Noranda

Le Saint-Exupéry – *35 r. Perrault Est - ✆ 819 797 4867 - lestexupery.com - merc.-dim. 8h-14h.* Voilà le lieu que vous cherchiez pour vous régaler d'un bon petit-déjeuner québécois avant votre journée de visite ! Ici, pendant que vous prendrez vos aises sur une confortable banquette en cuir, on vous servira avec le sourire d'excellents œufs Bénédicte au saumon et de vrais expressos. Une denrée rare au pays de l'*americano* !

À Ville-Marie

La Gaufrière – *18 r. Ste-Anne - ✆ 819 629 3999 - 7h30-15h, dim. 8h-15h.* Le week-end, cet établissement aux airs de cafétéria est le rendez-vous des habitants de Ville-Marie, qui s'y pressent en famille pour déguster des gaufres et des petits déjeuners québécois.

Boire un verre

À Val-d'Or

Microbrasserie Le Prospecteur – *585 3e av. - ✆ 819 874 3377 - microleprospecteur.ca - 16h-23h, jeu. 16h-1h, vend. 14h-1h, sam. 11h-1h - fermé dim.* Le toit-terrasse de cette microbrasserie se remplit à une vitesse folle à l'heure de l'apéro. Il faut dire que les bières de la maison sont excellentes, que les plats servis en accompagnement sont bons et que l'emplacement en plein centre de Val-d'Or est facilement accessible à pied. La palette de dégustation de quatre bières et le burger de wapiti achèveront de vous convaincre du bien-fondé de votre choix !

Hébergement

À Rouyn-Noranda

Une folie

Deville Complexe Hôtelier – *95 av. Horne - ✆ 888 828 0725 - www.devillehotelier.com - P - 50 ch. 222/250 $* ☕. Certes, cet hôtel moderne n'a rien d'une petite auberge de charme, mais son emplacement au cœur du centre-ville et son accueil souriant en font un excellent point de chute à Rouyn-Noranda.

À Ville-Marie

Une folie

Les Suites de la chocolaterie – *5 r. Ste-Anne Ouest - ✆ 819 629 1999 www.chocolatsmartine.com - P - 4 ch. 200/212 $.* Cet hôtel installé au 3e étage de la chocolaterie Martine offre à ses visiteurs des vues imprenables sur le lac Témiscamingue. Les chambres sont confortables, spacieuses, au design sobre et élégant, et très bien équipées.

À Val-d'Or

Pour se faire plaisir

Auberge de l'Orpailleur – *104 av. Perrault - ✆ 819 825 9518 - www.aubergeorpailleur.com - 4 ch. 125/174 $* ☕ *et 1 appart. avec kitchenette.* Cette auberge du village minier de Bourlamaque a été aménagée dans une maison qui accueillait autrefois les mineurs de passage. Aujourd'hui, le charmant couple propriétaire héberge des voyageurs provenant des quatre coins du monde et perpétue la tradition conviviale des lieux avec en prime un petit-déjeuner délicieux !

8

Chibougamau

Chasseurs-cueilleurs nomades, les Cris, peuple autochtone du Québec, se séparaient jadis en petits groupes multifamiliaux pour faire face à l'hiver, et, l'été venu, se rassemblaient à nouveau en grandes communautés. Ils représentent aujourd'hui la moitié de la population de Chibougamau et sont dispersés autour de lacs et de rivières, tirant la majeure partie de leur subsistance de l'immense forêt boréale, divisée en territoires de chasse familiaux. Si la ville est très isolée et éloignée des grands centres urbains - nous sommes plus proches ici du Grand Nord que de Montréal ! -, elle constitue un point de départ idéal pour découvrir la contrée sauvage de la Baie-James.

Chiens de traîneau à Oujé-Bougoumou.
Alt-6/plainpicture/age fotostock

Se repérer

CARTE DANS LE RABAT DE COUVERTURE.

Air Creebec *(www.aircreebec.ca)* assure une liaison quotidienne avec Montréal.

À ne pas manquer

Le village cri Oujé-Bougoumou.

En famille

En été, louez un canot, un pédalo ou une planche à voile au bord du lac Gilman, en plein centre de Chibougamau. Et, en hiver, faites du ski au mont Chalco (rte 167).

Nos adresses p. 425

Découvrir

512 rte 167 Sud - Chibougamau - 418 748 8140 ou 1 888 748 8140 - www.eeyouistcheebaiejames.com.

Réserve faunique Assinica

Accueil Rupert (information, enregistrement, permis de pêche, droits d'accès) sur la route 167 Nord, à 18 km au nord de Chibougamau (accès également possible via Chapais) - 418 748 7748 - www.nibiischii.com - de déb. juin à déb. sept. - △.

Créée en 1961, la plus sauvage et la plus nordique des réserves de chasse du Québec doit son nom au mot cri *asinikaw* (« pierreux »), désignant un lac du bassin de l'impétueuse **rivière Broadback**, qui traverse ce territoire de 8 885 km². Ici, la chasse au castor et la pêche à l'esturgeon et au corégone sont exclusivement réservées aux communautés cries locales, mais les lacs de **Comencho**, **Opataca** et **Cachisca** fourniront d'autres belles prises au visiteur de passage, sans parler des nombreuses rivières et ruisseaux alentour.

Réserve faunique des Lacs-Albanel-Mistassini-et-Waconichi

Accueil Lac-Albanel (information, enregistrement, permis de pêche, droits d'accès) à 178 km de Chibougamau par la route 167 - accueils Waconichi et Baie-Pénicouane accessibles par la route 10 (Rte du Nord) via la route 167 Nord - 418 748 7748 - www.nibiischii.com - de déb. juin à déb. sept. - △.

Cette réserve faunique, voisine de la réserve Assinica (*ci-dessus*), mais plus immense encore (16 400 km²), s'adresse aux amoureux de pêche et de grands espaces. Elle est parsemée de forêts d'épinettes noires, de sapins et de mousses, et de nombreuses rivières, ruisseaux et plans d'eau, parmi lesquels le fameux **lac Mistassini**, plus grand plan d'eau douce du Québec. La **réserve Waconichi**, dont le nom évoque les collines situées à l'ouest du lac Waconichi, dispose d'un **complexe touristique de pêche** *(à 30 km de l'accueil Rupert de la réserve faunique Assinica)* doté de chalets en bois rond aménagés sur un **site★** de toute beauté.

Mistissini

De l'accueil Rupert (ci-dessus), parcourez 67 km sur la route 167, puis tournez à gauche vers Mistissini (Baie-du-Poste) et continuez sur 16 km.

187 Main St. - 418 923 3461/# 228.

Établi sur la route du commerce des fourrures menant à Fort-Rupert (Waskaganish), sur la baie d'Hudson, Mistissini abrite aujourd'hui la plus importante communauté des Cris de la Baie-James du Québec. Durant une centaine d'années, la Compagnie de la baie d'Hudson tint un poste de traite à Fort-Rupert. La concurrence que lui

Les origines

Chibougamau serait une déformation du mot cri *shabogamaw* (« lac traversé de bord en bord par une rivière »). Le lac Chibougamau faisait partie de la route du Nord, empruntée par les premiers Européens, notamment le **sieur des Groseilliers** (1618-1696) et **Radisson** (1636-1710), suivis par le **père Albanel** (1616-1696). Aux postes de traite succéda la ville minière de Chibougamau. Elle fut érigée en pleine forêt boréale, sur une plaine sablonneuse, à proximité du lac Gilman, à 15 km au nord du lac dont elle porte le nom.

De la prospection... à la mine

Les premières traces de minerai furent découvertes à Chibougamau dans les années 1840. Plusieurs grands noms de l'industrie minière s'y succédèrent, reconnaissant l'extrême richesse naturelle de la région. La plupart des prospecteurs, ingénieurs, promoteurs et géologues venaient de l'ouest du Québec, de l'Ontario et des États-Unis. Le choc boursier de 1929 mit fin à l'expansion régionale, mais, vers 1934, spéculateurs et prospecteurs firent leur réapparition. La Seconde Guerre mondiale marqua un nouveau temps d'arrêt, et ce n'est finalement qu'en 1950 que la construction d'une route d'hiver de 240 km entre St-Félicien et Chibougamau permit aux sociétés minières de s'installer durablement.
La première mine de cuivre, zinc et or ouvrit ses portes en 1951 à Chapais, à 44 km de la ville. Il ne s'agit pas ici d'une faille géologique comme à Val-d'Or. On parle de la **ceinture Chibougamau-Matagami** formée de « zones » de minerai. Ce sont des veines verticales de 1 m de largeur sur 610 à 1 220 m de profondeur. On creuse donc des galeries de 1,8 m de large sur 2,5 m de haut le long de la veine. Aujourd'hui, Chibougamau est surtout une ville de mineurs et de travailleurs forestiers. La prospection continue essentiellement à l'intérieur du complexe du lac aux Dorés. Autrefois, on n'extrayait que le cuivre, mais, depuis la récession des années 1970, l'exploitation de l'or a pris le dessus. Les roches extraites sont concassées sur place, puis envoyées vers le complexe métallurgique de Rouyn-Noranda *(p. 412)*.

livra la Compagnie du Nord-Ouest la força à se déplacer à l'intérieur des terres. Pour intercepter les fourrures avant qu'elles n'arrivent à Fort-Rupert, les Français construisirent en 1674 leur propre poste de traite à Mistassini, à la suite de la visite du père Charles Albanel. Le premier poste de Neoskweskau, sur la rivière Eastmain, fut déplacé au nord du lac Mistissini en 1800, et au sud du lac, à l'emplacement actuel de la ville, en 1835.

Oujé-Bougoumou

À 58 km à l'ouest de Chibougamau, accès par les routes 167 et 113, puis une route de gravier.

www.oujebougoumoutourism.ca.

Visite du village traditionnel : activités : canot, raquettes, traîneau à chiens ; hébergement possible en tipi.

Aanischaaukamikw – Institut culturel cri – *205 r. Opémiska-Meskino - 418 745 2444 - creeculturalinstitute.ca.* Consacré à la continuité culturelle et à la transmission des traditions, cet institut propose au visiteur d'explorer le riche patrimoine culturel cri à travers une sélection très pointue d'artefacts.

Circuit conseillé

De Chibougamau à Val-d'Or

Circuit de 413 km par les routes 167, 113 et 117.

Chapais

Cette ville doit son nom à sir Thomas Chapais, politicien et historien de renom. En 1929, Léo Springer y découvrit le premier grand gisement de la région

Chibougamau-Chapais. En 1989, la scierie de Chapais passa en tête du palmarès des producteurs de bois de l'est du Canada. Aujourd'hui, son usine thermique produit 30 MGW d'électricité à partir de la biomasse forestière. Les visiteurs de passage dans la région de Chapais apprécieront le parc de la Chute, les sentiers du mont Springer et la plage du lac Opémiska, sans parler du site d'une météorite qui a formé dans sa chute le lac de la Presqu'île.

Waswanipi

Les habitants de cette réserve crie aident au reboisement des forêts ou travaillent aux mines de Desmaraiville et Miquelon, au sud de Waswanipi.

Lebel-sur-Quévillon

En 1965, les bords du lac Quévillon, alimenté par la rivière Le Bel, étaient encore sauvages. Depuis, une petite communauté s'y est maintenue malgré la fermeture de l'usine de pâte à papier de la Domtar en 2008. Rachetée par l'entreprise Fortress en 2012, l'usine devait être reconvertie dans la fabrication de rayonne (produit synthétique), mais, en 2015, ce projet de relance de l'économie locale a échoué en raison des droits de douane prohibitifs de la Chine sur la pâte cellulosique. Un nouveau projet mené par Nordic Kraft a permis de relancer son activité de pâte à papier à la fin de l'année 2020.

Senneterre

549 10e Av. - 819 737 2296.

Aux portes de cette dynamique communauté forestière, des sculptures symbolisent l'armée canadienne, l'industrie forestière et l'industrie ferroviaire.

Lac Faillon – *À 45 km à l'est de Senneterre, sur le chemin de pénétration N-806.* Ce site de plein air bénéficie du charme sauvage de la rivière Mégiscane. Sa pourvoirie propose de nombreuses activités récréatives : baignade, pêche, canotage, randonnée pédestre, chasse, ski de fond, raquettes...

8

Nos adresses

Hébergement

Budget moyen

Gîte de la Rivière – *18 chemin du Lac-Dulieux - 418 748 7063 - gite-de-la-riviere-bed-breakfast.quebechotels.info/fr/- 3 ch. dont 1 studio avec sdb et kitchenette 95/165 $.* Cette auberge accueillante fait face à la rivière de Chibougamau. Outre l'ambiance apaisante et l'accueil impeccable et chaleureux, vous apprécierez le cadre enchanteur en pleine nature. Un petit quai pour embarcation est mis à la disposition des hôtes.

Eeyou Istchee Baie-James ★

Le territoire de la Baie-James représente 20 % du Québec, soit 350 000 km² qui s'étendent du 49e au 55e parallèle. Sillonnée de puissants cours d'eau, peuplée de forêts d'épinettes noires et de pins gris, et couverte de lacs, cette vaste contrée abrite une quarantaine d'espèces animales, dont le caribou, l'ours noir, le béluga et le phoque. Différente du reste du Québec par la beauté de ses espaces dénudés, où la toundra succède à la taïga et à la forêt boréale, la Baie-James attire des visiteurs à la recherche d'une nature sauvage et désireux de mieux connaître la culture de son peuple autochtone, les Cris.

Se repérer

CARTE DANS LE RABAT DE COUVERTURE ET CARTE CI-DESSOUS.

Vols de Montréal, Québec et Val-d'Or à Radisson assurés par Air Inuit *(www.airinuit.com)* et Air Creebec *(www.aircreebec.ca)*.

À ne pas manquer

La centrale Robert-Bourassa, plus grande du genre au monde.

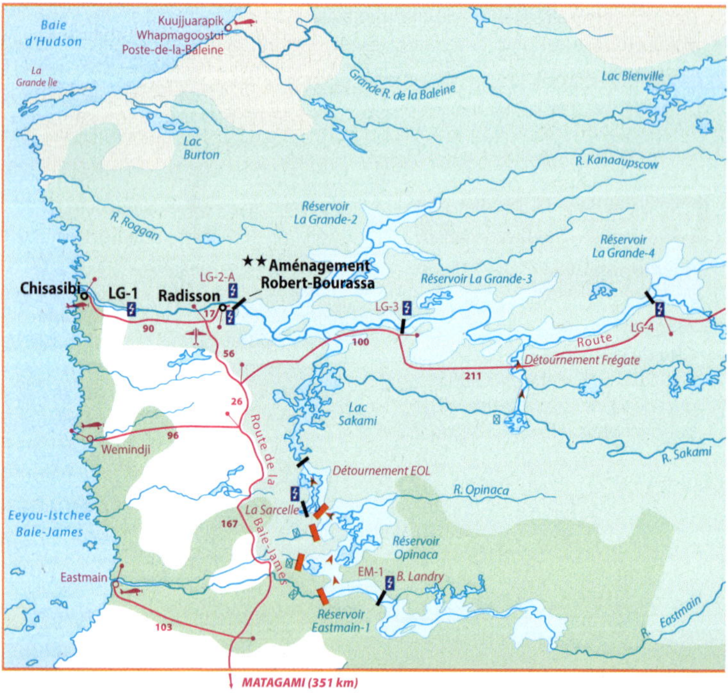

Découvrir

KM6, route de la Baie-James, Matagami - 819 739 2030 et 888 739 4991 - www.eeyouistcheebaiejames.com. Voir aussi Chibougamau p. 422.

La Grande

Radisson

129 r. des Groseilliers - 819 638 7777 - www.eeyouistcheebaiejames.com.
Des cinq villages temporaires créés au moment de la construction du **complexe La Grande**, seul Radisson a survécu. Il se situe sur la rive sud de la **rivière La Grande**, juste à l'ouest de la route de la Baie-James et à 5 km à l'ouest de la centrale Robert-Bourassa. Le complexe Pierre-Radisson (centre communautaire) forme le cœur du village. C'est là que se trouvent les boutiques, le bureau de poste et les infrastructures récréatives comme le gymnase et la piscine. Un hôtel ainsi que les blocs résidentiels où logent les employés d'**Hydro-Québec** sont reliés au centre par des passages fermés.

★★ Aménagement Robert-Bourassa

1 800 291 8486 (réserv. obligatoire 48h à l'avance) - www.hydroquebec.com - ♿ - dép. du complexe Pierre-Radisson (66 av. des Groseilliers) - visite guidée gratuite (3h30 env.) de mi-juin à fin août : tlj 13h ; reste de l'année lun.-vend. sur réserv. - être en possession d'une pièce d'identité avec photo - gratuit.

La **centrale Robert-Bourassa** est à la fois la plus importante des centrales hydroélectriques du Québec et la plus grande centrale hydroélectrique souterraine au monde. Elle a une puissance installée de 7 722 MW. Son réservoir, qui couvre une superficie de 2 835 km², est contenu par un barrage et 31 digues. La **visite guidée** comprend un documentaire sur la construction et le fonctionnement du complexe, des explications sur la production de l'électricité, le transport en car sur tout le site et une visite de la centrale, à 140 m sous terre, dans une caverne de granite longue d'environ 500 m.

On découvre également l'**évacuateur de crue**. Prévu pour évacuer les excédents d'eau du réservoir en cas de crues exceptionnelles, il est prolongé par un impressionnant **escalier de géant★** : 10 marches de 10 m de hauteur et de 122 m de largeur taillées à même le roc. Une vraie prouesse technologique !

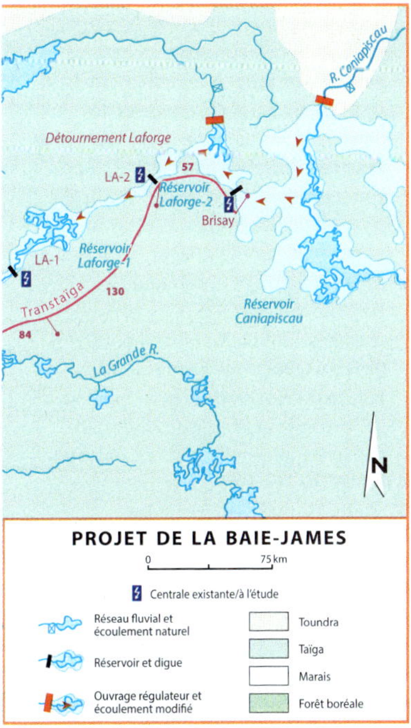

Un développement concerté

Le peuple cri

Les Cris du Québec font partie de la grande famille linguistique algonquienne. Leur dialecte est le cri. La population sédentaire s'élève à plus de 20 000 personnes et se concentre dans neuf villages : Whapmagoostui (Kuujjuarapik – Poste-de-la-Baleine), Chisasibi, Wemindji, Eastmain et Waskaganish, sur la côte est de la Baie-James et de la baie d'Hudson ; Nemiscau, Mistissini, Oujé-Bougoumou et Waswanipi, à l'intérieur des terres (*Chibougamau p. 422)*. Population autochtone des forêts nordiques, les Cris vivent en partie de la chasse (orignal, caribou, castor et oie sauvage) et de la pêche.

Autrefois organisés en petits groupes nomades, ils pratiquaient le troc. Entre 1672 et 1713, les coureurs des bois français et les marchands de la **Compagnie de la baie d'Hudson** (CBH) se livrèrent une concurrence acharnée pour se procurer des fourrures sur les territoires de chasse cris. Dès le début du commerce des fourrures, les employés de la CBH durent compter sur la collaboration des Cris pour survivre, créant très vite des relations d'interdépendance. Au milieu du 19e s., les premiers missionnaires anglicans se chargèrent des services de santé et d'éducation.

En 1950, le gouvernement fédéral instaura un système d'enseignement obligatoire en anglais. Dans les années 1970, les Cris fondèrent de nombreuses sociétés, dont **Air Creebec**, et dirigent à présent divers organismes chargés de l'enseignement, de la santé et des services sociaux, ainsi que des programmes relatifs au logement et au développement économique.

Convention de la Baie-James et du Nord québécois

Dans les années 1960, le gouvernement provincial, jugeant que son expansion économique et la réponse à ses besoins énergétiques passeraient par le développement des ressources hydroélectriques des régions nordiques, confia à **Hydro-Québec** la responsabilité d'un gigantesque projet d'aménagement des principales rivières. En 1971, le gouvernement québécois adopta une loi de développement du territoire du Nord québécois et créa à cet effet la Société de développement de la Baie-James (SDBJ) pour assurer l'exploitation des richesses naturelles de la région. La même année était fondée la Société d'énergie de la Baie-James (SEBJ) en vue d'assurer la coordination technique et financière du projet de centrales hydroélectriques par Hydro-Québec. Dès le début, le projet souleva des questions juridiques sur les **droits des autochtones**. Les nations indigènes concernées, Inuits et Cris, obtinrent une injonction d'arrêt des travaux et purent entamer des négociations au niveau fédéral et provincial.

Le 11 novembre 1975, les partis en présence, dont le **Grand Conseil des Cris du Québec** et l'**Association des Inuits du Nord québécois**, signèrent la Convention de la Baie-James et du Nord québécois. Ce fut le premier accord de l'époque contemporaine portant sur le règlement des revendications territoriales des autochtones au Canada. Par cette convention, les Premières Nations et Inuits renonçaient à certains de leurs droits. En retour, ils obtenaient des droits exclusifs de chasse, de pêche et de trappage dans des zones bien délimitées, la propriété de certaines terres (16 % des surfaces revendiquées), la constitution de conseils autochtones pour aider à la gestion des administrations régionales et municipales, le droit de participation dans les décisions concernant les différentes phases du projet, ainsi qu'une compensation financière. Des programmes sociaux ont aussi été mis en œuvre.

Le projet hydroélectrique de la Baie-James

Conçu afin d'exploiter l'immense potentiel hydroélectrique du nord du Québec, ce projet prévoyait à long terme la réalisation de 19 centrales regroupées en trois complexes : La Grande, Grande-Baleine et Nottaway-Broadback-Rupert. Seul le **complexe La Grande** a vu le jour.

Première phase

Sa réalisation a pris douze années de travaux intensifs (de mai 1973 à décembre 1985) et a coûté près de 14 milliards de dollars. Le projet a nécessité l'aménagement d'environ 2 000 km de routes, de cinq aéroports et de cinq villages destinés à loger les employés. Au plus fort de son activité, à l'été 1978, les chantiers comptaient quelque 18 000 ouvriers. La centrale souterraine **Robert-Bourassa** a été mise en service le 27 octobre 1979, suivie de **La Grande-3** en 1982 et **La Grande-4** en 1984. Le projet a entraîné le détournement vers la rivière La Grande des rivières Eastmain et Opinaca au sud, et de la rivière Caniapiscau (Koksoak) à l'est, afin de former cinq réservoirs. Cette entreprise colossale a exigé la construction de 215 barrages et digues en enrochements, soit 262 400 000 m^3 de moraine, de pierre et de sable, quantité suffisante pour construire 80 fois la grande pyramide de Chéops en Égypte. Ces trois centrales abritent à elles seules 37 groupes turbines-alternateurs, soit une puissance combinée de 10 282 MW.

Deuxième phase

De 1988 à 1996, cinq centrales ont été construites : **La Grande-1**, **La Grande-2-A**, **La Forge-1**, **La Forge-2** et **Brisay**. Avec elles, le complexe La Grande représente désormais une puissance totale de 15 244 MW et fournit plus de la moitié de l'électricité produite au Québec.

Troisième phase

Entamée en 2002, elle s'est soldée par la mise en service des trois centrales suivantes : **Eastmain-1** (2007, puissance installée de 480 MW), **Eastmain-1-A** (2012, puissance installée de 768 MW) et **La Sarcelle** (2013, puissance installée de 150 MW). Cette mise en service a entraîné une dérivation partielle des eaux de la **rivière Rupert**, effectuée en concertation avec les gouvernements du Canada et du Québec, et les représentants du Grand Conseil des Cris du Québec.

Eeyou Istchee, « terre du peuple »

Ce nom cri désigne, au sein de l'immense municipalité de la Baie-James (la plus grande du monde, et de loin !), une enclave d'environ 5 586 km^2 composée de neuf communautés autochtones très dispersées : Chisasibi, Eastmain, Mistissini, Nemiscau, Oujé-Bougoumou, Waskaganish, Waswanipi, Wemindji et Whapmagoostui (située géographiquement au Nunavik, mais n'en relevant pas, administrativement parlant). Ces communautés, représentées par le **Grand Conseil des Cris**, ont un accès exclusif ou partagé, selon le cas, à des territoires de **pêche**, de **chasse** et de **trappe**.

Centrale La Grande-1

Transport en autocar au départ du complexe Pierre-Radisson (66 av. des Groseilliers) - ✆ 1 800 291 8486 (réserv. obligatoire 48h à l'avance) - www. hydroquebec.com - ♿ - visite guidée gratuite, sur réserv., de mi-juin à fin août : 9h-12h - durée 4h - être en possession d'une pièce d'identité avec photo.

Mis en service en 1995, le dernier maillon du complexe La Grande se trouve à quelques kilomètres à l'ouest de l'aménagement Robert-Bourassa, en plein cœur de la taïga. Cette centrale au fil de l'eau est équipée de 12 groupes de turbines-alternateurs dont la vitesse des rotors atteint les 204 km/h !

Aux alentours de Radisson

Une route agréable, balisée de **panneaux d'interprétation** indiquant les principaux points d'intérêt, contourne les digues du réservoir Robert-Bourassa et permet d'admirer le paysage alentour.

Chisasibi

De Radisson, prenez la route de la Baie-James en direction du sud. Après 20 km, tournez à droite et suivez la route (asphaltée) sur 82 km.

Dans les années 1970, les projets d'aménagement hydroélectrique d'Hydro-Québec, qui nécessitaient une forte augmentation du débit de la rivière La Grande à son embouchure, dans la Baie-James, entraînèrent l'inondation de plusieurs territoires de chasse et de piégeage autochtones. C'est pourquoi, en 1981, les Cris du village de **Fort-George**, fondé en 1803 comme poste de traite de la Compagnie de la Baie d'Hudson et construit sur une île à l'embouchure de la rivière La Grande, demandèrent à être relocalisés à 8 km en amont. Le nouveau village, appelé *Chisasibi* (« grande rivière »), est doté de restaurants, de magasins et de stations-service, mais aussi d'un hôpital et d'une école dont les programmes, enseignés en cri jusqu'à la troisième année, vont de la maternelle jusqu'au secondaire.

Pour atteindre la Baie-James, du centre-ville, tournez à droite et suivez tout droit sur 2 km en direction de la rivière La Grande. Tournez à gauche et continuez sur 2 km. À la fourche, tournez à gauche et continuez sur 11 km.

L'escalier de géant de l'aménagement Robert-Bourassa.
Wirestock/Getty Images Plus

Nunavik ★★

Patrie des Inuits du Québec, le Nunavik est « le pays où vivre » en inuktitut. Un pays où la nature est encore à l'état sauvage, intacte, dominée par des étendues incommensurables. Un pays où la splendeur des couchers de soleil et des aurores boréales est saisissante. Un pays où la jovialité des habitants offre un frappant contraste avec l'immensité des espaces arctiques. Si la technique moderne a complètement bouleversé le mode de vie des Inuits, ces derniers, au prix de nombreuses luttes, ont pu préserver leur héritage traditionnel et le faire connaître. Le Nunavik est ainsi devenu une destination touristique de choix, même si elle reste très onéreuse. Ses merveilles naturelles offrent aux amateurs d'aventure d'inoubliables spectacles, à condition qu'ils soient très bien encadrés et parfaitement équipés pour affronter les rudes conditions de la région. Le Nunavik est couvert de neige d'octobre à juin...

Se repérer

CARTE DANS LE RABAT DE COUVERTURE.
Délimité à l'ouest par la baie d'Hudson, au nord par le détroit d'Hudson et à l'est par le Labrador, le Nunavik couvre une superficie de 505 000 km^2, soit environ le tiers du territoire provincial.

À ne pas manquer

Kangiqsujuaq et le cratère du Nouveau-Québec, au sein du Parc national des Pingualuit ; le site de Salluit, caché au creux d'un fjord ; Kuujjuaq, la capitale du Nunavik.

Carnet pratique p. 444

Nos adresses p. 444

Découvrir

Côte Est

Les villages décrits dans ce chapitre apparaissent sous leur nom officiel. Leur ancien nom figure entre parenthèses.

★ Kuujjuaq (Fort Chimo)

Rive ouest de la rivière Koksoak, à environ 50 km en amont de la baie d'Ungava.
Ce centre administratif régional est le village le plus important du Nunavik. Il regroupe tous les organismes centraux : gouvernement régional, services de santé, hôpital, siège d'Air Inuit et de plusieurs autres compagnies de vols. De 1941 à 1945, Kuujjuaq a abrité une base des forces aériennes américaines qui a donné une impulsion à son développement.
Aujourd'hui, le village joue un rôle de plaque tournante dans les transports aériens vers le Nord québécois. Il possède des hôtels, des restaurants, des boutiques d'artisanat et une banque. Baptisé Kuujjuaq, « la grande rivière » en inuktitut, le village était connu sous le nom de Fort Chimo. Rencontrant des Européens pour la première fois, les Inuits avaient l'habitude de leur dire *« Saïmuk ! Saïmuk ! »*, ce qui signifie « serrons-nous la main ! », que les Européens ont transformé en « Chimo ».

Une terre à l'identité forte

Géographie

La région du Nunavik se distingue par la configuration géographique particulière que forme le long littoral déchiqueté de la **péninsule d'Ungava**, dont la saillie au nord prolonge la péninsule Québec-Labrador, sous-continent rattaché au Bouclier canadien précambrien. Les **14 villages modernes** du Nunavik, dits « villages nordiques », bordent presque tous ce littoral maritime. Les **monts de Povungnituk** s'étirent d'est en ouest et traversent la moitié nord de la péninsule d'Ungava. On peut y voir le **cratère du Nouveau-Québec** *(☛ p. 439)*, qui aurait été creusé par une météorite il y a quelque 1,4 million d'années. À l'est, les **monts Torngat**, dominés par le plus haut sommet du Québec, le **mont D'Iberville** (1652 m), tracent la frontière entre le Québec et le Labrador. Le territoire du Nunavik est parsemé d'une myriade de lacs et de rivières. Ces voies navigables, qui se jettent dans les baies d'Ungava et d'Hudson, permettent depuis longtemps aux Inuits de se déplacer et de pêcher. Dans les années 1950, la dépression du Labrador – faille géologique riche en minerais, partant de Kangirsuk au nord pour suivre la ligne Schefferville/Labrador-City/Gagnon au sud – est devenue un pôle important d'extraction de minerai de fer.

Végétation

Le Nunavik présente trois zones de végétation : au nord, la **toundra arctique**, qui se distingue essentiellement par l'absence d'arbres et par la présence de lichens et de plantes herbacées rases ; au centre, la **toundra forestière**, où poussent épinettes, pins et mélèzes ; au sud, la **taïga**, constituée de forêts clairsemées d'épinettes noires et de pins gris. Une zone de **pergélisol** (sol gelé en permanence) recouvre une bonne partie de la péninsule d'Ungava, atteignant jusqu'à 275 m de profondeur à Salluit.

Climat

Le climat du Nunavik est inhospitalier : la saison de croissance dure moins de trois mois et le pergélisol est étendu. Il subit les influences opposées des masses continentales (froides) et de l'océan Atlantique (chaudes). L'hiver est long et froid ; l'été est généralement frais, avec des températures pouvant atteindre néanmoins 30 °C. Le printemps connaît de belles journées longues ; comme l'automne,

Les coopératives inuites

Depuis 1959, la communauté inuite du Québec bénéficie d'un **mouvement coopératif** très actif. Chaque coopérative permet d'unir la communauté et agit en tant que porte-parole de ses intérêts. La coopérative est donc beaucoup plus qu'un simple magasin. **Quatorze coopératives**, regroupées au sein de la Fédération des coopératives du Nouveau-Québec *(www.fcnq.ca)*, jouent ainsi un rôle prépondérant dans le commerce régional. Chacune exploite un magasin général au niveau local et veille à la commercialisation de l'artisanat inuit. Les activités des coopératives s'étendent encore aux services bancaires, bureaux de poste, télévision par câble et services Internet, à la gestion d'hôtels, d'une agence de voyages et de camps de chasse et de pêche.

il peut être aussi marqué par de violents orages et un temps instable. Les températures varient entre l'intérieur des terres et le littoral, et oscillent entre - 40 °C en janvier et de 10 °C à 20 °C en juillet. Les chutes de neige sont importantes (plus de 2 m) et recouvrent le sol entre octobre et juin. Certaines zones du littoral sont prises dans les glaces entre novembre et juin, ce qui limite la saison de cabotage et de navigation. En raison de sa position septentrionale, le Nunavik connaît de longues journées d'été (environ 20 heures de clarté au mois de juin) et de brèves journées d'hiver (en décembre, autour de 5 heures). Ces dernières années, le réchauffement climatique a causé la **fonte accélérée du pergélisol**, menaçant les constructions et les infrastructures de transport vulnérables au dégel, et surtout le mode de vie inuit.

Un peu d'histoire

Les premiers habitants

Population autochtone des terres arctiques, les Inuits tiennent leur nom d'un terme inuktitut signifiant « les Hommes » (*nu :* être humain ; *it :* plusieurs). Il y a environ 9 000 ans, des chasseurs qui avaient traversé le détroit de Béring en provenance de l'Asie s'établirent sur la zone côtière de l'Alaska. Vers l'an 2000 av. J.-C., ils émigrèrent vers l'est, créant une deuxième culture qui se propagea le long de la côte du Labrador, vers le cap Dorset, au sud de l'île de Baffin. C'est aux **gens de Dorset** que l'on attribue l'**invention de l'igloo**. Vers l'an 1000 apr. J.-C., une troisième culture, connue sous le nom de **Thulé**, se développa en Alaska et les gens de Dorset finirent par disparaître. Les Inuits actuels sont les descendants de la branche Thulé. Peuple nomade organisé en petits groupes à structure familiale, les Inuits chassaient des mammifères marins le long de la côte et sur les îles proches du continent. Ils s'aventuraient aussi à l'intérieur des terres en suivant le cours des rivières et les lacs, pour pêcher et chasser le bœuf musqué, le caribou et le gibier d'eau. Réputés pour leur sens de l'orientation, ils étaient capables de voyager sans carte sur de grandes distances, se déplaçant de camp en camp en traîneaux à chiens, en kayaks, en oumiaks (grands bateaux ouverts en peau de phoque) ou à pied. En hiver, ils construisaient des igloos, vivant en été dans des tentes en peaux ou des habitations en tourbe.

La rivalité ancestrale entre Inuits et Premières Nations s'intensifia avec le développement du commerce des fourrures. Utilisant les armes à feu avant les Inuits, les Algonquins (Cris, Naskapis et Innus) finirent par les chasser d'une partie de leur territoire.

L'arrivée des Européens

Après les brefs séjours des Vikings vers l'an 1000 sur la côte orientale du Canada, l'Europe oublia, semble-t-il, l'existence du continent américain, à l'exception des Basques et des Anglais qui fréquentaient déjà les eaux poissonneuses de l'Atlantique Nord. Au 15e s., les progrès de la technique et l'espoir d'un négoce lucratif lancèrent véritablement les grands navigateurs à l'assaut des océans. Des explorateurs européens seraient alors parvenus dans l'Arctique, n'établissant pourtant que des rapports limités avec les autochtones. En 1610, le navigateur britannique **Henry Hudson** explora le passage du Nord-Ouest (l'immense baie au large des côtes ouest du Nunavik porte son nom) et entra en contact avec des Inuits dans ce qui prit plus tard le nom de détroit d'Hudson. En 1670, Charles II d'Angleterre concéda une charte à la **Compagnie de la baie d'Hudson**

(CBH), lui octroyant le monopole de la traite des fourrures sur la Terre de Rupert, baptisée en l'honneur du prince Rupert, cousin de Charles II. La CBH contribua ainsi à l'exploration de l'immense territoire. Elle le céda en 1870 à la toute jeune Confédération canadienne, dont le désir était de créer une nation *A mari usque ad mare* (« d'un océan à l'autre »).

Au début des années 1810, la région accueillit des missionnaires moraves protestants puis, entre 1880 et 1900, des expéditions scientifiques canadiennes. Au début du 20e s., la société française de fourrures **Révillon Frères** établit des comptoirs de traite dans la région. En 1936, la CBH, déjà bien implantée, racheta son concurrent français. L'arrivée des marchands et des missionnaires européens transforma radicalement le mode de vie local. La structure économique des autochtones évolua d'un mode autarcique de chasseurs à un système de troc. Les marchands et les missionnaires contribuèrent largement à l'abandon de l'existence semi-nomade des autochtones et au développement de villages côtiers permanents. Les baleiniers américains, présents dans le détroit d'Hudson à partir de 1845, introduisirent la monnaie, la carabine et les embarcations de bois. Ces nouvelles méthodes de chasse, trop efficaces, entraînèrent la quasi-disparition des morses et des baleines, obligeant les Inuits à se tourner vers les terres pour survivre.

Un siècle de changements

En 1912, l'ancienne Terre de Rupert était répartie entre le Manitoba, l'Ontario et le Québec. La frontière québécoise, préalablement établie à la rivière Eastmain, s'avançait jusqu'au détroit d'Hudson, à 1 100 km plus au nord. Dans les années 1940, le gouvernement fédéral et provincial et les autorités militaires américaines s'établirent dans la région afin de développer des projets miniers et hydroélectriques. Des villages modernes, pourvus d'écoles et d'habitations en bois, furent construits par le gouvernement canadien. Entre 1950 et 1963, les groupes familiaux inuits se sédentarisèrent, quittant peu à peu leurs camps de chasse et de pêche.

Dans les **années 1960**, le Québec intensifia le développement des ressources hydrographiques pour la production d'électricité dans le Nord. Hydro-Québec lança un vaste projet hydroélectrique concrétisé par la **Convention de la Baie-James et du Nord québécois** (*p. 428*). Cet accord controversé, aux termes duquel les autochtones cédèrent leurs droits sur la terre, marqua le début d'une nouvelle période dans l'histoire sociale, économique et politique du Nunavik.

En 1975, la **région administrative de Kativik** fut créée par la Convention de la Baie-James et du Nord québécois pour représenter les municipalités au nord du 55e parallèle. Les 14 villages du Nunavik se développèrent alors grâce à la construction de logements à la modernisation des aéroports, des écoles et des services de santé. Les habitants créèrent des entreprises génératrices d'emplois dans les secteurs de la pêche, de l'exploitation minière, de la construction et de l'hôtellerie. La **Société Makivik**, appartenant à tous les signataires inuits de la Convention de la Baie-James et du Nord québécois, prit ainsi la tête de plusieurs filiales, dont des compagnies aériennes.

Le Nunavik aujourd'hui

Adoptée par un référendum organisé dans les villages inuits en 1986, l'idée de créer la région du Nunavik reçut deux ans plus tard l'approbation gouvernementale. Ce référendum populaire provoqua à travers le

Québec une prise de conscience de l'unicité culturelle des Inuits. Après des années d'efforts, un accord de principe sur la création d'un gouvernement du Nunavik fut signé par l'Assemblée nationale le 5 décembre 2007. Seul l'accord définitif, approuvé par un vote référendaire des résidents du Nunavik, aura force de loi, car il signifie que le Québec et le Canada acceptent la réalité d'un tel gouvernement. Néanmoins, le 27 avril 2011, les résidents du Nunavik se prononcèrent contre cet accord à 66,99 % des voix en raison d'un scepticisme global quant à l'efficacité des mesures envisagées et l'absence de vision à long terme pour l'autonomie des Inuits.

Aujourd'hui, la grande majorité des Inuits vit dans des maisons modernes préfabriquées. Ils suivent une formation scolaire et professionnelle, et certains partent étudier ou travailler hors du Nunavik. Malgré leur implantation dans les nouveaux villages côtiers, les Inuits perpétuent leurs activités économiques traditionnelles, notamment la pêche, la chasse et la cueillette. Ils continuent à exprimer leur culture par le biais de leur art et de leurs fêtes familiales et communautaires, et ont créé de nombreuses institutions pour préserver leur patrimoine culturel, tel l'**Institut culturel Avataq**, fondé à Inukjuak en 1980 (*encadré p. 442*).

La population actuelle du Nunavik se compose de plusieurs groupes distincts : les **Inuits** (environ 13 000), essentiellement concentrés dans les 14 villages côtiers ; les **Premières Nations** (**Naskapis** à Kawawachikamach et **Cris** à Whapmagoostui) ; les **allochtones** (c'est-à-dire non autochtones), pour la plupart francophones, résidant surtout à Kuujjuaq, le centre administratif de la région. Les **Inuits** du Nunavik sont géographiquement et culturellement divisés en deux zones : la zone nord et ouest (détroit et baie d'Hudson) et la zone est (baie d'Ungava), où les communautés s'apparentent plutôt à celles de la côte du Labrador. Les Inuits du Canada ont conservé leur langue (environ 66 % d'entre eux parlent encore l'inuktitut), mais l'anglais et le français occupent une place importante à l'école et dans la vie publique. Depuis 1978, conformément aux dispositions de la Convention de la Baie-James et du Nord québécois, ils ont créé leur propre commission scolaire, et l'inuktitut est enseigné dans toutes les écoles. Les liens avec les autres Inuits du Canada, du Groenland, de l'Alaska et de l'ancienne URSS se concrétisent par des échanges culturels et des activités politiques dans le cadre de la **Conférence circumpolaire** inuite, fondée en 1977 et reconnue comme organisme non gouvernemental par les Nations unies.

En 2015, le Premier ministre du Québec Philippe Couillard annonçait son intention de relancer le **Plan Nord**, gigantesque chantier de développement du Nord québécois qui devrait être finalisé à l'horizon 2035, et dont le but est de mettre en valeur le potentiel minier, énergétique, social, culturel et touristique du territoire québécois situé au nord du 49e parallèle. En 2023, le Fonds d'initiatives nordiques a attribué plus de 1,5 million de dollars pour soutenir quinze projets dans la région, visant à améliorer la qualité de vie et à stimuler l'économie locale.

L'avenir des relations entre le gouvernement du Québec et la Société Makivik, dont le siège, à Kuujjuaq, représente les Inuits et milite en faveur d'une plus grande autonomie du Nunavik, reste toutefois incertain. Fin 2023, les négociations ont cependant été réouvertes.

Vieux-Chimo – *Visite de l'ancien village organisée par des guides locaux - se rens. au village nordique de Kuujjuaq.* Le fort initial, premier poste de traite de la Compagnie de la baie d'Hudson dans le Nord québécois, avait été construit sur la rive opposée de la Koksoak, avant que le village ne soit transféré sur son site actuel en 1945. Les bâtiments, peints aux couleurs traditionnelles rouge et blanc, ont été déplacés pièce par pièce sur la rive ouest de la rivière.
Environs – Pour les amoureux de l'Arctique, les pourvoyeurs organisent des excursions autour de Kuujjuaq (pêche à l'omble et au saumon ou chasse au caribou). Un réseau routier limité *(8 km)* permet de s'avancer dans la toundra et de longer la limite nord de la zone boisée, située non loin du village, puis de gagner la forêt, sur un plateau formé de collines ondoyantes de 80 m à 250 m d'altitude. La rivière Koksoak est l'une des merveilles de la région.

Kangiqsualujjuaq

Rive est de la rivière George, à 160 km au nord-est de Kuujjuaq.
Blotti à l'ombre d'un large affleurement de granite, dans une vallée étroite à l'extrémité nord d'une petite baie, Kangiqsualujjuaq (« très grande baie » en inuktitut) est le village permanent le plus au nord-est du Nunavik. Autrefois nommé George River, puis Port-Nouveau-Québec, il fut fondé en 1962 par des Inuits locaux à l'origine, trois ans plus tôt, de la première coopérative du Nunavik (pêcherie de l'omble). Entre les années 1830 et le milieu du 20e s., la Compagnie de la baie d'Hudson exploitait un comptoir de traite au sud du village actuel. Ce dernier se dresse à l'extrême limite de la zone boisée, et, dans les années 1960, une petite scierie pour la coupe du bois fonctionnait. La région est particulièrement intéressante pour les adeptes du canot et pour les pêcheurs, qui seront comblés par l'abondance de saumons de l'Atlantique. Il existe des camps de pourvoyeurs en amont de la rivière George, près des **chutes Hélène**.

Parc national Ulittaniujalik

819 337 5454 - www.nunavikparks.ca/fr/parcs/ulittaniujalik.
Ce parc est situé à environ 120 km au sud du village de Kangiqsualujjuaq. Une partie est bordée par la rivière **George**, qui attirait autrefois l'un des plus grands troupeaux de caribous du Québec. Le parc est dominé par le **pic Pyramide**, autour duquel on devine des lignes de rivage appartenant au lac glaciaire qui recouvrait l'endroit il y a plus de 7 000 ans. C'est à lui que l'on doit le nom d'Ulittaniujalik, qui signifie « là où il y a des lignes de rivages », en langue inuktitut. Pour découvrir le lieu, rien de tel qu'une descente de la rivière George en canot, en kayak ou en raft. Les sédentaires lui préféreront le Pyramid Mountain Camp *(www.pyramidmountaincamp.ca)*, une pourvoirie bâtie au bord de la rivière.

Parc national Kuururjuaq

819 337 5454 - www.nunavikparks.ca/fr/parcs/kuururjuaq - ⚠ - centre d'accueil et d'interprétation du parc (situé à Kangiqsualujjuaq).
Le parc est ouvert toute l'année, mais les périodes les plus propices à la visite sont de mi-juin à mi-sept. et fév.-mars.
Activités : randonnée pédestre et en traîneau à chiens, escalade, cueillette, pêche, ski de fond, etc.
Dominé par la silhouette du **mont D'Iberville** (1652 m), point culminant du Québec, ce parc national s'étend sur 4 461 km². Il a pour double objectif la protection des berges de la **rivière Koroc**, voie de circulation millénaire des Inuits, et celle des

Aupaluk.
Gabriel Lacoste-Piotte/Shutterstock

majestueux **monts Torngat**, où elle prend sa source. Ici, les montagnes, la toundra, la mer, les eaux turquoise de la rivière composent des paysages saisissants, illuminés en soirée par les aurores boréales qui surgissent dans le ciel étoilé.

Tasiujaq (Leaf Bay, Baie-aux-Feuilles)

Rive ouest de la rivière Bérard, au bord de la baie aux Feuilles.

Créé dans les années 1960, ce petit village, dont le nom signifie « semblable à un lac » en inuktitut, s'est organisé à proximité des postes de traite établis par la Compagnie de la baie d'Hudson et Révillon Frères au début du 20e s. Plus tard, l'exploration minière entreprise dans la partie septentrionale de la dépression du Labrador a relancé l'activité économique locale. Le village est bâti sur les basses terres marécageuses bordant la baie aux Feuilles, prolongement le plus occidental de la **baie d'Ungava**, célèbre pour ses marees, qui enregistrent la plus forte amplitude au monde (jusqu'à 17 m). Plusieurs camps de pourvoyeurs organisent des pêches à l'omble chevalier et à la truite. Des hordes de caribous passent chaque année tout près du village, lors de leur migration automnale vers le sud.

Projet de Parc national de la Baie-aux-Feuilles – Ce futur parc de quelque 3 869 km² devrait englober le plus important estuaire de la baie d'Ungava. Il se distinguera par ses éléments géologiques relatifs à la **fosse du Labrador**, sa **faune** (dont l'un des plus grands troupeaux de caribous au monde) et ses **sites archéologiques** côtiers mettant en évidence d'anciens campements inuits, thuléens et dorsétiens.

Aupaluk

À 150 km au nord de Kuujjuaq et à 80 km au sud de Kangirsuk.

La plus petite communauté du Nunavik se situe sur les rives sud de la **baie Hopes Advance**, sur la côte ouest de la baie d'Ungava. Située aux confins nord de la dépression du Labrador, elle doit son nom (« là où la terre est rouge » en inuktitut) à son sol ferrugineux. Le relief autour d'Aupaluk, plutôt plat, est propice à la randonnée pédestre.

Aupaluk était jadis un camp de chasse traditionnel. Le village fut créé en 1980, lorsque les Inuits de Kangirsuk et d'autres villages s'implantèrent dans cette zone,

La sculpture inuite

Les premières œuvres des Inuits étaient traditionnellement façonnées à partir de matériaux tels que les **os de baleine**, la **ramure des caribous** ou l'**ivoire**. Grâce aux outils en acier, la **pierre** est devenue l'un des matériaux de choix. Si de nombreuses sculptures inuites sont en **pierre à savon** ou en **stéatite**, la plus grande partie est taillée dans la **serpentine**. Il existe aussi des œuvres en **basalte**, en **marbre**, en **quartz**, etc. Les thèmes varient également d'une communauté à l'autre, mais l'art inuit s'inspire avant tout de l'observation, et les **animaux**, les **scènes de chasse** et les **personnes** représentent les sujets les plus fréquents. Johnny Inukpuk (1911-2007), originaire d'Inukjuak, a acquis une renommée internationale.

où abondaient **caribous** *(migration d'octobre à décembre)*, poissons et **mammifères marins**. Premier village de l'Arctique canadien entièrement conçu par les Inuits, Aupaluk a obtenu le statut de **village nordique** en 1981 et a rapidement ouvert son magasin coopératif.

Kangirsuk (Payne Bay, Bellin)

À environ 118 km au sud de Quaqtaq et à 230 km au nord de Kuujjuaq.

Sur la rive nord de la **rivière Arnaud** (renommée pour ses grandes marées), à 13 km en amont de la baie d'Ungava, Kangirsuk (« la baie » en inuktitut) trouve son origine dans un poste de traite et une mission installés à la fin des années 1880. La Compagnie de la baie d'Hudson y ouvrit un comptoir en 1925. Les premiers services gouvernementaux furent introduits dans les années 1950, et le village se développa au cours de la décennie suivante. Les visiteurs de passage pourront s'adonner à l'observation de la faune (bélugas, phoques, caribous, oiseaux) et découvrir sur l'**île Pamiok**, proche du village, les vestiges d'une habitation viking du 11e s.

Quaqtaq (Koartac)

Sur la rive est de la baie Diana.

Le village de Quaqtaq (« ver intestinal » en inuktitut) se situe dans une petite vallée à la saillie du cap Hopes Advance, qui s'avance dans le détroit d'Hudson. Les Inuits et leurs ancêtres ayant occupé la région pendant 4 000 ans, on y retrouve de nombreux **sites archéologiques**.

Les ressources de la mer constituent, aujourd'hui encore, le pivot autour duquel s'organise la vie des Inuits. Entre 1930 et 1960, de nombreux comptoirs de traite ont existé dans la région de Quaqtaq. Non loin de là, une station météorologique gouvernementale est restée en activité de 1927 à 1969. Le magasin coopératif local fut établi en 1974.

Limité au nord par un relief montagneux et au sud et à l'est par des collines basses et rocheuses, Quaqtaq repose sur la toundra arctique. L'été, seuls les vallées et les lieux protégés sont recouverts d'une maigre végétation : mousse, lichens, minuscules fleurs aux couleurs éclatantes et buissons de baies.

Baie Diana – Zone de chasse très réputée, la région de la baie Diana (Tuvaaluk en inuktitut) abonde en mammifères terrestres (renards arctiques, loutres, lièvres, ours polaires venant de l'**île Akpatok**) et marins (phoques, morses, bélugas, narvals et autres). Parmi les oiseaux, on retrouve la perdrix et le canard eider, ainsi que l'oie des neiges, l'oie du Canada et la bernache, le village se trouvant sur leur route de migration. Les truites grises, rouges et mouchetées, et l'omble arctique combleront les pêcheurs. Les amoureux de la nature auront quant à eux l'occasion d'apercevoir des bœufs musqués et peut-être même quelques légendaires harfangs des neiges ou des huards.

Kangiqsujuaq (Wakeham, Maricourt)

À 10 km du détroit d'Hudson, près de la rive sud-est de la baie Wakeham.

Kangiqsujuaq (« la grande baie » en inuktitut) occupe un **site★★** de toute beauté. La petite localité fut érigée à l'emplacement d'un ancien poste de traite du début du 20e s. et d'une mission oblate fondée dans les années 1930. Devenu le siège d'activités gouvernementales depuis les années 1960, Kangiqsujuaq compte aujourd'hui un magasin (Northern Store), une coopérative et deux églises. En hiver, les habitants font des trous dans la glace marine afin de s'adonner à la **pêche aux moules**.

Le village se situe à 88 km au nord-est du **cratère du Nouveau-Québec★** (ou cratère des Pingualuit) d'origine météorique, qui renferme un lac circulaire aux eaux bleutées d'une beauté saisissante. Vraisemblablement formé il y a 1,4 million d'années, l'impressionnant cratère fait 3,4 km de diamètre et 267 m de profondeur. Il fait partie du Parc national des Pingualuit.

Parc national des Pingualuit – *☏ 819 338 3282 - www.nunavikparks.ca/fr/parcs/pingualuit - accès au parc en avion au départ de Kuujjuaq - piste d'atterrissage Ijiapik à moins de 3 km du cratère - centre d'accueil et d'interprétation du parc (situé à Kangiqsujuaq) - réserv. hébergement et services (location de canots et kayaks, accompagnement par un garde-parc, etc.) : s'y prendre au moins 6 mois à l'avance.*

Le parc est ouvert toute l'année, mais les périodes les plus propices à la visite vont de mi-juin à mi-sept. (juil.-août étant la période optimale, avec des jours où le soleil ne se couche presque jamais) et de mars à mai.

Activités estivales : randonnée pédestre, kayak, canotage, pêche, cueillette, baignade. Activités hivernales : traîneau à chiens, ski de randonnée, pêche blanche, ski de fond, raquettes.

En inuktitut, le terme *Pingualuit* se réfère... aux boutons d'acné, mais les Inuits surnomment plus poétiquement ce lieu d'exception *nunavingmi pikkuminartuq* (« endroit remarquable où l'on vient se ressourcer »). Au-delà du fameux cratère météoritique, le paysage du parc est d'une planéité étonnante. Dépourvues d'arbres, ses vastes étendues se prêtent parfaitement à l'observation de la nature et de la faune, ainsi qu'à la randonnée pédestre en été et au ski de randonnée en hiver. En cette saison, les pourvoyeurs y organisent également des excursions en motoneige.

Salluit (Saglouc, Sugluk)

À mi-chemin entre les villages de la côte de l'Ungava et de l'Hudson.

Une légende selon laquelle des Inuits auraient, il y a bien longtemps, souffert de famine a donné à Salluit (« gens minces ») son nom actuel. Établi sur le **fjord Sugluk**, ce village du nord du Nunavik est réputé pour la beauté de son **site★★** dominé par des montagnes dentelées et des collines aux versants abrupts culminant à 500 m d'altitude. Il s'est développé autour d'un comptoir de traite et d'une mission établis dans la région après 1900. Les services publics ont fait leur apparition dans les années 1950. De concert avec les habitants d'Ivujivik et de Puvirnituq (☛ p. 440), 49 % des Sallumiuts ont refusé de signer la Convention de la Baie-James et du Nord québécois en 1975, et ont formé un mouvement dissident appelé **Inuit-Tungavinga-Nunamini**.

À l'est de Salluit, l'exploitation de mines d'amiante à **Purtuniq** et dans la **baie Déception** a entraîné, au début des années 1970, le développement d'activités industrielles et d'une infrastructure moderne (port et piste d'atterrissage). Mais l'exploitation minière, liée au transport du minerai par bateau, a été abandonnée dans les années 1980. De nos jours, des voyages de découverte de la nature permettent l'observation de morses, d'ours polaires et de caribous.

Ivujivik

Village le plus au nord du Québec, niché au fond d'une anse au sud de Digges Sound, près du cap Wolstenholme.

Au cœur d'une région montagneuse, Ivujivik évoque par son nom un « endroit où les glaces s'amoncellent à la fonte des glaces ». Après 1947, les Inuits des rives avoisinantes se sont peu à peu installés dans ce petit village établi autour de la mission catholique. Celle-ci, fondée en 1938, a fermé ses portes dans les années 1960. Peu après, les services gouvernementaux furent introduits et la coopérative commença à fonctionner en 1967.

C'est sur l'**île Digges**, au nord du village d'Ivujivik, dans le détroit d'Hudson, qu'eut lieu, en 1610, la première rencontre entre les Inuits de la péninsule Québec-Labrador et les Européens. Cet événement historique se produisit au cours de l'une des expéditions d'**Henry Hudson**, alors à la recherche d'un passage vers l'Asie.

À environ 30 km au nord-est d'Ivujivik se dresse par ailleurs le **cap Wolstenholme**, dont les falaises battues par les vents abritent l'une des plus grandes colonies au monde de guillemots de Brünnich.

Côte Ouest

Akulivik (Cape Smith)

Sur une presqu'île bordée au nord par un port en eau profonde et au sud par l'embouchure de la rivière Illukotat.

Le village d'Akulivik doit son nom très imagé (« le milieu du harpon » en inuktitut) à l'aspect géographique du site « entre deux baies ». Vestiges de la dernière période glaciaire, des coquillages fossilisés, réduits en miettes, ont donné au sol un aspect sablonneux caractéristique.

De 1924 à 1951, la Compagnie de la baie d'Hudson tint un poste de traite sur l'**île Smith**, tout près du littoral, remarquable pour ses beautés naturelles et pour les milliers de bernaches du Canada et d'oies des neiges, séjournant au printemps lors de leur migration. Akulivik vit le jour en 1976 sur le site qui servait autrefois de campement d'été au groupe inuit Qikirtajuarmiut, « les hommes de l'île », avant que ces derniers ne s'établissent à Puvirnituq en 1955.

Puvirnituq (Puvirnituuq)

Sur la rive nord de la rivière Puvirnituq, à 4 km à l'est de la baie du même nom.

Le nom de Puvirnituq, « là où il y a une odeur de viande faisandée », rappelle un épisode tragique de sa courte histoire : une épidémie ravagea la colonie, tuant tous les villageois et ne laissant aucun survivant pour enterrer les morts. Lorsque familles et amis arrivèrent des camps avoisinants au printemps, l'air était vicié par l'odeur des corps en décomposition.

Comme les autres villages du Grand Nord, Puvirnituq s'est surtout développé après l'établissement, en 1921, d'un comptoir de traite des fourrures de la Compagnie de la baie d'Hudson. Les Inuits venus y vivre après 1951 résidaient jusqu'alors dans

Bœuf musqué dans la baie d'Ungava.
rinaansellphotography/Alamy/hemis.fr

des campements d'été près d'Akulivik et dans des campements d'hiver sur l'île Smith. En 1975, les citoyens de Puvirnituq refusèrent de signer la Convention de la Baie-James et du Nord québécois. Cette prise de position a donné naissance, au sein de la communauté, à une forte solidarité.

Le village abrite le Centre hospitalier de la Baie-d'Hudson, hôpital moderne qui dessert les villages de la côte. L'Association de sculpteurs, créée en 1950 par le père André Steinman, missionnaire oblat d'origine française, est devenue la **Société coopérative de Puvirnituq**, l'une des plus actives en son genre au Nunavik. Elle gère un magasin de vente au détail, un hôtel, ainsi que l'approvisionnement de la communauté en combustible. Certains artistes locaux ont acquis une réputation internationale.

Inukjuak (Port Harrison)

À l'embouchure de la rivière Innuksuac, près des îles Hopewell.

Inukjuak est le deuxième village le plus important du Nunavik. En 1909, la société française de fourrures Révillon Frères ouvrit un comptoir de traite sur le site, qui reçut alors le nom de Port Harrison. La Compagnie de la baie d'Hudson vint à son tour y établir un poste en 1920 ; elle racheta la société française en 1936 et put ainsi jouir, jusqu'en 1958, du monopole du commerce des fourrures avec les Inuits. Le village vit l'arrivée d'une mission anglicane en 1927 et, huit ans plus tard, d'un service postal destiné à répondre aux besoins des populations du Grand Nord. Les plus vieux bâtiments du village, à proximité de l'hôtel de la coopérative, sont ceux de la mission anglicane, du Northern Store, du magasin de la coopérative et de l'atelier de sculpture. Sur la rive est de la rivière, on peut encore voir des vestiges de l'ancien comptoir de traite, du campement et du cimetière. Les constructions les plus récentes sont établies le long de la route de l'aéroport.

L'institut culturel Avataq

C'est à **Inukjuak** que se trouve le siège social de cet organisme à but non lucratif, consacré à la préservation et au développement du patrimoine linguistique et culturel des Inuits du Nunavik. Il propose toutes sortes d'activités portant notamment sur la toponymie, l'histoire, la littérature, les jeux, la musique traditionnelle et l'archéologie. L'Institut s'efforce également de rassembler les objets de facture inuite dispersés dans les musées, et parraine la Conférence annuelle des Aînés inuits, qui a pour vocation de recueillir et préserver la tradition du savoir oral afin de le transmettre aux générations futures. *www.avataq.qc.ca.*

Aujourd'hui, la vie des habitants d'Inukjuak reste encore fortement liée à la pratique des activités traditionnelles. La découverte sur place d'un important gisement de stéatite a permis d'encourager la pratique de la sculpture.
Hall d'entrée de l'école Innalik – L'école du village est un bâtiment de brique moderne dans le hall duquel une série de **bas-reliefs sculptés** illustrent la vie quotidienne dans une communauté traditionnelle inuite, et témoignent de l'étonnante habileté des sculpteurs.
Musée Daniel-Weetaluktuk – *819 254 8277 - fermé temporairement, réouv. se rens.* Ce musée commémoratif et centre de transmission de la culture présente une belle collection permanente, composée d'objets d'art et d'artisanat inuits anciens et contemporains, d'outils, d'équipement de chasse et d'attirail de pêche traditionnels. Parmi les pièces majeures exposées, on notera un superbe kayak recouvert de peaux de phoque ainsi que la reconstitution d'un intérieur d'igloo. Cette collection fut assemblée par un jeune archéologue inuit, Daniel Weetaluktuk (1951-1982), dont la courte carrière contribua largement aux progrès de l'anthropologie arctique.
Aux alentours – Le paysage est dominé par les douces ondulations des collines rocheuses avoisinantes. Elles offrent une **vue panoramique★** du village et du port d'Inukjuak, de la rivière, de l'archipel des **îles Hopewell**, de la baie d'Hudson et des montagnes qui s'étendent au nord. Au printemps, la banquise entre ces îles et le littoral se soulève sous l'effet des marées et des courants, créant un champ d'immenses blocs de glace hérissés. Spectaculaire !
Une **promenade** au bord de la **rivière Innuksuac**, en direction de l'aéroport, permet de découvrir de multiples variétés de fleurs sauvages adaptées au milieu arctique. Les eaux claires de la rivière qui serpente entre les roches forment, tout au long du parcours, de nombreuses cascades et petits lacs.

Umiujaq

À environ 160 km au nord de Kuujjuarapik.
En 1975, une partie des habitants de Kuujjuarapik, craignant que la réalisation du projet hydroélectrique Grande-Baleine n'entraîne de sérieux bouleversements dans leur mode de vie, se prononcèrent en faveur de la création d'une communauté plus au nord, vers le lac Guillaume-Delisle, où ils pourraient préserver leur mode de vie ancestral. Après maintes études archéologiques, écologiques et d'aménagement du territoire, la construction du village débuta durant l'été 1985. Quelques centaines d'Inuits de Kuujjuarapik vinrent alors s'établir dans le secteur et logèrent dans des locaux provisoires jusqu'à la fin des travaux, au début de l'année 1986.

Umiujaq (« qui ressemble à un bateau » en inuktitut) fait référence à une colline des environs dont la forme rappelle un oumiak, grande embarcation en peau de phoque. La petite communauté occupe un site paisible près du **lac Guillaume-Delisle** (baie Richmond), avec de remarquables escarpements le long du littoral. Un bâtiment municipal abrite la station de radio, le bureau d'Air Inuit, celui de la poste et l'hôtel de ville. À l'intérieur de ce dernier, un **musée** expose une collection d'outils, d'ustensiles ménagers et d'objets découverts par les archéologues et les anciens du village lors de la réalisation des fondations. À côté se trouvent l'hôpital ainsi que la coopérative, qui abrite également l'atelier de sculpture.
Des pourvoyeurs proposent des circuits organisés vers les îles situées à proximité du village et des excursions sur la rivière Nastapoka.
Parc national Tursujuq – *✆ 819 331 5454 - www.nunavikparks.ca/fr/parcs/tursujuq.* Ses 26 106 km² confèrent au Parc national Tursujuq une place de choix, celle de **plus grand parc national du Québec**. On y trouve des vestiges de postes de traite utilisés autrefois par les Cris et les Inuits et des sites archéologiques qui attestent une présence humaine sur le territoire depuis plus de 3 000 ans. Les eaux saumâtres du **lac Tasiujaq** sont le refuge des phoques d'eau douce et des bélugas. Le **double cratère météorique du lac Wiyâshâkimî** et la **chute Nastapoka** constituent eux aussi les principaux attraits de cette gigantesque zone protégée.

Kuujjuarapik

À 172 km au nord de Radisson, dans la baie d'Hudson.
Kuujjuarapik était à l'origine un comptoir de traite de la Compagnie de la baie d'Hudson, fondé en 1813. Une mission anglicane s'y établit dès 1882, mais le village ne devint permanent qu'à partir de 1901. Les premiers contacts avec des missionnaires catholiques remontent à 1924. En 1908, la société française de fourrures Révillon Frères ouvrit un comptoir à l'embouchure de la Petite Rivière de la Baleine, pour commercer avec les Cris et Inuits qui vivaient le long de la côte. Dans les annees 1920, le village fut déplacé à l'embouchure de la Grande Rivière de la Baleine.
Une station météorologique fut installée en 1895, mais la plupart des services publics ne firent leur apparition qu'à partir de 1949. De 1954 à 1959, Kuujjuarapik devint un important centre de communication pour le Nord québécois grâce à la construction, entre la côte atlantique et la baie d'Hudson, au nord du 55ᵉ parallèle, de la « ligne de radar Centre Canada », dont la base de commande était à Poste-de-la-Baleine. C'est à cette époque que la région connut sa plus forte expansion démographique. En 1965, les installations furent toutefois évacuées et cédées à la province du Québec.
Une communauté multiethnique – La population du village se compose d'Inuits, de Cris et d'allochtones. Le comptoir de traite et le village ont donc changé plusieurs fois de nom : Great Whale River en anglais, puis Poste-de-la-Baleine en français, Kuujjuarapik (« la petite grande rivière ») en inuktitut et Whapmagoostui (« rivière à la baleine ») en cri. Les trois dernières appellations sont officielles, particularité plutôt rare pour un village canadien.
La communauté inuite habite près de l'embouchure de la Grande Rivière de la Baleine, tandis que les Cris se sont installés plus en amont. Inuits et Cris possèdent leurs propres écoles, infirmeries et organisations municipales. L'église anglicane offre un service religieux en inuktitut comme en cri. Dans la **vieille église**, on peut voir une fresque réalisée par **Eddy Weetaluktuk** (1932-2005) représentant le Christ marchant sur les eaux de la Grande Rivière de la Baleine.

L'**école Asimautaq** présente une superbe collection de sculptures inuites et de peintures d'Eddy Weetaluktuk.
Le village est bordé à l'ouest par une piste d'atterrissage parallèle à la baie d'Hudson. Les bureaux du gouvernement et les résidences des allochtones sont situés près de l'aéroport, dans les anciens bâtiments de la station radar. L'université Laval (Québec) y dirige un centre de recherche. On trouve également un bar où l'on peut boire et danser !
Aux alentours – Une vaste **plage de sable** s'étend depuis l'embouchure de la Grande Rivière de la Baleine jusqu'au côté opposé du village, où de hautes dunes offrent de beaux points de vue sur la baie d'Hudson et les alentours de Kuujjuarapik. À environ 12 km en amont du village, on peut aller admirer sur la rivière la **chute Amitapanuch**, accessible en bateau l'été et en motoneige l'hiver.

Carnet pratique

S'informer

Association touristique du Nunavik – *400 chemin de l'Aéroport, Kuujjuaq - ✆ 819 964 2876 ou 1 855 686 2845 - www.tourisme-nunavik.com.*

Arriver/Partir

En avion

Le Nunavik n'est accessible que par avion. Deux compagnies principales le desservent :
Canadian North – *✆ 1 800 267 1247 - canadiannorth.com.* Liaison de Montréal à Kuujjuaq, porte d'entrée du Nunavik. Liaisons entre une quinzaine de collectivités du Grand Nord.
Air Inuit – *✆ 1 800 361 2965 - www.airinuit.com.* Basée à Kuujjuaq et Kuujjuarapik, la compagnie assure cinq liaisons hebdomadaires entre Montréal et Puvirnituq (avec escale à Kuujjuarapik et Kuujjuaq) et propose également des services aériens réguliers entre les villages de la région.
Plusieurs compagnies telles que **Johnny May's Air Charters** (*✆ 819 964 1410 ou 819 964 2321*) ou **Nunavik Rotors Inc.** (*✆ 19 964 1185 - nunavikrotors.com*) proposent des **vols nolisés** (charter) vers les destinations et à la date de votre choix au Nunavik.

Nos adresses

Restauration

La plupart des restaurants servent une cuisine rapide, à l'américaine. La majorité des hôtels étant équipés de kitchenettes, les touristes préparent en général eux-mêmes leurs repas. Parmi les plats locaux, on notera la **viande de caribou** et de **phoque**, le poisson (l'**omble de l'Arctique fumé**, entre autres) et... les conserves alimentaires, les fruits et légumes étant rares !
Chaque village possède au moins une coopérative où l'on peut acheter des produits de base. Il est possible de payer avec une carte de crédit presque partout.

Shopping

Boutiques d'artisanat à Kuujjuarapik (sculptures) et à Kuujjuaq : outre la coopérative, deux établissements, l'Inuvialuit Arts & Crafts Shop et Tivi Galleries, qui est une véritable galerie d'art (ouverte tous les jours) et à Kangiqsualujjuaq (vêtements).

Activités

Pour votre sécurité, ne quittez jamais un village du Nunavik sans informer de tous vos déplacements (destination, itinéraire, moyen de transport et horaires).

Randonnées et expéditions

Pour vos randonnées, prévoyez suffisamment de réserves alimentaires, des vêtements adaptés au climat, très changeant au Nunavik, du matériel de camping et de secours. Pour vos expéditions, partez accompagné de **guides reconnus**, qui connaissent parfaitement les lieux et la météo.

Pêche et chasse

Chasseurs et pêcheurs sont tenus de s'équiper auprès d'un magasin agréé. La liste de ces établissements est disponible sur le site Internet de l'**Association touristique du Nunavik** (*✆ 1 819 964 2876 - www.nunavik-tourism.com*).

Hébergement

Bien qu'en croissance, l'infrastructure touristique des villages du Nunavik reste limitée. Pour cette raison, il demeure impossible d'y partir à l'improviste et il est fortement recommandé de louer les services d'un **pourvoyeur**. *www.nunavik-tourism.com; www.bonjourquebec.com.*

Les différents séjours

Séjours aventure et nature – Du mois d'août au mois de mars, le Nunavik est la scène du fabuleux spectacle des **aurores boréales**. Appelées *arsaniit* en inuktitut, ces dernières décrivent dans l'immensité du ciel nocturne de grands arcs ondulés verts, pourpres et violacés. La faune est en outre très riche : oiseaux, **ours polaire,** que les Inuits appellent *nanuk* et qu'ils considèrent comme un mammifère marin, **caribou**, phoque, morse, béluga et bœuf musqué.

Séjours de chasse – Des centaines de milliers de caribous sillonnent les contrées sauvages du Nunavik et offrent d'innombrables possibilités aux chasseurs sportifs.

Séjours de pêche – Les lacs, rivières et eaux côtières du Nunavik regorgent de saumons de l'Atlantique, d'ombles chevaliers, de truites de mer et de touladis. Pêche de renommée internationale.

Pourvoyeurs

Adventure Canada – *14 Front St - Mississauga - ✆ 905 271 4000 ou 1 800 363 7566 - www.adventurecanada.com - lun.-jeu. 9h-17h.* Cette compagnie propose notamment d'explorer l'Arctique et les communautés du Nunavik.

Arctic Wind Riders – *✆ 514 233 6093.* Propose des séjours de paraski et snowkite au Nunavik (pour débutants et confirmés).

Arctic Adventures – *19950 Clark Graham - Baie d'Urfé - ✆ 1 800 465 9474 ou 1 514 457 6580 - www.aventuresarctiques.ca.* Organisme inuit spécialiste des séjours de pêche au Nunavik.

Tarifs

Pour une semaine en pourvoirie au Nunavik, tous frais compris (avion, hébergement, repas et activités de pêche, de chasse ou de découverte), il faut compter minimum 4 800 $ par personne. Offres de prestations de pourvoiries québécoises (pêche, chasse et activités de plein air) sur le site **www.pourvoiries.com**.

8

Arche de la baie de Fundy.
shaunl/Getty Images Plus

DÉCOUVRIR LES PROVINCES DE L'ATLANTIQUE

Grand angle sur les provinces de l'Atlantique

Battues par l'océan Atlantique d'un côté et baignées par les eaux plus calmes du golfe du St-Laurent de l'autre, les quatre provinces canadiennes de la côte atlantique connues sous le nom de Canada atlantique forment la partie orientale du pays. Le Nouveau-Brunswick (New Brunswick), la Nouvelle-Écosse (Nova Scotia) et l'Île-du-Prince-Édouard (Prince Edward Island) sont réunies sous l'appellation de « provinces maritimes ». Terre-Neuve (Newfoundland) et Labrador baignent à la fois dans les eaux de l'océan et dans celles de la mer du Labrador. Dénominateur commun, l'influence océanique a modelé leur développement économique, politique et culturel.

Grandes régions naturelles

La région des Maritimes est constituée d'îles et de péninsules densément boisées correspondant au prolongement nord-est des **Appalaches**. Les côtes magnifiquement sauvages, tantôt plates et marécageuses, tantôt sablonneuses ou encore rocheuses et profondément échancrées, sont une longue suite de baies, de criques, d'anses et de falaises et, autour de la **baie de Fundy**, de rivières envahies par des marées spectaculaires.
Ces dernières enregistrent par exemple à **Burncoat Head**, sur la côte de Nouvelle-Écosse, la plus forte amplitude du monde (presque 20 m).
Le nord-est du Nouveau-Brunswick et l'île du Cap-Breton sont vallonnés. La province de Terre-Neuve se compose quant à elle d'une partie continentale, le Labrador, pays rude et montagneux faisant partie du Bouclier canadien, et de Terre-Neuve même, grande île rocheuse aux côtes fortement découpées, marquée à l'ouest par les hauteurs appalachiennes des **monts Long Range** (610 m de hauteur en moyenne).

Climat

La mer exerce, sur le climat de la région, une influence déterminante. La rencontre du **courant froid du Labrador** (qui descend du nord et pénètre dans le golfe du St-Laurent par le détroit de Belle-Isle) et des vents d'ouest dominants, réchauffés par leur passage au-dessus du continent, cause à tout moment du brouillard (moins fréquent en été), surtout le long des côtes de Terre-Neuve et de Nouvelle-Écosse.
Les zones exposées aux influences de l'océan connaissent des hivers tourmentés, mais plus doux que les régions de l'intérieur. Des villes comme Halifax (N.-É.) et St John's (T.-N.) enregistrent respectivement des températures maximales moyennes de 0 °C et de 1 °C en janvier, alors que, dans le nord-ouest du Nouveau-Brunswick, les températures minimales extrêmes peuvent atteindre -34 °C. Les étés sont moins chauds et moins humides qu'en Ontario et qu'au Québec à la même latitude, et la côte est plus fraîche que l'intérieur. La moyenne des maxima pour juillet est, par exemple, de 23 °C à Halifax et 21 °C à St John (N.-B.), tandis qu'on a déjà enregistré à la même époque des températures maximales de 38 °C dans le nord-ouest du Nouveau-Brunswick.
Réparties assez également tout au long de l'année, les pluies sont plus importantes le long des côtes. Il

neige sur l'ensemble des provinces de l'Atlantique, mais les précipitations sont plus importantes dans le nord-ouest du Nouveau-Brunswick (254-305 cm) et moindres le long de la côte (Halifax 163 cm). Le climat du Labrador est plus rigoureux : on y observe de plus grands écarts de température, mais des précipitations moins importantes. Le nord du Labrador subit l'influence d'un climat subarctique plus froid ; la moyenne hivernale au niveau de la mer est d'environ -20 °C.

Population

Les quatre provinces rassemblent plus de 2,4 millions d'habitants. La majorité de la population est originaire des îles Britanniques (Angleterre, Écosse et Irlande) ; celle de Terre-Neuve est la plus homogène, avec 98 % d'habitants de langue maternelle anglaise. Mais il existe aussi, dans cette partie du Canada, des minorités francophones (principalement acadiennes) réparties de la façon suivante : 1 % à Terre-Neuve (dans la région de St George's/ Port-au-Port), 4 % en Nouvelle-Écosse, 17 % sur l'Île-du-Prince-Édouard, et 33 % au Nouveau-Brunswick (surtout dans le Nord et l'Est). Près de 30 % de la population de Nouvelle-Écosse est d'origine écossaise, groupée surtout sur l'île du Cap-Breton et le long du détroit de Northumberland ; un groupe d'origine allemande (4 % de la population) s'est également installé sur la côte sud, à l'ouest d'Halifax. La population autochtone de Nouvelle-Écosse, du Nouveau-Brunswick et de Terre-Neuve se compose essentiellement de Micmacs. Les Inuits et les Innus résident plutôt au nord du Labrador.

Économie

Les provinces de l'Atlantique bénéficient d'immenses ressources forestières et terrestres. Leurs magnifiques paysages ont fait du tourisme un facteur important dans les économies provinciales, et la mer constitue une richesse dont elles ont longtemps dépendu.

La pêche

De toutes les pêches, la plus rentable, la pêche au **homard**, est strictement réglementée et limitée à une courte saison pour préserver le renouvellement de l'espèce. On garde ces crustacés dans des viviers (notamment sur Deer Island) d'où ils sont expédiés à la demande, vivants, dans le monde entier. Les **huîtres** de Malpèque (Î. P.-É.), les **moules** de l'île du Prince-Édouard et les **pétoncles** de Digby (N.-É.) figurent parmi les autres spécialités. On pêche aussi le **thon** au large des trois provinces, ainsi que la sardine et le saumon de l'Atlantique à partir des ports du Nouveau-Brunswick. En Nouvelle-Écosse, au nord de Dartmouth, et au Nouveau-Brunswick, l'**aquaculture** produit également des moules, des palourdes et des huîtres.

Les fameux bancs au large des côtes de Terre-Neuve constituent depuis longtemps l'une des zones de pêche les plus riches du monde. Mais, depuis plusieurs années, une inquiétante diminution des stocks, due à la surexploitation des domaines et à divers facteurs écologiques, a conduit le gouvernement canadien à imposer certaines mesures dont les conséquences sur l'emploi local ne font que souligner la nécessité de diversifier l'économie terre-neuvienne.

L'agriculture

Importante activité des Maritimes, l'agriculture représente la principale ressource de l'île du Prince-Édouard, célèbre pour ses **pommes de terre**. Quelques-unes des plus grosses usines de frites nord-américaines sont implantées dans la région.

Les vallées du St John et de l'Annapolis constituent les deux autres espaces agricoles majeurs des régions atlantiques. Terre-Neuve compte également des fermes, sur la **péninsule d'Avalon** et dans la **vallée Codroy** par exemple, mais ces dernières n'approvisionnent que les marchés locaux.

L'industrie forestière

Activité marginale sur l'île du Prince-Édouard et encore récente à Terre-Neuve, qui tente de diversifier son économie, l'exploitation forestière joue un rôle majeur au Nouveau-Brunswick et en Nouvelle-Écosse, où la forêt couvre respectivement 85 % et 77 % du territoire. Au Nouveau-Brunswick en particulier, les industries de **pâtes** et **papiers** ainsi que les **scieries** se sont développées au détriment de l'agriculture.

Les richesses du sous-sol

L'exploitation du minerai de fer se fait à Terre-Neuve depuis le début du 20e s. Aujourd'hui, plus de la moitié de la production canadienne de **minerai de fer** est extraite de la **dépression du Labrador**. L'une des plus grandes mines à ciel ouvert du monde se trouve à Labrador City. La province produit aussi de l'or et du cuivre. Dans les Maritimes, l'industrie minière contribue sensiblement à l'économie du Nouveau-Brunswick. On y trouve d'importants gisements de zinc, de plomb et de cuivre près de Bathurst et de Miramichi, d'antimoine près de Fredericton, de potasse près de Sussex, et de **charbon** à Minto-Chipman. Le gypse, le sel et le charbon sont aussi exploités en Nouvelle-Écosse. Du **nickel** a été découvert dans le Labrador à Voisey Bay (1993), de **l'or** et des métaux communs au Nouveau-Brunswick (1999). De nouvelles technologies permettent désormais d'exploiter les immenses réserves de **gaz naturel** et de **pétrole** situées au large de Terre-Neuve et du Labrador.

L'énergie hydroélectrique

Au Labrador, le potentiel hydroélectrique est énorme, et pratiquement toute la puissance produite par l'immense centrale de **Churchill Falls** est acheminée vers le Québec. Le Nouveau-Brunswick est la seule province des Maritimes à posséder une centrale nucléaire (à Point Lepreau, sur la baie de Fundy). Dans un tout autre registre, le Nouveau-Brunswick et la Nouvelle-Écosse comptent exploiter la formidable énergie produite par les marées de la baie de Fundy ; à titre expérimental, un prototype de centrale marémotrice a été construit à Annapolis Royal en 1983.

Le secteur industriel

Grâce à un excellent réseau routier et ferroviaire, des ports continuellement libres de glace et une bonne desserte aérienne, les provinces de l'Atlantique acheminent leurs produits vers les marchés intérieurs et internationaux. Leur activité manufacturière repose sur l'industrie alimentaire, notamment la transformation des produits de la pêche. Plus de 300 compagnies consacrent toutefois leurs efforts à la recherche médicale et pharmaceutique, aux télécommunications et aux technologies de pointe. Notons aussi, en Nouvelle-Écosse, une usine d'assemblage automobile (Halifax), une aciérie (Sydney) et une usine d'assemblage de moteurs d'avion (Halifax), sans parler du raffinage du pétrole, de la construction navale et de la réparation des navires (Halifax). Ces trois dernières activités jouent un rôle important à St John, au Nouveau-Brunswick. Terre-Neuve abrite les chantiers navals de Marystown, la raffinerie de Come by Chance et l'usine de peinture de St John's.

Casiers à homards, île du Prince-Édouard.
jnnault/Getty Images Plus

Histoire

Les tribus autochtones

Avant l'arrivée des Européens, les provinces de l'Atlantique étaient peuplées par les **Premières Nations des forêts de l'Est**. À la suite de la découverte de Terre-Neuve et ses riches bancs de pêche, pêcheurs basques, anglais, français, portugais et espagnols vinrent chercher dans ces eaux poissonneuses les morues. Séchées sur le rivage, elles devenaient légères, facilement transportables vers les marchés d'Europe. Ainsi s'établit sur les côtes une activité saisonnière, les marins retournant l'hiver dans leur pays.

La colonisation de ces territoires ne fut pas encouragée par la puissante corporation des **marchands** propriétaires de la flottille de pêche anglaise, qui craignait la concurrence d'une population sédentaire. Malgré l'interdiction de toute installation permanente, se développèrent de petits villages de pêcheurs anglais. En 1583, l'Angleterre prit possession de Terre-Neuve, alors sujet de grandes rivalités en Europe. **Jacques Cartier** revendiqua l'île du Prince-Édouard pour la France en 1534, la rebaptisant île St-Jean, mais aucun effort de colonisation ne s'y fit vraiment avant le 18e s.

L'Acadie française

En 1603, le roi de France Henri IV cédait à **Pierre du Gua de Monts** l'Acadie, territoire compris entre le 40e et le 46e degré de latitude Nord (du site actuel de Philadelphie à mi-hauteur du Cap-Breton), avec l'obligation d'y fonder une colonie.

Au cours de l'histoire, cette région de Nouvelle-France allait être le théâtre de nombreux conflits.

Après l'échec de la colonie de Ste-Croix en 1604, Pierre du Gua de Monts et **Samuel de Champlain** fondèrent avec succès **Port-Royal** l'année suivante. Grâce à un commerce fructueux avec les Premières Nations et de bonnes récoltes sur un sol fertile, la colonie prospéra. Elle allait malheureusement être rasée en 1613 par les Anglais, qui revendiquaient le territoire. Lorsqu'en 1632, le traité de St-Germain-en-Laye reconnut l'Acadie à la France, de nouveaux colons (dont les Acadiens d'aujourd'hui sont les descendants) vinrent alors de France. Ils s'installèrent d'abord à La Hève et à Port-Royal, puis essaimèrent le long de la vallée de l'Annapolis, vers le bassin Minas et l'isthme de Chignecto. Continuellement attaquées par des expéditions de Nouvelle-Angleterre durant les guerres franco-anglaises du 17e s., ces communautés rurales changèrent plusieurs fois de mains.

Une « Nouvelle-Écosse »

La Nouvelle-Écosse naquit au temps de l'Acadie française. En 1606, le roi d'Angleterre Jacques Ier concédait en effet à deux compagnies le territoire côtier compris entre le 34e et le 45e degré de latitude nord, ce qui recouvrait en partie la concession de Pierre du Gua de Monts en Acadie. En 1621, Jacques Ier allait plus loin en concédant à **William Alexander**, Écossais comme lui, le territoire correspondant aujourd'hui à la Nouvelle-Écosse, à l'Île-du-Prince-Édouard et au Nouveau-Brunswick. Baptisée « Nova Scotia » dans sa charte en latin, la colonie de Sir William fut un échec. En 1632, Charles Ier, qui ne partageait pas l'engouement paternel pour une nouvelle Écosse, restituait la région aux Français. La future Nouvelle-Écosse n'en était pas moins née. Ses armoiries attribuées en 1621 figurent toujours au blason de la province.

Le traité d'Utrecht

Au 17e s., la Couronne anglaise distribua quelques chartes pour établir des colonies à Terre-Neuve, mais l'autorité, selon un décret de Charles Ier en 1634, restait entre les mains de l'**amiral de la Pêche**, c'est-à-dire le capitaine du premier bateau britannique à entrer chaque année dans un port. La crainte de l'expansion française força les Anglais à établir des colonies permanentes à Terre-Neuve. Le traité d'Utrecht, en 1713, mit fin aux revendications françaises sur la région, la France ne conservant que les petites îles de **St-Pierre-et-Miquelon** et cédant l'ensemble de la Nouvelle-Écosse à l'Angleterre. Port-Royal, rebaptisé Annapolis Royal, en devint la capitale.

La question acadienne

L'Acadie désormais passée à l'Angleterre, deux possibilités s'offraient aux Acadiens : s'installer en territoire resté français (comme l'île Royale, aujourd'hui île du Cap-Breton, et l'île St-Jean, qui devient l'île du Prince-Édouard) ou demeurer sur place et devenir sujets britanniques. Les Acadiens choisirent de se déclarer neutres : ils ne consentiraient à prêter serment qu'à condition d'être exemptés du service militaire. Le gouverneur anglais accepta d'abord ; il lui fallait, pour nourrir ses troupes, le ravitaillement fourni par les Acadiens. En temps de paix, cet accord aurait pu durer, mais le conflit franco-anglais reprit en Europe et le pouvoir anglais se sentit menacé par la construction de la forteresse de Louisbourg sur l'île Royale et par les indéniables sympathies des Acadiens pour la cause française. En 1747, les troupes françaises de Québec attaquèrent par surprise des soldats de Nouvelle-Angleterre cantonnés dans le village de Grand-Pré. Les Acadiens furent suspectés de trahison.

Le Grand Dérangement

Dès lors, la position britannique se durcit. Pour fortifier la colonie, la forteresse d'Halifax, capable d'approvisionner l'armée (2 500 soldats), fut bâtie en 1749. En 1755, le gouverneur **Charles Lawrence** émit son ultimatum : partir ou jurer. Lorsque les Acadiens refusèrent de prêter serment, Lawrence signa l'ordre de déportation. Un à un, les villages furent investis. Rassemblée en hâte, la population fut entassée sur des bateaux, parfois en séparant les familles ; le bétail fut confisqué, les fermes et les églises brûlées. On estime qu'en huit ans, 14 600 Acadiens furent déportés de force. Dépourvus de tout, mal accueillis dans les autres colonies, les Acadiens tâchèrent de se regrouper. Une communauté fixée en Louisiane subsiste sous le nom de **Cajuns**. Certains se réfugièrent sur St-Pierre-et-Miquelon. D'autres gagnèrent l'île St-Jean, où ils restèrent jusqu'en 1758, lorsque l'île fut conquise par l'expédition britannique de **Lord Rolo**, puis annexée par la Nouvelle-Écosse.
Un petit groupe, laissé pour compte dans la région de Malpèque, est à l'origine de la population francophone de l'île du Prince-Édouard.
Lorsque la paix fut rétablie entre la France et l'Angleterre en 1763, la plupart des exilés regagnèrent la Nouvelle-Écosse, mais leurs riches terres agricoles avaient été distribuées à des colons britanniques. Les Acadiens s'installèrent alors au Nouveau-Brunswick, où leurs descendants vivent encore aujourd'hui.

Écossais, loyalistes et autres colons

Après la déportation des Acadiens, les autorités britanniques offrirent des terres à tous ceux qui voulaient bien s'installer en Nouvelle-Écosse. Des colons de Nouvelle-Angleterre, des îles Britanniques et même d'États rhénans acceptèrent l'offre. Les 200 Écossais qui arrivèrent en 1773 étaient les premiers d'une importante vague d'immigrants fuyant les Highlands, où ils étaient sans ressources depuis que les grands propriétaires avaient reconverti dans l'élevage des moutons les terres jusqu'alors louées aux paysans. Ils s'installèrent surtout sur l'île du Cap-Breton et sur l'île du Prince-Édouard.
En 1775 éclata la guerre d'Indépendance américaine. La Nouvelle-Écosse ne se joint pas aux 13 colonies rebelles et demeure britannique : elle devint terre d'asile pour les 30 000 loyalistes chassés de chez eux. Leur arrivée transforma la Nouvelle-Écosse. Un territoire administratif créé en 1784 fut appelé Nouveau-Brunswick, d'après le duché de Braunschweig-Lüneburg, gouverné alors par George III d'Angleterre. D'autres loyalistes s'installèrent sur l'île du Prince-Édouard, qui se sépara de la Nouvelle-Écosse en 1769 et fut baptisée en 1799 en l'honneur du père de la reine Victoria.

La Confédération

En septembre 1864, des représentants de la Nouvelle-Écosse, du Nouveau-Brunswick et de l'Île-du-Prince-Édouard rencontrèrent une délégation du Canada (Ontario et Québec) pour discuter d'une union britannique en Amérique du Nord. Cette conférence historique traça la voie de la Confédération de 1867. L'Île-du-Prince-Édouard refusa d'abord d'entrer dans la Confédération, mais se ravisa sous la pression de l'Angleterre, et y fit son entrée en 1873. Terre-Neuve ne changea d'avis qu'après la Seconde Guerre mondiale, lorsqu'elle devint en 1949 la dixième province du Canada.

Le port de Malpeque sur l'île du Prince-Édouard.
OliverChilds/Getty Images Plus

9

Nouveau-Brunswick et Île-du-Prince-Édouard

CARTES MICHELIN NATIONAL N^{OS} 760 ET 766

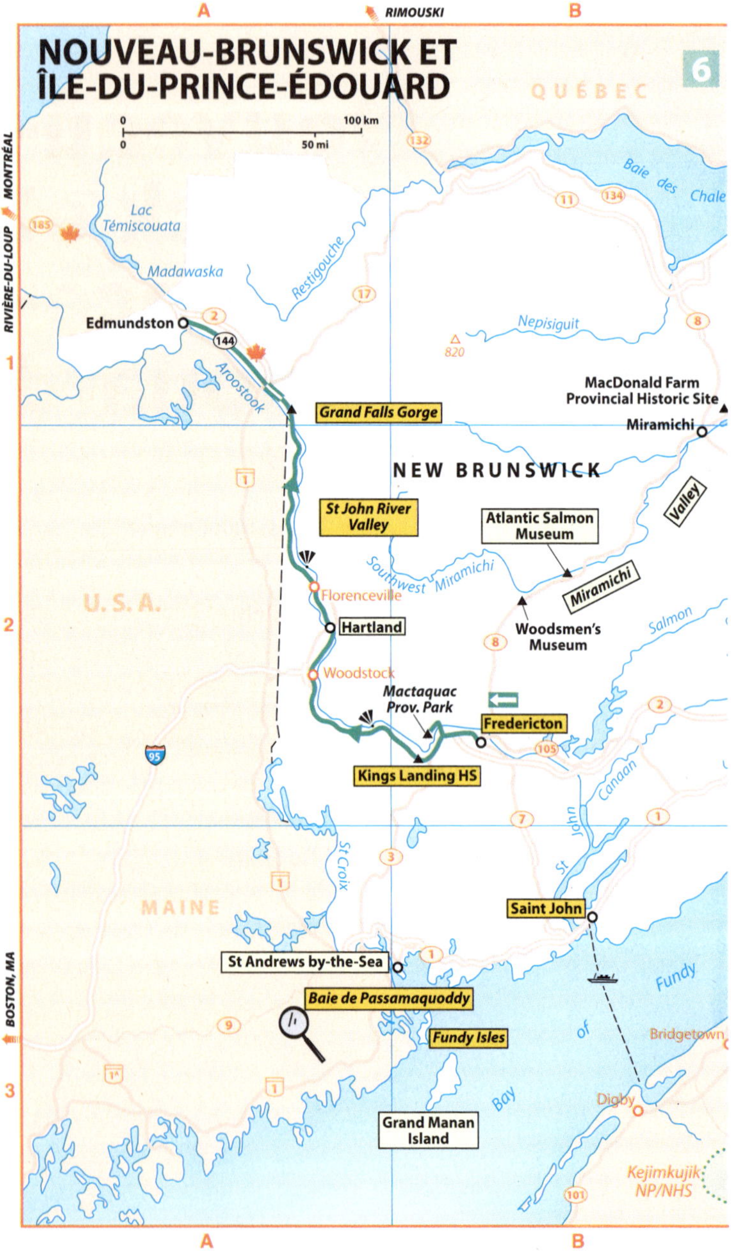
NOUVEAU-BRUNSWICK ET
ÎLE-DU-PRINCE-ÉDOUARD
6
RIMOUSKI
MONTRÉAL
RIVIÈRE-DU-LOUP
BOSTON, MA
QUÉBEC
Lac Témiscouata
Madawaska
Restigouche
Baie des Chale
Edmundston
Aroostook
Grand Falls Gorge
Nepisiguit
820
MacDonald Farm Provincial Historic Site
Miramichi
NEW BRUNSWICK
Valley
St John River Valley
Atlantic Salmon Museum
Southwest Miramichi
Miramichi
Woodsmen's Museum
Salmon
U.S.A.
Florenceville
Hartland
Woodstock
Mactaquac Prov. Park
Fredericton
Kings Landing HS
Canaan
St John
St Croix
MAINE
Saint John
St Andrews by-the-Sea
Baie de Passamaquoddy
Fundy Isles
Bay of Fundy
Bridgetown
Digby
Grand Manan Island
Kejimkujik NP/NHS
0 100 km
0 50 mi

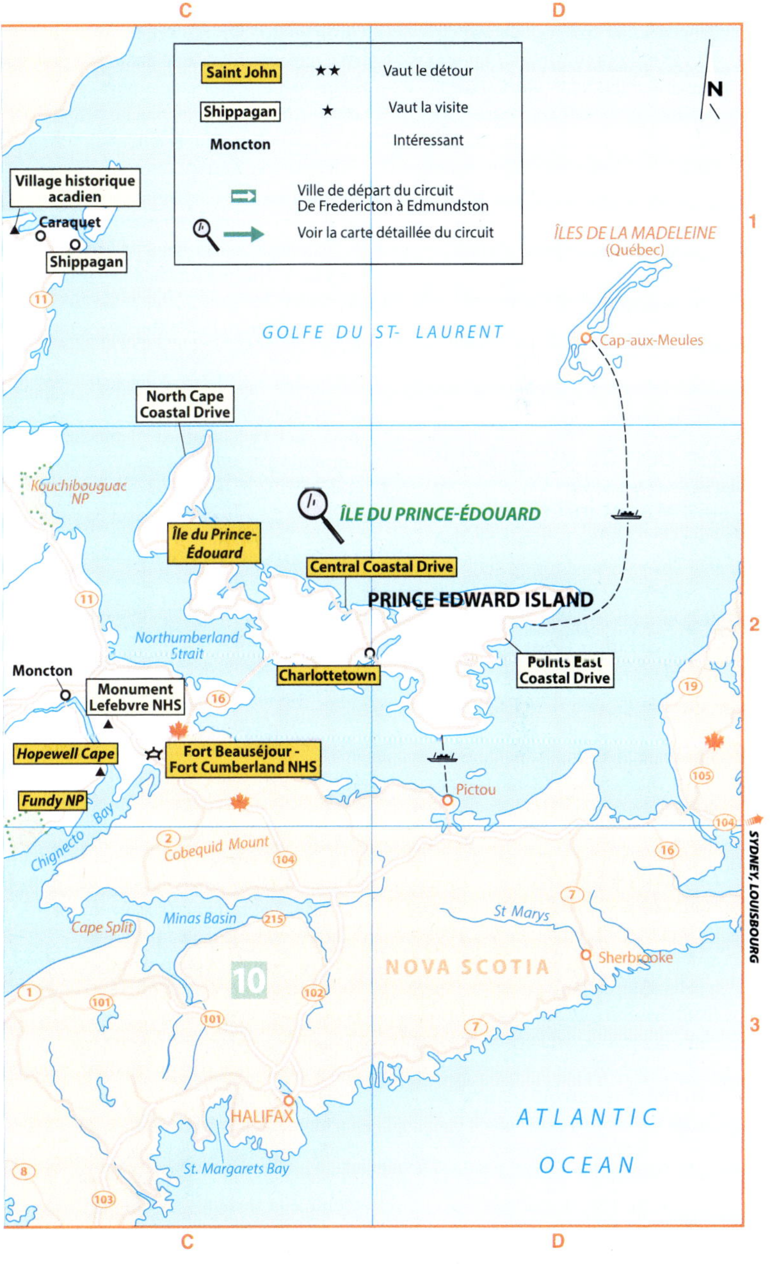
C
D
Saint John
★★
Vaut le détour
Shippagan
★
Vaut la visite
Moncton
Intéressant
Ville de départ du circuit
De Fredericton à Edmundston
Voir la carte détaillée du circuit
N
1
2
3
Village historique acadien
Caraquet
Shippagan
ÎLES DE LA MADELEINE
(Québec)
Cap-aux-Meules
GOLFE DU ST- LAURENT
North Cape Coastal Drive
Kouchibouguac NP
ÎLE DU PRINCE-ÉDOUARD
Île du Prince-Édouard
Central Coastal Drive
PRINCE EDWARD ISLAND
Northumberland Strait
Charlottetown
Points East Coastal Drive
Moncton
Monument Lefebvre NHS
Hopewell Cape
Fort Beauséjour - Fort Cumberland NHS
Fundy NP
Pictou
Chignecto Bay
Cobequid Mount
SYDNEY, LOUISBOURG
Cape Split
Minas Basin
St Marys
Sherbrooke
10
NOVA SCOTIA
HALIFAX
St. Margarets Bay
ATLANTIC OCEAN

Le Nouveau-Brunswick en bref

Baignée par l'océan Atlantique, cette province du littoral canadien, de 73 436 km², est limitée au sud-ouest par les États-Unis – elle jouxte le Maine et le New Hampshire – et au nord par le Québec, en particulier la Gaspésie. Le Nouveau-Brunswick (New Brunswick) fait le lien entre les provinces de l'Atlantique et le continent. Il est relié à l'île du Prince-Édouard par le pont de la Confédération, long de 13 km, qui enjambe depuis 1997 le détroit de Northumberland, et est rattaché à la Nouvelle-Écosse par l'isthme de Chignecto.

Un peu de géographie

Littoral et intérieur

Un littoral infini fait face à la baie des Chaleurs au nord, au golfe du St-Laurent à l'est, et à la baie de Fundy au sud, dans laquelle s'avancent les trois **îles Fundy** (Deer, Campobello, Grand Manan). La morphologie du Nouveau-Brunswick est caractérisée au centre par de hautes terres culminant à 820 m, au sud par la vallée du St John, et à l'est par une plaine légèrement inclinée vers la baie des Chaleurs.

Le fleuve St John

Nommé à l'origine par Champlain et de Monts en l'honneur de saint Jean, ce fleuve prend sa source dans le nord du Maine, suit quelque temps la frontière entre le Canada et les États-Unis, dessine un brusque coude vers l'est, puis se jette dans la baie de Fundy au terme d'un parcours de 673 km. Des communautés rurales parsèment la vallée du St John entre Edmundston et Grand Falls, où le cours d'eau devient soudain turbulent ; il s'enfonce dans une gorge avant de sauter les chutes de Grand Falls (25 m) et de Beechwood (18 m). Après avoir traversé **Fredericton**, capitale provinciale, le fleuve s'élargit et arrose les pittoresques paysages d'une campagne bigarrée. Les sols fertiles du cours supérieur et du cours inférieur permettent une agriculture développée. Deux agglomérations provinciales majeures se trouvent sur le St John : Fredericton d'une part, et la grande ville portuaire de **St John** de l'autre, à hauteur de laquelle se forment les rapides de **Reversing Falls** *(p. 475)*. Importante voie navigable, le St John ne connaît plus guère aujourd'hui que des plaisanciers de la voile et du moteur, pour lesquels les immenses étendues d'eau profonde de son cours inférieur représentent une véritable aubaine.

Un peu d'histoire

L'âge d'or des bateaux de bois

Grâce aux forêts de la région, qui fournissaient à profusion la matière première, de nombreux chantiers navals s'étaient multipliés le long des côtes. À l'origine simples ateliers de fabrication de mâts pour la marine anglaise, ils allaient perfectionner les clippers, bricks, goélettes et trois-mâts qui sillonnaient les mers du globe. Le chantier de St John devint ainsi, vers le milieu du 19e s., l'un des plus grands centres mondiaux de la construction navale. Il existait également la célèbre compagnie de transport maritime **Cunard Line**, créée par deux frères qui avaient établi leur chantier à Chatham.
Au moment de son entrée dans la Confédération en 1867, le Nouveau-Brunswick était donc riche et bien établi. À la fin du 19e s., c'était la province la plus prospère du Canada. Vers 1900, hélas, la vapeur avait

Maison Blackhall de 1840, reconstitution historique du village acadien Caraquet.
Ph. Renault/hemis.fr

pris le pas sur la voile, et les coques d'acier remplacèrent celles de bois. Bien peu de chantiers s'adaptèrent à cette mutation et se convertirent aux nouvelles techniques. Au moment de la Première Guerre mondiale, on ne construisait plus de bateaux en bois ; la grande époque des Maritimes avait pris fin.

Patrimoine culturel

Micmacs et Malécites, loyalistes de Nouvelle-Angleterre, Acadiens, Écossais, Irlandais, Allemands, Danois et Hollandais laissèrent leur empreinte dans les coutumes des communautés rurales et des villages de la côte. L'influence des Premières Nations se traduit par exemple dans de nombreux toponymes aux accents pittoresques, comme Kouchibouguac, Memramcook, Shediac ou Richibucto. Le riche patrimoine multiculturel dont a hérité la province se manifeste aussi par l'abondance de traditions des plus diverses : ainsi, les Brayons font fièrement flotter le drapeau de leur « République » toute symbolique, tandis que les Acadiens célèbrent chaque année la bénédiction de la flotte.

Produits de la mer (saumon, palourdes, huîtres, homard) ou de la terre (maïs, fraises, pommes de terre, etc.) donnent lieu, de mai à octobre, à de nombreuses festivités. Parmi les plats traditionnels, goûtez le *hot podge* (pommes de terre nouvelles et légumes mélangés dans du lait, servi chaud), la tarte à la palourde et à la pomme de terre (d'origine acadienne), la soupe de poisson (spécialité loyaliste) et les crêpes de sarrasin au sirop d'érable. Des sites reconstitués tels **Kings Landing**, le parc historique de la ferme MacDonald et le village historique acadien ont contribué à la préservation du patrimoine culturel en perpétuant les techniques artisanales d'autrefois.

Carnet pratique

S'informer

Office de tourisme et parcs

New Brunswick Tourism – *1800 561 0123 - www.tourismenouveaubrunswick.ca.*

Site Internet de la province

www.gnb.ca.

Heure locale

Le Nouveau-Brunswick vit à l'heure de l'Atlantique, soit 5h de moins qu'à Paris, Genève ou Bruxelles.

Taxes

La GST ou TPS et la TVP sont remplacées par une taxe de vente harmonisée (TVH) de 15 %.

Loi sur les alcools

L'âge légal pour la consommation d'alcool est fixé à 19 ans.

Loi sur le tabac

L'achat de tabac est interdit aux moins de 19 ans.

Jour férié provincial

Fête du Nouveau- Brunswick – 1er lun. d'août.

Arriver/Partir

En avion

Air Canada et ses filiales desservent St John et Fredericton.

« Transports intérieurs », p. 652.

Fredericton International Airport – *www.yfcfredericton.ca.*
À 15 km au sud-est de la ville.

Saint John Airport – *ysjsaintjohn.ca.*
À 10 km à l'est de la ville.

En train

VIA Rail assure des liaisons vers certaines villes de la province, notamment entre Moncton et Montréal.

« Transports intérieurs », p. 652.

En bateau

Des traversiers desservent la basse vallée du St John et quelques îles de la baie de Fundy. D'autres relient le New-Brunswick à la Nouvelle-Écosse. Pour plus de détails, contacter New Brunswick Tourism (*voir ci-contre*).

En voiture

Le New-Brunswick possède de bonnes routes goudronnées.

Fredericton ★★

Établie au bord du paisible St John, face à la rivière Nashwaak, la capitale du Nouveau-Brunswick est une cité calme aux élégantes demeures dispersées dans la verdure. Siège administratif de la province, Fredericton en est également devenu le centre culturel, en grande partie grâce à la générosité de Lord Beaverbrook (1879-1964). Ces dernières années, l'économie de la ville s'est diversifiée, notamment avec le développement de l'informatique : environ 70 % des entreprises provinciales du secteur sont regroupées à Fredericton. Industrie, commerce et tourisme jouent également un rôle important dans le dynamisme de la ville.

Legislative Building.
Vincent_St_Thomas/Getty Images Plus

Se repérer

69 406 habitants

CARTE B2 (P. 456-457) ET PLAN (P. 462).

À l'ouest de Moncton sur la Transcanadienne, Fredericton est proche de la baie de Fundy et de la frontière américaine.

Organiser son temps

Fredericton est une bonne base pour partir en balade dans les environs.

Carnet pratique p. 464

Nos adresses p. 464

Se promener

PLAN CI-DESSOUS

Les principaux bâtiments de Fredericton sont groupés le long d'un parc très agréable, le **Green★**, qui borde la rive sud du St John.

★★ Beaverbrook Art Gallery

703 Queen St. - ✆ 506 458 2028 - www.beaverbrookartgallery.org - ♿ - tlj sf lun. 10h-17h (jeu. 21h) - 14 $.

Ce musée est un important centre artistique du Canada atlantique. Il fut conçu par Lord Beaverbrook, qui en choisit lui-même les tableaux avant d'en faire don à la province. Dès l'entrée, le saisissant **Santiago el Grande**, immense toile de Salvador Dalí, représente saint Jacques sur son cheval dressé contre la voûte céleste. Le musée recèle une remarquable collection d'œuvres de **peintres britanniques** des 18e et 19e s., particulièrement riche en portraits : Hogarth, Lawrence, Romney, Gainsborough, Reynolds, Turner, Stanley Spencer, Augustus John et Graham Sutherland. Mobilier, tapisseries et peintures – Cranach, Corneille de Lyon, Botticelli, Delacroix et Tissot – illustrent quant à eux l'Europe continentale. La **collection canadienne** comprend des toiles de maîtres, dont Cornelius Krieghoff.

★ Legislative Building

Face à Beaverbrook Art gallery - 706 Queen St. - ✆ 506 453 2506 - legnb.ca - ♿ - lun.-vend. 8h30-16h30.

Cet élégant bâtiment fut construit en 1880 en remplacement de l'ancien édifice législatif, détruit par un incendie. La salle des séances, d'une impressionnante hauteur sous plafond, est ornée des **portraits** du roi George III et de la reine Charlotte (reproductions de tableaux exécutés par Joshua Reynolds). Un remarquable escalier central à cage arrondie mène à la bibliothèque parlementaire.

FREDERICTON

SE RESTAURER

The Palate 5

SE LOGER

Crowne Plaza Fredericton – Lord Beaverbrook Hotel 3

Un peu d'histoire...

Le site de Fredericton servait à l'origine de lieu de campement saisonnier pour les Indiens. En 1692, le gouverneur français d'Acadie construisit un fort à l'embouchure de la rivière Nashwaak. Bientôt abandonné en raison de son isolement, le fort devint alors le site d'une communauté acadienne qui survécut jusqu'à la guerre de Sept Ans. En 1758, le village passa sous domination anglaise. Fredericton fut fondée par quelque 2 000 loyalistes en 1783, à l'emplacement de l'ancien village acadien. Lorsque la province du Nouveau-Brunswick fut créée l'année suivante, le gouverneur Thomas Carleton en fit la capitale en raison de son site, plus central et moins exposé aux attaques maritimes que celui de St John. Baptisée « Fredericstown » en 1785 en l'honneur du second fils de George III, la nouvelle capitale devint une importante ville de garnison et le centre d'une société distinguée. Une grande partie de la population travaillait autrefois pour le gouvernement ou l'université du Nouveau-Brunswick. Aujourd'hui, l'activité économique de la ville s'est largement diversifiée. La proximité de décideurs politiques provinciaux et municipaux est un facteur puissant dans le choix de certaines entreprises d'ingénierie à s'installer à Fredericton.

★ Christ Church Cathedral

168 Church St. - ✆ 506 450 8500 - cccath.ca.
Entourée d'arbres et d'élégantes demeures en bois comme les construisaient les loyalistes à la naissance de la ville, cette cathédrale anglicane en pierre est un gracieux bâtiment de style néogothique, élevé vers 1850 sur le modèle de l'église de Snettisham en Angleterre. À l'intérieur, remarquez la belle **charpente en bois**, les vitraux et, au fond du bas-côté droit, le **gisant de marbre** du révérend John Medley, premier évêque de Fredericton.

★ Military Compound

11 Carleton St. - relève de la garde juil.-août : 11h et 16h, relève suppl. mar. et jeu. à 19h.
Les établissements militaires s'étendaient jadis au cœur de la ville, de Regent Street à York Street : c'est dire l'importance de l'ancienne garnison britannique. Aujourd'hui, l'armée canadienne a quitté la ville pour s'installer dans la base de Gagetown, au sud-est de Fredericton.

L'ancienne place d'armes est devenue le jardin public **Officers' Square**. Construit en 1839 puis agrandi en 1851, le **quartier des officiers**, édifice de trois étages, se signale par une rangée d'arcades blanches. Un peu plus à l'ouest se trouvent deux bâtiments, restaurés et meublés selon leur aspect d'antan : le **corps de garde** de 1827 et les **casernes**, avec leurs terrasses de bois rouge.

Fredericton Region Museum – *Dans le quartier des officiers. 571 Queen St. - ✆ 506 455 6041 - www.frederictonregionmuseum.com - de fin juin à déb. sept. : 10h-16h, dim. 12h-17h; de déb. sept. à oct. : lun.-vend. 13h-16h; reste de l'année se rens. - 6 $ - réserv. conseillée.* Fondé par la York-Sunbury Historical Society, ce musée évoque l'histoire de Fredericton jusqu'à nos jours, son occupation par les tribus des Premières Nations, la vie des loyalistes et de l'ancienne garnison britannique... Il présente une reconstitution d'une tranchée de la Première Guerre mondiale. Inattendu : une grenouille naturalisée qui pesait quelque 19 kg !

Carnet pratique

S'informer

Fredericton Tourism – *371 Queen St. - ✆ 1 888 888 4768 ou 506 460 2041 - www.frederictoncapitalregion.ca.*

Arriver/Partir

Se garer – Le Visitor Centre à City Hall *(371 Queen St.)* distribue des pass gratuits de trois jours pour les parkings. Pensez à vous munir de votre numéro de plaque d'immatriculation.

Agenda

Harvest Music Festival – *Sept. - harvestmusicfest.ca.* Plus de 400 musiciens et une vingtaine de scènes dans ce festival international.

Nos adresses

PLAN P. 462.

Restauration

Premier prix

5 **The Palate** – *462 Queen St. - ✆ 506 450 7911 - www.thepalate.com - ouv. midi et soir - fermé dim., lun. et sam. midi - plats 13/30 $.* Ce bistrot sans prétention dont la cuisine ouvre sur la salle séduit avec ses œuvres d'art locales, sa musique jazz et sa réputation de table la plus originale de la ville. La carte, éclectique, propose une cuisine internationale. Profitez du beau temps pour déjeuner à l'ombre des parasols de la terrasse.

Hébergement

Pour se faire plaisir

The Colonel's In Bed & Breakfast – HORS PLAN *- 843 Union St. - ✆ 506 452 2802 - www.thecolonelsin.com - P - mai-oct. - 3 ch. 125/145 $ ☕.* Seul le fleuve sépare cette résidence de 1902, impeccablement tenue, du centre-ville, que l'on peut rejoindre en suivant une agréable promenade sur un pont ferroviaire désaffecté.

3 **Crowne Plaza Fredericton – Lord Beaverbrook Hotel** – *659 Queen St. - ✆ 506 455 3371 - www.crowneplaza.com - ♿ ✕ - P payant - 168 ch. 171/338 $ - ☕ 17 $.* Le Lord Beaverbrook (1947) fait partie du Crowne Plaza Group. Il est très bien situé, à côté de la galerie d'art Beaverbrook. Les chambres sont spacieuses avec tout le confort moderne ; une moitié d'entre elles donnent sur le fleuve. L'hôtel est pourvu de trois restaurants, où l'on pourra manger des en-cas ou déguster une cuisine haut de gamme.

Vallée de la Miramichi ★

Miramichi Valley

Le nom Miramichi est souvent associé à la pêche au saumon. En effet, en période de frai, les saumons de l'Atlantique affectionnent particulièrement les eaux de cette rivière dont les deux bras, la Miramichi sud-ouest et la Petite Miramichi sud-ouest, traversent la province. La région vit de l'exploitation forestière, sans oublier la construction navale, qui a joué un rôle important dans le développement de Newcastle et Chatham, ville natale de Joseph Cunard (fondateur de la fameuse compagnie maritime qui porte son nom), qui forment désormais la ville de Miramichi.

Se repérer

CARTE B1-2 (P. 456-457).
La vallée se situe dans le centre-est du Nouveau-Brunswick. À partir de Fredericton, prenez la route 8 vers Miramichi au nord-est.

À ne pas manquer

Caraquet et Shippagan constituent des arrêts agréables au nord.

Organiser son temps

Prévoyez deux jours pour tout visiter.

En famille

Le New Brunswick Aquarium and Marine Centre de Shippagan ainsi que le Village historique acadien.

Découvrir

CARTE P. 456-457

Central New Brunswick Woodmen's Museum B2

À 68 km au nord de Fredericton - 6342 Rte 8, Boiestown - ✆ 506 369 7214 - woodmensmuseum.com - de fin juin à mi-sept. : merc.-dim. 10h-16h - 10 $.

Dispersés sur 6 ha, les bâtiments de ce musée recréent la vie d'un camp de bûcherons, avec une scierie (dotée d'une collection d'outils allant de la hache sommaire aux scies les plus performantes), des dortoirs et une cantine.

★ Atlantic Salmon Museum B2

À 94 km au nord de Fredericton - 263 Main St., Doaktown - ✆ 506 365 7787 - www.atlanticsalmonmuseum.com - ♿ - de déb. juin à mi-oct. : lun.-sam. 9h-17h, dim. 12h-17h ; hiver : merc. 10h-16h et jeu. 10h-19h - 10 $.

Cet agréable musée, d'où l'on domine une série de bassins d'élevage sur la Miramichi, est consacré au saumon de l'Atlantique. Des bateaux y sont exposés ainsi que des filets, du matériel de pêche et des cartes montrant les différentes montaisons des saumons. Un petit aquarium abrite des spécimens de ce poisson migrateur.

L'Odyssée du Nord

Miramichi est l'une des portes d'entrée de cette route mythique pour qui aime les grands froids et les sensations fortes qu'offre la motoneige. *Rens. : www.northernodyssey.ca.*

9

MacDonald Farm Provincial Historic Site B1

À 16 km à l'est de Miramichi, près de Bartibog Bridge - 600 Rte 11 - ✆ 506 778 6085 - macdonaldfarm.ca - de fin juin à déb. août. : mar.-dim. 10h-17h - 7 $.
Restaurée selon l'époque où elle était habitée par la famille d'Alexander MacDonald, cette ferme en pierre (1820) occupe un très beau site dominant l'estuaire de la Miramichi. Vous pourrez participer aux tâches domestiques et apprendre quelques gestes traditionnels d'artisans. Remarquez, au bord du fleuve, une cabane de pêcheur typique de la région.

Excursions

CARTE P. 456-457

★ Shippagan C1

À 104 km au nord-est de Bartibog Bridge.
Ce village de la péninsule acadienne est un important centre de pêche et d'extraction de la tourbe. Un pont le relie à l'île Lamèque, d'où un traversier *(gratuit)* conduit à l'île de Miscou, bordée de belles plages sur le golfe du St-Laurent.
★ **New Brunswick Aquarium and Marine Centre** – *100 Aquarium Dr. - ✆ 506 336 3013 - www.aquariumnb.ca - ♿ - de déb. juin à fin sept. : 9h-17h - 13,69 $.*
Consacré à la vie maritime dans le golfe du St-Laurent, cet agréable musée propose des expositions sur le grand fleuve et sur les lacs et rivières du Nouveau-Brunswick. Une vidéo *(20mn)* retrace l'histoire de l'industrie de la pêche, tandis que des aquariums, un bassin extérieur dans lequel s'ébattent des phoques et un bassin tactile présentent la faune aquatique vivant dans ces eaux. Enfin, une cabine de chalutier permet de voir les appareils électroniques utilisés pour détecter et attraper les poissons.

★ Village historique acadien C1

À 47 km à l'ouest de Shippagan et à 11 km de Caraquet - 14311 Rte 11 - ✆ 506 726 2600 ou 1 877 721 2200 - www.villagehistoriqueacadien.com - ♿ - de juin à mi-sept. : 10h-17h30 - 23,41 $.
La région à la pointe sud de la baie des Chaleurs s'est peuplée d'Acadiens au retour du Grand Dérangement *(☞ p. 453)*. Leurs descendants sont aujourd'hui encore pêcheurs et agriculteurs. Ce village a été reconstitué, avec des édifices provenant de toute la province, pour témoigner de la vie des Acadiens de 1780 à 1890. Il s'étire le long d'un chemin de 1,6 km. Hormis l'église en bois, tous les bâtiments sont d'époque et sont meublés de façon à refléter la période. Les « habitants » du village, en costume traditionnel, expliquent les techniques anciennes (filage, tissage, séchage de la morue, etc.). Sur le village flotte le **drapeau acadien** (tricolore comme le drapeau français, mais frappé dans le bleu de l'étoile de la Vierge). On le rencontre souvent dans les régions acadiennes de Nouvelle-Écosse et de l'île du Prince-Édouard. Au **centre d'accueil**, un **diaporama** présentant l'histoire des Acadiens constitue une bonne introduction à la visite.

Caraquet

Il faut visiter cette ville au mois d'août, quand a lieu son **Festival acadien**, qui s'ouvre avec la traditionnelle **bénédiction de la flotte** ; quelque 60 bateaux de pêche, parés de pavillons multicolores, reçoivent la bénédiction de l'évêque de Bathurst en souvenir de celle que le Christ donna aux pêcheurs de Galilée.
www.festivalacadien.ca

Moncton

La ville fut baptisée ainsi en hommage au colonel anglais Robert Monckton, qui s'empara de Fort Beauséjour en 1755. Au bord de la rivière Petitcodiac, elle est soumise à de longues vagues déferlantes au moment du flux dans la baie de Fundy. Colonisée par des émigrants d'origines diverses, Moncton fait aujourd'hui figure de « capitale acadienne » avec son université francophone fondée en 1963 : un tiers de sa population parle le français. Autrefois dépendante du chemin de fer et des administrations, l'économie de la ville se tourne désormais vers le commerce, l'équipement électronique, le transport, la distribution, l'agroalimentaire et l'industrie légère. Le bilinguisme de la ville a aussi favorisé le développement du secteur des télécommunications.

Se repérer

91085 habitants

CARTE C2 (P. 456-457).

La ville se situe au sud-est de la province, à proximité de la Nouvelle-Écosse, au nord-est de Fredericton.

Organiser son temps

Depuis Moncton, vous êtes seulement à 1h de l'Île-du-Prince-Édouard ou de la Nouvelle-Écosse en empruntant les ponts.

En famille

Les fantastiques rochers d'Hopewell Cape.

Découvrir

20 chemin Mountain - 506 856 4383 - www.experiencemoncton.ca.

★ Bore Park

À l'angle de Main St. et King St. - 506 853 3516 - www.moncton.ca/fr/faire-et-voir/parcs - ♿ - renseignez-vous sur les heures du mascaret auprès de l'office de tourisme ou sur Internet - arrivez 20mn avant pour voir la rivière à son niveau le plus bas, et revenez si possible 1h plus tard, à marée haute.

Ce parc offre les meilleures vues sur le mascaret et le changement de niveau de la rivière Petitcodiac à 40 km de son embouchure. Petit cours d'eau à marée basse au centre d'un lit de boue rouge, la rivière monte jusqu'à 7 m à marée haute, et remplit son lit pour atteindre finalement 1,6 km de large.

Une onde dans l'entonnoir

L'amplitude des marées se trouve nettement accentuée dans certaines baies en forme d'entonnoir. C'est le cas de la baie de Fundy ; large de 77 km à l'embouchure, elle se rétrécit en largeur et en profondeur tout le long de ses 233 km. Comprimée au fond de la baie, la marée s'engouffre avec force dans le lit des rivières, précédée d'une onde de front, le **mascaret**. Lors des grandes marées, cette vague atteint sa hauteur maximale (jusqu'à 60 cm à Moncton).

Excursions

CARTE P. 456-457

★ Monument Lefebvre National Historic Site C2

À 20 km au sud-est de Moncton par la route 106 à St-Joseph - 480 r. Centrale, Memramcook - 506 758 9808 - monumentlefebvre.ca/fr - ♿ - 9h-17h; juin-sept. : mar.-vend. 9h-16h, sam. 10h-17h - 4,25 $.

La vallée de Memramcook, dans laquelle se tient la communauté de St-Joseph, est l'un des rares endroits où les Acadiens se sont maintenus malgré le Grand Dérangement. Ce petit musée retrace leur lutte pour conserver leur culture et illustre leur importance actuelle. Il se trouve dans le bâtiment Lefebvre, qui fait partie du **collège St-Joseph**, premier institut acadien d'études supérieures. C'est dans ce collège, fondé par le révérend Camille Lefebvre en 1864, que les personnalités acadiennes étudièrent pendant près d'un siècle jusqu'à sa fusion avec l'université de Moncton. C'est également là qu'eut lieu la première convention nationale des Acadiens en 1881.

★★ Hopewell Cape C2

À 35 km au sud de Moncton par la route 114. Attention : empruntez les escaliers menant à la plage aux heures indiquées, car la marée montante peut atteindre près de 10 m d'amplitude.

Les falaises et les rochers sont saisissants sous les rayons du soleil matinal.

Au débouché de la rivière Petitcodiac, sur la baie de Shepody, ce cap est célèbre pour ses falaises de conglomérat rouge dont l'érosion a détaché de pittoresques **rochers** parfois coiffés d'épinettes noires (épicéas) et de quelques sapins baumiers. À marée haute, ces rochers forment de petits îlots. Lorsque les eaux marines se retirent, on aperçoit leur base étrangement rétrécie par le frottement de l'eau. On peut alors se promener au pied des falaises entre ces impressionnants « pots de fleurs » géants.

★★ Fundy National Park C2-3

À 77 km au sud de Moncton, près d'Alma, sur la route 114 qui suit la côte sud.

Centre d'accueil de l'administration - 506 887 6000 - parcs.canada.ca/pn-np/nb/fundy - ♿ - 8h-19h45; nov.-mi-mai : 9h-18h, vend.-dim. 8h-18h45 (dim. 16h45); centre d'accueil du lac Wolfe ouv. de mi-mai à mi-oct. : 10h-19h45 - 9 $.

Activités : golf, location de bateaux, baignade, piscine, pêche, tennis, VTT, randonnée pédestre ou à skis, raquettes, camping, aires de jeux. Attention : brouillard fréquent !

Le parc occupe un territoire de fortes collines boisées, dressées en falaises abruptes sur 13 km le long de la baie de Fundy, entrecoupées de rivières et de ruisseaux qui s'écoulent dans de profondes vallées. Les marées atteignent à cet endroit une amplitude minimale de 9 m. Certaines ont même atteint les 20 m : un record mondial ! Lorsque la mer se retire, la grève dégagée révèle alors une impressionnante faune aquatique.

Entrée Est du parc – Agréable **vue★** sur Alma, petit village de pêcheurs adossé au promontoire rocheux d'Owl's Head, sur la longue plage qui borde la baie de Fundy, et sur la paisible rivière Salmon, bordée vers le nord de collines boisées.

★★ Point Wolfe – *À 10 km de l'entrée du parc.* La route qui conduit vers la péninsule de Point Wolfe traverse la rivière du même nom par un charmant pont couvert. Non loin de lui subsiste un barrage de bois qui retenait jadis les troncs destinés à

Rochers d'Hopewell Cape.
Alexandra Draghici/Getty Images Plus

la scierie établie à l'embouchure de la rivière ; des goélettes venaient les charger aux embarcadères de l'anse. Aujourd'hui, la petite localité de Point Wolfe a disparu avec la scierie. Un sentier offre de belles **vues★★** sur ce site accidenté, bordé de falaises roses et de hauteurs boisées. Le rivage, largement dégagé à marée basse, grouille de toute une faune enfouie sous le sable et les rochers.
Herring Cove – *À 11 km de l'entrée du parc.* À l'extrémité de la route, jolies **vues★** sur la côte. Un sentier mène à une anse où se découvrent, à marée basse, de vastes estrans peuplés de coquillages (bernicles, anatifes), d'anémones de mer et de puces des sables.

9

★★ Fort Beauséjour-Fort Cumberland National Historic Site C2

Au sud-est de Moncton, sur la Transcanadienne, près de la frontière de la Nouvelle-Écosse - 11 Fort Beauséjour Rd - Aulac - ✆ 506 364 5080 - parks.canada.ca/lhn-nhs/nb/beausejour - ♿ - de mi-juin à déb. sept. : 9h-17h - 4,50/11 $.
Ce fort est situé sur l'isthme de Chignecto, étroite bande de terre qui relie le Nouveau-Brunswick à la Nouvelle-Écosse. Par beau temps, vous profiterez d'un splendide panorama sur le bassin de Cumberland, pointe de la baie de Chignecto qui prolonge la baie de Fundy. La région, l'ancienne Acadie colonisée par les Français, fut le théâtre de furieux combats qui les opposèrent aux Anglais. Fort Beauséjour, devenu Fort Cumberland, fut classé site historique national du Canada en 1926. Du fort, il ne subsiste que les talus herbeux, trois casemates souterraines restaurées qui se visitent et quelques ruines. Au **centre d'accueil**, exposition sur l'histoire du fort, des Acadiens et de la région.

Baie de Passamaquoddy - Îles Fundy ★★

Passamaquoddy Bay - Fundy Isles

Petit bras de mer à l'embouchure de la baie de Fundy, la baie de Passamaquoddy présente une côte déchiquetée, semée de caps et d'îles, partagée entre le Nouveau-Brunswick et le Maine. St Andrews by-the-Sea est une région de villégiature connue, célèbre pour ses homards et ses algues comestibles appelées rhodyménies. Selon une légende micmaque, les îles furent créées par le dieu Glooscap, qui vit un jour des loups sur le point d'attaquer un chevreuil et un orignal. Pour éviter le massacre, la divinité transforma les animaux en îles.

Se repérer

CARTE B3 (P. 456-457) ET
CARTE DE LA BAIE (CI-CONTRE).
La ville de St Stephen, proche de la frontière américaine, à environ 90mn à l'ouest de St John, marque la limite ouest de la baie de Passamaquoddy. St Andrews by-the-Sea se tient sur une petite péninsule juste au sud.

À ne pas manquer

L'île Campobello, patrie de Franklin D. Roosevelt.

Organiser son temps

Planifiez votre itinéraire en tenant compte des horaires des ferries. Attention, températures fraîches et brouillard fréquent, même en été, surtout dans les îles.

En famille

L'aquarium du Huntsman Marine Science Centre à St Andrews.

Nos adresses p. 473

Découvrir

CARTE DE LA BAIE CI-CONTRE

★ St Andrews by-the-Sea

standrewsbythesea.ca.

Cette charmante petite station de villégiature est située à la pointe de la péninsule qui sépare l'estuaire de la rivière Ste-Croix et la baie proprement dite.

Artère principale, **Water Street** est animée de nombreux cafés et boutiques, tandis que d'élégantes maisons centenaires s'alignent le long des avenues tranquilles. Certaines, construites sur la rive sud de la rivière Ste-Croix avant que le traité de 1842 n'en fasse la frontière entre les États-Unis et le Nouveau-Brunswick, furent transportées à St Andrews, de l'autre côté de l'estuaire, pour rester en territoire britannique. Plusieurs personnalités eurent une maison à St Andrews, parmi lesquelles **William Van Horne**, directeur général du Canadien Pacifique de 1888 à 1899.

★ **Huntsman Marine Science Centre** – *1 Lower Campus Rd - ✆ 506 529 1200 - www.huntsmanmarine.ca - de mi-mai à mi-oct. : 10h-17h ; reste de l'année : réserv. sur le site Internet - 18 $ - carte bancaire uniquement.* Une famille de phoques joueurs

Une conquête en deux temps

En 1604, la première expédition acadienne, conduite par **de Monts** et **Champlain**, choisit la baie pour établir son campement et hiverna à l'île Ste-Croix (un site historique national), dans l'estuaire de la rivière du même nom, avant de trouver un meilleur asile à Port-Royal en Nouvelle-Écosse. La région ne fut vraiment colonisée qu'à partir de 1783, avec l'arrivée des loyalistes, qui s'installèrent à St Stephen, St Andrews by-the-Sea, St George et dans les îles Deer, Grand Manan et Campobello.

constitue l'attraction principale de cet intéressant petit **aquarium** consacré aux écosystèmes marins de la baie de Fundy et de l'Atlantique. Une salle de cinéma projette régulièrement des films.

St Andrews Blockhouse National Historic Site – *23 Joe's Point Rd - ✆ 506 636 4270 (en été) ou 506 636 4011 - parks.canada.ca/lhn-nhs/nb/standrews - juin-août : 10h-18h - gratuit.* Seul vestige des quatorze fortins qui protégeaient jadis la frontière ouest du Nouveau-Brunswick de l'invasion américaine, cet ouvrage défensif en bois fut construit pendant la guerre de 1812. À l'intérieur, des documents retracent l'historique de la ville et du petit fort.

★ Deer Island (ÎLE DEER)

Bac au dép. de Letete : ✆ 506 662 3724 - deerisland.coastaltransport.ca - 6h 22h30 - gratuit.

L'île de Fundy était à l'origine habitée par des pêcheurs. L'agréable **traversée★** au départ de Letete s'effectue à bord d'un bateau qui louvoie parmi une série d'îlots

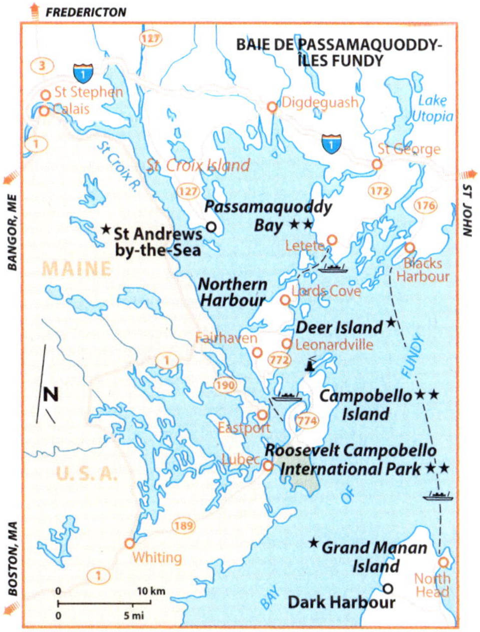

En hommage à Campbell et à Roosevelt

En 1770, les premiers colons s'établissaient sur Campobello, baptisée à l'origine en l'honneur du gouverneur de Nouvelle-Écosse **William Campbell**, et dont on fit *Campo Bello*, évoquant ainsi la beauté des paysages de l'île. À la fin du 19e s., quelques riches Américains séduits par le charme de Campobello y passaient leurs vacances. Dès 1883, Roosevelt venait tous les étés, nageant, pêchant, pratiquant la voile. Après son mariage avec Eleanor, il continua à s'y reposer, loin de ses occupations politiques de plus en plus prenantes. Gravement atteint de poliomyélite en 1921, il ne devait revenir sur l'île que douze ans plus tard. En 1964, les gouvernements du Canada et des États-Unis créèrent conjointement un parc dédié à sa mémoire.

couverts d'oiseaux. Deer Island est une île tranquille (principalement habitée par des pêcheurs) qui ferme presque la baie de Passamaquoddy. Dans la petite île de **Northern Harbour** se trouve le plus grand vivier à homards du monde. De simples clôtures dans cette baie étroite forment les enclos qui gardent ces crustacés à longueur d'année dans une eau de mer renouvelée par le jeu des marées. À la pointe sud, un grand remous baptisé **Old Sow** (« vieille truie ») pour ses effets sonores, en particulier par très forte marée, s'observe depuis la pointe Deer Island ou du bac pour l'île Campobello.

★★ Campobello Island (ÎLE CAMPOBELLO)

Bac au dép. de l'île Deer : ✆ 506 747 2159 ou 1 888 747 2159 - www.eastcoastferriesltd.com - ♿ - ouv. tte l'année, horaires se rens. - 20 $/voiture, 5 $/passager - accès possible par le pont de Lubec (Maine).

☺ Les non-Américains doivent avoir un passeport en cours de validité.

L'« île bien-aimée » de **Franklin D. Roosevelt** (1882-1945) reçoit chaque année de nombreux visiteurs attirés par ses grandes plages de sable, ses anses pittoresques, ses ports de pêche, et par le souvenir du célèbre président américain.

★★ **Roosevelt Campobello International Park** – *459 rte 774, Welshpool - ✆ 506 752 2922 - www.rooseveltcampobello.org - ♿ - ouv. tte l'année - centre d'accueil : de mi-mai à mi-oct. : 10h-18h - gratuit.* Ce parc de 24 ha dans la partie sud de l'île est parcouru de **routes** et de sentiers de randonnée qui traversent des paysages superbes de forêts, de marais et de bord de mer. Au sud du centre d'accueil, tournez à droite au panneau indiquant l'aire de pique-nique pour atteindre la pointe Friar's Head, qui offre une belle vue sur la baie de Passamaquoddy ; en suivant Glensevern Road, vous rejoindrez la pointe Con Robinson, d'où l'on peut admirer la baie d'Herring Cove.

Cottage de Franklin Roosevelt – *Mêmes horaires que le centre d'accueil.* Bâtie dans le style colonial hollandais, cette grande maison de 34 pièces fait face à Eastport. Simplement meublé, l'intérieur recèle de nombreux souvenirs de l'homme d'État américain (lettres, photos, objets divers).

East Quoddy Head Lighthouse – *12 km jusqu'à la pointe par Wilson's Beach et par un chemin non goudronné, au nord du centre d'accueil.* Ce phare s'élève dans un cadre ravissant, face à l'île Head Harbour.

★ Grand Manan Island (ÎLE GRAND MANAN)

Bac au dép. de Blacks Harbour - ✆ 506 662 3724 - www.coastaltransport.ca - ♿ - de mi-juin à sept. : 7h30-21h (7 traversées/j.) ; reste de l'année : 9h30-21h (4 traversées/j.) - AS 1h30 - 39,25 $/voiture, 13 $/passager.

La plus grande des îles Fundy, Grand Manan, est connue pour ses paysages sauvages, ses falaises qui s'élèvent par endroits à 120 m, ses ports pittoresques, son importante population d'oiseaux (environ 230 espèces) et ses excursions pour observer les baleines. La baie de **Dark Harbour**, sur la côte ouest de l'île, est l'un des meilleurs sites au monde pour la récolte de la **rhodyménie** *(dulse)*, algue rouge comestible que l'on ramasse à marée basse sur les rochers le long des falaises. Séchée au soleil, elle se mange crue, grillée, en soupe ou cuite à l'eau ; son goût fort et salé, riche en iode et en fer, est un peu particulier.

Nos adresses

Restauration

À St Andrews by-the-Sea

Premier prix

Niger Reef Teahouse – *1 Joe's Point Rd - ✆ 506 529 8005 - mai-oct. : ouv. midi et soir - fermé lun. soir et mar. soir - plats 18/29 $.* Situé près de St Andrews Blockhouse à l'extrême ouest du centre-ville, ce petit édifice de bardeaux et de rondins (1927) a conservé ses fresques de style asiatique qui décrivent la côte du Nouveau-Brunswick. Alors qu'il est davantage connu pour ses thés et ses sandwichs originaux servis à midi, le Niger Reef propose le soir des poissons locaux, des coquillages ou des viandes grillées. Lorsque les soirées sont douces, demandez une table en terrasse pour profiter des magnifiques paysages de la baie.

Budget moyen

Rossmount Inn – *4599 rte 127 - ✆ 506 529 3351 - www.rossmountinn.com - mi-avr.-oct. : horaires, se rens. - plats 26/49 $ - 18 ch.* Cette maison victorienne à bardeaux se trouve à 10mn de l'océan, le long de la route qui mène à St John. Cette respectable auberge est réputée pour la fraîcheur de ses produits. Servis dans la pimpante salle à manger d'où l'on aperçoit la baie lointaine, les plats de la carte (modifiée chaque jour) proposent les produits de la mer accompagnés de légumes frais cueillis dans le jardin du restaurant. Cette adresse offre l'un des meilleurs rapports qualité-prix de la ville.

Hébergement

À St Andrews by-the-Sea

Une folie

Kingsbrae Arms – *219 King St. - ✆ 506 529 1897 - kingsbrae.com - P ✕ - ch. 449/589 $* ▭. Aménagée dans un manoir de 1897 à bardeaux, cette auberge de grande classe ornée d'objets d'art est l'unique propriété Relais & Châteaux des provinces maritimes. Les chambres luxueuses ont des lits à baldaquin ou des lits bateau, des couettes en duvet et des salles de bains en travertin ou marbre de Carrare, équipées de bains à remous, de baignoires en fonte ou de douches ultramodernes. Après avoir siroté leur cocktail, les résidents sont invités à savourer leur repas autour d'une immense table (restaurant réservé aux résidents de l'hôtel). Les clients ont accès au petit salon, ainsi qu'à la bibliothèque et à de ravissants jardins agrémentés de statues.

Saint John ★★

St John est à la fois la plus grande ville du Nouveau-Brunswick, son principal port et son centre industriel. Elle s'est développée à l'embouchure du St John, près de la baie de Fundy, dans une région de collines rocheuses et nues qui resserrent soudain le cours du fleuve en lui imposant un tracé tortueux. Le résultat donne un inextricable réseau routier agrémenté de nombreux culs-de-sac dans lequel il est parfois un peu difficile de s'orienter.

Bâtiments historiques de Saint John.
W. Bibikow/hemis.fr

Se repérer

75 015 habitants

CARTE B3 (P. 456-457) ET PLAN (P. 476).

St John se trouve sur la côte de la baie Fundy, en face de Digby (Nouvelle-Écosse). Un ferry relie les deux villes.

À ne pas manquer

Il faut absolument voir les rapides de Reversing Falls.

Organiser son temps

Prévoyez au moins une journée.

Carnet pratique p. 479

Nos adresses p. 479

Se promener

PLAN P. 476

★★ Le centre-ville

Rénové, le centre de St John se parcourt agréablement à pied.

★★ Market Square Area

Inauguré en 1983, le complexe du Market Square comprend un centre commercial sur plusieurs niveaux avec un atrium central, un hôtel, un Palais des congrès et le musée du Nouveau-Brunswick. Une rangée d'entrepôts de la fin du 19e s. donne sur une charmante place entourant **Market Slip**, le quai où les loyalistes débarquèrent en 1783. En été, les cafés installent leurs terrasses et des concerts sont joués sur la place.
Une passerelle enjambant Dock Street relie Market Square au **centre aquatique** des Jeux du Canada *(www.aquatics.nb.ca)* et au **City Hall (B)**, l'hôtel de ville. On longe ensuite **Brunswick Square (C)**, ensemble moderne réunissant des bureaux, un hôtel et des boutiques.

Loyalist House (D)

120 Union St. - ✆ 506 652 3590 - www.loyalisthouse.com - juil.-août : lun.-vend. 9h-16h - 5 $.
Construite en 1817 par David Merritt, qui avait fui l'État de New York en 1783, cette maison est l'un des rares édifices à avoir échappé à l'incendie de 1877. L'extérieur est revêtu de planches sur les deux côtés les plus exposés à la pluie, et de bardeaux moins onéreux sur les deux autres. Derrière une façade très simple se cache un intérieur georgien raffiné, comprenant notamment un bel escalier à cage arrondie et des arcs surbaissés entre les pièces. En sortant, on remarquera *(sur le côté donnant sur Germain St.)* l'assise de la maison, posée directement sur le rocher qui affleure partout dans la ville.

King Square Area

Considéré comme le centre de St John, King Square est un agréable jardin public aux allées tracées comme le drapeau du British Union Jack, avec un kiosque à musique à deux étages. Dans un angle, le **vieux marché (E)** propose les produits de la province, en particulier la rhodyménie. De l'autre côté du square s'étend le **cimetière loyaliste (F)**.

9

Hors du centre-ville

Fort Howe Lookout

De Main St., prenez Metcalfe St., puis Magazine St. à droite. Accès interdit au public.
Blockhaus de bois perché sur une croupe rocheuse dominant les collines environnantes, le fort offre une **vue panoramique★** sur la ville, le fleuve et les installations portuaires.

★★ Reversing Falls Rapids

Pour apprécier pleinement le phénomène des « chutes réversibles », il faut voir le St John à différents moments de la journée : à marée basse, à marée haute et à mi-parcours, lorsque les courants du fleuve et de la marée s'annulent. Pour connaître les heures des marées, adressez-vous à l'office de tourisme.

À l'embouchure du St John, les marées de la baie de Fundy atteignent 8 m d'amplitude. À marée basse, le St John se précipite vers la baie, dont le niveau est alors inférieur de 4 m à celui du fleuve. Mais, à mesure que la mer monte et que la poussée des marées venues de l'Atlantique augmente, le courant du fleuve se ralentit, s'arrête, puis s'inverse. Quand le niveau des eaux de la baie dépasse de plus de 4 m celui des eaux du St John, un courant rapide remonte alors le fleuve avec une telle force qu'il se fait sentir jusqu'à Fredericton (*p. 461*), environ 130 km en amont. Ce phénomène de mascaret (*encadré p. 467*), caractérisé par la formation de rapides et de tourbillons dans un sens puis dans l'autre, est particulièrement visible à l'endroit où le St John s'engouffre dans une étroite gorge, juste avant de se jeter dans la baie de Fundy.

Reversing Falls Bridge Lookout (G)

Parking à l'entrée ouest du pont, Visitor Information Centre - ✆ 506 658 2937 (juin-oct.) ou 506 658 2855 - www.saintjohn.ca - horaires et tarifs, se rens.
Du toit-terrasse, vous aurez de très belles **vues★★** sur le fleuve et vous verrez parfaitement l'inversion du courant. Un **film** présente en accéléré le phénomène des chutes réversibles.

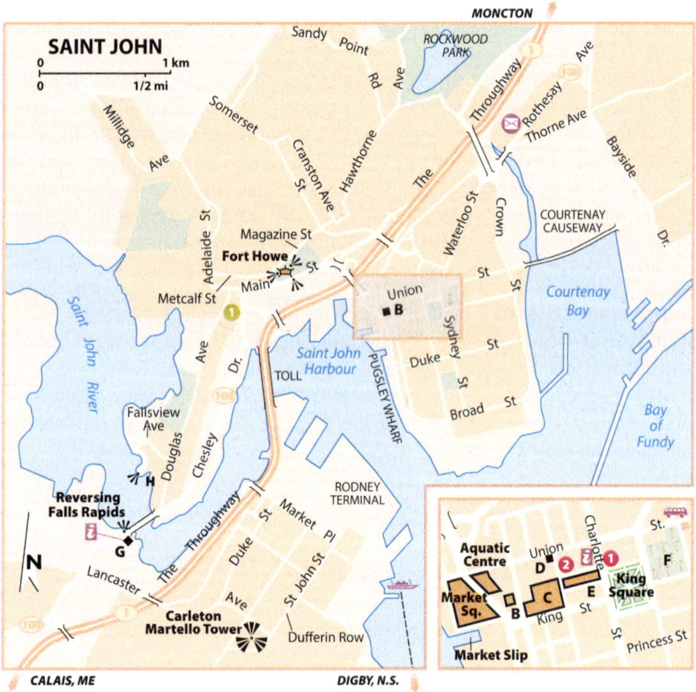

SE RESTAURER
- Billy's Seafood 1
- Vegolution 2

SE LOGER
- Homeport Historic B & B 1

City Hall .... B
Brunswick Square C
Loyalist House .... D
Vieux Marché .... E
Cimetière loyaliste .... F
Falls View Park Lookout .... H
Reversing Falls Bridge Lookout .... G

Un défi permanent

Territoire acadien

En 1604, Samuel de Champlain et le sieur de Monts parcoururent rapidement l'embouchure de la rivière. En 1630, un personnage entreprenant, **Charles de La Tour**, fonda à l'embouchure du St John un comptoir de fourrures. Huit ans plus tard, le roi de France plaça l'Acadie sous l'autorité conjointe de Charles de La Tour et de Charles de Menou d'Aulnay, qui devaient se partager les bénéfices du fructueux commerce des pelleteries. Très vite, la discorde s'installa entre eux. De sérieuses querelles s'ensuivirent (Aulnay s'empara du fort en 1645), aggravées par le conflit franco-anglais. Suite au traité de Paris (1763), un comptoir anglais succéda à Fort La Tour.

La ville des loyalistes

En 1783, une flotte jeta l'ancre à l'embouchure du St John, débarquant quelque 14 000 loyalistes qui cherchaient refuge au Canada. Ruinés par la confiscation de leurs biens et fort peu préparés à une vie de pionniers, ils parvinrent pourtant à créer une ville prospère et mondaine vivant du commerce et de la construction navale. St John, rattachée au Canada en 1785, devint bientôt la première ville du pays, méritant son surnom de « Liverpool d'Amérique ».

Déclin et renouveau

La fin de l'âge d'or des bateaux de bois devait s'accompagner de retombées désastreuses sur l'économie provinciale. Dès 1860, St John entamait une longue période de déclin. En 1877, un terrible incendie détruisit plus de la moitié de la ville. Si la fin du 19e s. vit la rénovation du quartier portuaire, l'établissement d'un terminus de chemin de fer et la construction de plusieurs élévateurs à grain, St John ne commença véritablement à revivre que dans les années 1960. L'injection massive de capitaux dans l'industrie du papier et dans le raffinage du sucre et du pétrole, ainsi que la création d'installations portuaires destinées à accueillir les navires-citernes et porte-conteneurs donnèrent à son économie le coup de fouet dont elle avait besoin.

Mais la roue tourne : la fermeture de la raffinerie de sucre contraint de nombreuses familles à partir. L'apparition des hautes technologies et le développement des secteurs des hydrocarbures et du plastique renouvellent cependant la population. TD Station (anciennement appelé Harbour Station), complexe sportif et récréatif, a ouvert ses portes et l'Imperial Theatre a été rénové.

Tours Martello

En pierre, de construction particulièrement robuste, les tours Martello constituaient pour l'Empire britannique, à partir du début du 19e s., une unité de défense autonome, à la fois caserne et plate-forme de tir, dont l'unique entrée (à l'étage supérieur) était protégée par un escalier escamotable. Leur forme arrondie si particulière s'inspirait d'une tour située sur la pointe Mortella en Corse, qui s'était révélée fort résistante aux assauts des vaisseaux anglais : la paroi face à l'ennemi était très épaisse, celle qui tournait le dos à la garnison était plus mince. En cas de prise par l'ennemi, ces curieux ouvrages pouvaient ainsi être facilement détruits par les canons des assiégés. Des seize tours Martello construites en Amérique du Nord britannique entre 1796 et 1848 (cinq à Halifax, six à Kingston, quatre à Québec et une à St John), il en reste aujourd'hui onze. Aucune n'eut à subir le siège d'ennemis.

Falls View Park Lookout (H)

Parking au bout de Falls View Ave.

Du parc, les **vues★** sur les chutes sont belles, mais tout de même moins spectaculaires que du pont.

★ Carleton Martello Tower

454 Whipple St. W - ✆ 506 636 4011 - parcs.canada.ca/lhn-nhs/nb/carleton - fermé pour travaux au moment de la rédaction de ce guide.

Construite en 1813 pour parer à toute attaque américaine, cette tour Martello, aujourd'hui classée site historique national, fut aussi utilisée pendant les deux guerres mondiales. Au cours de la seconde, elle fut rehaussée pour abriter le poste de commandement de la défense antiaérienne. À l'intérieur, évocation de l'histoire militaire de St John. De la tour, **vue panoramique★★** sur la ville, le port, ses docks, le terminal ferroviaire et le brise-lames de l'île Partridge.

Carnet pratique

S'informer

Visitor Information Centre – *St. John City Market - 47 Charlotte St. - ✆ 1 866 463 8639 - www.discoversaintjohn.com.* Il distribue des itinéraires à suivre dans le centre-ville.

Arriver/Partir

Se garer – Il est facile de se garer à St John, dans de grands parkings ou sur de simples emplacements, avec ou sans parcmètres.

Agenda

Chaque année en été, la ville de St John est très animée : concerts et spectacles se succèdent pour le plus grand plaisir de tous.

Nos adresses

PLAN P. 476.

Restauration

Premier prix

2 **Vegolution**
26 Germain St. - ✆ 506 643 8401 - www.vegolution.ca - service continu - fermé dim.-mar. - plats env. 20/30 $. Au cœur de St John, ce restaurant tenu par un couple de végétariens propose de délicieux plats aux mille saveurs dans une ambiance chaleureuse.

Budget moyen

1 **Billy's Seafood** – *49-51 Charlotte St. - ✆ 506 672 3474 - billysseafood.com - service continu - fermé dim. - plats 15/42 $.* Situé à l'entrée principale du marché, ce lieu est idéal pour se délecter de poissons et fruits de mer. Le joli magasin vend ses produits en journée puis se convertit, le soir, en un restaurant chic et sans prétention. Moins cher que les attrape-touristes du bord de mer, le Billy's cuisine ses produits de mille manières. Quel que soit votre choix, vous ne serez pas déçu.

Hébergement

Pour se faire plaisir

1 **Homeport Historic B & B** – *80 Douglas Ave - ✆ 506 672 7255 - 1 888 678 7678 - www.homeportinn.ca - P - 10 ch. 180/213 $.* Bâti sur une crête rocheuse d'où la vue s'étend jusqu'à la baie, ce manoir de style toscan (1858) a été transformé en maison d'hôte. Les grandes chambres sont pourvues de mobilier d'époque victorienne glané dans les boutiques et les ventes régionales. Le petit-déjeuner, copieux, comprend un plat chaud, un fruit frais et un granola maison.

À Rothesay

Pour se faire plaisir

Shadow Lawn Inn – *3180 Rothesay Rd - ✆ 506 847 7539 - www.shadowlawninn.com - P ✕ - 9 suites 184/273 $.* Cet hôtel au style recherché s'élève à 10mn du centre-ville de St John. Il fut construit en 1870 pour un propriétaire de grand magasin en quête d'une résidence d'été. Ses chambres, hautes de plafond (pour celles qui sont à l'avant) sont meublées d'époque (ou de copies). Un généreux petit-déjeuner continental est compris dans le prix. De bonne réputation dans la région, le restaurant propose une cuisine canadienne dans un cadre raffiné.

Vallée du Saint John ★★

Saint John River Valley

De sa source dans le Maine à son embouchure dans la baie de Fundy, le St John traverse d'abord une région d'exploitation forestière, puis arrose une vallée parsemée des fermes les plus prospères du Nouveau-Brunswick. La vallée du St John ne fut guère colonisée avant l'arrivée, en 1783, de quelque 4000 loyalistes qui s'établirent le long de ses rives. Au 19e s., de nombreux bateaux à vapeur sillonnaient le fleuve pour desservir les cités riveraines. Aujourd'hui, le St John demeure un important axe de passage.

Se repérer

CARTE AB1-2 (P. 456-457).
La Transcanadienne qui relie Fredericton à Edmundston suit la vallée du St John sur une grande partie de son trajet.

À ne pas manquer

Grand Falls Gorge, l'une des curiosités les plus connues de la province.

Organiser son temps

Vous pouvez remonter le St John jusqu'à Edmundston (*circuit ci-dessous)* ou faire une boucle au départ de St John en suivant la vallée jusqu'à Fredericton, puis en vous dirigeant vers le nord le long de la rivière Miramichi, pour redescendre ensuite le long de la côte du détroit de Northumberland et rejoindre St John.

En famille

Le village reconstitué de Kings Landing Historical Settlement.

Circuit conseillé

CARTE P. 456-457

De Fredericton à Edmundston AB1-2

Circuit de 285 km tracé en vert sur la carte p. 456-457. Quittez Fredericton (p. 461) par la Transcanadienne (route 2).

Après avoir traversé la capitale provinciale, la Transcanadienne longe le fleuve et atteint bientôt le barrage de Mactaquac, le plus grand ouvrage hydraulique de la province. Sur la rive nord de son lac de retenue (longueur : environ 105 km) se trouve le **parc provincial Mactaquac**, très apprécié des sportifs. La route suit la rive sud du lac artificiel et la route 102, qui longe la rivière, offre de belles **vues**★ d'un paysage de plus en plus rural, aux formes adoucies.

★★ Kings Landing Historical Settlement B2

Km 37. 5804 Rte 102, Kings Landing - ✆ 506 363 4999 - www.kingslanding.nb.ca - de déb. juin à mi-oct. : 10h-17h - 28 $.

Le Saint John au niveau de Grand Falls Gorge.
Radius Images/Photononstop

Typique des établissements loyalistes qui jalonnaient jadis les rives du fleuve, ce village reconstitué occupe un très joli **site** dans la vallée d'un petit affluent du St John et donne une image fidèle de ce qu'était la vie dans la région de 1783 à 1900. Le terrain sur lequel fut construit le village avait été consenti après la guerre d'Indépendance aux vétérans des King's American Dragoons. Ces derniers s'y établirent comme bûcherons, fermiers ou constructeurs de bateaux. La plupart des édifices que l'on visite aujourd'hui ont été transportés ici lorsque le lac du barrage de Mactaquac inonda les terres voisines.

Près de 100 personnes animent le village, expliquant volontiers les tâches quotidiennes de la vie rurale au 19e s. On voit les fermes et leurs champs cultivés, l'église, l'école, la forge et le magasin général du village. Le **théâtre** donne des représentations. La **scierie** fonctionne, sa large roue à aubes entraînant la scie qui taille les troncs. L'auberge **Kings Head Inn**, typique des relais routiers de l'époque, sert des mets et des rafraîchissements traditionnels. La ferme Morehouse, à l'aspect confortable, voisine avec l'élégante maison Ingraham, dont le joli jardin domine le fleuve.

Au débarcadère est amarré un **bateau en bois**, réplique réduite de moitié d'un chaland qui charriait le bois scié et le foin des fermes jusqu'au marché.

Entre Kings Landing et Woodstock, on jouit sur la route 102 d'excellentes **vues★★** sur le fleuve large et tranquille, dans un paysage doucement vallonné où alternent bois et cultures.

Après Woodstock, quittez la Transcanadienne et prenez la route 103 jusqu'à Hartland.

★ Hartland A2

Petite ville fondée par les loyalistes, située dans une région de culture de la pomme de terre. En arrivant par la route 103 qui domine le fleuve, belle

> **Fougères**
>
> On ramasse au printemps les jeunes crosses de certaines variétés de fougères comestibles poussant sur les rives du St John. Bouillies, accommodées d'un filet de citron et d'une noix de beurre, elles composent un mets de choix dont le goût se rapproche de celui des asperges sauvages ou des fonds d'artichaut.

La république du Madawaska

Petite enclave entre le Québec et le Maine, la région au sud du lac Témiscouata et au nord de la rivière Aroostook était jadis appelée Madawaska. Elle fut colonisée à partir de 1785 par des Acadiens qui s'installèrent sur les deux rives du St John. Le traité de 1842, qui fixa les frontières entre les États-Unis et le Nouveau-Brunswick, coupa la colonie en deux, mais la région garde encore une unité profonde sur les deux versants de la vallée. Longtemps isolée, elle vécut repliée sur elle-même, développant un esprit régional affirmé que ses habitants (surnommés **Brayons**) rappellent plaisamment en parlant de leur « République » toute symbolique, dirigée par son « président », le maire d'Edmundston. Pour donner corps à cette image, ils ont créé leur propre drapeau (un aigle à tête blanche entouré de six étoiles représentant les différentes origines ethniques des habitants : Acadiens, Québécois, Premières Nations, Américains, Anglais et Irlandais).

vue★ sur le **pont couvert** le plus long du monde (391 m) reliant les routes 103 et 105, par lequel la Transcanadienne passa jusqu'en 1960. Seules les voitures sont autorisées à le franchir. Cet ouvrage de bois en forme de grange constitue la curiosité la plus célèbre d'Hartland. Coiffé d'un réseau de puissants madriers, le pont fut achevé en 1901 et restauré en 1920. Notons qu'au Canada, les premiers ponts étaient en bois. Sous la rudesse du climat, les couvrir prolongeait leur durée de vie de 50 à 60 ans.
Prenez la rte 105 jusqu'à Florenceville, puis la Transcanadienne jusqu'à Grand Falls.
La Transcanadienne offre de jolies **vues★** sur le St John et sur la région agricole au nord de Florenceville. En poursuivant sa course vers le Maine, le fleuve traverse des paysages de plus en plus montagneux.
Quittez la Transcanadienne pour entrer en ville.

★★ Grand Falls Gorge A1

Falls and Gorge Commission - ✆ 506 475 7777 - www.grandsault.com.
La ville est construite sur un plateau déchiré sur près de 1,5 km par une gorge profonde où le fleuve, large et calme, s'engouffre brutalement en formant de larges chutes, qui expliquent le nom de cette cité. Deux points de vue permettent d'admirer l'ampleur de la gorge.
Falls Park – *Dép. du centre touristique d'information Malobiannah 25 chemin Madawaska - de mi-mai à déb. oct. : 10h-18h - 10 $.* Le parc ménage de jolies **vues★** sur les chutes et la gorge. En arrière-plan se distingue la centrale.
Reprenez la Transcanadienne.
Le St John redevient calme et large. En amont de Grand Falls, il forme la frontière entre le Nouveau-Brunswick et l'État américain du Maine.

Edmundston A1

Cité industrielle dominée par les deux flèches de la **cathédrale de l'Immaculée-Conception**, Edmundston contraste avec la région essentiellement agricole qui l'entoure. À cause des rapides de la Madawaska, la ville s'appelait encore Petit-Sault, par opposition au Grand-Sault (Grand Falls) en aval, lorsqu'elle prit en 1856 son nom actuel en l'honneur du gouverneur de la province, **Edmund Head** (1848-1854). Elle est aujourd'hui la métropole d'une région largement francophone et catholique.
Musée Madawaska – *Sur la Transcanadienne - 195 Hébert Blvd - ✆ 506 737 5282 - ♿ - mar.-vend. 10h-16h - payant.* Il retrace l'histoire de la région.

Île-du-Prince-Édouard ★★

Prince Edward Island

Située dans le golfe du St-Laurent, la plus petite province du pays a pour indéniables atouts son calme et sa beauté. Ses couleurs sont saisissantes : aux beaux jours, le rouge bien caractéristique de son sol ferrugineux, le bleu du ciel et de la mer, le vert tendre de ses campagnes vallonnées et la blancheur cotonneuse des nuages créent un remarquable effet de kaléidoscope. Chaque année, plus de 700 000 visiteurs viennent s'y promener, attirés par ses belles plages, ses petits ports de pêche, les vacances à la ferme et les soupers au homard qui, l'été, offrent l'occasion de déguster, dans les salles paroissiales et communales, fruits de mer fraîchement pêchés et légumes du potager.

Se repérer

CARTE CD2 (P. 456-457) ET CARTE DE L'ÎLE (P. 486).
L'Île-du-Prince-Édouard est à 14 km du Nouveau-Brunswick et 22 km de la Nouvelle-Écosse, provinces situées sur l'autre rive du détroit de Northumberland.

À ne pas manquer

Le littoral et ses superbes plages.

Organiser son temps

Comptez une journée à Charlottetown et deux jours pour découvrir les environs et profiter des sentiers et des plages du Prince Edward Island National Park.

En famille

La maison d'*Anne of Green Gables* ; l'Orwell Corner Historic Village ; West Point Lighthouse.

Carnet pratique p. 490

Nos adresses p. 491

9

Découvrir Charlottetown★★

Capitale de la province, Charlottetown est un **port** abrité dans une baie du détroit de Northumberland. Fondée en 1768, cette paisible ville de plus de 44 770 habitants, aux belles demeures victoriennes, doit son nom à la reine Charlotte, épouse de George III d'Angleterre. Elle se situe dans une riche région agricole dont elle écoule la production grâce à son port. Elle est aussi le principal centre commercial de l'île. L'un des quartiers les plus agréables de la ville se situe près du **Victoria Park**, qui abrite la blancheur néoclassique de **Government House**, imposante résidence du lieutenant-gouverneur dessinée par Isaac Smith *(fermée au public)*. De la rive, la **vue**★ s'étend au loin jusqu'au site de Fort Amherst.

★★ Province House National Historic Site

165 Richmond St. - ✆ 902 566 7050 - parks.canada.ca/lhn-nhs/pe/provincehouse - ♿ - fermé pour travaux, réouverture se rens. La Confederation Centre of the

Conférence de Charlottetown

En septembre 1864, des représentants de la Nouvelle-Écosse, du Nouveau-Brunswick et de l'Île-du-Prince-Édouard se réunirent à Charlottetown pour discuter de l'union des provinces maritimes. Venus se joindre à eux, des représentants de l'Ontario et du Québec, appelés alors Haut et Bas-Canada, préconisaient l'union de toutes les colonies britanniques d'Amérique du Nord. Ces derniers virent leurs efforts récompensés : en 1867, l'Acte de l'Amérique du Nord britannique créait le Dominion du Canada. Malgré sa réticence initiale, l'Île-du-Prince-Édouard se joignit à la Confédération canadienne en 1873.

Arts (p. 484) présente une exposition sur Province House le temps des travaux. Ce bâtiment en grès (1847) de style georgien agrémenté de détails néoclassiques est également l'œuvre d'Isaac Smith, natif du Yorkshire. On y visite la salle de l'Assemblée législative actuelle ainsi que la **salle de la Confédération**, telle qu'elle se présentait lors de la conférence de 1864 *(p. 453)*.

★ Confederation Centre of the Arts

À côté de Province House - 145 Richmond St. - 902 628 1864 ou 1 800 565 0278 - www.confederationcentre.com - ♿.

Construit en 1964 à l'occasion du centenaire de la conférence de Charlottetown, ce centre culturel abrite les archives provinciales, des salles de spectacle et d'exposition ainsi qu'un restaurant. La **galerie d'art** présente par roulement quelques œuvres de l'importante collection de peinture canadienne du centre. Le théâtre principal accueille chaque année, lors du **festival de Charlottetown**, une comédie musicale intitulée **Anne of Green Gables**. Le centre présente une exposition sur Province House *(bâtiment à côté)* le temps de ses travaux.

St Dunstan's Basilica

45 Great George St. - 902 894 3486 - www.stdunstanspei.com - ♿.

Du haut de leurs 61 m, les deux gracieux clochers de cet édifice de style néogothique (1917) se détachent sur le ciel de Charlottetown. Remarquez à l'intérieur les voûtes en éventail, le marbre veiné et une éblouissante rosace venue de Munich, en Allemagne. Henry Purdy, natif de l'île, signa les vitraux contemporains de la façade.

Circuits conseillés

CARTE DE L'ÎLE DU PRINCE-ÉDOUARD P. 486

★★ Circuit côtier du centre (Central Coastal Drive)

Circuit de 190 km tracé en bleu sur la carte p. 486.

centralcoastalpei.com.

La route fait un tour presque complet de la partie centrale de l'île du Prince-Édouard. Elle longe au passage les magnifiques plages blanches de la côte nord, traverse de charmants petits ports de pêche acadiens et de pittoresques paysages de campagne, comme dans *Anne of Green Gables*. Elle suit pour finir les côtes de grès rouge de la rive sud, baignées par les eaux du détroit de Northumberland.

★ Prince Edward Island National Park

À Cavendish, à 24 km au nord-ouest de Charlottetown - 902 672 6350 - parks.canada.ca/pn-np/pe/pei-ipe - ♿ - ouv. tte l'année - 9 $. Centre d'interprétation

Charlottetown.
dbvirago/Getty Images Plus

de Greenwich - 59 Wild Rose Road - de juin à déb. sept. : 9h-17h. Centre d'accueil Cavendish (site de Green Cables) ; de mi-juin à mi-sept. : 9h-17h.
Certaines plages sont fermées en période de nidification des oiseaux – utilisez les passerelles et les sentiers balisés pour ne pas dégrader les dunes.

9

L'île Saint-Jean

Ainsi baptisée par Jacques Cartier en 1534 et déclarée possession du roi de France, l'île ne fut pourtant colonisée qu'au début du 18e s., quand, après le traité d'Utrecht (1713), de nombreux Acadiens quittèrent l'Acadie péninsulaire devenue Nouvelle-Écosse pour fonder, non loin du site actuel de Charlottetown, **Port la Joye**, une dépendance de l'île Royale. Ces colons furent rejoints, après 1755, par une multitude de réfugiés fuyant le Grand Dérangement, mais, trois ans plus tard, l'île était à son tour prise par les Anglais. Ces derniers déportèrent la population acadienne de l'île, à l'exception d'une trentaine de familles qui prirent le maquis et constituèrent la souche de sa population actuelle.
Sous le régime anglais, l'île fut rebaptisée St John's Island et rattachée à la Nouvelle-Écosse, puis fut constituée en colonie indépendante dès 1769. Mais la plupart des « colons », de riches Anglais auxquels on avait donné les terres, ne quittèrent jamais l'Angleterre, et ce n'est qu'après la guerre d'Indépendance et la venue des loyalistes qu'une véritable population britannique vint s'y installer. En 1799, elle recevait son nom actuel en l'honneur du duc de Kent, fils de George III d'Angleterre.

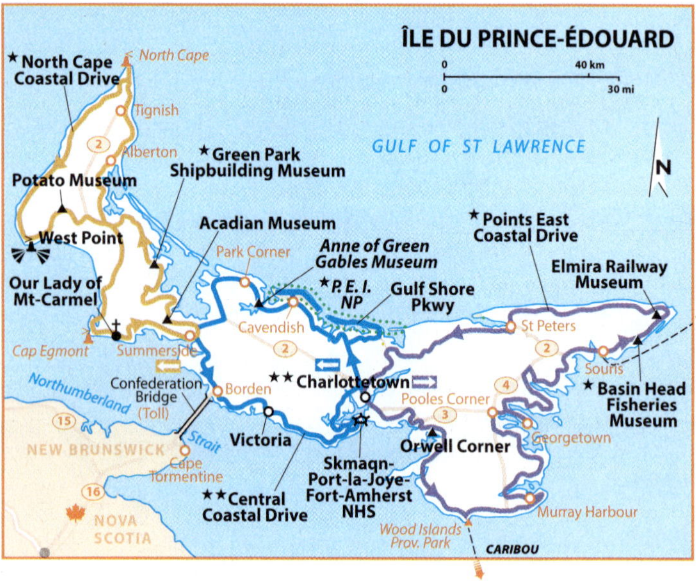

Ce petit Parc national, l'un des plus populaires du pays, s'étire sur quelque 40 km le long de la côte nord de l'île, au bord du golfe du St-Laurent. Une route, **Gulf Shore Parkway**, ponctuée ici et là de sentiers et de promenades en planches menant au rivage, permet de découvrir l'un des plus jolis paysages du Canada oriental : une côte très irrégulière émaillée de **plages** superbes, de dunes de sable, de falaises de grès, de marais d'eau saumâtre et de bassins d'eau douce. Aires de pique-nique au bord de la mer et dans les bois.

★ **Site patrimonial Green Gables** – *Dans le Parc national, rte 6 à l'ouest de la rte 13, 2 Palmers Lane - ✆ 902 963 7874 - parcs.canada.ca/lhn-nhs/pe/greengables - ♿ - mai-oct. : 9h-17h ; reste de l'année : se rens. - fermé déc.-mi-avr. - 9 $ selon la période.* Cette petite ferme blanc et vert appartenait à la famille de **Lucy Maud Montgomery** (1874-1942), qui y séjourna fréquemment durant son enfance. La maison lui servit de modèle pour le cadre de son célèbre roman **Anne of Green Gables** *(Anne... La Maison aux pignons verts)*, l'un des livres pour enfants les plus populaires de la littérature anglaise *(encadré ci-contre)*. La maison *(endommagée par un incendie en 1997)*, où sont recréées des scènes du roman (notamment la chambre d'Anne, sous les combles) et exposées des photos de famille, attire chaque année des milliers de visiteurs.

Anne of Green Gables Museum at Silverbush

À Park Corner, sur la route 20 - ✆ 902 886 2884 ou 1 800 665 2663 - www.annemuseum.com - ♿ - juin et sept. : 10h-16h ; juil.-août : 9h-17h ; reste de l'année : se rens. - 9 $.

Tout au long de sa vie, Lucy Maud Montgomery rendit visite à des parents, qui habitaient cette spacieuse maison et c'est dans le salon qu'elle se maria en 1911. À l'intérieur, des éditions originales des livres de l'auteur et sa correspondance personnelle côtoient des objets de famille. La demeure et ses environs figurent dans son roman *Anne of Green Gables.*

Victoria

Le hameau, situé sur le détroit du Northumberland, au sud de l'île, est très pittoresque pour son activité portuaire et son parc provincial. À l'une des extrémités de Main Street se dresse le bâtiment original de l'**Orient Hotel**. À proximité : d'autres maisons d'hôte, un chocolatier, un fabricant de bougies, une boutique d'artisanat, plusieurs cafés, un théâtre, une maison communale, un phare et plusieurs plages.

Skmaqn–Port-la-Joye–Fort-Amherst National Historic Site

Accès par la route 19 - Blockhouse Point Rd, Rocky Point - ✆ 902 566 7626 ou 902 675 2220 (été) - parks.canada.ca/lhn-nhs/pe/skmaqn - ouv. tte l'année - centre d'accueil : de juil. à déb. sept. : vend.-mar. 9h-17h.

C'est ici que les Français établirent en 1720 la première implantation européenne permanente sur l'île. Les Anglais, qui s'emparèrent de la région en 1758, érigèrent Fort Amherst, créèrent plusieurs lignes de défense à l'emplacement de la garnison française et occupèrent la place jusqu'en 1768. De nos jours, seuls subsistent du fort des monticules, d'où l'on découvre une **vue★★** superbe sur le port de Charlottetown.

★ Circuit côtier des pointes de l'Est (Points East Coastal Drive)

Circuit de 375 km au départ de Charlottetown tracé en violet sur la carte ci-contre.
Centre d'accueil à Pooles Corner (au croisement des routes 3 et 4) - pointseastcoastaldrive.com.

Soumis au caprice des baies et des ports qui échancrent profondément la côte est de l'île, ce circuit donne l'occasion d'apprécier l'importance locale des pêcheries, très actives dans le comté de Kings. Des chemins de traverse pénètrent dans des forêts verdoyantes et longent de petits villages dont les noms évoquent le patrimoine britannique de l'île : Cardigan, Greenfield...

Orwell Corner Historic Village

98 Macphail Park Rd, à 30 km à l'est de Charlottetown sur la Transcanadienne - ✆ 902 651 8510 - juil.-août : 8h30-16h30 ; juin et sept. : lun.-vend. 8h30-16h30 - 12 $.

Fondée au début du 19e s. par des pionniers venus d'Écosse et d'Irlande, cette communauté-carrefour restaurée de main de maître a conservé l'atmosphère et la saveur des premiers villages ruraux de l'île. Après la **ferme** (1864), qui servait aussi de poste, de magasin général et d'atelier de couturière, on peut visiter une

9

Lucy Maud Montgomery

Lucy Maud Montgomery (1874-1942) est l'auteure du roman jeunesse **Anne of Green Gables** *(Anne... La Maison aux pignons verts)*, véritable succès Outre-Atlantique publié en 1908. Aujourd'hui traduit en 18 langues, le roman relate l'histoire d'une petite orpheline pleine d'entrain adoptée par un frère et une sœur sévères mais bons, habitant dans la fameuse ferme « aux pignons verts ». Lucy Maud Montgomery écrivit toute une série autour de ce personnage pétillant et intelligent, dont l'action se déroule principalement sur l'Île-du-Prince-Édouard. Les lieux emblématiques de la saga sont aujourd'hui devenus des destinations touristiques populaires.

église, une école, une salle communautaire, une forge, une fabrique de bardeaux et les dépendances pour les animaux. Violons et gigues figurent au programme du traditionnel *Ceilidh (ou KAY-lee)*.

★ Basin Head Fisheries Museum

336 Basin Head Rd, à 10 km à l'est de Souris, route 16 - ✆ 902 357 7233 - www.peimuseum.com - 12-30 juin. : lun.-vend. 9h30-17h ; juil.-août. : 9h30-17h ; sept. : jeu.-lun. 9h30-17h - 7 $.

Surplombant le détroit de Northumberland, ce musée est consacré à la pêche côtière. Il rassemble tout l'équipement nécessaire ainsi que des photographies et des dioramas. Des petits bateaux sont exposés à l'extérieur.

Elmira Railway Museum

457 Elmira Rd, à 16 km à l'est de Souris, route 16A - ✆ 902 357 7234 - www.peimuseum.com - ♿ - juil.-août : 9h30-16h30 ; sept. : lun.-vend. 9h30-16h30 - 7 $.

Ce musée occupe une charmante gare, ancien terminus à l'est d'un réseau de chemin de fer reliant l'île au continent. Consacré à la conquête du rail du 19e s. au début du 20e s., il expose notamment des photographies qui mettent en relief les différentes architectures des gares de l'île, un carnet de route ferroviaire de 1911 et un équipement télégraphique encore en état de marche.

★ Circuit côtier North Cape (North Cape Coastal Drive)

Circuit de 288 km tracé en orange sur la carte p. 486.

northcapedrive.ca.

Ce circuit se déroule dans la partie occidentale de l'île, qui porte le nom anglais de « sabot de la Vierge », fleur choisie comme emblème de la province. Partant de Summerside, la route serpente dans un paysage festonné de caps et de plages et conduit jusqu'aux chantiers navals de Green Park. Elle parcourt les régions acadiennes autour du cap Egmont et contourne la baie de Malpèque, célèbre pour ses huîtres et son charmant littoral. Elle s'approche également des fermes d'élevage de renard, l'une des activités principales de l'île de 1890 à 1939.

Acadian Museum of Prince Edward Island

23 Main Dr. East, Miscouche, à 8 km à l'ouest de Summerside par la route 2 - ✆ 902 432 2880 - www.museeacadien.org - ♿ - juil.-août : 10h-17h ; reste de l'année : mar.-vend. : 10h-17h, dim. 13h-16h - 6 $.

Construit en 1991, ce centre moderne voué à la préservation du patrimoine acadien est constitué d'un musée historique et d'un centre de documentation pour la recherche généalogique. La galerie principale présente l'histoire acadienne après 1720 au moyen de dioramas et de textes, et tire parti d'une riche collection d'objets, photographies, textiles et journaux, légués au musée par des familles de la région. Des présentations audiovisuelles abordent notamment les thèmes de la religion, de l'éducation et de l'économie, tandis qu'une galerie adjacente programme des expositions thématiques temporaires.

★ Green Park Shipbuilding Museum

360 Green Park Rd, à Port Hill, à 34 km au nord-ouest de Summerside par la route 12 - ✆ 902 831 7947 - www.peimuseum.com - ♿ - juin : lun.-vend. 10h-16h ; juil.-août : tlj sf dim. 10h-16h - 7 $.

Consacré à la construction navale, qui était au 19e s. la principale activité économique de l'île, ce parc occupe le site d'un chantier jadis florissant. **Yeo House**, construite en 1865 par le propriétaire du chantier, est un grand édifice victorien coiffé d'un lanternon restauré de façon à restituer le mode de vie d'une famille bourgeoise de l'époque. Cartes, photographies et outils exposés dans le **centre d'accueil** illustrent les techniques de la construction navale au 19e s.

West Point Lighthouse

À O'Leary par la route 14 - parc provincial Cedar Dunes - ✆ 902 859 3605 ou 1800 764 6854 - westpointlighthouse.ca - ♿ - de mi-juin à fin sept. : 9h-20h30 - 10 $.
Ce phare à rayures de 30 m de haut fut bâti en 1875 et pleinement électrifié en 1963. L'étroite volée de marches présente photographies et montages illustrant l'histoire des phares de l'île. Une collection de lanternes de phare orne la tour proprement dite. De la plate-forme d'observation sommitale, la **vue** porte au-delà des dunes rouge sombre du rivage. Le lieu a été converti en auberge, dont certaines chambres offrent une vue imprenable sur le détroit de Northumberland.

Potato Museum

À l'ouest de la route 2 par la route 142 - 1 Heritage Lane, O'Leary - ✆ 902 859 2039 - canadianpotatomuseum.com - ♿ - de mi-mai à mi-oct. : 9h30-17h30 - 10 $.
Un tel musée ne devrait pas constituer une surprise, étant donné la réputation de l'île en tant que région productrice de pommes de terre. Derrière sa façade ornée d'une « patate » géante, vous apprendrez comment, dans leur pays, Walter Raleigh, Francis Drake et Thomas Jefferson lui-même participèrent au succès du précieux tubercule cultivé au Pérou il y a dix mille ans environ. Une collection d'outils agricoles et une salle interactive vous familiariseront avec les caractéristiques de l'un des légumes les plus vendus dans le monde. Après la théorie, la pratique : la cantine décline la pomme de terre sous différentes formes (au four, en soupe, en frites, etc.).

Our Lady of Mont-Carmel Acadian Church

À Mont-Carmel, à l'est de la route 124 par la route 11 - ✆ 902 854 2208 - ♿ - horaires se rens.
Cette église en brique à double clocher domine le détroit de Northumberland à l'est du cap Egmont. Bâtie en 1896, elle remplace deux édifices en bois antérieurs. Le premier, datant de 1820, servait la communauté acadienne de Mont-Carmel. La symétrie de la façade et les voûtes intérieures en berceau rappellent l'architecture religieuse du Poitou, terre d'origine de la plupart des premiers colons acadiens de l'île.

Carnet pratique

S'informer

Office de tourisme

Tourism Charlottetown – *1800 955 1864 - www.discovercharlottetown.com.*

Tourism Prince Edward Island – *6 Prince st. - www.tourismpei.com.*

Heure locale

L'Île-du-Prince-Édouard vit à l'heure de l'Atlantique, soit 5h de moins qu'à Paris, Genève ou Bruxelles.

Taxes

Sur l'île du Prince-Édouard, la taxe de vente harmonisée (TVH) est de 15 %.

Alcool et tabac

Âge légal de consommation d'alcool : 19 ans. Bouteilles d'alcool en vente dans les magasins d'État. L'achat de tabac est interdit aux moins de 19 ans.

Jour férié provincial

Fête de la Fondation – 1er lun. d'août.

Visite

Les **trois itinéraires touristiques**, aménagés par le gouvernement provincial, font le tour de chaque comté (Prince, Queens et Kings). Ils constituent une agréable façon de partir à la découverte de l'île, donnant l'occasion d'apprécier de splendides paysages, de charmantes petites localités et d'intéressantes curiosités historiques.

Arriver/Partir

En avion

Charlottetown Airport – *902 566 7997 - www.flyyyg.com.* Il est à moins de 5 km du centre-ville. Air Canada, Westjet, Porter et Flair proposent des vols directs au départ de Toronto, Montréal et Ottawa.

« Transports intérieurs », p. 652.

En voiture

Les routes principales, surtout le long de la côte, sont goudronnées. Les autres sont en terre battue ou recouvertes de graviers.

Confederation Bridge – *www.confederationbridge.com - 50,25 $/voiture - principales cartes de crédit acceptées.* Depuis 1997, ce pont relie Borden-Carleton (Î.-P.-É.) à Cape Jourimain (N.-B.). Il faut compter environ 10mn pour parcourir ses 13 km *(vitesse limitée à 80 km/h)*. Bornes de secours à intervalles réguliers. Dépassements et arrêts interdits, sauf en cas d'urgence. Le péage se règle à Borden-Carleton en quittant l'île.

En bateau

Northumberland Ferries – *1877 762 7245 - www.ferries.ca - ♿ - dép. de Î. P.-É. : de mai à mi-juin et mi-oct.-nov. : 7h-18h; de mi-juin à mi-oct. : 7h-18h30; déc. : 8h30-16h30; dép. de N.-É. : de mai à mi-juin et mi-oct.-nov. : 8h30-19h30; de mi-juin à mi-oct. : 7h-18h30; déc. : 10h-18h - service interrompu de fin déc. à avr. - AS 1h15 - AR 23 $/pers. et 86 $/voiture.* Ils relient Wood Islands (à l'est de l'île) à Caribou (N.-É). Au départ de Souris (Î.-P.-É.), un bac mène jusqu'aux îles de la Madeleine (Québec – *1888 986 3278 ou 418 986 3278 - www.traversierctma.ca).*

Nos adresses

Restauration

Les **soupers aux homards** sont une tradition sur l'île. Les convives paient un droit d'entrée, puis vont s'asseoir à de longues tables de banquet. Le repas débute traditionnellement par une soupe de palourdes *(fish chowder)* accompagnée de pains mollets, puis viennent plusieurs salades (pommes de terre, salade de chou cru ou *coleslaw* et crudités). Suivent alors les moules fraîches. Le homard ne vient qu'après *(poids selon la participation financière)*, accompagné de légumes. Le dessert consiste souvent en un gâteau ou une tourte avec une boule de glace. La boisson est incluse dans le prix *(bière et vin sont généralement disponibles en supplément)*. Si vous n'êtes pas amateur de homard, vous pouvez vous faire servir du jambon ou du poisson dans la plupart des restaurants. Quel que soit votre menu, vous ne repartirez pas affamé !

À Charlottetown

Premier prix

Lobster on the Wharf – *2 Prince St. - ✆ 902 368 2888 - lobsteronthewharf.com - mai-oct. : service continu - plats env. 20/40 $.* Les familles trouveront leur bonheur dans cet établissement où les attendent, en salle ou dehors : *lobster roll* (homard à la mayonnaise dans un petit pain à hot-dog grillé) et *fish & chips*. Les assiettes sont généreuses, la plupart des plats comprennent un accompagnement de pommes de terre ou riz/légumes.

The Pilot House – *70 Grafton St. - ✆ 902 894 4800 - thepilothouse.ca - service continu - plats 20/28 $.* The Pilot House réunit trois endroits : The Pub et The Dining Room à l'ambiance classique, et le Queue, bistrot plus contemporain. Les produits cuisinés sont frais et le plus souvent bio. Au menu, nachos à picorer ou des plats plus consistants comme des burgers.

Budget moyen

Claddagh Oyster House – *131 Sydney St. - ✆ 902 892 9661 - claddaghoysterhouse.com - fermé dim.-lun. et midi - plats 38/72 $.* Cet élégant restaurant met en avant les produits frais de l'île. Bar à huîtres et bœuf vieilli de 50 jours.

Central Coastal Drive

Premier prix

PEI Preserve Company – *2841 New Glasgow - Hunter River - rte 13 près de Cavendish, au croisement des routes 224 et 258 - ✆ 902 964 4300 - www.preservecompany.com - de mi-mai à mi-oct. - fermé le soir (sf en juil.-août) - plats env. 20/25 $.* Les visiteurs goûteront des dizaines de conserves, plusieurs moutardes et chutneys (condiment aigre-doux), ainsi que le thé du jour. Leur appétit aiguisé, ils se rendront ensuite au restaurant de l'entreprise, qui sert un petit-déjeuner ou un déjeuner avec vue sur la rivière.

Budget moyen

New Glasgow Lobster Suppers – *604 rte 258, New Glasgow - ✆ 902 964 2870 - peilobstersuppers.com - de juin à mi-oct. : ouv. le soir - plats 38/47 $.* Cet établissement peut nourrir 500 personnes grâce à ses deux étages.

À l'est de l'île (Points East Coastal Drive)

Une folie

The Inn at Bay Fortune – *Rte 310 par la rte 2, Bay Fortune - ✆ 902 687 3745 - innatbayfortune.*

com - de mi-mai à mi-oct. : ouv. le soir uniquement - package 255 $. La réputation du FireWorks Feast, le resto chic du Inn at Bay Fortune, n'est plus à faire. Servis dans une lumineuse véranda, les menus explorent les richesses des forêts de l'île (gibier, champignons sauvages), de sa campagne (cresson sauvage, menthe) et de ses eaux (moules, huîtres de la baie de Colville). Plus de 100 variétés d'herbes et de fleurs comestibles, 30 sortes de crudités et une myriade de légumes poussent dans le potager de l'auberge, formant les ingrédients de base de la cuisine du chef. La soirée débute par une visite de la ferme, suivie par « l'Oyster Hour », un apéritif composé d'huîtres et de cocktails. Le clou du spectacle est évidemment le « festin », le repas partagé servi sur une grande table de boucher avec vue sur la baie.

À l'ouest de l'île (North Cape Coastal Drive)

Budget moyen

Brothers 2 Restaurant – *618 Water St. E - Summerside - ✆ 902 436 9654 - www.brothers2.ca - service continu - fermé à midi le w.-end - plats 18/36 $.* Ce pub à l'ambiance chaleureuse bien connu des locaux propose burgers, fruits de mer, salades... Dîners-spectacles certains soirs.

Petite pause

Central Coastal Drive

The Dune Studio Gallery – *Brackley Beach - ✆ 902 672 2586 - www.dunesgallery.ca - mai-oct. : 9h-18h (juil.-août 21h).* Ce bâtiment de cèdre et de verre abrite le studio de l'artiste Peter Jansons, une galerie d'art, une boutique de souvenirs et une brasserie. On y trouve aussi bien des poteries, peintures, bijoux, objets de verre soufflé, des vanneries en provenance du reste du pays que des articles importés d'Indonésie. La brasserie aux fenêtres panoramiques sert des plats originaux. Prenez le temps de vous promener dans le magnifique jardin, allez voir le bassin aux lys et le belvédère, auquel on accède par un escalier de bois en colimaçon.

Hébergement

À Charlottetown

Une folie

The Great George – *58 Great George St. - ✆ 902 892 0606 - www.thegreatgeorge.com - ♿ 🅿 - 60 ch. 224/473 $ ☕.* Situé au cœur du centre-ville à proximité de Province House, cet établissement est composé de 15 maisons mitoyennes. Les clients peuvent choisir entre des lofts, des suites en duplex et des appartements de deux chambres équipés d'une lingerie et d'une cuisine. Une salle de musculation et un petit-déjeuner complet servi au salon du pavillon viennent couronner l'ensemble.

Fairholm National Historic Inn – *181 Fitzroy St. - ✆ 902 892 5022 - www.fairholminn.com - 🅿 - 12 ch. 189/432 $ ☕.* Cette imposante demeure (1838) à deux étages, avec sa façade à double avancée, abrite l'une des plus belles auberges de Charlottetown. Richement pourvues de meubles anciens, spacieuses et hautes de plafond, les chambres sont dotées de cheminées de marbre, les vastes salles de bains attenantes de baignoires et de Jacuzzi. Les résidents peuvent profiter de la véranda donnant sur le jardin. Le petit-déjeuner, généreux, est servi dans la salle à manger. Le centre-ville est seulement à quelques pas.

Central Coastal Drive

Pour se faire plaisir

Dalvay-by-the-Sea – *À Dalvay - littoral nord, près de l'entrée est du Parc national de l'Î.-P.-É. - ✆ 902 672 2048 - www.dalvaybythesea.com - ♿ 🅿 ✕ - de mai à oct. - 25 ch. 169/299 $ ☕ et 8 cottages.* Ancienne résidence du magnat du pétrole Alexander McDonald, cet hôtel particulier à pignons, construit dans le style Queen Anne, accueille aujourd'hui un établissement de prestige. Le Dalvay bénéficie, en plus des chambres de l'habitation (dont chacune possède son propre style), de 8 cottages et de 3 chambres. Les visiteurs se voient proposer de nombreuses activités : tennis, vélo, croquet ou canotage. Petit-déjeuner et dîner sont compris dans le prix. Le restaurant sert une cuisine continentale exceptionnelle à base de produits locaux de la mer et des fermes alentour.

À l'est de l'île (Points East Coastal Drive)

Pour se faire plaisir

Ned's Landing – *À Souris - 222 Ark Lane, Little Pont - ✆ 902 583 2400 - www.nedslanding.com - 🅿 ✕ - de juin à mi-oct. - The Barn : 5 ch. 139/171 $; appart. à Spry Point.* Cette grande et lumineuse auberge est campée sur un promontoire qui domine le détroit de Northumberland. Une épaisse forêt parcourue de sentiers borde la propriété, et les vagues déferlent sur la plage proche au pied de falaises rosées. Les chambres spacieuses, agrémentées d'un balcon ou d'une terrasse, invitent au repos avec leurs murs aux notes pastel apaisantes.

À l'ouest de l'île (North Cape Coastal Drive)

Une folie

Briarwood Inn – *253 Matthew's Lane - Alberton - ✆ 902 853 2518 - www.briarwood.pe.ca - ♿ 🅿 - 22 ch. 155/185 $, cottage 220/240 $.* Cet ensemble composé de cottages, d'un pavillon et d'une auberge, situé sur les rives de la Dock, près de la baie Cascumpec, est le lieu idéal pour un séjour prolongé. Les invités sont encouragés à explorer le domaine et le bord de la rivière, à moins qu'ils ne préfèrent paresser en chaise longue. Ils peuvent choisir entre un cottage au porche grillagé, une suite avec une chambre dans le pavillon, une chambre dans l'auberge avec vue sur la baie, ou une chambre avec grand lit et Jacuzzi. Ne pas rater la promenade sur la rivière.

Phare de Peggy's Cove.
mikeinlondon/Getty Images Plus

10

Nouvelle-Écosse

CARTE MICHELIN NATIONAL N° 766

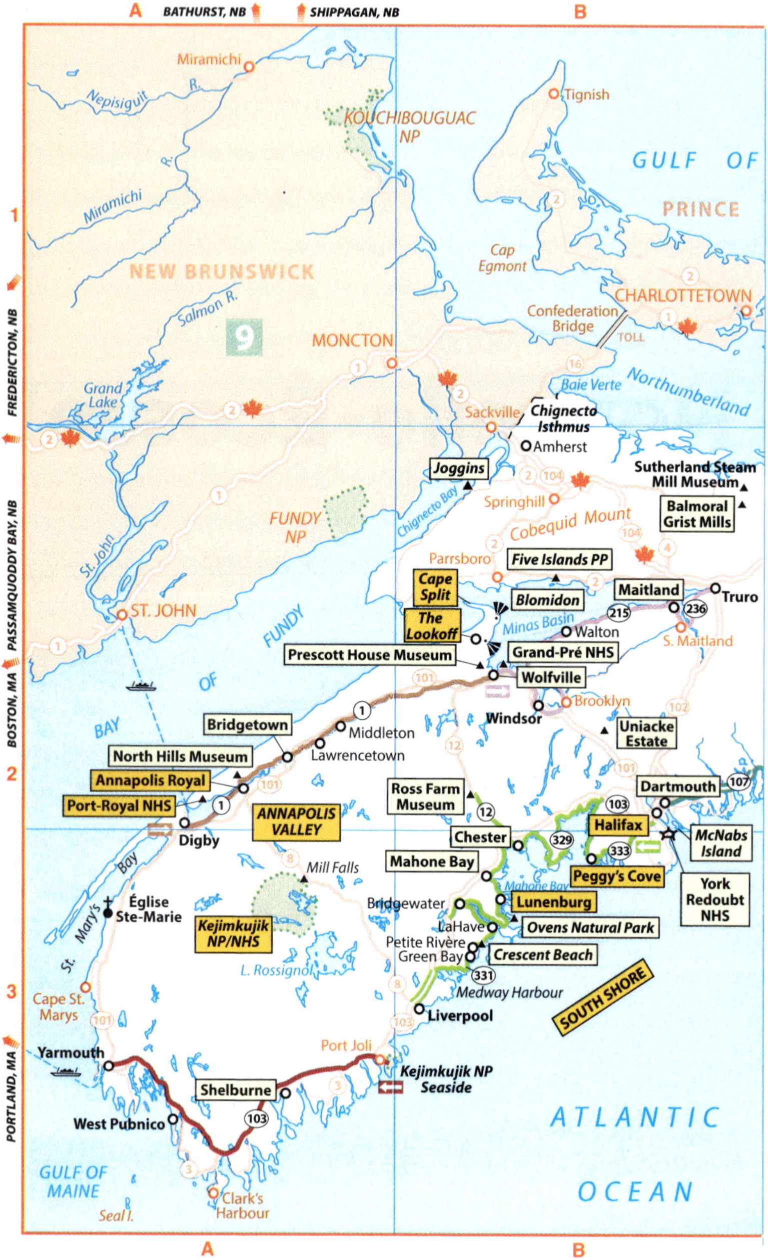
A
BATHURST, NB
SHIPPAGAN, NB
B
Miramichi
Nepisiguit R.
KOUCHIBOUGUAC NP
Tignish
GULF OF
Miramichi R.
1
PRINCE
Cap Egmont
NEW BRUNSWICK
CHARLOTTETOWN
FREDERICTON, NB
Salmon R.
Confederation Bridge
TOLL
9
MONCTON
Grand Lake
Baie Verte
Northumberland
Sackville
Chignecto Isthmus
Amherst
Joggins
Sutherland Steam Mill Museum
PASSAMAQUODDY BAY, NB
Chignecto Bay
Springhill
Balmoral Grist Mills
FUNDY NP
Cobequid Mount
St. John
Parrsboro
Five Islands PP
Cape Split
Blomidon
Maitland
Truro
ST. JOHN
FUNDY
The Lookoff
Minas Basin
Walton
S. Maitland
Prescott House Museum
Grand-Pré NHS
BOSTON, MA
OF
Wolfville
Brooklyn
Windsor
BAY
Bridgetown
Middleton
Uniacke Estate
North Hills Museum
Lawrencetown
2
Annapolis Royal
Dartmouth
Port-Royal NHS
Ross Farm Museum
ANNAPOLIS VALLEY
Digby
Chester
Halifax
McNabs Island
Mahone Bay
Peggy's Cove
Mill Falls
Bay
York Redoubt NHS
Église Ste-Marie
Bridgewater
Lunenburg
St. Mary's
Kejimkujik NP/NHS
LaHave
Ovens Natural Park
Petite Rivère
Green Bay
Crescent Beach
L. Rossignol
SOUTH SHORE
3
Medway Harbour
Cape St. Marys
Liverpool
Port Joli
Yarmouth
Kejimkujik NP Seaside
PORTLAND, MA
Shelburne
West Pubnico
ATLANTIC
GULF OF MAINE
OCEAN
Clark's Harbour
Seal I.

C
D
CHANNEL-PORT AUX BASQUES, NFLD
NOUVELLE-ÉCOSSE
0
50 km
100 km
ST. LAWRENCE
EDWARD ISLAND
East Pt.
9
Meat Cove
Capstick
Cape North
Neil's Harbour
Cape Breton Highlands National Park
Ingonish Harbour
PISTE CABOT
ARGENTIA, NFLD
Chéticamp
Margaree Harbour
N.E. Margaree
Gaelic Coast
Englishtown
Miners' Museum
Glace Bay
Sydney
Baddeck
L. Ainslie
St. Andrews Channel
Louisbourg
FORTRESS OF LOUISBOURG
Bras d'Or Lake
Strait
St. Georges Bay
Pictou I.
Pictou
Antigonish
Port Hawkesbury
CAPE BRETON ISLAND
New Glasgow
Isle Madame
Chedabucto Bay
Canso
Grassy Island
Dover
Trafalgar
St. Marys R.
Sherbrooke
Ferry
New Harbour
Wine Harbour
EASTERN SHORE
Sheet Harbour
Ship Harbour
Beaver Harbour
N
ATLANTIC OCEAN
Sable Island
1
2
3
FORTRESS OF LOUISBOURG ★★★ Vaut le voyage
Halifax ★★ Vaut le détour
Blomidon ★ Vaut la visite
Chéticamp Intéressant
Ville de départ du circuit
Voir la carte détaillée du circuit
Eastern shore : de Canso à Halifax
Eastern shore : d'Halifax à Liverpool
De Kejimkujik NP à Yarmouth
Annapolis Valley : de Digby à Wolfville
Le sud du bassin des Mines
La piste Cabot : de Baddeck à Chéticamp
La piste Cabot : de Chéticamp à Cape Smokey
La piste Cabot : de Cape Smokey à Baddeck
C
D

La Nouvelle-Écosse en bref

Avec sa formidable diversité de paysages et son histoire mouvementée dont les grandes heures se lisent à travers le patrimoine bâti, la Nouvelle-Écosse est pour le visiteur une destination « cent voyages en un ».

Une géographie complexe

Province de la côte est du Canada, la Nouvelle-Écosse (Nova Scotia) se compose d'une péninsule qui se prolonge au nord-est par l'île du Cap-Breton. Un total de 7 600 km de côtes dentelées !

La péninsule

Cette portion de terre rattachée au Nouveau-Brunswick par l'isthme de Chignecto mesure 565 km de long sur environ 130 km de large. Elle est plutôt plate à l'exception de la côte est, rocheuse et échancrée, et de l'intérieur boisé, qui s'élève jusqu'à 210 m. La limite nord du plateau intérieur est marquée par les **monts South**. Parallèles à ces derniers sur 190 km, les **monts North** longent la côte de la baie de Fundy du cap Blomidon à la pointe de Digby Neck. Bien abrités entre les deux chaînes s'étendent les riches vergers des vallées de l'Annapolis et de Cornwallis. Enfin, les **monts Cobequid**, aux sommets rabotés, traversent sur environ 120 km le comté de Cumberland, voisin de l'isthme de Chignecto.

L'île du Cap-Breton

Immense plateau boisé, cette île, au nord, s'élève à 532 m au-dessus d'une jolie côte sauvage, souvent baignée par la brume. Relativement peu élevée, la partie méridionale de l'île culmine au détroit de Canso. Quant au centre, il est caractérisé par la présence d'une mer intérieure de 930 km², le **lac Bras d'Or**, qui coupe pratiquement l'île en deux.

Les hommes et la mer

La proximité de la mer et la présence de ports naturels ont très tôt attiré les colons européens et conféré à la Nouvelle-Écosse un rôle stratégique.

Un bout du monde prometteur et disputé

C'est au 17e s. que cette région peuplée par les **Micmacs** (*p. 521*) a vu débarquer les premiers aventuriers européens. La réussite de leur installation fut facilitée par les autochtones, qui partagèrent leurs connaissances de ce milieu parfois hostile, leurs techniques de chasse, de pêche et de survie. Très vite, le potentiel de ce territoire fut exploité. Les eaux étaient poissonneuses, le bois et les fourrures abondaient. Les **Acadiens**, premiers arrivants français et européens, transformèrent le littoral sud de la baie de Fundy en une zone agricole fertile, créant un paysage unique (*Grand-Pré p. 532*). Des richesses et une situation stratégique que se disputeront bientôt Français et Anglais, alors en lutte pour la suprématie sur le continent nord-américain. Guerres, forteresses, traités, déportation des Acadiens, arrivée des colons écossais ou de planteurs poussés à quitter la Nouvelle-Angleterre... la Nouvelle-Écosse d'aujourd'hui est l'héritière de ces nombreux conflits et de ce grand brassage de population.

Une longue tradition maritime

Cette région a tissé son passé avec la mer. Dans un pays doté d'abondantes ressources forestières, la **construction navale** (fondée par les premiers colons et les loyalistes) apporta la prospérité, surtout durant les guerres napoléoniennes (1803-1815) lorsque l'Angleterre avait un immense besoin de bois. Sur la côte sud de la Nouvelle-Écosse, les goélettes passèrent à la légende, tout comme leurs équipages, que les Américains surnommaient en les raillant les **Bluenosers** (les nez bleus) à cause du froid régnant dans la région. Plusieurs fortunes se firent dans la **guerre de course** : les innombrables criques de la côte est cachèrent en leur temps plus d'un bateau corsaire. Ces derniers attaquaient les navires d'autres nationalités avec l'autorisation du gouvernement, pratique qui disparut sous la menace de sanctions. Vers 1900, l'importance des chantiers navals avait déjà diminué. La vapeur remplaça la voile et l'acier le bois des coques. Mais, dans l'imaginaire collectif canadien, la province évoque aujourd'hui encore les embruns du large. Les voiliers des touristes croisent les bateaux des pêcheurs. Et Halifax abrite l'unique base atlantique de la *navy* canadienne.

La province aujourd'hui

Brassage de populations

La population s'est enrichie, au cours des siècles, d'apports divers : Écossais, certes, mais aussi Néerlandais, Anglais, Français, Allemands, Grecs, Hongrois, Irlandais, Italiens, Libanais, Polonais et autres, qui sont venus s'ajouter aux Micmacs autochtones. Activité très prisée du public, les **recherches généalogiques** offrent à chacun la possibilité de retracer ses origines ethniques par l'intermédiaire des musées, écoles, universités, églises et sociétés spécialisées. La généalogie de la population noire de Nouvelle-Écosse est par exemple consignée à Dartmouth, celle des planteurs immigrants de Nouvelle-Angleterre à Kentville. Et toutes sortes de manifestations culturelles perpétuent les traditions ancestrales (fêtes, artisanat). C'est le cas par exemple sur l'île du Cap-Breton, où l'on fait vivre la technique acadienne du tapis *hooké* à Chéticamp (*p. 545*) et où on honore la musique et les danses gaéliques (Celtic Colours).

Une terre de tourisme

Les dernières mines de charbon de la région ont fermé au début des années 1980. Mais la pêche, l'exploitation forestière et l'agriculture (lait, pommes, pommes de terre...), activités traditionnelles largement modernisées, composent une économie mixte performante que vient compléter le secteur des services, où le tourisme tient une place grandissante.

La province ne manque pas d'atouts pour attirer les visiteurs. Les Américains viennent en voisins profiter du dollar local. Les Européens aiment découvrir ces terres synonymes d'aventure. Et les Canadiens des régions centrales y prennent l'air du large en admirant le **patrimoine historique**. La conservation de ce dernier est une priorité, tant au niveau fédéral que provincial, à travers d'innombrables organisations et sociétés historiques. La promotion « Taste of Nova Scotia » met en avant les **saveurs locales** : des produits de qualité (homard, pétoncles, vin, pommes) et des plats traditionnels (râpures acadiennes, agneau du Cap-Breton, « grognes » aux bleuets...). La large palette d'activités de plein air rendue possible par la diversité des milieux attire la nouvelle génération. Quant à Halifax, elle s'est adaptée pour devenir une destination incontournable pour les navires de croisière qui, toujours plus gros, déversent de nombreux visiteurs...

Carnet pratique

S'informer

Office de tourisme

Tourism Nova Scotia – ☏ *902 742 0511 ou 1 800 565 0000 - www.novascotia.com.*

Sites Internet

Province – *www.novascotia.ca.*
Parcs – *parks.novascotia.ca.*

Heure locale

La Nouvelle-Écosse vit à l'heure de l'Atlantique, soit 5h de moins qu'à Paris, Genève ou Bruxelles.

Taxes

À la Nouvelle-Écosse, la taxe de vente harmonisée (TVH - HST en anglais) est de 15 %.

Loi sur les alcools et le tabac

L'âge légal pour la consommation d'alcool et l'achat de tabac est fixé à 19 ans.

Jour férié provincial

Jour de la Fondation – 1er lun. d'août à l'exception d'Halifax, où la date est variable.

Arriver/Partir

En avion (aéroports)

Halifax Robert L. Stanfield International Airport – ☏ *902 873 4422 - www.halifaxstanfield.ca.*
Air Canada, Westjet, Flair et Porter proposent des vols quotidiens à destination d'Halifax au départ de grandes villes canadiennes, comme Toronto, Montréal, Vancouver, Calgary et les aéroports des provinces maritimes. Vols saisonniers vers l'Europe.
JA Douglas McCurdy Sydney Airport (île du Cap-Breton) – ☏ *902 564 7720 - www.sydneyairport.ca.* Relié à Halifax et Toronto. Location de voitures : *www.enterprise.ca.*

En avion (compagnies)

Air Canada – *www.aircanada.com.*
Westjet – *www.westjet.com.*
Porter – *www.flyporter.com.*
Flair airlines – *www.flyflair.com*
« Transports intérieurs », p. 652.

En train

VIA Rail assure trois services hebdomadaires entre Montréal (ligne The Ocean), Amherst, Truro et Halifax.
« Transports intérieurs », p. 652.

En autocar

« Transports intérieurs », p. 652.

En bateau

Les ferries ou traversiers relient **Yarmouth** et **Bar Harbor** (Maine). Liaisons entre **Digby** et **St John** (N.-B.). Et entre **Pictou** et **Wood Island** (île Prince-Édouard). Informations : ☏ *1 877 762 7245 - www.ferries.ca.*
Liaisons **North Sydney** (île du Cap-Breton) et **Port-aux-Basques** ou **Argentia** (Terre-Neuve). Informations : *www.marineatlantic.ca.*

Se déplacer

En voiture

La Nouvelle-Écosse possède des routes goudronnées en bon état, mais il reste encore des chemins non revêtus dans l'arrière-pays.

Activités et découvertes

En plus des activités présentées ci-après, citons la pêche, l'ornithologie, les balades en péniche, le golf, le ski, la découverte des cultures gaélique et micmaque... Plus d'infos sur www.novascotia.com.

Randonnées dans les parcs nationaux et provinciaux

Les parcs comptent des dizaines de sentiers bien balisés et dont les niveaux de difficulté (la déclivité est rarement importante) permettent à tous de découvrir les paysages côtiers et forestiers.

Le **Cape Breton Highlands National Park** (➲ *p. 545*) compte 26 sentiers sillonnant des forêts acadiennes, des forêts boréales, un magnifique littoral ou des tourbières sauvages. Le **Kejimkujik NP** (➲ *p. 521*) se divise en deux secteurs. Le plus important, au centre de la province, couvre des lacs et forêts, territoire des Micmacs. L'autre secteur, Kejimkujik Seaside, comprend une superbe portion du littoral atlantique, à découvrir par des sentiers côtiers. Marches littorales également au **Five Islands PP** (➲ *p. 535*) et autour du **Cap Split** (➲ *p. 531*), pour admirer la baie de Fundy et ses formidables marées.

Observation des baleines

De mai à octobre, plusieurs espèces de baleines fréquentent les eaux de la province. La pointe de l'île du Cap-Breton (depuis Pleasant Bay et Chéticamp) et la baie de Fundy (à Digby) sont les principaux points de départ des excursions d'observation. Liste complète des opérateurs sur www.novascotia.com/things-to-do/outdoor-activities-tours/whale-watching.

Sur l'eau

On pratique le **kayak** de mer dans le Parc national de Kejimkujik Seaside (➲ *p. 519*), à Mahone Bay (➲ *p. 517*) ou autour de l'île du Cap-Breton. Le **canoë** permet de sillonner les lacs et rivières des forêts du Parc national de Kejimkujik, tout en découvrant la culture micmac. Et c'est en **rafting/Zodiac**, dans la région de Maitland notamment, que l'on vit pleinement le phénomène du mascaret sur la rivière Shubenacadie et les marées impressionnantes de la baie de Fundy (*voir www.raftingcanada.ca*).

Baignade, plages

Les plages ne manquent pas dans la région, mais la température de l'eau en rebutera plus d'un. Les frileux fréquenteront le littoral du détroit de Northumberland, réchauffé par un courant marin. La côte atlantique au nord et au sud d'Halifax compte de belles plages comme Crescent Beach, Martinique Beach et Lawrencetown Beach (surf).

Domaines viticoles

Oui, il y a du vin en Nouvelle-Écosse ! Et il est même de plus en plus réputé. Les domaines se situent principalement dans la **vallée de l'Annapolis** (➲ *p. 529*) et organisent visites et dégustations. Informations sur www.winesofnovascotia.ca et www.novascotia.com/things-to-do/eat-drink/wineries.

Découverte de l'Acadie

Les touristes francophones montrent généralement un intérêt tout particulier pour l'aventure acadienne. À **Port-Royal** (➲ *p. 527*), on découvre la première implantation. Le site historique de **Grand-Pré** (➲ *p. 532*) raconte le Grand Dérangement et montre les paysages agricoles modelés par les premiers colons. La culture acadienne est bien vivante, et l'on s'en rend compte en visitant les environs de **Chéticamp** (➲ *p. 545*) et les petits villages côtiers autour de Yarmouth (➲ *p. 520*).

Halifax ★★

La capitale provinciale se situe sur la côte est de la péninsule de la Nouvelle-Écosse. Sa rade, profonde échancrure de la côte atlantique, est considérée comme l'un des meilleurs sites portuaires du monde. Elle se rétrécit pour former un vaste bassin intérieur, le bassin de Bedford, qui mesure 5 km de long pour 2,5 km de large. La péninsule sur laquelle s'élève la ville est dominée par une citadelle en forme d'étoile. Avec ses rues animées, ses anciens quais transformés en attraction touristique, des parcs et des îles verdoyantes, Halifax, cosmopolite et universitaire, ne manque pas d'atouts pour vous retenir quelques jours.

Se repérer

491 921 habitants

CARTE B2 (P. 496-497) ET PLAN (P. 505).

Halifax se trouve à mi-parcours sur la côte atlantique.

À ne pas manquer

Les vues depuis la citadelle.

Organiser son temps

Il faut deux jours pour visiter Halifax, qui peut en outre servir de lieu de départ à des excursions.

En famille

Les expositions destinées aux enfants au Maritime Museum of the Atlantic, au Museum of Natural History et au Pier 21.

Carnet pratique p. 511

Nos adresses p. 511

Se promener

PLAN P. 505

Halifax présente **deux facettes distinctes. Le front de mer**, avec toutes ses infrastructures touristiques, attire naturellement les visiteurs étrangers, qui en profitent pour contempler dans la rade le ballet des bateaux et des hélicoptères de la *Navy* canadienne. Les locaux, eux, s'y rendent pour jogger, s'attabler aux terrasses aux beaux jours ou rejoindre la petite gare maritime du bac vers Dartmouth. **La ville**, elle, offre une animation agréable quand on en profite à son rythme. Évitant les embouteillages et leurs travailleurs pressés, on appréciera les édifices historiques, les commerces (qui servent de refuge en hiver) et les pubs animés par une importante population étudiante. Sans oublier de beaux parcs et les rues résidentielles arborées pour faire une pause.

Sur les collines du centre-ville

★★ Halifax Citadel National Historic Site

5425 Sackville St. - ✆ 902 426 5080 - parks.canada.ca/lhn-nhs/ns/halifax - 9h-17h - 9/13,25 $.

Situé sur une colline surplombant le centre-ville et la rade, cet ouvrage défensif en forme d'étoile aux murs entourés d'un fossé à sec est aujourd'hui voué à la préservation du patrimoine militaire d'Halifax. Quatrième fortification érigée

La forteresse d'Halifax.
RyersonClark/Getty Images Plus

sur ce site depuis 1749, la construction actuelle fut commencée en 1828 sur l'ordre du duc de Wellington et s'acheva en 1856. Elle ne subit aucune attaque et demeura propriété militaire (anglaise, puis canadienne) jusqu'à la Seconde Guerre mondiale.

La place fortifiée offre de jolies **vues★** sur la ville, le port, George's Island et le pont Angus MacDonald. Remarquez la petite tour octogonale avec son **horloge** à quatre cadrans. Construite en 1803 sur l'ordre du prince Édouard, elle devint le symbole de la ville et fut restaurée en 1962. Ses cloches qui sonnent les heures perpétuent le souvenir de cet amoureux de la ponctualité.

Sur la place d'armes, au centre de la citadelle, des soldats en uniforme du 19e s. montent la garde ou font de l'exercice de mi-juin à fin août.

La citadelle abrite un centre d'accueil, une caserne, des poudrières, un petit musée et des expositions variées. On peut monter sur les remparts garnis de canons, et accéder aux demi-lunes et à la caponnière. Un montage audiovisuel *(50mn)* intitulé *Tides of History* (« Marées de l'histoire ») raconte l'histoire d'Halifax. Un **coup de canon** est tiré chaque jour à midi précis.

Grand Parade

Bordé d'un côté par l'**hôtel de ville** et de l'autre par l'**église anglicane St-Paul**, premier lieu de culte protestant au Canada (1750), cet agréable jardin public a toujours été au centre des activités de la ville. Ainsi, le crieur y proclamait-il jadis les nouvelles, la milice s'y rassemblait et l'on pouvait y louer des chaises à porteurs. Grand Parade est souvent le théâtre, à midi, de manifestations estivales auxquelles les spectateurs assistent de leurs bancs ombragés.

Une histoire capitale

Une vocation militaire

Halifax fut fondée en juillet 1749 par **Edward Cornwallis**, gouverneur de la Nouvelle-Écosse, pour faire échec à la forteresse française de Louisbourg, qui représentait une menace pour l'Angleterre et qui, assiégée et conquise en 1745 par des troupes de la Nouvelle-Angleterre, avait cependant été rendue à la France trois ans plus tard. Ainsi, dès le début, Halifax fut une place forte peuplée de soldats et de marins anglais dont les vaisseaux étaient ancrés dans la rade. La présence militaire donnait le ton. Elle animait les bals et les réceptions de l'aristocratie et favorisait la fréquentation de maisons closes établies le long des quais. Les règlements militaires régissaient alors la ville, et il fallut près de cent ans avant que Halifax n'obtienne, avec le statut de cité, le droit pour ses habitants de contrôler quelque peu leurs propres affaires.

Les princes royaux

Bannis d'Angleterre par leur père pour cause d'inconduite, deux des fils de **George III** vécurent à Halifax. Le futur **Guillaume IV** (1765-1837) fêta son 21e anniversaire en ripailles dans le quartier du port. Son frère **Édouard** (1767-1820), duc de Kent et futur père de la reine Victoria, servit en qualité de commandant en chef de la place de 1794 à 1800. Il dépensa une fortune pour équiper Halifax en ouvrages fortifiés. Ces derniers firent de la ville l'un des points forts de la stratégie britannique, formant avec la Grande-Bretagne, Gibraltar et les Bermudes un puissant quadrilatère de défense. Partisan d'une discipline rigide, le prince Édouard faisait fouetter ou pendre ses hommes au moindre méfait. Il fit installer un système de sémaphore permettant de transmettre ses ordres à ses troupes à partir d'Annapolis Royal, de l'autre côté de la péninsule, ou de sa retraite sur le bassin de Bedford, où vivait sa maîtresse.

Perspectives actuelles

Métropole des provinces de l'Atlantique, Halifax en est à la fois la capitale administrative, universitaire (pas moins de 6 universités), commerciale et financière. Elle abrite la base atlantique de la **Marine canadienne** ainsi qu'une importante communauté scientifique. Et possède aussi, bien sûr, un grand port, équipé d'installations ultramodernes.
Enfin, son aéroport directement relié aux grandes villes nord-américaines et à l'Europe en fait une porte d'entrée majeure des provinces maritimes.
Halifax entend profiter du boom touristique et ne manque pas d'atouts pour y parvenir. Ses collines sillonnées de rues aux maisons de bois colorées à proximité de l'océan évoquent la déclivité (et le charme pénétrant) de San Francisco.
Le front de mer bourdonne d'activité en été : restaurants et cafés font salle comble, vendeurs et artistes de rue occupent la promenade, le port vibre du trafic des paquebots. La citadelle et le port, dont l'importance fut cruciale pour le développement de la ville, attirent des visiteurs admiratifs de plus en plus nombreux (ceux des navires de croisières notamment).
Halifax s'organise pour les satisfaire en transformant le Pier 21 en pôle touristico-commercial. En soignant et internationalisant l'accueil, et en promouvant les proches alentours de la ville (Peggy's Cove notamment), le patrimoine bâti est rénové, utilisé.

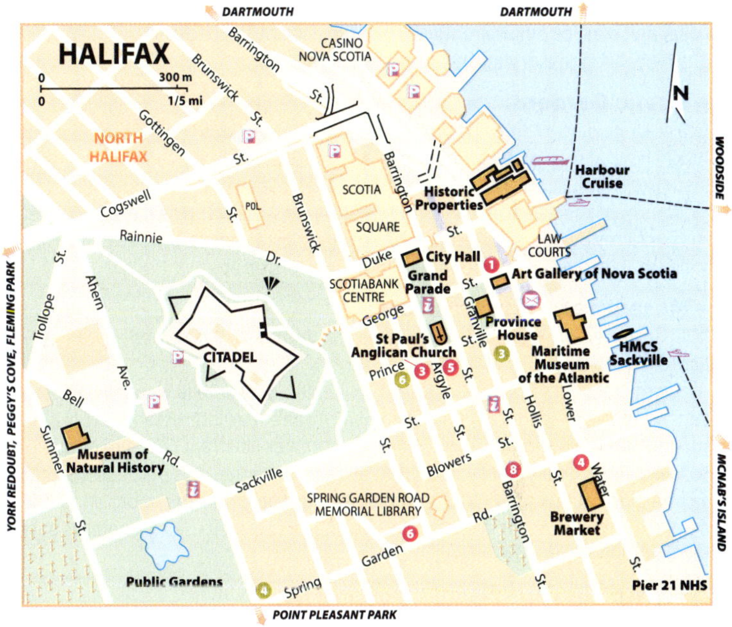

SE RESTAURER
- Bluenose II Restaurant 1
- The Wooden Monkey 3
- Da Maurizio Dining Room 4
- Economy Shoe Shop Café 5
- La Frasca Cibi and Vini 6
- 2 Doors Down 8

SE LOGER
- Granville Hall Residence 3
- The Lord Nelson Hotel and Suites 4
- The Prince George Hotel 6

★ Province House

1726 Hollis St. - ☎ 902 424 4661 - www.nslegislature.ca - ♿ - lun.-vend. 8h30-16h - pièce d'identité avec photo obligatoire ; autorisation d'entrée à retirer au comptoir.

Institution remontant à 1758, l'Assemblée législative de la Nouvelle-Écosse loge dans ce bâtiment georgien de 1819. On peut visiter la **chambre rouge**, où se réunissait jadis le Conseil. Lorsque l'Assemblée est en session, la **salle des séances** est le théâtre de débats fort animés. Également ouverte au public, la **bibliothèque de l'Assemblée** abritait autrefois la Cour suprême de la province. Dans cette pièce, en 1835, le célèbre journaliste et orateur **Joseph Howe** dut se défendre de l'accusation de diffamation, pour avoir critiqué l'administration des magistrats d'Halifax. Son acquittement assura la liberté de la presse dans la province. Peu après, Howe entamait une carrière politique. Il lutta, en vain, contre les partisans de l'entrée de la Nouvelle-Écosse dans la Confédération.

★ Art Gallery of Nova Scotia

1723 Hollis St. - ☎ 902 424 5280 - agns.ca - ♿ - jeu. 14h-21h, vend.-dim. 10h-17h - 12 $.

L'imposant Dominion Building (1868) et le bâtiment adjacent (Provincial Building) abritent un musée moderne, riche de quelque 9 000 objets. Sont exposées des œuvres anciennes et contemporaines d'artistes canadiens, dont des tableaux du fameux **groupe des Sept**, et d'artistes internationaux. Notez aussi une belle collection d'**art populaire** régional (peinture, sculpture, papier et textiles) ainsi qu'une collection d'**art inuit**, réduite mais excellente.

★ Public Gardens

Entrée principale à l'angle de Spring Garden Rd et de South Park St. ☏ 902 456 4552 - www.halifaxpublicgardens.ca - ♿ - 8h-16h.

Inauguré en 1867, ce parc de 7 ha est un bel exemple de jardin victorien avec son kiosque ouvragé, ses arbres pleureurs, ses bassins, ses fontaines, ses statues et ses parterres de fleurs. La lourde grille d'entrée est en fer forgé. Des concerts y sont organisés les dimanches après-midi *(14h-16h)* en été.

★ Museum of Natural History

1747 Summer St. - ☏ 902 424 7353 - naturalhistory.novascotia.ca - ♿ - 9h30-16h30 - 10 $.

Ce musée, qui se prête aux visites en famille, présente la Nouvelle-Écosse dans son contexte géographique et humain. À l'intérieur, intéressante exposition sur les **Premières Nations micmaques**, et dioramas illustrant l'histoire naturelle de la province. Une section est consacrée à la vie marine, plus particulièrement aux baleines et aux requins. Les enfants seront enchantés par le bassin tactile d'animaux marins et par la ruche, ainsi que par les serpents, les grenouilles et la tortue Gus du **centre de nature**.

Le front de mer (Halifax Waterfront)

Une promenade piétonne suit le front de mer, du casino au nord, au Pier 21 au sud.

★ Historic Properties et port d'Halifax

Aujourd'hui rénové et réservé aux piétons, le vieux quartier des entrepôts délimité par Upper Water Street, Duke Street et l'échangeur de Cogswell est devenu, sous le nom d'Historic Properties, un secteur attrayant. Les bâtiments du 18e s. abritent ateliers d'artistes, restaurants et pubs dont les terrasses débordent sur les quais. Mais aussi des boutiques… et encore des boutiques.

La dramatique explosion de 1917

Au cours des deux guerres mondiales, les navires se groupaient en convois pour mieux se protéger des sous-marins allemands durant la traversée de l'Atlantique, et le bassin de Bedford, vaste et sûr, se prêtait au rassemblement de tels convois. En décembre 1917, un vaisseau de ravitaillement belge, l'**Imo**, heurta dans le port d'Halifax un transporteur de munitions français, le **Mont-Blanc**, qui s'était joint à un convoi. Empli d'acide picrique, de coton-poudre, de TNT et de benzol, ce dernier explosa, provoquant une déflagration d'une violence inouïe. Du *Mont-Blanc* ne furent retrouvés qu'un canon dans le lac Albro, près de Dartmouth, et une ancre d'une tonne et demie qui atterrit à plus de 3 km du lieu de la collision. La partie nord de la ville fut entièrement soufflée ; les vitres se brisèrent jusqu'à Truro, à 100 km de là, et le bruit de l'explosion fut entendu à plus de 160 km. L'équipage avait pu être évacué à temps, mais l'accident coûta la vie à environ 2 000 habitants, 9 000 personnes furent blessées et 199 furent rendues aveugles par des éclats de verre. La moitié de la ville se réfugia, en plein hiver, sous des tentes ou dans des maisons sans vitres.

Le front de mer à Halifax.
PaulMcKinnon/Getty Images Plus

Une **promenade de bois** suit le quai depuis le casino, contourne l'hôtel Marriott Harbourfront, longe le palais de justice, atteint l'embarcadère du traversier pour Dartmouth et débouche sur le Pier 21. Tout le long, stands colorés, terrasses, sculptures et une animation permanente en été.

★★ Excursion dans la rade

Plusieurs compagnies proposent un éventail de promenades dans la rade (de jour, de nuit, croisière-dîner...) à bord d'embarcations variées : barge militaire, kayak ou navire historique comme le *Harbour Queen I*. Les départs ont lieu des pontons proches du Maritime Museum et du Visitor Information Centre. On découvre les chantiers navals (où s'effectua, durant la Seconde Guerre mondiale, la réparation de 7 000 vaisseaux), le port militaire et ses contre-torpilleurs, sous-marins et autres navires, le terminal céréalier et le port des conteneurs avec ses grues à portique. Durant les croisières les plus longues, après avoir contourné Point Pleasant, on remonte le **North West Arm**, charmant bras de mer bordé de clubs nautiques et de belles propriétés.

Principale compagnie : *Ambassatours - 902 420 1015 ou 1 800 565 9662 - www.ambassatours.com - dép. de Cable Wharf - ♿ - de mi-mai à mi-oct.*

Pour une « mini-croisière » rapide et bon marché, on peut emprunter le ferry de/vers Dartmouth.

★ Maritime Museum of the Atlantic

1675 Lower Water St. - 902 424 7490 - maritimemuseum.novascotia.ca - ♿ - 9h30-16h30 (mar. 9h30-20h) ; nov.-avr. : tlj sf lun. 9h-16h30 (mar. 9h30-20h) - 5,15/9,55 $.

Situé au bord de la mer avec vue sur la rade, ce musée présente toutes sortes de petites embarcations, maquettes, photographies et expositions sur l'histoire maritime (âge d'or des voiliers, époque des vapeurs, etc.). On remarquera le **magasin d'accastillage** (restauré), installé dans un vieil entrepôt contenant de la

10

quincaillerie marine. À noter également la belle exposition consacrée au *Titanic* et celle narrant l'explosion de 1917 (*encadré p. 506*).

HMCS Sackville

Canada Naval Memorial Trust, le long de Sackville Jetty - 902 210 1694 - www.cnmt.ca - juin-oct. : 10h-16h - donation 10 $.
On visite cette corvette de la Seconde Guerre mondiale construite en 1941 et qui, utilisée comme escorte de convois maritimes, participa à la bataille de l'Atlantique.
Au niveau de Salter St., faites un petit détour « dans les terres » pour voir **Brewery Market**, une ancienne brasserie restaurée qui abrite aujourd'hui des restaurants, des boutiques et un marché le samedi matin.
De retour sur les quais, poursuivez jusqu'au bout de la promenade.

★ Pier 21 National Historic Site et Halifax Seaport

1055 Marginal Rd - pier21.ca.
Le terminal Pier 21 a été transformé en musée *(voir ci-dessous)* et ses alentours en pôle touristique, culturel et commercial. L'animation y bat son plein lorsqu'accostent les énormes navires de croisière. Le vaste et coloré **Farmer's Market★** – version modernisée d'un marché créé en 1750 – occupe le Pavilion 23 et réunit 250 vendeurs et producteurs locaux *(www.halifaxfarmersmarket.com - sam. 8h-14h, dim. 10h-14h).*
★★ Musée canadien de l'Immigration – *902 425 7770 - www.pier21.ca - - 9h30-17h30 ; nov.-avr. : merc.-dim. 10h-17h - 15,50 $.* Ce terminal, transformé en musée, demeure le dernier centre de rassemblement des services de l'immigration au Canada. Plus d'un million de réfugiés, d'immigrants et d'épouses de guerre ont franchi ses murs, de son ouverture en 1928 jusqu'en 1971, lorsque le trafic maritime des passagers a considérablement diminué en faveur du trafic aérien. Près de 500 000 soldats sont partis de ce quai vers l'Europe et les combats de la Seconde Guerre mondiale. Le centre a été transformé en un vaste hall, abritant une exposition passionnante de photographies, documents et présentations multimédias retraçant l'historique du flux migratoire, européen dans sa majorité. On y découvre le portrait des migrants, leur origine, le long chemin pour parvenir au Canada. Puis l'installation, l'adaptation à ce nouveau pays : qui est admissible, à quelle époque et dans quel contexte ? Comment naît le sentiment d'appartenance des nouveaux citoyens canadiens ? Et quel est l'impact de leur arrivée dans les domaines artistique, économique, religieux et... gastronomique ? Les activités interactives passionneront les enfants.

★ Point Pleasant Park HORS PLAN

Interdit à la circulation ; parking à l'angle de Point Pleasant Dr. et de Tower Rd, près du terminal des conteneurs - 902 490 4700 - www.halifax.ca - 5h-0h.
Longtemps zone militaire équipée de batteries et de fortifications (dont les vestiges demeurent) pour défendre l'entrée de la rade, ce joli parc de 75 ha occupe la pointe sud de la péninsule d'Halifax et offre des **vues★★** splendides sur le North West Arm et sur la rade. En 2003, l'ouragan Juan a détruit plus de 75 000 arbres du parc. Presque autant ont été replantés depuis et font l'objet d'une grande attention, afin que le site retrouve sa splendeur originelle.
Prince of Wales Tower National Historic Site – *5718 Point Pleasant Dr - 902 426 5080 - parks.canada.ca - site ouv. tte l'année aux mêmes horaires que le parc.*
Érigée en 1796 sur les ordres du prince Édouard, cette massive construction en

pierre fut la première en Amérique du Nord d'un type qui devait se répandre sous le nom de **tour Martello** *(encadré p. 478)*, et dont toute la côte anglaise fut garnie plus tard pour prévenir une invasion par les troupes de Napoléon. Diverses expositions présentent l'histoire de ce site historique national, son architecture et son importance en tant qu'ouvrage défensif.

À proximité

CARTE P. 496-497

North Halifax

Immédiatement au nord de Downtown, ce quartier peuplé d'étudiants et d'ouvriers s'avère bien moins onéreux que le centre-ville. Le district d'**Hydrostone**, qui évoque une banlieue anglaise du début du 20e s., est désormais classé. Restaurants et commerces s'y sont installés, signe de sa gentrification en cours.

Sir Sandford Fleming Park

À 5,5 km par Cogswell St., Quinpool Rd et Purcell's Cove Rd (route 253) - 902 490 4539 - - de 8h au coucher du soleil - sentiers de promenade, baignade, canotage, aire de pique-nique.

Ce havre de verdure dans un quartier résidentiel de la ville fut créé à la mémoire de l'Écossais **Sandford Fleming** (1827-1915). Ingénieur du génie civil et remarquable homme de science, il joua un rôle décisif dans la construction du Canadien Pacifique. Il dessina également le premier timbre-poste canadien et suggéra l'adoption d'un système horaire international basé sur le principe des fuseaux horaires. De la **Tour Dingle** *(avr.-oct. : 8h-coucher du soleil)* élevée en 1912, on profite d'une belle vue embrassant la longue étendue d'eau du North West Arm.

Des sentiers partant de Purcell's Cove Road *(route 253)* mènent à l'étang de la Grenouille (ou *Frog Pond*).

★ McNabs Island B2

Accès par bac (durée 5mn - 30 $ AR) - compagnies, horaires, visites organisées, activités sur : mcnabsisland.ca.

Située dans la rade d'Halifax, à l'est de Point Pleasant Park, cette île dévoile aux amoureux de la nature ses forêts, ses parterres de fleurs et son grand étang. Les anciennes routes sont devenues des sentiers pédestres et cyclables menant, à l'extrémité sud, aux vestiges du **fort McNab** *(902 426 5080 - parks.canada.ca - gratuit)*, élevé par les Britanniques en 1892, et à d'agréables plages. Les habitants de la région aiment rallier l'île en bateau et camper.

★ Dartmouth B2

Trajet en bac : dép. d'Halifax, Lower Water St. - 902 490 4000 - www.halifax.ca/transportation/halifax-transit/ferry-service - - 12mn AR - 2,75 $.

Deux ponts *(payant)* relient Halifax à Darmouth, ainsi qu'un **bac** d'où l'on jouit de belles vues sur les deux cités jumelles.

Dartmouth abrite d'importants chantiers navals ainsi que le **Bedford Institute of Oceanography**, premier centre de recherches océanographiques du pays. On flâne le long des petites rues bordées de boutiques et de cafés menant aux quais. Des concerts sont donnés dans un petit parc au bord de l'eau où se tient le pavillon de la Paix dans le monde, exposition à ciel ouvert de minéraux.

The Quaker House – *57 Ochterloney St. - 902 464 2300 - www.dartmouthheritagemuseum.ns.ca - - juin-août : merc.-sam. 10h-17h - donation appréciée.*

En 1785, des chasseurs de baleines venus de la Nouvelle-Angleterre bâtirent un ensemble de 22 maisons. À quelques pas du débarcadère, la seule qui subsiste aujourd'hui est typique des demeures du 18e s. édifiées le long de cette côte, du Massachusetts à la Nouvelle-Écosse. Notez le colombage, la porte d'entrée décentrée et l'escalier en colimaçon.

The Evergreen House– *26 Newcastle St. - ✆ 902 464 2300 - www.dartmouthheritagemuseum.ns.ca - sept.-mai : mar.-vend. 10h-17h ; juin-août : mar.-sam. 10h-17h - donation appréciée.* Cette maison victorienne (1867) fut la résidence de la célèbre folkloriste Helen Creighton (1899-1989), qui a étudié les traditions de la Nouvelle-Écosse et fut l'une des premières à collectionner les chansons et traditions orales de la région. On visite aujourd'hui cette maison historique meublée dans son style victorien d'origine grâce aux collections du Darthmouth Heritage Museum.

Black Cultural Centre for Nova Scotia – *10 Cherry Brook Rd - ✆ 902 434 6223 ou 1 800 465 0767 - bccns.com - ♿ - lun.-vend. 9h30-16h (16h30 en juil.-août) - 6 $.* Consacré à la protection du patrimoine historique de la communauté noire de Nouvelle-Écosse, ce complexe contient une bibliothèque et des salles d'exposition abordant les thèmes de l'immigration, de l'engagement militaire et de la religion. Le centre fut érigé à la mémoire de **William Hall** (1827-1904), premier Néo-Écossais et premier Noir à recevoir la croix de Victoria, prestigieuse décoration militaire décernée par la Couronne britannique pour acte d'héroïsme.

Shubie Park – *Du port d'Halifax, prendre la route 111 vers le sud ; sortir sur Waverley Rd puis suivre les panneaux indicateurs Locks Rd.* Il y a plus d'un siècle, l'ancien canal Shubenacadie reliait le port d'Halifax à la baie de Fundy (*Maitland p. 534*) par une série de lacs et de rivières. Une portion du canal traverse aujourd'hui un parc luxuriant sillonné de sentiers. Des écluses restaurées ponctuent le trajet du canal ; une collection de photographies et d'objets anciens est exposée au Centre Fairbanks, siège administratif du canal. Le parc comprend aussi des terrains de jeu, une aire ouverte à la baignade et des locations de canoës, kayaks et barques.

★ York Redoubt National Historic Site B3

À 11 km par Cogswell St., Quinpool Rd et Purcell's Cove Rd (route 253) - ✆ 902 426 5080 - parks.canada.ca/lhn-nhs/ns/york - de fin juin à déb. sept. : 8h-20h - gratuit. Une batterie rudimentaire érigée en 1793 sur la pointe Sandwich est à l'origine de cet ouvrage fortifié. Lorsqu'en 1794, le prince Édouard prit le commandement militaire à Halifax, il renforça la position et fit construire en 1798 une tour Martello, qui abritait un poste de signalisation permettant de communiquer avec la citadelle. Il donna à cet ouvrage le nom de son frère, le duc d'York. La redoute servit, au cours de la Seconde Guerre mondiale, de centre de coordination de la défense d'Halifax et de sa rade contre d'éventuelles attaques allemandes.

Du **poste de commandement**, jolies **vues★** sur la grande rade par beau temps.

★ Uniacke Estate Museum Park B2

À 40 km au nord-ouest par les routes 7 et 1 - 758 Main Rd, Mount Uniacke - ✆ 902 866 0032 - uniacke.novascotia.ca - ♿ - site ouvert du lever au coucher du soleil ; bâtiment ouvert de juin à début oct. : mar.-dim. 10h-16h - 3,90 $.

Bâtie dans le style colonial, cette demeure (1815) fut la maison de campagne de Richard Uniacke, procureur général de la Nouvelle-Écosse de 1797 à 1830. Elle contient son mobilier d'origine, dont plusieurs pièces d'acajou attribuées à l'ébéniste anglais George Adams.

Carnet pratique

S'informer

Discover Halifax – *1809 Barrington St., Suite 1004 - ✆ 1 877 422 9334 ou 902 422 9334 - discoverhalifaxns.com.*

Halifax Airport – *✆ 902 873 1223.* Bureau d'accueil des visiteurs à l'intérieur de l'aéroport.

Arriver/Partir

Se garer – Le centre-ville est engorgé et le stationnement difficile et coûteux. Les parcmètres ont des codes de couleur qui indiquent le temps de stationnement maximal. Attention, les ponts sont payants *(1,25 $).*

Agenda

Halifax International Busker Festival – *Août - www.buskers.ca.* Artistes ambulants, musique et spectacles de rue.

Royal Nova Scotia International Tattoo – *Fin juin-déb. juil. - www.nstattoo.ca.* Spectacles de danses écossaises, concerts de cornemuses, parades militaires...

Nos adresses

PLAN P. 505.

Restauration

La promenade sur le port est ponctuée en été de nombreux stands où l'on peut se restaurer copieusement et à moindres frais de burgers et de poutines. Le Farmer's Market du Pier 21 (*p. 508*) permet également d'excellents déjeuners sur le pouce.

Premier prix

5 **Economy Shoe Shop Café** – *1663 Argyle St. - ✆ 902 404 8934 - economyshoeshop.ca - service continu - moins de 20 $.* L'enseigne d'un ancien cordonnier a donné l'idée du nom. Le lieu, un labyrinthe de salles animées, offre diverses ambiances : le bar **Shoe Shop** est fréquenté par le milieu artistique ; le restaurant accueille le soir ceux qui sortent des théâtres ; le **Diamond** est un bar musical avec juke-box. Côté assiette, une bonne cuisine de pub classique.

Tomavino's Pizzeria and Cellar Ristorante – HORS PLAN - *1113 Marginal Rd - ✆ 902 425 9111 - tomavinos.ca - service continu - plats 13/26 $.* Cette trattoria aux murs de brique située à l'angle d'Hollis St. sert, à la lumière dansante des bougies, d'excellentes pizzas et pâtes fraîches. Terrasse en été.

1 **Bluenose II Restaurant** – *1824 Hollis St. - ✆ 902 425 5092 - bluenoseii.ca - service continu - plats 16/37 $.* Installé à l'angle de Duke St. et Hollis St. à proximité de Historic Properties, le Bluenose sert depuis plus d'un quart de siècle une cuisine sans prétention à prix doux. Ses milk-shakes, clams et frites sont réputés, ainsi que ses spécialités grecques comme les *souvlakia* et la moussaka. Options végétariennes.

3 **The Wooden Monkey** – *1707 Grafton St. - ✆ 902 444 3844 - www.thewoodenmonkey.ca - service continu - plats 20/27,50 $.* Engagé dans une démarche locavore, ce restaurant travaille avec des ingrédients biologiques et de la région. Au menu, une cuisine variée, saine et délicieuse, avec plusieurs options végétariennes et végétaliennes. Beau choix de bières et de cidres.

Budget moyen

4 Da Maurizio Dining Room – *1496 Lower Water St. - ✆ 902 423 0859 - damaurizio.ca - ouv. soir seult. - fermé dim. - plats 28/48 $.* Installé dans une brasserie historique (Alexander Keith Brewery), le Da Maurizio offre un service attentionné et une atmosphère chaleureuse. Parmi les spécialités du chef : l'*agnello scottadito*, carré d'agneau rôti à l'ail avec une sauce au vin, et les *arancini*, risotto à la crème de champignons sauvages.

6 La Frasca Cibi and Vini – *5650 Spring Garden Rd - ✆ 902 422 2866 - lafrasca.ca - tlj sf dim., ouv. le soir - plats 24/50 $.* Ce restaurant animé a un parfum d'Europe, par son atmosphère et sa cuisine. Herbes fraîches et sauces parfumées donnent du relief aux plats italiens et canadiens, mais ce sont surtout les pâtes qui font revenir les gourmets ravis.

8 2 Doors Down – *1533 Barrington St. - ✆ 902 422 4224 - www.go2doorsdown.com - ouv. midi et soir - fermé le midi du sam. au mar. - plats 23/26 $.* Ce bistrot central a rapidement conquis une clientèle fidèle. Cuisine canadienne moderne, simple le midi, plus élaborée en soirée, toujours goûteuse.

À proximité

Premier prix

Boondocks Restaurant – *6 Government Wharf Rd - Eastern Passage - Fisherman's Cove, Eastern Passage (accès, voir « Activités » ci-contre) - ✆ 902 465 3474 - www.boondocksrestaurant.ca - service continu - fermé lun.-jeu. - plats 17/31 $.* Sur une agréable terrasse, on déguste poissons et fruits de mer fraîchement pêchés, ainsi que des tartes au citron meringuées vertigineuses.

Petite pause

Cows Cable Wharf – *1751 Lower Water St. - ✆ 902 832 2672 - www.cows.ca - 10h-20h (merc.-dim. 21h).* Excellentes glaces à déguster en flânant le long du port.

En soirée

Les lieux de sorties, bars, pubs, restaurants, théâtres, se concentrent autour d'**Argyle Street**. Voir notamment page précédente The Economy Shoe Shop.

Neptune Theatre – *1593 Argyle St. - ✆ 902 429 7070 - www.neptunetheatre.com.* Cette salle programme des spectacles musicaux et du théâtre (classique et contemporaine). De nombreuses œuvres jouées ici, écrites par des auteurs de la région, sont interprétées par des artistes locaux mais aussi par des célébrités internationales. Pendant la saison *(sept.-mai, parfois juil.)*, les œuvres restent généralement à l'affiche six semaines.

Scotiabank Centre – *1800 Argyle St. - ✆ 902 451 1221 - www.scotiabank-centre.com.* L'Arena d'Halifax accueille les grands concerts et événements, et bien sûr les matchs de hockey de l'équipe locale des **Mooseheads**.

Activités

À pied et à vélo

Les sites *www.halifaxtrails.ca* et *www.halifax.ca/parks-recreation/parks-trails-gardens/trails* recensent les sentiers à emprunter à Halifax et ses environs (côte, lacs, parcs, forêts) et les informations pratiques les concernant.

De juin à novembre, l'office de tourisme organise des visites guidées de la ville *(mai-oct. - dép. de l'entrée piétonnière de la Citadelle d'Halifax).*

Excursion

Fisherman's Cove – *À Eastern Passage, à 16 km du port d'Halifax, prenez la route 111 jusqu'à son extrémité sud, puis la route 322 Sud - 4 Government Wharf Rd, Eastern Passage - ✆ 902 465 6093 - www.fishermanscove.ca.* Cette adorable crique située sur la façade atlantique de Dartmouth est accessible en voiture ou en bateau. Sur place, un ancien village de pêcheurs a été transformé en site touristique. Les lignes des bateaux de pêche pendent le long de l'embarcadère qui s'enroule autour de cabanes colorées. Restaurants, expositions, artisanat local, sentiers...

Baignade

En été bien sûr, dans les lacs (Dollar Lake, Oakfied Park) ou dans l'océan, en profitant des plages de sable : Crystal Crescent Beach, Rainbow Heaven Provincial Beach, Cleveland Beach...

Hébergement

L'hébergement est coûteux à Halifax, surtout en été. Et les adresses bon marché de qualité manquent cruellement. Pensez à réserver bien à l'avance !

Pour se faire plaisir

3 **Granville Hall Residence** – *1669 Granville St. - ✆ 902 441 9730 - granvillehall.ca - mai-août - ch. 141 $ (sdb partagée avec deux autres ch.).* Cette résidence étudiante loue des chambres aux touristes lors des vacances scolaires (peu de disponibilités hors de ces périodes). Chambres confortables et accès à une cuisine commune. Son atout ? Sa situation centrale, en plein centre-ville.

4 **The Lord Nelson Hotel and Suites** – *1515 South Park St. - ✆ 1 800 565 2020 - www.lordnelsonhotel.ca - ♿ P ✕ - 226 ch. 180/372 $ - ☕ 29,50 $.* Cet édifice construit par le Canadien Pacifique (1928) conserve son atmosphère édouardienne tout en offrant des prestations modernes. Ce symbole local de l'hospitalité a reçu des membres de la famille royale et du gouvernement. Les chambres, aux tonalités douces, donnent souvent sur les jardins publics voisins. Le restaurant de style pub anglais **The Arms** vaut le détour.

Garden South Park Inn – HORS PLAN - *1263 South Park St. - ✆ 902 492 8577 - www.gardensouthparkinn.com - P payant - 23 ch. 130/258 $ ☕.* Des chambres au charme un peu suranné mais au confort correct vous attendent dans cette grande maison victorienne proche des Publics Gardens. Un bon rapport qualité-prix pour Halifax.

The Halliburton House Inn – HORS PLAN - *5184 Morris St. - ✆ 902 420 0658 - www.thehalliburton.com - P ✕ - 23 ch. 172/385 $ ☕.* Cet hôtel du centre-ville, installé dans trois maisons contiguës du 19e s., possède un charme tout campagnard. Un ravissant salon accueille les visiteurs avec ses fauteuils à oreilles, ses portraits à l'huile et sa cheminée.

Une folie

6 **The Prince George Hotel** – *1725 Market St. - ✆ 902 425 1986 - 1 800 565 1567 - www.princegeorgehotel.com - ♿ P ✕ 🏊 - 203 ch. 231/402 $ - ☕ 20 $.* Situé au cœur du centre-ville, à quelques centaines de mètres de la mer, cet hôtel comprend des chambres modernes et confortables et, parmi les équipements de loisirs, une piscine intérieure chauffée. Le restaurant **Gio** (*✆ 902 425 1987 - www.giohalifax.com - ouv. le soir - fermé dim. - plats 29/39 $*) propose un menu sophistiqué confectionné à partir de produits locaux.

Côte atlantique ★★

Eastern shore

De Canso à Yarmouth, la côte atlantique de la Nouvelle-Écosse, très découpée, n'est qu'une suite de caps rocheux et de plages de sable, qui se succèdent au fil des anses et des baies. D'un grand attrait touristique, la côte regorge de pittoresques villages de pêcheurs et d'aimables petites villes, qui rappellent l'époque de la construction navale et des grandes fortunes privées, avec leurs avenues bordées d'arbres centenaires et leurs élégantes demeures. Mais la région est aussi un paradis pour les amateurs de vent du large et de paysages marins... comme de fruits de mer ultrafrais !

Se repérer

CARTE ABCD2-3 (P. 496-497).
La partie la plus attrayante de la côte atlantique se trouve au sud. La route principale longe la côte entre Halifax et Liverpool. La partie nord est sillonnée par un réseau de petites routes secondaires.

À ne pas manquer

Les rochers de Peggy's Cove.
Les maisons colorées de Lunenburg.
Les plages. Les spécialités de homard.

Organiser son temps

La côte atlantique, avec ses nombreux sites touristiques, mérite au moins deux jours de visite.

En famille

Le Sherbrooke Village Museum, le Ross Farm Museum et le Fisheries Museum of the Atlantic.

Carnet pratique p. 522

Nos adresses p. 522

Circuits conseillés

CARTE P. 496-497

★★ Eastern shore : de Canso à Halifax BCD2

Circuit de 362 km tracé en vert foncé sur la carte p. 496-497.
Moins touristique que la côte au sud d'Halifax, cette région maritime comblera les amateurs d'activités de plein air (vélo, randonnée, pêche, kayak de mer...), d'ornithologie et d'histoires « oubliées ». En traversant ses paisibles villages ruraux et ses petits ports de pêche, on découvrira d'intéressants musées locaux et d'anciens villages acadiens. La route qui longe la côte permet de rallier l'île du Cap-Breton en prenant (vraiment) son temps.

Canso D2
Fondée en 1605, cette localité de pêcheurs et de commerçants fut l'objet de la convoitise des Français comme des Anglais (qui l'occupèrent notamment lors de l'assaut de Louisbourg). Cette histoire fait l'objet d'une exposition dans le centre d'information local. À prolonger par une sortie en mer vers **Grassy Island,** où s'installèrent les premiers colons *(1465 r. Union Canso - ✆ 902 366 3136 - juil.-déb. sept. 10h-13h, 14h-18h).*
Suivez la côte au plus près via les routes 316 et 211.

Village de pêcheurs, à Peggy's Cove.
kenmo/Getty Images Plus

★ Sherbrooke C2

Cette paisible communauté rurale se dresse à l'emplacement d'un ancien fort français (1655), au bord de la rivière St Mary's. Capturé en 1669 par les Anglais, Sherbrooke fut abandonné jusqu'au début du 19e s. Puis les industries du bois et la construction navale lui apportèrent un second souffle.

Quelques décennies plus tard, alors que rien ne laissait présager de telles découvertes, le village vécut la fièvre de l'or pendant vingt ans ; une fois les filons épuisés, le calme revint. Le tourisme et la pêche sportive jouent aujourd'hui un rôle économique important.

★★ Sherbrooke Village Museum – *42 Main Street - ✆ 902 522 2400 ou 1 888 743 7845 - sherbrookevillage.novascotia.ca - ♿ - de fin. juin à mi-sept. : se rens. pour les horaires - 19,95 $.* Le village, dont la campagne de restauration a débuté en 1969, est en réalité un prolongement de la ville de Sherbrooke. Afin de représenter le bourg d'autrefois, on a fermé aux voitures tout un secteur, dont la majorité des maisons étaient inhabitées. Les bâtiments rénovés dataient de 1860-1870.

La visite commence par le centre d'orientation. Vous pourrez entrer dans l'église, l'école, la poste, la forge et l'**atelier de fabrication des bateaux en bois**, toujours en activité. Découvrez aussi la **prison** (1862), qui occupait la moitié de la maison du geôlier ; hommes et femmes étaient détenus séparément, les uns au rez-de-chaussée, les autres à l'étage. Au-dessus du magasin général (Cumminger Brothers'General Store), un **photographe** propose aux volontaires leur portrait sur ambrotype (procédé utilisant un négatif sur plaque de verre noirci), en costume du 19e s.

Meublé selon le style alors en vogue, **Greenwood Cottage** évoque l'atmosphère d'une demeure bourgeoise de l'époque, tandis que **McMillan House** recrée l'humble logis d'un tisserand de village avec des démonstrations de filage. Le central téléphonique fonctionne encore, et le palais de justice (1854) est toujours utilisé.

À 400 m du village, l'ancienne scierie à aubes **McDonald Brothers' Mill** est pleinement opérationnelle. Après quelques minutes à travers bois, vous découvrirez un **camp de bûcherons**, reconstitué, des années 1880.

La route 7 longe la côte jusqu'à Halifax.

La région se caractérise par de **belles et immenses plages** de sable. Clam Harbour Beach est un long croissant blanc formé par Martinique Beach *(11 km au sud de Musquodoboit)* puis, proche d'Halifax, Lawrencetown fréquentée par les surfeurs tout au long de l'année.

Eastern shore : d'Halifax à Liverpool B2-3

Circuit de 348 km tracé en vert clair sur la carte p. 496-497. Quittez Halifax (p. 502) par la route 3. Prenez à gauche la route 333.

À l'approche de la côte, la nature se transforme : les lacs et les forêts laissent place à un paysage minéral, jonché de blocs de granite abandonnés à la fonte des glaciers, donnant au lieu un caractère désolé et impressionnant. Dès Shad Bay, on entame une longue série de criques où les bateaux amarrés, les pontons et les maisons peintes apportent leur touche de couleur. Le brouillard peut tomber à tout moment dans la région, mais il est en général moins fréquent de la mi-juillet à la fin octobre.

★★ Peggy's Cove B3

Minuscule village de pêcheurs dont le pittoresque et le site sauvage ont inspiré peintres et photographes canadiens, Peggy's Cove est resté relativement tranquille et préservé, malgré l'afflux toujours plus important de visiteurs. Le charmant petit port bordé de cabanes sur pilotis se tient à l'écart parmi d'énormes blocs de granite blanc. Le **phare** est perché sur une dalle rocheuse.

Si vous le pouvez, en été, visitez le village tôt le matin ou en soirée. Soyez prudent, les roches sont parfois glissantes et les vagues soudaines.

Avant de quitter les lieux, remarquez les **sculptures** taillées dans le roc par William deGarthe (1907-1983), représentant les villageois.

À 1 km au nord-ouest de Peggy's Cove, à The Walesback, a été érigé un mémorial en souvenir des 229 passagers et membres d'équipage tués lors du tragique accident du vol Swissair 111, qui s'est abîmé en mer le 2 septembre 1998.

La route continue le long de la **baie St Margarets**, traversant d'autres jolis petits ports et offrant de belles perspectives sur la côte rocheuse jalonnée de petites îles.

À Upper Tantallon, prenez la route 3 et suivez-la jusqu'au croisement de la route 329 (après Hubbards), puis longez la côte. Elle rejoint la route 3 avant Chester.

★ Chester B3

Perchée sur les falaises qui dominent la baie Mahone, cette charmante localité étalée autour de plusieurs criques fut fondée en 1759 par des colons venus de Nouvelle-Angleterre. Ses belles maisons et ses arbres magnifiques en font un lieu privilégié pour nombre de retraités canadiens et de résidents saisonniers américains. Jardins, pontons privés, voiliers, énormes 4x4… on vit ici très confortablement. Un ferry relie la petite île de Tancook (informations : *tancookislandtourism.ca*), où les atouts de la côte atlantique se concentrent sur un confetti de 4 km sur 2.

Environ 7 km après Chester, prenez la route 12 vers le nord.

★ Ross Farm Museum B2

4568 Hwy 12, New Ross - ✆ 902 689 2210 ou 1 877 689 2210 - rossfarm.novascotia.ca - ♿ - jeu.-lun. 9h30-16h30 - 10 $.

En 1816, William Ross défrichait cette terre. La ferme resta dans la famille pendant cinq générations, avant d'être acquise par le Nova Scotia Museum Complex et convertie en écomusée de l'agriculture du 19e s. Lors de la visite, différentes démonstrations sont organisées selon la saison : fabrication de tonneaux, de bougies, travail à la forge, tonte des moutons, etc. Remarquez les charrues et les herses exposées ainsi que divers moyens de transport, dont des cabriolets et le chariot bien fourni d'un colporteur. Promenades en charrette à cheval ou à bœuf.

Reprenez la route 3.

★ Mahone Bay B3

Fondé en 1754 par le capitaine Ephraim Cook, Mahone Bay a connu bien des aventures. Comme d'autres ports de la Nouvelle-Écosse entre 1756 et 1815, c'était un repaire de corsaires qui, avec la permission royale, attaquaient, de la Nouvelle-Angleterre aux Antilles, vaisseaux français, espagnols, hollandais et américains pour s'emparer de leurs richesses. La piraterie était réglementée : il fallait une autorisation officielle, n'attaquer que des bâtiments ennemis, et apporter toutes les prises à Halifax, où la cour de la vice-amirauté se prononçait sur leur légalité et prélevait sa part. Malgré tout, les profits étaient considérables, et ces communautés côtières prospérèrent. Une partie de cette étonnante histoire, ainsi que celle des premiers colons protestants de Mahone, est racontée dans le petit **Mahone Bay Museum** *(578 Main St. - ✆ 902 624 6263 - mahonebaymuseum.com - de juin à déb. oct. : 10h-16h ; reste de l'année : sur RV - donation 5 $).*

Aujourd'hui, Mahone Bay a un aspect plus honorable, avec ses boutiques et ses restaurants, ses pimpantes maisons de bois et ses rues bordées d'arbres. En approchant de cette petite ville, jolie **vue★** d'ensemble dominée par les trois clochers de ses églises qui se reflètent dans les eaux de la baie.

Faites environ 10 km sur la route 3 en direction du sud.

★★ Lunenburg B3

Situées sur la péninsule vallonnée, avec un port « avant » et un port « arrière », Lunenburg (inscrite au Patrimoine mondial de l'Unesco en 1995) et sa pittoresque architecture témoignent d'un riche passé. Colonisée en 1753 par des Allemands, des Suisses et des Francs-Comtois, la ville fut nommée ainsi en l'honneur du duc de Braunschweig-Luneburg, qui devint roi d'Angleterre en 1727. Comme Mahone Bay, la cité fut autrefois un repaire de pirates, ce qui lui valut d'être mise à sac par des corsaires américains en 1782. Depuis toujours, la ville est connue pour sa flotte de pêche et ses chantiers navals.

Bluenose II – *121 Bluenose Dr. - ✆ 902 640 3177 ou 1 855 640 3177 - bluenose.novascotia.ca - ♿ - fin mai-fin sept. : horaires : se rens. - croisière 95 $ (2h).* Parmi les nombreuses goélettes qui sortirent des cales de Lunenbourg pour aller pêcher sur les bancs apparaît le fameux *Bluenose*. Lancé en 1921, ce bateau, qui figure sur les pièces de 10 cents, remporta quatre courses internationales entre 1921 et 1938. Sa réplique, le *Bluenose II* (1963), ambassadeur de la province, se prête à des croisières en saison, après avoir été restauré en 2012 par les chantiers navals de la ville, qui virent la naissance du bateau original.

★★ Fisheries Museum of the Atlantic – *Sur le port, 68 Bluenose Dr. - ✆ 902 634 4794 ou 1 866 579 4909 - fisheriesmuseum.novascotia.ca - ♿ - de mi-mai à mi-oct. :*

10h-17h - 14,50 $. Installé dans les bâtiments réhabilités d'une usine de conditionnement du poisson, ce musée présente divers aspects de la vie maritime à Lunenburg : expositions sur le *Bluenose*, la contrebande du rhum pendant la Prohibition et le développement de la pêche hauturière ; une collection d'instruments de navigation ; des maquettes de navire ; une réplique des bureaux d'une compagnie de pêche des années 1920. À voir aussi la salle de cinéma, l'atelier où sont construits des doris et l'aquarium où évoluent les poissons de mer pêchés au large des côtes. En outre, deux bateaux à quai se visitent. Le **Theresa E. Connor**, goélette construite en 1938 et utilisée sur les bancs pendant vingt-cinq ans, a été remis à neuf et équipé pour la pêche hauturière. Il représente une bonne illustration de la pêche traditionnelle à la morue avec les doris sur lesquels deux hommes partaient dévider, puis remonter les longues lignes de fond. Ils ramenaient ensuite le poisson à la goélette, où il était salé. Le **Cape Sable** (en rénovation), un chalutier en acier, représente quant à lui les bateaux de pêche qui remplacèrent les goélettes. Lunenburg fut, jusqu'en 1982, le port d'attache de ce navire construit en Hollande en 1962.

★★ **Balade dans les rues de Lunenburg** – Bien que le front de mer attire immanquablement, il ne faut surtout pas s'en contenter. Sur la colline de Lunenburg, les rues en pente et à angle droit bordées de **maisons colorées** des 18e et 19e s. constituent un ensemble homogène que l'on ne se lasse pas de parcourir. Au-dessus de Lincoln St., les commerces, restaurants et galeries d'art cèdent la place à des jardins fleuris entourant de somptueuses demeures. On s'attardera particulièrement autour du square formé par Prince St. et Townsend St. Un quartier vivant, où s'élèvent çà et là des églises aux architectures variées ; ainsi l'**église anglicane Saint John** (1753), en bois peint en noir et blanc, très photogénique. De nombreux panneaux bilingues racontent l'histoire des diverses maisons et édifices.

Suivez la route 3, puis la 332 sur 15 km. Prenez ensuite à gauche Feltzen South, puis à droite Ovens Rd.

★ Ovens Natural Park B3

326 Ovens Rd, Riverport - ✆ 902 766 4621 - www.ovenspark.com - mai-oct. : 8h30-coucher du soleil - 12 $.

Ce pittoresque parc privé bénéficie de belles **vues★** sur la rade de Lunenburg et Blue Rocks. Un sentier mène jusqu'au bord de la falaise creusée, sous l'action des vagues, de grottes qui ressemblent à des fours *(ovens)*. Des escaliers descendent vers ces excavations naturelles.

Continuez sur la route 332, puis prenez à gauche la route 3.

On longe le paisible estuaire de la rivière LaHave, sillonnée de bateaux et bordée de petites maisons sur ses rives boisées. S'il est possible d'en faire le tour en traversant le cours d'eau à **Bridgewater**, grande ville industrielle, on peut aussi emprunter un *cable ferry (LaHave Ferry - 7h-23h, toutes les 30mn, durée 7mn - gratuit)* entre East La Have et La Have pour raccourcir le trajet.

La route 331 traverse La Have.

LaHave est un ancien poste acadien où Isaac de Razilly, alors lieutenant-gouverneur d'Acadie, fit construire un fort en 1632. Une histoire racontée au **Fort Point Museum** *(www.fortpointmuseum.com - juin-août 10h-17h)*, joli phare de bois érigé en bord de mer.

La route continue ensuite le long de la côte. S'en éloignant par moments, elle offre néanmoins de jolies vues sur la mer et les villages de pêcheurs. Une halte

Lunenburg.
PaulMcKinnon/Getty Images Plus

s'impose à **Crescent Beach★**, longue et belle langue de sable. Plus loin, on longe la superbe baie de **Petite Rivière et Green Bay**, avec ses belles plages et ses collines verdoyantes. Puis vient la rade de **Medway** avec ses îlots plantés d'épineux.

Liverpool B3

Fondée en 1759 par des colons de Nouvelle-Angleterre, sise comme son célèbre homonyme anglais au bord de la rivière Mersey, Liverpool dut sa prospérité aux corsaires, à la pêche et à la réparation navale. Aujourd'hui, elle tire ses ressources de l'industrie du papier, du conditionnement du poisson et de la construction de machines. Parallèle à la longue esplanade qui borde la rivière, Main Street aligne quelques belles maisons du 19e s.

★ **Perkins House Museum** – *105 Main St. - ✆ 902 354 4058 - perkinshouse.novascotia.ca - été : 10h-16h, dim. 13h-16h - donation suggérée.* Perdue sous de grands arbres parmi d'autres jolies maisons, cette demeure basse, de style simple, fut bâtie en 1766 par le colonel Simeon Perkins, originaire de Cape Cod (Massachusetts). Négociant et armateur, colonel de la milice du comté, juge et membre de l'Assemblée législative, il décrivit en détail toutes ces activités dans son journal, inestimable document sur la vie d'une ville coloniale de 1760 à 1812. Le document est conservé au **Queens County Museum** voisin.

10

De Kejimkujik National Park Seaside à Yarmouth A3

Circuit de 100 km tracé en bordeaux sur la carte p. 496-497.

Kejimkujik National Park Seaside

À 30 km au sud de Liverpool par la route 103 - 1188 St. Catherines River Rd, Port Joli - ✆ 902 682 2772 - parks.canada.ca/pn-np/ns/kejimkujik/visit/seaside-bord-de-mer - ouv. tte l'année - centre d'accueil de mi-mai à oct. : 8h30-16h30.

Les randonneurs et amateurs de sports en plein air ne pourront qu'apprécier cette portion de la côte où se succèdent baies découpées, plages isolées, caps rocheux et îlots sauvages où se reposent les phoques. Y vivent l'eider, la salamandre, la rare tortue de Blanding ou le pluvier siffleur et son appel si triste.

★ Shelburne

À 64 km au sud de Liverpool par la route 103.

43 Dock St. - ✆ 902 875 4547.

Au 18e s., Shelburne se classait au rang des plus grandes villes d'Amérique du Nord, avec une population d'environ 10 000 habitants. Fondée en 1783 par un groupe de loyalistes, la petite localité connut en effet une véritable explosion démographique due à l'arrivée de réfugiés qui avaient appuyé la cause britannique durant la guerre d'Indépendance américaine. Mais cette expansion fut de courte durée, car beaucoup de colons décidèrent par la suite de s'installer ailleurs. Le quartier historique de Dock Street comprend quelques maisons du 18e s. et des commerces. La tonnellerie fabrique toujours des barriques.

Dory Shop Museum – *11 Dock St. - ✆ 902 875 4003 - doryshop.novascotia.ca - de mi-juin à mi-oct. : mar.-sam. 10h-12h, 13h-16h - 5 $ (billet combiné avec le Ross-Thomson House and Store Museum).* Il expose les méthodes de construction des fameux doris, embarcations utilisées par les terre-neuvas.

★ **Ross-Thomson House and Store Museum** – *9 Charlotte Lane - ✆ 902 875 3141 - rossthomson.novascotia.ca- de juil. à mi-oct. : mar.-sam. 10h-16h - 5 $.* Un jardin de fleurs et d'herbes aromatiques orne l'entrée de ce grand édifice (il s'agit en fait de deux maisons accolées) qui, en 1785, servait à la fois de magasin, d'entrepôt de marchandises et de résidence. L'intérieur bien fourni de l'ancien magasin ainsi que la maison d'habitation se visitent.

Autour de Yarmouth

À 156 km au sud-ouest de Liverpool par la route 103 et 105 km de Digby par la route 101.

Yarmouth, fondé en 1761 et aujourd'hui peuplé d'un peu plus de 7 000 habitants, est le grand port du sud de la Nouvelle-Écosse. De là partent notamment les ferries vers le Maine, aux États-Unis. La région alentour est connue comme la « Côte

Le long de la rivière Mersey, Kejimkujik National Park.
PetrovVadim/Getty Images Plus

Les Micmacs (Mi'kmaqs)

Les **premiers habitants** des actuelles provinces maritimes canadiennes de la côte est s'y seraient établis il y a plus 10 000 ans. L'histoire de ce peuple de chasseurs-cueilleurs nous est racontée par les récits des premiers explorateurs, mais aussi et surtout à travers les traditions orales des Micmacs. Des légendes parlent de Glooscap, le grand créateur. Des témoignages permettent d'imaginer le quotidien de ce peuple algonquin, les animaux qu'ils domestiquaient et chassaient, le découpage territorial et leur mode de gouvernance. C'est un peuple prospère, sage et fort que rencontrent les premiers Européens débarquant sur les côtes de la région. Les échanges sont nombreux ; les premiers colons utilisent les connaissances du milieu et le savoir-faire des Micmacs pour s'adapter à ce nouveau territoire et à sa nature sauvage. Voies de passage, techniques de survie, de chasse... les Européens échangent peaux et fourrures contre objets en métal (hameçons, casseroles, haches et couteaux). La présence de plus en plus importante des colons, les conflits inévitables qui en découlent bouleverseront la vie traditionnelle des Micmacs, qui bientôt deviendront minoritaires sur leurs terres. Ils sont aujourd'hui encore 25 000, habitant des réserves qui leur ont été attribuées dans les années 1960 et qu'ils administrent en perpétuant tant bien que mal leurs traditions (cérémonies, artisanat) et leur langue, menacées de disparition.
Le territoire de **Kejimkujik**, avec ses vestiges d'anciens campements, de barrages à poissons, ses sépultures et ses pétroglyphes, constitue pour les Micmacs un lieu sacré.

acadienne » ou « Côte française ». Le long du littoral ponctué de petits villages de pêcheurs vivent plusieurs communautés acadiennes. À **West Pubnico**, fondé en 1653, visitez le **Village historique acadien** *(✆ 902 762 2530 - levillage.novascotia.ca - de juin à fin sept. : 9h-17h - 10 $)*, une bourgade de pêcheurs toujours active et constituée de maisons du début du 20e s. Non loin, le **Musée acadien** *(✆ 902 762 3380 - www.museeacadien.ca - ♿ - de mai à août : tlj sf dim. 9h-17h ; sept.-oct. : lun.-vend. 10h-16h - 4 $)* permet d'en apprendre un peu plus sur l'histoire, la culture et le quotidien des Acadiens à travers les siècles.
Plus au nord, à mi-chemin entre Yarmouth et Digby, dans la région de Clare et de la **baie de Ste Marie**, vous découvrirez plusieurs belles églises, dont celle de Ste-Marie (1905), la plus grande église en bois d'Amérique du Nord. *Plus d'informations sur discoveracadie.com.*
*La route 101 relie Yarmouth à Digby puis à la région d'Annapolis Valley (**p. 529**).*

10

À proximité

CARTE P. 496-497

★★ Kejimkujik National Park and National Historic Site A3

Entre Liverpool et Annapolis Royal par la route 8 (attention aux animaux qui traversent) - 3005 Main Parkway, Maitland Bridge - ✆ 902 682 2772 - parks.canada.ca/pn-np/ns/kejimkujik - ♿ - site ouv. tte l'année - centre d'accueil de mi-mai à fin oct. : 8h30-16h30 - 6,50 $.
Sur la carte, une jolie tache verte au cœur de la province. Un nom difficile à prononcer. Mais quelle récompense pour ceux qui ont la curiosité de s'y attarder.

Les types d'habitats y sont aussi variés que les paysages : des forêts anciennes de pruches, de bouleaux jaunes, de hêtres et d'érables, des lacs immenses ou minuscules, des rivières paisibles et une faune abondante. Pendant des siècles, les Micmacs empruntèrent les cours d'eau (et établirent des camps de chasse) qui, de nos jours, avec les kilomètres de sentiers bien entretenus, permettent de découvrir une nature encore vierge. Depuis le centre des visiteurs, un bel éventail d'activités peut être organisé : randonnée pédestre, vélo, baignade en été, canoë, ski de fond en hiver *(Activités ci-contre)*.

Deux courts sentiers qui partent du Visitor Center donnent un avant-goût de ce que l'on peut y trouver. **Mill Falls** *(2 km AR)* mène à travers des bois tapissés de fougères jusqu'aux rapides de la **rivière Mersey**. **Beech Grove** *(boucle de 2,2 km)* traverse une belle hêtraie. D'autres courts sentiers, bien indiqués, permettent, notamment aux alentours du terrain de camping de Jeremys Bay *(à 10 km du Visitor Center)*, de découvrir bien d'autres paysages. Les marcheurs au long cours pourront eux partir plusieurs jours à travers la forêt en suivant le sentier de Liberty Lake *(60 km)*.

Carnet pratique

S'informer

Offices de tourisme généralement ouverts de mi-mai à mi-oct.

Peggy's Cove – *109 Peggys Point Rd - ✆ 902 823 2253.*

Lunenburg – *11 Blockhouse Hill Rd - ✆ 902 634 8100 - www.lunenburgns.com.*

Liverpool – *28 Henry Hensey Drive - ✆ 902 354 5421.*

Agenda

Festival du Homard – *Shelburne - déb. juin.*

Folk Harbour Festival – *Lunenburg - déb. août - www.folkharbour.com.*

Nos adresses

Restauration

À West Dover

Premier prix

Shaw's Landing – *6958 Prospect Rd - ✆ 902 823 1843 - shawslanding.ca - avr.-oct. : service continu - plats 15/24 $.* Bien connue dans la région, cette bicoque en bord de mer est une adresse sans prétention (décor plus que basique) où l'on se délecte de spécialités locales de produits de la mer : déclinaisons de homard, *fish and chips, chowder*...

À Peggy's Cove

Budget moyen

Sou'Wester – *178 Peggys Point Rd - ✆ 902 823 2561 - shoppeggyscove.com - service continu - plats 20/36 $.* Certes, le côté « usine à touristes », avec la vaste boutique attenante, peut faire peur. Mais, dans un décor de cantine, à deux pas du phare, on mange des spécialités de poissons et fruits de mer généreuses et bien préparées.

À Chester

Premier prix

The Rope Loft – *36 Water St. - ✆ 902 275 3430 - www.ropeloft.com - mai-oct. : service continu - plats 18/29 $.* Difficile de manquer cette grande maison en bois sur le port, prolongée d'une terrasse à deux niveaux, les pieds dans l'eau. Décor chaleureux de pub, vue imprenable et un menu éclectique sans surprise.

À Lunenburg

Homard, haddock et *fish cakes* accompagnés de rhubarbe sont les spécialités locales.

Pour se faire plaisir

Lincoln Street Food – *200 Lincoln St. - ✆ 902 640 3002 - lincolnstreetfood.ca - mai-oct. : horaires, se rens. - menu 55 $.* Ce bistrot moderne et agréable propose un alléchant menu saisonnier à base de produits sains et locaux. Une présentation soignée et des plats bien faits lui assurent un succès mérité.

À La Have

Premier prix

La Have Bakery – *Rd 331, LaHave - ✆ 902 688 2908 - www.lahavebakery.com - fermé le soir - moins de 20 $.* Un vaste entrepôt maritime transformé en boulangerie artisanale de qualité, un lieu au caractère bohème savamment entretenu. À côté des beaux comptoirs en bois, on se restaure de sandwichs, salades et pizzas sains et frais. On prolonge le plaisir avec des muffins et gâteaux en tout genre.

Activités

Baignade, kayak de mer, voile, croisières, randonnées sur les falaises ou le long de plages immenses… chaque petite station offre une gamme complète d'activités. Les deux parcs nationaux **Kejimkujik** (à l'intérieur des terres et en bord de mer) combleront les amateurs d'activités de plein air. Pour vous aider à organiser vos sorties, louer des kayaks, canoës, vélos, contactez par exemple Liverpool Adventure Outfitters (*✆ 902 354 2702 - www.liverpooladventureoutfitters.com - mi-mai à mi-oct. - à partir de 25 $/2h*).
Plus d'agences sur www.novascotia.com/fr.

Hébergement

À Chester

Pour se faire plaisir

Mecklenburgh Inn – *78 Queen St. - ✆ 902 275 4638 - www.mecklenburghinn.ca - 4 ch. 179/199 $ ☕.* Des chambres charmantes, une belle vue sur la mer, une ambiance conviviale et quelques spécialités à goûter au restaurant… une bonne adresse.

À Lunenburg

Budget moyen

Lunenburg Arms Hotel – *94 Pelham St. - ✆ 902 640 4040 - www.lunenburgarmshotel.ca - P - 24 ch. 108/201 $ - ☕ en sus.* Cette grande maison bleue qui domine le port compte des chambres confortables et soignées dans le style boutique-hôtel (parquet, tableaux « marins » au mur, salles de bains impeccables). Dommage que le petit-déjeuner soit un peu succinct. Restaurant, spa.

Annapolis Royal ★★

D'abord « Port-Royal bis », succédant à la première implantation française sur la rive nord (l'Habitation), puis « ville de la reine Anne » pour les Britanniques : voici l'un des plus anciens campements du Canada. Il occupe un site agréable au fond de l'estuaire de la rivière Annapolis, où s'engouffrent les puissantes marées de la baie de Fundy. Afin de contrôler le niveau de l'eau, les Acadiens y ont construit une digue avec des écluses, transformant cette terre sauvage en zone cultivable. C'est ici, dans une région ébranlée par les luttes franco-anglaises, que commence l'épopée de ce peuple. Un passé tourmenté mais prestigieux qui se lit le long de la jolie rue arborée (il n'y en a qu'une ou presque) d'Annapolis Royal.

Se repérer

CARTE A2 (P. 496-497).
Annapolis Royal se situe sur la rive sud de la baie de Fundy. Un ferry en partance de Digby (tout proche) relie la région à St John (N.-B.).

À ne pas manquer

Le Port-Royal National Historic Site. La centrale marémotrice, l'une des plus anciennes au monde.

Organiser son temps

Le superbe Parc national Kejimkujik n'est qu'à 48 km d'Annapolis Royal.

En famille

Le Port-Royal National Historic Site.

Carnet pratique p. 528

Nos adresses p. 528

Découvrir

La petite cité, jumelée avec Royan depuis plus de vingt ans, s'organise le long de **St George Street**, que les Français nommaient rue du Dauphin. De vastes et belles demeures victoriennes bordent la partie haute, entourées de jardins plantés d'ormes majestueux. La partie basse (Lower St-George St.) longe les eaux de la baie. À deux pas du ponton s'alignent les plus anciennes maisons d'Annapolis et quelques commerces.

★ Fort Anne National Historic Site

902 532 2397 (de mi-mai à mi-oct.) ou 902 532 2321 - parcs.canada.ca/lhn-nhs/ns/fortanne - ♿ - site ouv. tte l'année - centre d'accueil de mi-mai à mi-oct. : 9h-17h - musée : 4,50 $; accès gratuit au parc et aux remparts.

Fort Anne, qui devint en 1917 le premier parc historique national, est aujourd'hui un site paisible. Il fut pourtant en son temps l'un des emplacements stratégiques les plus disputés du pays, subissant jusqu'à quatorze sièges durant les guerres franco-anglaises ! L'un des bastions contient encore une **poudrière** de l'époque française. Des remparts, talus herbeux construits par les Français de 1702 à 1708 puis modifiés par les Anglais, de belles **vues**★ s'offrent sur le bassin d'Annapolis.

★ **Quartier des officiers** – Au milieu du fort se dressent les hautes cheminées et les lucarnes du quartier des officiers, élevé en 1797 sur ordre du prince Édouard.

Port-Royal.
All Canada photo/hemis.fr

Aujourd'hui restauré, le bâtiment abrite un **musée** consacré à l'histoire militaire du site. Le drapeau de la Grande Union flotte sur le fort. Il se composait de la croix anglaise de St-Georges et de la croix écossaise de St-André, mais ne comportait pas celle de St-Patrick, qui se joignit aux précédentes pour former l'Union Jack en 1801.
Le cimetière – Quelques tombes discrètes, disposées sous les arbres, racontent beaucoup d'histoires. Elles sont à découvrir lors de sorties nocturnes, à la lumière des bougies, en écoutant les récits d'un passionnant guide acadien (**Candlelight Graveyard Tour** - *✆ 902 532 3034 - www.tourannapolisroyal.com - en août : à 20h45 - durée 1h15 - dép. parking de Fort Anne - 20 $ - pas de réserv. à l'avance).*

★ Historic Gardens

Au sud de Fort Anne (route 8) - 441 St George St. - ✆ 902 532 7018 - historic-gardens.wordpress.com - ♿ - 9h-17h - 12/17,50 $.
Ce site de 4 ha se consacre à l'horticulture régionale d'hier et de demain. Plusieurs jardins dominent la rivière Allain, affluent de l'Annapolis. Le **Jardin acadien** abrite une maison traditionnelle et une réplique du système d'aboiteaux. Le dessin du **Jardin du gouverneur** est typique des débuts du 18e s. Plus naturel, le **Jardin victorien** reflète les tendances en vogue au 19e s. en la matière. Enfin, la **roseraie** retrace le développement local de cette délicate fleur odorante.

Lower St George Street

Le long de la partie basse de la rue principale se côtoient des commerces, des galeries ou encore le **King's Theatre** *(n°209)*, dont la façade verte se dresse depuis 1921. La cité a une longue tradition théâtrale, puisque c'est ici, en 1606, que fut donnée la première représentation publique en Amérique du Nord. De là part une belle promenade (en bois) aménagée le long de la grève.

De Port-Royal à Annapolis Royal

Fondée par le Français **Pierre du Gua de Mons** en 1605, la première colonie acadienne de **Port-Royal** (*encadré ci-dessous*) permettait de contrôler le trafic fluvial et maritime de la région. Très vite, le contact est établi avec les Micmacs. Ces derniers partagent leur connaissance du milieu – ô combien précieuse pour la survie des colons – et échangent des fourrures contre des objets métalliques (pointes de flèches, haches...). Mais cette implantation est bien trop menaçante pour les Anglais de Virginie, qui la détruisent huit ans plus tard.

En 1635, le gouverneur **Charles de Menou d'Aulnay** bâtit un petit fort sur l'aute rive, sur le site actuel de Fort Anne. Il encourage le peuplement, le défrichement et la mise en culture de la région. Une implantation et une mise en valeur – dont les bénéfices perdurent encore aujourd'hui – qui ont lancé l'aventure acadienne.

En 1710, le fort tombe aux mains d'une expédition anglaise menée par le colonel Francis Nicholson. Rebaptisée Annapolis Royal en l'honneur de la **reine Anne Stuart**, la colonie de Port-Royal devient la nouvelle capitale provinciale lorsque l'Acadie péninsulaire est cédée à l'Angleterre par le traité d'Utrecht en 1713. Constamment menacée par les établissements acadiens alentour dont les sympathies allaient aux soldats québécois de Louisbourg, elle subit de nombreuses attaques françaises. En 1749, la capitale est transférée à Halifax. Son peuplement se poursuit néanmoins et elle voit arriver le rail en 1869.

Aujourd'hui, Annapolis Royal est un **beau et calme village** qui entretient soigneusement son riche patrimoine. Son histoire et ses confortables pensions attirent de nombreux touristes, qui ne se lassent pas de regarder la brume transformer en permanence le joli tableau que dessinent les eaux de la baie.

Le Fort Anne et son cimetière, les vieilles maisons de St George Street, et surtout la reproduction de l'**Habitation** (à 8 km de là) construite pour accueillir les premiers colons, offrent un joli voyage dans le temps.

L'origine de l'Habitation

En mars 1604, Pierre de Mons, à qui le roi de France Henri IV avait accordé l'exclusivité de la colonisation de l'Acadie, embarquait pour l'Amérique. Les Français s'installèrent sur l'île Ste-Croix, mais l'hiver fut très dur, le ravitaillement rendu difficile par la position isolée de l'île, et plusieurs hommes moururent du scorbut. Il fallait trouver un site mieux protégé. L'année suivante, ils construisirent donc l'**Habitation de Port-Royal**, face à la baie d'Annapolis. Le commerce avec les Premières Nations s'organisait, les récoltes étaient bonnes et la colonie commençait à prospérer, lorsqu'en 1607, Pierre de Mons perdit le monopole du commerce des fourrures. L'établissement fut alors abandonné et les colons rapatriés en France. Rétabli trois ans plus tard, Port-Royal refleurit quelque temps avant d'être détruit par les Anglais en 1613. En 1938, le gouvernement canadien reconstruisit l'Habitation en s'inspirant des croquis et notes de Champlain. Dans le style des fermes françaises du 16e s., les austères bâtiments de bois noirci aux toits pentus marquent la première tentative européenne de colonisation permanente au Canada.

Les plus anciennes maisons d'Annapolis se trouvent au bout de St George Street, au-delà du ponton le long duquel se balancent quelques bateaux de pêche, et d'où l'on jouit d'une belle vue sur la baie. Au n°136, voyez l'ancien relais de voyageur O'Dell, construit en 1868 et qui accueille une exposition sur la ville aux 18e-19e s. (**O'Dell House Museum** - *902 532 7754 - annapolisheritagesociety.com - nov.-mars : mar. 12h-14h ; reste de l'année : se rens. avant de venir)*. La toute proche et superbe **Bailey House** *(n°150)* date elle de 1770.

★ Annapolis Tidal Power Generating Station

236 Prince Albert Rd - 902 532 0502 - www.nspower.ca - ♿ - se rens.

Première de ce type en Amérique du Nord, cette centrale marémotrice exploite le potentiel hydroélectrique des marées de la baie de Fundy grâce à une turbine à écoulement direct opérant à faible poussée. Le centre d'accueil offre un aperçu de sa construction et de son fonctionnement, au moyen de maquettes, de photos et d'un montage audiovisuel *(10mn)*. La route qui passe au-dessus du complexe permet de voir la centrale et d'observer la force des marées.

À proximité

CARTE P. 496-497

★ North Hills Museum A2

Sur la route de Port-Royal - 5065 Granville Rd, Granville Ferry - 902 532 2168 - northhills.novascotia.ca - ♿ (accès limité) - de déb. juin à déb. oct. : mar.-sam. 9h-17h - donations.

Malgré les transformations qu'elle a subies, cette petite maison à pans de bois du 18e s. a gardé le cachet de l'époque des pionniers. Elle offre un cadre approprié à la collection de meubles et d'objets anciens, pour la plupart du 18e s., qui appartenait à un banquier de Toronto et fut léguée à la province en 1974.

★★ Port-Royal National Historic Site (L'Habitation) A2

À 10 km de Causeway (route 1), 53 Historic Lane - 902 532 2898 (de mi-mai à mi-oct.) ou 902 532 2321 - parks.canada.ca/lhn-nhs/ns/portroyal - de mi-mai à mi-oct. : 9h-17h - le parc et les abords sont ouverts toute l'année - 4,50 $.

Voici la réplique fidèle de l'« Habitation » construite en 1605 par de Mons et Samuel de Champlain, capitaine et navigateur de l'expédition (*encadré p. 526*). Le site arboré est superbe, au bord de l'eau. Le petit fort de bois que l'on découvre évoque d'abord une maquette, un château d'enfant qui donne envie de « jouer à la guerre ». Sur place, des guides passionnés effectuent la visite en français.

En entrant, remarquez au-dessus de la porte principale les **armoiries** de France et de Navarre, en l'honneur du roi Henri IV. Autour de la cour centrale et de son **puits** se trouvent la maison du gouverneur, celle du prêtre, et le bâtiment des artisans. On visite les cuisines, la forge, la salle commune qui abritait les banquets de l'ordre du Bon Temps et la chapelle, ainsi que les magasins, le cellier et la salle où les Premières Nations venaient échanger leurs fourrures. Le mobilier reproduit les styles en vigueur au début du 17e s. À l'exception du magasin, les édifices sont chacun dotés d'une cheminée en pierre. Vus de l'extérieur, ils semblent avoir été construits en bois. Leurs murs, revêtus de bardeaux, dissimulent en fait le **colombage** visible de certains intérieurs : l'espace entre les solives et les poutrelles est comblé par une maçonnerie légère. Les pièces de charpente ont été assemblées à l'aide de chevilles en bois, tenons et mortaises. Un travail de reconstitution exceptionnel qui transporte le visiteur dans le quotidien des premiers colons.

10

Carnet pratique

S'informer

Annapolis Royal and Area Visitor Information Centre – *236 Prince Albert Rd - ✆ 902 532 5454 - annapolisroyal.com - de juin à mi-oct. ; reste de l'année :* **Tourism Office** – *Town Hall - 285 St George St. - ✆ 902 532 2043.*

Arriver/Partir

Se garer – Il existe plusieurs parkings municipaux mais pas de parcmètres. La nuit, le stationnement est toléré dans les rues.

Nos adresses

Petite pause

Great Expectations – *165 St George St. - ✆ 902 532 0120.* Cette grande maison de bois, au bord de l'eau, accueille une chaleureuse librairie-salon de thé.

Sissiboo – *262 St George St. - ✆ 902 286 3010 - sissiboocoffee.com - 7h30-16h, dim. 8h-16h.* Dans ce café-galerie de style newyorkais, on sert l'un des meilleurs cafés de la ville.

Shopping

Farmer's Market – *Lower St George St. - annapolisroyalfarmersmarket.com - fin mai-oct. : sam. 9h-13h ; juil.-août : merc. aussi 10h-13h.*

Hébergement

Pour se faire plaisir

Bailey House B & B – *150 St George St. - ✆ 902 502 1285 - baileyhouse.ca - P - 4 ch. à partir de 160 $ ☕ (2 nuits mini en haute saison).* Logez dans l'une des plus anciennes demeures (1770) d'Annapolis ! Derrière les murs de bois peints de cette maison de style georgien, se trouvent des chambres confortables et chaleureuses, certaines donnant sur la baie. Au fond du jardin fleuri, un beau cottage accueille les familles.

Garrison House Inn – *350 Upper St George St. - ✆ 902 532 5750 ou 1 866 532 5750 - garrisonhouseinn.ca - 7 ch. 184/206 $ ☕ - ✕.* Au sein d'une belle demeure de 1854, des chambres toutes différentes, douillettes et bien équipées. Le rez-de-chaussée a été transformé en un chaleureux **restaurant**. Au menu, des plats à base de produits locaux et parfois quelques spécialités asiatiques.

Queens Anne Inn – *494 Upper St George St. - ✆ 902 532 7850 - www.queenanneinn.ns.ca - 12 ch. 179/239 $ ☕.* Dans cet imposant manoir du 19e s., trônant au milieu d'un parc somptueux, les pièces immenses sont décorées avec un ravissant mobilier ancien. Les parquets grincent juste ce qu'il faut et les moquettes sont épaisses à souhait. Tout le charme d'un autre siècle, le confort du 21e s. en plus.

Le long de la baie de Fundy et du bassin Minas ★★

Bay of Fundy - Minas basin

Célèbre pour la douceur de son climat et le charme de ses pommiers en fleur, la vallée de l'Annapolis s'étire le long de la baie de Fundy. Les terres fertiles, gagnées sur la mer par les Acadiens grâce à un ingénieux système de digues, se prolongent le long du bassin Minas, créant d'harmonieuses mosaïques de cultures. Aujourd'hui, les vergers et les vignes alternent avec les prés où paissent les vaches laitières. D'un hameau rural à une cité universitaire, des belles demeures historiques aux spectaculaires marées de Fundy, le visiteur se promène parmi les sites patrimoniaux qui rappellent l'histoire de l'ancienne Acadie.

Se repérer

CARTE AB2 (P. 496-497).
La vallée de l'Annapolis suit le littoral sud-ouest de la Nouvelle-Écosse.

À ne pas manquer

Les demeures anciennes de Windsor au charme très authentique.
L'atmosphère étudiante de Wolfville.
Les paysages côtiers de Five Islands.
Les marées de la baie de Fundy.

Organiser son temps

Vous pouvez remonter la vallée jusqu'à Windsor par la route 1.
Les plus pressés emprunteront occasionnellement la *Highway* 101.

Carnet pratique p. 536

Nos adresses p. 536

Circuits conseillés

CARTE P. 496-497

★★ Annapolis Valley : de Digby à Wolfville AB2

Circuit de 150 km environ au départ de Digby, tracé en marron sur la carte p. 496-497.

10

Digby A2

Cet important port de pêche – baptisé d'après le nom d'un amiral (1732-1815) de la Royal Navy – est mondialement réputé pour ses **pétoncles**, qui figurent en vedette au menu des restaurants locaux. Avant et après la dégustation, on assiste au ballet des chalutiers. Depuis 1920, la pêche se déroule toute l'année en haute mer, comme dans la baie de Fundy. Les pétoncles pêchés dans cette dernière sont les plus recherchés. Pour découvrir l'histoire de la localité, voyez l'**Admiral Digby Museum** *(95 Montague Row - ✆ 902 245 6322 - admiraldigbymuseum.ca - consulter le site pour les horaires - fermé en hiver).*
De la petite localité part aussi un ferry pour le Nouveau-Brunswick.

La route 1 longe jusqu'à Deep Brook le bassin d'Annapolis, sur lequel elle offre de jolies vues.

★★ Annapolis Royal A2 *(p. 524)*

Particulièrement belle lorsque les arbres sont en fleurs de fin mai à début juin, la route franchit la rivière Annapolis, bordée de jolis prés, et traverse des paysages de plus en plus ruraux. On aperçoit çà et là les vestiges des digues jadis construites par les Acadiens. La route passe par **Bridgetown★**, dont les rues ombragées abritent quelques belles maisons de l'époque des loyalistes, puis par les charmantes localités de **Lawrencetown** et **Middleton**. Les collines sont couvertes de pommiers, surtout entre Kingston et Waterville. Pour se démarquer, chaque localité s'affiche capitale. Berwick est celle des pommes, New Minas celle du soccer au Canada Atlantique... Vous rencontrerez en cours de route de nombreux étals de fruits ainsi que des fermes où vous pouvez faire votre propre cueillette.

★ Wolfville B2

Cette jolie petite ville fut fondée en 1760 par des Planters, migrants invités par les Anglais à s'installer sur les terres laissées vacantes par les Acadiens tout juste expulsés. Wolfville se démarque franchement de ses voisines par la présence de l'**université d'Acadie**, fondée en 1838. Le campus aligne sur ses impeccables pelouses de vastes et élégants édifices. Durant l'année scolaire, sous les arbres et dans les rues, l'animation est assurée par 3 500 étudiants. Cette population jeune et cosmopolite fréquente les pubs et cafés, ainsi que le petit théâtre Acadia et sa programmation intéressante. La vie culturelle est florissante, et le visiteur profitera d'agréables restaurants, de pensions installées dans de grandes demeures victoriennes, ainsi que de nombreuses boutiques qui bordent les allées ombragées. Une base idéale pour explorer les environs.
À voir, les expositions temporaires de l'**Acadia University Art Gallery** *(gallery.acadiau.ca - 12h-16h, merc. 12h-19h - fermé lun.- gratuit)*. Et le petit parc d'où l'on admirera l'**amplitude des marées** locales tout en comprenant l'ancien nom de la ville : Mud Creek (« crique boueuse »). Des sentiers sillonnent cette côte étrange, façonnée par les Acadiens.

★★ Excursion au cap Split B2

Près de Wolfville, quittez la route 1 par la 358 (dir. Cap Split et Port-Williams).
On pénètre dans le village de Port-Williams au-delà d'un pont sur l'estuaire de la rivière Cornwallis, théâtre d'impressionnantes marées. Elles ont même donné leur nom à la brasserie artisanale locale : Sealevel Brewery.
Prenez la première rue à droite, passez la brasserie et poursuivez.

★ Prescott House Museum

1633 Starr's Point Rd, Starr's Point - 902 542 3984 - prescotthouse.novascotia.ca - de déb. juin à déb. oct. : merc.-dim. 10h-16h - 3,90 $.
Cette jolie maison en brique de style georgien, sise au milieu de beaux jardins, fut construite au tout début du 19e s. par **Charles Prescott**, législateur, marchand prospère et horticulteur de renom. À force de soins, il mit au point diverses variétés de fruits (poires, cerises, pommes) et de céréales parfaitement adaptées à la région, donna des boutures à de nombreux fermiers de la vallée, se trouvant ainsi en quelque sorte à l'origine des pommeraies, aujourd'hui célèbres, des environs.

Péninsule de Blomidon au cap Split.
W. Bibikow/hemis.fr

L'intérieur a conservé certains meubles de son époque. Une **véranda** fut ajoutée par l'arrière-petite-fille de Prescott. Les **jardins** méritent une visite.
Reprenez la route 358 et continuez vers le nord.

★★ The Lookoff

À environ 14 km au nord de Starr's Point, signalé sur la route 358, arrêtez-vous à hauteur d'une aire de dégagement face au Lookoff Camping.
Aucun panneau ni jalon officiel ne signalent la présence de ce point de vue réputé qui surplombe de 200 m la vallée de l'Annapolis. Le **panorama★★**, qui embrasse au moins quatre comtés, est splendide. La campagne dessine jusqu'au bassin Minas un paysage bigarré – belle mosaïque de prés, de cultures, de bois – que seuls les monts South viennent interrompre au loin. Le littoral change d'aspect à vue d'œil, au rythme des puissantes marées.
À environ 8 km au nord du belvédère, la route 358 descend vers la petite communauté de Scots Bay : jolies **vues★** sur la baie, le détroit Minas et la côte de Parrsboro. À Little Cove, remarquez les bateaux qui, à marée basse, reposent à même le fond du détroit.
Pour les marcheurs, de Scots Bay, poursuivez jusqu'au parking du Cape Split Trail.

★★ Cap Split

Sentiers de randonnée de 16 km AR *(4-5h - niveau difficile)* à travers bois et le long des falaises érodées jusqu'à la pointe du cap. Cette petite pointe de terre boisée s'avance dans la baie de Fundy, bordée de falaises spectaculaires. Notez la couleur des eaux du détroit Minas, rendues boueuses sous l'effet constant des marées.

Rebroussez chemin par la route 358 sur environ 9 km ; prenez à gauche Stewart Mountain Rd (non goudronnée) et continuez jusqu'à Blomidon, où une route mène au parc provincial. Les sentiers vers le cap Blomidon partent du parking.

★ Blomidon

En descendant, la **vue★** sur le bassin Minas est très jolie. Le paysage jusqu'alors boisé fait place à une campagne plate aux parcelles multicolores, piquées çà et là de fermes et de granges rouge vif qui s'étendent jusqu'aux falaises en bordure du bassin. Continuez jusqu'au bout de l'aire de pique-nique pour jouir de la **vue★★** sur les falaises du cap Blomidon et la plage. Le rouge de la roche et le bleu des eaux créent un magnifique contraste.

À la jonction de Blomidon, continuez vers le sud par la route 221 via Delhaven.

À 2 km au sud de Blomidon, belle **vue★** sur le port de Pereau et sur **Paddys Island**, une formation rocheuse que l'on apprécie pleinement à marée basse.

À la jonction avec la route 221, tournez à droite vers Canning, puis prenez la route 358 pour rejoindre la route 1.

Le sud du bassin des Mines B2

Circuit de 110 km de Wolfville à Truro tracé en rose sur la carte p. 496-497.

Le bassin des Mines – ou bassin de Minas – compose avec la baie de Coquebid l'extrémité est de la vaste baie de Fundy. Des marées d'une amplitude phénoménale (15-16 m) redessinent inlassablement le littoral. Les eaux lèchent les falaises rouges au point de les grignoter. Avant de se retirer et de découvrir de vastes étendues de boues rouges. Les terres au sud du bassin furent transformées par les premiers Acadiens en zone fertile, qui devint par la suite la région la plus peuplée de l'ancienne Acadie. La tradition agricole perdure avec les champs cultivés (maïs, légumes...) et les prés, qui descendent en pente douce vers la baie, où paissent les bovins.

Quittez Wolfville par la route 1 et, après 4 km, suivez à gauche Grand-Pré NHS.

★ Grand-Pré National Historic Site

✆ 1 866 452 3631 - parks.canada.ca/lhn-nhs/ns/grandpre - ♿ - site ouv. tte l'année ; centre d'interprétation de mi-mai à mi-oct. : 9h-17h - 9 $.

Ce hameau qui compte aujourd'hui une poignée de jolies maisons fleuries et de fermes dispersées, était le principal établissement acadien de l'actuelle Nouvelle-Écosse. Habité de 1680 à 1755, Grand-Pré se composait au début du 18e s. d'environ 200 fermes échelonnées le long du bassin Minas. Grâce à leur ingénieux système d'**aboiteaux** (sortes de digues), les habitants avaient gagné sur la mer de grandes parcelles de terre fertile utilisées surtout en pâturages, d'où le nom du lieu *(voir Paysage de Grand-Pré, ci-contre)*. Mais après la déportation des Acadiens en 1755, leurs terres furent distribuées à des colons venus de Nouvelle-Angleterre, puis après l'Indépendance des États-Unis, à des loyalistes. Ce parc est désormais le seul souvenir de la présence des premiers colons dans la région.

Centre d'interprétation – Un très intéressant film *(20mn)* raconte le Grand Dérangement. Un musée petit mais bien fait le complète grâce à divers documents multimédias. Nombre de thèmes sont abordés : la colonisation acadienne, les problèmes qui ont surgi avec la domination britannique, la difficulté de se retrouver au cœur d'un conflit auquel on est contraint de prendre part, le point de vue des différents partis concernés (français, acadien, amérindien, anglais) et la déportation finale.

Évangéline et le Grand Dérangement

L'Américain **Henry Wadsworth Longfellow** situa son poème *Évangeline* à **Grand-Pré**. Publié en 1847, il évoque la séparation d'un jeune couple au cours du **Grand Dérangement** en 1755 (*p. 453*), le départ d'Évangeline pour l'est des États-Unis et ses tentatives pour retrouver Gabriel, qu'elle ne reverra plus vivant.

Les Acadiens ont fait de ce poème le symbole de leur tragique histoire. À partir de 1763, une partie des Acadiens déportés lors du Grand Dérangement avaient en effet été autorisés à revenir. Trouvant leurs terres occupées par les colons britanniques, ils s'étaient installés sur le littoral. Les anciens agriculteurs devinrent pêcheurs. Mais le retour était difficile : droits limités, rejet par les nouveaux colons... Le poème de Longfellow popularise leur tragédie et met en lumière leur situation. Le sentiment identitaire renaît autour de la langue, de la religion, des traditions et d'un drapeau fièrement hissé en 1884. C'est le début d'une longue lutte pour la reconnaissance de ce peuple et de ses droits.

Le parc – Une petite **église** (1930) a été construite en pierre locale dans un style français à l'emplacement supposé de l'église d'origine. De grands tableaux et vitraux y racontent l'épopée acadienne. Dans les jardins alentour se dressent un buste de Longfellow et une **statue** de son héroïne, Évangéline, réalisée par le sculpteur québécois d'origine acadienne **Louis-Philippe Hébert** (1850-1917).

★★ **Paysage de Grand-Pré** – *En revenant vers la route 1, suivez à droite le panneau « Observation Park ».* Une plate-forme panoramique a été construite (complétée de panneaux explicatifs) pour admirer le Paysage de Grand-Pré, classé en 2012 au Patrimoine mondial de l'Unesco. **Superbe vue** sur ces mosaïques de cultures en pente douce bordant le bassin de Minas (d'où monte régulièrement une brume floutant « artistiquement » le beau tableau). Ces terres modelées par l'homme témoignent de l'établissement agricole traditionnel au 17e s., première utilisation par les colons du futur territoire canadien. Plus d'informations sur *www.paysagedegrand-pre.ca.*

Poursuivez par la route 1 (ou la Highway 101) vers Windsor.

Windsor

D'abord occupé en 1685 par le campement acadien de Pesaquid, le site fut ensuite colonisé par des Anglais après la Déportation et rebaptisé de son nom actuel. Situé au confluent des rivières Avon (désormais isolée de la baie de Fundy par une chaussée) et Ste-Croix, Windsor fut un important port d'exportation du bois et du gypse, ainsi qu'un chantier de construction naval. De cette période faste du 19e s., restent de superbes demeures que l'on peut, pour certaines, encore visiter. La ville est par ailleurs célèbre pour avoir été la patrie de Thomas Haliburton.

★ **Haliburton House Museum** – *Suivez les panneaux indicateurs - 424 Clifton Ave - 902 798 2915 - haliburtonhouse.novascotia.ca - de juin à déb. oct. : merc.-dim. 10h-17h - 3,90 $.* La demeure perchée au sommet d'une colline engazonnée et arborée fut, au 19e s., la résidence de **Thomas Chandler Haliburton** (1796-1865), juge, homme politique, mais surtout écrivain de renom international et humoriste, créateur des aventures de **Sam Slick** (*encadré p. 534*). La résidence, bâtie en 1836, témoigne par son élégance et par la beauté de son parc du rôle éminent que jouait Haliburton dans la société de son temps. Admirez le vaste hall d'entrée, l'élégante salle à manger et le salon. Le bâtiment abrite en outre le **Birthplace of Hockey Museum** *(birthplaceofhockey.com).*

Shand House Museum – *389 Avon St. - ✆ 902 798 2915 - shandhouse.novascotia.ca - horaires et tarifs, se rens. - côte à gravir à pied.* Au sommet de Ferry Hill se distingue une belle demeure victorienne (1891), flanquée d'une tour carrée d'où les visiteurs peuvent admirer la rivière Avon. À l'intérieur, un escalier en merisier, plusieurs pièces lambrissées de chêne et des meubles d'origine.

Fort Edward National Historic Site – *67 Fort Edward St. - Accès par King St., près de Causeway (route 1) - ✆ 902 798 2639 (juil.-août) ou 902 532 2321 - parks.canada.ca/lhn-nhs/ns/edward - site ouv. tte l'année - fort : visite guidée de fin juin à fin août : merc.-sam. 9h-17h - gratuit.* Construit en 1750 sur une hauteur, cet ouvrage militaire devait établir l'autorité britannique dans cette région acadienne et protéger la voie de communication entre Halifax et la baie de Fundy. Malheureusement, il fut le principal lieu de rassemblement des Acadiens pendant le Grand Dérangement. Mille d'entre eux y furent amenés avant d'être déportés. Le **blockhaus** de bois est le seul vestige du fort d'origine. L'étage supérieur en saillie offrait un poste de tir efficace contre les agresseurs. Belles **vues** sur la baie, la rivière Avon et le lac Pesaquid. À l'intérieur, expositions sur l'ouvrage défensif et l'histoire du fort.

Suivez la route 1 ou la Highway 101 vers le sud (dir. Halifax), puis prenez à gauche la route 14 (dir. Brooklyn) avant de rejoindre la route 215 (dir. Walton).

La route 215 suit l'estuaire de l'Avon puis le littoral à travers de beaux paysages ruraux. Des fermes avec des silos en forme d'ogives, des bois, des champs de maïs, des pâturages descendent en pente douce vers le bassin de Minas. Les hameaux se succèdent, minuscules, avec église(s) et salle communautaire.

À **Walton**, ancien site acadien et village minier situé à l'embouchure de la rivière homonyme, suivre à gauche « Historic Lighthouse ». Au bout de la route non goudronnée, un joli petit **phare** de 1873. Et un court sentier (100 m à travers bois) menant à un beau point de vue sur le bassin de Minas, avec les falaises rouges de Five Islands *(voir ci-contre)* sur la rive opposée.

★ Maitland

Stratégiquement situé au fond de la baie de Coquebid et à l'embouchure de la rivière Shubenacadie (qui relie la baie à Halifax), Maitland fut jadis un important centre de construction navale. Il est surtout connu pour la commande en 1873-1874

Sam Slick

Thomas Chandler Haliburton connut une célébrité internationale grâce au personnage de Sam Slick, dont les premières aventures furent publiées en vingt-deux épisodes dans le journal *Novascotian*. En 1836, Joseph Howe, propriétaire du journal, les réunit sous le titre de *The Clockmaker; or, The Sayings and Doings of Samuel Slick of Slickville*. Une deuxième série d'aventures suivit en 1838, puis une troisième en 1840. Le 19e s. vit environ 80 éditions de l'œuvre de Thomas Haliburton, satire sociale ironique composée de contes moraux que l'humour de l'auteur rendait plus digestes. Caricature des marchands du Connecticut à la malhonnêteté proverbiale, Sam Slick a parcouru la Nouvelle-Écosse en faisant des commentaires moqueurs sur le manque d'esprit d'entreprise des habitants.

Un navire hors du commun

William Dawson Laurence fit construire le **William D. Lawrence**, trois-mâts (le plus haut atteignant 60 m) de 80 m de long et d'une capacité de 2 459 t, en partant du calcul qu'il pouvait doubler la longueur d'un bateau normal sans doubler ses frais d'entretien. Il dut hypothéquer sa maison pour financer l'achèvement du bateau, mais l'investissement s'avéra rentable : lancé en 1874, le fameux trois-mâts sillonna toutes les mers du globe.

du *William D. Lawrence*, le plus gros navire de bois jamais construit au Canada. Les chantiers sont aujourd'hui fermés, mais la petite localité a conservé de belles demeures du 19e s. qui témoignent de cette ère de prospérité.

★ **Lawrence House Museum** – *8660 route 215 (à l'entrée du village) - ✆ 902 261 2628 - lawrencehouse.novascotia.ca - de déb. juin à déb. oct. : merc.-dim. 10h-16h - 3,90 $.* William Dawson Lawrence bâtit sa maison vers 1870 sur une hauteur dominant ses chantiers navals à l'embouchure de la Shubenacadie, au point de jonction avec la baie Cobequid. Cachée sous les arbres, cette somptueuse maison à étages est un magnifique exemple du style de demeures que se faisaient construire les armateurs et capitaines de navires néo-écossais à l'âge d'or des grands voiliers. Son portique d'entrée, flanqué d'un escalier double, évoque une passerelle de bateau. La maison recèle la plupart de ses meubles d'origine, divers objets relatifs à la construction navale, des photographies de bateaux du 19e s. et une maquette (2 m) du *William D. Lawrence*.

De l'autre côté de la route, un belvédère offre de belles **vues★** sur la grève, avec ses langues de boue rouges plantées de grandes herbes qui descendent vers la mer, souvent noyée dans la brume. On les approche depuis le parking du Dowell Park juste avant le village. On trouvera une boutique flanquée d'un café au centre du village.

La route 215 rejoint bientôt la route 236, qui file en direction de Truro (*p. 538*). En chemin, on pourra s'arrêter au **Fundy Tidal Interpretive Centre** *(9865 Hwy 236, South Mailland - ✆ 902 261 2250 - de mi-mai à mi-oct. : 9h-17h)*, qui raconte au visiteur l'exceptionnel phénomène local des marées et du mascaret, tout en offrant de belles vues sur les eaux rouges de la rivière Shubenacadie.

Truro (*p. 538*)

★ Five Islands Provincial Park

Sur la rive nord du Bassin de Minas, à l'écart de la route 2, à 60 km à l'ouest de Truro et 80 km au sud de Amherst - services sur place de déb. juin à mi-oct. - informations : parks.novascotia.ca. Ce parc provincial est entouré de falaises rouges hautes pour certaines de 90 m, dominant les eaux de la baie de Fundy. Ce **superbe paysage littoral** fait de plages, de grèves, de langues de sable et d'îles découpées est prisé par les promeneurs et les campeurs. On y trouve quelques-uns des meilleurs points de vue pour assister aux impressionnantes marées de la baie. Des aires de pique-nique et du camping, on accède à trois beaux sentiers longs de 4 à 5 km.

Carnet pratique

S'informer

Informations touristiques – À Digby *(1237 Shore Rd - ✆ 902 245 5714)*; à Wolfville *(11 Willow St. - ✆ 902 542 7000)*; à Windsor *(321 Gerrish St. - ✆ 902 798 2690)*.

Agenda

Festival des Pommiers en fleur (Annapolis Valley Blossom Festival) – *Kentville - fin mai-déb. juin - www.appleblossom.com.*

Journée de Commémoration – *Grand-Pré - 28 juil.* Les Acadiens se rassemblent en souvenir du Grand Dérangement.

Digby Scallops Day – Digby - *déb. août - www.digbyscallopdays.ca.* Trois jours de festivités autour du pétoncle.

Deep Roots Music Festival – *Wolfville - fin sept. - deeprootsmusic.ca.* Grand festival de musiques locales et internationales.

Nos adresses

Restauration

À Digby

Budget moyen

Impossible de passer ici sans goûter aux fameux pétoncles. Les restaurants installés sur Water Street rivalisent de savoir-faire pour accommoder ces coquillages, qu'ils font griller, paner et sauter, frire, cuire à l'étouffée ou à la vapeur. On déguste ses pétoncles en suivant le ballet des bateaux de pêche côtiers.

Les établissements de la ville proposent également des poissons : le flétan, la morue, le haddock, ainsi que du hareng fumé *(Digby Chicks)* ou macéré dans du vinaigre *(Solomon Gundy)*.

The Fundy – *34 Water St. - ✆ 902 245 4950 - www.fundyrestaurant.com - service continu - plats 23/38 $.*

Captain's Cabin – *2 Birch St. - ✆ 902 245 4868 - www.captainscabinrestaurant.ca - service continu - plats 16,50/42,50 $.*

À Port Williams

Budget moyen

The Port : a Gastropub – *980 Terry's Creek Rd - ✆ 902 542 5555 - www.theportpub.com - service continu - plats env. 20/30 $.* Avec ses vastes salles décorées façon pub et sa terrasse qui permet d'assister aux marées, The Port attire une foule d'habitués. On y sert des plats généreux à base de produits régionaux : coquilles St-Jacques, moules, viandes cuisinées à l'américaine... Dégustez-les accompagnés de vins de Nouvelle-Écosse et des bières Sea Level, produites dans la brasserie attenante.

Petite pause

Wolfville, cité universitaire, compte nombre de cafés et de pubs très agréables. Pour un bon café, à éventuellement accompagner de snacks légers ou de salades, voyez **T.A.N.** *(378 Main St. - www.tancoffee.com - 7h-20h, w.-end 8h-18h)* et **Just Us** *(450 Main St. - justuscoffee.com - 8h-18h)*, aménagé au sein du théâtre Acadia. Cette enseigne compte également une adresse à Grand-Pré *(juste* *avant la sortie 10 de la highway 101),* située juste à côté des ateliers de torréfaction.

Boire un verre

En soirée, **The Paddy's Brewpub** *(460 Main St. - paddyspub.ca - 11h-22h, vend.-sam. et lun. 11h-0h)* avec ses bières maison et **The Library Pub** *(472 Main St. - www.thelibrarypub.ca - 11h30-23h30 - fermé lun.)* offrent de belles ambiances de pubs et organisent des concerts chaque semaine.

Shopping

Tous les villages de la vallée organisent des **Farmer's Markets**. *Liste et dates sur www.farmersmarketsnovascotia.ca.*

Activités

Observation des oiseaux – Le littoral de la baie de Fundy et le sud du bassin de Minas, en particulier, voient passer les oiseaux migrateurs *(juil.-août)*, qui profitent des immenses étendues boueuses ou sablonneuses à marée basse pour se nourrir (sur la plage d'Évangéline près de Grand-Pré par exemple).

Hébergement

À Wolfville

Pour se faire plaisir

The Blomidon Inn – *195 Main St. - ✆ 902 542 2291 - www.blomidon.ns.ca - ✕ - 31 ch. 169/209 $.* Cette élégante maison occupe de vastes jardins de style victorien. Les chambres, décorées à l'ancienne, sont pourvues de commodités modernes. Dîner servi dans la salle à manger aux panneaux de bois ou, en été, sur la terrasse. Au menu, des plats élaborés à partir de produits frais locaux.

À Grand Pré

Une folie

Évangéline Inn Motel – *11668 Hwy 1 - ✆ 902 542 2703 - 🏊 - 23 ch. 207/288 $.* Au carrefour menant au site de Grand-Pré, ce complexe aux teintes grises, beiges et bleues compte des chambres charmantes (dans une ancienne maison) ou, côté motel, de vastes chambres modernes et fonctionnelles. Piscine, laverie et un café ouvert dès 8h.

Pour se faire plaisir

Olde Lantern Inn – *11575 Hwy 1 - ✆ 902 542 1389 - www.oldlanterninn.com - juin-oct. - 4 ch. 145/191 $ ☕.* Au cœur du vignoble de Grand-Pré, à deux pas du site historique et de la mer, superbe résidence aux chambres grandes et confortables. Petit-déjeuner magnifique.

À Maitland

Une folie

Cresthaven by the Sea – *19 Ferry Lane - ✆ 902 261 2001 - www cresthavenbythesea.com - P - 3 ch. 215/288 $ ☕.* Bordant les eaux de la baie de Coquebid, un joli jardin où trône l'une de ces belles demeures historiques de Maitland. Les chambres, décorées dans des tons pastel reposants, offrent tout le confort souhaité. Un havre de paix.

Le nord-ouest de la péninsule

La région nord-ouest est peu fréquentée par les touristes, qui n'y voient qu'un lieu de passage entre le Nouveau-Brunswick et les grandes attractions de la province. Pourtant, la côte nord, le long du détroit de Northumberland, voit se succéder des plages baignées par les eaux les plus chaudes de la région et d'agréables villages colorés, dont Pictou, berceau du peuplement écossais. Le site paléontologique de Joggins, classé au Patrimoine mondial de l'Unesco, passionnera les amateurs de fossiles. Ceux qui préfèrent les phénomènes naturels iront admirer le spectaculaire mascaret de Truro.

Se repérer

CARTE BC2 (P. 496-497).
Au nord-ouest de la province, entre la baie de Fundy et le détroit de Northumberland.

À ne pas manquer

Les fossiles de Joggins.

En famille

Hector Heritage Quay et Northumberland Fisheries Museum à Pictou.

Carnet pratique p. 541

Nos adresses p. 541

Découvrir

CARTE P. 496-497

Truro B2

Tout au fond de la baie de Coquebid, à l'intersection des Highways 102 et 104.
Bâti à l'emplacement de l'ancienne localité acadienne de Cobequid, dont les habitants furent chassés par les Anglais, le site abandonné fut colonisé au 18e s. par des immigrants venus du nord de l'Irlande et du New Hampshire. Truro est un carrefour au cœur de la province, où se croisent autoroutes et voie ferrée. Cette dernière, qui dessert la localité depuis 1858, a assuré son développement et sa transformation en centre industriel. La ville, qui concentre nombre de services et de commerces, est aussi le siège du Collège agricole de la Nouvelle-Écosse.
Arrêtez-vous quelques heures pour visiter le **centre-ville**, typique des petites cités nord-américaines. Sur quelques rues (Prince St., Queen St., Inglis Place) s'alignent de belles demeures et églises. Le vaste **Victoria Park** se prête à la flânerie. La visite du **Colchester Historical Museum** *(29 Young Street - ✆ 902 895 6284 - colchesterhistoreum.ca - lun.-vend. 10h-16h ; sept.-fin mai : mar.-vend. 10h-12h, 13h-16h - 6 $)*, permet d'en apprendre un peu plus sur l'histoire de la région. Mais l'attraction la plus célèbre de Truro est une curiosité naturelle :
★ **Point de vue sur le mascaret** – *Quittez la route 102 à la sortie 14 (en venant d'Halifax, prenez à gauche Robie St. (rte 236- dir Maitland), puis encore à gauche Tidal Bore Rd). Venez 15mn avant la marée (se rens. à l'office de tourisme pour*

les horaires), et restez environ 1h. Deux fois par jour, la marée remonte la rivière Salmon avec une telle force qu'elle en inverse le cours. Le front de la marée produit alors une vague déferlante, le mascaret, qui peut n'être qu'une simple ride à la surface de l'eau ou atteindre près d'1 m de haut. Plus spectaculaire encore, la brusque surélévation des eaux qui l'accompagne : la rivière s'enfle soudain et réussit à occuper tout son lit en un peu plus d'une heure.

L'isthme de Chignectou

Large de 24 km à son point le plus étroit, cette bande de terre **sépare la Nouvelle-Écosse du Nouveau-Brunswick.** Dans cette ancienne zone de peuplement acadien se trouve la « ville frontière » d'**Amherst** née avec l'arrivée de migrants venus de Nouvelle-Angleterre. Desservie par le rail dès 1850, elle deviendra au début du 20e s. le plus grand centre industriel des provinces maritimes.

★ Balmoral Grist Mills B2

À 53 km au nord de Truro - 600 Matheson Brook Rd, Balmoral Mills - ✆ 902 657 3016 - balmoralgristmill.novascotia.ca - ♿ - site ouv. tte l'année - musée ouv. de juin à déb. oct. : merc.-dim. 10h-16h - 3,90 $.

Cette minoterie bâtie en 1874 derrière un ruisseau occupe un joli site dans une plaisante vallée. Elle continua ses activités commerciales jusqu'en 1954, puis fut complètement restaurée et ouverte au public, pour le plus grand plaisir des visiteurs. Chaque jour, le moulin à eau reprend du service quelques heures durant pour que les visiteurs puissent observer les techniques anciennes de transformation des grains en farine. Remarquez sa roue hydraulique et, au milieu des courroies et des engrenages, les meules d'origine moudre l'avoine, le blé, l'orge ou le sarrasin *(farine en vente).*

Sutherland Steam Mill Museum B2

À 10 km au nord-est de Tatamagouche par les routes 311 et 326 - 3169 Denmark - ✆ 902 657 3365 - sutherlandsteammill.novascotia.ca - juil.-sept. : mar.-dim. 10h-16h - 3,90 $.

Lorsque Alexander Sutherland construisit cette scierie en 1894, la vapeur commençait à remplacer l'énergie hydraulique. Il fabriquait des traîneaux et des voitures à cheval ; son frère et associé produisait quant à lui des portes et des fenêtres. Toutes les machines sont en état de marche et l'usine fonctionne une fois par mois.

★ Pictou C2

À 65 km au nord de Truro par la Transcanadienne 104 puis 106.

Cette petite ville colorée – dont le nom, d'origine micmaque, est si facile à retenir – borde une baie baignée par les eaux du détroit de Northumberland et porte fièrement le titre de « **berceau de la Nouvelle-Écosse** ». C'est en effet ici, en territoire micmac, que le navire Hector, en provenance du Loch Broome, jeta l'ancre le 15 septembre 1773, débarquant les tout premiers colons écossais.

Aujourd'hui, Pictou vit du tourisme, de la pêche et des conserveries. Elle étire en pente douce ses jolies rues bordées de belles demeures de pierre ou de bois, qui ne sont pas sans rappeler celles des bourgades écossaises. Le petit centre s'anime selon les horaires du ferry qui part du proche port de Caribou vers l'île du Prince-Édouard. Le front de mer est très vivant en été. Un sentier permet de se promener au bord de l'eau. Et, malgré les fumées de l'énorme usine de pâte à papier qui s'élèvent de la rive en face, la vue sur les voiliers qui se balancent et les jolies villas fleuries est reposante. Sur les hauteurs, les belles rues résidentielles et arborées sont tout aussi charmantes.

★ **Hector Heritage Quay** – *33 Caladh Ave. (quai principal) - ✆ 902 485 4371 - www.shiphector.ca - de fin mai à mi-oct. : 10h-16h - 10 $.* Ce centre d'interprétation, aménagé dans plusieurs édifices colorés, raconte l'histoire de la goélette *Hector* et de ses occupants. La construction du bateau – dont on verra une reconstitution grandeur nature (le clou de l'exposition) – dura dix-huit ans et est détaillée à travers les ateliers des charpentiers, des forgerons et la corderie. On apprend l'origine des 189 premiers colons, les raisons de leur départ (les *Highland clearances*) et de leur quête d'une vie meilleure. Le voyage s'effectua dans des conditions terribles. Les premières années de vie en territoire inconnu nécessitèrent d'exceptionnelles facultés d'adaptation et ne furent possibles que grâce à l'aide précieuse des Micmacs. S'ensuivirent la déforestation, la recherche de ressources naturelles et minières, toute une passionnante aventure humaine.

Ceux que le destin de ces premiers colons et surtout de leurs descendants intéresse verront les expositions interactives du **McCulloch House Museum** *(100 Haliburton Rd - ✆ 902 485 4563 - mccullochcentre.ca - de juin à mi-oct. : lun.-sam. 9h30-17h30 ; reste de l'année sur RV - 5 $)* à quelques centaines de mètres de là.

Northumberland Fisheries Museum – *21 Caladh Av./Front St. - ✆ 902 485 8925 - northumberlandfisheriesmuseum.com - juin-fin août : 10h-17h ; reste de l'année sur RV - donation 5 $.* Situé lui aussi sur le front de mer, ce modeste musée tient parfois du bric-à-brac, et c'est ce qui fait son charme. Des objets variés (ustensiles, maquettes, outils...) et de belles photos racontent l'importance économique de la pêche à Pictou à partir du 20e s. et le quotidien des pêcheurs. À voir aussi une réplique d'un phare de 1905 abritant une exposition sur les phares de la province. Ainsi qu'un petit élevage de homards qui amusera les enfants.

★ Falaises fossilifères de Joggins B2

À l'extrême ouest de la Nouvelle-Écosse, 32 km au sud de Amherst par la route 242.

Ces falaises longues de 15 km, modelées par les vents et les marées, abritent un site paléontologique s'étendant sur près de 700 ha, classé au Patrimoine mondial de l'Unesco. Chercheurs, paléontologues et géologues y affluent depuis le début du 19e s. On y trouve profusion de fossiles datant du Carbonifère (350-300 millions d'années) qui permettent de recenser une grande partie des formes de vie terrestre (végétaux, animaux) de cette période. Une richesse qui vaut au site l'appellation de « Galápagos du carbonifère ».

Joggins Fossil Centre – *100 Main St. - ✆ 902 251 2727 - jogginsfossilcliffs.net - de mai à mi-oct. : 10h-17h - visite et tour guidé de 30mn : 12,50 $; tour de 1h30 : 25 $.* En plus de toutes les explications concernant la formation des falaises et le carbonifère, on admirera ici l'une des plus belles collections de fossiles du monde. Ceux, énormes, de troncs d'arbres sont particulièrement impressionnants. Durant la visite guidée sur la plage, vous aurez sûrement le plaisir d'en trouver quelques-uns.

Carnet pratique

S'informer

Truro Welcome Centre - *40 Douglas St. - ✆ 902 893 6078 (de juin à mi-oct.) - www.truro.ca/truro-welcome-centre.html.*

Agenda

Pictou Lobster Carnival – *Pictou - déb juil. - pictoulobstercarnival.ca.* Pictou fait la fête au homard !

Highland Games – *Antigonish - juil. - www.antigonishhighlandgames.ca.* On célèbre les traditions écossaises : danse, musique, jeux...

Nos adresses

Restauration

À Truro

Premier prix

Passé les innombrables fast-foods de la périphérie, on trouvera quelques adresses intéressantes. Ainsi, **The Nook and Cranny** *(627 Prince St - ✆ 902 895 0779 - www.thenookandcranny.ca - service continu - plats 17/29 $)* propose une carte internationale et s'anime lors de concerts. Les amateurs de *fish and chips* iront chez **Murphy's** *(88 Esplanade St. - ✆ 902-895-1275 - service continu - plats 15/29 $)*, une institution.

À Pictou

Premier prix

The Stone Soup – *41 Water St. - ✆ 902 485 4949 - midi seult. - fermé lun.-mar. - moins de 20 $.* Proche du port, une adresse simple et discrète où l'on profite d'un bon déjeuner.

Hébergement

À Truro

Important carrefour de communications, Truro aligne de nombreux motels près des sorties 13 et 14 de la Highway 102.

Pour se faire plaisir

Comfort Inn – *12 Meadow Drive - ✆ 902 893 0330 - www.choicehotels.com/fr-fr/nova-scotia/truro/hotels - 80 ch. 147/269 $* ☕. À l'entrée de la ville *(Hwy 102 - sortie 14)*, un motel de chaîne classique, aux grandes chambres fonctionnelles et confortables.

À Pictou

Attention, la plupart des adresses ferment hors saison.

Une folie

Scotsman Inn – *78 Corelaine St. - ✆ 902 485 1433 - www.scotsmaninn.com - juin-oct. - 10 ch. 207 $* ☕. Belle demeure de brique en plein centre-ville, annoncée par une enseigne vert et doré typique des auberges urbaines. Les chambres sont agréables et confortables.

Île du Cap-Breton ★★★ : piste Cabot ★★

Cape Breton Island : Cabot Trail

Baptisée du nom de l'explorateur qui aurait débarqué à la pointe nord de l'île du Cap-Breton en 1497, la piste Cabot (Cabot Trail) est célèbre pour la beauté de ses paysages maritimes et forestiers. Considérée comme l'une des plus belles routes du monde, cette voie à double sens inaugurée en 1936 fait le tour de la partie septentrionale de l'île, qui rappelle ici la Scandinavie ou la Californie, et surtout les Highlands d'Écosse, dont elle connaît aussi les brumes et les vents. Une grande partie de la population est d'ailleurs d'origine écossaise, et a marqué la contrée d'une forte empreinte gaélique, sauf dans la région acadienne de Chéticamp.

Se repérer

CARTE CD1-2 (P. 496-497) ET CARTE DE LA PISTE CABOT (P. 544).

La piste Cabot fait le tour de l'île du Cap-Breton, à l'extrémité nord de la Nouvelle-Écosse. L'île est reliée au reste de la province par la route Canso.

Organiser son temps

Il est préférable de parcourir la route dans le sens des aiguilles d'une montre pour une question de sécurité (virages et pentes plus accessibles, conduite côté montagne). Vous pouvez faire ce circuit en une journée, mais deux, voire trois jours, sont recommandés pour en profiter pleinement.

En famille

Whale Interpretive Centre à Pleasant Bay.

Carnet pratique p. 549

Nos adresses p. 549

Piste Cabot.
lightphoto/Getty Images Plus

Circuits conseillés

★ De Baddeck à Chéticamp

Circuit de 88 km, au départ de Baddeck, tracé en violet sur la carte de la piste Cabot p. 544.

★ Baddeck (p. 551)

La route remonte la vallée de la Middle River, longe les lacs O'Law et rejoint la belle **vallée de la Margaree★**, verdoyante, boisée et dont les cours d'eau sont riches en saumons. Des fermes isolées, peintes en rouge, égayent ici et là le paysage.

North East Margaree

Cette petite communauté rurale au milieu des bois possède un musée digne d'intérêt.

★ **Margaree Salmon Museum** – *60 East Big Intervale Road - 902 248 2848 - www.margareesalmonmuseum.ca - - de mi-juin à mi-oct. : merc.-dim. 9h-16h.* L'agréable petit musée, abrité dans une maison gris-bleu, raconte le cycle de vie

L'île du Cap-Breton

Cette île aux airs de bout-du-monde, qui prolonge la Nouvelle-Écosse, est l'un des trésors des provinces de l'Atlantique. Découverte par Jean Cabot en 1497, l'île reste française après la cession de l'Acadie à l'Angleterre. Elle est alors baptisée « **Île Royale** », et on y construit la forteresse de Louisbourg, pour contrôler le golfe du Saint-Laurent (*p. 554*). L'île passe aux mains des Anglais dans la seconde moitié du 18e s. Elle devient au 19e s. l'un des bassins houillers florissants de la région, et vit aujourd'hui principalement de la pêche et du tourisme. L'île forme un immense **plateau boisé** surplombant une jolie côte sauvage. Une **mer intérieure**, le lac du Bras-d'Or (*p. 552*), la coupe pratiquement en deux : la partie sud est relativement peu élevée, tandis que la partie nord, la plus intéressante, est en partie occupée par le Parc national des Hautes-Terres-du-Cap-Breton.

du saumon de l'Atlantique. Une importante collection d'attirail de pêche ancien est également exposée : mouches, moulinets, cannes (dont une canne écossaise de 1880 qui mesure plus de 5 m), et même du matériel prohibé utilisé par les braconniers.

La piste Cabot continue vers le nord et suit la **Margaree** : jolies **vues★** pastorales sur sa belle vallée et sur la ville d'East Margaree, sur la rive opposée, entourée de vastes prairies sillonnées par les bras secondaires de la rivière. Bientôt, la route s'élève et le cadre change, dominé par l'atmosphère marine. La descente sur Margaree Harbour s'accompagne de **vues★** saisissantes sur la localité. On traverse ensuite l'estuaire de la Margaree, puis on remonte la côte acadienne, avec des vues sur le golfe du St-Laurent. Sur les 50 kilomètres suivants, les noms de lieux passent alors au français. À Grand-Étang, un petit port bien abrité, on pourra visiter le **centre de la Mi-Carême** (✆ *902 224 1016 - www.micareme.com/fr - de fin*

juin à mi-oct. : merc.-dim. 10h-17h - 5 $). On y présente les traditions acadiennes à travers notamment une belle collection de masques.

Chéticamp

Au centre culturel Les Trois Pignons (voir ci-dessous).

Petit port de pêche tout en longueur, dominé par l'imposante église St-Pierre et son clocher pointu, Chéticamp (fondé en 1755) est le principal centre acadien de cette côte où flotte fièrement le drapeau tricolore étoilé. Autour du petit phare en bois, une promenade sur la grève permet d'apprécier de belles vues sur l'île de Chéticamp en face. Des panneaux explicatifs racontent l'histoire du hameau, qui connut des périodes de prospérité et de misère au gré des fortunes des compagnies de pêche et d'exploitation minière.

Autour des jardins des petites maisons colorées, où sèche (très vite) le linge au vent, les plaques de rues rappellent celles de villages français. Les noms de famille sur les monuments aux morts sont typiquement acadiens : Poirier, Aucoin, Chiasson. Quelques cafés et restaurants où résonne le fort accent local, des commerces et un bon choix d'hébergement font de Chéticamp une étape agréable sur la piste Cabot. La localité est par ailleurs réputée pour ses tapis de laine crochetés *(hookés)*. Une spécialité exposée dans le musée local.

Centre culturel et musée Les Trois Pignons - *À la sortie nord du village - 902 224 2642 - www.lestroispignons.com - ♿ - de mi-mai à mi-oct. : 8h30-17h (juil.-août 18h30) - 7 $.* Des photos anciennes, des objets usuels (outils, ustensiles, mobilier...) permettent d'imaginer le quotidien des Acadiens de Chéticamp. Mais la plus grande partie de l'exposition est consacrée aux tapis hookés, notamment ceux d'Elizabeth Lefort (1914-2005). Cette artiste du crochet avait fait de la reproduction de paysages locaux, de scènes historiques et religieuses, mais aussi de portraits de célébrités, ses spécialités. Au point d'être exposée au Vatican ou à la Maison-Blanche !

★★ Cape Breton Highlands National Park (de Chéticamp au cap Smokey)

Circuit de 124 km tracé en rouge sur la carte de la piste Cabot ci-contre. À la sortie de Chéticamp, la route pénètre aussitôt dans le Parc national.

Ce parc de 950 km² au nord de l'île du Cap-Breton offre un mélange de **paysages de montagne et de mer**. Son littoral, doté de quelques jolies plages, se compose à l'ouest d'une côte baignée par les eaux relativement calmes du St-Laurent et, à l'est, d'un rivage soumis aux assauts constants de l'océan. On y aperçoit parfois une baleine ou même un aigle à tête blanche. Comme tous les parcs nationaux canadiens, celui-ci est parfaitement entretenu. La route est impeccable, régulièrement ponctuée d'aires de parking, et 24 belvédères ont été aménagés pour contempler le paysage. Les **26 sentiers** du parc sont parfaitement signalés et accessibles. Longs de 500 m à 14 km, ils combleront les randonneurs de tout niveau. Bien d'autres activités peuvent être pratiquées. Renseignements au centre d'accueil.

Centre d'accueil - *parks.canada.ca/pn-np/ns/cbreton - ♿ - parc ouv. tte l'année - de mi-mai à fin oct. : 9h-17h (8h30-19h en juil.-août) - 9 $ (accès valable jusqu'au lendemain 16h) - centres d'accueil à l'entrée du parc au nord de Chéticamp et à Ingonish Beach (902 224 2306).* On s'y arrêtera pour acheter un permis, récolter des informations et de la documentation, contacter un guide et visiter une petite exposition. La librairie compte de nombreux ouvrages sur la région et la culture acadienne.

De Chéticamp à Pleasant Bay

Dès l'entrée du parc, la piste Cabot escalade les gorges de la rivière Chéticamp et rejoint la côte qu'elle longe. Jolies **vues★★** sur l'océan et la route qui se déroule à l'horizon.

Le **sentier Rivière à Lazare**/Corney Brooke *(6,5 km - 2h AR - facile)* permet d'effectuer une belle promenade à travers la forêt de feuillus et d'admirer une jolie cascade.

La route atteint ensuite le belvédère de **Cap Rouge**, qui révèle des **vues★★** particulièrement belles. Puis le ruban d'asphalte s'élève pour franchir le **mont French**, point le plus élevé du parcours, et continue vers l'intérieur. Composée d'un **plateau marécageux et boisé** atteignant par endroits plus de 500 m d'altitude, la région est le domaine de l'orignal, du lynx et du lièvre d'Amérique. Les paysages rappellent la Finlande ou la Suède, avec des tourbières, des arbres morts et des lacs, la route filant en ligne droite à travers les épineux.

Plusieurs **sentiers** permettent de découvrir la beauté et la diversité de l'intérieur des terres. Le plus connu – et sans doute le plus beau – du parc est celui du **Skyline★★** *(8,2 km - 2/3h AR - facile)*. On approche un cap, on surplombe la côte découpée et les forêts, profitant de superbes panoramas. Plus loin, un court sentier *(500 m - 10mn)* permet de parcourir une **tourbière**, milieu aussi particulier que fascinant avec ses arbres fossilisés, ses plantes insectivores... Le sentier plat mais parfois boueux du **lac Benjies** *(3 km - 1/1h30 AR - facile)* traverse lui aussi des terres humides en pénétrant dans la forêt boréale, avant d'atteindre le lac favori des orignaux.

La piste Cabot entame ensuite sa descente et traverse quelques vallées profondes, gravit les monts Mackenzie. Ses zigzags très photogéniques qui strient le relief, offrent encore de remarquables **vues★★** sur la côte en arrivant vers Pleasant Bay.

De Pleasant Bay à Cape North

Pleasant Bay, en bordure du Parc national, est une minuscule communauté blottie autour de l'embouchure de la Grande Anse River. C'est le point de départ le plus connu pour l'**observation des baleines.** On pourra se renseigner sur les grands mammifères marins ainsi que sur les excursions au **Whale Interpretive Centre** *(104 Harbour Rd - ✆ 902 224 1411 - de déb. juin à mi-oct. : 10h-18h).*

La route repart ensuite vers l'intérieur des terres.

Lone Shieling – *À 6,5 km de Pleasant Bay, engagez-vous sur un court sentier (600 m).* Cette chaumière rustique aux murs de pierre, dont le nom signifie « abri solitaire » en gaélique, est une réplique des humbles logis paysans typiques des Highlands et des îles d'Écosse érigée pour célébrer les liens profonds qui unissent les nombreux Écossais du Cap-Breton à leur pays d'origine.

La route franchit les monts North, descend en pente raide en ménageant de jolies **vues★**, puis rejoint la rivière North Aspy, qu'elle suit jusqu'à **Cape North**.

★★ Excursion à Bay St Lawrence

38 km AR (en dehors du Parc national) au départ de Cape North. Le double si l'on souhaite prolonger jusqu'à Meat Cove.

Cette jolie route longe la baie d'Aspy en offrant des perspectives sur la longue barre de sable qui ferme la baie, puis s'enfonce à l'intérieur des terres parmi des collines herbeuses parsemées de roches roses. Avant de s'éloigner de la baie, la route passe à hauteur de Cabot Landing Beach *(une aire de pique-nique est indiquée sur la droite)*, longue plage dominée par une colline en pain de sucre

Plage d'Ingonish.
Pugalenthi/Getty Images Plus

(Sugarloaf Mountain), où le fameux navigateur **Jean Cabot** aurait débarqué pour la première fois en Amérique du Nord, en 1497.

La route atteint ensuite **Bay St Lawrence**, hameau de pêcheurs situé au bord d'un petit lac qu'un étroit goulet relie à la mer. **Vue★** pittoresque sur la charmante localité depuis sa grande église de bois blanc (St Margaret's), dont la voûte adopte la forme d'une carène renversée.

À la sortie de Bay St Lawrence, tournez à droite et continuez sur 3 km jusqu'à Capstick.

Moins peuplé que Bay St Lawrence, **Capstick** est un hameau à flanc de coteau regroupant quelques maisons bâties sur un plateau herbeux qui surplombe le rivage. À travers un rideau de pins malingres, les **vues★** sur la côte échancrée sont véritablement spectaculaires, rehaussées par l'incroyable couleur des eaux. On peut poursuivre jusqu'à **Meat Cove ★**, tout au bout de la route. Le village le plus au nord de la province abrite un camping offrant un superbe panorama sur les falaises et la côte.

Rejoignez la piste Cabot, puis quittez-la à nouveau après South Harbour pour longer la côte.

C'est une route très agréable avec de belles **vues★** sur la baie d'Aspy, sa barre de sable et la longue péninsule du cap North. Après White Point, la route oblique 10
vers le sud et traverse les charmants villages de pêcheurs de **New Haven** et de **Neil's Harbour★**, lequel est doté d'un port artificiel aménagé à côté d'une baie sablonneuse. Ce hameau coloré et dominé par un phare est sans doute l'un des plus jolis de la région.

Rejoignez la piste Cabot, qui traverse à nouveau le Parc national.

Cette portion de route est particulièrement splendide, surtout à partir de **Black Brook Cove** (et sa plage aux eaux couleur cola !). De vertes étendues boisées couvrent l'intérieur des terres tandis que des rochers roses s'avancent dans la mer. Parmi les nombreuses anses et petites baies qui parsèment la côte, **Green Cove** se distingue par son charme particulier. Du belvédère de Lakie's Head, on aperçoit l'étroite presqu'île de **Middle Head** et le cap Smokey, dont la silhouette s'élève parfois au-dessus d'une brume digne des Highlands d'Écosse.

Les Ingonish

Ingonish regroupe plusieurs localités échelonnées autour d'une baie, dont **Ingonish Centre**, **Ingonish Harbour** et **Ingonish Beach**, lesquelles contrastent avec la relative solitude du parc. Ce sont des stations de villégiature très prisées pour leurs activités récréatives *(pêche, bateau, baignade, golf, tennis et ski)*. De nombreux bateaux de croisière font escale à Ingonish Harbour. La baie d'Ingonish est séparée en deux baies plus petites (North Bay et South Bay) par **Middle Head,** une presqu'île rocheuse longue et étroite qui abrite **Keltic Lodge**, l'un des hôtels les plus célèbres du Canada. De là, on aperçoit vers le sud le **cap Smokey** (369 m), parfois caché par les nuages, ce qui explique son nom.

À Ingonish Beach, on trouvera un **centre d'accueil** du Parc national *(mêmes horaires qu'à Chéticamp)*, qui en marque la sortie pour ceux qui viennent du nord.

★ La côte gaélique : du cap Smokey à Baddeck

Circuit de 89 km tracé en orange sur la carte de la piste Cabot p. 544.

Après avoir gravi le cap Smokey, la route retrouve la côte, offrant de belles **vues★** vers le sud, puis s'éloigne un peu du rivage et traverse plusieurs localités si éparpillées qu'on les distingue à peine. Au large, le groupe d'îlots **Bird Islands** *(réserve ornithologique, pour les excursions voir : birdisland.net)* accueille durant l'été un grand nombre d'oiseaux de mer. On profite de beaux panoramas en longeant St Ann's Harbour, particulièrement à partir de Goose Cove et à South Gut St Ann's. Cette région est connue pour être un fief de la culture gaélique. L'affichage est bilingue et on y entend toujours parler le gaélique qui, au début du 19e s., était la troisième langue européenne au Canada. Des boutiques d'artisanat bordent la route, proposant notamment les fameux *kilts*.

★ Gaelic College

51779 Cabot Trail Road, St Ann's - ☎ 902 295 3411 - gaeliccollege.edu - ♿ - ceilidh en juil.-août : voir le site pour l'agenda ; avr.-déc. : merc. 19h30-21h - 15 $.

Fondée en 1938 par le révérend A.W.R. MacKenzie, elle est l'unique université d'Amérique du Nord à enseigner le gaélique. Les étudiants viennent donc de tout le continent se plonger dans cette culture et apprendre la langue, les arts et l'artisanat des Highlands : cornemuse, chants, danses, tissage de tartans, etc. En été, le collège accueille un *ceilidh (Kay-lee)*, rassemblement de danseurs et musiciens locaux.

Great Hall of the Clans – *de mi-juin à déb. oct. : lun.-vend. 9h-16h30 - 10 $.* Dans une pièce isolée, près de l'entrée, sont présentés objets d'artisanat et souvenirs de l'époque des **pionniers écossais**. Le hall même, consacré à l'histoire des clans, expose une grande variété de tartans et autres vêtements traditionnels. À l'une des extrémités de la salle se dresse la statue d'Angus MacAskill (1825-1863), un géant de 2,36 m et 193 kg originaire du Cap-Breton, célèbre pour avoir parcouru les États-Unis en compagnie du nain Tom Pouce, qui dansait sur la paume ouverte de sa main.

★ Itinéraire bis

22 km par la route 312 et la Transcanadienne.

La route traverse la baie St Ann's sur une langue de terre qui ferme presque la rade, laissant un goulet de 270 m que l'on franchit en bac *(☎ 902 929 2404 - novascotia.ca - ♿ - 24h/24, dép. ttes les 10mn sf fév.-avr. si les eaux sont prises par la glace - 7 $).* *Reprenez la Transcanadienne jusqu'à Baddeck.*

Carnet pratique

S'informer

Destination Cape Breton Association – *20 Keltic Dr., Sydney River - ✆ 902 563 4636 - 1 888 562 9848 - www.cbisland.com.*

Arriver/Partir

Se garer – Dans le Parc national, des emplacements existent le long de la piste, mais ne stationnez pas là où les autres véhicules ne vous voient pas pour ne pas gêner la circulation.

Agenda

Festival de l'Escaouette – *Chéticamp - fin juil.-déb. août - www.cheticamp.ca.* Musique, danse et traditions acadiennes.

Festival Hike the Highlands – *Sept. - www.hikethehighlands.com.* Dix jours de randonnées guidées dans la région, concours photo...

Celtic Colours International Festival – *Déb. oct. - www.celtic-colours.com.* Culture et musique celtique, concerts et événements à travers tout le Cap-Breton.

Nos adresses

Restauration

À Chéticamp

Premier prix

Seafood Stop – *14803 Cabot Trail - ✆ 902 224 1717 - www.cheticamp.ca/tr/restaurants - de mai à mi-oct. : service continu - plat 14/30 $.* Un restaurant sans chichi aménagé à l'arrière d'une poissonnerie. Le service (souriant) peut être lent, mais les poissons et fruits de mer (homard, palourdes frites...) préparés très simplement, sont de première fraîcheur.

Budget moyen

Harbour Restaurant – *15299 Cabot Trail - ✆ 902 224 1144 - www.baywindsuites.com - mai-oct. : service continu - plats 18/42 $, menus 60/85 $.* Très bonne cuisine à base de produits de la mer et des formules *lobster diner* très intéressantes. Un cadre chaleureux, avec une belle vue sur la mer, un service efficace et gentil, et des concerts acadiens occasionnels.

À Neil's Harbour

Premier prix

The Chowder House – *90 Ligthouse Road - ✆ 902 336 2463 - de mi-juin à mi-sept. : horaires, se rens. - plats 17/28 $.* À deux pas du phare, cette maison ne paie pas de mine. Mais elle attire tous les amateurs avec son *chowder* (une soupe de poisson épaisse) réconfortant et ses préparations sans fioritures de homard et de poisson du jour.

Activités

Randonnée – Dans le Parc national, **26 sentiers**, très bien aménagés, peuvent satisfaire les « marcheurs du dimanche » comme les randonneurs expérimentés. Détails sur www.parks.canada.ca.

Observation des baleines – *www.whaleandsealcruise.com.* De mi-mai à mi-octobre, dans les ports de Pleasant Bay, Neil's Harbour et Chéticamp notamment. Sorties de 2-3h *(85 $)*, de juin à mi-sept.

Hébergement

La plupart des adresses ouvrent de mi-mai à mi-octobre. En juillet et

août, pensez à réserver. La région compte également de nombreux **campings**, ouverts eux aussi de mai à octobre. Liste et modalités (permis notamment) sur www.parcs.canada.ca/pn-np/ns/cbreton.
Voir aussi **Baddeck** *p. 551.*

Dans la vallée de Margaree

Pour se faire plaisir

Normaway Inn – *691 Egypt Rd - dans la vallée de la Margaree à 3 km de la piste Cabot - 902 248 2987 - www.thenormawayinn.com - fin juin-fin oct. - ch. et chalets 169/199 $ - 15/20 $ -* . Installée dans un paysage de bois et de prés, cette auberge isolée attire les amoureux de la nature et les sportifs (sentiers, pêche, canoë). Les visiteurs sont logés dans des chambres ou des pavillons avec Jacuzzi, poêle à bois et cheminée. Le **restaurant** propose des produits locaux et frais tels que le saumon de l'Atlantique et l'agneau de la vallée.

À Chéticamp

Une folie

Doucet Inn – *14758 Cabot Trail - à l'entrée sud du village - 902 224 3438 - 1 800 646 8668 - www.aubergedoucetinn.ca - de mai à oct. - 13 ch. 244/284 $* . La vaste maison, couleur lie-de-vin, trône au sommet d'une butte, offrant de belles vues sur la baie. Grandes chambres confortables et bien tenues, et des suites avec kitchenette.

Pour se faire plaisir

Ocean View Motel – *15569 Cabot Trail - 902 224 2313 - www.oceanviewchalets.ca - ch. et chalets (2-4 pers.) 145/169 $.* Déco sommaire mais confortable pour ce petit motel installé face à l'eau et où l'on profite de spectaculaires couchers de soleil.

Une folie

Auberge Bay Wind – *15299 Cabot Trail - 902 224 3800 - www.baywindsuites.com - 4 suites 235/258 $.* Au bord de l'eau, dans une belle maison en bois, de vastes chambres avec Jacuzzi et lits géants. Excellent restaurant (*Harbour Restaurant p. 549*).

À Pleasant Bay

Pour se faire plaisir

The Poplar Suites & Cottages – *23606 Cabot Trail - 902 224 7467 - www.thepoplarbnbcottages.com - mai-oct. - ch. 175 $, cottages 155/175 $.* Petit B & B accueillant, qui propose une chambre avec salle de bains.

À Dingwall

Pour se faire plaisir

The Markland – *802 Dingwall Rd - 902 383 2246 ou 1 855 872 6048 - www.themarkland.com - P - de mai à oct. - ch. et cottages 181/286 $.* Tout au bout de la route de Dingwall (au-delà du petit village de pêcheurs), un ensemble isolé de chalets de bois avec d'impeccables chambres tout confort. Vue sur la mer, plage, restaurant.

À Ingonish

Une folie

La localité, très prisée, compte peu d'hébergements bon marché, et la réservation s'impose en été. Les chalets du **Seascape Coastal Resort** (*36086 Cabot Trail - 902 285 3003 - www.seascapecoastalretreat.com - mai-oct. - 334/399 $*) offrent une très belle vue sur la mer avec un grand niveau de confort. Un peu plus loin, ceux de **Ingonish Chalets** (*36784 Cabot Trail - 902 285 2008 - www.ingonishchalets.com - ch. et chalets 186/280 $*), plus simples, offrent tout le confort nécessaire.

Enfin, le luxueux **Keltic Lodge** (*Middle Head Peninsula - 902 285 2880 ou 1 800 565 0444. - www.kelticlodge.ca - mai-oct. - 316/366 $*) est l'un des hôtels les plus connus du pays.

Baddeck et le lac Bras d'Or ★

Baddeck - Bras d'Or Lake

Située au centre de l'île du Cap-Breton, la charmante petite ville de Baddeck, baignée par les eaux du Bras d'Or, est un site de villégiature prisé. D'abord établissement micmac, puis propriété de riches familles britanniques, la localité s'est développée à partir des années 1880. Son chantier de construction navale, sa bibliothèque, sa poste et (déjà) ses hôtels en firent un centre de services important pour les habitants de la région. Un charme et un pouvoir d'attraction tels que l'inventeur Alexander Graham Bell en fit sa résidence d'été… suivi des décennies plus tard par nombre de touristes.

Se repérer

769 habitants (Baddeck)

CARTE D1-2 (P. 496-497)

Baddeck se situe au sud de la piste Cabot, juste à l'écart de la Transcanadienne 105.

Organiser son temps

Pour Baddeck, 2-3 heures suffisent. Mais la localité peut servir de base pour 1 ou 2 jours de visite.

Carnet pratique p. 553

Nos adresses p. 553

Se promener

Point de départ et d'arrivée de la piste Cabot, Baddeck disperse ses petites maisons colorées au cœur d'un **site★★** charmant sur la rive nord du **lac Bras d'Or**. Le

Le phare de Baddeck.
flyzone/Getty Images Plus

ponton du yacht-club (et sa terrasse où l'on prend un verre en soirée), la petite promenade le long de l'eau, les quelques boutiques et cafés font de cette petite ville un lieu où il fait bon s'attarder, une base idéale entre la piste Cabot et la région du lac Bras d'Or.

★★ **Alexander Graham Bell National Historic Site** - *☏ 902 295 2069 - parks.canada.ca/lhn-nhs/ns/grahambell - ♿ - de mi-mai à fin oct. : 9h-17h ; reste de l'année : sur RV - 9 $.* Ce remarquable musée présente en détail les recherches de Bell dans les domaines les plus variés : téléphone, gilet à vide (ancêtre du poumon d'acier), sonde chirurgicale (utilisée avant l'invention de la radiographie), cerfs-volants expérimentaux, appareil de survie destiné à sauver de la soif les marins en détresse, hydroptère (reconstitution complète de l'HD-4 et restes de l'original). Une riche **collection de photographies** sur la vie de Bell constitue l'un des points forts du musée. Durant la saison touristique, plusieurs films viennent par ailleurs évoquer la vie et l'œuvre du grand inventeur. De la terrasse, jolie **vue panoramique** sur le lac Bras d'Or et le port de Baddeck. On aperçoit derrière les arbres, au loin à gauche, la splendide demeure de Bell, qui ne se visite pas.

À proximité

CARTE P. 496-497

★ Lac Bras d'Or D1-2

La **vaste étendue d'eau salée** coupe en deux l'île du Cap-Breton, y dessinant de multiples baies et péninsules et de profonds bras – Great Bras d'Or et Little Bras d'Or – qui la relient à l'océan. Des communautés micmaques *(pour en savoir plus : eskasoniculturaljourneys.ca)* peuplaient ces côtes aux paysages variés de falaises, langues de sable et marécages. Cette mer intérieure a été désignée en 2011 comme Réserve de la biosphère par l'Unesco.

Les diverses routes qui en font le tour sont rassemblées sous le nom de **Bras d'Or Lakes Scenic Drive,** signalée par un panneau/logo. Les plus pressés en découvriront une bonne partie en empruntant la Transcanadienne et la piste Cabot, de Sydney à Baddeck. Ainsi, on longera le **Great Bras d'Or**★ *(au nord de Baddeck)* par la Transcanadienne, qui franchit les monts Kelly, découvrant une belle **vue**★ sur la rade St Ann's, le bac et l'étroite bande de terre. La route traverse ensuite la presqu'île du cap Dauphin et redescend vers Great Bras d'Or, dévoilant des **vues**★ sur le bras de mer.

Sur les rives du lac, le **Highland Village Museum** à Iona *(4119 Highway 223 - ☏ 902 725 2272 - highlandvillage.novascotia.ca - horaires, se rens. - 15 $ - réserv. conseillée)*, intéressant musée ressemblant à un petit village perché, est constitué de onze habitations traditionnelles des colons écossais, que font vivre des guides en costume. Dans le centre d'accueil, deux expositions permettent de mieux

Alexander Graham Bell (1847-1922)

Séduit par Baddeck, le célèbre inventeur du téléphone fit construire une résidence secondaire, baptisée Beinn Bhreagh (« belle montagne » en gaélique). C'est là qu'il fit la plupart de ses expériences en aéronautique. En 1907, il créa l'Aerial Experiment Association, qui réussit le premier vol piloté au Canada. Il mit aussi au point l'HD-4, un hydroptère qui, en 1919, atteignit sur le lac Bras d'Or la vitesse record de 114 km/h.

comprendre l'histoire des colons écossais et de la Nouvelle-Écosse. Le 1er août, le lieu s'anime encore un peu plus avec des chants et danses traditionnelles. Mais le *must* consiste sans doute à **découvrir le Bras d'Or en bateau**. En louant une embarcation (*902 631 5050 - capebretonsailing.com*), ou en prenant part à une excursion organisée au départ de Baddeck (*« Nos adresses » ci-dessous*). Le centre d'information de Baddeck pourra également vous orienter.

Carnet pratique

S'informer

Baddeck Welcome Centre - *454 Chebucto St. (carrefour principal) - 902 295 1911- de juin à mi-oct. - visitbaddeck.com.*

Agenda

Cabot Trail Relay Race – *Fin mai - www.cabottrailrelay.com.* Une course de 17 relais le long des 300 km de la piste Cabot.

Nos adresses

Restauration

Les adresses ne sont pas légion, la plupart des *resorts* comptant leur propre restaurant.

Budget moyen

Baddek Lobster Suppers – *17 Ross St. - 902 295 3307 - www.baddecklobstersuppers.ca - de juin à mi-oct. : ouv. le soir - fermé dim. - plats 28/40 $, menu 64 $.* Une adresse bien connue des amateurs de homard, qui oublient la déco et se concentrent sur la généreuse formule : plat du jour et *chowder*, salades et desserts à volonté.

Activités

Voguez sur les eaux du lac Bras d'Or à bord de la **goélette Amoeba** – *amoebasailingtours.com - de juin à mi-oct. - 49 $/1h30.*

Hébergement

Baddeck, pôle touristique du Cabot Trail, compte nombre d'hôtels et de lodges très prisés des groupes. Malgré l'offre, les lits manquent en été et les prix grimpent vite.

Une folie

The Dunlop Inn – *552 Chebucto St. - 902 295 1100 - www.dunlopinn.com - mai-oct. - 5 ch. 196/299 $.* Cette très jolie maison donne directement sur le lac. Les chambres sont élégantes et confortables. Une excellente adresse.

Silver Dart Lodge – *257 Shore Rd - 1 800 565 8439 - www.silverdartlodge.com - - de mai à oct. - ch. 207/287 $.* À la sortie sud de Baddeck, un vaste parc dominant le lac abrite des chalets et un hôtel. Grand confort.

The Water's Edge Inn – *22 Water St. - 902 295 3600 - www.thewatersedgeinn.com - de juin à mi-oct. - 6 ch. 195/225 $ - 2 nuits mini.* Les deux jolies maisons colorées s'élèvent à deux pas du ponton du yacht-club, face au lac. Les chambres sont très bien équipées et offrent une belle vue. La décoration manque toutefois de chaleur.

10

Forteresse de Louisbourg ★★★

Fortress of Louisbourg

Cette forteresse défendait au début du 18e s. l'accès au golfe du St-Laurent et à Québec. Occupée par la plus importante garnison d'Amérique du Nord, Louisbourg était l'une des places fortes majeures de la Nouvelle-France, avant que les troupes anglaises ne la détruisent en 1758. Elle ne fut plus qu'un champ de ruines pendant deux siècles, jusqu'à ce que le gouvernement canadien décide de la sauvegarder. Classée site historique national, elle a fait l'objet d'un projet de restauration d'une saisissante ampleur. Mais aujourd'hui, quelle réussite ! L'isolement du lieu, son étendue, les beaux paysages alentour, l'architecture d'ensemble, le soin apporté aux aménagements intérieurs... Un superbe voyage dans le temps est ici proposé aux amateurs d'histoire.

Se repérer

CARTE D1 (P. 496-497).
Louisbourg se situe à 34 km (par la route 22) à l'est de Sydney, la ville principale de l'île du Cap-Breton.

Organiser son temps

Louisbourg mérite une demi-journée ou une journée de visite (restauration sur place).

En famille

Le Miners'Museum à Glace Bay.

Nos adresses p. 559

Découvrir

58 Wolfe St. - 902 733 3552 - www.louisbourg.ca et www.parcs.canada.ca.
Point de départ de la visite, le **centre d'accueil** *(902 919 8392 - www.parcs.canada.ca/lhn-nhs/ns/louisbourg - mai-oct. : 9h30-17h ; reste de l'année : lun.-vend. 9h30-16h - haute saison : 19,75 $, basse saison : 8,50 $)* retrace l'histoire de Louisbourg au moyen d'expositions et de maquettes. Une navette *(7-10mn)* mène jusqu'à la forteresse à travers un joli paysage littoral : la belle plage de Kennington Cove, des étangs, des marais, la forêt...

La tempête Fiona a durement touché l'ensemble du site en septembre 2022 et plusieurs zones demeurent fermées au public.

À travers la ville

On pénètre sur le site à pied par la **porte Dauphine**, gardée par une sentinelle. En franchissant le pont-levis, on a l'impression de plonger dans le passé, d'autant plus qu'en été, la ville est animée par une population en costume d'époque. En hiver, la magie est toute différente. L'isolement est poignant, le climat parfois

Forteresse de Louisbourg.
jimfeng/Getty Images Plus

hostile. On saisit alors toute la démesure du projet initial : construire dans ce bout du monde une véritable ville et y faire vivre 2000 habitants et soldats. En pierre ou en bois, plus de 50 maisons s'alignent selon le plan régulier des villes construites de toutes pièces. Certaines abritent des expositions, d'autres ont retrouvé un mobilier du 18e s. Une **boulangerie** vend le même type de pain que celui qu'achetaient les soldats en 1744, et trois **auberges** proposent des repas typiques du 18e s., dans une vaisselle en terre cuite et en étain et servis par un personnel costumé.
Les remparts des quais sont percés d'une entrée d'honneur en bois, la **porte Frédéric**, par laquelle étaient introduits les visiteurs importants. On n'oublie jamais la proximité de l'océan, dont les embruns portés par un vent violent sifflent parfois entre les maisons.
Au rez-de-chaussée de la riche **demeure de l'ordonnateur**, remarquez un clavecin du 18e s. Des objets découverts au cours des travaux de restauration de la forteresse sont également exposés en plusieurs points.

Une place forte déchue

Des débuts difficiles – La France, qui envisageait depuis quelque temps déjà la construction d'une importante base militaire en Nouvelle-Écosse pour consolider sa position en Amérique du Nord, avait même pensé au site d'Halifax. Mais elle choisit, lorsqu'elle perdit Terre-Neuve et l'Acadie en 1713, de s'installer sur une échancrure de l'île Royale (aujourd'hui île du Cap-Breton). Dès 1719 commencèrent les travaux d'une forteresse dont le plan s'inspirait des réalisations de Vauban.
La construction de ce projet grandiose (une citadelle, six bastions et plusieurs batteries indépendantes) traîna en longueur et devint vite un gouffre financier. Le terrain marécageux ne se prêtait pas à la fondation d'ouvrages solides et la discipline laissait à désirer, au point qu'en 1744, la garnison se mutina. Pourtant, le port toujours libre de glaces connaissait une activité fébrile (pêche à la morue, base navale, commerce avec la France, Québec, les Antilles, et fructueuse contrebande avec les villes de la Nouvelle-Angleterre) qui faisait bien des envieux à Boston et à New York.
Une forteresse « imprenable » – La construction n'était pas achevée que Louisbourg subissait son premier siège (1745) : en moins de deux mois, des troupes de Nouvelle-Angleterre (4 000 soldats) réduisirent à merci cette rivale redoutée. Trois ans plus tard, au grand dépit des Anglais, le traité d'Aix-la-Chapelle rendait Louisbourg à la France de **Louis XV**.
Pendant que les Français renforçaient hâtivement la place forte, les Anglais construisaient, pour leur faire échec, la forteresse d'Halifax.
Attaquée par l'armée et la marine britanniques en 1758, Louisbourg tomba pour la seconde fois (l'officier supérieur **James Wolfe**, qui allait capturer la ville de Québec en 1759, se distingua au cours de cette expédition).
Les fortifications furent rasées en 1760 pour que les Français ne puissent plus s'y réinstaller.
Depuis 1960, un quart de la forteresse a été reconstruit conformément aux plans originaux. Un projet coûteux et colossal, mais ô combien réussi. Et qui a permis de créer de nombreux emplois dans une région ayant beaucoup souffert de la fermeture des mines.

Entre les maisons, des jardins fleuris et des potagers, animés par quelques animaux ; ces cultures et élevages, avec tout le matériel agricole et de pêche entreposé dans les annexes, permettent d'imaginer l'importante organisation nécessaire à une vie en autarcie. Les cheminées et les murs épais permettaient de lutter contre le froid et le vent. Mais les imposantes maçonneries rappellent avant tout la fonction première du lieu : celle d'une forteresse, d'un point stratégique conçu pour contrôler les pêcheries alentour et s'imposer dans la région face aux Anglais. Un bastion fortifié à tenir coûte que coûte...

★★ Bastion du Roi

Ce bâtiment, le plus imposant et le plus prestigieux de l'ensemble, abritait jadis la garnison. Sa visite révèle la grande disparité sociale de mise entre les hommes de troupe et leurs supérieurs. Les dix pièces de l'**aile du gouverneur**, meublées avec luxe et délicatesse, évoquent la vie raffinée de l'aristocratie. Moins somptueux, le **quartier des officiers** ne manque toutefois pas de confort. Mais l'austérité des **baraquements** destinés aux simples soldats, ouverts à tous les vents, n'invite décidément guère à la flânerie.

La visite passe également par la **prison** et la **chapelle**, qui servait autrefois d'église paroissiale.

Marcher aux alentours – Les beaux paysages du site, visibles notamment depuis les remparts du Bastion du Roi, sont parcourus par plusieurs sentiers. On peut ainsi gagner la belle plage de **Kennington Cove** *(accès fermé hors saison)*, toute proche.

Village de Louisbourg

Cette petite communauté aux habitations éparpillées compte 1300 résidents. Du fond de la baie protégée, on jouit d'une belle vue sur la forteresse, l'attraction touristique principale qui fait vivre quelques restaurants et B & B. Le petit port de pêche est réputé pour ses moules et crustacés. Parmi les édifices marquants, signalons la gare construite en 1895, abritant une exposition consacrée à la ligne qui reliait Louisbourg à Sydney jusqu'en 1960. Ou encore la Louisbourg Playhouse, construite pour les besoins d'un film et dont l'intérieur vous étonnera. Le phare *(suivre* Lighthouse *à l'entrée du village)*, situé de l'autre côté de la baie, constitue un joli but de promenade *(accès temporairement fermé)*.

À proximité

CARTE P. 496-497

Sydney D1

À 34 km à l'ouest de Louisbourg, route 22.

Joan Harriss Cruise Pavilion - 74 Esplanade.

Avec 30 960 habitants, un port, une vaste zone industrielle, une université, un aéroport, une équipe de hockey et de vastes *malls*, Sydney est de loin la plus grande ville de l'île du Cap-Breton.

Fondée au 18e s. et rapidement peuplée de Britanniques et de loyalistes venus de Nouvelle-Angleterre, elle ne se développe véritablement qu'au début du 20e s. grâce aux mines des alentours. Aujourd'hui, pour les touristes, elle constitue une étape agréable et avant tout « fonctionnelle ». On y trouvera des commerces, des hôtels et pensions et quelques restaurants. Le petit centre-ville – trois ou quatre rues parallèles à la baie – se visite rapidement. On remarquera quelques belles

Un sol riche en charbon

Le bassin houiller de l'île du Cap-Breton, où des soldats français de Louisbourg découvrirent du **charbon** dans les falaises de Port-Morien, est connu depuis 1720. Le sous-sol de la région contient des couches de houille grasse qui se prolongent sous l'Océan. L'exploitation minière se développa dans la seconde moitié du 19e s., encouragée par la création d'une industrie sidérurgique à Sydney, grâce au minerai de fer découvert à Terre-Neuve. Les immigrants affluèrent alors dans la région, attirés par les possibilités d'embauche. La grande époque du charbon dura jusque vers 1950, quand l'usage du pétrole et du gaz se généralisa. Le Cap-Breton connut alors la récession économique. Exploitée par Cape Breton Development Corporation, la dernière houillère de Glace Bay ferma en 1984.

maisons du 18e s. à l'extrémité nord de Charlotte Street que l'on pourra pour certaines visiter – ainsi **Cossit House** *(75 Charlotte St - cossithouse.novascotia.ca - de déb. juin à mi-oct. : mar.-sam. 9h-17h - 2 $).*
Le front de mer, où s'alignent les hôtels de chaîne, a été aménagé en agréable promenade où il fait bon se retrouver en soirée. Devant l'édifice de verre du Port of Sydney (le **Joan Harriss Cruise Pavilion**), un énorme violon de 8 t souhaite la bienvenue en musique aux passagers des navires de croisière. Le complexe abrite également une salle de spectacle programmant régulièrement des concerts. Autre idée de sortie : les rencontres des Screaming Eagles, le club de hockey local *(« Activités » dans « Nos adresses », ci-contre)* évoluant dans la vaste patinoire du Centre 200 (*George St.*).

★★ Miners'Museum à Glace Bay D1

À 19 km au nord-est de Sydney par la route 4, suivez les panneaux indicateurs jusqu'à Quarry Point - 17 Museum St., Glace Bay - 902 849 4522 - www.minersmuseum.com - - de déb. juin à mi-oct. : merc.-dim. 10h-18h - 17,39 $, avec la visite guidée de la mine ; vêtements de protection fournis.
Ce musée aux formes géométriques basses occupe un site de 6 ha au bord de la mer. Il explique la formation du charbon et présente les méthodes d'exploitation et l'équipement. Des mineurs à la retraite guident les visiteurs *(30mn)* à travers une galerie basse, parfois très basse, creusée sous la mer. Devant les parois de houille, ils racontent les différentes méthodes d'exploitation en y mêlant de nombreuses anecdotes personnelles.
Un **coron** a été reconstruit à proximité du musée, avec la réplique d'une maison de mineur des années 1850-1900 et le magasin du village, qui appartenait à la compagnie. Un restaurant sert des spécialités régionales.
On peut relier Glace Bay à la Forteresse de Louisbourg par la jolie route côtière via les villages de Port Morien, Mira et Main-à-Dieu.

North Sydney D1

À une vingtaine de kilomètres au nord de Sydney par la route 125.
Vous passerez par cette ville portuaire située tout au bout de la route Transcanadienne 105 pour monter à bord des ferries à destination de Terre-Neuve (Channel-Port Aux Basques et Argentia). Site de construction navale, base militaire durant la Seconde Guerre mondiale, North Sydney est aujourd'hui encore un bassin d'emploi important, organisé autour de sa rue principale et colorée de Commercial Street.

Nos adresses

Restauration

À Louisbourg

Le site compte quatre adresses *(en haute saison - 11h-16h)* qui sont gérées par l'Association Fortress Louisbourg et recréent l'ambiance et les recettes de l'époque. L'**Hôtel de la Marine** est la plus élégante, et on y sert une cuisine élaborée à base de produits locaux. L'**Épée Royale** est un petit salon de thé animé qui sert aussi des pâtisseries, tandis que la **Taverne Storehouse** propose une sélection de bières, de cidres et de vins artisanaux de Nouvelle-Écosse. Enfin, à la **Maison Grandchamps**, on s'installe autour de solides tables de taverne, devant des assiettes et bols d'étain garnis d'une cuisine simple et copieuse.

À Sydney

Premier prix

Governor's Pub & Eatery – *223 Esplanade St. - ✆ 902 562 7646 - governorseatery.com - service continu - plats 18/35 $.* Une institution locale où tout le monde trouve son compte. Salles multiples, de type pub (écrans télé, bois, moquette, concerts) ou restaurant, vastes terrasses et balcons. Bonne cuisine de pub.

À North Sydney

Premier prix

Black Spoon – *320 Commercial St. - ✆ 902 241 3300 - www.blackspoon.ca - service continu - fermé dim.-lun. - plats 15/30 $.* Dans ce néobistrot, les produits sont bien choisis, la préparation soignée et le service impeccable. Une bonne adresse.

Activités

Assistez aux rencontres de **hockey** des **Cape-Breton Screaming Eagles**, dans la patinoire de George Street. Informations : chl.ca/lhjmq-eagles.

Hébergement

À Louisbourg

Budget moyen

Cranberry Cove – *12 Wolfe St. - ✆ 902 733 2171 - cranberrycoveinn.com - de mai à oct. - 7 ch. 119/179 $* ☕. Vous apprécierez à coup sûr votre séjour dans cette belle maison. Des chambres douillettes, des salons chaleureux et une galerie où il fait bon s'attarder en soirée.

Pour se faire plaisir

Louisbourg Harbour Inn – *9 Lower Warren St. - ✆ 1 888 888 8466 - www.louisbourgharbourinn.com - P - de juin à mi-oct. - 10 ch. 175/213 $* ☕. Cette vaste maison centenaire domine le port. Grand confort (bains à remous, balcons) et beaucoup de style (parquet, meubles anciens).

À Sydney

On trouvera nombre de motels et d'hôtels de chaîne le long de Kings Road et Esplanade St.

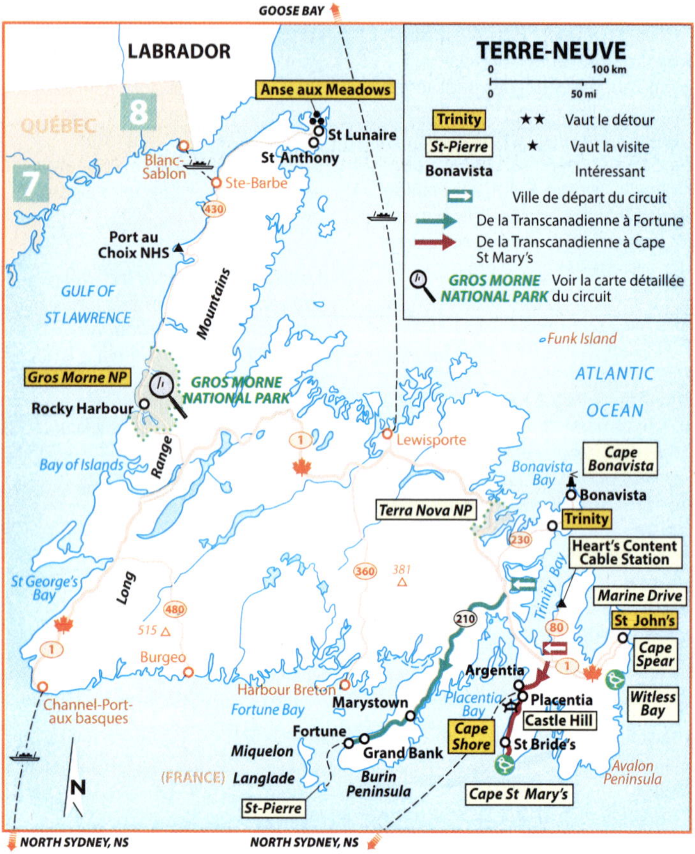
GOOSE BAY
LABRADOR
TERRE-NEUVE
0 100 km
0 50 mi
Trinity ★★ Vaut le détour
St-Pierre ★ Vaut la visite
Bonavista Intéressant
Ville de départ du circuit
De la Transcanadienne à Fortune
De la Transcanadienne à Cape St Mary's
GROS MORNE NATIONAL PARK Voir la carte détaillée du circuit
QUÉBEC
8
7
Anse aux Meadows
St Lunaire
St Anthony
Blanc-Sablon
Ste-Barbe
430
Port au Choix NHS
Mountains
GULF OF ST LAWRENCE
Gros Morne NP
GROS MORNE NATIONAL PARK
Rocky Harbour
Range
Bay of Islands
1
Lewisporte
Funk Island
ATLANTIC OCEAN
Cape Bonavista
Bonavista Bay
Bonavista
Terra Nova NP
Trinity
230
Heart's Content Cable Station
360
381
Trinity Bay
Marine Drive
St John's
Cape Spear
St George's Bay
Long
480
515
210
80
Burgeo
Argentia
Placentia
Placentia Bay
Castle Hill
Witless Bay
Harbour Breton
Fortune Bay
Marystown
Channel-Port-aux basques
Fortune
Grand Bank
Cape Shore
St Bride's
Miquelon
(FRANCE) Langlade
Burin Peninsula
Avalon Peninsula
St-Pierre
Cape St Mary's
N
NORTH SYDNEY, NS
NORTH SYDNEY, NS

11

Terre-Neuve et Labrador

CARTE MICHELIN NATIONAL N° 766

Terre-Neuve et le Labrador en bref

Terre-Neuve (Newfoundland) et Labrador constituent la plus orientale des provinces canadiennes. Sa superficie globale de 405 720 km² en fait également la plus grande des provinces de l'Atlantique. Elle se compose de l'île même de Terre-Neuve, rocheuse et découpée, et, sur le continent, d'une vaste étendue montagneuse, le Labrador, qui jouxte le Québec. Elle est à la fois baignée par les eaux du golfe du St-Laurent, par la mer du Labrador et par l'océan Atlantique. Les amoureux de la nature apprécieront particulièrement la beauté sauvage de cet avant-poste éloigné.

Un peu de géographie

L'île de Terre-Neuve

On la surnomme « The Rock » (le rocher) du fait de son profil escarpé. Déchiqueté, semé de baies, d'anses et d'îlots, son littoral de quelque 9 650 km est d'une beauté rude. À l'ouest, le long des **monts Long Range** qui forment le maillon extrême des Appalaches, d'imposantes falaises et des fjords profonds créent un paysage grandiose. De ces hauteurs, l'île s'incline vers l'est, revêtue par endroits de denses forêts, tandis qu'ailleurs, de longues étendues ne sont que landes rocheuses, tourbières, lacs et cours d'eau, héritage des glaciers qui ont laissé une marque profonde sur l'île.

Le Labrador

Cet espace buriné, au sol généralement pauvre et aride, appartient au Bouclier canadien. La côte désolée est découpée et montagneuse. Au nord, les **monts Torngat**, culminant à près de 1 676 m, plongent directement dans la mer. L'intérieur a l'aspect d'une roche nue, stérile, à l'exception de quelques régions plus abritées couvertes de précieuses forêts. La population (27 000 habitants) se concentre essentiellement le long de la côte et dans les villes minières (fer) de la dépression du Labrador, le long de la frontière québécoise. La faune, très variée, compte des lièvres d'Amérique, des loups et le plus grand troupeau de caribous du monde (600 000 têtes environ).

Les Grands Bancs de Terre-Neuve

Sur les hauts-fonds de la plate-forme continentale qui s'étend au sud et à l'est de Terre-Neuve se trouve l'une des zones de pêche les plus riches du monde. Au point de rencontre entre le courant chaud du Gulf Stream et le courant froid du Labrador, le plancton qui se développe en abondance attire le poisson en bancs très denses. Depuis cinq cents ans, les pêcheurs de toutes nationalités viennent récolter cette manne aujourd'hui menacée par la surexploitation des domaines maritimes et par divers facteurs écologiques.

Économie

La pêche

Dans l'espace atlantique canadien, la pêche (**morue** principalement) était la principale ressource de Terre-Neuve. Mais, devant l'alarmante diminution des bancs, le gouvernement canadien s'est vu dans l'obligation d'imposer, en 1992, un moratoire sur la pêche à la morue (toujours en vigueur à l'heure actuelle) et de limiter la prise de certains poissons de fond. L'adoption de ces mesures a bouleversé tout un mode de vie traditionnel axé sur l'exploitation des produits de

la mer. Près de 40 000 personnes se retrouvèrent sans emploi. Dix ans plus tard, les stocks de poissons ne s'étaient pas reconstitués.
En avril 2003, Le ministre de la Pêche annonçait la fermeture de la Canadian Commercial Cod Fishery. Les conséquences économiques et sociales auraient pu être dévastatrices s'il n'y avait eu l'émergence d'une nouvelle et lucrative industrie : l'extraction minérale, particulièrement le pétrole et le gaz. Quant aux petits pêcheurs, ils peuvent continuer de pêcher en utilisant les méthodes traditionnelles : près des rivages et vers l'est autour du cap Flemish. Ils alimentent uniquement les marchés locaux.
Pêche côtière – Elle comprend non seulement la morue, mais aussi le calmar, le homard, le saumon et le **capelan** (jadis uniquement utilisé comme appât), qui vient pondre en bancs serrés près du rivage, au début de l'été, attirant la morue, son principal prédateur. En utilisant de grands filets trappes, un pêcheur pouvait autrefois recueillir l'essentiel de sa prise pendant les quelques semaines de frai. À d'autres périodes de l'année, on pêche la morue à la **palangre**, grosse ligne de fond déroulée à partir d'un bateau et munie d'hameçons sur toute sa longueur. Quand la morue ne réagit pas à l'appât vivant, on la pêche alors à la **dandinette**, en tirant une ligne garnie de leurres brillants que l'on fait frétiller dans l'eau. La pêche au **filet dérivant**, lesté de plomb et maintenu à la verticale par des flotteurs, est un procédé plus récent.
Pêche hauturière – Autrefois, les grandes goélettes quittaient les ports de Terre-Neuve pour pêcher sur les bancs pendant plusieurs mois. Quand l'équipage avait localisé un banc, il mettait à l'eau les **doris**, petites barques ouvertes à fond plat transportées sur le pont de la goélette, qui revenaient au bateau chargées de poissons. La prise pouvait être salée sur le pont et entreposée en cale (pêche « verte »), ou mise à sécher à terre sur des claies de bois appelées **vigneaux** (pêche « sèche » ou « sédentaire »). Depuis 1945, les goélettes et les doris ont fait place aux chalutiers, dragueurs et palangriers, plus modernes et plus efficaces, tandis qu'à terre (ou à bord même), la congélation et le traitement industriel du poisson ont peu à peu remplacé vigneaux et salaison.

Forage pétrolier en mer

Achevé en 1997, le projet de mise en valeur du **champ pétrolifère Hibernia**, à 315 km au large des côtes de Terre-Neuve, a déjà permis une production de plus de 700 millions de barils de pétrole. Ancrée sur place, l'énorme plate-forme de forage, d'un poids total de 1,2 million de tonnes, a été conçue de manière à pouvoir résister à l'assaut régulier d'icebergs géants, fréquents dans cette partie du monde. En 2002, la production a commencé sur le site de **Terra Nova** et en 2005 sur celui de **White Rose**, qui se trouvent tous les deux à 350 km des côtes. Ces deux sites fonctionnent avec des bases flottantes qui peuvent être déplacées en cas de mauvais temps.

Le nickel

C'est une ressource récente pour Terre-Neuve et Labrador. En 1993, du nickel est découvert dans le Labrador. Depuis, la Voisey's Bay Nickel Company a investi dans l'extraction et la production de nickel. Cette exploitation a également donné un nouveau souffle à la province.

Mode de vie

La vie des Terre-Neuviens est davantage régie par son aspect fonctionnel que par la fantaisie.

Près d'un quart de la population de l'île réside à St John's, la capitale. Le reste habite le long du littoral, dans des villages de pêcheurs appelés **outports**. Jadis, le terme désignait tout établissement hors de St John's ; mais, avec l'essor de centres industriels comme Corner Brook, il ne s'applique désormais qu'aux minuscules villages accrochés à la côte, caractérisés par leurs appontements battus par les vagues, leurs **aires de séchage**, leurs doris et leurs yoles amarrées le long du rivage, ainsi que leurs maisons aux couleurs vives. Dans certains *outports*, des maisons historiques ou des bâtiments commerciaux (souvent avec boutique artisanale) abritent un petit musée du patrimoine. Légués par les habitants du lieu, les objets qu'ils exposent évoquent le passé de la communauté. Leur simplicité et leur caractère pratique reflètent la vie modeste et obstinée de leurs propriétaires.

La gastronomie

Fraîche, séchée ou salée, la morue constituait la nourriture de base des Terre-Neuviens : parmi les plats locaux traditionnels, le **fish and brewis** (poisson et brouet), mélange de morue salée bouillie et de biscuits de mer trempés toute la nuit, et les fameuses **langues de morue frites**, nécessitant un poisson de première fraîcheur. Citons encore, parmi les classiques, l'omble de l'Arctique, le saumon, le flétan, les crevettes et le homard. Mais la gastronomie ne se limite pas aux produits de la mer : les steaks de caribou ou d'orignal sont très appréciés. On consomme toujours les traditionnels **Jigg's dinners**, plat copieux et roboratif composé de viande et de pommes de terre surmontées de carottes, de chou et de pois. La région produit des myrtilles, des airelles vigne-d'Ida et la **chicouté**, sorte de mûre ambrée au goût prononcé, avec lesquelles on prépare le pudding aux airelles, en été, les chicoutés pochées au miel et le gâteau **Figgy Duff**, hérité du 16e s.

Les traditions orales

Marquée par des siècles d'isolement et par la vie dans un milieu difficile, Terre-Neuve frappe le visiteur par son individualité profonde. Ses habitants y ont développé une culture originale, fortement enracinée, et un esprit pétillant d'humour face à l'adversité. Leur anglais savoureux, aux accents très particuliers, est émaillé de multiples idiomes imagés, comme l'expression *tickle* (chatouille) pour définir une voie navigable étroite. Souvent, les sites portent des noms pittoresques : **Stinking Cove** (« l'anse puante »), Useless Bay (« la baie bonne à rien »), Cuckold's Cove (« l'anse au cocu »). Il en est de même pour les villages : **Jerry's Nose** (« le nez de Jerry »), **Come by Chance** (« venu par hasard ») ou Happy Adventure (« l'aventure heureuse »), pour n'en nommer que quelques-uns. Langue maternelle d'environ 95 % des habitants de l'île, l'anglais de Terre-Neuve s'est enrichi de l'apport de dialectes les plus variés, constellant les conversations les plus banales de pittoresque. Certains d'entre eux dénotent une origine clairement irlandaise ; d'autres contiennent des nuances propres aux régions de l'ouest de l'Angleterre (Dorset, Devon ou Cornouailles).

Dans un pays riche en traditions, les légendes, proverbes (notamment à propos du temps), danses folkloriques et rengaines ne manquent pas, témoignant d'une vision douce-amère de la vie. Souvent parodies de chansons britanniques, les chants de marins *(Squid-Jiggin' Ground, Let Me Fish off Cape St Mary's, Jack Was Every Inch a Sailor)* décrivent le caractère et les aspirations des Terre-Neuviens avec joie, humour ou mélancolie.

Carnet pratique

S'informer

Office de tourisme

Newfoundland and Labrador Tourism - *709 729 2830 ou 1 800 563 6353 - www.newfoundlandlabrador.com.*

Sites Internet

Provinces – *www.gov.nl.ca.*
Parcs – *www.parksnl.ca.*

Heure locale

Terre-Neuve est en avance de 30mn sur l'heure de l'Atlantique. La majorité du Labrador vit à l'heure de l'Atlantique.

Taxes

Taxe de vente harmonisée (TVH) de 15 %.

Loi sur les alcools

L'âge légal pour la consommation d'alcool est de 19 ans. L'alcool est en vente dans les magasins d'État, et dans les épiceries autorisées. Nombre de magasins d'alimentation vendent de la bière.

Loi sur le tabac

L'achat de tabac est interdit aux moins de 19 ans.

Jours fériés provinciaux

St Patrick – Le lun. le plus proche du 17 mars.
St Georges – Le lun. le plus proche du 23 avr.
Jour de la Découverte – Le lun. le plus proche du 24 juin.
Jour du Souvenir – Le lun. le plus proche du 1er juil.
Fête des Orangistes – Le lun. le plus proche du 12 juil.

Arriver/Partir

En avion

St John's International Airport – *www.stjohnsairport.com.*
Gander International Airport – *www.ganderairport.com.*
Au Labrador.
Compagnies assurant des liaisons avec la province :
Air Canada propose des vols directs au départ de Calgary, Toronto, Halifax et Montréal, **West Jet** des vols direct au départ de Calgary et Toronto, **Porter** propose des vols vers Toronto, Ottawa et Halifax.
PAL Airlines – *www.palairlines.ca.* Vols à partir de Montréal, Halifax et Québec.
« Transports intérieurs », p. 652.

En bateau

Pour les trajets en ferries, nous vous conseillons de réserver à l'avance.
Marine Atlantic – North Sydney (N.-É.) - *902 794 5254 ou 1 800 341 7981 - www.marineatlantic.ca - dép. tte l'année - aller simple 6h30, 5h en été.* Bac ou traversier (voitures et passagers) d'Argentia (T.-N.) à North Sydney (N.-É.) et Channel-Port-aux-Basques (T.-N.).
Provincial Ferry Services – *1 888 638 5454 - www.gov.nl.ca/ti/ferryservices/.* Il dessert les villes de la côte de Terre-Neuve et de l'est du Labrador.
Pour les ferries en direction de St-Pierre-et-Miquelon, voir « Carnet pratique » p. 587.

Se déplacer

En autocar

DRL Coachlines - *www.drl-lr.com.* Service quotidien d'autocars, qui dessert l'île de Terre-Neuve.

En voiture

La Transcanadienne (route 1) qui traverse Terre-Neuve de Channel-Port aux Basques à St John's *(910 km)* est goudronnée, tout comme la plupart des grandes routes secondaires.

Péninsule de Burin

Burin Peninsula

Presqu'île rocheuse, montagneuse et désolée de la partie orientale de l'île, la péninsule de Burin donne accès à la grande industrie de pêche hauturière sur les bancs de Terre-Neuve. Elle s'avance comme une botte dans l'océan Atlantique. Juste au-delà de l'« orteil » subsistent les vestiges de l'ancien grand empire français en Amérique du Nord : St-Pierre-et-Miquelon.

Se repérer

CARTE DE TERRE-NEUVE (P. 560).
La péninsule descend vers l'océan Atlantique depuis la côte sud de Terre-Neuve entre les baies Placentia et Fortune.

En famille

Le Provincial Seamen's Museum.

Circuit conseillé

CARTE DE TERRE-NEUVE P. 560

De la Transcanadienne à Fortune

Circuit de 203 km tracé en vert sur la carte p. 560. Suivez la route 210.
La route 210 est longue et solitaire jusqu'à **Marystown**, au bord de la baie Little. Ses immenses chantiers navals *(interdits au public)*, où sont construits les chalutiers utilisés au large de Terre-Neuve, les ferries et autres embarcations, sont les plus importants de la province. Ils souffrent actuellement d'un certain déclin. Au sud de Marystown, la route 210 traverse la péninsule pour redescendre ensuite vers la **baie Fortune** (Fortune Bay) offrant alors un panorama de la côte méridionale de Terre-Neuve. En arrivant sur Grand Bank, vue de la côte sud et de l'île Brunette. Par beau temps, on aperçoit à l'ouest la côte française de Miquelon.

Grand Bank

Cet important centre de pêche servait autrefois de port d'attache aux *bankers*, bateaux pêchant sur les bancs. De sa grande époque, la localité a conservé quelques maisons de style Queen Anne au toit bordé d'une balustrade appelée *widow's walk* (promenade des veuves), car les femmes de marins y guettaient le retour des bateaux.

★ **Provincial Seamen's Museum** – *54 Marine Dr. - ☏ 709 832 1484 - www.therooms.ca/museums - ♿ - de mai à déb. oct. : 10h-17h (merc. et vend. 21h), dim. 12h-17h ; reste de l'année : tlj sf lun. 10h-17h (merc. et vend. 21h), dim. 12h-17h - 12 $.* Le pavillon de la Yougoslavie à l'Exposition universelle de Montréal en 1967 abrite aujourd'hui un musée consacré à l'histoire de la pêche sur les bancs. Les photographies de bateaux et de scènes de pêche, et les **maquettes** de différents types de bateaux sont particulièrement intéressantes. Remarquez aussi, sous vitre, une immense carte en relief de Terre-Neuve et des fonds marins de l'Atlantique.

La route 210 continue jusqu'à **Fortune**, village de pêcheurs doté d'un port artificiel d'où partent les bacs pour l'archipel français de St-Pierre-et-Miquelon.

Littoral du Cap ★★

Cape Shore

Ses merveilles naturelles et ses sites historiques font de la partie occidentale de la péninsule d'Avalon, entre Placentia et St Bride's, l'une des plus belles côtes de Terre-Neuve. De magnifiques vues sur l'océan et des vestiges des luttes territoriales européennes attendent les voyageurs qui longent ce littoral lointain. La réserve St Mary, outre ses panoramas spectaculaires, permet d'observer de près toutes sortes d'oiseaux.

Se repérer

CARTE DE TERRE-NEUVE (P. 560).
Le littoral du Cap est situé le long du bras sud-ouest de la péninsule d'Avalon, qui s'étend sur la côte est de l'île.

Organiser son temps

Démarrez de bonne heure et vérifiez la météo avant de partir.

En famille

La Cape St Mary's Ecological Reserve pour observer les oiseaux.

Circuit conseillé

CARTE DE TERRE-NEUVE P. 560

De la Transcanadienne à Cape St Mary's

Circuit de 100 km tracé en bordeaux sur la carte p. 560.

★ Castle Hill

À 44 km au sud de la Transcanadienne par la route 100, et à 8 km env. du bac d'Argentia - Jerseyside, Placentia Bay - ✆ 709 227 2401 - parcs.canada.ca/lhn-nhs/nl/castlehill - ♿ - ouv. tte l'année - centre d'accueil de déb. juin à mi-oct. : 10h-18h - 4,50 $.

Le parc conserve les ruines de Fort Royal, élevé par les Français vers la fin du 17e s., puis reconstruit et rebaptisé Castle Hill par les Anglais. Grâce à sa position stratégique, il domine **Placentia**. Du fort s'étend un superbe **panorama★★** sur la ville, la baie, le fjord et l'entrée du port. Un petit chenal, le **Gut**, relie Placentia à deux criques profondes qui s'enfoncent vers l'intérieur.

Le **centre d'accueil** présente des dioramas, maquettes et tableaux qui expliquent la présence française et anglaise dans la région. Vous pourrez gravir la colline jusqu'aux canons et aux vestiges du fort. Un joli sentier dans la pinède, le long de murets de pierres sèches, mène au **Gaillardin**, redoute construite par les Français en 1692.

★★ Route du cap

46 km de Placentia à St Bride's par la route 100.

Soyez vigilant, aires de service (essence et ravitaillement) peu fréquentes et risque de brouillard.

Cette route spectaculaire parcourt une côte tortueuse et accidentée, avec de fréquentes **vues** sur de belles anses, des brisants et des pinèdes battues par les vents. Les larges criques du littoral sinueux abritent de petites communautés, telle la pittoresque **Gooseberry Cove** *(à 25 km au sud de Placentia).*

Un site historique

En 1662, afin de protéger leurs intérêts dans les pêcheries de Terre-Neuve, les Français établirent la petite colonie de Plaisance, puis construisirent des fortifications au niveau de la mer et sur les hauteurs. Mais en 1713, le **traité d'Utrecht** déclarait Terre-Neuve territoire britannique. Plaisance, devenue Placentia, se transforma alors en garnison anglaise et le resta jusqu'en 1811. Durant la Seconde Guerre mondiale fut construite à **Argentia**, ville voisine, une grande base navale américaine dont Placentia allait devenir tributaire jusqu'à sa fermeture en 1975. C'est au large d'Argentia, alors le centre d'une patrouille de chasse anti-sous-marine, qu'eut lieu en 1941 la rencontre en mer de Churchill et de Roosevelt d'où devait naître la **charte de l'Atlantique**, qui posait les principes de paix adoptés par les Nations unies en 1942.

En chemin, on croise des maisons de couleurs vives à toits plats, des moutons et, de temps à autre, un bateau de pêche amarré au large. À **St Bride's**, la route part vers l'intérieur des terres, et le paysage côtier cède alors la place à de plats pays isolés et à des tertres vert pâle qui s'étendent à perte de vue.

★ Cape St Mary's Ecological Reserve

À 14 km à l'est de St Bride's - quittez St Bride's par la route 100, prenez à droite une route non goudronnée (sortie pour la réserve bien indiquée) - ✆ 709 277 1666 - centre d'interprétation ouv. de déb. mai à mi-oct. - réserve ouv. tte l'année.

Dominant un littoral grandiose zébré de vols d'oiseaux dont retentissent partout les cris, ce **site** à la pointe sud-ouest du cap est véritablement unique. Officiellement transformé en réserve ornithologique en 1964, il abrite plus de 70 000 fous de Bassan, l'une des plus grandes colonies d'Amérique du Nord. La possibilité d'observer à environ 30 m ces oiseaux rend la visite vraiment passionnante. Un sentier offre des **vues★** spectaculaires sur la côte escarpée. Partant du phare et du centre d'accueil, il mène à **Bird Rock**, domaine des fous de Bassan, après avoir traversé des buttes d'herbe rase qui font penser à la lande et où paissent souvent moutons et chèvres. Les falaises environnantes attirent une multitude de mouettes tridactyles, de guillemots et de pingouins.

Les fous de Bassan, au cap St Mary.
David Purchase/Getty Images Plus

Gros Morne National Park ★★

Inscrit sur la liste du Patrimoine mondial de l'Unesco en 1987, ce vaste parc de 1805 km² s'étire le long de la côte occidentale de la grande péninsule nord. Sa renommée internationale est due à son relief illustrant l'histoire géologique de l'île. Le parc doit ses paysages spectaculaires - parmi les plus beaux de l'est du Canada - aux sommets tabulaires des monts Long Range, âgés de plus d'un milliard d'années, qui constituent la partie septentrionale du système appalachien. Une étroite plaine côtière court le long du rivage, jalonné de petits villages de pêcheurs et ourlé tour à tour de falaises et de plages de sable.

Se repérer

CARTE DU PARC NATIONAL (P. 570).

Le parc s'étire le long de la côte ouest de Terre-Neuve. Il est situé à 44 km au nord-ouest de Deer Lake. Prenez la route 430 de Deer Lake à Wiltondale, puis la route 431 sur 13 km, jusqu'au parc.

À ne pas manquer

Le tour des fjords creusés dans des glaciers avec des falaises hautes de près de 600 m, à Western Brook Pond dans l'extrémité nord du parc.

Organiser son temps

Pour en profiter, prévoyez une journée.

En famille

Le complexe d'activités du parc *(de fin juin à déb. sept.)* comprend une piscine couverte de 25 m.

Circuits conseillés

CARTE DU PARC NATIONAL P. 570

★★ Région de Bonne Bay

Circuit tracé en vert sur la carte p. 570, 50 km de Wiltondale à Trout River par la route 431.

Parks Canada – *709 458 2417 - parcs.canada.ca - ♿ - ouv. tte l'année - 10 $ (de mi-mai à déb. nov.).*

Vous trouverez essence et ravitaillement dans les localités le long du parcours.

Il s'agit là d'une belle promenade le long d'un fjord profond divisé en plusieurs bras où plongent les monts Long Range. De Glenburnie à Woody Point, la route longe le **South Arm** en offrant de magnifiques **vues★★** de la baie. Barques de pêcheurs et maisonnettes se détachent sur le bleu foncé des eaux qu'encadrent de hautes surfaces aplanies.

Discovery Centre à Woody Point

709 458 2417 - parcs.canada.ca/pn-np/nl/grosmorne - de mi-mai à mi-oct. : 9h-17h (horaires sujets au changement, se rens. avant la visite) - possibilité de promenades guidées.

Arrêtez-vous dans ce centre de Parks Canada, sur le côté sud de Bonne Bay, et observez la géologie et l'écologie de cet espace.

À partir de Woody Point, la route 431 grimpe vers l'ouest. Surgissent alors les **Tablelands**, dont l'aspect désertique contraste nettement avec la végétation luxuriante du reste du parc. Les roches ocre rouge de ces monts proviennent du manteau terrestre et témoignent des effets de la **tectonique des plaques**.
À 4,5 km de Woody Point, on peut laisser son véhicule sur un parking où des **panneaux** expliquent la géologie de ces formations naturelles. De là, un sentier mène au cœur même des Tablelands, qui offrent des vues saisissantes.

Trout River Pond

Promenades en bateau de mi-mai à fin oct. - rens. ✆ 709 458 2417 ou 709 451 3377 - www.wildgrosmorne.com.
La forme effilée de cet étang apparaît au-delà du village de pêcheurs de Trout River. La masse imposante du **mont Gros Morne**, point culminant du parc (806 m), domine le trajet de retour à Woody Point.
De Wiltondale, la route 430 remonte vers le nord-ouest. Elle longe tour à tour l'**East Arm**, lieu idéal pour jouir d'une **vue★★** charmante sur Bonne Bay, puis le Deer Arm, avant d'arriver tout près de Rocky Harbour.

★ De Rocky Harbour à St Paul's

Circuit tracé en bordeaux sur la carte ci-dessus, 40 km par la route 430.
Vous trouverez essence et ravitaillement dans les localités le long du parcours.

Rocky Harbour

Ce petit village se niche à l'entrée de Bonne Bay.
Centre d'accueil du parc – *De fin mai à mi-oct. : lun.-vend. 9h-17h (horaires de fermeture variables, se rens.).* Il permet, grâce à ses vidéos, présentations orales,

livres, photographies et expositions de minéraux, de mieux comprendre l'exceptionnelle géologie des lieux. Une longue-vue donne même l'occasion d'admirer le mont Gros Morne, dont on atteint le sommet en prenant le sentier James Callaghan à 3 km au sud du centre d'accueil.

Sur un promontoire au nord de Rocky Harbour, le phare **Lobster Cove Head Lighthouse** *(ouvert en été)* présente une **vue★★** panoramique sur le village, le mont Gros Morne, l'embouchure de la baie et le golfe du St-Laurent.

Construite sur l'étroite plaine côtière, la route 430 offre une jolie promenade à partir de **Sally's Cove**, l'un des nombreux petits villages de pêcheurs qu'elle traverse. Tantôt la route court au niveau de la mer, tantôt elle surplombe une côte rocheuse. Tout au long du parcours, les monts Long Range suivent la côte et ressemblent, avec leurs sommets plats, à une marche de géant. Avant l'embranchement qui mène à la piste pour le lac Western Brook, on aperçoit sur la plage l'épave rouillée du **SS Ethie**, dont un panneau décrit le naufrage en 1919.

★★ Western Brook Pond

À 29 km de Rocky Harbour.

Avant de traverser l'étroite plaine côtière pour se jeter enfin dans la mer, le ruisseau Western franchit une gorge spectaculaire qui creuse profondément les monts Long Range et retient un lac majestueux appelé *pond* (étang). Il est encadré par des falaises presque verticales qui s'élèvent vers un plateau alpin désolé jonché de rochers, avec de la neige dans les anfractuosités, même en août. Contrairement à celles de Bonne Bay, St Paul's Inlet, Parson's Pond (au nord du parc) ou la grande Bay of Islands, les falaises abruptes de Western Brook Pond ne forment pas un fjord à proprement parler, car elles ne se prolongent pas jusqu'à la mer. Isolées de l'océan, les eaux du lac sont douces.

Un sentier de 3 km, qui traverse la plaine côtière marécageuse, mène à l'embarcadère au bord du lac. Par beau temps, défilé profond et montagnes tronquées se dessinent peu à peu.

Excursion en bateau – *Western Brook Pond Boat Tours - ☏ 709 458 2016 ou 1 888 458 2016 - www.bontours.ca - dép. de mi-mai à mi-oct. : 12h45 (juil.-août, se rens. pour davantage d'horaires) - AR 2h - 72 $ - sur réserv. - permis de circuler dans le parc requis - vêtements chauds recommandés.* C'est le seul moyen de pénétrer dans la gorge et d'apprécier le caractère unique de cette vallée glaciaire aux eaux profondes (environ 200 m) et aux impressionnantes falaises de granite (600 m) au pied desquelles se déversent de superbes chutes d'eau. Cette promenade est vraiment spectaculaire. À ne pas manquer !

Après avoir passé le lac Western Brook, la route court entre les montagnes tachetées de neige et le rivage semé de pierres, de gros rochers et de bois flotté. Elle rejoint ensuite **St Paul's**, petit village de pêcheurs blotti à l'embouchure d'un fjord profond entouré de montagnes.

La route 430 dite « route des Vikings » (Viking Trail) quitte le parc un peu plus haut que la baie Shallow et remonte la côte sur environ 300 km jusqu'à l'anse aux Meadows. Les vues sur la mer sont toujours aussi belles, tandis que la montagne perd de son caractère spectaculaire à mesure que les monts Long Range s'abaissent et s'éloignent vers l'intérieur des terres.

Port au Choix National Historic Site – *À 135 km au nord de St Paul's.* Il recèle plusieurs cimetières (2300 à 1200 av. J.-C.) d'une ancienne peuplade amérindienne, ainsi que des vestiges de la culture dorsétienne (200-400 apr. J.-C.).

Anse aux Meadows ★★

Sur un talus herbeux face à la baie des Épaves subsistent les vestiges d'une colonie viking considérée à ce jour comme le premier établissement européen en Amérique du Nord. Ce site historique national du Canada est inscrit au Patrimoine mondial de l'Unesco.

Se repérer

CARTE DE TERRE-NEUVE (P. 560).
L'anse aux Meadows se situe dans la péninsule montagneuse du Grand Nord (Long Range Mountains), à la pointe extrême de l'île de Terre-Neuve. Le site est à 453 km au nord de la Transcanadienne par les routes 430 et 436. Prenez, depuis Gros Morne, la route 430 dite « Trail to the Vikings » (route des Vikings).

Organiser son temps

Hébergement et commerces à St Anthony.

Découvrir

CARTE DE TERRE-NEUVE P. 560

Parks Canada – *709 623 2608 (mai-oct.) ou 709 458 2417 (reste de l'année) - parcs.canada.ca/lhn-nhs/nl/meadows - ♿ - centre d'accueil : de juin à déb. oct. 9h-17h - 13,25 $.*
Le **centre d'accueil** évoque la vie quotidienne des Vikings, mais son intérêt réside dans sa collection d'objets découverts sur le site. Un **film** sur les recherches de l'anse aux Meadows constitue une excellente introduction à la visite.
Des tertres herbeux délimitent clairement les fondations des habitations, des ateliers et de la forge dont le four serait le premier d'Amérique du Nord à avoir servi à la fonte du minerai. À proximité du site se trouvent les répliques grandeur nature de trois **constructions en mottes de gazon** : une maison commune, une petite habitation et un atelier. Soigneusement reconstitué, l'intérieur suggère une existence spartiate : estrades en bois servant de lits le long des murs, foyers disposés à même le sol de terre battue, quelques peaux de bêtes et ustensiles de cuisine en fer. Des artisans costumés travaillent et exécutent les tâches quotidiennes nécessaires à la survie du campement.
La visite se poursuit avec **Norstead**, un port de commerce viking reconstitué près de l'anse aux Meadows, dans le Dark Tickle Wild Berry Econo-museum à **St Lunaire**.

St Anthony

Important centre urbain régional, cette ville est la plus proche de l'anse aux Meadows. À la fin du 19e s., un médecin missionnaire anglais nommé **Wilfred Grenfell** (1865-1940) parcourut la côte de Terre-Neuve et du Labrador et finit par s'établir ici. Ce philanthrope fit bâtir un hôpital. Aujourd'hui, la ville honore toujours sa mémoire.
Grenfell Historic Properties – *709 454 4010 - www.grenfell-properties.com - ♿ - juin-sept. : 8h-17h ; reste de l'année : se rens. - 12,10 $.* La coopérative artisanale et la maison que les habitants de la région avaient construite pour Wilfred Grenfell comprennent le Grenfell Museum (musée), la Grenfell House (maison) et le Grenfell Interpretation Centre. Cet ensemble retrace la vie, la carrière médicale et l'œuvre sociale de ce personnage respecté.

Un peuplement ancien

Des vestiges vikings

En 1960, **Helge Ingstad**, explorateur et écrivain norvégien, entreprit avec sa femme, l'archéologue **Anne Stine**, des recherches poussées pour retrouver la trace des Vikings qui se seraient installés en Amérique du Nord. En remontant la côte à partir de la Nouvelle-Angleterre, ils aboutirent à Terre-Neuve. Suivant les indications d'un habitant de la région, ils découvrirent, près de l'anse aux Meadows, des tertres envahis d'herbes. Les fouilles conduites entre 1961 et 1968 révélèrent les fondations de huit bâtiments aux murs de terre similaires aux constructions vikings islandaises, ainsi que de nombreux objets d'origine scandinave et des travaux de ferronnerie (artisanat inconnu des peuplades autochtones d'Amérique du Nord). La datation au carbone 14 des fragments d'os, de la tourbe et du charbon permit de dater l'ensemble du campement des environs de l'an 1000. L'anse aux Meadows est-elle donc le légendaire Vinland tant recherché ? Rien ne le prouve : difficile d'imaginer des vignes à Terre-Neuve ! On sait seulement que ce site, qui abrite les vestiges de la seule colonie scandinave jamais découverte en Amérique du Nord, fut probablement habité de façon saisonnière et sur une courte période (de cinq à dix ans) par une centaine d'hommes et de femmes. La colonie aurait vraisemblablement servi de camp de base à des voyages d'exploration plus poussés vers le sud, à la recherche de bois et de marchandises d'échange. Mais l'âpreté des conditions de vie à Terre-Neuve et l'attraction exercée par les marchés européens (aussi proches et plus rémunérateurs) contribuèrent sans aucun doute à l'abandon du petit avant-poste viking de l'anse aux Meadows.

À la recherche du Vinland

Vers la fin du 10e s., des Vikings installés en Islande auraient déjà exploré le Groenland, l'île de Baffin et seraient même parvenus au-delà. Les sagas affirment qu'en 986, un groupe de navigateurs, détournés de la route du Groenland par une tempête, auraient aperçu depuis leur embarcation des côtes inconnues. Intrigué par cette découverte, **Leif Ericsson**, fils d'Éric le Rouge, organisa une expédition au départ du Groenland pour retrouver cette mystérieuse région. Il aborda finalement une terre hospitalière, riche en bois, en pâturages et en saumons. Ayant découvert du raisin sauvage, il baptisa cette terre « Vinland », le pays des vignes. Deux récits de la littérature médiévale scandinave relatent ces événements, *La Saga des Groenlandais* et *La Saga d'Éric le Rouge* (transmis oralement dans un premier temps, les récits ont été consignés par écrit quelques siècles plus tard). Les archéologues cherchèrent longtemps le Vinland, sans succès, sur la côte sud-est des États-Unis, où le climat aurait permis la croissance de vignes sauvages, mais jusqu'où les bateaux n'auraient guère pu faire voile à l'époque évoquée par les sagas.

Saint John's ★★

La capitale de Terre-Neuve est l'une des plus vieilles villes d'Amérique du Nord. Elle est située face à l'Atlantique, au nord-est de la péninsule d'Avalon. Port de mer historique, St John's doit son établissement à une belle rade naturelle bien protégée qui permit à John Cabot d'accoster à Terre-Neuve en 1497. De nos jours, le port dessert un important commerce maritime international.

Se repérer

110 525 habitants

CARTE DE TERRE-NEUVE (P. 560) ET PLAN (P. 577). St John's, sur la côte nord-est de la péninsule d'Avalon, est l'aboutissement de la Transcanadienne.

Organiser son temps

St John's constitue une bonne base pour visiter la péninsule.

En famille

Signal Hill et la tour Cabot, la station-relais de Heart's Content.

Carnet pratique p. 580

Nos adresses p. 581

Se promener

PLAN P. 577

★★ La rade et la vieille ville

La vieille ville occupe un **site** remarquable, sur le rivage d'une rade presque close, à l'exception d'un passage étroit débouchant sur l'océan, les **Narrows**. Le chenal, large d'à peine 207 m, est encaissé entre des falaises de 150 m de haut qui s'élèvent au nord pour former Signal Hill. Sur environ 1,6 km, il s'évase pour dessiner un port de presque 800 m de large, entouré de pentes abruptes sur lesquelles est bâtie la vieille ville.

Parallèle à l'océan, une rue, **Harbour Drive**, longe les docks grouillant d'activité où sont souvent ancrés des bateaux portugais, espagnols, polonais, russes, japonais ou canadiens. Dans les rues étroites qui grimpent le long des collines s'alignent des maisons en bois de couleurs vives à toits plats ou mansardés. Restaurants, magasins, banques et autres boutiques animent **Water Street** et **Duckworth Street**, qui courent perpendiculairement et constituent les artères principales de la vieille ville. Particulièrement pittoresque, **George Street** foisonne de pubs et de restaurants.

The Rooms (M)

9 Bonaventure Ave - ✆ 709 757 8090 - www.therooms.ca - de déb. mai à déb. oct. : 10h-17h, merc. et vend. 10h-21h, dim. 12h-17h - fermé lun. hors sais. - 12 $.

Construit sur une colline, ce nouveau centre, dédié à la culture et au patrimoine, est inspiré de l'ancienne architecture de Terre-Neuve et porte le nom donné autrefois aux bâtiments des conserveries. Il accueille dans ses murs le Musée provincial, les Archives provinciales ainsi que la Galerie d'art de Terre-Neuve et Labrador. Le

Port de Saint John's.
ImagineGolf/Getty Images Plus

rez-de-chaussée présente les fouilles archéologiques d'un fort de 1775 découvert à son emplacement. Un restaurant panoramique de qualité dispense de belles vues sur la ville, la rade et l'océan.
The Rooms Provincial Museum – *✆ 709 757 8020.* Ce petit musée explique la préhistoire et l'histoire de Terre-Neuve. Les collections présentent aussi les cultures indigènes, en particulier celles des Premières Nations Béothuks et des Inuits du Labrador. Enfin, divers objets dépeignent la vie des familles de pêcheurs.

★ Commissariat House

11 King's Bridge Rd - ✆ 709 729 6730 ou 709 729 0592 (hors saison) - de mi-mai à déb. oct. : merc.-dim. 9h30-17h - 6 $.
Cette élégante demeure de bois (1820) dotée de cheminées élancées est l'un des rares bâtiments à avoir échappé aux incendies du 19e s. Occupée pendant de longues années par l'Intendance, département chargé de ravitailler le poste militaire de St John's, la résidence servit aussi de bureau de paie au gouvernement local. Après 1871, elle devint le presbytère de l'**église St-Thomas (A)** voisine, édifice de bois peint d'une élégante simplicité datant de 1836. Merveilleusement restauré

La première communication en morse

En 1901, **Guglielmo Marconi** mena du promontoire une expérience qui marqua une étape historique dans le développement des télécommunications. Il démontra le principe de la télégraphie sans fil en recevant le premier message transatlantique (la lettre *s* en morse) transmis par ondes électromagnétiques depuis Poldhu en Cornouailles, à quelque 2 700 km de là.

Saint John's et son histoire

La ville à ses débuts

Jean Cabot serait, selon la tradition, entré dans la rade le jour de la St-Jean de l'année 1497, d'où le nom de la ville. Dès le début du 16e s., des pêcheurs venus d'Europe utilisaient cet abri sûr comme base pour leurs campagnes de pêche. En 1583, **Humphrey Gilbert** (vers 1537-1583) arriva dans le port de St John's et, devant une assemblée de marchands et pêcheurs de nationalités diverses, revendiqua l'île au nom de la reine Élisabeth Ire d'Angleterre, apportant à la couronne anglaise sa première possession dans le Nouveau Monde. Ainsi commença l'ère des **amiraux de la Pêche**. Bien décidés à préserver le monopole d'un fructueux commerce, les marchands propriétaires de la flottille de pêche anglaise s'opposaient à toute colonisation de Terre-Neuve, et comptaient sur l'autorité dont étaient investis les amiraux de la Pêche pour décourager d'éventuels colons. De 1675 à 1677, la colonisation fut officiellement interdite. Mais l'essor de l'industrie de la pêche attira peu à peu des résidents permanents.

Les guerres franco-anglaises

La menace française d'expansion dans la région allait forcer l'Angleterre à réexaminer sa position. En 1662, les Français avaient fortifié leur base de Plaisance ; ils lancèrent par la suite des attaques contre les ports britanniques, St John's en particulier, qu'ils détruisirent en 1696. L'Angleterre, consciente qu'une population locale aurait sans doute pu efficacement défendre la ville, accepta l'idée d'un établissement permanent. St John's fut à nouveau prise par les Français en 1709, puis en 1762, à la fin de la guerre de Sept Ans, mais les Anglais la reprirent aussitôt après. Ils s'empressèrent alors de fortifier la rade pour parer à toute attaque, mais St John's ne fut jamais plus menacée.

Des incendies ravageurs

Au 19e s., la capitale connut de terribles incendies qui faillirent la réduire à néant et ralentirent son expansion économique. Le premier eut lieu en 1816, suivi des sinistres de 1817, 1819, 1846, et enfin 1892, le plus destructeur. Une photographie prise à l'époque par sir Wilfred Grenfell montre les tours jumelles de la basilique, l'un des rares édifices dont une partie émergeait encore du désastre.
À chaque reconstruction de la ville, le style d'architecture alors en vogue était adopté, tout d'abord néogothique, puis Second Empire après l'incendie de 1892, d'où la création d'un paysage urbain quelque peu disparate.

La Confédération et le 20e siècle

Au début du 20e s. et pendant la Seconde Guerre mondiale, époque à laquelle elle servit de base pour les convois nord-américains, St John's fut une cité prospère.
Après l'entrée de Terre-Neuve dans la Confédération en 1949, la ville connut des difficultés économiques malgré un important apport de fonds fédéraux. L'arrivée de produits canadiens meilleur marché anéantit ses industries. Son activité portuaire en pâtit, et l'importance de St John's en tant que centre d'exportation pour la pêche diminua lorsque les grosses compagnies de commerce du poisson salé préférèrent des entreprises plus lucratives. L'exploration, depuis 1977, de nappes de pétrole au large des côtes de St John's a accéléré la reprise économique, et Terre-Neuve a retrouvé une certaine prospérité.

pour évoquer les années 1830, l'intérieur comprend les bureaux et la cuisine de l'Intendance, les salles de réception et les chambres. Reconstruite sur le domaine, une **remise à carrosses** abrite une exposition sur le commissariat.

Non loin de là, sur Military Road, se dressent deux autres édifices en pierre de la même époque.

Government House

50 Military Rd - ✆ 709 729 2669 - www.govhouse.nl.ca - parc ouv. tte l'année - visite de la maison sur RV (10h-16h). La résidence du lieutenant-gouverneur (1830) est un édifice de style georgien entouré de beaux jardins.

Colonial Building

✆ 709 729 3065 - 9h30-17h - 6 $.

L'édifice, construit en 1850, présente une noble façade à portique néoclassique. Il accueillait autrefois l'Assemblée et abrite aujourd'hui les Archives provinciales.

Basilique cathédrale Saint-Jean-Baptiste (B)

200 Military Rd - ✆ 709 754 2170 - www.thebasilica.church - tlj sf lun. 9h-17h, mar. 13h30-17h, dim. 9h-14h.

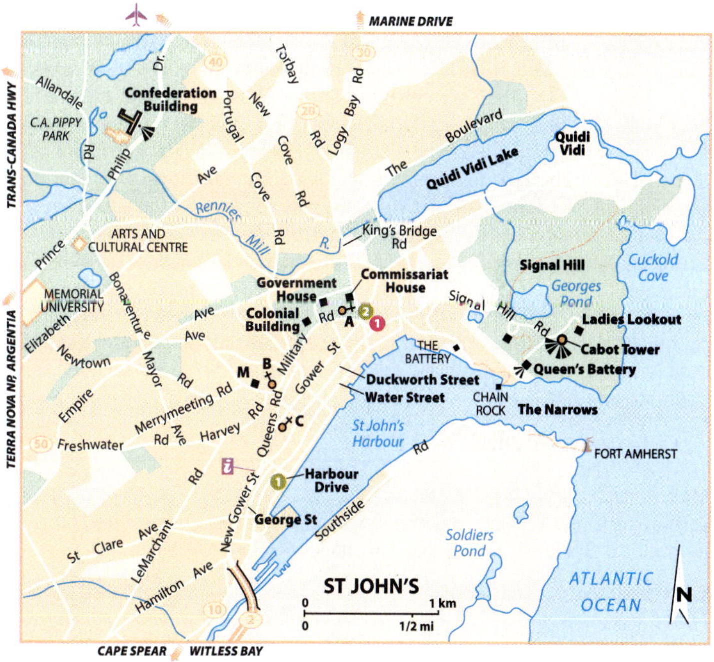

SE RESTAURER

Zachary's........ ❶

SE LOGER

Murray Premises........ ❶

The Roses Heritage Inn........ ❷

Église St-Thomas........A

Basilique cathédrale Saint-Jean-Baptiste........B

Cathédrale anglicane Saint-Jean-Baptiste........C

The Rooms........M

Située au point le plus haut de l'escarpement dominant la ville, cette église catholique aux clochers jumeaux est un repère facile à distinguer du port, de Signal Hill, et de bien d'autres endroits. Ouverte au culte en 1850, elle cache un intérieur richement orné avec statues et autel sculpté.

Cathédrale anglicane Saint-Jean-Baptiste (C)

16 Church Hill - ☏ 709 726 5677 - www.ourcathedral.ca - lun.-vend. 9h-12h, 13h-16h.
Conçu à l'origine (1843) par le célèbre architecte britannique **George Gilbert Scott** (1811-1878), détruit par le feu en 1892 et reconstruit seulement au cours du 20e s., cet imposant édifice de pierre est un bel exemple d'architecture néogothique, avec des sculptures d'une grande finesse à l'intérieur, des voûtes en bois et un beau **retable**.

★★ Signal Hill

☏ 709 772 5367 - parks.canada.ca/lhn-nhs/nl/signalhill - ouv. tte l'année - centre d'accueil de juin à déb. oct. : 10h-18h - 9 $.
Couronné de la tour Cabot, ce puissant rocher qui garde l'entrée de la rade offre un panorama splendide sur la ville et ses environs.
Malgré son importance stratégique incontestable, Signal Hill ne fut véritablement fortifié que lors des guerres napoléoniennes (1803-1815). Le site, utilisé d'abord comme poste de signalisation pour avertir la ville de l'approche des bateaux ennemis, servit plus tard à prévenir les marchands de l'arrivée de leur flotte. Le centre d'accueil retrace l'histoire de Terre-Neuve, et plus particulièrement de St John's.
Cabot Tower – *De juin à déb. oct.* Construite en 1897 pour fêter le quadricentenaire de la visite du célèbre navigateur à Terre-Neuve et pour célébrer le 60e anniversaire de l'accession au trône de la reine Victoria, la tour propose des expositions sur Signal Hill et sur l'histoire des communications, dont une section sur Marconi. Du sommet, superbe **panorama★★★** sur la ville, la rade et le littoral jusqu'au cap Spear.
Un sentier mène jusqu'au **Ladies Lookout**, belvédère situé au sommet de la colline (160 m), d'où l'on peut admirer les paysages aux alentours. De **Queen's Battery**, fortification (1832-1833) qui gardait jadis les Narrows, belle **vue★** sur la rade. Remarquez, au pied de la falaise, un rocher blanc : Chain Rock. On y accrochait au 18e s. la chaîne que l'on tendait en travers de la rade pour arrêter les vaisseaux ennemis. Sur l'autre rive se trouvent les restes de Fort Amherst (1763), qui abritent aujourd'hui un phare.

Au nord de la ville

Quidi Vidi

Au bord de la mer, le village de pêcheurs Quidi Vidi est relié par un étroit goulet au grand lac Quidi Vidi, site des régates annuelles (*« Agenda » p. 580*).

Confederation Building

Prince Philip Dr. - ☏ 709 729 2300 - ♿ - Assemblée : tlj sf w.-end - galerie des visiteurs au 3e niveau.
Le Parlement de Terre-Neuve et certains bureaux du gouvernement provincial occupent cet imposant bâtiment, construit en 1960 puis agrandi en 1985, qui domine de très haut le reste de la ville et offre une belle **vue** sur la rade et sur Signal Hill. Il est possible d'assister aux sessions de l'**Assemblée législative**. Fait inhabituel, les bancs du gouvernement se trouvent à gauche de la chaise de l'orateur, alors que partout ailleurs l'usage les veut à droite. Cette tradition remonte à

La reine câblée

Depuis plusieurs années, le financier américain Cyrus W. Field et sa *New York, Newfoundland and London Telegraph Company* voulait relier Londres à New York par **câble télégraphique**. Une première tentative en 1858 permit à la reine Victoria et au président américain James Buchanan d'échanger les messages inauguraux, après quoi le câble cessa de fonctionner. Un second essai en 1865 échoua également. Le succès devait venir l'année suivante, lorsque le bateau à vapeur *Great Eastern* posa un nouveau câble entre Valencia (Irlande) et **Heart's Content** *(p. 580)*, qui fut relié à son tour par un second câble à New York. Au début, les télégrammes coûtaient 5 dollars le mot et la station en envoyait environ 3 000 par jour. Peu à peu supplantée par de nouvelles technologies, elle dut fermer en 1965. Cette station-relais est aujourd'hui l'un des rares témoignages en place de l'époque des télégraphes.

l'époque où l'Assemblée terre-neuvienne siégeait dans Colonial Building, dont la salle n'avait qu'une cheminée située à gauche de l'orateur. Le gouvernement se réservait alors le droit de se tenir près du feu.

À proximité

CARTE DE TERRE-NEUVE P. 560

★ Cape Spear National Historic Site

À 11 km au sud, prenez Water St. puis Leslie St. à gauche, traversez le pont et suivez la route 11 - 709 722 5367 - parks.canada.ca/lhn-nhs/nl/spear - tte l'année - centre d'accueil et phare ouv. de juin à mi-oct. : 10h-18h - 9 $ - vêtements chauds recommandés.

Cap Spear est le point le plus à l'est d'Amérique du Nord. Il offre par beau temps de magnifiques **vues★** sur le littoral et l'entrée de la rade de St John's. De mai à septembre, on aperçoit des baleines au large. Du parking, des allées conduisent à la pointe proprement dite, où un centre d'accueil donne des explications sur le fonctionnement des phares et leur évolution dans le temps.

Vieux phare – Édifice carré surmonté d'un dôme, le plus ancien phare de Terre-Neuve (1836) a été restauré pour évoquer la vie d'un gardien de phare vers le milieu du 19e s.

Pour revenir à St John's *(30 km)*, on peut passer par les villages de Maddox Cove et de **Petty Harbour**. Ce dernier forme un joli tableau, avec ses cabanes de pêcheurs et ses vigneaux (claies de bois pour faire sécher les poissons).

★ Witless Bay Ecological Reserve

Il est interdit de débarquer sur les îles de la baie Witless, mais on peut s'en approcher en bateau - ♿ - dép. des quais de Bay Bulls (à 30 km au sud de St John's par la route 10 ; des navettes assurent le service entre les grands hôtels de St John's et Bay Bulls) - « Nos adresses » p. 581.

Attirés par ses eaux poissonneuses et ses îlots rocheux (Great, Green et Gull en particulier) propices à la nidification, des milliers d'oiseaux de mer fréquentent chaque année la baie Witless. En été, guillemots de Troïl et à miroir, goélands marins, mouettes tridactyles aux pattes noires y abondent, et l'on y verra même la plus importante colonie de **macareux moines** de la côte atlantique d'Amérique du Nord.

★★ **Observation des baleines** – *Fin du printemps et été.* Ces promenades en mer promettent d'être fascinantes. Chaque année, baleines à bosse, globicéphales, petits rorquals communs et autres mammifères marins fréquentent les riches eaux de la réserve. On a également de bonnes chances d'observer de près des icebergs de la fin du printemps au début de l'été.

★ Marine Drive

À 12 km au nord par les routes 30 et 20. Quittez St John's par Logy Bay Rd (route 30). Après 5,5 km, prenez Marine Dr. à droite.

Cette agréable route, qui remonte la côte et traverse les quartiers résidentiels au nord de St John's, monte et descend en découvrant des vues infinies sur la mer, les promontoires rocheux, les falaises, les plages, les bateaux et les champs. La **vue★** depuis **Outer Cove** est particulièrement belle. À **Middle Cove**, une plage se prête parfaitement à une flânerie le long du rivage.

Excursion

CARTE DE TERRE-NEUVE P. 560

★ Station-relais de Heart's Content (HEART'S CONTENT CABLE STATION)

À 147 km au nord-ouest de St John's, sur la péninsule d'Avalon, à 58 km au nord de la Transcanadienne par la route 80 - 709 729 0592 (tte l'année) ou 709 583 2160 (en saison) - www.seethesites.ca - de mi-mai à mi-oct. : 10h-17h30 - 6 $.

Principale station-relais d'Amérique du Nord pendant près d'un siècle, Heart's Content a été convertie en un musée qui présente aujourd'hui l'histoire des communications avant et depuis l'invention du télégraphe. Un **film** *(20mn)* et une section spéciale expliquent la pose des câbles sous-marins transatlantiques, le rôle du *Great Eastern* et le rôle de la station de Heart's Content. Des guides costumés font visiter une reproduction du premier poste télégraphique (1866), dont l'équipement d'origine peut être comparé aux appareils plus complexes utilisés à la veille de la fermeture du site.

Carnet pratique

S'informer

Destination St John's – *211 B Lemarchant Rd - 709 739 889 ou 1 877 739 8899 - destinationstjohns.com.*

Arriver/Partir

Se garer – Les parkings sont payants, maxi 2h. Sur Harbour Drive, maxi 8h.

Agenda

Regatta Day – *1er merc. d'août (ou 1er jour de beau temps qui suit !).* Le **lac Quidi Vidi** accueille la plus ancienne manifestation sportive d'Amérique du Nord, célébrée depuis 1826. Au cri « *The races are on !* » qui ouvre la compétition, la population locale se masse sur les rives du lac pour suivre avec passion l'effort des rameurs sur le parcours de 2,6 km.

Nos adresses

PLAN P. 577.

Restauration

Premier prix

1 **Zachary's** – *71 Duckworth St. - ✆ 709 579 8050 - ouv. midi seult - fermé lun.-mar. - moins de 20 $.* Dans ce cadre apaisant est servie une cuisine familiale régionale, simple et goûteuse avec un excellent rapport qualité-prix.

Activités

Randonnée

East Coast Trail Association – *50 Pippy Pl. - ✆ 709 738 4453 - eastcoasttrail.com.* L'East Coast Trail offre aux randonneurs les plus intrépides le moyen de rallier le Sud au départ de St John's, en suivant la crête des falaises sur quelque 450 km. Le sentier est idéal pour les promenades d'une journée, avec des parkings le long du parcours ; il offre de magnifiques marches dans un paysage inoubliable. Guides et cartes en vente chez de nombreux dépositaires de St John's.

Croisières en bateau

Au large des îles de la baie Witless.

O'Brien's Whale et Bird Tours – *A0A 1C0 Bay Bulls - ✆ 709 753 4850 - www.obriensboattours.com - dép. mai-sept. (se rens. pour les horaires) - AR 2h - sur réserv. - 90 $.*

Gatherall's Puffin and Whale Watch – *90 Northside Rd, Bay Bulls - ✆ 709 334 2887 - www.gatheralls.com - de mi-mai à fin sept. - AR 1h30 - 90 $.*

Hébergement

Pour se faire plaisir

1 **Murray Premises** – *5 Becks Cove - ✆ 709 738 7773 - murraypremiseshotel.com - ♿ P - 28 ch. 160/252 $ ☕.* Ce petit hôtel du centre-ville occupe les troisième et quatrième niveaux d'un ancien comptoir (nommé ici « premises », d'où le nom de l'hôtel). Bien qu'une grande partie de la charpente et des poutres soit ancienne (certaines chambres sont aménagées sous les avant-toits), un vernis moderne a été donné à l'ensemble. Les notes luxueuses abondent, comme ces bains à remous dans les salles de bains. De l'hôtel, on apprécie la musique de rue jouée dans George Street, mais le sommeil peut, certains week-ends trépidants, être sérieusement perturbé.

2 **The Roses Heritage Inn** – *9 Military Rd - ✆ 709 765 1176 ou 877 767 3722 - www.therosesnl.com - 12 ch. 147/260 $ - ☕ 12 $ - 2 nuits mini.* De cette maison d'hôte, vous pourrez rallier à pied le centre-ville et Signal Hill. The Roses est composée de quatre maisons mitoyennes parfaitement aménagées pour recevoir la clientèle. Les chambres sont claires et agréablement meublées, parfois dotées d'un mobilier ancien ou de boiseries d'origine.

Trinity ★★

Située sur un promontoire qui s'avance dans la baie Trinity, cette charmante localité côtière occupe un site pittoresque avec son petit port bien abrité, ses champs cultivés aux alentours et ses vues sur la mer et les rochers. Habitée de longue date, elle évoque encore les beaux jours d'antan : rues étroites, petits jardins et maisons carrées aux couleurs vives. Trinity vit aujourd'hui de la pêche et du tourisme, et sert de point de départ à des excursions d'observation des baleines.

Se repérer

187 habitants

CARTE DE TERRE-NEUVE (P. 560). Trinity se trouve sur la côte atlantique, à 74 km au nord-est de la Transcanadienne par la route 230, que l'on prend sur environ 5 km.

En famille

L'observation des baleines n'est accessible qu'aux enfants les plus âgés.

Nos adresses p. 585

Découvrir

Voir le Trinity Interpretation Centre ci-dessous.

Trinity Interpretation Centre

West St. - ✆ 709 464 2042 - www.townoftrinity.com - de mi-mai à mi-oct. : horaires, se rens. - 6 $.

Dans une maison restaurée donnant sur le port, il présente l'histoire de Trinity, en particulier son ascension en tant que centre social et commercial, du milieu du 18e s. au début du 19e s., avant sa suprématie dans les années 1850.

Trinity Historical Society Museum

✆ 709 464 3599 - www.trinityhistoricalsociety.com - de juin à déb. oct. : 9h30-17h ; reste de l'année : sur RV - 20 $.

Aménagé dans une maison en forme de « boîte à sel » des années 1880, il renferme des objets d'artisanat local ainsi que des documents historiques.

Hiscock House Provincial Historic Site

✆ 709 464 2042 - de mi-mai à mi-oct. : 9h30-17h - 6 $.

Une restauration lui a rendu son aspect du début du 20e s. Elle contient certains des meubles de la famille Hiscock, pour qui elle fut construite en 1881.

Un peu d'histoire...

Déjà bien établie en 1615, Trinity devint le siège du **premier tribunal maritime** de l'histoire du Canada : Richard Whitbourne fut envoyé de Grande-Bretagne pour régler les conflits entre les pêcheurs de l'île et ceux qui ne venaient que pour la saison de pêche. Le village rivalisa quelque temps avec St John's sur le plan socio-économique, mais perdit de son importance lorsque St John's devint capitale provinciale.

Trinity, village de pêcheurs de Terre-Neuve.
ImagineGolf/Getty Images Plus

Église anglicane Saint-Paul

Son clocher domine le village de ses 31 m. Un petit cimetière jouxte cet édifice en bois de 1892.

Église catholique de la Sainte-Trinité

Consacrée il y a plus de 150 ans, elle se reconnaît aux pures lignes romanes de sa tour carrée et à son clocher séparé du bâtiment principal.

Excursions

CARTE DE TERRE-NEUVE P. 560

★ Cape Bonavista

À 57 km au nord de Trinity.

De Trinity, la route 230 nord part vers l'intérieur et rejoint la côte à Port Union et à Catalina. De ce petit village de pêcheurs, la route 237 entreprend la traversée de la péninsule et se termine à Amherst Cove, d'où la route 235 continue vers le nord jusqu'à la ville de Bonavista.

Bonavista

Les maisons de cet important village de pêcheurs sont disposées autour d'un port extérieur protégé par un brise-lames, et d'un port intérieur plus abrité pour les petits bateaux.

Durant tout le 16e s., les flottes de pêche européennes venaient s'abriter dans le port. Vers 1600, la région devint enclave britannique et le demeura, malgré les nombreuses tentatives des Français pour s'en emparer au 18e s.

Cap Bonavista.
benedek/Getty Images Plus

Mockbeggar Plantation – *709 468 7444 - www.seethesites.ca - de mi-mai à mi-oct. : 10h-17h30 - 6 $.* Située au bord de la mer, elle se compose d'un entrepôt et de Bradley House, maison restaurée selon son apparence de 1930, qui abrite les effets personnels de Frederick Gordon Bradley, sénateur et homme d'affaires local.

★ Cape Bonavista

Le magnifique site est baigné par une mer d'un bleu limpide qui vient battre contre le promontoire rocheux dans un grand fracas.
Une route champêtre mène à la pointe isolée du cap en offrant des **vues** sur la mer. Le débarquement de Cabot, à hauteur du Cap Bonavista, dont beaucoup d'historiens doutent, y est commémoré par une **statue** à sa gloire.
★ **Phare** – *709 468 7444 - www.seethesites.ca - de mi-mai à mi-oct. : merc.-dim. 9h30-17h - 6 $.* À l'intérieur, des expositions portent notamment sur sa construction (achevée en 1843) et sa restauration (1870), son fonctionnement et le rôle de gardien de phare. **Vues** étendues sur la côte accidentée.

★ Terra Nova National Park

À 210 km au nord-ouest de St John's. Le parc occupe le côté ouest de la baie de Bonavista et est traversé par la Transcanadienne (route 1).
709 533 2801 - parcs.canada.ca/pn-np/nl/terranova - ♿ - ouv. tte l'année - 6,50 $ - centre d'accueil de fin juin à déb. sept. : 9h-17h ; de mi-mai à fin juin et de déb. sept. à déb. oct. : jeu.-lun. 10h-16h.
Jadis rabotée par les glaciers, cette réserve naturelle de 396 km² aux abords de la baie de Bonavista présente un paysage vallonné et un littoral échancré de fjords, ou *sounds*, qui s'enfoncent profondément dans les terres. Au début de l'été, les eaux côtières sont constellées d'icebergs venus avec le courant du Labrador. La Transcanadienne, qui traverse le parc, procure quelques bonnes vues sur les fjords, mais il vous faudra quitter la route principale pour apprécier la région à sa juste valeur.

★★ Bluehill Pond Lookout

À 7 km de l'entrée nord du parc. Route non goudronnée sur env. 2 km.
De ce belvédère se découvre un splendide **panorama★★** sur tout le parc, ses criques profondes, ses falaises, ses rochers et ses lacs, ses forêts, ses tourbières et ses collines. Par beau temps, on distingue clairement Newman Sound au sud et l'océan parsemé d'icebergs *(en saison)*.

★ Newman Sound

À 12 km de l'entrée nord du parc, prenez la route conduisant au centre d'accueil du parc et à Newman Sound. Environ 1,5 km jusqu'au sentier - Visite en bateau : rens. auprès du centre d'accueil du parc.
Un sentier longe le rivage boisé de ce fjord, profond bras de mer doté d'une plage, et permet d'en apprécier la beauté. Fleurs des champs saisonnières et minuscules coquillages complètent le cadre. Ne manquez pas la visite en bateau, qui permet de voir les aigles chauves.

Ochre Lookout

À 18 km de l'entrée nord du parc. Route non goudronnée sur env. 3 km.
Le **panorama★** du sommet de cette tour d'observation montre l'immensité du parc. Par beau temps, les rades de Clode Sound et Newman Sound se détachent clairement.

Nos adresses

Activités

Observation des baleines

See of Whale Adventure – *1 Ash's Lane, Trinity Bay - ✆ 709 464 2200 - seaofwhales.com - dép. de mi-mai à mi-oct., si le temps le permet - 90/110 $ - durée : 2 à 3h - équipement fourni.* Excursions pour l'observation des baleines.

Hébergement

Artisan Inn Trinity – *57 High St. - ✆ 709 464 3377 - www.trinityvacations.com - mai-oct. - 9 ch. 125/230 $ - 2 nuits mini.* Pour connaître les conditions d'hébergement à Trinity.

Pour se faire plaisir

Fisher's Loft – *Port Rexton - ✆ 1 877 464 3240 - www.fishersloft.com - mai-oct. - 10 ch. 140/298 $ - 27 $.* Cet hôtel raffiné, dont l'architecture s'inspire de celle de la baie de Trinity, est perché sur les collines au-dessus de Port Rexton, à quelques minutes du centre-ville. La vue sur la baie et Ship Cove est magnifique. Les chambres, élégantes et spacieuses, sont meublées avec goût. La **salle de restaurant** sert des plats traditionnels à base de produits locaux, poissons de mer, viande des fermes alentour, légumes du jardin. On peut faire de belles balades dans les collines et le long du rivage.

Saint-Pierre-et-Miquelon ★

Dernière possession française d'Amérique du Nord, battue par les vents et souvent noyée de brume, cette collectivité territoriale est un archipel rocheux à la végétation pauvre, ancré à environ 25 km de la côte de Terre-Neuve. Les deux îles principales - St-Pierre, plus petite mais plus peuplée, et Miquelon - sont reliées par un isthme sablonneux à Langlade, qui était autrefois une troisième île. Jadis, la population francophone vivait surtout de la mer. Aujourd'hui, le tourisme vient compléter les revenus de la pêche, durement touchée par une alarmante diminution des stocks de morues et par l'introduction de quotas stricts.

Se repérer

5 814 habitants - France.

CARTE DE TERRE-NEUVE (P. 560). Ces îles minuscules se trouvent à 48 km par bateau au sud de Terre-Neuve.

Organiser son temps

L'île a 30mn d'avance sur St John's et 1h d'avance sur Halifax.

Carnet pratique ci-contre

Découvrir

CARTE DE TERRE-NEUVE P. 560

★ Saint-Pierre

De la mer, l'île St-Pierre donne l'apparence d'une terre désolée aux arbres rabougris et aux plantes naines. Mais la préfecture de l'archipel, nommée elle aussi St-Pierre, est baignée d'une atmosphère tout à fait européenne. Les voitures, les boulangeries à l'odeur de pain chaud, les boutiques de produits français détaxés, les rues étroites, les maisons de pierre sur le port, les cafés et les bistrots évoquent la métropole.

★ **Île-aux-Marins** – *10mn en bac - embarquement devant l'office de tourisme de St-Pierre - dép. mai-oct.* À l'entrée de la rade, cet îlot pittoresque abritait autrefois plus de 800 pêcheurs de morue. Ils abandonnèrent peu à peu l'endroit pour aller s'installer à St-Pierre, où l'industrie de la pêche continuait à se moderniser. Aujourd'hui, les quelques maisons demeurées sur l'îlot servent principalement de résidences secondaires aux habitants de St-Pierre. L'absence d'arbres permet de profiter d'une bonne **vue** sur la préfecture ainsi que sur l'une des quelque 600 épaves victimes de ces eaux dangereuses.

Musée Héritage – *1 bis r. Me-Georges-Lefèvre - ☏ 011 508 41 58 88 - de mi-juin à sept. : mar.-sam. 14h-17h - 7 €.* Installé dans la vieille école, il présente l'histoire de l'îlot.

Miquelon et Langlade

Accessibles en bateau au départ de St-Pierre. En été, bac quotidien pour Langlade. Minibus jusqu'au village de Miquelon en été (adressez-vous au comité du tourisme de St-Pierre pour en obtenir un hors saison).

Hormis le village du même nom, Miquelon est une île d'une beauté intacte, aux landes vallonnées et aux plages étirées. Le long de la route partiellement

Saint-Pierre.
benkrut/Getty Images Plus

goudronnée reliant Miquelon à Langlade *(25 km)* errent parfois des hordes de chevaux sauvages. À marée basse des phoques se prélassent sur les plages du **Grand Barachois** et des oiseaux de mer fréquentent les rivages. La route parcourt un isthme, la « dune de Langlade », en partie formé par les débris d'épaves échouées depuis les débuts du 19e s. Sur son flanc est, s'étend une belle plage de sable blanc, non loin de l'anse du Gouvernement. À la pointe méridionale se trouve l'« île » de Langlade, pratiquement inhabitée à l'exception d'une petite localité sur les collines dominant l'embarcadère.

Carnet pratique

S'informer

Office de tourisme – *Pl. du Gén.-de-Gaulle - St-Pierre-et-Miquelon - ✆ 508 41 02 00 - www.spm-tourisme.fr.* Renseignements sur les formules d'hébergement (hôtels, pensions de famille et autres).

Formalités d'entrée – Les ressortissants européens doivent être munis d'un passeport en cours de validité, indispensable pour le transit au Canada.

Argent – La monnaie officielle est l'euro, mais le dollar canadien est accepté dans la majorité des commerces.

Arriver/Partir

En bateau – *www.spm-ferries.fr.* Voyage en ferry tte l'année (passagers uniquement) entre Fortune (T.-N.) et l'île St-Pierre *(1h30 - AR 73 €)*. En saison, traversée entre Fortune (T.-N.) et Miquelon *(1h30 - AR 73 €)*. Attention, la mer est parfois agitée.

En avion – *Air Saint-Pierre - ✆ 011 508 41 00 00 ou 1 877 277 7765 - www.airsaintpierre.com.* Vols au départ de St John's (T.-N.) et Halifax (N.-É.), les Îles-de-la-Madeleine, Montréal (Québec). Vol hebdomadaire vers Paris CDG.

Musée canadien de l'Histoire à Gatineau.
B. Gardel/hemis.fr

COMPRENDRE LE QUÉBEC

Le Québec aujourd'hui

Avec son dynamisme et sa faculté d'adaptation, le Québec séduit et attire. En effet, depuis la Révolution tranquille, la « Belle Province », à majorité francophone, a su associer affirmation de son identité culturelle et participation à l'économie nationale et mondiale. Le Québec reste à l'avant-garde en matière de création de logiciels, de jeux vidéo et de technologies de pointe. La myriade de festivals, le multiculturalisme montréalais, sans oublier le soin apporté à la gastronomie, sont autant de raisons pour s'offrir une découverte de ce territoire inscrit dans son époque et qui maintient son rang au sein de la Confédération canadienne.

Populations

En 2024, le Québec comptait près de 9 millions d'habitants, soit environ 23 % de la population canadienne. La faible densité démographique de 5,5 hab./km² (chiffres de 2021) s'explique par la vaste étendue du territoire au Nord de la province. La majeure partie de sa population réside « dans le Sud », le long des rives du fleuve St-Laurent et sur l'île de Montréal.

La population autochtone

En 2016, 182 890 habitants se déclaraient d'origine autochtone, c'est-à-dire d'ascendance amérindienne, inuite ou métisse. Les **Premières Nations** du Québec regroupent dix nations vivant dans des réserves. On trouve ainsi les **Micmacs** en Gaspésie, les **Hurons** près de la ville de Québec, les **Atikamekw** en Haute-Mauricie, les **Innus** sur la Côte-Nord et les **Abénakis** à Odanak et Sorel. Les villages de la baie James comptent une importante communauté **crie**, tandis que les **Algonquins** peuplent l'Abitibi-Témiscamingue et l'Outaouais. Les **Mohawks** vivent à la frontière de l'État de New York. Les **Naskapis** forment la plus petite communauté, avec moins de 1000 individus. Ces Premières Nations se subdivisent en deux grandes familles linguistiques : l'**iroquois** (dialectes mohawk et huron) et l'**algonquien** (dialectes cri, innu, micmac et abénaki). Quant aux **Inuits** (env. 12 000 personnes en 2022), ils peuplent les espaces nordiques du Nunavik et leur langue est l'**inuktitut**.

Une population multiethnique

Si les Français d'origine restent le premier groupe devant les Anglais, d'autres communautés montent en puissance. Comme dans la plupart des sociétés développées, au

Les gardes anglais de la citadelle de Québec.
Marc Dufresne/Getty Images Plus

Québec, la fécondité ne suffit plus à assurer le renouvellement des générations. Le solde migratoire contribue ainsi pour une bonne part à sa progression démographique. Il façonne une société devenue **multiethnique**, dont la capitale offre l'exemple le plus emblématique.

Montréal confirme son attractivité historique. Ce sont les Italiens et les Européens de l'Est qui, au début du 20e s., ont donné à la ville son caractère cosmopolite. La période d'après-guerre s'accompagna d'un afflux d'immigrants originaires du bassin méditerranéen. Les années 1970 virent l'arrivée d'un important contingent provenant d'Asie du Sud-Est, suivi, au cours des années 1980, d'une forte immigration latino-américaine.

Chaque année, entre 3000 et 4000 Français s'établissent au Québec sous le régime de la résidence permanente.

La question linguistique

Le français est la **seule langue officielle** du Québec, cas unique au Canada. Il est la langue maternelle des trois quarts de la population.

La question linguistique surgit dans les années 1960 suite à trois facteurs : la prise de conscience de la fragilité de la culture française au sein d'une entité anglophone ; les effets d'une forte immigration internationale sur l'équilibre linguistique de la province ; les premiers signes, vers 1965, d'une baisse du taux de natalité.

Alors que la population anglophone s'attendait à une assimilation complète du phénomène francophone, la **Révolution tranquille** des années 1960 démontre que les francophones d'Amérique du Nord tiennent à défendre coûte que coûte l'usage de la langue de Molière.

Avec la laïcisation de l'État se forme une conscience politique identitaire, socialiste et souverainiste. On assiste alors au développement de l'État-providence. Ce mouvement va de pair avec l'**affirmation de l'identité québécoise comme peuple** qui promeut la langue française.

Un parti politique exprime ces nouvelles valeurs : le **Parti québécois**. Il fait son entrée sur la scène politique en 1968 et est porté au pouvoir en 1976. En 1977 est votée la fameuse **loi 101**, charte de la langue française qui proclame le français comme la langue officielle du Québec : tout en reconnaissant la présence anglophone et en excluant de sa juridiction les nations autochtones, libres de s'exprimer dans leurs langues respectives, l'État québécois affirme sa volonté de vivre, travailler et communiquer en français.

D'abord exclusivement en français dans tous les commerces, l'affichage devient bilingue après l'adoucissement de la législation en 1988, à la condition que le français ait une nette prédominance. Le gouvernement prend aussi des mesures radicales au niveau de l'enseignement, afin qu'anglophones et allochtones soient intégrés à l'école française : il est exigé qu'un des deux parents ait suivi des études primaires en anglais au Québec pour que leur enfant puisse faire de même. Une levée de boucliers coupe court à cette mesure, et plusieurs lois successives viennent affaiblir la loi 101 originale.

La question de la langue constitue toujours un sujet sensible et une grande préoccupation pour les francophones. L'anglais est aujourd'hui prépondérant dans le secteur privé, les télécommunications et la haute technologie. L'**anglicisation** s'insinue aussi dans la réalité quotidienne. Ainsi, à Montréal, des quartiers, comme le nord du Plateau, sont devenus bilingues.

Système politique

Le système politique du Québec est un régime parlementaire défini par la **Constitution de 1867**, qui fixe les compétences législatives de chaque gouvernement provincial et du gouvernement fédéral. Le Québec est l'un des 10 États, ou provinces, qui constituent le Canada. Chacun jouit d'une large **autonomie provinciale** et finance ses dépenses grâce à ses propres revenus fiscaux.

Le **pouvoir législatif** au Québec est détenu par l'**Assemblée nationale**, qui compte 125 députés élus pour cinq ans. Représentant officiel de la couronne britannique, le **lieutenant-gouverneur**, nommé par le gouverneur général du Canada, « sanctionne » les projets de lois, mais sa fonction est purement symbolique. Avec l'Assemblée nationale, il forme l'une des deux composantes du Parlement.

C'est le lieutenant-gouverneur qui désigne le chef du parti majoritaire à l'Assemblée nationale au poste de **Premier ministre**. Celui-ci forme le Conseil des ministres, détenteur du **pouvoir exécutif**. Il est responsable devant l'Assemblée et a le pouvoir de la dissoudre. Ses membres sont choisis parmi les députés élus. Le Conseil des ministres a l'initiative de proposer des lois à l'Assemblée.

Selon la Constitution canadienne, les relations internationales relèvent du **gouvernement fédéral**. En fondant son action sur le principe de l'extension internationale de ses compétences internes et pour assumer ses responsabilités en matière d'immigration, d'emprunts financiers, d'environnement et surtout de culture, le Québec s'est doté, depuis 1960, de délégations et de **bureaux à l'étranger**, ainsi que d'un **ministère des Affaires internationales**.

Les Québécois élisent par ailleurs des **députés** à la **chambre des communes d'Ottawa**, et sont représentés au **Sénat** par des sénateurs que nomme le gouvernement fédéral.

Les élections législatives ont lieu au **suffrage universel** des citoyens âgés d'au moins 18 ans, selon un scrutin uninominal majoritaire à un tour. Chacun des **125 députés** du Québec représente la population d'une circonscription (ou « comté »).

Aspects économiques

La part annuelle du Québec dans le PIB du Canada oscille entre 19 % et 20 % depuis plus d'une dizaine d'années, ce qui situe la province au deuxième rang des provinces canadiennes derrière l'Ontario. La force économique du Québec a longtemps résidé dans l'abondance de ses richesses naturelles. Ses forêts, ses terres agricoles et ses rivières font toujours l'objet d'une importante exploitation, mais les secteurs traditionnels de l'économie québécoise ont souffert de la **crise économique de 2008**, et l'essentiel des activités économiques repose désormais sur le **secteur des services**. Montréal, qui domine la scène économique québécoise, est aujourd'hui l'une des capitales mondiales de la production de jeux vidéo et du développement de logiciels.

Les fourrures

Soumis à la concurrence de la Chine, des pays scandinaves et de la Russie, le Canada reste l'un des plus grands fournisseurs mondiaux de fourrures de qualité. Montréal concentre 90 % de la production canadienne de vêtements de fourrure.

Les trappeurs québécois piègent surtout le rat musqué, le castor et la martre américaine. Quant à l'**élevage** d'animaux à fourrure, le **vison** a subi l'effondrement de la demande dans les années 1980, et le **renard** dans les années 1990. Si la filière est aujourd'hui en déclin, elle a tout de même rapporté plus de 1 milliard de dollars au PIB du Canada en 2021. Mais l'industrie est aujourd'hui confrontée à la pression des activistes de la protection animale qui plaident pour une fermeture des fermes à fourrures dans tout le pays.

L'industrie forestière

En 2019, la forêt générait près de 60 000 emplois directs – dans la **sylviculture**, les produits de transformation (sciage, placages, portes, fenêtres, parquet, etc.) et la production de **pâtes et papiers** – et 60 000 emplois indirects (meubles, impression).

L'industrie québécoise des pâtes et papiers produit un tiers de la production canadienne, ce qui en fait la première province du pays pour cette activité. Cette production est pour les trois quarts destinée à l'exportation, ce qui l'expose fortement aux fluctuations du marché mondial.

La crise du bois d'œuvre du début des années 2000 – un différend commercial avec les États-Unis – a également été un coup dur pour le secteur, même si la production de produits de sciage du Québec compte toujours pour le quart de la production canadienne.

L'agriculture et la pêche

L'**agriculture** représente aujourd'hui moins de 1,3 % de l'emploi au Québec, et les terres agricoles 2 % de sa surface. La **Montérégie** reste le grenier à blé de la province.

Les activités agricoles principales de la province sont, par ordre d'importance : l'élevage de vaches laitières, l'élevage porcin, la culture céréalière, les élevages de volailles et de bovins à viande, et enfin les cultures maraîchères. Emblématique du Canada, la **culture de l'érable** se concentre dans les régions de Chaudière-Appalaches, du Bas-St-Laurent et de l'Estrie. Celle de **pommes** et **petits fruits** (fraise, framboise et myrtille ou bleuet) concerne principalement la Montérégie, le Centre-du-Québec et le Saguenay – Lac-St-Jean. La région de Lanaudière est la principale région de production de **pommes de terre** ; le Bas-St-Laurent, celle de l'**élevage ovin**.

Majoritairement concentrée en **Gaspésie**, aux **îles de la Madeleine** et sur la Côte-Nord, l'**industrie de la pêche** a subi l'effondrement des stocks de poissons des années 1990, accompagné de **moratoires** stricts sur certaines espèces (morue, sébaste). Le secteur a donc opéré une **mutation drastique** et dépend aujourd'hui principalement de la **pêche aux crustacés** (crevette nordique, crabe des neiges, homard d'Amérique). La **pisciculture** en eau douce se développe, notamment en Estrie, dans les Laurentides, l'Outaouais et le Centre-du-Québec.

Les industries extractives

En 2021, le Québec a cédé sa place de premier producteur minier (concernant la valeur de production) à la Colombie-Britannique. Les principales régions minières, la Colombie-Britannique, le Québec et l'Ontario, ont d'ailleurs représenté 65 % de la valeur totale de la production minérale du Canada en 2021. L'extraction minière génère autour de 100 000 emplois directs, dont la majorité se situe dans la fabrication de **minerais métalliques**, l'**extraction minière** et la **transformation des métaux**, et la fabrication de **produits minéraux non métalliques**.

Les produits phares de l'extraction de minéraux métalliques en 2021 au Québec sont le **minerai de fer** (46 %) et l'**or** (29 %). Les extractions de **cuivre** sont sur le déclin, en raison de l'épuisement des mines. L'extraction de **nickel** a débuté en 1998, dans des mines situées à Terre-Neuve et au Labrador.

La production la plus importante de minéraux non métalliques est celle de la **pierre**, suivie par le **ciment**, la **silice**, les **sables** et **graviers**, et la **tourbe** horticole.

Les sources d'énergie

En 2019, l'**électricité** québécoise est à plus de 89,8 % d'origine **hydroélectrique,** 9,5 % de **sources éoliennes** et 0,7 % de la biomasse, d'énergie solaire et d'hydrocarbures. La part des **énergies fossiles** dans le bilan énergétique est aujourd'hui au même niveau que celle de l'**énergie électrique**.

Après l'interdiction de l'exploitation du gaz de schiste sur son territoire en 2018, le Québec devient le premier État d'Amérique du Nord à interdire la recherche et la production d'hydrocarbures en 2022. 85 % des **puits pétroliers** ou **gaziers** historiques sont désormais fermés.

Quant à l'**énergie nucléaire**, elle s'est avérée une énorme déception au Québec. Dernière centrale nucléaire québécoise en activité, **Gentilly-2** a été arrêtée définitivement fin 2012.

Saveurs locales

Avec ses nombreuses spécialités régionales, le Québec s'est taillé au fil des années une solide réputation gastronomique. Des restaurants de Montréal où se côtoient saveurs asiatiques, poutine traditionnelle et influences internationales, au saumon tout juste pêché de la Côte-Nord ou à la morue de Gaspésie, les saveurs locales emportent le visiteur dans un voyage appétissant. D'autant qu'au Québec, on finit souvent le repas par une note sucrée, au sirop d'érable ou aux bleuets. Alors, à table !

Les produits

En Beauce, les **dérivés de l'érable** sont particulièrement réputés : sirop, sucre, tire, tarte, yaourt, crème glacée et digestif. Pour sa part, l'île d'Orléans s'est spécialisée dans une production maraîchère (les fraises en particulier) qui fait les délices de la ville de Québec, toute proche.

La région du Saguenay – Lac-St-Jean se targue d'être le royaume du bleuet, baie proche de la myrtille que l'on déguste en tarte et dont on tire un apéritif. Ce petit fruit n'est pas la seule spécialité de la région : on y trouve aussi la **gourgane**, une espèce de grosse fève dont on fait une soupe.

Les amateurs de poisson, de crustacés et de fruits de mer apprécieront le **saumon** frais ou fumé de la Côte-Nord, le **homard** des îles de la Madeleine, la **morue** de Gaspésie (dont la pêche est aujourd'hui très réglementée et restreinte) et les **bigorneaux** du Bas-St-Laurent.

Quant aux **fromages**, on en recense aujourd'hui plus de 450 au Québec. En l'absence de labels et de zones de production définies, chaque élevage produit les siens de façon exclusive, élaborant ainsi des fromages artisanaux originaux. On trouve des fromages au lait de vache, de chèvre et de brebis, au lait cru et biologiques. Certains se sont déjà taillé une belle réputation comme le riopelle, un triple crème de l'Isle-aux-grues, ou encore le pied-de-vent des îles de la Madeleine. Plusieurs fromages ont obtenu la reconnaissance des professionnels de la restauration ou ont été primés. C'est le cas du zacharie cloutier, fromage au lait cru de brebis affiné.

Les plats

Parmi les plats traditionnels, on mentionnera la **cipaille**, pâté de gibier mêlé de couches de pâte et de pommes de terre, les **fèves au lard**, les **oreilles de crisse** (lard frit qui crisse sous la dent), le **ragoût de boulettes** et la **tourtière** (hachis de viandes en croûte), cousin du **pâté chinois** (hachis parmentier avec du maïs), ainsi nommé car la recette daterait de l'époque des grands chantiers ferroviaires auxquels participaient de nombreux ouvriers chinois. Et la **poutine** ? Les variantes sont multiples, mais la recette traditionnelle exige des frites parsemées de « crottes » de fromage recouvertes de jus de viande, qui couinent quand on les mastique.

Quant aux desserts, la tarte au sucre

Poutine.
spasmik/Getty Images Plus

et celle au sirop d'érable feront le délice des plus gourmands, à moins qu'ils ne jettent leur dévolu sur le **pudding chômeur**, petit gâteau spongieux au sirop d'érable.

Les boissons

Le Canada produit des **bières** de qualité, industrielles (Molson, Labatt) et de plus en plus de bières artisanales issues de microbrasseries locales (Le Prospecteur, Le Trèfle Noir), qui sont la boisson alcoolisée généralement la plus consommée. Les baies, très nombreuses notamment au Québec, servent à faire des **liqueurs**.

Le caribou est un mélange de vin rouge et d'alcool. Le **screech** est un rhum brun très fort, prisé à Terre-Neuve. La province de Québec, notamment les Cantons-de-l'Est, produisent également du vin.

Le **vin de glace**, très apprécié en apéritif ou au dessert, est un nectar issu des grappes cueillies gelées.

Le temps des sucres

Les légendes sur l'apparition du **sirop d'érable** sont, dit-on, aussi nombreuses que les peuples des Premières Nations de l'est du pays... Quoi qu'il en soit, c'est d'eux que les colons européens apprirent à recueillir la sève d'érable. Dans la tradition québécoise, le « temps des sucres » est cette brève période (de mi-mars à fin avril) durant laquelle, à la faveur du dégel, la sève s'écoule de l'arbre dans des petits récipients fixés au tronc. Elle est ensuite cuite et travaillée dans la cabane à sucre (ou érablière) pour obtenir du sirop, du beurre ou du sucre. Pour vos achats, privilégiez les sirops de catégorie 1, de couleur claire, et vérifiez que l'étiquette comporte les coordonnées du producteur, ainsi que son numéro fédéral d'agrément. Méfiez-vous des sirops trop foncés, souvent composés de sirop de mélasse aromatisée.

Histoire

C'est dans l'histoire de la Nouvelle-France, province créée près d'un siècle après l'exploration du St-Laurent par Jacques Cartier (16e s.), que le Québec d'aujourd'hui trouve, pour bonne part, ses racines. La colonie française a alors supplanté le peuplement des Premières Nations, puis cohabité non sans heurts avec les Anglais avant d'être cédée à l'Empire britannique, en 1763. Depuis, la « Belle Province » francophone revendique et cultive son particularisme.

Période précoloniale

Les toutes premières **migrations humaines de l'Asie** vers le continent américain s'effectuèrent par vagues successives, il y a quelque 15 000 ans, peut-être même plus, lorsque des peuplades venues de Mongolie et des steppes sibériennes franchirent le détroit de Béring alors émergé, ouvrant ainsi la voie au peuplement humain.
Deux grandes cultures marquèrent la longue période séparant l'arrivée des premiers occupants du Canada de celle des Européens. La première, dite « archaïque » (5000-1000 av. J.-C.), se composait de nomades vivant des produits de la cueillette et de la chasse. Durant la seconde, dite « sylvicole » (1000 av. J.-C.-1500 apr. J.-C.), le nomadisme s'infléchit au profit d'une sédentarité caractérisée par la fabrication de poteries et le développement de l'agriculture.
On estime que les **populations autochtones** d'Amérique du Nord s'élevaient à plus de trois millions de personnes avant l'arrivée des Européens.
Après les brefs séjours des **Vikings**, vers l'an 1000, sur les côtes de Terre-Neuve, l'Europe oublia semble-t-il pendant plusieurs siècles l'existence du continent américain, à l'exception des **Basques** et des **Anglais**, qui fréquentaient déjà les eaux poissonneuses de l'Atlantique Nord. Au 16e s., les tribus indigènes du Québec entrèrent ainsi en contact avec des pêcheurs de morue venus s'aventurer sur le St-Laurent, au-delà des riches bancs de Terre-Neuve.
L'arrivée des **missionnaires** et **trappeurs** modifia profondément leur mode de vie. Bénéficiant déjà d'un système complexe de croyances et de coutumes, ces tribus résistèrent aux tentatives de l'Église qui entendait les convertir à la foi catholique. Le bouleversement des alliances politiques et des réseaux d'échange traditionnels, les guerres meurtrières, les maladies endémiques venues d'Europe et les effets dévastateurs d'une ardente colonisation eurent toutefois raison des Premières Nations d'Amérique du Nord.

Nouvelle-France

Fourrures et guerres iroquoises

Au 15e s., l'espoir de découvrir la fameuse « route des Indes » lança à l'assaut des océans bien des explorateurs, parmi lesquels Christophe Colomb qui, en 1492, prit possession de l'île de San Salvador au nom de la couronne espagnole. La présence coloniale française en Amérique du Nord débuta avec les expéditions de **Jacques Cartier** (1491-1557), échelonnées de 1534 à 1542, mais ne s'affirma réellement qu'avec la fondation de la ville de Québec par **Samuel de Champlain** (v. 1570-1636) en 1608. La **traite des fourrures** devait jouer un rôle décisif dans l'histoire du Québec en poussant les Européens, attirés par le lucratif commerce des peaux, à explorer le continent à la recherche des fourrures de castor et de vison. Au début du 17e s., l'administration et le développement de la colonie furent confiés à des compagnies comme celle des **Cent-Associés** (1627), composée de marchands et d'aristocrates soucieux de tirer bénéfice du Nouveau Monde et de ses fabuleuses richesses naturelles. Néanmoins, le peuplement ne se faisait que lentement. L'**évangélisation** des populations autochtones par les Jésuites eut peu de succès, et le commerce des fourrures fut entravé par les terribles **guerres iroquoises**. Champlain s'était en effet attiré la haine implacable des Iroquois, partenaires commerciaux des Anglais. Entre 1627 et 1701, cette nation attaqua régulièrement les tribus des Premières Nations de langue algonquienne (Hurons, Innus, Algonquins) qui s'étaient rangées du côté français. En 1642, la France riposta en construisant des forts et en fournissant des armes à ses alliés. Pourtant, les attaques continuèrent jusqu'en 1701, date à laquelle les Iroquois signèrent la **paix de Montréal** qui établissait leur neutralité.

Une colonie royale (1663-1763)

Sous le règne de **Louis XIV** (1643-1715), l'administration de la colonie se calque sur celle des autres colonies françaises : un gouverneur, responsable des affaires militaires et extérieures ; un intendant, chargé de la justice et des finances ; des propriétaires terriens ou seigneurs ayant plusieurs fonctions administratives. Le seigneur rend aussi la justice, construit les moulins, perçoit des redevances et lève des corvées. Les seigneurs-administrateurs, les militaires et les communautés religieuses concèdent des parcelles de terre à des censitaires selon un **système seigneurial**. À l'époque, les paysans représentent 80 % de la population. Aux 17e et 18e s., au cours d'une véritable épopée, les **explorateurs** poussent plus loin les frontières géographiques de la Nouvelle-France et traversent une bonne partie du continent.

Les candidats au départ

Au début du 17e s., la Nouvelle-France n'est guère prisée par les migrants, qui lui préfèrent généralement les Indes occidentales (Antilles), réputées plus faciles à vivre. Ce n'est qu'à partir de 1665, et l'implication de la Couronne, que le peuplement connaît une augmentation sensible, grâce à l'envoi d'un régiment d'environ 1200 hommes, le **Carignan-Salières**, et l'obligation faite aux navires marchands de transporter des colons. Au total, entre 10 000 et 14 000 Français traversent l'Atlantique vers le Canada aux 17e et 18e s. Ces migrants viennent de toutes les régions françaises, et

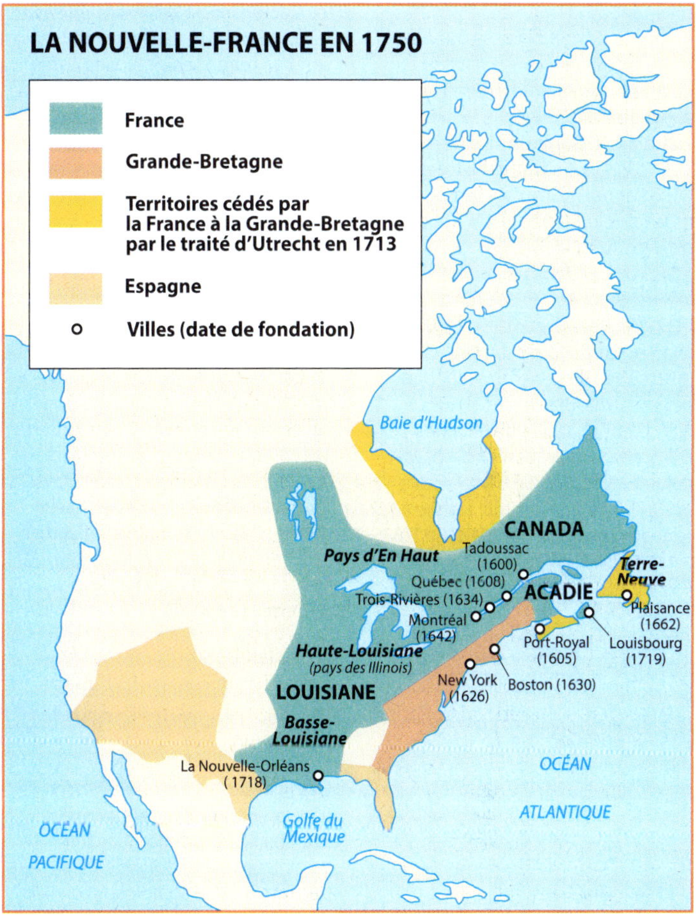

de tous les horizons sociaux, avec toutefois des dominantes : 14,5 % d'entre eux arrivent de **Normandie**, presque autant de l'**Île-de-France**, 9,8 % du **Poitou**, 8,9 % de l'**Aunis**, 6 % de **Bretagne**, 5,3 % de la **Saintonge**... Si le **Perche** n'a fourni que 250 membres, ils ont été parmi les premiers à faire souche, d'où les liens encore très étroits qui unissent le Québec à cette région française. Ces colons sont majoritairement artisans et, pour un bon quart, paysans. La grande majorité était célibataire, jeune et masculine. D'où l'envoi, entre 1665 et 1673, de 900 « filles du Roy », des jeunes **orphelines** élevées par des religieuses aux frais du roi dans les grands couvents et les maisons d'éducation de Paris, Dieppe, Honfleur et La Rochelle (ces ports assurant les liaisons avec les colonies). La natalité a ainsi contribué à augmenter les chiffres du peuplement et à attacher les hommes au territoire.

La conquête anglaise

L'ancienne rivalité franco-anglaise, aggravée par les conflits d'intérêts résultant de la traite des fourrures, aboutit à de nombreuses guerres entre la Nouvelle-France et les colonies britanniques, puis à la prise de Québec (1629). En 1632, par le **traité de St-Germain**, la ville revient aux Français. Le **traité d'Utrecht** (1713) apporte une paix temporaire ; celle-ci ne dure que jusqu'à la **guerre de Sept Ans** (1756-1763), qui oppose, en Europe et dans les colonies, l'Autriche, la Russie, la France et l'Espagne à la Grande-Bretagne et à la Prusse. Le 13 septembre 1759, les troupes du général Wolfe défont celles du marquis de Montcalm à la célèbre **bataille des Plaines d'Abraham**, marquant la fin de la colonie française. Le 8 septembre 1760, la ville de Montréal tombe à son tour aux mains des Anglais. En 1763, le **traité de Paris** cède la Nouvelle-France à la puissance britannique.

Régime anglais

L'ère des constitutions (1760-1791)

La conquête militaire met en présence des **Français catholiques**, sujets d'une monarchie absolue, et des **Anglais protestants**, sujets d'une monarchie constitutionnelle. La loi constitutionnelle de 1774, connue sous le nom d'**acte de Québec**, reconnut à la majorité francophone le droit de maintenir son système seigneurial, les lois civiles françaises et le libre exercice de la religion catholique. La fin du 18e s. fut « l'ère des Constitutions » : les habitants des 13 colonies américaines gagnent leur indépendance vis-à-vis de l'Angleterre en 1776, invitant vainement les Canadiens à se joindre à eux lors d'une invasion qui échoue finalement devant Québec. Les **loyalistes**, Américains fidèles à la Couronne britannique, viennent en partie se réfugier dans les Cantons-de-l'Est. Favorable à la Révolution française à ses débuts, le Québec prend ses distances après l'exécution de Louis XVI en 1793. Les autorités britanniques voient d'un mauvais œil l'abolition de la monarchie et de son symbole, tandis que l'Église catholique, constatant le renversement de l'autorité royale et ecclésiastique, alimente un courant contre-révolutionnaire par des gazettes et des sermons. Malgré ces tentatives pour maintenir le *statu quo*, une bourgeoisie aux idées libérales commence à voir le jour. En 1791, le Parlement britannique accorde une **nouvelle Constitution** à ses colonies d'Amérique du Nord. Le Québec, ou Bas-Canada, et l'Ontario, ou Haut-Canada, se voient chacun octroyer une **Assemblée législative**. Le Québec fait ainsi sa première expérience d'une **démocratie parlementaire**.

Des luttes constitutionnelles aux luttes insurrectionnelles (1791-1840)

Dès le début du 19e s., les Canadiens français obtiennent la majorité à la Chambre, et tentent de faire valoir leurs aspirations. Le **Parti patriote** (connu sous le nom de Parti canadien jusqu'en 1826), dirigé par **Louis-Joseph Papineau** (1786-1871), est vite confronté à l'autorité du gouverneur anglais et du Conseil législatif. Ceux-ci rejettent régulièrement les lois présentées à la Chambre. L'impasse constitutionnelle et la politique coloniale des Anglais, doublées d'une crise sociale généralisée et de l'exaspération des Canadiens français, provoquent, en 1837 et 1838, la **Rébellion des patriotes**. Ces insurrections, qui touchent particulièrement la région de Montréal, sont mues par une profonde aspiration démocratique, à la fois contre le pouvoir colonial

Statue de Samuel de Champlain à Québec.
ferenz/Getty Images Plus

anglais et contre le pouvoir seigneurial et ecclésiastique.
Après leur échec, et afin de rétablir l'harmonie au sein des colonies et d'en favoriser l'essor, le gouverneur général lord Durham propose en 1839 l'union des deux Canadas.

L'Acte d'union (1840-1867)

Passé en 1841, l'Acte d'union réunit le Bas et le Haut-Canada en une seule province : le **Canada-Uni**. La population du Bas-Canada s'élève alors à 750 000 habitants (dont 510 000 Canadiens français), celle du Haut-Canada à 480 000 habitants. Le Haut-Canada est beaucoup plus endetté que le Bas-Canada. Pourtant, la dette publique des deux Canadas est additionnée, et l'Assemblée législative adopte même la **langue anglaise**. Au milieu du 19e s., une très forte natalité entraîne plusieurs mouvements migratoires vers la Mauricie et le Saguenay.
Handicapée par la faiblesse de son clergé et par sa non-reconnaissance légale, l'**Église catholique** témoigne, de 1763 à 1840, un indéfectible loyalisme à l'égard du pouvoir politique britannique, même à l'époque de la Rébellion des patriotes ; en retour, elle acquiert sa reconnaissance légale en 1840 et est autorisée à conserver ses biens. À mesure qu'elle prend du pouvoir sur la scène politique et se rapproche du parti de **Louis-Hippolyte La Fontaine** (1807-1864), l'Église s'implique davantage en matière d'éducation. Allié aux réformistes du Haut-Canada, La Fontaine obtient pour le pays un « gouvernement responsable », c'est-à-dire confié au parti majoritaire au Parlement de la colonie.
Un deuxième souffle de libéralisme marque le début de l'Union après l'échec des insurrections, mais celui-ci s'achève par la montée

d'un conservatisme idéologique et politique. Les crises fréquentes mènent à un nouveau projet politique, la Confédération, à laquelle les libéraux canadiens français s'opposent vainement.

Confédération canadienne

Entériné par le gouvernement britannique, l'**acte de l'Amérique du Nord britannique** (connu sous le nom d'acte de Constitution, 1867) établit la Confédération canadienne. Cette nouvelle entité politique comprend alors le Québec, la Nouvelle-Écosse, le Nouveau-Brunswick et l'Ontario. La **Constitution de 1867** répartit les pouvoirs du gouvernement fédéral et ceux des provinces, confiant notamment à ces dernières la charge de l'éducation. Afin de garantir les droits des minorités (protestante au Québec, catholique dans les autres provinces), l'**article 93**, très controversé, prévoit un système scolaire fondé sur la religion plutôt que la langue. La Constitution lance alors le terme de « Canada français » pour se référer tout d'abord aux francophones du Québec, du Nouveau-Brunswick et de l'Ontario, puis à ceux du Manitoba. **Sir Wilfrid Laurier** (1841-1919) devient le premier Canadien français à occuper le poste de Premier ministre (1896-1911) de la fédération, alors que l'Empire britannique atteint son apogée. Le début du 20e s. est marqué par l'opposition du Québec à la conscription militaire imposée par le gouvernement fédéral, et par la perte progressive des droits scolaires et linguistiques des minorités catholiques francophones hors du Québec.

Un renouveau nationaliste

Cette perte de droits actée, le débat sur l'autonomie du Canada, ainsi que la menace que fait peser sur la langue française le commerce, la publicité et l'industrialisation, engendrent un double mouvement nationaliste. Le premier, incarné par **Henri Bourassa** (1868-1952), fondateur du quotidien francophone *Le Devoir*, préconise une plus grande autonomie du Canada au sein de l'Empire britannique, et une plus grande autonomie des provinces au sein de la Confédération canadienne. Le second, celui de l'historien **Lionel Groulx** (1878-1967), met en avant une idéologie nationaliste fondée sur la triple identité des Canadiens français : catholique, francophone et rurale. La campagne de l'abbé Groulx commence au moment où la culture rurale tendait à disparaître, pour s'achever au moment où le catholicisme s'estompe au sein de la société québécoise.
La crise de 1929 dure, au Québec, jusque dans les années 1940, où elle se conjugue avec les convulsions de la **Seconde Guerre mondiale**. Ces deux facteurs concourent à une série d'interventions économiques et sociales soutenues pour la plupart par le gouvernement fédéral. Commence alors une période de centralisation fédérale à laquelle s'oppose vivement **Maurice Duplessis**, Premier ministre du Québec de 1944 à 1959.

Québec moderne

La Révolution tranquille

Les changements socio-économiques qui caractérisent le début des années 1960 paraissent d'autant plus radicaux qu'ils contrastent avec le conservatisme social et idéologique des gouvernements successifs de M. Duplessis. La prospérité économique engendrée par l'essor minier de la Côte-Nord, l'entrée des Québécois dans la société de consommation et le durcissement du mouvement ouvrier donnent naissance à la Révolution tranquille. Le gouvernement du Québec lance, dans les années 1960, une série de réformes économiques et sociales. En 1962, il nationalise l'industrie hydroélectrique en créant **Hydro-Québec**. En 1965, il instaure la **Caisse de dépôt et placement** afin de gérer les actifs d'un nouveau régime de retraite, et vient en aide à l'entreprise québécoise francophone. Il intervient au plan social en prenant en main la gestion de la santé, des services sociaux et de l'instruction publique, créant de surcroît un ministère des Affaires culturelles (1961).

Un État souverain ?

Ce renforcement du rôle de l'État se fait parallèlement à la montée du courant nationaliste. La souveraineté du Québec va bientôt être au cœur d'un brûlant débat entre les tenants du fédéralisme, personnifié par **Pierre Elliott Trudeau**, Premier ministre du Canada (1968-1979 et 1980-1984), et les partisans de la souveraineté, incarnée par **René Lévesque** (1922-1987), chef du Parti québécois et Premier ministre du Québec (1976-1985). Celui-ci transforme ce qui n'avait été jusqu'alors qu'un nationalisme culturel en une véritable idéologie politique. Pourtant, en 1980, le Parti québécois perd le référendum sur l'indépendance, 60 % des électeurs se prononçant contre la séparation. Les tensions entre la province et le gouvernement fédéral atteignent leur paroxysme lorsque le Québec refuse de signer la **Constitution canadienne de 1982**, principalement parce qu'elle ne prévoit pas le transfert des pouvoirs législatifs du gouvernement fédéral à celui de la province.

Succédant à René Lévesque en 1985, Robert Bourassa annonce qu'il poserait cinq conditions à la signature de la Constitution de 1982. Les Premiers ministres du Canada et des dix provinces s'entendent sur ces conditions lors des **accords du lac Meech** (30 avril 1987), qui prévoient pour le Québec un statut spécial de « société distincte ». Ces accords n'aboutissent finalement pas, remettant en cause l'adhésion du Québec à la Constitution du Canada. En 1995, le second référendum sur la souveraineté de la province recueille 50,6 % de « non ».

Les élections fédérales de 2011 portent un nouveau coup à l'idée d'indépendance. Le **Bloc québécois**, pendant du Parti québécois, souverainiste et social-démocrate, est littéralement balayé, ne conservant que 4 sièges sur 49 au parlement d'Ottawa. Son électorat historique reporte massivement son vote sur le **Nouveau Parti démocratique** (NPD), plus à gauche, qui triomphe au Québec.

L'année 2012 a été marquée par la plus longue grève étudiante de l'histoire québécoise, en réaction à l'augmentation des frais de scolarité. Le **Printemps québécois** (ou Printemps érable) déborde vite du cadre universitaire. L'opinion publique prend fait et cause pour les étudiants. Déstabilisé par l'ampleur du mouvement, ainsi que par le travail de la **commission d'enquête Charbonneau** sur la corruption dans le secteur de la construction, le Premier ministre libéral Jean Charest dissout le parlement provincial. Arrivé en tête aux élections de septembre, le Parti québécois forme un gouvernement minoritaire de coalition, dirigé par **Pauline Marois**, première femme à accéder à la fonction de Premier ministre du Québec en 2012. Elle démissionne en 2014 après n'avoir recueilli que 25,4 % des suffrages exprimés aux élections générales, soit l'un des pires scores de l'histoire du Parti québécois.

En 2018, l'ancien homme d'affaires **François Legault** et son parti **La Coalition Avenir Québec** (CAQ) bousculent l'échiquier politique en obtenant le pouvoir avec 71 % des voix, renvoyant dans les cordes les deux partis politiques historiques, le Parti Libéral du Québec (PLQ) et le Parti Québécois (PQ). Il remporte la majorité absolue à l'Assemblée législative grâce à une campagne laissant de côté le thème de l'indépendance au profit de celui de l'immigration.

Les dates clés

- **v. 1000 apr. J.-C.** – Séjours des Vikings sur la côte orientale du Canada (Terre-Neuve).
- **v. 1100** – Les Thulés, ancêtres des Inuits d'aujourd'hui, pénètrent dans la péninsule d'Ungava.
- **1492** – Christophe Colomb « découvre » l'Amérique.
- **1534** – Jacques Cartier prend possession du Canada au nom de François Ier.
- **1534-1608** – Les Hurons et les Algonquins chassent les Iroquois de la vallée du St-Laurent.
- **1535** – Second voyage de Cartier, qui remonte le St-Laurent jusqu'à Hochelaga, site actuel de Montréal.
- **1608** – Fondation de la ville de Québec par Samuel de Champlain.
- **1609-1633** – Alliance des Hurons et des Français contre les Iroquois.
- **1610** – Alors qu'il cherchait la route des Indes par l'Ouest, l'Anglais Henry Hudson découvre le détroit et la baie qui porteront son nom.
- **1642** – Fondation de Ville-Marie, aujourd'hui Montréal, par Maisonneuve. Début des guerres iroquoises.
- **1648-1649** – Destruction de la Huronie par les Iroquois, qui reprennent le contrôle de la vallée du St-Laurent.
- **1670** – Fondation de la Compagnie de la baie d'Hudson.
- **1701** – Paix de Montréal : fin des guerres iroquoises.
- **1755** – Déportation des Acadiens par les Anglais.
- **1756-1763** – Guerre de Sept Ans opposant la France, l'Autriche, la Russie et l'Espagne à la Grande-Bretagne et à la Prusse.
- **1759** – Défaite française à la bataille des Plaines d'Abraham. Reddition de Québec aux Anglais.
- **1760** – Capitulation de Montréal.
- **1763** – Le traité de Paris cède la Nouvelle-France à l'Angleterre.
- **1774** – L'acte de Québec organise la nouvelle colonie anglaise.
- **1775-1783** – Guerre d'Indépendance américaine. L'armée américaine prend Montréal (1775-1776), mais échoue devant Québec (1776).
- **1783** – Arrivée des premiers loyalistes (fidèles à la Couronne britannique) au Canada.
- **1791** – L'Acte constitutionnel crée le Haut-Canada (Ontario) et le Bas-Canada (Québec), et octroie à chacun une Chambre d'assemblée.
- **1837-1838** – Rébellion des patriotes. Suspension de la Constitution de 1791.
- **1841** – L'Acte d'union crée le Canada-Uni.
- **1852** – Fondation de l'université Laval, première institution francophone d'enseignement supérieur en Amérique du Nord.
- **1854** – Abolition du régime seigneurial.
- **1867** – L'acte de l'Amérique du Nord britannique crée la Confédération canadienne (Ontario, Québec, Nouveau-Brunswick et Nouvelle-Écosse).
- **1870** – Cession de la Terre de Rupert à la Confédération canadienne.
- **1900** – Fondation de la première caisse populaire par A. Desjardins.

- **1910** – Fondation du quotidien *Le Devoir* par Henri Bourassa.
- **1912** – Le Canada octroie à la province de Québec une partie de la Terre de Rupert, connue ensuite sous le nom de Nouveau-Québec.
- **1918** – Obtention du droit de vote des Québécoises aux élections fédérales.
- **1927** – Après des années de dispute, la frontière territoriale entre le Québec et le Labrador est officiellement fixée, mais le Québec n'en reconnaît pas la légitimité.
- **1948** – Le Québec adopte son drapeau provincial.
- **1959** – Ouverture de la voie maritime du St-Laurent.
- **1960** – Début de la Révolution tranquille sous l'impulsion du Premier ministre Jean Lesage.
- **1967** – Exposition universelle de Montréal.
- **1968** – Fondation du Parti québécois.
- **1969** – Adoption de la loi 63, première loi visant la promotion de la langue française au Québec.
- **1970** – Crise d'octobre (troubles sociopolitiques liés à la prise d'otages par le Front de libération du Québec).
- **1976** – Jeux olympiques d'été de Montréal. Victoire du Parti québécois (premier parti indépendantiste à accéder au pouvoir), avec René Lévesque.
- **1977** – Adoption de la loi 101.
- **1980** – Échec du référendum pour la souveraineté du Québec.
- **1982** – Le Québec est la seule province canadienne à ne pas signer l'acte de Constitution.
- **1987-1990** – Échec des accords du lac Meech. Le Québec maintient son refus d'adhérer à la Constitution de 1982.
- **1988** – Création officielle du Nunavik, patrie des Inuits à l'extrême nord de la province.
- **1990** – Crise amérindienne d'Oka.
- **1992** – Échec du référendum national sur l'attribution d'un statut spécial pour le Québec.
- **1993** – La loi 86 assure la prédominance du français dans l'affichage bilingue.
- **1994** – Élection du Parti québécois.
- **1995** – Échec du référendum sur la souveraineté du Québec.
- **2003** – Retour du Parti libéral au pouvoir, sous la houlette de Jean Charest.
- **2007** – Fin de l'alternance libéraux-péquistes à la Chambre avec l'arrivée dans l'opposition de l'Action démocratique du Québec. La Chambre des communes du Canada reconnaît le Québec comme nation.
- **2011** – Défaite du Bloc québécois aux élections fédérales au profit du NPD (Nouveau Parti démocratique).
- **2012** – Victoire du Parti québécois aux élections législatives. Pauline Marois devient la première femme à la tête du gouvernement de la « Belle Province ».
- **2013** – Catastrophe ferroviaire de Lac-Mégantic (Estrie) (*p. 222*).
- **2014** – Philippe Couillard (Parti libéral du Québec) devient Premier ministre du Québec.
- **2015** – Justin Trudeau, fils de Pierre Elliott Trudeau, devient comme son père Premier ministre du Canada, et le Parti libéral remporte la majorité absolue à la Chambre des communes.
- **2018** – François Legault (parti Coalition Avenir Québec) devient Premier ministre.
- **2020** – Épidémie mondiale du Covid-19.
- **2021** – Troisième mandat de Justin Trudeau.
- **2022** – François Legault entame un nouveau mandat de Premier ministre du Québec.
- **2024** – Éclipse solaire totale dans le sud du Québec.

Traditions et art de vivre

Fêter l'hiver lors du Carnaval de Québec, assister à une soirée de contes, bondir comme un seul homme lorsque les Canadiens de Montréal remportent un match de hockey : les Québécois ont des traditions bien ancrées. Autour d'une fête traditionnelle ou d'un concert de musique folklorique, vous serez invité à discuter, partager, ou chanter.

Traditions populaires

Traditions orales

Les longues nuits de l'hiver québécois étant propices aux imaginations tournées vers le fantastique, les traditions locales offrent nombre de contes et comptines, de proverbes et de légendes. La tradition orale québécoise évoque volontiers la lointaine époque des « coureurs de bois », la colonisation des régions forestières, l'importance de la religion dans la vie quotidienne et la dureté des hivers sans fin.

Si d'anciennes coutumes ont naturellement disparu, d'autres ont survécu aux changements de la vie moderne. La **narration orale** revient depuis quelques années sur le devant de la scène sous une forme aussi bien contemporaine, avec le **slam**, que traditionnelle, au travers de soirées de contes qui essaiment un peu partout dans la province. Le conteur, écrivain, scénariste et chanteur **Fred Pellerin** fait salle comble au Québec et captive un large auditoire avec les histoires de son village natal de St-Élie-de-Caxton, en Mauricie. Il s'inspire de contes d'hier qu'il inscrit dans les réalités d'aujourd'hui.

En musique, la mouvance « **néotraditionnel** » plonge dans les racines de la musique folklorique du Québec qu'elle réactualise, à l'instar des **Cowboys Fringants** ou de la bande **Mes Aïeux**. Nombre de groupes modernes reprennent en outre les ritournelles d'antan pour les recréer sur un rythme enlevé ou composent leur propre version de musiques traditionnelles. C'est le cas de **La Bottine Souriante**, connue sur la scène internationale, des **Batinses** de Québec ou encore de **La Volée d'Castors**.

Fêtes et festivals

À chaque saison correspondent, au Québec, toutes sortes de traditions et de fêtes héritées du passé.
« Agenda » p. 656.

Au printemps

C'est à la fin du mois de mars que la sève des érables commence à couler, annonçant le printemps et les fêtes associées à la confection du sirop d'érable, car le **temps des sucres** est une tradition québécoise toujours très vivante. Familles et amis se rassemblent alors pour des **parties de sucre**. On consomme

Entraînement de curling.
Suzi Media Production/Getty Images Plus

pour l'occasion des mets cuits dans le sirop d'érable et de savoureux desserts arrosés de ce nectar. Du sirop chaud est également versé dans la neige, où il se transforme en « **tire** », une substance semblable à du caramel que l'on enroule prestement sur un bâtonnet.

En été

Jour dédié à saint Jean-Baptiste, le **24 juin** est aussi la fête nationale du Québec. Son origine, tant nationaliste que religieuse, fait de la **St-Jean-Baptiste** l'un des principaux événements annuels. Elle est célébrée avec liesse et ferveur à travers toute la province pour bien marquer l'identité québécoise. Chars allégoriques, défilés de drapeaux, feux de bois et spectacles musicaux sont au programme.

En automne

Lorsque les érables se parent de couleurs flamboyantes s'annonce alors la récolte du raisin, et les **fêtes des vendanges** se déroulent à travers l'ensemble de la province.

En hiver

Les rigueurs d'un hiver souvent cruel ne découragent en rien les Québécois. Parmi les manifestations hivernales les plus marquantes, on notera le fameux **Carnaval de Québec**, durant lequel la « vieille capitale » bourdonne d'activités : course en canot sur le St-Laurent, concours de sculpture sur glace, parades en ville... Concours de pêche à la morue et de sculpture sur glace et défilés divers ont également lieu à Ste-Anne-de-la-Pérade (Mauricie). Montréal célèbre quant à elle sa **Fête des neiges** par plus de 125 manifestations différentes. À Gatineau (secteur Hull), les fêtes du **Bal de neige** gagnent les berges de la rivière des Outaouais, avec des activités de plein air pour toute la famille.

Et dans des lieux aussi nordiques que **Chicoutimi** (Saguenay – Lac-St-Jean), l'hiver est animé par une série de pièces de théâtre, d'opérettes, d'expositions et de compétitions diverses.

Sports

Les Canadiens excellent dans de nombreuses disciplines, en particulier le hockey sur glace, le hockey crosse, le patinage, le curling, le football canadien, le base-ball, le basket...

Le hockey sur glace : sport national

Activité hivernale depuis plus d'un siècle, le hockey est bel et bien le sport national canadien par excellence. La saison court d'octobre à juin.

Faisant partie des cinq équipes fondatrices de la Ligue en 1917, les **Canadiens de Montréal** figurent traditionnellement parmi les meilleures équipes du championnat de hockey professionnel, avec 24 coupes Stanley remportées depuis la fin du 19e s. Remis par le gouverneur général Lord Stanley en 1893, ce prestigieux trophée est toujours attribué à l'équipe victorieuse de la Ligue lors des championnats de la **Coupe Stanley**, qui se déroulent chaque année au mois de juin.

Le hockey québécois a également son héros : **Maurice Richard** (1921-2000), alias « Rocket », premier joueur de hockey à avoir marqué 50 buts en 50 matchs. Par huit fois, il a mené les Canadiens de Montréal à la coupe Stanley. Une véritable fierté pour les Québécois. Aujourd'hui, le trophée Maurice Richard remis par la **Ligue nationale de hockey** (LNH) récompense le meilleur buteur de la saison.

Le curling, l'autre sport d'hiver canadien

Plus d'un million de Canadiens s'adonnent à cette activité, devenue sport olympique en 1988. Le jeu se déroule en 8 à 10 manches. Les équipes de 4 joueurs qui s'affrontent portent des chaussures à semelle en caoutchouc et lancent à tour de rôle leur palet (20 kg), qu'ils font glisser sur un long couloir de glace, vers un œil-de-bœuf. Les balayeurs frottent la glace devant le palet de leur équipier afin d'optimiser sa trajectoire. La haute saison dure de janvier à mars.

Des origines lointaines

Le **hockey**, dérivé de l'ancien français « hoquet » en raison de sa crosse, puise ses origines dans plusieurs jeux de bâton et de balle importés au Canada par les soldats anglais dans les années 1850. En 1875, l'étudiant montréalais **J.G. Creighton** institua des règles et remplaça la balle par un disque plat (le palet, ou *puck*) pour un meilleur contrôle sur la glace. Ce jeu rapide et parfois brutal suscita l'intérêt des spectateurs. Il se répandit rapidement tandis que les rivalités parmi les équipes universitaires amateurs s'intensifiaient. Bientôt, des équipes professionnelles se constituèrent, et la Ligue nationale de hockey fut fondée en 1917.

Arts et architecture

Le Québec peut se prévaloir d'un patrimoine singulier, fruit des influences des Premières Nations, du peuple inuit et des communautés françaises et anglo-saxonnes. L'architecture témoigne de manière évidente de ces héritages successifs, parfois imbriqués. Peintures et sculptures s'inscrivent de même dans les grands mouvements de l'histoire de l'art moderne et contemporain, avec une prédilection longtemps conservée pour l'art religieux.

Art des Premières Nations

Les Premières Nations ont développé, au cours des siècles, une remarquable expression artistique inspirée par leur mode de vie et leurs croyances.

L'art traditionnel

Les **groupes nomades** de **langue algonquienne** (Abénakis, Algonquins, Cris, Micmacs, Innus, autrefois appelés Montagnais-Naskapis) se sont spécialisés dans l'**artisanat perlier** (os, pierre, coquillage ou graines) et dans la **broderie** au crin d'orignal, de caribou, ou aux piquants de porcs-épics. Vestes et mocassins en peau de caribou et objets en écorce de bouleau portaient des motifs géométriques incisés et peints. Le **rouge**, symbole de la continuité et du renouveau, était la couleur dominante. Les ceintures de **wampum** (perles en coquillages), ornées de motifs illustrant les grands événements dans la vie d'un peuple, s'échangeaient lors de la signature des traités ou des cérémonies de paix. Peu nombreux au Québec, les **groupes quasi sédentaires** de **langue iroquoise** (Hurons, Mohawks, Onondagas, Sénécas) formaient des communautés agricoles semi-permanentes composées de « maisons longues », habitations occupées par plusieurs familles. Cette sédentarité donna naissance à une production artistique affranchie des contraintes imposées par le nomadisme. Parmi leurs plus belles œuvres, mentionnons des **broderies au crin d'orignal**. On reconnaissait surtout aux Huronnes la maîtrise de cet art délicat : elles utilisaient avec habileté des techniques dont la complexité n'a jamais été égalée. Sont également remarquables les inquiétants masques de bois médicinaux aux « faux visages ».

L'art contemporain

L'art des Premières Nations connaît, depuis maintenant plusieurs années, une profonde transformation. Il privilégiait autrefois l'utilisation de matières naturelles telles que les peaux et l'écorce. Aujourd'hui, les artistes font appel à de nouvelles matières (toile, acrylique, fusain), et donc à de nouveaux procédés artistiques, tout en s'inspirant de leur patrimoine socioculturel. On assiste ainsi à l'émergence d'un art autochtone alliant la mémoire du passé à une vision artistique résolument contemporaine.

Art inuit

Les populations des terres arctiques d'Amérique du Nord ont, elles aussi, élaboré une forme d'art qui leur a valu une grande renommée.

Les origines

Les objets les plus anciens produits par les habitants des régions septentrionales du Québec sont de petits projectiles de pierre attribués aux **cultures prédorsétiennes** et dorsétiennes. C'est ainsi que l'on a retrouvé des pétroglyphes gravés dans le roc des collines de stéatite, à Kangiqsujuaq (*p. 436*).
Le **peuple de Thulé**, ancêtre des Inuits actuels, fabriquait des objets plus raffinés, notamment des peignes et des statuettes. Généralement de petite taille, ces objets restaient intimement mêlés aux croyances et aux pratiques religieuses de ce peuple.
Au début du 19e s., de nombreuses **pièces miniatures** sculptées dans la pierre, l'ivoire de morse et l'os de baleine furent fabriquées en échange des produits de base (sel, armes) que fournissaient les Européens.
Avec le déclin du mode de vie traditionnel qui résulta du contact entre Inuits et populations allochtones, la sculpture et les autres formes d'art traditionnel perdirent peu à peu de leur signification et devinrent une nouvelle source de revenus pour la population inuite.

L'art inuit au 21e siècle

Aujourd'hui, l'art inuit évoque avant tout des **sculptures** façonnées dans la **stéatite**, ou « pierre à savon », une roche tendre, abondante dans les régions septentrionales du Canada. Cependant, d'autres roches plus dures telles que la serpentine verte, l'argilite, la dolomite ou le quartz sont également employées. Les sculptures modernes, qui peuvent atteindre des dimensions impressionnantes, illustrent presque toujours le Grand Nord, sa faune et ses hommes. Parmi les autres formes d'art inuit, mentionnons la gravure, la sculpture en bois de caribou, la gravure sur pierre et la tapisserie.
Afin d'empêcher l'exploitation des artistes inuits par des revendeurs peu scrupuleux, des **coopératives** locales se sont constituées à partir des années 1960. Elles sont, depuis 1967, regroupées sous la tutelle de la **Fédération des coopératives du Nouveau-Québec** (*www.fcnq.ca*). Les centres artistiques les plus renommés sont les villages de Puvirnituq et Inukjuak (*p. 440-441*), en bordure de la baie d'Hudson, et ceux de Salluit et Ivujivik (*p. 439-440*). Trois artistes ont eu une influence marquante sur l'évolution de la sculpture inuite : **Joe Talirunili** (1893-1976), **Davidialuk** (1910-1976) et **Charlie Sivuarapik** (1911-1968). Parmi les grands noms de la relève, citons **Peter Ittukallak** (de Povungnituk), Simeonie Elijassiapik et Lukassie Echalook Qumaaluk, tous deux d'Inukjuak (*www.avataq.qc.ca pour plus de détails*).
La **collection d'art inuit Brousseau** du musée national des Beaux-Arts du Québec (*p. 262*) recèle des pièces exceptionnelles dont celles de Judas Ullulaq, Toonoo Sharky ou Joanasie Korgak.

Architecture

Influencé tant par la France que par l'Angleterre ou les États-Unis, le paysage architectural du Québec constitue un héritage culturel unique en Amérique du Nord.

Le 17e siècle

En raison de la nature éphémère des constructions des Premières

Détail de la façade de l'hôtel du Parlement à Québec.
rruntsch/Getty Images Plus

Nations, il ne reste au Québec que très peu de vestiges architecturaux antérieurs aux établissements européens. Les structures les plus anciennes datent par conséquent du milieu du 17e s. La forme simple de ces bâtiments, construits par des ouvriers et des architectes venus de France, fut influencée par des **styles régionaux européens**, plus particulièrement bretons et normands. L'administration coloniale, soucieuse de défendre et de protéger les positions stratégiques de Québec, Montréal et Trois-Rivières, encouragea la construction d'**enceintes fortifiées**. Les bourgs qui se formaient établirent ainsi la trame urbaine qui se développa par la suite. Le vieux magasin à poudre et la redoute du Cap-Diamant, deux bâtiments inscrits dans l'enceinte de la Citadelle de Québec, sont des exemples représentatifs de l'architecture militaire du Régime français. La pénurie d'ouvriers qualifiés généra une **architecture domestique** aux formes simples et à l'ornementation dépouillée. Construite en pierre et surmontée d'une toiture à forte pente, la maison Jacquet, à Québec, illustre bien cette architecture austère.

Vers la fin du siècle, les premiers architectes français, dont **Claude Baillif** et **François de La Jouë**, introduisirent en milieu urbain une architecture classique plus monumentale. Ils construisirent d'imposants bâtiments administratifs et religieux. Le château St-Louis et la cathédrale de Québec figuraient parmi les premiers édifices évoquant la grandeur du règne de Louis XIV en Nouvelle-France. Ces constructions ont malheureusement disparu.

L'arrivée de plusieurs ordres religieux (Ursulines, Augustines et Jésuites) donna naissance à une **architecture institutionnelle** reflétant l'influence du classicisme français. Les bâtiments les plus notables de cette époque sont le monastère des Ursulines de Québec, dont l'agencement évoque un château du 16e s., et le Vieux Séminaire de St-Sulpice, à Montréal. Ces bâtiments, tout comme beaucoup de maisons bourgeoises de l'époque, furent érigés sur des voûtes de pierre.

La première moitié du 18e siècle

Plusieurs **incendies** dévastateurs, notamment celui de la Basse-Ville de Québec, poussèrent les administrateurs locaux à créer de nouvelles réglementations visant à « canadianiser » l'architecture. Plus adaptées au contexte climatique nord-américain, ces réglementations donnèrent naissance à une architecture traditionnelle à l'origine de la fameuse **maison québécoise**. De strictes ordonnances imposaient donc l'utilisation de toitures à couverture d'ardoises, de voûtes de pierre, et interdisaient même l'emploi d'ornements de bois, susceptibles de prendre feu. La **maison du Calvet**, construite en 1798 à Montréal, illustre ce type de maison urbaine en pierre de taille, surmontée d'un toit à deux versants, protégée de ses voisines par des murs coupe-feu et dotée de larges souches de cheminée.

La famille Baillairgé

Jean Baillairgé (1726-1805) avait quitté la France pour travailler sur de nouveaux projets canadiens sous la direction de l'ingénieur Chaussegros de Léry. Après la Conquête anglaise, Baillairgé fut choisi pour participer à la reconstruction de plusieurs bâtiments, dont la cathédrale de Québec.

Son fils **François** (1759-1830) étudia quelque temps à Paris à l'Académie royale de peinture et de sculpture. Il se rendit à Québec et élabora le décor intérieur de Notre-Dame-de-Québec et de plusieurs églises de la province. **Thomas** (1791-1859) étudia la sculpture avec son père François. Il dressa non seulement les plans d'une nouvelle cathédrale pour Québec, mais aussi ceux de la plupart des églises de la province construites entre 1820 et 1850 ; il développa en outre un style original mêlé d'influences néoclassiques venues d'Angleterre. Très vite reconnu comme l'un des plus grands architectes de son temps, Thomas Baillairgé s'associa à son père pour réaliser, entre 1815 et 1825, le très bel intérieur de l'église de St-Joachim. **Charles** (1826-1906), le neveu de Thomas, devint ingénieur de la ville de Québec en 1866. Il fut l'auteur d'édifices monumentaux, dont l'imposant pavillon central de l'université Laval, et travailla à l'aménagement de parcs, de places et d'escaliers.

La fin du 18e siècle

La **Conquête anglaise** avait laissé beaucoup de villes et de villages en ruine. Le style traditionnel typique du Régime français réussit tout de même à prévaloir jusque vers 1800, mais l'influence britannique modifia peu à peu le paysage architectural québécois. Le palladianisme anglais (*ci-contre*) allait en effet définir de nouveaux critères esthétiques. L'architecture domestique emprunta au modèle anglo-saxon de la **maison unifamiliale**, caractérisée par la présence de cheminées massives s'élevant au-dessus de toits peu pentus à quatre versants. Le développement du commerce et la relative prospérité économique occasionnèrent la création de nouvelles zones urbaines concentrées autour de pôles industriels majeurs, tels que Sherbrooke et St-Hyacinthe. Des villages comme Chambly, Sorel et Vaudreuil se développèrent en dehors des enceintes fortifiées. Les

Anglais introduisirent également un goût nouveau pour la nature et les compositions pittoresques. À partir des années 1780, les rives du St-Laurent devinrent ainsi des lieux de villégiature appréciés d'une bourgeoisie aisée.

Le 19e siècle

Le **style palladien** continua à dominer l'architecture québécoise durant le premier quart du 19e s. Avec ses frontons et ses pilastres, ses colonnes doriques et ioniques, ses corniches moulurées et ses chaînages d'angle, ce style – emprunté à l'architecte italien du 16e s. Andrea Palladio – s'inspirait de l'architecture classique de l'Antiquité. Les façades étaient généralement de pierre taillée à assises régulières. La cathédrale anglicane de la Ste-Trinité, à Québec, est, par ses lignes sobres et symétriques, une version coloniale du style palladien. Un **néoclassicisme** plus rigoureux apparut vers 1830. Le marché Bonsecours, à Montréal, en est un bon exemple.

Équivalent au Québec du cottage anglais, la **maison québécoise** s'imposa comme un type architectural original à partir des années 1830-1840. Synthèse harmonieuse entre l'héritage français (la maison de l'habitant) et l'influence anglaise (le style néoclassique), ce type d'habitation présentait une silhouette agréable rehaussée d'ornements, et offrait à ses occupants un confort insoupçonné (grandes fenêtres, balcons, pièces de réception, mode de chauffage, etc.).

L'architecture de la seconde moitié du 19e s. subit des influences très variées. De nombreuses églises furent ainsi érigées dans le **style néogothique**, déjà populaire en France grâce à l'œuvre de l'architecte et restaurateur **Viollet-le-Duc**. Selon que l'église à construire était catholique ou protestante, le modèle était français ou britannique. L'architecture intérieure de la basilique Notre-Dame de Montréal, réalisée d'après les plans de l'architecte Victor Bourgeau, et celle de l'église Chalmers-Wesley de Québec, due à John Wells, sont représentatives de ce renouveau.

Le **style néo-Renaissance**, inspiré des palais et villas italiens, fut adopté par la bourgeoisie aisée et employé dans beaucoup d'édifices à caractère commercial. L'hôtel Ritz-Carlton, à Montréal, est caractéristique de cette tendance, avec ses larges corniches et son ornementation flamboyante.

Le **style Second Empire** fut adopté à partir des années 1870. L'architecte **Eugène-Étienne Taché**, à la recherche d'un modèle architectural distinct pour les édifices gouvernementaux de la nouvelle province de Québec, s'en inspira pour créer l'hôtel du Parlement, à Québec.

Ce style, reconnaissable à son toit mansardé percé de lucarnes, introduisit également des fenêtres à linteaux cintrés et d'élégantes crêtes faîtières en fer forgé. Partie intégrante du Centre canadien d'architecture, la maison Shaughnessy, à Montréal, en possède les caractéristiques.

Après avoir créé plusieurs édifices néogothiques, l'architecte **Victor Bourgeau** s'orienta vers le **néobaroque**. Avec ses proportions massives, son large dôme et son intérieur très élaboré abritant un impressionnant baldaquin doré à l'or fin, son œuvre majeure, la basilique-cathédrale Marie-Reine-du-Monde à Montréal, en offre une parfaite illustration.

Alors qu'il imposait un **style Second Empire** à Québec, E.-É. Taché créait plusieurs œuvres inspirées de l'époque de la Nouvelle-France et de ses découvreurs : Cartier et Champlain. Il dessina à cet effet des édifices monumentaux ornés de tours et de tourelles, et coiffés de toits coniques et de mâchicoulis. L'exemple le plus connu du **style château** est bien sûr le célèbre château Frontenac, construit en 1892 par l'architecte américain **Bruce Price**.

Autre interprétation de l'architecture médiévale, le **style néoroman** fut, peu avant 1900, principalement utilisé dans la construction des édifices religieux. Caractérisé par des arcs en plein cintre, des contreforts, des colonnes, des arcades, de profondes fenêtres et un appareil de pierres à bossages rustique et sombre, ce style, développé par l'architecte américain H. H. Richardson, trouve toute son expression dans la gare Windsor, à Montréal.

Le 20e siècle

Au début du siècle, de nombreux architectes partirent puiser de nouvelles sources d'inspiration à l'École nationale supérieure des beaux-arts de Paris. Le **style Beaux-Arts**, qui mettait à contribution le vocabulaire classique dans des compositions monumentales, devint le modèle institutionnel par excellence sous le gouvernement de Louis-Alexandre Taschereau. Le musée des Beaux-Arts de Montréal (1912), avec son escalier monumental et son portique-colonnade, illustre cette influence académique fondée sur la symétrie et les effets de monumentalité.

Introduit dans la province durant une période de prospérité économique, ce style allait symboliser au Québec le pouvoir et le faste d'une époque. Somptueux hôtel particulier, le **château Dufresne** (1918), à Montréal, reflète le goût nouveau d'une bourgeoisie opulente pour les élégantes colonnes jumelées, les balustrades ouvragées et les éléments décoratifs les plus raffinés.

Mais la mise au point, aux États-Unis, d'ossatures métalliques adaptées à la construction annonçait l'ère des **gratte-ciel** et des immeubles de plus de dix étages. Influencées

Le Palais des congrès de Montréal, signé SBTA Inc. et Ædifica.
NicolasMcComber/Getty Images Plus

Nouvelles tendances architecturales

- **Abbaye Val-Notre-Dame** *(2009, Atelier Pierre Thibault Inc., St-Joseph)* – Située à St-Jean-de-Matha (Lanaudière), cette abbaye est un bel **exemple d'énergie solaire passive. Elle** dispose également d'un système de **géothermie** et de **récupération des eaux de pluie**, et se démarque par sa pureté volumétrique et par l'omniprésence du bois. En symbiose totale avec la nature, les cellules des moines s'ouvrent sur la forêt et se prolongent en un toit-terrasse végétalisé.
- **Centre de découverte du Parc national du Mont-Tremblant** *(2013, Smith Vigeant architectes, Montréal)* – Élevée au cœur d'une forêt boréale donnant sur le lac Monroe, cette extraordinaire structure à ossature légère en bois est un véritable modèle d'**écoconstruction**. Elle vise non seulement à minimiser l'impact de son implantation dans le milieu naturel environnant, mais aussi à optimiser sa performance écologique et énergétique, et minimiser sa consommation d'eau.
- **Phare de Québec** *(2016-2026, partenariat entre le Groupe Dallaire et Alpha Architecture, Québec)* – Constitué d'une tour de 65 étages ornée de voilures évoquant le passé maritime de la ville, et de trois tours supplémentaires de 25 à 30 étages, cet ambitieux projet à usage mixte (hôtel, bureaux, commerces, unités résidentielles) devrait voir le jour dans l'arrondissement Ste-Foy. Il est d'ores et déjà très controversé, certains dénonçant la démesure du projet dans une ville à taille humaine telle que Québec.

par l'**École de Chicago**, ces gigantesques structures d'un nouveau genre marquaient une rupture totale avec les courants architecturaux précédents. L'emploi de matériaux nouveaux et le recours à des techniques révolutionnaires permirent aux architectes d'élargir leur champ d'action.

Vint la vogue du **style Art déco**, dont l'**édifice Price** (1931), à Québec, est un exemple éloquent. Née de l'Exposition des arts décoratifs de Paris en 1925, cette esthétique audacieuse était caractérisée par l'emploi d'éléments géométriques, gravés sur des matériaux précieux tels le marbre ou le bronze.

Après la récession des années 1930 et la Seconde Guerre mondiale, les années 1950 marquèrent le début d'un renouveau urbanistique et la montée d'une **architecture moderniste**, développée par **Le Corbusier** et **Gropius**. Des lignes simples et fonctionnelles définirent un modèle épuré qui ne devait rien aux périodes antérieures. L'architecte **Mies van der Rohe**, partisan du **style International**, fit usage dans ses constructions de murs-rideaux en verre et de métal noir. Le complexe de **Westmount Square** (1967), à Montréal, porte son empreinte. La **place Ville-Marie** (1962), construite par l'architecte **Ieoh Ming Pei**, et l'ensemble **Habitat 67**, dessiné par **Moshe Safdie**, illustrent également, à Montréal, le courant moderniste des années 1960-1970.

Dans la première moitié du 20e s., l'architecture ecclésiastique connut elle aussi un nouvel élan grâce à l'œuvre du moine bénédictin **Dom Paul Bellot**, inspirée par les réalisations de Viollet-le-Duc. Ses recherches, s'appuyant sur la modernité en architecture religieuse, introduisirent au Québec le **gothique moderne**, illustré par l'oratoire St-Joseph à Montréal (1937) et l'abbaye de St-Benoît-du-Lac (1941).

Puis le courant **postmoderne** est venu rompre la monotonie architecturale des années 1960-1970. Des frontons, des arcs en ogive et bien d'autres motifs égayent les édifices et les singularisent dans le paysage urbain. La **maison Alcan** (1983), la **place de la Cathédrale** (1988) et le **Centre canadien d'architecture** (Phyllis Lambert et Peter Rose, 1989) tous trois à Montréal, en sont de remarquables exemples.

Peinture et sculpture

Les 17e et 18e siècles

Sujets religieux et études topographiques constituent deux des caractéristiques les plus originales de l'art québécois aux 17e et 18e s.

L'art religieux

En Nouvelle-France, la religion était le pivot de la vie quotidienne; aussi chaque village était-il dominé par une petite église, à laquelle on consacrait de grands efforts de décoration. Les toiles arrivaient de France, ce qui explique la production très limitée d'œuvres votives locales. Parmi les exceptions, on notera les tableaux attribués à un célèbre récollet du 17e s., le **frère Luc**. Au tout début de la colonisation, autels, retables, baldaquins (dais) et statues étaient, comme les tableaux, envoyés de France. Ces pièces étant toutefois plus difficiles à transporter, on forma petit à petit des artisans au Québec. La sculpture, toujours de bois, était travaillée en relief au canif, puis dorée. Elle s'inspirait du style baroque alors en faveur en France, un style qui dura jusqu'au milieu du 19e s. L'art de la décoration d'église se transmettait de génération en génération, assurant la renommée de certaines familles. Ainsi, dans les années 1650, les **frères Jean et Pierre Levasseur** furent à l'origine d'une véritable lignée de sculpteurs qui se perpétua au 18e s. avec leurs descendants Noël et Pierre-Noël. Les Levasseur sont avant tout reconnus pour leur œuvre d'inspiration religieuse, mais ils sculptèrent aussi de très belles figures de proue et d'autres décorations pour les navires. Dans les années qui suivirent la Conquête anglaise (1759), on accomplit peu de choses dans le domaine de l'art religieux; mais, à la fin du 18e s., la construction d'églises reprit à un rythme accéléré. À Québec, c'est à cette époque que la famille **Baillairgé** atteignit une grande renommée (*p. 612*). Les trois générations perpétuèrent la tradition de la sculpture sur bois. À cette même époque, **Philippe Liébert** se faisait un nom dans la région de Montréal, notamment en raison de la décoration de l'église du Sault-au-Récollet, qui abrite aussi les sculptures de son disciple, **Louis-Amable Quévillon** (*p. 617*).

L'art topographique militaire

La période qui suivit la Conquête vit l'arrivée d'officiers de l'armée britannique chargés de produire des vues topographiques à des fins militaires. Ces soigneux relevés des lieux, inspirés du mouvement romantique qui prévalait alors en Angleterre, dénotent beaucoup de créativité. Parmi les œuvres les plus intéressantes de ces officiers peintres, notons celles de **Thomas Davies**, de **George Heriot** et de **James Cockburn**.

Le 19e siècle

À la fin du 18e s., alors que la province jouissait d'une économie florissante, l'art québécois connut son âge d'or. Les artistes, pour la plupart formés en Europe, peignaient des **paysages** et des **portraits**, commandés par une bourgeoisie aisée. Véritables autodidactes, **Louis Dulongpré**, **François Beaucourt** et **Jean-Baptiste Roy-Audy** créèrent des œuvres un peu naïves.

Cependant, les portraitistes de la génération suivante allèrent généralement en France chercher une formation qui leur donna un style plus classique. Le plus connu de ces artistes est sans doute **Antoine Plamondon**, qui produisit également des œuvres sacrées. Il fut suivi de **Théophile Hamel**. À la même époque, **Joseph Légaré** essayait de rompre avec la tradition des portraitistes en dépeignant des événements contemporains sur fond de paysages dramatiques, comme son *Incendie du quartier St-Roch*.

Tout au long du 19e s., l'influence européenne en peinture demeura forte, avec l'arrivée au Québec d'artistes venus d'outre-Atlantique. Né en Irlande, **Paul Kane** voyagea beaucoup et développa son talent en Europe. Ses superbes tableaux des Premières Nations présentent aujourd'hui un grand intérêt historique. **Cornelius Krieghoff** figure parmi les peintres qui s'intéressèrent particulièrement aux thèmes régionaux. Cet artiste d'origine hollandaise reproduisit des scènes de la vie quotidienne de la région montréalaise avec une précision de détails qui, à l'époque, resta inégalée.

Vers 1860, Montréal était devenue une ville sophistiquée et suffisamment prospère pour prêter son appui financier à une association dont l'objectif serait de promouvoir les arts, d'organiser des expositions et de bâtir une collection permanente. Ainsi naquit l'**Association d'art de Montréal**, ancêtre du fabuleux musée des Beaux-Arts actuel. La fin du 19e s. vit l'émergence de la photographie. Connu pour ses interprétations du paysage urbain de Montréal, **William Notman** compte parmi les photographes les plus renommés du Canada.

L'art religieux

Louis-Amable Quévillon, entrepreneur de sculpture ornementale, décora durant le premier quart du 19e s. plusieurs églises du Québec dans un style Louis XV communément appelé « quévillonage », caractérisé par des rinceaux, des arabesques et des voûtes à petits caissons. Les élèves du maître contribuèrent à la diffusion de son art, formant ainsi l'« école de Quévillon ». Avec les années, une nouvelle forme de statuaire religieuse faite de stuc et produite au moule apparut et ruina le marché traditionnellement détenu par les sculpteurs sur bois. Si les artistes se tournèrent peu à peu vers de nouvelles formes d'art, le sculpteur **Louis Jobin** fit exception. Il réalisa, en 1881, l'impressionnante statue de bois et de métal de **Notre-Dame-du-Saguenay**. Créé en 1912, son *Saint Georges* équestre, dans l'église de St-Georges-de-Beauce, fut la dernière pièce produite par un sculpteur sur bois traditionnel. Toutefois, ce type d'artisanat s'est perpétué dans certains endroits du Québec, notamment à St-Jean-Port-Joli, mais c'est avant tout un art populaire à caractère folklorique, et non plus un art sacré.

Le 20e siècle

À l'aube du 20e s., l'influence de l'école de Paris commença à se faire sentir dans l'art québécois. Cela est particulièrement visible dans l'œuvre de **Wyatt Eaton** et celle du professeur montréalais William Brymner. Ces deux artistes furent suivis par les peintres d'inspiration impressionniste **Marc-Aurèle de Foy Suzor-Côté**, **Maurice**

Cullen, **Clarence Gagnon** et par le moderniste à tendance fauviste **James Wilson Morrice**.

Les œuvres d'**Ozias Leduc**, natif de Mont-St-Hilaire, offrent un contraste saisissant avec les toiles marquées par l'influence pointilliste lumineuse de l'école de Paris. Ses natures mortes et ses paysages dénotent un symbolisme d'inspiration mystique qui transcende leur sujet, reflétant ce qui, au Québec, unissait l'art et la religion. On peut admirer ses fresques dans l'église de Mont-St-Hilaire et dans le baptistère de la basilique Notre-Dame à Montréal. Ses œuvres figurent également dans plusieurs musées de la province. Son dernier grand projet est visible à l'église Notre-Dame-de-la-Présentation de Shawinigan (*p. 157*).

Sculpture

La sculpture québécoise perdit peu à peu son caractère exclusivement religieux. L'apparition d'œuvres commémoratives monumentales caractérisa la fin du 19e s. et le début du 20e s. Parmi les sculpteurs dignes d'attention, il faut alors citer l'artiste architecte **Napoléon Bourassa**, et surtout le grand **Louis-Philippe Hébert**, dont le monument de Maisonneuve et les statues de Jeanne Mance et Monseigneur Ignace Bourget, à Montréal, révèlent clairement les techniques du réalisme français.

Lui emboîtant le pas, **Alfred Laliberté** tenta d'appliquer à ses sculptures les lignes fluides de l'Art nouveau tout en conservant une facture académique. L'une de ses œuvres les plus connues est le monument dédié à Dollard des Ormeaux. Marc-Aurèle de Foy Suzor-Côté, grand ami de Laliberté, utilisa, pour sa série de bronzes, ces mêmes techniques.

La Contemporary Arts Society

Durant les années 1930, les artistes montréalais s'insurgèrent contre le « nationalisme des paysages sauvages » des peintres torontois du Groupe des Sept. **John Lyman** tenta un réalignement de l'art canadien sur l'école de Paris, et s'opposa vigoureusement au **Groupe des Sept**, dont les membres se considéraient comme les véritables créateurs d'une peinture typiquement canadienne. En 1939, il fonda la Contemporary Arts Society (Société des arts contemporains) et organisa le groupe des modernistes. Parmi ses membres, citons André Biéle, **Marc-Aurèle Fortin**, **Goodridge Roberts**, Stanley Cosgrove et Paul-Émile Borduas. L'influence de l'Art déco se fit aussi sentir dans le domaine de la sculpture, en particulier dans les œuvres de Sylvia Daoust et de Louis-Joseph Parent.

Automatistes et Plasticiens

La Seconde Guerre mondiale marqua une rupture décisive dans l'évolution de l'art au Québec. En 1940, **Alfred Pellan** retourna au pays après un long séjour en France pour exposer des œuvres fortement influencées par Picasso et le cubisme.

Paul-Émile Borduas et plusieurs autres jeunes artistes, dont **Jean Paul Riopelle**, Pierre Gauvreau, Fernand Leduc et Jean-Paul Mousseau, fondèrent le groupe dit des **Automatistes**, dont la peinture s'inspirait d'une volonté surréaliste de transcrire les impulsions du psychisme. En 1948, ils publièrent leur célèbre manifeste, le **Refus global**, dont les virulentes attaques contre les valeurs et les règles établies de la société québécoise eurent une influence qui déborda largement des milieux artistiques. En réaction à la spontanéité et au lyrisme des Automatistes, Guido Molinari et Claude Tousignant fondèrent le groupe des **Plasticiens** (1955), libérant la peinture de sa facture surréaliste à l'aide d'un vocabulaire géométrique abstrait. La primauté fut alors accordée à la forme et à la couleur. Cependant, aucune école ne parvint réellement à s'imposer dans le foisonnement des inspirations. Plusieurs peintres montréalais, dont Charles Gagnon, Yves Gaucher et Ulysse Comtois, de même que les sculpteurs Armand Vaillancourt, Charles Daudelin et Robert Roussil, ont toutefois élaboré un langage très personnel.

Art actuel

Depuis les années 1970, le Québec a vu un renouveau d'intérêt pour l'art public. Les entrepreneurs sont tenus, par la loi (1978), de consacrer 1 % des coûts de construction de tout nouvel édifice public à des œuvres artistiques dans les villes du Québec. Il arrive fréquemment que les sculpteurs travaillent de concert avec les architectes pour intégrer leurs œuvres dans le plan général. L'exemple le plus remarquable est celui du **métro de Montréal**, dont les stations ont été individuellement conçues par des architectes différents en incorporant art pictural et sculpture. Citons, entre autres, l'œuvre de Marcelle Ferron à la station Champ-de-Mars, et celle de Jordi Bonet à la station Pie-IX.

Ces dernières années, l'art du Québec s'est inscrit dans les grands courants internationaux, prenant des distances avec la peinture traditionnelle et privilégiant des formes et des techniques plus diverses, notamment l'**installation**, qui parle un langage sculptural tout en intégrant les apports d'autres disciplines. Parmi les adeptes de cette tendance, notons Barbara Steinman, Geneviève Cadieux, Jocelyne Alloucherie et Dominique Blain, ainsi que les sculpteurs Michel Goulet et Roland Poulin.

Aujourd'hui, **Marc Séguin, Nadia Myre, Jinny Yu et Guillaume Lachapelle** figurent en bonne place parmi les étoiles montantes de la peinture et sculpture québécoises…

Culture

Seul espace francophone d'Amérique du Nord, le Québec a réussi à préserver son identité linguistique à travers la culture. Le théâtre, la littérature, la musique ou le cinéma ont été de puissants vecteurs d'affirmation. Ils reflètent aujourd'hui le dynamisme d'une société qui évolue à la croisée de différentes influences, européenne et américaine notamment. Elles s'ajoutent aux traditions et au folklore local, toujours vivaces, contribuant à faire de la culture québécoise un champ d'expression et de découverte unique.

Littérature

À l'époque de l'exploration et de la colonisation, la littérature de la Nouvelle-France se limite aux récits de voyage (Cartier, Champlain), aux histoires et descriptions (Sagard, Charlevoix), et aux *Relations des Jésuites*, célèbres écrits historiques décrivant la vie et l'œuvre des missionnaires au Nouveau Monde.

Le 19e siècle

Deux journaux, *Le Canadien,* fondé à Québec en 1806, et *La Minerve,* fondé à Montréal en 1826, seront d'une importance fondamentale dans le développement de la littérature canadienne française. En 1837 paraît le premier roman québécois, puisé aux sources de la légende : *L'Influence d'un livre,* de Philippe Aubert de Gaspé fils. Les premiers ouvrages de fiction s'inspirent principalement des coutumes rurales, avec *Les Anciens Canadiens* (1863), de **Philippe Aubert de Gaspé** père, et d'une idéologie nationaliste et conservatrice, avec l'œuvre de Pierre Joseph Olivier Chauveau (*Charles Guérin*, 1846-1853). Cette pensée s'inscrit dans un courant de conservatisme qui, à compter des années 1860, influence la littérature en imposant les normes de la morale et de la religion catholique. Le roman historique, inspiré par l'*Histoire du Canada* (publiée dans les années 1840) de **François-Xavier Garneau**, devient très populaire au milieu du 19e s., tout comme les poèmes romantiques d'**Octave Crémazie**. **Louis-Honoré Fréchette** publie quant à lui sa célèbre *Légende d'un peuple* en 1887.

Le 20e siècle

Le début du 20e s. est dominé par les œuvres nationalistes du chanoine **Lionel Groulx**, historien et animateur de la revue *L'Action française*, et par la poésie d'**Émile Nelligan**. Dans les romans, le thème de la vie rurale prédomine. En 1916 est publiée l'œuvre posthume du Français **Louis Hémon**, *Maria Chapdelaine, récit du Canada français,* traduite en huit langues. En 1933 paraît *Un homme et son péché*, de **Claude-Henri Grignon**.

L'urbanisation et le traumatisme de la Seconde Guerre mondiale favorisent une plus grande introspection parmi les écrivains québécois, qui n'hésitent pas à remettre en question l'ordre établi. C'est dans ce

Place des Festivals (Montréal).
Ph. Renault/hemis.fr

contexte que le romancier **Robert Charbonneau** abandonne le roman d'inspiration rurale au profit d'une œuvre à caractère psychologique, et que la poésie québécoise se redéfinit sous la plume d'Alain Grandbois et d'Hector de St-Denys Garneau.

La parution d'*Au pied de la pente douce* (1944), de **Roger Lemelin**, marque les débuts du roman urbain, qui explore les conditions de vie du prolétariat dans les villes. Le thème de la vie urbaine est perpétué dans les romans de **Gabrielle Roy** (*Bonheur d'occasion*, 1945).

Au cours des années 1950, la transformation de la société québécoise, amorcée dans les années 1940, s'intensifie et culmine, en 1960, avec la Révolution tranquille, qui se manifeste par une prise de conscience de l'identité culturelle distincte du Québec et une remise en question des valeurs et des institutions traditionnelles. Fidèle reflet de l'époque, le domaine littéraire connaît lui aussi un profond bouleversement, et ce sont les poètes qui donnent à cette nouvelle littérature québécoise son souffle le plus puissant : **Gaston Miron**, Gatien Lapointe, Jacques Brault et Fernand Ouellette. Les années 1960 auront aussi révélé de nouveaux romanciers ou confirmé l'importance d'auteurs déjà connus : mentionnons Hubert Aquin *(Neige noire)*, Marie-Claire Blais *(Une saison dans la vie d'Emmanuel)*, Roch Carrier *(La Guerre, yes sir !)*, Réjean Ducharme *(L'Avalée des avalés)*, Jacques Ferron *(L'Amélanchier)*, Jacques Godbout *(Le Couteau sur la table)*, **Anne Hébert** *(Kamouraska, Les Fous de Bassan)* et Yves Thériault *(Agaguk)*. C'est aussi à cette époque que le dramaturge **Michel Tremblay** *(p. 623)* fait une entrée en scène très remarquée avec sa pièce *Les Belles-Sœurs*. Bon nombre de ces auteurs occupent toujours une place prépondérante dans la vie littéraire du Québec. Parmi les romanciers anglo-québécois les plus connus, citons Hugh MacLennan et **Mordecai Richler**, lauréat de plusieurs prix littéraires, dont celui du Gouverneur général. La période postmoderne, qui commence autour de 1980, bouscule ensuite l'héritage des aînés. Les auteurs s'affranchissent d'une littérature militante au service de la cause québécoise, interrogent la place des jeunes dans une société vieillissante, explorent le quotidien, l'individualisme et le multiculturalisme propre à un pays d'immigration. Les œuvres reflètent une grande diversité de styles, mélangeant les genres avec un goût particulier pour le roman dit « psychologique » avec des auteurs tels que Louis Hamelin *(La Rage)*, Suzanne Jacob *(Laura Laur)*, Claude Jasmin *(La Sablière)*, Marie Laberge *(Juillet)*, Robert Lalonde *(Le Petit Aigle à tête blanche)*, Monique Larue *(Copies conformes)*, ainsi que des figures de la littérature « migrante » (auteurs issus de l'immigration), telles que Dany Laferrière *(Comment faire l'amour avec un Nègre sans se fatiguer)*, Sergio Kokis *(Le Pavillon des miroirs)* ou Ying Chen *(Les Lettres chinoises)*. Citons aussi d'autres auteurs apparus ces dernières années : Nicolas Dickner *(Nikolski)*, Kim Thuy *(Ru)*, Yann Martel *(Histoire de Pi)*, Catherine Mavrikakis *(Le Ciel de Bay City)* ou Sylvain Trudel *(Du mercure sous la langue)*. Preuve du dynamisme de la littérature québécoise, en 2023, Kevin Lambert reçoit le prix Médicis pour son roman *Que notre joie demeure*. Et le prix Femina est décerné à Éric Chacour pour son roman *Ce que je sais de toi*.

Bande dessinée

Elle connaît aussi sa « Révolution tranquille » à la fin des années 1960. Elle explose vraiment à partir des années 1990 avec la création de nombreux fanzines et maisons d'édition. Outre son côté humoristique, la bande dessinée constitue aussi un formidable miroir de la société québécoise. **Michel Rabagliati** en brosse un portrait en plusieurs volumes en menant son personnage, Paul, de l'enfance à l'âge adulte dans le Québec de l'après-Révolution tranquille. Il reçoit le prix de la série au Festival d'Angoulême en 2021 pour *Paul à la maison.* Dans *Le Moral des troupes*, **Jimmy Beaulieu** se penche sur le temps qui passe, les mutations de la ville et de la vie, ainsi que sur les rapports avec la famille. Ce dernier thème se retrouve dans le travail de **Zviane et Iris**. Dans leur roman graphique fleuve *L'Ostie d'chat*, d'abord publié sur Internet, elles explorent la vie urbaine contemporaine à travers les déboires de deux jeunes adultes en quête de repères dans le Montréal alternatif. La série *Magasin général* de **Loisel et Tripp** est un cas à part. Œuvre de fiction située dans le monde rural des années 1930, elle est signée de deux auteurs français installés au Québec depuis plusieurs années. Les chroniques à l'ironie grinçante de **Guy Delisle** révèlent l'ubuesque des dictatures de Birmanie et de Corée du Nord. Son succès populaire et critique s'est vu confirmé par le prix du Meilleur Album décerné à ses *Chroniques de Jérusalem*, au Festival d'Angoulême en 2012.

Théâtre

Le théâtre a émergé tardivement au Québec : les premières troupes francophones permanentes ne datent que des années 1880. Une dramaturgie durable s'amorce vers 1950, s'appuyant simultanément sur des institutions, un répertoire et une génération de comédiens souvent formés chez les **Compagnons de St-Laurent** du père Legault. Des troupes de théâtre professionnelles sont fondées : le Théâtre du Rideau vert (1949), le Théâtre du Nouveau Monde (1951), le Quat'Sous (1954), les Apprentis-Sorciers, l'Égregore et quelques lieux d'avant-garde.

En 1948, **Gratien Gélinas** crée *Tit-Coq*, du nom d'un personnage populaire, faussement naïf, capable d'une solide critique sociale. Il récidivera avec *Bousille et les Justes* (1959) au moment où il dirige la Comédie-Canadienne, dont l'appellation témoigne de la volonté de créer une dramaturgie canadienne française. Familier de Jean Anouilh et d'Arthur Miller, Marcel Dubé y fait jouer *Un simple soldat* (1958) et s'impose comme un dramaturge explorant des thèmes à caractère universel. En 1973, le comédien **Jean Duceppe** fonde la compagnie Jean Duceppe, qui acquiert rapidement une excellente réputation.

Michel Tremblay, le dramaturge le plus joué à l'étranger, suit aussi la trame urbaine et populaire de ses prédécesseurs. Depuis *Les Belles-Sœurs* (1968), qui marque un jalon important dans l'histoire du théâtre québécois, jusqu'à *Le Vrai Monde ?* (1987), Tremblay crée sa propre comédie humaine peuplée de personnages parlant une langue typique des quartiers populaires québécois et montréalais.

La force et l'originalité du théâtre québécois contemporain se manifestent dans des **pièces expérimentales** dont celles de Jean-Pierre Ronfard (*Vie et mort du roi boiteux*, 1981), et de Gilles Maheu. Le dramaturge Normand Chaurette s'impose à partir des années 1980 avec des pièces telles que *Provincetown Playhouse* et *Fragments d'une lettre d'adieu lus par des géologues* (1986) ; en 1996, son œuvre *Le Passage de l'Indiana* remporte un vif succès au Festival d'Avignon et reçoit le prix du Gouverneur général. Parmi les autres dramaturges qui marquent le théâtre québécois des années 1980-1990, citons Michel-Marc Bouchard (*Les Muses orphelines*, 1989), René-Daniel Dubois (*Ne blâmez jamais les Bédouins*, 1985) et Marie Laberge (*L'Homme gris*, 1986). Révélé dans les années 1990, l'auteur, acteur et metteur en scène d'origine libanaise **Wajdi Mouawad** propose un théâtre exigeant et parfois inconfortable traversé par les thématiques du souvenir et de la guerre (la trilogie *Littoral/Forêts/Incendies*, 2009-2010).

Signalons aussi une forme théâtrale maintenant exportée, la **Ligue nationale d'improvisation**, spectacle d'improvisation conçu comme une partie de hockey sur glace.

Danse

Célèbres dans le monde entier pour leur répertoire classique, les **Grands Ballets canadiens de Montréal** *(www.grandsballets.com)* se produisent au Canada comme à l'étranger. Manifestations culturelles et festivals divers permettent d'applaudir des danseurs traditionnels et folkloriques à travers la province.

Le Cirque du Soleil

Depuis 1984, date de sa création, cette véritable icône québécoise enchante son public aux quatre coins de la planète, avec des spectacles novateurs alliant musique, théâtre, danse et numéros de cirque traditionnels (sans animaux). Rattrapée par la crise, l'entreprise a changé de propriétaire en 2015.

Musique

Scène classique

L'Orchestre symphonique de Montréal et l'**Orchestre symphonique de Québec**, le plus ancien du Canada, ont fait connaître le Québec à travers le monde par leurs tournées triomphales et leurs nombreux enregistrements. Depuis 1963, le Concours international de Montréal est ouvert aux jeunes musiciens du monde entier. Le camp musical du mont Orford et celui de Lanaudière sont de dynamiques lieux de formation. Prestigieuse manifestation musicale, le Festival de Lanaudière s'est d'ailleurs acquis une solide réputation dans le monde de la musique.

Compositeurs, chefs d'orchestre et interprètes

L'hymne national du Canada, *Ô Canada*, fut composé en 1880 par deux Canadiens français : Adolphe-Basile Routhier pour les paroles et Calixa Lavallée pour la musique.

Au 20e s., sous l'influence du chef d'orchestre **Wilfrid Pelletier**, une intense vie musicale s'est développée à Montréal. Compositeur d'une *Symphonie gaspésienne*, **Claude Champagne** a inspiré de nombreux créateurs. Parmi les compositeurs, citons Alexander Brott, fondateur de l'Orchestre de chambre de McGill, Jean Papineau-Couture et Jean Vallerand. Parmi les créateurs de musique contemporaine, mentionnons Serge Garant, Pierre Mercure, Gilles Tremblay et André Prévost.

Les pianistes Henri Brassard, André Laplante et Louis Lortie ont eu des succès retentissants lors de divers concours internationaux. Par ailleurs, la violoniste Angèle Dubeau et le pianiste Marc-André Hamelin se sont taillé de brillantes carrières. Kenneth Gilbert est mondialement connu pour ses recherches et ses exécutions, au clavecin, de musiques des 17e et 18e s. Les organistes Raymond Daveluy, Mireille et Bernard Lagacé sont renommés pour leurs interprétations et leur professorat. La maison Casavant Frères de St-Hyacinthe est, bien sûr, reconnue à l'échelle internationale pour sa remarquable facture d'orgues.

Opéra

Depuis Emma Lajeunesse (1885-1958), alias **Albani**, plusieurs voix québécoises se sont fait entendre à Milan, New York, Paris et Londres, parmi lesquelles la soprano Pierrette Alarie, la contralto **Maureen Forrester**, les ténors Raoul Jobin et Léopold Simoneau, la basse Joseph Rouleau et les barytons Louis et Gino Quilico. Depuis 1980, l'opéra de Montréal propose chaque année des spectacles du répertoire lyrique.

Chanson

La musique bat au cœur de la tradition orale québécoise (☛ *p. 606*). Des chansons des Voyageurs au *Canadien errant* (1842), la chanson folklorique d'inspiration française a rythmé le travail et les loisirs des Québécois.

Dans les années 1920-1930, **La Bolduc** (Mary Travers), avec ses textes cocasses et enlevés, est considérée comme la première chansonnière québécoise.

L'essor contemporain de la chanson québécoise est dû à **Félix Leclerc**. Conteur, moraliste, poète de la nature, Leclerc a fait connaître la chanson québécoise dans la France de l'après-guerre. S'inspirant de l'une de ses chansons, des chansonniers et des musiciens forment Les Bozos à la fin des années 1950. On y retrouve Raymond Lévesque, Clémence Desrochers, André Gagnon, Claude Léveillé *(Frédéric)* – qui travaillera avec Édith Piaf – et Jean-Pierre Ferland *(Je reviens chez nous)*, l'essentiel d'une relève talentueuse à laquelle se joint **Gilles Vigneault**, le poète de Natashquan qui chanta la Côte-Nord *(Fer et titane)* et les longs hivers du Québec *(Mon Pays)*, et dont la chanson *Gens de mon pays* scanda la montée du Parti québécois. Pauline Julien et Renée Claude interprètent ainsi brillamment les grands chansonniers québécois.

Dans les années 1960, **Robert Charlebois** personnifie une parole plus critique, aux accents rock. La chanson s'inscrit dès lors dans une industrie du disque imprégnée de culture américaine, en particulier la contre-culture californienne, dont on trouve un écho tout québécois dans des groupes tels qu'Harmonium et Beau Dommage. Sans oublier un Montréalais anglophone très célèbre, **Léonard Cohen**, dont les compositions sont mondialement connues.

Diane Dufresne a développé un style dramatique très apprécié, interprétant souvent les chansons de **Luc Plamondon**. Ce dernier, l'un des paroliers les plus célèbres du Québec, a collaboré à l'opéra rock *Starmania* en 1976. **Sylvain Lelièvre**, dont la carrière musicale remonte au début des années 1970, est considéré comme l'un des meilleurs auteurs-compositeurs québécois. D'autres voix se font connaître dans les années 1970 : **Diane Tell**, interprète de *Si j'étais un homme*, Richard et Marie-Claire Séguin, le groupe rock Offenbach et Claude Dubois. Mentionnons aussi **Ginette Reno**, l'une des plus grandes chanteuses populaires du Québec.

Les auteurs-compositeurs et interprètes Richard Desjardins, Luc de Larochelière et Paul Piché s'illustrent au cours des années 1980-1990, tout comme Jean Leloup, dont le titre *En 1990* a remporté un grand succès en France. Au cours de la décennie suivante, **Céline Dion** est devenue célèbre à travers le monde, tout comme Laurence Jalbert, Isabelle Boulay, Bruno Pelletier, Garou, Lynda Lemay et Cœur de Pirate.

Musiques actuelles

Les années 2000 ont vu l'émergence d'interprètes mêlant accents électroniques alternatifs et textes d'auteurs (Ariane Moffatt et Pierre Lapointe) ou hip-hop (Chromeo). Les DJ et compositeurs Tiga, Akufen, Ghislain Poirier et Millimetrik ont popularisé différentes facettes de l'électro. La coqueluche québécoise **Karim Ouellet** croise les genres musicaux, **Le Vent du Nord** porte l'étendard du folk moderne québécois et **Peter Peter** promène sa mélancolie inspirée entre new wave et post-punk. Du creuset montréalais sont aussi sortis des artistes anglophones mondialement célèbres comme Bran Van 3000 et **Arcade Fire**.

Cinéma

Voir aussi « Livres, films, séries » p. 658.

Depuis 1895, la plupart des films projetés au Québec provenaient des États-Unis. Malgré la création de quelques longs-métrages entre 1944 et 1952, l'industrie cinématographique québécoise n'émergea véritablement qu'au cours des années 1960. Plusieurs réalisateurs ou directeurs de la photographie feront leur apprentissage à l'**Office national du film** *(ONF, www.onf.ca)*, organisme fédéral créé en 1939 et qui bénéficie d'une solide réputation internationale pour sa production de **films d'animation** : on pense ainsi à Norman McLaren, ou encore à **Frédéric Back**, qui reçoit deux oscars pour *Crac!* (1982) et *L'homme qui plantait des arbres* (1988). La **tradition documentaire** de l'ONF est à l'origine d'une tendance marquée du cinéma québécois pour le « cinéma direct » ou « cinéma vérité », personnifié par **Pierre Perrault** (*Pour la suite du monde*, 1963; *Un pays sans bon sens*, 1970) et Michel Brault (*Les Ordres*, 1974). Le réalisateur **Claude Jutra** acquiert une renommée internationale, en particulier pour deux de ses films : *Mon Oncle Antoine* (1971) et *Kamouraska* (1973), tiré du roman d'Anne Hébert. Le film de Jean Beaudin *J.A. Martin, photographe* (1976) sera primé à Cannes.

Denys Arcand a aussi réuni un public européen et américain, notamment grâce au triptyque *Le Déclin de l'Empire américain* (1986), *Les Invasions barbares* (2003), sacré par l'Oscar du meilleur film en langue étrangère en 2004, et *L'Âge des ténèbres* (2007) suivi, en 2018, de *La Chute de l'Empire américain*. En 2023, son film *Testament* questionne encore les travers de la société canadienne contemporaine.

De son côté, *Un zoo la nuit,* de Jean-Claude Lauzon, remporte 13 des 17 « Génies » lors du gala annuel du cinéma canadien en 1987. En 1995, Robert Lepage réalise *Le Confessionnal*, film remarquable qui lui vaut le prix Claude-Jutra; cette même année paraissent *Eldorado*, de Charles Binamé, et *Thirty-Two Short Films about Glenn Gould*, de François Girard.

Dans les années 2000, le cinéma québécois a réussi à grignoter jusqu'à 20 % au concurrent américain sur le marché provincial grâce à des films comme *L'Audition*, première réalisation de Luc Picard, primée au premier Festival international du film à Montréal en 2005, ou *C.R.A.Z.Y.*, de **Jean-Marc Vallée**, sorti la même année. *Les 3 P'tits Cochons*, de Patrick Huard (2007), a, quant à lui, fait un très honorable score au box-office. Jean-Marc Vallée (1963-2021) réalise ensuite *Dallas Buyers Club* (2013), salué par la critique, et *Wild* (2014), qui rencontre un succès commercial et international, ainsi que les premiers épisodes de la série *Big Little Lies*.

En 2010, le tout jeune réalisateur **Xavier Dolan** crée la surprise à Cannes avec *Les Amours imaginaires*, qui rencontre un grand succès en France. Une carrière commencée l'année précédente avec le très remarqué *J'ai tué ma mère* et qui se poursuivra en 2012 avec *Laurence Anyways*, puis *Mommy* en 2014, qui reçoit le prix du Jury au Festival de Cannes. Pour *Juste la fin du monde*, Dolan reçoit le grand prix du Festival de Cannes en 2016 et le César du meilleur réalisateur en 2017. En 2018, il signe *Ma Vie avec John F. Donovan*, puis *Matthias et Maxime* en 2019.

Quant à **Denis Villeneuve**, qui avait tenté en 2009 avec *Polytechnique* de questionner la tragédie qui a frappé cette université de Montréal en 1989, son film *Incendies*, adapté de la pièce de son compatriote Wajdi Mouawad, a manqué de peu l'Oscar du meilleur film étranger en 2011. En 2016, *Sicario* obtient deux statuettes : meilleure photographie et meilleur montage son. *Premier Contact* est plusieurs fois nominé en 2017, notamment dans les catégories meilleur film et meilleur réalisateur. *Blade Runner 2049*, remportera quant à lui deux Oscars en 2018 dans les catégories meilleurs effets visuels et meilleure photographie. Le premier volet de *Dune* (2021), adaptation de l'œuvre de Frank Herbert saluée par la critique, décroche six Oscars (son, effets spéciaux, montage, photographie, décors et musique). En 2024 sort *Dune, deuxième partie.* L'adaptation est, une fois encore, encensée par le public et la critique.

Paysages et nature

Trois fois plus grand que la France et légèrement plus vaste que l'Alaska, le Québec représente – avec une superficie de 1667 712 km² – environ 15 % du territoire canadien. Cette immense province, qui s'étire sur 1500 km d'est en ouest et sur 2000 km du nord au sud, abrite une multitude de paysages et de climats, refuges d'une faune et d'une flore très caractéristiques.

Grandes régions naturelles

De la toundra nordique aux espaces émaillés de lacs du Bouclier canadien, des terrasses cultivées des montagnes appalachiennes aux basses terres du St-Laurent, où se concentre la majorité de la population, le Québec présente une infinité de visages.

Le Bouclier canadien

Élément dominant du paysage canadien, le Bouclier couvre 80 % de la province. Les roches de granite et de gneiss de cet immense ensemble forment le soubassement d'une très ancienne chaîne de montagnes qui, pendant des millions d'années, fut soumise à un constant travail d'érosion. Durant l'ère paléozoïque, presque toute la surface du Bouclier était recouverte d'eaux peu profondes et ensevelie sous d'épaisses couches de sédiments marins. Les paysages du Bouclier se composent essentiellement de plateaux étendus, interrompus çà et là par des massifs montagneux. Sur les bords, on trouve cependant des zones profondément entaillées par des rivières s'écoulant en direction des basses terres environnantes.

Les plateaux nordiques

À la fin de la dernière glaciation, il y a environ 6000 ans, seule cette région – célèbre pour ses nombreux lacs – était encore prise par les glaces. La moitié sud du plateau est dominée par le massif des **monts Otish**, dont les sommets dépassent 1000 m d'altitude. Au sud-est, le réservoir Manicouagan comble aujourd'hui le cratère formé par l'impact d'une météorite. Phénomène assez remarquable à cette latitude, les précipitations annuelles sont supérieures à 1 m (dont presque la moitié en neige), grâce aux vents d'ouest venus de la baie d'Hudson.

À l'est, l'imposante chaîne des monts Torngat, dont le sommet, le **mont D'Iberville** (1652 m), est le point culminant du Québec, sépare le Québec du Labrador.

L'Abitibi-Témiscamingue

Cette région du Bouclier s'étire le long de la frontière avec l'Ontario, entre la rivière des Outaouais et la plaine d'Eastmain, au sud de la baie James. Plus au sud, la boucle de la rivière des Outaouais délimite la région de Témiscamingue, connue pour ses fermes laitières nichées au cœur de collines couvertes d'épinettes.

Les Laurentides

Vue de haut, cette véritable mer de crêtes arrondies paraît relativement élevée (600 à 800 m). De l'autre côté du fjord du Saguenay s'étend la Côte-Nord, rive peu peuplée du golfe du St-Laurent. Déployée sur plus de 1000 km, cette plaine côtière battue par les vents gît face à l'escarpement laurentien, à travers lequel de puissantes rivières ont creusé d'étroites vallées jonchées de rocs.

Le Saguenay – Lac-Saint-Jean

Véritable oasis au sein du Bouclier, la cuvette contenant le lac St-Jean – qui s'écoule, par l'intermédiaire du Saguenay, dans l'estuaire du St-Laurent – possède de vastes étendues fertiles et bénéficie d'un été relativement chaud (même si, comparativement aux régions côtières du sud, il est plus court), ainsi que d'un fort potentiel hydroélectrique nourri par de nombreuses rivières. Les à-pics rocheux du cap Éternité et du cap Trinité s'élancent, telles les parois d'un canyon, à plusieurs centaines de mètres au-dessus de la surface de l'eau.

La plaine du Saint-Laurent

Située entre le Bouclier canadien au nord et les Appalaches au sud-est, la plaine du St-Laurent épouse la forme d'un triangle, avec la ville de **Québec** à son sommet. Comme elle s'élève progressivement vers le nord-est, les terres situées aux environs de **Montréal** (dont l'altitude dépasse rarement 70 m) sont plus basses que celles de la région de Québec (100 m au-dessus du niveau de la mer).

À l'est, entre Montréal et les premières arêtes des Appalaches, un chapelet de buttes massives et isolées, les **collines Montérégiennes**, domine un paysage uniformément plat. Grâce à un sol fertile et un climat modéré, les basses terres bénéficient d'une réputation agricole bien méritée.

Les Appalaches

Séparées de la plaine du St-Laurent par la **faille Champlain**, les Appalaches courent vers le nord-est, le long de la frontière américaine, du Vermont et du New Hampshire à la province du Nouveau-Brunswick. Les hauteurs sont couvertes de forêts d'arbres feuillus, tandis que les plus grandes vallées se prêtent à une agriculture mixte.

Vers le nord-est et la **péninsule gaspésienne**, les forêts de conifères prédominent et l'agriculture se fait plus marginale.

Les Cantons-de-l'Est et la Beauce

Il s'agit là des deux régions les plus peuplées du Québec appalachien. Les Cantons-de-l'Est occupent la portion sud-ouest, comprise entre la frontière américaine et le bassin de la Chaudière. La Beauce s'étend de part et d'autre de cette rivière. Vergers, vignobles, pâturages et fermes laitières caractérisent la partie ouest du pays beauceron, le reste de la région étant dominé par une forte concentration d'**érablières**.

Les paysages estriens ressemblent à ceux du nord de la Nouvelle-Angleterre. En passant la frontière, les Green Mountains du Vermont se prolongent vers les **monts Sutton**, eux-mêmes suivis des basses collines du bassin de la rivière Bécancour, près de Thetford Mines.

Le Bas-Saint-Laurent et la Gaspésie

Au nord-est de la Chaudière, la chaîne des Green Mountains et des monts Sutton fait place aux monts Notre-Dame, dont les versants nord descendent jusqu'à une plaine étroite

La falaise fossilifère du Parc national de Miguasha (Gaspésie).
F. Klingen/Michelin

en bordure du St-Laurent. Protégée des vents polaires par le renflement des **monts Chic-Chocs**, la région, autrefois qualifiée de « Québec méditerranéen », est réputée pour son agréable microclimat.

Au sud et à l'est de la Gaspésie, les Appalaches présentent des alignements de schiste et de grès rouge qui forment, dans le golfe du St-Laurent, l'île du Prince-Édouard et les îles de la Madeleine.

Faune

Le territoire québécois, bien qu'immense, possède une faune relativement restreinte, dont la diversité augmente au fur et à mesure que l'on descend vers le sud.

Faune du nord

Dans le nord du Québec, peu d'espèces animales sont adaptées aux conditions de vie rigoureuses de la toundra. Le plus grand mammifère résident est le **bœuf musqué**, dont les Inuits du Nunavik exploitent le sous-poil laineux d'hiver *(qiviut)* que les animaux perdent au printemps.

Suivis par des hordes de **loups arctiques**, une sous-espèce du loup gris, au pelage clair, de grands troupeaux de **caribous arctiques** migrateurs parcourent les étendues désolées de la toundra arctique.

Les deux hardes principales, dont le nombre diminue constamment, rassemblent respectivement environ 187 000 (rivière aux Feuilles, péninsule d'Ungava, *p. 437*) et 5 500 têtes (rivière George, au sud de la baie d'Ungava, *p. 436*). Cette dernière constituait, en 1980, la plus grande harde de caribous au monde, avec quelque 800 000 individus.

La base de la chaîne alimentaire est constituée par des **lagomorphes** (lièvre arctique) et des **rongeurs**, en particulier le **lemming**, un rongeur de la taille d'un campagnol et qui connaît des explosions démographiques régulières. Ils servent de nourriture aux **renards arctiques**, cousins aux oreilles courtes et à l'épaisse fourrure du renard roux, et au spectaculaire **harfang des neiges**, un hibou de grande taille, au plumage blanc veiné de noir. La **faune aviaire** est constituée pour l'essentiel d'oiseaux migrateurs, qui, à l'instar de l'**oie des neiges** et la **bernache** du Canada, ne vivent dans l'Arctique que l'été, profitant des longues journées pour se nourrir et élever leurs petits. Letimide **lagopède**, de la famille des tétras, et le grand corbeau font partie des rares résidents, avec le harfang des neiges.

Les côtes abritent également une importante faune aviaire : **eiders**, **guillemots** et **sternes** profitent de la richesse alimentaire des eaux côtières froides. **Morses** et **phoques** (gris, du Groenland) fréquentent également la grève, où ils sont la proie d'un visiteur occasionnel et opportuniste : l'**ours polaire**.

Côté **poissons**, les **salmonidés** peuplent les cours d'eau de la toundra : omble arctique et surtout touladi ou truite grise, un des plus grands représentants de la famille.

Faune du sud

Plus au sud, on découvre une faune radicalement différente et nettement plus diversifiée. De grands herbivores tels l'**orignal** (l'élan canadien) et le **cerf de Virginie**, mais aussi le **caribou de forêt** attirent des prédateurs opportunistes tels l'**ours noir** ou le **carcajou**, cousin géant et agressif de la martre, de la taille d'un blaireau. La présence du **puma** de l'est dans les forêts québécoises est plus mystérieuse, suscitant des débats acharnés entre scientifiques, chasseurs et promeneurs. Discrète, la présence de la **martre américaine** et de son proche parent, le **pékan**, est, elle, bien réelle. Tout comme le **lynx du Canada**, ils se nourrissent aux dépens des porcs-épics arboricoles et du vaste éventail de rongeurs de la forêt : écureuils, lièvres, campagnols, rats musqués, mais aussi castors, omniprésents dans les cours d'eau au point d'être l'espèce la plus piégée par l'homme.

La **faune aviaire** n'est pas en reste et compte une grande variété d'**oiseaux de proie**, de la buse à queue rousse au grand-duc d'Amérique en passant par la chouette lapone. Pics, sittelles, roselins, jaseurs et **gélinottes** sont des résidents de la forêt ; plongeons (huards) et grèbes, des habitants des étangs et des lacs. La province se situe par ailleurs sur la route migratoire nord-sud des **bernaches du Canada** et des **oies des neiges** : Cap-Tourmente, sur la côte de Charlevoix, est la halte la plus connue de ces oiseaux migrateurs.

Notre panorama de la faune québécoise ne serait pas complet s'il ne mentionnait pas les treize espèces de **cétacés** qui fréquentent, l'été venu, l'estuaire et le golfe du St-Laurent. Petit rorqual, rorqual commun, rorqual bleu – le plus grand mammifère du monde, présent et passé ! – et le sympathique béluga sont les représentants les plus communs de cette faune (*p. 384-385*).

Flore

La latitude est un facteur essentiel dans la répartition de la couverture végétale, puisqu'elle détermine la durée et la température moyenne de la saison de croissance. Ainsi, dans le nord de la province, la période durant laquelle les conditions météorologiques se prêtent à la croissance des plantes est inférieure à 40 jours, alors qu'elle dure 180 jours dans la région de Montréal. L'altitude, la proximité de l'océan et les microclimats créés par des reliefs particuliers sont autant de facteurs susceptibles de modifier le schéma latitudinaire de la couverture végétale.

La **forêt à feuilles caduques**, essentiellement présente dans la partie sud du Québec, est dominée par toutes sortes d'érables, mais elle comprend aussi d'autres feuillus à bois dur, tels que le hêtre, le caryer, le tilleul d'Amérique, le frêne et le chêne. Répandue des Laurentides méridionales aux régions côtières de la Gaspésie, cette forêt compte de plus en plus de sapins baumiers et de **bouleaux jaunes** (emblème du Québec, connu aussi sous le nom de merisier) ou blancs, au fur et à mesure que l'on remonte vers le nord ou que l'on prend de l'altitude.

Couvrant les vastes régions d'Abitibi-Témiscamingue, du Saguenay – Lac-St-Jean et de la Côte-Nord, l'épaisse **forêt boréale** est dominée par des conifères aux troncs droits et élancés. Répartis en masses homogènes, ces arbres aux bois tendres sont adaptés aux saisons de croissance plus courtes. Parmi les essences observées, on notera le sapin, le bouleau blanc, l'épinette noire ou encore le pin de Banks.

Afin de protéger cette précieuse ressource naturelle, le gouvernement a lancé, en 1984, un programme visant à replanter 36 millions d'arbres par an.

Plus au nord (région de la baie James et nord-ouest de la région du Duplessis) commence la **taïga**, vaste formation végétale soumise au climat subarctique et composée d'espèces à bois tendre. Des bouquets d'épinettes noires, de bouleaux blancs ou de mélèzes laricins font peu à peu place à une végétation rampante de lichens et de mousses arctiques. Deux facteurs freinent la croissance et la reproduction des arbres : la moyenne très basse des températures estivales et le manque d'eau. Le dégel de l'été n'est que superficiel, car, en profondeur, le sol reste gelé en permanence : c'est le **pergélisol**, caractéristique des espaces nordiques.

Recouvrant la plus grande partie du Nunavik, la **toundra** est la zone de végétation la plus septentrionale. On distingue la **toundra arctique** (péninsule d'Ungava, monts Torngat), où seuls de fins tapis de mousses, de lichens, de graminées et d'herbes s'accrochent au sol, disséminés entre des affleurements de lits pierreux, et la **toundra forestière** (sud du Nunavik), où quelques rares arbrisseaux (saules ou bouleaux) parviennent à survivre dans des endroits abrités des élements. De façon générale, le manque d'humidité et les étés trop courts et trop froids ne permettent pas la croissance des arbres. Ici, la terre – gelée en permanence – empêche l'infiltration des maigres précipitations, ce qui entraîne, en surface, la présence d'une couche de sol : le « muskeg ». Durant les quelques longs jours d'été, la toundra herbeuse, bouclant sa floraison annuelle, explose en une myriade de couleurs intenses.

Attention danger !

Plante des sous-bois particulièrement prolifique au Québec, le **sumac vénéneux** sécrète un suc extrêmement toxique qui peut causer démangeaisons, éruptions de boutons et forte fièvre. Ces symptômes sont parfois déclenchés de façon indirecte, en touchant par exemple un objet effleuré par le suc empoisonné. Il convient donc de faire très attention (certains parcs où cette plante est répandue mettent en garde les visiteurs).

Randonnée en raquettes, dans la région du Saguenay.
Onfokus/Getty Images Plus

ORGANISER SON VOYAGE

Types de séjours

Nature	
Observer la faune	Baleines sur les rivages de la Côte-Nord *(p. 399)*, de Terre-Neuve *(p. 580 et 585)* et de Nouvelle-Écosse *(p. 501 et 549)* ; phoques du Groenland près des îles de la Madeleine *(p. 375)* ; ours polaires dans le Nunavik *(p. 445)* ; oies des neiges dans la réserve du Cap-Tourmente *(p. 293)* ; orignaux en Gaspésie *(p. 361)* ; aigles pêcheurs sur McNabs Island *(p. 509)* ; pluviers au Kejimkujik NP *(p. 519)* ; cormorans et goélands au Parc national Forillon *(p. 362)* ; oiseaux migrateurs dans la baie de Fundy *(p. 537)* ; oiseaux de mer dans les Bird Islands *(p. 548)* et Witless Bay *(p. 579)* ; fous de Bassan en Gaspésie *(p. 366)* et au Cape St Mary *(p. 568)*.
Voir des chutes	Région de Lanaudière : chute aux Rats *(p. 130)* et parc régional des Sept-Chutes *(p. 142)* ; près de Trois-Rivières : parc des chutes Ste-Ursule *(p. 152)* ; région de Chaudière-Appalaches : parc des Chutes-de- la-Chaudière *(p. 219)* ; Côte-de-Beaupré : parc de la Chute-Montmorency *(p. 289)* ; côte de Charlevoix : canyon Ste-Anne *(p. 295)* ; lac St-Jean : grande chute à l'Ours *(p. 330)* ; côte du Bas-St-Laurent : chutes de Rivière-du-Loup *(p. 349)* ; île d'Anticosti : chute et canyon de la Vauréal *(p. 406)* ; au Nouveau-Brunswick : Reversing Falls Rapids *(p. 475)* et Grand Falls Gorge *(p. 482)*.
Parcs nationaux	Le Québec compte de nombreux parcs nationaux, dont le Parc national de la Mauricie *(p. 159)* ; du fjord du Saguenay *(p. 307)* ; du Bic, sur la côte du Bas-St-Laurent *(p. 351)* ; en Gaspésie : le Parc national de la Gaspésie *(p. 360)*, de l'Île-Bonaventure-et-du-Rocher-Percé *(p. 365)*, de Miguasha *(p. 369)* ; sur la Côte-Nord : la réserve de l'Archipel-de-Mingan *(p. 395)* ; en Abitibi-Témiscamingue : le Parc national d'Opémican *(p. 417)*. Dans les provinces de l'Atlantique : Fundy NP (N.-B.) *(p. 468)* ; Cape Breton Highlands NP (N.-É.) *(p. 545)* ; Gros Morne NP (T.-N.) *(p. 569)* ; Terra Nova NP (T.-N.) *(p. 584)*.
Culture	
Culture des Premières Nations	Musée McCord Stewart à Montréal *(p. 62)* ; site traditionnel huron Onhoüa Chetek8ᵉ à Wendake *(p. 269)* ; musée des Abénakis à Odanak *(p. 214)* ; Musée Ilnu de Mashteuiatsh *(p. 331)* ; village de Pikogan à Amos *(p. 411)* ; Port au Choix NHS (T.-N.) *(p. 571)*.
Routes touristiques	Route des phares du Québec *(p. 360)* ; Route du fleuve *(p. 296)*, Routes des montagnes *(p. 296)* et de la Nouvelle-France *(p. 289)* ; Chemin des Cantons, Route des vins et Route des sommets *(p. 202)* ; Central Coastal Drive (I. P.-É.) *(p. 484)* ; Points East Coastal Drive (I. P.-É.) *(p. 487)* et North Cape Coastal Drive (I. P.-É.) *(p. 488)* ; Route du cap (T.-N.) *(p. 567)*.
Maisons historiques et sites d'histoire industrielle	Boréalis - Centre d'histoire de l'industrie papetière à Trois-Rivières *(p. 149)* ; lieu historique national des Forges-du-St-Maurice *(p. 156)* ; Cité de l'énergie à Shawinigan *(p. 157)* ; le Village du bûcheron *(p. 159)* ; musée J.-Armand-Bombardier à Valcourt *(p. 206)* ; Pulperie de Chicoutimi à Saguenay *(p. 316)* ; Cité de l'Or à Val-d'Or *(p. 417)*.
Le Canada des pionniers	
Colons, trappeurs, cow-boys, chercheurs d'or	Village historique acadien (N.-B.) *(p. 466)* ; Fort Beauséjour-Fort Cumberland NHS (N.-B.) *(p. 469)* ; Kings Landing Historical Settlement (N.-B.) *(p. 480)* ; Grand-Pré NHS (N.-É.) *(p. 532)* ; Port-Royal NHS (N.-É.) *(p. 527)* ; Sherbrooke Village Museum (N.-É.) *(p. 515)* ; Anse aux Meadows (T.-N.) *(p. 572)*.
Ouvrages défensifs	Halifax Citadel NHS (N.-É.) *(p. 502)* ; Fort Anne NHS (N.-É.) *(p. 524)* ; forteresse de Louisbourg (N.-É.) *(p. 554)*.

Un tour au musée	
Musées des sciences	Le complexe Espace pour la vie à Montréal *(p. 84)*; Miners'Museum à Glace Bay (N.-É.) *(p. 558)*.
Musées d'art et centres d'interprétation	Musée des Beaux-Arts *(p. 70)* et musée d'Art contemporain *(p. 66)* à Montréal; musée canadien de l'Histoire, à Gatineau *(p. 117)*; lieu historique national de Fort-Chambly *(p. 179)*; musée national des Beaux-Arts du Québec *(p. 262)*, musée de la Civilisation *(p. 233)* et lieu historique national des Forts-et-Châteaux-St-Louis *(p. 252)* à Québec; Beaverbrook Art Gallery, à Fredericton (N.-B.) *(p. 462)*; Art Gallery of Nova Scotia, à Halifax (N.-É.) *(p. 505)*; Confederation Centre of the Arts, à Charlottetown (I.P.-É.) *(p. 484)*.
Activités	
Vélo	Balades sur l'île de Montréal *(p. 100)*; dans l'Outaouais *(p. 114)*; sur la Route verte *(p. 156)*; la Véloroute des Bleuets autour du lac St-Jean *(p. 328)*; le parc linéaire Le P'tit Train du Nord dans les Laurentides *(p. 128)*; circuits à vélo dans les Cantons-de-l'Est *(p. 190)* et la Baie-St-Paul *(p. 296)*.
Sports d'hiver	Région des Laurentides (à l'ouest de Montréal) : ski de piste dans la station de Sommet-St-Sauveur *(p. 125)*, mais aussi raquettes et traîneau à chiens dans la station Mont-Tremblant *(p. 129)* et ski de fond dans le Parc national d'Oka *(p. 132)*; région des Cantons-de-l'Est : ski de piste à Sutton et Mont Owl's Head *(p. 193 et 194)*; à 30mn au nord de Québec, station Mont-Ste-Anne *(p. 292)*; ski de fond dans le Kejimkujik NP *(p. 519)*; ski et raquettes dans le Fundy NP *(p. 468)*.
Randonnée	Parc national du Mont-Tremblant, dans les Laurentides *(p. 129)*; Centre de la nature du mont St-Hilaire, dans la vallée du Richelieu *(p. 182)*; parc de la Gorge de Coaticook, dans les Cantons-de-l'Est *(p. 196)*; Halifax et ses environs *(p. 509)*; Cap Split *(p. 531)*; Cap-Breton Highlands NP *(p. 545)*; Gros Morne NP *(p. 569)*.
Croisières panoramiques	Sur le St-Laurent, au départ du Vieux-Port de Montréal *(p. 49)*; au lac des Sables *(p. 127)* dans les Laurentides; à Trois-Rivières *(p. 146)*, à Magog *(p. 198)* et sur le fjord du Saguenay *(p. 307)*.
Hockey sur glace	Assister à une rencontre à Montréal *(p. 98)* ou à Sydney (N.-É.) *(p. 557)*.
Sports nautiques	Canoë, kayak de mer et voile dans le Kejimkujik NP et la côte est de Nouvelle-Écosse *(p. 523)*; goélette *Amoeba* à Baddeck *(p. 553)*. Navigation de plaisance, à voile ou à moteur, dans les provinces de l'Atlantique.
Pêche	Brochet, omble de fontaine et touladi sur le lac Mistassini *(p. 423)*; pêche blanche dans la rivière Ste-Anne *(p. 154)* et sur le lac St-Jean *(p. 325)*; pêche dans le parc de la Gatineau *(p. 120)*, du Mont-Tremblant *(p. 129)*, du fjord du Saguenay *(p. 313)*; pêche au hareng et à l'anguille autour du village de L'Isle-Verte *(p. 350)*; pêche au saumon en Gaspésie *(p. 369)*; pêche sur l'île Anticosti *(p. 407)*; pêche au saumon dans la vallée de la Miramichi *(p. 465)* et la vallée de Margaree *(p. 550)*; pêche dans le Fundy NP *(p. 468)*; pêches côtière et hauturière à Terre-Neuve *(p. 562)*.

Aller au Québec

Pays : Canada
Capitale de la province : Québec
Superficie : 1542 056 km^2
Population : 8 578 300 hab.
Langue officielle : français (langues officielles du Canada : français et anglais)
Devise : dollar canadien
Poids et mesures : système métrique

En avion

Compagnies aériennes

Les principales compagnies nationales assurent des liaisons régulières directes entre l'Europe et le Québec. Prévoyez 7-8h de vol entre Paris et Montréal. Pour la ville de Québec, la plupart des compagnies font une escale à Montréal.

Air Canada – www.aircanada.com.
Air France – wwws.airfrance.fr.
Brussels Airlines – www.brusselsairlines.com.
Swiss International Airlines – www.swiss.com.
Air Transat – www.airtransat.com. Vols toute l'année au départ de Paris. En saison depuis Nantes, Bordeaux, Toulouse, Marseille, Nice, Lyon, Mulhouse/Bâle et Bruxelles.

Comparateurs de vol

Vous obtiendrez les meilleurs prix en passant par les centrales de réservation en ligne. Les sites www.kayak.fr ou www.liligo.fr fonctionnent comme des moteurs de recherche, faisant jouer les différents prestataires.

Aéroports

Aéroport Montréal Pierre-Elliott-Trudeau (YUL) – ✆ 514 633 33 33 ou 1 800 465 1213 - www.admtl.com. Situé à 15mn du centre-ville, il est encore appelé « Dorval » (son ancien nom), car il est situé dans l'arrondissement éponyme.
Aéroport Jean-Lesage (YQB) – Québec - ✆ 418 640 3300 ou 1 877 769 2700 - www.aeroportdequebec.com. Situé à 18 km au nord-ouest de Québec.
Et pour rejoindre les provinces de l'Atlantique :
Fredericton International Airport – yfcfredericton.ca/fr.
St John's International Airport – www.ysjsaintjohn.ca.
Halifax Robert L. Stanfield International Airport – www.halifaxstanfield.ca.
JA Douglas McCurdy Sydney Airport (île du Cap-Breton) – www.sydneyairport.ca.
Charlottetown Airport – www.flyyyg.com.
Gander International Airport – www.ganderairport.com.

Voyagistes

En Europe

Allibert – ✆ 04 76 45 84 84 - www.allibert-trekking.com. Voyages d'aventure et treks.
Arts et Vie – www.artsetvie.com. Ce spécialiste du voyage culturel propose des itinéraires très complets dans l'est du Canada, qui permettent de découvrir son patrimoine historique et architectural, sans oublier ses extraordinaires trésors naturels.
Authentik Canada – ✆ 0 805 080 113 (France) - www.authentikcanada.com. Spécialiste du *road trip* au Canada. Possibilité de personnaliser les itinéraires.
Grand Nord Grand Large – ✆ 01 40 46 05 14 - www.gngl.com.

Une des rares agences spécialisées dans les régions arctiques. Circuits, raids en traîneau, descente de rivière en itinérance...

Imagine Canada – imagine-canada.fr. Agence de voyage spécialisée sur le Canada. Circuits accompagnés ou en liberté, séjours hivernaux.

Nord Espaces – 35 r. de la Tombe-Issoire, 75014 Paris - ✆ 01 45 65 00 00 - www.nord-espaces.com. Voyagiste spécialiste des contrées nordiques. Circuits, croisières, voyages individuels, à la carte ou sur mesure, de Montréal aux îles de la Madeleine.

Terres d'aventure – ✆ 01 70 82 90 00 - www.terdav.com. Un spécialiste de la randonnée et des grands espaces.

Au Québec

Aventure Écotourisme Québec – ✆ 450 661 2225 ou 1 866 278 5923 - www.aventurequebec.ca. Le réseau des entreprises spécialisées en tourisme d'aventure et en écotourisme au Québec.

Tourisme autochtone – ✆ 418 843 5030 ou 1 877 698 7827 - www.tourismeautochtone.com. Des itinéraires thématiques pour découvrir les nations autochtones, à travers le Québec.

PROVINCES ET TERRITOIRES

Avant de partir

Le bon moment pour partir

Climat

Du fait de leur latitude et de leur position en bordure orientale du Canada, le Québec et les provinces de l'Atlantique sont soumis à d'extrêmes écarts de température. Des hivers rigoureux succèdent à des périodes estivales chaudes, caractéristiques d'un **climat continental**. Plus on remonte vers le nord, plus les étés se rafraîchissent et les hivers deviennent glacés.

Les précipitations abondantes dans les régions voisines de l'océan Atlantique et de la baie d'Hudson diminuent généralement à l'intérieur des terres et vers le nord. Les moyennes annuelles oscillent entre 35 et 110 cm et sont équitablement réparties entre les pluies d'été et les neiges d'hiver.

Saisons

Hiver

Annoncé parfois dès le mois de novembre par d'importantes chutes de neige, il se maintient jusqu'en mars, voire avril-mai, selon les lieux. Les températures descendent fréquemment en dessous de 0 °C, et, aux mois de janvier et février, peuvent être inférieures à - 25 °C. L'air est sec et froid, et le ciel connaît d'**importantes périodes d'ensoleillement**. C'est l'une des caractéristiques de l'hiver ici, qui fait toute sa beauté.

Profitez-en pour vous adonner aux nombreuses activités de plein air : ski, randonnée à raquettes ou balade en traîneau à chiens.

Printemps

C'est la période des **parties de sucre** (*encadré p. 596*), lors desquelles on célèbre la récolte du sirop d'érable. Cette courte saison s'étale de fin mars à fin mai. Les journées sont encore fraîches et les soirées froides. C'est aussi la période du dégel durant laquelle la circulation est interdite dans certaines zones à cause de la fonte des neiges. De nombreux parcs et des sentiers sont également fermés.

Été

La saison touristique estivale s'étend de mi-mai à début

Températures saisonnières (en °C)

	Avril		Juillet		Octobre		Janvier	
	mini	maxi	mini	maxi	mini	maxi	mini	maxi
Saguenay	-4	7	12	24	1	23	-10	-8
Gaspé	-3	6	10	23	0	10	-17	-6
Kuujjuarapik	-13	-2	5	15	-1	5	-28	-8
Montréal	2	11	17	26	5	12	-12	-5
Québec	-1	7	13	25	1	10	-17	-7
Sherbrooke	-2	10	11	25	0	12	-17	-6

septembre, et bat son plein en juillet-août. Il n'est pas rare que les horaires estivaux des sites touristiques débutent le jour de la fête nationale du Québec, le 24 juin. Dans la partie sud du Québec, l'été peut être chaud et humide. C'est la saison des festivals (☛ *p. 656*) qui attirent les foules.

Automne

Les paysages revêtent des couleurs splendides, variant du vert au rouge écarlate en passant par le jaune ocre et l'orange. Sublime! L'**été indien**, à proprement parler, dure seulement quelques jours. Il s'agit d'un redoux passager après les premières gelées, entre fin septembre et mi-octobre. À partir de mi-octobre et jusqu'à mi-décembre, la plupart des parcs et des sentiers ferment.

Prévisions météo

Services météorologiques – www.meteo.gc.ca ; www.meteomedia.com.

À mettre dans sa valise

En hiver, emportez des vêtements adaptés à vos activités de plein air, pour vous protéger du froid. Si vous devez vous équiper pour l'occasion, faites plutôt vos achats sur place. En été, prévoyez des vêtements légers, mais aussi une petite veste pour les soirées plus fraîches et les promenades sur les lacs. Munissez-vous d'une lotion insectifuge afin de vous protéger des **maringouins** (ou moustiques), d'autant plus nombreux que vous serez en forêt, au bord de l'eau ou dans les solitudes du Nord ; et des **mouches noires** (ou brûlots), petits moucherons voraces qui sévissent à la fin mai et en juin.

Adresses utiles

Représentations diplomatiques

France

Ambassade du Canada – 130 r. du Faubourg-St-Honoré - 75008 Paris - ✆ 01 44 43 29 00/02 (services consulaires) - www.international.gc.ca.

Belgique

Ambassade du Canada – 58 av. des Arts - 1000 Bruxelles - ✆ 02 741 06 11 - www.international.gc.ca.

Suisse

Ambassade du Canada – Kirchenfeldstrasse 88 - CH-3005 Berne - ✆ 031 357 32 00 - www.international.gc.ca.

☛ *Ambassades et consulats sur place, voir p. 648.*

Office de tourisme

www.bonjourquebec.com – Site touristique officiel du Québec.

www.destinationcanada.com – Site officiel du Canada.

Clavardage – Très pratique, ce service gratuit de **messagerie instantanée** ou de **renseignements téléphoniques** avec des experts du réseau d'accueil du Québec est ouvert du lundi au vendredi (9h-12h, 13h-17h) et le mercredi (10h-12h, 13h-17h). Attention au décalage horaire si vous « clavardez » depuis la France (15h-18h, 19h-23h et merc. 16h-18h, 19h-23h). Mêmes horaires pour les renseignements par téléphone : ✆ 1 514 873 2015.

Sites Internet

www.quebec.ca – Le portail officiel du gouvernement québécois fournit d'intéressantes données sur les 17 régions administratives de la province (géographie, agriculture, économie, emploi, tourisme, loisirs et culture).

www.parks.canada.ca – Le site recense les parcs et lieux historiques nationaux dont Parcs Canada a la gestion.

www.tc.canada.ca – Le site du gouvernement renseigne sur les moyens de transport qui relient les villes canadiennes.

www.sepaq.com – Site du plus grand réseau de plein air du Québec (parcs nationaux et réserves fauniques).

Tourisme et handicaps

Les structures facilitant la vie quotidienne des personnes en situation de handicap, notamment celles circulant en fauteuil roulant, sont nombreuses et efficaces au Canada.

Association Kéroul - 4545 av. Pierre-de-Coubertin, Montréal - 514 252 3104 - www.keroul.qc.ca. Cette association propose un excellent répertoire touristique intitulé **Le Québec pour tous**, permettant aux personnes présentant une déficience motrice, auditive ou visuelle de planifier des circuits accessibles au Québec, en solo, en couple ou en famille. Ce répertoire est accessible en ligne sur lequebecpourtous.com.

Formalités

Ces informations pouvant changer sans préavis, il est fortement conseillé de s'assurer auprès de l'ambassade du Canada *(voir ci-contre)* que vous disposez des documents nécessaires avant d'entreprendre tout voyage.

Pièces d'identité

Les ressortissants français, belges et suisses doivent être en possession d'un **passeport** valide au moins 6 mois après la date retour.

Astuces voyageurs

Ayez les bons réflexes avant de partir ! Sur le site du **ministère de l'Europe et des Affaires étrangères** :

▶ Consultez les **Conseils aux voyageurs** pour préparer votre voyage (risques liés à la sécurité, formalités de séjour, obligations sanitaires, législation locale...) sur diplomatie.gouv.fr ou via l'application mobile « Conseils aux Voyageurs »

▶ Inscrivez-vous sur **Fil d'Ariane** : en quelques clics, créez votre compte sur diplomatie.gouv.fr pour recevoir par e-mail ou SMS des alertes et des consignes de sécurité, en cas d'évènement survenant dans votre destination.

Ces deux services gratuits sont utilisés par des millions de voyageurs chaque année.

Un passeport biométrique est obligatoire si vous prévoyez une escale ou une escapade aux États-Unis (autorisation électronique de voyage ESTA à demander sur esta.cbp.dhs.gov). Nulle demande de **visa** n'est nécessaire pour un séjour inférieur à 90 jours.

Autorisation de voyage électronique (AVE)

Les voyageurs non canadiens dispensés de visa doivent présenter leur passeport à l'enregistrement, ainsi qu'une **Autorisation de**

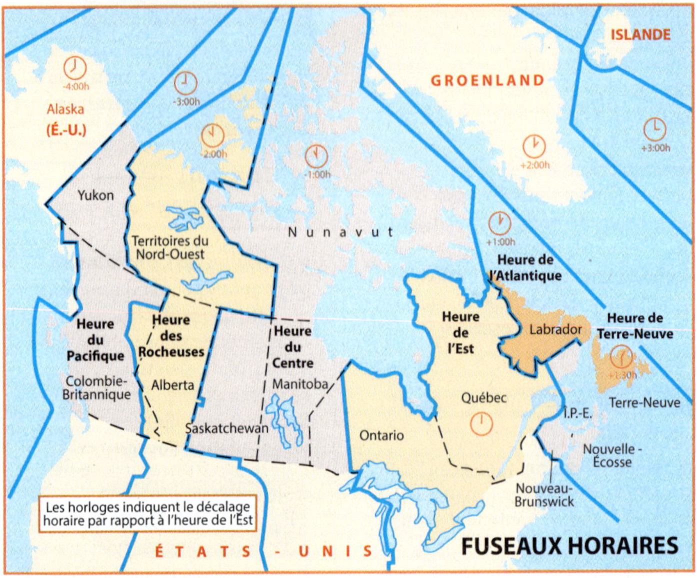

voyage électronique (AVE). La demande d'AVE s'effectue en ligne (www.canada.ca, onglet « Voyage et tourisme », puis « Présenter une demande d'AVE », 7 $). L'approbation s'obtient la plupart du temps en quelques minutes.

Permis de conduire

Au Québec, le **permis de conduire français** est valable pour une durée de six mois. Au-delà de cette période, ou pour les ressortissants des autres pays, le **permis international** est obligatoire.
« Voiture » p. 654.

Assurances

L'assurance voyage comporte plusieurs volets : annulation (avant le départ), prise en charge des frais hospitaliers et de rapatriement (durant le séjour), vol ou perte de bagages. Afin de limiter ces éventuels frais, il est donc fortement conseillé d'en souscrire une auprès de votre tour-opérateur ou de la compagnie d'assurance de votre choix.

Si vous réglez votre voyage par carte bancaire, sachez que la plupart des banques incluent déjà dans leur contrat ce type d'assurance. Pensez donc à vérifier au préalable les garanties dont vous bénéficiez.

Pour étudier la meilleure offre, il existe différents comparateurs d'assurance, notamment philtr.fr, très intuitif et complet. *Voir aussi « Santé », ci-dessous.*

Douanes

La circulation de certaines marchandises (tabac, alcool, alimentation, médicaments...) et d'espèces pour un montant de 10 000 $ est soumise à restriction.
www.cbsa-asfc.gc.ca

Santé

Vaccin

Aucune vaccination n'est obligatoire.

Traitement médical

Si vous avez un traitement médical en cours, emportez votre ordonnance et vérifiez que vos produits pharmaceutiques sont clairement étiquetés pour le passage de la douane.

Trousse à pharmacie

Prévoyez une **trousse à pharmacie** de base, notamment avec un antimoustique, un désinfectant, un antidiarrhéique, des comprimés de sel pour éviter la déshydratation, des pastilles pour purifier l'eau si vous randonnez dans les parcs, ainsi qu'une crème solaire.

Décalage horaire

Le Canada est divisé en **six fuseaux horaires**. Entre le fuseau le plus à l'est, à l'heure de Terre-Neuve, et celui le plus à l'ouest, à l'heure du Pacifique, le décalage horaire est de 4h30. Il faut compter **6h de moins** entre la France, la Belgique ou la Suisse, et le Québec, et **5h de moins** pour les îles de la Madeleine et les provinces de l'Atlantique.

Quand il est midi à Bruxelles, Paris ou Genève, il est 6h à Montréal et 7h dans les îles de la Madeleine et les provinces de l'Atlantique. Le Québec adopte l'heure d'été du deuxième dimanche de mars au premier dimanche de novembre.

Téléphoner

Pour appeler le Canada depuis la France, la Belgique et la Suisse, composez le : 00 + 1 + code régional + 7 chiffres du n° canadien.

Budget

Le Canada est une destination chère, où les coûts sont largement surévalués depuis la crise du Covid. Les prix varient d'un endroit à l'autre et en fonction de votre moyen de transport ; il est donc difficile de fixer des budgets types. Ceux indiqués dans ce guide sont établis **en pleine saison**, sur la base de deux personnes partageant une chambre. Les prix s'établissant selon l'offre et la demande, les tarifs des hôtels sont souvent moins élevés en semaine hors saison et en hiver.

Prix indicatifs de base de quelques services ou articles	Prix moyen en $ TTC
1 nuit dans un hôtel	100 $
1 entrée dans un parc national	9,85 $
1,5 l d'eau	2 $
1 café	3 $
1 sandwich	8 $
1 dîner au restaurant à Québec, service compris	40 $
1 crème glacée	4,75 $
1h de stationnement en centre-ville à Montréal	3,75 $
1 ticket de métro à Montréal	3,75 $
1 l d'essence	1,86 $
1 trajet en bus Montréal-Québec	65,74 $

Hébergement

Le Canada propose de nombreuses formules d'hébergement. Il est conseillé de réserver, surtout en haute saison et en dehors des grands centres urbains. Beaucoup d'installations touristiques ferment durant la basse saison.

Notre sélection

Retrouvez notre sélection d'établissements dans « Nos adresses » des parties « Découvrir ». Ils sont classés par catégories de prix, dont vous trouverez le détail dans le tableau correspondant (*voir ci-contre*). Les prix indiqués sont ceux d'une chambre double standard, taxes non comprises. Les prix peuvent être très variables selon la saison.

Voir « Taxes » p. 651.

Types d'hébergement

Motels

Le long des grandes routes et des voies d'accès aux villes, des motels de type **Comfort Inn** et **Quality Hotel & Suites** proposent des chambres équipées d'une salle de bains et d'une télévision, et disposent parfois d'une cafétéria ou d'un restaurant pour un prix variant de 90 à 120 $ la nuit pour deux, petit-déjeuner inclus.

Réservations via : **Choice Hotels** – www.choicehotels.com.

Days Inn – www.wyndhamhotels.com.

Pourvoiries

Ces établissements québécois, situés au cœur de paysages sauvages, associent un hébergement de qualité, souvent au bord d'un lac, et l'organisation de nombreuses activités de plein air. Transport aérien, équipement, accompagnement (recours à des guides qualifiés) et obtention des permis nécessaires : les pourvoiries pourvoient à tout ! Relativement onéreux, ces séjours n'en sont pas moins très prisés. Il faut donc réserver longtemps à l'avance !

Fédération des pourvoiries du Québec – 418 877 5191 et 1800 567 9009 - www.pourvoiries.com.

Gîtes du passant et auberges rurales

Ces deux formules promettent un hébergement dans des maisons de caractère, en ville ou à la campagne, et un accueil chaleureux : chambre d'hôte dans une maison victorienne, cottage au fond d'un jardin, phare reconverti ou jolie maison de ville... le choix est vaste ! Le niveau de

Calculez votre budget quotidien

Le prix à la journée a été calculé **pour une personne**, sur la base d'un séjour pour deux en basse saison. Il prend en compte les pourboires.

Mini budget avec hébergement en camping ou auberge de jeunesse, repas sur le pouce ou dans des restaurants simples et transport en bus : env. **95 €**.

Petit budget avec nuitées dans un hôtel confortable, au moins un repas complet dans un restaurant et déplacements en bus ou en train : env. **150 €**.

Budget moyen avec hébergement dans un hôtel confortable, petit-déjeuner et deux repas dans un restaurant courant, déplacements en voiture de location : env. **220 €**.

Petite folie avec hébergement dans un hôtel chic ou une belle chambre d'hôte, dîner dans un restaurant gastronomique, déplacements en voiture de location : env. **280 €**.

Nos catégories de prix (taxes et service non compris - ☛ p. 651)	Hébergement	Restauration
Premier prix	jusqu'à 90 $	jusqu'à 25 $
Budget moyen	de 90 à 130 $	de 25 à 45 $
Pour se faire plaisir	de 130 à 200 $	de 45 à 60 $
Une folie	plus de 200 $	plus de 60 $

confort va du plus sophistiqué (avec vue sur la mer, entrée particulière, etc.) au plus modeste (ni téléphone ni salle de bains dans la chambre).

Particulièrement adaptées aux séjours en famille, les **vacances à la ferme** offrent l'occasion de participer aux activités agricoles et de prendre les repas avec les hôtes.

Les gîtes proposent des prix moyens excédant rarement 110 $ la nuit pour deux, petit-déjeuner – toujours copieux – inclus. Les auberges sont plus chères.

Terroir et saveurs – www.terroiretsaveurs.com. Cette association certifie des établissements et promeut le « tourisme gourmand ».

Ôrigine artisans hôteliers – www.originehotels.com. Réseau d'établissements présents dans les régions touristiques du Québec.

Aux sports d'hiver

Dans les principales stations de ski des Laurentides, de l'Outaouais, de Charlevoix et des Cantons-de-l'Est, l'offre est variée : hôtels, gîtes, locations d'appartements et de chalets.

☛ **Association des stations de ski du Québec** – www.maneige.ski.

Auberges de jeunesse

Le réseau compte de nombreuses adresses au Canada, dont une soixantaine au Québec. L'hébergement est simple : dortoirs (couverture et oreiller fournis) ou chambres individuelles (moyennant un supplément), douches, machines à laver, cuisine en libre accès et autres services. ☛ *www.hihostels.ca.*

Campus universitaires

Pendant les vacances d'été (mai-août), de nombreuses universités louent des **dortoirs** (les chambres sont rares) pour une somme modique (linge fourni, salles de bains communes). Adressez-vous à l'établissement ou à l'office de tourisme local.

Terrains de camping

Généralement ouverts de mi-mai à début septembre, les campings dans les parcs provinciaux ou nationaux sont relativement bon marché. Ils sont rapidement complets, en particulier pendant les vacances scolaires. Ils proposent de la simple place de tente aux branchements complets pour caravanes et camping-cars (à réserver au moins deux mois à l'avance), aux cabanes rustiques (à réserver un an à l'avance) et au prêt-à-camper, des tentes aménagées avec tout le confort nécessaire (lits, cuisine, mobilier, petit poêle, etc.). ☛ *www.parks.canada.ca.*

Terrains privés – Ils sont souvent mieux équipés que ceux des parcs et légèrement plus chers.

☛ **Association des terrains de camping du Québec** – www.campingquebec.com. Elle propose le *Guide du camping au Québec* (disponible en ligne).

Sur place de A à Z

Activités de plein air

Le Canada est un véritable lieu de prédilection pour la pratique des activités sportives et de loisirs de plein air. Cependant, avant de vous lancer, estimez vos capacités, équipez-vous correctement et informez-vous sur les mesures de sécurité et la météo. N'hésitez pas à faire appel à un professionnel en vous adressant aux voyagistes *(voir p. 636)*, aux prestataires privés, aux offices de tourisme et aux parcs nationaux et provinciaux.

Certaines activités doivent être réservées longtemps à l'avance.

En hiver

Grâce à des conditions d'enneigement exceptionnelles, la pratique des sports d'hiver s'étale de mi-novembre à mi-avril, voire mi-mai selon la région. La plupart des grandes villes du Québec se trouvent à proximité d'une ou de plusieurs stations de ski.

Motoneige – Environ 33 650 km de pistes balisées traversent la province de Québec. Des hébergements et des services de réparation sont disponibles le long du réseau Trans-Québec.

Patin à glace – Les patinoires, dont dispose chaque municipalité, sont aussi parfois aménagées sur les rivières ou sur les lacs, dans les parcs.

Raquette à neige – Inventée par les Premières Nations, elle est aujourd'hui un sport populaire, pratiqué dans les stations de ski de fond et dans les parcs.

Ski alpin – Les Laurentides (à moins d'une heure en voiture de Montréal), les imposantes montagnes appalachiennes, fort réputées, qui traversent les Cantons-de-l'Est, Charlevoix et la région de Québec, avec des pistes agréées par la Fédération internationale de ski, constituent l'essentiel du domaine skiable québécois. Elles bénéficient d'un enneigement favorable (entre 300 et 375 cm en moyenne).

Ski de fond – Le Québec possède un réseau bien entretenu de pistes de ski de fond de plusieurs milliers de kilomètres. Les pistes, de difficulté variable, sont surveillées et jalonnées de refuges chauffés. Dans beaucoup de régions, on trouvera des écoles, des parcours guidés et des services de location de ski.

Traîneau à chiens – Les formules d'initiation à la conduite d'attelage de chiens sont nombreuses. Pour tous les âges, de quelques heures à plusieurs jours. Une expérience !

Aux beaux jours

Cétacés – Observation des baleines au large de l'île du Cap-Breton et dans la baie de Fundy (N.-É.).

Randonnée – Les amoureux de la nature peuvent partir en randonnée sur les nombreux sentiers balisés qui sillonnent les montagnes et les forêts ou qui longent la côte.

Cyclotourisme – Avec ses 5 300 km de pistes cyclables, la **Route verte** *(www.routeverte.com)* est le plus long itinéraire d'Amérique. Une façon de plus en plus prisée de découvrir le Québec !

Équitation – Les Cantons-de-l'Est, la Gaspésie, les Laurentides et le Bas-St-Laurent disposent d'un grand nombre de centres équestres.

Plages – Belles plages, au nord et au sud d'Halifax, comme Crescent Beach, Martinique Beach et Lawrencetown Beach (surf).

Planche à voile – C'est un sport très prisé sur les lacs, dans les parcs et dans la péninsule gaspésienne. La saison commence mi-juin et s'achève fin août.

Kayak – Descente de rivières et/ou kayak de mer sont populaires dans l'Abitibi-Témiscamingue, le Saguenay, la baie de Malpèque sur l'île du Prince-Édouard, le Parc national de Kejimkujik Seaside (N.-É.) et le Nunavik, où des camps ont été mis en place. Plusieurs organismes proposent des excursions.

Rafting et zodiac – Le phénomène du mascaret se vit dans la région de Maitland (N.-É.).

Voile – Particulièrement entre le mois de juin et la fin du mois d'août, grâce aux nombreux lacs (Duplessis, Charlevoix, Laurentides, Manicouagan, région de Montréal).

Canotage – Cette activité se pratique sur la majorité des rivières, sauf celles qui servent au flottage du bois. Dans la plupart des parcs et des réserves, il est possible de faire des excursions en canot d'un ou plusieurs jours. Des emplacements de camping rustiques sont alors mis à la disposition des canoteurs.

Alcool

L'âge limite pour acheter et consommer de l'alcool varie en fonction des provinces. L'âge légal au Québec est de 18 ans et l'alcoolémie maximale tolérée au volant est de 0,8 g/l de sang. Les vins et spiritueux s'achètent uniquement dans les magasins de la **Société des alcools du Québec** ou SAQ.

L'âge légal dans les provinces de l'Atlantique est de 19 ans.

Les bières, les cidres locaux et des vins bas de gamme sont vendus chez les dépanneurs (épiceries de proximité).

Ambassades et consulats

Ambassades

Les ambassades suivantes se trouvent à Ottawa (Ontario).

France – 42 prom. Sussex - ✆ 613 789 1795 - ca.ambafrance.org.

Belgique – 360 r. Albert - bureau 820 - ✆ 613 236 7267 - canada.diplomatie.belgium.be.

Suisse – 5 Marlborough Ave. - ✆ 613 235 1837 - www.eda.admin.ch/canada.

Consulats

France – 1501 McGill College - bureau 1000 - Montréal - ✆ 514 878 4385 - montreal.consulfrance.org ; 500 Grande-Allée est - 11e étage - Québec - ✆ 418 266 2500 - quebec.consulfrance.org.

Belgique – 1000 r. Sherbrooke-Ouest - Suite 1400 - Montréal - ✆ 514 849 7394 - canada.diplomatie.belgium.be/fr.

Suisse – 1572 av. Dr-Penfield - Montréal - ✆ 514 932 7181 - www.eda.admin.ch/canada.

Argent

Monnaie

Le dollar canadien se divise en 100 cents ou **sous**. Il existe des pièces de : 5 cents = 1 nickel (5 sous) ; 10 cents = 1 dime (10 sous) ; 25 cents = 1 quarter (25 sous) ; 1 dollar (familièrement appelé une **piastre**, à prononcer *piasse*) ; 2 dollars.

La valeur faciale des billets est de 5, 10, 20, 50 ou 100 $.

Le taux de change est de 1 € = 1,50 $ (ou 1 $ = 0,67 €) en novembre 2024.

Change

Présents dans les aéroports et les principales villes, ils pratiquent des taux variables. Il est également possible de changer des devises étrangères dans les banques.

Cartes bancaires

Les cartes bancaires (**Visa**, **MasterCard**, **American Express**)

sont acceptées un peu partout au Canada. Elles sont souvent utilisées pour effectuer un **dépôt de garantie**, **louer une voiture** ou **réserver une chambre d'hôtel**. Elles permettent également de retirer de l'argent liquide 24h/24 dans les guichets automatiques des banques, situés un peu partout.
Renseignez-vous avant votre départ sur les commissions pratiquées par votre banque et vos limites de retraits. Des frais importants sont imputés à chaque retrait, mais c'est le taux de change officiel qui est appliqué.

Banques

Leurs horaires varient selon la ville ou la région concernée, mais, de façon générale, ils sont ouverts du lundi au vendredi de 9h à 17h.

Drogue

La consommation de cannabis a été légalisée dans tout le Canada. Si l'usage récréatif reste interdit aux mineurs, toute personne de plus de 18 ans peut détenir 30 g de cannabis sur elle. La tolérance zéro reste de mise pour les conducteurs de véhicule.

Électricité

Au Canada, le courant alternatif est de **110 V** et **60 Hz**. Pas de problème pour vos appareils de faible puissance (rasoirs, ordinateurs, chargeurs...). Pour les autres, vérifiez que la mention indique bien : **100-240 V** et **50-60 Hz**. Les appareils européens nécessitent des **adaptateurs à fiches plates**, disponibles chez les spécialistes de l'électronique ou du voyage, ou sur place, mais, dans certains cas, un **convertisseur de courant** sera également nécessaire.
Si vous n'avez aucun adaptateur ou convertisseur, vous en trouverez sur place dans des magasins spécialisés dans l'électronique ou le voyage, et dans les aéroports.

Jours fériés

Jour de l'an – 1er janvier.
Vendredi saint – Vendredi précédant le dimanche de Pâques.
Lundi de Pâques – Lundi suivant le dimanche de Pâques.
Journée nationale des patriotes – Lundi précédant le 25 mai.
Fête nationale du Québec – 24 juin.
Fête du Canada – 1er juillet.
Fête du Travail – 1er lundi de septembre.
Jour de l'Action de grâce – 2e lundi d'octobre.
Jour du Souvenir – 11 Novembre.
Noël – 25 décembre.
Lendemain de Noël – 26 décembre.

Parcs nationaux et réserves fauniques

Les parcs nationaux, provinciaux et les réserves naturelles conjuguent une double ambition : la préservation dans leur état naturel de sites exceptionnels et l'accessibilité au public.
Le Québec compte **28 parcs nationaux** (dont 23 gérés par la Société des établissements de plein air du Québec ou **Sépaq**, 1 géré conjointement par la Sépaq et Parcs Canada et 4 par Parcs Nunavik) et **13 réserves fauniques**.
Si vous envisagez de visiter plusieurs parcs, procurez-vous la **carte annuelle Réseau Parcs Québec** (accès illimité pour 12 mois aux parcs nationaux gérés par la Sépaq).
www.sepaq.com/fr/reservation/parcs-nationaux/carte-annuelle.
En Nouvelle-Écosse, de nombreuses randonnées sont possibles, notamment dans le Cape Breton Highlands National Park, le Kejimkujik National Park et autour du Cap Split, tout comme sur l'île

du Prince-Édouard. *www.parks.canada.ca.*

Poste

Boîtes aux lettres

Des **boîtes rouges** recueillent votre courrier à proximité des bureaux de poste, pharmacies et dépanneurs.

Horaires

Les grands bureaux de poste sont ouverts du lundi au vendredi de 9h à 17h, mais nombre de petits bureaux ferment beaucoup plus tard, certains restant ouverts jusqu'à 21h.

www.canadapost-postescanada.ca – Pour obtenir un code postal et connaître les coordonnées et les horaires de chaque bureau de poste.

Pourboires/service

Dans les restaurants, il est d'usage de laisser un « pourboire » (en fait, le coût du service) équivalent à au moins **15 %** du total de la note **avant les taxes** (*TPS et TVP p. suivante*). Il est recommandé de laisser au **chauffeur de taxi** un pourboire équivalent à 10 % du prix de la course (+ 1 $ par bagage) ; **au barman**, 1 $ par consommation ; au **guide touristique**, 3 à 5 $ par personne ; au **bagagiste** de l'hôtel, 1 $ par bagage ; au **personnel de ménage**, 1 $ par nuit et par personne. Mais aucun pourboire dans les cinémas et théâtres.

Programmation culturelle

Les journaux du week-end, les brochures gratuites et les publications touristiques spécialisées, comme *Voir (voir.ca/quebec)*, répertorient les spectacles et expositions à l'affiche.

www.ticketmaster.ca; www.lavitrine.com.

Restauration

Vous trouverez au Canada tous les types de restaurants et donc toutes les sortes de cuisine, allant de l'en-cas bon marché au repas gastronomique coûteux.

Notre sélection

Retrouvez notre sélection dans « Nos adresses » des parties « Découvrir ». Les établissements y sont classés par catégories de prix.

Tableau des prix p. 645.

Restauration rapide

Il existe d'innombrables formules rapides d'inspiration américaine (hot-dog, poulet frit, *fish and chips*) et internationale (grec, asiatique), parfois végétarienne (soupe), pour manger sur le pouce. La municipalité de Montréal a également remis au goût du jour les camions-cuisines, la « bouffe de rue » étant très tendance.

Cabanes à sucre

Ces établissements de restauration familiale québécoise servent au printemps (certains toute l'année) des produits de l'érable et des repas confectionnés à partir de ces produits. Ce sont toujours de bonnes adresses gourmandes.

Tarifs

Les tarifs proposés le midi sont souvent deux à trois fois moins élevés que ceux du soir.

Repas

Le petit-déjeuner s'appelle au Québec le **déjeuner** ; le déjeuner : le **dîner** ; et le dîner : le **souper** ! Le dîner se prend vers 12h et le souper, entre 17h30 et 19h. Les restaurants ferment vers 20h-21h, 22h dans les grandes villes. La plupart proposent une formule **table d'hôte** comprenant une entrée, un plat et un dessert, parfois un café. Le prix est celui du plat principal choisi.

Alcool

Certains restaurants n'ayant pas la licence de vente d'alcool acceptent que les clients apportent leur propre bouteille de vin. Ils affichent en vitrine « **Apportez votre vin** » ou « **BYOW** » (« *bring your own wine* »).

Shopping

Au Canada, la plupart des **magasins** et **centres commerciaux** de 10h à 18h du lundi au mercredi (jusqu'à 21h le jeudi et le vendredi) et de 10h à 17h le week-end. Il n'est pas rare de trouver des **dépanneurs** (épicerie de quartier ou supérette) ouverts 7 j/7 jusqu'à 23h.

Souvenirs

Les produits du terroir, comme le **sirop d'érable** et ses dérivés, les **bleuets** enrobés de chocolat du lac St-Jean ou encore les **canneberges** déshydratées, font figure d'incontournables. Les objets d'**artisanat amérindien** (mocassins, attrape-rêves, bijoux de perles) sont également très populaires, de même que les vêtements en **fourrure** ou en **cuir** (peu onéreux et de grande qualité) et les **vêtements de plein air** (dont les fameuses chemises de bûcheron). Dans un tout autre registre, les **sculptures** d'artistes inuits du Grand Nord canadien sont très recherchées par les amateurs d'art (réclamer la vignette d'authenticité délivrée par le gouvernement canadien).

Tabac

Il est interdit de fumer dans les lieux publics au Canada. L'âge limite pour acheter du tabac varie en fonction des provinces.

Taxes

Au Canada, les **prix** sont affichés **hors taxes** et **hors service**. Les taxes, variables selon les provinces, s'ajoutent **au moment du paiement en caisse**. Il en est de même pour les tarifs des **hôtels**, sauf mention explicite du contraire. Afin d'éviter les mauvaises surprises, n'oubliez pas de prévoir ces dépenses supplémentaires !

TPS, TVP et autres

Les taxes se composent d'une **taxe nationale** de 5 % sur les produits et les services (TPS en français ou GST – *Goods and Service Tax* – en anglais) à laquelle s'ajoute, dans la majorité des provinces, une **taxe de vente provinciale** (TVP).

La taxe de vente du Québec (TVQ) est de **9,975 %**. La TPS et la TVP sont remplacées par une taxe de vente harmonisée (TVH) de 15 % au Nouveau-Brunswick, en Nouvelle-Écosse et sur l'Île-du-Prince-Édouard.

Certains produits sont soumis à des taxes différentes, comme l'alcool (10 %) ou l'hébergement (3 à 3,5 % selon la région ou 2 à 3 $ la nuitée).

Téléphone

Appels internationaux

Pour **appeler l'Europe**, composez le 011 + l'indicatif du pays (Belgique : **32**; France : **33**; Suisse : **41**) + le numéro du correspondant sans le 0 initial.

« Téléphoner » p. 643.

Appels nationaux

Appels interurbains – Composez le 1 + l'indicatif régional (3 chiffres) + le numéro du correspondant (7 chiffres).

Appels intra-urbains – Composez l'indicatif régional (3 chiffres) + le numéro du correspondant (7 chiffres).

Numéros gratuits – Sauf indication contraire, les numéros de téléphone précédés de l'indicatif **800**, **866**, **877** et **888** sont gratuits à l'intérieur du Canada, mais ne sont pas toujours opérationnels hors du continent nord-américain.

Indicatifs régionaux

Le Québec compte quatre indicatifs régionaux :
514 : communauté urbaine de Montréal et île Perrot ;
450 : Laval, Rive-Nord, Rive-Sud, Laurentides, région du Richelieu ;
418 : ville de Québec, Gaspésie et est de la province ;
819 : Cantons-de-l'Est, Hull, régions du Nord.
Les provinces de l'Atlantique comptent trois indicatifs régionaux :
506 : Nouveau-Brunswick ;
902 : Nouvelle-Écosse et Île-du-Prince-Édouard ;
709 : Terre-Neuve et Labrador.

Téléphones mobiles

Certains opérateurs proposent des options mensuelles USA/Canada à des tarifs peu élevés ; sinon désactivez l'option « données à l'étranger » ainsi que la 4G. Utilisez le wifi sur place pour l'Internet mobile, sinon votre facture risque d'exploser !

Transports intérieurs

En avion

Outre les grandes compagnies et leurs filiales qui assurent des vols à l'intérieur du Canada, diverses compagnies de **charters** desservent les régions les plus reculées (renseignements auprès de l'office de tourisme local).

En train

Le train dessert la plupart des grandes villes canadiennes, mais le réseau québécois est peu développé, hormis sur l'axe **Québec-Montréal-Toronto**.
À l'intérieur de la province, **VIA Rail** propose des tarifs raisonnables et un confort satisfaisant. Première classe (Via 1) et couchettes sont disponibles sur les longs trajets. Pour rejoindre la Gaspésie au départ de Montréal, comptez 19h.
Si vous souhaitez partir en été, effectuez vos réservations longtemps à l'avance, auprès de votre agence de voyages ou des représentants agréés de VIA Rail à l'étranger.
VIA Rail – 3 pl. Ville-Marie - bureau 500 - Montréal - ✆ 514 989 2626 (Montréal) ou 1 888 842-7245 (partout au Canada sans frais) - www.viarail.ca.
Train touristique – Le train de Charlevoix relie Québec à La Malbaie de mai à décembre. Possibilité d'effectuer un arrêt à Baie-St-Paul (*✆ 418 240 4124 - www.traindecharlevoix.com*).

En autocar

Le Canada bénéficie d'un important réseau d'autocars. Au Québec et dans les provinces de l'Atlantique, l'autocar est un moyen de transport plus pratique et plus rapide que le train. Et les tarifs sont souvent plus avantageux. Principales compagnies :
Orléans Express – ✆ 1 833 449 6444 - 450 640 1477 - www.orleansexpress.com. Dessert Montréal, Laval, Québec, la Mauricie, le Bas-St-Laurent, la Montérégie, le Centre-du-Québec, Chaudière-Appalaches, Lanaudière et la Gaspésie.
Intercar – ✆ 418 547 2167 ou 1 800 806 2167 - intercar.ca. Dessert le Saguenay-Lac-St-Jean, Charlevoix et la Côte-Nord.
Limocar – ✆ 1 866 692 8899 - limocar.ca. Relie Montréal, la Montérégie et les Cantons-de-l'Est, en passant notamment par Rougemont, Granby, Bromont et Sherbrooke.

En bateau

Des « **traversiers** » (équivalent du mot « ferry ») relient entre eux

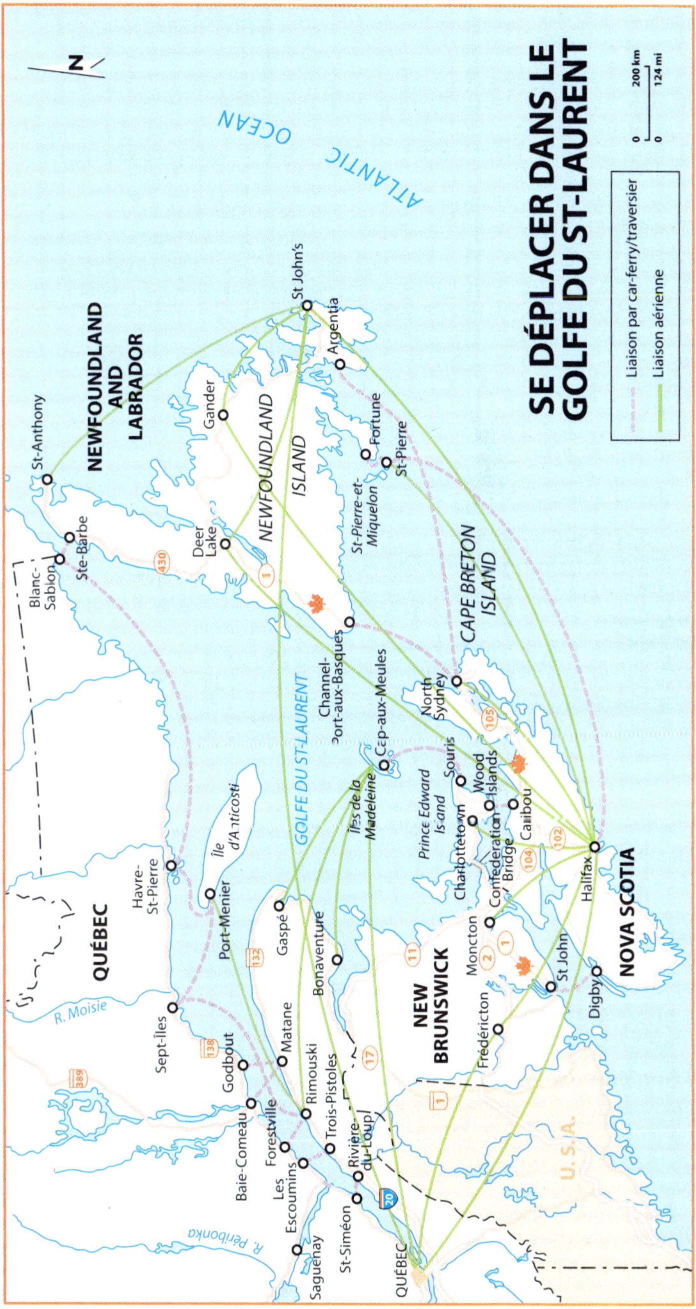
SE DÉPLACER DANS LE GOLFE DU ST-LAURENT
Liaison par car-ferry/traversier
Liaison aérienne
0 200 km
0 124 mi
N
ATLANTIC OCEAN
NEWFOUNDLAND AND LABRADOR
NEWFOUNDLAND ISLAND
CAPE BRETON ISLAND
QUÉBEC
NEW BRUNSWICK
NOVA SCOTIA
U.S.A.
GOLFE DU ST-LAURENT
Prince Edward Island
Île d'Anticosti
Îles de la Madeleine
St-Pierre-et-Miquelon
St-Anthony
Ste-Barbe
Blanc-Sablon
Deer Lake
Gander
St John's
Argentia
Fortune
St-Pierre
Channel-Port-aux-Basques
Cap-aux-Meules
North Sydney
Souris
Wood Islands
Caribou
Charlottetown
Confederation Bridge
Halifax
Moncton
St John
Digby
Frédéricton
Havre-St-Pierre
Port-Menier
Gaspé
Bonaventure
Sept-Îles
R. Moisie
Godbout
Matane
Baie-Comeau
Forestville
Rimouski
Trois-Pistoles
Les Escoumins
Rivière-du-Loup
St-Siméon
Saguenay
R. Péribonka
QUÉBEC
430
1
105
102
104
11
2
132
138
389
17
20

nombre de territoires canadiens. Au Québec, ils circulent sur le St-Laurent, de l'Atlantique aux Grands Lacs, en faisant étape dans de multiples villes et villages. Ils naviguent aussi sur les rivières Saguenay, Richelieu et des Outaouais, entre les îles de la Madeleine et l'île du Prince-Édouard.

Carte p. 653.

Société des traversiers du Québec - 1 877 787 7483 ou 418 643 2019 - www.traversiers.com.

Urgences

Pompiers, police, urgences médicales - 911.

Des zones rurales n'ont pas de service téléphonique pour les urgences. Faites le « 0 » et l'opérateur vous dira le numéro à appeler.

Voiture

Le Canada dispose d'un réseau routier bien entretenu. En hiver, la plupart des autoroutes et des routes principales sont déblayées et ouvertes à la circulation, mais mieux vaut s'enquérir de l'état des routes avant le départ. Dans le nord du Québec et hors des grandes artères, les routes n'étant pas toujours asphaltées, il convient de faire preuve d'une grande prudence.

Service météorologique - www.meteo.gc.ca.

État du réseau routier - 511 - www.quebec511.info.

Location de voitures

Les principales sociétés de location de voitures sont représentées dans les grands aéroports et dans les gares principales.

Vous pourrez opter pour le **camping-car**. Cette formule étant très prisée, il est conseillé de réserver plusieurs semaines, voire plusieurs mois à l'avance.

Âge - Pour louer un véhicule, il faut être âgé de plus de 21 ans (voire 25 ans) et avoir son permis de conduire depuis plus d'un an.

« Formalités » p. 641.

Paiement - Le plus pratique est d'utiliser une **carte de crédit**, faute de quoi le loueur exigera une forte caution en argent liquide.

Assurance - Le prix de la location ne couvre pas l'assurance collision. Pour un supplément, la compagnie fournira une assurance tous risques.

Conducteur - Attention, seule la personne ayant signé le contrat de location est autorisée à conduire le véhicule, mais, moyennant un supplément, un autre conducteur pourra l'utiliser.

Législation routière

Ceinture de sécurité - Port obligatoire à l'arrière et à l'avant.

Détecteur de radar et **téléphone portable au volant** - Utilisation formellement interdite.

Limitation de vitesse - Sauf indication contraire, elle est de **60 km/h minimum** et 100 km/h maximum sur autoroute, 90 km/h sur la plupart des routes secondaires, **70 km/h sur les chemins en gravier**, 50 km/h en agglomération et 30 km/h aux abords des écoles.

Priorité à droite - Ce concept n'existe pas au Québec. Ce sont les panneaux de signalisation qui indiquent la priorité. Dans le cas d'un **carrefour à quatre stops**, la courtoisie est de mise et le premier arrivé est le premier à passer.

Feux de circulation - Appelés « lumières » au Québec, ils sont situés **au-dessus du carrefour**. Il faut s'arrêter à bonne distance avant.

Virage à droite au feu rouge - Il est autorisé, sauf sur l'île de Montréal et aux intersections affichant une interdiction. Il faut toutefois marquer l'arrêt avant de poursuivre et donner la priorité aux piétons.

Feu vert clignotant – Il indique que vous avez la priorité pour tourner à gauche.

Flèche verte – Elle signale que vous devez tourner dans le sens de la flèche.

Signalisation – Si vous rencontrez un panneau **arrêt** (stop), vous devez immobiliser complètement votre véhicule, même s'il vous semble n'y avoir aucun danger.

www.caaquebec.com – Ce site détaille les consignes de sécurité à respecter des automobilistes.

Stationnement

Dans les grandes villes, les tarifs varient selon les quartiers et les heures de la semaine. Vérifiez sur les panneaux horodateurs. Chaque place de stationnement est identifiée par un code, et, dans certaines villes, il est possible de prolonger son stationnement dans un autre horodateur si l'on a pris la précaution de noter ce code.

Le parking public constitue la meilleure solution si vous n'utilisez pas votre véhicule de la journée.

Souvenez-vous qu'il est interdit de stationner à moins de 5 m d'une **intersection** ou d'un **passage piéton**, et devant toute **entrée d'immeuble** ou **borne d'incendie**.

Accidents

Soyez toujours en possession des **papiers du véhicule** et du **contrat de location**. De manière générale, les **postes de secours** sont bien indiqués sur les grandes routes. En cas d'accident avec dégâts matériels et/ou blessures corporelles, alertez la police et ne quittez pas les lieux avant d'y être autorisé par les agents chargés de l'enquête.

Agenda

Janvier-février

Montréal – Fête des neiges dans le parc Jean-Drapeau. *www.parcjeandrapeau.com.* Igloofest : DJs sets sur le quai Jacques-Cartier. *www.igloofest.ca.*
Québec – Carnaval de Québec. *carnaval.qc.ca.*

Février

Gatineau (Outaouais) – Bal de neige : sculpture sur glace et autres activités.

Avril

Plessisville (Centre-du-Québec) – Festival de l'érable. *www.festivaldelerable.com.*
Québec – Salon international du livre. *www.silq.ca.*

Mai

Montréal – Festival Go Vélo : semaine d'activités cyclistes au cœur de Montréal et environs. *www.velo.qc.ca.*

Juin

Montréal – Les Francos de Montréal. *www.francosmontreal.com.*
Montréal – Grand Prix du Canada. *www.gpcanada.ca.*
Province de Québec – Fête de la pêche. *facebook.com/fetedelapeche.*
Québec – ComediHa ! Fest-Québec. *comediha.com.*
Tadoussac (Manicouagan) – Festival de la chanson. *chansontadoussac.com.*
Wendake (Québec) – Pow-Wow International. *tourismewendake.ca.*

Juin-juillet

Halifax (N.-É.) – Royal Nova Scotia International Tattoo. *www.nstattoo.ca.*
Montréal – Festival international de jazz. *www.montrealjazzfest.com.*

Juin-octobre

Grand-Métis (Gaspésie) – Festival international de jardins. *www.festivalinternationaldejardins.com.*

Juillet

Antigonish (N.-É.) – Antigonish Highland Games. *www.antigonishhighlandgames.ca.*
Pugwash (N.-É.) – Gathering of the Clans. *www.pugwashvillage.com.*
Québec – Festival d'été de Québec. *www.feq.ca.*
Roberval (Saguenay – Lac-St-Jean) – Traversée internationale du lac St-Jean. *traversee.qc.ca.*
Saguenay - Alma (Saguenay – Lac-St-Jean) – Festirame. *www.festirame.com.*
Shediac (N.-B.) – Lobster Festival : fête du homard. *www.shediaclobsterfestival.ca.*
Tremblant (Laurentides) – Festival international du blues. *blues.tremblant.ca.*

Juillet-août

Havre-Aubert (îles de la Madeleine) – Festival acadien. *www.tourismeilesdelamadeleine.com.*
Île Ste-Hélène (Montréal) – L'International des feux Loto-Québec : concours d'art pyrotechnique. *www.parcjeandrapeau.com.*
Joliette (Lanaudière) – Festival de Lanaudière. *www.lanaudiere.org.*
Maliotenam (Duplessis) – Festival

Innu Nikamu : l'un des plus importants festivals de musique autochtone d'Amérique du Nord. *www.innunikamu.ca.*

Saguenay - La Baie (Saguenay - Lac-St-Jean) – La fabuleuse histoire d'un royaume. *www.fabuleuse.com.*

St-Irénée (Charlevoix) – Festival international du Domaine Forget. *www.domaineforget.com.*

Août

Caraquet (N.-B.) – Festival acadien. *festivalacadien.ca.* *encadré p. 466.*

Dolbeau-Mistassini (Saguenay – Lac-St-Jean) – Festival du bleuet : dégustation d'une tarte géante, défilé de nuit, souper dans la rue. *www.festivaldubleuet.com.*

Halifax (N.-É.) – Halifax International Busker Festival. *www.buskers.ca.*

Havre-Aubert (îles de la Madeleine) – Concours de châteaux de sable. *www.chateauxdesable.com.*

Lévis (Chaudière-Appalaches) – Festivent. *festivent.ca.*

Montréal – Mutek : festival international de créativité numérique et de musiques électroniques. *www.mutek.org.*

Québec – Fêtes de la Nouvelle-France. *www.nouvellefrance.qc.ca.*

Saguenay (Saguenay – Lac-St-Jean) – Festival international des rythmes du monde. *www.rythmesdumonde.com.*

St-Jean-sur-Richelieu (Montérégie) – L'International de montgolfières, avec illumination des ballons lors des Nuits magiques. *www.montgolfieres.com.*

Trois-Rivières (Mauricie) – Grand Prix de Trois-Rivières : course automobile sur circuit. L'un des événements automobiles les plus importants du Québec. *www.gp3r.com.*

Septembre

Gatineau (Outaouais) – Festival de montgolfières de Gatineau. *www.montgolfieresgatineau.com.*

Fredericton (N.-B.) – Harvest Music Festival. *harvestmusicfest.ca.*

Montmagny (Chaudière-Appalaches) – Carrefour mondial de l'accordéon. *www.accordeonmontmagny.com.*

Rimouski (Bas-St-Laurent) – Festi Jazz international de Rimouski. *www.festijazzrimouski.com.*

Rouyn-Noranda (Abitibi-Témiscamingue) – Festival de musique émergente. *www.fmeat.org.*

Shawinigan (Mauricie) – Classique internationale de canots de la Mauricie. *www.classiquedecanots.com.*

St-Tite (Mauricie) – Festival western : rodéo, musique country, musique folk acadienne. *www.festivalwestern.com.*

Octobre

Île du Cap-Breton (N.-É.) – Celtic Coulours International Festival. *www.celtic-colours.com.*

Montmagny (Chaudière-Appalaches) – Festival de l'oie blanche. *www.festivaldeloie.qc.ca.*

Trois-Rivières (Mauricie) – Festival international de la poésie : ateliers de poésie, rencontre avec des poètes, concours et prix. *www.fiptr.com.*

Octobre-novembre

Rouyn-Noranda (Abitibi-Témiscamingue) – Festival du cinéma international. *www.festivalcinema.ca.*

Novembre

Montréal – Défilé du père Noël : événement marquant l'arrivée du temps des fêtes en centre-ville. Chars allégoriques, danseurs, chanteurs et amuseurs de foule. *www.montrealcentreville.ca.*

Livres, films et séries

Livres

BOUCHARD Roxanne, **Nous étions le sel de la mer** (2014). Un roman entre récit initiatique et polar, dont l'action a lieu en Gaspésie.

DICKNER David, **Nikolski** (2007). Canada, printemps 1989. Trois personnages à l'aube de la vingtaine ont quitté le lieu de leur enfance pour entamer une longue migration.

HAMELIN Louis, **La Constellation du Lynx** (2011). Un premier grand roman sur la crise d'Octobre 1970, dans lequel l'auteur réinvente l'histoire du terrorisme au Québec.

HEBERT Anne, **Les Fous de Bassan** (1984). Un soir, deux adolescentes disparaissent près du rivage dans un petit village du Québec.

GODBOUT Jacques, **Salut Galarneau !** (1998). L'histoire de Galarneau, vendeur de hot-dogs, qui s'adonne à l'écriture et à la poésie.

LAMBERT Kevin, **Que notre joie demeure** (2023). La vie d'une architecture de renom bascule quand son projet le plus ambitieux est stoppé net par une polémique. Prix Médicis 2023.

LARUE Stéphane, **Le Plongeur** (2022). Accro aux loteries vidéo, endetté, le jeune narrateur devient plongeur dans un restaurant de Montréal. Un premier roman remarqué.

PETTERSEN Geneviève, **La Déesse des mouches à feu** (2014). L'adolescence rebelle de Catherine, dans les années 1990, à Saguenay.

PLAMONDON Éric, **Taqawan** (2019). En juin 1981, 300 policiers débarquent dans une réserve pour s'emparer des filets des Micmacs. Une histoire de luttes et de pêche, d'amour, de meurtres et de rêves brisés.

PROULX Monique, **Les Aurores montréales** (1997). Une série de nouvelles qui sondent l'identité et les mœurs montréalaises.

ROY Gabrielle, **Bonheur d'occasion** (2009). Dans le quartier montréalais de St-Henri, un peuple d'ouvriers et de petits employés est désespérément en quête de bonheur.

SZALOWSKI Pierre, **Le froid modifie la trajectoire des poissons** (2010). Suite à une tempête de verglas sans précédent, la vie d'un voisinage tout entier va changer.

TREMBLAY Michel, **Chronique du Plateau Mont-Royal** (2000). Ce roman en six volets suit les péripéties d'une famille de Montréal et des personnages hauts en couleur.

TREMBLAY Michel, **La Diaspora des Desrosiers** (2008-2015). On suit ici l'évolution de 28 personnages de deux familles déjà racontées par l'auteur.

Bandes dessinées

LOISEL, TRIPP, **Magasin général** (2006-2014). Chronique dans le Québec rural à partir du début des années 1940.

RABAGLIATI Michel, **Paul** (2010-2019). La saga du quotidien d'un père de famille québécois.

Films

Le site **www.filmsquebec.com** répertorie des films québécois de fiction des origines à nos jours.

BINAMÉ Charles, **Eldorado** (1995). Des jeunes trentenaires bohèmes se cherchent un but dans le Montréal des années 1990.

BRAULT Michel, **Entre la mer et l'eau douce** (1968). Un jeune de la campagne s'installe en ville

et rencontre une serveuse. Une touchante histoire d'amour.
Les Ordres (1974). Ce docufiction suit l'arrestation et l'emprisonnement de cinq personnes lors de la crise d'Octobre 1970.
CANUEL Érik, **Bon Cop Bad Cop** (2006). Un flic anglophone et un policier français aux visions radicalement différentes sont contraints de travailler ensemble sur une enquête.
CARLE Gilles, **Les Plouffe** (1981). Un film choral qui débute dans la Basse-Ville de Québec au cours des années 1930. **Maria Chapdelaine** (1983). Dans la région du Lac-St-Jean au début du siècle, l'héroïne est promise en mariage à un homme, mais son cœur préfère celui d'un aventurier.
CHOKRI Mona, **La femme de mon frère** (2019). Une comédie déjantée qui explore la relation fusionnelle entre un frère et une sœur trentenaires. **Simple comme Sylvain** (2023). Sophia, professeure de philosophie à Montréal, tombe amoureuse de Sylvain, charpentier dans les Laurentides. Tendre et drôle.
DOLAN Xavier, **Les Amours Imaginaires** (2010). Francis et Marie, deux amis, tombent amoureux de la même personne. **Mommy** (2014). Une mère seule hérite de la garde de son fils, un adolescent impulsif et violent. Éblouissant.
FALARDEAU Philippe, **Congorama** (2006). À cheval entre l'Europe et le Québec, ce film offre une réflexion légère sur l'hérédité.
FOURNIER Yves Christian, **Tout est parfait** (2008). Après le suicide de ses meilleurs amis, Josh se retrouve seul au monde dans la banlieue d'une ville industrielle.
GIROUX Maxime **Félix et Meira** (2015). Une histoire d'amour impossible entre un Québécois et une jeune mère de famille juive hassidique.
GURY Paul, **Séraphin** (1950). Un classique du cinéma québécois à l'époque de la colonisation des Laurentides.
LECLERC Francis, **Une jeune fille à la fenêtre** (2001). En 1925, une jeune fille condamnée par une maladie ne se résout pas à la mort et part s'installer à Québec pour y suivre des cours de piano.
LEMERCIER Valérie, **Aline** (2020). Portée par l'actrice Valérie Lemercier, une fiction librement inspirée de la vie de Céline Dion.
MANKIEWICZ Francis, **Les Bons Débarras** (1980). Dans la campagne isolée des Laurentides, une adolescente vit avec sa mère célibataire et le frère de celle-ci, atteint d'un retard mental. Un classique du cinéma québécois.
OZEP Fedor, **Le Père Chopin** (1945). Dans le Québec des années 1940, un homme retrouve son frère qu'il n'a pas vu depuis 50 ans. L'une des premières productions cinématographiques québécoises.
POULIOT J.-F, **La Grande Séduction** (2003). La communauté d'un petit village où le chômage fait des ravages est prête à tout pour conserver son médecin. Une comédie saluée par la critique.
TROGI Ricardo, **1981** (1989). Débarqué dans une nouvelle ville, un jeune garçon invente des mensonges pour se faire accepter de ses nouveaux camarades.
VALLÉE Jean-Marc, **C.R.A.Z.Y.** (2005). Dans un pays où la religion occupe une grande place, le cinquième enfant d'une fratrie découvre son homosexualité et vit une crise d'identité.

Séries

DOLAN Xavier, **La Nuit où Laurier Gaudreault s'est réveillé** (2022).

Nous indiquons entre parenthèses les **provinces ou territoires** auxquels chaque lieu appartient ; ils sont abrégés de la façon suivante :
Québec (Q.), Nouveau-Brunswick (N.-B.) Nouvelle-Écosse (N.-É.), Île-du-Prince-Édouard (I.-P.-É.), Terre-Neuve et Labrador (T.-N.).
Sont également abrégés : lieu historique national (LHN)/National Historic Site (NHS), selon la langue utilisée localement.

A

B

M

R

S

Carte générale

Cartes des régions

Plans de villes et de quartiers

Plan de transport

Cartes des circuits

Cartes thématiques

Note au lecteur

Michelin a apporté le plus grand soin à la rédaction de ce guide et à sa vérification. Toutefois, les informations pratiques (formalités administratives, prix, adresses, numéros de téléphone, adresses Internet, etc.) doivent être considérées comme des indications du fait de l'évolution constante de ces données.
Il n'est pas totalement exclu que certaines d'entre elles ne soient plus, à la date de parution du guide, tout à fait exactes ou exhaustives. N'hésitez pas à nous signaler toute omission ou inexactitude que vous pourriez constater, ainsi qu'à nous faire part de vos avis et suggestions sur les adresses contenues dans ce guide.
Avant d'entamer toute démarche, formalités administratives ou douanières notamment, vous êtes invité à vous renseigner auprès des organismes officiels. Ces informations ne sauraient, de ce fait, engager notre responsabilité.

Collection sous la direction de Philippe Orain

Responsable d'édition et rédactrice en chef du guide : Camille Bouvet

Secrétariat d'édition : Émilie Vialettes

Rédaction : Camille Bouvet, Gwen Cannon, Marylène Duteil, Alexandra Forterre, Laurent Gontier, Gilles Guérard, Françoise Klingen, Marion Liautaud, Cynthia Ochterbeck, Manuel Sanchez

Ont contribué à ce guide : Steluța Anghel, Leonard-Marius Pandrea et Gabriel-Valentin Dragu (**Cartographie**), Véronique Aissani, Carole Diascorn (**Couverture**), Marion Capera, Marie Simonet (**Iconographie**), Andra-Florentina Ostafi (**Données objectives**), Bogdan Gheorghiu, Cristian Catona, Andrea-Karina Gruia, Hervé Dubois, Pascal Grougon (**Prépresse**), Dominique Auclair (**Pilotage**)

Remerciements : Katherine Bouchard (Tourisme Saguenay–Lac-Saint-Jean), Valérie Des Rosiers (Tourisme Montréal), Cynthia Trudel (Destination Québec Cité), Mylène Simard (Tourisme Charlevoix), Fabienne Hervé (Tourisme Laurentides)

Conception graphique
Christelle Le Déan, Sandro Borel (maquette intérieure)
Véronique Aissani (couverture)

Régie publicitaire et partenariats
contact.clients@editions.michelin.com

Contacts
Vous souhaitez nous contacter ? Rendez-vous dans la rubrique contact de notre site internet : editions.michelin.com

Parution 2025

MICHELIN Éditions
Société par actions simplifiée au capital de 487 500 EUR
57 rue Gaston Tessier – 75019 Paris (France)
R.C.S. Paris 882 639 354

Dépôt légal : 12-2024 – ISSN 0293-9436
Compograveur : MICHELIN Éditions, Voluntari (Roumanie)
Imprimeur : Rotolito, Pioltello (Italie)
Imprimé en Italie : 12-2024

Sur du papier issu de forêts bien gérées